國家社科基金
GUOJIA SHEKE JIJIN HOUQI ZIZHU XIANGMU
後期資助項目

肩水金關漢簡校釋

上

李洪財　著

中華書局
ZHONGHUA BOOK COMPANY

圖書在版編目(CIP)數據

肩水金關漢簡校釋/李洪財著. —北京:中華書局,2024.6
(國家社科基金後期資助項目)
ISBN 978-7-101-16620-0

Ⅰ.肩…　Ⅱ.李…　Ⅲ.簡(考古)-研究-甘肅-漢代
Ⅳ. K877.54

中國國家版本館 CIP 數據核字(2024)第 094059 號

書　　　名	肩水金關漢簡校釋(全三册)
著　　　者	李洪財
叢 書 名	國家社科基金後期資助項目
責任編輯	石　玉
責任印製	管　斌
出版發行	中華書局
	(北京市豐臺區太平橋西里 38 號　100073)
	http://www.zhbc.com.cn
	E-mail:zhbc@zhbc.com.cn
印　　　刷	三河市宏盛印務有限公司
版　　　次	2024 年 6 月第 1 版
	2024 年 6 月第 1 次印刷
規　　　格	開本/710×1000 毫米　1/16
	印張 85　插頁 6　字數 1200 千字
國際書號	ISBN 978-7-101-16620-0
定　　　價	420.00 元

國家社科基金後期資助項目出版説明

後期資助項目是國家社科基金設立的一類重要項目,旨在鼓勵廣大社科研究者潛心治學,支持基礎研究多出優秀成果。它是經過嚴格評審,從接近完成的科研成果中遴選立項的。爲擴大後期資助項目的影響,更好地推動學術發展,促進成果轉化,全國哲學社會科學工作辦公室按照"統一設計、統一標識、統一版式、形成系列"的總體要求,組織出版國家社科基金後期資助項目成果。

全國哲學社會科學工作辦公室

2022 年 10 月末正式申請結項,同時將定稿交給出版社。這也是本書所引用主要材料的下限時間。可以説這本書斷斷續續寫了十年。

金關漢簡從 2011 年開始公佈到現在也有十幾年之久,經過長時間的研究和使用,原整理者釋文中的很多問題逐漸顯現。我們從 2011 年《肩水金關漢簡》第一卷出版後,就開始對這批簡作集釋、校正誤釋、殘簡綴合、專題研究等工作。經過十多年的補充修訂,最新釋文與原整理者公佈的釋文有很大差別,尤其是在釋字的準確性、字形録寫的嚴謹性上,本書有較大進步。内容具體包括如下幾個方面:

第一,校正原整理者編輯録入産生的文字問題,保證原始釋文準確。《肩水金關漢簡》共五卷,每卷分爲上、中、下三册,上册爲彩色圖版,中册爲紅外線圖版,下册爲釋文。每卷上、中兩册圖版旁附釋文,但未標示殘斷情況。所以在使用這批材料時,多以下册釋文本爲依據。不過我們發現圖版旁釋文與下册釋文有很多不一致的情況,而且多數是下册釋文有誤。如 73EJT1:234 簡下册釋文脱"陽"字;73EJT1:295 簡中的"關"下册釋文誤作"辟";73EJT3:108 簡下册釋文誤脱漏"駁"字;73EJT9:34B 中的"謹"下册釋文誤作"詳"。再有,原整理者釋文中出現不少繁簡和字體轉換問題,例如釋文中有"温"、"溫"並存,"装"又作"裝","衆"又作"眾"等問題。還有,原釋文符號也存在不少問題,如 73EJT4:42A 簡下殘上不殘,下册釋文正面誤標爲上殘;73EJT10:419 第二行簡文圖版旁釋文簡首並没有未釋字,下册釋文簡首卻有未釋字。這些情況我們做了初步統計,僅第一卷就發現有幾十處之多。後面幾卷這種錯誤漸漸變少,但仍不乏其例。本書對原整理者的這類問題作了全面的校訂,確保原始釋文不存在録入錯誤和歧異。

第二,解決了原整理者釋字録寫不嚴謹問題。西北漢簡中存在大量的草書、異體字、誤寫等情況,很難實現嚴格録寫,需要用統一的釋文體例來解決這個問題。原整理者雖然也在凡例中説明了録寫原則，但是在釋文中仍然存在大量録寫問題。比如 73EJT14:16 "徵"原簡從"彳"，實當作"傲"；73EJT21:21"師"原簡寫作"帀"；73EJT23:498"蓿"原簡寫作"薑"；73EJT24:489"假"原簡寫作"叚"；73EJT28:32"輸"原簡寫作"偷"。這類文字録寫問題在原整理者釋文中非常多，其中大部分是受簡文辭例影響而忽視了原簡字形結構。出土文獻中"詞"與"字"不對應的情況很常見。從整理者的角度説，我們應該在釋文中如實地反映原簡的文字情況，不能受常見辭例的影響，忽視了原簡的"字"形。而且這類特殊的俗字、誤字、借字，是文字學研究的重要對象。作爲出土文獻整理，這類原始書寫信息應該儘量體現在釋文録寫中。

　　第三，全面校訂原整理者釋文中的缺釋、誤釋、漏釋等問題。出土材料的基本工作就是釋字，只有準確地釋字才能正確地解讀材料，一字之誤可能造成對釋文内容"南轅北轍"的誤解。原始文獻整理中出現誤釋、缺釋不可避免，《肩水金關漢簡》也存在很多這類問題。而且金關漢簡數量大，誤釋、缺釋顯得尤其多。通過我們的整理校訂，共糾正了原整理者釋文中的 1000 多處錯誤，新補釋 700 多字。

　　第四，對原釋文作標點斷句，對其中的關鍵字作注釋解析，經過注釋的新釋文表義更加清楚易懂，便於材料的研究使用。由於原整理者沒有標點注釋，很多釋文表達的意義並不是很清楚。還有不少簡文因爲釋字錯誤、詞義不明，導致解讀存在歧異。由此學界出現了不少釋文解讀的文章，但仍存在很多釋文問題，影響了對簡文價值的挖掘利用。本書對這批材料深入解讀，標點注釋，新釋文清楚易懂，更加方便相關學科的利用，能更充分地發揮這批材料的價值。

　　第五，充分吸收最新研究成果，通過注釋體現簡文的研究現狀。金關漢簡從 2011 年開始公佈到現在，湧現出非常多的研究成果。在這十多年間,經過學者們的文字校釋、詞語解析、綴合編聯,還有在歷史、書法、經濟等很多方面的挖掘闡釋,這批簡的巨大價值得到了充分體現。在這十年裏我們雖然一直關注和搜集相關成果,但是漢簡的釋文考釋和詞語解讀意見有很多是在專題研究中一筆帶過,甚至還有一些是在注釋中體現,導致搜集起來非常困難,很容易遺漏。我們看到金關簡的研究成果中出現了很多觀點重複的情況,大概就是沒有注意這些分散而且不易查找的成果導致的。鑒於此,我們在檢索材料時不僅僅限於金關漢簡的字詞考釋,還有不少關於整枚簡或相關內容的討論,我們也希望通過注釋能充分反映各簡文的價值和研究現狀。

第六,調整綴合編聯釋文的位置,新釋文更加連貫順暢。目前學界綴合的簡文數量已經超過了 1700 枚。本書全面吸收學界綴合成果,將綴合後的簡文整合,使簡文更加完整。此外還有不少簡文內容上下連貫,可以編聯。通過綴合編聯,簡文的表義更加順暢,更加有利用價值。

第七,後附肩水金關漢簡所見郡國縣邑鄉里表、候官烽燧表、人名索引,爲快速查找和研究相應內容提供方便。

《肩水金關漢簡》雖然有很多問題,但瑕不掩瑜。我們此次的校釋雖然發現很多原釋文的問題,也提出了很多個人意見,但未必完全正確。本書中還有很多問題和遺憾。例如,因爲金關漢簡簡文數量大,很多殘碎簡無上下文關係,不能確定文義,無法準確標點斷句。再如,體例不統一、釋文誤錄、注釋不準確的情況一定還存在。本書從 2012 年開始書寫,由於寫作時間跨度較大,出現不少體例不一的情況。注釋內容上,由於不同時期注釋的標準不一樣,導致可能存在詳略不一致的情況。雖然我們已經作了全面清理修改,但在後期校對時仍然發現很多這類問題,相信書中一定仍有遺留。在釋文的格式上,最初是希望能通過嚴格錄入更直觀地展示釋文在原簡上的位置關係。初稿，除了少數内容太多太長者用符號標明行數、欄數位置外，大多數簡文都可以按照原釋文格式録入，但後期在編輯排版時，由於版面的限制，很多釋文格式不得不重新安排，導致現在的釋文出現用符號標明行數、欄數和不用符號標明者混在一起。這也是本書的一個遺憾之處。

　　本書在後期審訂過程中還得到了不少匿名專家的寶貴意見，結項時李均明老師對小書的一些具體問題提出了修正意見。書中還有一些是上課時學生的觀點，也都在注釋中標明。期間繆璇、梅書英、陸寧寧、關永強、鍾佩炘、王蘇花、陳夢琪、蘇玥、方翔等碩博士都參與過本書的校對工作。其中關永強製作了人名索引，陸寧寧補充完善了郡國縣邑鄉里表和候官烽燧表，鍾佩炘對全書的注釋和體例作了通盤核對。在此對以上提出寶貴意見和幫助的專家和同學表示由衷感謝。

凡　例

　　本校釋以甘肅簡牘保護研究中心、甘肅省文物考古研究所等編《肩水金關漢簡(壹-伍)》爲底本,文中所説肩水金關漢簡的"原整理者""原釋文""原圖版"即指此書。"肩水金關漢簡"在行文中亦簡稱作"金關簡"。文中所引用的學術成果時間截止到 2021 年 12 月 31 日,但網站發表學術成果截止到 2022 年 7 月 31 日。

一、引用簡稱與簡省方式

　　本校釋所引常用著作皆以簡稱方式列出,具體簡稱見下簡稱表:

常用書簡稱表

簡稱	原書作者與完整名	出版信息
《朔閏表》	陳垣:《二十史朔閏表》	古籍出版社 1956 年
《匯釋》	沈剛:《居延漢簡語詞匯釋》	科學出版社 2008 年
《合校》	姚磊:《肩水金關漢簡釋文合校》	中國社會科學出版社 2021 年
《集成》	中國簡牘集成編輯委員會:《中國簡牘集成》第五至十二册	敦煌文藝出版社 2001 年
《説文》	[漢]許慎:《説文解字》	中華書局 1963 年

續表

簡稱	原書作者與完整名	出版信息
《居新》	甘肅省文物考古研究所等編:《居延新簡:甲渠候官》	中華書局 1994 年
《居》	簡牘整理小組:《居延漢簡(壹-肆)》	"中央研究院"歷史語言研究所 2014-2017 年

行文中除個別僅引用一次的論著不用簡省方式外,其他多次提到的諸家説法皆以簡省方式標明出處,詳細的完整信息請到參考文獻中以音序順序查詢。具體簡省方式爲:

(一)著作的簡省方式是作者+出版時間+頁碼,例如:

[日]冨谷至著,劉恒武譯:《文書行政的漢帝國》,江蘇人民出版社,2013 年,第 156 頁。

行文中簡省作:冨谷至(2013P156)

(二)輯刊或論文集中文章的簡省方式是文章作者+出版時間+文章頁碼範圍,例如:

白軍鵬:《漢人名字與漢簡釋讀》,《簡帛》第 21 輯,上海古籍出版社,2020 年,第 235-243 頁。

行文中簡省作:白軍鵬(2020P235-243)

(三)期刊論文的簡省方式是作者+出刊年+期數,例如:

郭偉濤:《漢代橐他塞部隧設置研究》,《敦煌研究》2019 年第 1 期。

行文中簡省作:郭偉濤(2019.1)

(四)報紙或網絡發文的簡省方式是作者+發表年月日,例如:

高一致:《讀〈肩水金關漢簡(叁)〉筆記(一)》,簡帛網 2014 年 8 月 12 日。

行文中簡省作:高一致(2014.8.12)

引用内容出自原文語句摘録者皆在簡省方式後加":"標明,但受行文需要,有些摘録内容作了簡省。還有一些是對觀點作了提取概括。凡涉及本書意見者一般加"按"語作區别,未加按語者一般表示本書無意見。金關簡中的同一釋文問題,在很多文章中都有指出,這類情況只選擇最早或論述較充分者。還有一些推測意見,如無必要,不在行文中一一列舉。所列意見如本書不贊同或需要補充説明者,以按語方式附後説明。行文中引用的圖片採用出處加簡號的形式,附在圖片之後,不逐一注明頁碼。出處採用簡稱,如皇象《急就章》,簡作"皇象"。

二、簡號、標點與原釋文格式

本次校釋簡號仍從原整理者,如 73EJT1∶1,73 代表 1973 年;E代表額濟納河流域;J 代表肩水金關,表示出土地點;T 代表探方;探方後兩個字以"∶"分隔,前面是探方編號,後面是該探方所出漢簡編號。H、F、C 等,分别代表灰坑、房址和採集的散簡。由於編聯導致釋文順序變動,位置變動的簡文都以括注形式説明了去向。在按照簡號順序查找簡文時,如果存在簡號不連續的情況,要注意跳過新編聯的簡文。

金關簡原釋文未標點句讀,本次校釋對可確定文義的内容標點,文義不明者不作標點。簽牌上釋文簡單的標題内容不標點。

原釋文用 A、B 標明正、背面,一些多面的情況則用 C、D、E……代表各面。本釋文儘量保持原簡行文格式,但内容連貫的多行多欄簡牘,或無法通過排版體現原簡分欄情況者,排列時用 i、ii、iii、iv……代表行數,用 Ⅰ、Ⅱ、Ⅲ……代表欄數。例如:Ⅰi,代表第一欄第一行。單行簡内容較多者,排版後出現跨行的情況,則標" i ",能通過排版體現原簡格式者,則不特殊標注行、欄號。特殊格式簡文中能够通過排版標明原簡行文格式者,不注明欄數、行數。簡文中出現的空格處,無法通過排版體現。空格在二字以上者皆不嚴格體現,二字以下者按照空格體現。

三、行文中的符號表義

釋文中出現的符號皆從原整理者,如:

▨,表示原簡殘斷。

▢,表示封泥匣。

▨,表示簡端方形網狀標記。

▩,表示簡端半圓形網狀標記。

╱、△、₌、·、■、∟、卩、丿、丶、~皆爲隨原文録出的符號。

另外,本校釋爲了能更清楚表明文義,在行文中新增的符號表意如下:

( ),括注異體字或通假字。通假括注以内容需要爲準。

【 】,看不到墨跡但可根據文義或可對讀内容所補的字。

〈 〉,表示訂正誤寫的字。

[ ],表示原簡衍文。

〚 〛,表示原簡脱文。

+,表示原簡綴合。

……,表示不能確定行數、字數。

□,表示未釋字。

字,表示不確定的釋字。

四、釋文録寫標準

金關簡中很多字異體較多,尤其是出現頻率比較高的草書,寫法可多至十幾種,無法做到嚴格録寫,比如"爲"、"關"、"頭"、"東"等字,有些草書寫法已經與今天的簡體字幾乎一致,但爲了使釋文不顯得突兀,不釋録作簡體。

　　原整理者釋文同一字不統一釋録的情況,本次校釋保持統一。比如原釋文"池"或作"沱","橐他"或作"橐佗",今全部統一作一種釋文。還有一些字雖然原整理者在凡例中説不作具體區分,然而在釋録中還是作了區分,但是並不嚴格,比如表示"烽燧"的"燧",原釋文作"隧"、"隊"兩種,今根據原簡字形是否從"辶"作區分釋録。簡文中出現的"游",原簡都寫作"浮",今不作嚴格録寫,仍從原整理者。原釋文中的"刺",原簡皆寫作"刾",今統一改録作"刾"。原釋文中的"師",原簡實際有"帀"、"帀"兩種寫法,今據原簡字形重新録寫。原釋文的"劍",原簡實際有"劍"、"劒"兩種字形,"劒"爲本書據原簡字形重新録寫。原釋文"辭"、"辤"並用,T15:1、T23:784、T23:877、T23:984A、T25:160、F3:199、F3:246、F3:267、F3:287B、D:44 皆用"辤",其他簡中皆用"辭",但原簡並無"辭"形,今統一作"辤"。金關簡中有很多偏旁混同的情況,如"艸"、"竹"在偏旁中同形不别,今根據簡文内容區分釋字,不作嚴格釋録。俗字字形按照通行字釋録,如"舩"、"負"、"溫"等字都按通行字釋録。

目　録

《肩水金關漢簡(壹)》校釋

肩水金關 T1：1-318

甘露二年五月己丑朔甲辰[朔][1]，丞相少史充、御史守少史仁[2]以請詔[3]：有[4]逐驗[5]大逆無道[6]故廣陵王胥[7]御者[8]虚[9]同ⅰ産第(弟)[10]、故長公主第卿[11]大婢外人[12]，移[13]郡[14]大守[15]，逐得試(識)知[16]外人者。故長公主大奴千秋[17]等曰：外人，一名麗戎，字中夫，前大子守觀ⅱ奴嬰齊[18]妻。〖嬰齊〗前死[19]。麗戎從母捐之[20]字子文、秝〈私〉[21]男第(弟)偃[22]，居主馬市里第[23]。捐之姊(姉)子，故安道侯[24]奴材[25]，取不審[26]縣里男子字游[27]，爲麗戎ⅲ聟(壻)[28]，以牛車就(傲)載籍田倉爲事。[29]始元二年中，主女孫爲河間王[30]后，與捐之、偃[31]之國，後麗戎、游從居主机菜第[32]，養男孫丁子池[33]。元鳳元年[34]ⅳ中，主死絶户，奴婢没入諸[35]官。麗戎、游俱亡。麗戎脱籍[36]，疑變更名字，遠走[37]絶迹，更爲人妻，介罪民間[38]，若死，毋從知。麗戎此ⅴ時年可廿三四歲，至今年可六十所[39]。爲人中壯[40]，黃色、小頭、黑髮、隋(橢)[41]面、拘頤[42]，常戚(蹙)領(頯)姁(句)頿(鬈)狀[43]，身小長[44]，詐庬(儚)[45]少言。書到，二千石[46]遣毋害[47]都吏[48]，ⅵ　　　　　73EJT1：1

嚴教屬縣官[49]令以下嗇夫[50]、吏、正[51]、父老[52]，襍(雜)驗問[53]鄉里吏民，賞(嘗)[54]取婢及免婢[55]以爲妻，年五十以上，刑(形)狀類麗戎者，問父母昆第(弟)[56]，本誰生子。務ᵢ得請(情)實，發[57]生從(蹤)迹，毋督聚(趣)[58]煩擾民。大逆，同産當坐[59]；重事[60]，推迹未窮[61]，毋令居部[62]界中不覺。得者書言白報[63]，以郵亭[64]行，詣長安ᵢᵢ傳舍[65]。重事，當奏聞，必謹密[66]之，毋留，如律令。ᵢᵢᵢ六月，張掖大守毋適、丞勳敢告部都尉卒人[68]，謂縣：寫移書到[69]，趣報[70]，如御史書律令，敢告卒人。/[71]掾[72]恨、守卒史禹、置佐[73]財。ᵢᵥ　　　　　　　　　　　　　　　　73EJT1：2

七月壬辰，張掖肩水司馬[74]陽，以秩次兼行[75]都尉事，謂候、城尉[76]：寫移書到，庾(搜)索部界中，毋有，以書言，會廿日，如律令/。掾遂、守屬[77]況。ᵢ七月乙未，肩水候福謂候長[78]廣宗等[79]，寫移書[80]到，庾(搜)索界中，毋有，以書言，會月[81]十五日，須報府[82]，毋失期[83]，如律令。/令史[84]□。ᵢᵢ　　　　　　　73EJT1：3

【校釋】

[1]朔：諸家皆已指出此字爲衍文。按：此簡與T1：2、T1：3三簡是宣帝時期爲了追查廣陵王劉胥集團陰謀篡權活動，通緝案件相關逃犯而在全國發佈的一份文件。居延新簡EPT43：92殘簡内容可與此簡互相參證。本簡校釋主要參看伍德煦(1979.4)、初仕賓(1980.2)、許青松(1986.8)、裘錫圭(2012：2P45-49)、張小鋒(2000.5)、楊媚(2004P244-250)、鄔文玲(2012P46-60)、劉倩情(2015P16-27)、王錦城(2019P23-46)。諸家説法一致或較多時，僅取最早或本文認可意見。

[2]丞相少史充、御史守少史仁：伍德煦(1979.4)指出丞相少史爲丞相府屬官少吏；御史守少史爲御史府初除屬官；漢制，吏初除爲守，滿歲爲真。按《漢書·昭帝紀》如淳注："武帝又置丞相少史，秩四百石。"《漢書·平帝紀》注引如淳曰："諸官初除皆試守，一歲乃爲真，食全俸。"充、仁爲這兩位官員的名字。

[3]請詔：裘錫圭(2012：2P45)：請求詔許或經皇帝批准。

[4]有:居延新簡 EPT43:92 作"所"。

[5]逐驗:追捕查驗。

[6]大逆無道:《史記‧高祖本紀》:"今項羽放殺義帝於江南,大逆無道。"《漢書‧景帝紀》:"襄平侯嘉子恢説不孝,謀反,欲以殺嘉,大逆無道。"顔師古注引如淳曰:"律,大逆不道,父母妻子同産皆棄市。"按:此句主要指反對當政者或違背上層統治意願的重大罪行。

[7]故廣陵王胥:劉倩倩(2015P17):漢武帝四子劉胥,漢宣帝時因詛咒、謀反之事自殺。

[8]御者:劉倩倩(2015P17)總結此處有"車夫"或"侍御之人"兩解。

[9]寁:原釋作"惠"。按:居延新簡 EPT43:92 中亦見此形,兩簡原字形皆不從"心"。此簡原形作,敦煌漢簡 89A、486 中"卑爰寁"之"寁",分別作、,與此簡字形相同,今改釋。此簡"寁"用爲御者名字,詳見李洪財(2014P333)專文。又,金關簡中此字皆作嚴格釋録,今改作通行字。

[10]同産第:第,此簡原皆釋作"弟",查核原簡皆從"竹"之俗寫,今據原簡改釋。"第"、"弟"兩字同字分化,在金關漢簡中常混用,但已經開始區別。同産弟即同母所生的兄弟姐妹。

[11]故長公主第卿:第,原釋作"蓋",伍德煦(1979.4)釋爲"夷"。此字原簡字形較草率,對讀 EPT43:92 可知此字當作"第"。第卿是對公主的稱呼。故長公主爲昭帝姐姐鄂邑長公主,與燕王劉旦、廣陵王劉胥爲同母姐弟,元鳳元年因密謀造反被誅。

[12]大婢外人:大婢,指年齡大於十五歲的女奴。外人,人名。按:此名在漢簡中常見,重名者甚多,有些則未必是人名,可能表示外來身份之人。

[13]移:《匯釋》(2008P233):移送,平級機構之間往來的文書用語。

[14]郡:此字原簡左右部件變换。

[15]大守:即太守。秦置郡守,漢景帝時改名太守。《漢書‧百官公卿表》:"郡守,秦官,掌治其郡,秩二千石。有丞,邊郡又有長史,掌兵馬,秩皆六百石。景帝中二年更名太守。"

[16]逐得試知:裘錫圭(2012:2P46):"試"假借爲"識"。

[17]大奴千秋：鄔文玲（2012P46-60）：大奴，成年奴隸。千秋，人名，並非指御史大夫車千秋，應是故長公主大奴的名字。

[18]前大子守觀奴嬰齊：居延新簡 EPT43：92 作"前爲大子守觀奴嬰齊"。前大子，武帝衛皇后所生戾太子劉據，因宮廷巫蠱之禍而冤死。後來車千秋爲太子伸冤，武帝復訟太子冤，爲懷念戾太子，建造了"思子宮"與"望思之臺"。故伍文（1979.4）認爲守觀奴可能是看守思子宮或望思臺之奴婢。初仕賓（1980.2）、鄔文玲（2012P46-60）皆認爲"守觀奴"就是戾太子生前的守門奴。嬰齊，守觀奴的名字。按：初仕賓、鄔文玲説爲優。

[19]前死：居延新簡 EPT43：92 作"嬰齊前病死"。

[20]麗戎從母捐之：《居延新簡集釋》EPT43：92："從，隨從、跟從之意。"按：從母也可指姨母，但這句話其實是説"麗戎從……居主馬市里第"，與後文"從居主机菜第"句式一致，所以這個"從"應該跟隨之意。

[21]秙：原釋文徑作"私"，鄔文玲已指出原釋當存疑，劉倩倩（2015P20）釋作"秙"。按：此字原簡形右從"古"，當爲"私"之訛俗寫法。私指私通，應該是麗戎與嬰齊未婚先孕而得之子。此字也可能是"姑"字左右部件變換，若此則指麗戎的丈夫之母，即嬰齊的母親。但從人物的關係來看，前者解釋更接近。

[22]男第偓：劉倩倩（2015P20）：古時亦稱妹妹爲弟，稱弟弟爲男弟以示區別。偓，是男弟的名字。

[23]馬市里第：劉倩倩（2015P20）指出應爲長公主的府第。第，宅也。《史記·建元以來侯者年表》："失官，之北闕上書，寄宿霍氏第舍，卧馬櫪間。""居主馬市里第"用例同後文"居主机菜第"，机菜第亦是長公主府第。

[24]安道侯：鄔文玲（2012P46-60）已指出即按道侯韓説，征和二年巫蠱之亂中被殺。

[25]材：舊有釋爲"杜"或"林"，皆不可從。按：此字原簡字形右從"才"的草書，從行文格式來看此字當用爲人名。

[26]不審：裘錫圭（2012：2P46）已説明此爲漢人常用語，指不清楚、不知道。

[27]游：原簡字形嚴格録寫當作"汸"，裘錫圭（2012：2P46）指出此爲

"游"字簡寫。此處用作人名。今通檢金關簡中"游"之原簡字形,皆如此。今從原釋文統一作"游",不嚴格録寫。

[28]壻:裘錫圭(2012:2P46)文已指出此字同"婿"。按:此字《説文·士部》作"壻",是古時婦女對丈夫的稱呼。

[29]以牛車就載籍田倉爲事:鄔文玲(2012P46-60)解釋爲"就"同"僦",催傭之義。僦載,催車船載送。籍田,天子、諸侯徵用民力耕種的田。按:此簡已説麗戎與捐之、偃居住在長公主的府第,以此推測籍田倉可能指長公主封地的地方官倉。麗戎丈夫的工作即爲官倉運輸。

[30]河閒王:初仕賓(1980.2)已説明此時的河閒王是孝王劉慶,漢河閒國是今河北省獻縣一帶。

[31]偃:原釋作"偕",舊有釋爲"酒""隨""偕"等多種意見。按:舊釋皆不可取,此字原簡字形與前文出現的"偃"基本相同,而與"偕"字形差距較大。偃,人名,即上文出現的"偃"。

[32]杝菜第:第,原釋作"弟",據原圖版改。此爲長公主府第。

[33]池:原釋爲"沱"。按:金關簡中"它""也"同形,且"池"在金關簡中十分常見,而"沱"十分少見,不若統一釋作"池"。

[34]元鳳元年:即前80年,正是此年鄂邑長公主謀反事敗被誅。故後文説"主死絶户"指的就是鄂邑長公主死後絶户。

[35]諸:原釋爲"詣",伍德煦(1979.4)釋爲"詔",裘錫圭(2012:2P46)釋爲"諸",初仕賓(1980.2)釋爲"詣",詣官指交付官府。按:此字原簡字形筆畫不甚明確,從文義而言,釋"諸"爲是。

[36]脱籍:劉倩倩(2015P23):奴婢籍簿雖載其名而人已失亡。按:奴婢有名籍,這裏的脱籍指的是脱離奴籍。

[37]遠走:遠,原釋作"匿",從裘錫圭(2012:2P46)改釋。走,初仕賓(1980.2)釋作"去",不從。按:"遠走"兩字原簡皆爲草率簡省寫法,類似寫法西北漢簡中可見。

[38]介罪民閒:楊媚(2004P244-250)解釋爲戴罪藏匿民間。按:楊説可從。介,繫也。《漢書·匡衡傳》:"情欲之感,無介乎容儀。"顏師古注曰:"介,繫也。"介罪即戴罪。

[39]所:用在數量詞後表示大概的數目。《史記·扁鵲倉公列傳》:"今慶已死十年所。"

[40]中壯:鄔文玲(2012P46-60)解釋爲中等身材或身高,這是先描述整體觀感。

[41]隋:諸家皆讀爲"橢",即圓而長。

[42]拘頤:初仕賓(1980.2)、初師賓、伍德煦(1984.4)釋爲"拘頤",認爲"拘假爲狗字。狗頤乃以鳥獸形比喻面部特徵"。裘錫圭(2012:2P47)釋作"枸頤",解釋爲"尖下巴"。楊媚(2004P244-250)認爲"枸頤"是"低頭之狀"。鄔文玲(2012P46-60)將"拘頤"讀作"鉤頤",指下巴前伸。按:"拘"通"句",曲也。《荀子·哀公》:"古之王者,有務而拘領者矣。"楊倞注:"拘與句同,曲領也。"頤即下巴。拘頤應是指下巴彎曲上翹,類似胡人形象。

[43]常戚頷姁頻狀:戚,裘錫圭(2012:2P47)讀作"蹙"。頷,原釋作"額",從裘錫圭改釋。按:"蹙"有皺縮義。頷本指額頭。《方言》卷十:"頷,顙也。中夏謂之頷,東齊謂之顙。"此處"頷"通"頞",用作鼻樑義。《孟子·梁惠王下》:"舉疾首蹙頞而相告。"蹙頞,指皺縮鼻樑。姁,原釋作"胸",裘錫圭(2012:2P47)、鄔文玲(2012P46-60)、張小鋒(2000.5)皆釋文作"如"。按:此字原簡形作 ,左從"女",右部並非簡單的"口"形,當是"句"。"姁",通"句",曲也。這是形容接着所説的皺眉之態。頻,伍文(1979.4)、初文(1980.2)等皆釋爲"顒",不可從。"頻",楊媚(2004P244-250)認爲通"顰",解作皺眉之義,可從。《説文·頻部》:"涉水顰蹙也。"段玉裁注:"顰蹙,謂顰眉蹙頞也。"這句話的意思是説麗戎常常是皺鼻子緊縮皺眉的樣子。

[44]身小長:初仕賓指出"身"指上身,"小長"是細而長。

[45]詐庬:方勇(2012.2)認爲"庬"與"偽"相通,形容麗戎巧詐虛偽的性格。楊媚(2004P244-250)認爲詐庬是説麗戎的性格説話謹慎不外露。按:"詐偽"多見於秦漢文獻,方文可從。"詐偽"在法律文獻中尤其多見,一般指假冒、偽裝之義。"詐庬少言"應是描述麗戎的性格特點,指麗戎偽裝身份言語較少。

[46]二千石:詔書下達到郡,所以這裏的二千石指的是郡守。

[47]毋害:猶言無過錯。《漢書·蕭何傳》:“(蕭何)以文毋害爲沛主吏掾。”

[48]都吏:漢朝郡府屬吏,性質與督郵近似,主察視責罰之事。黄今言(2015P100-111):郡府掾、史等屬吏的泛指或統稱。太守屬下不同職別的都吏,其使命與職責不同,其中有的負責文牘公文的起草、簽署等日常事務;有的則被派遣巡行處置一些其他重大政務,包括巡行廉察、考核屬縣長吏,案獄覆治、逐捕逃犯,催督租賦、拘校財務等。西漢“都吏”與“督郵”不可等同,二者長期並存,但身份及執事部門、治所和職責有區别。

[49]嚴教屬縣官:許青松(1986.8)指出“嚴教”是漢文書中習用辭,“屬”解作“所屬”。按:許説可從,這句話比照居延漢簡中“嚴教吏卒”一語,實際上是“敕令所屬縣官縣令以下的嗇夫、吏、正、父老”。

[50]嗇夫:裘錫圭(2012:6P276):秦漢的嗇夫都是某一地區或某一部門的負責人,其下通常設有輔助他的佐(如鄉嗇夫之下就有鄉佐)。按:此簡中的“嗇夫”應指鄉嗇夫。《漢書·百官公卿表》:“大率十里一亭,亭有長;十亭一鄉,鄉有三老、有秩、嗇夫、游徼。三老掌教化;嗇夫職聽訟,收賦税;游徼徼循禁賊盗。”這裏的“嗇夫”就是指鄉嗇夫。金關簡中還能見到不少各部門的嗇夫,如倉嗇夫(T24:113A)、關嗇夫(T24:37)、廚嗇夫(T23:1012)等。

[51]吏、正:鄔文玲(2012P46-60):“吏”,鄉吏。“正”,里正。

[52]父老:父,伍德煦(1979.4)釋爲“三”,楊媚(2004P244-250)釋爲“七”。裘錫圭(2012:2P47)釋作“父”,“父老”指里父老,可從。

[53]襍驗問:初仕賓(1980.2)謂共同、互相參與案驗訊問。按:《國語·越語下》:“其事是以不成,襍受其刑。”韋昭注:“襍,猶俱也。”驗問,法律術語,查驗訊問。

[54]賞:劉倩倩(2015P26)讀爲“儻”,表示假設。裘錫圭(2012:2P47)讀作“嘗”,意爲曾經。按:按照文義當以裘説爲是。

[55]免婢:免除奴婢身份。這句話反映出婢女要爲人妻,首先要脱離奴籍。

[56]昆第:《玉篇·日部》:"昆,兄弟也。""第"通"弟"。昆弟即兄弟。

[57]發:原簡從"爿"不從"弓"。

[58]督聚:鄔文玲(2012P46-60):讀作"督趣",即"督促",督責催促之意。

[59]坐:《匯釋》(2008P118):在居延邊塞,坐,一般指治罪的原因。坐罪,就是獲罪,因某種原因而治罪。

[60]重事:初仕賓(1980.2)解作"大事",可從。按:此詞同簡兩見,皆以"重事……毋……"形式出現。"重事"之後是對下達執行者的要求,"重事"及之前是強調下達執行的事件和搜尋對象。故此處"大逆,同產當坐"與"重事"是兩個並列關係。因此後文所説的"得者"是針對"大逆,同產當坐",第二個"重事"是指已得知的重要信息。

[61]推迹未窮:推迹,求索蹤跡。未,鄔文玲(2012P46-60)釋作"求",字形不合,不從。窮,原簡字形作𦥯,上從"罒",也可能是"罷"字。窮,則爲窮盡意。罷,則爲結束。兩者在此句用意皆通。

[62]部:《匯釋》(2008P213):漢時邊塞候望系統中,低於候官而高於燧的建制稱部,一般轄六至九燧。其吏稱候長、候史。候長負責的轄域,一般由六至九個燧組成。

[63]白報:楊媚(2004P244-250):報告。

[64]郵亭:郵書傳送的中轉機構。《漢書·薛宣傳》:"過其縣,橋樑郵亭不修。"顏師古注:"郵,行書之舍,亦如今之驛及行道館舍也。"

[65]傳舍:侯旭東(《傳舍使用與漢帝國的日常統治》,《中國史研究》2008年第1期):傳舍作爲官方設立的爲官吏外出公務、過往官吏等提供免費食宿與車馬的"招待所",最早出現在戰國後期,一直沿用到東漢末期。傳舍一般設置在縣或縣以上的治所,或在城內,或在城外,未必統一。邊陲地區,如敦煌、酒泉郡,人煙稀少,各縣相距較遠。或爲減少開支,傳舍與其他負責傳遞文書的"置""驛"等並置一處,且未必位於縣治。

[66]謹密:"密",楊媚(2004P244-250)釋作"審",不可從。鄔文玲(2012P46-60):密有密閉、封閉之意,謹密即謹慎封閉,有保密的意圖,前文説"重事,當奏聞",即追查結果要奏報皇帝,奏書通常要求的保密程度

比較高，所以強調"謹密之"。按：密，此字原簡字形所從"必"較清楚，原釋不誤。謹密，當從鄔文玲作謹慎保密之義。

［67］如律令：《匯釋》(2008P100)：漢代上行下官文書之文牘用語，謂"按律令照辦"。居延簡中"受報如律令"、"書到如律令"、"如詔書律令"等都是一種變格的用法。

［68］部都尉卒人：部都尉，鄔文玲(2012P46-60)：武帝以後，在邊郡太守之下分部設都尉，以部都尉掌兵馬，有的也管民政。卒人，鄔文玲：示敬提稱語，相當於侍前、坐前、執事之類，通常用於對將軍、都尉等軍事長官的提稱。李迎春(2016P133-151)：與卒史有密切關係，很可能是同職異稱，應與先秦時期地方行政體制與軍事體制的密切聯繫有關。按：這裹的"卒人"應是對"部都尉"所屬官吏的統稱。

［69］寫移書到：《匯釋》(2008P71)：漢代公文用語，指收到轉送過來的文書。鄔文玲(2012P46-60)："寫移"與"書到"云云，實爲二事：一是要求謄寫轉呈文書，二是要求收到文書之後要按照有關規定及時處理相關事務並作回復。因此，二者應斷開。從大量簡文資料來看，"寫移"的内容既包括轉發的附件，也包括主件即上級機構簽發的下行文。如果有多層級的轉發，則每一級機構在轉發時除了謄寫附件之外，還要謄寫之前各級機構的下行文，包括末尾的題署在内。按：文書逐級下達，每一級接到的是上一級所謄抄的文書，這個是"寫移"文書。只有先接到上一級謄寫下發的文書之後，才能再"寫移"，所以這"寫移"是修飾"書"的，不宜分着讀。

［70］趣報：《説文·走部》："趣，疾也。"趣報，意指最快速報告。

［71］程鵬萬(2017P213-214)："／"爲界隔符，在文書簡牘上是作爲文書内容的界隔或是文書内容與官員名字的界隔。

［72］掾：《匯釋》(2008P245)：多指文書吏，漢代三公及郡縣官府中屬吏之長者稱爲掾，掾、史、屬分曹治事，掾爲曹長，史爲副貳。

［73］置佐：鄔文玲(2012P46-60)：很可能是驛站傳置的佐，或者是負責驛站傳置事務的佐。

［74］司馬：初仕賓(1980.2)：軍事官吏，秩六百石或比六百石，此處爲都尉屬吏。

[75]兼行:《匯釋》(2008P90):行,兼代官職,指官缺待補或外出時,暫由他官兼攝其事。漢代攝行之事較爲普遍,有以低級官吏行高一級職務者,有以平級而兼攝行事者,亦有以文職行武職、以武職行文職者。陳夢家(1980P64):都尉出缺時可由近次的司馬、城司馬、城尉兼行,若有代即罷如律,則"兼行"或"行"都尉事是暫時攝行都尉職。李天虹(1996.3):"兼",與現在的含義相同,即一身任二職⋯⋯兼行與兼不同,兼行指暫時處理某官職的事務,有時只包括某官職的一部分事務。高震寰(2015P58-79):"行"指有本職,而臨時兼理某官事務。其中,"守"、"行"是制度內的規定,差別在於"守"的重心放在所守之官,"行"則兼攝兩職。侯旭東(2017P158-179):從張掖郡邊塞屯戍系統的情況看,西漢宣帝以降,"行"只是針對官員臨時不在崗而出現的一種短暫的兼職,兼行者不會離開本職駐地,需要兼顧本職與所行職務,與官員出缺,而由上級任命的"守"官不同,已見不到官員出缺而"行"的情況。

[76]城尉:《匯釋》(2008P164):候官所在地稱鄣,都尉府所在地稱城。城尉,即主管城官事務之官職,爲都尉屬官,位在候下,但可兼行都尉事。

[77]守屬:陳夢家(1980P111):漢簡文書簽署,屬爲第二級,在掾史之下⋯⋯守屬低於曹史、高於書佐,在漢簡文書簽署中與屬之地位相當。閻步克(2017P493):與"屬"處於同一層次,是成批設置的常設之位,是正任之替補者。

[78]候長:陳夢家(1980P52):每一候官統轄一個(段)塞,其長爲候而塞尉爲其屬官,副爲候丞與塞丞;候與塞尉一同統轄幾個部,其長爲候長,其副或屬吏爲候史,而士吏是塞尉屬吏遣駐於部的。郭俊然(2013P145):邊塞候官下分若干部,由候長主之,下領若干亭燧,秩二百石,月俸一百二十錢,職責主要有五大類,即"繕治亭險"、"候望"、"領吏"、"迹候"、"備寇"。

[79]等:原未釋,從鄔文玲(2012P46-60)補釋。

[80]移書:原皆未釋,鄔文玲(2012P46-60)據文例補釋。按:此處原簡字形墨跡基本剝落,殘餘墨跡較少,可按常見文例補。

[81]會月:《集成》(九 P30):指上級官府規定的有關期會的日期。

[82]須報府：裘錫圭（2012：2P47）：意謂等待下級的報告以向都尉府匯報。

[83]失期：原未釋，從鄔文玲（2012P46-60）補釋。失期即未按規定日期。

[84]令史：陳夢家（1980P49）：令史是主文書的職名，兩府官僚組織中和千人、司馬及倉、庫、廄等官署中皆有此職。部和隧則無令史。《匯釋》（2008P66）：候官及縣令、長的屬吏，主掌文書事，月俸九百錢，秩次較尉史、隧長爲高而比士吏、候長低。兩漢，從三公府到郡縣皆有令史，秩百石到二百石不等。高天霞、何茂活（2015.5）：在漢代從中央公卿、地方政府、邊塞系統皆設的下級官吏，其職責除了掌管文書外，還廣泛參與社會、經濟、法律等其他事務。

地節[1]三年

▨閏月吏民

出入關致籍[2]　　　　　　　　　　　　　　　73EJT1：4[3]

田卒[4]平干國[5]張榆里晉（簪）裹[6]吕儋，年卅二。（竹簡）

　　　　　　　　　　　　　　　　　　　73EJT1：5

【校釋】

[1]節：漢代文字從“艸”、從“竹”相混不別，無法完全區分，故本文若無文義限定，不作嚴格區分。地節爲漢宣帝劉詢的第二個年號。

[2]致籍：薛英群（1991P428）：致籍就是各關津上報太守府的出入關者之名籍。名籍按規定要按時逐級匯總上報，使太守府能隨時了解各關津人員出入情況，故曰致籍。藤田勝久（2018P223-244）：證明“傳”規定以外的隨行人馬、物品的文書、名簿。

[3]此簡爲簽牌，上部爲圓形，並圖畫半圓網狀紋，中間有穿孔，用來繫繩，掛在笥囊外側以標識內容。

[4]田卒：姚磊（2016.4）：田卒是戍卒的一支，職責主要從事農業勞作，具有軍事性質，農戰一體。“田卒”是西漢經營西部邊陲，實行屯田制

度的産物。

[5]平干國:地名,金關簡中多見。《漢書·地理志》:"廣平國,武帝征和二年置爲平干國,宣帝五鳳二年復故。莽曰富昌。屬冀州。"

[6]晉裏:晉,原釋作"簪",原簡字形作🔲,原字形並無"竹"部,當改釋爲"晉",通作"簪"。簪裊,秦漢時期二十等爵的第三級。

河南郡雒陽[1]宜歲里王富:　　乘驥[2]牡馬一匹,軺車[3]一兩,弩一,大丸[4]一,矢五十枚,刀、劍各一。i(竹簡)　　　　73EJT1:6

新汲[5]令史德里孫世:　　駹🔲🔲一匹[6],　　劍一,刀一,弓一,矢卅二[7]。J(竹簡)i　　　　　　73EJT1:7

成卒[8]汝南郡[9]召陵倉里宋猜,　　年廿五。(竹簡)　　73EJT1:8

【校釋】

[1]雒陽:《漢書·地理志》:"雒陽,周公遷殷民,是爲成周。《春秋》昭公三十二年,晉合諸侯於狄泉,以其地大成周之城,居敬王。莽曰宜陽。"顏師古注曰:"魚豢云漢火行忌水,故去'洛''水'而加'隹'。如魚氏説,則光武以後改爲'雒'字也。"按:顏師古之説非也,陳直(1979P199)已經作過辨析,封泥、漢印及《漢書》所存古字中,皆可以證明洛陽即雒陽。

[2]驥:《説文·馬部》:"驥,馬淺黑色。"

[3]軺車:漢代敞露無篷的小車,漢畫像中常見,可坐乘,也可立乘。

[4]大丸:王錦城(2019P1013):當即大櫝丸,爲盛箭的工具。按:"櫝丸"未見有大小之名,疑"大丸"爲"櫝丸"之訛。

[5]新汲:縣名,屬潁川郡。周振鶴(2006P110):治今河南扶溝縣西南。

[6]駹🔲🔲一匹:匹,原未釋,從姚磊(《合校》2021P3)補釋。駹,原釋作"馬"。此處原釋文作兩行,細審原簡可以看出"一匹"兩字,尤其是"一"字,一筆左右貫通,不能分成兩行看待。"一匹"上部幾個字都墨跡磨蝕,無法判斷是兩行。而且此簡與T1:6、T1:8、T1:9都是竹簡,内容、格式也基本相仿。甚至此簡與T1:6書手一致。所以綜合T1:6、T1:8、T1:9簡格式

內容，這裏應該整理作一行。因此按照 T1:6"騧牡馬一"，這裏原釋作"馬"的字實際應該是表示毛色之類的字，右部缺失，不能按照兩行看待。之下應該是表示馬性別的字。

［7］二：原釋作"三"，從沈思聰（2018P193）改釋。

［8］戍卒：《匯釋》（P79）：主管烽燧守望或被徵發至邊塞戍邊服役的士兵。

［9］汝南郡：《漢書·地理志》："汝南郡，高帝置，莽曰汝汾，分爲賞都尉，屬豫州。"

戍卒粱（梁）國[1]己氏[2]泗亭里□[3]當時，年□[4]三。　　　丿（竹簡）
　　　　　　　　　　　　　　　　　　　　　　　　　　73EJT1:9

觻得[5]騎士[6]萬年里李喜。　　　　　　　　73EJT1:10

胡臨呼逐[7]　　　　　弓[8]　　　　　　　73EJT1:11

故居延尉丞王卿妻宜=君=（宜君，宜君）子小女[9]君至，吏十四人，
私從者[10]į　　　　　　　　　　　　　　73EJT1:12

【校釋】

［1］粱國：粱，原釋作"粱"，原簡雖右殘，但可確定從"米"，今改。粱國即梁國。西漢高帝五年（前 202）改碭郡爲梁國，都定陶（今山東定陶縣西北）。文帝時移都睢陽縣（今河南商丘縣南）。

［2］己氏：傳世文獻作"已氏"。漢簡中"已"、"己"常混用不別。《漢書·地理志》："已氏，莽曰已善。"

［3］此未釋字沈思聰（2018P193）釋作"莊"，但漢簡中鮮有左部作兩撇畫的"莊"字，不從。

［4］此未釋字沈思聰（2018P193）釋作"卅"，原簡殘右，無法確定釋字，不從。

［5］觻得：張掖郡下轄縣。周振鶴（2006P358）：張掖郡屬涼州刺史部，轄境大致爲今甘肅省永昌縣以西、高臺縣以東及内蒙古額濟納旗，觻得縣在今張掖市甘州區西北。

[6]騎士:漢代騎兵。

[7]逐:原釋作"勿一",從何茂活(2014.11.29)改釋。

[8]弓:原釋作"弓",對比其他相同符號,寫法有差異,今改釋。

[9]小女:漢簡中小男、小女皆十四歲爲界,其下爲小,十五歲以上爲大。

[10]從者:侯宗輝(2014.2):"從者"是吏士等私人所僱傭的隨從,故而又常被稱爲"私從者"或"私從"。"從者"多以青少年爲主,具有户籍,可擁有爵位,是國家的編户民。"從者"以協助僱主完成公私事務爲職事,並經常隨從其一起因公差旅、參與各種具體事務的處理,有效地促進了行政效率和品質的提高。在邊塞屯守系統中,"從者"被視爲戍吏的家屬成員,由政府統一配給廩食。對"從者"的探析,有助於更全面地分析邊郡屯戍人口的構成,了解漢代社會關係與社會結構。

田卒趙國襄國[1]長宿[2]里龐寅,年廿六。　　　　　　ノ　　73EJT1:13

月卒[3]一旦有遝[4]校兵者[5],欲何應之?　　　　　　　73EJT1:14A

□□□鄉[6]嗇夫　　　　　　　73EJT1:14B [7]

鄣卒[8]胡少。　　　ノ　　　　73EJT1:15

曲河[9]卒都釘。　　　~　　　73EJT1:16

今毋餘綈[10]。　　　　　　73EJT1:17

張掖肩水塞[11]關[12]門關嗇夫糞土臣[13]　　　73EJT1:18

【校釋】

[1]趙國襄國:《漢書·地理志》:"趙國,故秦邯鄲郡,高帝四年爲趙國,景帝三年復爲邯鄲郡,五年復故。莽曰桓亭。屬冀州。"襄國,爲趙國屬縣,今河北省邢臺市。

[2]宿:任達(2014P3)釋作"安",不可從。

[3]月卒:黃艷萍(2013.5.30):即月底、月末。

[4]遝:原未釋,黃艷萍(2013.5.30)釋作"來",不從。按:此字我曾釋作"武",但文義略有不安,今對照金關簡中的"遝"之草書,疑此字是"遝"

之草率簡省寫法。

[5]校兵者:黄艷萍(2013.5.30)認爲"校兵"是"校閲兵物"之意。居延新簡 EPT20:8 號簡有"拘校兵物"一語,孫占宇(2016P476)認爲指清點、核對兵器等物品,查看其是否與賬目對應。按:"校兵者"當是校驗兵物者,居延漢簡、敦煌漢簡中有很多兵物簿,即是校驗的記録。其中包括所查檢的兵物名稱、數量、缺損情況等。

[6]鄉:原未釋,今據殘存筆畫擬釋。

[7]簡背文字右殘,正面文字嚴格上要作兩行釋文。

[8]鄣卒:《匯釋》(2008P268):鄣,漢邊塞地區的小城堡,凡塞候之官皆設鄣,守鄣之卒曰鄣卒。

[9]曲河:亭名。

[10]綈:原釋作"緯",從秦鳳鶴(2018.2)改釋。《説文·糸部》:"綈,厚繒也。"即一種厚帛。

[11]肩水塞:陳夢家(1980P51):其稱某某塞者,則指長百里的一段障塞,如《漢律》所説"近塞郡皆置尉,百里一人",瓦因托尼簡(88·3)曰"各塞可百里"。劉倩倩(2015P34):西漢居延地區北設有居延都尉府,南設有肩水都尉府,肩水塞屬於肩水都尉府。王錦城(2019P49):肩水塞指肩水候官管轄的一段鄣塞。

[12]關:原釋作"閉",從黄艷萍(2013.5.30)、孔德衆、張俊民(2013.6)改釋。

[13]糞土臣:漢代官吏上書時的謙稱,這裏顯然是代指關嗇夫,其後另一枚簡上應該還有此人的具體名字。此簡"糞土臣"之前是職務的描述,可理解爲張掖肩水塞之關門的關嗇夫。

戍卒趙國邯鄲[1]上里皮議,　　車工。　　　　　73EJT1:19

狀[2]:爵晉(簪)褭,居鮤得富里,姓虞氏,年卅五歲,迺[3]本始[4]
　　　　　　　　　　　　　　　　　　　　　　　73EJT1:20

叩頭[5]再拜囝[6]言　　　　　　　　　　　　73EJT1:21

酒,寬[7]小人,過章[8]唯次公[9] 宻[10] 過步[11]足過

章金關亭[12],章得 廣[13] 具待次公會莫(暮)。　　　　73EJT1:22A

章幸₌甚₌(幸甚幸甚)。

進胡　　　　　　　　　　　　　　　73EJT1:22B[14]

【校釋】

[1]邯鄲:鄭威(2015P217-241):《漢志》趙國邯鄲縣在今河北省邯鄲市市區及西南郊區一帶。

[2]狀:此字有兩解,比照 T28:63A 相類内容,可知此"狀"是狀辭之義。或作人名,按照簡文内容推知全名是"虞狀"。

[3]迺:張國艷(2012P183):居延漢簡"乃"基本只作副詞,"迺"只作指示代詞。"乃"、"迺"同簡出現時,絶不相混,尤其能體現出它們用法的區別。

[4]本始:西漢宣帝劉詢公元前 73 年至前 69 年年號。

[5]叩頭:原簡字形不是特别明確,從所存墨跡看,釋字可疑。叩頭,敬語,伏身以頭叩地跪拜之義。

[6]頃:原簡右殘,僅見"匕",釋字可疑。

[7]寬:劉倩倩(2015P35)釋作"泉",不可從。寬,此處作寬恕意。

[8]過章:過,王錦城(2019P50)解作"看望,拜訪"。按:金關簡中的書信語言大多較通俗,"看望,拜訪"義多見經傳,用在普通書信中似不合。沈思聰(2018P111)以爲"過"是人名。簡文 A 面出現兩次"過章",而且 B 面有"章幸甚",知"過章"爲人名。

[9]次公:人名,應是收信人。此名又見 T26:169、T21:130B。

[10]此字原釋作"察",但原簡字形與"察"相差懸殊,姚磊(《合校》2021P6)懷疑是"定",暫作存疑。

[11]步:原釋爲"前"。此字原簡字形草書,與其他金關簡"前"形差異較大,與"步"形草書基本相同。T24:975 有"決願次翁步馬足",與此簡"唯次公察過步足"可能是相似的行文描述。

[12]金關亭:王錦城(2019P51)認爲此處金關亭或即金關隧。按:金

關亭指肩水金關所轄之亭,未必等同金關隧。

[13]廣:此字原整理者釋字可疑,存疑待考。

[14]B 面内容説明此簡並不是完整的書信,頗疑這是一枚書信内容的習字簡,A 面的文句不順,而且"察""廣"都書寫怪異,可能是在臨摹或練習時並没有注意内容而出現訛誤或脱漏。

出鹽一斗七升。　　四月丙[1],令拓[2]以稟(廩)[3]止虜隧[4]卒部

賢[5]爲張定、刑留[6]取三月、四月食。ｉ　　　　　　73EJT1:23

(此簡已與 T1:116 簡綴合)　　　　　　　　　　73EJT1:24

☐司馬從者二人,　　馬一匹,案(鞍)、勒[7]、鞭各一,劒(劍)[8]、大

刀各一,弓檕丸[9]、矢ｉ　　　　　　　73EJT1:25+284[10]

☐　　車牛一兩,　　—— 　劒[11]一。　　　　73EJT1:26

☐如律令。/掾市宏[12]、令史可置。　　　　　　73EJT1:27

【校釋】

[1]"丙"後原簡抄寫者脱漏地支。

[2]拓:人名。

[3]稟:原徑作"廩",今據原圖版改。《韓非子·内儲説上》:"廩食以數百人。"王先慎集解引舊注曰:"廩,給食也。"

[4]止虜隧:烽燧名。

[5]部賢:人名。

[6]沈思聰(2018P80、101)指出此處張定、刑留皆爲人名。

[7]勒:《説文·革部》:"勒,馬頭絡銜也。"

[8]劒:原釋作"劍",原形右從"刃",今改。

[9]弓檕丸:《集成》(七 P292):或稱弓檕丸和弩檕丸,盛弓、弩的容器。

[10]此簡由伊強綴合,轉見姚磊(2021P413)。

[11]劒:原徑釋作"劍",從劉倩倩(2015P36)改釋。按:金關簡中"劒"、"劍"並存,此字原簡明顯從"刃"。

[12]宏:原釋作"客",王錦城(2019P52)作"賓",從姚磊(《合校》2021P7)改釋。

戍卒鉅鹿[1]南䜌[2]元里郭廣利。　　☑　　　　　　73EJT1:28

戍卒鉅鹿南䜌延年里安都　　　　☑　　　　　　73EJT1:154

戍卒鉅鹿曲[3]迎利里□☑　　　　　73EJT1:167[4]

【校釋】

[1]鉅鹿:《漢書·地理志上》:"鉅鹿郡,秦置。屬冀州。"治所在鉅鹿縣(今河北平鄉縣西南平鄉鎮)。

[2]南䜌:鉅鹿郡下轄縣。

[3]曲:曲周縣之省。鉅鹿郡下轄曲周縣,金關簡多見,如T1:130、T2:87、T22:24等。

[4]以上三簡由姚磊(2020P109-122)編聯。

建德、安平毋官獄徵事[1],以令爲取傳[2],謁移[3]縣道河津關[4],毋苟留止[5],敢言之[6]。i　　　　　　　　　73EJT1:29

☑□里橋定,　　牛車一兩,凡牛二。　　弩一,矢廿四枚,□☑

　　　　　　　　　　　　　　　73EJT1:30+148[7]

戍卒淮陽郡城父邑[8]楊里□□[9]☑　　　　73EJT1:31

田卒趙國尉文[10]翟里韓□[11]☑　　　　73EJT1:32

䰍得騎士道德里阮漢☑　　　　73EJT1:33

【校釋】

[1]毋官獄徵事:《匯釋》(2008P48):漢代傳文書中常用語。毋,通無。官獄,官事與訟訴事。徵,指徭役兵役之類。

[2]傳:《匯釋》(2008P82):通行憑證。秦漢時"傳"引申爲憑證,即民用通行證。一個完整的吏民通行證一"傳"須由三部分組成,首先由"職聽訟、收賦稅"的鄉嗇夫出具證明要求出入關津者"毋官獄徵事"之後方可有資格申請取"傳";然後由鄉嗇夫報諸縣令(長)批准申請人"當得取傳",並

准允該"傳"下達的範圍、地點，即文書中"謁移"等語，最後由經辦文書官掾、令史等簽名發放即正式生效。冨谷至（2012P226-252）：居延漢簡中所見的傳，是旅行者所持傳的副本，即應是二次記録。

　　[3] 謁移：《匯釋》（2008P240）：漢代轉移公文的用語。李均明（2009P142）：文中稱"移"的文書，通常爲平級機構之間運行的文書。

　　[4] 縣道河津關：道，少數民族聚居的地方。津，渡口。關，陸路上的關口。皆爲沿途所過關卡。

　　[5] 毋苛留止：《匯釋》（2008P47）：不要細苛，使其留滯，有放行之意。

　　[6] 敢言之：《匯釋》（2008P241）：漢世公文慣用語，多用於下級對上級的公文。

　　[7] 此簡由謝明宏（2022.6.23）綴合。

　　[8] 城父邑：鄭威（2015P217-241）指出城父在漢初曾封侯，存在時代爲高帝六年（前201）三月至高后三年（前185），地在今安徽亳州市譙城區城父鎮。出土封泥有"城父侯相"，用印者應是城父侯國之相。《漢書·地理志》城父縣屬沛郡，景帝三年（前154）淮陽國除，爲淮陽郡，至宣帝元康三年（前63）復置國。簡文之"城父邑"，設置年代應在元康三年之前，淮陽復置國後，政區有所調整，城父劃歸鄰近的沛郡管轄。

　　[9] 未釋字原釋文無，今據原圖版補。

　　[10] 尉文：馬孟龍（2012.3）指出趙國尉文縣與尉文侯國有關。秦進才（2020.1）：是地名而非官名與人名的組合，趙國尉文的地望不會在蔚州。西漢趙國尉文的地望，不會在南郡，不會在無極（今屬河北定州），也不會在今河北廣平、山西平遥等地。戰國趙國尉文應在趙孝成王十五年以前的趙國疆域內尋找，西漢趙國尉文應在漢景帝中五年以後的趙國轄區內尋找。

　　[11] 未釋字，沈思聰（2018P194）疑是"王"。

輜車三乘，馬八匹，即日平旦[1]入關，張掖大守卒史□[2]▨

　　　　　　　　　　　　　　　　　　　　　　　73EJT1：34

石南卒驪喜里張致子。　　　　　　　　　　　　73EJT1：35

張掖郡肩水部[3]肩水當井隧[4]戍卒夏非人。・亡　　□□　　☑

73EJT1:36

從者望垣[5]萬年里季利世，　弓一，矢十四。　　～　73EJT1:37

肩水都尉[6]□□☑　　　　　　　73EJT1:38

石南卒單遂　　☑　　　　　　　73EJT1:39

曲河[7]卒謝充。　　＼[8]　　丿　　☑　73EJT1:40

☑　　　□□□□□□□□☑

☑　　用板長丈[9]，廣尺，厚五寸☑　　　73EJT1:41[10]

日勒[11]丞王勝，　　馬二匹，輬車二乘。　　　　小史[12]脩飭[13]里王奉

光。丿ｉ　　　　　　　　　73EJT1:42

☑□成里吳疾去，卌。　　　　丿　　☑　73EJT1:43

鱳得騎士安定里☑　　　　　　73EJT1:44

☑　　牛一，青，特[14]。　　　　弓一，矢廿，

　　　　　　　　　車一兩，　　　丿

☑　　大車[15]一兩[16]。　　　劍一。　　73EJT1:45+T21:319[17]

☑□賢，年卅二。　☑　　　　　73EJT1:46

☑幸゠(幸，幸)妻子夫，　　　持牛車一兩。　73EJT1:47

☑長卿足下[18]。　　　　　　　73EJT1:48

☑　　刀一。　　　　　　　　73EJT1:49

☑使　　同隧卒同郡縣棘里吳蓋，☑　　73EJT1:50+294[19]

【校釋】

[1]平旦：陳夢家(1980P249)：旦在日出前，日出時在晨時後，所以旦在晨時後、日出前，即日出以前。

[2]卒史：《匯釋》(2008P149)：居延漢簡中卒史多爲大守府、都尉府發文的起草者。李迎春(2016P133－151)：秦漢時期二千石左右官吏的高級屬吏，主要設於郡太守、都尉、屬國都尉、中央列卿等官府之中。漢代卒史雖是百石屬吏，但實際地位較高。西漢中期之後，往往通過“屬曹”、部派等方式爲諸曹掾史、督郵書掾等卿府、郡府大吏，實際職權和地位高於同秩

百石的有秩嗇夫。"卒史"後未釋字原釋文無,今據原圖版補。

[3]部:郭偉濤(2018.1):肩水塞同時分設東、南、西、北、中、左前、左後、右前、右後等九個部。

[4]當井隧:隧名,屬肩水候官。

[5]望垣:天水郡下轄縣。周振鶴(2006P350):治在今甘肅天水縣西北。

[6]都尉:永田英正(2007P371):都尉府的長官是都尉。都尉是一郡軍事上的最高負責人,但像張掖郡置有居延、肩水兩個都尉府這樣,邊郡中往往置有數個都尉府。都尉的秩次於太守,爲比二千石。都尉之下,有佐官丞和尉,此外還配置有千人、司馬等武官和曹史、卒史、屬、書佐等文官。

[7]河:原未釋,馬智全(2012.6)釋爲"河",黃艷萍、張再興(2018P215-222)釋作"沔"。按:當釋作"河",曲河爲亭名,文見T1:16。

[8]此簡原釋文僅有"丿",但原簡實際是兩個符號,今據原簡圖補。

[9]丈:原簡圖作**丈**,與"支"相混。

[10]此簡殘右,第一行文字皆只能見到部分墨跡,故釋字數量未必如原釋文。此外,若與右行釋文對照來看,第一行的第一、三字能看到所從之"木",可能是"板"。

[11]日勒:張掖郡下轄縣。周振鶴(2006P359):治在今甘肅山丹縣東南。

[12]小史:官名,文獻多有出現(參陳夢家1980P116),金關簡中也多見,但秩次職責不詳。

[13]飭:原未釋,從何茂活(2014.11.29)補釋。

[14]特:公牛。

[15]大車:馬克冬、張顯成(2013.6):對車子運載能力的判定。

[16]兩:原簡俗從"卄"。

[17]此簡由謝明宏(2022.6.30)綴合。

[18]長卿足下:長卿,人名。足下,《匯釋》(2008P111):漢代書信中對對方的尊稱,慣用語。

[19]此簡綴合詳見姚磊(2021P37)。"蓋"字原未釋,從綴合者補釋。

☑而劾[1]之,狀[2]具此。　　　　　　　　　　　　　　73EJT1:51

☑　　　令史充國☑☑　　　　　　　　　　　　　　　73EJT1:52

☑☑☑百☑錢。Ⅰ☑☑☑廿二錢。Ⅱⅰ☑二斗,它二千石,未出。Ⅱⅱ
☑二[3]百。Ⅱⅲ☑……☑Ⅱⅳ今見[4]錢二百一十五。方弓[5]Ⅲⅰ其
二人錢五千七百付大司農[6],未出。·七千六百五十☑Ⅲⅱ(削衣)

　　　　　　　　　　　　　　　　　　　　　　　　　73EJT1:53

【校釋】

[1]劾:薛英群、何雙全、李永良(1988P61):揭發、審判罪行的文狀。
斷獄謂之劾。

[2]狀:鷹取祐司(2001P730-753):狀況、事實經過的意思。按:王錦
城(2019P60)將"劾之狀"連讀,不妥。居延新簡EPT56:376:"以此知而劾
之,毋它狀。"T24:712:"以此知而劾之,毋它狀。"其中的"狀"與此同。對
讀亦可推知前面殘缺"以此知"等内容。

[3]二:原釋作"三",今據原圖版改。

[4]見:《匯釋》(2008P34):經查驗而確有者。

[5]弓:劉釗(2014P350-362):是簡牘整理中常用的,與"卩"異形而
實同的符號,用來釋寫漢簡中常見的用來表示"已經領取"等含義的一類
標記……我們推測此號早期很可能來源於"已"字。

[6]大司農:據《漢書·百官公卿表上》載,大司農本由秦所設治粟内
史演變而來,景帝後元年更治粟内史名爲大農令,西漢武帝太初元年(前
104)改名大司農,亦簡稱大農。秩中二千石,掌管全國租賦收入和國家財
政開支,凡百官俸禄、軍費、各級政府機構經費等皆由其支付,兼理各地倉
儲、水利、官府農業、手工業、商業的經營,調運貨物,管制物價等。屬官有
太倉、均輸、平準、都内、籍田五令丞,斡官、鐵市兩長丞。郡國諸倉、農監、
都水六十五官長丞皆屬之,邊郡的農都尉等屯田官員亦歸其統屬。新莽時
先後改名義和、納言(參見鄭天挺編:《中國歷史大辭典》,上海辭書出版社
2000年第117頁)。

弘農郡[1]陝[2]倉□里蔡青，　　葆養[3]車騎馬[4]一匹，騢牡，左剽[5]，齒[6]五歲，高[7]五尺八寸半，名曰張中[8]。　　大奴[9]□[10]昌卅八[11]卩[12] ⅰ（竹簡）　　　　　　　　　73EJT1：54

【校釋】

[1]弘農郡：《漢書·地理志》：“弘農郡，戶十一萬八千九十一，口四十七萬五千九百五十四。縣十一：弘農、盧氏、陝、宜陽、黽池、丹水、新安、商、析、陸渾、上雒。”

[2]陝：弘農郡下轄縣。周振鶴（2006P59）：治今河南三門峽市西。

[3]葆養：“葆”通“保”，意爲任、擔保。保養就是擔保養育不許死傷。《漢書·食貨志》：“又令公卿以下至郡縣黃綬吏，皆保養軍馬。”顏師古注：“保者不許其死傷。”

[4]車騎馬：用作駕戰車或騎兵用的馬。

[5]左剽：左側有針刺標識。《説文·刀部》：“剽，砭刺也。”詳見李洪財（2021.5）。

[6]齒：年齡。

[7]高：指馬的身高。人的身高用“長”。

[8]張中：馬名。

[9]大奴：《漢書·武五子傳》：“過弘農，使大奴善以衣車載女子。”顏師古注：“凡言大奴者，謂奴之尤長大者也。”據此，大奴或指身長較高之奴。

[10]未釋字沈思聰（2018P195）疑是“廣”，不從。

[11]卅八：原釋作“弓”，非是。當是數字，起到編號作用。

[12]卩：原缺釋，今補。程鵬萬（2017P207）：一般都是表示廩食、俸祿的領取。將卩書於物品之下也是領取物品之後的一種確認。

肩水平樂[1]隧卒陳□，　　賞賣[2]布襲[3]一領[4]，布綺[5]一兩[6]，并[7]直（值）八百。界亭[8]☑ⅰ　　　　　　　　73EJT1：55

【校釋】

[1]平樂:原未釋,從沈思聰(2018P195)補釋。

[2]貰賣:即賒賣。《説文·貝部》:“賒,貰也。”

[3]襲:王震亞、張小鋒(1998P126-148):襲又稱爲“褶”,是一種類似胡服的短衣。短衣省料易成,戍卒穿上短衣,行動敏捷,利於作戰,故襦和襲是戍卒最常見的服裝。

[4]領:量詞。

[5]綺:套褲。《説文·系部》:“綺,脛衣也。”段玉裁注:“今所謂套褲也。左右各一,分衣兩脛。古之所謂綺,亦謂之襄,亦謂之襗。見衣部。若今之滿當袴,則古謂之幝,亦謂之幒。見巾部。此名之宜別者也。”

[6]兩:在漢簡中凡是成對成雙的物品都用“兩”作量詞,比如綺、鞋、襪子等都用“兩”作量詞。

[7]并:原釋作“並”,從沈思聰(2018P195)改釋。

[8]亭:原未釋,原簡此處斷殘,僅見“亠”,根據較常出現的“界亭”文例推測此字應是“亭”。“界亭”一詞在金關簡中出現的頻次較多,比如T21:1、T21:344、T22:33、T24:26、T24:642等簡中皆有出現。

☑☑[1]吏賀將漕[2]卒　　　　　　　　　　　　73EJT1:56

☑湯,　　以訾家爲吏[3]迎事臡得。　　☑　　73EJT1:57

☑　　以食臨渠卒張誼九月、十月食[4]。　☑　73EJT1:58

☑隧長[5]安成以令爲更封。　　　　　　　　73EJT1:59

☑☑大如☑☑☑(削衣)　　　　　　　　　　73EJT1:60

☑☑富[6]端,貰賣布復(複)袍[7]一領,☑ⅰ☑……☑ⅱ 73EJT1:61[8]

【校釋】

[1]此未釋字原釋文無。此簡上殘,但此處仍可看到一字的少許筆畫,今補。

[2]將漕:官名,管理漕務的官員。漕即漕運,指以水路運糧。

[3]訾家爲吏:《集成》(六 P271):訾,通貲。有小罪入貲以贖稱貲。

或疑爲漢入訾拜爵之事。李天虹(2003P80):訾,通資,錢財。訾家,富有錢財的人家。訾家,入粟輸邊以拜爵除罪者。邢義田(2012P180-191):有一定資産之人,其訾産的数量符合爲吏的基本財産標準。

[4]食:原未釋,從魯家亮(2012P777-782)補釋。

[5]隧長:陳夢家(1980P55-57):隧在防禦組織的候望系統中,是最基層的哨所。隧長處於候官之下,可以是文吏,也可以是武吏,月俸爲六百錢。

[6]富:原釋作"審",從劉倩倩(2015P44)改釋。

[7]復袍:即複袍,有裏的袍。《釋名·釋衣服》:"有裏曰複,無裏曰禪。"

[8]此簡上下斷,左殘,按照原簡格式,内容當爲貰賣名籍,同類内容如T1:61。

觻得騎士市陽里**巍**[1]☑	73EJT1:62
☑□令,寫移檄[2]□[3]☑	73EJT1:63
僤巳[4]小女[5]盛　　客☑	73EJT1:64
☑車一乘,馬三匹,牛車九兩,兵☑	73EJT1:65
☑言之,從關嗇夫[6]貰糴粟[7]ⅰ☑□□□□ⅱ	73EJT1:66
☑牛車一兩。　　　～	73EJT1:67
☑□國私兵[8]舉四時簿[9],使都護[10]大守府。	73EJT1:68

【校釋】

[1]此字原未釋,疑是"巍"。

[2]檄:《匯釋》(2008P288-289):檄是用以匯報或通報的公文,多用於徵召、曉諭、申討等,文氣急切,具有較强的勸説、訓誡與警示作用。

[3]按:此字原釋文無,今據簡尾殘端可見墨跡補。姚磊(《合校》2021P9)以爲此未釋字是"到",不從。

[4]僤巳:人名。

[5]小女:年齡在十四歲以下的女子。

[6]關嗇夫:《匯釋》(2008P96):應即關候之門嗇夫。裴錫圭(2012:5P103):肩水關嗇夫或兼行候事,可知是肩水候官的下屬。候官之秩略與縣令、長相當,所以肩水關只能設嗇夫,其地位與縣的官嗇夫相當。

[7]貰糴粟:劉倩倩(2015P44)認爲"糴粟"作名詞,指穀物。王錦城(2019P62)認爲"糴"通"糴","貰糴"謂以賒欠的方式買入糧食。按:王說可從。

[8]私兵:劉倩倩(2015P45):漢代豪強地主的私人武裝。王錦城(2019P63):指私人兵器;"私兵"或即"卒兵",即戍卒私有的兵器。按:東漢時期豪強地主勢力發展壯大後才出現私人武裝,金關簡年代主要在東漢初期之前,故此處的"私兵"未必指私人武裝。但説"私兵"是指私人兵器也存在疑問。"四時簿"是記録官有兵器的季度報告,不該出現私有兵器。今核對原簡,知"私"原簡字形右部與常見"私"有區别,可疑。

[9]舉四時簿:舉,上報、上呈。四時簿,《匯釋》(2008P63):季度會計報告。一般都標明某年"某月盡某月"。

[10]都護:《後漢書·西域傳》:"武帝時,西域内屬,有三十六國。漢爲置使者、校尉領護之。宣帝改曰都護。"李賢注曰:"宣帝時,鄭吉以侍郎田渠犂,發兵攻車師,遷衛司馬,使護鄯善以西南道。其後匈奴日逐王降吉,漢以吉前破車師,後降日逐,遂並令護車師以西北道,號曰都護。都護之置,始自於吉也。"

☑帀長(張)[1]掖郡中,正光占。案[2]☑ⅰ☑☑☑☑☑☑☑ⅱ

　　　　　　　　　　　　　　　　　　　　　　73EJT1:69

☑☑☑☑☑[3]　　　唯子光☑
☑毋置意☑☑　　　　　　　　　　　73EJT1:70
肩水候官[4]　　　☑　　　　　　　　73EJT1:71
☑里夏解之,壬寅行到[5]居延☑(觚)　　73EJT1:72
田卒平干國廣平澤里醫[6]裹李田利里[7],年廿六。☑(竹簡)

　　　　　　　　　　　　　　　　　　　　　　73EJT1:73

戍卒梁國己氏☑(竹簡)　　　　　　　　　　　73EJT1:74

戍卒梁(梁)[8]國己氏官里陳可置,☑(竹簡)　　73EJT1:75

【校釋】

[1]長:原徑釋作"張",從姚磊(《合校》2021P10)改釋。

[2]市、案:原未釋,今據常見行文和原簡墨跡補。

[3]此處原釋作三個未釋字,今據原簡補作四字。

[4]候官:陳夢家(1980P25):漢代郡太守以下的軍事組織,有都尉、候、候長、隧長四級官吏,其治所(即府署)分別稱都尉府(或府)、候官、部、署。"候官"、"城官"之官猶官署、官府之官,不作官長解,故至都尉府曰詣府,至候官曰詣官。候官,就其屬於都尉府以下一級的組織,表示管轄若干部候(即候長)的機構;就其爲首長"候"所在的治所,亦稱爲"候城"或"障",故候亦稱郵候。張文瀚(2018.1):候官主要是在邊塞防綫之上,率領部隧吏卒候望敵情、傳遞烽火,擔當防禦匈奴、羌等少數民族勢力侵襲之責的軍事機構。

[5]行到:《匯釋》(2008P90):行道,在途爲行道,相對居署而言。按:"行到"當爲行道到之省。

[6]此字原簡圖作![字形],簡省較多,未必從"竹",或當録作"晉"。

[7]此簡爲田卒名籍,按照行文格式,"李田利里"當爲姓名,但此名較怪異,與漢簡常見姓名差距較大,懷疑此處有衍文或抄寫錯亂。

[8]梁:原釋作"梁",從何茂活(2014.11.29)改釋。按:西北簡中"梁"、"梁"常相混,但構形區別明確,此簡"梁"從"米",當改釋。

☑丿(竹簡)　　　　　　　　　　　　　　　73EJT1:76

☑　　爲田七十五畝(竹簡)　　　　　　　　73EJT1:77

日勒騎士延壽里張定,☑(竹簡)　　　　　　73EJT1:78

秋華里房椑(竹簡)　　　　　　　　　　　73EJT1:79

☑□[1]之:宜歲里公乘[2]王富,年卅五歲,自言爲家私☑

☑言之。八月壬子,雒陽丞大[3]移所過[4]縣☑　　73EJT1:80A

☑四月壬子入[5]。　　　☑　　　　　　　　　　73EJT1:80B

【校釋】

[1]未釋字原釋文缺釋,原簡尚能見少許筆畫,疑是"言",今補。

[2]公乘:秦漢二十等爵位的第八級。

[3]大:雒陽丞的名字。

[4]所過:李燁(2015P44-59)指出此與"過所"同義,"過所"指經過的地方。古代過所文書專用詞語。

[5]入:《匯釋》(2008P2):進入候官的區域,大概是進候官的門之類。

戍卒粱(梁)[1]國睢陽[2]柣[3]里不更[4]丁姓,年廿四。　　庸[5]同縣
駝詔里不更廖亡生,年廿四。☑　　　　　　　　73EJT1:81

戍卒粱(梁)[6]國睢陽中丘里不更李☑　　　　　　73EJT1:137

☑□陽東昌里不更☑　　　　　　　　　　　　　73EJT1:149

☑士[7]夏奉世,年廿八。今睢陵里不更張德,年廿六。　　—　　丿[8]
　　　　　　　　　　　　　　　　　　　　　　73EJT1:150

☑□不更蔡野,年廿四。　　　—[9]丿　　73EJT1:182[10]

【校釋】

[1]粱:原釋作"梁",原簡從"米",今改。

[2]睢陽:睢陽縣。秦置。西漢初屬梁國,文帝時爲梁國國都。治所在今河南商丘縣南一里。

[3]柣:原整理者逕作"秩",原簡從"木"不從"禾",今改。

[4]不更:秦漢二十等爵第四級。

[5]庸:《集成》(五 P20):替人服役戍邊收取報酬爲庸。張麗萍、張顯成(2019.3):"庸"指受僱傭爲他人勞作,在西北屯戍漢簡中多特指受僱替人戍邊。

[6]粱:原釋作"梁",從何茂活(2014.11.29)改釋。

[7]士:姚磊(《合校》2021P17)認爲此字也可能是"里",不可從。

[8]此處符號原釋作"卜",姚磊(《合校》2021P17)比照 T1:182 簡,認

爲當整理作"一"、"丿"兩個符號,從改。

[9]此處符號原未釋,從姚磊(《合校》2021P20)補釋。

[10]以上自 T1:81 至 T1:182 五枚簡由姚磊(2020P109—122)編聯。

當陽[1]卒郭王孫[2],　　　六石具弩[3]一,橐矢[4]五十,☒73EJT1:82

☒☐[5]施刑[6]屯[7]居延,作一日當二,☒ᵢ☐☐☐☐☐☐☐ᵢᵢ

　　　　　　　　　　　　　　　　　　　　　　73EJT1:83

【校釋】

[1]當陽:隧名或亭名。

[2]王孫:原釋作"玉枔",從沈思聰(2018P195)改釋。按:"孫"字形略有不合,字形似是"紒",存疑。簡面靠右上有大塊墨跡,姚磊(《合校》2021P11)疑是勾校符號"丿",不從。

[3]六石具弩:李天虹(2003P94):漢代以"石"作爲計算弩强度的單位,拉滿一石之弩,大約需提起一石重物之力。《集成》(九 P44):具弩,配套完整的弩。

[4]橐矢:《集成》(五 P4):箭桿長的箭矢。李天虹(2003P94):橐矢應該是一種形制的箭鏃的稱謂,與箭桿之橐可能無關。王國維提出橐矢可能即嚆矢,字又作骹、髐、骹,是一種鳴箭。按:李天虹所引王國維説法可從。

[5]此未釋字原釋文無,據原簡殘餘墨跡補。張俊民以爲此字是"皆",不從。

[6]施刑:《匯釋》(2008P186):即弛刑,是刑徒得到皇帝的赦令詔書,可以去掉身上的刑具、罪衣。但是這是有條件的,即被解除刑具的刑徒必須要去邊塞戍守一個時期。按:傳世文獻作"弛刑"。《漢書·趙充國傳》:"發三輔太常徒弛刑。"顏師古注:"弛刑爲不加鉗鈦者也,弛之言解也。"

[7]屯:屯田,此處用作動詞。

故第四農長[1]閻安居,一名充河☐☒

☒☐☐☐農丞[2]馬適☐[3]大常[4]☐☒

☑^[5]馮廣昌,潁川郡^[6]陝^[7]☑　　　　　　　73EJT1:84

【校釋】

[1]農長:裘錫圭(2012:5P231):田官所統轄的"第某長"或"某農某長",其品級一定低於一般的令長。分部之長的地位跟屯長也應該是相近的。唐俊峰(2014P92-95)認爲:漢代有以"農長"爲名、與農令同級的長吏。……同爲比縣機構的田官,其長吏的命名可能一如縣令、縣長,只是因應轄區的大小,把長吏分別命名爲農令、農長而已。兩者雖然在秩級上有高低差異,但應同屬比縣的長吏。

[2]農丞:裘錫圭(2012:5P231):屯長、候長這類"長",是没有資格設稱"丞"的副職的。所以"第某丞"必非分部之長的丞。……據《百官表》,一個令長之下往往可以設好幾個丞。大概田官之長下面,除了全面輔佐他的丞(也許瓦因托尼食簿簡提到的"都丞"就指這種丞),還設有一些地位較低的丞。分部若不設長,就由這些丞來掌管。王錦城(2019P67):農丞是和農長同一級的屯田官吏,田官下面分部或設長,或設丞。

[3]馬適☐:原釋作"☐適☐"。沈思聰(2018P195)釋作"馬適均"。釋"馬"可從,釋"均"不從。

[4]大常:孔祥軍(2012.3)認爲"大常"即太常郡。馬孟龍(2013.3)認爲,傳世文獻中並没有西漢設置"太常郡"的記載,所謂出土文獻記載有"太常郡"稱謂的説法也是不可信的。按:傳世文獻作官名。《漢書·百官公卿表》:"奉常,秦官,掌宗廟禮儀,有丞。景帝中六年,更名太常。"《後漢書·百官志》:"掌禮儀祭祀。每祭祀,先奏其禮儀;及行事,常贊天子。每選試博士,奏其能否。大射、養老、大喪,皆奏其禮儀。每月前晦,察行陵廟。"

[5]此處下册釋文本釋文有"……",但中册圖版旁釋文無。

[6]潁川郡:即潁川郡。《漢書·地理志》:"潁川郡,秦置。高帝五年爲韓國,六年復故。莽曰左隊。"

[7]陝:此字與"郟"的關係有較多討論,田炳炳認爲兩字是"反寫"關係,董珊認爲是通假關係(轉見《合校》2021P12),劉倩倩(2015P47)説是筆誤,王錦城(2019P66)認爲當存疑。按:《漢書·地理志》潁川郡下轄郟

縣,周振鶴(2006P111)指出治在河南今縣。既然有可對讀傳世文獻,那麼應該可確定此處的"陝"與"郟"同。

☑☑收吏計以賹責(債)[1]如記,上會[2]☑[3]☑　　　73EJT1:85A

☑☑至𪘚得迎奉[4],候官[5]當☑　　　73EJT1:85B

☑宜逐捕亡民[6]安樂里,發告[7]張掖☑☑　　　73EJT1:86

敢☑☑☑以家　　☑ⅰ……☑☑　☑[8]ⅱ　　　73EJT1:87

☑尉壽王襦　　☑(觚)　　　73EJT1:88[9]

☑☑長生[10]　　☑　　　73EJT1:89

【校釋】

[1]賹責:賹,原未釋,原簡字形可見下"貝"形,上部尚能隱約可見"世"形,暫擬補釋。責,通"債"。賹責,賒賣或借貸形成的債務。

[2]會:原未釋,李燁、張顯成(2015.4)釋作"錢",不可從。按:此字原簡字形作𠒣,當爲"會"之草書,今補釋。

[3]此未釋字原釋文無,今據原圖版補。

[4]迎奉:王錦城(2019P68):指迎取俸禄。

[5]官:原未釋,今據原圖版補。

[6]逐捕亡民:王錦城(2019P68):逐捕,追逐逮捕;亡民,流亡的百姓。

[7]告:原釋作"赤",從何茂活(2014.11.29)改釋。發告指發佈文告。

[8]此行原釋文無,王錦城(2019P69)補作"……"。此簡左殘,原簡可見兩行,並可見從"月"、從"貝"兩字。

[9]原圖版此簡左側可見數字墨跡。

[10]簡首未釋字原釋文無,今據原圖版補。生,原簡作𡳕,原釋作"止一",何茂活(2014.11.29)以爲是"送",姚磊(《合校》2021P13)從之。按:何茂活釋字不可從。此形與"生"草書甚合,且"長生"在金關簡中也多有出現,字形文例參見 T1:124。關於"長生"的任職時間和地點,郭偉濤(2017P229-259)有詳細考述。

☑□足下甚苦事[1]　　☑ᵢ☑長常賢,幸甚　　☑ᵢᵢ　　73EJT1:90A

　　　丙寅七日卩　　丁亥廿八日　　☑

☑月朔大　丁卯八日卩　戊子廿九日[2]　　☑

　　　戊辰九日卩　己丑卅日謁[3]　　☑

　　　己巳十日卩　☑　　　　　　73EJT1:90B

【校釋】

[1]甚苦事:書信常用語,意思是因忙於某事,十分辛苦。

[2]此處原釋文有"卩",王錦城(2019P69)已指出此爲第三行"謁"字的筆畫,今删。

[3]謁:原未釋,此字爲"謁"之草寫,今補。此簡正面是書信内容,背面内容爲時間記録,唯此處"謁"與其他各處有别,若比照秦簡《質日》日期下記録私事或公務内容,這裏可能也是相類的記録。

(此簡已與1:108綴合)　　　　　　　　73EJT1:91

登山[1]卒莊歐　　☑(削衣)　　　　　73EJT1:92

☑丑,命加笞八百,要斬[2]。ᵢ☑□丑,命加笞八百,要斬。ᵢᵢ☑七[3]月

丁未,命笞二百,棄市[4]。ᵢᵢᵢ(削衣)　　　73EJT1:93

☑水金關寫ᵢ☑□ᵢᵢ[5](削衣)　　　　　73EJT1:94

☑□大[6]　　　☑ᵢ☑□小女偃王　　☑ᵢᵢ

☑子小女〻(女女)足　　☑ᵢᵢᵢ(削衣)　　73EJT1:95

☑息[7]　　伏地再拜,進[8]☑ᵢ☑□□□[9]ᵢᵢ(削衣)　73EJT1:96

肩水候官行者☑　　　　　　　　　73EJT1:97

☑　　張□☑　　　　　　　　　　73EJT1:98

☑　　蘭(籣)[10]廿二。　　靳□☑

☑　　冠[11]十七。　　靳幡[12]☑

☑□　服(箙)[13]十七。　　□□☑(削衣)　73EJT1:99

戍卒淮陽郡陽夏[14]高里鄧□　　☑(削衣)　73EJT1:100

☑移過所[15]縣邑,如☑(削衣)　　　　　73EJT1:101

☑左　☑(削衣)　　　　　　　　　　　　　　　　73EJT1:102

☑車一兩。☑(削衣)　　　　　　　　　　　　　　73EJT1:103

☑五月丙寅,嗇夫長生[16]受　　　☑(削衣)　　　　73EJT1:104

【校釋】

[1]登山:隧名,屬肩水候官。

[2]要斬:刑名,即腰斬,斷腰之刑。

[3]七:原整理者未釋,今據原圖版補。

[4]棄市:刑名,指死罪。《禮記·王制》:“刑人於市,與衆棄之。”即受刑人處死並示衆於鬧市。《史記·秦始皇本紀》:“有敢偶語詩、書者棄市,以古非今者族。”

[5]此行釋文原無,今據原圖版補。

[6]大:原整理者未釋,原簡圖字跡較淡但尚可辨析,今據原圖版補。此簡可能是家屬名籍或家屬符的削衣,簡文中的“大”“小”是對男女年齡的劃分。

[7]息:原整理者未釋,姚磊(《合校》2021P14)疑是“息”。按:此字原簡圖作&#xfile;,從“自”從“心”皆可辨識,可確定釋字。息,在此簡用作人名。

[8]進:原釋作“過”,從姚磊(《合校》2021P14)改釋。

[9]此行原釋文無,今據原圖版墨跡補。

[10]蘭:李天虹(2003P95):通簡,字又作韊,是背在身上的盛矢器具。張小鋒(1998P103–106):蘭一般盛矢五十,凡是記有蘭一以上者,是指某烽燧中所有的蘭器數目而言;凡是記有蘭一者,則是戍卒單人所具有的蘭器數目。

[11]冠:蘭的蓋。《集成》(九 P95):漢簡中蘭冠常連用,或以爲乃蘭器之蓋。

[12]靳幡:《集成》(八 P3):靳干、幡,即靳干和靳幡,猶旗竿和旗幡。靳幡,信號旗類。李天虹(2003P95):靳通旃,幡通旛。旂干即旗杆,旂即旗幟。

[13]服:讀作“箙”,盛矢器。《周禮·夏官·司弓矢》:“中秋獻矢箙。”鄭玄注:“箙,盛矢器也,以獸皮爲之。”按:此字上部還可見一字墨跡,

原釋文無,今據原圖補。

[14]陽夏:陽夏縣。秦置,治所即今河南太康縣。西漢屬淮陽國。東漢屬陳國。

[15]過所:《匯釋》(2008P75):所過之處的意思。在漢代,人們出行需要縣(鄉)出具的通行證,因公往來的人,皆持有通行證明,猶後世之通關文牒和今日通行證。《周禮·地官·司官》:"凡所達貨賄者,則以節傳出之。"漢鄭玄注:"傳,如今移過所文書。"

[16]長生:原釋作"延坐",從何茂活(2014.11.29)改釋。何茂活推測簡首殘失內容是"地節二年"。

☑鄣卒陳傅[1]　　☑☑(削衣)	73EJT1:105
鄣卒審定　　　☑(削衣)	73EJT1:106
☑移金關塞,從者如☑(削衣)	73EJT1:107
·肩部上小畜[2]簿☑(削衣)	73EJT1:108+91[3]
唯☑☑☑(削衣)	73EJT1:109
☑長☑言　　·[4]出錢九十糴(糴)麥二石[5]=(石,石)卅五☑	
	73EJT1:110
☑☑。幸=甚=(幸甚幸甚)。☑(削衣)	73EJT1:111
☑☑合[6]昌　　　☑(削衣)	73EJT1:112
☑……☑[7]i☑水宰封書☑☑ii☑案如書以☑☑iii	73EJT1:113A
☑☑[8]以律☑i☑☑尉府卿[9]☑ii	73EJT1:113B
河內[10]西平里不更王安　　☑	73EJT1:114
河南郡雒[11]東史里龐偶☑	73EJT1:115
司馬,　　馬一匹,案(鞍)、勒、鞭各一,劍、大刀各一,橝丸　　☑	
	73EJT1:116+24[12]

【校釋】

[1]傅:原釋作"傅",從張俊民(2011.9.23)改釋。

[2]小畜:《集成》(九 P53):小的牲畜,指豬、羊、狗之類。按:"小畜"

又見於 T24：96、C：320。

[3]此簡由謝明宏(2022.6.7)綴合。

[4]"·",原整理者未釋,今據原圖版補。

[5]石:陳夢家(1980P149):石與斛,此二者本是不同的計數單位,漢以四鈞爲一石,重百廿斤;十斗爲一斛……漢簡記廩食,亦往往以石代斛。《説苑·辨物篇》:"十斗爲一石。"我們以爲,官文書上關於秩禄的條文上,"石"和"斛"是有區別的,"石"稱秩級而"斛"稱俸禄之數。但在通常記量之時,則可以石代斛。

[6]合:沈思聰(2018P196)以爲是"始",不從。

[7]此簡正面第一行釋文原無,今據原圖版補。

[8]此未釋字原缺釋,今據原圖版補。

[9]府卿:府,原釋作"等"。此字所在行左殘,僅見右半。金關簡常見"尉府"文例,多指都尉府。"尉府"之後的"卿"原釋作"叩"。"卿"、"叩"兩字漢簡中常同形,按照文義當作"卿"。

[10]河内:晏昌貴(2012P249—255):王莽改河内郡懷縣爲河内。按:據常見名籍基本行文格式,這裏的"河内"也可能是郡名後漏寫縣名。

[11]雒:晏昌貴(2012P249—255)認爲此字後原簡脱"陽"字。按:T1：128 簡中同樣出現"河南郡雒",推知此處未必是脱漏,可能是"雒陽"的簡省書寫形式。雒陽縣,位於河南省西部的洛陽盆地内。

[12]此簡由伊強綴合,參見姚磊(2021P413)。

☑　入穀[1]簿　　☑　　　　　　　　　　73EJT1：117

田卒趙國襄國下廣里倀(張)[2]從☑　　　　　　73EJT1：118

☑謁者[3]里范壽　　☑　　　　　　　　　73EJT1：119

☑子大常陽陵□☑　　　　　　　　　　　73EJT1：120

☑□[4]北巷里蘇廣志,·牛車☑　　　　　　73EJT1：121

☑匹,大車十三兩,牛☑　　　　　　　　　73EJT1：122

元康四年十一月□　　☑

百,約(約)[5]至五年□　　☑(右側有刻齒數)[6]　　　73EJT1:123

☑地節二年[7]七月戊子,嗇夫長生[8]封[9]。　　　　73EJT1:124

本始二年八月辛卯朔[10]戊申,居延户曹[11]佐☑　　73EJT1:125A

十月戊子出關。　　☑　　　　　　　　　　　73EJT1:125B

地節三年十一月癸未朔辛丑,軍令史遂敢言之:詔書發三輔[12]、大常、

中二千☑ᵢ里□□自言作日備[13]。·謹案[14]:□□□□□□□

十一月乙酉作日備[15],□☑ᵢᵢ　　　　　　　73EJT1:126

【校釋】

[1]穀:原整理者下册釋文本誤作"谷",圖版旁釋文不誤。

[2]倀:原徑釋作"張",今據原圖版改。

[3]謁者:里名。

[4]此未釋字原無,今據原圖版補。

[5]約:邢義田(2012P180-191)釋爲"約",認爲"約至"爲漢世貰買契約中常用詞。按:邢説可從,相同文例又見 JT28:17。按照俗字書寫規律也可釋録作"絇"。漢簡中可見"口"作一點或兩點的情況,又漢簡"厶"、"口"相混不别,此字則可視爲"約"的俗形。

[6]此簡右側有刻齒,刻齒是通過特定的形狀來表示千、百、十,通常旁側的刻齒與簡面約定的數字可對應,詳見籾山明(1998P147-177)。

[7]地節:漢宣帝年號。地節二年即公元前 68 年。

[8]長生:人名。

[9]封:永田英正(2007P142):所謂"封",是指將文書封印後發送出去。

[10]本始二年爲公元前 72 年。《朔閏表》此年八月甲申朔,兩者朔干支衝突。張俊民(2011.9.30)、黄艷萍(2014P78-84)認爲此簡原抄寫者書寫有誤。姚磊(《合校》2021P15)説"本始"當是"地節"之誤。按:此年有閏,干支衝突應與置閏有關,不能完全歸於書寫錯誤。

[11]户曹:安作璋、熊鐵基(2007P611):漢代公府"户曹主民户、祠祀、農桑",郡府户曹以民户爲主,兼及獄訟、禮俗和祠祀等事。按:《後漢書·百官志一》:"户曹主民户、祠祀、農桑。"此簡所殘缺,但可以看出是通關過

所,這裏出現了户曹參與通傳事務,同樣在 T4:197+136、F3:461+476+454 也可見户曹管理通傳,因此地方户曹應還兼管出入關通傳之事。

[12]三輔:西漢京師及轄區的三個職官合稱。漢初以内史掌治京師,景帝二年分置左右内史。右内史,武帝太初元年更名京兆尹,左内史更名左馮翊。景帝時還將秦時掌列侯的主爵中尉更名都尉,武帝時又改名右扶風,連同京兆尹、左馮翊,稱三輔。詳見安作璋、熊鐵基(2007P531—32)。

[13]備:原釋作"滿",從伊强(2015.2.19)改釋。

[14]謹案:《匯釋》(2008P271):漢代文書慣用語。案,驗。李均明(2009P144):仔細而認真地調查瞭解。

[15]作日備:原未釋,從胡永鵬(2017P69)補釋。

(此簡已與 T1:172 簡綴合)　　　　　　　　73EJT1:127

河南郡雒南樂里新世。　　　☑　　　　73EJT1:128

☑牛車一兩。　　　☑　　　　73EJT1:129

戍卒鉅鹿郡曲周[1]孝里功(工)陑(師)[2]卷　　☑　73EJT1:130

河南雒陽大里大女[3]張□[4]☑　　　　73EJT1:131

☑　　　□□憐[5]在前留意☑　　　73EJT1:132

登從史[6]戀弘☑　　　　　　73EJT1:133

【校釋】

[1]曲周:晏昌貴(2012P249—255)已指出此縣《漢志》屬廣平國,但此簡明確屬"鉅鹿郡",可知轄屬有變化。

[2]功陑:陑,原釋作"師",今據原簡圖改釋。陑,爲"師"之俗字。張再興、黄艷萍(2017P72—77):漢複姓,讀作"工師"。

[3]大女:《匯釋》(2008P6):漢代按照年齡將人區分爲大、小和大、使、未始。大指年齡在十四歲以上。按:關於秦漢簡中男女的大小年齡界定,一般是以十四歲爲界,但出土材料也有反證,如 T37:102 就有大女十一歲。

[4]未釋字沈思聰(2018P197)釋作"貴"。按:存見墨跡不能確定釋字,不從。

[5]憐:此字原未釋,原簡可見左部從"忄",右部亦與"粦"之俗寫相近,但結構並不十分清晰,今據原圖版補。

[6]從史:張英梅(2014.2):漢代,高級官僚的從屬官,類似隨從之類,或稱從吏,是主官增設的官職,不列正式官序。

田卒梁(梁)[1]國睢陽平居里☒　　　　　　　　　73EJT1:134

戍卒梁(梁)[2]國睢陽丞筐里□☒　　　　　　　　73EJT1:135

田卒趙國柏人南蒲里蘇堨[3]。　　　☒　　73EJT1:136+163[4]

(此簡已編聯至 73EJT1:81 之後)　　　　　　　　73EJT1:137

地節四年[5]四☒　　　　　　　　　　　　　　　　73EJT1:138

☒[6]至本始☒　　　　　　　　　　　　　　　　　73EJT1:139

居延都尉[7]客雍男子蕥賓名定一名☒　　　　　　73EJT1:140

【校釋】

[1]梁:原釋作"梁",從何茂活(2014.11.29)改釋。

[2]梁:原釋作"梁",從何茂活(2014.11.29)改釋。按:簡末尾未釋字原釋文無,今據原圖版補。

[3]堨:原簡圖作🔲,釋字可疑。

[4]此簡由伊強綴合,參見伊強(2016P115-129)。

[5]地節四年:地節爲漢宣帝的第二個年號,地節四年爲公元前66年。

[6]原釋文作上殘,但原圖上端齊整,不似殘斷。

[7]居延都尉:隸屬於張掖郡太守,漢武帝太初三年(前102)遣強弩都尉路博築居延城(在今内蒙古額濟納旗),輔佐郡守職掌居延地區屯戍事宜。

(此簡已與 T1:144 簡綴合)　　　　　　　　　　　73EJT1:141

☒小斤一。　　小椎[1]一。

☒小斧一。　　橿[2]二。

☒小棰一。　　　　　　　　　　　　　　　　　73EJT1:142A

☑伏地[3]　　　　　　　　　　　　　　　73EJT1:142B

【校釋】

[1]椎:《匯釋》(2008P247)輯《集成》解釋爲"槌、棰"。按:此簡皆爲手工用具,椎、棰同簡出現,説明有別,《集成》解釋有誤。

[2]楬:此字原簡字形右部未必從"齒",漢簡中的"齒"形皆不如此。此形右部所從似"齿"。此形或爲"楂"字。邢義田(2015P191-206)認爲是一種農具。楬、楂、鍤用字及功能有待辨析。

[3]此簡 B 面僅存兩字,上下有空白,書寫非常草率,似雜寫。

☑　　弓二　　　☑

☑　　矢卌一　　　　☑　　　　　　　　73EJT1:143

昏(昏)時[1]出關。·護渠[2]君從事☑　　73EJT1:144+141[3]

☑復重趣☑　　　　　　　　　　　　　73EJT1:145A

☑□□長卿□☑　　　　　　　　　　　73EJT1:145B

☑□[4]里宋當☑　　　　　　　　　　　73EJT1:146

☑月丙戌,驛☑ᵢ……[5]ᵢᵢ　　　　　　73EJT1:147

(此簡已與 T1:30 綴合)　　　　　　73EJT1:148

(此簡已編聯至 T1:81、T1:137 之後)　73EJT1:149

(此簡已編聯至 T1:81、T1:137、T1:149 之後)　73EJT1:150

☑更竟里韓誤詣居延□[6]☑　　　　　73EJT1:151

☑　三石具弩[7]，　槀矢五十,虆矢[8]百五十。　73EJT1:152

☑　劍一,刀一,九月甲子封。☑　　73EJT1:153

(此簡已編聯至 73EJT1:28 之後)　　73EJT1:154

　　　　　　　　　弩一,　　☑

河内温東郭里不更王貞[9]:

　　　　　　　矢廿枚,　　☑　　73EJT1:155

【校釋】

[1]昏時:昏,原釋作"昏",今據原簡字形改。時稱。陳夢家(1980P250):

漢簡昏時在日入時後,故亦稱夜昏時。古以晨、昏或日出、日入分割畫、夜,晨、昏即所謂晨昏蒙影(Twilight),故昏時又稱爲黃昏或莫(暮)。

[2]護渠:馬智全(2013.2):是指對水利渠道的維護,因爲有相關機構出具文書,反映出護渠也是公務活動之一。

[3]此簡綴合參見姚磊(2021P38)。

[4]此未釋字原釋文無,今據原簡墨跡補。

[5]按:此簡原釋文作一行,實際原簡左殘,可見部分殘留字跡,今作兩行處理。

[6]未釋字沈思聰(2018P198)釋作"卒",不從。按:殘存墨跡似"夜"。

[7]弩:《匯釋》(2008P160):又稱具弩,一般以弓的拉力分爲若干等級,常見如十石、八石、六石具弩,尤以六石爲多。

[8]蚤矢:《集成》(五 P4):箭之一種,箭桿較短。

[9]貞:原釋作"賢",原圖版作 ,今改。

本始六年[1]二月乙卯,府☑ ⅰ 匈奴虜入酒泉會[2]☑ⅱ　　　73EJT1:156

戍卒魏[3]郡梁(梁)[4]期來趣[5]里王相,年☑　　　73EJT1:157

☑所將胡騎、秦騎[6]名籍。　　☑　　　73EJT1:158

☑牛車一兩。　　☑　　　73EJT1:159

累山卒富冗[7]☑　　　73EJT1:160

戍卒梁(梁)[8]睢陽宜安[9]☑　　　73EJT1:161

☑□安定里刑定,年卅五☑　　　73EJT1:162

(此簡已與 T1:136 簡綴合)　　　73EJT1:163

☑柘里蘇通。　　☑　　　73EJT1:164

襄國氾[10]里☑　　　73EJT1:165

【校釋】

[1]本始年號僅用五年,無本始六年。肖從禮(2012.5):漢宣帝在本始五年十一月後才改元爲"地節",而金關地區直到本始六年(實即地節二

年)四月份才接到改元通知,並開始採用地節年號。

[2]酒泉會:原釋爲"河泉□",從馬智全(2012.6)改釋。《漢書·地理志》:"酒泉郡,武帝太初元年開。莽曰輔平。""會"後應殘失"水",會水縣位於酒泉郡東部。

[3]巍:原釋作"魏",從沈思聰(2018P198)改釋。

[4]梁:原徑作"梁",從黃艷萍(2018P134-140)改釋。

[5]趙:原簡圖作𧼛,與常見"趙"形略有差距,或可釋作"趨"。"來趨"一詞文獻可見,亦可作里名。

[6]胡騎、秦騎:李燁(2012.5):"胡"在兩漢當是對以匈奴爲主的北方和西域民族泛稱,"屬國胡騎"也應是由多部族所組成的,除了匈奴外,還雜有羌、月氏等諸多北方和西域民族。史籍中的"秦人"應該是指秦時亡入匈奴的華夏遺民,而"秦人"是有可能隨着匈奴等胡族的歸附而繼續生活於"屬國"之中。秦人和胡人一道被編入屬國的騎兵部隊,自然就成了"秦騎"和"胡騎"。邢義田(2012P180-191)陳述了初世賓主張的秦胡爲秦時胡人入漢後被漢化之人,提出胡騎當時必特指非漢外族騎兵,秦騎是由秦胡組成的騎兵,秦胡或指漢人胡化而非胡人漢化。

[7]充:原未釋,姚磊(《合校》2021P19)釋作"充"。此字原簡下殘,不排除其他釋字可能,暫存疑。

[8]梁:原徑作"梁",此字原簡從"米",今改。

[9]安:原未釋,姚磊(《合校》2021P19)懷疑是"安"。按:相同文例見C:344:"戍卒梁國睢陽宜安里□。"可據原圖版和相同文例確定釋字。

[10]氾:沈思聰(2018P198)釋作"氾",不從。按:此字原圖版似從"巴"。

敢言之,都☒　　　　　　　　　　　　　　　　73EJT1：166

(此簡已編聯至 73EJT1：154 之後)　　　　　73EJT1：167

☒□[1]疾心腹,寒炅(熱)[2]未能☒　　　　　73EJT1：168

☒庸同縣屠馬里不☒　　　　　　　　　　　　73EJT1：169

☒牛車一兩。　　☒　　　　　　　　　　　　73EJT1：170

驪喜[3] 卒耿充☑　　　　　　　　　　　　　73EJT1：171

丁巳夜定昏時，火從西方來☑☑　　　　　73EJT1：172+127A[4]

☑……☑　　　　　　　　　　　　　　　　73EJT1：127B

☑父[5] 將訾家車廣都☑　　　　　　　　　　73EJT1：173

【校釋】

[1]此未釋字張雷（2018P405）釋作"治"，原簡墨跡僅存見"口"形，存疑。

[2]炅：同"熱"。

[3]驪喜：隧名。

[4]T1：172 僅有正面圖像，T1：127 有兩面圖像，兩簡由伊強綴合，參見姚磊（2021P413）。

[5]父：原簡作🖋，原未釋，疑是"父"。

☑地節二年八月癸☑（檢）　　　　　　　　73EJT1：174A

☑中部[1] 候長賀　　朔戊子[2] 八月辛☑（檢）　73EJT1：174B

☑亭隧吏常□[3] ☑（檢）　　　　　　　　　73EJT1：174C

☑八月乙未肩水令[4] ☑（檢）　　　　　　　73EJT1：174D

【校釋】

[1]中部：張俊民（1988.4）：部是邊塞防禦系統中處在候官與隧之間的一個組織機構，一般每部設候長、候史二個官吏，俸錢九百。下轄 6-9 個烽隧不等。部的命名大致以其所在的烽隧名稱命名（也有按照方位命名的情況）。

[2]干支處原簡字跡不完整，懷疑釋字有誤。

[3]未釋字沈思聰（2018P198）釋作"敬"。

[4]令：姚磊（《合校》2021P20）疑作"倉"。

☑縣徐里不更董毋傷，年☑　　　　　　　　73EJT1：175

☑　　宣曲胡騎[1] 蘇大已坐賊殺[2] ☑　　　　73EJT1：176

司馬丞從者觻得萬年里□□□☑　　　　　　　　73EJT1:177

☑屋蘭(蘭)[3]守左尉[4]德[5]爲[6]☑ᵢ

☑□□□□□□☑ᵢᵢ　　　　　　　　　　　　　73EJT1:178A

☑男[7]吕益壽以來☑　　　　　　　　　　　　73EJT1:178B

橐他鄣卒程亭☑　　　　　　　　　　　　　　73EJT1:179

☑庚子,肩水□☑　　　　　　　　　　　　　73EJT1:180

☑時,解何[8]?☑　　　　　　　　　　　　　73EJT1:181

(此簡已編聯至 T1:81、T1:137、T1:149、T1:50 之後)　73EJT1:182

☑收降隧卒李定。　　　☑　　　　　　　　　73EJT1:183

☑劍一。　　　☑ᵢ☑刀一。　　　☑ᵢᵢ　　　73EJT1:184

☑□一兩。　　　～　　　　　　　　　　　　73EJT1:185

☑劍一。　　　　　　　　　　　　　　　　　73EJT1:186

☑逐蓬(烽)[9]火☑　　　　　　　　　　　　73EJT1:187

☑□[10]驛駒里尹貴,年卅七。、　　　☑　　　　73EJT1:188

【校釋】

[1]宣曲胡騎:邢義田(2012P180-191):駐在長安宣曲觀的"宣曲胡騎"第一次出現在簡牘中。沈剛(2012P229-238):所謂宣曲胡騎,按照《續漢書·百官志》補注引《漢官典職儀式選用》:"長水校尉主長水、宣曲胡騎。"即爲中央所屬的騎兵。按:"胡騎",諸家解析詳見 T1:158。

[2]賊殺:故意殺害。

[3]蘭:原釋作"蘭",從何茂活(2014.11.29)改釋。按:此字原簡不從"艹",當改。屋蘭,張掖郡下轄縣。

[4]左尉:官名,大縣設左、右尉各一人,專管武事。按:尹灣漢簡的《東海郡下轄長吏名籍》中記載,左尉秩三百石。

[5]德:人名。

[6]此字原未釋,今據原圖版擬補。

[7]男:原未釋,從何茂活(2016P25-34)補釋。按:此字殘上半部,暫存疑。

[8]解何：即何解，如何解釋。

[9]蓬：王國維、羅振玉（2013P55）很早就已經指明此字或作"蠡"，或作"薰"，皆"煗"之別字也，即"烽"字。據初師賓（1984P142-222）考證，漢代的烽是一種以形體、顏色見於白天升舉的信號，與燃火毫無關係。居延邊塞亭燧所備之烽，分草、布二種。草烽用草編製，俗名放篧、胡籠，其形狀，大致與傳世文獻"覆米篧"或"兜零"之形近似，像淘洗米的竹籃，或裝物的籠、篧等，與今日所見航運、氣象信號的竹編籠球同屬一類。布烽形制是在一個稱"垩"的框架外，蒙縛帶色的布帛製成的，烽約爲一木框架形，其框型即所謂"户"上蒙縛烽布，烽布之繩爲烽布索。布烽皆有色，目前僅知有赤色一種，草烽亦有色澤。有顏色與布帛製作，此二點爲烽勿需燃火的佐證。

[10]此未釋字原釋文無，今據原圖版墨跡補。

☑唯府所令☑（削衣）	73EJT1：189
☑☑夫　☑（削衣）	73EJT1：190
☑報敢☑[1]☑（削衣）	73EJT1：191
☑　將吏☑☑[2]☑（削衣）	73EJT1：192
☑☑　　　☑[3]ⅰ☑☑酒　　☑ⅱ☑四少五　☑五百☑ⅲ（削衣）	73EJT1：193
☑☑☑南陽里張黓☑（削衣）	73EJT1：194
☑出同☑☑	73EJT1：195
☑☑☑☑（削衣）	73EJT1：196
☑☑☑☑（削衣）	73EJT1：197
☑☑尚易☑（削衣）	73EJT1：198
閏月丙申，驪軒[4]長樂[5]亡，移書報府所☑（削衣）	73EJT1：199
☑☑☑☑（削衣）	73EJT1：200
☑☑☑卒☑[6]路人　　☑（削衣）	73EJT1：201
☑☑☑☑☑（削衣）	73EJT1：202

☑☑塞尉[7] 長孫　☑（削衣）　　　　　　73EJT1：203

☑☑[8]☑足下☑（削衣）　　　　　　　73EJT1：204

☑二百五……[9]☑（削衣）　　　　　　73EJT1：205

☑☑☑吏☑（削衣）　　　　　　　　　73EJT1：206

☑　　　訓之候☑（削衣）　　　　　　73EJT1：207

☑☑☑☑☑……☑☑☑☑[10]

☑☑二☑三百少卅又責長孫大母☑☑（削衣）　73EJT1：208

☑錢百六十五☑☑（削衣）　　　　　　73EJT1：209

☑　　　☑☑☑☑☑☑（削衣）　　　　73EJT1：210

☑爲長☑　☑ⅰ☑☑[11]察[12]臨　☑ⅱ（削衣）　73EJT1：211

☑☑☑☑☑ⅰ☑☑又茲没入馬☑ⅱ（削衣）　73EJT1：212

☑☑安甚善謹☑☑（削衣）　　　　　　73EJT1：213

☑☑☑ⅰ☑☑☑不☑☑☑☑ⅱ☑☑☑☑恩☑[13]ⅲ（削衣）

　　　　　　　　　　　　　　　　　73EJT1：214

☑☑　　　☑　　　　　　　　　　　73EJT1：215

☑☑☑　　　☑ⅰ☑☑☑☑　　　☑ⅱ　73EJT1：216

【校釋】

[1]此未釋字原釋文無,今據原圖版墨跡補。

[2]最後未釋字原釋文無,今據原圖版補。

[3]原釋作兩行,無此行,今據原圖版改補。

[4]驪靬:又名犂靬,張掖郡屬縣,今位於甘肅省金昌市永昌縣焦家莊鄉。

[5]樂:驪靬長之名。

[6]此未釋字沈思聰(2018P199)釋作"郖"。

[7]塞尉:《匯釋》(2008P270-271):塞指障塞、塞墙、要塞。漢代將長城統稱爲塞,尤其是新築的塞墙(長城)都稱作塞而不冠長城之名。凡百里置一尉,前漢稱塞尉。塞尉常簡稱尉,候的屬吏,月俸二千錢,候不在時,可主持候的職事。

[8]此未釋字原釋文無,今據原圖版補。

［9］原簡"五"後仍有數字墨跡,今據原圖版凡例補。

［10］此簡原釋作一行,今據原圖版補。

［11］未釋字原釋文無,今據原圖版補。

［12］察:原釋作"寇",從何茂活(2016P25-34)改釋。

［13］此未釋字原釋文無,今據原圖版墨跡補。

☑苦候望[1]事,冬時伏願[2]子元近衣進[3]　　　☑ᵢ

☑察[4]蓬(烽)火事,□□□　　　☑ᵢᵢ　　　　　73EJT1:217A

☑□□數以□上……☑ᵢ☑□□□□□□護之[5]□□□[6]　　☑ᵢᵢ

　　　　　　　　　　　　　　　　73EJT1:217B[7]

【校釋】

［1］候望:瞭望。劉倩倩(2015P52):漢塞守邊戍卒日常工作之一,即瞭望,察邊塞動靜。

［2］伏願:王錦城(2019P85):從字面意思來看,是説伏在地上祝願,當爲一種謙卑的表述。史籍可見,如《後漢書·樊宏陰識列傳》:"伏願陛下推述先帝進業之道。"

［3］何茂活(2015P18-27)據相同文例推此字後當有"酒食"或"食"。

［4］察:原釋文缺釋。何茂活(2015P18-27)據相同文例補釋。按:此字原簡所見較少筆畫與漢簡"察"的下部基本相合,何茂活補釋可從。

［5］護之:姚磊(《合校》2021P22)以爲也可能是"蓬火"。

［6］此未釋字原釋文無,今據原圖版補。

［7］此簡爲書信內容。

☑六月乙卯,□都護武[1]□☑　　　　　　　73EJT1:218

☑　　匹ᵢ☑　　匹ᵢᵢ☑　　牛一匹ᵢᵢᵢ☑　　☑□□□ᵢᵥ[2]　73EJT1:219

☑錢五十　　　☑　　　　　　　　　　　73EJT1:220

☑水　☑　　　　　　　　　　　　　　73EJT1:221

本始□□□☑　　　　　　　　　　　　73EJT1:222

☑☑☑吏☑（觚）	73EJT1：223
☑吏名[3]☑（觚）	73EJT1：224A
☑地節☑	73EJT1：224B
☑☑　☑	73EJT1：225
（圖畫）	73EJT1：226
☑（圖畫）	73EJT1：227A
☑……	73EJT1：227B
☑　一　丿	73EJT1：228
☑又　☑	73EJT1：229
少卿足下善　　☑	73EJT1：230
☑君令　　☑	73EJT1：231
☑（圖畫）☑	73EJT1：232 [4]
出錢廿八買絳　☑ ¡出錢卅八買復☑卩　☑ ¡¡（削衣）	73EJT1：233
戌卒梁國睢陽[5]石[6]里不更吕[7]朝，年廿六。	73EJT1：234

【校釋】

[1]武：原釋作“丞”，從張俊民（2011.9.23）改釋。

[2]此簡原作五行，並釋出四個“匹”字，今細審原簡僅見四行。簡右行有粗重墨跡皆非筆畫。第三行原僅釋出一個“匹”字，今見原簡尚有“牛一”墨跡，今補。

[3]此字原整理者釋文本作“名”，紅外圖版旁釋文誤作“民”。

[4]此簡除了比 T1：318 簡大外，墨跡、形制、斷口等完全一致，當是一枚簡，排版時造成大小不一。

[5]戌卒梁國睢陽：第二册圖版旁釋文作“☑☑郡☑☑陽”，第三册釋文本脱“陽”字。今核對原圖版，知原釋所謂“郡”字實際是“梁”的草書寫法，其下“國”字雖内部結構不明確，但所從“囗”尚存，據常見辭例亦可推知。“梁”上的“卒”字墨跡也不清晰，但據存見墨跡亦可辨知是“卒”，唯簡首“戌”字，墨跡模糊，無法確認釋字，不排除是其他字可能。又 C：427 簡中亦可見“梁國睢陽石里”，兩者可作釋例對證。

[6]石:原釋作"河",從張俊民(2011.10.15)改釋。

[7]吕:原未釋,張俊民(2011.10.15)以爲更近"馮",沈思聰(2018P199)釋作"弓"。按:此字僅可見上下兩"口"形,疑是"吕"字。

·右奴婢有[1]駕駕赦罪一等以上,其證☑	73EJT1:235
☑　　　　☑	73EJT1:236
☑弓[2]☑	73EJT1:237
☑延史陳卿案☑	73EJT1:238
☑幸甚,言得ⅰ☑☑☑書ⅱ	73EJT1:239
日勒騎士□德里魯客。　　　☑	73EJT1:240
☑□□[3]□□□□大辟	73EJT1:241
☑□望見塞外[4]苣☑	73EJT1:242
□□□重光里奴　　☑	73EJT1:243+273[5]
三月辛未旦□□☑	73EJT1:244
☑　□□□☑	73EJT1:245
敢言之。七月戊寅□□□□□□□	73EJT1:246+316[6]
☑　□日勒丞□□☑	73EJT1:247
☑　□□□☑	73EJT1:248
遠望隧戍卒穎川偃陵㱑里□□[7]	73EJT1:249
☑□□□□□	73EJT1:250
☑□□□□□□□　　　五百九十五人□少[8]	
☑□□□百一人□□　　積作五百一十八丈八尺五寸	73EJT1:251

【校釋】

[1]此字原徑作"有",但細審原簡圖更似"五月"二字,存疑。

[2]弓:原釋作"弓",今據原圖版改。

[3]簡首兩未釋字原釋文無,今據原圖版補。

[4]塞外:陳夢家(1980P208):出塞、塞外、邊塞、北塞等均見漢代文

獻,乃指一道長城。其障壁、亭隧等亦見漢代文獻,乃指邊塞綫上用於候望、烽火的獨立防禦建築。漢文獻上某某塞皆指一段長城。

[5]此簡由尉侯凱(2017P348-359)綴合。"里"字原未釋,從綴合者補釋。

[6]此簡由張文建綴合,參見姚磊(2021P413)。

[7]"隧"後八字原皆未釋,侯曉旭(2019.6.24)補釋,多可從,唯其將最後一未釋字釋作"年"不可從。沈思聰(2018P200)亦釋出"穎川僑陵""里""義"等字。

[8]少:原未釋,今據原圖版和文義擬補。

謁移[1]肩水☑	73EJT1:252
☑　　☑☑　　☑	73EJT1:253
☑辟之[2]卒陳害☑	73EJT1:254
☑三寸[3]☑當還☑☑	73EJT1:255A
☑☑適☑☑☑☑	73EJT1:255B
臨陳[4]卒耿泄[5]　　☑	73EJT1:256
☑車行至公☑願少卿	73EJT1:257
☑以騎士不更[6]☑☑	73EJT1:258
☑☑一☑	73EJT1:259
☑☑☑	73EJT1:260
☑丑　丑[7]☑	73EJT1:261
☑復起[8]隧卒卻之[9]☑　　☑	73EJT1:262

【校釋】

[1]謁移:原釋文缺釋。此簡殘右,此處原簡可見"言""禾",從何茂活(2016P25-34)補釋。

[2]辟之:隧名,F3:87有"辟之隧長"。

[3]三寸:原釋作"等",從張俊民(2011.9.23)改釋。

[4]臨陳:隧名。臨陳,意即臨陣。

[5]原整理者釋文最後有一未釋字,今據原圖版删。

[6]不更:原皆未釋,今補釋。更,張俊民認爲是"足",並懷疑其下字是"現"或"復",姚磊懷疑是"及"(皆見《合校》2021P23)。

[7]此簡原釋文作"圖畫",但原簡實際是兩個篆書,第一個"丑"字構形明確,第二個字形一部分已經扭曲不可見,可能也是"丑"的篆書,今改。

[8]復起:隧名。

[9]却之:原釋作"郜□",今據原圖版改。却之,人名。

☑☑☑　　☑	73EJT1:263
劋□隧卒陳市　　☑	73EJT1:264
☑賜記奉聞☑	73EJT1:265
☑十四　☑	73EJT1:266
☑☑☑☑☑	73EJT1:267A
☑　　☑☑☑	73EJT1:267B
☑足下[1],幸☑	73EJT1:268A
☑酒食[2]☑☑	73EJT1:268B
☑~	73EJT1:269
☑大守府人,辛巳行☑	73EJT1:270
☑　　□ⅰ☑　小鑪[3]ⅱ☑　小□ⅲ	73EJT1:271
☑入小☑	73EJT1:272
(本簡已與73EJT1:243綴合)	73EJT1:273
☑□賢,　　牛車一兩,☑	73EJT1:274
☑杏陽里□□☑　　☑	73EJT1:275
☑　厚　☑	73EJT1:276
☑□報□☑	73EJT1:277
☑☑□郡藉船□□界中移□☑[4]	73EJT1:278
☑☑☑　　　□☑ⅰ☑□□[5]予薛[6]□　　□☑ⅱ	73EJT1:279A
☑弘□□百付□☑	73EJT1:279B

二月庚子,庍^[7](斥)免令□☑　　　　　　73EJT1:280

☑　　　肩水☑　　　　　　　　　　73EJT1:281

☑張掖大守卒史^[8]☑　　　　　　　73EJT1:282

☑憙　　　劍一　　　☑　　　　　　73EJT1:283

(此簡已與 73EJT1:25 綴合)　　　　　73EJT1:284

☑　　輜車一乘,馬一匹,☑　　　　　73EJT1:285

☑　　　人　　☑　　　　　　　　　73EJT1:286

☑　　　坐傷人☑　　　　　　　　　73EJT1:287

☑霸□入^[9]欲^[10]☑　　　　　　　73EJT1:288

【校釋】

[1]足下:原未釋,今據原圖版補。

[2]酒食:原未釋。此簡殘右,何茂活(2016P25-34)釋爲"酒食",今從補。

[3]鏑:原釋作"鍤",從邢義田(2015P191-206)改釋。按:此字下殘,但從"金"從"止"皆可見。又,此簡第一行原作兩未釋字,據原圖版知僅有一字墨跡,今改。

[4]此簡字跡模糊。"郡"原未釋,今據原圖版擬補。"界中"原釋作"累計",今據原圖版改。

[5]此未釋字原釋文無,今據原圖版補。

[6]薛:沈思聰(2018P200)釋作"薜"。

[7]此字原徑作"斥",今據原圖版改。庍免,姚磊(《合校》2021P24)疑爲"居延"。

[8]守卒史:原未釋,從姚磊(《合校》2021P24)補釋。按:原簡"卒""史"尚可識別,"守"字墨跡較少,T1:34 有"張掖大守卒史",結合文例可補。

[9]入:沈思聰(2018P201)釋作"人",姚磊(《合校》2021P25)懷疑是"火",皆不可從。

[10]欲:原未釋,原簡圖從"谷"清晰,右側所從"欠"的"丿"形尚見少許筆畫,今補。

☑會[1]不肖☑廷[2]☑ⅰ☑……☑ⅱ　　　　　　73EJT1:289A

……[3]ⅰ☑☑卿足下☑ⅱ　　　　　　　73EJT1:289B

☑　　　☐　　　☑　　　　　　　　　　73EJT1:290

☑☐　　☑　　　　　　　　　　　　　　73EJT1:291

肩水候官地節二年☑　　　　　　　　　73EJT1:292

☑☐☐☐☐☐☐☑ⅰ☑☐☐☐☐☐☐☑ⅱ　73EJT1:293

（此簡已與 T1:50 簡綴合）　　　　　　73EJT1:294

·七月戊午關[4]佐則所食過客簿。　　☑　73EJT1:295

☑候長代杜襄☑　　　　　　　　　　　73EJT1:296

關嗇夫☑　　　　　　　　　　　　　　73EJT1:297

☑☐[5]　　見事☑ⅰ☑丼[6]☑ⅱ　　　　73EJT1:298

【校釋】

　　[1]會：原釋作兩個未釋字，從姚磊（《合校》2021P25）補釋。按：此行簡首有一缺口，原整理者可能誤將此作墨跡，導致將"會"與此缺損作兩個未釋字。

　　[2]廷：原未釋，姚磊（《合校》2021P25）懷疑是"廷"，暫從其擬釋。

　　[3]此行原釋文無。此簡正面作兩行，細審背面圖版右邊緣仍有多字筆畫墨跡，也當作兩行處理，今補。

　　[4]此字原整理者釋文本誤作"闖"，圖版旁釋文不誤。

　　[5]未釋字原釋文無，今據原圖版補。

　　[6]此字原簡作丼，原徑釋作"井"，字形差距較大，存疑。

☑里郭處。　　卩[1]☑　　　　　　　　73EJT1:299

☑☐[2]一匹　　　☑　　　　　　　　　73EJT1:300

日勒騎士便護里王通賢，今☑　　　　　73EJT1:301

☑☐人　　　☑　　　　　　　　　　　73EJT1:302

五月癸巳☑　　　　　　　　　　　　　73EJT1:303A

候長☐☑　　　　　　　　　　　　　　73EJT1:303B

☑☑足下　☑	73EJT1：304
☑☑☑☑五月己未出☑	73EJT1：305
☑　　一丿	73EJT1：306
☑　　一　　☑	73EJT1：307
令史鄭充☑	73EJT1：308
戍卒梁國己氏☑☑	73EJT1：309
☑一　　☑	73EJT1：310
戍卒魏郡[3]武安宜[4]里☑[5]☑	73EJT1：311
☑不更陳贛，年卅四☑	73EJT1：312
☑從方李☑[6]☑	73EJT1：313
☑☑☑者☑	73EJT1：314
☑☑[7]樂昭年☑	73EJT1：315
☑☑☑☑☑	73EJT1：316
☑律令☑☑☑☑	73EJT1：317
（圖畫）	73EJT1：318 [8]

【校釋】

[1]“里”，原釋作“丞”；“卩”，原未釋，從姚磊(《合校》2021P25)改補。“里”字雖然上殘，但按照常見名籍簡的格式是“里名+人名”，且這類名籍簡也多有“卩”號。

[2]未釋字原釋文無，今據原圖版補。

[3]魏郡：西漢高帝十二年(前195)置，治所在鄴縣，今河北臨漳縣西南鄴鎮。

[4]宜：原簡作 ![图] ，與常見“宜”有較大差異，但文例通順，暫從原釋。

[5]未釋字原釋文無，今據原圖版補。

[6]未釋字姚磊釋作“火”，張俊民釋作“久”(皆見《合校》2021P25)。

[7]未釋字原釋文無，今據原圖版補。

[8]此簡除了比 T1：232 簡小外，墨跡、形制、斷口等完全一致，當是一枚簡，排版時造成大小不一。此簡原釋文作“☑壬午”，實際應從 T1：232

作"圖畫"處理。

肩水金關 T2:1-106

地節二年十二月丁未,肩水☑　　　　　　　　　73EJT2:1

淮陽郡新郪[1]多積里陳廣。　　☑　　　　　　73EJT2:2

田卒魏郡犛(黎)陽[2]南利里大夫[3]丘漢,年廿三,　　長七尺二寸,

黑色[4]。　　　　丿 i　　　　　　　　　73EJT2:3

【校釋】

[1]新郪:《漢書·地理志上》汝南郡屬縣有"新郪",此處明確屬淮陽郡,可知轄屬有變化。

[2]犛陽:犛,原釋作"犁",原簡圖此字左下從"木",乃"水"之訛。犛陽,傳世文獻多作"黎陽",魏郡下轄縣。

[3]大夫:爵位,秦漢二十等爵的第五級。

[4]黑色:汪受寬(2014.3)認爲"黑色"指非華夏種的黑色種人。按:並非黑色人種之黑色,應該是形容膚色偏黑的一類人。

戍卒南陽博望邑[1]徐孤里蔡超,年卅八。丶　　☑　　73EJT2:4

☑□東閈里簪褭米侵,年卅七。　　☑　　　　73EJT2:5

☑□櫟[2],年卅一。　　☑　　　　　　　73EJT2:6A

☑　　　□☑　　　　　　　　　　　　73EJT2:6B

☑……里李弘,　　牛車一兩,　　弩一,矢卅,劍一,大刀一。

　　　　　　　　　　　　　　　　　73EJT2:7

員[3]音叩頭白 i……ii　　　　　　　　73EJT2:8A

三石…… i 二石嬰一ii　　　　　　　　73EJT2:8B

……移過所縣邑,毋苛留,如律令。/令史宮。丿　　73EJT2:9A

章曰:緱氏[4]令印。　　　　　　　　　73EJT2:9B

☑成漢里[5]公乘章嚴,年十九,·葆[6]姑臧[7]休神里任昌,年卅五,

字幼☐i　　　　　　　　　　　　　　　73EJT2:10A

☐頭頭頭頭　　　　　☐　　　　　　　73EJT2:10B

【校釋】

[1]博望邑:鄭威(2015P217-241):博望也曾封侯,三度置侯國,存續年代爲元朔六年(前123)三月至元狩二年(前121)、元康三年(前63)三月至河平四年(前25)、元延二年(前11)六月至西漢末。《漢書·地理志》仍稱博望侯國,地在今河南方城縣博望鎮老街一帶。博望邑的設置當不在博望侯國時期。按:漢武帝封張騫爲博望侯。金關簡中多見"博望隧",稱"博望邑"者僅見此一例。

[2]樂:原釋作"來",何茂活(2014.11.29)釋爲"樂"。按:此字原簡確實與"來"字有別,但也非"樂",暫存疑作"樂"。

[3]員:原釋作"負",今改。

[4]緱氏:原未釋,何茂活(2016P25-34)釋爲"緱氏",可從。緱氏,縣名,屬河南郡。

[5]成漢里:里名,屬張掖郡觻得。另見 T8:95"戍卒觻得成漢里"。

[6]葆:馬智全(2013.1):擔保。爲通關而進行的擔保以及由此産生的身份特徵。

[7]姑臧:屬武威郡,治在今甘肅省武威市。

☐之[1]。正月庚辰,平陵[2]令舜。丞[3]、有秩[4]、斗〔食〕[5]、令史

　　　　　　　　　　　　　　　　　　73EJT2:11

☐☐[6]卒李子孫　　　—[7]　　丿　　　丿　　73EJT2:12

【校釋】

[1]之:原未釋,姚磊(《合校》2021P26)據 T24:532 懷疑是"之",今從補。

[2]平陵:漢昭帝陵,漢屬右扶風,治今陝西咸陽市西北。

[3]丞:原釋作"里",從姚磊(《合校》2021P26)改釋。

[4]有秩:鄉官名。《漢書·趙尹韓張兩王傳》:"敞本以鄉有秩補太守

卒史。"顔師古注:"鄉有秩者,嗇夫之類也。"

[5]據常見文例可知"斗"後原簡抄寫者漏"食"。斗食,俸禄百石以下的基層小吏。

[6]此未釋字原釋文無,今據原圖版墨跡補。

[7]此符號原釋作"、",今據原圖版改。

日勒騎士富昌里蒙[1]賢。(竹簡)　　　　　　　　　73EJT2:13

田卒平干國南和[2]喝[3]里公士[4]李未,年卅六[5]。(竹簡)

　　　　　　　　　　　　　　　　　　　　　　73EJT2:14

……富貴里□□　　　　　　～　　　～　　　　　73EJT2:15

【校釋】

[1]蒙:原未釋,原簡作𧈫,從"宀"從"豕"之簡率寫法,今補。

[2]南和:《漢書·地理志》載南和爲廣平國屬縣。廣平國,武帝征和二年置爲平干國。

[3]喝:原未釋,原圖尚能看到右從"易",今據原圖版擬補。《説文》古文"唐"作"喝"。喝,此處作里名。

[4]公士:秦漢二十等爵第一級。

[5]六:原釋爲"二",從李燁、張顯成(2015.4)、何茂活(2016P25-34)改釋。

　　　　　　　　□□長[1]拜就□賢[2]　　　　　　☑i

忠,府徙夷胡隧長司馬章署[3]登山隧[4],忠[5]不以時[6],遣章[7]詣隧

□☑ii　　　　　　　　　　　　　　　　　　　73EJT2:16

【校釋】

[1]長:原未釋,今據原圖版擬補。

[2]原簡此行小字書寫在簡正行文字旁。

[3]署:任職,代理。

[4]登山隧:隧名,屬肩水候官。

　［5］忠：人名。

　［6］以時：按時或及時。這枚簡的內容大意是都尉府調遣夷胡隧長司馬章到登山隧任職，忠不按時辦事，派遣章到隧。

　［7］章：指簡文中所說的"夷胡隧長司馬章"。

☑護衆子男霸成。　　☑　　　　　　　　　　　73EJT2：17

☑□者省擇其十人作牛車輪〈輮〉[1]工，遣詣天水郡。☑73EJT2：18

☑□　　輻車一乘，馬二匹。　　☑　　　　　　73EJT2：19

☑案：券墨[2]臧官者，黃龍☑　　　　　　　　73EJT2：20

☑□郡李長卿—李長卿[3]☑　　　　　　　　73EJT2：21A

☑伏伏□游卿欲婁[4]不□游　　☑　　　　　　73EJT2：21B

☑橐他候[5]□移肩候官，寫移書到。ⅰ☑令史利親。ⅱ73EJT2：22[6]

【校釋】

　［1］輮：原釋作"輪"，原簡右從"侖"，"侖"、"俞"形近訛混。此當爲"輮"之訛誤。何茂活(2014.11.29)有詳述。

　［2］券墨：初昉、世賓(2012P213-228)：在居延、敦煌簡中，公務外出不能攜帶廩荽，需所在地方供應的，可出具"券墨"文書，作爲對方開支和記賬憑據並要求其轉賬己方，雙方賬面平衡，結算清楚。按：初文中說到"券墨"文書如同官吏借債立據，要防止重複、漏項、錯賬等謬誤，所以這種文書與"券"的"合券"功能相同，要有防僞防出錯的作用，故"券墨"文書的本質還是"券"。

　［3］原釋文作"郡李□□—□"，從何茂活(2016P25-34)補釋。

　［4］婁：原未釋，今據原圖版補。

　［5］橐他候：候官名。陳夢家(1980P22)：沿額濟納河兩岸可知的七個候官的排列次序是：殄北——居延——甲渠——卅井——廣地——橐他——肩水，這一條貫通南北的郵路共長約 250 公里。

　［6］此簡下端契口處仍保留編繩，繩結清晰。

☑其四封張掖長史[1]，三詣居延都尉，一詣居延。Ⅰⅰ☑一[2]封張掖
大守章，詣居延都尉。Ⅰⅱ☑二封觻得令印，一詣肩水候官，一詣居
延。Ⅰⅲ一封酒泉大守章，詣居延都尉。Ⅱⅰ一封張掖都尉章，詣橐
他[3]。Ⅱⅱ一封昭武置丞，詣居延。Ⅱⅲ一檄會水北界郵印，詣居
延都尉。☑Ⅲⅰ十月丙寅失中[4]時，縣[5]受沙頭卒☑Ⅳⅰ付莫當[6]。
☑Ⅳⅱ　　　　　　　　　　　　　　　　　　　　73EJT2:23 [7]

【校釋】

[1]長史：《匯釋》(2008P35)：郡太守屬官，秩千石或六百石，掌領兵
馬。《漢官舊儀》："邊郡太守各將萬騎，行障塞烽火追虜。置長史一人，掌
兵馬。丞一人，治民。當兵行，長史領。"

[2]一：原未釋，今據原簡殘留墨跡與文義補。

[3]橐他：原釋文作"橐佗"。金關簡原整理者釋文"橐佗"、"橐他"兩
存，今統一改。

[4]失中：時稱，張德芳(2004P190－216)："日失"可以看作是"日昳"
的通假，"失"、"昳"同聲系，屬於書母質部。但是，正如上面所說，把"日失
中"看作是"日未中"的對稱，亦未嘗不可，而且後者似乎更準確。文獻中
除"日昳"的記載外，還有"日昃"、"日跌"、"日仄"、"日側"等，都指太陽偏
西的一段時間。

[5]縣：原整理者紅外圖版旁釋文作"縣"，釋文本作未釋處理。此字
原簡字形與常見"縣"有較大差距，今存疑。

[6]莫當：隧名。郭偉濤(2018P293－327)：橐他塞最南端的亭隧，駐在
T168遺址。

[7]此簡爲郵書刺。李均明、劉軍(1999P409)：郵書刺(過書刺)是傳
遞郵書的記錄，通常分多欄書寫，一般爲三欄，多則達五欄。首欄主要記載
郵件的傳遞方向及總量。中欄主要記載郵件的種類(如詔書、書、檄等)及
每種的數量、封泥上的印章(即發文者)、收件人，有的還記錄傳遞方式及
郵件始發啓程時間。末欄記載郵件在某段郵路傳行的始訖時間及經手人
傳遞方向，稱"南書"、"北書"或"西書"、"東書"，指向南、向北或向西、向

東傳遞,和郵路的走向一致。如居延郵路沿着南北走向的額濟納河,故過
往郵書稱"南書"、"北書";而酒泉、敦煌一帶,郵路沿着東西走向的疏勒
河,故過往郵書稱"西書"、"東書"。

肩水候官☑　　　　　　　　　　　　　　　　　　　　73EJT2:24

肩水金關[1]　　　　　　　　　　　　　　　　　　　73EJT2:25

出茭[2]千束付從吏丁當。ⅰ凡出茭五千二百束,ⅱ今餘茭廿五萬四百

卌束。ⅲ其十一萬束積[3]故☐☐☐ⅳ　　　　　　　73EJT2:26A

……　　　　　　　　　　　　　　　　　　　　　　73EJT2:26B

【校釋】

[1]肩水金關:轄屬肩水候。郝二旭(2010.1):"肩水"就是漢代居延
地區居民對古弱水的稱呼。弱水在居延漢簡中雖然是被書寫爲"肩水",
但很可能是被當地人稱爲"城水",而作爲其終端湖的居延澤也就很可能
被稱爲"城澤"。後來,"城澤"這個名稱又被匈奴人所繼承並進而轉化爲
"居延澤"。

[2]茭:主要用作喂馬牛的乾草、飼料。

[3]積:《集成》(七 P253):貯放茭的單位,猶言堆。

☐☐☐子☐計Ⅰ取牛寬(髖)[1]一,直(值)卌[2]五。Ⅱⅰ麥五斗,直(值)
卌五。Ⅱ ⅱ……中Ⅱⅲ酒一斗,付廣地卒。Ⅲⅰ酒二斗,飲内中[3]。Ⅲⅱ
糒[4]一斗,十三。Ⅲⅲ錢廿七。Ⅲⅳ治☐廿。Ⅳⅰ飯錢六。Ⅳⅱ薤
束[5]六。Ⅳⅲ錢卅。Ⅴⅰ又取錢卅予沙頭卒。Ⅴⅱ又卌取堂上。Ⅴⅲ
又糒一斗,十三。Ⅵⅰ布單衣[6]廿。Ⅵⅱ又卌七。Ⅵⅲ　73EJT2:27A

☐……子丑[7]　　　　　　　　　　　　　　　　　73EJT2:27B

【校釋】

[1]牛寬:"寬"通"髖"。《説文·骨部》:"髖,髀上也。"即牛臀部。

[2]此字原整理者釋文本作"卅",圖版旁釋文作"卌",今核對圖版,知
前者有誤。

[3]内中:傳世文獻指裏面或宮廷之中。此詞金關簡數見,皆作方位或特指裏室或臥室,如 T23:817 有"内中臥",T24:194 有"廄内中"。

[4]糒:李天虹(2003P79):糒,將米熬熟後捶搗而成的粉質乾飯。

[5]薤束:《玉篇·艸部》:薤,"菜似韭,亦作蠫"。薤束,扎成束的薤。

[6]單衣:《匯釋》(2008P153):單層的衣服。

[7]此簡 B 面僅見四字,除篆書的"子"字可確定釋字外,其他字皆似雜寫,無法確定釋字。

☑有方[1]一　　☑　　　　　　　　　　　　　　73EJT2:28
☑……月庚申朔癸未,都鄉[2]佐仁敢〔言〕[3]之:界成里……ⅰ☑……
事[4],當得傳,移所過縣邑,如律令,敢[5]……ⅱ☑□□茂陵[6]令賢、
丞可,移所過[7]。/令史訢。ⅲ　　　　　　　　　　73EJT2:29A
☑……界成里……ⅰ☑□□□茂陵令印。ⅱ　　　　　73EJT2:29B
【校釋】
[1]有方:李均明(2009P266-267):有方,戟類長兵,旁枝伸出又上翹爲鉤刺,戟刺與旁枝及上翹之枝刺之間折成近似方形的兩個直角,故稱"有方"。

[2]都鄉:縣治所在之鄉。另外,《漢書·地理志》常山郡下轄有都鄉縣。

[3]據常見文例,可知此處原簡抄寫者脱漏"言"。

[4]事:原釋作"步"。此處據相同文例當是"毋官獄徵事,當得傳",且原簡字形也是"事",今改。

[5]此字原未釋,今據原圖版和文義補。

[6]茂陵:西漢武帝陵,右扶風屬縣。

[7]此處的"所過"應是蒙上"所過縣邑"之省。

出錢六百……受士吏[1]□□□　　　　　　　　　　73EJT2:30
☑□□部候史[2]槀矢九十一。　　☑　　　　　　　73EJT2:31

候泠□　　　☑　　　　　　　　　　　　73EJT2：32

☑　　　匹　　　　　　　　　　　　　　73EJT2：33

☑□[3]傳出，　牛車一兩，　　劍一，☑　　73EJT2：34

弘農郡陝縣楊舒里孟毋傷，　牛車一兩，　　☑　73EJT2：35

☑　葆同縣安定里公乘張忠，年卅五，長七尺。　73EJT2：36

☑□□隧士吏，前部、右曲、後官[4]□☑　　　73EJT2：37

☑……又入正月二月奉千七百☑　　　　　　73EJT2：38A

☑□十七□□　荻三束直(值)□☑　　　　　　73EJT2：38B

☑□□隧卒樂壽　　　☑　　　　　　　　　73EJT2：39

☑曹卒卅八人　　　　☑　　　　　　　　　73EJT2：40

王□[5]卿取豆二斗　　伏伏☑　　　　　　　73EJT2：41

河南雒陽叔[6]都里路安　　　☑　　　　　　73EJT2：42

戍卒粱(梁)[7]國睢陽曲陽里不更李終人，年廿四。　☑73EJT2：43

五鳳元年八月丁亥朔甲午，居延都尉德[8]謂□□□□☑　73EJT2：44

戍卒魏郡内黄[9]光都里李通，年廿六。　　☑　73EJT2：45

【校釋】

[1]士吏：《匯釋》(2008P4)：塞上主兵官，巡行徼塞之事，候官的屬吏，月俸一千二百錢。

[2]候史：《匯釋》(2008P210)：在候官和部候長的屬吏中有候史，與掾、士吏等同屬文書，職督戰備、巡行部界，協調各部長督促烽火及日跡候望，月俸六百錢，秩次同尉史、燧長等。

[3]此未釋字原釋文無，今據原圖版墨跡補。

[4]前部、右曲、後官：汪桂海(2015P142-151)：當時的軍隊編制確實是五曲(左右前後中)爲部……漢代部曲編制基本上以五五制爲主，在個別地方輔以二二制。《續漢書・百官志》記載的東漢四級軍事編制單位應是五五制。上孫家寨漢簡反映的西漢軍事編制也大致如此，例如簡文中的伍是軍隊最基層編制單位，五人爲伍；簡文中另有五什爲隊，五曲爲部，五部爲校。這個序列中，目前只有多少隊爲官、多少官爲曲還不是

很清楚……五隊爲官,隊與官這兩級編制單位之間可能是五五制。而鑒於簡文的殘缺,不能排除官與曲之間也同樣遵循五五制(即五官爲曲)的可能。

[5]此未釋字沈思聰(2018P202)釋作“長”,不從。

[6]叔:原釋作“督”,沈思聰(2018P202)改釋。按:原簡作 叔 ,實爲“叔”字,改釋可從。

[7]此字原徑作“梁”,原簡從“米”,今改。

[8]曹方向(2011.9.16)指出“居延都尉德”,在之前公佈的居延簡中屢見。其年代確切者,以五鳳三年爲最早(居159·14)。本簡的發現,可以將這位居延都尉的確切任期提前到五鳳元年。

[9]魏郡内黄:今河南今縣。

官事毋敢負將☑☑	73EJT2:46A
☑　　　　☑☑	73EJT2:46B
☑出,六月癸酉入。	73EJT2:47
☑少(沙)上[1]卒武強　　☑	73EJT2:48
居延佐張齋[2]　　☑	73EJT2:49
☑□平里魯年[3]子　☑	73EJT2:50
☑將轉[4]䡂重車百　廿☑	73EJT2:51
☑候長宋萬元功勞[5]　☑	73EJT2:52

【校釋】

[1]少上:少,原整理者徑釋爲“沙”,然原字形不從“氵”,今改。少,讀爲“沙”。沙上,隧名。T23:672見“沙上隧長”。

[2]齋:沈思聰(2018P202)釋作“齎”。

[3]年:沈思聰(2018P202)釋作“羊”。

[4]將轉:《集成》(八 P136):負責轉輸。

[5]功勞:《集成》(五 P27-28):漢時計算政績的名稱與單位。一功,指四年之勞。勞則是以每日爲計算單位。

☑☑宦[1]予彭長君,急毋報ｉ☑☑[2]多[3]問若強飯[4],察縣官事ⅱ

　　　　　　　　　　　　　　　　　73EJT2:53A

☑……　　……[5]　　☑☑

☑　　　　　　　傅

☑　　　　　　　少翁

☑　　　　　　☑　　　　　73EJT2:53B [6]

【校釋】

[1]宦:原未釋,姚磊(《合校》2021P29)懷疑是"宦",暫從其擬釋。

[2]此未釋字原釋文無,今據原圖殘存墨跡補。

[3]多:原未釋,從何茂活(2015P18-27)補釋。

[4]強飯:漢代書信常用語,意思是多吃飯,猶言注意飲食。

[5]此行兩處"……"原釋文無,據原圖版,兩處應爲兩欄,每欄還有若干字。

[6]此簡爲書信簡。

　　　馬一匹,白騩[1],牡,齒☑

☑楊放:

　　　馬一匹,騩[2]驊(駠)[3],牡,齒☑　　　　73EJT2:54

常賢伏地☑

丈人[4]足下,善毋☑　　　　　　　73EJT2:55A

塞事會☑　　　　　　　　　　73EJT2:55B

本始五年[5]十二月甲午朔己亥,西鄉守有秩千□☑

毋徵[6]事,當爲傳,移過所縣邑,毋苛留,敢☑　73EJT2:56A

章曰:　　☑

雞得丞印。　　☑　　　　　　73EJT2:56B

【校釋】

[1]騩:《説文·馬部》:"騩,馬面顙皆白也。"《玉篇·馬部》:"騩,馬黑白面也。"

［2］駣：《説文·馬部》：“駒，馬二歲曰駒，三歲曰駣。”金關簡數見“駣”用來描述馬，但皆非三歲，如 T21：209、T37：456 中馬齡爲八歲、九歲。故金關簡中的“駣”應該都是描述毛色品類，非《説文》所説“三歲”馬。

［3］騂：原釋作“騂”，此字原簡字形右部實際是上下結構，上從“牛”，下從“羊”，並非是“辛”。《説文·馬部》新附：“騂，馬赤色也。從馬觲省聲。”此字原簡形右部與《説文》新附字形上下位置顛倒。金關簡該字原釋文皆徑作“騂”，實際很多字形都應作“騂”。

［4］丈人：對老者尊稱。

［5］本始是漢宣帝的第一個年號，但僅用了四年，按照傳世史籍計算，本始五年相當於地節元年。劉瑞（2015.4）認爲所謂的“超長紀年”不僅不是距離遥遠下改元通知不達的産物，而且是當時確實存在的紀年。

［6］徵：原釋作“獄”，此字原圖作█，不見“犬”形，而且左側“彳”形大致可見，當改爲“徵”。

居延農[1]嗇夫彊大常□☑	73EJT2：57
☑□張大守□與從者陽里王得之皆[2] i ☑毋苛留止，如律，敢言之。	
ii ☑掾偃、令史光、佐□[3]。 iii	73EJT2：58
田卒趙國襄國恩☑	73EJT2：59
☑　　黑色　　☑	73EJT2：60
☑僑陵邑[4]東中里公乘壽未央☑	73EJT2：61
☑毋苛留，敢言之。閏月辛酉，少□嗇夫衆敢言之☑	73EJT2：62
☑八月戊申，居延令☑	73EJT2：63A
☑☑☑☑☑	73EJT2：63B
雒陽廣都里雍壽。　　　　☑	73EJT2：64
二人私從☑	73EJT2：65
☑□言之，候長治所[5]　　☑	73EJT2：66
□□元年☑	73EJT2：67A

☒　　☒　　　　　　　　　　　　　73EJT2：67B

☒☒☒☒東陽里公乘☒☒　　　　　　73EJT2：68

☒戊寅,關嗇☒ᵢ☒☒☒☒☒☒ᵢᵢ　　　　73EJT2：69

☒丞印。☒ᵢ☒……☒ᵢᵢ[6]　　　　　73EJT2：70A

☒……☒ᵢ☒……☒ᵢᵢ☒……☒ᵢᵢᵢ　　73EJT2：70B[7]

【校釋】

[1]居延農:裘錫圭(2012:5P220):似當爲"居延農令(或長)"或"居延農官"的省稱。

[2]皆:原釋作"自",從姚磊(《合校》2021P29)改釋。

[3]此未釋字沈思聰(2018P203)釋作"敞",不從。

[4]僞陵邑:鄭威(2015P217-241):出土封泥有"僞陵丞印",應是僞陵縣丞用印。僞陵亦曾封侯,爲侯國,存續年代爲高帝十二年(前195)六月至文帝七年(前173)(引馬孟龍説),地在今河南鄢陵縣彭店鄉古城村、田崗村一帶。

[5]治所:《集成》(九 P69):常駐辦公的地方。但臨時辦公地點也可稱治所,或曰在所。

[6]此行原釋文無,今據原圖版補。

[7]此簡原釋文 B 面作一行,今據原圖版補作三行。A 面簡文出現"丞印",按照常見的文例,疑 B 面才是簡文正面。

淮陽新郪陽安里卜冤。　　　～☒　　　73EJT2：71

淮陽郡新郪陰里黃得。　　　～　　　　73EJT2：72

淮陽新郪□[1]里陳橫。　　　～　　　　73EJT2：73

淮陽新郪當市里周餘。　　逋[2]　～　73EJT2：74[3]

【校釋】

[1]此未釋字有釋"祖"的意見(參見《合校》2021P29)。

[2]逋:《説文·辵部》:"逋,亡也。"王錦城(2019P1063):該字後書,蓋是補加上去表示戍卒已經逃亡。

[3]以上四簡文字書手一致,形制相類,當出自同一簡册。

守林[1]五石弩一,完。 　　　　　　　　　73EJT2:75[2]

……Ⅰ_{i}□□直(值)廿,出錢Ⅰ_{ii}……Ⅰ_{iii}出錢[3]Ⅱ_{i}出錢二百六十Ⅱ_{ii}……Ⅱ_{iii}……Ⅲ_{i}出錢百卅爲進Ⅲ_{ii}出錢百卅[4]Ⅲ_{iii}六千直(值)直[5]□Ⅳ 　　　　　　　　　73EJT2:76

【校釋】

[1]守林:隧名,屬廣地候官,T37:918+1517見"廣地守林隧"。

[2]此簡上端有繫繩契口。

[3]出錢:此簡殘右,此處僅能看到左側筆畫,原整理者闕釋。今據存留墨跡可辨乃"出錢"二字。此處下册釋文有"・"號,原圖版無,今删。

[4]此處"百卅"原整理者下册釋文本無,此從圖版旁釋文。

[5]直:原未釋,今據原圖版補。

☑魏郡平恩[1]侯國平曲里大夫石賜,年廿五。☑ 　　73EJT2:77

☑□,橐他候福爲致送[2]☑ 　　　　　　　73EJT2:78

☑不可入腸。・治□☑ 　　　　　　　　　73EJT2:79

☑歲之中,有疾病[3]☑ 　　　　　　　73EJT2:80A[4]

☑　　□　　☑ 　　　　　　　　　　73EJT2:80B

☑　　十二月壬☑ 　　　　　　　　73EJT2:81

☑　　望金關隧☑ 　　　　　　　73EJT2:82A[5]

☑　　敢言之:壽貴里男子聊[6]□☑

☑□,年五十二,爵不更,毋官獄徵事,☑ 　73EJT2:82B

【校釋】

[1]平恩:治今河北邱縣西南。

[2]此簡"送"字原未釋,從姚磊(《合校》2021P30)補釋。姚磊以爲簡首未釋字是"丑"。

[3]病:張雷(2018P407)釋作"藏",讀爲"臟",不從。

[4]劉嬌(2018P279–326)指出簡文內容見《大戴禮記·曾子疾病》"故人之生也,百歲之中,有疾病焉"。

[5]此簡上殘,但 A 面仍能看到上端網格。B 面文字與 A 面文字書寫方向不一致。

[6]聊:原釋作"耿",此字原簡右部並非"火",而是"卯",今改釋。聊,在此處作姓氏。"聊"姓金關簡多見,如 T9:49"聊竟"。

☑言之,肩水金關☑☑ⅰ☑☑明都尉府,謹移☑[1]☑ⅱ　　　73EJT2:83

☑　　馬三匹~[2]☑　　　73EJT2:84

☑□一乘　　☑ⅰ☑馬三匹　　☑ⅱ　　　73EJT2:85

田卒襄國陳西里簪☑　　　73EJT2:86

戍卒鉅鹿郡曲周□☑　　　73EJT2:87

(此簡已與 T2:92 簡綴合)　　　73EJT2:88

☑□免,自言從故吏☑　　　73EJT2:89

☑大奴適,長七尺□☑　　　73EJT2:90

☑□,年卌二。　　☑　　　73EJT2:91

☑先登隧長成縉　　☑　　　73EJT2:92+88[3]

☑十五歲,長六尺,黑☑　　　73EJT2:93

·右故官功墨[4]☑　　　73EJT2:94

☑士吏[5]　　☑　　　73EJT2:95

☑地節二年十二月☑(削衣)　　　73EJT2:96

☑□[6]令敞行離鄉　　☑(削衣)　　　73EJT2:97

☑□夫慶喜以來。　　☑(削衣)　　　73EJT2:98

【校釋】

[1]兩行最後未釋字原釋文無,今據原圖版補。

[2]此符號原釋作"—",今據原圖版改。

[3]此簡由伊強綴合,參見姚磊(2021P413)。

[4]功墨:即功勞墨將。李天虹(2003P144):"墨將"當讀作"默狀",

"功勞墨將"指自我隱度、核算的功勞狀況。"功勞墨將名籍"大概屬於保密類文書,所以既由吏個人核寫,也由吏個人送達。《集成》(十一 P53、267):功墨將名籍,即官吏個人才能與勞績的登錄名單。功勞簿中有"文"、"武"之別,疑"墨"即筆墨之文,而"將"爲軍士等武職。

[5]士吏:原釋作"出豆",從張俊民(2011.9.23)改釋。

[6]此未釋字原釋文無,今據原圖版墨跡補。此簡右下有一筆畫墨跡,可能是右行字或刮削殘留。

☐☐里不更杜萬年=(年,年)十八☐(削衣)　　　　73EJT2:99
大河郡[1]東平陸倉東里☐☐☐☐(削衣)　　　73EJT2:100[2]
☐四[3]石粟☐ⅰ[4]☐☐穀☐☐ⅱ(削衣)　　　73EJT2:101
☐☐長安☐　　☐(削衣)　　　　　73EJT2:102
☐☐里不更朱舍人,年廿四。　庸同縣東陽里不☐(削衣)　73EJT2:103
☐尊,年卌二歲,☐[5]☐ⅰ☐☐北鄉佐[6]安世敢告☐☐ⅱ☐縣邑,如律令☐ⅲ(削衣)　　　　73EJT2:104
☐延☐福[7]成里使邊隧☐[8]☐(削衣)　　　73EJT2:105
☐☐里樊☐☐(削衣)　　　　73EJT2:106

【校釋】

[1]大河郡:晏昌貴(2012P249-255):《漢志》東平國,武帝元鼎元年爲大河郡,宣帝甘露二年爲東平國。按:治在今山東漢上縣北。

[2]此簡胡永鵬(2017P487)定在漢昭帝到宣帝之間。

[3]四:原未釋,今據原圖版補。

[4]此處原釋文脫殘斷號。

[5]此未釋字原釋文無,今據原圖版補。

[6]鄉佐:秦漢鄉官佐吏。職掌協助有秩或嗇夫治理民事與徵收賦税。《後漢書·百官志》注曰:"又有鄉佐,屬鄉,主民事收賦税。"

[7]福:原釋作"督",從何茂活(2016P25-34)改釋。

[8]未釋字原釋文無,今據原圖版補。

肩水金關 T3:1-118

十月癸巳,左後候長誼▨ⅰ十二月甲申,左後候長誼敢言之▨ⅱ

　　　　　　　　　　　　　　　　　　　　　　73EJT3:1

肩水金關　　　▨　　　　　　　　　73EJT3:2

▨　　兄昌,年卅五。　　　昌子男賀,年十三。▨

▨　　妻女成,年卅五。∫　昌子男嘉,年十一。▨　　73EJT3:3

▨年八月□□,遣案比[1]更封,如律令,敢言之。

▨□□□□□□□□□□□……[2]　　　　73EJT3:4

▨肩水金關、居延縣索[3]▨　　　　　73EJT3:5

▨言永始元年ⅰ▨移過所河津關,毋ⅱ　　73EJT3:6

右前騎士[4]闕[5]都里▨

右前騎士闕都里王▨

右前騎士白石里孟賀,　　左前▨

中營右騎士千秋里龍昌,　　左前騎士□▨

中營右騎士累山里亓襃,　　左前▨　　　73EJT3:7

【校釋】

[1]案比:李均明(2004P130-133):每年八月實施考核統計是法定的事情。此類統計考核,史籍稱之爲"案比"。邢義田(2012P180-191):這是第一次在簡牘資料中出現如此明確八月行案比的記錄,證明《後漢書》所謂八月案比,應已行於西漢。此簡"更封"二字不禁使人懷疑案比是否也涉及田地封界變動的登記。

[2]此處原釋文無,但原簡此處還有若干字墨跡。

[3]縣索:《集成》(五 P148):漢塞的防禦設施之一,由柃柱支撐,爲界綫警示標誌。

[4]右前騎士:市川任三(1987P190-243):當時騎士部隊的編制大概是這樣的:都尉麾下分爲左、右兩部,每部又分左、右、後三曲,合爲六曲。

司馬即部之長,千人即曲之長。

　　[5]闕:同簡兩見,原皆釋作"關",字形不合,此字原簡字形從"門"從"羽",疑爲"闟"之簡省寫法,今改。

匽

　　　▨

阤(師)(檢)　　　　　　　　　　　　　　　　　73EJT3:8

▨　金關▨　　　　　　　　　　　　　　　　　73EJT3:9

▨肩水金關▨(檢)　　　　　　　　　　　　　73EJT3:10

▨義行候事,移肩水金關,遣ⅰ

▨□迎錢城倉[1],書到,出内[2]如ⅱ　　　　　73EJT3:11A

▨　　置佐安。　　　　　　　　　　　　　　73EJT3:11B

▨爲守府掾ⅰ▨行部中,有毋言ⅱ　　　　　　73EJT3:12

▨移府書[3]曰:守府都吏ⅰ▨以時入或受寄穀ⅱ　73EJT3:13A

▨屬　　　　　　　　　　　　　　　　　　　73EJT3:13B

▨庚子朔乙[4]丑,肩水司馬令史[5]翟延▨　　73EJT3:14

▨穿[6]□□□□□廣長各三寸,置三錢其中,祝曰睪溫。

　　　　　　　　　　　　　　　73EJT3:15[7]

▨五月庚子錢更吏居延王翁稚入關▨輩十一□(檢)　73EJT3:16

府庫[8]徒欒得安國里馬禹,年廿七歲。□▨　　73EJT3:17

▨□河津關▨(削衣)　　　　　　　　　　　73EJT3:18

▨　　肩水□□[9]▨(削衣)　　　　　　　　73EJT3:19

(此簡已與 T3:31 簡綴合)　　　　　　　　　73EJT3:20

報邊當令郵亭從□▨　　　　　　　　　　　73EJT3:21

▨　　都吏旦食會水接真[10]　　　　　　　　73EJT3:22A

▨□□買雞來,願擇大者,上□□　　　　　　73EJT3:22B

【校釋】

[1]倉:原釋文逕釋作"倉",今見原圖版此字上似從"宀",或爲"官"字,今存疑。

[2]内:原未釋,今據原簡字形補。簡文"出内如"後應還有"律令"。"出内如律令"文例又見 T37:21、T37:705 等。出内即出入。

[3]府書:太守府或都尉府所下文書之泛稱。T5:76 見"如大守府書"。

[4]乙:原釋作"己",從馬智全(2012.6)改釋。

[5]司馬令史:城尉設司馬,司馬屬官有丞和令史。

[6]穿:原闕釋。原簡殘左,存見墨跡上部"穴"可辨,下部所從"牙"或"耳"形亦可確認。

[7]疑此簡記録某種禱祭或巫祝活動。

[8]庫:《匯釋》(2008P120):戰國秦漢時期庫的主要任務是管理車和兵甲等作戰物資,也從事生産,並且除了製造兵器、車器以外,也製造鼎、鐘等其他器物。漢代的庫還管理錢財。

[9]此未釋字原釋文無,今據原圖版墨跡補。

[10]真:原釋作"莫",此字原簡作㲾,上從"止",當爲"真"的俗字,今據原圖版改。

☑[1]五月戊子朔……自言□父居延都尉史[2]□[3]掾何建[4]就逤[5]
☑……不更[6],年廿歲,毋官獄徵事,當得以令取傳,謁移過

73EJT3:23+73EJC:361 [7]

【校釋】

[1]此處原釋文本有"……",紅外圖版旁釋文無,今核對原圖,從後者改。

[2]史:原釋作"吏",此字原簡圖作㲾,上部無橫,當爲"史",且"尉史"辭例常見,今改釋。尉史,《匯釋》(2008P242):候官的屬吏,輔佐塞尉,與候史、燧長同爲月俸六百錢。李迎春(2009.6.16):西北漢簡之"尉史"主要屬於邊郡軍事系統。

　　[3]未釋字疑是"曹"。

　　[4]何建:原釋作"任獄",從張俊民(2019.5.27)改釋。

　　[5]就遷:魏振龍(2019.11.12):漢代邊塞管理機構所轄吏卒當前所處狀態的記録。具體則是指邊塞屯戍吏卒正處於逃亡(或犯禁)被捕後的訊問、審查狀態。

　　[6]不更:原闕釋,原簡字跡斑駁不清。按照通常的格式,此處應書寫持有者的年、名、爵、縣、里等信息。"不更"爲其中的"爵",今補。

　　[7]此簡由姚磊綴合,詳見姚磊(2021P39),釋文整理參張俊民(2019.5.27)。黄艷萍(2014.2)認爲此簡屬河平三年。

☑以令取傳。謹案:豐、武非亡人命者[1],當得　　　　　73EJT3:24

☑李延卿記Ⅰ……☑Ⅱᵢ子文☑☑Ⅱᵢᵢ……☑[2]Ⅱᵢᵢᵢ　　73EJT3:25

元延四年三月庚辰朔辛巳,居延庫丞☑☑ᵢ……☑ᵢᵢ　　73EJT3:26

☑☑賣[3]　　☑肩水守府所移☑ᵢ

☑☑　　☑責錢☑☑☑☑☑ᵢᵢ　　　　　　　　　73EJT3:27A

☑☑毋六畜[4]☑　　　　☑　　　　　　　　　　73EJT3:27B

　　　　……隧長☑卿[5]……☑

……[6]

　　　　壤野隧長鄧卿百五十☑　　　　　　　　　73EJT3:28A

……☑　　　　　　　　　　　　　　　　　　　73EJT3:28B

☑☑☑明明　　　　　　　　　　　　　　　　73EJT3:29[7]

☑千五十已得八百少二百　　　　　　　　　　　73EJT3:30

　　【校釋】

　　[1]命者:者,原闕釋,從馬智全(2012.6)補釋。丁義娟(2019P198):漢代將逃亡者中的重罪犯稱爲"命者",通緝文書遍發各郡國,是追捕重點。按:非亡人命者,是傳書常用語,目的是説明是否爲在逃之人。

　　[2]原釋作一行,今據原圖版存見墨跡改補作三行。

　　[3]賣:原未釋,今據原圖版與同簡"責"字擬補。

　　[4]六畜:指馬、牛、羊、雞、犬、豬六種牲畜。今本《急就篇》有"六畜蕃息豚豕豬,殺貐狡犬野雞雛"。《周禮‧天官‧庖人》:"庖人,掌共六畜、六獸、六禽,辨其名物。"鄭玄注:"六畜,六牲也。"

　　[5]此簡原釋文僅一行。此簡上部仍有墨跡,殘右。依據可見墨跡與左側文例可補釋。

　　[6]此簡簡首有一大字墨跡,無法辨別是何字,原整理者未釋,今據原圖版補。

　　[7]此簡簡首似封泥槽,疑是封檢。

　　輜車一乘,用馬[1]一匹,騮(驑)[2]駮(駁)[3],齒七歲,高五尺八寸。守屬胡長:

　　用馬一匹,驃[4],牡,齒五歲,〖高〗[5]六尺。　　　73EJT3:31+20[6]

　　【校釋】

　　[1]用馬:《集成》(五 P63):駕車馬。

　　[2]騮:通"驑",《説文‧馬部》:"驑,赤馬黑毛尾也。"

　　[3]駮:通"駁"。《説文‧馬部》:"駁,馬色不純。"按:金關簡形容馬毛色用語中多寫作"駮"。

　　[4]驃:《説文‧馬部》:"驃,黄馬發白色。一曰白髦尾也。"

　　[5]據文義可知此處應有"高"字,今補。

　　[6]此簡由張文建綴合,參見姚磊(2021P413)。此簡綴合茬口並不完全吻合,綴合後茬口處應據文義補"高"字,但此簡紋理形制相合。

☑言之,廷移府檄☑　　　　　　　　　　　73EJT3:32

治事元毋檢☑ⅰ嗇夫坐前[1]☑ⅱ　　　　　73EJT3:33A

鄧博叩頭言☑ⅰ嗇夫坐前見☑ⅱ　　　　　73EJT3:33B

☑莫當隧卒頤日食☑　　　　　　　　　　73EJT3:34

☑□[2]陬里杜信,年卌七。　　☑　　　　73EJT3:35

☑金關　　☑　　　　　　　　　　　　　73EJT3:36

榮(滎)陽[3]□樂李卿[4]，年卅八。　　　　☑　　　　　　73EJT3：37

其一釜□張卿百，敦君五十。丁相[5]君粟錢，李子方魚錢。☑(竹簡)　　　　　　　　　　　　　　　　　73EJT3：38A

張子方百—府[6]六六五五六六八八九十十[7](竹簡)　73EJT3：38B

【校釋】

[1]坐前：書信常用語，表示對收信人的尊敬。黃艷萍(2015.2)認爲西北漢簡始見"坐前"用作書信敬稱，表達對尊長及朋輩的尊敬，該詞至遲在漢武帝中晚期，甚至會更早開始表達尊稱。唐代以後"坐前"多作"座前"，宋元時期二者混用，多用作對尊長的敬稱。

[2]未釋字原釋文無，今據原圖版補。

[3]滎陽：滎，原釋作"滎"，原簡從"木"，今改。趙爾陽(2017P264-268)認爲兩漢時"滎陽"是標準寫法。按：金關簡地名中"滎"、"滎"、"榮"三者並用，以"滎陽"出現頻率最高，趙説可從。

[4]卿：原未釋，沈思聰(2018P203)釋作"駝"。按：西北簡中"駝"出現頻率很少，不可從。此字原簡作，受木紋和缺失墨跡影響，干擾識別。此字右側的"邑"構形最易辨識，順此推知此字就是"卿"或"鄉"。"卿"、"鄉"在漢簡中同形不別，按照人名用字，當釋作"卿"。

[5]相：原釋作"韋"，字形差距較大，此字當爲"相"之草書楷化字形。

[6]府：姚磊(《合校》2021P33)懷疑是"二""卅"兩字，不可從。

[7]十：原缺釋，從李燁(2013P22)補釋。

居延闕[1]都里公士☑　　　　　　　　　　　　73EJT3：39

蒙[2]重里賞☑　　　　　　　　　　　　　　73EJT3：40

枚便里十枚以郵行(習字)　　　　　　　　　73EJT3：41A

支文□夫更丈丈丈丈(習字)　　　　　　　　73EJT3：41B

☑□[3]肩水司馬□□肩水……☑　　　　　　73EJT3：42

☑馬建德等□☑　　　　　　　　　　　　　73EJT3：43

☑廛字守卒使慶[4]大　　　　　　　　　　　73EJT3：44

☒☒室比相☐☐　　　　　　　　　　　　　　73EJT3:45

日勒男子趙子惠[5]責☐☐置錢百七十☐四☐十五,凡直(值)☐☒

　　　　　　　　　　　　　　　　　　　　　73EJT3:46

【校釋】

[1]闓:原釋作"闚",字形不合,今改。

[2]蒙:原釋作"歲",從何茂活(2014.11.29)改釋。

[3]未釋字原釋文無,今據原圖版補。

[4]慶:原未釋。此字原簡字形作 ,居延新簡 EPT27·18 中"慶"作 ,與此簡字形近同。另,此簡第一字"慶"原簡字形怪異,未必是"慶"。

[5]惠:王錦城(2019P1069)釋作"霊"。

元延三年[1]四月吏

民出入關致[2]　　　　　　　　　　　　　73EJT3:47A

元延三年四月

吏民出入關致　　　　　　　　　　　　　73EJT3:47B

元延三年正月吏

【民出入關致】[3]　　　　　　　　　　　73EJT3:48A

【元延三年正月吏】

民出入關致　　　　　　　　　　　　　　73EJT3:48B

【校釋】

[1]元延是西漢成帝的年號,元延三年即公元前 10 年。

[2]致:《匯釋》(2008P203):漢代的致不止一種,致物於人所用的文書以及領物所用的文書都叫作致。致按性質可分爲三類:第一類是致物於人所用的文書,第二類是領東西所用的文書,第三類是出入門關所用的文書。

[3]此簡左殘,此行根據背面内容和行文格式補。

卒南陽杜衍[1]利陽里公乘陳副,年卅五,長七尺二寸。　　丿　　　出

73EJT3:49

治渠卒[2]河東[3]汾陰[4]承反里公乘孫順,年卅三。[5]　　73EJT3:50

卒南陽山都[6]習里公乘扁(漏)[7]登,年卅六,長七尺二寸。　　丿

出 i　　　　　　　　　　　　　　　　73EJT3:51

奉明(明)[8]樂陵里官[9]護,年五十八,　字君都。　　☑3EJT3:52

【校釋】

[1]杜衍:治今河南南陽市西南。

[2]治渠卒:裘錫圭(2012:5P238):治渠卒當是戍卒中主要從事水利工作之卒,也許屬於延水一類水官。

[3]河東:《漢書·地理志》:"河東郡,秦置。莽曰兆陽。"

[4]汾陰:治在今山西萬榮縣城西南325公里處的寶井村。

[5]此處原整理者釋文有一"出"字,今核對原簡未見字跡,今删。

[6]山都:治在今湖北襄樊市襄陽區西北。

[7]扁:同"漏"。此處用作姓氏。

[8]奉明:明,原釋作"明",從黄浩波(2017P113-165)改釋。奉明屬於京兆尹,治在今陝西西安市西北。

[9]官:原釋作"向",此字原簡字形作，與金關簡中其他"向"形體有別,當爲"官"之簡省之形。

鬼新(薪)[1]蕭登:Ⅰ故爲甲渠[2]守尉,坐以縣官事[3]歐(毆)笞戍卒尚勃,灪(讕)爵減[4]。Ⅱi元延二〚年〛[5]十一月丁亥論[6]。　　故鱳得安漢里。正月辛酉入[7]。Ⅱⅱ　　　　　　73EJT3:53[8]

【校釋】

[1]鬼新:即鬼薪,刑名,三歲刑。

[2]甲渠:指甲渠候官,屬居延都尉。

[3]縣官事:官府公事。

[4]灪:原徑作"讕",從張再興、黄艷萍(2017P72-77)改釋。按:此字

原簡從“水”,當改。“灛”通“讞”,議罪。王錦城(2019P1071):讞爵減是説定罪時因有爵位而作一定程度減免。

[5]羅見今、關守義(2013.5)已指出此處原簡脱漏“年”字。

[6]論:定罪。

[7]伊強(2015P243-249)指出“正月辛酉入”墨色較淡,與其他文字明顯有別,非一次寫成。此指元延三年正月辛酉。

[8]伊強(2015P243-249)指出此簡可能屬於“囚録”或與之類似的文書。

王嚴叩頭白:

李長叔君[1]急責[2]人酒,屬(囑)[3]得二斗,内(納)之,白復[4]責人。

73EJT3:54A

願且[5]復給三斗。叩頭,幸=甚=(幸甚幸甚)。　　73EJT3:54B

【校釋】

[1]李長叔君:人名。“君”是敬稱。王錦城(2019P112)認爲“長叔”是字,“君急”是人名,不可從。

[2]責:索取。《説文·貝部》:“責,求也。”

[3]屬:讀爲“囑”,囑託。

[4]白復:白,原未釋,此字原簡墨跡不明晰,但對照“白”之草書亦可擬補釋。復,原未釋,從李燁、張顯成(2015.4)補釋。

[5]願且:劉倩倩(2015P65):表示恭謹的語氣詞。《漢書·哀帝紀》:“臣願且得留國邸,旦夕奉問起居,俟有聖嗣,歸國守藩。”

河平四年[1]二月甲申朔丙午,倉嗇夫望敢言之:故魏郡原(元)城[2]陽宜里王禁,自言[3]二年戍[4]屬居延,犯法,論。會正月甲子赦ⅰ令[5],免爲庶人[6],願歸故縣。謹案:律曰:徒事已,毋糧[7],謹故官爲封偃檢[8],縣次續食[9],給法所當得。謁移過所津關,毋ⅱ苛留止。原(元)城收事[10],敢言之。ⅲ二月丙午,居令博[11]移過所,如律令。掾宣、嗇夫望、佐忠。ⅳ

73EJT3:55

【校釋】

[1]河平是西漢漢成帝的第二個年號,河平四年是公元前 25 年。

[2]原城:即元城。《漢書·地理志》載魏郡下轄元城。

[3]自言:猶言自己主動提出。

[4]戍:張俊民、肖從禮、姚磊皆有釋“戎”之説(參見《合校》2021P35)。按:金關簡中有“戍”書寫不嚴謹而與“戎”同形的情況,若按嚴格釋字,很多“戍卒”當作“戎卒”,此處據文義不作區分。

[5]正月甲子赦令:姚磊(2019.10)舉《漢書·成帝紀》載河平四年春正月“匈奴單于來朝。赦天下徒,賜孝弟力田爵二級,諸逋租賦所振貸勿收”,指出簡中所説赦令當指的是此赦。

[6]庶人:林炳德(2011P315-326):在秦漢律中,無爵的身份有公卒、士伍、庶人。公卒、士伍是有爵或是無爵的出身,庶人則來源於罪因和奴婢。

[7]糧:原簡圖作𥼚,右側部件已訛省作“里”。

[8]封偃檢:肖從禮(2012P289-294):專門用於客田之類所用傳上的附件。偃檢實際上只是傳的代稱而已。丁義娟(2019P93、94):(偃檢)本質也是一種“致籍”。按:這裏的檢爲過所文書名,封、偃都是對檢的修飾。封是封纏,偃是隱藏。這兩個方式都是爲了保證檢在傳遞過程中絶密。

[9]縣次續食:劉倩倩(2015P66):按沿途縣道次序提供飲食。

[10]收事:肖從禮(2012P289-294):收指租賦,事謂役使。

[11]居令博:肖從禮(2012P289-294):“居延令博”之省。按:T6:27A有“居延令博”。

☑☑候定等六十人,官牛☑　　　　　　　　　　　　73EJT3:56

·居延=(延延)水[1]本始四年涇渠延袤[2]墾(溉)田簿[3]。☑

　　　　　　　　　　　　　　　　　　　　　　73EJT3:57

綏和二年[4]三月己巳朔癸酉,肩水候憲☑☑　　　73EJT3:58A

出内[5]如律令……☑　　　　　　　　　　　　　73EJT3:58B

候史鱳得博厚里孫奉憙。　　　　　　　　　73EJT3:59

☑令史受報如府　書律令。　　　　　　　　73EJT3:60

☑　　　十一月戊寅出。　　　☑　　　　　　73EJT3:61

☑要害隧長杜護五月食☑　　　　　　　　　73EJT3:62

肩水金關　　　　　　　　　　　　　　　　73EJT3:63

廄佐[6]范惲：Ⅰ用馬一匹,騩,牡,齒七歲,高五尺八寸。Ⅱ十月辛丑
入。Ⅲⅰ十一月甲子出。Ⅲⅱ　　　　　　73EJT3:64

【校釋】

[1]延水：裘錫圭(2012:5P221)：延水所轄有水工,頗疑是設在居延地
區的一個都水官。

[2]延袤：指長寬,這裏指的是渠水灌溉田的面積。

[3]馬智全(2013.2)：涇渠,直渠。“延袤”,指長度和寬度。“溉田
簿”,爲灌溉田地的簿籍。“涇渠延袤溉田簿”,是指水渠的長寬及灌溉農
田面積的統計,正説明了水渠修治對農業灌溉的作用。按：“堅”原釋作
“溉”,原簡字從“土”從“溉”,今改。

[4]二年：原釋作“六年”,從羅見今、關守義(2013.5)改釋。按：綏和,
漢成帝年號,但僅用了兩年,並無“六年”,且原簡僅能看到兩橫墨跡,
當改。

[5]出内：原釋作“毋忽”。今細審原簡彩色圖知原簡有很多污跡干
擾,通過彩圖可辨識“出”,“内”字所從的“人”形亦基本可知,今改釋。

[6]廄佐：廄的主管官吏副手。

☑己丑朔丙申,居延令☑、丞☑移過所縣道津關[1],遣亭長[2]張永從
令封ⅰ☑當舍傳舍[3],從者如律令。　　　/掾宗、守令[4]謝、佐昌。ⅱ
　　　　　　　　　　　　　　　　　　　　73EJT3:65

元延元年[5]五月☑　　　　　　　　　　　73EJT3:66

元延四年☑　　　　　　　　　　　　　　　73EJT3:67

廄佐蘇博,　十一月甲子出,　用馬☑　　　73EJT3:68

皮氏[6]陽里靳於,年廿八。　　　☑　　　　　　　73EJT3:69

丙寅、丁卯,蚤食[7]時行,有三意,失(昳)時[8]行☑　73EJT3:70 [9]

【校釋】

[1]□丞□移過所縣道津關:原釋作"……肩水金關",從張俊民(《合校》2021P36)改釋。

[2]亭長:錢玉林、黃麗麗(2009P412):始置於戰國,西漢時,鄉村每十里設一亭,亭有亭長,由縣任命,負責地方治安警衛,兼管接待旅客、治理民事等。此外,首都及郡縣城中之亭,稱"都亭";城門及市街之亭,稱"門亭"、"街亭";集鎮之亭稱"鄉亭",皆設亭長,職掌與鄉村亭長同。東漢後漸廢。張俊民(2010.1):亭可以分三種:邊塞候望之亭、行政治安之亭和郵驛之亭。

[3]舍傳舍:《匯釋》(2008P143):是經濟待遇之一,包含供應伙食等。《風俗通義》:"諸侯及使者有傳信,乃得舍于傳耳。"李均明(2009P68):"舍傳舍"通常是持公務用傳者才能享受的待遇。傳舍,猶今招待所,提供食宿。

[4]守令:高天霞、何茂活(2015.5):是郡、縣高級行政長官太守和縣令的合稱。此"守令"當爲"守令史"漏書。

[5]元延元年:元延是西漢成帝的第六個年號,元延元年爲公元前12年。

[6]皮氏:河東郡下轄縣,治今山西河津市。

[7]蚤食:時稱。陳夢家(1980P249):上午之食時分別爲蚤食與食,猶下午之食時分別爲餔與下餔,至晚間則只有夜食或莫食、參餔食。

[8]失時:時稱。失讀爲"昳"。T2:23 有"失中",T23:447 有"日失夕時",都是指太陽偏西的一段時間。

[9]王強(2019P319-331)指出此簡爲數術內容,並將原"戊"改釋作"丙"。

☑穀十五萬六千一百卅二石六斗四升少,其四千☑　　73EJT3:71

·凡麥萬一千二百卅七石一斗五升少。　　☑　　　73EJT3:72

☑　　關嗇夫李欽六月食。　　　☑　　　73EJT3:73

☑出粟二石，　　稟(廩)[1]臨田隧[2]長宋輔七月食。☑73EJT3:74

禄福[3]始昌里☑　　　　　　　　　　　73EJT3:75

☑四月乙丑北守亭長良出。　　　卩　　　73EJT3:76

☑單衣小頭，字子文。軺車一乘。馬一匹，騨牡，齒八歲，高五☑

　　　　　　　　　卩[4]　　　73EJT3:77

☑金關，如律令。/兼掾放、卒史殷、書佐[5]廣鳳。（削衣）73EJT3:78

☑九月食。　　　自取。　　☑　　　73EJT3:79

☑□□，年卅，長七尺二寸，黑色。Ⅰ軺車一乘，馬一匹，Ⅱ弓一，矢
十二枚。Ⅲ□□□□出[6]。Ⅳⅰ六月癸酉入。ⅣⅱノⅤ 73EJT3:80

【校釋】

[1]稟:原徑作"廩"，今據原圖版改。廩，給食。

[2]臨田隧:隧名，又見於 T4:114A。

[3]禄福:縣名，屬酒泉郡。《漢書·地理志》:"禄福，呼蠶水出南羌中，東北至會水入羌谷。莽曰顯德。"

[4]此符號原釋文無，從李燁(2013P24)補釋。

[5]書佐:陳夢家(1980P115):漢簡文書簽署，書佐屬於第三級，與給事佐、府佐同位而次於屬、卒史、令史，後者最低爲斗食吏。西漢簡書佐月俸三百六十錢，低於五百錢的屬令史和四百八十錢的司馬令史、令史和關佐。王曉光(2016P135-136):秦簡牘中未見"書佐"一職。秦官文書起草、抄録等工作多由佐、令史等完成，到西漢，文事愈加繁冗，吏員分工更細，很有可能從低級的種類繁多的"佐"中單獨分出"書佐"一職專司文書起草、抄寫一類工作。漢代中央至縣級單位都有書佐，書佐司職文書起草、繕寫等書記事，如公文收發處理、文書起草、繕寫、記録、宣讀等，也有委以它任的。

[6]此行原釋文無，今據原圖版補。

☑一頭　　　　十一月　　　　　　　　　　　73EJT3:81

·檄言:鱳得廄☑　　　　　　　　　　　　73EJT3:82

河内郡[1]蕩邑[2]陽里公乘藉☑　　　　　　73EJT3:83

·令乙第[3]☑　　　　　　　　　　　　　73EJT3:84

☑　　　給候長☑　　　　　　　　　　　73EJT3:85

☑　　　三月丙子□☑　　　　　　　　　73EJT3:86

肩水金關金關今□☑　　　　　　　　　　73EJT3:87

皮氏�(鬃)[4]里王雷,年卌八。　　　　☑　　73EJT3:88

【校釋】

[1]河内郡:《漢書·地理志》:"河内郡,高帝元年爲殷國,二年更名。莽曰後隊,屬司隸。"位於太行山東南與黄河以北。

[2]蕩邑:黄浩波(2011.12.1)指出此爲蕩陰邑之省。漢初即有蕩陰邑,據此推斷,肩水金關漢簡所見"河内郡蕩邑"爲漏書所致。周波(2013P286-309)則認爲非漏書,而是"蕩陰邑"之省稱。鄭威(2015P217-241)指出《漢書·地理志》河内郡有蕩陰縣,在今河南省湯陰縣治。

[3]此殘簡爲律令編號,廣瀨薰雄(2013P111-126)指出,令本是詔,是一條一條發佈的,但根據漢代的文獻,漢令可以分爲三種:(1)十干令(如令甲、令乙、令丙);(2)挈令(如御史挈令、廷尉挈令、光禄挈令);(3)事項令(如津關令、功令、符令)。而這三種令都有編號,如令甲第六、御史令第四十三、功令第四十五等。據此可知漢代已經對令按照某種標準進行分類、排列。但這些令並不是國家編纂的統一法典,到了魏晉律令才成爲法典。

[4]鰭:沈思聰(2018P205)指出此字即"鬃",讀爲"漆"。今從其説。

橐他通望隧長成褒,Ⅰⅰ建平三年正[1]月家屬[2]符。Ⅰⅱ妻大女鱳得當富里成虞,年廿六。Ⅱⅰ子小女侯,年一歲。Ⅱⅱ弟婦[3]孟[4]君,年十五。Ⅱⅲ弟婦君始,年廿四。Ⅱⅳ小女請卿[5],年二歲。Ⅱⅴ弟婦

君給，年廿五。Ⅱⅵ車二兩，Ⅲⅰ用牛二頭，Ⅲⅱ馬一匹。Ⅲⅲ

73EJT3：89[6]

【校釋】

[1]正：原釋作“五”，從李燁、張顯成(2015.4)改釋。建平三年爲公元前4年。

[2]家屬：魏學宏、侯宗輝(2017.4)：“家屬”成員比較複雜，概念相對寬泛，是以血緣和姻親關係構建組成的一種社會關係網路。劉國勝、馮西西(2020P245-256)：漢代的“家屬”是一個相對較爲寬泛的概念。“家屬”並不局限在户籍所規範的家庭内，也不拘泥於血緣、姻親關係。“屬”有隸屬之義，與户主或家族長相對，一般不將户主、家族長稱作是其他家庭成員的家屬。漢代“家屬”可以包含不同户籍的親屬，也可包含與户主或家族長存在特定關係而一起生活的彼此無血緣、婚姻關係之人。漢代“家屬”還可包括奴婢。袁延勝(2014P220-227)：肩水金關漢簡“家屬符”中記載的家庭，是一個“臨時家庭”，並非户籍意義上的一户。“家屬符”上記載的“弟婦”“兄妻”等近親屬，可能與不少到邊塞的“從者”“私從者”“葆”等人群一樣，是爲漢代邊塞吏卒的工作、生活服務的特殊人群。

[3]弟婦：弟弟的妻子。《爾雅·釋親》：“女子謂弟之妻子爲婦。”從金關簡的情況看，弟弟、兒子等妻子都可稱爲“婦”。

[4]孟：姚磊(《合校》2021P37)釋作“監”。

[5]請卿：原釋作“護惲”，從姚磊(《合校》2021P37)改釋。

[6]此爲吏家屬出入符，詳參李迎春(2019P252-271)。

☑　本始四年□月甲☑　　　　　　　　　　　　73EJT3：90

……[1]ⅰ朱督亭罷卒簿[2]，詣丞相史狄卿在所[3]，當舍傳舍，從者如律令。ⅱ　　　　　　　　　　　　　　　　73EJT3：91

☑□□□□積六十日到官除[4]，行道十日，不☑　　　73EJT3：92

【校釋】

[1]原釋作一行，今據原圖版補。

　　[2]罷卒簿：《匯釋》（2008P204-205）：戍卒、田卒服役邊塞期滿而將罷歸本郡者稱罷卒。罷卒簿是記録罷卒的文書。張麗萍、張顯成（2018P232-242）指出"罷"當讀爲"疲"，"罷卒"即"疲卒"，指疲弱之卒。

　　[3]在所：（集成11P163）：指不固定的辦公署所。固定的稱治所。

　　[4]除：李天虹（2003P5）：吏員升遷或平民初任爲吏，均可稱"除"。

■右弟（第）廿六車九人。（竹簡）　　　　　　　　　　73EJT3：93
■右弟（第）十一車十人。（竹簡）　　　　　　　　　73EJT3：94[1]
戍卒潁川郡傿陵邑[2]步里公乘燕[3]聖，年卅，黑色[4]，長七尺四寸。
~（竹簡）　　　　　　　　　　　　　　　　　　　　73EJT3：95
田卒潁川郡臨潁邑[5]鄭里不更范後，年廿四。☒（竹簡）73EJT3：96
田卒潁川郡長社邑[6]潁里韓充，年廿四。　　☒（竹簡）73EJT3：97

　　【校釋】

　　[1]以上T3：93、T3：94兩簡中的"弟"，原整理者釋作"第"，從黄艷萍（2018P134-140）改釋。

　　[2]傿陵邑：鄭威（2015P217-241）：在今河南鄢陵縣彭店鄉古城村、田崗村一帶。

　　[3]燕：原釋作"無"，從沈思聰（2018P205）改釋。按：此字原簡圖作**䴏**，下部確實與"燕"同，但上部已受上一字"乘"影響類化相訛。

　　[4]色：原釋作"中"，從姚磊（《合校》2021P37）改釋。按：此字原簡字形作**屮**，金關簡中鮮有豎畫如此的"中"，細審筆畫可知左右分開，中間並非"口"形，當改。

　　[5]臨潁邑：鄭威（2015P217-241）：《漢書·地理志》潁川郡有臨潁縣，地在今河南臨潁縣西。

　　[6]長社邑：鄭威（2015P217-241）：《漢書·地理志》長社縣屬潁川郡，地在今河南省長葛市東。

使者一人，Ⅰ i 吏八人，Ⅰ ii 假[1]司馬一人，Ⅱ i 廄御[2]一人，Ⅱ ii 騎士

廿九人,Ⅲ i 民四人,Ⅲ ii ·凡卅四人。Ⅳ i 官馬卅五匹,Ⅳ ii 傳車[3]
二乘,Ⅴ i 馬七匹。Ⅴ ii 軺車五乘,Ⅵ i 候臨[4]。Ⅵ ii 元康二年七月
辛未,嗇夫成、佐通内。Ⅶ　　　　　　　　　73EJT3：98 [5]

【校釋】

［1］假:李天虹(2003P2):“假”係代理或副貳之意。

［2］廄御:廄中主管駕車的小吏。

［3］傳車:《集成》(六 P248):漢代郵驛系統中所用的一種車輛,既可
以載人,又可以運物。

［4］候臨:郭偉濤(2017P229-259):肩水候親臨迎接。

［5］此簡記述内容郭偉濤(2017P229-259)認爲似某使團入關而南,可
能事關重大,故不僅關嗇夫、關佐雙雙在場,“候臨”顯示肩水候亦親臨迎
接,以示隆重。

出米七斗八升,　　　　付北部候長褒食。府君[1]行塞[2]積廿六人₌
(人,人)三升。i　　　　　　　　　　73EJT3：99

■凡出賦錢[3]九十七萬七千三百一十六。　　　ノ　　73EJT3：100

子大夫可,年十四,長六尺,黑色。　　　　—[4]　　73EJT3：101

車一乘。·囚大男[5]陳路等四人。·居延始至里梁(梁)削等卅四
人。i　　　　　　　　　　　　　　73EJT3：102

七月,甲、丙、戊、壬申,乙、丁、己[6]、辛卯,丙、戊寅,凡十日[7],壬毋
北;戊毋東南;凬[8]八日、九日、十日、十二日、十四日、廿七日、廿八
日,有,皆[9]毋[10]i　　　　　　　　　　73EJT3：103

【校釋】

［1］府君:《集成》(六 P232):對都尉府都尉的尊稱。

［2］行塞:巡行邊塞,檢查塞防。

［3］賦錢:《集成》(六 P87):收自算賦之錢,用於軍政支出。

［4］此符號原無,今據原圖版補。

［5］大男:《匯釋》(2008P6):漢代以年齡將人區分爲大、小和大、使、未

始。大指年齡在十四歲以上。漢簡中的大男、大女等,有明確的年齡界限,是作爲領取口糧、繳納賦税等的依據。

[6]己:爲後補寫小字,原釋作"乙",從馬智全(2012.6)改釋。

[7]按:此簡爲數術類簡,凡十日指:甲申、丙申、戊申、壬申四日,乙卯、丁卯、己卯、辛卯四日,丙寅、戊寅兩日,一共十日。

[8]凡:原釋作"月",從王强(2019P319-331)改釋。

[9]皆:原釋作"比日",何茂活釋作"此",不可從。王强(2019P319-331)釋作"皆",今從改。

[10]據文例,此處應有表示方向的詞語。此簡數術内容,詳見王强(2019P319-331)文。

肩水戍卒梁國睢陽同廷里任輔,　　　自言貰賣白布復(複)袍一領,直(值)七百五十。故要虜隧[1]▨　　　　　　　73EJT3:104 [2]

▨縣遮里衛覔所論在觻得。　　　　　　73EJT3:105 [3]

▨長延壽　　　　　　　　　　　　　73EJT3:106

▨□月　　　　　　　　　　　　　　73EJT3:107

　　　　　　　□□□一匹,牡,驕(驪)駁[4],齒七歲。
居延令從史唐豐[5],年卅二歲。　　　　　　七月己巳入。

　　　　　　從□□年□三歲[6]。　　73EJT3:108

【校釋】

[1]隧:原未釋,從何茂活(2016P25-34)補釋。要虜隧,烽燧名。

[2]此簡張文建(轉見姚磊2021P408)與T3:105綴合,茬口差距太大,文義也略顯不暢。

[3]此簡張文建與T3:104綴合。

[4]此字原下册釋文本誤脱漏,圖版本不誤。按照常見格式,這裏應該是表示毛色的字,"駮"是一種似馬的獸,此處通作"駁"。"駁"指雜色毛的馬。

[5]豐:原未釋,從王錦城、魯普平(2017P328-334)補釋。

[6]此行原簡字跡缺失較多,其中的"從""年"原皆未釋,姚磊(《合校》2021P39)據殘存墨跡補釋,今從補。

永光五年[1]正月乙巳朔壬申,肩水城尉奉世移☐ᵢ成、宣等,自言遣葆齎衣用之[2]官,如牒,書到,出入如☐ᵢᵢ　　　73EJT3:109 [3]

(此簡已與 T4:92 簡綴合)　　　　　　　　73EJT3:110

■右鄭子真八百☐　　　　　　　　　　　73EJT3:111

(此簡已與 T4:92 簡綴合)　　　　　　　　73EJT3:112

神爵二年[4]十二月壬申朔戊寅,將轉[5]肩水倉令史☐ᵢ轉折[6]穀就(僦)[7]家縣名里各如牒,出入復籍[8],敢言☐ᵢᵢ　　73EJT3:113

【校釋】

[1]永光是西漢元帝的年號,永光五年即公元前 39 年。

[2]之:到,往。

[3]簡中"移"原釋作"行","齎衣用"原釋作"☐☐",從姚磊(《合校》2021P39)改釋。

[4]神爵是漢宣帝年號,神爵二年爲公元前 60 年。

[5]將轉:負責轉送運輸。

[6]折:張俊民(2011.9.23)釋爲"城"。此字原簡左從"土",右從"斤",嚴格説這是"圻",但從文義來看,此字當視爲"城"之訛誤字。

[7]就:《匯釋》(2008P252):通僦。以車受僱於人,以取報酬。訾家、邊郡縣官及防禦組織系統中的大小單位僱用就人,來自民間的車夫或短時間充任的戍卒以車受僱於人收取僦錢,稱就人、就家、就錢。

[8]出入復籍:丁義娟(2019P116):即是具往返功能的致籍。

☐……七月己卯朔己丑,守令史[1]信敢言之:遣佐世辟☐☐ᵢ☐……過所金關,毋留止,如律令,敢言之。☐ᵢᵢ☐……忠、丞安富,移過所金關,毋留止,如律☐ᵢᵢᵢ　　　73EJT3:114

居延守左部游徼[2]田房,年卅五歲。Ⅰ軺車乘[3]。馬二匹,駹[4]牝

〈牝〉^[5]，齒五歲，高五尺Ⅱ_i三寸。Ⅱ_{ii}　　　　　　　73EJT3：115

☐出麥二百☐☐　　　　　　　　　　　　　　　73EJT3：116

☐斤，　九月庚子，就（僦）人陳君至，付關佐^[6]賞。　　73EJT3：117

廷告西部候史：臨^[7]前兼南部，今罷，守左後候長。有 73EJT3：118A^[8]

教^[9]。　　　記綏和二年三月己卯起廷。　　　　　73EJT3：118B

【校釋】

[1]守令史：高天霞、何茂活（2015.5）：指處於試守期内的令史，即試掌令史之職者。

[2]左部游徼：邢義田（2012P180-191）：不曾見於他簡，游徼爲鄉官，在鄉嗇夫之下，居延縣或都尉下可能有左部、右部游徼。按：游徼，秦置，掌一鄉巡察緝捕。

[3]按照常見辭例格式，這裏應爲"軺車×乘"，原抄寫者脱漏數字。

[4]駮：邢義田（2012P180-191）釋作"駁"。按：若按照常見格式，這裏應該是表示毛色的字，"駁"指雜色毛的馬，"駮"是一種似馬的獸，故據文義當從前者。但據常見書寫習慣，確實有可能寫作"駮"，此字原簡右部結構不明確，暫從原釋。

[5]牝：原未釋，何茂活（2016P25-34）釋作"駣"，以爲是"駣"的異寫。姚磊（《合校》2021P40）疑此字是"桃"，意指"桃花馬"。按：此字右從"北"不從"兆"，當爲"牝"之誤寫。按照行文格式，前面的"駮"是描述毛色，此處應該描述性別。

[6]關佐：官名，肩水金關吏員。詳參王蕾（2020.4）文。

[7]臨：人名。

[8]侯旭東（2014P180-198）：下發文書的應該是張掖郡的某縣，故稱廷，而非候官。用途是告知西部候史臨此前兼南部的職務已被罷除，而改任"守左後候長"。臨原職與兼任的職務均爲肩水候官所轄的"部"，但一是西部，一爲南部，均非金關，而此文書發現於金關，説明罷任的"記"要傳達到候官内的所有機構。仿此，真官到，宣佈行候事者罷任當有類似的文書遍及候官各下屬機構。

［9］有教：高恒（2001P292-303）：公文用語。上對下文書結尾常有此語。冨谷至（2013P156-157）：行政文書中的"教"字，一定是"教令（命令）"的意思。在漢簡中，"教"字會改行大寫，或者用懸針筆法書寫，和"令"、"制"、"詔"相同，都是旨在將命令的權威性在視覺上表現出來……它是文章結尾的常用語句，承接前面講述具體命令的語句，與全文内容没有直接的聯繫。可以將之解釋爲"此爲命令"、"如是執行"，其性質與"如詔書"、"如律令"、"毋忽"相同，屬於一種在視覺上凸顯命令的絶對性和文書的權威性的結束語。按：正如冨谷至所言，此簡的"教"確實"改行大寫"，而且末筆下拉較長。

肩水金關 T4：1-214

☑其一斤治書繩^[1]。　　☑　　　　　　　　　73EJT4：1

☑　　……塢户^[2]☑

☑　　驚（警）糒^[3]三石毋₌嬰塢户☑

☑……^[4]敦☑　　　　　　　　　　　73EJT4：2

【校釋】

［1］書繩：編聯或捆扎簡册的繩子。

［2］塢户：原釋文缺釋，從何茂活（2016P25-34）補釋。陳夢家（1980P154）：亭臺之下有塢，分爲内塢、外塢。塢垣高丈四尺餘，故有墮而傷腰者。内外塢的出入口，皆置門户，有卒主之；户有關、戊（牡）以閉之。塢在臺下，故上升於亭臺有塢陛，《説文》"陛，升高階也"，"階，陛也"。臺下塢内及塢外亭户前之"地"，皆以馬矢塗之；塢内"内屋"則用草塗。

［3］驚糒：即警糒。警爲警備，糒爲乾糧。警糒即爲警備應急用的乾糧。

［4］此號原釋文無，今據原圖版補。

☑……如律令，敢言之。ᵢ☑□／掾臨、守令史襃、佐悥☑ᵢᵢ73EJT4：3

蒙[1]宜成里朱昌,年廿五☑　　　　　　　　73EJT4:4

　　　賦錢三千六百,　　　☑

☑出

　　　以給士吏王相四月盡[2]六月奉。　　☑　　73EJT4:5

☑☑,年卅。ⅰ☑☑,年十一。ⅱ☑,年四。ⅲ☑……ⅳ　73EJT4:6 [3]

　　☑☑☑

　　鍭百。　　　　　　　　　　　　　73EJT4:7

☑河內郡野王[4]敬老里李偃☑　　　　　　73EJT4:8

☑屋闌(蘭)[5]騎士滅胡里蘇乙。　　　☑　　73EJT4:9

出糜[6]八斗四升。　　☑　　　　　　　73EJT4:10

☑三。·姑臧沙上☑☑　　　　　　　　73EJT4:11

☑　　三月中入。　卩　　　　　　　73EJT4:12

☑　　☑一兩ⅰ☑　　二ⅱ　　　　　　73EJT4:13

☑周卿藏翁☑　　　　　　　　　　　73EJT4:14

戍卒淮陽郡譙西成里黃拾。　　金城　☑　　73EJT4:15

☑☑車一乘。馬一匹,駱牡,齒七☑……　　73EJT4:16

雒陽壽陽里董方,年卅,字子侯,　乘泭[7]入。　☑　73EJT4:17

(此簡已與T4:111綴合)　　　　　　　73EJT4:18

河內郡溫[8]倚林里楊衆五十五。　　☑　　73EJT4:19

上黨郡泫氏市☑☑　　　　　　　　　73EJT4:20

【校釋】

[1]蒙:縣名,屬梁國。

[2]盡:至。

[3]此簡中的未釋字和"……"原釋文無,今據原圖版補。

[4]野王:劉倩倩(2015P73)釋作"埜",不可從。按:野王,《漢書·地理志》作"壄王"。

[5]此字原釋作"蘭",原簡不從"艸",從何茂活(2014.11.29)改釋。

[6]糜:何雙全(1986.2):發掘出土實物,紅色,細粒,比穀子小。按:

此字原簡書寫草率,結構不明確,也可能是"糜"。

[7]泭:《説文・水部》:"泭,編木以渡也。"乘泭入就是乘木筏進入。
T25:70B、C:328 亦見"泭出"。

[8]温:河内郡下轄縣。《漢書・地理志》:"温,故國,己姓,蘇忿生所
封也。"位於河内郡西南部,今河南焦作一帶。

敢言之。/佐通。　　☑　　　　　　　　　73EJT4:21

☑使出之。叩=頭=(叩頭叩頭)。　　　　　73EJT4:22

箕卅一。　　　　　☑　　　　　　　　　73EJT4:23A

出瓦箕[1]十,枓[2]十。　　　　☑　　　73EJT4:23B[3]

田卒上黨屯[4]留☑　　　　　　　　　　73EJT4:24

☑部左後行☑　　　　　　　　　　　　73EJT4:25

戍卒上黨郡銅鞮[5]杜[6]☑　　　　　　　　73EJT4:26

【校釋】

[1]瓦箕:《集成》(八 P131):陶製箕形器。

[2]枓:《集成》(八 P131):長柄杓,盛沸湯之物以灑澆登城敵人。

[3]此簡爲守禦器簿殘簡。初師賓(1984P142—222)有此類内容專題
研究。

[4]屯:此字右半墨跡較重,原釋爲"邨",從馬智全(2012.6)改釋。

[5]銅鞮:上黨郡屬縣。

[6]杜:原未釋,原圖版作![杜],今補。杜,在此簡作里名。

☑謹[1]寫移,敢言☑　　　　　　　　　　73EJT4:27

☑☑敢言之。　　　　　　　　　　　　73EJT4:28

■第十一方☑☑　　　　　　　　　　　73EJT4:29

隧長輔迎☑　　　　　　　　　　　　　73EJT4:30

☑☑功,十月甲子入。　　劍一☑　　　　73EJT4:31

☑☑,年三十五。　　☑　　　　　　　73EJT4:32[2]

☑五十,劍一。　　　　　　　　　　　73EJT4:33

☑未受正月食☑　　　　　　　　　　　73EJT4:34

☑米二石,鹽三斗☑　　　　　　　　　　73EJT4:35

☑☑☑日壬午出☑☑[3]☑　　　　　　　73EJT4:36

☑黑色。　　ㄙ☑　　　　　　　　　　73EJT4:37

河南郡雒陽☑☑☑西[4]里公乘趙強,年廿一,　　弩一,矢五十

枚。　　卩ᵢ　　　　　　　　　　　　73EJT4:38

☑大婢多錢一人,　　一月食一石三斗,　　三月至九月食九石一

斗,積七月。卩☑ᵢ　　　　　　　　　　73EJT4:39

戍卒南陽郡魯陽鄧里大夫尹我,年廿八。☑　73EJT4:40

【校釋】

[1]謹:原未釋,從何茂活(2016P25-34)補釋。

[2]胡永鵬(2017P574)定此簡屬王莽統治時期。

[3]此處兩未釋字原釋文無,今據原圖版補。

[4]☑☑☑西:姚磊(《合校》2021P42)據 T9:40 簡文將此處釋文改作"緱氏東宛",並認爲兩簡中的"趙強"是同一人。按:兩簡記載的"趙強"同郡縣,但此簡所見"西里"十分明確,無法排除同郡縣不同里的同名者可能。

☑吉、佐並敢告尉史:步昌里張宣,自言取☑

☑☑二月辛巳,尉史豐[1]敢言之。謹☑詣詣事[2]　（二次書）

☑☑過所,如律令。/☑　　　　　　　73EJT4:41A

☑君君君☑　　　　　　　　　　　　73EJT4:41B

建平四年[3]二月☑ᵢ使,願以令取傳,☑ᵢᵢ居延縣索關[4]☑ᵢᵢᵢ

　　　　　　　　　　　　　　73EJT4:42A[5]

觻得丞印。　　　☑　　　　　　　　73EJT4:42B

【校釋】

[1]原整理者釋文"豐"後誤衍"至"字,何茂活、張俊民、黃艷萍等學者

皆已指出,參見《合校》(2021P43—44)。

[2]此三字釋文位置釋文本與紅外圖版不同,今從釋文本。

[3]建平是西漢哀帝的年號,建平四年是公元前 3 年。

[4]縣索關:《匯釋》(2008P110):縣索是漢塞的防禦設施之一,在多沙地帶拉數道繩索以爲塞界標誌,故是一個重要的關口。李并成(2004.4):張掖郡居延都尉下轄關,位於今額濟納旗人民政府駐地達來庫布鎮西南 70km 處、黑河下游(額濟納河)的布肯托尼之地。

[5]此簡下殘上不殘。原整理者釋文本正面誤標爲上殘。

☑☑☑☑

☑	肩水候長甯稚卿☑	
☑……	肩水候長□☑	
☑……	肩水候☑	73EJT4:43
(此簡已與 H1:73 綴合)		73EJT4:44
(此簡已與 73EJH1:77 綴合)		73EJT4:45
☑……ⅰ☑□[1]律令。/令史成。ⅱ		73EJT4:46
☑　　炊帚[2]三百枚。　　☑		73EJT4:47A
☑…… ☑		73EJT4:47B
☑守糞土ⅰ☑臣臨昧ⅱ☑死再拜ⅲ☑上書吏ⅳ	73EJT4:48 [3]	

【校釋】

[1]此未釋字原釋文無,今據原圖版墨跡補。

[2]炊帚:莊小霞(2017.5):炊帚,是一種類似笤帚的廚房工具,具備多種功能……居延地區曾出土一種用蘆葦做的小笤帚,考古研究者將其命名爲“葦刷”,“以較細的帶穗蘆葦用細麻綫札束而成,長三十六釐米,徑二點八釐米”,考察其形制,應爲漢代炊帚實物。

[3]此簡原釋文標示上殘,但是所見內容文句順暢,不似殘斷。今審原簡,知此簡較厚,下部有斷茬,疑是殘斷封檢上端。

☑肩水金關　　　　　　　　　　　　　　73EJT4：49A

☑……　　　　　　　　　　　　　　　　73EJT4：49B

·☑關嗇夫王卿發。（檢）　　　　　　　73EJT4：50

候長得望十月甲寅[1]☑☑☑☑（檢）　　73EJT4：51

河南郡緱氏武平里程宗,年[2],七尺二寸,黑色。　牛二,車一兩,☑

　　　　　　　　　　　　　　　　　　73EJT4：52

☑奉世,年卅,長七尺五寸,黑色。　　　輻車一乘☑　73EJT4：53

☑六月戊寅北出。　　☑

☑☑尺八寸。一匹騂駮[3],齒四歲,高五尺八寸。　☑　73EJT4：54

☑四月癸卯北食故出。　　　　　　　　73EJT4：55

☑……☑[4] ¡ ☑律令。/掾敝、令史勝。　　☑ ii　73EJT4：56

居延卅井尉史孤山里大夫梁☑　　　　　73EJT4：57

☑　下餔[5]時入關。　　　　　　　　　73EJT4：58

☑戍卒趙國邯鄲侍里公乘宋張利,年卅六。　　☑　73EJT4：59

河平元年十二☑　　　　　　　　　　　73EJT4：60

今毋餘藥曰[6]。　　　☑　　　　　　　73EJT4：61

☑元延元年七月丙寅朔乙酉,中鄉☑ ¡ ☑……☑ ii　73EJT4：62

☑十一日之氏池[7]辟驗[8],辟吏左君賓書☑　73EJT4：63A

☑出　　☑　　　　　　　　　　　　　73EJT4：63B

【校釋】

　　[1]郭偉濤(2017P270-286)指出“候長得望”當爲收件者,認爲該簡僅有候長而未冠所屬機構,爲東部候長的可能性比較大,“十月甲寅”可能表示發件地發出的日期,封泥槽殘損的幾個字很可能即爲發件機構,“起××”。

　　[2]據常見文例,此處“年”後應漏寫具體年齡。

　　[3]駮:按照常見格式,這裏應該是表示毛色的字,故此字讀爲“駮”,指雜色毛的馬。

　　[4]原釋作一行,今據原圖版補。

[5]下餔:《匯釋》(2008P6):時稱。漢代居延地區實行十六時制,下餔在餔時之後,日没以前,相當於今十六點三十分至十八點。

[6]藥臼:搗碾藥材的器具。

[7]氐池:張掖郡屬縣。《漢書·地理志》:"氐池,莽曰否武。"

[8]辟驗:推辟驗問,即調查、核驗、訊問。其後出現的"辟吏"即是負責推辟驗問之吏。

(此簡已與 T4∶182 簡綴合)　　　　　　　　　　　73EJT4∶64

☑不敢望得小吏,並竊不勝權＝(權權),願☑　　73EJT4∶65

☑……ⅰ☑里、年、長、物色[1],所乘用ⅱ　　73EJT4∶66

☑伏地再拜丈人足下　　　☑　　　　　　　　73EJT4∶67

☑厶伏地再拜言☑ⅰ☑……☑ⅱ　　　　　　　73EJT4∶68

(此簡已與 T4∶84 簡綴合)　　　　　　　　　　　73EJT4∶69

午未[2]朔反三日☑ⅰ申酉朔反二日☑ⅱ……☑ⅲ　73EJT4∶70

戍卒上黨郡屯留案里☑　　　　　　　　　　73EJT4∶71

☑車馬一兩。　四月八日出。　　　　　　　73EJT4∶72

出麥二石四斗,Ⅰ其一石☑Ⅱⅰ一石四☑Ⅱⅱ　　73EJT4∶73

☑殷昌,年廿八。　　　☑　　　　　　　　73EJT4∶74

·凡入六十六萬。　　　☑　　　　　　　　73EJT4∶75

觻得利成里程年。　　　☑　　　　　　　　73EJT4∶76

☑尺,下廣丈,深四尺,立水二☑☑　　　　　73EJT4∶77

☑各五十枚。　　　☑　　　　　　　　　　73EJT4∶78

☑☑升九龠[3]　　　☑　　　　　　　　　　73EJT4∶79

☑當其償入臧,獄已決,☑☑[4]☑　　　　　　73EJT4∶80

☑伯[5],年卅,黄色,馬☑　　　　　　　　　73EJT4∶81

☑月戊子朔甲午,北鄉嗇☑　　　　　　　　73EJT4∶82

刀[6]廣大奴記[7],長七尺,黑色。　　☑　　73EJT4∶83

□□中□酒泉會水以……□受肩水蓬(烽)火,節(即)^[8]有驚☑

　　　　　　　　　　　　　　　73EJT4:84+69 ^[9]

【校釋】

[1]物色:指形貌。

[2]午未:原未釋,張俊民(2014.12.16)根據申酉日爲反二日,推知反三日爲"午未",暫從其説擬釋。

[3]龠:容量單位。《廣雅·釋器》:"龠二曰合,合十曰升。"

[4]此未釋字原釋文無,據原圖版殘餘墨跡補。另,張俊民(2011.9.23)以爲"其"當爲"與","臧"當爲"減"。

[5]伯:原未釋,沈思聰(2018P209)釋作"彴",姚磊(《合校》2021P45)懷疑是"得",皆不可從。按:彴,在出土文獻中十分少見,西北簡中的人名用字大多是出現頻率較多的常用字。釋"得"字形差距太大。此字原簡圖作，右部當爲"白"之草率寫法,此類寫法並非孤例,如肩貳T23:900B中的"白"作，就是此類。故此字當釋作"伯"字。

[6]刀:原釋作"刁",從沈思聰(2018P209)改釋。按:此字原簡字形與"刀"無任何區別,《説文》無"刁","刀"、"刁"本一字分化,"刀"亦可作姓氏,不若徑釋作"刀"。

[7]記:人名。

[8]節:讀爲即,表示假設。

[9]此簡由張文建綴合,但兩簡茬口並不十分吻合,參見姚磊(2021P413)。

☑千人舍爲橐他轉輸尉亭近十□^[1]☑　　　　　73EJT4:85+157 ^[2]

☑繩或短小縵(慢)惡^[3]□☑　　　　　　　　73EJT4:86

☑鹿布^[4]里已齊☑　　　　　　　　　　　　73EJT4:87

☑充國從者居延□□里簪裊☑　　　　　　　　73EJT4:88

關嗇夫居延鉼庭里薛安世。　　　☑　　　　　73EJT4:89

☑牛二,弩一,矢五十枚。　　　　　　　　　73EJT4:90

▌^[5]右第卅方四人。　　　☑　　　　　　　73EJT4:91

【校釋】

[1]未釋字原釋文無,今據原圖版補。

[2]此簡由姚磊綴合,拼合後將原釋"封"改釋作"尉",今從改,見姚磊(2021P41)。

[3]縵惡:"縵"本是無花紋的絲織品,此處應讀爲"慢"。慢,不牢固。《淮南子・時則》:"工事苦慢,作爲淫巧,必行其罪。"高誘注:"慢,不牢固。"其中的"苦慢"義與此處"縵惡"相同,皆表示器物粗劣不結實。

[4]鹿布:里名。

[5]此處原整理者作殘斷處理,今查原圖版有墨塊,今據原圖版補,並去掉上端殘端符號。

☑閏月辛酉,張掖肩水都尉步安謂監領^[1]關……馬,寫移書到,如

　　　　　　　　　73EJT4:92A+T3:110A+112A^[2]

☑……川中　　　　　73EJT4:92B+T3:110B+112B

☑付登山隧長陽　　　☑　　　　　　　73EJT4:93

☑丁　　丁　　☑

☑丑　　未　　☑☑　　　　　　　73EJT4:94

☑　　適千里☑　　　　　　　73EJT4:95

☑　　七月盡　　　　　　　73EJT4:96

　　　大車一☑

☑□里張廣,

　　黃犢^[3]□☑　　　　　　　73EJT4:97

☑和宜便里,年卅三歲,姓吳氏,故驪靬苑斗食^[4]嗇夫。廼神爵二年三月庚寅^[5]以功次遷^[6]爲ⅰ　　　73EJT4:98A

☑史元破羌將軍史迹迹迹過過過何一步入蘭入天　73EJT4:98B

　　　河平二年九月壬子,居延庫守丞賀爲傳^[8]。　九月☑

☑里^[7]王嚴,

　　　　　　　上計[9]大守府。　　　☑　　　　　73EJT4:99

【校釋】

[1]監領:王錦城(2019P122):監督掌管。如《後漢書・鄧訓傳》:“建初三年,拜訓謁者,使監領其事。”

[2]此簡由姚磊綴合,詳見姚磊(2021P40)。

[3]犙:閹割過的牛。

[4]斗食:俸禄百石以下的基層小吏。《漢書・百官公卿表上》:“百石以下有斗食、佐史之秩,是爲少吏。”

[5]黃艷萍(2014P78-84)指出神爵二年三月當丙午朔,當月不能出現“庚寅”日,認爲“庚寅”係原抄寫者誤書。羅見今、關守義(2013.5)認爲此簡是追述神爵二年升遷往事,這裏的時間差錯由時間引起。

[6]以功次遷:《匯釋》(2008P43):漢代官吏任用途徑之一。功,爲計算官吏政績的單位,一功爲四年之勞,勞則以每天爲單位計算。

[7]里:原未釋,姚磊(《合校》2021P45)疑爲“里”。按:此字上殘,但可見“土”形結構,按照常見文例此處也是“某里”名,今從其説。

[8]傳:原釋作“轉”,邢義田(2012P180-191)據文義推測是“傳”,今核對原圖版確實爲“傳”形。

[9]上計:邢義田(2012P180-191):傳世文獻提到“計斷九月”,此簡清楚證實西漢確行九月上計之制。按:《後漢書・百官志五》:“秋冬集課,上計於所屬郡國。”劉昭注引胡廣曰:“秋冬歲盡,各計縣户口墾田,錢穀入出,盜賊多少,上其集簿。”

☑取四月甲午盡六月奉。Ⅰ神爵二年五月乙巳朔甲戌,□□[1]士吏吳樂就。☑Ⅱ　　　　　　　　　　　　　　73EJT4:100

☑道官[2]河津金關,毋苛留止,敢言之,☑

☑□移過所縣道官河津金關,毋苛☑　　　　73EJT4:101

☑□□月甲申出。Ⅰⅰ☑□亭。Ⅰⅱ張掖大守護、長史芒、庫令建兼行丞事,Ⅱⅰ謂觻得:以次爲駕,當舍傳舍,如律令。Ⅱⅱ73EJT4:102

五鳳二年六月壬午☒ᵢ水候福謂嗇夫光☒☒ᵢᵢ　　　　73EJT4:103

會水候印會水候印(淡墨書寫)☒亭長☒☒　　　73EJT4:104 [3]

肩水候官　　　　　　　　　　　　　　　73EJT4:105

肩水候官以郵行[4]。　　☒　　　　　　　73EJT4:106

☒大初[5]五年　☒　　　　　　　　　　　73EJT4:107

【校釋】

[1]此處原釋作一個未釋字,今據原圖版補。

[2]官:這裏指官府。

[3]此簡原釋文僅有一個"會水候印",姚磊(《合校》2021P46)指出還有淡墨書寫的"會水候印"四字。今查對原簡,在每字底部都有相同字的淡墨書寫痕跡,且非同一書手。其實在此簡的下端還有四個用相同淡墨書寫的字:"☒亭長☒。"此四字原釋文無,雖然是淡墨,但"亭長"兩字結構最清楚,當補。

[4]以郵行:《集成》(九 P100):通過郵置、驛馬、傳車運送文書的傳遞方式。距離較遠且需經過中轉的一般公文郵書大都採取"以郵行"的方式,以區別於距離較近可以一站到達不需中轉的文書和郵件。雲夢秦簡《田律》規定,各縣要將農作物生長情況和自然災害等按時上報,"近縣令輕足行其書,遠縣令郵行之"可以爲證。

[5]大初:即漢武帝年號"太初"。整個肩水金關漢簡中僅此一見,也是所見年號最早者。

宣叩頭白:ᵢ單卿坐前毋恙,勞辨(辦)事[1],前日厚賜,宣☒ᵢᵢ宣欲持少₌(少少)詣[2]前,因倉卒[3]置去,今☒☒ᵢᵢᵢ　　　73EJT4:108A

謹因使奉之詣前,宣叩頭再拜☒☒ᵢ奏。☒ᵢᵢ單卿☒卿[4]☒ᵢᵢᵢ

　　　　　　　　　　　　　　　　　　73EJT4:108B

【校釋】

[1]勞辨事:勞,原釋作"虜",原簡圖作[圖]。西北簡中"虜"確實有此種寫法,但是金關簡中也不乏此形的"勞",如 T30:29A 中多次出現"功一

勞”,其“勞”原簡字形作、、,還有 T30:30A 中出現的“功二勞”,其“勞”原簡字形作,皆與此簡字形相同。所以西北簡中草書的虜、勞有同形相混的情況,釋字當以文義通順優先。“辨”,原簡圖作,中間從“刀”。嚴格來說應録寫作“辦”。辨、辨本爲一字。段玉裁《說文解字注》“辨”下注曰:“辨從刀,俗作辨,爲辨別字。”“辨”又俗作“辦”。鈕樹玉《說文新附考》云:“辦即辨之俗體。”辨,有治理、辦理之義。如《管子·中匡》:“民辦軍事矣,則可乎?”《史記·項羽本紀》:“每吳中有大繇役及喪,項梁常爲主辦。”辦事,即治理或辦理事情。T23:196A 有“當來辦事”。勞辦事,此處是指勞於治理事情,是一種寒暄問候的表述。

[2]詣:原未釋,原圖版此字左殘,雙鉤復原示意作。同簡 B 面“詣”原圖版作形,對比可知此字也當釋作“詣”。“詣前”在金關簡中十分常見,就是送到面前,或呈到面前之義。

[3]倉卒:匆忙急迫。

[4]□卿:原釋文無,原圖版“卿”比較清晰完整,前面的未釋字仍存較少墨跡,今補。

☑淮陽國圉□□里公乘孟漢,年卅一。　　庸同縣朝陽里公乘朱害,年☑ ⅰ　　　　　　　　　　　　　　　　　　　　　　　　73EJT4:109

謹因孫長實[1]奉[2]記伏地再拜。　　乘山、萬世、驛北頃[3]共封,移氏池。ⅰ子卿……北虜亭[4]……ⅱ　　　　　　　73EJT4:110A

□……

遺子卿,不審到不即到,幸急以封之。年叩頭,幸=甚=(幸甚幸甚)。
　　　　　　　　　　　　　　　　　　　　　　　　73EJT4:110B

☑□亭長孫千秋,年卅八,長七尺五寸,黑色。　　輭車一乘,馬一匹,弩一,矢五十。　　逐命[5]長安舍郡觚[6]。吏ⅰ 73EJT4:111+18[7]

刀[8]廣大奴福,長七尺,黑色。　　　　☑　　　　73EJT4:112

【校釋】

[1]實:沈思聰(2018P209)釋作“賓”,不從。

　　[2]奉:劉樂賢釋作"奏",姚磊(《合校》2021P47)從之。按:此字原釋無誤,"奉記"又見於 T4:181、T31:195。

　　[3]頃:何茂活(2016P25-34)改釋作"願"。此處用作人名。

　　[4]北虜亭:原未釋,從何茂活(2016P25-34)補釋。

　　[5]逐命:追捕亡命,即追捕逃犯。

　　[6]郡舩:即郡邸。

　　[7]此簡綴合詳見尉候凱(2017P348-359)。

　　[8]刀:原釋作"刁",參 T4:83 下注釋。

河平三年十月丙戌朔丙〖戌〗[1],肩水守候[2] ⅰ……ⅱ▨(檢)

73EJT4:113A

河平三年十月丙子〈戌〉[3]朔丙戌,肩水守候　塞　塞尉寫移過所河 ⅰ……ⅱ(檢)　　　　　　　　73EJT4:113B

【校釋】

　　[1]戌:依據簡背干支補。

　　[2]守候:《匯釋》(2008P97-98):即試守候官。漢制,官吏試職一年爲守,滿歲爲真,試守時,不食全俸。鷹取祐司(2018.1):大庭修認爲守官應該是代理某官職。守官有主官不在署臨時代理和主官不存在時的兼任兩種形態。

　　[3]根據簡正面可知"子"爲"戌"之誤。何茂活(2014.11.29)已指出此簡干支問題。

▨臨田隧長王武▨　　　　　　　　　　　　73EJT4:114A

　　　　壬辰ノ▨

▨反支未

　　　　癸巳ノ▨　　　　　　　　　　　　73EJT4:114B

▨金關　　　　　　　　　　　　　　　　73EJT4:115

▨□[1]候長罡(岡)[2]非稱已適候長▨　　　73EJT4:116

【校釋】

［1］此未釋字原釋文缺釋，今補。

［2］罡：原未釋，馬智全（2012.6）補釋作"辟"，認爲"辟非"此處用爲人名。秦鳳鶴曾在中國文字學會第九屆學術年會上提交的文章中釋作"甚"，後在其正式發表的文章（2018.2）中删去了此觀點。按：此字原簡從"罒"從"正"非常清楚，即"罡"字，非"辟"。"罡"爲"岡"的俗字，今補。岡非，候長的名字。

⊠□善益食之。⊠　　　　　　　　　　　73EJT4：117

⊠……　　　　書寒時願⊠

⊠□幸甚　　　願時賜記⊠

⊠□□□　　　⊠（削衣）　　　　　　　73EJT4：118

（此簡已與 T4：121 簡綴合）　　　　　　　73EJT4：119

元始五年正月庚□[1]⊠ⅰ欲以令取傳。謹案：蒼[2]⊠ⅱ 73EJT4：120

⊠□者事中卿毋狀[3]可⊠ⅰ⊠□過失乎？願聞之。ⅱ⊠□伏地叩頭

□□[4]ⅲ（削衣）　　　　　　　　　　73EJT4：121＋119[5]

【校釋】

［1］何茂活（2016P25－34）對照《朔閏表》認爲"庚□"爲"丙寅"。

［2］蒼：原未釋，從何茂活（2016P25－34）補釋。

［3］毋狀：《匯釋》（2008P47）：大多指職事無善狀。指違反禁令、觸犯律條的行爲。在漢代雖然不是一個具體的罪名，但是可以使用一切違禁犯律行爲。

［4］此行釋文原未釋，何茂活（2016P25－34）改釋爲"伏地叩頭□□"，可從。本文依據原簡墨跡再補。

［5］此簡由張文建綴合，參見姚磊（2021P413）。

⊠　出九百七十二，　四月辛亥付⊠

⊠　畢　⊠（削衣）　　　　　　　　　73EJT4：122

☑　□重幸﹦甚﹦(幸甚幸甚)。即□得願以☑ⅰ☑……☑[1]ⅱ(削
衣)　　　　　　　　　　　　　　　　　　73EJT4:123

☑卒閣錢[2]簿☑(削衣)　　　　　　　　　73EJT4:124

☑錢千,少廿八,自□☑(削衣)　　　　　　73EJT4:125

☑載錢至張掖,稗[3]子毋官獄徵[4]☑

☑□□□敢言之,寫移,如律令。☑(削衣)　73EJT4:126

☑己酉朔壬□　☑(削衣)　　　　　　　　73EJT4:127

☑關遣吏詣府☑(削衣)　　　　　　　　　73EJT4:128

☑河津關,毋☑(削衣)　　　　　　　　　73EJT4:129

☑□敢言之:卅井□□上,自言願□□☑

☑□微〈徵〉[5]事,當取傳,謁移☑(削衣)　73EJT4:130+142[6]

元始四年十□[7]☑(削衣)　　　　　　　　73EJT4:131

☑從者臨仁里☑(削衣)　　　　　　　　　73EJT4:132

【校釋】

[1]原釋作一行,今據原圖版補。

[2]卒閣錢:謝桂華(1998P129-144)指出卒閣錢是燧卒存放在閣中的私錢。閣是存放官府和戍卒私人錢物的處所。《集成》(五P73):漢塞有倉、庫、閣,蓋其爲官物藏所,閣則爲較小之貯物之所,亦有戍卒守護,即爲守閣卒。《集成》(九P255):閣爲戍卒存放東西的地方。平時,戍卒把暫時用不着的錢和衣物存放在候官治所的閣中,需要時再去取回。守閣即保管看守。

[3]稗:原釋作“稚”,從任達(2014P174)改釋。按:此字原圖版作𥞝,右部明顯從“犀”,當改。

[4]徵:原未釋。按常見文例,此處當是“毋官獄徵事”,原簡尚能看到“徵”的左側少許筆畫,今補。

[5]微:原釋作“徵”,此字原簡圖作𢼸,當爲“徵”訛誤作“微”。

[6]此簡綴合參見姚磊(2021P42)。綴合後簡文可根據文義補釋荏口缺失兩字“以令”,並且末尾可見“移”字墨跡,今補。另外,每行簡首、簡尾

未釋字原釋文無,今據原圖殘餘墨跡補。"自"原釋作"月",據文義改。

　　[7]此未釋字原釋文無,今據原圖版墨跡補。

　　☑☑☑　　閣錢二千出五☑☑(削衣)　　　　　　　　73EJT4:133

　　☑閣[1]錢二千數少卅一[2],就十二[3],見千九百☑(削衣)

　　　　　　　　　　　　　　　　　　　　　　　　　　73EJT4:134

　　☑　閣錢二千,就☑　☑(削衣)　　　　73EJT4:135[4]

【校釋】

　　[1]閣:李天虹(2003P162):存放東西的地方;用作動詞時,是指存放物品在閣中的意思。

　　[2]數少卅一:黃浩波(2012.3.13):"數少"意即清數所見較應見少,之後數字則是所少數目;"數少卅一"應是士卒閣錢前所報數目與入閣時數見少了三十一錢。

　　[3]就十二:黃浩波(2012.3.13)認爲可能指存放閣財務所出的租金十二錢,而不一定與漢簡以往常見"就直"、"就錢"含義相同。

　　[4]以上 T4:133、T4:134、T4:135 三簡,黃浩波(2012.3.13)認爲簡文中均有"閣錢"字樣,且三簡同見的"閣錢二千",其寫法、筆跡風格與"卒閣錢簿"所見相同,應屬卒閣錢簿簡册。

　　(此簡已與 T4:197 簡綴合)　　　　　　　　73EJT4:136

　　☑☑☑☑某[1]家大福某頓゠[2]首゠(頓首頓首),幸☑(削衣)

　　　　　　　　　　　　　　　　　　　　　　　　　　73EJT4:137

　　☑☑☑☑☑[3]ⅰ☑室欲之☑ⅱ(削衣)　　　73EJT4:138

　　☑☑候行☑(削衣)　　　　　　　73EJT4:139[4]

　　☑十九匹少千七百六☑(削衣)　　　　　　73EJT4:140

　　☑十一月十☑(削衣)　　　　　　　　73EJT4:141

　　(此簡已與 T4:130 簡綴合)　　　　　　　　73EJT4:142

☑☑☑……宜以駕☑ⅰ☑文理遇[5]……錢,毋過入☑ⅱ

　　　　　　　　　　　　　　　　　73EJT4:143 [6]

☑五鳳元年六☑[7]☑ⅰ☑☑千人☑☑ⅱ　　73EJT4:144

☑☑捕不道罪名明☑　　　　　　　　73EJT4:145

☑妻昭武千秋里謝[8]☑☑　　　　　　73EJT4:146

☑庫嗇夫光以☑ⅰ☑令掾清令☑ⅱ　　73EJT4:147

北部助府[9]屋闌(蘭)[10]尉史☑　　　73EJT4:148

☑☑孔德☑　　　　　　　　　　　　73EJT4:149

☑車一兩。

　　　　　　　　二月☑

☑一,矢五十。　　　　　　　　　　73EJT4:150

☑☑齒十八歲。　　　　☑　　　　　73EJT4:151

☑☑仁里☑丑,年卅六　　　☑　　　73EJT4:152

【校釋】

[1]邢義田(2012P180-191):這一件削衣文字不全,但"某家"、"某頓首頓首"的形式和語氣,不禁使我相信這是漢代私人書信的"式"或後世所謂"書儀"的一部分。

[2]此重文號原釋文無,王錦城(2019P144)已指出此處原簡殘缺重文號,可據文義補。

[3]原釋作一行,今據原圖版補。

[4]張文建將此簡與T4:211綴合,姚磊指出係誤綴,參見姚磊(2021P413)。

[5]文理遇:《集成》(十二 P82):文指文法,即法律和政教;理,指道理、禮遇。

[6]姚磊(2021P44)將此簡與T4:199綴合,不從。劉釗(2014P350-362)已指出此簡茬口不合,文義不順暢。今審原圖可知,雖然茬口不合,但從紋理上看,仍屬同一片,只是中間應有缺損,今在茬口處以"……"表示缺失內容。另外,劉釗認爲"毋過入"之"入"疑是"令"字殘損或未寫完所

致,不從。

[7]此未釋字原釋文無,今據原圖版墨跡補。

[8]原圖此字明顯從“日”不從“言”,故原釋作“謝”並非確釋。

[9]助府:參 T5:76 下“助府令史”注。

[10]闌:原釋作“蘭”,此字原簡不從“艸”,從何茂活(2014.11.29)
改釋。

　　　　　　　　　　　　　　　六石具弩一,完。　　☑
要虜隧卒粱(梁)[1]國載[2]秋里李游子,

　　　　　　　　　　橐矢、銅鏃五十。　　☑
　　　　　　　　　　　　　　　　　73EJT4:153

【校釋】

[1]此字原徑作“梁”,此字原簡從“米”,從何茂活(2014.11.29)改釋。

[2]載:黄浩波(2011.12.1)最先指出“載”即《地理志》“甾”。馬孟龍
(2012.3)則更詳細地説明了西漢之載縣乃承繼春秋載國之名,西漢官府有
“載丞之印”,可資印證,《漢志》梁國甾縣於西漢時期書爲“載縣”。

☑令史淳☑　　　　　　　　　　　　　　73EJT4:154

戍卒上黨郡長☑　　　　　　　　　　　　73EJT4:155

李子弘☑　　　　　　　　　　　　　　　73EJT4:156

(此簡已與 T4:85 簡綴合)　　　　　　　73EJT4:157

☑盡驛北☑　　　　　　　　　　　　　　73EJT4:158

☑年七月☑　　　　　　　　　　　　　　73EJT4:159

☑丁卯入☑　　　　　　　　　　　　　　73EJT4:160

肩水☑　　　　　　　　　　　　　　　　73EJT4:161

▨[1]木薪[2]☑　　　　　　　　　　　　73EJT4:162

關嗇夫□☑　　　　　　　　　　　　　　73EJT4:163

☑敞[3]　　☑　　　　　　　　　　　　　73EJT4:164

☑虜隧☑　　　　　　　　　　　　73EJT4：165

☑張禹☑　　　　　　　　　　　　73EJT4：166

居延守右□☑　　　　　　　　　　73EJT4：167

☑戌朔壬戌，☑ᵢ☑編[4]，敢言之。☑ᵢᵢ　　73EJT4：168

☑□乃得☑　　　　　　　　　　　73EJT4：169

☑卅二　　☑　　　　　　　　　　73EJT4：170

趙子都襜褕[5]七[6]☑　　　　　　　73EJT4：171A

□足下善毋☑　　　　　　　　　　73EJT4：171B

【校釋】

[1]此網格符原整理者誤作殘斷號，今據原簡圖版改。

[2]此簡文字用篆書。

[3]敢：此字原未釋，從何茂活(2014.11.29)補釋。何茂活指出了原圖版翻轉問題。

[4]編：原釋作“臨”，從姚磊(《合校》2021P50)改釋。

[5]襜褕：《匯釋》(2008P291)：一種較長的單衣，有直裾和屈裾二式，爲男女通用的非正式朝服，因其寬大而常做襜襜然狀，故名。

[6]七：整理者誤釋爲“十”，從曹方向(2011.9.16)改釋。

☑　迺　　☑　　　　　　　　　　73EJT4：172

☑吏一☑　　　　　　　　　　　　73EJT4：173

☑充　　　☑　　　　　　　　　　73EJT4：174

☑　　七月盡八月食十[1]石。　　丿　73EJT4：175

☑卅出錢　　☑　　　　　　　　　73EJT4：176

☑出入金關☑　　　　　　　　　　73EJT4：177

☑逐捕未能發□[2]☑　　　　　　　73EJT4：178

☑初元年[3]十月甲子[4]朔庚午，尉卿□☑

☑□□□□□□□☑[5]　　　　　　73EJT4：179

肩水金關☑　　　　　　　　　　　73EJT4：180

☑奉記受☑（削衣）　　　　　　　　　　　　　73EJT4:181

☑頗知律令文，鰈得壽貴里，家去大守府一里，　　産鰈得縣，
　　　　　爲吏☑歲二月一日。　　　　　　　　鰈得縣人。

　　　　　　　　　　　　　　　　　　73EJT4:182+64[6]

☑鰈得成漢里公乘馬奉親□☑　　　　　　　　73EJT4:183

☑□不具語，今旦幸賜書，又遠煩[7]鄭☑ i ☑……☑ ii　73EJT4:184A

☑……☑ i ☑具傳語爲 乎竊 [8]愚自以爲直□☑ ii　　73EJT4:184B

【校釋】

　[1]十：原釋作“七”，從曹方向（2011.9.16）改釋。

　[2]未釋字何茂活（2014.11.29）以爲當釋作“糾”，爲“糾”的異體。

　[3]初元年：羅見今、關守義（2013.5）、黄艷萍（2014P78-84）指出是
“初元元年”之省。

　[4]子：原釋作“午”，從張俊民（2012.5.8）改釋。

　[5]第一行最後未釋字原釋文無，今查對原圖版可見半字墨跡，今補。
此簡原釋文僅一行，姚磊（《合校》2021P52）已指出左側尚有墨跡，今據原
圖版補。

　[6]此簡由張顯成、張文建（2017P335-347）、姚磊（2021P43）綴合，綴
合後補釋“歲”字，今從補。

　[7]煩：原釋作“糧”，張俊民（2014.12.16）以爲作“煩”，伊強（2015.
2.19）釋作“煩”，今從改。

　[8]乎竊：原未釋，據原圖版擬補。

☑成，年卅四，長[1]七尺二寸，黑色。　　☑　　　　73EJT4:185
☑　　　　☑

☑過　　　　　　　　　　　　　　　　　　　73EJT4:186A

☑甚　　　　　　　　　　　　　　　　　　　73EJT4:186B

□元[2]三年三月丙☑　　　　　　　　　　　　73EJT4:187

長史□☑　　　　　　　　　　　　　　　　　73EJT4:188

闕[3]都亭長安世,弓檻丸直(值)二百卅,案直(值)☑　　73EJT4:189

☑出……☑ᵢ☑出三百廿[4]五小麥☑ᵢᵢ　　73EJT4:190

□□令居[5]義陽里姚翁忠[6],年卅五,黑色☑　　73EJT4:191A

……☑　　73EJT4:191B

☑□客行道[7]傳者非[8]書☑　　73EJT4:192

☑□[9]言子平耐候[10]之,願子平☑　　73EJT4:193

【校釋】

[1]長:原未釋,從張俊民(2011.9.23)補釋。

[2]此字原圖版存右半,存見墨跡並不像"元",懷疑釋字有誤。

[3]闕:原釋作"關",原簡從"門"從"羽",今改。

[4]廿:原釋作"卅",今據原圖版改。

[5]令居:據《漢書·地理志下》載,此爲金城郡屬縣,疑此簡首並非兩個未釋字,可能是"金城郡"三字。

[6]翁忠:沈思聰(2018P212)疑讀爲"翁中"。

[7]道:原未釋,從何茂活(2016P25-34)補釋。

[8]姚磊(《合校》2021P53)以爲"非"當爲"北"字。

[9]原簡此處有殘留筆畫,原未釋,今補。

[10]候:原闕釋。原簡此字殘右,但仍可見"亻"形和部分"矦"形,今補。《説文·人部》:"候,伺望也。"此處候疑爲偵查守望之意。

戍卒梁國睢陽□□里上造[1]……☑　　73EJT4:194

☑出□□　　米三石　　三　　☑　　73EJT4:195

☑張子□[2]☑(削衣)　　73EJT4:196

☑辛卯,户曹守令史告[3]敢言之:今☑ᵢ

☑□□□謹……☑ᵢᵢ(削衣)　　73EJT4:197+136[4]

☑故遣卒詣前取之,□　　☑(削衣)　　73EJT4:198

☑以爲意甚□□□ᵢ

☑□卒稟(廩)[5]食平□☑ᵢᵢ(削衣)　　73EJT4:199[6]

☑因再☑（削衣）　　　　　　　　　　　　　73EJT4:200

☑毋恙,異衆☑[7]☑（削衣）　　　　　　　　73EJT4:201

☑雒陽☑（削衣）　　　　　　　　　　　　　73EJT4:202

☑正月戊☑（削衣）　　　　　　　　　　　　73EJT4:203

☑☑月☑☑（削衣）　　　　　　　　　　　　73EJT4:204

☑　　　奉☑☑（削衣）　　　　　　　　　　73EJT4:205

☑☑從者如律☑（削衣）　　　　　　　　　　73EJT4:206

☑本始元年十二☑ⅰ☑☑高子富☑☑☑ⅱ（削衣）　73EJT4:207

☑☑ⅰ☑☑新成邑[8]右尉☑☑ⅱ（削衣）　　　73EJT4:208

☑張張張掖☑ⅰ☑張伏☑ⅱ☑張伏地☑ⅲ（削衣）　73EJT4:209

☑☑里張☑☑（削衣）　　　　　　　　　　　73EJT4:210

☑蓬(烽)隊(隧)[9]☑☑　　　☑（削衣）　　73EJT4:211

本始元年正☑（削衣）　　　　　　　　　　　73EJT4:212

☑……錢伏[10]☑（削衣）　　　　　　　　　73EJT4:213

☑肩水金關☑（習字）　　　　　　　　　　73EJT4:214A

☑金關卒☑（習字）　　　　　　　　　　　73EJT4:214B

【校釋】

[1]上造:秦漢二十等爵制中的第二級爵。

[2]此未釋字沈思聰(2018P212)釋作"阿",不從。

[3]告:人名,T6:61簡中亦見"令史告"。

[4]此簡由張文建綴合,參見姚磊(2021P413)。

[5]稟:原徑釋作"廩",今據原圖版改。

[6]第二行"平"原未釋,今補。姚磊(2021P44)將此簡與T4:143綴合。

[7]此未釋字原釋文無,今據原圖版墨跡補。

[8]新成邑:據鄭威(2015P217-241)考證,新成侯國綏和二年(前7)五月立,建平元年(前6)廢,屬南陽郡,考《漢書·地理志》南陽郡無新成縣,此新成侯國當旋立旋廢,簡文之新成邑應與之無涉,新成邑應屬河南

郡,地在今河南伊川縣平等鄉北古城村。

　　[9]蓬隊∶隊,原釋作"隧",今據原簡圖改。蓬隊即烽燧。

　　[10]伏∶原未釋,此字原簡作 ，右部的"犬"形明確,左部"亻"也比較清楚,當是"伏"字。

肩水金關 T5∶1-122

☑王多△　　☑	73EJT5∶1
■右第六車　　十人。　　☑	73EJT5∶2
·元康三年六月己卯轉車入關名籍　　☑	73EJT5∶3
☑月食	73EJT5∶4
☑敢言之。	73EJT5∶5
☑□取錢　三人　受穀小斛三☑	73EJT5∶6A
☑　　定[1]　　☑	73EJT5∶6B
☑廣利里宋德,自言以故吏請詔詣居延將□[2]☑	
☑父。／二月丁亥,廄嗇夫福兼行尉事,敢言☑	73EJT5∶7
☑襲一領,布複[3]綺一兩,并[4]直(值)千八百。又貸交[5]錢五百。	
凡并ⅰ☑大昌里丁當妻舒[6]君所。ⅱ	73EJT5∶8A
☑安[7]世母徐嫗興[8]孫帀入,與人☑	73EJT5∶8B
客子[9]左馮翊徐甬☑	73EJT5∶9
千奉里徐樂　　☑	73EJT5∶10
戍卒鉅鹿郡南䜌朝歌里徐樂,年☑	73EJT5∶11

　　【校釋】

　　[1]此字原未釋,姚磊(《合校》2021P54)懷疑是"完"或"關"字。按∶原簡 B 面僅有這一字,疑是雜寫,暫擬補。

　　[2]此字原簡下殘,但仍可見該字上邊筆畫,疑是"田"字。

　　[3]複∶原釋作"復",今據原圖版改。按∶此字原圖左從"衣",草寫簡化似"彳"。

［4］并：原釋作“並”，今據原圖版改。

［5］交：此字張俊民（2012.5.8）釋作“它”，不從。姚磊對此有辨析，參《合校》2021P54。“交”通“茭”。茭錢，即買茭之錢。

［6］舒：原釋作“郵”，從張俊民（2012.5.8）改釋。按：金關簡“郵”、“舒”同形，今按常見人名用字習慣作“舒”。

［7］安：原釋作“小女”，從張俊民（2012.5.8）改釋。

［8］“嫗”原未釋，從張俊民（2012.5.8）補釋。“與”原未釋，與同簡出現的“與”對比推知此字可能是“與”的訛省寫法。

［9］客子：《匯釋》（2008P190）：另有客民或客，具體身份尚存在分歧，有認爲指流浪在外之人，也有認爲指流民或受僱而取傭金的一類人。

甾（輜）車[1]二百廿八兩。ⅰ☒鄉三里卅三☒ⅱ☒……☒ⅲ

　　　　　　　　　　　　　　　　　73EJT5：12

強[2]謹再拜請☒ⅰ子元君以強疾☒ⅱ……☒ⅲ　　73EJT5：13

戍卒梁（梁）[3]國睢陽華里士五（伍）[4]袁豺，年廿四。　☒

　　　　　　　　　　　　　　　　　73EJT5：14

戍卒鉅鹿郡南織右陽里不更☒　　　　　　73EJT5：15

　　　　　　☒舍妻☒

肩水橐他累山亭長☒舍

　　　　　　子小男☒　　　　　　　　　73EJT5：16

☒大女貴　　　☒　　　　　　　　　　73EJT5：17

戍卒魏郡鄴呂廣里士五（伍）馮長卿，年☒　　73EJT5：18

田卒東郡東阿[5]增野里官大夫[6]驪明，年☒　　73EJT5：19

六日　　☒　　　　　　　　　　　　73EJT5：20

十月甲子☒　　　　　　　　　　　　73EJT5：21

神爵四年二月己未朔[7]丁未[8]，□□☒

衣用，謹疎（疏）[9]年、長、物色，謁移☒　　73EJT5：22

【校釋】

[1]輜車:指有帷蓋的車子。

[2]強:人名。

[3]梁:原逕釋作"梁",從何茂活(2014.11.29)改釋。

[4]士伍:《匯釋》(2008P4):(士五)又作士伍。漢代大男無爵爲士伍,有爵之人免爵後亦爲士伍。秦漢時稱無爵者爲士伍。

[5]東阿:治今山東陽谷縣東北。

[6]官大夫:秦漢爵制中的第六級。

[7]此簡所記神爵爲漢宣帝年號,四年指公元前 58。黄艷萍(2014P78-84)指出《朔閏表》神爵四年二月是"乙未"朔,認爲"己未"當爲"乙未"之誤。

[8]未:原未釋,查原簡墨跡與"未"最合,據此補釋。

[9]踈:王錦城(2019P155):同"疏",分條記録。簡 T37:522 又作"踈書",從漢簡來看,"踈年長物色"者爲將出入關津人的年齡等分條記録在傳文所在的簡牘上,和"牒書"另記録於簡札上似有不同。

☑[1]居延市陽里樂市☑☑　　　　　　　　　　　　　73EJT5:23A

☑石唯廷收責☑　　　　　　　　　　　　　　　　　73EJT5:23B

☑□□□☑ᵢ☑麴[2]二斗　☑ᵢᵢ☑肉十斤□　☑ᵢᵢᵢ　73EJT5:24

☑□乘馬七☑　　　　　　　　　　　　　　　　　　73EJT5:25

☑白練襦[3]布,布單衣,白布絝。劍[4]一,弓一,矢廿□[5]☑　73EJT5:26

從者居延安樂里大夫曹成,年☑　　　　　　　　　　73EJT5:27

☑□道[6]河津金關☑ᵢ☑□過所,如律令☑ᵢᵢ　　73EJT5:28[7]

建成敢言☑　　　　　　　　　　　　　　　　　　　73EJT5:29

・邊塞候長若候[8],毋越塞,常日迹[9]□☑　　　　73EJT5:30+40[10]

【校釋】

[1]此簡原整理者釋文正面作上不殘下殘,但背面作上下皆殘,今據原圖版和文義從背面作上下皆殘。

　　[2]麴:《説文》作"𪌈"。《説文·米部》:"𪌈,酒母也。"即今之所謂的"酒曲"。

　　[3]白練襦:練,指白色的熟絹。《説文·衣部》:"襦,短衣也。"《急就篇》:"袍襦表裏曲領帬。"顔師古注:"短衣曰襦,自膝以上。一曰短而施要者襦。"則白練襦爲白色熟絹製作的短衣。

　　[4]劔:原釋作"劍",從劉倩倩(2015P78)改釋。

　　[5]此未釋字原釋文無,今據原圖版墨跡補。

　　[6]道:原釋作"過",從王錦城(2020.1)改釋。

　　[7]按:此簡兩行首個未釋字原釋文無,今據原圖版墨跡補。

　　[8]若候:張顯成、張文建(2017P335-347):應當就是與候長、候史職能和等級相當的官吏。

　　[9]日迹:《集成》(五 P16):漢代邊塞警戒巡邏方式之一,即戍卒和候長、候史每日巡視察看天田上有無出入痕迹的活動稱日迹。

　　[10]此簡綴合詳見姚磊(2021P45)、張顯成、張文建(2017P335-347)。

☑計到[1],三年四月己酉以請詔,施刑☑☑

☑關,以縣次續食,給法[2]所當得☑　　　　　　　　73EJT5:31

☑☑☑☑☑☑ⁱ☑☑,毋官獄徵事[3]☑ⁱⁱ　　　　　73EJT5:32

☑……☑ⁱ☑從者如律,敢言之。☑ⁱⁱ　　　　　73EJT5:33

戍卒鉅鹿南䜌杏里沈聞。☑　　　　　　　　　　73EJT5:34

☑里大夫周方,年卅三,長七尺二寸,黑色。　☑　　73EJT5:35

戍卒淮陽郡譙胡里上造喬相,年廿六。　　　庸同縣童光里☑

　　　　　　　　　　　　　　　　　　　　　　　73EJT5:36

☑☑擅去署[4]三宿☑　　　　　　　　　　　　　73EJT5:37

☑弓一,矢五十,劍一。☑　　　　　　　　　　　73EJT5:38

戍卒梁(粱)[5]國杼秋[6]東平里士五(伍)丁延,年卅四。　庸同縣敬

上里大夫朱定□[7]☑ⁱ　　　　　　　　　　　　73EJT5:39

(此簡已與 T5:30 綴合)　　　　　　　　　　　73EJT5:40

☑乘,馬二匹。　　　　　　　　　　　73EJT5∶41

☑☑牛車一兩。給事令史勝之占☑☑　　73EJT5∶42

☑始里馮田,年廿☑　　　　　　　　73EJT5∶43

☑☑樂願☑☑前[8]舍有客毋入　　　73EJT5∶44A

☑謹請☑☑☑[9]　　　　　　　　　73EJT5∶44B

【校釋】

[1]張俊民(2012.5.8)指出此簡是傳文書抄件,言某人以請詔弛刑到某地去服役或歸家。其中“計到”二字不妥,應作“☑☑”。按:原簡兩字墨跡雖殘,但“計到”兩字的基本結構較明確,原釋不誤。

[2]給法:原釋作“驗決”,從張俊民(2012.5.8)改釋。

[3]此行原未釋,從何茂活(2016P25—34)補釋。

[4]署:《匯釋》(2008P263):署衙,崗位、職守。

[5]梁:原徑釋作“梁”,從何茂活(2014.11.29)改釋。

[6]杼秋:杼,沈思聰(2018P213)作“邟”,不可從。按:《漢書·地理志》記載梁國下轄“杼秋”。

[7]此未釋字沈思聰(2018P213)釋作“年”。按:由殘存墨跡不能確定釋字。

[8]前:原釋爲“茯”,從何茂活(2016P25—34)改釋。

[9]此未釋字原釋文無,今據原圖版墨跡補。

·右☑[1]轉穀百九十三石二斗☑　　73EJT5∶45

☑里趙萬　☑　　　　　　　　　　73EJT5∶46

☑不更蔡已,年廿四。　☑　　　　　73EJT5∶47

☑☑[2]大伏☑　　　　　　　　　　73EJT5∶48

五鳳元年三月己未朔甲☑　　　　　73EJT5∶49A

……☑　　　　　　　　　　　　　73EJT5∶49B

張掖、酒泉、武威郡中☑☑☑　　　　73EJT5∶50A

五月戊寅,亭長☑☑　　　　　　　　73EJT5∶50B

戍卒鉅鹿郡南縊葴里張定,年卅三。　　　☑　　　73EJT5:51

延壽里大女許弟卿,年卅一,　　黑色。　七[3]月丁酉出。　73EJT5:52

戍卒鉅鹿郡南縊樟里雍[4]橋,年卅一。　　　丿　　73EJT5:53

田卒魏郡䥽[5]遇里周遂,年廿三。　……　丿[6]☑　73EJT5:54

掾鮫得好仁里公乘李利,年廿八,長七尺二寸,黑色。　73EJT5:55A

☑☑丁弘[7]　　　　　　　　　　　　　73EJT5:55B

【校釋】

[1]此未釋字劉倩倩(2015P78)釋作"將"。按:此字原簡作 ,與"將"字形不合,改釋不可從。

[2]此未釋字原無,今據原圖版補。

[3]七:原釋作"十",從張俊民(2011.9.23)改釋。

[4]雍:沈思聰(2018P214)釋作"廱"。

[5]原簡此字左側似不從"業",懷疑釋字有誤。

[6]簡末尾的"……""丿"原釋文無,姚磊(《合校》2021P58)指出原簡此處尚有墨跡,"丿"號較清晰,今從補。

[7]丁弘:原未釋,從何茂活(2016P25-34)補釋。

十一日	己	戊	戊	丁	丁	丙	丙	乙	乙	甲	甲	癸
	酉	寅	申	丑	未	子	午	亥[1]	巳	戌	辰	酉

73EJT5:56

建[2]	☑	☑	癸	壬	壬	辛	辛	庚☑
	☑	☑	亥	辰	戌	卯	酉	寅☑

73EJT5:57

☑	丁	丙	丙	乙[3]	乙	甲	甲	癸	癸	壬
☑	未	子	午	亥	巳	戌	辰	酉	卯	申

73EJT5:58[4]

【校釋】

[1]亥∶原釋作"辰",程少軒(2011.9.1)據字形改釋爲"亥",今從改。馬智全(2012.6)認爲"辰"與"亥"之區別在於"亥"左側有折筆,而"辰"左側撇出無折筆。

[2]建∶森鹿三(1983P113—128)∶所謂"建"是表示某一週期的起點,就像以星期日來表示一週的開始一樣。"建"同十二支相配合,"建"後還有除、滿、平、定、執、破、危、成、收、開、閉,然後又返回原來的"建"。不過,像前面説過的那樣,月份變了,建日的十二支也要變,所以,"建"並不像是一個星期的日、月、火、水、木、金、土那樣連續的。以"建"爲起點的週期叫做十二直,是一種占卜吉凶的方法。

[3]該簡"亥"前存疑干支字,原皆未釋,從羅見今、關守義(2012.5)和程少軒(2011.9.1)擬補。羅見今、關守義(2012.5)和程少軒(2011.9.1)指出前面殘缺的干支當爲戊申、丁丑,認爲該簡爲元平元年各個月份中十日的干支日期。"乙亥"原釋作"囗亥",據程少軒(2011.9.1)擬補。

[4]以上三簡,程少軒(2011.9.1)考訂爲元平元年曆譜。此類曆譜陳夢家(1980P235)歸爲編册橫讀式。這種形式的曆譜一年用三十簡組成,每一簡爲一日。每簡自上至下分爲十三橫闌,第一闌用較大字自上而下直書日數,三十簡正好從一日至三十日。第二至十三闌用較小字自右至左橫書正月至十二月干支,干支下記八節等事項。

證所言　　囗　　　　　　　　　　　　　　73EJT5∶59

囗今餘河内第十六輩[1]絲絮六十二斤四兩,直(值)四千廿錢八分,率[2]斤六十四錢五分什分七百分八[3]。ⅰ　　73EJT5∶60

　　　　　　大車一兩,　　囗

大元郡[4]中都縣陰[5]角里陶史,

　　　　　　黄犗牛一。　　囗　　73EJT5∶61

黑牻(犉)[6]二　　　　　　　　　　　73EJT5∶62

・右第十一車　　　　　　　　　　　73EJT5∶63

隧長轉關中夫持馬四匹,畜牛八,用牛一,輞車一乘,牛車一兩,歸
養[7]。ⅰ　　　　　　　　　　　　　　　　　　　　73EJT5:64

☐☐[8]陵邑富里張護,Ⅰ官布復(複)袍一領,Ⅱⅰ皁布單衣一領,Ⅱⅱ犬
絑[9]一兩,Ⅲⅰ皁布單衣一領。Ⅲⅱ枲履[10]一兩,Ⅳ♭Ⅴ　73EJT5:65

【校釋】

[1]輩:批次。

[2]率:有比率之義,漢簡中多表示平均之值。

[3]六十四錢五分什分七百分八:按照簡文所記總值“四千廿錢八
分”,除以總數量“六十二斤四兩”,即 4020.8÷62.4 = 64.43589743589744。
這裏的“五分什分七百分八”不知如何得來。

[4]大元郡:黄浩波(2011.12.1):即《漢書·地理志》、《後漢書·郡國
志》之太原郡。

[5]陰:原簡圖作▨,同簡的“陶”作▨,兩形幾近同形。

[6]犙:原釋作“扡”,從伊強(2014.11.19)改釋,讀爲“犉”。《説文·
牛部》:“犉,黄牛黑脣也。”

[7]歸養:劉倩倩(2015P79):歸家贍養。《史記·魏公子列傳》:“勒
兵下令軍中曰:‘父子俱在軍中,父歸;兄弟俱在軍中,兄歸;獨子無兄弟,
歸養。’”

[8]疑未釋字是“僑”,僑陵邑,見於 T2:61、T3:95。

[9]絑:原釋作“絑”,從王錦城(2019P1103)改釋。勞榦(1960P64):
絑有稱爲犬絑者,不知何意。或是犬皮所作之絑,塞上苦寒,得此用以保
煖,今西北尚有人用“狗皮褥子”,或亦與此同類之物也。

[10]枲履:麻鞋。

右扶風[1]虢[2]材官[3]臨曲里王弘,[4]☐☐☐十☐☐(竹簡)　73EJT5:66

【校釋】

[1]右扶風:《漢書·地理志上》:“右扶風,故秦内史,高帝元年屬雍
國,二年更爲中地郡。九年罷,復爲内史。武帝建元六年分爲右内史,太初

元年更名主爵都尉爲右扶風。"自武帝後成爲三輔之一。

[2]虢：右扶風屬縣。

[3]材官：邢義田（2012P180-191）指出材官之名自戰國齊、秦已有，東漢印章有"材官將軍章"，材官之制延續既廣且久，而西漢中期至東漢中期邊地簡牘文書中不多見，原因何在，待考。按：傳世文獻"材官"有兩種。《後漢書·百官志五》注引《漢官儀》："民年二十三爲正，一歲以爲衛士，一歲爲材官、騎士，習射御騎馳戰陣。"按照此記載，材官是兵種之一。《史記·大宛列傳》云："乃案言伐宛尤不便者鄧光等，赦囚徒材官，益發惡少年及邊騎，歲餘而出敦煌者六萬人，負私從者不與。"按《史記》記載，材官是工官或某勞作機構的一種。

[4]邢義田（2012P180-191）指出此處原釋文未據原簡空格處理，今從其説改。

再再不地再恐不□□地[1]（竹簡）　　　　　　　　73EJT5：67

甘露四年[2]四月戊寅朔甲午，甲渠鄣守候何齋[3]移肩水金關令史□ⅰ罷軍[4]徙補[5]觻得臨谷候官令史，書到，案籍内（納），如律令。ⅱ

　　　　　　　　　　　　　　　　　　　　　　73EJT5：68A

令史安世。　　　　　　　　　　　　　　73EJT5：68B

【校釋】

[1]此簡應是習字簡，上部疑被刮削過，原釋文作"再再不□□恐不□□地"，張俊民改釋作"再再不□再忍不叩地地"，姚磊已指出其釋字問題，並認爲第一個"不"後的未釋字是"地"（參見《合校》2021P60）。按：姚磊所説的"地"原簡寫作"十"形，雖然可能是練習"地"字而爲，但字形差距太遠，保持不釋爲宜。另外，末尾兩個未釋原簡作**邖**、**㕔**，與"邯鄲"寫法很近。

[2]甘露四年，公元前 50 年。

[3]齋：白軍鵬（《試説漢代的"齋"》，《古文字研究》第 33 輯，中華書局，2020 年，第 583-588 頁）釋作"齋"。

[4]罷軍:王錦城(2019P161)指出是人名,可從。

[5]徙補:若與常見的遷補、除任相比較言,"徙補"應有平級調遣的意思。

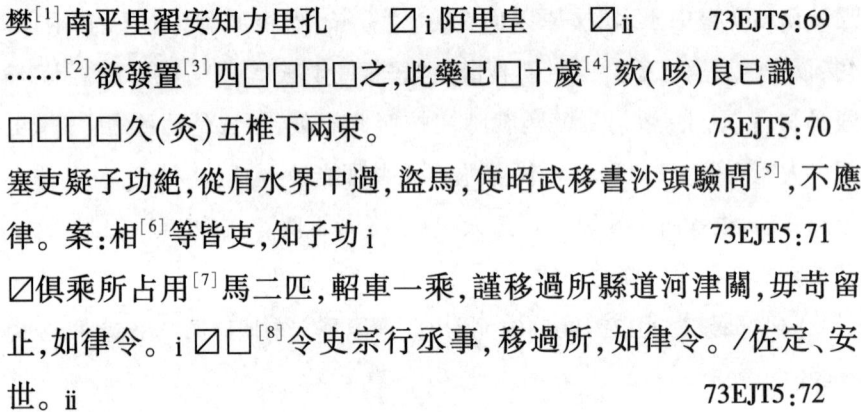

樊[1]南平里翟安知力里孔　　☒ⅰ陌里皇　　☒ⅱ　　73EJT5:69

……[2]欲發置[3]四☐☐☐☐之,此藥已☐十歲[4]欬(咳)良已識

☐☐☐☐久(灸)五椎下兩束。　　　　　　　　　　73EJT5:70

塞吏疑子功絕,從肩水界中過,盜馬,使昭武移書沙頭驗問[5],不應

律。案:相[6]等皆吏,知子功ⅰ　　　　　　　　　73EJT5:71

☒俱乘所占用[7]馬二匹,軺車一乘,謹移過所縣道河津關,毋苛留

止,如律令。ⅰ☒☐[8]令史宗行丞事,移過所,如律令。/佐定、安

世。ⅱ　　　　　　　　　　　　　　　　　　73EJT5:72

【校釋】

[1]樊:于豪亮(1981.4)指出樊縣《漢書·地理志》屬東平國,根據居延漢簡,樊縣曾屬昌邑國。

[2]"欲"前仍有若干字墨跡,原整理者未釋,今據原圖版補"……"。

[3]置:原未釋,今據原圖版補。

[4]歲:原釋作"篋",從張雷(2018P409)改釋。

[5]驗問:查驗審問。

[6]相:人名。

[7]俱乘所占用:原未釋,從胡永鵬(2021.1)、姚磊(《合校》2021P61)補釋。

[8]此未釋字原釋文無,從胡永鵬(2021.1)補。

以所帶劍首[1]歐(毆)瞳[2]戍卒王奉親,肩背皆青黑、雍(癰)種(腫),廣袤[3]各半所,得以會ⅰ　　　　　　73EJT5:73

【校釋】

[1]首:原釋作"對",方勇(2012.2)據字形改釋爲"首"。劍首應指劍

把的頭部,簡文中是被用做毆打人的用具。

　　[2]撞∶方勇(2012.2)釋作"重",讀爲"中"。邢義田(2012P180-191)釋作"種",讀爲"腫"。按∶按照漢簡描述外傷的習慣,"毆"或"擊"這類動作描述後,才描述動作産生的"腫""傷""死"之類的結果,鮮有動作和結果連用的情況。而且此簡後文説到"雍(臃)種(腫)",不必重複出現兩次臃腫描述。故讀作"腫"不可從。此字原簡殘左,僅見右部"重"形,西北簡中有不少"童"、"重"相混的情況,故此字也可能是"撞"字。撞,撞擊。毆撞,與文獻中常見的"毆擊"同義。

　　[3]袤∶原釋作"哀",秦漢司法檢驗文書中時常使用"廣袤"來描述傷口、瘢痕的尺寸,例如居延新簡"相擊,尊擊傷良頭四所,其一所創袤三寸"(EPT68∶172)等,參曹方向(2011.9.16)例六、方勇(2012.2)、邢義田(2012P180-191)。

肩水候官　　　　　　　　　　　　　　　　　73EJT5∶74

肩水候官　　　　　　　　　　　　　　　　　73EJT5∶75

七月丙戌,張掖肩水都尉安世、丞循謂候官∶寫移及史遷行塞舉 ⅰ

書[1]到,務備少甄[2],它如大守府書律令。　　掾漢昌、屬[3]遷、助府

令史[4]充光。ⅱ　　　　　　　　　　　　　　73EJT5∶76

☑肩水候官　　　　　　　　　　　　　　　　73EJT5∶77

　　莫當隧長童(董)[5]去疾妻,昭武安漢里大女董弟卿,

橐他

　　年廿七歲,黑色。　　　　　　　　　73EJT5∶78[6]

☑☑親　　軺車一乘,用馬二匹。　　以十二月壬申復傳[7]☑

　　　　　　　　　　　　　　　　　　　　　73EJT5∶79

☑☐　軺車一乘,馬一匹。　　　☑　　　73EJT5∶80

【校釋】

　　[1]舉書∶高恒(2001P292-303)∶舉,又稱舉白,即糾舉、檢舉。漢簡中所見"舉書",一是邊塞基層機構的上級(主要是都尉府)派員檢查工作,所謂"行塞"時,對於違紀行爲所寫的糾舉報告書。再就是有關機構對於下

屬單位發生的事件隨時糾舉的文書。這些舉書,按其形制多屬行政文書。但常作爲案驗、追訴的依據。簡中所見"舉書"主要有四類:卒兵舉、吏去署舉、烽火舉、行書舉。

[2]數:原簡字跡不清,疑非"數"字。

[3]屬:陳夢家(1980P111):漢簡文書簽署,屬爲第二級,在掾史之下,書佐之上……守屬低於曹史、高於書佐,在漢簡文書簽署中與屬之地位相當。

[4]助府令史:邢義田(2012P180-191)認爲"府"應指張掖太守府,但太守府中本有令史,和助府令史關係還待更多材料才能進一步討論。邢義田文中還引述劉增貴意見。劉增貴認爲帶有"助"字的吏,應是臨時協助或代理單位首長的副手,所謂助府令史,應即令史副手或副令史,助府佐即佐之副手,依此類推。王錦城(2019P167):"府"非有定指,當依文書發出的部門來確定。

[5]童:此字張俊民、姚磊有釋"董"之説(參見《合校》2021P62)。按:此字原簡作"童"清晰易辨,原釋無疑。但西北簡中有不少"童"、"董"通假或相混的情況,故此處可讀作"董",但不可直接釋作"董"。

[6]此爲吏家屬出入符,詳參李迎春(2019P252-271)。

[7]復傳:T37:910有"復故傳",丁義娟(2019P108)認爲"故傳"指已經通關使用過的傳,這次爲持原傳原路返回。可知"復傳"可爲"復故傳"之簡稱。

☑長常賢兼行[1]☑ i ☑☑☑☑☑ ii   73EJT5:81

☑☑☑蓬菑[2]   73EJT5:82

☑候所移鱳得候所   73EJT5:83

☑迺甲申[3]☑   73EJT5:84

☑☑一刀…… ☑☑二兩刀 ☑

☑單衣一領刀 ☑[4]枲履二兩刀 ☑ 73EJT5:85

☑☑南必里大夫☐[5]☑   73EJT5:86

【校釋】

[1]行:原未釋,原簡此字左殘,但仍可看到"彳"的少許筆畫,可結合

文義補。

[2]蓬茴:茴,原釋爲"薑",從何茂活(2016P25-34)改釋。何茂活指出"蓬"爲蓬蒿,"茴"爲荒地。

[3]申:原釋作"甲",從王錦城、魯普平(2017P328-334)改釋。

[4]未釋字原釋文無,今據原圖版補。

[5]此未釋字沈思聰(2018P216)釋作"樓",不從。

☑	六	九	五	十
☑	□	□	十	七

73EJT5:87 [1]

【校釋】

[1]此簡原釋文無四條欄綫,但原簡清楚可見,今補。

長壽里☑　　　　　　　　　　　　73EJT5:88

☑　　　/尉史光。　　　　　　　　73EJT5:89

☑劍、刀各一。　　　　　　　　　73EJT5:90

☑如律令。　☑　　　　　　　　　73EJT5:91A

☑肩水城尉　☑ᵢ☑……來　☑ᵢᵢ　73EJT5:91B

☑　牛車四[1]兩　☑　　　　　　　73EJT5:92

☑牛車一兩。　五月己亥出。　卩　73EJT5:93 [2]

☑□甚……☑ᵢ☑□謹……☑ᵢᵢ☑賜……☑ᵢᵢᵢ　73EJT5:94

九人。酒二石,百六十[3]。肉十斤,廿五。凡[4]直(值)百八十五。九

□[5]☑ᵢ……ᵢᵢ　　　　　　　　　73EJT5:95A

□之請,伏地再拜,□請受☑　　　73EJT5:95B

【校釋】

[1]四:原釋作"一",從張俊民(2011.9.23)改釋。

[2]李燁(2013P28)、何茂活(2014.11.29)指出此簡原整理者圖版倒置問題,應垂直旋轉 180 度。

[3]此處與後面的"廿五"後都省了量詞"錢"。

[4]凡:原釋作"入",從李燁(2013P16)改釋。按:此字原簡圖作，較易識別,當改。凡,這裏是總計的意思。據簡文酒錢是"百六十",肉錢"廿五",總和正是"百八十五"。

[5]九:原釋作"凡",與同簡"凡"字對比可知兩形有差距,且前面已有總計之語"凡",這裏不當再重複出現。頗疑這裏是數字"九"。其後的未釋字原釋文無,原簡此處墨跡清晰,當補。

甲甲　己巳☑(習字)	73EJT5:96A
狼狸狼☑(習字)	73EJT5:96B
☑奉嚴教聞[1]	73EJT5:97
責丁氏[2]錢五十☑	73EJT5:98
☑☑☑奉☑☑☑	73EJT5:99
☑☑黄犗,齒十歲。劍一。ⅰ卩[3]ⅱ	73EJT5:100
☑甲午朔壬☑	73EJT5:101A
☑伏地再拜□[4]☑	73EJT5:101B
☑☑☑二千九百廿一☑	73EJT5:102
☑……五……☑	73EJT5:103A
☑……石入卩　　☑	73EJT5:103B
☑幸甚☑ⅰ進☑ⅱ程掾丿☑ⅲ☑子[5]卿☑ⅳ(削衣)	73EJT5:104
賞水□□長□☑(削衣)	73EJT5:105
☑□常户籍在官者,爵大夫,年　(削衣)	73EJT5:106
所取昌錢小□計☑(削衣)	73EJT5:107
本始元年三月☑(削衣)	73EJT5:108
☑幸甚　☑(削衣)	73EJT5:109
☑……守望□☑(削衣)	73EJT5:110
☑石九斗五升磨(糒)[6]　　☑(削衣)	73EJT5:111+121[7]
☑□/掾安世、佐親。　☑(削衣)	73EJT5:112

☑出麥五石四斗,以食臨[8]、常、樂等三人三月食。　　☑(削衣)

　　　　　　　　　　　　　　　　　　　73EJT5：113

☑　□部候長長實敢言之☑ⅰ

☑□兌具更,實[9]移吏卒被兵簿[10]☑ⅱ(削衣)　　73EJT5：114

☑長長長長　☑(削衣)　　　　　　　　73EJT5：115

☑子□□□□☑(削衣)　　　　　　　　73EJT5：116

☑□唯請□[11]☑(削衣)　　　　　　　　73EJT5：117

☑□厚□[12]　　　☑(削衣)　　　　　　73EJT5：118

☑□□☑(削衣)　　　　　　　　　　73EJT5：119

☑□[13]足下善☑ⅰ☑□負責數千錢☑ⅱ(削衣)　73EJT5：120

(此簡已與 T5：111 綴合)　　　　　　　73EJT5：121

☑□病尉不付[14]□□□　☑(削衣)　　　73EJT5：122

【校釋】

[1]聞:原釋作"寫",今據原圖版改。T24：77、D：325 中可見"奉聞嚴教",頗疑"奉嚴教聞"爲"奉聞嚴教"之誤。

[2]丁氏:原缺釋,從何茂活(2016P25–34)補釋。

[3]此符號原釋文無,從姚磊(《合校》2021P64)補。此簡首未釋字原無,今據原圖版補。

[4]此未釋字原無,今據原圖版補。

[5]子:原未釋,從沈思聰(2018P216)補釋。按:此字原圖版尚能看到"子"形。

[6]磨:張再興(2018P130–141)指出此"磨"應是"曆"的俗寫。按:張説可從,今據綴合簡文可知"曆"讀作"耤",參見 T21：188 簡注釋。

[7]此簡由謝明宏(2022.4.8)綴合。

[8]臨:原釋作"監",今據原圖版改。臨,此處用作人名。

[9]此字沈思聰(2018P216)釋作"賓",不從。

[10]被兵簿:《匯釋》(2008P116):裝備兵器情況的記錄文書。是戍卒裝備檔案,記錄戍卒或戍守單位兵器裝備情況。

[11]此簡原圖版上下端皆可見文字殘餘墨跡,原釋文未釋,今據原圖版補。

[12]此未釋字原釋文作"冂",今審原簡,知此處爲削掉字所存的"亠"類部件,今改作未釋字。

[13]此簡未釋字原釋文無,今據原圖版補。

[14]此字原整理者未釋,疑爲"付"字。簡首未釋字原無,今據原圖版補。

肩水金關 T6:1-198

☑肩水金關　　　　　　　　　　　　　　73EJT6:1A

☑肩水　　　　　　　　　　　　　　　　73EJT6:1B

肩水金關　　　　　　　　　　　　　　　73EJT6:2A

陽☑　　　　　　　　　　　　　　　　　73EJT6:2B

肩水金關　　　　　　　　　　　　　　　73EJT6:3

肩水金關　　　　　　　　　　　　　　　73EJT6:4

居延令印　　·奴☐☐ⅰ肩水金關ⅱ十月壬寅官奴李☐以來。ⅲ

　　　　　　　　　　　　　　　　　　　73EJT6:5A

(圖畫)　　　　　　　　　　　　　　　　73EJT6:5B

肩水金關　　　　　　　　　　　　　　　73EJT6:6

肩水金關　　　　　　　　　　　　　　　73EJT6:7

肩水金關　　　　　　　　　　　　　　　73EJT6:8

肩水金關　　　　　　　　　　　　　　　73EJT6:9

肩水金關　　　　　　　　　　　　　　　73EJT6:10

☑金關　　　　　　　　　　　　　　　　73EJT6:11

肩水金關☐ⅰ以十四日ⅱ　　　　　　　　73EJT6:12A

十月戌亥[1]☐☐　　　　　　　　　　　73EJT6:12B

☑肩水金關　☑　　　　　　　　　　　　73EJT6:13

【居】^[2]令延印。　　　☑

十一月乙卯,騂北^[3]卒毂^[4]以來。　　☑　　　　73EJT6∶14A

枼(槥)^[5]一槥,書到,出入如律令。　☑　　　73EJT6∶14B^[6]

☑里公乘朱齊,年卅六。　　　　　　　　73EJT6∶15

趙子文封入。　　　　　　　　　　　　73EJT6∶16

五鳳三年二月吏民 i 出入關傳籍。ii　　73EJT6∶17^[7]

☑　　　　　付廄御張☑

☑□百五十束付廄御張☑

☑百五十束付廄御張☑

☑二百五十束付廄御　　　　　　　　　73EJT6∶18A^[8]

☑付信外人□☑

☑付信外人□二

☑二百五十束付□　　　　　　　　　　73EJT6∶18B

【校釋】

[1]戌亥∶張俊民(2011.9.23)釋作"庚寅"。

[2]此字原釋作未釋字,姚磊(《合校》2021P66)據文義補。按∶此字原簡磨損,已不見墨跡,本不當釋字,暫按本文體例補。

[3]騂北∶隧名,屬肩水候官。

[4]毂∶此處用作人名。何茂活(2014.11.29)釋作"敦"。按∶此字非"敦",《說文》雖收錄此字,但西北漢簡中的"毂"亦作此形。

[5]枼∶即槥,小棺。裘錫圭(2012∶2P53)指出此形是對"槥"字所從的"彗"稍加簡化,並將"木"旁移至下方。

[6]此簡原釋文 B 面作上殘,A 面無上殘,今核對原簡,知此簡上部僅有少許燒損,並不殘。

[7]此簡上部有穿孔。

[8]此簡爲半圓形,從中心的茬口看,可能原來中心有穿孔。原整理者釋文正面作上殘,背面無殘斷號,今據原整理正面釋文補背面殘斷號。

候長陳長生

六石具弩一[1]。　　　　　　　　　　　　73EJT6:19

駟北亭[2]卒孟陽

五石具弩一。　　　　　　　　　　　　73EJT6:20

房房房房房ⅰ楊游房房ⅱ(習字)　　　73EJT6:21

官居延都尉ⅰ穉時匈奴虜ⅱ　　　　73EJT6:22A

掾横[3]□□□　　　　　　　　　　73EJT6:22B

陽朔五年正月乙酉朔庚戌,犂陽[4]丞臨移過所,遣廚佐[5]

閻昌爲郡送遣戍卒張掖居延,當舍傳舍,從者如律令。73EJT6:23A

犂陽丞印。

　　　　　　　/掾譚、令史賞。　　　73EJT6:23B

□□若方議不忍　　　　□　　　　73EJT6:24

北書[6]三封張掖大守章。　　　　　73EJT6:25

□□官丞事移肩水候官□　　　　　73EJT6:26

　　　　　陽朔元年九月己巳,居延令博爲傳。　　十二月丁□

居延尉史梁襃,

　　　　　　市上書具長安。　　　□　　73EJT6:27A

　　　　　　陽朔元年[7]九月……□

居延……

　　　　　……□　　　　　　　　73EJT6:27B

【校釋】

[1]郭偉濤(2017P270-286)認爲這枚楬應該就是候長陳長生的駐地所使用的。東部候長有名長生者,如"東部候長長生"(T30:92),當即陳長生,很可能這枚楬所標識的就是東部候長長生的武器。

[2]駟北亭:王蕾(2020.4):肩水金關內部設置的亭,負責軍事防禦和郵書傳遞,存續時間爲漢宣帝本始元年至新莽始建國至天鳳時期。侯旭東(2016.4)認爲駟北亭位於金關內側的塢內,北距橐他候官的莫當隧四漢里,南距沙頭亭十一漢里。

[3]横：原未釋，從沈思聰(2018P217)擬補。

[4]犁陽：即黎陽。

[5]廚佐：王錦城(2019P172)：廚爲驛置傳舍中提供飲食的機構，《漢書·王莽傳》："吏民出入，持布錢以副符傳，不持者，廚傳勿舍，關津苛留。"顏師古注："廚，行道飲食處。傳，置驛之舍也。"廚佐即廚中的佐官小吏。

[6]北書：《匯釋》(2008P57)：向北傳送，從南面的張掖太守府、肩水都尉府等寄往北面的居延都尉府的文書。按：詳見 T2：23 下注釋。

[7]元年：原缺釋，從胡永鵬(2017P243)補。

東郡博平都鄉左麥里公乘李安世年廿四，長七尺四寸，黑☑(竹簡)

73EJT6：28

☑十三　　以三月戊寅入。　　　　　　73EJT6：29

☑癸　癸　壬　壬

☑未[1]　丑　午　子　　　　　　　　73EJT6：30

☑　保同縣臨池里大夫潘忠，年廿三，長七尺二寸。入　　ノ[2]

73EJT6：31

☑七月丙戌，倉嗇夫☑☑☑☑☑　　　73EJT6：32

☑四月壬辰，居延都尉宣、丞禁對……☑　73EJT6：33

☑☑☑☑☑☑☑☑☑☑今傳行賈販以出入關，可爲偃檢[3]，令所請傳☑ⅰ　　　　　　　　　　　　73EJT6：34

☑病野，毋它。遠昆弟爲吏，死生恐不與☑☑相見，☑　☑

73EJT6：35[4]

☑　　皆五月甲申入　　　　　　　　　73EJT6：36

☑☑等名、縣、爵、里、年、姓[5]，車☑☑　　73EJT6：37

☑【甘】露三年九月壬午朔甲申[6]，都鄉嗇夫充國以私印行小官事[7]，敢言之：長秋里尚光自ⅰ☑家爲[8]市居延。謹案：光[年][9]爵公乘，年六十，毋官獄事，當得取傳，謁移居延過所，毋苛留止。ⅱ 73EJT6：38A

☑☑☑令印。　　　　　　　　　　　　　　　　　　　　**73EJT6:38B**

【校釋】

[1]未:原釋作"亥",從張俊民(2012.5.8)改釋。

[2]此符號原釋文無,從李燁(2013P23)補釋。

[3]可爲偃檢:原釋文作"可休遷補",今核對原圖,原釋字皆可疑,尤其是"遷補"二字,原圖版分別從"亻"從"木",且尚可見部分"檢"字所從之"僉"形,今改。

[4]此簡原釋作兩行,"毋它""昆弟""與☑☑"原釋文另作一行。今審原圖版,知這些字都是後補淡墨小字,應作一行連讀,如此,簡文才通暢。簡文應是一封家書,内容大意:……毋它,離開昆弟到遠方做官,這輩子大概是不能與某某見面了。

[5]名,名字;縣,縣名;爵,爵位;里,里名;年,年齡;姓,姓氏。

[6]據紀年日期核查曆譜可補全簡首年號"甘露"。甲申爲九月初三。

[7]以私印行小官事:宋艷萍(2014P132-142):小官,又稱爲稗官……以私印行事,分以私印行本職事和以私印行他官事兩種類型。以私印行本職事中,所見官秩最高爲候。以私印行他官事中,被代行官秩級別最高爲太守,其次爲都尉,而候被代行的情況佔的比例最大。在所有以私印行事的例子中,下級以私印代行上級公務的情況所佔比重較大,或許如馬衡先生所説,下級以私印行上事,是因爲情況緊迫,是臨時行爲。但大量以私印行事簡牘的出現,特別是很多以私印行候事,似乎並非偶爾、臨時,而是一種經常性的行爲。候可以以私印行本職事,候長、士吏等可以以私印行候事,嗇夫等可以以私印行候事、丞事或小官事。在來往書信中,可以以私印來封緘。大量以私印行事的事例,説明在當時,這種行爲是被允許的,具有一定合法性……"暫時未領官印,只能以私印替代"的説法似乎欠妥。

[8]此二字原未釋,查原簡墨跡可見"家爲",但常見文例是"爲家私市",略有不合,暫擬補待考。

[9]學者已指出此字是原簡抄寫者誤衍(參見《合校》2021P67)。

【鴻】[1]嘉二年七月丁丑朔丁丑,西鄉嗇夫政敢言之:成漢男子孫多牛,自言爲家私市[2]居延[3]☒ⅰ傳。謹案:多牛毋官獄徵事,當得取傳,調移肩水金關、居延縣索,出入毋苛留止,☒ⅱ七月戊寅,觻得長守丞[4]順移肩水金關、居延縣索,寫移書到,如律令。/掾尊、守□☒ⅲ　　　　　　　　　　　　　　　73EJT6:39A[5]

觻得丞印。　　　　☒　　　　　　　　　73EJT6:39B

【校釋】

[1]此字原釋文作未釋處理,劉倩倩(2015P83)補此簡時間爲"鴻嘉二年"。按:此字原簡已完全無墨跡,據曆譜可補全簡首年號。

[2]爲家私市:《集成》(九 P272):市,赴市場購買所用物品。漢代市有固定地點和管理人員。

[3]爲家私市居延:張安福(2017P41):爲私事去居延。私市,一種貿易活動。爲家私市,即爲個人家庭利益而從事的私人貿易。居延漢簡中的"私市",一是民間進行的、非屯戍吏卒身份的人(當地的百姓或内郡來邊的生意人)所進行的商品貿易活動;二是現役屯戍吏卒的"私市"貿易。此外,漢武帝實行鹽鐵官營之後,邊郡的鐵器由官府經營,但由於管理制度不完善,經常被一些人私下販賣,從中牟利。這些活動,雖然違法,但的確活躍了市場經濟,便利了民衆的日常生活。

[4]守丞:龔延明(2006P322):守某縣丞之省稱。縣丞之資淺者帶"守",任滿一年轉爲真,去"守"字。《漢書·朱雲傳》:"元帝時,琅邪貢禹爲御史大夫,而華陰守丞嘉上封事。"顏師古注:"守華陰縣丞者,其人名嘉。"

[5]藤田勝久(2018P223—244):此爲張掖郡的觻得縣,收到下屬回鄉的申請後,發給肩水金關與居延縣索關的用於私人旅行的"傳",簡牘中也有"寫移書到,如律令"的文字。但是,申請時有規定"出入毋苛留止"。如此一來可以得知,即使檔中寫有"寫移書到"的文字,此文書也未必是事先送抵的文書形式,其形式應該類似於通過關隘時需自己攜帶並出示的"傳"。

肩水候	候[1]平陵歸□里公大夫	☑
	大女□□長七尺……	☑
永光四年正月壬辰符 ☑（右側有刻齒）		73EJT6：40[2]

	後起隧[3]長逢尊妻，居延廣地里逢廉，年卅五。	
廣地	子小女君曼，年十一歲。	大車一兩，
	葆胥[4]居延龍起里王都，年廿二。	用馬二匹，
		用牛二。（左側有刻齒）
		73EJT6：41A[5]
……		73EJT6：41B

	兄妻屋闌（蘭）宜衆里井君任，年廿一。 ☑	
橐他勇士隧長井臨	子小男習，年七歲。 ☑	
	兄妻君之，年廿三。	車一兩用□☑
建平元年家屬符[6]。	子大男義，年十。 ☑	
	子小男馮一歲。 ☑（右側有刻齒）	
		73EJT6：42[7]

【校釋】

[1]候：原釋爲“除”，從邢義田（2012P180－191）改釋。此候指簡首的肩水候。

[2]此爲吏家屬出入符，詳參李迎春（2019P252－271）。

[3]後起隧：隧名，金關簡首見。

[4]葆胥：葆是身份，胥指女婿。邢義田（2012P180－191）：葆胥之葆，是自睡虎地秦簡出現“葆子”一詞以來，秦漢簡中陸續見到各種被稱爲“葆”或“保”的人，應是一種具法律意義的身份。“保”或“葆”是指一種身份，與“胥”不連讀成詞。其意爲壻某某具“葆”的身份。葆壻，或先定親以保其女，或爲其之保。如此，葆胥或指尚未成婚之壻。

[5]此爲吏家屬出入符，詳參李迎春（2019P252－271）。

[6]家屬符：家屬出入關的符傳。

[7]此爲吏家屬出入符，詳參李迎春（2019P252－271）。原釋文“兄妻

屋闌”之前有“•”，從邢義田（2012P180–191）意見删除。其中的“闌”原釋作“蘭”，從何茂活（2014.11.29）改釋。

使從者都[1]自臨處[2]賣肉百□□□直（值）……☑
賣肚腸腎直（值）錢百卅六□□□□□……☑
直（值）七百六十予□□□□□□……☑
當得錢二千□□□□□□并直（值）……☑
六月候長封藏官居延□□□□……☑　　　　　　73EJT6：43

【校釋】

[1]都：原釋作“爲”，原簡作𫝢，當爲“都”之草書，類似字形如𫝢（T10：134）、𫝢（T30：28B）、𫝢（C：336）等。這裏的“都”用作人名。

[2]臨處：原釋文作“輸穀”。臨，原簡圖作𫝢，此爲“臨”的草書寫法，這種草書寫法在金關簡中頗多，如𫝢（T23：877A）、𫝢（T37：1512）。處，原簡圖作𫝢，這種寫法的“處”如𫝢（F3：383）、𫝢（T31：64）。“臨”，這裏可能是某地名之省。從者都自臨處賣肉，就是名爲都的從者在臨這個地方賣肉。或者“臨”作人名，那麽其後的“賣”要讀爲“買”，這句話的意思就是都從臨那裏買肉。

☑請使奉詔伏地再拜　　　　　　　　73EJT6：44A
☑子文子文足下ⅰ☑□[1]ⅱ　　　　　　73EJT6：44B
☑□月己丑，昭武長譚，移肩水金關、居延縣索關，寫移□[2]☑
　　　　　　　　　　　　　　　　73EJT6：45A

☑　　　　屬尊☑　　　　　　73EJT6：45B[3]

臨叩頭言：子圓[4]辨薛[5]戀負□六畫[6]毋□之□　　73EJT6：46A
橐他候史薛戀叩。　　　　　　　　73EJT6：46B

城官[7]所負食馬過律[8]程穀□□□□□Ⅰ居延都尉……Ⅱⅰ……十
五石……Ⅱⅱ計曹□□□負□未償……石收得九千一百……得Ⅱⅲ
　　　　　　　　　　　　　　　　73EJT6：47

【校釋】

[1]原釋作一行,今據原圖版改補。

[2]此未釋字原釋文無,今據原圖版補。

[3]張文建(2017.6.19)將此簡與 T6:79 綴合,王錦城(2019P183)已指出不可綴合。

[4]真:原釋作"其",原簡字形與原釋字不合,從沈思聰(2018P217)之説擬釋。

[5]薛:此字原簡字形與釋字差距太大,姚磊(《合校》2021P69)懷疑是"君"。按:此簡書寫稚拙,應是習字雜寫。此字嚴格説並非"薛",但上部也不是"尹",所以也不能完全確定是"君"。按 B 面的内容看,此處可能是"薛"字的訛誤字。包括其後面的"緣"字,也已經訛誤變形,雖已與"卿"形接近,但仍當視爲"緣"。

[6]書:原釋作"年曰"。此字原簡圖作𦥯,上下兩形連在一起,不能拆成兩字,當釋爲"書"字。不過此字與上面的"薛""緣"等字一樣都變形或缺筆畫,不能按照標準書寫看待。

[7]城官:《匯釋》(2008P164):指都尉府所在設防城池之管理機構。

[8]過律:違反規定。《漢書·王子侯表》:"(陵鄉侯訢)正月封,七年,建始二年,坐使人傷家丞,又貸穀息過律,免。"顏師古注:"以穀貸人而多去其息也。"

戍卒穎川郡長社邑重里公乘成朔,年廿八。　〳　　〵[1](竹簡)
　　　　　　　　　　　　　　　　　　　　　　　　73EJT6:48

新野[2]褽[3]里王常,年廿一。(竹簡)　　　　　73EJT6:49

灅洎[4]文里不更王更生[5],年十九。　☑　　　73EJT6:50

☑　　葆妻鱳得　　里孫嚴,年十八。　　　73EJT6:51

萬歲里公乘藉忠,年卌八,　爲姑臧尉徐嚴葆與嚴俱之官。　正月
庚午入。　〳 ᵢ　　　　　　　　　　　　　　　73EJT6:52

☑里王步舒,年卅八歲,長七尺二寸,黑。正廣占[6]。牛車一兩,弩

一,矢五十,劍一。ⅰ　　　　　　　　　　　　　73EJT6∶53

【校釋】

[1]此符號原釋文漏釋,從李燁(2013P24)補釋。

[2]新野∶南陽郡下轄縣。

[3]襖∶原釋作"稷",原簡圖作🔲,明顯從"示"不從"禾",今改。

[4]濼涫∶傳世文獻作"樂涫"。《漢書・地理志》樂涫屬酒泉郡,治今甘肅省酒泉市東南。

[5]生∶原釋作"士",從沈思聰(2018P218)改釋。按∶原簡此字上部筆畫墨跡有缺失,但仔細辨析尚能看到橫畫的痕跡。

[6]正廣占∶原釋作"劇食",從劉欣寧(2016.2)改釋。

昭武強里孟固,　　　　　　一石九斗。　　　　73EJT6∶54

出粟二石,　　稟(廩)[1]受降隧長桓豐七月食。　🔲73EJT6∶55

出錢千八百,　　以給尉史萬定世四月盡六月積三月🔲73EJT6∶56

🔲出麥……,以食吏　　🔲　　　　　　　　　73EJT6∶57

・右🔲🔲十五人。　　　　　　　　　　　　　73EJT6∶58

牛一,黄勞(犖)[2],犅[3],齒十二歲,絜[4]九尺。其一牛黑犅,齒八歲。　　車一兩,　　🔲ⅰ　　　　　　　　73EJT6∶59

夷胡隧載　高樂里畢幸子　辛卯盡己亥八日四百八十束　🔲

　　　　　　　　　　　　　　　　　　　　　73EJT6∶60

🔲得[5],願[6]令史告部亭苑都[7],有得此馬者報,如律令。

　　　　　　　　　　　　　　　　　　　　　73EJT6∶61

(此簡已與T6∶110綴合)　　　　　　　　　　73EJT6∶62

登山隧長司馬駿見。Ⅰ長利Ⅱⅰ大刀幣,Ⅱⅱ單幣[8],大削幣。德少廿石。Ⅲ卒文異衆見。Ⅳ　　　　　73EJT6∶63

【校釋】

[1]稟∶原徑作"廩",今據原圖版改。

[2]勞∶鄔文玲(2014P89—96)指出此字通"犖",犖即雜色牛,黄犖即

爲黄色又雜有其他顔色。

　　[3]犗:閹割過的牛。

　　[4]絜:指牛的腰圍。

　　[5]得:原釋作"將"。此字僅存下部,釋作"得"、"將"皆有可能,若按後文所説"有得此馬"推測,前文可能是説關於"得馬"之事,暫擬釋作"得"。

　　[6]願:原簡未釋。原簡此字墨跡漫漶,但右部從"頁"基本可辨識,左部所從爲簡省寫法,此字當爲"願"的草寫,今補。願,在此簡中表示希望或請求之義。

　　[7]都:都邑。

　　[8]幣:原闕釋,從馬智全(2012.6)補釋。"大刀"之後原釋文有一未釋字,亦從馬智全文删除。"幣"意爲"敗壞",是簡文常用語。

☐關嗇夫持君視事[1]以來一從書出入聞[2]事☐[3]　　　　73EJT6:64A
☐律令　　　　　　　　　　　　　　　　　　　　73EJT6:64B
出錢六百,　　　就十二。　　　賦臨澤隧[4]長王延壽。　　自取。
　　　　　　　　　　　　　　　　　　　　　　73EJT6:65
青　　☐☐直(值)卅,賀取。　　　　　　　　　73EJT6:66A
趙子勢。卩　　孫君仲。卩　　　　　　　　　　73EJT6:66B
☐平[5]報翁卿,府都吏二卿欲過,不知有酒。　　73EJT6:67A
☐又欲知護……　　　　　　　　　　　　　　73EJT6:67B
長賓遠虜事願　　　　　　　　　　　　　　　73EJT6:68A
第一方券卅二廿券入。Ⅰⅰ第二方券卅六。・十二車卅四入。Ⅰⅱ
第十一方券卅五卅七券入。Ⅱⅰ第十二方券卅五粟十券廿三券
入。Ⅱⅱ　　　　　　　　　　　　　　　　　73EJT6:68B

　　【校釋】

　　[1]視事:在崗工作。

　　[2]聞:原未釋,從何茂活(2014.11.29)補釋。按:原簡此字雖漫漶不

清，但從"門"從"耳"可辨。

　　［3］此未釋字何茂活（2014.11.29）懷疑是"來"。此字亦有可能是"奏"，不能確定釋字，仍從原釋。

　　［4］臨澤隧：又見於居延舊簡349.3，不知所屬。

　　［5］平：原釋作"幸"。此字原簡圖作🖊，與"幸"字草書有差異，應是"平"字，如🖊（T10：125）、🖊（T24：34）、🖊（C：293）等"平"字即如此。按照文義，"某人報某人"的説法更常見，更易理解。

檗死張者約張兩柱析端□□[1]。檗死鮫[2]者約鮫柱燕張ノ。檗死燕者約燕柱膺鮫。ｉ（竹簡）　　　　　　　73EJT6：69

【校釋】

　　［1］疑此處兩未釋字並非文字，而是同簡後文亦出現的"ノ"號。

　　［2］此字同簡三見。西北簡中"魚"、"角"形近相混，疑此簡三字所從皆爲"魚"，而非"角"。《説文·魚部》："鮫，海魚，皮可飾刀。"

十四日丁巳　丙戌　丙辰　乙酉　乙卯夏至[1]反[2]　甲申　甲寅　癸未　癸丑　壬午　壬子　辛己ｉ（竹簡）　　　73EJT6：70 [3]

【校釋】

　　［1］程少軒（2011.9.1）指出黃龍元年五月十四乙卯正是夏至日，與簡文合。

　　［2］反：《集成》（五 P296）：古時選日定吉凶的一種方法和習俗。以地支爲準，子丑，則六日反支；寅卯，五日反支；申酉，則二日反支。以此類推，甲戌爲二日，則其朔日癸酉。反支日，有不受章奏，不利出行等禁忌。

　　［3］程少軒（2011.9.1）考此簡屬黃龍元年曆譜，並指出此簡所記當爲黃龍元年各月份十四日的干支日期。

☑居庫　　掾戎守令史壽　☑　　　　　　　　73EJT6：71A +72A

☑……　　　縣索□□長安嚻[1]陵里

☑……　　　　名籍如牒……出入如律　　　73EJT6:71B+72B [2]

（此簡已與 T6:71 綴合）　　　　　　　　　73EJT6:72

（此簡已與 T6:109 綴合）　　　　　　　　73EJT6:73

永始[3]二年十月壬午朔庚寅,□□尉史世使移郡大守、屬國都尉[4]、
農ⅰ□□□□□□□□黨及胡虜第□□ⅱ□出驚□昭武備迹
候[5]望□守摸□□集所主羌胡爲務ⅲ　　　　73EJT6:74

【校釋】

[1]長安巂:原釋作"山西鄉",從王錦城(2020.1)改釋。

[2]此簡由張文建綴合,參見姚磊(2021P413)。

[3]永始:原未釋,從羅見今、關守義(2013.5)補釋。

[4]屬國都尉:《集成》(八 P155):漢政府爲單獨安置歸附的匈奴人而
置屬國,使其各長其長。陳夢家(1980P40):簡云"屬國、農、部都尉",又云
"居延屬國、部、農都尉",是指居延的屬國都尉、部都尉和農都尉。

[5]迹候:《集成》(九 P59):迹即巡視天田出入蹤迹,候即瞭望敵情動
態。迹候爲漢簡中常用術語,亦爲邊防士卒的日常工作。

☑子男小狗,年十[1]。ⅰ☑子女廉,年十八。ⅱ☑子[2]女貴,年六。ⅲ
　　　　　　　　　　　　　　　　　　　　　　73EJT6:75

永光五☑ⅰ謂關嗇[3]☑ⅱ　　　　　　　　　73EJT6:76

☑食察事辟☑ⅰ□□臨深淵□☑ⅱ　　　　　73EJT6:77A

☑謹□錢☑　　　　　　　　　　　　　　　73EJT6:77B

☑乙酉朔壬ⅰ☑當舍傳ⅱ　　　　　　　　　73EJT6:78A

☑自占☑ⅰ☑見日未☑ⅱ　　　　　　　　　73EJT6:78B

☑毋苛留,如☑　　　　　　　　　　　73EJT6:79 [4]

☑□自言爲家☑ⅰ☑□/掾通☑ⅱ　　　　　73EJT6:80

甘露……☑[5]ⅰ車一乘,謁移縣道河津關,毋苛留止,如律☑ⅱ四月
己巳,居延令弘、庫嗇夫定行丞事☑ⅲ　　　73EJT6:81A

居令延印[6]。☑ⅰ四月己巳,佐明以來。　☑ⅱ　73EJT6:81B

【校釋】

[1]十：原釋作"八"，從李燁(2013P21)改釋。按：此字雖然原簡墨跡漫漶，但是橫豎筆畫都可辨識，改釋可從。王錦城(2019P182)：西漢不應有"居延屬國都尉"。因此，該簡中的"屬國都尉"當指張掖屬國都尉。按：居延本來就屬於張掖轄縣，若張掖郡設置屬國，設在居延當然可以稱爲居延屬國，也可説是張掖屬國。居延屬國是屬國前冠以所在地名，張掖屬國是標明轄屬關係。

[2]子：原釋作"小"，從曹方向(2011.9.16)改釋。

[3]嗇：原未釋，從曹方向(2011.9.16)例八補釋。

[4]張文建將此簡與 T6：45 綴合，王錦城(2019P183)已指出不可綴合。

[5]此行釋文原無，今補。"甘露"二字從胡永鵬(2015.3)補釋。

[6]居令延印：實爲"居延令印"。周豔濤、張顯成(2021.3)認爲這種非正常讀序的官印抄記，實際上是文書人員有意爲之。其根本原因在於西漢武帝時期進行的兩次官印改革沒有對印文的讀序、印文字體及印文的陰陽作出強制性規範。推測原封泥印文爲右上起橫讀形式，但是文書人員按照主流的右上起豎讀的順序來抄記印文，遂被記作"居令延印"。

☐☐身不忠毋德不憂。職叩頭，死罪死罪。漢視☐☐☐☐二月，誠有母，年六十，常☐☐復ｉ　　　　　　　73EJT6：82

☐☐☐忠白[1]：觻得壽貴里男子成奉以觻得長致出。　　☐

　　　　　　　　　　　　　　　　　　　73EJT6：83A

☐　關門　☐　　　　　　　　　　73EJT6：83B

☐第五十五車。　　　☐　　　　　73EJT6：84

☐☐陳聖，年卅七歲。　子大男上造憚，年十七歲。　73EJT6：85

出牛半長八尺廣二寸，小半長六尺。　　☐　　　73EJT6：86A

會十日，足下善毋恙[2]。……河東大守☐☐☐[3]（二次書）

　　　　　　　　　　　　　　　　　　　73EJT6：86B

☐付臨利隧[4]長任充　　　　　　　　　　73EJT6：87

☐……敢言之。　　　　　　　　　　　73EJT6：88

嘉言,陽卿坐前善毋恙。　　☐　　　　　　73EJT6：89A

……☐　　　　　　　　　　　　　　　73EJT6：89B

河上[5]候史襃叩頭白：唯……☐　　　　　73EJT6：90

☐之,移居延卅井縣索關門,遣從史憲歸取衣用居延。乘軺

　　　　　　　　　　　　　　　　　　73EJT6：91

【校釋】

　[1]白：原未釋,原簡作 ,今補。

　[2]善毋恙：書信問候語,猶言平安健康。

　[3]原釋文B面漏殘斷符。

　[4]臨利隧：隧名,屬肩水候官。

　[5]河上：王錦城(2019P185)認爲是候官名。按："河上"在金關簡中頗多見,表義不盡一致。T10：104有"河南郡平縣河上里",這是用作里名。T21：177中又見表示方位的"河上""河中"並出,T24：148有"根從河上呼萬年",同樣表示方位。作里名、方位,皆與此簡不合。"河上候史"又見於T23：267、T24：155、T24：637。T37：1163、T37：1581又可見"河上守候史"。T24：243中出現了十次"宿河上",C：303有"稟河上卒"。候史是候官或部候長的屬吏,綜合來看"河上"除了有作候官名的可能外,還可能是部的名字。"部"的命名大多是以方位命名,如南部、北部,這裏的"河上"大概是以某河爲參考對象的部方位命名。

如乾餱[1]。伊(噫)！美哉[2],粲呼(乎)[3]！如以粱食浚[4]扞(衦)纉[5]也。[6]　　☐　　　　　　　　　　　　73EJT6：92

【校釋】

　[1]乾餱：乾糧。《詩·小雅·伐木》："民之失德,乾餱之愆。"高亨注："乾餱即乾糧。這裏用以代表普通的食品。"

　[2]伊美哉：方勇、周小芸(2014P229)引陳劍說認爲此處"伊"通爲

"噫"。

[3]粲呼:方勇、周小芸(2014P229):"粲"有鮮明之義,爲形容詞,我們疑其在簡文中的含義即指此。"呼"應即"乎"字,爲詞綴,嵌在"粲"這樣的形容詞後。按:今從其説。

[4]浚:原簡作從"水"從"夋"字,據方勇、周小芸(2014P228-232)改。方勇考釋云,此形見於秦簡、馬王堆漢墓帛書、沅陵虎溪山漢簡等材料中,《廣雅·釋詁二》王念孫疏證:"浚、湑、縮一聲之轉,皆謂淥取之也。"簡文中的"浚"即爲此意,即今所謂"淘米"之行爲。"浚"作名詞可解爲"淘米水"。

[5]扞纊:扞,方勇、周小芸(2014P228-232)引陳劍説,認爲應該同《説文》釋"硟"字謂"以石扞繒也"之"扞"。"扞"通"衦",均應指磨展衣物,使其平展而有光澤之義。"纊"爲新絲綿。

[6]此簡釋文句讀皆據方勇(2013.6.10)。

戍卒潁川郡定陵德里[1]公乘秦霸,年五十。　庸池里公乘陳寬,年卅四。　☑i　73EJT6:93

魏郡魏右尉[2]公乘杜陵富成里張贛,年卌八,長八尺□☑　73EJT6:94

(此簡已與 T6:140 簡綴合)　73EJT6:95

☑穰邑[3]臨渴里萬□,　年廿七。　☑　73EJT6:96

☑□侯歆,年卅五,長七尺一寸。　七月□☑　73EJT6:97

☑里臧強,年卅一。　☑　73EJT6:98

☑□彭沮,年卅,長七尺二寸,黑色,正月☑[4]　73EJT6:99

戍卒魏郡内黄中□[5]里大夫郭去疾年☑　73EJT6:100

☑東[6]長里公乘賈利,年廿六,長七尺□☑　73EJT6:101

☑里賈忠,年十五,長五尺,黑色。☑　73EJT6:102

☑□壽里大夫李成,年卅☑　73EJT6:103

☑湯,年卌　☑　73EJT6:104

☑　　　七月辛亥出。　　　　　　　　　　　　　　　73EJT6:105

☑卒[7]魏郡百人,大守　封,遣定陶[8]☑☑　　　　　73EJT6:106

☑最,子男奉,牛車三兩,即日餔時入。☑　　　73EJT6:107+156[9]

【校釋】

[1]德:原整理者釋爲"遮",從黃艷萍(2013.5.30)改釋。"德里"爲潁川郡定陵縣的一个里名。

[2]邢義田(2012P180-191):《漢書·地理志》魏郡有魏縣,魏縣原注:"都尉治。"由此簡可知,魏郡都尉可能一度分左右尉。

[3]穰邑:鄭威(2015P217-241):《漢書·地理志》南陽郡有穰縣,地在今河南鄧州市市區小東門外賈莊一帶,據簡文可知曾爲邑。

[4]簡首未釋字原無,今據原圖版補。此簡"色"、"正"原釋作"刑"、"乏","月"原未釋,從姚磊(《合校》2021P73)改補。

[5]未釋字原簡作 𝄞,疑爲"斾"。

[6]東:原未釋,今審原圖版,雖僅見左半,但基本結構可知曉,今補。

[7]卒:邢義田(2012P180-191)疑是"上",不從。

[8]定陶:濟陰郡轄九縣,定陶爲治所。現爲今山東菏澤市中部地區。

[9]此簡綴合參見姚磊(2021P46)。

☑☑[1]☑☑守候塞尉[2]☑☑　　　　　　　　　　73EJT6:108

☑君都取循直(值)卅☑　　　　　　　　73EJT6:109+73A[3]

☑禁姦[4]卒取十斤,少☑☑ᵢ☑☑部候史五十斤,直(值)☑☑ᵢᵢ☑☑候長十斤,☑ᵢᵢᵢ　　　　　　　　73EJT6:109+73B

【校釋】

[1]最後未釋字原釋文無,今據原圖版補。

[2]守候塞尉:"守候"是代理之職,其前未釋内容應是候官名,"塞尉"是本職,其後未釋内容當是人名。

[3]此簡綴合詳見張文建(2017.8.7)。

[4]禁姦:隧名,屬肩水候官。

·肩水候官言∶請至藍盛時過湳[1]，弩檠繩[2]，齎采邑。

73EJT6∶110A +62A [3]

肩水候官言∶請至藍盛時過湳[4]，弩檠繩，齎采邑。　73EJT6∶110B+62B

【校釋】

[1]湳∶原釋作"滿"，此字原簡圖作，與常見"滿"形有差異，今改。湳，古水名。《説文·水部》∶"湳，西河美稷保東北水。"段玉裁注∶"今蒙古鄂爾多斯左翼中旗東南有漢美稷故城。"

[2]弩檠繩∶《集成》(七 P20)∶檠，校正弓弩的工具。檠弩繩，應是校正弓弩使用的繩索。或作檠繩。

[3]此簡由尉侯凱綴合，並將原釋文"色"改釋作"邑"，詳見尉侯凱(2017P348-359)，今從改。

[4]湳∶原釋作"滿"，此字原簡圖作，解析如上。

☑☑教蒼頡作[1]　　　　　　　　　73EJT6∶111A

☑☑以入　　　　　　　　　　　　73EJT6∶111B

☑韓[2]安四月食　　☑　　　　　73EJT6∶112

陽朔四年八月丙子[3]☑　　　　　73EJT6∶113A

陽朔四年十月☑　　　　　　　　73EJT6∶113B

南方　　斗[4]舍　☑(簡上有刑德七舍圖)[5]　　73EJT6∶114

鴻嘉三年[6]正月

【出入關名簿】[7]　　　　　　　73EJT6∶115A

　【鴻嘉三年正月】[8]

　出入關名簿　　　　　　　　73EJT6∶115B [9]

【校釋】

[1]此簡正背面簡首未釋字原無，今據原圖版補。此簡爲《蒼頡篇》第一章殘簡。

[2]韓∶原釋作"榦"，從姚磊(《合校》2021P73)改釋。

[3]羅見今、關守義(2013.5)、黃艷萍(2014P78-84)指出陽朔四年八

月是"戊子"朔,當月不可能出現"丙子"日。

[4]斗:原未釋,從王強(2019P319-331)補釋。

[5]王強(2019P319-331)認爲僅據殘剩内容似無法確定與刑德七舍有關。

[6]鴻嘉三年:鴻嘉,是西漢成帝劉驁的第四個年號,共用四年。鴻嘉三年,即公元前18年。

[7]據背面文字補。

[8]據正面文字補。

[9]此簡存右半,背面上端可見網格,原釋文缺網格號,今補。

凡爲吏十二歲十月廿一日　☑	73EJT6:116
☑匹驪白牡齒八歲。　☑	73EJT6:117
☑報若計未定它☑	73EJT6:118A
☑□史⋯⋯☑	73EJT6:118B
☑□[1]望,通蓬(烽)火[2]☑	73EJT6:119
☑莊賜之　☑	73EJT6:120
☑出平弳[3]傷[4]二角	73EJT6:121
肩水候官完軍隧☑	73EJT6:122
☑隧已歸[5]　☑	73EJT6:123
橐他守候肩水城尉敦煌常安里公☑	73EJT6:124
☑得不即不[6]☑	73EJT6:125
延延延延延延☑(習字)	73EJT6:126
☑史[7]譚 I 陽朔元年□[8]☑ II i 送囚觻得☑ II ii	73EJT6:127
關嗇夫　☑	73EJT6:128
☑□索關謹☑	73EJT6:129
止姦隧長居延卅井里☑	73EJT6:130
☑□汝□□汝致不肯☑ i ☑□衣□汝□☑[9] ii	73EJT6:131

【校釋】

[1]未釋字原釋文無,今據原圖版補。

[2]通蓬火∶傳遞烽火。

[3]平弪∶可能是與弓弩相關的一種器物。

[4]傷∶原釋作"易",從黃艷萍、張再興(2018P215-222)改釋。

[5]隊已歸∶此簡釋文原釋作"□三□一",姚磊(《合校》2021P74)釋作"隧王□"。按∶原簡"隊已"最清晰。"對",原簡不從"辶",當釋作"隊"。"已",原簡中間無豎畫,釋"王"不可從。"歸",原簡較模糊,但所從主要構件基本可辨。今重新整理作"隊已歸"。

[6]不∶原缺釋,何茂活(2016P25-34)據張俊民釋文電子版補釋,今從補。

[7]史∶原簡僅存下半,姚磊(《合校》2021P75)認爲不釋爲宜。按∶金關簡中多次出現"令史譚",此簡"史"字雖上殘,但結合相同文例徑釋可從。

[8]未釋字原釋文無,今據原圖版補。

[9]原釋文無此行,姚磊(《合校》2021P75)補作一"令"字,實際此行還有多字墨跡,但字跡疊壓,應該是雜寫一類内容。而且姚磊所謂的"令"並不見"人"形,應該是"衣"字。同簡第一行第二個"汝"字上即可看見一個"衣"形。另,第一行第一個"汝"字上面還有一墨跡,原釋文缺釋,今據原簡墨跡重新整理。

肩水驛北亭[1]☒　　　　　　　　　　　　73EJT6∶132A

可爲□□□□☒ᵢ食之定入☒ᵢᵢ　　　　　73EJT6∶132B

☒乙子[2]丑☒(習字)　　　　　　　　　73EJT6∶133

☒里董、東郡張清小奴滿廚,輣車三乘,馬四匹,ᵢ☒□□□ □□□ᵢᵢ

　　　　　　　　　　　　　　　　　　　73EJT6∶134

☒使者涼州刺史[3]案,上書當除者☒　　　73EJT6∶135A

☒宜民里上造召成,年卌五,長七尺二寸,黑色。☒　73EJT6∶135B

☑☑☑☑☑觻得宜春里☑子☑所責錢千☑　　　　73EJT6:136

祿福☑王里周彭,年卅。　　　　☑　　　　73EJT6:137

濟陰郡[4]葭密[5]上明里公乘李赦之,☑☑　　　73EJT6:138

壬申卒四人　　　　　五[6]　　　☑　　　　73EJT6:139

【校釋】

[1]此字原未釋,今審原圖版尚見"亠"墨跡,結合常見文例擬補。

[2]子:沈思聰(2018P220)釋作"巳"。按:此簡是篆書干支内容習字,字形怪異,不能按標準字看待,甚至有可能不是文字而是圖畫。

[3]刺史:《漢書·百官公卿表》:"武帝元封五年初置部刺史,掌奉詔條察州,秩六百石,員十三人。成帝綏和元年更名牧,秩二千石。哀帝建平二年復爲刺史,元壽二年復爲牧。"

[4]趙爾陽(2019P159-168):濟陰郡在西漢時政區變化非常繁雜,不僅名稱經歷了濟陰郡和定陶國的交替,轄縣和郡界也隨每次調整而有所盈縮。濟陰郡初爲濟陰國,國除後復爲濟陰郡,至遲在甘露二年(前52)時被設爲定陶國,其後又在定陶國與濟陰郡名稱間往返。王莽時期,濟陰郡又更名爲濟平郡。濟陰國[景帝中六年至後元年(前144-前143)]——濟陰郡[景帝後元年至甘露二年(前143-前52)]——定陶國[甘露二年至黄龍元年(前52-前49)]——濟陰郡[黄龍元年至河平四年(前49-前25)]——定陶國[河平四年至建平二年(前25-前5)]——濟陰郡[建平二年至王莽時期(前5-9年)]——濟平郡[王莽時期(9年以後)]。

[5]葭密:治今山東荷澤市西北。

[6]五:原釋作"二人",今據原圖版改。

刺史度月十七日到大守府,叩頭死=罪=(死罪死罪),敢言之。

　　　　　　　　　　　　　　73EJT6:140+95 [1]

昭武平都里王方[2],年廿五,長七尺☑　　　73EJT6:141

☑邑匡[3]里公乘☑未央,年卅☑　　　　73EJT6:142

☑☑負八百筭[4]☑ᵢ☑率所負百卅三筭奇二筭　☑ᵢᵢ　73EJT6:143

☑　□月庚寅入,□☑　　　　　　　　　　　　73EJT6：144

☑　/掾相、令史利世☑　　　　　　　　　　73EJT6：145

☑肩水候官受降[5]隧長氏池安樂里公乘解定國,年廿六,　病　☑

　　　　　　　　　　　　　　　　　　　　　　73EJT6：146

☑……□六十八斛六斗　　☑　　　　　　73EJT6：147

☑　　　　　以閏月甲申入。卩　　　　　73EJT6：148

☑□卒楊延壽三月食。　自取。　☑　　　73EJT6：149

戍卒魏郡繁(繁)[6]陽靈里公乘任衆,年卅二。　☑ 73EJT6：150

☑□告尉史：平都里大夫王方,自言取傳☑　　73EJT6：151

☑卌斤直(值)☑ᵢ ☑□人四百□□□千六百卅二　　三千　☑ᵢᵢ

　　　　　　　　　　　　　　　　　　　　　　73EJT6：152

・凡吏十□人見,食☑　　　　　　　　　73EJT6：153

☑出錢二百酒二石　　出錢……　　出……☑

☑出錢□□肉十斤　　出錢……　　出二……☑

☑出……　　　　　　出錢……　　出十三……☑　　73EJT6：154A

☑……☑　　　　　　　　　　　　　　73EJT6：154B

安□□□☑　　　　　　　　　　　　　　73EJT6：155

(此簡已與 73EJT6：107 簡綴合)　　　　　73EJT6：156

☑　□六十五☑　　　　　　　　　　　73EJT6：157A

☑□脯十六束[7]☑　　　　　　　　　　73EJT6：157B

☑自言[8]☑　　　　　　　　　　　　　73EJT6：158

☑・凡四百☑　　　　　　　　　　　　73EJT6：159A

☑□☑　　　　　　　　　　　　　　　73EJT6：159B

【校釋】

[1]此簡由張文建綴合,參見姚磊(2021P413)。

[2]方：原釋作“光”,從王玉茹(湖南大學岳麓書院 2022 級王玉茹課後作業意見)改釋。同探方 T6：151 見“平都里王方”,同探方里名相同,皆爲王姓,懷疑兩處實爲一人,今審原彩圖,知原釋“光”並不見上方有點畫,

且所謂的右下角"乚"筆畫,實際是因爲橫折鉤墨跡脱漏造成的假象,當改釋作"方"。

［3］匡:原釋作"昌",從沈思聰(2018P221)改釋。

［4］筭:原簡出現三次,原釋文皆作"算",今通查金關簡"算",原簡實際寫作"筭",今統一改正。傳世文獻"筭"在用作罰金單位時作"算"。于振波(2005.12.25):漢簡中的"得算"、"負算"是一種評價官吏政績的術語,與算賦無關。《匯釋》(2008P275):算,是罰金的計算單位。漢武帝以來按人頭徵收賦税的標準一算爲百二十錢。但考古資料證明,算的收取標準因徵收對象不同而有所不同。每算百二十錢並不是用於任何對象的固定的標準。

［5］降:原釋作"候",從黄艷萍(2016.1)、姚磊(《合校》2021P76)改釋。

［6］繫:原釋作"繁",從任達(2014P95)改釋。

［7］此釋文原釋作"□□□東□",從何茂活(2016P25-34)改釋。

［8］自言:原未釋,今據原圖版與常見文例補。

☑　　　今調守尉□☑　　　　　　　　　　　　73EJT6:160

□持之□□　　　錢四百□☑

九百六十□　　　□□□□☑　　　　　　　　73EJT6:161

☑□□使受事唯□☑　　　　　　　　　　　　73EJT6:162

猛伏地言:¡少猛子□御者足下,聞者□□諸事□賜書……☑ⅱ

　　　　　　　　　　　　　　　　　　　　73EJT6:163A

都吏宋卿　　　☑　　　　　　　　　　　　73EJT6:163B

☑子仲敞之自□☑

☑　□□傳謁☑(削衣)　　　　　　　　　　73EJT6:164

肩水橐[1]☑(削衣)　　　　　　　　　　　　73EJT6:165

肩水☑(削衣)　　　　　　　　　　　　　　73EJT6:166

☑□人氏池富昌里晉[2](簪)褭張建,年卅二,長七尺三寸,☑(削衣)

　　　　　　　　　　　　　　　　　　　　73EJT6:167

　　　　　　一人士吏☑

☑假千人常生士六十人，

　　　　　　　　　見射☑(削衣)　　　　　　73EJT6:168

甘露二年六月己未朔壬申[3]，☑　　　　　73EJT6:169

☑☑☑☑睪☑☑☑謹具　☑ⅰ

氏池安定謹使吏奉　☑ⅱ(削衣)　　　73EJT6:170[4]

☑　　　　□□　　　　□□

☑□[5]　　錐一。卩　　糴粟七斗。

☑　　　　□一。卩(削衣)　　　　　73EJT6:171

君足下　　☑(削衣)　　　　　　　73EJT6:172

☑尉史賀敢言之:☑ⅰ☑馬一匹。謹案:寬自☑ⅱ☑津勿苛留，以律

☑ⅲ(削衣)　　　　　　　　　　　73EJT6:173[6]

【校釋】

　　[1]橐:原釋作"金"，從何茂活(2016P25-34)改釋。

　　[2]此字原逕作"簪"。此字原簡圖作𥬔，上部與漢簡中"竹"或"𭕄"的俗寫字形不同，應視爲"晉"字簡率寫法。

　　[3]申:原未釋，從何茂活(2016P25-34)補釋。

　　[4]簡中的"幸"原未釋，今據原圖版擬補。簡中"謹"原釋作"里"，"安"、"吏"原未釋，從何茂活(2016P25-34)改補。

　　[5]未釋字原釋文無，今據原圖版補。

　　[6]張文建將此簡與T6:175綴合，姚磊指出係誤綴，參見姚磊(2021P413)。

☑將軍□☑(削衣)　　　　　　　　73EJT6:174

☑☑☑☑☑ⅰ☑出遠子男譚☑ⅱ　　73EJT6:175[1]

□再拜言☑ⅰ君足下宜伏前□□□☑ⅱ☑ⅲ(削衣)　73EJT6:176

☑□□再拜再拜☑ⅰ☑安星長孫☑ⅱ(削衣)　　73EJT6:177

☑☑☑☑☑☑ⅰ

☑軍出之也,成☐遣騎報。伏地再拜☑ⅱ(削衣)　　　　73EJT6:178

☑臣明等再拜☑ⅰ☑☐☐[2]ⅱ(削衣)　　　　73EJT6:179

☑☐☐☐☐☐☐☐☐……☐☐☐☐☐

☑長所不當得爲候聖[3]蘭(關)[4]出關法……☑

☑☐☐☐☐☐……　☑(削衣)　　　　73EJT6:180[5]

出錢百卌八☐☐ⅰ出錢百卅見☐☐ⅱ(削衣)　　73EJT6:181[6]

☑☐種三斗☐☐☐ⅰ☐☐麥二石☐ⅱ　　　　73EJT6:182

☑☐☐☐☐☐ⅰ☐甚將軍言使☑ⅱ☑……☑ⅲ　　73EJT6:183

☑破胡里公乘☑(削衣)　　　　　　　　　　73EJT6:184

【校釋】

[1]張文建將此簡與 T6:173 綴合,姚磊指出係誤綴,參見姚磊(2021
P413)。

[2]原釋作一行,今據原圖版補。

[3]聖:此字原簡圖作🈂,字形更近"聖"。

[4]蘭:《集成》(九 36):蘭,通關。無憑證而擅自出入邊關爲闌,如闌
入、闌出等。

[5]此簡張文建與 T6:183 綴合,但茬口不甚吻合,文義也不是很順,
但兩者文字特點一致,又都是削衣,很可能是同簡削下來的兩片,故茬口文
義不相應,參見姚磊(2021P413)。

[6]此簡尉侯凱與 T6:182 綴合,茬口差距較大,不從,參姚磊(2021P413)。

☐☐☐得駒爲☐[1]　　　　　　☐☐☐

爲呴駒緣·謂毋有爲☐☐　　　☐牝馬雍券☐☑(削衣) 73EJT6:185

☑　二百六十米二石丿☑ⅰ

☑二百☐☐入酒丿☑ⅱ(削衣)　　　　　　73EJT6:186

☑　足下,書已,御削去之,毋泄成語☑(削衣)　　73EJT6:187

受五月餘破傷車☑(削衣)　　　　　　　　73EJT6:188

……毋官獄徵☑ⅰ☐月乙酉,緱氏丞調[2]移☑ⅱ(削衣) 73EJT6:189

☑都尉誼丞　　　☑(削衣)　　　　　　　　73EJT6:190

☑□[3]嫁爲䊷得☑(削衣)　　　　　　　　73EJT6:191

☑□□敢言☑ᵢ☑當得取傳,誚移[4]☑ᵢᵢ(削衣)　73EJT6:192

六九五十四☑(削衣)　　　　　　　　　　73EJT6:193

☑□□上□☑(削衣)　　　　　　　　　　73EJT6:194

☑……頃[5]長□☑ᵢ☑□□□□☑ᵢᵢ(削衣)　73EJT6:195

☑　　□武□(削衣)　　　　　　　　　　73EJT6:196

☑☑☑☑☑☑☑☑☑□幸記,再₌拜₌(再拜再拜)。受教。　73EJT6:197

☑□[6]十月己卯行□　☑　　　　　　　　73EJT6:198

【校釋】

[1]未釋字原簡圖作𩢲,左從“馬”,右似從“鬼”之省,疑爲“騩”。

[2]誚:人名。

[3]未釋字原釋文無,今據原圖版補。

[4]移:原未釋,今據原圖版和固定行文格式補。

[5]頃:此字原整理者未釋,今據原圖版補。

[6]未釋字原釋文無,今據原圖版補。

肩水金關 T7:1-215

☑　申[1]七　下餔六　雞後鳴[2]六　(竹簡)　　73EJT7:1

治渠卒河東皮氏還利里公乘□□□,年卅,長七尺四寸。丿(竹簡)
　　　　　　　　　　　　　　　　　　　　73EJT7:2

河東安邑[3]下華[4]里家慶,到居延₌(延延)水,常爲官山薪,今年二月
甲申去署[5]亡₌(亡。亡)時齋(齋)[6]執(熟)飯數斗。　73EJT7:3

【校釋】

[1]申:原未釋,從王錦城、魯普平(2017P328-334)補釋。

[2]雞後鳴:時稱。陳夢家(1980P248—249):雞鳴在五夜(更)之戊夜

後三刻,旦明之前。漢簡雞鳴時分前鳴、中鳴、後鳴三級。《史記·曆書》曰"雞三號卒明",索隱云"三號三鳴也,言夜至雞三鳴則天曉"。《祭祀志》引《漢官》曰:"雞一鳴時見日始欲出。"

[3]安邑:治今山西夏縣城西北 7.5 公里處。《漢書·地理志》:"安邑,巫咸山在南,鹽池在西南。"

[4]華:原釋作"葉",此字原簡字形作𦱤,經對比,此形應作"華"。

[5]去署:離開官署,不在崗位。薛英群(1991P301):"去署"是指未經上級同意的錯誤行爲。而"不在署",多數是因公外出或經上級允許離署。

[6]齎:黄浩波(轉見《合校》2021P78)讀作"齎",與"持"的意思相近。

陷陣隧長屋蘭莫當里孔戌。　　　　　　　　　　　　　73EJT7:4

橐他[1]博望[2]隧長解憂,　　　第(弟)[3]大男觻得壽光里孫青,劍一。

　　　　　　　　　　　　　　　　　　　　　　　　　　73EJT7:5

廣利隊戍卒梁國已氏陽垣里公乘閻誼,年卅三。　省府[4]九月乙丑出。　　　　　　　　　　　　　　　　　　　　　　73EJT7:6

戍卒淮陽郡傿[5]北張里陳福。　　　☑　　　　　　　73EJT7:7

居延廚佐中宿里徐讓。　　　　　☑　　　　　　　　73EJT7:8

魏郡武始野氏亭長廚人里大夫朱武,年卅,長七尺三寸。　出皆五月□☑　　　　　　　　　　　　　　　　　　　　　73EJT7:9

(此簡已與 T7:38 綴合)　　　　　　　　　　　　73EJT7:10

(此簡已與 T7:33 綴合)　　　　　　　　　　　　73EJT7:11

☑戍卒□□□□□大里大夫宋仲,年卅九。　　☑　73EJT7:12

……☑[6]ⅰ收沓(鞈)[7],恩澤甚深厚,成殺身际[8]命,毋已復德,叩꞊頭꞊(叩頭叩頭)。因言前☑ⅱ　　　　　73EJT7:13A[9]

……塞吏……☑ⅰ叩꞊頭꞊(叩頭叩頭)再拜白。唯遣使……☑ⅱ

　　　　　　　　　　　　　　　　　　　　　　　　73EJT7:13B

☑□月乙丑食府耿掾行塞一食□□積□□四升北　　丿73EJT7:14

入麥小石[10]卅石，　　三月乙酉宋少翁受張功。ノ[11]（左側有刻齒四）

　　　　　　　　　　　　　　　　　　　　　73EJT7：15

【校釋】

[1]他：原釋作“佗”，今改。

[2]博望：黃艷萍（2016.1）指出“橐他候官”、“廣地候官”同屬肩水都尉，皆有“博望燧”，以此可證陳夢家“同都尉不能有同隧名”的説法值得商榷。指出故同都尉的不同候官有可能有同燧名，但同候官不能有同燧名。

[3]第：原整理者徑釋作“弟”，今據原圖版改。

[4]省府：“省作府”之省，即到都尉府作雜役。

[5]傿：《漢書·地理志》屬陳留郡。此簡顯示此爲淮陽郡屬縣。黃浩波（2013P276-278）：最終歸屬陳留郡則應晚至宣帝元康三年。

[6]原釋作一行，今據原圖版補。

[7]沓：通“鞜”，皮鞋。

[8]眹：音義不詳。據文義知此處表示喪、斃之類的意思。

[9]此簡張文建與 T7：100 綴合（見姚磊 2021P410），綴合後文義不順暢，不從。

[10]小石：《集成》（七 P155）：漢簡所記小石一石，相當於大石六斗。

[11]此符號原無，今據原圖版補。

　　　　　　　　　　　　戶一，

嬰蠹[1]洛（落）[2]男子蘇縱，　　種六石自取。卩

　　　　　　　　　　　　口三。　　　　　　73EJT7：16

☑　　用牛一，黃犗（牂），牂，齒七歲。　出。[3]疾在後。　十一月乙丑入。　　　　　　　　　　　　　73EJT7：17

☑靳干二，　　完。　　☑　　　　　　　　73EJT7：18

☑出錢二百卅，買練一丈。卩[4]Ⅰi☑出錢六百，毋[5]尊布一匹。卩Ⅰii出錢廿四，圜[6]二□。卩Ⅱi出錢卅四，買車鈎[7]一具，鍵[8]卅枚。卩Ⅱii出錢五十四，繩[9]四百五十枚。卩Ⅲi出錢百六十九，

緣六尺半。卩Ⅲ ⅱ　　　　　　　　　　　　　73EJT7：19

【校釋】

[1]蠡：原釋作"蟊"，從沈思聰（2018P223）改釋。按：此字原簡作

，上爲"彖"之省。

[2]疑這裏的"洛"通"落"，指村落、聚落之義。

[3]出：原釋作"⊥"，原整理者作符號看待，從何茂活（2014.11.29）

改釋。

[4]此處李燁（2013P23）指出原釋文漏釋"卩"，姚磊（《合校》

2021P79）指出Ⅰⅱ、Ⅱⅰ末尾原釋文皆漏釋此號，今補。

[5]毋：原釋作"買"，從雷海龍（轉見《合校》2021P79）改釋。

[6]此字原釋文徑作"買"，但字形不十分吻合，存疑。

[7]車鉤：王錦城（2019P1125）：當指連接車廂和車軸的零件，鉤即鈎。

《釋名·釋車》："鈎心，從輿心下鈎軸也。"

[8]鍵：車軸兩端用以固定的零件。《說文·金部》："鍵，鉉也。一曰

車轄。"

[9]此處姚磊（《合校》2021P80）補釋"八"，不可從。其所謂"八"實爲

"繩"的筆畫斷續或污跡造成的錯覺。

（此簡已與73EJT7：106綴合）　　　　　　　　　73EJT7：20

永光元年八月丙申朔庚子，北部候長明友等敢言☒

☒☒☒金關[1]☒……☒　　　　　　　　　　　　73EJT7：21

十月丁未，居延賓[2]、丞忠移卅井縣索、肩水金關，書到☒

如律令。　　☒　　　　　　　　　　　　　　　73EJT7：22A

居延丞印。　　　☒　　　　　　　　　　　　　73EJT7：22B

陽朔五年三月甲申朔己亥，句陽[3]長立移過所縣邑☒

爲國迎四年罷戍卒，[4]當舍傳舍，郵亭[5]從者☒　　73EJT7：23

【校釋】

[1]此行原釋作"……",但殘存墨跡中可辨"金關"二字,今補。

[2]居延賓:居延令賓之省。

[3]句陽:《漢書·地理志》濟陰郡下轄句陽縣。

[4]邢義田(2012P180-191):陽朔五年迎回四年罷戍卒,完全證明傳世文獻所載,漢世戍卒戍邊一歲而更的制度。……此簡謂"爲國迎四年罷戍卒"云云,乃迎定陶國之戍卒回鄉無疑。

[5]這裏的"郵亭"句讀所屬略有疑問,按照常見的文例,"舍傳舍"後應該是"從者如律令"之類的內容,這裏出現"郵亭"不好理解,而且郵亭是專門的郵遞機構,不當爲出入官吏提供食宿。

☑【先登隊】[1]卒黃宗。丿Ⅰᵢ☑卒任如[2]。丿Ⅰᵢᵢ☑隊[3]卒樊抵。丿Ⅰᵢᵢᵢ通望隊卒呂庇。丿Ⅱᵢ破適隊卒董輔。丿Ⅱᵢᵢ右橐他[4]五人。Ⅱᵢᵢᵢ受延隊卒周畢。丿Ⅲᵢ累下隊卒桓調。丿Ⅲᵢᵢ滅虜隊卒張湯。丿Ⅲᵢᵢᵢ次累隊周竟。丿Ⅲᵢᵥ萬年隊卒周章。Ⅳᵢ右五人廣地。Ⅳᵢᵢ　　　　　　　73EJT7:24+72EJC:155A[5]
☑守令史宣。　　　　　　　　　　　72EJC:155B

【校釋】

[1]先登隊:原未釋,據 T8:72 補。

[2]如:原釋作"奴",從何茂活(2014.11.29)改釋。

[3]隊:原未釋,簡中另外兩"隊"原皆作"隧",今據原簡字形和文例補改。

[4]他:原釋作"佗",今改。

[5]此簡由林宏明綴合,轉見姚磊(2021P414)。

☑……□□佐豐移肩水候官□□□□ 來時長初 [1]來時,登山隊[2]長孫君房從萬[3]貰買[4]執適隊長丁□□[5]☑ᵢ☑任,府書曰:卒貰賣予吏及有吏任者[6],爲收責有比[7],書到,願令史以時收責,迫卒且罷,

亟報,如律令。☑ⅱ　　　　　　　　　　　　　　　　73EJT7:25

八月癸卯,張掖水章[8]長□丞□[9]移金[10]ⅰ如律令。ⅱ 73EJT7:26A

張掖水章丞。　　　　　　　　　驛北亭長章發

ハ[11]月辛酉,茂陵男子張霸以來。　　君前[12]。　　73EJT7:26B

【校釋】

[1]此四字原釋作"來時長初",但原圖墨跡與釋字頗不合,似當作"其昨日□"。

[2]隊:原釋作"隧",同簡同行亦見此字,兩者原簡字形相同,今改釋。

[3]萬:人名。

[4]賖買:《匯釋》(2008P165):賒賣。《説文·貝部》:"賖,貸也。"猶言賒也。段玉裁注曰:"泉府以凡賒者與凡民之貸者並言,然則賒與貸有別。賖,貰也,若今人云賒是也;貸,借也,若今人云借是也。"

[5]此處二未釋字原無,今據原圖版補。

[6]任者:《集成》(六 P191):即交易活動中的保人。

[7]有比:即有等比之省,即猶言共同、一同。

[8]張掖水章:原釋作"□張□□",從姚磊(《合校》2021P80)改釋。按:原簡字形與背面"張掖水章"可對應,改釋可從。張掖是郡名,"水章"不好理解。結合 B 面"驛北亭長章",推知此處可能是"張掖水長章"。背面的"張掖水章丞"正確的順序也應該是"張掖水丞章",這一點王錦城(2019P195)已指出問題所在。這種印文順序問題在西北簡中不乏其例,比如常見"居延令印"寫作"居令延印"。

[9]此未釋字何茂活(2014.11.29)疑爲"府"。此字原簡圖作▨,墨跡有缺損,疑是"博"。

[10]金:原未釋,原簡圖作▨,"金"的主要構形基本可見,且"移金關"之説多見,可補。此簡原釋文未標注殘斷號,但此簡長度不足二十釐米,且文義不完整,應是下殘。

[11]八:原釋作"四",姚磊(《合校》2021P80)懷疑是"八"。按:此字原簡殘存墨跡較少,按照正面是八月,背面如果是四月,則要跨八個月時

間,間隔較長。如果背面也是八月,則與正常的文書辦理時間較合,故暫擬釋作"八"。

[12]發君前:汪桂海(1998P320-327):一般的官府文書在收到後,皆由令史、尉史等小吏負責打開,然後呈送本官署主管官吏,而特殊的文書則需要在主管官吏面前拆封,甚至由其親手拆封。此類的啓封記録多是直接書於文書簡的背面,位於收文記録之下。

河平三年八月乙卯下。　　　　☑　　　　　　73EJT7:27A

南書[1]四封,其三封橐他[2]候印,詣肩水都尉府,一封詣……☑

一封廣地候印,詣肩水都尉府。一詣梁卿。　　☑

九月庚子……付沙頭。　　☑　　　　　　73EJT7:27B

☑東部[3]候長　　　　　　　　73EJT7:28

☑壬申朔丁丑,肩水候宗謂☑　　　　73EJT7:29 [4]

☑橐他[5]守候守塞尉[6]慶移肩水金關:遣候ⅰ☑入出如律令。ⅱ

　　　　　　　　　　　73EJT7:30

·橐他候官竟寧元年五月戍卒☑　　　73EJT7:31

南書三封,居延都尉章。　　□……[7]

　　　一封詣☑

　　　一封詣□☑　　　　73EJT7:32

【校釋】

[1]南書:向南傳遞的書信。居延郵路沿南北走向的額濟納河傳遞,故稱過往郵書爲"南書"、"北書"。詳見 T2:23 下注釋。

[2]他:原釋作"佗",今改。

[3]東部:陳夢家(1980P3-4):指肩水塞,肩水塞分東部西部,各五十里。

[4]胡永鵬(2017P525)定此簡年代在漢成帝鴻嘉、元延年間。

[5]他:原釋作"佗",今改。

[6]守塞尉:陳夢家(1980P51):候官下治塞,每塞各設塞尉,塞尉常

試守候事,塞尉秩二百石,月俸二千錢。塞尉乃候的屬吏,位次在候長之上。

[7]此欄原釋作兩行,今據原圖版補。

治渠卒[1]河東安邑賈里公乘王忠,年廿六。　　丿　73EJT7:33+11[2]

▢【建】平[3]二年十一月癸巳東部候▢　　　　　　　73EJT7:34

入案[4]二,大杯五,小杯十,小于(杆)[5]一,　九月丙午□▢

　　　　　　　　　　　　　　　　　　　　73EJT7:35

　　　　　軺車一乘,▢

居延守右尉龍義字君都,

　　　　　　馬一匹,駹,牡[6]▢　　　　73EJT7:36

【校釋】

[1]治渠卒:原釋作"河渠卒",從馬智全(2012.6)改釋。"治渠卒"同書屢見。

[2]此簡綴合詳見姚磊(2021P48)。

[3]建平:原未釋,從胡永鵬(2017P287)補釋。

[4]案:莊小霞(2017.5)已指出這裏的案是食案。

[5]于:讀爲"杆"。杆,盛湯漿食物的器皿。《急就篇》:"槃杆槃案杯閜盌。"顏師古注:"杆,盛飯之器也。"

[6]牡:此字原簡圖作𢃇,也可能應釋作"牝"。

鑠得安邑里男子王博。　　▢　　　　　　73EJT7:37

戍卒趙國邯鄲臺郵里公乘侯賜,年卅七。　　府　73EJT7:38+10[1]

就家氏池承明里趙子平,年□[2]▢　　　　73EJT7:39

就家鑠得承明里崔親。　　▢　　　　　　73EJT7:40

治[3]渠卒河東解臨[4]里傅章,年廿六。　□　□□　73EJT7:41

戍卒趙國邯鄲東趙里士伍道忠,年卅。　　庸同縣臨川里士伍郝□,

年卅。　　丿 i　　　　　　　　　　　73EJT7:42

廣利卒惠就— 出。十二日出。 73EJT7:43

【校釋】

[1]此簡綴合詳見尉侯凱(2017P348-359)。

[2]未釋字原釋文無,今據原圖版補。

[3]治:原釋作"河",此字原簡字跡不清,從馬智全(2012.6)改釋。

[4]臨:原釋作"監",從黃浩波(2017P113-165)改釋。按:此字原簡作𦜜,與"監"之草書易混。

☑ 柒(七)[1]月庚寅亡。 73EJT7:44[2]

☑ 三(四)[3]月戊[4]辰亡。 73EJT7:45

☑□[5]孫可,年卅五。 馬☑ 73EJT7:46

☑長七尺二寸,黑色。 丿 73EJT7:47

☑牛車一兩,牛二, 十二月丁酉已[6]入。 73EJT7:48

☑□以傳致 復致出名籍。 ☑ 73EJT7:49

(此簡與 F3:557 綴合,並編聯至 F3:199 後簡册中) 73EJT7:50

登山隧長鰈得利成里功之□[7]☑ 73EJT7:51

☑齒七。牛,黃犗,齒八。 73EJT7:52

【校釋】

[1]柒:森鹿三(1983P1-20):爲了同"十"字區別開來,而把"七"字寫爲"柒"的作法,是從王莽時期開始的,然後別的數字也逐漸開始用大字來寫。

[2]胡永鵬(2017P574)認爲此簡與 T7:45 簡屬同册,年代都在王莽時期。

[3]三:森鹿三(1983P1-20):把"四"寫成"三",也是王莽時期的一個特點。

[4]戊:原整理者釋爲"午",從曹方向(2011.9.16)例九改釋。相同的寫法如 T9:142。

[5]未釋字原釋文無,今據原圖版補。

[6]已:原釋文作單獨一行,今審原圖版,此字在"酉"和"入"中間的左側,應是後補入字,今改。

[7]此未釋字姚磊(《合校》2021P81)疑爲"明"。

☑【居】[1]延中宿里	73EJT7:53
(此簡已與 73EJT7:87 綴合)	73EJT7:54
☑宜馬　給受降隧☑	73EJT7:55
始建國元年三月壬申戊子朔,[2]橐他[3]☑	73EJT7:56A
……☑	73EJT7:56B
☑里公乘吕利,年卅二。　庸同縣好里公乘☑	73EJT7:57
☑給事佐延壽☑(削衣)	73EJT7:58
☑軺車一乘,騮牡馬一匹,齒十三。　　☑	73EJT7:59
☑畜産自死,家當有妖[4]。	73EJT7:60
☑奉親,年卌六☑	73EJT7:61
☑居延,敢言之☑	73EJT7:62

【校釋】

[1]居:原未釋。T7:8、T37:1057 皆可見"居延中宿里",據此補。

[2]據《朔閏表》可知始建國元年三月爲"壬申朔","戊子"爲當月十七日。故此簡"朔"字位置抄錯,應在"壬申"後。

[3]他:原釋作"佗",今改。

[4]妖:原未釋,從方勇(2013.6.10)補釋。"妖"字均指不祥或不好的東西。方勇指出此簡爲《日書》,與睡虎地秦簡《日書》甲種五六背壹簡中內容相關。參見王強(2019P319-331)、《合校》(2021P82)。

星内(納)財下必斸(斷)。·六甲[1]内(納)財☑	73EJT7:63 [2]
四日己未,　　毋表[3]火。　☑	73EJT7:64
☑亭隧吏卒弩皆多關門[4]☑	73EJT7:65
☑□將錢六百凡并[5]直(值)	73EJT7:66

黃龍元年九月丙子朔[6]丙子,肩水候☐☐ⅰ……☐ⅱ

　　　　　　　　　　　　　　　　　73EJT7:67A+157A[7]

☐　　　☐　　　　　　　73EJT7:67B+157B

☐日過中時☐　　　　　　　73EJT7:68

☐事昧死言。　　　☐　　　73EJT7:69

神爵元年九月乙卯,令史☐　　　73EJT7:70A

九月己未[8]佐常以來。　　☐　　73EJT7:70B

【校釋】

[1]六甲:王錦城(2019P1989):此處當是指星名。《晉書·天文志上》:"華蓋杠旁六星曰六甲,可以分陰陽而配節候。"

[2]此簡數術内容,王強(2019P319-331)有詳細解析。

[3]表:初師賓(1984P142-222)考證到,表的形制約如一長條狀懸垂之布帛旗幟。大表當爲大幟,比烽大的多,此爲烽、表二號的又一區別。表上亦有鞏木,鞏木或在表帛上、下兩端。以木作端,使其挺直平坦,若旗幟之木夾、木梃。按:表、布烽皆用布帛爲之,表幟以赤、白繒相間連接而成,較布烽爲大。詳參《匯釋》(2008P129)。

[4]關門:關,原釋作"辟",此字原簡圖作𢧄,明顯從"户",也可以説這是"門"的左半。而且此形下部也不是簡單的"口",懷疑是"關"字。門,原未釋,原簡作𢧄,殘留墨跡可見部分"門"字。"關門"在金關簡中比較多見,但在此簡中不好理解,可能"亭隧吏卒"屬前讀,"弩皆多關門"後還有描述"弩"的内容。

[5]并:原釋作"並",今據原簡圖改。

[6]黃龍是漢宣帝劉詢的第七個年號。黃龍元年爲公元前49年。羅見今、關守義(2013.5)、黃艷萍(2014P78-84)指出此年九月當爲庚子朔,而非丙子朔。

[7]此簡由姚磊綴合,見姚磊(2021P50)。

[8]己未:原缺釋,原簡墨跡較淡,從王錦城(2020.1)補釋。

金關卅井☑　　　　　　　　　　　　　　　73EJT7：71A

☑郭登印☑　　　　　　　　　　　　　　　73EJT7：71B

☑　軺車一乘,馬二匹,出[1]☑　　　　　　73EJT7：72

☑　自有井　☑　　　　　　　　　　　　　73EJT7：73

初元二年[2]九月☑　　　　　　　　　　　　73EJT7：74

☑鬭犯法。今南部守候☑　　　　　　　　　73EJT7：75

☑□□　　執胡隧長路人所☑　　　　　　　73EJT7：76

☑戊寅朔丁酉,居延都尉德☑　　　　　　73EJT7：77 [3]

☑矢十二,蘭冠各一。☑　　　　　　　　　73EJT7：78

☑　大奴一人,　　☑

☑　大婢二人,　　☑

☑　未使奴一人,　☑

☑　·凡一月用食五石四斗。~　☑　　73EJT7：79

☑人凡卒百廿七。　　　·候長廣主卒卅人☑

☑七十七人見乘亭隧[4]當勞。　　其十二人作彊落[5]□☑

☑四人爲卒漕。　　　　二人爲卒漕☑

☑作彊落倉臨[6]。　　　定見乘亭□□☑　73EJT7：80A

☑……十二人☑

☑　人,候史一人,候長一人。·凡九人☑

☑　人,候史一人,候長一人。·凡十一人卒廿□☑　73EJT7：80B

☑□[7]冣[8]以付令史[9]廋[10]移之,財令[11]足以飲此。　73EJT7：81

【校釋】

　　[1]曹方向(2011.9.16)例十指出,所謂“出”字,墨跡較“馬二匹”三字濃,字體(筆畫)也較小,應是關口官吏檢查後書寫。這種用小號字體書寫出入關的情況,一般都會先寫時間,這在本次公佈的金關簡中就有很多例子。因此,簡牘上殘存的這兩個小字,可能是“十一”或“十二”的殘筆。

　　[2]初元二年:漢元帝年號,爲前 47 年。

[3]胡永鵬(2017P499)定此簡年代在漢宣帝五鳳年間。

[4]乘亭隧:《史記·高祖本紀》:"與關内卒乘塞。"裴駰集解引李琦曰:"乘,守也。"乘亭隧即守衛亭隧。

[5]彊落:馬智全(2018.1):又作僵落。用薪材修治的一種漢塞形式。僵落的修治與《墨子》記載的"薄"有相似之處,但僵落已經演變爲連接烽燧的塞牆。漢簡記載的僵落,底部寬近三米,頂部寬近二米,高近三米,長度可達數千米,是連接烽燧之間的塞防建築形式。僵落並不是史書記載的天田,與虎落、羊馬牆也有所不同。薛英群、何雙全、李永良(1988P93):強落,即虎落。《漢書·晁錯傳》:"要害之處,通川之道,調立城邑,毋下千家,爲中周虎落。"注鄭氏曰:"虎落者,外藩也,若今時竹虎也。"師古曰:"虎落者,以竹蔑相連遮落之也。"王先謙補注引沈欽韓曰《六韜·軍用篇》:"山林野居,結虎落柴營,環利鐵鎖,長二丈以上,千二百枚。"其護城篦籬,亦謂之虎落。王錦城(2017P78—84):西北漢簡所見"強落""僵落"及"強洛"即文獻中的"虎落",具體所指爲西北邊塞烽燧、械郭周圍排列成三角形或方形的尖木椿,是一種軍事防禦設施。"強落"和"天田"關係密切,強落周圍還佈設天田,天田是一種軍事偵察設施,主要沿塞牆鋪設,也廣泛分佈於河流岸邊,強落則只設置於烽燧、城郭周圍。

[6]倉臨:原作"……",今據原圖版擬補。

[7]此未釋字原釋文無,從張俊民(2012.5.8)補釋。

[8]冣:原釋作"最",沈思聰(2018P227)釋作"冣"。按:原簡字形上從"宀",今改。

[9]付令史:付令,張俊民(2012.5.8)作"其",不可從。史,原釋作"夫"。原簡圖作，其實中間並非兩橫畫,而是"口"形的草率寫法。付令史,就是交給令史。

[10]庹:原釋作"庚",從沈思聰(2018P227)改釋。在此用作人名。

[11]此字沈思聰釋(2018P227)作"今"。

☐脯二束,糒五　　　　　　　　　　　　73EJT7:82

☐居延令印。　　☐(削衣)　　　　　73EJT7:83

厩佐徐中公　　☑（削衣）　　　　　　　73EJT7：84

☑省卒百　　　　　　　　　　　　　73EJT7：85

第六隧長昭武□□里公乘成☑　　　　　73EJT7：86

☑□[1]里上造唐解，年五十。　庸同縣射里上。　　☑

　　　　　　　　　　　　　73EJT7：87+54 [2]

☑史幸、佐如意、侍佐拓奴十月盡七月積十月食，自取。☑　73EJT7：88

☑八月十六日壬寅到肩水府。　　☑　　73EJT7：89A [3]

出錢五十買單衣。　八月□□□□□□☑　73EJT7：89B

東部候長孫滿。　　☑　　　　　　　73EJT7：90

居延都尉掾居延長樂☑　　　　　　　73EJT7：91

鴻嘉二年六月丁未[4]☑ᵢ家屬俱客田張掖[5]☑ᵢᵢ　73EJT7：92

……[6]ᵢ☑馬千，屬國騎[7]千五百，留☑ᵢᵢ☑莒₌火即舉，追毋出塞□
☑ᵢᵢᵢ　　　　　　　　　　　　　73EJT7：93

☑人[8]衆多，獨[9]禁，恐毋已，方姦萃有☑　73EJT7：94

【校釋】

［1］此未釋字原釋文無，今據原圖版墨跡補。

［2］此簡由伊強綴合，參見姚磊（2021P414）。

［3］黄艷萍（2014.2）定此簡屬河平三年（前26）。

［4］未：原釋作“丑”，從羅見今、關守義（2013.5）改釋。此行原釋文脱漏殘斷號，今補。

［5］田張掖：三字原未釋，從肖從禮、姚磊（見《合校》2021P83）補釋。

［6］此行原釋文無，從邢義田（2012P180—191）補釋。

［7］屬國騎：沈剛（2012P234）：屬國是安置投降少數民族的機構，屬國騎大約也是從屬國少數民族中徵召的騎兵。從簡512·35AB看，胡騎就是屬國騎，和都尉系統的騎兵性質並不相同，這樣規模的騎兵部隊可能真正從事野戰。

［8］人：原釋作“入”，“……人衆多”與“……入衆多”皆可，今作存疑。

［9］獨：原釋作“狩”，原簡作𤞑，今改。

北部候長番和[1]陽☐　　　　　　　　　　　　73EJT7：95

戍卒淮陽郡僑信☐　　　　　　　　　　　　73EJT7：96

河平二年五月甲【午】[2]☐ᵢ居延富里任昌俱爲騎士[3]☐ᵢᵢ

　　　　　　　　　　　　　　　　　　73EJT7：97

　永始二年正月以來，居延

◈都尉夫人及吏₌(吏、吏)從者、

　【庫吏、奴婢名】。[4]　　　　　　　　　73EJT7：98A

　【永始二年正月以來】，

◈居延都尉夫人及

　吏₌(吏、吏)從者、庫吏、奴婢名。　　　73EJT7：98B

☐　庸同縣北呼里公乘☐　　　　　　　　73EJT7：99

☐可取一石麥未　　　　　　　73EJT7：100A[5]

☐／視起居毋恙　　　　　　　　73EJT7：100B

☐出門，　乘私馬三匹。　　　☐　　73EJT7：101

☐水候官獄至九月己卯肩水都☐　　73EJT7：102

富里馬章☐　　　　　　　　　　　　73EJT7：103

濼涫[6]虎里李☐☐　　　　　　　　　　73EJT7：104

☐　☐[7]自索北　　　　　　　　73EJT7：105A

☐願近衣彊[8]ᵢ☐並叩₌頭₌(叩頭叩頭)。謹ᵢᵢ　73EJT7：105B

六月丙申，橐他候昌移肩水候，寫移書到。　73EJT7：106+20[9]

【校釋】

[1]番和：縣名。《後漢書·郡國志》載屬張掖郡。

[2]甲午：原未釋，從何茂活(2016P25-34)補釋。

[3]騎士：原釋作“☐”，從何茂活(2016P25-34)補釋。

[4]此行原釋文無，今據簡背內容補。

[5]此簡張文建與 T7：13 綴合(見姚磊 2021P410)，綴合後文義不順暢。

[6]濼涫：《漢書·地理志》作“樂涫”，屬酒泉郡。

[7]此未釋字原釋文無,今據原圖版墨跡補。

[8]何茂活(2015P18-27)指出此字後有"食""幸酒食"一類内容。

[9]此簡綴合參見姚磊(2021P51)。按:此簡綴合者作兩行,今審原圖版,左側有一墨筆,當是編連之後書寫旁簡字筆畫,今作一行。

■右安邑第一車廿☒   73EJT7:107A

・右弟(第)[1]一車廿人☒   73EJT7:107B

☒歲五月丙申入。   73EJT7:108

☒□視廣漢如二千石狗壽   73EJT7:109

四月己□☒(右側有刻齒)   73EJT7:110

☒中[2]宿里高君至, 大車二兩,
　　　　　　　　　用牛四,
　　　　　　　　　用馬一匹。   73EJT7:111

數皆畢足[3],書到遣,如律令。☒   73EJT7:112

☒可右先登隧　　☒   73EJT7:113

☒□[4]遷補肩水候官塞有秩☒   73EJT7:114

☒閏月丙辰朔丙子[5],☒ⅰ☒□[6]入襄[7]豐車兩載穀石斗☒ⅱ
　　　　　　　　　　　　　　　　　　　　　　　73EJT7:115

☒將令賞身□☒ⅰ☒□報,叩_頭_(叩頭叩頭)。□☒ⅱ
　　　　　　　　　　　　　　　　　　　　　　　73EJT7:116A

☒過大公[8]□☒ⅰ☒今。叩_頭_(叩頭叩頭)。前☒ⅱ
　　　　　　　　　　　　　　　　　　　　　　　73EJT7:116B

☒言欲取ⅰ☒事當得ⅱ☒□移張掖ⅲ☒□義ⅳ   73EJT7:117

☒肩水金關☒   73EJT7:118

☒白事[9]當坐罪當☒   73EJT7:119

【校釋】

[1]弟:原徑釋作"第",從黄艷萍(2018P134-140)改釋。

[2]中:此字原釋文無,從張俊民(2012.5.8)補釋。

　　[3]足∶原釋作"已"。此字原簡字形作,非"已",當爲"足"之草書。簡文"數皆畢足"是説數量完全足夠了。

　　[4]未釋字原釋文無,今據原圖版補。

　　[5]丙子∶原釋作"戊子",羅見今、關守義(2013.5)指出此簡屬陽朔四年,丙辰朔下無戊子日,改"戊子"爲"丙子",今從改。

　　[6]未釋字原釋文無,今據原圖版補。

　　[7]襄∶沈思聰(2018P227)釋作"襄"。按∶西北簡中的"襄"上部常俗作"亠"形,並非"襄"字。

　　[8]過大公∶劉樂賢(2015P237—242)指出爲人名的可能性較大。同名參見 T23∶328。

　　[9]白事∶稟告公務,陳説事情。

☑☑所移書召博詣[1]　　　　　　　　　　　　73EJT7∶120

☑時卿記何時　　　　　　　　　　　　　　　73EJT7∶121

☑卅二。　　方相(箱)[2]☑□☑　　　　　　　73EJT7∶122

☑勝,年卅五。　　　　　　　　☑　　　　　73EJT7∶123

☑三月乙亥,亡人赤表[3]☑　　　　　　　　　73EJT7∶124

☑八月庚申夜食時五分[4]□□☑　　　　　　　73EJT7∶125

鴻嘉四年[5]三月丁未,　張掖肩水都尉⋯⋯☑　73EJT7∶126

☑　　　軺車一乘☑　　　　　　　　　　　　73EJT7∶127

橐他[6]吞胡[7]隧　　子男□☑

永光二年正月庚午　子小女□☑

　　　　　　　　　子男□☑73EJT7∶128

【校釋】

　　[1]詣∶原簡作,原未釋,從何茂活(2014.11.29)補釋。

　　[2]方相∶勞榦(1960P20)∶方相車即方箱車,方箱車,車之簡陋者,軺車之箱謂之興,惟牛車之箱始謂之箱。薛英群(1991P423)∶方相車中的方相,原始古代驅疫辟邪之神像,方相車用其驅疫辟邪之意

以爲前導,所以又可稱爲前導車。按:金關簡方相車、方箱車並見,知
薛説不可從。李均明(1997P105-113):與輜車相類,皆爲馬車,不同
之處唯在輜車車箱橫廣,前後短,而方箱車車箱爲正方而已。方相車
亦用於儀仗。

[3]亡人赤表:王錦城(2019P1878):爲烽火信號之一種,是顯示有人
出逃的紅色表幟。

[4]夜食時五分:時稱名,夜食在夜昏時後,大約晚上七點到晚上九
點。這個區間再劃分就是"分"。

[5]鴻嘉四年:公元前 17 年。

[6]他:原釋作"佗",今改。

[7]吞胡:原未釋,從何茂活(2016P25-34)補釋。

☑☑陽邑長印。　　　☑	73EJT7:129A
☑元……☑ⅰ縣、爵、里、年、姓、長各如牒　☑ⅱ	73EJT7:129B
☑☑周亥薄毋廣	73EJT7:130
☑偉君　五☑☑	73EJT7:131
元康元年[1]六月甲辰朔丙寅,肩水司馬……☑	73EJT7:132
☑幸゠甚゠(幸甚幸甚)。謹因使爲☑	73EJT7:133
☑里[2]公乘馮聖,年廿七。　　☑	73EJT7:134
☑　傅卿酒一石二斗,直(值)百卌四☑ⅰ	
☑魏長賓[3]二斗……☑ⅱ(削衣)	73EJT7:135
☑爲家私市張掖ⅰ☑唯廷移過所ⅱ(削衣)	73EJT7:136
☑謹案:譚等非亡人命者,☑ⅰ	
☑☑☑☑☑右丞謁移[4]☑ⅱ(削衣)	73EJT7:137
☑年六月庚☑(削衣)	73EJT7:138
☑☑☑☑	
☑☑[5]攻至府,願少翁☑	
☑☑☑☑☑[6](削衣)	73EJT7:139

【校釋】

[1]元康:漢宣帝年號。元康元年即公元前 65 年。

[2]里:原未釋,此字原簡墨跡不全,但尚能看到“土”形,今據原圖版存見墨跡和文例補。

[3]賓:原釋作“實”,從沈思聰(2018P228)改釋。

[4]右丞謁移:原未釋,從何茂活(2016P25-34)補釋。

[5]未釋字原釋文無,今據原圖版補。

[6]此簡原釋文作一行,今據原圖所見墨跡補作三行。

河平二年五月乙未,居延都尉誼、庫丞☑(削衣)　　　　73EJT7:140

☑叩頭,所言越職[1]不☑(削衣)　　　　73EJT7:141

☑□[2]如律令☑(削衣)　　　　73EJT7:142

☑石門洛功☑(削衣)　　　　73EJT7:143

☑　埱埱埱□□□(削衣)　　　　73EJT7:144

事事　　　　73EJT7:145

☑　玄敢言之□☑　　　　73EJT7:146

橐他[3]官以亭行。　　　　73EJT7:147+73EJF3:66+381 [4]

(此簡已與 F3:338 簡綴合)　　　　73EJT7:148

☑……☑　　　　73EJT7:149

☑　百卅斤,　病不見。　　　　73EJT7:150

戍卒昭武宜衆里公乘孫□[5]已,年廿六。　　　☑　73EJT7:151

☑□□□治所　　　　73EJT7:152A [6]

☑……　　　　73EJT7:152B

☑□八分三,　二分二,　十分□□　　　☑　73EJT7:153

☑北書六封,檄三,皆張掖都尉章。……☑　　　　73EJT7:154

(此簡已與 73EJT7:183 綴合)　　　　73EJT7:155

☑已入。　　　　73EJT7:156

(此簡已與 73EJT7:67 綴合)　　　　73EJT7:157

☑關[7]出入傳。　　　　　　　　　　　　73EJT7：158A

☑出入傳。　　　　　　　　　　　　　　73EJT7：158B

☑敢言之：陽里女子王雲第[8]，自☑ⅰ☑取傳，謁移過所縣道☑[9]☑ⅱ

☑……☑ⅲ　　　　　　　　　　　　　73EJT7：159

賢友等☑[10]☑　　　　　　　　　　　　73EJT7：160

☑☑長十丈五寸。　　　　　　　　　　73EJT7：161

【校釋】

[1]越職：超過職權範圍。

[2]未釋字原釋文無，今據原圖版補。

[3]他：原釋作“佗”，今改。

[4]此簡 F3：66+381 由原整理者綴，林宏明又綴簡 T7：147（轉見姚磊2021P414）。

[5]此字有釋“欻”、“欽”之説（見《合校》2021P87），皆不可從。

[6]此簡下端有凹槽，凹槽内仍保留完整繫繩，繩結紋理清晰。

[7]關：何茂活（2016P25-34）釋爲“所”，不從。

[8]雲第：雲，沈思聰（2018P229）贊同張俊民意見釋作“南”，不從。第，原釋作“弟”，從沈思聰改釋。雲第，人名。

[9]未釋字原釋文無，今據原圖版補。

[10]此未釋字下册釋文本中有，紅外圖版旁釋文無，今從前者。

☑☑二☑　　　　　　　　　　　　　　73EJT7：162A

☑一領，直（值）☑　　　　　　　　　　73EJT7：162B

☑　・凡五通[1]。　　　　☑　　　　　73EJT7：163

☑案忠，年卅五，復絲（縣）[2]毋官☑　　73EJT7：164

甘露☑　　　　　　　　　　　　　73EJT7：165 [3]

九月甲寅，居延令勝之☑☑　　　　　73EJT7：166A [4]

印曰：居延令印☑　　　　　　　　　73EJT7：166B

☑未朔☑　　　　　　　　　　　　　73EJT7：167

☑里杜徐來☐[5]☑　　　　　　　　　　　　73EJT7:168

四月☐[6]☑　　　　　　　　　　　　　　　73EJT7:169

☑☐[7]界中第五辟[8]☑　　　　　　　　　73EJT7:170

☑稚君　　　　　　　　　　　　　　　　73EJT7:171A

☑☐詣前 i ☑甚₌ ii　　　　　　　　　　　73EJT7:171B

☑通國　☑　　　　　　　　　　　　　　73EJT7:172A

☑☐　　☑　　　　　　　　　　　　　　73EJT7:172B

☑☐一編[9],敢言☑　　　　　　　　　　73EJT7:173

☑詣關☐☑　　　　　　　　　　　　　　73EJT7:174

【校釋】

［1］通:計算烽火傳遞的單位。

［2］餘:原釋作"縣",從沈思聰(2018P229)改釋。

［3］此簡爲籤牌,上部有契口,僅殘留右上角兩字。

［4］胡永鵬(2017P491)定此簡年代在漢宣帝早期。

［5］簡中"徐",沈思聰(2018P229)、張俊民、姚磊(見《合校》2021P88)皆以爲是"漢"字。簡末尾未釋字原釋文無,今據原圖版補。姚磊疑此字是"年"。

［6］未釋字原釋文無,今據原圖版補。

［7］未釋字原釋文無,今據原圖版補。

［8］辟:《匯釋》(2008P272):指塢辟田舍,爲戍卒居住的地方。

［9］一編:《匯釋》(2008P1):漢簡多由書繩編爲册,故稱一份文書爲一編。

二月十七日癸丑。☑　　　　　　　　　　73EJT7:175 [1]

五百六十人壬辰不作☑ i ・右易作五千八百四人☑ ii　73EJT7:176A

☐長丈一尺　　☑　　　　　　　　　　　73EJT7:176B

　　　　　一詣張掖大☑

☑☑☑☑☑

……☐　　　　　　　　　　　73EJT7：177

☐☐徐氏☐　　　　　　　　　　73EJT7：178

☐☐☐☐　以食☐　　　　　　　73EJT7：179

願請☐　　　☐　　　　　　　　73EJT7：180A

丞☐　　　　　　　　　　　　　73EJT7：180B

☐……謂官，寫移書到，毋　　　73EJT7：181

☐☐十二　馬☐　　　　　　　　73EJT7：182

毋尊[2]錢六百五十，☐鄣門亭[長]董子歲錢六百五☐

　　　　　　　　73EJT7：183A+155A +193A[3]

☐☐叩＝頭＝（叩頭叩頭）。不見卿身迫府不得☐☐卿前☐不得☐☐

　　　　　　　　73EJT7：183B+155B+193B

☐姚博正月奉☐　　　　　　　　73EJT7：184

☐☐居延☐[4]☐　　　　　　　　73EJT7：185A

☐……☐　　　　　　　　　　　73EJT7：185B

☐　　王☐　　　　　　　　　　73EJT7：186

☐　壬ⅰ☐　申ⅱ　　　　　　　73EJT7：187

☐畝。Ⅰⅰ☐十五畝。Ⅰⅱ二頃不☐Ⅱ　73EJT7：188

要虜隧長李健☐　　　　　　　　73EJT7：189

☐隧長馬臨正月奉☐　　　　　　73EJT7：190

☐　☐[5]☐　　　　　　　　　　73EJT7：191

（此簡已與T28：134綴合）　　　73EJT7：192

（此簡已與T7：183綴合）　　　　73EJT7：193

破傷鼓一　☐　　　　　　　　　73EJT7：194

完軍隧戍卒陳外人　　　[6]☐　　73EJT7：195

☐色　　　☐　　　　　　　　　73EJT7：196

☐殄虜里觟它，年廿二☐　　　　73EJT7：197

☐☐☐☐[7]ⅰ☐日中[8]受沙☐ⅱ　73EJT7：198

居延安國☑　　　　　　　　　　　　　　73EJT7:199

☑升大[9]　　　執適卒☑☑　　　　　　　73EJT7:200

【校釋】

[1]黃艷萍(2014.2)定此簡屬甘露元年。

[2]毋尊：王錦城(2019P204)認爲是人名。按：也可能指金關簡中常見的"毋尊布"(T23:296A、T23:805)。

[3]此簡綴合參見姚磊(2021P52)。

[4]未釋字原釋文無,今據原圖版補。

[5]此字原釋作一字,但細查原簡不排除是"矢一"二字。

[6]此處釋文紅外圖版旁釋文末尾有"……",下册無,今從下册。

[7]原釋作一行,今據原圖版補。

[8]日中：《匯釋》(2008P31)：爲正午的一段時間,約爲今十二點至十三點三十分。

[9]永田英正(2007P125)：斗、升容量後面的"大"是大半即三分之二,"少"是少半即三分之一。

☑居延[1]都尉府,一詣居延☑　　　　　　73EJT7:201

鴻嘉四年☑　　　　　　　　　　　　　　73EJT7:202

☑故☑　　　　　　　　　　　　　　　　73EJT7:203

☑再拜☑　　　　　　　　　　　　　　　73EJT7:204

☑　　　☑其二封張掖大守章,詣居延都尉府。　　　十☑

☑　　　二封肩水都尉章,詣橐他廣地。　　　　　☑☑

　　　　　　　　　　　　　　　73EJT7:205+T28:78 [2]

☑候史郭☑　　　☑　　　　　　　　　　73EJT7:206

☑隧長一歲九月十日☑　　　　　　　　　73EJT7:207

甘露二年七月戊子朔☑[3]☑　　　　　　　73EJT7:208

☑　　　☑☑☑☑☑☑　　　　　　　　　73EJT7:209

☑蚤食四分,表[4]一通。　　　……☑

☑東中^[5]三分☑一,表二通。☑　　　　　　　　73EJT7:210

☑　　☑　　福　　☑☑　　　　　　　　　　73EJT7:211

☑☑☑☑☑上參☑☑……　　　　　　　　　73EJT7:212

☑子男禄福利衆☑　　　　　　　　　　　　73EJT7:213

☑枇^[6]八　　　　　　　　　　　　　　73EJT7:214

☑百九　　　　　　　　　　　　　　　　73EJT7:215

【校釋】

[1]居延:原未釋,從何茂活(2016P25-34)補釋。

[2]此簡綴合參見姚磊(2021P53)。

[3]此簡殘左,原釋文作"甘露元年七月戊□朔□",從羅見今、關守義(2013.5)、何茂活(2016P25-34)改釋。

[4]表:傳報信號旗幟類的標誌。報警裝置,條狀懸垂的布帛旗幟,較布烽爲大。

[5]東中:陳夢家(1980P249):中午一段時間三分爲東中、日中與日西中,和半夜一段時間三分爲夜少半、夜半和夜大半,其例相同。據居延漢簡(506·6),日東中在日食時後。按:時稱。正中午稱"日中",日中略前稱東中,稍後稱西中。

[6]枇:原徑釋作"枇",疑當釋作"牝",作"牝"之俗字看待。

肩水金關 T8:1-115

☑乘馬一匹。　　　　　　　　　　　　　73EJT8:1

☑用穀簿。　　　　　　　　　　　　　　73EJT8:2A

☑府所移　　　　　　　　　　　　　　　73EJT8:2B

☑作者^[1]隸得富安里王遷□☑　　　　　　　73EJT8:3

☑茂陵道德里公乘王相,年卅五,長七尺四寸,　黑色。　□☑

　　　　　　　　　　　　　　　　　　73EJT8:4

☑居延昌里梁輔,年廿五。　　　☑　　　　73EJT8:5

戍卒汝南郡召陵□□[2]　　　☑(削衣)　　　　　73EJT8∶6

戍卒潁川郡潁陰邑[3]真定里公乘仁青蚹[4],年卅四。　　丿73EJT8∶7

【校釋】

[1]作者:一般認爲是從事勞役的人員。江滿琳(2019P152−154)認爲金關簡中有"作者"爵爲"公乘",在秦漢二十等爵制中屬於第八級,文帝之後公乘之下才需服役,"作者"不一定是從事勞役的人員。金蓉、侯宗輝(2019.1):漢簡所見河西邊地的"作者"與古籍中"作者"的含義並不相同。漢簡中"作者"的籍貫明晰、姓名具體、年富力強,擁有一定家資,是國家的編户齊民,他們既有河西邊郡的本地人,也有來自中原内地者。根據"作者"簡的書寫格式和内容信息,並結合相關史料可知,"作者"是在閒暇之餘短期或臨時性受僱於官方或私人,充任雜役,協助其完成有關任務的僱員。他們依靠出賣勞力,賺取僱值,是漢代僱傭關係下對短期的僱傭勞作者的一種專門稱呼。

[2]兩未釋字原釋文無,今據原圖版補。

[3]潁陰邑:鄭威(2015P217−241):潁陰即潁陰。潁陰曾封侯,爲侯國,存續年代爲高帝六年正月至武帝建元六年(前201—前135),地在今河南省許昌市。

[4]仁青蚹:姓"仁"名"青蚹"。此處原釋文誤衍"明"字,曹方向(2011.9.16)、馬智全(2012.6)等皆已指出此問題,並解釋此名猶如典籍中黑肩、黑肱之類。

五鳳元年十一月乙卯朔辛酉,肩水候福謂

關嗇夫光:候行塞,光兼行候事,真官[1]到　　　　73EJT8∶8

罷,如律令。/佐輔　　　　　　　　　　　　73EJT8∶13A

肩候[2]

□一[3]月辛酉,佐輔以來。　　　　　　　73EJT8∶13B [4]

【校釋】

[1]真官:王錦城(2019P207):真官即正式任命的職官。《漢書·胡建

傳》：“孝武天漢中，守軍正丞。”顏師古注：“南北軍各有正，正有置丞，而建未得真官，兼守之。”

　　[2]肩候：陳夢家（1980P47）：甲渠候、肩水候於簡又省稱爲甲候、肩候。

　　[3]□一：原釋作一個“□”，今據侯旭東（2014P180－198）補釋。

　　[4]T8:8、T8:13兩簡由侯旭東（2014P180－198）編聯。侯旭東認爲T8:13簡上端A面所缺字當爲“若代”，B面兩行所缺字是“印曰”和“十一”。按：B面上端殘損兩字空間，除可見“一”墨跡外，其他字完全不可知。A面已無補釋空間，若不考慮固定格式行文，其實“真官到罷”，即正式任命官到了就停止，不必補字也通順。

竟寧元年七月戊辰朔己卯，守令史德敢言之：遣亭長王敞、候史□、稽[1]**落肩水都□**ⅰ**案：所占用馬**[2]**，軺車一乘，謁移過所縣道津**[3]**關，毋苛留止，如律令。／……□**ⅱ　　　　　　　　73EJT8:9

【校釋】

　　[1]稽：原釋作“籍”，原簡字跡雖不清，但尚能辨識出從“禾”，今改。

　　[2]占用馬：《匯釋》（2008P58）：是向政府登記過的馬。登記過的馬要交稅。按：常見文例此處應有馬匹數，疑此處原抄寫者有脱漏。

　　[3]津：原未釋。此字原簡漫漶，僅殘留少許墨跡，但依照文例與存見墨跡可補釋。

□□國邯鄲困里公士馬[1]□　　　　　　　　73EJT8:10

髡鉗[2]城旦□□□　　　　　　　　73EJT8:11

□尺三寸，黑色[3]。　　　　□　　　　　　　　73EJT8:12

（此簡已編聯至T8:8後）　　　　　　　　73EJT8:13

□里蘇兵，年廿七歲，長七□□　　　　73EJT8:14+20[4]

□　　以稟（廩）[5]臨□□　　　　　　　　73EJT8:15

□朔乙巳，臨利隧長辟兵受會水未央里王間。　　麥見積

☑當復入今簿。　　　　　　　　　　　　　73EJT8:16

從者綏彌[6]進☑☑　　　　　　　　　　　73EJT8:17 [7]

五月餘麋[8]百一石九斗大☑☑　　　　　73EJT8:18

☑里大女楊[9]聖,年卌[10]☑　　　　　　　73EJT8:19

【校釋】

[1]此字沈思聰(2018P231)釋作"趙"。

[2]髡鉗:《集成》(五 P112):髡鉗,漢代行刑方法之一。髡,即剃髮;鉗,在脖子中加鐵圈。

[3]原整理者"色"後原有一未釋字,今據原簡圖版刪。

[4]此簡由伊強綴合,參見伊強(2016P115-129)。

[5]稟:原徑釋作"廩",今據原圖版改。

[6]綏彌:縣名,屬酒泉郡。

[7]此簡與 T26:27 簡關係密切。

[8]麋:此字原簡圖作 ,疑是"糜"字。

[9]楊:沈思聰(2018P231)改釋作"揚"。按:西北簡"木"、"扌"偏旁同形相混,當據文例釋字。

[10]卌:原釋作"廿",從李燁(2013P20)改釋。

(此簡已與 T8:14 綴合)　　　　　　　　　73EJT8:20

☑吏過府謁毋致者,輒[1]令城尉☑☑　　73EJT8:21

肩水候官以☑☑　　　　　　　　　　　　　73EJT8:22

☑☑,年卌六　　　　　　　　　　　　　　　73EJT8:23

河東長脩宜壽里李賀,年卌七。一　　☑　73EJT8:24

緱氏縣☑☑里☑☑☑卌二,黑☑　　　　　73EJT8:25

☑☑狠劾☑　　　　　　　　　　　　　　　　73EJT8:26A

☑　拜☑　　　　　　　　　　　　　　　　　73EJT8:26B

☑　　字子　　　☑　　　　　　　　　　　　73EJT8:27

☑橐他界中☑　　　　　　　　　　　　　　73EJT8:28A

☑□□再☑　　　　　　　　　　　　　　　73EJT8:28B

博〈塼〉[2]直(值)六十，　　鹽直(值)☑

箕直(值)廿，　　　　　盆直(值)廿☑

雍〈甕〉[3]直(值)七十，　　凡二百☑　　　73EJT8:29

【校釋】

　[1]輒:原釋作"輙"，今統一更作"輒"。

　[2]博:何茂活(2014.11.29)以爲此字當改釋作"塼"，作"磚"的異
體。按:此字可能是"塼"的訛誤字，不能直接釋作"塼"。另外，傳世文獻
中的博戲，是一種棋類遊戲。此字也有可能指這類遊戲所用的棋盤類
器物。

　[3]雍:原釋作"雞"，何茂活(2014.11.29)改釋，並解此字爲"甕"的
俗寫，今從改。

☑□□文君　　見積　　　　　　　　　　73EJT8:30

☑月己巳，肩水關嗇夫　　以小官印[1]兼行候☑　73EJT8:31

河南郡平陰鄉[2]佐市陰里公乘□紺，年廿五歲，黑色。　子小男益

□☑i　　　　　　　　　　　　　　73EJT8:32+71 [3]

戍卒穎川穎陰邑西時里鄭未央，年卅四，長七尺二寸。　　　丿☑

　　　　　　　　　　　　　　　　　73EJT8:33

☑受降隊卒滑便，三年閏月　　盡四年二月積八[4]☑　73EJT8:34

安定郡施刑士鷯〈鶉〉[5]陰大富里陳通，年卅五，黑色，長七尺。　丿[6]

　　　　　　　　　　　　　　　　　73EJT8:35

永光四年六月己酉朔□□，□□□尉安移金關罷戍卒當☑

入關如牒，書到，如律令。☑　　　73EJT8:36A+55A [7]

金關□陰□……☑　　　　　　73EJT8:36B+55B

☑尺黑色　車☑　　　　　　　　73EJT8:37

【校釋】

　[1]小官印:汪桂海(1997.3):漢代官印可分兩大類，一爲吏員印，

一爲官署印。吏員印是二百石以上官吏佩戴使用的官印，專官專印。官署印則是各個官署所有掾史等百石以下少吏共同使用的官印，這種印應是由專門的監印官吏監管，使用時需白請，用畢交回。二百石以上長吏是國家統一選舉除調的，故有專門頒授的官印；百石以下少吏由各官署自行辟除，非國家任命，故無專授官印。漢初吏員印與官署印在形制上無嚴格區別，皆爲方寸印。武帝元狩四年，爲嚴格百官印的等級劃分，對官印制度作了改革，其中規定吏員印爲方寸印，即通官印，官署印大小爲通官印之半，名半通印，又名小官印。自此，官印有了通官印與半通印之別。

　　[2]平陰鄉：趙海龍(2014.8.23)解釋爲平縣陰鄉，可從。按：《漢書·地理志》河南郡下有平陰縣和平縣。按照常見的書寫格式，此處當如趙文所解。

　　[3]此簡綴合詳見尉侯凱(2017P348-359)。

　　[4]八：原未釋，從黄艷萍(2014P78-84)補釋。黄艷萍指出此簡屬河平三年。此年閏六月，到四年二月正好八月。

　　[5]鶉：原徑作"鶉"，原簡作𪃿，從黄艷萍(2013.5.30)改釋。《漢書·地理志》載安定郡下有鶉陰縣，知"鶉"爲"鶉"之誤。趙爾陽(2016.6.7)以爲此地名當作"鸝陰"，可備一説。

　　[6]此符號原釋文無，今據原圖版補。

　　[7]此簡由張文建綴合，參見姚磊(2021P414)。

■右廣地省卒[1]凡卌七人☑　　　　　　　　　　73EJT8：38

居延守右尉平里郭奉親☑　　　　　　　　　　　73EJT8：39

戍卒潁川郡周子南國[2]西便里公乘杜市，年卌二。　☑ 73EJT8：40

戍卒南陽郡舞陰[3]辜里李☑　　　　　　　　　　73EJT8：41

☑長七尺二寸。━　　　☑　　　　　　　　　　73EJT8：42

　　【校釋】

　　[1]省卒：李天虹(2003P15)：綜合分析，省卒大抵是候官從各部、隧抽

調出來到某地集體從事勞動的戍卒,其工作地點一般不離本候官範圍,跨候官省作的情形很少。薛英群(1991P451):省者,減也。是指那些從正式戍卒名籍上減下來的"卒",由他們日常所從事的勞作可以看出,他們基本上不再擔負戍邊的軍事任務和行動,而主要從事各種雜役、臨時差遣、田間管理等勞役,區別於正卒。

　　[2]周子南國:黃浩波(2011.12.1)指出潁川郡周子南國不見於《地理志》,然據《漢書·外戚恩澤侯表》推測,當爲《地理志》潁川郡周承休侯國。此簡曰潁川郡周子南國,其年代當在元鼎四年十一月與初元五年正月之間,且不可能在地節三年與元康元年三月之間。

　　[3]鄭威(2015P217-241):《漢書·地理志》南陽郡有舞陰縣,地在今河南泌陽縣北部的羊册鄉古城村,據簡文可知曾爲邑。

甲子☑	73EJT8:43
☑□因[1]白　（削衣）	73EJT8:44
☑　鰈得獄☑	73EJT8:45A
☑[2]　獄獄☑	73EJT8:45B
□□□文君□□□☑	
☑記奏　　子都☑	
李文君☑（削衣）	73EJT8:46
☑從長安還未☑	73EJT8:47
戍卒潁川郡□□☑	73EJT8:48
戍卒南陽郡□□里趙□☑	73EJT8:49
☑□案令史☑	73EJT8:50

居攝[3]二年三月甲申朔癸卯,居延庫守丞仁,移卅井縣索肩水金關:都尉史曹解、掾ⅰ葆與官大奴杜同俱移簿大守府,名如牒,書到,出入如律令。ⅱ　　　　　　　　　　　73EJT8:51A[4]

居延庫丞印。　　嗇夫常[5]發

　　　　君門下。　　掾戎、佐鳳。　　　　73EJT8:51B

【校釋】

[1]因:此字原整理者録寫作"因"。按:此録寫没錯,但此字實際就是"因"的訛寫,可直接釋作"因"。金關簡中"因"的寫法常有增筆或簡省的情況,如肩 T7:13A 中的"因"即寫作，作兩横。T32:46"因言"的"因"原簡即作，與此簡字大致相同。

[2]原釋文缺此殘斷號,今補。

[3]居攝:西漢劉嬰的第一個年號,共計三年,此時王莽攝政。居攝二年,即公元 7 年。

[4]此簡上部保留編繩。邢義田(2012P180-191)認爲此簡與 T8:52 簡同屬一簡册。T8:52 簡應即是文書中提到的牒書。同册應還有都尉史和掾的同式簡牒。T8:52 簡的"官大奴杜同年廿三"筆跡和 T8:51A 筆跡相同,"三月辛亥(3 月 28 日)"筆跡不同,應是金關吏收到後所登記的日期。

[5]常:原釋作"當",從馬智全改釋,轉見郭偉濤(2017P229-259)。

官大奴杜同,年廿三。　　三月辛亥☑　　　　　　　73EJT8:52A[1]

……☑　　　　　　　　　　　　　　　　　　　73EJT8:52B

竟寧元年二月庚子朔壬□[2]☑ⅰ 得取傳,謁言 居延 [3]☑ⅱ

……[4]☑ⅲ　　　　　　　　　　　　　　　　　73EJT8:53A

鱳得丞印[5]☑　　　　　　　　　　　　　　　　73EJT8:53B

【校釋】

[1]此簡上部保留編繩。

[2]未釋字原釋文無,今據原圖版補。

[3]此處原簡字跡殘損變形,原釋文"居延"未必可從,張俊民(2012.5.8)釋作"案王",姚磊(《合校》2021P92)釋作"廷□",暫從原釋存疑處理。

[4]此行原釋文無,今據原圖版墨跡補。

[5]鱳得丞印:原釋作"□得丞□",從張俊民(2012.5.8)補釋。

居延司馬從史纔得益昌里馮昌,年卅一。　　輆車一乘。馬一匹,騩

囗[1]囗ⅰ　　　　　　　　　　　　　　　　　73EJT8:54A

……囗　　　　　　　　　　　　　　　　　　73EJT8:54B

(此簡已與 T8:36 綴合)　　　　　　　　　　73EJT8:55

囗會月廿日‧謹驗問憙囗　　　　　　　　　　73EJT8:56

囗鄭里樂則公乘,年卅六囗　　　　　　　　　73EJT8:57

河内[2]野王長里孫囗囗囗　　　　　　　　　73EJT8:58

囗囗[3]長子囗囗囗　　　　　　　　　　　　73EJT8:59

……石……之……ⅰ三石……一……官……ⅱ(習字)73EJT8:60A[4]

……(習字)　　　　　　　　　　　　　　　73EJT8:60B

禄福玉[5]章里公乘馬遠囗　　　　　　　　　73EJT8:61

居延千秋里范未央,年五囗　　　　　　　　　73EJT8:62

囗桃[6]華牡馬一匹,齒十二歲,高囗　　　　73EJT8:63

囗秋風至,樹木涼,[7]宦老囗　　　　　　　73EJT8:64

【校釋】

[1]此未釋字原無,今據原圖版補。

[2]河内:原釋作“東郡”。趙海龍(2014A)認爲秦漢時代野王縣一直位於河内郡治所懷縣以西,歷史上未曾發生遷徙,河内郡雖與東郡相鄰,但是野王縣與東郡則相隔較遠,中間有較多縣邑,此處的釋讀或許有誤,姑且存疑。王錦城(2019P1145)認爲簡文“東”字當釋讀有誤。按:今細審原圖版,原釋“東郡”完全不可從,當改釋作“河内”。此處原簡圖墨跡磨蝕較多,但尚能看到“内”的基本輪廓,今改。

[3]此未釋字有釋“王”、“里”之説,參姚磊(《合校》2021P92-93),不從。

[4]此簡 A 面原釋作一行“……”,今據原圖版重新整理。

[5]玉:原釋作“王”。玉章即玉璋。且原字作 ![玉字圖],本已有點畫區别,今改。

[6]桃:原簡作 ![桃字圖],原釋作“柳”,從伊强(2014.11.19)改釋。蕭旭

(2015P187-191):挑、桃、駣,並讀爲盗。盗色即竊色,言顏色相雜,即淺色者也。"桃華(花)"即"駣騎"音變,本當作"盗騎",是指毛色由黃白二色相雜的馬。或單稱作"駣"、"挑"。

[7]秋風至樹木涼:肖從禮(2014P107-113)認爲簡文"涼"與"零"義近,有秋寒草葉零落之義,簡文"秋風至樹木涼"或作"秋風至兮樹木涼",亦爲七言歌體詩。王錦城(2019P1989)認爲"涼"應當還是指天氣涼的"涼",即微寒之義。按:肖説可從。

(此簡已與 T8:76 綴合)　　　　　　　　　　　　　73EJT8:65

出麥一石九斗三升少☑　　　　　　　　　　　　73EJT8:66

☑馬一匹,軺車一乘。□北入丿[1]　　　　　　　73EJT8:67

☑軺車一乘。駹牡馬一匹,齒九歲。　　　　　　73EJT8:68

受延隊卒周畢[2]。　　　　　　　　　　　　　　73EJT8:69

牛二,黑勞(犖),犗,齒十二歲,絜八尺。其一黑犗,齒☑73EJT8:70

(此簡已與 T8:32 綴合)　　　　　　　　　　　　　73EJT8:71

先豆(登)[3]隊卒黃宗。　　　　　☑　　　　73EJT8:72

戍卒穎川穎陰邑真定里公乘司馬始,年卅[4]四[5],長七尺二寸。丿☑

　　　　　　　　　　　　　　　　　　　　　　73EJT8:73

橐他候官,名、縣、爵、里各□□☑　　　　73EJT8:74+113[6]

【校釋】

[1]□北入丿:原釋文皆無,今據原圖版補。

[2]畢:原釋作"犖",從姚磊(《合校》2021P93)改釋。

[3]何茂活(2014.11.29)指出"豆"爲"登"之省。

[4]始,原釋作"如";卅,原釋作"冊",皆從馬智全(2012.6)改釋。

[5]四:原釋作"一",從姚磊(《合校》2021P94)改釋。

[6]此簡由伊強綴合,參見姚磊(2021P414)。

初元三年正月丙☑　　　　　　　　　　　　　73EJT8:75

☑☑,年卅。　　乘方相(箱)一乘。驙(騧)[1]牡馬一匹,齒十歲,高六

尺。　　字丑長☑ᵢ　　　　　　　　　　　　73EJT8:76+65 [2]

☑部候☑　　　　　　　　　　　　　　　73EJT8:77

☑敢言之:遣葆氏池大昌鮑順等☑☑☑　　　73EJT8:78

☑意,年卅八。　　　☑　　　　　　　　73EJT8:79

出穀小[3]斗六斗。　　六月☑　　　　　　73EJT8:80

田卒魏郡武始金年里大夫史福,年卅五。　　☑　73EJT8:81

☑……寫移書到如律令ᵢ☑……移移移ᵢᵢ(習字)

　　　　　　　　　　　　　73EJT8:82A+102B [4]

☑……王長☐伏地長宗宗宗之ᵢ☑……☐午☐午成成伏舉再拜拜ᵢᵢ

☑編,敢言之。ᵢᵢᵢ(習字)　　　　　73EJT8:82B+102A

☑☐張終古,年廿三,長七☑　　　　　73EJT8:83

　　　　　大車一兩☑

茂陵脩禮[5]里宋殷,年卅　　　　已入[6]☑

　　　　　　　牛二☑　　　　　　73EJT8:84

☑使。伏地再拜。　第(弟)[7]莊僵。[8]　　73EJT8:85

【校釋】

[1]驙:原釋作"騩"。此字原簡字形作㸚,右從"過",即爲"驙"之異體,今改。

[2]此簡由伊強綴合,參見姚磊(2021P414)。

[3]小:原未釋,今據原圖版補。

[4]此簡由姚磊綴合,綴合後釋文變動較大,詳見姚磊(2021P54)。

[5]禮:原釋作"穫",張俊民、何茂活、姚磊皆有改釋意見(參《合校》2021P94),今改。

[6]已入:原釋文缺釋,姚磊(《合校》2021P94)以爲是"黑色"。按:此處原簡並無太多墨跡,有些墨跡似非筆畫,暫擬補作"已入"。

[7]第:原釋作"弟",從沈思聰(2018P234)改釋。

[8]僵:原簡圖作▯,原整理者作"佢"。按:"佢"字後出,此字原簡右

似從"昌"，今改。

☑　/令史☑　　　　　　　　　　　　　73EJT8∶86

☑律令。/掾嘉、守令史☑☑　　　　　　　73EJT8∶87

☑廣地令史丁段[1]　　☑　　　　　　　　73EJT8∶88

田卒河南郡原武饒安里奚閒☑　　　　　　73EJT8∶89A

……☑　　　　　　　　　　　　　　　　73EJT8∶89B

戍卒南陽郡☑☑☑　　　　　　　　　　　73EJT8∶90

☑年卅五歲，黑色[2]。　　　　　　　　　73EJT8∶91

☑月己卯出☑　　☑　　　　　　　　　　73EJT8∶92

滅虜[3]隊卒張湯　　　☑　　　　　　　　73EJT8∶93

☑天下使☑☑☑☑　　　　　　　　　　　73EJT8∶94

戍卒觻得成漢里大夫成頤[4]，年卅[5]三。　73EJT8∶95

酒泉郡中。案毋官徵事，當取傳☑ᵢ☑☑☑書[6]，毋官獄徵☑ᵢᵢ

　　　　　　　　　　　　　　　　　　73EJT8∶96

弘農郡弘農☑　　　　　　　　　　　　　73EJT8∶97

☑☑☑曲里[7]趙護☑　　　　　　　　　　73EJT8∶98

☑☑☑已☑☑☑☑☑　　　　　　　　　73EJT8∶99A

☑☑張掖肩水☑　　　　　　　　　　　　73EJT8∶99B

【校釋】

[1]段：原簡圖作𣲖，原整理者作"殷"，今改。

[2]色：此字原簡字形已與"印"相混。

[3]滅虜：隧名。甲渠候官下有滅虜隧。

[4]成頤：原未釋，從何茂活（2016P25-34）補釋。

[5]卅：姚磊（《合校》2021P95）以爲此字也有釋作"廿"的可能。

[6]☑☑☑書：原釋作"……"處理，何茂活（2016P25-34）疑爲"爵案如書"。按：依據常見辭例似應爲"年爵如書"。

[7]曲里：原未釋，從姚磊《合校》2021P96補釋。

☑□[1] 喪[2] 魂[3] 藍[4] ☑　　　　　　　　　　73EJT8：100

【校釋】

[1]此字原簡圖可見從"糸"，懷疑是"纏"。

[2]喪：原未釋字，今據原圖版補。

[3]魂：原整理者將此字釐作上從"宀"下從"鬼"，王錦城（2019 P1150）釋作"寪"。按：揚州博物館公佈一枚稱爲《神靈名位牘》M5.1.1 的簡，其中有一字摹本作𩲡（詳見《江蘇邗江胡場 5 號漢墓》，《文物》1981 年第 11 期），一般認爲此字是"魂"。此字與本簡中的字應該是一字。

[4]藍：原未釋，今據原圖版擬補。按：藍，頭髮長貌。《説文·髟部》："藍，髮長也。"此簡言及"喪"，故此字也可能從"髟"從"僉"。

昭武騎士□☑　　　　　　　　　　　　　　73EJT8：101

（此簡已與 T8：82 綴合）　　　　　　　　73EJT8：102

☑黑色。　車一兩，載麥五十石。　入。出。　73EJT8：103

☑延壽里公乘馮[1]宣，年廿六，長七尺二寸。☑　73EJT8：104

角[2]得角得得得　　☑（習字）　　　　　　73EJT8：105A

長不□元□牛黨……☑（習字）　　　　　　73EJT8：105B

鯈得成漢里薛侍親[3]，年卅。四年七月中，與同縣男子趙ⅰ廣同傳。今廣以八月中持傳出入……ⅱ 欲復故傳前入。ⅲ　73EJT8：106A

李君兄= （兄兄）次君ⅰ田巨君ⅱ綦毋[4]君都ⅲ吳子真ⅳ 73EJT8：106B

關嗇夫□　　　☑　　　　　　　　　　　　73EJT8：107

……行事……☑ⅰ 候騎馬十匹，六斗六升大……☑ⅱ 73EJT8：108A

王當九月☑　　　　　　　　　　　　　　　73EJT8：108B

☑守卩　　　☑　　　　　　　　　　　　　73EJT8：109

☑傳。謹案：戶籍藏鄉[5]官者，□爵公士[6]□☑ⅰ☑言之。ⅱ

　　　　　　　　　　　　　　　　　　　73EJT8：110

☑子□□□[7]☑　　　　　　　　　　　　73EJT8：111

☑嗇夫事☑　　　　　　　　　　　　　　　　73EJT8:112

(此簡已與 T8:74 綴合)　　　　　　　　　73EJT8:113

☑亥丿　甲戌☑

☑子　　乙未☑　　　　　　　　　　　　　73EJT8:114

☑□迺甲☑　　　　　　　　　　　　　　　　73EJT8:115

【校釋】

[1]馮:原釋作"馬",從張俊民(2011.10.15)改釋。

[2]角:原釋作"觻",從姚磊《合校》2021P97改釋。

[3]侍親:原未釋,從沈思聰(2018P235)補釋。

[4]綦毋:原未釋,從沈思聰(2018P235)補釋。

[5]鄉:原未釋,邢義田(2012P180-191)據 T9:35 可知,此字可釋爲 "鄉",今從補。李均明(1983P27-36):鄉政權對它所管轄的人戶了如指掌,所以辦理通行憑證必須經鄉政權審核。

[6]爵公士:原未釋,從姚磊(2012P98)補釋。姚磊懷疑此後一字是 "年"。

[7]此簡釋文何茂活(2016P25-34)改釋作"子萬□月食"。按:原簡殘左,字跡難辨,暫從原釋。

肩水金關 T9:1-395

居延守右尉游徼安故里公乘樂禹,年卅,長七尺五寸。　　　同[1]

　轺車一乘,用馬一匹。　　　□　☑　　　　　73EJT9:1

▨望塢(隖)上火[2]　　　　　　　　　　　　　73EJT9:2

齊郡臨菑(淄)吉羊里簪弱(褭)王光,年廿三,　　長七尺三尺 〈寸〉,黃色,疢[3],　　字子叔。　　☑　　　　73EJT9:3

☑　三年二月乙[4]卯朔癸亥。　　　☑　　　　73EJT9:4

六月癸卯,觻得丞勳移肩水金☑i 如律令。/掾守令史奉光。　　☑ii

　　　　　　　　　　　　　　　73EJT9:5+15 [5]

【校釋】

[1]胡平生指出這類帶有“同”的簡牘,是一剖兩半的合同文書。胡平生(1992P145-156):出入“合同”券書。原爲一札,右、左兩半分別書寫出、入事項,中有一“同”字或“合同”二字,經主管官吏及付受雙方簽名後從中剖爲二券,出物一方持右券,入物一方持左券。如今後發生矛盾爭執,“合同”以爲符驗。

[2]望塢上火:“塢”通“隖”。《説文·自部》:“隖,小障也。一曰庳城也。”烽火臺四周有矮小的牆垣爲塢壁。劉釗(2014P350-362):漢代西北邊塞依靠不同形式的烽火信號來傳遞不同的敵情信息,各烽燧借助一種叫作“望火頭”的候望設施來觀察識別所望烽火的位置,每個望火頭固定對準鄰近烽燧的某一位置,故可以用“望某某”一類的簽牌標明所望目標。

[3]此字原簡圖作，釋字可疑。

[4]乙:原釋爲“己”,從馬智全(2012.6)改釋。馬智全指出缺失年號爲“甘露”。

[5]此簡綴合詳見張顯成、張文建(2017P335-347)、姚磊(2021P55)。

戍卒淮陽郡長平[1]夕陽里不更何生,年廿☑　　　　　　　73EJT9:6

☑□千秋、譚宗,名、縣、爵、里、年、姓官所[2]……☑

☑□[3]行右尉事,守游徼武、亭長偃送致過所縛得□　☑73EJT9:7

到,嚴教官屬,務稱厚恩☑　　　　　　　　　　　73EJT9:8

　初元五年三月敦煌

▨□馮卿所送降者

　【用牛車名籍。】　　　　　　　　　　　　　　73EJT9:9A

　【初元五年三月敦煌□】

▨馮卿所送降者用牛

　車名籍。　　　　　　　　　　　　　　　　　73EJT9:9B

☑七年閏月甲辰[4],金關與[5]☑ i ☑第一至千,左居官,右移金[6]☑ ii

　　　　　　　　　　　　　　　　　　　　　73EJT9:10

甘露二年十月出【入】[7] ▨

關傳致籍。　　　　　　　　　　　　　　　73EJT9:11 [8]

案:延壽年、爵如書,毋官獄徵事,期往來百廿日,謁移過所縣邑,敢

言之。尉史ⅰ……ⅱ　　　　　　　　　　　73EJT9:12A

河南長印。　　　　　　　　　　　　　　　73EJT9:12B

【校釋】

[1]長平:周振鶴(2017P45):居延漢簡屢見淮陽郡長平之名,長平縣

於《漢志》屬汝南,由漢簡知其本屬淮陽郡。長平改屬汝南當在淮陽復置

國時,因爲此後淮陽未再爲郡。

[2]所:原簡字形較特殊,釋字可疑。此處常見文例應是"各如牒"之

類的内容。

[3]此未釋字邢義田(2012P180-191)懷疑是"延"。

[4]七年閏月甲辰:羅見今、關守義(2013.5)考訂此簡爲漢昭帝始元

七年(前80年),"閏月甲辰"有可能是閏二月初二或閏四月初三。

[5]與:原釋作"塞",從胡永鵬(2015.3)改釋。

[6]此處完整當爲"左居官,右移金關"。袁延勝(2014P220-227)認

爲應爲橐佗候官與肩水金關共同製作、頒發的,表明出入金關關卡的符,左

半部留在橐佗候官,右半部在肩水金關處。"齒十,從第一至百",説明製

作的出入金關的"符"還是不少的,多達上百枚。郭偉濤(2018P96-125)認

爲所謂"左居官右移金關"只是説一半放在製作機構,一半放在金關,實際

行用中並不區别左右。

[7]出入:原釋文無。原簡此處殘缺,僅能見"出"字部分墨跡,今據

T6:17、T10:240 相同文例補。

[8]此簡上部有穿孔,並有繫繩。

葆　　王孫記書,翁叔幸爲橫[1]

致　　肩水廄吏徐少孺所。　　　　　　　　73EJT9:13

▨字君仲　　　　　 ╒[2]　　　　　　　　73EJT9:14

（此簡已與 T9:5 綴合）　　　　　　　　　　　73EJT9:15

日勒千秋里公乘戰定,年卅五歲。☑　　　　　　73EJT9:16

☑二年^[3]八月己未朔☑鑠☑☑　　　　　　73EJT9:17

居延督盜賊^[4]廣都里公乘張齊,年廿八歲,長七尺五寸,黑色。☑☑

　　　　　　　　　　　　　　　　　　　　　73EJT9:18

傳章平長印。☑　　　　　　　　　　　　　**73EJT9:19A**

【甘】^[5]露二年六月己未朔辛☑ⅰ謹案:毋官徵事,當☑ⅱ六月壬戌,

廚嗇夫^[6]☑☑ⅲ☑☑☑☑☑ⅳ　　　　　　　73EJT9:19B

齊郡臨菑滿羊里公乘薛弘,年☑　　　　　　　73EJT9:20

☑　　黑色。同　十二月☑☑　　　　　　　73EJT9:21

☑過所,毋苛留。　　　　　　　　　　　　73EJT9:22

☑元年二月甲戌,除爲肩水驛☑　　　　　　　73EJT9:23

京兆尹長安定陵里公乘況陽遂,年卌二,長七尺二寸,黑色☑

　　　　　　　　　　　　　　　　　　　　　73EJT9:24

·右除及病視事書。　　☑　　　　　　　　73EJT9:25

☑　要虜隧　☑ⅰ☑　平樂隧^[7]　☑ⅱ☑　萬福隧^[8]　☑ⅲ

　　　　　　　　　　　　　　　　　　　　　73EJT9:26

治渠卒河東狐讘山里董凡,年廿五,長七尺,黑色。　☑（竹簡）

　　　　　　　　　　　　　　　　　　　　　73EJT9:27

齊郡臨菫〈菑〉^[9]西通里大夫侯壽,年五十,長七尺二寸,黑色。　☑

　　　　　　　　　　　　　　　　　　　　　73EJT9:28

【校釋】

[1]橫:原釋作"糒",王錦城(2019P220)解釋爲"炒熟並舂磨成粉的米麥"。按:此字原簡字形作𥡴,左從"木"明確,右下雖略有磨蝕,但也可看出就是"黃"。而且此簡完整,按照内容應是"爲橫致"連讀,意思當是名爲"橫"的人申請"致",而不能單獨解釋爲糒。

[2]此符號原釋文無,李燁(2013P23)、何茂活(2016P25-34)已指出此號原釋漏釋,今補。

[3]羅見今、關守義(2013.5)推得簡首缺失年號爲"永光"。

[4]督盗賊:劉倩倩(2015P96):察視犯罪活動,此處應是官職。按:"督盗賊"傳世文獻亦多見,並非特設的官職,而是職責,例如 T23:797A 中見"張掖大守=(守守)卒史薛則督盗賊"。

[5]此處原整理者作"□"。按:原簡此處已斷殘,僅能見半個"露"字,不見"甘"的墨跡。

[6]廚嗇夫:大庭脩(1991P405—406):廚嗇夫就是主管縣廚的嗇夫。

[7]要虜隧、平樂隧,皆屬肩水候官。

[8]福:此字釋文本誤作殘斷號,圖版旁釋文未釋,從何茂活(2016P25—34)補釋。萬福隧,隧名,屬肩水候官。

[9]薑:原釋作"菌",此字原簡字形作薑。按:金關簡中"薑"、"菌"只有下方一橫之差,上方構形基本一致,有下方一橫的就是"薑",否則就是"菌"。

甘露元年閏月乙未朔乙卯,中鄉守嗇夫輔敢告尉[1]□ᵢ案:去疾非亡人命者[2],毋官獄徵〔事〕[3],遣□□ᵢᵢ敢告尉史主□ᵢᵢᵢ閏月丙辰,尉史武敢言之。謹案:去疾□□ᵢᵥ閏月戊午,長陵令 [4]、獄守丞建行丞事。□ᵥ　　　　　　　　　　　　73EJT9:29A

長丞陵印。　　□ᵢ □□己卯,男子吕去疾□□[5]　□ᵢᵢ73EJT9:29B

六月癸未,倉嗇夫成以小官印兼□ᵢ謁移張掖郡中,過所縣邑毋苛□ᵢᵢ□□□□□□□□□□□ᵢᵢᵢ　　　　　　　73EJT9:30

□□□陵安[6]里公乘郭賢,年卅五,長□　　　　　73EJT9:31

□凡十四人皆客子　□ᵢ□符七　□ᵢᵢ(削衣)　73EJT9:32[7]

□……ᵢ[8]□郡治牛官懷ᵢᵢ　　　　　　　　　73EJT9:33

【校釋】

[1]尉:原未釋,此字原簡殘留墨跡較少,但結合同簡第三行出現的"敢告尉史"一句,對讀可補"尉"字。其後雖無墨跡,亦可對讀知是"史"字。

　　[2]非亡人命者:不是逃亡通緝之人。

　　[3]據常見文例可知此處原抄寫者脱漏"事"字。

　　[4]此處原簡空一字位置,留待寫人名。

　　[5]此未釋字原釋文無,今據原圖版墨跡補。

　　[6]安:原未釋,今據原圖版補。

　　[7]郭偉濤(2018P96-125):據簡文判斷,似十四名客子集體通關,序號符編號爲七。該簡屬結計簡,記載具體通關人員信息的相關簡牘已不存。

　　[8]此行原釋文無,今據原圖版補。

□猛伏地再□☑　　　　　　　　　　　　　　　73EJT9:34A
甘露三年九月壬午朔甲午[1],南鄉有秩黑敢言☑ⅰ過所邑縣,勿[2]苛留,敢[3]言之。☑ⅱ九月丙申,雒陽[4]丞利謹[5]移所過縣邑,勿苛☑ⅲ
　　　　　　　　　　　　　　　　　　　　　73EJT9:34B

【校釋】

　　[1]甘露三年九月壬午朔甲午:公元前 51 年 9 月 17 日。

　　[2]勿:原釋作"毋",從李燁、張顯成(2015.4)改釋。

　　[3]敢:姚磊(《合校》2021P101)以爲是"止"。

　　[4]雒:原未釋,原簡圖作𩓣,所從"各"、"隹"皆可見,今補。雒陽,縣名,屬河南郡。

　　[5]謹:原釋文本誤作"詳",圖版旁釋文不誤。

☑□戌朔甲午,西鄉嗇夫漢光敢言之:直廷里許方自言☑ⅰ☑□。謹案:户籍臧鄉官者方[1],毋官獄徵事,非亡人命☑ⅱ☑長廣[2]移肩水金關,往來毋苛留止,如律令☑ⅲ　　　　73EJT9:35
甘露四年九月乙巳朔☑ⅰ□□□長樂□☑ⅱ(削衣)　　73EJT9:36
六六六石六六石六石(習字)　　　　　　　　　73EJT9:37
☑　　毋被具　　　　　　　　　　　　　　　73EJT9:38

戍卒梁(梁)[3]國甾亭陵上造陳充,年廿四。　☑　　　73EJT9:39

河南郡雒陽緱氏[4]東宛里公乘趙強,年廿五。　弓一,矢五十

枚。　☑i　　　73EJT9:40

氐池安漢里不更祝都贏,年十五,七尺[5]寸,黑色。　牛車一兩。☑

　　　73EJT9:41

鱳得定安里趙林大奴宜,　　牛車一兩☑　　73EJT9:42

(此簡已與 T10:192 綴合)　　　73EJT9:43

☑敢言之:北曲陽里男子靳宗與大奴宜君[大奴宜][6],爲家私使

　　　73EJT9:44

戍卒淮陽郡西夆[7]田里不更蔡樂,年廿三。　　☑　73EJT9:45

(此簡已與 T10:191 綴合)　　　73EJT9:46

☑移[8]肩水候官,寫移,如律。　　73EJT9:47A

☑……　　73EJT9:47B

【校釋】

[1]方:指前文所説許方。

[2]廣:人名。

[3]梁:原釋作"梁",今據原圖版改。

[4]雒陽緱氏:周振鶴(1995P151-165):雒陽緱氏並是兩縣,不知此簡爲何這般記載?緱氏與雒陽關係比較特殊,北魏併入洛陽,東魏復置,但縣治仍在洛陽城中,後來又曾幾度置廢,然與洛陽都脱不了干係,此簡是否表明漢時緱氏與雒陽已有特殊關係?

[5]尉侯凱(2017.1)已指出"尺"後漏寫數字。

[6]疑"大奴宜"是原抄寫者誤衍。

[7]夆:原釋作"釜",周波(2013P286-309)以爲是"華"之誤,沈思聰(2018P237)釋作"夆"。按:此字原簡圖作🔲,字形明顯與"釜"、"華"皆有別,當是"夆"。從命名角度説,里名多爲嘉名。此"夆"或讀爲"豐",指豐厚。馬王堆帛書《老子乙本》:"修之國,其德乃夆。""夆",今本《老子》作"豐"。

[8]移:原未釋,從姚磊(《合校》2021P102)補釋。按:此字原簡存墨跡

不多,但結合常見文例可確定釋字。

☑　　軺車一乘,馬一匹。　　　　　　　　　　　73EJT9:48

☑□聊竟,年十二。已出[1]。　　　　　　　　　73EJT9:49 [2]

守屬居延陽里王赦之,　　　　四☑　　　　　　73EJT9:50

(此簡已與 T9:310 綴合)　　　　　　　　　　　73EJT9:51

☑□史湯,自言爲家私市居延。案:毋官獄徵事,當爲　73EJT9:52A

☑　☑　　　　　　　　　　　　　　　　　　　73EJT9:52B

☑□[3]仇侍君,年廿五☑　　　　　　　　　　　73EJT9:53

☑□黄色。　遷補居延庫嗇夫。　　　　　　　　73EJT9:54

出帛七匹三丈一尺七寸,直(值)千八百。☑　　73EJT9:55

營陽丞印。　　☑　　　　　　　　　　　　　　73EJT9:56A

孔伏　　　☑　　　　　　　　　　　　　　　　73EJT9:56B

☑寸黑色。　弩一,矢十二。卩　　　　　　　　73EJT9:57

・子曰:君子不假人,君子樂□[4]☑　　　　　73EJT9:58 [5]

印曰:張肩[6]塞尉。☑ⅰ 四月庚寅,就家李幼君以來。　丁　　☑ⅱ

　　　　　　　　　　　　　　　　　　　　　　73EJT9:59A

以致籍入,敢言之。　　　☑　　　　　　　　　73EJT9:59B

居延₌(延延)水佐王輔,年☑　　　　　　　　73EJT9:60

叩頭幸甚。謹請使再拜　　☑

白　　☑　　　　　　　　　　　　　　　　　　73EJT9:61A

常再拜請。　　☑

長賓前所幸許者,未得蒙恩,謹以遣使請,今□☑　73EJT9:61B

甘露四年四月戊寅[7]朔丁酉,□□敢言……自言爲家私市張掖、酒
泉郡中,與子男猛持牛車一兩ⅰ……毋官獄徵事,當得取傳,寫移縣
道河津關,毋苛留止,如律令,敢言之。ⅱ令弘、□□□之移過所,如
律令。/掾安世、佐親。ⅲ　　　　　　　　　73EJT9:62A [8]

居令延印。　　子印[9]子攵[10]印。　　　　　　73EJT9:62B

【校釋】

[1]已出:原未釋,從李燁(2013P26)補釋。

[2]張文建(2017.1.22)認爲此簡可與 T9:64 綴合。今核對原簡,兩者茬口不合,綴合不可從。

[3]此未釋字原釋文本誤脱,圖版旁釋文不誤。

[4]君子不假人,君子樂□:馬智全(2014P165-171):大意是説君子不受約束於人,君子有自己追求道德的快樂。

[5]此枚簡的性質,依據"子曰"可知是孔子言論,是《論語》類文獻,參看劉嬌(2018P279-326)。黃浩波(2013.8.1)認爲該簡和簡 T14:7 或出自同一儒家典籍。馬智全(2014P165-171)傾向此句屬《齊論》。

[6]張肩:張掖肩水省寫。

[7]戊寅:原未釋,從黃浩波(2011.9.30)、羅見今、關守義(2013.5)補釋。

[8]此簡原整理者缺釋較多,其中"丁酉□□敢言"、"令弘、□□□"、"過所如律"原皆未釋,從胡永鵬(2017P157)補釋。

[9]子印:原釋文缺釋,姚磊(《合校》2021P103)補釋"子",王錦城補釋"印",今從補。

[10]此字原未釋,暫據原圖版釐寫。

正月甲寅,居延丞江移[1]□□☑　　　　　　73EJT9:63A

居延丞印。　　　☑　　　　　　　　　　73EJT9:63B

河内温孝里□☑　　　　　　　　　73EJT9:64[2]

☑□誼自言欲取偃檢,客田[3]　　　　　　73EJT9:65

☑富安里公士趙彊,年卅。　　☑　　　　73EJT9:66

陝久長里公乘上官奉,年五十二,長七尺二寸,黑色☑　73EJT9:67

☑出鱳得界中。謹案:萬年 i ☑□□[4] ii　　73EJT9:68A

☑元永永　(習字)　　　　　　　　73EJT9:68B

☑將卒[5]館陶[6]安樂長ⅰ☑葆潹[7]上里范安世ⅱ☑國，毋留，如律
令。ⅲ　　　　　　　　　　　　　　　　　　　　　　73EJT9：69

肩水金關☑　　　　　　　　　　　　　　　　　　　73EJT9：70

☑九月己亥出。　　　　　　　　　　　　　　　　　73EJT9：71

三月庚辰，牛車三兩。入　　　☑　　　　　　　　　73EJT9：72

☑居延雜里丁聽天俱乘☑　　　　　　　　　　　　　73EJT9：73

河內郡溫北乙[8]里□[9]山。　　　☑　　　　　　　73EJT9：74

【校釋】

[1]丞江移：原釋作“都尉穬”，從胡永鵬（2017P505）改釋。胡永鵬定
此簡年代在漢宣帝五鳳到甘露年間。

[2]張文建（2017.1.22）認爲此簡可與T9：49綴合。今核對原簡，兩
者茬口不合，綴合不可從。

[3]客田：《集成》（八P130）：指在原籍之外耕種之地，要交一定酬金，
即有買客田之謂。檢，同傳致符一類的過所文書。王子今（2005P102 -
107）認爲“客田”很可能確實“是指與一般私有土地不同的一種特殊性質
的田”。其性質與“借與”、“假賃”的經濟關係是有某種聯繫。稱作“客
田”者，應是由外來的“客”從事耕作的田地。

[4]此行釋文原釋文無，今據原圖版墨跡補。

[5]將卒：帶領士卒，這是標明“館陶安樂長”的職責。

[6]館陶：《漢書·地理志》載魏郡有館陶縣。即今河北省館陶縣治
所在。

[7]潹：原釋作“深”，此字原簡圖作，與漢簡中“深”的寫法差距較
大。疑是“潹”，即俗“潳”字，此處用作里名。

[8]北乙：乙，原簡作，原未釋，今補。北乙，里名。原簡“北乙”兩
字書寫緊密，若作一字看待，頗似“登”之俗寫。

[9]此未釋字原簡圖作，可能是某字俗形之草書。

☑　□[1]　共車　字幼賓　　　　　　　　　　　　73EJT9：75

☑即日病,脛雍(臃)☑　　　　　　　　73EJT9:76

☑居延司馬謹以私印行 ; ☑如律令。 ii (削衣)　73EJT9:77

☑弓一,矢十二,大刀☑　　　　　　　　73EJT9:78

　　　　　□辰出。

☑二寸,黑色。

　　　　　丁酉入。　　　　　　　　　　73EJT9:79

☑□□ ; ☑□謹遣元君等……等[2]……☑ ii　73EJT9:80

戍卒穎川郡翟邑[3]陽鄟里公乘司馬乙,年卌四。　☑ 73EJT9:81

河內溫董里公乘李福,年廿六,長七尺二寸,黑色。　　軺車一乘,馬
一匹,　　劍一……。☑　　　　　　　　73EJT9:82

田卒淮陽郡固始步昌里上造朱寬,年廿五。　　　　~　73EJT9:83

·右亭長十六人,隧長十三人。　　　　　　73EJT9:84

延壽隧長奴,　妻大孝君。　　　☑　　　73EJT9:85

樂昌隧長昭武安定里公乘顔[4]賀,年廿二。　初元四年三月庚申
除。　見[5]。史。 i　　　　　　　　　　73EJT9:86

五鳳四年[6]八月庚戌, I i 橐他石南亭長符。 I ii 亭長利主妻,鑠得
定國里司馬服,年卅二歲。 II i 子小女自爲,年六歲。 II ii 皆黑色, III i
入出止[7]。 III ii (左側有刻齒)　　　　73EJT9:87 [8]

【校釋】

[1]此未釋字中册紅外圖版旁釋文無,今從下册釋文本。

[2]等:原未釋,今據原圖版補。

[3]黃浩波(2011. 12. 1)指出《地理志》、《郡國志》穎川郡下均無翟
邑,僅有陽翟邑。由此推知,翟邑乃陽翟邑之漏書。鄭威(2015P217—
241):"翟邑"當是"陽翟邑"之省稱。

[4]顔:原釋作"顧",原簡作 顔,如果嚴格録寫,當作"顔"。按:徐佳
文、姚磊以爲"顧"、"顔"是異體(參《合校》2021P104)。

[5]見:魏振龍(2019. 11. 12):表示吏卒在崗、在署所之意。

[6]五鳳四年:"五鳳"爲西漢宣帝劉詢年號,五鳳四年是公元前

54 年。

　　［7］入出止：郭偉濤（2018P96-125）：家屬符下端皆注明入出止，顯見只能使用一次。藤田勝久（2014P599-615）：推測這是"往來者入、再出者（作用）終"的意思，表示經過金關的核校，符已經用畢的意思。

　　［8］此爲吏家屬出入符，詳參李迎春（2019P252-271）。

從者魏郡北里耶道，年廿二。　　　　☑　　　　　　　　　73EJT9：88
肩水候官。　　　　　　　　　　　　　　　　　　　　73EJT9：89
田卒東郡東阿當夏里官大夫丁厖，年廿六，長七尺二寸，黑色。丿☑
　　　　　　　　　　　　　　　　　　　　　　　　　73EJT9：90

・右候一人，　　　　凡用錢六千。　　　　　　　　73EJT9：91
五鳳二年五月壬子朔乙亥，南鄉嗇夫武、佐宗敢言之：北陽曲里男子
☑ⅰ謹案：弘年廿二，毋官獄徵事，當得取傳，里父老[1]丁禹證，謁言
廷，移過所□☑ⅱ六月庚寅，長安守右丞湯移過所縣邑，如律令。掾
充、令史宗。☑ⅲ　　　　　　　　　　　　　　73EJT9：92A
三月壬辰[2]不弘以來。　　　　☑
章曰：長安右丞。　　　　☑
　　　　　　三月壬辰。　　　　☑　　　　　　　73EJT9：92B[3]

【校釋】

　　［1］里父老：鄉里中的長者。

　　［2］黃艷萍（2014P78-84）：五鳳二年三月爲"癸丑"朔，當月不能出現"壬辰"日，懷疑"壬辰"是"壬戌"的誤寫。

　　［3］此簡張英梅（2014.2）指出長安地區的庶民要想取得"傳"，必須有申請人的"父老"向鄉級吏員做出擔保，這比一般地區的庶民出關要多一道程式，在一定程度上限制了長安地區庶民的自由出入。從而可知長安地區的地方官員對於庶民的管理，要比一般的郡縣更爲嚴格。

河内溫貞陽里爵大夫單彊，　　年廿六。馬劍一，弓一，矢一發。　　字

長孟☐i   73EJT9：93

從者京兆尹長安大原里賈相,年十六歲,長五尺,黑色。　　☐

                                                            73EJT9：94A

莫當　　☐   73EJT9：94B

方相(箱)車一乘,驃牡馬一匹,齒十四歲,高六尺。   73EJT9：95

二月甲午候史賢訊問觻   73EJT9：96A

本始四年八月   73EJT9：96B

　　　·凡十四人皆客子。　　　☐

☐☐

　　　　軺車十乘,馬十匹。　　☐   73EJT9：97

長安新里公大夫張駿,年卅五,長七尺三寸,黑色。Ⅰ五月壬子出。

ⅡノⅢ   73EJT9：98

魏里陳過衆等五人,凡十五人☐☐☐東☐☐☐☐   73EJT9：99

舉表苣火[1]如品約。[2]   73EJT9：100

☐虜人張掖郡界,倉石[3]伏虜隧以東積薪[4]舉蓬(烽)[5]通北部[6]
界,以[7]北通報尉[8]☐☐☐☐i   73EJT9：101

【校釋】

[1]苣火:《集成》(五 P39):漢塞傳遞情報用的小火把。

[2]品約:《集成》(九 P224):品約,品,指事物的種類和品級。約,指共同遵守的條款、章程。居延邊塞的烽火品約即屬此類。劉光華(2004P182-206):品約係由"品"和"約"構成。烽火"品"爲中央政府頒發的有關烽火制度的規定。而"約"則爲郡、部都尉根據其轄境情況並參照中央頒發的"品"而製定的具體規定,合稱"品約"。

[3]倉石:T21:427 見"倉石候官",知是候官名。

[4]《集成》(九 P14):積薪,烽火警備信號。爲一草垛,見敵即燃燔以發警號。白日示煙,入夜見火。敦煌以西漢代烽燧綫上,留存至今的積薪甚多,其完整者呈二米左右的立方體,用長苣排疊而成,距就近烽燧數十米或百米。外表多敷一層泥,即漢簡所謂"塗",可防風雨、火災。簡文有"塗

堁",即於積薪表面塗抹白土,使目標非常顯明,易於分辨、操作。

[5]蓬:《集成》(五 P39):用帛、布做成的通報信息的籠狀標織物。

[6]部:原釋作"郡",從何茂活(2014.11.29)改釋。

[7]以:何茂活(2014.11.29)認爲當釋作"止",不從。

[8]尉:原未釋,今據原圖版補。

月己未朔,爰利親會月廿六日不到,甚毋狀。　　　　　　　73EJT9:102A

柎[1]七枚,入十八。　　　　　　　　　　　　　　　　73EJT9:102B

外人叩頭[2]郭長卿:君遣外人送槶(槨),外人𡧛[3]不喪槶,叩頭。唯

長=卿=[4]厚恩 i　　　　　　　　　　　　　73EJT9:103A [5]

在[6]長卿所,□……[7]　　　　　　　　　　　73EJT9:103B

【校釋】

[1]柎:《説文・木部》:"柎,闌足也。"《急就篇》:"鍛鑄鉛錫鐙錠鐎。"
顏師古注:"有柎者曰鐙,無柎者曰錠。柎,謂下施足也。"

[2]叩頭:原釋作"□親",從何茂活(2014.11.29)改釋。

[3]失:此字原簡墨跡不甚完整,疑釋字有誤。

[4]長=卿=:"卿"後重文號原漏釋,從何茂活(2014.11.29)補釋。從
文義上看,此處重文號不能按照重複字詞來解讀,"唯長卿,長卿厚恩"這
種解讀顯然文義不順。如果去掉重文讀作"唯長卿厚恩",文義就已經表
達完整了,所以此處的重文號可能並沒有實際作用,或者只是表示強調。

[5]此簡釋文整理參見何茂活(2014.11.29)。

[6]在:姚磊(《合校》2021P105)有釋"左"之説,不可從。

[7]未釋字仍有多字墨跡,原整理者未釋,今據原圖版補。

五鳳四年八月己亥朔己亥,守令史安世敢言之:遣行左尉事亭長安
世,逐命[1]張掖、酒泉、敦〖煌〗[2]、武威、金城郡 i 中,與從者陽里鄭常
富俱乘占用馬,軺車一乘,謁移過所縣道,毋苛留,敢言之。ii 八月己

亥,居延令弘、丞江移過所縣道,如律令。/掾忠、守令史安世。ⅲ

73EJT9：104

【校釋】

[1]逐命:追捕逃跑之人。丁義娟(2019P194):漢代這種由案發地直接派遣人員對"命者"所進行的包括到郡外的專門追捕即所謂的"逐命"。

[2]此處原簡抄寫者漏了"煌"字。

橐他[1]石郵亭長妻[2]孝君。　　　　　　73EJT9：105

□□□陽里□彊,年廿八,長七尺四寸,黑色。Ⅰ輻車一乘,馬一匹。Ⅱ五月壬子出。Ⅲⅰ弓一,矢十二枚,劍一。Ⅲⅱ丿Ⅳ

73EJT9：106

☑□行候長事,宗毋以書移過所,曰致記□藀來　　73EJT9：107

☑　五鳳二年閏月二日過南　卩　　　　　　73EJT9：108

車十一卩

羊十二卩

米九斗卩　　□□□□卅　　　　　　　　73EJT9：109A

……　　　　　　　　　　　　　　　　73EJT9：109B

□□日□□　毋表。　甲申　東中八分半,小表一通。　☑

73EJT9：110

□□[3]月甲申,居延令弘、庫嗇夫定[4]行丞事,移過所縣道河津……

73EJT9：111A

居令延印　　　　　　　　　　　　73EJT9：111B

……郡……　　　　　　　　　　　73EJT9：112

戍卒淮陽郡城父邑道成[5]李㢳[6],年廿四。(竹簡)　73EJT9：113

隴西襄武承反里廉樂。(竹簡)　　　　　73EJT9：114

　　丁　丁　丙　丙　乙　乙　甲　甲　癸　癸　癸　壬

廿二日

　　丑　未　子　午　亥　巳　戌　辰　酉　卯　酉　寅(竹簡)

73EJT9:115 [7]

【校釋】

　　[1]他:原釋作"佗",今改。

　　[2]妻:原釋作"婁",從沈思聰(2018P239)改釋。按:西北簡中多有尊稱他人妻子某君之説,此是一例證。

　　[3]未釋二字胡永鵬(2015.3)以爲是一字"閏"。不能確定,從原釋。

　　[4]弘庫嗇夫定:"庫嗇夫定"原未釋,從胡永鵬(2015.3)補釋。"弘",原釋作"史",今改。胡永鵬認爲此簡爲"甘露四年"内容。

　　[5]道成:鄭威(2015P217-241):道成應是城父邑中之里,簡牘書手記録時恐漏書"里"字。

　　[6]沈思聰(2018P239)釋"道"爲"巨",釋"王"爲"壬",皆不可從。王,原圖版作𤣥,若右上墨點是有意爲之的筆畫而非污跡,則此字或釋爲"玉"。

　　[7]羅見今、關守義(2012.5)、程少軒(2011.9.1)皆指出此簡爲漢元帝劉奭初元三年曆譜,簡上干支與初元三年各月中的二十二日干支相合。

田卒東郡畔邑[1]利里公大夫□□,年廿九,　長七尺二寸,黑色。~
(竹簡)　　　　　　　　　　　　　　　　　　73EJT9:116

戌卒潁川定陵陽里不更許賢,年卅。　　　丿(竹簡)　73EJT9:117

……　　　　　　　　　　　　　　　　　　73EJT9:118

居延鳴[2]沙里董君至小奴賀　大☒　　　　73EJT9:119

倉嗇夫表是脩義里公乘☒　　　　　　　　73EJT9:120

將車[3]觻得好仁里士五(伍)□☒　　　　　73EJT9:121

會水候大奴宜馬,年廿,長七尺二寸,黑色。　☒　73EJT9:122

觻得安樂里公乘伍護,年廿四☒　　　　　73EJT9:123

守丞宗移過所縣邑□□☒　　　　　　　　73EJT9:124

居延始至里女子高襄,年十八歲。　　　☒　73EJT9:125

齊郡鉅定縣壯里不更宿建，年☑　　　　　73EJT9：126

驪靬[4] 尉史當利里吕延年﹦(年，年) 廿四。　☑　　73EJT9：127

京兆尹杜陵豐滿里公乘□□□，年廿三，長七尺三寸，□☑

73EJT9：128

☑　黑色　　☑　　　　　　　　73EJT9：129

(此簡已與 T10：152 綴合)　　　　73EJT9：130

☑輜車一乘，馬二匹☑　　　　　73EJT9：131

☑里小女聊珠，年☑　　　　　　73EJT9：132

☑□移過所，如律令。／□☑　　73EJT9：133

大奴利　　☑　　　　　　　　73EJT9：134

☑　三百　二百九十　二百一十　73EJT9：135

☑完城旦[5] 莞[6] 萬年，故□☑　　　73EJT9：136

☑河南安樂里徐捐之，年廿，長七尺二寸，黑色。☑　73EJT9：137

☑武亭長禁敢言之：就人[7]　　　73EJT9：138

☑五月辛卯尉史陽敢言之。謹案：高勢年、爵如書，毋徵事，☑

73EJT9：139

☑成從俱乘所占　　　　　　73EJT9：140

☑□來，年卅，黑色。　☑　　73EJT9：141

☑　十一月戊申出。卩　　　　73EJT9：142

鱳得孔嘉里公乘☑　　　　　73EJT9：143

正月辛卯，温令敞移過所☑　　73EJT9：144A

□……[8] ☑　　　　　　　73EJT9：144B

☑章曰：温之丞印。☑　　　73EJT9：145A

☑官獄徵事，當取傳☑　　　73EJT9：145B

☑牛車一兩。　☑　　　　73EJT9：146

乙卯　　☑　　　　　　73EJT9：147

張掖屬國右部□☑　　　73EJT9：148

禄福廣漢里大夫孟建循[9]，年☑　　　　　　　　　73EJT9：149

茂陵西始樂里☑　　　　　　　　　　　　　　　　73EJT9：150

十一月戊申，鰈得丞☐☑ᵢ十月丁巳，居延守丞囿[10]☑ᵢᵢ 73EJT9：151A

印曰：居延右尉。　　　　☑　　　　　　　　　73EJT9：151B

【校釋】

[1]畔邑：畔，原釋作“西”，黄浩波（2011.12.1）疑是“臨”，從鄭威（2018P533-536）改釋作“畔”。畔邑指《漢書·地理志》東郡之“畔縣”，在今山東聊城市附近。于豪亮（2015P112）：《漢書·地理志》東郡有畔觀縣，没有畔縣，畔觀顯然是畔、觀兩縣，後代抄書的人誤抄在一起，就成了一個縣。段玉裁在《經韻樓集》卷五《〈地理志〉觀縣考》也曾指出過。

[2]鳴：原釋作“嗚”，從何茂活（2014.11.29）改釋。

[3]將車：紀向軍（2014P65）：駕御車輛。《史記·田叔列傳》云任安“少孤貧困，爲人將車之長安”，司馬貞《索隱》：“將車，猶御車也。”

[4]軒：原釋作“軒”，從任達（2014P70）改釋。

[5]完城旦：《匯釋》（2008P124）：漢代刑徒名，四歲刑。

[6]莞：原釋作“歲”，原簡作莞。按：此字上從“艹”，當爲“莞”，此處用作姓氏。

[7]就人：張俊民（1996.3）：從事運輸的人員，多是本地人，受僱於他人或政府。

[8]未釋字後仍有多字墨跡，今據原圖版補。

[9]循：沈思聰（2018P239）疑是“德”。

[10]第一行未釋字原無，今據原圖版補。第二行“右”原未釋，從胡永鵬（2020.6）擬補。此字原簡字跡較少，不能確釋。

☑……謁[1]移☑

☑十一月丁巳，居延令弘☑　　　　　　　　73EJT9：152A [2]

☑印曰：居令延印。　　　☑　　　　　　　73EJT9：152B

占用馬二匹,當舍郡邸[3],從者☑   73EJT9:153

(此簡已與 T9:223 綴合)   73EJT9:154

方相(箱)一乘,駣牡馬一匹,齒☑   73EJT9:155

居延司馬妻右扶風郿[4]朝☑   73EJT9:156

☑山里張掖俱乘   73EJT9:157

☑□門長吏[5]遣[6]卒[7]☑   73EJT9:158

☑/掾廣宗、令史贛☑   73EJT9:159

☑一兩,牛一。　八月壬寅,　　劍楯(幡)[8]一。 73EJT9:160

三月甲子□☑   73EJT9:161A

□□丞□　　☑   73EJT9:161B

【校釋】

[1]謁:原未釋,原簡右殘,但可見所從"言",可結合常見文例補。

[2]胡永鵬(2017P504-505)定此簡年代在漢宣帝五鳳到甘露年間。

[3]郡邸:胡平生、張德芳(2001P109):郡的官衙及館舍。

[4]郿:縣名,屬右扶風。

[5]長吏:《集成》(九 P99):地位較高的官員。《漢書·景帝紀》:"吏六百石以上,皆長吏也。"後亦指二百石至四百石的官吏,與"少吏"對稱。《漢書·百官公卿表》:"(縣)有丞、尉,秩四百石至二百石,是爲長吏。百石以下有斗食、佐史之秩,是爲少吏。"

[6]遣:原釋作"吕",原簡雖右殘,但僅存墨跡仍可辨別所從"辶"形,今據原圖版和固定文例格式改釋。

[7]卒:原未釋,金關簡中"遣卒"一詞出現的頻率較高,如 T37:29、T23:239、T24:890 等簡中皆可見,可結合原圖版和固定文例格式改釋。

[8]楯:原釋作"盾",從何茂活(2016P25-34)改釋。按:原簡殘左,但"盾"形完整,左側應還有部件,故釋"楯"可從。"楯"通"幡",裝弓弩或劍的布袋。

☑黑色,正福占。五鳳四年九[1]月己丑[2]……☑¡☑徵事,當爲傳,謁言廷,移過所縣道,敢告尉……☑ⅱ☑□□□□□□□□□□□……

☑ⅲ　　　　　　　　　　　　　　　　73EJT9：162A

☑……☑　　　　　　　　　　　　　73EJT9：162B

☑掾誼、佐護。　　　　　　　　　　73EJT9：163

□□□□□錢☑　　　　　　　　　　73EJT9：164

□□□入關致ⅰ☑官ⅱ　　　　　　　73EJT9：165

□□佐里焦☑　　　　　　　　　　　73EJT9：166

（此簡已與 C：640 綴合）　　　　　73EJT9：167

☑九月庚子出。卩[3]　　　　　　　　73EJT9：168

十二日　戌　卯建　　☑　　　　　73EJT9：169

（此簡已與 T9：384 綴合）　　　　　73EJT9：170

☑車一兩,牛二。　　　　　　　　　73EJT9：171

睢陽長印。　　☑　　　　　　　　73EJT9：172

☑令。/掾霸[4]、令史□。　　☑　　73EJT9：173

☑柬[5]謝里趙☑　　　　　　　　　73EJT9：174

☑律令。/掾勳。　　　　　　　　　73EJT9：175A

☑……　　　　　　　　　　　　　73EJT9：175B

　　・最……[6]☑　　　　　　　　73EJT9：176

鴻嘉四年正月……毋官獄徵事,當得☑

正月庚戌,昭武丞奉親移過所肩水金關□□☑　73EJT9：177A

昭武丞印。　　☑　　　　　　　　73EJT9：177B

☑林子賀幸　　　　　　　　　　　73EJT9：178A

☑……　　　　　　　　　　　　　73EJT9：178B

☑甲　☑ⅰ☑辰　☑ⅱ　　　　　　73EJT9：179

☑□□韓萬年=（年,年）☑　　　　73EJT9：180

當爲……☑ⅰ正月甲申,温丞謹移☑ⅱ　　73EJT9：181A

□□☑　　　　　　　　　　　　　73EJT9：181B

昭武宜勝^[7]里公乘張□,年□一。　　☑　　　　　73EJT9：182

(此簡已與 T9：202 綴合)　　　　　　　　　　　　　73EJT9：183

亭長□□……　☑　　　　　　　　　　　　　　　73EJT9：184

☑憙田隧居延雜☑　　　　　　　　　　　　　　　73EJT9：185

☑教伏地☑　　　　　　　　　　　　　　　　　73EJT9：186

從者□□官□□□□☑　　　　　　　　　　　　　73EJT9：187

□妻京兆尹長安長樂□☑　　　　　　　　　　　　73EJT9：188

☑□得傳,如律令。　　　　　　　　　　　　　　73EJT9：189

從者……☑　　　　　　　　　　　　　　　　　73EJT9：190

☑入王執☑　　　　　　　　　　　　　　　　　73EJT9：191

☑　　買……☑　　　　　　　　　　　　　　　73EJT9：192

☑水金關　　　　　　　　　　　　　　　　　　73EJT9：193

☑安東鄉步樂□　☑　　　　　　　　　　　　　73EJT9：194

☑尺二寸,黑色。　　〆^[8]　　　　　　　　73EJT9：195

【校釋】

[1]九:原釋作"七",胡永鵬(2017P131)改釋作"八"。按:此字原簡作▨,字跡不清,但可見橫撇結構,諸數字中唯有"九"最合。

[2]丑:原釋作"未",從黃艷萍(2014P78-84)改釋。

[3]卪:原釋作"〆",從何茂活(2016P25-34)改釋。

[4]霸:原釋作"博",此字原簡圖可見從"雨",今改。

[5]東:原未釋。此字左殘,僅存見右部,但可見"東"的主要結構,且C:643 中亦見"東謝里",所記人名亦姓"趙",可作辭例輔證。

[6]此處"……"原釋無,今審原圖可見多字墨跡,今補。

[7]勝:何茂活(2016P25-34)釋爲"歲",張俊民(2014.12.16)釋作"春"。按:原簡殘左,尚難確定釋字。漢簡中有宜歲里、宜樂里、宜成里。

[8]此符號原釋文漏釋,從李燁(2013P23)補釋。

戍卒趙國邯鄲廣陽里公乘蓋疆^[1]☑　　　　　73EJT9：196

☑里[2]公乘姚解憂,年卅二☑　　　　　　73EJT9:197

☑男俱書到,顧[3]　　　☑　　　　　　73EJT9:198

☑　弓一,矢廿。　　☑　　　　　　73EJT9:199

☑尺八寸……☑　　　　　　　　73EJT9:200A

☑……☑　　　　　　　　　73EJT9:200B

☑酒泉籙福[4]主章……卅二。　　　☑　　73EJT9:201

□壽伏地再拜伏伏伏地[5]☑　　　73EJT9:202A+183A[6]

……☑ᵢ……守……☑ᵢᵢ　　　73EJT9:202B+183B

☑馬一匹。　以二月……☑　　　　　73EJT9:203

大常[7]長陵西仁里掌誼,　　☑　　　　73EJT9:204

☑言之ᵢ☑國ᵢᵢ　　　　　　　　73EJT9:205

☑□潁川郡陽翟邑[8]波[9]陽里張樂,年廿八。☑　73EJT9:206

(此簡已與T9:212簡綴合)　　　　73EJT9:207A

【校釋】

[1]儱:此字原未釋,沈思聰(2018P241)釋作"僂"。今細審原字,疑是"儱"字。

[2]里:原釋文缺釋,此字原簡僅存一橫畫,但結合常見文例可補釋。

[3]顧:原未釋。按:此字原簡作🔲,與"頃"、"願"草形近同,今暫釋爲"顧"。

[4]籙福:王錦城(2019P1171):"籙"當爲"禄"字誤書,"禄福"爲酒泉郡屬縣。

[5]拜伏伏伏地:原釋作"□大大大",從張文建(2017.3.3)改釋。

[6]此簡由張文建綴合,並對釋文重新整理,詳見張文建(2017.3.3)。

[7]大常:原釋作"戍卒",從黃浩波(2017P113-165)改釋。黃浩波指出長陵雖爲左馮翊屬縣,但也一度歸爲太常管理。

[8]陽翟邑:鄭威(2015P217-241):《漢書·地理志》潁川郡有陽翟縣,在今河南省禹州市朱閣鄉八里營村北側。

[9]波:原釋作"汲",從方勇(2013.6.10)改釋。

☐□□☐ⅰ☐□舍傳舍,☐ⅱ(削衣)　73EJT9:208①

□☐

☐長安乘所占用馬☐(削衣)　73EJT9:208②

☐兵財物□☐(削衣)　73EJT9:208③[1]

【校釋】

[1]T9:208 簡原整理者作三片殘片拼合處理,王錦城(2019P241)、姚磊(《合校》2021P111)都已指出原拼合有誤。今細審原圖版,原整理者將"舍傳舍"作爲最上,與第二片"長安乘所占用馬"拼接,第三片是"兵財物□"。三片拼接茬口確實不合,且文義與常見文例有較大衝突,故三片皆原整理者誤綴。今分成三枚,並對原釋文重新修訂。

☐關☐　73EJT9:209

(此簡已與 T9:214 綴合)　73EJT9:210

……□善臨事[1]塞□☐(削衣)　73EJT9:211

威[2]卿取[3]威卿奉千☐

奏

徐卿奉錢往[4]☐　73EJT9:212A+207A[5]

教者獨府大……□□□□

後一、二日辤(辭)……田子文　73EJT9:212B+207B

……亭府檄□□□□□□□☐(削衣)　73EJT9:213

☐……☐

☐□甲午,尉史安敢言之:謹以鄉書案槃毋官獄徵事,當☐(削衣)

73EJT9:214+210[6]

☐肩水金關　73EJT9:215A

☐解主名　73EJT9:215B

☐延年騎士☐(削衣)　73EJT9:216

☐之叩頭死罪初元大　☐(削衣)　73EJT9:217

☑張父足下☑^[7]張張☑　　　　　　　　73EJT9:218A

☑丞印……☑　　　　　　　　　　　　73EJT9:218B

【校釋】

[1]臨事:胡平生、張德芳(2001P185):臨事,視事,辦事。"臨"爲居上視下之意,因用以表敬。

[2]威:原釋作"就",此字原簡作，與此簡綴合的 T9:207 簡中的"威"原簡圖作，對比即可知兩者是一字。威卿取威卿俸,這是自取俸錢的另一種説法。

[3]取:原釋作"所",此字正處茬口處,綴合圖作，可知此字左從"耳",當釋作"取",而且改釋後文義也較原釋通暢。

[4]往:原釋作"徒",原簡圖作，右下並不從"止"。兩簡綴合後,下端仍殘斷,後面還有内容。

[5]此簡由姚磊綴合,詳見姚磊(2021P56)。

[6]此簡由張文建綴合,詳見張文建(2017.1.22)、姚磊(2021P57)。

[7]此未釋字秦鳳鶴(2018.2)釋作"人",不可從。

☑弩一,矢五十。　牛車一兩。已入。　丙午入☑　73EJT9:219

☑金關令史周　　　　　　　　　　　　73EJT9:220

事函谷關☐☐☐食五☐☐☐☐☐☑　　　　73EJT9:221A

居令延印☑　　　　　　　　　　　　　73EJT9:221B

☑以二庚午出　　　　　　　　　　　　73EJT9:222

☑敢告尉史☑ⅰ☑縣邑,毋苛☑ⅱ☑年、爵如^[1]書,☑ⅲ☑如律令。/

掾定☑ⅳ　　　　　　　　　　　73EJT9:223+154^[2]

☑公乘蘇冶,年廿六☑　　　　　　　　　73EJT9:224

觻得☐☐☐☐里公乘張武☐☑　　　　　　73EJT9:225A

道病病所☑　　　　　　　　　　　　　73EJT9:225B

☑……得出……☑ⅰ☑……盡以糴……☑ⅱ　　73EJT9:226

☑□梗桖[3]毌冠，習[4]傷。·[5]大始[6]二年六月戊辰☑　73EJT9：227

☑葆居延肩水里公乘史樂宗，年卌二歲，長七尺二寸，☑　73EJT9：228

妻大女㶅得長秋里王第卿，年廿八。　　　☑　　73EJT9：229

子男張騎將　　　☑　　　　　　　73EJT9：230

☑家市張掖居延，謁移過所縣邑ⅰ☑得傳，謁移過所縣邑，敢言之。ⅱ

73EJT9：231

三月己未，雒陽守丞□□☑ⅰ掾霸、 令史信。　　☑ⅱ 73EJT9：232A

雒陽丞　　☑　　　　　　　　73EJT9：232B

彭祖妻亭　　☑　　　　　　　73EJT9：233

☑受七月丙寅餘穀卅四石七斗九升少半升。　　☑　73EJT9：234

乞鞫[7]戍魏郡鄃[8]文里　　☑　　　　73EJT9：235

【校釋】

[1]如：原釋作"姓"，從張顯成、張文建(2017P335-347)改釋。

[2]此簡由張顯成、張文建綴合，詳見張顯成、張文建(2017P335-347)。

[3]梗：原釋作"授"，此字原簡圖作𣤶，右部當是"更"之寫法，今改。桖：原釋作"𢫌"。"𢫌"在文獻中多用作"腕"，據簡文後面說到的"毌冠"推知前面應該是某種器物，故暫擬作"桖"。另外，此字原簡圖作𢫌，右上部未必是簡單的"宀"，此字也有可能是"椆"，此處或作"櫨"之異體。

[4]習：表義不詳。可能指前面所說"毌冠"物的某個部分。

[5]此符號原釋文無，今據原圖版補。

[6]大始：即太始，漢武帝劉徹公元前96至前93年年號。

[7]乞鞫：請求復審。

[8]馬孟龍(2012.3)：鄃縣隸屬魏郡反映的是漢武帝元鼎三年(前114年)至漢元帝初元五年(前44年)之間的行政建制。

■右要虜隧　　☑　　　　　　73EJT9：236

☑卅日積百五十人₌(人,人)六升。　楗爲郡[1]　　73EJT9:237

鑠得久長里公乘吳根,年廿五,　長七尺三☑　　73EJT9:238

☑　陳游君_i☑　皇少卿_{ii}(削衣)　　73EJT9:239

☑　輢車一乘,馬一匹。丿☑　　73EJT9:240

河南郡原武南長里公乘王樂,年卅,長七尺二寸,黑。☑　73EJT9:241

子小男買之,年二歲☑　　73EJT9:242

☑從[2]者鑠得成漢里簪☑[3]　　73EJT9:243

☑郡爕[4]陽宜秋里公乘☑　　73EJT9:244

☑弓一,矢廿。四月甲戌出。卩☑　　73EJT9:245

居延收降里上造☑　　73EJT9:246

☑過所縣邑、侯國、門亭、河津,毋苛留☑　　73EJT9:247

☑言爲家私市居延☑_i☑肩水☑_{ii}(削衣)　73EJT9:248

☑一匹,驪(騮)牡,齒八歲。　　73EJT9:249

☑朔壬辰,如意隧[5]長☑_i☑編,敢言之。☑_{ii}(削衣)　73EJT9:250

☑□□□□牛利視識[6],謁移武威郡,期十月歸取[7],更[8]封言之。

　　　　　　　　　　　　　　73EJT9:251

肩水金關……☑　　　　73EJT9:252A+290B[9]

禁令再……☑　　　　73EJT9:252B+290A

【校釋】

[1]楗爲:楗,原釋作“犍”,從沈思聰(2018P242)改釋。周振鶴(2017P151-152):建元六年,武帝派唐蒙出使南夷,勸諭巴蜀以南的夜郎國及附近小邑歸順漢朝,因之置犍爲郡。犍爲郡地乃合廣漢郡南部及新開的部分南夷地而成。

[2]從:此字原釋文缺釋,姚磊(《合校》2021P113)疑是“從”。按:此字原簡上殘,僅剩一捺畫,結合常見文例可確定釋字。

[3]此簡上下皆殘,簡首與簡末端何茂活(2016P25-34)各補釋“從”和“簪”,今從補。

[4]爕:原釋作“榮”,從何茂活(2014.11.29)改釋。

[5]如意隧:隧名,屬肩水候官。

[6]視識:視,原釋作"親",王錦城(2019P245)已指出原釋有誤,此字原簡圖作![視],疑是"視"字左右部件變位,今改釋。識,原釋作"謹",此字原簡圖作![識],雖右部殘缺,但可存見中部也從"言",而且尚能見到部分"戈"形。

[7]取:原釋作"所",從沈思聰(2018P242)改釋。

[8]更:原釋作"受",此字原簡字形與常見"受"差距較大,頗疑是"更",今改釋。

[9]此簡綴合詳見張文建(2017.8.7)。

淮陽郡古(固)始[1]大安☐　　　　　　　　　　73EJT9:253

☐牛車一兩。　　弓箭[2]☐☐　　　　　　　73EJT9:254

☐☐[3]史立以時付功曹[4]書☐　　　　　　73EJT9:255

☐公乘王何,年卅。　　　☐　　　　　　　73EJT9:256

☐里侯郵　☐　　　　　　　　　　　　　73EJT9:257

京兆尹長安長彦里公乘蔡福,年卅……☐　73EJT9:258+358[5]

☐　　陳充　　　　☐☐☐

☐乙卯顔[6]![纍]　　·中部卒☐

☐　　　　　　☐☐☐　　　　　　　　73EJT9:259A

☐長安卒☐☐☐ⅰ☐……☐ⅱ　　　　　73EJT9:259B

【校釋】

[1]古始:沈思聰(2018P242)已説明"古始"即"固始"。

[2]箭:原釋作"二月",何茂活(2016P25—34)指出當釋爲"葥"。按:漢簡中"艸"、"竹"在作偏旁部件時相混不別,故大多不必嚴格區分。

[3]此未釋字原無,今據原圖版補。

[4]功曹:《集成》(十P15):官府諸曹之一,職掌選舉,兼參諸曹事務。郡稱功曹,縣稱功曹掾。

[5]此簡綴合詳見尉侯凱(2017P348—359)。

[6]顔:原釋作"顧",從雷海龍、姚磊(《合校》2021P114)改釋。

☒　弘二月己酉出。□一。劍[1]一。　輯車二乘,馬三匹。弓一,
矢□。　丿　　　　　　　　　　　　　　　　73EJT9:260

☒……輯車一乘,馬一[2]匹。弓一,矢二發[3]。
　　　　　　　　　　　　五月壬子出。　73EJT9:261

☒□魏郡鄃[4]圂　　有　☒　　　　　73EJT9:262 [5]

☒□緱氏丞印。　　　　　　　　　　73EJT9:263A

☒[6]□　　　　　　　　　　　　　　　73EJT9:263B

(此簡已與 T9:268 簡綴合)　　　　　　73EJT9:264

☒……☒ⅰ[7]☒律令。/掾☒ⅱ　　　　73EJT9:265

元康三年九月辛卯朔☒ⅰ大奴□□□□輯車☒ⅱ九月□□□□
□□□☒ⅲ　　　　　　　　　　　　73EJT9:266A

印曰:居延後農長[8]印。☒ⅰ □月辛亥,犂工[9]彊以來。☒ⅱ
　　　　　　　　　　　　　　　　73EJT9:266B

【校釋】

[1]劍:原未釋,原簡殘存右部"刃"形,今據原圖版和常見文例補。又
簡末尾"丿"原釋文無,今據原圖版補。

[2]一:原未釋,今據原簡圖補。

[3]弓一矢二發:原釋文作六個未釋字,何茂活(2016P25-34)釋出
"弓一矢二",從補。姚磊(《合校》2021P115)懷疑其中的"二發"是"十二
枚",不可從。今結合何茂活釋文與原簡殘存墨跡補釋"發"字。

[4]鄃:魏郡屬縣。

[5]王錦城(2019P1176)指出該簡似爲兩殘斷簡片貼在一無字簡上,
從字體等來看,空格前後兩部分之間似無關係,當原屬不同的簡。

[6]原釋文脱此殘斷號。

[7]此行釋文原無,今據原圖版補。

[8]後農長:農長爲田官所轄官吏,T1:84 中見"第四農長",其"農長"

之前是以序次分別,此處"後農長"則是以方位分別。

　　[9]"工"後原釋文有"關卒"二字,從馬智全(2012.6)意見删除。"犁",原釋作"犂",今統一改釋。犁工,韓華(2014P377-385):"犁工"身份也是卒,主要從事農具"犁"的製作、保養和維修。

☑食表一通。Ⅰⅰ☑□時表一通。Ⅰⅱ☑□中表一通。Ⅰⅲ☑□表一通。Ⅰⅳ日失中[1]表一通。Ⅱⅰ日餔時表一通。Ⅱⅱ日下餔時表一通。Ⅱⅲ日夕[2]表一通。Ⅱⅳ六月己亥十通。Ⅲ日蚤食時表一通。☑Ⅳⅰ日食時表一通。☑Ⅳⅱ日未中表一通。☑Ⅳⅲ日中表一通。☑Ⅳⅳ　　　　　　　　　　　　73EJT9:267A

☑……Ⅰⅰ☑……Ⅰⅱ☑□二通。Ⅰⅲ……Ⅱⅰ日下餔時表一通。Ⅱⅱ日夕表一通。Ⅱⅲ六月己亥十通。Ⅲ……☑Ⅳⅰ日食時表一通。☑Ⅳⅱ日未中表一通。☑Ⅳⅲ日中表一[3]通。☑Ⅳⅳ 73EJT9:267B

　　【校釋】

　　[1]日失中:失,下册釋文本作"未",今從中册紅外圖版旁釋文。張德芳(2004P190-216):懸泉漢簡中,"日未中"和"日失中"相對應,分別指"日中"前後的兩個時段,相當於文獻中的"隅中"、"禺中"和"日昳"、"日昃"等。居延和金關漢簡中分別稱"日東中"和"日西中"。

　　[2]日夕:張德芳(2004P190-216):文獻上的"夕時"也大都與"朝"相對,指一個較大的時間範圍,懸泉漢簡中的"夕時"則限定在"下餔"與"日未入"之間,在一個比較小的時間點上。另外,爲了把時間縮小到一個更小、更精確的範圍内,懸泉漢簡記時,除了"夕時"外,還有"下夕時",即"夕時"之後。

　　[3]一:原釋作"二",從邢義田(2012P180-191)改釋。

☑不願召對,久望不食[1],未耐任衣[2]。有罪輔不肖[3],爲部[4]治馬官,輔[5]有疾,不敢堅〈望〉[6]見[7],早想召部中ⅰ☑謹入[8]□願詣,輔得毋有失,過而不自省,願聞其説。幸﹦甚﹦(幸甚幸甚)。部中

事[9]何以教使卜輔[10]，即有ⅱ　　　　　　73EJT9：268B+264A

☑爲輔請侯予[11]平君佚[12]，欲以諸□□問[13]輔[14]。叩頭，重幸＝

甚＝（幸甚幸甚）。　　　　　　　　　　73EJT9：268A+264B[15]

【校釋】

[1]久望不食：原釋作"□□不使"，從何茂活（2015.1.7）改釋。

[2]未耐任衣：原釋作"未轉□□"，從何茂活（2015.1.7）改釋。任，指擔當、禁得起，意猶"勝衣"。本簡中的"久望不食，未耐任衣"即指身體疲病，衣食起居都很困難。

[3]肖：原未釋，從何茂活（2015.1.7）補釋。"不肖"爲自謙之辭。

[4]部：何茂活（2015.1.7）以爲當釋爲"郵"。按：漢簡中"部"、"郵"形近易混，所以從字形上很難分辨，不若保持原釋。

[5]輔：原釋作"縣"，從何茂活（2015.1.7）改釋。

[6]此字原簡圖作望，"望"訛誤作"堅"。

[7]不敢望見：敢，原釋作"願"，從何茂活（2015.1.7）改釋。"不敢望見"爲書信中之套語，亦爲謙敬之辭。望見，意爲拜見、謁見。"不敢望見"即不敢貿然拜訪的意思。

[8]此處原釋爲一個未釋字，細審原簡似爲"謹入"二字。

[9]事：原釋作"予"，從何茂活（2015.1.7）改釋。

[10]卜輔：原作一個未釋字，何茂活（2015.1.7）補釋一"輔"字，但未釋"卜"形，以爲不可知。按：此"卜"形應該是表示刪除作用的符號，此處可能指"使"字當刪除。

[11]予：何茂活（2015.1.7）改釋爲"事"。按：此形原簡字跡不清晰，難確定釋字，暫從原釋。

[12]佚：原釋作"使"，原簡字形作佚，此字所從"亻"和"夜"都非常清楚，今改釋。從字形看，或是"俠"。此處用爲人名。

[13]問：原未釋，此字原簡作，當爲"問"之草書。居新EPF22·841中"問"作，與此形基本相同。

[14]輔：原釋作"報"，從何茂活（2015.1.7）改釋。

[15]此簡由何茂活綴合,參見何茂活(2015.1.7)。

☑壽ᵢ☑☐。　　　以正月壬子出。ⁱⁱ　　　　　　73EJT9:269

☑　　二月丙戌入。　　　　　　　　　　　　73EJT9:270

居延尉章。　　☑　　　　　　　　　　　　73EJT9:271A

乘所占用☑　　　　　　　　　　　　　　　73EJT9:271B

☑☐☐伏地再拜伏地　（習字）　　　　　　73EJT9:272A

☑二寸,黑色。卩　　　　　　　　　　　　73EJT9:272B

☑令。/掾仁、屬☐。　　　　　　　　　　　73EJT9:273

☑　尺五寸。　　　　　　　　　　　　　　73EJT9:274

☑囊他[1]恒[2]宜亭長張譚符　妻大女鱳得安☐☑

☑☐光[3]二年……　　　　　姊[4]大女……☑　　73EJT9:275 [5]

☑甲寅出　　　　　　　　　　　　　　　　73EJT9:276

陽縣觀里公……☑　　　　　　　　　　　　73EJT9:277

四月丁酉,居延令☑　　　　　　　　　　　73EJT9:278

☑☐年十七,長六尺五寸,黑色。　弓☑　　　73EJT9:279

京兆尹長安☑　　　　　　　　　　　　　　73EJT9:280

居延亭長金成里杜奉[6]……☑　　　　　　　73EJT9:281

【校釋】

[1]他:原釋作“佗”,今改。

[2]恒:原釋作“聖”,從何茂活(2014.11.29)改釋。

[3]☐光:羅見今、關守義(2013.5)補作“永光”。

[4]姊:原釋作“弟”。按:“弟大女”文例金關簡不見,此字原簡作𣕊,從“女”從“市”可辨,當改。姊大女,文例如72ECC:57。

[5]此爲吏家屬出入符,詳參李迎春(2019P252—271)。

[6]奉:原未釋,姚磊(《合校》2021P116)疑是“奉”,從改。

(此簡已編聯至 T23:900 之後的簡册中)　　　73EJT9:282

☑尉通移肩水金關寫移ᵢ☑史尊ᵢᵢ　　　　　　　73EJT9:283

☑今　　　☑　　　　　　　　　　　　　　　73EJT9:284

☑　朔庚寅　☑　　　　　　　　　　　　　73EJT9:285

☑　□肩水候長移　☑　　　　　　　　　73EJT9:286

☑……縣、里、年、姓☑　　　　　　　　　73EJT9:287①

☑……水候□兼行丞事[1]☑　　　　　　　73EJT9:288①

☑……☑　　　　　　　　　73EJT9:288+287[2]

☑□[3]長六尺五寸,黑色。　☑　　　　　　73EJT9:289

(此簡已與 T9:252 綴合)　　　　　　　　　73EJT9:290

☑□□　☑　　　　　　　　　　　　　　　73EJT9:291

☑□□□弓一,矢八十枚。∕　　　　　73EJT9:292[4]

☑……☑

☑□□□如律令……☑　　　　　　　　　73EJT9:293

☑……　　　　　　　　　　　　　　　　73EJT9:294

小奴張……☑　　　　　　　　　　　　　73EJT9:295

四斗斗一主人[5]　☑ᵢ……☑ᵢᵢ　　　　73EJT9:296A

□□□二斗□□二斗[6]☑ᵢ胡子文二斗入大石[7]☑ᵢᵢ　73EJT9:296B

正月己巳,尉史□□□□□☑ᵢ……移過所縣邑侯國,如律令。☑ᵢᵢ

　　　　　　　　　　　　　　　73EJT9:297A[8]

章曰:居延□印。　　☑　　　　　　　73EJT9:297B

【校釋】

[1]事:原未釋,從何茂活(2014.11.29)補釋。此外,何茂活同時認爲
簡中的未釋字是"官"。

[2]此簡由張文建(2017.1.22)綴合,但綴合的兩枚簡比較特殊,姚
磊(《合校》2021P117)有比較詳細的討論。姚磊文中已明確兩簡分別附
着在另一枚簡上,兩簡文字内容不連貫,無可綴合跡象,但所附着的兩枚
簡確實茬口吻合,由此姚磊將原兩簡分別作"T9:287①"和"T9:288②"
兩個新號,將所附着的素簡保持原來的 T9:287、T9:288 兩號,並綴和在

一起,今從。

[3]此未釋字姚磊(《合校》2021P118)釋作"五"。

[4]該簡爲兩片削衣拼接附在一枚簡上,姚磊(綴合 2021P21)認爲兩片削衣不能綴合,且亦不能和其所附着的簡綴合。

[5]此簡"斗一"原釋作"佐",從何茂活(2014.11.29)改釋。另,姚磊(《合校》2021P119)將此行的"入"釋作"人",無法確定,暫從原釋。

[6]此行釋文原釋作八個未釋字,其中兩處"二斗"皆從何茂活(2016P25-34)改釋。

[7]大石:陳夢家(1980P149):漢代大石與小石的比例和粟米的比率一樣,爲五比三,是代表一種容量的單位。

[8]此簡正面原釋文將殘斷號誤作"□"。

☑……　　　　　　　　　　　　　　　　　　73EJT9:298

甘露四年□月……☑ⅰ□□□□長周年□□,毋官獄徵事,當得☑ⅱ
　　　　　　　　　　　　　　　　　　　73EJT9:299

☑□□□□□□近衣強酒食,察官　　　　　73EJT9:300

☑界課　　　　　　　　　　　　　　　　　73EJT9:301

使田徦作……☑　　　　　　　　　　　　　73EJT9:302

☑麓[1],年五十三。　　　　☑　　　　　　73EJT9:303

☑長楊猛妻券[2]君☑　　　　　　　　　　　73EJT9:304

☑候官。　印曰:王福印。☑　　　　　　　73EJT9:305

☑□□□　☑　　　　　　　　　　　　　　　73EJT9:306

☑　　　不入　　　　　　　　　　　　　　　73EJT9:307

☑弓一,矢十二。以十二月甲申出。　　　　73EJT9:308

☑　之之之☑(削衣)　　　　　　　　　　　73EJT9:309

☑界,如出界,定國□以毋人律告,不得如出☑　73EJT9:310+51[3]

☑延。　五鳳元年五月乙亥出,六月戊戌入。丿(竹簡)73EJT9:311

☑得爲傳。　丿☑　　　　　　　　　　　　73EJT9:312

(圖畫)☑　　　　　　　　　　　　　　73EJT9：313A

(圖畫)☑　　　　　　　　　　　　　　73EJT9：313B

☑　奉用錢[4]二☑☑(削衣)　　　　　　73EJT9：314

印[5]伯[6]☑☑　　　　　　　　　　　73EJT9：315

肩水都尉肩水☑　　　　　　　　　　　73EJT9：316A

肩水☑　　　　　　　　　　　　　　　73EJT9：316B

☑永光[7]元年十月☑　　　　　　　　　73EJT9：317A

☑□地再拜　　☑　　　　　　　　　　73EJT9：317B

☑　□ᵢ☑　王少ᵢᵢ(削衣)　　　　　　73EJT9：318

☑□再拜言☑ᵢ☑游卿足下,屬☑ᵢᵢ　　73EJT9：319A[8]

☑游卿[9]□□□ᵢ☑進☑ᵢᵢ☑卿☑ᵢᵢᵢ　73EJT9：319B

【校釋】

[1]麓:何茂活(2014.11.29)釋作"林剛"。

[2]券:張俊民(2014.12.16)以爲是"春"。

[3]此簡由尉侯凱綴合(2017P348-359),並認爲其中"人"或是"入"。

[4]奉用錢:陳夢家(1980P142):漢簡的月俸錢稱爲"奉用錢",亦作"奉錢"、"用錢"、"禄用錢"或"禄錢"。月俸以錢,偶以布帛代替,稱爲"奉帛"、"禄帛"、"禄用帛"或"用帛"。

[5]印:原釋作"□□",此字原簡墨跡脱落,造成兩字假象,實爲一字"印",今改。

[6]伯:原釋作"佰",今據原圖版改。

[7]永光:原未釋,從胡永鵬(2015.3)補釋。

[8]此簡爲半圓形,中間有穿孔。

[9]游卿:原未釋,今據原圖版與正面内容補。

☑自言爲家,　元[1]始□□□長☑ᵢ☑令史護☑ᵢᵢ　73EJT9：320

☑　六月□□入。卩[2]　　　　　　　　73EJT9：321

甘露四年六月丁丑朔壬午,所移軍司馬仁☑

□龍起里王信,以詔書穿渠敦煌郡[3]☑　　　　　73EJT9:322A

軍司馬仁[4]印。☑　　　　　　　　　　　　　73EJT9:322B

……胡里張千秋,年卅。｜｜[5]　　☑　　　　　73EJT9:323

☑定國以律令行事,敢言之。　　　　　　　73EJT9:324 [6]

☑　二月廿八日辛未□☑☑　　　　　　　　73EJT9:325 [7]

☑□之□☑　　　　　　　　　　　　　　　73EJT9:326A

☑　□□菫☑　　　　　　　　　　　　　　73EJT9:326B

☑遣□陽□□□☑　　　　　　　　　　　　73EJT9:327

☑□筭(算)賦給,毋官獄徵事,☑　　　　　　73EJT9:328

☑……長七尺二寸,黑色。☑　　　　　　　73EJT9:329

☑九通五十九☑　　　　　　　　　　　　73EJT9:330

☑二,車二兩……　　　　　　　　　　　　73EJT9:331

居延縣三老[8]遮虜里彭害,年六十,　軺車一乘,馬二匹。　　已出。

卩 i　　　　　　　　　　　73EJT9:332+T10:119 [9]

【校釋】

[1]元:原未釋,今據原圖版補。

[2]此符號原釋文無,從何茂活(2016P25—34)補釋。

[3]郡:原釋作“軍”,從胡永鵬(2017P157)改釋。

[4]軍司馬仁:馬智全(2016.3):很可能是敦煌郡的司馬,這件文書當是由太守府或都尉府發出。簡文的主要内容,是説“龍起里王信以詔書穿渠敦煌”。

[5]此處符號原釋作“八”,實際當作兩次校對的符號看待,今改。

[6]何茂活(2016P25—34)指出原釋文“國”後衍“掾”,原“行□□事”改訂爲“□□行事”。姚磊(《合校》2021P120)進一步推擬“行事”前未釋字可能是“私印”。今結合殘存墨跡與常見文例補兩未釋字爲“律令”。

[7]黄艷萍(2014.2)將該簡年代歸爲初元五年。

[8]三老:《匯釋》(2008P3):職掌教化的鄉官,一般爲選舉出來的有威望的人。

[9]此簡由謝明宏(2022.4.8)綴合。

初元年☐ᵢ霸從追☐ᵢᵢ　　　　　　　　　　　73EJT9：333

☐☐☐朔丙辰,掾行、守☐☐☐　　　　　　73EJT9：334

正月丁亥,臨菑守右丞鄰移過所縣邑☐☐☐　　73EJT9：335

☐丙午,肩水令史拓☐　　　　　　　　73EJT9：336 [1]

☐六十　　　☐　　　　　　　　　　　　73EJT9：337

☐候,以六月戊戌　已入。[2] ⴴ　　　　　　73EJT9：338

左馮翊池陽利上里公乘楊熊,年五十八☐　　73EJT9：339

☐☐車一兩　　　丿[3]☐　　　　　　　73EJT9：340

甘露四年正月☐ᵢ☐☐占[4]。案:毋官☐ᵢᵢ　　73EJT9：341A

雒陽守丞[5]☐　　　　　　　　　　　　73EJT9：341B

☐☐可寄衣者　　　　　　　　　　　　73EJT9：342

☐敢言之。/九月辛☐　　　　　　　　73EJT9：343A

☐丞印。　　　☐　　　　　　　　　　73EJT9：343B

☐☐☐牛里☐☐定,年廿三☐　　　　　73EJT9：344

☐　　二月己☐　　　　　　　　　　　73EJT9：345A

☐……☐　　　　　　　　　　　　　73EJT9：345B

☐……☐　　　　　　　　　　　　　73EJT9：346

☐同　　☐六月己未北[6]入。

☐　　車一兩,馬一匹。　　丿[7]　　　　73EJT9：347

☐自言爲　　☐ᵢ☐乙亥徐易[8]　　☐ᵢᵢ　73EJT9：348

☐辛丑朔己巳,東鄉嗇☐　　　　　　　73EJT9：349

☐……☐ᵢ☐……☐ᵢᵢ　　　　　　　　73EJT9：350

☐毋苛留止,如☐ᵢ☐如律令☐ᵢᵢ　　　　73EJT9：351

☐……☐　　　　　　　　　　　　　73EJT9：352A

☐……☐　　　　　　　　　　　　　73EJT9：352B

☑☑尉史彊	73EJT9:353
☑☑☑……☑	73EJT9:354
☑　　☑子☑	73EJT9:355
☑……☑	73EJT9:356
甘露二年……☑	73EJT9:357
(此簡已與 T9:258 綴合)	73EJT9:358
……居延……☑	73EJT9:359
☑……☑	73EJT9:360
☑……☑	73EJT9:361
鱳得市陽里☑☑,年☑☑☑　　☑	73EJT9:362
河内温市昌里杜明,年廿二歲。　　☑	73EJT9:363
☑……☑	73EJT9:364
☑　　七月乙卯	73EJT9:365
☑☑☑明部☑☑(削衣)	73EJT9:366
☑☑☑掾……☑	73EJT9:367
☑☑☑　　☑	73EJT9:368
☑☑☑爲傳,謹移過所☑☑	73EJT9:369
☑一　☑☑	73EJT9:370
☑……	73EJT9:371
☑……☑	73EJT9:372
☑☑☑☑尺☑寸	73EJT9:373[9]

【校釋】

[1]胡永鵬(2017P492)定此簡年代在漢宣帝地節年間。

[2]已入:原釋作“弓”,從曹方向(2011.9.16)例十三改釋。

[3]此符號原釋文漏釋,從李燁(2013P23)補釋。

[4]占:原未釋,從姚磊(《合校》2021P121)補釋。

[5]原釋文“丞”後有“☑☑”,原簡此處並無墨跡,從沈思聰(2018P246)刪除。

　　[6]北:原未釋,從姚磊(《合校》2021P122)補釋。

　　[7]此符號原釋文漏釋,從李燁(2013P23)補釋。此外,李燁(2013P22)以爲"一匹"後還有"已出",不可從。其所謂的"已出"可能是"一匹"之誤認。

　　[8]易:原未釋,沈思聰(2018P246)釋作"爲"。按:此字原簡圖作▨,字形墨跡不清晰,有干擾。此形確與秦簡中的"爲"形相近,但細審結構可知此形就是"易",今改。

　　[9]此簡原釋文作"……",何茂活(2016P25-34)釋作"長□尺二寸"。今審原簡,"尺"、"寸"二字可確定,其他字不能確定釋字。

居延都尉……▨　　　　　　　　　　　　　73EJT9:374

▨……自言爲家▨　　　　　　　　　　　　73EJT9:375

▨……▨(削衣)　　　　　　　　　　　　　73EJT9:376

章曰:□▨　　　　　　　　　　　　　　　73EJT9:377A

三月□□□嗇夫□▨　　　　　　　　　　73EJT9:377B

▨　　　弓一,矢▨　　　　　　　　　　　73EJT9:378

▨拜驛北　　　　　　　　　　　　　　　73EJT9:379A

▨卿　　　　　　　　　　　　　　　　　73EJT9:379B

▨酒[1]食□□▨　　　　　　　　　　　　73EJT9:380A

▨□□半　▨　　　　　　　　　　　　　73EJT9:380B

▨□色　　▨　　　　　　　　　　　　　73EJT9:381

▨□□□□□□□▨ᵢ▨匹,軺車一乘,謁▨ᵢᵢ　73EJT9:382

▨鄉嗇夫　　　　　　　　　　　　　　　73EJT9:383A

▨□　　　　　　　　　　　　　　　　　73EJT9:383B

甘露三年三月甲申朔▨▨ᵢ……▨ᵢᵢ　　　73EJT9:384+170[2]

▨□□□矢奪勞▨(削衣)　　　　　　　　73EJT9:385

▨寸,黑色。　　　　　　　　　　　　　　73EJT9:386

▨勿苛留,如律令。/掾□□▨(削衣)　　　73EJT9:387

充伏地再拜請□▨ᵢ唯　……錢七□□□▨ᵢᵢ(削衣)　73EJT9:388

☑亥丞嚴☑☑☑(削衣)　　　　　　　　　73EJT9:389

☑占田居延(削衣)　　　　　　　　　　　73EJT9:390

☑觻得長印☑(削衣)　　　　　　　　　　73EJT9:391

☑□錢不□☑(削衣)　　　　　　　　　　73EJT9:392

☑案毋官徵事☑　　　　　　　　　　　　73EJT9:393

☑謁　　☑(削衣)　　　　　　　　　　　73EJT9:394

☑□伏地再拜☑　　　　　　　　　　　　73EJT9:395

【校釋】

[1]酒:原未釋,從何茂活(2016P25—34)補釋。

[2]此簡由許名瑲(2016.6.7)綴合。

肩水金關 T10:1—550

☑……長七尺二寸,黑色。　　卩　　　　73EJT10:1

☑行乎外之胃(謂)行道大[1]者□□最　　73EJT10:2A

☑……卅三□卌三　　　　　　　　　　　73EJT10:2B

☑壬□,通道廄[2]佐敢言之:謹移穀出入簿[3]。　73EJT10:3[4]

【校釋】

[1]大:原未釋,今據原圖版擬補。

[2]通道廄:李均明(2011P255—266):“通道”具交通要道之義……“通道廄”位於沿額濟納河(古弱水)東岸的交通綫上,道路兩傍都是大沙漠,是河西走廊通向漠北的唯一通道,故此廄取名“通道”……昭帝時,金關與通道廄已同時見存,此後長期並存。通道廄是金關的一個部門,首長爲嗇夫,與關門嗇夫、傳舍嗇夫等並列,秩斗食。廄佐爲嗇夫助手,負責日常事務管理。廄御爲骨幹,承擔主要業務。廄卒則從事勤雜事務。通道廄的規模遠小於敦煌懸泉廄,但其功能大致相同:負責車馬的保養與使用;負責傳送持有規定憑證的過客;負責供給過客傳馬所需糧草;承擔一部分傳遞郵件的任務。

[3]穀出入簿:《集成》(五 P10):出入簿,出納賬,記物資、人員等支出和收入情況。

[4]此簡釋文原釋作"壬□□□□富□敢言之謹移穀……",李均明(2011P255-266)釋作"壬通道廄佐敢言之謹移穀出入簿"。今據李均明釋文在"壬"後補一未釋字,此處原簡殘餘墨跡較少,據文義當是地支字。胡永鵬(2017P482)定此簡屬漢昭帝時期。通道:隧名,金關簡首見。

肩水候官　　☑	73EJT10:4
☑金關　　☑	73EJT10:5
☑以郵行　　☑	73EJT10:6
☑肩水候☑	73EJT10:7A
☑一　　五九四十【五】☑	
☑十二　　四九三十【六】☑	73EJT10:7B
☑三寸,黑色。	73EJT10:8
☑　牛車一,☑	73EJT10:9
☑□,年五十四☑	73EJT10:10
☑出粟小石二石五斗☑	73EJT10:11[1]
……☑	73EJT10:12A
三月庚申驛北卒□以來。　　　☑[2]	73EJT10:12B
☑……取錢百　☑ⅰ☑……☑[3]ⅱ(削衣)	73EJT10:13
戍卒南陽郡□□□里公乘□應,年卅二。　　☑(竹簡)	73EJT10:14
☑……遣丞從史造[4]昌歸隴西取衣用,與從☑	
☑河津關,毋苛留止,如律令,敢言之。……☑	73EJT10:15[5]
☑　兔☑(有圖畫)	73EJT10:16
☑章䇳[6]封遣致言教。	73EJT10:17

【校釋】

[1]胡永鵬(2017P483)定此簡屬西漢昭帝元鳳五年至六年之間。

[2]驛北卒□以來:原釋作"馬少□□□□",從張俊民(2014.12.16)、

何茂活(2016P25-34)改釋。

　　[3]此行原釋文無,今據原圖版補。

　　[4]造:沈思聰(2018P247)釋作"遂",不從。

　　[5]此簡上下削尖,並在上下有兩個大契口。

　　[6]章等:原釋作"□寄",張俊民(2014.12.16)作"章錢",今綜合原圖版與張説改釋。

游君匡足下☑　　　　　　　　　　　　　73EJT10：18A

近衣,強幸酒食☑　　　　　　　　　　　73EJT10：18B

☑隧卒申至,同。卩美草隧[1]卒郭奴,卩先就隧卒縈毋小,免。卩

　　　　　　　　　　　　　　　　　　　73EJT10：19

☑……敢言之:□□里王[2]千秋,自言客[3]田武威　73EJT10：20

☑□家私市張掖、酒泉郡中,持牛一、車一兩。　73EJT10：21

肩水候官以郵行。　　　　　　　　　　　73EJT10：22

□夫人喪來[4],毋忘寄,喪善也。　　　☑　73EJT10：23

☑/掾□、守令史誼。　　　☑　　　　　　73EJT10：24

☑□□長六尺目□□□□□□　　　　　　73EJT10：25

☑□□穊以□□葦橐一黍一斗半如☑　　　73EJT10：26

☑□□始已歸之□□□□　　　　　　　　73EJT10：27

倉大□大□□毋入受受☑[5]　　　　　　　73EJT10：28

【校釋】

　　[1]美草隧:隧名,金關簡首見。T26：137 可見"廣地美草隧",可知該隧屬廣地塞。

　　[2]敢言之□□里王:原未釋,從張俊民(2014.12.16)補釋。

　　[3]客:原未釋,從陸寧寧(2022.7.19)補釋。

　　[4]喪來:劉倩倩(2015P102):喪期歸來。

　　[5]此簡末尾原釋文有"延"字,李燁(2013P27)已指出是原整理者誤衍。此簡文字上下粘連疊壓,書寫特殊,原釋文未必都可靠。

□[1]崔獲□毋恙謹使[2]☑　　　　　　　　73EJT10:29A

……☑ᵢ……☑ᵢᵢ[3]　　　　　　　　　73EJT10:29B

居延陽里戶人大男李嘉,年□☑　　　　　　73EJT10:30

☑□[4]革甲[5]、鞮瞀(鍪)[6]四　　　　　　73EJT10:31

☑謂金關　　　　　　　　　　　　　　　73EJT10:32

葆日勒□……☑　　　　　　　　　　　　73EJT10:33

☑　卑迎若☑　　　　　　　　　　　　　73EJT10:34

臨北吏

前長史☑

橐他[7]　　　　　　　　　　　73EJT10:35[8]

☑安漢卒　　　　　　　　　　73EJT10:36

甲子乙□甲人史□　寅　　　　73EJT10:37A

甲子乙丑壬　　　　丞君□妻建昭　73EJT10:37B[9]

【校釋】

[1]未釋字原簡作 ,疑是"來"字。

[2]謹使:原釋作"幸爲",字形差距太大,今據原圖版擬改。

[3]原釋作一行,今據原圖版補。

[4]未釋字原釋文無,今據原圖版補。

[5]革甲:革,原未釋,從張俊民(2014.12.16)、劉倩倩(2015P102)補釋。革甲即皮質鎧甲。

[6]鞮瞀:《匯釋》(2008P290):即頭盔,作戰時用來保護頭部的帽子。

[7]他:原釋作"佗",今改。

[8]此簡封泥槽中有穿孔。

[9]此簡兩面字跡皆拙稚,當爲初學者習字。

☑□張掖大守吏☑(習字)　　　　　73EJT10:38A

☑大守府以郵亭行……☑ᵢ☑……☑ᵢᵢ(習字)　73EJT10:38B

肩水候官　　☒[1]	73EJT10：39
言爲家私市張〚掖〛[2]郡中，毋官獄徵事，☒	73EJT10：40A
章曰：河南右尉。　　☒	73EJT10：40B
淮陽固始[3]昭陽里郭賢。　　　☒	73EJT10：41
☒食　　☒	73EJT10：42[4]
☒入	73EJT10：43
癸未□□[5]　　☒	73EJT10：44
☒魚卅頭□□　　☒	73EJT10：45+435[6]
大大大夫大☒（削衣）	73EJT10：46
☒今相見幸不一∟[7]幸☒	73EJT10：47A
☒□[8]息息賜☒	73EJT10：47B
☒□□□言聽□輒移名如☒	73EJT10：48
☒報益多☒	73EJT10：49
☒卅井候　　☒	73EJT10：50
☒　匡[9]　☒（削衣）	73EJT10：51
☒石宗（削衣）	73EJT10：52
□　☒ⅰ樂　☒ⅱ□　☒ⅲ（削衣）	73EJT10：53
☒　承☒（削衣）	73EJT10：54
☒　史延☒（削衣）	73EJT10：55
☒相知願　☒（削衣）	73EJT10：56
☒□幸毋□☒（削衣）	73EJT10：57
☒幸甚，敢[10]☒ⅰ☒采之都倉[11]☒ⅱ☒各丈取☒ⅲ（削衣）	
	73EJT10：58

【校釋】

[1]此簡似封泥槽，原釋文標注下方殘斷，似有誤。

[2]沈思聰（2018P248）已指出此處原簡抄寫者漏寫“掖”字。

[3]固：原釋爲“國”，從馬智全（2012.6）改釋。黃浩波（2013P276-278）：固始爲淮陽國屬縣。周波（2013P286-309）認爲釋“國”不誤，“淮陽

國始”應即“淮陽國固始”之省。

[4]胡永鵬(2017P483)定此簡屬西漢昭帝元鳳五年至六年之間。

[5]未釋字原釋文無,今據原圖版補。

[6]此簡由謝明宏(2022.6.30)綴合。“頭”字原未釋,從綴合者補釋。

[7]乚:原釋作“丶”,今改。王錦城(2019P255)認爲此後的“幸”上面的
兩橫是“二”。今察原圖版,知此簡文字可能是雜寫,只能按照墨跡字形釋
字,不能按照常見文例推導。

[8]未釋字原釋文無,今據原圖版補。

[9]匡:原釋作“篋”,從沈思聰(2018P248)改釋。

[10]幸甚敢:原未釋,從何茂活(2016P25-34)補釋。

[11]都倉:原未釋,從王錦城、魯普平(2017P328-334)補釋。冨谷
至(1998P193-246):都倉是一個單獨的倉名,它不是候官、部、燧中任何
一個的名稱。正像認定城倉是居延城倉一樣,也可以假定都倉就是肩水
都倉。

☐☐☐[1] ⅰ☐候行塞☐ⅱ(削衣)　　　　　　　　　　73EJT10:59

☐☐子文印以取☐ⅰ☐☐☐☐更☐☐[2]☐ⅱ(削衣)　　　73EJT10:60

甘露二年五月己丑朔丙辰,東鄉守嗇夫壽以私印行事[3],斗食佐[4]

譚、佐護敢言之:☐[5]☐ⅰ　　　　　　　　　　　　　73EJT10:61

通道廄元鳳五年十月穀出入簿。　　　　☐　　　　73EJT10:62

觻得敬老里任賞,年廿五。　　軺車一乘,馬一匹。　　弓一,矢五十。

卩ⅰ　　　　　　　　　　　　　　　　　　　　　　73EJT10:63

☐☐吏☐☐移簿大守府,十[6]月　壬子入關。　　十一月庚辰出關。

　　　　　　　　　　　　　　　　　　　　　　　73EJT10:64

☐元鳳六年四月盡六月財物出入簿。　　73EJT10:65

【校釋】

[1]此行原釋作“☐……”,今據原圖版改。

[2]此未釋字原無,今據原圖版補。

[3]以私印行事：宋豔萍(2014P132－136)：以私印行事分以私印行本
職事和以私印行他官職事兩種類型。

[4]斗食佐：金關簡 T37：22、T37：527 亦見"守斗食佐"，皆位列"佐"之
上。《漢書·百官公卿表上》："百石以下有斗食、佐史之秩，是爲少吏。"東
漢始將"斗食"列入官品，之前可能如同"有秩"一樣，只是對同類同名的加
以區别限定。

[5]未釋字原釋文無，今據原圖版補。

[6]十：原釋作"九"，從李燁、張顯成(2015.4)改釋。

夏侯初卿取麥一石，直(值)錢百。　　　　　　　　　　73EJT10：66

出穀小石卅四石四斗一升。Ⅰ其四石六斗五升粟，Ⅱ i 廿九石七斗
六升麥。Ⅱ ii 以食傳馬六匹一月，其二匹縣馬[1]。Ⅲ　　73EJT10：67

　　　　　　　　　　　　其四百一十八石六斗粟。

凡穀小石七百八十八石四升[2]。

　　　　　　　　　　　三百七十石二斗四升麥。

　　　　　　　　　　　　　　　　　　　　73EJT10：68

出粟小石二[3]石。　　爲御史張卿置〈買〉[4]豚二，雞一隻，南北食。

　　　　　　　　　　　　　　　　　　　　73EJT10：69

出粟小石三石。　　爲廷史田卿買豚二，雞一隻，南北食。

　　　　　　　　　　　　　　　73EJT10：70 [5]

【校釋】

[1]以食傳馬六匹一月其二匹縣馬：按照表意似當作"以食傳馬六匹
一月食，其二匹縣馬"。

[2]姚磊(2020.1)已指出"七百八十八石四升"當爲"七百八十八石八
斗四升"之漏書。簡文所記四百一十八石六斗粟，加上三百七十石二斗四
升麥，總計確實是"七百八十八石八斗四升"。

[3]姚磊(2020.1)認爲"二"當爲"三"之誤。

[4]置：沈思聰(2018P248)、王錦城(2019P1185)皆以爲當改釋爲

“買”。按：此字原簡字形清晰明確，釋作“置”無誤，但在此簡中應視爲“買”的訛誤，不能直接釋字。

　　[5]以上 T10：67 至 T10：70 四枚簡，胡永鵬（2017P483）定屬西漢昭帝元鳳五年至六年之間。

出粟小石一石五斗[1]。　以食廷史田卿、張掖卒史野，凡三人[2]往徠（來）[3]五日食積十匹=（匹，匹）食四斗。ｉ　　　　　73EJT10：71

今餘廣漢八稯布[4]卌九匹，直（值）萬一千一百廿七錢九分。

　　　　　　　　　　　　　　　　　　　　73EJT10：72

　　　　　　其二百一十石四斗五升粟，

受二月餘穀五百八十石六斗九升。

　　　　　　　三百七十石二斗四升麥。

　　　　　　　　　　　　　　　　73EJT10：73

出粟小石九石，　以食御、同等三人=（人人）一月食。　73EJT10：74
出粟小石六石六斗，　　以食御史張〖卿〗[5]、酒泉卒史二人。

　　　　　　　　　　　　　　　　73EJT10：75

·右十月七人　　　　　　　　　73EJT10：76[6]

【校釋】

　　[1]小石一石五斗：姚磊（2020.1）認爲當爲“小石四石”。
　　[2]凡三人：姚磊（2020.1）認爲當爲“凡二人”。
　　[3]徠：原徑釋作“來”，原簡此字從“彳”，今改。
　　[4]廣漢八稯布：王子今（2018P245－256）：“廣漢八稯布”，所見産品以出産地作爲標識的情形，顯示品牌地位已經確定。“廣漢八稯布”與“河内廿兩帛”同，均符合“産地＋規格品質＋織品名稱”的定式。其中規格品質有明確以數字顯示的元素（廿兩，八稯）。按：《説文·禾部》：“稯，布之八十縷爲稯。”漢簡中以“數字＋稯布”形式表示布經緯的疏密。
　　[5]李均明（2011P255－266）指出此處原簡抄寫者漏寫“卿”字。按：T10：87：“出粟小石六石六斗，以食御史張〖卿〗、酒泉卒史二人。”對讀可知

原簡脫漏"卿"。

[6]以上 T10：71 至 T10：76，胡永鵬（2017P483）定屬西漢昭帝元鳳五年至六年之間。

出粟八斗，　　以護所[1]卒史丁卿御一人。　　　　　73EJT10：77 [2]

出穈[3]小石五六斗[4]，　　　史田卿乘[5]張掖傳[6]馬二[7]匹，往來五日食積十五匹=（匹，匹）食[8]四斗。i　　　　73EJT10：78 [9]

【校釋】

[1]護所：王錦城（2019P1187）以爲"所"是"府"的誤字。魯家亮（2012P777—781）懷疑"護所"是"護府"的別稱。

[2]胡永鵬（2017P483）定此簡屬西漢昭帝元鳳五年至六年之間。

[3]穈：原釋作"穈"，此字原簡不從"米"，從"禾"，今改。王國維、羅振玉（2013P77—79）很早就指出此字乃"穈"之俗字，字書又作"床"形。漢人"穈"字固多從"禾"作，而不從"黍"作。由"穈"而省爲"穈"，復由"穈"省爲"床"，而其本字幾不可復識矣。穈、穄者，北方之穀。按：金關簡中"出穈"與"出穈"皆可見，而以前者出現居多，是知王國維所説漢人多數作"穈"可信。且《説文·米部》："穈，穄也。"可知"穈"、"穈"實爲一字異體。

[4]小石五六斗：李均明（2011P255—266）認爲"五"下原抄寫者漏抄"石"。姚磊（2020.1）認爲當作"小石六石"。

[5]馬智全（2012.6）："卿乘"整理者闕釋，該簡與同探方83號簡文例相同，故可以此爲據來補釋。

[6]傳：何茂活（2014.11.29）認爲是"轉"，不從。

[7]姚磊（2020.1）認爲此"二"當爲"三"之誤。

[8]何茂活（2014.11.29）指出"食"字後有重文號，但屬於抄寫者誤書。

[9]胡永鵬（2017P483）定此簡屬西漢昭帝元鳳五年至六年之間。

出粟小石十三石二斗，　　以食居延卒史單卿士吏得騎馬廿二匹=

(匹,匹)三日食=(食,食)一斗[1]。 i　　　　　　　　73EJT10:79

出糜[2]小石十二石，　以食傳馬二匹一月食。　　　73EJT10:80

出粟小斗二[3]斗，　以食護府卒史徐卿御一人。案事居延南北五日
食,日食二斗。 i　　　　　　　　　　　　　　73EJT10:81

　　　　　　其四百卅五石粟,

凡穀八百六十七石二斗[4],

　　　　　　　　三百七十石二斗四升麥。　73EJT10:82

出粟小石六石，　以食廷史田卿乘張掖傳馬三匹。往來五日食積十
五匹=(匹,匹)食四斗。　☐ i　　　　　　　　73EJT10:83

出粟小石二石五斗。　　　　　　73EJT10:84 [5]

【校釋】

　[1]李均明(2011P255-266)、魯家亮(2012P777-781)、姚磊(2020.1)
認爲"一斗"當作"二斗"。

　[2]糜:原釋作"糜",此字原簡圖作 ，下從"禾",今改。

　[3]魯家亮(2012P777-781)、姚磊(2020.1)認爲按照標準此"二"當
爲"十"。

　[4]八百六十七石二斗:姚磊(2020.1)認爲按照標準當爲"八百五石
二斗四升"。

　[5]以上 T10:79 至 T10:84,胡永鵬(2017P484)定屬西漢昭帝元鳳五
年至六年之間。

　　　　　其卅石八斗五升粟,

·凡出穀小石六【十】[1]石斗一升。

　　　　　　　·廿九石七斗六升麥。

　　　　　　　　　　73EJT10:85

出粟小石六[2]石，　以食[3]吏一人一月食。　☐ 73EJT10:86

出粟小石六石六斗，　以食御史張卿、酒泉卒史二人。　☐

　　　　　　　　　　73EJT10:87

出粟小斗九斗，　以食詔醫[4]所乘張掖傳馬一匹，現[5]三日食。☑

73EJT10:88

其二百八石八斗五升粟，

今餘穀五百卌九石四升[6]，

三百卌石一斗九升糜[7]。

73EJT10:89 [8]

【校釋】

[1]劉倩倩(2015P103)：此處卅石八斗五升粟加廿九石七斗六升麥，共出穀六十石斗一升，原釋文爲"六石斗一升"，疑脱漏一"十"字。王錦城(2019P1189)、姚磊(《合校》2021P129)則進一步指出此處總計應是"六十石六斗一升"，疑抄寫有誤。

[2]六：姚磊(2020.1)認爲按照標準此"六"當爲"三"。

[3]食：原釋作"亭"，從魯家亮(2012P777—782)改釋。

[4]詔醫：下詔派遣之醫官。

[5]現：此字原簡字形右部所從與漢簡中常見的"見"有較大區別，懷疑釋字有誤。

[6]升：原釋作"斗"，魯家亮(2012P777—782)根據數量合計，將其改作"升"，今從改。

[7]糜：原釋作"糜"，此字原簡圖作 ，下從"禾"，今改。

[8]以上 T10:85 至 T10:89，胡永鵬(2017P484)定屬西漢昭帝元鳳五年至六年之間。

出粟小石十八石，　　以食官。　　　　　　　73EJT10:90

出粟小石六石，　　以食御、同[1]等二人=(人，人)一月食。

73EJT10:91

☑小石四[2]石，　　以食傳馬四匹一月食。　　　73EJT10:92

(此簡已與 T10:167 綴合)　　　　　　　　　73EJT10:93

其三百卅八石五升粟，

☑【今餘】[3]穀七百八石二斗九升，

　　　　　　　　三百七十石二斗四升麥。

　　　　　　　　　　　　　　　　73EJT10：94

出糜[4]小石三石，　　以食廄佐一月食。　　☑　　73EJT10：95

　　　　　　其二百八石八斗五升粟，　☑

今餘穀五百卌九石四升，

　　　　　　　　三百卌石一斗九升糜[5]。　☑73EJT10：96

☑……以食通道卒三人〻（人，人）一月食。　　73EJT10：97 [6]

【校釋】

[1]同：原未釋，從張俊民（2014.12.16）補釋。文例參見 T10：74。

[2]四：姚磊（2020.1）認爲按照標準此“四”當爲“廿四”，疑書手漏寫。

[3]今餘：魯家亮（2012P777-782）根據數量推算補入，今據補。

[4]糜：原釋作“糜”，此字原簡圖作▨，下從“禾”，今改。

[5]糜：原釋作“糜”，此字原簡圖作▨，下從“禾”，今改。

[6]以上 T10：90 至 T10：97，胡永鵬（2017P484）定屬西漢昭帝元鳳五年至六年之間。

毋出入。　　　　　　　　　　　　　　73EJT10：98

肩水穀已頤[1]稟（廩）[2]食過客傳馬御及當食者，凡☑　73EJT10：99

☑□□五年九月穀出簿。　　　　　　　73EJT10：100

　　　　　　　　其百六十八石二斗四升麥，☑

今餘穀百七十七[3]石二斗四升，

　　　　　　　　九石粟。　☑　73EJT10：101 [4]

戍卒〻得萬歲里爰忘得，年卅五。　 丿　　　73EJT10：102

戍卒南陽郡博士度里[5]公乘張舜，年卌，　　長七尺二寸。丿

　　　　　　　　　　　　　　　　73EJT10：103

河南郡平縣河上里公乘左相，年廿三，長七尺二寸，黑色。　　劍一

枚。　　　卩ｉ　　　　　　　　　　　　73EJT10：104

□□公乘榮偃，年廿四。　四月乙酉已出。卩　73EJT10：105

（此簡已與 T10：168 綴合）　　　　　　73EJT10：106

通道廄佐謹〔移〕[6] 元鳳五年十一月穀出入簿。　73EJT10：107

田[7] 卒魏郡廥[8] 平陽里公士華捐，年廿五。　　丿[9] 73EJT10：108

騎士益昌里王歐已，　　　五百七十。　　　　73EJT10：109

方相（箱）車一乘。驅（騮）牡馬一匹，齒十四歲，　高六尺。迺入。

　　　　　　　　　　　　　　　　73EJT10：110A

……　　　　　　　　　　　　　　73EJT10：110B

史少君取麥一石五斗，直（值）錢百五六十。　73EJT10：111

治渠卒河東解臨里李驪，年卅五，長七尺三寸，黑色。　丿（竹簡）

　　　　　　　　　　　　　　　　73EJT10：112

　　　　　　其百六十四石二斗四升麥，

受九月餘穀百七十三石二斗四升，

　　　　　　　九石粟。　　73EJT10：113 [10]

【校釋】

[1] 頗：原釋作“頤”，從張俊民（2014.12.16）改釋。按：此字原簡圖作 **㤾**，與“頤”、“頗”兩字都不十分相合，但從文義上以釋“頗”爲優。頗，有表示程度、範圍之義，此處或指皆、悉、全部之類的意思。“已頗稟”就是已經全部發放。

[2] 稟：原徑作“廩”，今據原圖版改。

[3] 七：原釋作“八”，從馬智全（2012.6）、何茂活（2014.11.29）、胡永鵬（2017P484）改釋。

[4] 胡永鵬（2017P484）定此簡屬西漢昭帝元鳳五年至六年之間。

[5] 博士：黃浩波（2011.12.1）認爲此爲博望之省，《漢書·地理志》南陽郡下有博望侯國。望，從亡得聲，音近可通，博亡即博望。若釋爲士，南陽無地名曰博或博士，簡文難通。張俊民（2014.12.16）、王錦城（2019P1191）以爲“博”後脫“望”字，“士”當釋爲“大”，“大度里”爲里名。按：以上兩種意

見皆有可取處。“博士”可解爲“博亡”之誤,但這裏是“亡”誤作“士”,而不能將“士”直接釋作“亡”。解作“博”後脱“望”之説亦可,但釋“大”之説不可從,作“士度里”也無不可。暫保持原整理者釋文。

[6]“謹”字下李均明(2011P255-266)認爲原簡脱“移”字,從補。

[7]田:原釋作“戍”,從姚磊(《合校》2021P133)改釋。

[8]厝:黄浩波(2011.12.1):《地理志》屬河清郡,《郡國志》屬河清國,漢安帝時改稱甘陵,而清河郡一度稱甘陵郡……殆清河置爲國時,削其屬縣入魏郡。

[9]此符號原釋文漏釋,從李燁(2013P23)補釋。

[10]此簡中的“麥”、“粟”兩字原釋文誤調換了位置,釋讀詳見魯家亮(2012P777-782)。胡永鵬(2017P485)定此簡屬西漢昭帝元鳳五年至六年之間。

丞相臣衡、御史大夫臣譚昧死言:執金吾[1]章兼大 i □□□ ii

73EJT10:114[2]

八月癸亥,宛[3]獄守丞乘之兼行丞事,寫移武關,如律令☑

/掾弘、守令史林。　　　　　　　　73EJT10:115A

章曰:宛獄丞印。　　　☑　　　　　73EJT10:115B

今粟小石百六十一石二斗,　　元鳳五年十一月癸卯受紀子移。

73EJT10:116

　　　　　　其二百六十七石八斗粟,　☑

☑【今】餘穀小石六百卅八石四升。

　　　　　　三百七十石二斗四升麥。　☑

73EJT10:117[4]

【校釋】

[1]執金吾:《漢書·百官公卿表上》:“中尉,秦官,掌徼循京師,有兩丞、候、司馬、千人。武帝太初元年更名執金吾。”

[2]胡永鵬(2017P517)定此簡年代在漢成帝時期。王錦城(2019P257-

258）已指出簡中的“衡”指匡衡，“譚”指張譚，“章”指王章。

　　［3］宛：鄭威（2015P217—241）：《漢志》南陽郡有宛縣，在今河南南陽市老城區東北蔡莊村。

　　［4］胡永鵬（2017P485）定此簡屬西漢昭帝元鳳五年至六年之間。

葆淮陽國陽夏北陽里公乘張不識[1]，年廿三，長七尺二寸，黑色，☑
　　　　　　　　　　　　　　　　　　　　73EJT10：118A

丿　　　已入。　　☑　　　　　　　73EJT10：118B

（此簡已與 T9：332 綴合）　　　　　　73EJT10：119

甘露四年正月庚辰朔乙酉，南鄉嗇夫胡敢告尉史：臨利里大夫陳同，自言爲家私市張掖、居延界中。謹案：同毋i官獄徵事，當得傳，可期言廷[2]，敢言之。正月乙酉，尉史贛敢言之。謹案：同年、爵如書，毋官獄徵ii事，當傳，移過所縣侯國，勿苛留，敢言之。正月乙酉，西鄂守丞樂歲[3]、侯國尉如昌移過所，如律令。／掾干將、令史章。iii
　　　　　　　　　　　　　　　　　　　　73EJT10：120A

西鄂守丞印。　　　　　　　　　73EJT10：120B[4]

　　【校釋】

　　［1］識：原釋作“武”，原簡作［字形］。按：2014 年 6 月博士論文答辯時吳振武告知此字施謝捷早就釋作“識”，後見何茂活（2014.11.29）文亦釋出。

　　［2］可期：劉倩倩（2015P104）：可以在官府説，是保證之語。王錦城（2019P259）：“廷”當指縣廷而言，該簡文書先由鄉嗇夫向尉史發出，再由尉史上報縣丞，“可期言廷”大概是鄉嗇夫希望尉史能以某日期上報縣廷的意思。按：“期”，原簡作“朞”，左右部件位置調換。這裏的“可期”應指可以按照規定日期的意思。

　　［3］歲：原釋作“成”，從何茂活（2014.11.29）改釋。

　　［4］張英梅（2014.2）據此簡指出“傳”的頒發程序是庶民向鄉級提出申請，鄉級負責人對其審核，如合格，提交縣尉審核，合格後再由縣令或縣丞蓋章。

甘露四年二月己酉朔丙辰,南鄉有秩過、佐賴[1]敢告尉史:宛[2]當利
里公乘陳賀,年卌二,自言爲家私市ⅰ張掖居延。案:毋官徵事,當爲
傳,移過所關邑,毋苛留。尉史幸謹案:毋徵事。謹案:年、爵ⅱ
　　　　　　　　　　　　　　　　　　　　　　　　　73EJT10:121A

章曰:宛丞印。　　　　　　　　　　　　　　　　　73EJT10:121B

【校釋】

[1]賴:何茂活(2014.11.29)改釋作"贛"。

[2]宛:鄭威(2015P217-241):《漢書·地理志》南陽郡有宛縣,在今
河南南陽市老城區東北蔡莊村。甘露四年即公元前50年,這一年有宛稱
縣,不知何時曾稱邑。

田卒魏郡庠(斥)[1]丘曲里大夫充,年卅,姓宋氏。　　　臧[2]卩
　　　　　　　　　　　　　　　　　　　　　　　　　73EJT10:122

觻得市南充　　　　　　　　　　　　　　　　　　　73EJT10:123A

張張　　　　　　　　　　　　　　　　　　　　　　73EJT10:123B

觻得市南第一里敬老里過迎户簿門長侯[3]子山足下[4]☑
　　　　　　　　　　　　　　　　　　　　　　　　　73EJT10:124A

上第一里□□尤尤尤尤☑　　　　　　　　　　　　73EJT10:124B

河平二年十二月甲戌,駟北亭長章敢言之:治所檄[5]曰:
　　　　　　　　　　　　　　　　　　　　　　　　　73EJT10:125

方相(箱)車一乘。驪牡馬一匹,齒十二歲。　　　　73EJT10:126

左後部初元四年四月己卯盡癸未,堠[6]　　上表出入界課。　☑
　　　　　　　　　　　　　　　　　　　　　　　　　73EJT10:127

東郡清[7]高明里李憲[8]。　　　□□　　　—[9](竹簡)73EJT10:128

【校釋】

[1]庠:此字整理者釋作"廩",馬孟龍(2012.3)指出此字從"广"從
"羊",當釋作"庠","庠"乃"庎(斥)"的異體,庠丘應即見於破城子遺址
159.5號漢簡等的"斥丘"。何茂活(2014.11.29)、張俊民(2014.12.16)也

有釋"斥丘"之説。今從改。

[2]臧:原釋作"職",釋字與原簡字形不合。此字原簡圖作 。"臧"的漢簡字形如:敦788 、居14.5A(臧翁卿) 、肩貳T24:245 ,"職"的漢簡字形如:敦189 、居新F16.36 、肩貳T23:360A 。三者對比可知,"臧"、"職"兩字的草書右部構形較近,主要的區別是左部。"職"的左部"耳"形與此簡字形的筆順、結構都完全不合,而"臧"的左部結構和筆順都與此簡字形比較合,當改釋作"臧"。此字在簡末出現,字體、墨色與正文内容差距較大,當非一人一時所書,出現在此處亦不知何意。

[3]侯:原釋作"候",從沈思聰(2018P251)改釋。

[4]下:原未釋,原簡尚能看到一横畫,今據原圖版和常見文例補。

[5]治所檄:王錦城(2019P261):爲發自某位官吏治所的檄書。

[6]堠:《匯釋》(2008P244):亭或燧都是邊塞視察哨的單位,有土築的烽墩爲中心,這個烽墩稱爲堠,即瞭望敵情的土堡。何茂活(2017P214—226):與"塢"的城堡之形不同,"堠"則只是烽墩。它或與塢組合在一起,或者獨立修築,總之是高於塢壁的烽火墩臺,既可以候望警戒,又便舉燃布烽。"堠"字本作"候",也稱"烽候"、"烽堠"……"堠"即烽堠,意義與"亭"、"燧"基本相同,實即烽火墩臺。因爲堠有瞭望功能,因此其上或設有望樓,稱爲"候樓"、"候櫓(候樐)"等……"塢"則是防禦用的小型城堡。二者往往組合營建,堠大多居於塢之一隅。

[7]清:縣名,東郡屬縣。

[8]此字原釋作"憲",沈思聰(2018P251)改釋作"寬"。按:此字結構上部與"憲"較近,下部與"寬"較近,無法從字形確定釋字,暫作常見人名用字"憲"。

[9]此符號原釋文無,從張俊民(2014.12.16)補釋。

河南郡雒陽歸德里公乘杜[1]漢,年六十四歲,長七尺二寸。　二月庚子入。　　□□,弩一,車一兩,牛二,劍一。~[2](竹簡)

73EJT10:129

從者居延肩水里大夫蓋常,年十三,長六尺三寸,黑色。　皆以四月
壬戌出。 ∫ [3] i　　　　　　　　　　　　　　　73EJT10:130

肩水禽寇隧長韓武彊, I 弩一,右淵[4]死二分,負五筭[5]。—[6] II i
虿矢一,差折,負二筭。II ii 凡負七筭☑III　　　　73EJT10:131

【校釋】

[1]杜:原未釋,從張俊民(2011.9.23)補釋。

[2]此符號原釋文無,從李燁(2013P24)補釋。

[3]此符號原釋文無,從李燁(2013P23)補釋。

[4]淵:《釋名·釋兵》:"簫弣之間曰淵。淵,宛也。言宛曲也。"

[5]筭:《集成》(五 P17):計算官吏政績的計量單位。工作優異,得
算;不合格則負算。

[6]此符號原釋文漏釋,從張俊民(2014.12.16)補釋。

博望隧卒趙國襄國曲里翟青。　　　☑　　　73EJT10:132

☑占用馬一匹,輢車一乘,謁　　　　　　73EJT10:133

☑延廣都里陳得,俱乘所占用馬一匹,輢車一乘,謁　73EJT10:134

嗇夫吏移居延縣索關,遣休各如□□☑　　　73EJT10:135

☑□一,牛車二兩,牛四。已入。卩　　　　73EJT10:136

通道廄斗□[1]元鳳六年四月穀出入簿。　　☑　73EJT10:137

肩水金關　　　　　　　　　　　　　73EJT10:138

肩水金關　　　　　　　　　　　　　73EJT10:139

關嗇夫光　　　　　　　　　　　　　73EJT10:140

·肩水候官　　　　　　　　　　　　73EJT10:141

☑肩水候官　　　　　　　　　　　　73EJT10:142

肩水金關　　　　　　　　　　　　　73EJT10:143

肩水金關　　　　　　　　　　　　　73EJT10:144

肩水金關　　　　　　　　　　　　　73EJT10:145

(此簡已與73EJC:527簡綴合)　　　　　73EJT10:146

☑　以食護府卒史徐卿府〈所〉[2]乘張掖傳馬二匹,南北五日食,日
食二斗[3]。i　　　　　　　　　　　73EJT10∶147 [4]

【校釋】

[1]斗□:原釋作"計餘",從李均明(2011P255—266)改釋。

[2]府:原釋作"所",李均明(2011P255—266)指出此字爲"所"字之誤
寫,今從改。

[3]二斗:原釋作"四斗",從魯家亮(2012P777—782)改釋。何茂活
(2014.11.29)釋作"三斗"。按:相類可對讀文例見 T10∶81。

[4]胡永鵬(2017P485)定此簡屬西漢昭帝元鳳五年至六年之間。

河南郡滎陽穀京里公乘董置,年卅,長七尺二寸,黑色。　　　☑

　　　　　　　　　　　　　73EJT10∶148

賞□疑要虜隧長尹恭（削去）　　　驗問起居治責恭=丁卯夜昏(昏)[1]

　　　　　　　　　　　　　73EJT10∶149

通道廄佐元鳳五年十二月穀出入簿。　　　☑　73EJT10∶150

方箱車一乘,驒(驛)[2]牡馬一匹,齒☑　73EJT10∶151

京兆尹長安春柳[3]里男子伏[4]臨,年卅三,軺車一乘,　　☑

　　　　　　　　　　73EJT10∶152+T9∶130 [5]

居延丞從史公乘安樂里智□☑　73EJT10∶153

北部守候史趙信,　　　行檄☑　73EJT10∶154A

甲子　☑　73EJT10∶154B

☑守有秩勳敢言之:尉史楊里公乘史元□☑　73EJT10∶155

卅井令史觻得富里張並☑　73EJT10∶156

河南宜成里王葆,年卅。　☑　73EJT10∶157

登山隧長翟敝,　　六百☑　73EJT10∶158

居延褚里陳輔公乘,年卅七。　☑　73EJT10∶159

（此簡已與 T10∶175 綴合）　73EJT10∶160

十九石八斗五升　　　　☑　　　　　　　　73EJT10:161

 聀得富昌里李禹。　　　牛二,車一兩。☑　　　73EJT10:162

☑肩水金關,遣傳舍嗇夫[6]福將　　　　　　73EJT10:163A

☑　　　佐安世。　　　　　　　　　　　　73EJT10:163B

戍卒昭武樂歲里☑　　　　　　　　　　　　73EJT10:164

出粟小石六石,　　　以食卿[7]、買[8]等二人一月食。　　☑

　　　　　　　　　　　　　　　　　　　　73EJT10:165

出粟八斗,　　　以食天水卒史索虜☑　　　73EJT10:166[9]

出粟小石三石,　　以食御一人一月食。　73EJT10:167+93[10]

出粟小石八石,　　　以食廷史石卿、張掖卒史戀[11]所乘張掖傳馬四

匹。十月壬子,南北五日積廿匹=(匹,匹)四斗。i

　　　　　　　　　　　　　　　　73EJT10:168+106[12]

【校釋】

[1]昏:原釋作"昏",今據原簡字形改。

[2]駢:原徑釋作"駽",今據原圖版改。

[3]春柳:春,原釋作"青",原簡作㣪,字形與原釋差距較大。按:疑此形爲"春"俗寫"旾"之草書,暫擬改。柳,伊強(2017.5.12)釋作"桃"。

[4]伏:原釋爲"欣"。原簡字形作⿰亻夂,非"欣",當是"伏"的草寫。漢簡中"伏"寫作⿰亻夂(居新 EPS4T2.114A)、⿰亻夂(肩壹 T6:163A)、伙(肩伍 F3:295A)等,皆可與此形對證。此處"伏"用作人名。

[5]此簡由謝明宏(2022.6.20)綴合。

[6]傳舍嗇夫:王錦城(2019P263):爲傳舍的首長,爲官嗇夫的一種。

[7]卿:原釋作"舛",何茂活(2014.11.29)、胡永鵬(2015.3)改釋,並認爲此"卿"可能是"御"之誤寫,從改。與此相關簡有 T10:74、T10:167+93。胡永鵬(2017P485)定此簡屬西漢昭帝元鳳五年至六年之間。

[8]買:黃艷萍(2013.5.30)認爲此字原簡字形爲買,可釋爲"買",作人名,與 T9:42 的買字形同,且同是用作人名。按:此字原簡作買,下方兩點實際是"等"字的上部筆畫,懷疑此字爲"買"之訛寫。或將"等"字上

部的兩點視爲與"買"下部兩點共用。

[9]胡永鵬(2017P485)定此簡屬西漢昭帝元鳳五年至六年之間。

[10]此簡綴合見魯家亮(2012P777-782)、胡永鵬(2015.3)。胡永鵬定此簡屬西漢昭帝元鳳五年至六年之間。

[11]戇:原未釋,原簡作▨,左從"貢"從"心",右爲"章"之草寫,疑爲"戇"的部件換位字形。戇,此處用作人名。

[12]此簡由伊強綴合,並補釋"卿"字,詳見伊強(2017.5.12),今從補。

出粟小斗一斗,　　　以食張掖卒史▨　　　　　　　　73EJT10:169
出粟小石三石,　　　以食吏一人一月食。　　▨　　　73EJT10:170
出粟小石廿四石,　　以食傳馬四匹一月食。　▨　　　73EJT10:171
出粟小石三石,　　　以食吏一人一月食。▨　　73EJT10:172[1]

【校釋】

[1]以上 T10:169 至 T10:172 四簡,胡永鵬(2017P485)定屬西漢昭帝元鳳五年至六年之間。

博〈傳〉[1]馬一匹,騩,牡,齒十二歲,高[2]五尺八寸,▨73EJT10:173
(此簡已與 T10:277 綴合)　　　　　　　　73EJT10:174
出粟小石二石,　　以食護[3]府卒史丁卿傳馬二西〈匹〉[4],往來五日積十匹=[5](匹,匹)▨ᵢ　　　　73EJT10:175+160[6]

【校釋】

[1]博:原徑釋作"傳",原簡字形左側從"十",非從"亻",今改釋。

[2]高:原缺釋,從黃艷萍(2013.5.30)補釋。

[3]護:原釋作"驪",從魯家亮(2012P777-782)改釋。

[4]此字原釋作"匹",曹方向(2011.9.16)例十四指出,所謂"匹"字,從字形上看,應是"西"字,此處"西"可能是"匹"的錯字。今從改。

[5]原整理者漏釋重文號,從胡永鵬(2017P485)補釋。

　　[6]此簡由魯家亮(2012P777–782)綴合。胡永鵬(2017P485)定此簡屬西漢昭帝元鳳五年至六年之間。

河南郡熒[1]陽槐里公乘虞千秋,年卅八,長七尺三寸,黑☑

　　　　　　　　　　　　　　　　　　　　　73EJT10:176

☑六月丙申朔辛丑,廣地守候塞尉奉☑ⅰ☑……☑[2]ⅱ

　　　　　　　　　　　　　　　73EJT10:177A[3]

☑□[4]令史咸以來。　　☑　　　73EJT10:177B

鬼新(薪)大男宋遇。　　☑　　　73EJT10:178

功曹史相[5]簿責[6]橐他塞尉奉親、肩水士吏敞、橐他尉史則二月☑

　　　　　　　　　　　　　　　　　　　　　73EJT10:179

受十一月餘穀七百五十五石六☑　　　73EJT10:180[7]

大常長陵宜成里公乘王尊,年卅六歲,長七尺五寸。　☑

　　　　　　　　　　　　　　　73EJT10:181

河南郡雒陽南胡里史高[8],年十五歲。☑　　73EJT10:182

戍卒南陽郡武當樂安里公乘王兵,年廿八。☑　73EJT10:183

日勒富昌里尹□[9]☑　　　　73EJT10:184

☑關、居延縣索關☑　　　　73EJT10:185

毋出入　　☑　　　　　73EJT10:186

　　【校釋】
　　[1]熒:原釋作"滎",從何茂活(2014.11.29)改釋。
　　[2]此簡原釋作一行,今據原圖版改補。
　　[3]黄艷萍(2014.2)擬定此簡屬永光元年。
　　[4]此未釋字原無,今據原圖版補。
　　[5]相:人名。
　　[6]簿責:按照記録涉案人員的文書問責。與傳世文獻所見"簿問"表義大致相同。《漢書·霍光傳》:"始許后暴崩,吏捕諸醫,劾衍侍疾亡狀不道,下獄。吏簿問急。"

[7]胡永鵬(2017P485)定此簡屬西漢昭帝元鳳五年至六年之間。

[8]此簡與 F3:544 的"史高"同郡、縣、里,可能是同一人。

[9]未釋字原釋文無,今據原圖版補。

□□[1]石,　　以食吏一人一月食。□　　　　　73EJT10:187[2]

■右第三車□□　　　　　　　　　　　　　73EJT10:188

・右七百六十六石六斗麥。　　　□　　　　73EJT10:189A

昭武直廷里賀□ⅰ艨得市陽里黄□ⅱ　　　　73EJT10:189B

　　　　　尹自爲,年廿二歲,丿

雒陽西程[3]里公乘　　　　　　　長七尺二寸,黑□

　　　　　史刑,年廿八歲,丿　　　　　　　73EJT10:190

□匽佈(師)昌武里公乘郭宗,年卅,長七尺三寸,黑色。方相(箱)一

乘。驢(騾)牝馬一匹,齒十四歲。　□□ⅰ 73EJT10:191+T9:46[4]

方相(箱)車一,騩牝[5]馬一匹,齒九歲。　　73EJT10:192+T9:43[6]

□　　閏月甲午入。　　□　　　　　　　　73EJT10:193

葆廣德里公乘□　　　　　　　　　　　　73EJT10:194

□塞出入迹。　　　□　　　　　　　　　73EJT10:195

罷戍卒穎川郡郟邑[7]東□　　　　　　　　73EJT10:196

□未央,　　馬一匹,軺車一□　　　　　　73EJT10:197

□公乘馬處,年廿四歲,長七尺二□　　　　73EJT10:198

□　　長七尺三寸,□　　　　　　　　　　73EJT10:199

元鳳五年十二月乙巳朔癸卯[8],通道廄佐敢言之:謹移穀出入簿

一編,敢言之。ⅰ　　　　　　　　　　　　73EJT10:200

【校釋】

[1]未釋字原釋文無,今據原圖版補。

[2]胡永鵬(2017P485)定此簡屬西漢昭帝元鳳五年至六年之間。據
T10:170、T10:172 簡推知簡首殘缺内容可能是"出粟小石三",這是吏一人
一月的食量。

[3]程：原釋作“猛”，何茂活（2014.11.29）指出此字非“猛”，但不可識。姚磊（《合校》2021P139）釋作“程”，可從。按：此字原簡作 ，從“禾”從“呈”，十分明確。T21：55 簡有“雒陽西成里”，不知是否爲一地。

[4]此簡由謝明宏（2022.6.10）綴合。其中末端未釋字原釋文無，今據原圖版補。簡首“匽伂”原釋作“□成”，今細審原圖版，知字形差距較大，經字形對比，並參 T37：878A＋692 中偃師之昌武里，可知此處亦當改釋。

[5]牝：原釋作“牡”，從何茂活（2014.11.29）改釋。

[6]此簡由謝明宏（2022.6.18）綴合。

[7]鄭威（2015P217-241）：《漢書·地理志》潁川郡有郟縣，在今河南郟縣治。

[8]曹方向（2011.9.16）例十五指出“癸卯”原釋爲“癸亥”，T10：203A 簡亦見“元鳳五年十二月乙巳朔癸卯”。

博望隧長孫道得子女居延平里孫女，年十二歲，
廣地
　　長五尺，黑色。　　　　　　　　　　　　　73EJT10：201
肩水候官以郵亭晝夜行[1]。　　　　　　　　　73EJT10：202A
大邑私敞　（習字）　　　　　　　　　　　　　73EJT10：202B
元鳳五年十二月乙巳朔癸卯[2]，通道廄佐讓[3]敢言☑
謹移穀出入簿一編，敢言之。☑　　　　　　　73EJT10：203A
財[4]……　☑ｉ……　☑ⅱ　　　　　　　　　73EJT10：203B
竟寧元年十一月丙寅朔癸酉，肩水候宜[5]☑
候行塞，書到，賞[6]兼行候事……☑　　　　　73EJT10：204
☑……ｉ☑過所縣邑，毋何（苛）留，敢言之。三月庚寅壬子，雒陽守
丞宗移所過縣邑，毋何（苛）留ⅱ　　　　　　　73EJT10：205A
☑☑[7]印　　　　　　　　　　　　　　　　　　73EJT10：205B
☑朔庚子，令史勳敢言之：爰書[8]：士吏商、候長光、隧長昌等☑ｉ☑

□即射候賞前令史□,署[9]發矢數于牒,它如爰書,敢☑ⅱ

　　　　　　　　　　　　　　　　　　　　73EJT10:206

【校釋】

[1]以郵亭書夜行:邢義田(2012P180-191)認爲此指行郵書事。按:以郵亭書夜行,應是郵書按照郵亭次序晝夜不間斷傳行。

[2]乙巳朔當月不當有癸卯日。但 T10:200 簡亦見"元鳳五年十二月乙巳朔癸卯",恐非書寫訛誤。

[3]通道廐佐讓:"通道廐佐"原未釋,"讓"原釋作"乘",從何茂活(2014.11.29)補改。曹方向(2011.9.16)對此簡亦有考述,簡文可與 T10:200 對照。

[4]財:原釋作"賦",原簡圖作𤳳,當改作"財"。

[5]候官:候,原釋作"金",從郭偉濤(2017P229-259)改釋。官,原釋作"關",此字原簡墨跡較模糊,但似可見"宀"形,暫結合常見辭例擬作"官"。

[6]賞:侯旭東(2014P180-198):賞爲關嗇夫,竟寧元年(前33)十一月因肩水候行塞而兼行候事。

[7]未釋字原釋文無,今據原圖版補。

[8]爰書:《集成》(六 P232):司法筆録文書。爰書之範疇包括原告、被告、證人言辭及現場勘驗記録等。

[9]署:原釋作"辱",從李燁、張顯成(2015.4)改釋。

(此簡已與 T10:247 簡綴合)　　　　　　　　　73EJT10:207

☑家室人馬毋恙也。願毋憂。八月四日,肩水卒史徐贛歸,ⅰ☑□爲單驚[1]家室往來道中耳。侍[2]從者即不可得也。甯願ⅱ☑□欲以人事式[3]來歸,即可得也。不以九月中歸,即不得ⅲ　73EJT10:208 [4]

元鳳六年正月乙亥朔癸卯,通道廐佐敢言之:謹移穀出入ⅰ簿一編,敢言之。ⅱ　　　　　　　　　　　　　73EJT10:209

五鳳[5]四年九月乙巳[6]朔己巳,佐壽敢言之:遣守尉史彊上計大守

府。案：所占用馬一匹，ⁱ 謹謁移過所河津關，毋苛留止，如律令，敢
言之。ⁱⁱ 九月乙巳，居延令弘、丞江移過所，如律令。/掾安世、佐
壽。ⁱ ⁱ ⁱ 　　　　　　　　　　　　　　　　　　　73EJT10：210A

□□[7]：居令延印[8]。ⁱ 九月庚午尉史彊以來。ⁱⁱ 　　73EJT10：210B

【校釋】

[1]單驚："單"原釋作"事"，從何茂活（2014.11.29）改釋。何文將
"單"通"憚"，憚驚同義連用，都是擔心畏懼之義，憚驚家室就是擔心家室
的意思。

[2]耳、侍：原簡書寫在"中"右下行間處，當爲後補。

[3]式：原簡以小字書寫在正行右側，當爲後補。

[4]此簡原釋文缺前殘斷符，第二、三行行前原釋文皆漏釋"□"。其
中第一行的"家"原未釋；第三行的第一個"歸"原釋作"過"，第二個"歸"
原釋作"還"，皆從何茂活（2014.11.29）改釋。此外，何茂活將第二行簡首
的未釋字釋作"得"，不從。

[5]五鳳：原未釋，張俊民（2012.5.8）、黃艷萍（2014.2）、羅見今、關守
義（2013.5）等多位學者已指出當補釋。此外，張俊民認爲"謁"前可作
"謹"；第三行"□□巳"可視作"九月乙巳"；B 面第一行"□令延印"似可作
"居令延印"；B 面第二行"九月庚午尉"原釋作"□月甲午令"，可從。唯其
中有些字原簡不見墨跡，暫作存疑處理。

[6]第一行的"乙巳"原釋作"己巳"，第三行的"弘"原釋作"守"，從胡
永鵬（2017P158）改釋。另外，胡永鵬指出 A 面第三行末尾原釋文"□"是
衍文，此處原簡並無墨跡，當删除。

[7]此行原釋文"令"前爲三個未釋字，今據原簡墨跡補"居"。依據常
見格式，簡首應爲"印曰"或"章曰"。

[8]邢義田（2012P180-191）指出印文順序問題，説如果一個小吏不是
真通文墨，只知依同一方式照録文字，就會出現此簡的登記情況。

（此簡已與 T15：13 綴合）　　　　　　　　　73EJT10：211[1]

☑有秩姬☑[2]敢言之：受鑒里公乘尹允，年廿二歲，自言爲ⅰ☑事，當
爲傳，移所過縣邑，毋何(苛)留，敢言之。二月庚子ⅱ☑毋何(苛)
留，如律令。……[3]ⅲ　　　　　　　　　　　　73EJT10：212

六月乙未廄[4]嗇夫武行右尉事☑[5]☑ⅰ六月乙未，熒[6]陽丞崇移過
所，如律令。☑ⅱ　　　　　　　　　　　　73EJT10：213A

章曰：熒陽丞印。☑　　　　　　　　　　　　73EJT10：213B

【校釋】

　[1]此簡張文建(2017.1.22)認爲可與 T10：238 綴合。按：綴合後文
義不順，不從。

　[2]未釋字原簡圖作𣎴，疑左從“方”。

　[3]張俊民(2012.5.8)、沈思聰(2018P255)、王錦城(2019P274)等對
此簡中的“受”存在疑問，並有改釋作“敬”或存疑不釋之説。張俊民還以
爲“鑒”當作“老”。今細審原簡，“受”字缺上部“丿”畫，“鑒”字所從“老”
從“至”非常明確，故仍當從原釋。此外，簡中的兩個“何”原釋文作“苛”，
從張俊民改釋。“如律令”後仍有多個未釋字，原釋文無，今補作“……”。

　[4]廄：原釋作“廚”，此字原簡作𢉙，不從“壹”，非“廚”，應是“廄”
之訛俗寫法。

　[5]未釋字原釋文無，今據原圖版補。

　[6]熒：此字簡中 B 面也有出現，原釋文皆作“榮”，從何茂活(2014.
11.29)改釋。按：此字下部當爲“火”之俗寫。

☑乘蘇[1]奉親、野，自言爲家賣車居延。案
☑告史。
☑□[2]寫移，敢言之。/[3]　　　皆以十二月甲子出。
☑律令。/掾武、令史郎。　　　　　　　73EJT10：214

九月辛卯，府告肩□[4]☑ⅰ傳診[5]張掖卒史王卿，有傳☑ⅱ
　　　　　　　　　　　　　　　73EJT10：215A

府佐予、廄佐讓。　　☑　　　　　　　73EJT10：215B

【校釋】

[1]“乘”,原釋文無;“蘇”,原釋作“籍”,從張俊民(2012.5.8)改補。

[2]未釋字原釋文無,今據原圖版補。

[3]此符號原釋文缺漏,從李燁(2013P24)補釋。

[4]未釋字原釋文無,今據原圖版補。

[5]診:馬智全(2012.6)改釋爲“謁”。按:“傳謁”確實是傳書中習用語,但聯繫上下文,則此語不甚妥當。且此字原簡結構十分明確,原釋無誤。

☑子段曹,年五十八,自言爲家 ¡☑十八,毋官獄徵事,當得取,ⅱ

　　　　　　　　　　　　　　　　　　73EJT10:216

☑吏,寫移書到,如律。　　　　　　73EJT10:217

願令史案致籍出,毋留,如☑　　　73EJT10:218A

正月辛未□□卒□[1]以來☑　　　73EJT10:218B

　　　　　出錢十八,糒。　　　　☑

　　　　　出錢百,稾二乘。　　　☑

李子威稍[2]用計。出錢廿,箕一。　☑

　　　　　出錢卅,茭一乘。　　　☑　73EJT10:219A

……凡八百五十☑　　　　　　　　73EJT10:219B

□叩頭言:☑¡子真佳君足下毋☑ⅱ薄恕自愛[3],忍₌[4]非者,☑ⅲ

困……☑ⅳ　　　　　　　　　　　73EJT10:220A

閔　子真門下[5]。☑　　　　　　73EJT10:220B[6]

【校釋】

[1]此未釋字沈思聰(2018P255)釋作“保”,不從。

[2]稍:俸禄。《周禮·内宰》“均其稍食”,鄭注:“吏禄廩也。”

[3]愛:原釋作“憐”,原簡作㦳,今改。

[4]此重文號,未必表示重複。按照書信常見用語,似指“寬忍”、“因忍”之類的意思。

[5]門下:《集成》(九 P10):尊稱。猶閣下。明陳士元《俚語解》卷一:

"致書稱門下,猶言閣下、殿下、麾下、節下、座下、足下之類。"

　　[6]此簡半圓形,中間似有穿孔。原釋文未標示殘斷號,但據内容和原圖版可知下殘,今補殘斷號。

☑幸ᵋ甚ᵋ(幸甚幸甚),爲光叩頭。多謝子惠,間者獨恚ⱼ☑□[1]叩ᵋ頭ᵋ(叩頭叩頭)。因言舍中[2]有光[3],欲得其日ⱼⱼ☑夜内户開復關[4],願[5]留意。謹ⱼⱼⱼ　　　　　　　73EJT10：221A

☑多請子惠　　　□　　　　　　　　　73EJT10：221B

　　【校釋】

　　[1]未釋字原釋文無,今據原圖版補。

　　[2]舍中:指家中。

　　[3]光:原釋作"尖",今據文義與原圖版改。

　　[4]關:張俊民(2012.5.8)釋作"閉",不從。

　　[5]願:原釋作"頃",從張俊民(2012.5.8)、馬智全(2012.6)改釋。

☑廣昌里男子王護,自言與弟利忠爲家私ⱼ☑絲[1]算賦給,毋官獄徵事,當得取傳,謁移ⱼⱼ☑令史昆慶。ⱼⱼⱼ　　　73EJT10：222

☑親里尹莫[2]如,年卅。☑　　　　　　73EJT10：223

☑□[3]巳朔丙戌,居延　丞左☑　　　　　73EJT10：224

☑□簿[4]。　朱霸百。　柏賢六百。　　73EJT10：225

鰈得傳舍當驗☑　　　　　　　　　　73EJT10：226A

居令延印。☑ⱼ十二月乙丑,驛北卒奉世以【來】[5]。☑ⱼⱼ

　　　　　　　　　　　　　　　　　73EJT10：226B

☑□□□長樂調爲郡送五年戍田卒,

☑□□則,皆毋官獄徵事,當爲傳,謁移　　73EJT10：227

☑算更絲[6]皆給,當得取傳,謁言廷,敢ⱼ☑……ⱼⱼ　73EJT10：228

☑郡[7]中欲取傳。謹案:明,年卅三,毋官獄徵事,當得取傳,父老遠

☐[8]☐ᵢ☐長安獄丞禹兼行右丞事，移過所縣邑，如律令。☐ᵢᵢ

73EJT10:229A

☐長安獄右丞印。　　☐ 73EJT10:229B

【校釋】

［1］繇：原釋作“縣”，此字原簡字形作𦁬，左側所從“䍃”清晰可辨，當改釋。繇，此指徭役。

［2］莫：原釋作“真”，從沈思聰（2018P256）改釋。按：西北簡中“真”、“莫”形近易混，主要以文義區別。此處用作人名，“莫如”成詞，當改釋。

［3］此未釋字何茂活（2016P25-34）以爲是“辛”。

［4］簿：張俊民（2012.5.8）指出釋字可疑。此外此字前還有墨跡，原釋文漏釋，今補。

［5］“乙丑”，原釋作“乙亥”；“以”，原釋文缺漏，從張俊民（2012.5.8）改補。今據張俊民改釋文義可知簡末尾殘缺“來”。

［6］更繇：王錦城（2019P278）：當指作爲更卒的徭役。《史記·貨殖列傳》：“庶民農工商賈，率亦歲萬息二千，百萬之家則二十萬，而更徭租賦出其中。”

［7］郡：原未釋，從姚磊（《合校》2021P149）補釋。

［8］劉欣寧（2016.2）指出按照常見文例此處應有“證”等字。

甘露四年四月戊寅朔壬午，西鄉有秩元敢言之：中丘里胡年自言爲☐ᵢ謹案：年毋官獄徵事，當爲傳[1]……☐ᵢᵢ　　73EJT10:230A

……☐[2]ᵢ地地史史史史史史史史史☐ᵢᵢ（習字） 73EJT10:230B

☐☐莫以高幼☐☐☐者唯☐☐☐ᵢ☐……☐[3]ᵢᵢ 73EJT10:231A

☐事毋恙。譚叩頭叩頭[4]☐ 73EJT10:231B

☐甘露二年十月丁巳朔壬午，☐ᵢ☐徵事，當爲傳，移☐ᵢᵢ☐☐百[5]廿日，謁移過所縣邑侯國，以律☐ᵢᵢᵢ☐縣邑侯國☐ᵢᵥ 73EJT10:232A

☐　長長☐ 73EJT10:232B [6]

☐……　☐ 73EJT10:233

□□□□□□□不　☑　　　　　　　　　　73EJT10：234A

印曰：……　☑　　　　　　　　　　　73EJT10：234B

□□□☑　　　　　　　　　　　　　　73EJT10：235

五月丙辰，温丞譚[7]移過所縣邑侯國，如律令。掾縣、令史□。　☑
　　　　　　　　　　　　　　　　　　73EJT10：236A

□□□　☑　　　　　　　　　　　　73EJT10：236B

☑甘露四年四月戊寅朔丁酉，佐親敢言之：卅井里男子王譚，自言[8]
☑　　　　　　　　　　　　　　　　　73EJT10：237

☑書到，出入毋留，☑　　　　　73EJT10：238 [9]

☑一牒，謁移鄉₌（鄉，鄉）遣　　73EJT10：239A

☑□真　　　　　　　　　　　　　73EJT10：239B

【校釋】

［1］徵事當爲傳：原釋文無，今據原圖版和常見文例補。

［2］此行釋文原釋文無，今據原圖版補。

［3］此行釋文原釋文無，今據原圖版補。

［4］原釋文在兩個“叩頭”之間有一“死”字，今審原圖版，知是污跡，並非文字，今删。

［5］百：原釋文缺釋，從郭偉濤（2017P232）補釋。按：細審原簡，知此字前還有一字墨跡，今補。

［6］此簡當是書寫作廢後削成異形。

［7］譚：原釋作“謹”，從姚磊（《合校》2021P149）改釋。按：姚磊以爲“掾縣”當釋作“掾輔”。

［8］言：原未釋，今據原圖版殘存墨跡和常見文例補。

［9］此簡張文建（2017.1.22）認爲可與 T10：211 綴合。按：綴合後茬口不甚合，且文義不順。

吏民出入金關傳

致籍。　　　　　　　　　　　　　　73EJT10：240

☑☑候史迹[1]二日及吏將屯勞☑　　　　　　73EJT10:241

鱳得宜禾里晉(簪)[2]裏☑　　　　　　　　　73EJT10:242

☑☑勤悙以毋失亡☑　　　　　　　　　　　73EJT10:243

　　　　　其一☑

☑☑乘皆破傷。

　　　　　　一乘☑　　　　　　　　　　73EJT10:244

假千人[3]丞葆同里大夫王威,年十[4]七歲,黑色。☑　73EJT10:245

譚叩頭言謹□進……謹……趙ᵢ……ᵢᵢ　　　73EJT10:246A

……ᵢ白奏[5]·業卿·賜明教[6]……之之之之弟李譚ᵢᵢ

　　　　　　　　　　　　　　　73EJT10:246B[7]

四月甲寅,居延丞充郎[8]告尉,謂鄉[9]:聽

書牒署從事,如律令。／掾壽、嗇夫則。　　73EJT10:247+207[10]

【校釋】

[1]迹:巡視天田出入痕跡。

[2]晉:原釋文作"簪",原簡不從"竹",從沈思聰(2018P257)改釋。

[3]假千人:原釋作"☑☑",從張俊民(2012.5.8)補釋。《漢書·百官公卿表》謂"典屬國,秦官,掌蠻夷降者。武帝元狩三年昆邪王降,復增屬國,置都尉、丞、候、千人。屬官,九譯令。成帝河平元年省并大鴻臚"。

[4]十:原釋作"廿",從姚磊(《合校》2021P150)改釋。

[5]奏:原釋作"奉",從何茂活(2017.2.20)改釋。

[6]明教:《匯釋》(2008P139):對別人建議的敬稱。

[7]此簡書寫作廢後在空白處雜寫。A面"言"後釋文原釋作"……謹進……趙"。姚磊(《合校》2021P151)補釋"言"後"謹"字,今在此基礎上核對原圖再作調整。B面四個"之"原釋文無,從姚磊(《合校》2021P151)補釋。B面的兩個"·"原釋文缺釋,今補。

[8]郎:原釋作"即",今改,詳見李洪財(2014P344)。

[9]角谷常子(2010P165-180):以往將"告A謂B"的書式,解釋爲發信者向A和B分別同時下達命令。

[10]此簡由姚磊(2021P58)綴合,其中“寅”原釋作“宣”,“聽”原釋作“舖”,從綴合者改釋。

☑丙寅肩☑ⅰ☑☑隧書☑ⅱ　　　　　　　73EJT10:248

☑獄囚大男富里馮遂,年六十二,長七尺☑　　73EJT10:249

十一月辛卯,卒少[1]卿一斗,未☑ⅰ……☑ⅱ　　73EJT10:250A

□□□□卒許子文二斗,☑　　　　　　　73EJT10:250B

☑□隧長[2]趙彭祖九月奉六百。Ⅰ出十六就[3]。Ⅱⅰ出八治罷卒簿。
Ⅱⅱ出廿七食計。Ⅱⅲ出九☑Ⅲⅰ出☑Ⅲⅱ出☑Ⅲⅲ　73EJT10:251

☑□里侯息,年廿七。　　　☑　　　　　73EJT10:252

☑毋官獄徵事,當得以令取傳,謁移過所☑

☑延[4]令弘移過所,如律令。/☑　　　　73EJT10:253

甘露四年五月丁未朔☑ⅰ……☑ⅱ　　　　73EJT10:254

☑歲[5],長七尺二寸,黑色。·正彊☑　　　73EJT10:255

☑丑朔癸丑,河南□丞□☑　　　　　　　73EJT10:256

肩水金關　　☑　　　　　　　　　　　73EJT10:257

☑橐他候昌移[6]☑　　　　　　　　　　73EJT10:258

☑君舍毋留完金　　　　　　　　　　　73EJT10:259

(此簡已與 T10:311 簡綴合)　　　　　　73EJT10:260

☑□黑色,長[7]七尺二寸。　乘方相(箱)車。䮗駮牡馬一匹,齒十
八歲。弓一,〖矢〗十二。丿[8]。ⅰ　　　　73EJT10:261

☑　方箱一乘。驪(騮)駮牝馬一匹,齒八。　字子惠。73EJT10:262

從者居延廣地里史昌,年十一。　　☑　　73EJT10:263

居延城倉[9]令史居延利上里公乘昌安。　☑　73EJT10:264

從者廣郡里楊聖,年廿三☑　　　　　　73EJT10:265

☑如律令。/掾萬、令史林。　　　　　　73EJT10:266

【校釋】

[1]少:原釋作"力",從何茂活(2014.11.29)改釋。

[2]此處原釋文簡首脱殘斷號,"長"前僅作一未釋字,今據原圖版墨跡補釋。隧,馬智全(2012.6)、張俊民(2012.5.8)等均有補釋。

[3]就:原未釋,從姚磊(《合校》2021P152)補釋。

[4]延:原未釋,從胡永鵬(2017P505)補釋。胡永鵬定此簡年代在漢宣帝五鳳到甘露年間。

[5]歲:原未釋,從何茂活(2014.11.29)補釋。

[6]移:原釋作"利",從姚磊(《合校》2021P152)改釋。按:T7:106 有"橐他候昌移肩水候",可對讀釋字。

[7]長:原缺釋,從馬智全(2012.6)補釋。

[8]此符號原漏釋,"十二"之前原抄寫者漏寫"矢"字,從姚磊(《合校》2021P153)補釋。

[9]居延城倉:郭偉濤(2018P243-272):設在居延都尉府駐地或其附近,與候官平級,一定意義上亦可視爲縣級機構。

南陽郡宛縣柏陽[1]里段帶。　　☑　　　　　　　73EJT10:267A

章曰:宛丞印。　　☑　　　　　　　　　　　73EJT10:267B

☑□[2],弓一,矢十二,劍一。　十二月辛酉入。字文。73EJT10:268

☑軺車一乘,馬一匹。　已出。　　　　　　73EJT10:269

☑公乘張光,年十四。　　七月丁未,南。[3]　73EJT10:270

☑□[4],年十二,　長五尺,黑色。　☑　73EJT10:271

【校釋】

[1]陽:原釋作"楊",從黃艷萍(2013.5.30)改釋。按:此字原簡字形作ｂ陽,左側從"阝",當改釋。

[2]此未釋字何茂活(2016P25-34)釋作"持"。按:尚難確定,暫從原釋。

[3]此處應缺"出入"等字。

[4]此未釋字原無,今據原圖版補。

廿四日	壬辰	辛酉	辛卯	庚申	庚寅	己未	己丑	己未	戊子	戊午	丁亥	丁巳

73EJT10:272 [1]

廿四日	戊午	丁亥	丁巳	丙戌	丙辰	乙酉[2]	☐

73EJT10:273

五日	己酉	己卯[5]	建[3]二百[4]	戊申	戊寅	己酉[6]	☐

73EJT10:274 [7]

☐	壬子	壬午	癸丑	癸巳	癸亥	壬辰	壬戌	☐

73EJT10:275 [8]

卅日	☐

73EJT10:276 [9]

【校釋】

[1]羅見今、關守義(2012.5)、程少軒(2011.9.1)指出此爲漢元帝永光元年曆譜,簡中干支與漢元帝永光元年各月中二十四日的干支日期相合。

[2]戊午,整理者原釋文作"癸卯";丁亥,整理者原釋文作"丁未";丙戌,整理者原釋文作"丙寅";乙酉,整理者原釋文作"己酉",皆從羅見今、關守義(2012.5)、程少軒(2011.9.1)改釋。羅見今、關守義和程少軒都指出此爲漢宣帝元康三年曆譜,簡中干支與漢宣帝元康三年前六個月中二十四日的干支相合。

[3]建:指漢代建除十二神之"建"。羅見今、關守義(2012.5):漢代"建除十二神"指建、除、滿、平、定、執、破、危、成、收、開、閉,每神各司一職,漢人將其附列於曆譜上,12 天周而復始,以指導當日的行動。簡文"建"位十二神之首,最吉,當日可行軍、外出、求財、謁貴、上書,但不可動土、開倉。

[4]二百:程少軒(2011.9.1):意義不明,或是曆注,或是日誌。

[5]卯:原釋作"丑",從程少軒(2011.9.1)改釋。

　　[6]己酉：羅見今、關守義(2012.5)、程少軒(2011.9.1)都認爲此處原書寫有誤。

　　[7]羅見今、關守義(2012.5)、程少軒(2011.9.1)指出此爲漢元帝永光五年曆譜。

　　[8]張俊民(2012.5.8)：按照干支間相差的天數，推測簡中的癸丑、癸巳、癸亥存在書寫錯誤。程少軒(2011.9.1)指出此簡抄寫的是六月至十二月某日對應干支，簡中"癸丑"、"癸巳"之間多出 10 日，完全不可能排出曆譜。其與同一探方出土的確定爲永光元年的簡 T10:272、可能爲永光五年的簡 T10:274 形制類似，抄寫字體也較接近，原曆譜最可能是永光元年(BC43)。

　　[9]程少軒(2011.9.1)認爲該簡屬於一曆譜的最末簡，據殘文可知該年至少正月爲小月。其形制、字體與簡 T10:273 一致，斷口形態也相同。而據簡 T10:273 所排元康三年曆譜中正月恰爲小月。因此該簡有可能同屬於元康三年的曆譜。

　　　　　　　　　　　　　　　　　　其四百九石六斗粟，
入穀小石六百一十一石六斗[1]。　　　　　　　　　　受紀子杜。
　　　　　　　　　　　　　　二百二石麥。73EJT10:277+174[2]
子男壽，年十九，　　字君房。　☑　　　　　　　　73EJT10:278
☑色。弓一，矢五十。　　軺車一乘，馬一匹。　☑　　73EJT10:279
☑　　軺車一乘。　　☑　　　　　　　　　　　　73EJT10:280
☑公乘蘇[3]立，年卅六。　☑　　　　　　　　　73EJT10:281
☑軺車一乘，馬一匹。　　　　　　　　　　　　73EJT10:282
(此簡已與 T10:365 綴合)　　　　　　　　　　73EJT10:283
☑　以二月戊午。　已入。　弩一，矢廿四。　「　　73EJT10:284
☑□[4]，年廿九歲，自言爲家私市張掖 i ☑……ii 　　73EJT10:285
☑□夏侯勝之。☑　　　　　　　　　　　　　　73EJT10:286
居延都尉守屬富里許千秋，年卅五。　　　☑　　　73EJT10:287

葆䜌得安國里大夫韓禹,年廿。☑　　　73EJT10:288

長安成樂里張長樂。　　☑　　　73EJT10:289

河南郡雒陽圍里公乘史安定☑　　　73EJT10:290

萬歲卒夏少孫。　　☑　　　73EJT10:291

屋蘭安處里公乘莊之,年卅☑　　　73EJT10:292

☑劍一,刀一。　　十二月　辛酉入。　　卩　　73EJT10:293

戍卒淮陽郡西華[5]南川[6]里不更周充,年廿三。　☑ 73EJT10:294

通道廐佐元鳳五年十二月穀出入簿。☑　　　73EJT10:295

出粟小石廿四石,　　以食傳馬四匹一月食。　☑73EJT10:296 [7]

【校釋】

[1]一十一石六斗:原釋作"八十一石五斗",從張顯成、張文建(2017 P335-347)改釋。

[2]此簡綴合詳見張顯成、張文建(2017P335-347)。胡永鵬(2017P485)定此簡屬西漢昭帝元鳳五年至六年之間。

[3]蘇:原簡字形作"蘓",下部兩構形位置交換。

[4]此未釋字原無,今據原圖版補。

[5]西華:鄭威(2015P217-241):《漢書·地理志》汝南郡有西華縣(在今河南西華縣城關鎮),無淮陽郡,僅有淮陽國,在汝南郡以北。淮陽國在漢初置廢較爲頻繁,景帝三年(前154)國除後,長期爲郡,至宣帝元康三年(前63)復置國。考之輿圖,汝南郡之西華縣距淮陽國頗近,在元康三年淮陽置國之前,當屬淮陽郡所有。這說明元康三年淮陽置國後,較之淮陽郡,政區有所調整,西華歸汝南郡管轄。

[6]川:沈思聰(2018P259)釋作"小"。

[7]胡永鵬(2017P486)定此簡屬西漢昭帝元鳳五年至六年之間。

☑方相(箱)一乘,馬一匹,驪比(牝)[1],齒八歲。　□月辛□出。

　　　　　　　　　　　　　　　73EJT10:297

戍卒南陽郡冠軍邑[2]長里射嬰,年卅八。卩[3](竹簡)73EJT10:298

會稽郡鄞許商里莊[4]壽。（竹簡）　　　　　　　　　73EJT10：299

會稽郡鄞高成里顔[5]□　　　　　　　　　　　　　73EJT10：300

會稽郡鄞□里詳幸。（竹簡）　　　　　　　　　　　73EJT10：301

戍卒東郡東武陽[6]＝（陽陽）城里不更武□□（竹簡）　73EJT10：302

□留[7]，如律令。／掾憙、令史得福。　　　　　　　73EJT10：303

□□報府所辟書，毋留，如律令。　　　　　　　　73EJT10：304

弘農郡弘農望利里□　　　　　　　　　　　　　73EJT10：305

□□小石卅七石三斗五升。　　□　　　　　73EJT10：306[8]

【校釋】

[1]比：原釋作“牝”。此字原簡寫作“比”，在簡文中讀爲“牝”。或爲“牝”的誤字。

[2]鄭威（2015P217-241）：《漢書·地理志》南陽郡有冠軍縣。冠軍也曾封侯，爲侯國，存在年代爲元朔六年四月至元封元年（前123-前110），地節三年四月至地節四年（前67-前66），地在今河南鄧州市張村鎮冠軍村。

[3]此符號原釋文缺漏，從李燁（2013P24）補釋。

[4]莊：原釋作“范”，原簡字形作𦮃，下部並無“氵”形，也不從“氾”，下從“壯”，當改作“莊”。莊，這裏用作姓氏。

[5]顔：原釋作“顧”，原簡作𩏏，從徐佳文（2017.2.27）改釋。

[6]東武陽：縣名，東郡屬縣。

[7]留：原未釋，從張俊民（2012.5.8）補釋。按：此字原簡雖殘，但尚能辨識“田”形，結合常見文例“毋苟留”可確定釋字。

[8]胡永鵬（2017P486）定此簡屬西漢昭帝元鳳五年至六年之間。

八月己巳，原武守丞□　　　　　　　　　　　　73EJT10：307

（此簡已與73EJC：481簡綴合）　　　　　　　　73EJT10：308

□月己未朔己未，西鄉嗇□ᵢ□牛二，車一兩，願以令取□ᵢᵢ

　　　　　　　　　　　　　　　　　　　　　73EJT10：309

□丁卯，北鄉有秩□ᵢ□正[1]令占。案：毋官□ᵢᵢ　73EJT10：310

牒書除爲司御^[2]三人₌（人，人）一牒。ⅰ元鳳四年四月甲寅朔甲寅，尉史真敢言之：牒書除爲司御者三人，□☑ⅱ謁^[3]署，敢言之。☑ⅲ

73EJT10：311+260^[4]

【校釋】

[1]正：原釋作“上”，從劉欣寧（2016.2）改釋。按：此字原簡左部和上部皆殘，殘存筆畫爲“正”的右下，當改釋。

[2]王錦城（2018.6）：司御爲廄置裹駕馭車馬的專業技術人員。

[3]謁：張俊民（2014.12.16）釋作“詣”。

[4]此簡由姚磊（2021P59）綴合。“除爲”原未釋，今從綴合者補釋。

五鳳元年六月戊子朔癸巳，東鄉佐真敢言之：宜樂里李戎，自言爲家私市長安、張掖界中。謹案：ⅰ戎毋官獄徵事，當爲傳，謁移廷，敢言之。ⅱ　　　　　　　　73EJT10：312A

十一月庚寅，戎來。　　　　　　　　　　73EJT10：312B

甘露二年十二【月】^[1]丙辰朔庚申，西鄉嗇夫安世敢言之：富里薛兵^[2]，自言欲爲家私市張掖、酒泉、武威、金城、三輔、大常郡中^[3]。ⅰ謹案：辟兵^[4]毋官獄徵事，當得以令取傳，謁移過所津關，勿苛留止，如律令，敢言之。ⅱ十二月庚申，居延守令、千人屬移過所，如律令。/掾忠、佐充國。ⅲ　　　　　　73EJT10：313A

居延千人。ⅰ十二月丙寅，□□辟兵以來。ⅱ　　73EJT10：313B

【校釋】

[1]尉侯凱（2017.1）已指出此處原簡文漏寫“月”字，今從補。

[2]薛兵：薛，原釋作“薛”，孔祥軍（2012.3）直接將此字改釋作“辟”，尉侯凱（2017.1）、王錦城（2019P285）認爲此字下漏寫“辟”。按：諸家意見皆不可從，此字原簡圖作薛，下部爲“辟”，實際當是“薛”而非“薛”字，今改。簡中出現了兩處“辟兵”、一處“薛兵”，實際都是一個人。辟兵，用爲人名，取避除刀兵之義。李迎春（2019P252-271）已指出該簡是辟兵（也寫作“薛兵”）的私傳抄件，A 面傳文中的通關者和 B 面收文記錄中的傳遞者

皆是"辟兵"。

　　[3]大常郡中:馬孟龍(2013.3)認爲"郡中"是一個固定的文書用語,有時也寫作"界中",故不能與"太常"連讀作爲"太常郡"存在於漢代的證據。按:"太常"在西漢是否爲獨立郡,目前尚有分歧,王錦城(2019P285-287)曾對諸家意見梳理,從各家論述來看,此問題仍無法完全確定哪種説法爲定論。

　　[4]辟兵:即前文提到的薜兵。

田子文卅三。—Ⅰi宋子山廿五,—少八。Ⅰii郭子高卅三。—Ⅰiii□□□冊[1]三。—Ⅰiv翟偉君卅三。—Ⅱi孫長卿卅三。—Ⅱii秦子都卅三。Ⅱiii薜君卿田[2]五。—Ⅱiv徐君卿廿五。—Ⅲi凡三百一十四。Ⅲii中子、Ⅳi君實[3]、Ⅳii孫子都、Ⅳiii曹子惠、Ⅳiv韓子山、Ⅳv吳君房、Ⅴi趙君房、Ⅴii逢丘翁君Ⅴiii八人＝(人,人)十四,凡百一十二。入百四又七[4],少一。Ⅴiv・大凡四百廿六。Ⅵ

73EJT10:314 [5]

　　【校釋】

　　[1]卅:原釋作"廿",丁義娟(2019P4-6)、何茂活(2014.11.29)改釋,暫從。

　　[2]廿:何茂活(2014.11.29)認爲是"卅",丁義娟(2017.8.31)認爲原釋"廿"無需更改,暫從原釋。

　　[3]實:王錦城(2019P1213)釋作"賓"。

　　[4]入百四又七:原釋作"入百四又十",從何茂活(2014.11.29)改釋。何茂活將Ⅴiv全句釋讀爲"八人,人十四,凡百一十二;入百四,又七,少一",意爲"中子"等八人,每人應交十四,合計一百一十二;實收一百零四,加七,計一百一十一,較應收數少一。

　　[5]此簡第三欄和第四欄之間有一欄綫,原釋文無。何茂活説簡中的"凡"指小計,"大凡"指總計。即使改釋,小計數和總計數都不合,由此丁義娟推測第一欄左側缺一人入額"卅三"。

甘露四年二月己酉朔癸丑,西鄉守有秩世、守佐真敢告尉史:宛
東……☐ᵢ佊(掖)[1]居延界中。案:毋官獄徵事,當爲傳,謁移過所
縣邑侯國,勿苛留,……☐ᵢᵢ言之。謹案:張斗年、爵如書,毋徵事,敢
言之。/二月癸丑,宛丞備[2]移……☐ᵢᵢᵢ   73EJT10:315A

宛丞印。   ☐   73EJT10:315B

出粟小石三石,   以食史一人一[3]☐   73EJT10:316[4]

☐   以食吏一人一月☐   73EJT10:317[5]

☐壬午迹盡界,毋越塞出入迹   ☐   73EJT10:318+351[6]

☐☐[7]書一封,騎置馳行[8]☐   73EJT10:319

·稟(廩)[9]馬卒代穀名籍。   ☐   73EJT10:320

☐助府佐[10]李由之居延還,六月丁丑同謁入關。 73EJT10:321

【校釋】

[1]佊:原釋作"掖",原簡圖作🖎,左從"亻",不從"扌",今改。

[2]備:原釋作"僃"。原簡圖作🖎,用作人名。此字不從"山"而從
"止",當爲"備"字之俗誤。肩伍 F3:161 簡中的"備"作🖎,可作參考。參
見 T21:468 下校釋。

[3]一:原缺釋,從魯家亮(2012P777-782)、胡永鵬(2017P486)補釋。

[4]胡永鵬(2017P486)定此簡屬西漢昭帝元鳳五年至六年之間。

[5]胡永鵬(2017P486)定此簡屬西漢昭帝元鳳五年至六年之間。

[6]此簡由姚磊(2021P60)綴合。

[7]未釋字原釋文無,今據原圖版補。

[8]騎置馳行:以郵置驛騎急速傳行。

[9]稟:原徑作"廩",今據原圖版改。

[10]助府佐:趙寵亮(2017PP108-113):即助吏的一種。"助吏"一般
爲下級的基層官吏,其擔任的職務有燧長、府佐、置佐、令史等。其擔任職
務時,助吏的身份一般要注明,其格式則爲"助+職務名"。

☐☐[1]   以食御[2]史☐   73EJT10:322[3]

☑千秋移肩水金☑ᵢ☑□□如律令☑ᵢᵢ　　　　73EJT10:323A

☑頭,伏地再　　　　　　　　　　　　73EJT10:323B

☑乘,馬一匹,騧牝□☑　　　　　　　　73EJT10:324A

☑從者二人出☑　　　　　　　　　　　73EJT10:324B

受八月餘穀十二石六斗五升☑　　　　　73EJT10:325[4]

戍卒觻得敬兄里公乘桓壽☑　　　　　　73EJT10:326

☑毋黍米,願已買,請二斗黍米,謹使₌(使使)持錢受☑

　　　　　　　　　　　　　　　　　73EJT10:327A

☑□[5]受教,遣使錢持[6]伏前,宜當自伏門下,恐☑　73EJT10:327B

【校釋】

[1]未釋字原釋文無,今據原圖版補。

[2]御:原釋作"從",從何茂活(2014.11.29)改釋。

[3]胡永鵬(2017P486)定此簡屬西漢昭帝元鳳五年至六年之間。

[4]胡永鵬(2017P486)定此簡屬西漢昭帝元鳳五年至六年之間。

[5]未釋字原釋文無,今據原圖版補。

[6]持:原缺釋,曹方向(2011.9.16)例十七指出是"持"字,今從補。

正面出現"持錢",知此處"錢持"應是"持錢"之誤倒。

☑通道廄佐元鳳六年四月穀出入簿。　☑　　73EJT10:328

☑□[1]三寸,黑色,乘馬一匹。　☑　　　　　73EJT10:329

■右駟北亭☑　　　　　　　　　　　73EJT10:330[2]

☑□[3]尺三寸,黑色。　☑　　　　　　　73EJT10:331

☑所爲十爲丈,出錢卅一,里張成卿足下□□　73EJT10:332A

☑……令史　八月丙戌出。　丿　　　73EJT10:332B

東郡[4]田卒清大里公乘☑　　　　　　　73EJT10:333

☑癸卯,居延與☑ᵢ☑居官,右移金☑ᵢᵢ　　　73EJT10:334

甘露元年正月丁卯朔己巳,南鄉有秩良敢言之:三泉里公乘☑ᵢ

……[5]ᵢᵢ　　　　　　　　　　　　　73EJT10:335

☑宗年卅,自言爲家私市[6]居延,願[7]　　　73EJT10:336

利陽里平☐[8]☑　　　73EJT10:337

☑☐案毋官獄　　☑ⅰ☑☐　　☑ⅱ　　73EJT10:338[9]

【校釋】

[1]未釋字原釋文無,今據原圖版補。

[2]此簡上部有繫繩契口。

[3]此未釋字原釋文無,今據原圖版墨跡補。

[4]郡:原釋作"鄉",黃浩波(2017P113-165)改釋,並指出後文"清大里"爲清縣大里,今從改。

[5]此簡原釋文作一行,今審原簡,左側還有諸多墨跡,應還有一行文字殘失,今補。另,簡中"南鄉"又有釋作"都鄉"之説,參見姚磊(《合校》2021P160)。

[6]市:原釋作"使",從姚磊(《合校》2021P160)改釋。

[7]願:原釋作"縣",從王錦城(2020.1)改釋。按:此字原簡圖作，若從右側"頁"形和常見文例來看,此字當釋作"願",但左側的部件略有不合,疑左側字形有訛誤。

[8]未釋字原釋文無,今據原圖版補。

[9]此簡簡首兩個未釋字原釋文皆無,原釋文無第二行,今據原圖版補。

　　　　　☑☐☐☐☐☐☑

☑來復傳,出過所邑門亭,勿苛止,如律☑　　73EJT10:339+480[1]

居延安樂里男子王收年廿,　　王☐☐者☑　　73EJT10:340

元鳳五年十二月☑　　　73EJT10:341

出粟小石廿【四】石,　　以食傳馬四匹一月【食】。☑

　　　　　　　　　　73EJT10:342+471[2]

☑倉假佐[3]趙訢調與丞郭成俱爲郡☐[4]☐☑　　73EJT10:343A

☑☐☐足下善忒,良勞官事☐☑　　73EJT10:343B

☑凡出乾膾一升　☑　　　　　　　　　73EJT10:344

☑出穀一石八斗，　　以食使者八月食……☑ 73EJT10:345+496[5]

出粟小石廿二石，　　以食[6]……☑　　　73EJT10:346

☑以食……六月食　☑　　　　　　　　73EJT10:347

☑積卅人=(人,人)六升　☑　　　　　　73EJT10:348[7]

☑九月己未入。　　　☑　　　　　　　73EJT10:349

☑□[8]亥朔丙戌,肩水塞尉通敢言☑　　　73EJT10:350

（此簡已與 T10:318 簡綴合）　　　　　73EJT10:351

觻得騎士始樂里下邑☑　　　　　　　　73EJT10:352

再拜以聞☑　　　　　　　　　　　　　73EJT10:353

　·廣地候官☑　　　　　　　　　　　73EJT10:354

【校釋】

　[1]此簡綴合詳見張顯成、張文建（2017P335－347）。“復”原釋作“假”，“邑”原釋作“令”，從綴合者改釋。

　[2]此簡由伊強（2017.5.12）綴合，綴合後茬口雖然不是十分吻合，但文意順暢，兩簡文字書寫習慣一致，伊強在綴合處補一“四”字，亦可從。胡永鵬（2017P486）定此簡屬西漢昭帝元鳳五年至六年之間。

　[3]假佐:陳夢家（1980P115）:假佐爲善史書者給事諸府,中央和縣皆有之;……假佐在佐、騎吏之下,是佐之副貳。

　[4]此未釋字姚磊（《合校》2021P161）疑爲“迎”或“送”字。

　[5]此簡由姚磊綴合,見姚磊（2021P61）。

　[6]以食:原缺釋,從張俊民（2011.9.23）補釋。

　[7]T10:345 至 T10:348,胡永鵬（2017P486）定屬西漢昭帝元鳳五年至六年之間。

　[8]未釋字何茂活（2016P25－34）以爲是“乙”。暫從原釋。

甘露二年正月甲辰朔[1]戊午,尉史慶敢言☑　　73EJT10:355A

正月丁卯,殄北候從史彊以來。☑　　　　　73EJT10:355B

☑一石四斗粟。☑ⅰ☑一斗[2]四升麥。☑ⅱ　　　　73EJT10∶356 [3]

☑☑☑以☑佐☑尉丞[4]☑ⅰ☑胡落定頸[5]順塞上☑☑ⅱ 73EJT10∶357

☑☑君謝之☑　　　　　　　　　　　　　73EJT10∶358

☑☑[6]佐漢移所過縣邑,毋苛留,ⅰ☑……ⅱ　73EJT10∶359

☑☑行事敢☑　　　　　　　　　　　　　73EJT10∶360

☑以食先登卒橫☑　　　　　　　　　　　73EJT10∶361

木面衣[7] I 二・ I 二・ I 二　　二[8]☑　　　73EJT10∶362

【校釋】

[1]此簡中的"正"原未釋,從何茂活(2016P25-34)補釋。黃艷萍
(2014P78-84)指出甘露二年的十二個月沒有出現"甲辰"朔干支。羅見
今、關守義(2013.5)認爲"二年"當爲"四年"之誤,原"□月"當爲十二月。

[2]斗∶原釋作"石",從魏振龍(2016.1.15)、胡永鵬(2017P486)
改釋。

[3]胡永鵬(2017P486)定此簡屬西漢昭帝元鳳五年至六年之間。

[4]"佐"、"丞"原皆未釋,從何茂活(2016P25-34)補釋。

[5]頸∶原簡字形右部未必從"頁",可疑。

[6]未釋字原釋文無,今據原圖版補。

[7]木面衣∶《匯釋》(2008P22)∶蒙面防護用具。

[8]二∶原未釋,從李燁、張顯成(2015.4)補釋。

☑錢酒　☑ⅰ☑魚直(值)十五　☑ⅱ☑☑☑百　☑ⅲ 73EJT10∶363

☑里張宮,年廿四,　　　黑色。　　☑　　　　73EJT10∶364

☑　□……甯里陳罷軍,年廿二。　　☑　　73EJT10∶365+283 [1]

責肩水候君　　　☑　　　　　　　　　73EJT10∶366

秩名九服,依倚橐(狡)點[2]吏民,閒竄(竄)臧(藏)匿[3],吏☑

　　　　　　　　　　　　　　　　　73EJT10∶367A

甲子己亥□□☑　　　　　　　　　73EJT10∶367B

☑　七日　　　八日　　　九日　　　十日

☑　三日　　十　　　十四日　　　十五日　　　　73EJT10：368 [4]

☑☑凡八十四☑☑　　　　　　　　　　　　　　73EJT10：369

☑爲家私市居延,與子男齊、葆同縣☑　　　　　73EJT10：370

☑　　鄭光　　　　　　　　　　　　　　　73EJT10：371A

☑……　　　　　　　　　　　　　　　　　73EJT10：371B

☑故不還知駕論　　　　　　　　　　　　　73EJT10：372

☑張氏迺建昭元年三月六日坐 [5]☑　　　　　73EJT10：373

壽伏地再拜☑　　　　　　　　　　　　　　73EJT10：374A

☑☑☑☑☑　　☑　　　　　　　　　　　　73JT10：374B

☑　甘露四年十二月辛巳入。　　　　　　　73EJT10：375

初元年八月乙丑☑ [6]☑ᵢ……☑ᵢᵢ　　　　　73EJT10：376

甘露四年六月丁☑ᵢ……☑ᵢᵢ　　　　　　　73EJT10：377A

……☑ᵢ六月壬寅卒史 [7]☑ᵢᵢ　　　　　　　73EJT10：377B

甘露四年三月戊申朔乙丑,肩水塞尉通☑☑ᵢ……☑ᵢᵢ 73EJT10：378

☑☑ [8]司連,年卅七　　　☑　　　　　　73EJT10：379

☑方相(箱)一乘,騂馬一匹,齒十六☑　　　73EJT10：380

☑候鄣長斧十　☑　　　　　　　　　　　73EJT10：381

☑黑色。車一兩,牛二。　劍一。　　　　　73EJT10：382

☑　　以十一月甲申出。卩　　　　　　　73EJT10：383

順昌伏地再拜。☑　　　　　　　　　　　73EJT10：384

☑七尺三寸,黑色。☑　　　　　　　　　　73EJT10：385

☑十二月丙辰☑　　　　　　　　　　　　73EJT10：386A

☑☑☑史☑☑　　　　　　　　　　　　　73EJT10：386B

　　　　　　　　　　　　　車一兩,

☑,年卅八,　　　長七尺五寸,……

　　　　　　　　　　　　　牛一。　　　73EJT10：387

☑掖居延……☑ᵢ☑縣邑,勿苛留,敢告尉史,蘇　☑ᵢᵢ73EJT10：388

☑……☑ᵢ☑過所縣邑津關，毋留止，如律。☑ᵢᵢ　　　　73EJT10：389

☑用馬一匹,☑　　　　73EJT10：390

☐[9]雒陽守☑　　　　73EJT10：391

【校釋】

[1]此簡綴合詳見尉侯凱(2017P348—359)。

[2]依倚橐黠：依倚，依靠。橐讀作狡。狡黠，狡猾詭詐。《三國志·蜀書·張嶷傳》："健弟狡黠，又夷狄不能同功，將有乖離。"

[3]閒竄臧匿：竄臧，原釋文作"竄藏"，沈思聰(2018P263)釋作"竄臧"。按：竄，原簡字從"聶"非常清晰，原釋不誤。此字當視爲"竄"的異體，不能直接改釋。釋"臧"可從，原簡字確實不從"艹"。"臧"通"藏"。閒竄，私逃。《後漢書·獨行傳》："事未及終，而王莽居攝，玄於是縱使者車，變易姓名，閒竄歸家，因以隱遁。"李賢注："閒，私也。"

[4]此簡"三日"原釋作"五日"，同行之後的"十"原未釋，"四日"原釋作"十四日"，皆從魯家亮(2012P777—782)改補。

[5]日坐：原未釋，從何茂活(2014.11.29)補釋。

[6]未釋字原釋文無，今據原圖版補。

[7]史：原釋作"吏"，從李燁、張顯成(2015.4)改釋。

[8]未釋字原釋文無，今據原圖版補。

[9]未釋字原釋文無，今據原圖版補。姚磊(《合校》2021P164)以爲是"卯"。按：此簡上部原整理者未標示殘斷號，察原簡圖上部也不似殘斷，但干支跨行書寫的情況不多見。

居延卅井☑　　　　73EJT10：392

☑　黑色☑ᵢ☑　同☑ᵢᵢ　　　　73EJT10：393

☑月辛巳出。　　　　73EJT10：394

☑　弓一,矢十二。　　　　73EJT10：395

彭祖伏地☐[1]☑　　　　73EJT10：396A

張卿☑　　　　73EJT10：396B

☑年十月穀出入簿。　　　其☑

☑六百一十一石六斗　　　二百二☑

☑□百八十八石□□四十其☑（削衣）　　　　73EJT10：397

☑□[2]令壽行☑（削衣）　　　　73EJT10：398

武伏地再拜請□☑ⅰ……☑ⅱ[3]（削衣）　　　　73EJT10：399

□□□[4]ⅰ二月乙卯，會水丞□[5]　☑ⅱ（削衣）　　　　73EJT10：400

戍卒氐池廣漢里公大夫徐脊[6]，年廿七。　　☑（削衣）73EJT10：401

　　【校釋】

　　[1]未釋字原釋文無，今據原圖版補。

　　[2]未釋字原釋文無，今據原圖版補。

　　[3]此簡第一行的未釋字和第二行釋文原缺釋，今據原圖版補。

　　[4]此行原釋文無，今據原圖版補。

　　[5]未釋字原釋文無，今據原圖版補。

　　[6]曹方向（2011.9.16）例十九指出，“脊”，整理者誤釋爲“齊”，馬王堆帛書、漢印“脊”形皆可資參考。

當利卒陳留甯陵[1]虞里□惠☑（削衣）　　　　73EJT10：402

□□　☑[2]ⅰ六月辛酉，氐池丞□移過所　☑ⅱ（削衣）73EJT10：403

☑馬樂再拜言記告☑ⅰ□□□□□□□☑[3]ⅱ（削衣）73EJT10：404

☑建昭四年十月□□□肩水　☑（削衣）　　　　73EJT10：405

☑□□□□凡九人，直（值）五千八十ⅰ☑嗇夫爲出關船卒[4]轉車兩人數，得米□☑ⅱ☑爲定罷卒數。案：右前、左前所移定□☑ⅲ（削衣）　　　　　　　　　　　　　　73EJT10：406

☑用君錢廿五[5]，皷〈𡒄〉[6]脯　☑（削衣）　　　　73EJT10：407

　　【校釋】

　　[1]陳留甯陵：陳留郡甯陵縣。

　　[2]此行原釋文無，今據原圖版補。

　　[3]此行未釋字原釋作“……”，今據原圖版改。

[4]船卒:船,原釋作從"月"從"公"字,王錦城(2019P2088)釋作"船",今統一改釋。馬智全(2013.2):爲專門負責船運事務的戍卒,可證肩水地區水道可以行船,而船卒也要受到肩水金關嗇夫的管理。

[5]五:原簡圖作 𝕎 ,雖與"王"同形,但金關簡中卻有此類寫法的"五",當視爲"五"之訛俗寫法。

[6]鼓:原釋作"攲",此字原簡作 𝄞 ,實爲"鼓",當視爲"攲"之俗誤。

☑　左長里(削衣)　　　　　　　　　　　　　　73EJT10:408
☑　卒史唐卿不肯粱☑ᵢ☑　□□會賞欲急去唯☑ᵢᵢ(削衣)
　　　　　　　　　　　　　　　　　　　　　　73EJT10:409

☑進解卿　　☑(削衣)　　　　　　　　　　　73EJT10:410
☑案□年、爵如☑ᵢ☑國,如律令。/掾☑ᵢᵢ(削衣)　　73EJT10:411
□□□ᵢ卅井縣索☑ᵢᵢ(削衣)　　　　　　　　　73EJT10:412
☑　□□候史張誼(削衣)　　　　　　　　　　73EJT10:413
☑八十一[1]。　　　　　　五☑
☑·大凡六千七百卌,今[2]七千。　　人☑(削衣)　73EJT10:414
(此簡已與 T10:418 綴合)　　　　　　　　　　73EJT10:415
　　　　　　　　　　　其一人決　　☑
☑丁[3]未,右前部千人嬰齊作六十人[4]。一人弓　☑
　　　　　　　　　　　一人土　　☑(削衣)
　　　　　　　　　　　　　　　　　　　　　　73EJT10:416
☑□朔丁[5]巳居延令弘、丞☑(削衣)　　　　73EJT10:417[6]
☑買茭廿束☑ᵢ☑買茭卅束☑ᵢᵢ☑買茭卅束居ᵢᵢᵢ☑買茭十二束[7]☑ᵢᵥ
(削衣)　　　　　　　　　　　73EJT10:418+415[8]

【校釋】

[1]八十一:原缺釋,從何茂活(2014.11.29)補釋。

[2]今:何茂活(2014.11.29)釋作"合",此字原簡實爲"今"的草書。

[3]丁:原釋作"乙",原簡上部殘失,僅能見下部一豎畫,干支中辛未、

癸未、乙未、丁未、己未，只有辛未、丁未末筆是豎畫，而且原簡此殘存豎畫向右傾斜，疑是“丁”下豎畫的寫法。

　　[4]郭偉濤(2017P30)認爲簡中的“千人”似爲“候長”，“六”下不當有字。王錦城(2019P1221)認爲“千人”或可作“士吏”。

　　[5]“朔丁”原缺釋，從何茂活(2016P25-34)補釋。簡首的“□”原釋文無，從原圖版補。姚磊以爲“朔”可能是“月”。

　　[6]胡永鵬(2017P505)定此簡年代在漢宣帝五鳳到甘露年間。

　　[7]束：原釋文無，原簡尚存少許墨跡，今據文義和原圖版補。

　　[8]此簡綴合詳見張顯成、張文建(2017P335-347)。

☑康俱乘所占用☑ⅰ☑□月丙辰□[1]☑ⅱ(削衣)　　　73EJT10：419

　　　　丁吏左萬福□☑

七日

　　　　亥……[2]☑(削衣)　　　　　　　　　73EJT10：420

☑卿從車　☑(削衣)　　　　　　　　　　　73EJT10：421

☑以月五十七　☑(削衣)　　　　　　　　 73EJT10：422

☑伏地再☑(削衣)　　　　　　　　　　　　73EJT10：423

☑□[3]□之□□□ⅰ☑不在樂死＝罪＝(死罪死罪)☑ⅱ(削衣)

　　　　　　　　　　　　　　　　　　　 73EJT10：424

曰乃牀　☑(削衣)　　　　　　　　　　　 73EJT10：425

肩水□行……☑(削衣)　　　　　　　　　 73EJT10：426

☑河南熒[4]陽成陰里公乘孫德，年卅[5]三，　　長七尺二[6]☑

　　　　　　　　　　　　　　　　　　　 73EJT10：427

☑絲緯，　牛一，標[7]犗，齒九歲。　　　☑　 73EJT10：428

☑□陳□[8]☑　　　　　　　　　　　　　 73EJT10：429A

☑□□☑　　　　　　　　　　　　　　　 73EJT10：429B

☑　　　　　　　　　　　　 73EJT10：430A[9]

☑(圖畫)　　　　　　　　　　　 73EJT10：430B

☑來客主不☑　　　　　　　　　　　　73EJT10∶431

☑……☑　　　　　　　　　　　　　73EJT10∶432A

☑傳……　☑　　　　　　　　　　　73EJT10∶432B

甯伏地再拜請☑　　　　　　　　　　73EJT10∶433

……☑ᵢ □□☑ᵢᵢ　　　　　　　　　73EJT10∶434A

……☑　　　　　　　　　　　　　　73EJT10∶434B

(此簡已與 T10∶45 綴合)　　　　　73EJT10∶435

☑……　☑　　　　　　　　　　　　73EJT10∶436

觻得騎士□□……　☑　　　　　　　73EJT10∶437

☑長七尺二寸,黑色。　☑　　　　　73EJT10∶438

☑一編。　☑　　　　　　　　　　　73EJT10∶439

☑……☑　　　　　　　　　　　　　73EJT10∶440

甘露元年九月癸巳朔癸丑,守令史壽叩……　73EJT10∶441

☑□罷□□　☑　　　　　　　　　　73EJT10∶442A

☑拜　☑　　　　　　　　　　　　　73EJT10∶442B

☑……☑ᵢ ☑……☑ᵢᵢ　　　　　　　73EJT10∶443

☑□稍南　☑(瓠)　　　　　　　　　73EJT10∶444

……晝夜☑　　　　　　　　　　　　73EJT10∶445

☑丁　　戊☑

☑未[10]　　子☑　　　　　　　　　73EJT10∶446

【校釋】

[1]此行簡文,原圖版旁釋文無首尾未釋字,釋文本有簡首未釋字,無末尾未釋字,今據原圖版重新整理。

[2]“亥”後仍有多字墨跡,原未釋,今據原圖版補。

[3]此未釋字原釋文無,今據原圖版墨跡補。

[4]癸:原釋作“榮”,從何茂活(2014.11.29)改釋。

[5]卌:原釋作“卅”,從李燁(2013P20)改釋。

[6]長七尺二:原釋作“馬一匹車”,從姚磊(《合校》2021P167)改釋。

　　[7]犥:鄔文玲(2014P89-96)指出此字與"驃"含義相同,本指黄色
有白斑或黄色白鬃尾的馬,簡文中的"犥",大約指該牛的顔色也是黄色
有白斑者,與馬之"驃"者類似,因其用於描述牛的顔色,故而從"牛"不
從"馬"。

　　[8]"□陳□"原釋作"□□",今據原圖版改。

　　[9]此簡正面原釋文作"之之之(習字)",但原簡正面並無墨跡,只有
出土編號。背面圖畫爲牛的形象。

　　[10]丁未:原釋作"丁亥",張俊民(2014.12.16)認爲"亥"當作"未",
今從改;張俊民認爲"丁"爲誤字,"丁未"實際應該是"己未"。

☑……	73EJT10:447
☑一匹	73EJT10:448
肩水候☑	73EJT10:449
☑之□□☑	73EJT10:450[1]
☑……	73EJT10:451
☑肩水金關□☑(削衣)	73EJT10:452
廷報,敢言☑	73EJT10:453
☑色黑,目黑,齒黑色,齊(次)居大水中。	73EJT10:454[2]
☑官大車☑	73EJT10:455
☑(圖畫)☑	73EJT10:456
☑……車一兩,牛二,以辛未入。□[3]	73EJT10:457
☑九月己亥出☑	73EJT10:458
☑……五石二斗四升	73EJT10:459
☑□□□□再拜受受受受☑	73EJT10:460A
☑□[4]□受　☑	73EJT10:460B
☑毋官獄徵事,謁過所□□□☑(觚)[5]	73EJT10:461
☑毋官獄徵事☑i☑□□□□□□☑ii	73EJT10:462
☑□[6]長七尺四寸,黑色☑	73EJT10:463

☑肩水金關　☑　　　　　　　　　　　　　　　　73EJT10:464

☑副　　☑　　　　　　　　　　　　　　　　　73EJT10:465

【校釋】

[1]此簡異形,原釋"之"也未必可定釋。

[2]此簡爲數術内容,解析詳見王强(2019P319—331)。

[3]此簡"二"後原釋文有一未釋字,今核對原圖版刪除。最後未釋字原釋文無,今據原圖版補。

[4]此未釋字原釋文無,今據原圖版補。

[5]藤田勝久(2012P193—210)認爲呈瓠狀的通行證,或許即是攜帶旅行傳的實物。並推測這些在甲渠候官出土物,或者是通行證的備份,或者是旅行者在歸來之後不再需要而廢棄的。以此類推,或許在先前看到的縣一級官府頒發的傳中,連續書寫的公、私用的旅行通行證也是同樣的瓠形,在封泥匣之下連續書寫。

[6]此未釋字原釋文無,今據原圖版墨跡補。

☑　戊　☑

☑　戊　☑　　　　　　　　　　　　　　　　　73EJT10:466

☑里范秦年☑　　　　　　　　　　　　　　　　73EJT10:467

☑　□如律令。/掾霸、令史☑　　　　　　　　　73EJT10:468

☑……☑ⅰ☑……☑ⅱ　　　　　　　　　73EJT10:469[1]

☑甚願請□☑　　　　　　　　　　　　　　　　73EJT10:470

(此簡已與 T10:342 綴合)　　　　　　　　　　73EJT10:471

☑　左忠,年卅八長☑　　　　　　　　　　　　73EJT10:472

☑□　　　　　　　　　　　　　　　　　　　73EJT10:473

☑……來□□☑　　　　　　　　　　　　　　　73EJT10:474

☑□□守令史□□☑　　　　　　　　　　　　　73EJT10:475

☑毋奈□☑　　　　　　　　　　　　　　　　　73EJT10:476

☑□關　☑　　　　　　　　　　　　　　　　　73EJT10:477

☑正月☑　　　　　　　　　　　　　　　73EJT10:478

☑乘董利,年☐☐☐☑　　　　　　　　　　73EJT10:479

(此簡已與 T10:339 綴合)　　　　　　　　73EJT10:480

☑☐☐宣爲☐☐☐☐☑　　　　　　　73EJT10:481+507[2]

☑……里男子☐☐☑　　　　　　　　　　73EJT10:482

☑再拜請☑ᵢ☑……☑ᵢᵢ　　　　　　　　　73EJT10:483A

☑☐☐☐　☑ᵢ☑足下　☑ᵢᵢ　　　　　　　73EJT10:483B

關　　　☑　　　　　　　　　　　　　　73EJT10:484A

☐☐　　　☑　　　　　　　　　　　　　73EJT10:484B

☑　　☐章詣大守府☑　　　　　　　　73EJT10:485[3]

☑☐我不☐☑　　　　　　　　　　　　　73EJT10:486A

☑之釐[4]☐☑　　　　　　　　　　　　73EJT10:486B

……☑　　　　　　　　　　　　　　　　73EJT10:487

……☑　　　　　　　　　　　　　　　　73EJT10:488

☑☐☐☐泉亭☐[5]☑　　　　　　　　　73EJT10:489

☑里公乘吕逢,年廿四,長七尺二寸,☑　　73EJT10:490[6]

☑☐[7]　　☐☐☐☐☑　　　　　　　　73EJT10:491

☑津金關,毋苛留止,敢☑　　　　　　　73EJT10:492

☑露[8]三年五月癸☑　　　　　　　　　73EJT10:493A

☑年七月戊申☑　　　　　　　　　　　　73EJT10:493B

☑……　劍一,楯一。　　　　　　　　　73EJT10:494

☑乘ᵢ☑匹ᵢᵢ　　　　　　　　　　　　　73EJT10:495

(此簡已與 T10:345 簡綴合)　　　　　　　73EJT10:496

田卒魏郡[9]……(竹簡)　　　　　　　　73EJT10:497

☑☐☐☐☐☐☐☐尊,移過所☑　　　　73EJT10:498

……　　　　　　　　　　　　　　　　　73EJT10:499

☑☐　☑　　　　　　　　　　　　　　　73EJT10:500

☑……　　　　　　　　　　　　　　　73EJT10:501A

☑……　　　　　　　　　　　　　　　73EJT10:501B

☑苛留止,敢☑　　　　　　　　　　　73EJT10:502

……☑　　　　　　　　　　　　　　　73EJT10:503

……☑ⅰ……☑ⅱ　　　　　　　　　　73EJT10:504

☑　嗇夫賞白[10]☑　　　　　　　　　73EJT10:505

【校釋】

[1]此簡圖版旁釋文作一行,今從釋文本作兩行。

[2]此簡由張文建綴合,詳見張文建(2017.7.19)。

[3]李燁、張顯成(2015.4)指出此簡原整理者圖版誤排倒置。

[4]此字原釋作“謹”,原簡此字從“土”,今作存疑處理。

[5]此未釋字原釋文無,今據原圖版補。

[6]李燁、張顯成(2015.4)指出此簡原整理者圖版誤排倒置。

[7]此未釋字原釋文無,今據原圖版補。

[8]露:原未釋,從黃艷萍(2014.2)補釋。

[9]魏郡:原未釋,從張俊民(2012.5.8)補釋。

[10]賞白:原未釋,從胡永鵬(2021.1)補釋。

……　　　　　　　　　　　　　　　　73EJT10:506A

……　　　　　　　　　　　　　　　　73EJT10:506B

(此簡已與 T10:481 簡綴合)　　　　73EJT10:507

☑□□□令侍　☑　　　　　　　　　　73EJT10:508

☑肩水都尉府　☑　　　　　　　　　　73EJT10:509

☑□之　　　　　　　　　　　　　　　73EJT10:510

☑　　十一月☑　　　　　　　　　　　73EJT10:511

☑□謁移過所　　　　　　　　　　　　73EJT10:512

☑幸甚☑　　　　　　　　　　　　　　73EJT10:513A

☑……☑　　　　　　　　　　　　　　73EJT10:513B

金☑						73EJT10：514

　　　　五石弩，☑

☑蘭二。

　　　　　三石弩，☑						73EJT10：515

☑……☑						73EJT10：516A

☑十二月☑						73EJT10：516B

☑……津關……☑					73EJT10：517A

☑具☑☑						73EJT10：517B[1]

☑☑☑正月己丑付☑					73EJT10：518

☑……☑						73EJT10：519

☑甲☑☑						73EJT10：520

☑……☑						73EJT10：521

☑子☑						73EJT10：522A

☑……☑						73EJT10：522B

☑☑　　☑						73EJT10：523

☑五　　☑						73EJT10：524

☑☑乘馬☑						73EJT10：525

☑……						73EJT10：526

敢言之。三月己丑……☑					73EJT10：527A

章曰：共[2]丞印。　　　☑				73EJT10：527B

☑☑……足下……					73EJT10：528

☑年卅三，　　軺車一乘，☑				73EJT10：529

☑☑錢五十☑廿五（削衣）				73EJT10：530

☑☑☑足下☑ᵢ願以張千人☑ᵢᵢ（削衣）			73EJT10：531

☑☑☑☑（削衣）					73EJT10：532

……☑						73EJT10：533

……☑						73EJT10：534

☑一匹，　　車☐☐☑[3]	73EJT10:535
☑長……☑	73EJT10:536
☑……	73EJT10:537
☑☐☐☐都里馬……☑	73EJT10:538
☑　……☑	73EJT10:539
☑罪死罪☐☐☐☑	73EJT10:540
……子☐☐☐☐☐☐☑ⅰ☐數☐☐☐☐☐☐☑易群☐☑ⅱ	
	73EJT10:541[4]
☑……☑	73EJT10:542
☑之病☐[5]☑	73EJT10:543
☑苟留☐亡☑	73EJT10:544

丁

☑　　　　　幼卿之官☑	
卯	73EJT10:545
☑☐卅六丈二尺☐☑	73EJT10:546
☑年卅☑	73EJT10:547
☑……☐☐	73EJT10:548
☑……☑ⅰ☑……甚……☑ⅱ(削衣)	73EJT10:549
贊	73EJT10:550A
……	73EJT10:550B

【校釋】

[1]李燁(2013P28)、何茂活(2014.11.29)指出此簡圖版排印有誤，A、B 面應互換位置，且均應垂直旋轉 180 度。互換並旋轉後，A 面釋文可改訂爲"……津關……"，B 面釋文不變。今從其説改釋。

[2]共：河内郡屬縣。《漢書·地理志上》："共，故國。北山，淇水所出，東至黎陽入河。"

[3]此簡原釋文作"一匹，車☐☐……車二"，李燁(2013P27)指出"匹"後原釋文誤衍"車"。按：細審原簡，原釋文省略號前的"一匹車☐☐"

是對的,省略號後的釋文才是衍文。

[4]此簡原釋文作兩行"……",今據原簡圖版重新整理。

[5]此未釋字姚磊(《合校》2021P169)釋作"亡"。

《肩水金關漢簡(貳)》校釋

肩水金關 T11:1-31

黃龍元年十一月己亥朔辛丑,南鄉嗇夫賀敢言之:曾氏里公乘李禄,
年卅歲,自言 ¡ 爲家私市張掖□……□□□□[1] ⅱ　　　　73EJT11:1

□稟(廩)[2]受降隧卒吕充四月食。　又張異衆四月食。73EJT11:2

(此簡已與 T11:31 簡綴合)　　　　　　　　　　　73EJT11:3

從者居延廣地里上造張青首[3],年十五,黑色。　　☑　73EJT11:4

【校釋】

[1]此行原釋文作"……",今據原圖版和常見文例補。

[2]稟:原徑作"廩",今據原圖版改。

[3]首:原釋作"齒",沈思聰(2018P266)改釋。按:"齒"、"首"形近易混,此處作人名,"青首"比"青齒"文義更順暢,改釋可從。

不蚤(早)不莫(暮)得主君閒徦[1],肥豚[2]、□乳[3]、黍飯、清酒至主
君所,主君□[4]方□□□□ ¡　　　　　　　　　　73EJT11:5

☑【毋予疾,以】脊[5]強;毋予皮毛疾,以幣(弊)[6]身剛[7];毋予脅疾,
以成【身張】☑[8] ¡　　　　　　　　　　　73EJT11:23 [9]

【校釋】

［1］得主君閒很：王子今（2014P3-9）認爲這裏的“主君”不排除與漢代畫像資料中看到的所謂“馬首人身神怪”存在某種内在聯繫的可能。閒很，原釋作“聞微”，從肖從禮（2016P126-132）、劉嬌（2016.8.19）改釋。肖從禮（2016P126-132）認爲“閒很”讀作“閒暇”，指閒空，簡中“主君”爲受祭的神靈馬祖，“得主君閒暇”指主君正得空閒。劉嬌（2016.8.19）指出“得主君閒暇”意思是不敢隨意打擾，只在合適的時機、馬神閒暇的時候才來祈禱，是十分恭敬的語氣。認爲“暇”與“所”皆魚部字，可能押韻。

［2］豚：原未釋，從肖從禮（2016P126-132）補釋。

［3］王子今（2014P3-9）指出“乳”是西北遊牧民族習用飲品，祭品用“乳”的信息應當有益於我們有關漢代飲食史知識的增益，也有益於中國古代畜牧史和民族關係史的總結。

［4］此未釋字沈思聰（2018P266）釋作“上”。此外，“方”後之字疑是“行”。

［5］脊：原釋作“肖”，此字原簡圖作 ▓，王子今（2014P3-9）指出睡虎地秦簡“馬禖祝”簡中有“脊爲身剛”一句，可與此簡對讀，可改釋。今從改。

［6］幣：劉嬌（2016.8.19）：可讀爲“敝”或“弊”，義爲“盡”，祝辭意爲祈求馬神“成就”、“實現”馬的“脊強”、“身剛”、“身張”，也就是保護庇佑馬不受各種疾病戕害的意思。

［7］身：原未釋，原簡圖作 ▓，從劉嬌（2016.8.19）改釋。身剛即言身體健康。

［8］此簡劉嬌（2016.8.19）解釋爲請不要讓馬的皮毛、脅等部位染病，使馬脊背強勁，身體剛健，兩脅鼓張。

［9］王子今（2014P3-9）認爲以上兩簡可能是一份文書，内容反映了河西邊防部隊祈祝所畜養和使用的馬匹免除病疫的禮祀形式，並將此簡對照睡虎地秦簡《日書》相關文字推測釋文内容應爲“……毋予□疾，以□脊強；毋予皮毛疾，以□身剛；毋予脅疾，以成□□；……”。劉嬌（2016.8.19）據對讀内容補簡首尾文字。王子今（2013P280-288）指出“清酒”語例在河西漢簡資料中首次出現，言及“清酒”與“馬禖祝”一類活動關係，推想

簡文應是"禖祝"文字,不過其中"主君"指代的意義仍未可知,並指出"清酒"是重要儀禮程序中進獻給神靈的飲品,很可能是秦漢社會生活中質量最好的酒。

陽朔元年九月丙辰,都鄉嗇夫□、佐□□ᵢ 敢言之□ᵢᵢ　73EJT11:6

□雞得　　　　　　　　　　　　　　　　73EJT11:7

狀猛[1]公乘雞得長壽里,年卅二歲,故肩水□　73EJT11:8

蒙[2]平原里呂肩,年卅。□　　　　　　　　73EJT11:9

(此簡已與 T11:31 簡綴合)　　　　　　　73EJT11:10

□葆氏池安漢里男子馬閒□　　　　　　　73EJT11:11

□□月乙丑出　　□　　　　　　　　　　73EJT11:12

□薛氏建始四年[3]正月辛丑　　　　　　　73EJT11:13

□年十八。　　　□　　　　　　　　　　73EJT11:14

肩水候□□施刑屬删丹[4],貧急[5]毋它財物以償責,府□ᵢ□令史不華公[6]令丁君房任[7],賞從萬等賷賞〈賣〉[8]狐□ᵢᵢ　73EJT11:15

【校釋】

[1]狀猛:人名。

[2]蒙:梁國屬縣。

[3]建始:西漢成帝劉驁的第一個年號,共用四年兩個月。建始四年,即公元前 29 年。

[4]删丹:張掖郡之屬縣名,西漢置,因删丹山(即焉支山)得名,治今甘肅山丹縣。

[5]貧急:貧窮窘急。

[6]華:原釋作"禁",原簡字形與常見的"禁"有較大區別,疑是"華"的俗寫。這裏的"不華公"疑是人名。

[7]任:擔保。

[8]賞:原釋作"賣",王錦城(2019P301)疑是"賞"。按:此字原簡圖作,上從"尚"下從"貝"皆清晰明確,故此字應釋作"賞"。不過"賷賞"

不成詞,而漢簡中"貰賣"一詞非常多見,表示賒賣的意思。因此從簡文内容上可知此簡的"賞"爲"賣"之誤。此處應是"賣"、"賞"二字形近,且受前文"賞"影響,導致訛誤。

出鹽□升九龠,　　　稟(廩)[1]始安隧[2]卒陳聖□月食。　　☑
　　　　　　　　　　　　　　　　　　　　　　　　73EJT11:16

☑尉外人所得,印書　　☑ᵢ☑□持印詣府。　　☑ᵢᵢ　73EJT11:17

☑開[3]倉出秫[4],稟(廩)[5]爲[6]□[7]□□□　　73EJT11:18

☑□□□高若干丈尺,堞[8]高若干丈尺,厚若干尺,并高若干丈尺,
　　　　　　　　　　　　　　　　　　　　　　　　73EJT11:19

【校釋】

[1]稟:原徑釋作"廩",今據原圖版改。

[2]始安隧:隧名,屬肩水候官。

[3]開:原釋作"關",原簡圖作𝍂,可見中間類似"井"的結構,這是"開"字的俗寫字形,今改。

[4]秫:原釋作"秋",原簡作𝍂,右側顯然不從"火",從"术",今改。《説文·禾部》:"秫,稷之黏者。"即有黏性的穀。此字後之"廩"在漢簡中基本用作動詞,表示發放的意思。原釋文"秋廩"文義不甚通順。"開倉"才可與後文"出秫"順暢相連。

[5]稟:原徑釋作"廩",今據原圖版改。

[6]此字原簡圖作𝍂,字形與"爲"漢簡寫法差距較大,若原釋文"廩"釋字無誤,"廩"爲發放意,其後賓語當爲名詞,頗疑原釋文"爲"釋字有誤。或爲"分"草書。

[7]未釋字原簡作𝍂,字形似"縛"。

[8]堞:《集成》(十 P168):堞,城上矮墙。又名女墙。

☑　　　九月壬戌出☑　　　　　　　　　　73EJT11:20

☑隧長湯敢☑　　　　　　　　　　　　　　73EJT11:21

☑牛車一兩。　　　　　　　　　　　　　73EJT11:22

(此簡已編聯至 T11:5 簡後)　　　　　　　73EJT11:23

☑妻大女䑏得安定里李☐[1],年十九歲。

☑子小男☐,年三歲。

☑☐　　　　　　　皆☐色[2]。　　　　　73EJT11:24

☑☐敢言之:中里大夫數

☑毋官獄徵事[3],當爲傳,謁移廷　　　　73EJT11:25A

☑如律令。/掾術、守令史音。　　　　　73EJT11:25B

　永光五年九月吏民

　……　　　　　　　　　　　　　　　　73EJT11:26

☑☐里☐辟兵,年卅六。　　　☑　　　　73EJT11:27

永光元年六月壬寅☑ⅰ橐他曲河亭長王☐☑ⅱ(削衣) 73EJT11:28[4]

肩水金關　☑　　　　　　　　　　　　73EJT11:29

張夜(掖)[5]水丞印 ⅰ金關ⅱ十二月辛巳以來。ⅲ　73EJT11:30

初元三年三月乙卯朔甲申,倉嗇夫明以官〖印〗行尉事,敢言之:遣竹
亭長楊渠爲郡迎三年罷戍田卒張掖。ⅰ　　73EJT11:31A+10+3[6]

傳封緱氏丞印。五月廿五日入。　　☑　　73EJT11:31B

【校釋】

[1]此未釋字疑是"萬",用作人名。

[2]皆☐色:原釋作"……出",姚磊(《合校》2021P172)釋作"皆黑色"。按:原簡"皆"字雖不完整,但尚能辨識,"色"也能看到豎折勾,兩字改釋可從。兩字中間墨跡非常少,不能遽定何字,釋"黑"不可從。另外,此行首未釋字原釋文無,今據原圖版補。

[3]毋官獄徵事:原釋作"☐☐☐從事",張俊民已改釋,見(《合校》2021P172)。今從改。

[4]此簡下殘,原釋文脫漏殘斷號。

[5]張夜:張,周艷濤、李黎(2014.1)改釋作"居"。按:此字原簡從"弓"從"長"較清楚,改釋不可從。夜,原釋作"延"。"張延",不知何解。

此字原簡圖作 ，應該是"夜"的草率寫法。西北簡中的"夜"草寫省簡不一，變體相當多，比如 （肩伍 D：163）、 （肩壹 T10：149）、 （居新 T40. 6A）、 （居 305. 15），這幾種寫法就與此簡字形相似。

　　[6]此簡由伊強綴合，詳見伊強（2016P382-387）。

肩水金關 T14：1-42

戍卒鯀得成漢里公乘聊廣德，年卅六。　　　　　　　　　73EJT14：1

屬國胡騎充國佰縣泉里呼淦，年廿五，　長七尺五寸，　　黑色。

□□□。i　　　　　　　　　　　　　　　　　　　　73EJT14：2

肩水都尉屬令狐賞葆屋蘭大昌里孫聖，年廿八，　長七尺五寸，　黑

色。i　　　　　　　　　　　　　　　　　　　　　73EJT14：3

□□□□□□□十月四日出。·子男趙憙[1]。　　　73EJT14：4

河東皮氏甯[2]里公乘孫蓋，年廿八，　長七尺二寸，　☒ 73EJT14：5

戍卒河東皮氏平居里公乘陽□[3]安，年卅二。　　　☒　　73EJT14：6

·子曰：必富小人也，必貧小人也，必貴小人也，必賤小人☒

　　　　　　　　　　　　　　　　　　　　73EJT14：7 [4]

【校釋】

　　[1]憙：原釋作"熹"，從沈思聰（2018P266）改釋。

　　[2]甯：原釋作"富"，何茂活改釋。按：此原簡下從"用"，改釋可從。

　　[3]此未釋字沈思聰（2018P266）釋作"成"，周艷濤（2015. 2）以爲是"陽"的可能性大。按：此字原簡圖作 ，與"成"、"陽"皆不合，但似左部從"阝"字。

　　[4]此簡可能屬於失傳《論語》，參劉嬌（2018P279-326）。馬智全（2014P165-171）認爲該簡可能是《齊論》的語句，或者是漢代解釋《論語》中論述富貴貧賤的《說》或者《傳》之類的文獻。所謂"必"，指強求，是爲了達到某種目的而決意施行，是指強求於作某件事情。簡文中的"必富"、"必貧"、"必貴"、"必賤"，是指強力於富貴、貧賤，含有偏執之意。"小

人",指無德之人,是與"君子"相對的概念。只有"小人"才會這樣決意於富貴和貧賤,"君子"則不會如此,説明這四種行爲是孔子所反對的。

田卒河南郡京從里公乘□[1]青,年卅三。(竹簡)	73EJT14:8
☑軺車一乘,馬一匹, 刀、劍各一。	73EJT14:9
永光五年計餘漆擣[2]☑	73EJT14:10
□□□□□□□□ᵢ尉史光八月丁酉廄[3]嗇夫☑ᵢᵢ	73EJT14:11A
熒[4]陽令印。　　☑	73EJT14:11B
五鳳三年十二月癸卯朔乙☑	73EJT14:12
☑□馬一匹,高六尺二寸,齒九歲。☑	73EJT14:13
☑印行事,移肩水金關☑	73EJT14:14
☑河南縣西鄉大謝里公☑	73EJT14:15
☑縣令、游傲(徼)[5]、亭長、郵正[6]、獄史[7]☑	73EJT14:16
戍卒南陽郡葉平定里公乘蘇信,年[8]☑	73EJT14:17
出賦錢二百九十☑	73EJT14:18
居延卅井尉史亓益壽☑	73EJT14:19
☑　十月己卯復致籍ᵢ☑　□ᵢᵢ	73EJT14:20
地節二年五月壬戌朔乙☑ᵢ二匹[9],軺車一乘,其妻[10]□☑ᵢᵢ	
	73EJT14:21

【校釋】

[1]此未釋字周艷濤(2015.2)釋作"陽",不可從。原簡形似"獨"字。

[2]擣:疑讀爲"檮",或直接釋作從"木"之字。檮,或指檮杌。

[3]廄:原釋作"廚",原簡作🀀,不從"豆",當爲"廄"之訛俗寫法,今改。

[4]熒:原釋作"滎",從何茂活(2014.11.29)改釋。

[5]傲:原徑釋作"徼",原簡圖作🀀,從"亻",今改。"傲"通"徼"。游徼,掌管一鄉巡察緝捕之官吏。

[6]郵正:文獻不載,具體含義不明。今審原圖版,"正"字原字形略與

常見寫法不同,可疑。另外,此簡各官名之間皆有劃綫相隔,或有特殊
作用。

[7]獄史:判決訴訟案件的決獄官。

[8]年:原未釋,今據原圖版殘留墨跡與常見行文格式改。

[9]二匹:原未釋,張俊民補釋(轉見《合校》2021P174)。按:結合常見
文例與原簡存留墨跡可補釋。此外張俊民還將此行末尾未釋字釋作
"共"。

[10]其妻:原未釋。其,張俊民釋作"與"。按:此字原簡圖作🀫,左
部有缺失,但是並没缺太多,主要結構俱全。金關簡中的"其"如🀫(肩
貳T23:710)、🀫(肩貳T23:747),就是這類寫法。"與"字上面一般寫
作"田"形,中間的橫豎筆畫多少不一,上面的橫畫一般兩邊不出頭。妻,
原簡圖作🀫,雖左部缺失,但下從"女"較易辨識,當是"妻"字。按照常見
行文習慣,此處的"其"不是代詞,可能用作人名,T23:929中有"佐其",即
用作人名。

　　　　　　榆樹四,杏樹一,栗樹一,☑
延壽里田☑
　　　　　　☑^[1]四。☑　　　　　　　　　　　　　73EJT14:22

　　　　　　　　　榆樹二,李樹六。　　榆樹九,李樹二。　　☑
日益里吾丘定。
　　　　　　　　　☑一。　☑　　　　　　　　　　　72EJC:42

　　　　榆樹二。　　榆樹三。
☑☑廿。
　　　　　　☑☑☑　　桔樹二。　　　　　　　72EJC:44+67
☑李樹十。　　　　　　　　　　　　　　　　　72EJC:53

　　　榆樹三。　　榆樹二。　　榆樹二。　☑
☑☑
　　　　☑四。　☑　　　　　　　　　　　72EJC:96^[2]

【校釋】

[1]口:原未釋,從王錦城(2019P1230)補釋。

[2]王錦城(2019P1231)已指出以上這五枚簡都是對人口數和樹木數的記録,當可編聯,可從。這五簡形制、書寫格式、字跡皆一致,而且内容相類,且在西北簡中少見,值得重視,具體作用待考。

☑年卌九。　　車馬一乘,☑　　　　　　　　　73EJT14:23

☑【七九】六十三[1]　　五八卌[2]　　四六廿四☑

☑【六九】五十四　　四八卅二　　三六十八☑

☑【五】九卌五　　三八廿四　　二六十二☑

☑【四九】卅六　　二八十六　　☑☑　　　　　73EJT14:24A

五十四　☑ⅰ卌五　☑ⅱ卅六　☑ⅲ　　　　　　73EJT14:24B

　　　　　　　候史李賞,　☑

平樂[3]隧長王戎,　送囚。　　卒□☑　　　　　73EJT14:25

☑□□黑色,中。　　卩黑色。　　弓　　　　　　73EJT14:26

　　　　　　　車一乘,馬一匹。　　　　　　　　73EJT14:26

【校釋】

[1]六十三:原未釋,周艷濤、司曉蓮、曲元凱(參見《合校》2021P175)、沈思聰(2018P267)皆有補釋意見,今從補。

[2]卌:原釋作"四十",從張俊民(轉見《合校》2021P174)改釋。

[3]平樂:原未釋,從何茂活(2015P175-188)補釋。

☑毋輸入。　　　☑　　　　　　　　　　　　　73EJT14:27

大奴趙貴☑　　　　　　　　　　　　　　　　　73EJT14:28

▍右三月八人。　　☑　　　　　　　　　　　　73EJT14:29

☑府[1]對各有會☑　　　　　　　　　　　　　　73EJT14:30

張掖廣地候印。　☑ⅰ正月甲辰騂北亭卒漢以[2]【來】　☑ⅱ

　　　　　　　　　　　　　　　　　　　　　　73EJT14:31A

正月辛丑廣地☑ᵢ如律令。/☑ᵢᵢ　　　　　　73EJT14:31B

☑書,卒自言責[3]☑ᵢ☑它如爰書。敢[4]☑ᵢᵢ　　73EJT14:32

☑塞尉通兼行ᵢ☑亭書到霸兼ᵢᵢ　　　　　73EJT14:33A

☑史殷。　　　　　　　　　　　　　　73EJT14:33B

者治所長安　　　　　　　　　　　　73EJT14:34

關嗇夫吏。　　　　　　　　　　　　73EJT14:35

關嗇夫賞。　　　　　　　　　　　　73EJT14:36

伏地再拜請。　　　　　　　　　　　73EJT14:37

☑放[5]賜蓋衆☑　　　　　　　　　　73EJT14:38

☑屋闌騎士長☑　　　　　　　　　　73EJT14:39

☑安邑[6]萬年里公乘段☑　　　　　　73EJT14:40

☑□嘗[7]亡子平須臾也☑[8]（削衣）　　73EJT14:41

☑□之法言不□　☑[9]（削衣）　　　73EJT14:42[10]

【校釋】

[1]府:原未釋,今據原圖版擬補。

[2]以:原未釋,今據原圖版補。

[3]自言責:王錦城(2019P304):是債權人自己説別人欠他錢。

[4]此簡中的"它"、"敢"原皆未釋,從張俊民(《合校》2021P176)補釋。按:此兩字雖殘存筆畫較少,但結合常見文例可補。

[5]放:沈思聰(2018P267)釋作"方"。

[6]安邑:屬河東郡。

[7]嘗:原釋作"當",從何茂活(2018.4)改釋。

[8]原釋文缺上下殘斷符,今補。

[9]原釋文缺上下殘斷符,今補。

[10]黄浩波(2013.8.1)已經指出此簡爲《孝經》"非先王之法言不敢道"之殘,年代應在西漢中期。

肩水金關 T15:1-29

□□賣□,則[1]叩頭。願少君爲□□□□□賣□不宜請少君□□□

☑i亭則,幸=甚=(幸甚幸甚)。謹使=(使使)[2]奉書伏地再拜。/[3]

少君[4]足下　　進[5]季少君　　☑ii　　　　　　　73EJT15:1A

則伏地再拜請：　　☑i少君足下,屬見不敢陳辤(辭)[6],因道以施

恩少君,毋它。前則欲☑ii　　　　　　　　73EJT15:1B

【校釋】

[1]則:人名,致信者。

[2]使使:李均明、劉軍(1999P64):前一“使”字爲動詞,謂派遣;後一“使”字爲名詞,謂使者。《史記·三王世家》:“王夫人死而帝痛之,使使者拜之曰。”

[3]/:李均明、劉軍(1999P72—73):某某叩頭白、某某再拜言之類獨佔一行是當時書信的正規寫法,但如此寫所佔版面較多,爲使一牘之中能容納更多文字,致信人便將起首語與正文在一行中連寫,期間以界隔符隔開,表示原本當另起一行。馬怡(2008P173-186):在漢代的私人書信中,用平闕之式將受信人稱謂及其提稱語提出平行已很常見。

[4]少君:人名,收信者。

[5]此字原簡夾在“季少”右側,按照文意應與“季少君”連讀。

[6]屬見不敢陳辤:書信中的自謙説法。金關簡中有些書信中可見相似的説法,如 T37:708B“見數不言=(言之)”、F3:295A“谷(欲)見不爲言=(言之)”。這些説法大義是表示見了面,在您面前不敢亂言。

☑免冠叩頭,死=罪=(死罪死罪)。宿衛未有以稱職=(職,職)事毋

狀☑i　　　　　　　　　　　　　　　　73EJT15:2

☑舉蓬(烽)……佗以莫當隧以北,和以蓬(烽)苣火,毋稸(燔)[1]積

薪□☑i　　　　　　　　　　　　　　73EJT15:3A

☑……士吏候長隧長☑☑☑☑☑☑☑☑☑☑☑止至明☑　73EJT15：3B

禄福大穰里公乘徐襃[2]，年卌二☑　　　　　　　　　73EJT15：4

建平三年二月壬子朔乙亥，陽武☑ᵢ居延。謹案：時[3]毋官獄徵事，

當以　　☑ᵢᵢ　　　　　　　　　　　　　73EJT15：5A

陽武丞印。　　　☑　　　　　　　　　73EJT15：5B

☑□[4]　　葆會水延年里大夫[5]☑　　　73EJT15：6

爲家私使之居延，願以令取☑ᵢ金關、居延縣索關，出入☑ᵢᵢ73EJT15：7

【校釋】

[1]穚：原釋文作“燔”，此字原簡圖作 ，原簡左部“火”訛作“禾”。“穚”通“燔”，義爲燔燒。毋燔積薪就是不要燒積薪。

[2]襃：原釋文作“衰”，從王錦城（2019P1232）改釋。

[3]時：人名。

[4]此未釋字姚磊（《合校》2021P177）釋作“豊”。按：此字原簡可見“豆”，但上部完全不可知，仍從原釋。

[5]夫：原未釋，從周艷濤、李黎（2014.1）補釋。

迺關外[1]毋禮物，願少平因忍。☑　　　　73EJT15：8A

□□□□□禹□□□□□[2]ᵢ唯[3]少平因忍[4]故。叩頭。願少平☑ᵢᵢ　　　　　　　　　　　　　73EJT15：8B

【校釋】

[1]關外：關，周艷濤、李黎（2014.1）以爲是“塞”。按：此字原簡圖作 ，“門”之草形清晰，當從原釋。關外，指西北塞外之地。

[2]此行釋文原釋文無，此行原簡右殘，但可見部分墨跡，尤其是“禹”原簡圖作 ，主要結構皆可見，今補。

[3]唯：原釋作“願”，此字原簡形作 ，同簡“願”原簡圖作 ，與此“願”字形相差較大。且“願……故”的説法不通順，原釋字不可從。細審此字原簡形，從“口”從“隹”皆清晰明確，今改釋。唯……故，表示“由於……原因”或“因爲……緣故”。

[4]因忍:原未釋,從姚磊(《合校》2021P177)補釋。因忍,傳世典籍不見,按照 A 面内容推知,可能表示"容忍"或"諒解"的意思。A 面的"願少平因忍",就是希望少平能諒解。唯少平因忍故,就是由於少平諒解的原因。

（此簡已與 72EJC:31 綴合） 　　　　　　　　　73EJT15:9

鰟得都里公乘☑ 　　　　　　　　　　　　　　73EJT15:10

☑□錢物數,敢拾遺物不詣廷☑ 　　　　　　　73EJT15:11A

☑　　　　九　　　　☑ 　　　　　　　　　　73EJT15:11B

☑□十步。　　　百廿步。 　　　　　　　　　73EJT15:12

正月壬子,肩水關嗇夫湯以小官印行候事。☑ⁱ寫移,如律令。☑ⁱⁱ

　　　　　　　　　　　　　　73EJT15:13+T10:211[1]

☑□六月辛酉起。　☑ⁱ☑【橐】他[2]、廣地各一。　☑ⁱⁱ

　　　　　　　　　　　　　　　　　73EJT15:14

關嗇夫武。 　　　　　　　　　　　　　　　　73EJT15:15

☑蓬(烽)干[3] 　　　　　　　　　　　　　　73EJT15:16

……　　　☑

出麥

出麥一石　　□□　　出麥七斗☑　國子侯麥計 73EJT15:17[4]

關嗇夫賸[5]☑ 　　　　　　　　　　　　　　73EJT15:18

☑　□□□爲家私使居延,願以☑ⁱ☑　苟留,如律令。☑ⁱⁱ☑　如律令。/☑□ⁱⁱⁱ 　　　　　　73EJT15:19

子曰:大(太)伯,其可☑ 　　　　　　　　　　73EJT15:20[6]

☑　□□字子孫。 　　　　　　　　　　　　　73EJT15:21

☑□居延界中 　　　　　　　　　　　　　　73EJT15:22

☑□,年廿四,長七尺二寸,黑色。　卩　日　☑ 73EJT15:23

☑□汗以故 　　　　　　　　　　　　　　　　73EJT15:24A

☑之不今莫ᵢ☑□獨可衣之耳。ᵢᵢ 　　　　　　　　73EJT15:24B

□朔庚午,橐他候(削衣) 　　　　　　　　　　73EJT15:25

□大尉[7]肩水候官□□[8] 　　　　　　　　　　73EJT15:26

三月十六日☑ᵢ北合檄[9]一封　☑ᵢᵢ 　　　　　73EJT15:27A

……　☑ 　　　　　　　　　　　　　　　　　73EJT15:27B

【校釋】

[1]此簡由謝明宏(2022.6.6)綴合。

[2]他:原釋作"詣",原圖版作🅰,從"亻"從"也"皆可辨,今改。此簡爲郵書記錄,既然文中説到"各",也表明不只是"廣地"一地,原釋"詣廣地"無法體現"各"的表義。

[3]蓬干:據初師賓(1984P142-222)考述,蓬干就是升舉烽兼舉表號的木桿。

[4]此簡釋文較原釋變動較大。其中"石"原未釋,"國"字上的横綫原釋文漏釋,皆從周艷濤、李黎(2014.1)補釋。"石"字後原釋作"……",審原簡此處並無墨跡,今删。第二行的"出麥"原釋文漏釋,此兩字墨跡有缺失,但與同簡"出麥"對比,即可知兩者相同。第一行的未釋字原釋文缺漏,疑是"取"字,今作未釋處理。

[5]賞:原未釋,從曹方向(《合校》2021P178)、胡永鵬(2021.1)擬補。按:此字也可能釋作"常",T23:353、T23:877皆見"關嗇夫常"。

[6]馬智全(2014P165-171)已指出此簡爲《論語·泰伯》"子曰:泰伯,其可謂至德也已矣"之殘,"大伯"爲古寫法,後轉寫爲"泰伯"。

[7]大尉:即太尉。《漢書·王莽傳》載始建國元年:"改郡太守曰大尹,都尉曰太尉。"金關簡中可見右太尉、後太尉,皆屬張掖郡。

[8]未釋字原釋文無,今據原圖版補。

[9]合檄:于豪亮(2015P95-109):合檄必然是把文件寫在大小相等的兩片木板上,然後把有字的一面相向重合起來,再纏上繩子,印上封泥。上面的一片木板必然要寫上收件人的地址和姓名,這樣,上面一片同時也起着封檢的作用。因爲如此,合檄只能由收件人拆封,不能供人傳閱,與內容

公開的板檄性質不同了。

月五日宿□。　　月八日留。　　　十一日☑

月六日留□□。　　月九日留。　　　十二日來☑

月七日留。　　　月十日留[1]。☑　　　　　　　73EJT15∶28A

□月十五日適。　　　　　　　廿七日宿昭武。☑

留十月廿六日發書介(界)[2]上亭。　廿八日宿紹(昭)[3]武。☑

　　　　　　　　　　　　　　　　　　73EJT15∶28B

名、縣、爵、里、年、姓如牒[4]　　　☑　　　73EJT15∶29A

橐他候印。　　　☑　　　　　　73EJT15∶29B

【校釋】

[1]留∶原釋作“□□”,今據原圖版改。

[2]介∶原釋作“界”,原簡不從“田”,今改釋。

[3]紹∶此字原釋作“昭”,原簡圖作,左爲“糸”之草書寫法,故當釋作“紹”,借爲“昭”。

[4]姚磊以爲“牒”後還有“書”字,今審原圖並無墨跡。

肩水金關 T21∶1-501

皇帝璽書一封,賜使伏虜居延騎千人[1]光。i 制曰∶騎置馳行傳詣張掖居延使伏虜騎千人光所在,毋留〓(留。留,)二千石坐之。ii ·從安定道,　　元康元年四月丙午日入時[2],界亭驛小史[3]安以來。望之[4]行。iii　　　　　　　　　　73EJT21∶1

·勞邊使者[5]過界中[6]費。　　　　　　73EJT21∶2

粱米八斗,　　　　　直(值)百六十。　73EJT21∶3

即米三石,　　　　　直(值)四百五十。　73EJT21∶4

羊二,　　　　　　　直(值)五百。　　73EJT21∶5

酒二石，	直(值)二百八十。	73EJT21:6
鹽鼓〈豉〉[7]各一斗，	直(值)卅。	73EJT21:7
薺將畺(薑)，	直(值)五十。	73EJT21:8
·往來過費凡直(值)千四百七十。		73EJT21:9
·肩水見吏[8]廿七人，	衛(率)[9]人五十五。	73EJT21:10
☑年☑元平元年十二月[10]	行。	73EJT21:18[11]

【校釋】

[1]千人:都尉的屬官,《漢官儀》中記載邊郡"置部都尉、千人、司馬、候"。

[2]日入時:日入在昏時之前,約今十八點至十九點三十分。

[3]驛小史:《匯釋》(2008P162):嗇夫之吏。

[4]之:原未釋,何茂活(2018.4)釋作"之"。按:此字原簡字形墨跡較少,但對比同簡"之"字可確定釋字。

[5]勞邊使者:《集成》(十P112):勞,慰問。勞邊使者即中央派往邊防慰問士卒的使者。

[6]界中:永田英正(1989P236-255):歸根到底,這一册書是在肩水候官填造的,恐怕是報告從肩水候官到金關的支出明細賬簿。因此,這一册書中所見到的"界中",是指肩水候官所管轄的區域內,但這只是我個人的見解。

[7]鼓:原釋作"豉",從沈思聰(2018P268)改釋。

[8]見吏:即現吏,現有官吏。

[9]衛:原釋作"率",從沈思聰(2018P268)改釋。

[10]楊小亮(2014P300-309)推測上端殘缺年份爲元平元年後一年之本始元年,本始元年(很可能是年初)當爲後書,爲册書的製作時間。由於昭帝在元平元年四月崩於未央宮,而此後繼位的昌邑王未立年號即被廢黜,所以此册書當爲同年七月即位的漢宣帝元平元年十二月之物。

[11]以上T21:2至T21:10九枚簡原編聯爲一册,尚存兩道編繩,楊小

亮(2014P300—309)又補充簡 T21：18，並據此指出以往學界將該册定爲
"地皇三年《勞邊使者過界中費》册"有誤，當更名爲"元平元年《勞邊使者
過界中費》册"。按：簡 T21：18 字跡、木質、紋路雖然與同册其它簡一致，
但内容有差距，編聯尚有疑問。

止虜隧卒王不信，革甲、鞮瞀(鍪)[1]各[2]一。　　　　　73EJT21：11
止虜隧卒孫赤，革甲、鞮瞀(鍪)各一。　　　　　　　　73EJT21：12
止虜隧卒石定[3]，革甲、鞮瞀(鍪)各[4]一。　　　　　　73EJT21：13
禁姦隧卒李綰，革甲、鞮瞀(鍪)各一。　　　　73EJT21：14 [5]

【校釋】

　[1]瞀：原簡作🅰，上部字形訛誤。

　[2]各：沈思聰(2018P269)指出此字原簡作"冬"。按：此字原簡作
🅰，與"冬"同形。漢簡中常將"口"形草作兩點畫，此字當此類訛俗字形。

　[3]定：沈思聰(2018P269)釋作"宙"。按：此字原簡圖作🅰，與常見
"定"寫法略有差異，當視爲"定"的俗訛字。

　[4]瞀各：此二字原簡俗訛，與 T21：11 相同。

　[5]以上 T21：11 至 T21：14 四枚簡，王錦城(2019P1236)認爲可編聯
成册。今審原圖，此四枚簡都比較短，而且簡首繫繩在契口中，形制似簽
牌，應非普通簡册。但此四簡内容與簽牌不同，具體作用待考。

橐他令鱳得常利里王福，　　子男王未央，年十五歲。　73EJT21：15
河南郡雒陽充魚里張寬，　牛車一兩，　　弩一，矢廿四，劍一。☑
　　　　　　　　　　　　　　　　　　　　　　　　　　73EJT21：16
出麥一石四斗，　　以食喜山卒姚賜七月廿一日食。　　73EJT21：17
(此簡已與 T21：10 編聯)　　　　　　　　　　　　　　73EJT21：18
永光三年三月丙戌朔癸丑，肩水城奉[1]移肩水金關助府。ⅰ……ⅱ
　　　　　　　　　　　　　　　　　　　　　　　　　　73EJT21：19
□□□子春[2]

范順字

□[3]   73EJT21:20

河南匽衕(師)[4]西信里蘇解怒。Ⅰ車一兩,爲斄得騎士利成里留安
國鄴[5]載肩水倉麥小石卌五石,輸居延。Ⅱⅰ弓一,矢十[6]二枚,劍
一。Ⅱⅱ   73EJT21:21

東部候長孫卿治所。   73EJT21:22 [7]

假馬一匹,鞌勒   73EJT21:23

【校釋】

[1]肩水城奉:王錦城(2019P307):簡T3:109 和簡 D:36A 均有"肩水
城尉奉世",此處"肩水城奉"或當是"肩水城尉奉世"的脱漏。按:王説
可從。

[2]春:原未釋,從何茂活(2018.4)補釋。

[3]此未釋字原簡圖作 🔲,與"布"較近。

[4]衕:原徑釋作"師",原簡作 🔲,今改。衕,此爲"師"之俗寫。匽
衕即偃師。

[5]林獻忠(2016.5)指出"鄴"字左部訛誤作"葉"。據常見文例,
"里"後應是人名,此處"留安國鄴"不知何解。

[6]十:原未釋,從姚磊(《合校》2021P180)補釋。

[7]郭偉濤(2017P270-286):東部候長一直駐在 A32 遺址,該地即東
部候長治所。

鼻寒,跕[1]足,數臥起,據犀之,炊(吹)鼻[2]以四毒[3]各一桯。·肺
鼻溫,腹不滿,搜[4]犀[5],跕足,數臥起,自灌[6]抻陛犀之,灌淳酒二,
參[7]、薑∟[8]、桂∟、烏ⅰ□半升,烏喙[9]、□毒各一刀刲[10],並和以
灌之。·□□□至□□□則□□□□……[11]。ⅱ 73EJT21:24 [12]

【校釋】

[1]此簡"△"號原簡皆標在字左側。

[2]丁媛(2018P1-15):藥方的給藥方式是吹鼻法,又稱嗜鼻法,將藥

物研成粉末,吹入或自行吸入鼻腔内。

[3]丁媛(2018P1—15):可能是四味有毒藥物。

[4]抻:此字與同簡"抻"字近似,據此擬補。

[5]犀:原未釋,王錦城(2019P2000)已經指出此處是"犀"和"△",今從補。

[6]灌:原未釋,原簡圖作██。此字左從"氵"清晰,右當是"雚"。同簡出現的"灌"可與之對照。今據補。

[7]參:原未釋,丁媛(2018P1—15)疑爲"參"。按:此字原簡圖作██,上從"厽"可辨,下部爲"彡"之俗,近"木"形,可遽定爲"參"字。參,在此簡用作藥名。

[8]此"∟"號原釋文作"—",今改。

[9]烏喙:陳直(2009P486):烏喙見於《本草經》,即烏頭,《金匱要略》直稱烏頭,爲後人所改。

[10]刀刲:《集成》(五 P258):即刀圭。古藥物劑量單位,一刀刲爲十分方寸匕之一。

[11]"·"及後面的十個未釋字、二個存疑字爲本文據原簡字跡後加,原釋作"……"。

[12]丁媛(2018P1—15)指出此簡的内容是治療鼻疾的藥方,病證的性質似有寒、温之别,給藥方式是吹鼻法,又稱嗜鼻法,將藥物研成粉末,吹入或自行吸入鼻腔内,指出簡中所記的"四毒"可能是四味有毒藥物。據此,簡文中所説的據犀之、抻犀之、陛犀之可能是配合給藥的三種輔助行爲。另外張雷(2018P409)亦對據、犀、桯等字有不同看法,可參看。

卩　　　　　　　　　　　　　　　　　　　　　73EJT21︰25

朱卿子惠[1]來記教告之,使博士知車ⅰ……ⅱ　　　73EJT21︰26

當隧燔一積薪,從北方來。又　　　　　　　　　73EJT21︰27

☑☑長辟、木面衣各有數。檄到,延壽等☑☑(觚)　73EJT21︰28A

☒□檄右各寫[2]方取財木日，必具以檄言，毋忽[3]，如律。☒（觚）

73EJT21:28B

丁卯南書八封。Ⅰ張掖候印，詣肩水都尉府。Ⅱⅰ十二月戊子，……肩
水塞尉。其一封詣都尉府，莫當卒柱以來。Ⅱⅱ十二月　　……[4]Ⅱⅲ
正月壬辰南書六封，其四檄、二書，莫當以來。Ⅱⅳ　　73EJT21:29

衆……居延……　　　安　　　73EJT21:30

□，毋官[5]獄徵事，當得取傳，謁移過所縣道　　☒
苟留止，以律令從事，敢言之。　　　73EJT21:31

□□再拜言臨利隧長今缺□□□候事□□徙補再拜……ⅰ……ⅱ

73EJT21:32

（此簡已與 T21:57 簡綴合）　　　73EJT21:33

□□□□　　　73EJT21:34

　鴻嘉五年吏妻子
▨及葆出入關
　名籍。　　　73EJT21:35A

　鴻嘉五年五月
▨吏妻子出入關
　及葆名籍。　　　73EJT21:35B

肩水候官。　　　73EJT21:36

梁（梁）國虞北函里士五（伍）皇路人，年廿八。　　—[6]73EJT21:37

（此簡已與 T21:42 編聯）　　　73EJT21:38

十二月戊午，肩水守塞尉候長=（長長）生以私印行事，敢言之。

73EJT21:39

　　　　　鐵甲、鞮瞀（鍪）各二，□□□幣。
平樂隧長莊延年。
　　　　　革甲、鞮瞀（鍪）各四，完。　　73EJT21:40

肩水金關　　　73EJT21:41

地節五年正月丙子朔戊寅,肩水候房以私印

行事,謂士吏平:候行塞,書到,平行　　　　　　　　73EJT21:42A

印曰:候房印。ⅰ正月戊寅,鄣卒福以來。ⅱ　　　　73EJT21:42B

候事,真官到,若有代,罷,如律令。　　　　　　　73EJT21:38A

……　/令史拓、尉史義。　　　　　　　　　73EJT21:38B[7]

元康二年九月丁酉朔己未,肩水候房以私〖印〗[8]

行事,謂候長=(長長)生:候行塞,書到,行候事。　73EJT21:43A

令史利、尉史義。　　　　　　　　　　　　　73EJT21:43B

陳留郡平丘君里江蓋之。(竹簡)　　　　　　　73EJT21:44

□之陳常[9]。(竹簡)　　　　　　　　　　73EJT21:45

　　【校釋】

　　[1]惠:原釋作"蒐",從白軍鵬(2022P132−141)改釋。按:原簡作，爲"惠"之俗體。

　　[2]此字原釋作"寫",今查原簡字形,與"寫"形相差較大,可疑。

　　[3]毋忽:不得懈怠。

　　[4]此處"……"原釋文無,今審原簡圖此處有多字墨跡,但無法辨識,今補。而且從郵書的數量上來看,這裏也應該缺內容。

　　[5]毋官:原未釋,從周艷濤、李黎(2014.1)補釋。

　　[6]此符號原釋文無,今據原圖版補。

　　[7]兩簡編聯據侯旭東(2014P180−198)、楊小亮(2014P300−309)。

　　[8]據文意可知此處脫"印"字,今補。

　　[9]此簡爲竹簡,且有編繩契口,疑爲抄寫典籍內容的作廢簡,陳常疑爲文獻中的陳桓子。

驛北亭長王禹,Ⅰⅰ士吏、Ⅰⅱ候長、Ⅰⅲ候史、□□。Ⅰⅳ七石具弩一,傷二角。Ⅱⅰ六石具奴(弩)[1]一,傷三角。Ⅱⅱ六石具弩三,完。Ⅱⅲ四石具弩二,傷二角。Ⅱⅳ四石具弩一,完。Ⅱⅴ四石具弩二,傷二角。Ⅱⅵ槀矢五百五十。Ⅲⅰ陷堅矢[2]百五十。Ⅲⅱ蚤矢四百。Ⅲ_ⅲ□□□□☑Ⅲ_ⅳ承弦^[3]□☑Ⅲ_ⅴ弩辟二☑Ⅲ_ⅵ服一。Ⅳ_ⅰ蘭二,完四。Ⅳ_ⅱ□□張鐵扡(把)^[4]弦各一。Ⅳ_ⅲ鎧^[5]、鞬^[6]瞀(鍪)各一。Ⅳ_ⅳ長矛二。Ⅳ_ⅴ櫝^[7]丸三。Ⅴ_ⅰ大黃^[8]承弦二。Ⅴ_ⅱ槍^[9]一。Ⅴ_ⅲ鐵^[10]甲、鞬瞀(鍪)各三。Ⅴ_ⅳ革甲、瞀(鍪)^[11]各四。Ⅴ_ⅴ幡三。Ⅴ_ⅵ枲長弦^[12]二。Ⅵ_ⅰ　　　　　　　73EJT21:46+T23:1062+1040^[13]

【校釋】

[1]奴:原釋作"弩",今審原圖版字形,與同簡其他"弩"區别較大,下部不從"弓",今改釋。

[2]陷堅矢:《集成》(八 P161):陷堅,指矢鏃能穿透堅硬物。

[3]承弦:《集成》(九 P30):承,繼也。承弦即備用弓弦,或稱副弦。

[4]扡:"把"之俗寫,黄艷萍、張再興(2018P215-222)有詳述。《集成》(八 P76)指出把弦是用於張弦的鉤,引之以絲或麻繩。

[5]鎧:《釋名·釋兵》:"鎧或謂之甲,似物孚甲以自禦也。"

[6]鞬:原釋作"鍉",從魏璐夢(2016P27)改釋。

[7]櫝:原釋作"犢"。漢簡中木、牛相混,故依簡文表義改。櫝丸即盛弓弩之器。

[8]大黃:王國維、羅振玉(2013P97):大黃,弩名。《史記·李廣傳》:"廣身自以大黃射其裨將。"孟康曰"太公《六韜》:陷堅敗强敵,用大黄連弩"是也。

[9]槍:《玉篇·木部》:"槍,岠也。木兩頭鋭也。"

[10]鐵:原釋作"鎧",沈思聰(2018P321)改釋。按:結合 T21:40 文例與原簡字形,改釋可從。

[11]瞀:原釋作"鍉",從魏璐夢(2016P27)改釋。

[12]枲長弦:《説文·木部》:"枲,麻也。"枲長弦,就是用麻作的長弦。

[13]此簡姚磊(2020.6.28)綴合 T21:46+T23:1062,其中第Ⅲ欄中的"□□□□"、"承弦□"、"弩辟二"原皆未釋,從張俊民(轉見姚磊 2020.6.28)補釋。後謝明宏(2022.6.6-2)再綴合。

牒書獄所遝[1]一牒。ⅰ本始二年七月甲申朔甲午[2]，鱳得守獄丞却
胡以私印行事，敢言之：肩水都尉府移庚候官[3]，告尉，謂游ⅱ徼安息
等：書到，雜偋捕[4]此牒人，毋令漏泄先聞知[5]，得定名、縣、爵、里、
年、姓、官秩它坐或ⅲ　　　　　　　　　　　　　　　　73EJT21：47

【校釋】

　[1]遝：《匯釋》(2008P264)：遝、逮二字古通。也可以看作是遝書的省
寫，也就是逮捕令。

　[2]本始二年七月甲申朔甲午：T21：64 簡又見"本始二年七月庚子朔
丁酉"，但《朔閏表》此年七月甲寅朔，與兩簡朔干支皆不合。

　[3]庚候官：陳夢家(1980P26)：漢簡未見庚候官所屬的部、隧，它和置
候、驛候一樣，乃係候官一級的位置，主治倉廩，本無隸屬於下的部、隧。

　[4]雜偋捕：雜，共同。偋，原釋作"假"，今據原圖版改釋。偋，此處具
體表義不詳，疑與《二年律令》中"偏捕"(2)、"頗捕"(71)等詞相類，表示
"捕"的程度。"偋"同"遐"，有遠、久等義。偋補，或指持續追捕之義。

　[5]聞知：聽說；知道。《尚書·胤征》："羲和尸厥官，罔聞知。"

馬一匹，驪(驉)[1]牡，齒十歲，高六尺。　　　　　73EJT21：48
河南郡雒陽邸里趙世，　　牛車一兩，十二月壬子入。　　劍一。
　　　　　　　　　　　　　　　　　　　　　　　73EJT21：49[2]
☐☐[3]　　字子勞，軺車一乘，用馬一匹。　　二月壬戌出。
　　　　　　　　　　　　　　　　　　　　　　　73EJT21：50
濟陰郡廩丘[4]石壽里左德。　　☐　　　　　　　73EJT21：51
綠緹[5]一丈二尺，直(值)二百六十八，率尺廿四。　　絮一斤，直
(值)百七十。ⅰ　　　　　　　　　　　　　　　　73EJT21：52A
青韋邑[6]一兩，直(值)百卅。　　　　　　　　　73EJT21：52B
☐……延年里大夫莊賢，年五十，長七尺二寸，黑色[7]。　　軺車一
乘，馬一匹，ⅰ　　　　　　　　　　　　　　　　73EJT21：53
☐……肩☐☐史☐☐☐☐謂尉當　　　　　　　　73EJT21：54

　　　　　　　　□車一兩，……

河南雒陽西成里左世，　　　　　　　　　　　　　　73EJT21:55

定昌衣用，迺九月中渡肩水河，車反（返），亡所取轑得丞傳，今以令
爲取傳，謁移過所縣道關，毋苛ⅰ留，敢言之。/十一月乙丑朔癸未，
居延守丞右尉可置[8]……ⅱ　　　　　　　　　73EJT21:56 [9]

【校釋】

　　[1]驢:應爲"駹"之俗寫。《説文·馬部》:"駹，馬面頯皆白也。"

　　[2]此類簡屬於出入關名籍，出入時間内容爲後寫上。本簡"十二月
壬子入"即是如此。這幾個字墨跡較淡，與其他文字有明顯差别，即是後寫
造成的。故簡文的順序當作:河南郡雒陽邸里趙世，牛車一兩，劍一。十二
月壬子入。

　　[3]此處原簡可見較多墨跡，原缺釋，今補。

　　[4]廩丘:《漢書·地理志》中屬東郡，《續漢志》才屬濟陰郡。根據趙
爾陽（2019P159-168）論述，知此簡的年代當爲宣帝時期且在甘露二年
以前。

　　[5]緑綈:王錦城（2019P1241）:綈爲厚繒，是一種較粗厚的絲織品。
緑綈則爲緑色的厚繒。

　　[6]青韋弨:韋，疑讀作"緯"，即織物的横線。弨，疑是"弨"之俗訛字。
弨，讀爲"綹"。"綹"同"條"。《説文·絲部》:"條，扁緒也。"青韋弨，疑是
緯線青色的扁緒。

　　[7]色:原未釋，從沈思聰（2018P270）補釋。

　　[8]可置:原未釋，從胡永鵬（2015.3）補釋。可置，人名，相關文例見
T21:254。

　　[9]黄艷萍（2013P188-200）、羅見今、關守義（2014.2）考訂此簡屬地
節元年。

□伏地再拜請:

稚君足[1]下，今稚君從充取車賈錢三千，已入千。藥

　　　　　　　　　　　　　73EJT21:57B+33A [2]

迫ᵢ王卿……ᵢᵢ　　　　　　　　　　　　　　　73EJT21：33B+57A

□今吾年穀番(蕃)孰(熟)[3]，百姓殷衆[4]，此吾逢時也。而王弗用，

失某時矣。臣聞時不可失，ᵢ　　　　　　　73EJT21：58[5]

【校釋】

[1]足：原簡訛作七，與"甚"草書同形。

[2]此簡由伊強綴合，詳見伊強(2015.8.27)。

[3]年穀番孰：黄浩波(2013.8.1)：簡文中"番熟"即"蕃熟"；《史記·滑稽列傳》載淳于髡引祝者言有"甌窶滿篝，汙邪滿車，五穀蕃熟，穰穰滿家"。"年穀番孰"一語與"五穀蕃熟"相近。

[4]百姓殷衆：黄浩波(2013.8.1)："百姓殷衆"一語，亦可見於《管子·權脩》："百姓殷衆，官不可以無長。"

[5]黄浩波、劉嬌等皆對此簡有考察解讀，疑此簡爲先秦典籍或兵書殘簡，參見劉嬌(2018P279—326)。

獄至大守府，絕匽房誼辤(辭)起居，萬年、不識皆故劾房誼失寇乏興[1]，敢告之。謹先以不當得告誣人律[2]辯告[3]，乃更，ᵢ今將告者詣獄長孟女已，願以律移旁近二千石官治，以律令從事，敢言之。ᵢᵢ

　　　　　　　　　　　　　　　　　　　73EJT21：59[4]

【校釋】

[1]興：原未釋，從王錦城(2019P313)補釋。王錦城："乏興"即"乏軍興"，指缺乏軍用物資的征發，爲違反軍律的一種罪名。

[2]誣：秦鳳鶴(2018.2)釋作"誙"，雷倩(2022.7.11)已指出此字原簡字形實爲"誣"之異體，不當釋作"誙"。誣人指誣告人。不當得告誣人律：王錦城(2019P313)：即不應當狀告但誣陷別人的法律。

[3]辯告：李均明(2009P82)：是將與案件相關法律規定告知被告，提醒其嚴格遵守。

[4]王錦城(2019P313)認爲，T24：795、T24：813、T24：852、T24：927和出土於 T21 的簡 T21：59 形制、字體筆跡相同，內容相關，應當屬於同一

册書。

☑月辛未朔壬申,都鄉守嗇夫宗敢言之:都尉庫佐……與誠[1]勞里
男子馬並俱迎丞天水略陽郡ⅰ☑謹案:戶籍臧鄉者並爵上造,年廿四
歲,毋官獄徵事,當得以令取傳,謁移過所縣道☑ⅱ☑律令,敢言之。
ⅲ☑令[2]城騎千人[3]臨[4]、丞循移過所,如律令。／掾宮、守☑☑ⅳ

　　　　　　　　　　　　　　　73EJT21:60A+T24:304A [5]

☑☑☑人　　☑　　　　　　　73EJT21:60B+T24:304B

【校釋】

[1]誠:原釋作"城",從王錦城(2019P508)改釋。

[2]令:原未釋,此字原簡作𠁥,尚可見下部的"卩"形和上部的捺畫,
結合常見辭例可確定釋字。

[3]城騎千人:孫占宇(2016P475):"千人",漢代都尉屬官。《漢舊
儀》:"邊郡太守,各將萬騎行鄣塞,烽火追虜,置長史一人,丞二人,治兵
民。當兵行,長史領。置都尉、千人、司馬、候、農都尉,皆不治民。"《漢
書·馮奉世傳》:"奉世長子譚,太常舉孝廉爲郎,功次補天水司馬。"如淳
注:"《漢注》邊郡置都尉及千人、司馬,皆不治民也。""城騎千人",蓋是駐
繋於居延的騎兵官長。

[4]金關簡多見"居延守令城騎千人"後空一字位置,一般認爲空缺
處爲待填寫人名,但此處已經有名字,而且此簡的"城騎千人臨"又見於
T37:323、T37:480A+894A,即空缺位置並非缺少待填寫人名,疑是編
繩處。

[5]此簡由姚磊綴合,見姚磊(2021P62)。

☑騂北亭長歐橐矢銅鏃[1]百。　　　　　　　　73EJT21:61
張掖肩水候官塞[2]有秩候長[3]公乘殷禹,　元康三年秋以令射[4],
發矢十二,中☑☑ⅰ　　　　　　　　　　73EJT21:62+78 [5]

【校釋】

［1］稾矢銅鏃：張國艷（2002.2）：“稾矢銅鏃”並列，用一個數量來限定，可知其爲一個物體。《説文·禾部》：“稾，稈也，從禾高聲。”進而進一步引申爲各種長的直的桿。“稾矢”也就是長稈矢……“鏃”即箭頭，“銅鏃”也就是銅製的箭頭。“稾矢銅鏃”也就是以銅爲箭頭的長稈箭。

［2］肩水候官塞：亦省作“肩水塞”。

［3］有秩候長：王國維、羅振玉（2013P45）：漢制計秩，百石始，百石以下謂之斗食，至百石則稱爲有秩矣。

［4］秋以令射：《集成》（五 P16）：秋射，據漢代兵制軍令，邊塞候長、士吏、烽燧長皆需於每年秋天參加射箭考試。

［5］此簡由伊强綴合，詳見伊强（2016P382-387）。

十二月丁巳日且入[1]時，舉亭上一蓬（烽）表一，至日入時☑
十二月戊午日平旦時，稾他燔積薪，日蚤食時□☑　　　73EJT21：63A
見大黄弩以下百卅七。　　　☑
右完兵大折傷兵　　　☑
弩長辟卅。　　　☑　　　　　　　　　73EJT21：63B
本始二年七月庚子朔[2]丁酉，庫嗇夫毋患行尉事。☑
偕。謹案：奉宗└、憙[3]毋官獄徵事，當爲傳，謁移過所☑
七月丁酉，梁[4]守丞左尉世移過所，如律令。☑　　　73EJT21：64
☑……[5] ᵢ☑□[6]房史子羽所與屬予房者也，告而留之ᵢᵢ☑□[7]先
以錢二千八百給房四月奉，與房ᵢᵢᵢ　　　　　73EJT21：65

【校釋】

［1］日且入：時間的描述，日將要入的意思。

［2］胡永鵬（2017P57）指出《朔閏表》本始二年七月甲寅朔，且該簡朔干支與日干支衝突。

［3］憙：原釋作“熹”，此字原簡圖作 憙，下從“心”，今改。

［4］梁：縣名，傳世文獻作“梁”，屬河南郡。

[5]原釋作兩行,今據原圖版補作三行。

[6]未釋字原釋文無,今據原圖版補。

[7]未釋字原釋文無,今據原圖版補。

☑寸。Ⅰ·承弨(弦)[1]四,其一黑,弦狠靡解[2]。Ⅱⅰ☑枭長弦一,古絶[3]。Ⅱⅱ☑緹紺胡[4]一,緹長三丈五尺。Ⅱⅲ☑□[5]九尺九寸。Ⅱⅳ☑兵Ⅱⅴ卒張安定弩幠[6]一,草[7]。Ⅲⅰ表幣。Ⅲⅱ卒陳遂弩幠一,草。Ⅲⅲ表幣。Ⅲⅳ　　　　　　　　　　　　　73EJT21:66

【校釋】

[1]弨:原釋作"弦",從沈思聰(2018P272)改釋。

[2]弦狠靡解:王錦城(2019P316):"靡"爲損壞、磨損義。……"解"當義爲破裂,分離。則"靡解"是説弓弦損壞破裂。"弦狠"意不明,待考。按:"狠靡解"爲描述"弦"狀況的詞語。狠,疑表示程度。《説文》:"靡,披靡也。"此處"靡"正是用《説文》意,指散亂。解,通"懈",意思是鬆懈。狠靡解,是説這四根備用弦非常散亂鬆懈。

[3]古絶:王錦城(2019P317):"古"通"盬",義爲粗糙,不堅固。按:"古"當通"故",故舊也。故絶,相當於今人所説老化而斷。

[4]緹紺胡:尉侯凱(2016.8.25)指出,緹紺胡表示的應該是用"緹"、"紺"(據"緹"以顔色指代實物例,"紺"當爲青色縑帛)等絲織物捆纏包裹的一種戟類兵器。尉侯凱(2017.1)以爲是旌旗之名。王貴元(2018.3):是曲柄旗的旗幅。

[5]未釋字原釋文無,今據原圖版補。

[6]弩幠:李天虹(2003P94):簡文幠與弩並存,是盛弩之囊。

[7]草:王錦城(2019P316):此處大概是説弩幠粗糙,不精細。

☑□里□充。Ⅰ大車一兩Ⅱⅰ……Ⅱⅱ……Ⅱⅲ……Ⅱⅳ……Ⅲ[1]

73EJT21:67

☑到,宗兼行☑　　　　　　　　　　　　　　73EJT21:68

☑肩水候長☑☑　　　　　　　　　　　　73EJT21：69A

☑……☑　　　　　　　　　　　　　　73EJT21：69B

☑　　　枲八斤　　　　　　　　　　　73EJT21：70

……敢言之。長吏□☑ᵢ……二日₌□起居□爲☑ᵢᵢ……敢言之☑ᵢᵢᵢ

　　　　　　　　　　　　　　　　　　73EJT21：71A

……移過所縣□☑ᵢ章曰：軍候[2]之印。　　正月壬☑ᵢᵢ 73EJT21：71B

　　鯥得丞印。

肩水金關

　　　十月己亥以來。☑　　　　　　　73EJT21：72+354[3]

息謹伏地再拜（拜）報[4]　　☑ᵢ□[5]予□卿麥三石者，臧夫人盡以

爲餔[6]，不可得☑ᵢᵢ　　　　　　　　73EJT21：73A

便予錢，息幸甚，息伏地言：關大麥石七十不□☑　73EJT21：73B

【校釋】

[1]此欄原釋文無，今據原圖版補。

[2]軍候：《後漢書·百官志》："其領軍皆有部曲。大將軍營五部，部校尉一人，比二千石；軍司馬一人，比千石。部下有曲，曲有軍候一人，比六百石。"

[3]此簡由姚磊綴合，見姚磊（2021P63）。

[4]伏地再拜報：地，原未釋，從沈思聰（2018P272）補釋。此字原簡墨跡較少，但依據常見"伏地"文例和存見墨跡可確定釋字。報，原未釋，原簡圖墨跡斑駁不全，但所從"幸"從"皀"皆可辨，當補。再，原簡墨跡已完全剝落，要靠文例擬補。拜，原簡尚能見到所從"扌"，且右部結構中的拉長豎畫還能看到。"拝"即"拜"之俗寫。伏地再拜報，表示尊敬的書信用語。金關簡可看到相同文例，如 H1：60"湯伏地再拜報"。還有簡省的行文形式，如 T37：1052B+268B"宣伏地報"。

[5]此未釋字姚磊（《合校》2021P182）釋作"掾"。

[6]餔：夕食。《説文·食部》："餔，日加申時食也。"

丁亥　　辛丑　☑

戊子　　壬寅　☑

己丑　　癸卯　☑

庚寅　　甲辰　☑

　　　　乙巳　☑　　　　　　　　　　　73EJT21:74

☑語禮☑衣☑☑伯　　　☑　　　　　　73EJT21:75

☑　其三石六斗九升二分☑[1]　　☑ⅰ

☑　卅二石八斗二升粟　　☑ⅱ　　　　73EJT21:76

☑稾矢五十　　　靳☑☑

☑蘭一　　　　　靳☑☑

☑蘭冠一　　　　　　☑　　　　　　　73EJT21:77

（此簡已與 T21:62 簡綴合）　　　　　73EJT21:78

☑☑[2]司騎給[3]☑☑☑……☑ⅰ☑☑郡中,謁移[4]……☑ⅱ

　　　　　　　　　　　　　　　　　　73EJT21:79

☑戊申,肩水城尉☑☑ⅰ☑縣、爵、里、年、姓☑ⅱ　73EJT21:80

【校釋】

　　[1]此未釋字沈思聰(2018P272)釋作"糩"。按:此字原簡作🔲,疑從"米"從"麥"。按照常見文例來看,此字可能是"麥"的錯訛寫法。

　　[2]未釋字原釋文無,今據原圖版補。

　　[3]給:原釋作"將",此字原簡圖作🔲,此類字形見於肩壹 T5:42、肩貳 T24:134、肩貳 T24:235 中的"給"。其後的三個未釋字原釋文無,今據原圖版補。

　　[4]移:原未釋,今據原簡殘留墨跡與常見文例補。

十二日積七十一人=（人,人）六升　　☑　　73EJT21:81

徐翁仲貸穀小石☑[1]☑　　　　　　　　73EJT21:82

☑日昏（昏）[2]時付沙頭亭卒合。　　　　73EJT21:83

☑　官韋皮裘一領。　　☑　　　　　　　73EJT21:84

肩水守候　　　以☑　　　　　　　　　　73EJT21:85

……　　　肩水☑☑亭長……　　　☑　　73EJT21:86A

……　　　張忠字子仲☑　　　　　　　

　　　　　王充字少☑☑　　　　　　　　73EJT21:86B

☑　　巧　　☑　　　　　　　　　　　73EJT21:87

(此簡已與 T22:75 簡綴合)　　　　　　73EJT21:88

☑罪死罪,敢言之。　　　　　　　　　73EJT21:89A

☑當☑安[3]、隧長☑詡　　　　　　　　73EJT21:89B

上大☑　　　長受[4]、長財[5]　　☑　　73EJT21:90

章曰:張掖都尉章。ⅰ肩水候官ⅱ　　　73EJT21:91

候☑　　　　　　　　　　　　　　　73EJT21:92

☑☑三人　　　☑(削衣)　　　　　　73EJT21:93

☑已得☑☑　　☑(削衣)　　　　　　73EJT21:94

戍卒巍[6]郡巍[7]利陽里不更孫樂成,年廿八。(竹簡)　73EJT21:95

河平元年十月丁酉[8],斗食輸給執適隧長華章[9]九月奉。73EJT21:96

【校釋】

[1]此未釋字原無,今據原圖版補。

[2]昬:原釋作"昏",今據原簡字形改。

[3]安:原未釋,原簡圖作▨,可據原圖版改。安,此處當用作人名。

[4]受:原釋作"壽",原簡作▨,字形不合,今改釋。

[5]財:原簡圖作▨,與常見"財"形有較大差距,未必是"財"。

[6]巍:原釋作"魏",原簡字形下從"山",後文出現的"巍"亦如此,今據原圖版改。

[7]巍:魏郡屬縣。

[8]據《朔閏表》,河平元年十月爲"丁卯朔",丁酉不在當月。

[9]華章:人名。華,原釋作"業",從伊強(2014.11.19)改釋。章,何茂活(2018.4)釋作"南"。

壬申卒廿二人。Ｉ其二人養[1]，Ⅱii廿人運校[2]。盡戊寅積七〈十〉[3]日致校[4]五百八十丈，率出致五十八丈。其一日休[5]，治隼(準)[6]。Ⅱii

73EJT21:97

【校釋】

[1]養:李天虹(2003P134):集體省作的戍卒，大致十人左右抽調一人作"養"，又稱"卒養"；人數較多時，還會選取一人作"長"。"養"就是作飯，"卒養"即爲省卒作飯。"養"是戍卒省作的內容之一，故記入省卒作簿。鄣卒作簿也記有養，但均稱"吏養"。候官治所內吏員較多，而鄣卒平時的工作大抵就是勤務，所以可能每天都有一名鄣卒專爲吏員作飯，即所謂"吏養"。

[2]運校:依據古訓，此"校"有兩解。《廣雅》:"校，柴也。"運校即運柴。這與簡文所説二人做飯相關聯。校，亦有柵欄之義。《周禮·夏官·校人》:"六廄成校，校有左右。"《墨子·備穴》:"爲鐵校，衛穴四。"孫詒讓閒詁:"鐵校，蓋鑄鐵爲欄校，以禦敵。"若用此義，正好可與後文所説的長度內容相應。

[3]七:原簡字形橫長豎短，符合金關簡"七"的寫法，釋字無誤，但簡文説共運送到的"校"一共是五百八十丈，平均每天是五十八丈，只有十天才符合簡文的總量與平均量的關係，所以據文意可知這裏的"七"應是"十"之誤。

[4]致校:送達的校。

[5]休:原釋作"沐"，原簡作，字形不合，當爲"休"。休，即是休息的意思。

[6]隼:原釋作"準"，原簡作，今改。隼讀爲準。治準文獻無徵，不知何意。《説文·水部》:"準，平也。"推測"治準"就是治平之義，即調節、均衡的意思。簡文中的"校"除了作柴、柵欄兩解外，也可能讀作"茭"。但簡文"積"的對象用"丈"作量詞，而"茭"通常是用"束"或"石"作量詞，未見有以"丈"作量詞者。不過金關簡 H1:6B 又見"主茭校長"，説明"茭"的管理有"校長"一官。此"校長"可能主管調配或均衡運茭人員，也就是此

簡所説的"治準"。當然作柴、栅欄意也都需要調配,特别是作栅欄需要校準曲直、疏密等。

陽朔元年三月戊申朔己卯[1],肩水候丹移昭武書☑　　73EJT21:98
戍卒鉅鹿郡南巒西始里孫義,年卅[2]四,　　長七尺三寸,黑色。大刀一,　　有方一。　　～i　　　　　　　　73EJT21:99

【校釋】

[1]此處戊申朔當月不能出現"己卯"日,己卯在第三十二日。

[2]卅:原釋作"卌",從周艷濤(2013.6.15)改釋。

出粟二石,　　稟(廩)[1]禁姦隊長王誼十二月食。　　　ㄋ[2]
　　　　　　　　　　　　　　　　　　　　73EJT21:100

關佐鱳得定國里李信成,　　元平元年正月壬子除。　　將漕。
　　　　　　　　　　　　　　　　　　　　73EJT21:101

陽朔元年五月丁未朔丁卯,肩水候丹移鱳得,出穀付廄佐丁充,食柱馬[3]石斗如牒。i書到,願令史薄入六月四時報,如律令。　　已入。ii　　　　　　　　　　　73EJT21:102A
伏伏地再拜。
伏地再拜。　　　請　　令史臨、尉史音。　　73EJT21:102B
正月癸巳,肩水候房[4]以私印行事,告尉,謂士吏平、候長章等:寫移書到,除前書以後書品約從事,毋忽,如律令。/尉史義。
　　　　　　　　　　　　　　　73EJT21:103[5]

【校釋】

[1]稟:原徑釋作"廩",今據原圖版改。

[2]此爲鉤校符,表示已經核對,參程鵬萬(2017P202)。

[3]柱馬:胡平生、張德芳(2001P83):指飼養在馬廄裏的待用之馬。按:此詞解釋以往意見頗多,王錦城(2019P322)有詳細梳理,如張俊民解作"預先準備的馬匹",李天虹解作"正馬",高榮解作"主馬",王志勇解作

"駃馬"等,王錦城認爲當解作"臨時駐止的馬"。

[4]房:原簡字形比同簡其他字大很多,墨跡也不同,應是後寫。

[5]胡永鵬(2017P492)定此簡年代在漢宣帝地節年間。

……ⅰ正月丙寅,温守丞禹移過所縣、邑、侯國、河津關,如律令。/令
史常喜/令[1]敞。ⅱ   73EJT21:104

□□□□成里上造薛廣,年廿四,   庸同縣武成里陳外,年卅八。

　　　　ノ ⅰ   73EJT21:105 [2]

駃北亭四道行書[3],卒二人受迹候行書,晨夜當不及,凡七人乘亭,
十月盡十一月部有ⅰ   73EJT21:106

　　　　　　　　　　蚩矢百五十,　　蘭冠各一,

戍卒東郡東阿高丘里程畢,　　承弦二,　　　　靳干幡各一。

　　　　　　　　　　　臬長弦一,　　　　73EJT21:107

元始元年[4]八月丙戌朔壬子,西部候史武敢言之:謹

移吏卒稟(廩)名籍[5]一編,敢言之。   73EJT21:108

☑[6]朔四年十一月丁巳朔庚辰,肩水候宗移橐他就人載穀名籍[7]☑

　　　　　　　　　　　　　　　　　　73EJT21:109A

☑　　守令史音☑　　　　　　　　　　73EJT21:109B

【校釋】

[1]按照常見格式與内容,這裏應是"佐",此處作"令"不知何解。

[2]沈思聰(2018P273)疑此簡中的兩個"年"都應改釋作"歲",姚磊
(《合校》2021P184)以爲簡首第三個未釋字是"邑",皆不可從。此簡首端
文字墨跡模糊,其中"□成"也可能是"南佐"。

[3]行書:傳行的文書。

[4]元始元年:西漢平帝劉衎的年號,即公元1年。

[5]吏卒稟名籍:稟,原徑釋作"廩",今據原圖版改。永田英正
(2007P132):"吏卒廩名籍"是向吏卒發放食糧的名單。

[6]周艷濤(2013.6.15)、羅見今、關守義(2014.2)推此簡簡首缺失字

是"陽"。

　　[7]此字原未釋,原圖版存留墨跡不多,據文義擬補。

地節二年九月庚申朔己巳,尉史倉敢言之:遣令史長生□游
　　　　　　　　　　　　　　　　　73EJT21：110
□□候長居延西道里叔□,年卅□,　　始元二年五月辛未[1]除。
見i　　　　　　　　　　　　　　　73EJT21：111
始元七年二月癸酉朔壬寅,……,直(值)二百□□□□孫子,約[2]六
月畢入,直(值)平石一斗。即有物故[3],知責家中見在者[4]。趙季
任[5]。i　　　　　　　　　　　　　73EJT21：112

　　【校釋】
　　[1]《朔閏表》始元二年五月庚子朔,當月無辛未日。由此黄艷萍
(2013P188-200)懷疑"辛未"是"辛亥"之誤。胡永鵬(2014P235-246)認
爲,如果釋文無誤,則爲當事者誤記或記録者書誤。
　　[2]約:應是"約至"之省,參 T1：123 下"約至"注。
　　[3]物故:《集成》(十 P92):俗作死亡解,不僅只用於人,物品毁損殆
盡亦曰物故。
　　[4]知責家中見在者:《集成》(七 P170):漢代法律用語之一。知,繼
續、接續。其義爲:如果負債當事人死亡,其債務由其家中現有人員承擔。
按:《集成》對此句的解釋可從,但"知"的解釋不可取。"知"並無繼續、接
續之義。"知"此處就是使知道,作使動理解,作"使家中見在者知道"來
理解。
　　[5]任:這裏指保任。

建昭三年三月丁巳朔乙亥,令史□敢言之:□令史[1]□迎受騎馬張
掖郡中,乘所占用馬一匹,軺車一乘,i……都里不更王……金關,毋
苛留止,如律令,敢言之。ii　　　　　　73EJT21：113A
三月庚辰,鄭誼以來。　　　　　　　　73EJT21：113B

【校釋】

[1]敢言之□令史□：原釋作“……”，後文的“王”原未釋，皆從胡永鵬（2014P235-246）補釋。細審原圖版，“敢言之”前面還可辨識“令史□”，今補。

移書到，明白扁書[1]鄉官、亭里、市里、謁舍[2]，令吏民皆知之，督遣部吏[3]……捕部ⅰ界中不[4]得轂歸二千石以下反□□[5]□重事＝（事，事）當奏聞，毋忽，如律令。ⅱ·[6]茂陵第八鄣候[7]破胡等購錢[8]致書[9]。ⅲ　　　　　　　　　　　　　　73EJT21：114

【校釋】

[1]扁書：《匯釋》（2008P191）：《後漢書·百官志五》：“皆扁表其門，以興善行。”漢代凡詔令書教之等須使吏周知者，每署木板，懸鄉市里門亭顯見處。《集成》（五 P44）：同扁，大木板。此類佈告文書亦可書於墙壁。如懸泉置遺址出墙皮題記即是。

[2]謁舍：舍，原釋作“善”，從樂遊劉釗（2016P143-153）改釋。《漢書·食貨志下》：“工匠醫巫卜祝及它方技商販賈人坐肆列里區謁舍。”顔師古注引如淳曰：“謁舍，今之客舍也。”

[3]督遣部吏：張俊民釋作“郡遣都吏”，此句後姚磊（《合校》2021P186）補釋“循行”。

[4]不：原未釋，從姚磊（《合校》2021P186）補釋。

[5]此未釋字姚磊（《合校》2021P186）釋作“者”。

[6]“·”原釋文無，今據原圖版補。

[7]茂陵第八鄣候：陳直（2009P125-126）認爲鄣候與候爲兩個系統，鄣候屬於鄣塞尉系統，候官主管烽燧臺之外，另在相距百里險要之處設有鄣塞，大者曰鄣，小者曰塞，鄣候爲鄣之長，秩比六百石。樂遊劉釗（2016P143-153）：“茂陵第八鄣候”可知在畿輔地區的茂陵，也設有鄣候，或與長安周邊的預警和對邊郡長安的烽火傳遞有一定關係。其管轄者是右輔都尉抑或其他官職，尚待更多材料論證。

[8]購錢∶賞錢。

[9]致書∶原釋作"□□",今據原圖版改。致書即送達之文書。"茂陵第八郵候破胡等購錢致書"行首的"•",有標題起首符的作用,所以這句話應該是此簡内容的標題。

居延　　　　　　　　　　　　　　　　73EJT21∶115

……□ⅰ木木　　　……□ⅱ　　　　　73EJT21∶116

駟北亭長成歐與金關爲家室出入符。從者鰈得□□里孫偃。ⅰ從者
鰈得□□里宣□。ⅱ……。ⅲ　　　　　73EJT21∶117[1]

□□出　　　　　　　　　　　　　　　73EJT21∶118

平中里宋充。　　　　　　　　　　　73EJT21∶119

河南郡穀成陵里長奉親。(竹簡)　　　73EJT21∶120

田卒淮陽郡固始成安里上造陳外,年廿五。　～　73EJT21∶121

出麥二斛二斗,　以食右農田卒魏謁正月廿七日□☒ 73EJT21∶122

本始四年六月癸亥朔[2]丁丑,肩水候史廣成。　73EJT21∶123

關樓内户[3]一。　　用板廣尺∶長七尺用四,上下式;長六尺用四,
兩彭式;長八尺用三,枚ⅰ　　　　　73EJT21∶124

八月言之縣=(縣,縣)當給麥,毋使犂[4]長卿毋麥,大事=
　　　　　　　　　　　　　　　　73EJT21∶125A

肩水有女子今□粟備□願有記　　　　73EJT21∶125B

杼秋[5]北陽里閭生,　　……。　　　73EJT21∶126

☒庚申朔庚申,肩水士吏漢成敢言之∶謹移元康三年功勞一編,謁
上ⅰ☒□ⅱ　　　　　　　　　　　　73EJT21∶127

【校釋】

[1]李迎春(2019P252-271)將此簡作爲吏家屬符類型,並擬定爲宣帝中期前。

[2]《朔閏表》此年六月癸酉朔,胡永鵬(2017P60)認爲此簡朔干支與《朔閏表》矛盾,原簡書寫有誤。

　　[3]關樓内户:王錦城(2019P1248):關樓似指肩水金關關城之上的城樓,内户爲内裏之門。

　　[4]犁:原釋作"犂",今改。

　　[5]杼秋:杼,沈思聰(2018P213)釋作"邧"。按:《漢書·地理志》記載梁國下轄"杼秋"。

纍他吏奉五百。　　　　……

……　　　　　　　三百……

其卌六　　　　　　　……

五十　　　　　　……　　　　　　　　　　　　73EJT21:128

出糜廿六石大石。Ⅰⅰ出麥小石廿六石。Ⅰⅱ出麥小石十五石。Ⅰⅲ
爲小石卌三石,出糜小石十石。Ⅱⅰ·三斗六升六月食,盡正月爲穀
小石廿三石七斗。Ⅱⅱ·凡出穀小石百一十八石六升[1]。Ⅲⅰ元鳳
五年十二月中付城尉李□□。Ⅲⅱ　　　　　　　73EJT21:129

周長孫五斗。　　　盧長卿五斗。　　　孟卿五斗。　　☑

爰長卿五斗。　　　唐子文五斗。　　　胡長卿五斗。　　☑

樂長子五斗。　　　朱長子五斗。　　　孔宏叔五斗。　　☑

　　　　　　　　　　　　　　　　　　　　73EJT21:130A

……☑ⅰ□鄉錢十萬三千三百五十四。　　　孫子孟☑ⅱ□鄉錢十九
萬八千八百九錢,游幸調誤華里[2]慶次公第八車漕轉道[3]□☑ⅲ·
凡錢九十七萬一千八百七錢。☑ⅳ　　　73EJT21:130B

　　【校釋】

　　[1]升:原釋作"斗",從胡永鵬(2014P235-246)改釋。

　　[2]誤華里,原釋作"□出",其中未釋字姚磊懷疑當作兩個字,王錦城(2019P1251)將"出"改釋作"里",今補釋"誤華"。按:"誤華里"似爲里名,T1:79有"秋華里",72EJC:262有"陝華里",不過按照常見的里名命名習慣,疑此處的"誤"可能是"吴"的假借字,或者受上字"調"的影響誤增"言"旁。"吴華里"更符合常見里名命名習慣。

[3]道:原釋作“出”,原簡字形作,所從“首”從“辶”較清晰,今據原簡字形改釋。

護與使者當宿稽落[1],雞、腞(豚)[2]且毋殺,使善糒米。·到使急送此□⧄ i □騷除郵亭[3]、傳舍關門,急護素婢叩=頭=(叩頭叩頭)[4]……⧄ ii

73EJT21:131A

願長孫稚卿視可辨者,各自辨也。·豈使卒⧄ i 雞子六,韰[5]一器,使人持米、雞、腞(豚)之稽落,告守候長益,捕魚七八十⧄ ii

73EJT21:131B

【校釋】

[1]稽落:何茂活(2014P225-236)解作“地名”。王錦城(2019P331)指出此簡用作廄名,又有用作亭名。按:T37:1329 又見“積落隧”,其中的“積落”應同“稽落”。故此“稽落”本是地名,由此命名當地的亭、隧、廄。

[2]腞:此字同簡兩見,原釋作“豚”,原簡作,右從“彖”。“腞”同“豚”。豚,《説文·豚部》:“从彖省。”

[3]郵亭:原未釋,從周艷濤、李黎(2014.1)補釋。

[4]叩=頭=:原未釋,從沈思聰(2018P273)補釋。按:此處原簡已殘,但尚見“阝”形及兩個重文號,結合常見文例可補釋。

[5]韰:原釋作“韞”,原簡圖作,此字右下並不從“皿”,右部非“盍”,當是“遂”。何茂活(2014P225-236)指出此字即《説文》“韰”字。《説文·韭部》:“韰,齏也。从韭隊聲。”《周禮·天官·醢人》:“以五齊、七醢、七菹、三臡實之。”鄭玄注:“齊,當讀爲齏……凡醯醬所和,細切爲齏。”孫詒讓正義:“齏爲切和細碎之名,故菜、肉之細切者通謂之齏。”故韰即爲切成碎末的菜或肉。此簡“雞子六韰一器”,意思是六枚雞蛋和一個容器的一些切成碎末的菜或肉。

肩水候官　73EJT21:132

…… i □□塞吏□二人以付□□軺車一乘 ii　73EJT21:133

槍卅　　　　　　　　　　　　　　　　　　　　　73EJT21：134

子子子子子子ⅰ　子子子子子子ⅱ（習字）　　　73EJT21：135

橐他野馬隧吏妻子與金關關門爲出入符。　　　　73EJT21：136

本始四年二月甲辰，萬福隧長通光受司馬米二石二斗，以稟（廩）[1]

平樂以南到如意。ⅰ　　　　　　　　　　　　　73EJT21：137

元康三年四月辛卯，候長〓（長長）生移吏卒驛馬小史稟（廩）[2]

致。ⅰ……ⅱ　　　　　　　73EJT21：138A+278A [3]

候史輔。　　　　　　　　　　73EJT21：138B+278B

　　　　　庚　　　己司馬行塞。　　　　　　　　己　☑

十六日

　　　　　寅　　　未[4]□□薄奉環（還）[5]日入時。　　丑　☑

　　　　　　　　　　　　　　　　　　73EJT21：139 [6]

出麥大石千[7]廿八石二斗，　　元鳳四年十一月☑（左側有刻齒）

　　　　　　　　　　　　　　　　　　73EJT21：140A

甲反　　　☑　　　　　　　　73EJT21：140B

☑敢具辤（辭）謹道前日中倩丈人言欲賣罴[8]　　73EJT21：141

【校釋】

[1]稟：原徑釋作“廩”，今據原圖版改。

[2]稟：原徑釋作“廩”，今據原圖版改。

[3]此簡由伊強綴合，詳見伊強（2016P382-387）。

[4]未：原未釋，從羅見今、關守義（2014.2）、程少軒（2014P274-284）補釋。

[5]“薄”前未釋字與金關簡“丞”相近。“奉”後原作未釋字，原簡圖作🐾，當是“環”字。“奉環”即“奉還”。

[6]據程少軒（2014P274-284）、胡永鵬（2017P443）知此簡屬元鳳六年曆譜。

[7]千：原未釋，從胡永鵬（2014P235-246）補釋。

[8]罴：何茂活（2014P225-236）認爲是“貔”之異體。

積百廿人伶〈治〉[1]渠往來百廿里，率人伶〈治〉一里。　　☑

73EJT21：142

☑壽光以私印行丞事，以令爲□[2]封　　　　73EJT21：143

　　　其十三兩牛車，☑

㝡[3]　　　　　　　　　☑

　　　十五乘軺車，□☑　　　　　　　　73EJT21：144

（此簡已編聯至 73EJF3：106、73EJF3：405 之後）　73EJT21：145

東部候長遣[4]□□☑　　　　　　　　　73EJT21：146

☑　　車馬一乘，劍一，弩一，矢□☑　　73EJT21：147

從……☑　　　　　　　　　　73EJT21：148A

□□□□☑　　　　　　　　　　73EJT21：148B

☑　　稟（廩）[5]執適隧卒龍千秋二年十月己巳☑　73EJT21：149

☑墼[6]千六百卅，率人百卌八，奇☑　　73EJT21：150

☑　　弓一，矢十六。　　　丿　　73EJT21：151

☑二歲☑　　　　　　　　　　73EJT21：152

□□金誠（城）里誠程霸，年三（四）十五。　73EJT21：153[7]

□□取用之☑　　　　　　　　　73EJT21：154

☑　□癸酉，何發覺昌　　　　　73EJT21：155

□□□加平石一斗，主人張小功任。　73EJT21：156

☑肩水候金關，如律令。i☑㒷ii[8]　　73EJT21：157

【校釋】

[1]伶：簡中兩見，原皆釋作“侶”，若按原釋，文義不通。根據文義可知此字是“治”之俗訛。漢簡中“口”、“厶”常同形不別，左部的“亻”應是“氵”之訛誤，故此字嚴格說應釋作“伶”。

[2]未釋字原簡作 🔲，懷疑是“起”字。

[3]㝡：原釋作“取”，從王錦城（2019P1252）改釋。按：此字兩邊略殘，原簡“取”上部僅可見“上”，按照文義這裏實際有兩種可能：第一是釋作“㝡”同“最”，秦漢簡中多有“計最”之語，表示總計之義；第二是將“上”視

爲起首符號,比如居新 EPT27.42 中就有這類符號。兩者解釋都通,暫從前者。

[4]遣:姚磊(《合校》2021P190)懷疑是"遷"。

[5]稟:原徑釋作"廩",今據原圖版改。

[6]墼:《匯釋》(2008P283):用以築城的土坯。

[7]胡永鵬(2017P574)定此簡屬王莽統治時期。

[8]此字原未釋,原簡墨跡"高"形較清晰,但不確定左部是否還有部件,今擬補。

☑書,毋忽。　　　☑　　　　　　　　　　　73EJT21:158A

☑☑候長安衆　　　☑　　　　　　　　　　73EJT21:158B

☑☑☑☑卿☑　　　　　　　　　　　　　　73EJT21:159A

☑伏地☑　　　　　　　　　　　　　　　　73EJT21:159B

☑元鳳二年[1]二月癸卯,居延與金關爲出☑

☑……☑　　　　　　　　　　　　　　　　73EJT21:160

☑　　　　　許望薄[2]出卒將[3]☑

☑　　申朔丙申,驛北亭長廣與卒☑☑　　　73EJT21:161

廿笘[4]在第三驛張良婦所☑ⅰ取以自稟(廩)[5]簿入七月毋☑ⅱ

　　　　　　　　　　　　　　　　　　　　73EJT21:162A

記予……　☑　　　　　　　　　　　　　73EJT21:162B

☑　弩一,矢十二,劍一。　　　　　　　　73EJT21:163

☑十一月己酉……十二月辛酉出金關北　　☑

☑長孫……　☑　　　　　　　　　　　　　73EJT21:164

☑☑史　　　　　　　　　　　　　　　　　73EJT21:165

出麥十石八斗,　　　☑　　　　　　　　　73EJT21:166

☑稾、蚩矢、銅鏃四百五十。　　　・右卒兵

☑革甲、鞮瞀(鍪)各四。

☑有方一。

☑……　　　　　　　　　　　　　　　　　73EJT21:167

☑見　　　　　　　　　　　　　　　　　　73EJT21:168

☑☑[6]君夫人近衣幸酒食,☑☑(削衣)　　　73EJT21:169

☑今者使卒充書☑ᵢ☑遣☑卒[7]☑☑☑ᵢᵢ　73EJT21:170

☑弩一,矢十二。　　☑　　　　　　　　　73EJT21:171

☑食過客八斗一升。·凡☑　　　　　　　　73EJT21:172

☑子要虜隧長益☑ᵢ☑一編,敢言之。☑ᵢᵢ　73EJT21:173

☑請　　☑ᵢ☑迫高長卿有少酒願☑☑ᵢᵢ　73EJT21:174

初元二年四月庚寅朔辛卯,西鄉嗇夫……　☑

郡中。謹案柱[8]毋官獄徵事,當爲……　☑　73EJT21:175A

章曰:滎陽令印。☑☑☑　　　　　　　　73EJT21:175B

☑長[9]孫當從居延來,唯卿=[10]張護成當責會水津吏[11]胡稚卿,

☑來,其主責成[12],急長孫知之,前成過,自責之,不得一錢

　　　　　　　　　　　　　　　　　　　73EJT21:176

【校釋】

[1]元鳳:漢昭帝劉弗陵年號。元鳳二年是公元前 79 年。

[2]薄:此字原簡作 🖊,字形與常見"薄"有差異,可疑。

[3]將:此字原簡作 🖊,右側字形與"將"略有差異,可疑。

[4]卷:《集成》(七 P176):或作券,盛糧口袋。大者容五石,小者容三石。

[5]稟:原徑釋作"廩",今據原圖版改。

[6]未釋字原釋文無,今據原圖版補。

[7]卒:原未釋,從何茂活(2015P175-188)補釋。何茂活又將此字前一未釋字補作"一",不從。按:同簡"卒"上俗訛作"亠",懷疑此字也可能上部俗作"亠"。

[8]柱:原釋作"程",此字原簡字形作 🖊,從"木"從"主"皆清晰可辨。金關簡 T30:152、T34:12、D:231 等皆可見"柱"用作人名,可作參考。

[9]長:原缺釋。此字原簡僅見下部筆畫,依據同簡所見"長孫"推知

此字可能是"長"字,暫擬補。

[10]此處重文號若表示重文,語義不順暢,不能當重文理解。

[11]馬智全(2013.2):會水,爲酒泉郡屬縣,治今甘肅金塔縣東南,位於黑河西側。會水有津吏,津,指渡口,津吏,當是專門管理渡口的官吏。津吏的設置,充分説明會水津水利運輸已有一定的規模。會水在邊塞防戍上具有重要地位,津吏的設置,可能與邊塞的管理有一定的關係。

[12]成:指簡文中的"張護成"。

☐……舍户☐。卩　　☐

☐塢前垣不塗治[1]。卩落端不離。卩　　　　河上舍☐☐

☐垣北不除。卩　　河中毋天田[2]。卩　　　蘭樓[3]敝[4]☐

☐……壞。卩　　塢南面[5]庠(斥)呼[6]二所。卩……☐

　　　　　　　　　　　　　　　　73EJT21:177

☐都里魏[7]定。橐他。ⅰ☐便里黄魁,疾。ⅱ☐都里王倩。ⅲ☐里尹庚。ⅳ　　　　　　　　　73EJT21:178

☐……敢言之。/尉史賢。

☐如律令。/掾武、令史審。　　　　73EJT21:179

　　……一封張掖大守,　　☐府☐

☐☐封。　其三付〈封〉[8]張掖司馬章,一詣居延……☐

　　　其一付〈封〉平襄[9]令印,詣居延☐

　　　……☐　　　　　　　73EJT21:180

鴻嘉二年十月☐ⅰ☐☐☐☐☐☐☐ⅱ　73EJT21:181A

☐☐長印☐　　　　　　　　73EJT21:181B

【校釋】

[1]塗治:陳直(2009P326):塗謂塗堊及馬矢。

[2]天田:《集成》(五 P16):漢邊塞設施之一,指具有一定長、寬度的偵跡帶,地表或鋪沙,鋤畫疏鬆,人馬過之必留痕跡。

[3]蘭樓:不詳,待考。

［4］敝:原釋作"幣",從沈思聰(2018P275)改釋。

［5］塢南面:原未釋,從黄艷萍、張再興(2018P215-222)補釋。文例見72EJC:119。

［6］庁呼:斷裂,破損。

［7］魏:原簡作,原未釋,今補釋。

［8］付:同簡兩見,皆爲"封"之訛誤。

［9］平襄:天水郡屬縣,王莽時改稱平相。

☑　長斧[1]八。　朩[2]☑二。　茹(絮)[3]十斤。　馬矢[4]六石。☑

☑　長椎[5]☐[6]。　☐☐三。　芀[7]一斤。　煙造[8]四☑

☑　棓[9]四。　☐☐三。　☐四斗。　沙造[10]二。☑

☑　連椎[11]四。　……　牛頭石[12]卌　破釜二[13]☑

☑　☐☐☐。　　　　　　☑　73EJT21:182

【校釋】

［1］長斧:原未釋,從姚磊(《合校》2021P191)補釋。按:姚磊懷疑"長斧"後面的"八"應該釋作"四",不從。

［2］木:原未釋,姚磊懷疑此字是"木",暫從其説。

［3］茹:于豪亮(1983P87-104)讀爲"絮",《説文》謂絮"一曰敝絮",敝絮也可以用來引火。引火所用的麻絮等易燃物。《集成》(九 P153):在居延簡中,茹常與火燧並列,當爲發火信物。其成分或爲艾蒲絮末一類植物,經乾燥、碾碎並焦焙而成,内中或摻和某種易燃物品,燃點較低。

［4］馬矢:《匯釋》(2008P17):即馬糞。可作燃料,亦可塗牆壁,還可"擲之以眯敵目",爲城防之用。

［5］長椎:李天虹(2003P114):鐵首長柄的器具,椎又作槌。

［6］一:姚磊懷疑此字是"四",存疑。

［7］芀:王錦城(2019P1255)改釋作"芀",解作"葦華"。按:此字原簡墨跡較模糊,不能確定從"刀",仍從原釋。但金關簡中"刀"、"力"作偏旁

相混的情況較常見,無論釋作"芀"、"芀"都作名詞,故王錦城的釋字無法確定,但所説的"葦華"可從。

[8]煙造:初師賓(1984P335-398):漢簡舉煙必曰舉堠上、亭上煙,明證出煙處在堠頂。如堠下竈膛内充塞薪柴糞草,燃火後,火煙藉抽吸之勢,拔高十餘米,衝出囪口,故遠方得見堠頂孤煙直上。過去或以爲放煙之竈、囪皆築於堠頂;或以前述之竈爲炊事竈;或襲舊説,以爲煙柱聚而不散乃燃狼糞所致,皆非是。

[9]棓:木棒。

[10]沙造:《集成》(十二 P159):漢代邊塞的守禦設施。《墨子·備城門》:"二十五步一竈,灶有鐵鐕容石以上者一,戒以爲湯。及持沙,毋下千石。"居延漢簡中的沙竈往往同沙、釜配備一起,是防備敵人攻城的守禦設施。

[11]連椎:居延漢簡中又見連梃、連棓者,皆相連而得名,推知此爲兩"椎"相連,用途亦如連梃、連棓相類。

[12]牛頭石:大如牛頭的石頭。

[13]二:原釋作"一所",姚磊(《合校》2021P191)已指出"所"僅存一筆,文例也不合,細審原圖版,可知此處兩字就是一字"二",今改。

……顧南部東部…… i …… ii	73EJT21:183
周卿足下　　　☑	73EJT21:184A
步光伏地☑ i 請　　　☑ ii	73EJT21:184B
……☑ i □吏行塞,不審何☑ ii	73EJT21:185A
□已請買鑰[1]并歸,卬☑	73EJT21:185B
北部□☑	73EJT21:186
丁丑日卒二人作墼百卅。　　　一人　　☑	73EJT21:187
·凡出磨(磿)[2]六十石。☑	73EJT21:188
☑受六月甲子餘穀十石一斗七升二分。　　　☑	73EJT21:189
☑□同,年卅七歲長□□[3]	73EJT21:190

☑長郭奴　　　戶十☑☑　　　　　　　　　　73EJT21：191

☑　　頌　　　　　　　　　　　　　　　　73EJT21：192

☑壬子一日。—　　　甲戌廿三日。—　　　　73EJT21

☑癸丑二日。—　　　乙亥廿四日。—

☑甲寅三日。—　　　丙子廿五日。—　　……三月　73EJT21：193A[4]

☑　……　　　　　　　　　　　　　　　　73EJT21：193B

☑　　申屠安世。　　　　　　　　　　　　73EJT21：194

巍[5]郡斥(斥)丘臨豪里大夫☑　　　　　　　73EJT21：195

□稾矢……少廿五☑　　　　　　　　　　　73EJT21：196

【校釋】

[1]鍉：沈思聰(2018P276)釋作"錻",不從。

[2]張再興(2018P130-141)指出此簡的"磿"應是"曆"的俗寫,並推測"曆"讀作"糒"。今從改。

[3]歲：沈思聰(2018P276)釋作"字"。簡末尾原釋文作兩個未釋字,沈思聰改作一個未釋字。

[4]程少軒(2014P274-284)推此簡屬征和元年(公元前92年)。

[5]巍：原釋作"魏",今據原圖版改。

津關,毋留止,如律令,敢言之。☑

正月辛巳,隱園[1]長　　[2]、丞□[3]謁移過所,毋留止[4]☑

　　　　　　　　　　　　　　　　73EJT21：197A

印曰:隱園印。☑　　　　　　　　　73EJT21：197B

【校釋】

[1]隱園：萬堯緒(2018.3)：可能是陳勝的陵園。

[2]此空白處原釋作一個未釋字,今審原圖版未見任何文字墨跡,且西北文書簡中這類官名後空缺人名的情況不乏其例,故此處原釋文未釋字當刪。

[3]未釋字沈思聰(2018P276)釋作"安",不從。

[4]止:原釋文缺漏,今審原圖版尚能看到"之"上部的三畫,且"毋留止"辭例常見,可補。

(此簡已與 T21:199 簡綴合)　　　　　　　　　　　　73EJT21:198

□□□□□□□□□　　　　一尉渠東[1]☑

挈斧[2]就車[3]□欲[4]□爲欲邊楅[5]頭　　數召隅(隅)[6]滿[7]☑

持索之東□□爲[8]目絶☑　　　　　　　　73EJT21:199A+198A [9]

薄酒[10]五錢,濃酒[11]十□□[12]錢,甯[13]濃[14]耳[15]。☑

買□五千□繩,買車萬錢,何也?善牝牡所知也。☑

……☑　　　　　　　　　　　　　　　　73EJT21:199B +198B

【校釋】

[1]東:原未釋,楊小亮(2013P280-285)綴合後補釋,今從補。

[2]挈斧:挈,原未釋,原簡字形作🈂,上從"㓞",下從"手",當補釋。斧,原未釋,原簡字形作🈂,上從"父",下從"斤",當補釋。《說文·手部》:"挈,縣持也。"挈斧,就是提着斧頭。

[3]就車:原釋作"願東",今據原簡字形改。《國語·晉語三》:"君揖大夫,就車。"就車爲登車。或就讀作僦。

[4]欲:原未釋,今據原圖版補。

[5]楅:原釋作"福",從何茂活(2018.4)改釋。何茂活將此字通作"輻"。

[6]隅:原未釋,原簡字形作🈂。此字當爲"隅"之俗寫,在此處可能用作人名。

[7]滿:原未釋,今據原簡圖補。

[8]爲:原未釋,今據原圖版擬補。

[9]此簡由楊小亮綴合,詳見楊小亮(2013P280-285)。

[10]薄酒:王子今(2013P280-288):"薄酒"有明確標價,絕不是"自謙客套語",而是強調其質量等級的明確代號。

[11]濃酒:王子今(2013P280-288):"濃酒"可能是當時消費市場普

遍使用的通行名號。

　　[12]此未釋字原簡圖作,似爲左部從"丩"或"丬"之字。

　　[13]甯:原釋作"審",從何茂活(2015P175-188)改釋。

　　[14]濃:原未釋,楊小亮綴合後補釋,今從補。

　　[15]耳:原未釋,從何茂活(2015P175-188)補釋。

☑過所縣邑侯國,以律令從事。/[1]☑　　　　　　73EJT21:200

南書一封,居延都尉章,詣張掖大守府,十月戊子起。　　　十月庚戌

夜人定[2]五分,驛北受莫當。ｉ　　　　　　　　　73EJT21:201

田卒陳留郡濟陽臨里簪褭戎延年=(年,年)廿五。　　☑(竹簡)

　　　　　　　　　　　　　　　　　　　　　　73EJT21:202

子小女徵君,年三歲,黑色。　　　☑　　　　　　73EJT21:203

出賦錢六百,　　給臨莫隊[3]長業☑☑　　　　73EJT21:204A

永鄉二永☑　☑　　　　　　　　　　　　　　73EJT21:204B

☑卅一,長七尺二寸,黑色。　色色色色色色色　六月丙戌入……

　　　　　　　　　　　　　　　　　　　　　　73EJT21:205A

進進進進進進☑☑……[4]　　　　　　　　73EJT21:205B

入東部卒閣錢萬二千。　　建平☑(左側有刻齒)　73EJT21:206A

入東二千　　☑　　　　　　　　　　　　　　73EJT21:206B

☑出麥一石七斗四升,以食……☑　　　　　　73EJT21:207

纍[5]下隧長居延遮虜里共藉☑　　　　　　　73EJT21:208

馬一匹,騠華[6]牡,齒八歲,高六尺。　　☑　　73EJT21:209

　　【校釋】

　　[1]/:原未釋,今據原圖版補。

　　[2]夜人定:陳夢家(1980P250):《淮南子》定昏在黄昏後,定昏應是人定時或夜人定時。

　　[3]隊:原釋作"隧",此字原簡圖作,當爲"隊","隊"通"隧",今改。

[4]此簡周艷濤、李黎(2014.1)曾補釋"色"，姚磊(《合校》2021P193)補釋末尾"正月積□"。此簡爲習字雜寫，文字書寫隨意，加上很多字墨跡不清楚，導致釋字差異。此簡文字主要是"進"字雜寫，原釋文作三個"進"，周艷濤、李黎補釋的"色"其實也是"進"字，其後一字以及簡首有一個殘缺字，都是"進"字，今補。

[5]纍：原釋作"累"，從沈思聰(2018P277)改釋。

[6]華：原未釋，原簡作![字]，從伊強(2014.11.19)補釋。

槀矢四百卅六枚。☒ᵢ……☒ᵢᵢ　　　　　　　　73EJT21:210A

卒承弦四。☒ᵢ卒斬干、幡各三。☒ᵢᵢ　　　　　73EJT21:210B

☒建樂。牛一，黑頭[1]，犢。車一兩，□□☒　　73EJT21:211

延不臨[2]部，客出韇得，私留擅去官三宿以上，自☒　73EJT21:212

☒自爲奈何乃牡齒調曰索牘絶☒　　　　　　　73EJT21:213

☒亭，見卒一人，四道□□☒　　　　　　　　73EJT21:214

【校釋】

[1]頭：原釋作"碩"，此字原簡圖作![字]，左非"石"，嚴格應録作"䫂"，疑是"頭"或"題"之訛字。

[2]臨：原釋作"監"，原簡圖作![字]。"臨"有治理義，如《書·大禹謨》："臨下以簡，御衆以寬。"《管子·八觀》："置法出令，臨衆用民。"再如金關簡 F3:430A+263A+480B+282B+514A 中有："趙有秩坐前頃不相見，良苦臨事，起居得無有它，叩頭。"這裏的"臨"也當作治理之義。而秦漢時期的"監"無此義。"不臨部"應該是不治理轄區的意思。

吏三人，　　　　　輜車七乘，　　　☒

　　　　　凡十人。

□□人，　　　　　馬八匹，　　　☒　　　　73EJT21:215

☒字□[1]。乘馬一匹，驒牝[2]，齒八歲。　　☒　　73EJT21:216

積卅人守園。　　　☒　　　　　　　　　　73EJT21:217

卿從官　　　☑ 　　　　　　　　　　73EJT21:218

☑溫鄭武里王恭,年卅歲,長七尺五寸☑ 　　73EJT21:219

☑年九月戊戌朔戊申,尉史陽付佐前□☑ 　73EJT21:220 [3]

圍樂成里黃竟,年廿四,公乘。　　☑ 　　73EJT21:221

肩水候官令史拓塞候房☑ 　　　　　　73EJT21:222 [4]

居延市陽里謝定國,年廿五。　　　　☑ 　　73EJT21:223

會水未央里張未央,　　　牛車一兩,正月庚寅出。　　☑

　　　　　　　　　　　　　　73EJT21:224+C:343 [5]

☑黑[6]色。　　△　　　軺車一乘,馬一匹,弓一,矢廿。　73EJT21:225

☑　　劍一,大刀一。☑ 　　　　　　73EJT21:226

【校釋】

[1]字□:原釋作"□□",姚磊釋作"□車一"。按:字,原簡所從"宀""子"皆可辨識。按照常見的行文格式,前面應該是過關人的郡、縣、爵、里、名、年、字的具體信息。

[2]牝:原釋作"牡",從胡永鵬(2014P235–246)改釋。

[3]羅見今、關守義(2014.2)定此簡屬神爵三年(前59)或河平元年(前28年)。

[4]胡永鵬(2017P492)定此簡年代在漢宣帝地節年間。

[5]此簡由謝明宏(2022.6.30)綴合。

[6]黑:原未釋,從周艷濤、李黎(2014.1)補。

·都尉舍器籍。　　　☑ 　　　　　　73EJT21:227A

■右所市,　直(值)四千二百五十三。　　　付□☑　73EJT21:227B

☑　　牛車一兩。　　☑ 　　　　　　73EJT21:228

河內郡波縣對里宦順,年廿五,　　大車☑ 　73EJT21:229

☑百八十。　　　驛北卒百五十☑ 　　73EJT21:230

☑□□四石☑ 　　　　　　　　　73EJT21:231

□□□錢　　☑ᵢ□□隧長□□大昌里□□□☑ᵢᵢ　73EJT21:232A

李德……☑　　　　　　　　　　　　73EJT21:232B

出麥五石八斗三升,☑　　　　　　　73EJT21:233

☑　　二月辛酉入。　　　　　　　　73EJT21:234

本始二年五月乙酉朔庚☑(左側有刻齒)　73EJT21:235

☑　掾光　　　　　　　　　　　　　73EJT21:236

☑當隧卒未央書。　　　　　　　　　73EJT21:237

斃得成漢里張□[1],年卅六,　　牛車一兩。　☑　73EJT21:238

☑奇[2]利里曹定國等二人,先以證財物不以實律辨[3]

☑證所言,它如爰書,敢言之。　　　73EJT21:239

敢言之。☑ⅰ……☑ⅱ　　　　　　　73EJT21:240A

……　　☑　　　　　　　　　　　　73EJT21:240B

☑　□□四,其二完二幣。ⅰ☑　　□□三,其二完一幣。ⅱ

　　　　　　　　　　　　　　　　　73EJT21:241

出錢千二百,　　以給士吏相六月奉。☑　73EJT21:242

☑　　留　　　　　　　　　　　　　73EJT21:243

☑□在弘,幸甚。　　　　　　　　　73EJT21:244

☑河中未渡天田,斷縣[4]二所。　　　73EJT21:245

☑元年七月戊午入。　　　　　　　　73EJT21:246

☑肩水金關　　　　　　　　　　　　73EJT21:247

戍卒淮陽國陽☑　　　　　　　　　　73EJT21:248

敢言之:尉☑ⅰ十二月癸巳☑ⅱ　　　　73EJT21:249A

章曰:緱氏□☑　　　　　　　　　　73EJT21:249B

【校釋】

[1]此未釋字沈思聰(2018P278)釋作"充"。

[2]奇:原未釋,從何茂活(2015P175-188)補釋。

[3]先以證財物不以實律辨:T37:681見"先以證財物故不以實,臧五百以上",知此簡"財物"後脫漏"故"字。高恒(1996P225-237):"故不以實"中的"故",指"故意",法律用語。謝桂華(2013P136-150):證,證辭,

即口供。故不以實,故意隱瞞不講真實情況。臧五百以上,是漢代律令中坐罪的一個等次。

[4]縣∶讀爲"懸",指懸索。

☒	……	木新(薪)[1]十四石,丿
☒	芳七斗,	芮薪[2]十四石。丿☒
☒□[3]	□馬矢七斗。丿[4]	73EJT21∶250

【校釋】

[1]木新∶原未釋,今據原圖版補。木新即木薪。

[2]芮薪∶原未釋,"芮"從姚磊(《合校》2021P195)補釋,"薪"從袁瑩(2011.9.15)補釋。初師賓(1984P142-222)∶芮薪似爲細碎叢茸之木材碴末,木薪則爲稍長大的木柴(條、塊、段)。

[3]未釋字原釋文無,今據原圖版補。

[4]"□馬矢七斗"、"丿"、"……"原皆未釋,皆從姚磊(《合校》2021P195)補釋。

☒律令。/令史靜☒	73EJT21∶251
☒□六副,劍一,循一。　　☒	73EJT21∶252
……☒ᵢ□渠當責東門子□□……☒ᵢᵢ	73EJT21∶253
☒□[1]二月乙丑,居延令勝之、守丞右尉可置[2]□□☒	73EJT21∶254
□□戍卒梁國睢陽某里公乘王甲,年若干[3]。☒	73EJT21∶255
甲寅　乙卯　丙辰　丁巳　戊午　己未　庚申　辛酉☒	
	73EJT21∶256A[4]
……☒	73EJT21∶256B
·寂[5]　☒	73EJT21∶257
☒□　　五月丙☒	73EJT21∶258
☒□縑十三匹□☒	73EJT21∶259
戍卒淮陽郡城父甯里劉畢☒	73EJT21∶260

壙野隧卒夏則。　　　△　　　☑　　　　　　　　73EJT21：261

居延始至里曹緩[6]，年廿，長七尺四寸，黑色。　　　牛車一兩☑

73EJT21：262

【校釋】

[1]此未釋字胡永鵬（2015.3）懷疑是"十"。

[2]可置：原釋作"丙寅"，從胡永鵬（2017P491）改釋。此處用作人名。胡永鵬認爲此簡爲元康元年之前内容，屬地節年間的可能性比較大。右尉可置，又見於 T24：269.

[3]邢義田（1998P295-311）已指出此簡中看似特定具體的人名、郡縣名或年月，仍然只是舉例的性質。王甲不過是一個假設的人名而已。此簡很可能就是漢代"律、令、品、式、科、比"裏的"式"。簡牘所見這類範本最大的特徵在以"某"、"若干"、"甲乙丙……"、"東南西北"等不定詞表示人物、數量及方向或方位。

[4]此簡干支外皆有不同形狀外框，應是一組有圖卷册的一枚。

[5]寙：原釋作"冣"，從王錦城（2019P1262）改釋。

[6]緩：原釋作"緞"，原簡圖作🉐，從何茂活（2018.4）改釋。沈思聰（2018P278）釋作"緞"。

·肩水官候建昭元年十月旦傳馬閱具簿[1]。☑　　　73EJT21：263

稟（廩）[2]畢已，書實[3]，敢言之。　　　☑　　　73EJT21：264

淮陽郡甯（寧）平高里李弘。　　　☑　　　　　　73EJT21：265

·前七百五十。·後六百。　　　☑　　　　　　　73EJT21：266

☑□年二月奉用錢千二百。ⅰ☑賦錢千二百。ⅱ　　73EJT21：267

居延始至王成，年卅□[4]☑　　　　　　　　　　73EJT21：268

戍卒濟陰[5]郡冤句庠[6]復里□☑　　　　　　　　73EJT21：269

【校釋】

[1]傳馬閱具簿：傳馬閱，原未釋，從姚磊（《合校》2021P197）補釋。傳馬閱具簿，疑爲傳馬出行或使用的登記簿。

[2]稟∶原釋作“廩”，原簡圖作█，不從“广”，今改。給人以食，取之倉廩，故稱稟給、稟食。

[3]書實∶如書實核。這裏的“書”應指廩出入的記録。《後漢書·孝和孝殤帝紀》∶“詔曰∶‘去年秋麥入少，恐民食不足。其上尤貧不能自給者户口人數。往者郡國上貧民，以衣履釜鬻爲貲，而豪右得其饒利。詔書實核，欲有以益之，而長吏不能躬親，反更徵召會聚，令失農作，愁擾百姓。若復有犯者，二千石先坐。’”

[4]此未釋字姚磊（《合校》2021P197）釋作“五”，不從。

[5]陰∶原簡圖作█，與漢簡中的“陶”寫法無異。

[6]厈∶原釋作“庠”，從王錦城（2019P1263）改釋。按∶此字原簡圖作█，當視爲“厈”字增筆俗寫。

☑☑督[1]胥文四下方驕[2]括馴尾[3]不驕久左脾曰[4]☑☑

73EJT21∶270

【校釋】

[1]督∶原釋作“醫”，此字原簡圖下部不從“酉”，上面也不從“臤”，原釋有誤。但因爲文義不明，不能完全確定釋字，今作“督”存疑待考。

[2]此字同簡兩見，原釋作“騧”，今審原圖版知右部與釋字不合，且金關簡中此字皆從“過”，存疑。

[3]括馴尾∶括，原未釋，王錦城（2019P343）釋作“犗”。按∶此簡描述與馬相關，“犗”是閹割的牛，與簡文内容不合適。此字原簡圖作█，疑從“扌”從“舌”。括，有結扎、捆束義。《廣雅·釋詁四》∶“括，結也。”馴亦作“駣”，同“騧”。《説文·馬部》∶“騧，赤馬黑毛尾也。”尾，原釋文作下從“干”字，沈思聰（2018P279）釋作“厚”。按∶此字原簡圖作█，今暫改從“毛”之“尾”字。括馴尾，疑是束扎赤馬黑毛尾。此簡中説到的“騧”是黑嘴的黃毛馬。其中的“文”可能指花紋，同時簡文又提到“久”，綜合這些信息來看，推測這枚簡可能是對馬的鑒定記録。

[3]久左脾曰∶脾，原釋作“腸”，此字原簡右部不從“易”，從“卑”。

"久左脾"又見於 C:315。脾通髀,就是指臀部。久左脾意思是在左臀部處打烙印,這是給馬作標記的又一種方式。曰,原釋作"甘"。"久左脾"後很可能是"久"的内容,所以應將原釋文"甘"改作"曰"爲宜。畢竟漢簡中的"甘"、"曰"形近,甚至同形,很多情況需要靠文例確定釋字。

地節五年三☑	73EJT21:271A
厲士□□之力☑	73EJT21:271B
觻得春奈里王定國☑	73EJT21:272
☑有方一☑	73EJT21:273
☑□檄一封,四月□☑	73EJT21:274
☑□佐忠	73EJT21:275
☑齒,至旦日臥不起,☑	73EJT21:276
☑　　　十二月庚寅佐充封。☑	73EJT21:277
(此簡已與 T21:138 簡綴合)	73EJT21:278
☑出穀六石三斗少。	73EJT21:279
☑二完卅七幣。　　　☑	73EJT21:280
五鳳二年三月廣地省卒[1]名[2]☑	73EJT21:281
☑麥卅七石三斗,　　偷(輸)[3]廣地。　　已移。☑	73EJT21:282
☑匹=(匹,匹)日食一斗二升。	73EJT21:283

其卅八石麥,　☑
☑百四石四斗六升。

二百五十六石粟[4]☑	73EJT21:284

□□　☑	
卅六　　廿四　☑	
廿七　　十六　☑	
十八　　廿五　☑	73EJT21:285
□□□☑ᵢ奉謁伏地再☑ᵢᵢ□☑ᵢᵢᵢ	73EJT21:286A

子　　□☑

更　　□☑　　　　　　　　　　　　　　73EJT21:286B

☑七月丙戌嗇夫成出。　　　　　　　　　73EJT21:287

■右故水門隧[5]長尹野。·凡直(值)三千☑　73EJT21:288

☑□延錢百迫昨亡☑　　　　　　　　　　73EJT21:289

【校釋】

[1]省卒:輪休的戍卒。

[2]名:原未釋,從胡永鵬(2014P235-246)、何茂活(2015P175-188)補釋。

[3]偷:丁義娟(2018.5.27)指出,寫作"偷"的字,當用作"輸"。

[4]此字原釋文無,據原圖版和文例補。

[5]水門隧:馬智全(2013.2):應是設置於水門附近的烽隧。

(此簡已與 T37:1443 綴合)　　　　　　73EJT21:290

(此簡已與 T37:912 綴合)　　　　　　　73EJT21:291

·東部·地節三年十□[1]□□□□☑　　　73EJT21:292

☑所將稟(廩)[2]車吏家　　　　　　　　73EJT21:293

☑……再拜□[3]……ⅰ☑近衣強食,毋自易[4]ⅱ　73EJT21:294

☑諸外[5]大夫更申遚[6],幸゠甚゠(幸甚,幸甚)。非☑73EJT21:295A

☑……☑　　　　　　　　　　　　　　　73EJT21:295B

【校釋】

[1]此未釋字郭偉濤(2017P315)釋作"月"。按:原簡墨跡太少,無法釋字。

[2]稟:原徑作"廩",今據原圖版改。

[3]拜:原釋文缺釋,從何茂活(2015P18-27)補釋。其後未釋字原無,今補。

[4]毋自易:何茂活(2015P18-27)解釋爲:易,輕視、草率之意,毋自易,猶言不可馬虎大意。

[5]諸外:原釋作"□門",從何茂活(2018.4)改釋。何茂活指出"外大夫"指鄰國之大夫,常與"內大夫"對舉。

[6]逞:此處用作人名。此字原釋作"逢",原簡圖作🔲,今據原圖版改。

☑朔[1]辛酉,西鄉有☑　　　　　　　　　　　　73EJT21:296

☑□皆自言爲家私☑　　　　　　　　　　　　73EJT21:297

☑,年廿☑　　　　　　　　　　　　　　　　73EJT21:298

☑然[2],衰[3]═(衰衰)然,浴═(浴浴)然,造═(造造)　☑

　　　　　　　　　　　　　　　　　　　　　73EJT21:299

☑儔[4]襲二領,七百六☑ ¡ ☑□□□[5] ¡¡(削衣)　73EJT21:300

☑□□ ¡ ☑徐稱(稚)[6]卿 ¡¡　　　　　　　　　73EJT21:301

☑　檄到趣☑　　　　　　　　　　　　　　　73EJT21:302

☑史充受教告☑(削衣)　　　　　　　　　　　73EJT21:303

☑□[7]見折傷牛車簿。　　　　　　　　　　　73EJT21:304

【校釋】

[1]朔:原未釋,從周艷濤(2015.2)補釋。

[2]然:原未釋,按照存見内容看缺釋的内容可能是"某某然",而且所見墨跡尚能看到"然"字所從的"犬"形,今擬補。

[3]衰:原未釋,沈思聰(2018P279)釋作"食"。按:此字原簡圖作🔲,中間部件並不是簡單的"日"形,而是從"𦥑",而且下部明顯從"衣",這是"衰"字。此字右下有重文號,讀爲"衰衰然"。

[4]儔:王錦城(2019P1265)解作"售賣",不可從。按:此字應是"襲"的修飾語,"儔"有等同的意思。儔襲,即是相同的兩件"襲",故簡文曰"二領"。

[5]此行原釋文無,今據原圖版存見墨跡補。

[6]稱:在此簡作人名用字,此字原釋作"稚",原簡圖作🔲,按照字形當録寫爲"稱"。稚,爲"稱"之異體。

［7］未釋字原釋文無,今據原圖版補。

・本始四年五月吏□出府所□[1]罷卒帛及送兵計□出名籍。　　□

73EJT21：305

☑前調送詔獄[2]囚,檄到,常利等趣逐捕以遣[3]　73EJT21：306

☑□□□　　　□□□

☑枚。　　　　始元七年閏月己未[4],長世臨。　73EJT21：307

張掖肩水候史糞土　☑　　　　　　　　73EJT21：308

☑屬宋萬元　　　☑　　　　　　　　73EJT21：309

居延東鄉嗇夫陽里王青,Ⅰ未得元鳳五年正月盡三月積三月奉用錢千四百卌。Ⅱⅰ已得河內第十六輩[5]廿兩帛[6]三匹二丈六尺七寸,直(值)九百六十。Ⅱⅱ　　　　73EJT21：310+314+325[7]

【校釋】

［1］此未釋字王錦城(2019P1266)釋作“少”。

［2］詔獄:《匯釋》(2008P126):以皇帝詔書名義而治罪入獄,或十惡不赦之案,皆稱詔獄。

［3］遣:原簡圖作,也可能是“還”。

［4］《朔閏表》此年閏三月壬申朔,則當月不可能出現“己未”日。陳夢家(1984P232)指出此年實際閏二月。

［5］十六輩:十,原未釋,從綴合者補釋。輩,批,此處作量詞。

［6］廿兩帛:王子今(2018P245—256):其中“廿兩帛”有可能與“河內廿兩帛”有關。然而不出現“河內”二字,或有可能是其他地方出產的“廿兩帛”。居延漢簡“河內廿兩帛”和“廿兩帛”簡皆出自大灣,似乎也不能排除“廿兩帛”爲“河內廿兩帛”略寫的可能。按:此處的“廿兩帛”是作爲俸祿的物資。

［7］此簡由楊小亮、姚磊綴合,詳見楊小亮(2013P280—285)、姚磊(2021P64)。

居延都田佐[1]呂辟兵,年卅五。　　☑　　　　　　　73EJT21:311

長卿長孫足下,今者李長☑ᵢ不可幸語之即欲爲☑ᵢᵢ

　　　　　　　　　　　　　　73EJT21:312A+T22:51A[2]

進　　　☑　　　　　　　　73EJT21:312B+T22:51B

淮陽郡圉宣里宋樂☑　　　　　　　　　73EJT21:313

(此簡已與 T21:310 簡綴合)　　　　　　73EJT21:314

☑長平舒里牟霸　　　☑　　　　　　　73EJT21:315

要虜卒徐強☑　　　　　　　　　　　73EJT21:316

(此簡已與 T21:327 簡綴合)　　　　　　73EJT21:317

☑　　枭長弦一。　　□□二。　　☑

☑　　稾矢百。　　曲旃[3]一。　　☑

☑　　　　　　　緹紺胡各[4]一。☑　　　73EJT21:318

【校釋】

[1]田佐:王彥輝指出田佐當是田嗇夫的副手,轉見姚磊(2016.4)。

[2]此簡由姚磊綴合,詳見姚磊(2021P65)。

[3]曲旃:《集成》(十一 P142):用整幅帛製成的曲柄長幡。王貴元(2018.3):西北漢簡中,“曲旃”僅指曲柄旗杆,並非指旗幟全部。

[4]據尉侯凱(2016.8.25)考訂,“各”爲衍文。

(此簡已與 T1:45 綴合)　　　　　　　73EJT21:319

出荽千束付張子功。☑　　　　　　　73EJT21:320

■右第六車。　　☑(竹簡)　　　　　73EJT21:321

(此簡已與 T21:429 簡綴合)　　　　　　73EJT21:322

戍卒東郡離狐邑[1]富聚里不更孫千秋,年□□☑　73EJT21:323[2]

第七車卒張艫。☑　　　　　　　　　73EJT21:324

(此簡已與 T21:310 簡綴合)　　　　　　73EJT21:325

受降隧有方一,用緹[3]五寸。　　☑　　73EJT21:326

☑　□□日戊申平☑　　　　　　　　　　73EJT21：327＋317[4]

井東　　　☑　　　　　　　　　　　　　73EJT21：328

戍卒淮陽國陽夏……，年廿八，　　長七尺二寸，黑色。　☑（竹簡）
　　　　　　　　　　　　　　　　　　　　73EJT21：329

☑□居延令脂錢直（值）二百。　□☑ᵢ☑□守令史臨☑ᵢᵢ
　　　　　　　　　　　　　　　　　　　　73EJT21：330

☑年廿五。　　☑　　　　　　　　　　　73EJT21：331

☑□人，年廿三，　　劍一，☑　　　　　73EJT21：332

　　　　　□□□□　　　革甲、鞮瞀（鍪）各一，

☑蚤矢百五十，

　　　　　服一。　　　　　　　　　　　73EJT21：333

（此簡已與 T21：380 簡綴合）　　　　　73EJT21：334

☑　　　□　　　　　　　　　　　　　　73EJT21：335

四月辛卯，熒陽[5]☑　　　　　　　　　73EJT21：336

杜長孟　☑ᵢ王佻君　　☑ᵢᵢ　　　　　73EJT21：337

☑年廿六。　　　　丿　　　　　　　　　73EJT21：338

☑□七十四　　　☑　　　　　　　　　　73EJT21：339

☑□代張價　　　　　　　　　　　　　　73EJT21：340

☑上書事當□[6]　　　　　　　　　　　73EJT21：341

☑夫忠　　　　　　　　　　　　　　73EJT21：342A

☑……　　　　　　　　　　　　　　73EJT21：342B

（此簡已與 T21：396 簡綴合）　　　　　73EJT21：343

☑臨界亭九里　　☑　　　　　　　　　　73EJT21：344

☑　　輔素不知錢它始□[7]☑　　　　　73EJT21：345

☑三月辛未除見。　　　　　　　　　　　73EJT21：346

五月辛巳朔五月辛巳朔☑　　　　　73EJT21：347[8]

【校釋】

[1]離狐邑:鄭威(2015P217-241):《漢書·地理志》東郡有離狐縣,治今河南濮陽縣東南。

[2]此簡田炳炳與 T23:174 綴合,不可從,參見姚磊(2021P415)。

[3]緹:參 T21:66 下注釋。

[4]此簡由姚磊綴合,見姚磊(2021P66)。疑第一個未釋字是"摩"字。

[5]孔德棻、張俊民(2013.6)以爲此處的"焂陽"當是"滎陽"。

[6]此字原簡作 ,疑是"帛"。

[7]此未釋字原簡字形右從"辛",疑是"辥"字。

[8]此簡原釋文作"五月辛巳朔癸丑□相"。簡文所涉及月朔問題,有多人討論。周艷濤(2013.6.15)認爲此簡是"建始三年五月","辛巳朔"和"癸丑"矛盾,必有一誤。羅見今、關守義(2014.2)認爲此簡屬神爵元年或建始三年。胡永鵬(2017P226)傾向此簡屬建始三年,並認爲日干支有誤。姚磊(《合校》2021P200)指出此簡原圖版文字皆呈現 180°翻轉的現象,經軟件翻轉後可知,原來的"癸丑□相"等字當是"五月辛巳朔"。其説可從。

五鳳四年五月庚辰☑(觚)　　　　　　　　　　73EJT21:348A

見見無　　　☑(觚)　　　　　　　　　　　　73EJT21:348B

常謁報治所,敢言☑(觚)　　　　　　　　　　73EJT21:348C

奏田長寶[1]　　　　☑(觚)　　　　　　　　　73EJT21:349A

去病伏地再拜,多問□　　　☑(觚)[2]　　　　73EJT21:349B

☑糧=之石百卅□□□☑ⅰ☑□□□☑ⅱ　　　73EJT21:350A

☑　　　馬　　　☑　　　　　　　　　　　　73EJT21:350B

☑□簪褭解事,年卅五。不更。　　☑　　　　73EJT21:351

☑　　　八月己卯出☑　　　　　　　　　　　73EJT21:352

☑　　　坐五斛　　　☑(竹簡)　　　　　　　73EJT21:353

(此簡已與 T21:72 簡綴合)　　　　　　　　　73EJT21:354

萬福繩十丈□□ⅰ肩水候官行者走[3]☑ⅱ　　　73EJT21:355

☒迹到平樂隧﹦(隧隧)☒　　　　　　　　　73EJT21∶356

☒　橄右放　　　　　　　　　　　　　　73EJT21∶357

譙東里徐霸　　　☒　　　　　　　　　73EJT21∶358

伏下地　　　☒　　　　　　　　　　　73EJT21∶359

四月庚☒　　　　　　　　　　　　　　73EJT21∶360

叩頭,死﹦罪[4]☒　　　　　　　　　　　73EJT21∶361

酒八　☒ᵢ爵[5]于　☒ᵢᵢ(削衣)　　　　　73EJT21∶362

☒☒餔時[6]驛北卒☒☒ᵢ

☒☒☒日入時付沙頭☒ᵢᵢ☒……☒ᵢᵢᵢ　　　73EJT21∶363A

☒☒受……☒ᵢ☒……☒ᵢᵢ　　　　　　73EJT21∶363B

☒☒書一封　　　☒　　　　　　　　　73EJT21∶364A

☒……☒　　　　　　　　　　　　　　73EJT21∶364B

☒　酒[7]一。

☒　鹽二。　　　　　　　　　　　　　73EJT21∶365

【校釋】

[1]實∶沈思聰(2018P281)釋作"賓"。

[2]此簡爲"觚",原整理者漏標背面"(觚)",今補。

[3]行者走∶《匯釋》(2008P89)∶以步行傳遞。

[4]周艷濤(2013.6.15)指出此處當補重文號。不過原簡此處並無重文號墨跡,釋文不當補。

[5]爵∶原未釋,從何茂活(2015P175—188)補釋。

[6]餔時∶張德芳(2004P190—216)∶"餔時"是十二時制的稱謂之一,秦漢時期很通用。……懸泉漢簡,除了"餔時"外,還有"餔食",當是相同的意思。……懸泉漢簡中,有一處"日莫餔時"的記載,只是一種特例,可能只是指餔時到黄昏的一段大概的時間,並不確指一個準確的時間點。

[7]王子今(2013P280—288)∶很可能也屬於同樣可以歸入祠祀一類的文書。祭品也用"酒"。

☑☑以私印行事☑　　　　　　　　　　　　73EJT21:366

戊申迹毋越塞出入迹☑(削衣)　　　　　　　73EJT21:367

書一封,居延都☑(削衣)　　　　　　　　　73EJT21:368

☑☑☑　☑(削衣)　　　　　　　　　　　　73EJT21:369

菀(宛)[1]陵丞印☑(削衣)　　　　　　　　73EJT21:370

□　☑(削衣)　　　　　　　　　　　　　73EJT21:371

☑賞大里□□　　　　　　　　　　　　　73EJT21:372

田卒梁(梁)國睢陽朝里寇遂,年卅二。　　庸同縣丞筐[2]里張遂,
年廿八。☑ⅰ　　　　　　　　　　　　　73EJT21:373

敢負長卿也,即令宮負長＝卿＝(長卿,長卿)亂[3]宮頭,宮不敢言,身
死尚有餘罪[4]☑ⅰ人＝口＝(人口,人口)別離入[5],宮不敢負長卿也。
長卿即胃(謂)少君,女何不得狀也?義☑ⅱ　　　73EJT21:374A

負長卿也,願長卿有驗[6]乃以從事,田子卿□☑ⅰ□□□□□語狀
☑ⅱ　　　　　　　　　　　　　　　　73EJT21:374B

【校釋】

[1]菀:原未釋,原簡圖作 ,從周豔濤、張顯成(2016.6)補釋。周、
張指出漢代的菀陵縣,文獻中又作宛陵和苑陵,此名有兩指,一在河南郡,
一在丹陽郡,"菀陵丞印"中的"菀陵"應是河南郡下轄之縣。另,何茂活
(2018.4)釋作"蒝"。

[2]筐:原釋作"全",從姚磊(《合校》2021P203)改釋。

[3]此字原簡作 ,原釋作"亂"。按:原釋形義皆不和,可疑。按照文
義,此字應該是表示動作的詞。

[4]罪:原未釋,從周艷濤、李黎(2014.1)補釋。

[5]入:王錦城(2019P349)釋作"人"。

[6]驗:原釋作"辭",此字原簡圖作 ,頗似從"馬"從"僉"之字,今
改。T26:2A 中有"須有驗"。有驗,有憑證或有查證之義。

☑□令忘也。成子帶幸₌甚₌（幸甚幸甚）。陳子惠丈人急來□□

□□毋恙□　　　　　　　　　　　　　　　　　73EJT21：375A

☑　　張子賓ᵢ☑　□[1]書奏ᵢᵢ　　　　　　　73EJT21：375B

出八月麥五石四斗付時長兄。　　　　☑　　73EJT21：376

☑　　　□月甲午視事　　　　　　　　　　　73EJT21：377

五升大米爲粟九升□☑　　　　　　　　　　　73EJT21：378

☑絳蓮勺[2]嗇夫弘主。（竹簡）　　　　73EJT21：379[3]

　　　　　蘭、冠各三。

☑五十，　　　服三。

　　　　　靳干、幡各四。

　　　　　革甲、鞁瞀（鍪）各四。　　73EJT21：380+334[4]

西鄉廣漢里張光，口一　☑ᵢ□　　☑ᵢᵢ（削衣）　73EJT21：381

五石弩　　　☑　　　　　　　　　　　　　　73EJT21：382

夫陶里張武　　　☑　　　　　　　　　　　　73EJT21：383

臨之隧卒郭帶　　　☑　　　　　　　　　　　73EJT21：384

驪喜隧[5]卒黃[6]小□☑　　　　　　　　　73EJT21：385

☑□，長七尺二寸，黑色。　　　牛車一兩，弩二，矢五十，粟☑

　　　　　　　　　　　　　　　　　　　　　73EJT21：386

屬女子左繆[7]，疑在界☑　　　　　　　　　73EJT21：387

【校釋】

[1]未釋字原釋文無，據原圖版補。

[2]絳蓮勺：趙海龍（2014B）認爲“絳”爲縣名，蓮勺爲絳縣之下的鄉名。王錦城（2019P1272）認爲“蓮勺”是左馮翊屬縣。按：若此處的“絳”屬上讀，則王說可從。但此簡上部殘缺，不能確定孰是。

[3]此簡下端有契口，契口上有綫繩，紋路清晰。

[4]此簡由姚磊綴合，見姚磊（2021P67）。

[5]驪喜隧：隧名，屬卅井候官。

[6]黃：沈思聰（2018P282）釋作“武”。按：此字原簡圖作🦌，字形似

“孟”、“盡”,暫從原釋。

　　[7]左纚:何茂活(2014P225-236)認爲“纚”同“劓”,“左劓”指在牲畜身體的左面烙上印記,牛羊多在耳廓上燙烙豁口,或稱“耳記”。按:左纚,可讀爲“左劓”,但是不能解釋成烙印,應該是針刺的印記。詳見李洪財(2021.5)。

☑十人　　　☑　　　　　　　　　　　　73EJT21:388

☑漢里昌道,年卅五☑　　　　　　　　73EJT21:389

☑傅□[1],年廿四。　☑　　　　　　　73EJT21:390

☑　直(值)廿五。　　□☑　　　　　73EJT21:391

(此簡已與 T37:877 簡綴合)　　　　　73EJT21:392

☑日=(日,日)入五分　　　　　　　　73EJT21:393

☑右漢薪居家使□　　☑　　　　　　　73EJT21:394

☑宜春里公乘[2]☑　　　　　　　　　73EJT21:395

陽夏馬成里周柱,年卅三,公乘,　　長七尺二寸,黑色。↓☑

　　　　　　　　　　　　　　73EJT21:396+343[3]

☑徐霸,年卅二☑　　　　　　　　　　73EJT21:397

肩水金關　　☑　　　　　　　　　　　73EJT21:398

章曰:居延都尉☑　　　　　　　　　　73EJT21:399

☑長安國敢言☑(削衣)　　　　　　　73EJT21:400

前[4]爲彊漢隧長,從乘山隧卒李朔貰賣綺☑　73EJT21:401+459+451[5]

☑長[6]七尺二寸,黑色☑　　　　　　　73EJT21:402

☑□絕不如期□[7]☑(削衣)　　　　　73EJT21:403

☑□見其先□[8]☑　　　　　　　　　　73EJT21:404

☑賣　　　☑　　　　　　　　　　　　73EJT21:405

☑□=國=當出候記到　　　　　　　　　73EJT21:406

☑　　馬一匹,劍一,弓一,矢卅。　☑　73EJT21:407

☑　拓[9]二斗二升　　　　　　　　　　73EJT21:408

☐上書一封。／騎置馳行上／行／　　　　　　　　　73EJT21：409

【校釋】

［1］此未釋字沈思聰（2018P282）疑是“歸”。此字原簡圖作▨，可作“歸”訛誤寫法看待，但也可視爲“隨”的訛誤寫法，無法確定釋字。

［2］乘：此字原釋文漏釋，沈思聰（2018P282）釋作“乘”。按：此字原簡殘餘墨跡較少，但按照常見文例，此處當是爵名，在爵名中與“公”組合的有公士、公乘，符合存見墨跡的只有公乘，故此可確定釋字。

［3］此簡由姚磊綴合，見姚磊（2021P68）。

［4］前：原簡作▨，原釋作“易”，字形不合，今改。

［5］此簡由楊小亮、姚磊綴合，詳見楊小亮（2013P280－285）、姚磊（2021P69）。

［6］長：原未釋，從周艷濤、李黎（2014.1）補釋。

［7］未釋字原釋文無，從沈思聰（2018P283）補釋。

［8］此未釋字原無，今據原圖版補。

［9］此字原簡圖作▨，王錦城（2019P1275）指出非“拓”。此字確實不從“石”，今存疑。

☐☐常[1]亭長憚免冠叩頭，死罪[2]。閒者吏卒☐ⅰ☐☐☐☐……[3]

☐ⅱ　　　　　　　　　　　　　　　　　　73EJT21：410A

☐子君☐☐☐人代　　　王子春舍☐　　　　73EJT21：410B

☐　　　毌[4]城倉薪去☐　　　　　　　　73EJT21：411

☐　　　見　　　　　　　　　　　　　　73EJT21：412

☐持記，定國得閒[5]　　　　　　　　　　73EJT21：413

☐斗一升大　☐　　　　　　　　　　　　73EJT21：414

☐一封，十二月庚戌日甲☐☐　　　　　　73EJT21：415A

☐☐府所[6]，它毋恙[7]。☐　　　　　　　73EJT21：415B

【校釋】

［1］☐常：周艷濤、李黎釋作“莫當”，不可從。姚磊（《合校》2021

P206）對此有辨析，可參。

　　[2]死罪：原釋文作重文整理，今據原圖版刪去重文號。

　　[3]"……"原釋文無，今據原圖版存見墨跡補。

　　[4]毋：沈思聰（2018P283）釋作"西"，不可從。

　　[5]閒：原釋作"間"，原簡圖作🀄，今改。

　　[6]簡首未釋字原無，今補。府所，原釋作"□丙"，沈思聰（2018P283）釋作"守丙"。府，原簡圖作🀄，確實從"寸"，但上部並非是"宀"而是"广"。只是此簡首左部略殘，加上文字書寫誇張，此處可能是書寫有缺漏。所，原釋作"丙"，此字原簡圖作🀄，注意最上面一橫畫，中間有斷開，將其拆分來看，左邊實際就是"户"，右邊是"斤"之訛誤。"府所"在金關簡十分常見，但這兩字書寫都比較怪異，筆畫有缺漏。整簡文字書寫隨意草率，頗似"照貓畫虎"之作，每個字都存在一些問題。除了這兩個字，後面的"它"上部結構書寫有問題，"毋"似缺中間橫畫。故疑此簡是習字雜寫。

　　[7]它毋恙：原皆未釋，沈思聰（2018P283）釋作"它毋事"。今核對原圖，"它毋"釋字可從。恙，原簡圖作🀄，上部是"羊"的俗訛寫法，下部一橫是"心"的草書寫法，今改。

　　☑掾□□（削衣）　　　　　　　　　　　　　73EJT21：416

　　☑利里費賢　　　☑　　　　　　　　　　　73EJT21：417

　　出菱萬二千四百五十束，以食騎士力牛六　　☑　　73EJT21：418

　　田卒梁國睢陽汴陽里牛充。　　　☑　　　　　73EJT21：419

　　廣利隧長妻大女夫，　　　牛車一兩☑　　　　73EJT21：420

　　☑朔辛亥，將濟[1]，令史勝付第二丞　　　富　　73EJT21：421
　　……☑

　　始元五年三月丁巳除，　　已得都内[2]賦錢千八十☑　73EJT21：422

　　守令史得意買脂廿四斤，爲丞相掾王卿治兵簿。73EJT21：423+431[3]

　　☑下邑[4]柏里米實[5]　　　☑　　　　　　　73EJT21：424

田卒淮陽郡圉翟里祁道,年廿五。　　　☑　　　73EJT21:425

牛一,青,犅,齒九歲,絜八尺五寸,左斬^[6],肩上☑　　73EJT21:426

☑五十歲,姓田氏,爲倉石候官塞有秩候長上□□^[7]☑ 73EJT21:427

☑　庸高志^[8]里□□,年卅。　　　　~　　　73EJT21:428

【校釋】

[1]將濟:先秦傳世文獻中多表示將要渡過之義,如《春秋左傳·襄公》:"晉侯伐齊。將濟河。"疑此處亦用此義。

[2]都内:王錦城(2019P1276):都内爲大司農屬官,主管錢財收藏。《漢書·百官公卿表上》:"治粟内史,秦官,掌穀貨,有兩丞。景帝後元年更名大農令,武帝太初元年更名大司農。屬官有太倉、均輸、平準、都内、籍田五令丞。"《漢書·食貨志下》:"悉巴蜀租賦不足以更之,乃募豪民田南夷,入粟縣官,而内受錢於都内。"顏師古注引服虔曰:"入穀於外縣,而受粟錢於内府也。"顏師古曰:"此説非也,都内,京師主臧者也。"

[3]此簡由姚磊綴合,見姚磊(2021P70)。

[4]下邑:縣名,梁國屬縣。

[5]實:沈思聰(2018P283)疑作"賓"。

[6]左斬:斬割左側某部位以作標記,詳見李洪財(2021.5)文章。

[7]未釋二字姚磊(《合校》2021P207)釋作"始元"。

[8]志:原未釋。此字原簡字跡斑駁不全,但上從"土",下從"心",細審可辨,今補釋。

三月己亥,張掖長史兼行大守事,肩水倉長^[1]武彊兼行丞事,敢告居延☑ i　　　　　　　73EJT21:429+322^[2]

田卒梁(梁)國睢陽竹陽里鄧延,年廿四。　☑　　73EJT21:430

(此簡已與 T21:423 簡綴合)　　　　　73EJT21:431

出昭武肩水□^[3]昭武道☑　　　　　73EJT21:432

☑□斗三升。　　　　　　　73EJT21:433

☑□五月食。　　　卩　　　　73EJT21:434

出茭千束付垣翁君。　　　☑　　　　　　　　73EJT21:435

☑　道上庚戌　☑　　　　　　　　　　　　73EJT21:436

下邑宜秋里朱野。　　　　☑　　　　　　　　73EJT21:437

魏郡揤悲[4]翟別[5]里大夫田忠,年☑　　　　　73EJT21:438

陽夏惠陽里張輔,年廿五,□□　　　　　　　73EJT21:439

辛未徙二人　　　☑　　　　　　　　　　　　73EJT21:440

河東定陽[6]馬邑里郭財,　　坐四斛。☑(竹簡)　73EJT21:441

☑□審證所言,它如爰書☑　　　　　　　　　73EJT21:442

☑　　革甲一,繩八,札[7]十二孔。　　☑　　　73EJT21:443

☑　　鞬攷(鍪)[8]一,繩四,札八孔。　　73EJT21:444 [9]

【校釋】

[1]倉長:郭浩(2014.4)認爲主"糧食調撥",邊郡多爲軍糧供應,無需國家控制糧食存留。邊郡一般可直接管理郡倉,且官吏設置級別較高。

[2]此簡由伊強綴合,見伊強(2015.1.19)。

[3]未釋字何茂活(2015P175-188)以爲是"其"。

[4]揤悲:馬孟龍(2014.2):即《漢書·地理志》魏郡即裴侯國。

[5]別:原未釋,孔德衆、張俊民(2013.6)釋作"剛"。按:此字原簡字形作圖,與居新EPT5·9中的"別"(圖)字形基本相類,可補釋。

[6]定陽:定,崔建華(2020.2)改釋作"周",並認爲"周陽"與周陽侯國有關。按:此字與"周"字形並不密合,而筆勢結構更近"定",暫從原釋。黃浩波(2014P276-282)指出《漢書·地理志》定陽屬於上郡,此簡屬河東郡,具有新莽簡特徵,可以推斷此簡爲新莽時期簡,且其年代當在始建國元年至始建國四年之間。定陽縣改屬河東郡當在元延三年至始建國四年之間。

[7]札:鎧甲上用皮革或金屬製成的葉片稱"札"。《廣雅·釋詁》:"札,甲也。"此簡文正是描述"革甲",可相互對應。同時據簡文還可知,札有孔,應是以繩穿孔連接,而且T21:444中記載"鞬瞀"上也有"札"。

　　[8]敄：原釋作"瞀"，原簡作　，不從"目"，今改。"敄"通"鍪"，鞪鍪就是頭盔。

　　[9]以上 T21：443、T21：444 兩簡，王錦城（2019P1279）認爲屬同一簡册，可編聯。

☑☑石八斗，　　☑	73EJT21：445
☑長七尺四寸，　　☑	73EJT21：446
受七月餘牛廿☐☑	73EJT21：447
☑　　十月辛　　☑	73EJT21：448
☑曲里王萬年　　☑	73EJT21：449
淮陽郡圉☐久里鄧國☑	73EJT21：450
（此簡已與 T21：401 簡綴合）	73EJT21：451
通道卒……　☑	73EJT21：452
毋狀檄到安世司馬以☐☑	73EJT21：453
☑蠡[1]曰：吾其〈與〉子謀吴。子曰：未可。今☐☑	

73EJT21：454+455[2]

【校釋】

　　[1]蠡：原釋作"論"，黄浩波（2013.8.1）懷疑是"焉"。按：原簡字形殘缺，所見墨跡與"論"、"焉"差距較大，所見墨跡可見"彐"形，懷疑是"蠡"上部所從。此簡爲《國語》"又一年，王召范蠡而問焉，曰：吾與子謀吴。子曰：未可也"殘簡。對比來看，兩者用字行文有差異，疑此簡上殘缺部分爲"王召范蠡曰"。

　　[2]此簡由黄浩波（2013.8.1）綴合。劉嬌（2018P279-326）有詳細解讀，認爲可能是兵家類典籍殘簡。

（此簡已與 T21：454 簡綴合）	73EJT21：455
·凡吏卒☐☐☐	73EJT21：456
☑☐目　　☑	73EJT21：457

（此簡已與 T21:464 簡綴合） 　　　　　　　　73EJT21:458

（此簡已與 T21:401 簡綴合） 　　　　　　　　73EJT21:459

☑三年三月☐☐☐☑ 　　　　　　　　　　　73EJT21:460

☐☐二年二月十五日徐☐☐☐☑ 　　　　　　73EJT21:461

☑☐☐☐日除戊七日,定作[1]……☑ 　　　　　73EJT21:462

幸甚,因叩頭,倉嗇夫私☐☑ 　　　　　　　　73EJT21:463

☑☐　　易[2]一具,轅一具,☐☑ 　　　73EJT21:464+458 [3]

☑先自告言☐☐☐☐☐☐☐勞吏卒☑ 　　　　　73EJT21:465

☑　　主吏別☐☐☑ 　　　　　　　　　　　　73EJT21:466

☑　　☐二兩……☑ 　　　　　　　　　　　　73EJT21:467

淮陽郡贊(鄼)[4]備成[5]里上造☐[6]腸,年卅。　　第卅車☑(竹簡)

　　　　　　　　　　　　　　　　　　　　73EJT21:468

【校釋】

［1］定作:胡平生、張德芳(2001P21):正式參加役作的人數。

［2］易:原釋作"昜",今據原圖版改。"易"可通"暘",暘是一種牛車。但漢簡中"車"皆用"兩"作量詞,此處用"具"作量詞,說明此解未必合適,存疑待考。

［3］此簡由林宏明(2017.6.28)綴合。綴合後可知此簡應是器物簿殘簡。

［4］贊:原釋作"費",從周波(2013P286-309)改釋。周波指出此即《漢書·地理志》沛郡之鄼縣(今河南永城縣)。馬孟龍(2014.2):肩水金關漢簡、居延漢簡"淮陽郡贊"的記載表明,漢宣帝元康三年(前63年)以前贊縣隸屬淮陽郡。

［5］備:原釋作"傄",此字原簡圖作▨,用作里名。T10:315A 簡中"傄"原簡圖作▨,用作人名。兩者都不從"山"而從"止",當爲"備"字之俗誤。"備成"一詞文獻常見,如《漢書·禮樂志》可見"熙事備成",《後漢書·律曆志》可見"四時備成"。里名常爲嘉名或有一定含義的詞,而"傄成"不明何意,不若按照形義關係改作"備成"。

[6]此字原簡圖作 ，T1：311 中原整理者釋作"宜"字，原簡圖作

，兩形相似。

地節四年五月壬　☑（觚）	73EJT21：469
☑請□□……☑	73EJT21：470A
☑……☑	73EJT21：470B
☑□……	73EJT21：471
☑□□	73EJT21：472A
☑□宜主□□□□	73EJT21：472B
☑　　除	73EJT21：473
☑□，年卅六。	73EJT21：474
☑……☑i☑……☑ii	73EJT21：475
☑……☑i☑……☑ii	73EJT21：476
☑……☑	73EJT21：477
□□□翁叔進粱[1]☑	73EJT21：478
☑……☑	73EJT21：479
□□里王□，年十七☑	73EJT21：480
☑□[2]少兄得事□□☑	73EJT21：481
（此簡已與 T24：330 簡綴合）	73EJT21：482
先登卒高轉　　☑	73EJT21：483
☑　　子男良十月丁亥出。	73EJT21：484
孝子曰自□　　趙大伯……☑	73EJT21：485A
爲劉[3]君伯肉，直（值）百[4]二。□，直（值）二百卅。脯五斤，直（值）☑i	73EJT21：485B
☑□[5]　　丞₌別田☑	73EJT21：486

【校釋】

[1]此簡原釋作"……粱"，從沈思聰（2018P284）改釋。

[2]此未釋字沈思聰(2018P284)釋作"傅"。

[3]劉:原未釋,何茂活(2015P175-188)釋作"封",姚磊懷疑是"對"。今據原簡字形補釋,此簡用作姓氏。

[4]"君"原釋作"田","伯肉直百"原未釋,皆從何茂活(2015P175-188)改補。

[5]未釋字原釋文無,今據原圖版補。

☑☑董定　　☑	73EJT21:487
☑☑☑白粱三石卒何☑取春　　☑	73EJT21:488
☑　　黑色　　☑	73EJT21:489
☑☑☑☑☑☑	73EJT21:490A
☑☑☑☑☑☑	73EJT21:490B
☑　　☑　　☑(削衣)	73EJT21:491
☑☑[1]　　Ϸ	73EJT21:492
☑願長卿因☑ᵢ☑……☑ᵢᵢ	73EJT21:493A
☑☑[2]疑者☑	73EJT21:493B
☑　　以食亭卒三人五月☑[3]☑	73EJT21:494
☑劾之[4],毋它狀。	73EJT21:495
☑里里受相夫三石☑☑☑	73EJT21:496
☑候長☑	73EJT21:497A
☑☑長☑	73EJT21:497B
☑☑[5]餔時付	73EJT21:498A
☑☑☑☑☑	73EJT21:498B
☑☑☑幸₌☑	73EJT21:499A
☑　　☑　　☑	73EJT21:499B
☑　　從史者(竹簡)	73EJT21:500
☑☑☑ᵢ☑相直☑☑ᵢᵢ☑☑[6]☑ᵢᵢᵢ(削衣)	73EJT21:501

【校釋】

[1]此未釋字原無,今據原圖版補。

[2]此字原圖版作 ,疑爲"旁"字。

[3]未釋字原釋文無,今據原圖版補。沈思聰(2018P284)釋作"盡"。

[4]"劲",原釋文缺釋,沈思聰(2018P285)釋作"幸"。"之",原簡作
 ,原釋作"甚",非是,當爲"之"的常見寫法。"……劲之,毋它狀"亦見
於 T24:712"以此知而劲之毋它狀"。

[5]此未釋字原無,今據原圖版補。

[6]此簡原釋文僅作一行,原簡共見三行墨跡,今補。

肩水金關 T22:1-157

☑陰長年里公乘吳林,年廿五,長七尺二寸,黑色。將牛車一兩。Ⅰ
出左辦任占。Ⅱ十二月己巳入。Ⅲ左勝。⺁Ⅳ(竹簡)　73EJT22:1

入,毋苟留,如律令。　　　　☑

九月丁未,肩水倉長湯寫移肩水金☑　　　　　　73EJT22:2

☑趨時人所生也,勉力斂嗇守之。　　　　73EJT22:3 [1]

☑買槀十束,　　　戍十　　　　　　73EJT22:4

累下二里隧長忘生。　　望遠 [2] 三里隧長☑

後起三里隧長畢。　　木辟 [3] 三里亭長安世☑　73EJT22:5 [4]

【校釋】

[1]劉嬌(2018P279-326)以爲此簡可能屬六藝類典籍殘簡。

[2]望遠:隧名,屬殄北候官。

[3]木辟:亭隧名,又見 D:61 簡。

[4]郭偉濤(2017P210-225):累下、後起轄於廣地塞,故望遠、木辟兩
隧亦當同屬廣地塞,甚至可能同屬一部。

·孔子知道之易也 [1],易=(易易)云者 [2] 三日。子曰:此道之美

也[3]。☑ᵢ　　　　　　　　　　　　　　　　　73EJT22:6 [4]

【校釋】

[1]孔子知道之易也:馬智全(2014P165-171):該簡内容與《禮記·鄉飲酒義》的一段記載有關:"孔子曰:'吾觀於鄉,而知王道之易易也。'"……從鄭注及孔疏來看,簡文"孔子知道之易也"與《鄉飲酒義》所言"吾觀於鄉而知王道之易易也"含義是相近的,都是説孔子知道王道的易於實行。

[2]易易云者:者,原釋作"省",從肖從禮、趙蘭香(2014P182-187)、何茂活(2018.4)改釋。肖從禮、趙蘭香:簡文二"易"字可讀作"易",容易之義。易易,易於施行之義。馬智全(2014P165-171):"易易云者",是對"王道之易"的解釋。下文"三日"含義不明,亦可能因簡文殘斷而語缺。

[3]子曰此道之美也:馬智全(2014P165-171):"子曰,此道之美也。"這是孔子對王道之美的稱讚。黄浩波(2013.8.1)認爲其與T9:58、T14:7有頗多相似之處,或亦出自同一典籍。三簡起首均有墨點,三簡所出典籍或與《論語》同爲語録體。但簡文後段"此道之美"四字,可見於《孔子家語》卷五"顔回"章。

[4]肖從禮、趙蘭香(2014P182-187)、曹景年(2016.11.4)皆指出此爲《齊論語·知道篇》内容殘簡。

出麥一石九斗三升少,　　　以食要虜隧卒王德□[1]☑

　　　　　　　　　　　　　　　　　73EJT22:7+10 [2]

·駐北亭永光四年十月過書☑　　　　　　73EJT22:8

☑右角大后宗熒或(惑)[3]若月☑　　　　73EJT22:9

(此簡已與 T22:7 簡綴合)　　　　　　　73EJT22:10

【校釋】

[1]未釋字原釋文無,從伊強(2016P115-129)補。

[2]此簡由伊強(2016P115-129)綴合。

[3]熒惑:王強(2019P319-331):即火星,該簡可能與星占有關。

鴻嘉元年六月庚午，東部候史長敢言之：謹辟問(觚)　　73EJT22：11A
日出三分蘭入[1]表一通。　　　　　　　[2]時椑付萬福卒　　工(觚)
　　　　　　　　　　　　　　　　　　　　73EJT22：11B

六月己巳，府告官：聞居延有亡入廣地北界隧，舉赤表或留遲[3]。府
曰：□自今以來，廣地北界隧舉表□ⅰ(觚)　　　73EJT22：11C
……橐他、肩水各令界中[4]傳相付受，移報府，如詬表[5]火□(觚)
　　　　　　　　　　　　　　　　　　　　73EJT22：11D

橐他□□(觚)　　　　　　　　　73EJT22：11E

【校釋】

[1]蘭入：無符傳出入爲蘭入。

[2]此處原簡空白，按照文義當缺少具體時稱，此或磨蝕或未寫所致。

[3]留遲：停留，延遲。

[4]中：原簡圖作▨，此形完全看不出是“中”，可能是原抄寫者誤寫作“上”後塗改掉，仔細看重筆墨色，可看出濃淡兩種疊加墨跡，説明是兩次書寫。但作“中”文義通順，暫從原釋。

[5]詬表：《匯釋》(2008P156)：作斥責解，用表號警告某種烽火違紀行爲，大概是對烽火滯留失誤的督責信號。

□□責錢府　　　　　　　　　　73EJT22：12

□□[1]奴[2]安[3]居方建平[4]於其[5]意[6]　　□　　73EJT22：13

　□　　　八月庚午，亭長欣□　　　73EJT22：14

□黃色。　　　劍一，大刀一。(削衣)　　73EJT22：15

戍卒鉅鹿南䜌杞[7]里馮□　　　　　73EJT22：16

□大守府。謹案户籍　　　　　　　73EJT22：17

淮陽郡栗侯國[8]□　　　　　　　　73EJT22：18

□甲□百……　　□　　　　　　　73EJT22：19

□制詔張ⅰ□毋爲所□□ⅱ　　　　73EJT22：20

□都尉君謂ⅰ□從者如律令。ⅱ　　73EJT22：21A

以以以以以以(習字)　　　　　　　　　　　　　73EJT22：21B

肩水候官建昭三年十月候長殿寂[9]名。　　　☑　73EJT22：22

……年三月□□名籍。　　　　　☑　　　　　73EJT22：23

戍卒鉅鹿郡曲周東渠里楊庇,年廿九,　　長七尺四寸,黑色。

三石具弩一,稾矢五十。　　～　　　　　　　73EJT22：24

神爵二年正月丁未朔癸酉,執適隧長拓敢言之：

謹移□□簿一編,敢言之。　　　　　　　　　73EJT22：25

穀積河東今爲調編檄右檄。　　　　　　　　　73EJT22：26

亭長□□　　　九月甲辰丁夜[10]盡時臽(焰)火不和,適(謫)[11]二百

錢[12]。i　　　　　　　　　　　　　　　　　73EJT22：27

【校釋】

[1]未釋字原釋文無,今據原圖版補。

[2]此字原釋文未釋,何茂活、沈思聰(2018P285)釋作“奴”。按:此字原簡圖作█,也可能是“婢”,存疑。

[3]安:何茂活(2018.4)釋作“矢”。

[4]平:原釋作“王”,從何茂活(2018.4)改釋。

[5]其:原未釋,原簡圖作█,何茂活(2018.4)認爲是“其”字。按:此字似從“宀”,未必是“其”,存疑。

[6]沈思聰(2018P76、82)認爲此簡中的安居、方建、平於皆是人名。按照常見人名的習慣,人名似爲:安居、方建平、於其意。但簡文上下文具體內容不詳,不能確定。

[7]杞:原簡字形作█,與草字“柏”幾近同形,或當釋作“柏”。

[8]栗侯國:《漢書・地理志》沛郡下轄栗侯國,漢武帝征和元年封。馬孟龍(2014.2):栗縣漢初屬梁國,武帝元朔年間削入淮陽郡,元康三年以後轉屬沛郡。該簡記載表明,元康三年(前63年)以前栗侯國隸屬淮陽郡管轄。

[9]殿寂:殿,沈思聰(2018P285)釋作“段”。寂,原釋作“冣”,從王錦城(2019P1284)改釋。按:殿寂即殿最,考核最首者稱作最,考核殿後者稱

作殿。

[10]丁夜：四更時稱丁夜。《顏氏家訓·書證》：“魏漢以來，謂爲甲夜、乙夜、丙夜、丁夜、戊夜。”

[11]適：通“讁”，懲罰、處罰。《漢書·食貨志下》：“故吏皆適令伐棘上林，作昆明池。”顏師古注：“適讀曰讁。讁，責罰也，以其久爲姦利。”按：王錦城（2019P1284）懷疑“臽”釋字有誤，從文義上説“臽火不和”的表述確實少見，而且“臽”字原簡字形不是很完整，有誤釋的可能。不過李均明（《居延漢簡“適”解》，《文史》第 32 輯，中華書局 1990 年第 196 頁）對“適”的原因有過詳細歸納總結，其中就有滯留烽火信號的原因。李均明指出漢簡所見適是一種對官吏所犯行政過失的處罰，所犯過失通常未達到犯罪程度，但它也影響官吏政績的好壞。

[12]錢：丁義娟（2019P7–10）認爲是“里”。

肩水金關　　　　　　　　　　　　　　　　　　　　73EJT22：28

☑居延、肩水北部都尉[1]卒☑　　　　　　　　　　73EJT22：29

☑弓一，矢卅。　　　　　　　　　　　　　　　　73EJT22：30

金關庫本始元年四月乙酉以來積作簿。　　　　　　73EJT22：31

不圍從者居延安故里周充國，　　劍一。　　☑　　73EJT22：32

　　　　　　三石弩一，完。

南界亭長安國：

　　　　　　　　稾矢五十，完。　　　　　　　　73EJT22：33

出斧六枚。Ⅰ後騂北亭長劍一，斧一。Ⅱ五鳳二年四月癸〖未〗[2]朔
己丑，平樂隧長遂付士吏井卿。Ⅲ（左側有刻齒）[3]　　73EJT22：34

☑□二百五十束，會月十五日☑　　　　　　　　　73EJT22：35

☑□高武，年廿四，長七尺三☑　　　　　　　　　73EJT22：36A

☑□擅持出擅□☑　　　　　　　　　　　　　　　73EJT22：36B

　　　　　　□□。　　　日□三。　　□□□[4]　　　沙□。　☑

　　　　　連枙[5]四。　□□三。　　槍[6]五[7]十。　　破釜。☑

・守御器具簿。　木枓二。　　□□三。　　牛頭石廿。　　　　□□☑

七尺板二。　　　　　羊頭石[8]三百。□□☑

□□□弦二。　　　　　　　　　　　　　　□□☑

　　　　　　　　　　　　　　　　　　　　73EJT22:37

【校釋】

[1]肩水北部都尉:陳夢家(1980P42):似居延都尉和肩水都尉都分出有北部都尉。唐俊峰(2014P223-240):肩水北部都尉,轄區應在肩水地區的北部。所謂"肩水北部",可能是相對遷往南方的肩水都尉而言。

[2]周艷濤(2013.6.15)、黃艷萍(2013P188-200)皆已指出此處原簡抄寫者脱"未"字。

[3]原釋文括注"左側有刻齒",但細審原圖不似有刻齒。

[4]此三個未釋字原釋文無,今據原圖版補。

[5]椎:原簡圖作🔲,也可能是"梃"字。

[6]槍:原釋作"櫨",原簡圖作🔲。按:此字原簡字形右從"倉",今改釋。指兩頭削尖的木棒。《一切經音義》引《三蒼》云:"木兩端鋭曰槍。"

[7]五:原未釋,原簡圖作🔲,今補。

[8]羊頭石:如羊頭大小的石頭。

☑不在鄣中謹道先日弘□☑ⅰ☑行道□如□☑ⅱ　　　73EJT22:38A

☑□□□☑ⅰ□☑潘子文□☑ⅱ　　　　　　73EJT22:38B

☑書出入界日時[1]刺[2]。　　　　　　　73EJT22:39

☑□□九月食。　　　　　　　　　　　73EJT22:40

☑北亭公乘關[3]□□☑　　　　　　　　73EJT22:41

☑□□車二百五十束[4]會月五日☑　　　73EJT22:42

☑頭[5]幸甚☑ⅰ☑……☑ⅱ　　　　　　73EJT22:43

☑丁　　丁☑

☑巳　　亥☑　　　　　　　　　　　73EJT22:44[6]

☑巳橐他候博☑(削衣)　　　　　　73EJT22:45

驪喜隧卒　　☑	73EJT22：46
☑　金里壽☑	73EJT22：47
☑□赤色,長七尺三寸,☑	73EJT22：48

【校釋】

［1］日時：指時間。具體指日期、時刻。

［2］刺：《集成》(九 P236)：爲公文之一種。刺,意同本字,即刺取其要,用法如名刺、刺史等。刺書簡明扼要,如今之"摘要"、"紀要"。簡牘中有郵書刺、過書刺,是過往郵書的摘要記録。

［3］關：原未釋,原簡作關,上從"門"、中從兩"幺"、下從"木"皆可辨識,今補。關,此簡可能表示人名。

［4］束：原釋作"五",從姚磊(《合校》2021P212)、王錦城(2019P1287)改釋。按:此簡與 T22：35 文例基本相同。

［5］頭：原未釋,從周豔濤、張顯成(2018P85—93)補釋。

［6］此簡爲曆譜殘簡。

☑　關[1]子平ᵢ☑　等二人ᵢᵢ	73EJT22：49
☑受閏月庚戌餘穀……☑	73EJT22：50
(此簡已與 T21：312 簡綴合)	73EJT22：51
☑□三斗ᵢ☑五十,賀胡長卿ᵢᵢ(削衣)	73EJT22：52
☑忠不知國家大☑	73EJT22：53
☑輜車二乘,馬三匹。	73EJT22：54
☑鄭橋里等廿六人,擇☑	73EJT22：55
令史河内郡野王東樂里大夫李未央,年卅七。☑	73EJT22：56
☑六十七·乙△丿	73EJT22：57
壬戌[2]迹盡界,毋越塞出入迹。　　☑	73EJT22：58
☑劍一。	73EJT22：59
長安東章陽里李定,　持牛車一兩。　弩一,矢廿。	73EJT22：60
……即里□[3]相□[4]一,　　□[5]	73EJT22：61

茂陵□^[6]利里任安世。　　　　　　　　　　73EJT22:62

谷長卿　　　　　　　　　　　　　　　　　73EJT22:63

……當舍傳舍,郡邸如律令。/掾定、屬□、佐□、令史☑　73EJT22:64A

章曰:居延都尉章。　　　　☑　　　　　　73EJT22:64B

☑久臥官,不展轉爲巧詐,不亡調書,不主稟(廩)^[7],不乏興☑

　　　　　　　　　　　　　　　73EJT22:65+87^[8]

☑五月乙亥出肩水北塞。　　　☑　　　　73EJT22:66

元鳳五年三月己卯朔辛巳,將轉第四☑(右側有刻齒)　73EJT22:67

☑出鹽三斗,　　以食曲^[9]中隧長淳于五月食。　73EJT22:68

肩水都尉府。　　　☑　　　　　　　　　73EJT22:69

建始三年七月庚辰朔庚子,候長☑　　　　73EJT22:70

☑□時舉　　　　☑　　　　　　　　　73EJT22:71

行在所,公車司馬^[10]☑　　　　　　73EJT22:72

☑事敢告　　　　　　　　　　　　　　73EJT22:73

☑長宣充國六月奉。　　　充國自取。　　73EJT22:74

☑出麥六斗,五月乙亥以食亭故吏偃,乙亥盡甲申十日,積十人=
(人,人)日□☑i　　　　　73EJT22:75+T21:88^[11]

　　【校釋】

　　[1]此字原簡作,原釋文作"賠",但左部更似從"食",此類寫法在偏旁中常見到,如舖作(肩伍 D:39A)、餘作(肩伍 F3:433+274)。其右也不從"雷",似從"甫",如舖作(肩伍 D:271)。

　　[2]壬戌:原釋作"王成",從王錦城(2019P1288)改釋。

　　[3]此未釋字原簡圖作,疑爲"諏"之簡省寫法,或右從"丌"之字。

　　[4]此未釋字原簡圖作,疑爲"檢"。

　　[5]此未釋字原簡圖作,字形與"功"較近。

　　[6]此未釋字原釋作"當",字形差距較大,疑爲"望"。

　　[7]稟:原徑釋作"廩",今據原圖版改。

［8］此簡由伊強綴合,詳見伊強(2016P382-387)。

［9］曲:原未釋,姚磊(《合校》2021P213)疑釋作"曲"。按:隧名中與"中"結合者尚有大中、木中,但皆與存見墨跡不合,D:160 有"曲中隧長",結合墨跡"曲"字較合適。

［10］公車司馬:安作璋、熊鐵基(2007P130):屬衛尉,俸六百石。西漢時掌宮司馬門,受天下奏事,主宮中巡邏,及闕下徵召等事。東漢時掌南闕門,受吏民奏章四方貢獻等。

［11］此簡由姚磊綴合,見姚磊(2021P71)。

☑　　第七車　　☑	73EJT22:76
☑穀二斗,　　以廩驛北亭卒李甲十二月食。☑	73EJT22:77
吳奉子小女思夫　　☑	73EJT22:78
☑□五年三月驛北亭禹……☑	73EJT22:79A
☑□□布□匹,直(值)□□□☑	73EJT22:79B
戍卒淮陽郡贊(酇)[1]匠里滿願,年廿六。　　□☑	73EJT22:80
塞上□陽[2]毋丈人☑	73EJT22:81
橐他苑佐張安世　☑ᵢ□□[3]二年閏……　☑ᵢᵢ	73EJT22:82
六月己亥出。　　已☑	73EJT22:83

元鳳二年二月癸卯,居延與金☑

千,左居官,右移金關,□□□□☑(右側有刻齒)	73EJT22:84
·凡出四千九百。☑	73EJT22:85
合昌報子卿前君所告　　　子卿☑	73EJT22:86
(此簡已與 T22:65 簡綴合)	73EJT22:87
乙卯旦迹毋越塞☑	73EJT22:88
出麥石八斗,　☑	73EJT22:89
☑衣皂袍皂絝,馬一匹……☑	73EJT22:90

　　　　　　其一人候,☑

甲子吏五卒二人。

一人堊(塈)[4]☑　　　　　　　　　　　73EJT22:91

☑□嗇夫親,以食□丞卒史侯卿等☑　　　73EJT22:92

田卒淮陽上雍里許鈞,年卅七。　　☑　　73EJT22:93

☑□將軍記　　　☑　　　　　　　　　　73EJT22:94

受九月丙辰餘穀廿三石三斗九升少□☑　73EJT22:95

居延卒□□□☑　　　　　　　　　　　　73EJT22:96

☑□□斗以上始元六年十一月癸丑大司☑　73EJT22:97

田卒淮陽郡扶溝樂成里☑(削衣)　　　　73EJT22:98

橐他候官與肩水金關爲吏妻、子、葆、庸出入符,齒十,從一

至百左居官,右移金關,符合以從事。(右側有刻齒)　73EJT22:99[5]

【校釋】

[1]贊:林獻忠(2016.5)認爲此字當是"費",不從。

[2]塞上、陽:原皆未釋,從何茂活(2018.4)補釋。

[3]兩未釋字胡永鵬(2014P235-246)疑是"本始"。

[4]堊:何茂活(2014P225-236):作名詞時,表示塗敷於垣屋表壁或積薪垛外的擋風防雨的塗料。作動詞時,指以白灰塗飾墻壁或以草泥塗覆積薪,以防風雨侵蝕,對積薪而言,還有防火作用。

[5]李迎春(2019P252-271)認爲該簡也有具體編號,只不過殘斷未見。此簡與 T24:19 簡是橐他候官製作的出入符,形制上有刻齒、穿孔,内容包括具體機構與肩水金關爲某種出入符事項、序號範圍("從一至百")、具體編號以及"左移金關"字樣,無使用者信息。使用群體爲"吏妻子葆庸"。兩枚簡無時代信息,但根據其形制、文例特點與昭帝中期"出入六寸符"有一致性,認爲其使用時代較早,大概仍是昭帝時期。

☑月穀出入簿☑　　　　　　　　　　　73EJT22:100

☑分發　　　☑　　　　　　　　　　　　73EJT22:101

驛小史三人　　　☑　　　　　　　　　　73EJT22:102

今餘穀七百九石三斗二升☑　　　　　　73EJT22:103

戍卒東郡東阿延[1]年里關□□　　　　　　　　73EJT22:104

□□□　　☑　　　　　　　　　　　　　　　　73EJT22:105

檄□□□□□何檄到趣日□☑　　　　73EJT22:106+115[2]

☑□卌七買　　　☑　　　　　　　　　　　　　73EJT22:107

☑以食萬福☑　　　　　　　　　　　　　　　　73EJT22:108

□茂陵息衆里五大夫[3]□□……　　☑　　　　　73EJT22:109

☑驛北驛騎[4]俛受稽落驛騎則□☑　　　　　　　73EJT22:110

日勒守尉道人將[5]居延罷卒三百一十二人☑ⅰ屋闌右尉千秋將居延
罷卒三百一十人☑ⅱ觻得守丞忠將居延罷卒三百一十二人八月丁酉
☑ⅲ昭武左尉廣將居延罷卒二百八十七人八月☑ⅳ删丹右尉長安將
居延罷卒三百一十一人☑ⅴ删丹守尉賢將居延罷卒三百六十九人八
月庚☑ⅵ昭武守丞[6]安上[7]將居延罷卒三百一十人八月庚□☑ⅶ

　　　　　　　　　　　　　　　　　　73EJT22:111A

——————————————————五　☑

——————————————————十　☑ 73EJT22:111B

三石具弩十四。六石具弩八。・弩幩廿五,服廿二。・蘭冠廿
二。・靳干幡卅二。ⅰ三石承弩[8]三。　　　革甲鞮瞀(鍪)卅二。ⅱ
承弦六十四。ⅲ梟長弦卅二。ⅳ槀矢千六百。ⅴ笟矢四千八百。ⅵ

　　　　　　　　　　　　　　　　　　73EJT22:112

【校釋】

[1]延:原釋作"樂",從姚磊(《合校》2021P215)改釋。

[2]此簡由姚磊綴合,見姚磊(2021P72)。

[3]五大夫:秦漢二十等爵中第九級爵。

[4]沈剛(2017P207-222):驛北亭有驛騎,説明是驛站所在。

[5]將:王錦城(2019P1292):是率領的意思。

[6]此行原釋文本"丞"後誤衍"世"字,並脱漏"將"字,圖版旁釋文未
脱衍。

[7]若按常見人名推,此"上"可能是"世"之訛誤。

[8]承弩:《匯釋》(2008P159):備用的弩。

☑居延民女子馮倚相等五人倚相☑ i ☑六人客子☑田上安平里男子
趙☑☑ ii　　　　　　　　　　　　　　　73EJT22:113

　　檄謂:騂馬農令[1]田卒九人行道物

・　　　　　　　　　　　　　　　　一封

　　故,爰書問同車邑子,移爰書都尉府。　　　73EJT22:114+C:321[2]

【校釋】

　　[1]騂馬農令:農令,姚磊(2016.4):田官的主管官吏。按:騂馬農令,
又見居延漢簡515.20,應是設在騂馬的農都尉屬官。

　　[2]此簡由謝明宏(2022.6.18)綴合。

(此簡已與 T22:106 簡綴合)　　　　　　　73EJT22:115
☑　　　元康二……酉候長₌(長長)生、佐通内。　73EJT22:116+126[1]
☑☑☑　　　　　　　　　　　　　　　　73EJT22:117
☑軺車一乘。　　　　　　　　　　　　73EJT22:118
☑☑南隧卒通里華漢　　　☑　　　　　73EJT22:119
居延廣都里不更丁福,年卅四,☑☑　　　73EJT22:120
官記一☑　　　　　　　　　　　　　73EJT22:121
☑方循行後　　　　　　　　　　　　73EJT22:122
☑五石九斗九☑　　　　　　　　　　73EJT22:123
☑弓一,矢卅,劍一。　　　　　　　　73EJT22:124
☑名籍一編,敢言☑　　　　　　　　　73EJT22:125
(此簡已與 T22:116 簡綴合)　　　　　　　73EJT22:126
☑☑陽被里公乘大夫莊廣,年卅四。　　☑　73EJT22:127
☑　……蓬(烽)隧☑卒郡長☑　　　　73EJT22:128
騎士馳宜里李賣奴　　　☑　　　　　73EJT22:129
☑府定捕得之☑　　　　　　　　　　73EJT22:130A

☑☑☑　☑　　　　　　　　　　　　　　　73EJT22:130B

☑三斛虞季受　　以食卻適隧[2]長孟冣二月☑　73EJT22:131A

☑窒長卿　　三月食　　☑　　　　　　　　73EJT22:131B

☑丙寅丁卯戊辰　　　　　　　　　　　　　73EJT22:132

隧長至今年正月☑　　　　　　　　　　　　73EJT22:133

　　　　□私劍十,　　靳干☑

☑緹紺胡二,　　　　　　　　☑

　　　　　　　　靳幡十五。☑　73EJT22:134[3]

並山隧戍卒趙國襄國公社里公乘韓未央,年卅□[4]☑ 73EJT22:135

☑　行　☑　　　　　　　　　　　　　　73EJT22:136

☑□輔交復作大男馮常善□☑

☑　肩水津〖關〗[5],勿苛止,環(還)復傳,如☑　73EJT22:137

　　　　　　辛

☑□塞到府環(還)之郭　　率史□鄣卒過□□☑

　　　　　　酉　　　　　　　　　　　73EJT22:138

☑□[6]明察蓬(烽)火事☑　　　　　　　73EJT22:139A

☑☑☑☑☑書者☑　　　　　　　　　　73EJT22:139B[7]

【校釋】

[1]此簡由姚磊(2021P73)綴合。"˻生"原釋作"武",從綴合者改釋。

[2]卻適隧:隧名。何茂活(2017P132—141):卻適,即退敵,"卻"爲使動用法。

[3]此簡被削成菱形。

[4]此未釋字原釋文缺漏,姚磊(2021P73)釋作"八"。此字前面的"卅",姚磊認爲有釋作"冊"的可能,當不釋爲宜,今存疑。

[5]此字原未釋。按:據常見文例來看,此處原抄寫者漏書"關",今補。

[6]此簡首有一字墨跡,原未釋,今補。

[7]此簡 A 面"察"原釋作"塞",A 面"事"原未釋,從何茂活(2015 P175—188)改補。B 面"書"原未釋,何茂活釋作"善","者"原未釋,從姚磊(《合

校》2021P215）改釋。

長[1]卿足下☑（削衣）　　　　　　　　　　73EJT22：140

☑射九十（削衣）　　　　　　　　　　　　73EJT22：141

子　　☑　　　　　　　　　　　　　　　73EJT22：142

☑　中☐☑（削衣）　　　　　　　　　　　73EJT22：143

☑年（削衣）　　　　　　　　　　　　　　73EJT22：144

☑二月五日奉用錢七百八十（削衣）　　　　　73EJT22：145

☑巳朔壬戌，關☑（削衣）　　　　　　　　　73EJT22：146

・寂[2]凡田卒七十人。　　　　右車七☑　　　73EJT22：147

・凡出麥十七石五斗六☐☐☐　　　　　　　73EJT22：148

　　　　　　　　繼[3]三，　　　　　☐☐☑

出居延尉☐[4]所乘傳車一乘，

　　　　　　參（驂）[5]靳一，　篋[6]一☑

　　　　　　　　　　　　　　　　73EJT22：149

☐☐☐☐ⅰ金關寫移[7]☑ⅱ　　　　　　　73EJT22：150

☑成[8]，年廿八歲，長七尺二☑　　　　　　73EJT22：151

☑☐奉償　　　　　　　　　　　　　　73EJT22：152

醬雍[9]一枚，　　直（值）卅☑　　　　　　73EJT22：153

　　　　　　但凡錢六百☑

☑五百

　　　　　　☐☐錢☐百☑　　　　　　　73EJT22：154

☑　　上　　　　　　　　　　　　　　73EJT22：155

☑☐六　　丿　　　　　　　　　　　　73EJT22：156

☑未候長☐來者聞毋☐☑　　　　　　　　73EJT22：157A

☑……張☐一☑　　　　　　　　　　　73EJT22：157B

【校釋】

[1]長：原釋作"曹"，從何茂活(2015P175-188)改釋。

[2]宬：原釋作"冣"，從王錦城(2019P1295)改釋。

[3]縺：同"聯"，《説文・絲部》："馬聯也。从絲从書。與連同意。"

[4]未釋字沈思聰(2018P287)釋作"詹"。此字原簡圖作，上或從"父"之字。

[5]參：原釋作"緣"，原簡圖作，從何茂活(2014.6)改釋。

[6]籢：原釋作"蔵"，從何茂活(2015P175-188)改釋。籢爲收藏物品的小箱子。

[7]移：原未釋，從何茂活(2015P175-188)補釋。

[8]成：原未釋，從何茂活(2015P175-188)補釋。

[9]"雍"通"甕"，《説文》作"瓮"。醬雍，實際就是存放醬的瓮。

肩水金關 T23：1-1074

（此簡已與 T4H：69 綴合）　　　　　　　　　73EJT23：1

始建國五年六月戊午夜雞唯〈鳴〉時，平樂隧長忘付兼萬福彊□☑

　　　　　　　　　　　　　　73EJT23：2+633[1]

元康二年正月辛未朔癸巳，丞相相告中二千石（二千石、二千石）郡大守、諸侯相上吏郎。元康三[2]年☑ⅰ☑□少其實年、爵不相應，當賜奪勞者或不賜奪☑ⅱ　　　73EJT23：3+619[3]

☑某鄉尹廣漢☑ⅰ☑所官家二千石郡□☑ⅱ　　73EJT23：4

關嗇夫吏。　　　　　　　73EJT23：5A+37A[4]

南書二封。　　　　　　　73EJT23：5B+37B

☑□□付孔Ⅰⅰ☑□伯Ⅰⅱ☑□□一匹二丈Ⅰⅲ出五百□□□Ⅱⅰ

出卅二└[5]三月☑Ⅱⅱ出百償男唐☑Ⅱⅲ　　73EJT23：6

☑□佐徐譚收流民酒泉ⅰ☑□/兼屬武、書佐良。ⅱ　73EJT23：7A

☑月辛丑出。　　　　　　73EJT23：7B

廿九日　　　　　　　一封詣居延都尉。一封☑

北書十六封。　　　　二封……☑

　　　　　　　　　　一封肩水城尉。……☑　73EJT23:8A+164A[6]

張掖肩候　　☑　　　　　　　　　　　　73EJT23:8B+164B

【校釋】

[1]此簡由姚磊綴合,見姚磊(2021P74)。

[2]三:劉釗(2015P352)認爲是"元"。

[3]此簡由許名瑲綴合,見許名瑲(2016.7.15)。

[4]此簡由姚磊綴合,見姚磊(2021P75)。

[5]乚:原釋作"↓",王錦城(2019P1296)統一改作"乚",今從改。

[6]此簡由姚磊綴合,見姚磊(2021P76)。

☑直(值)六十五　☑ⅰ☑直(值)百五十　☑ⅱ☑直(值)卅五　☑ⅲ

☑……直(值)☐十五　☑ⅳ　　　　　　73EJT23:9

☑金關☑　　　　　　　　　　　　　　73EJT23:10

☑封。一遝,居延都尉章,詣張掖大(太)守府[1],遝。河東大守府△

☑ⅰ☑遝二,居延令印,詣府緜得。遝二河東解、皮氏[2]。四月壬戌

☑ⅱ☑☐廣地候印……☑ⅲ　　　　　73EJT23:11

☑☐☐子南里魯陽,年廿五,年齒卅,軺車一乘,用馬一匹,匹匹馬匹

　　　　　　　　　　　　　　　　　73EJT23:12A

☑☐☐☐☐☐知之不言也而☐也　　　73EJT23:12B

　　　　　　　　大車一兩,　　☑

☑氏池安利里大夫王禹,年卅五,

　　　　　　　　　　用牛二頭。　　☑　73EJT23:13

☑辤(辭)曰:誠得錢地長即治論　☑　　73EJT23:14

☑辰朔癸巳,廣地候欽移居延卅井、縣索、肩水金關,部吏所葆家屬

爲ⅰ☑……ⅱ　　　　　　　　　　　73EJT23:15A

☑　·令史誼　━　━　　　　　　　73EJT23:15B

河東平陽弟里公乘☑	73EJT23：16
居延都尉守屬郭良— 　☑	73EJT23：17A
伏地再　☑	73EJT23：17B
☑……☑ⅰ☑縣酒泉大守治所二百八十☑ⅱ	73EJT23：18

☑謂何請？人未央也，冣可財乎！且[3]足，一誤耳。不足[4]，財[5]人
也。即☑ⅰ　　　　　　　　　　　　　73EJT23：19A+40B[6]

☑因言壬子表火，子卿持記予左，前令絶之，今畢，下不相應☑

　　　　　　　　　　　　　　　73EJT23：19B+40A

戍卒昭武擅利里上造趙吏，年廿五。　　☑	73EJT23：20
府君掾史行亭□☑	73EJT23：21
☑令掾美、佐臨。　☑	73EJT23：22
☑□受莫當卒□□ⅰ☑□　—☑[7]	73EJT23：23
☑□□城倉嗇夫韓☑	73EJT23：24
占功署能爲☑	73EJT23：25
☑積三千四百五十尺。	73EJT23：26
出亡赤三，壹通南。　☑	73EJT23：27
☑不更魏禄，年廿四，長七尺三☑	73EJT23：28
☑佐陽謂服胡隧[8]長宗□☑	73EJT23：29

【校釋】

［1］府：原未釋，胡永鵬（2014P235-246）指出此字原整理者釋文脱漏，今補。

［2］解、皮氏：《漢書·地理志》解與皮氏皆爲河東郡屬縣。

［3］且：表示假設。

［4］足：簡中兩見，首見之"足"原釋作"之"，綴合者釋作"是"。今細審原字形，與同簡"足"形更近，只是"口"形寫得太小。且從文義上看，釋作"足"更順。第二處"足"原釋作"乏"，伊强（2014.7.10）懷疑爲"足"字，從改。

［5］財：疑讀爲"裁"。

［6］按:此簡伊強綴合,詳見伊強(2014.7.10)。

［7］此行釋文原無,今據原圖版補。

［8］服胡隧:屬肩水候官。

☑奏發　☑	73EJT23:30A
☑伏地再拜☑	73EJT23:30B
定作……十一人得墼☑	73EJT23:31
士伍居延市☑	73EJT23:32
☑　去□□一里百五☑	73EJT23:33A
☑□食□□☑	73EJT23:33B
田卒上黨郡泫氏□☑	73EJT23:34
(此簡已與 T23:642 簡綴合)	73EJT23:35
☑　水居延者□☑	73EJT23:36
(此簡已與 T23:5 簡綴合)	73EJT23:37
出麥二石四斗☑	73EJT23:38
☑□弩一,矢五十。(削衣)	73EJT23:39
(此簡已與 T23:19 簡綴合)	73EJT23:40
☑申,北嗇夫[1]出。	73EJT23:41+42 [2]
(此簡已與 T23:41 簡綴合)	73EJT23:42
博叩頭死罪到日月☑	73EJT23:43
☑□使一卒往之	73EJT23:44
……[3]	73EJT23:45
☑南合檄[4]一☑	73EJT23:46
……坐☑	73EJT23:47
笥圂[5]執法使者	73EJT23:48A
司圂執法使者	73EJT23:48B
葦席部[6]三枚☑	73EJT23:49

| 出麥十石五年☐ᵢ……☐ᵢᵢ | 73EJT23：50A |
| ……☐ᵢ令城官騎士守☐ᵢᵢ | 73EJT23：50B |

肩水候官以郵行。　　　　　　　　　　73EJT23：51

肩水金關　　　　　　　　　　　　　73EJT23：52

南陽陰鄉嗇夫曲陽里大夫馮均，年廿四，大奴田兵二，軺車一乘，騂
騩牝，馬一匹。丿ᵢ　　　　　　　　　73EJT23：53

第三　負十五　負十三　負十一　負九　負七　負五　負
三　負一　得二　得四　得六　得八　73EJT23：54[7]

【校釋】

[1]北嗇夫：魯普平(2016.1)：漢代嗇夫可以分爲三種：縣嗇夫、官嗇夫、鄉嗇夫。縣嗇夫即一縣之長令，官嗇夫即某一部門的主管官員，鄉嗇夫即主管一鄉之主管官吏。北嗇夫則屬於鄉嗇夫，即北鄉嗇夫的簡稱。按：金關簡中有不少南北嗇夫同名者，如 T37：135＋133、T37：378、JT37：785、T37：1000 皆可見“南嗇夫豐入”，T37：3A、T37：32＋311、T37：129、T37：228皆可見“北嗇夫豐入”。此類情況還有南佐某入、北佐某出，其中的人名也有同名的情況。如果這些南北都是表示南鄉北鄉，推知同一人分兼南鄉北鄉兩地職務，實在可疑。西北簡中書信傳遞有南書北書，表示傳遞方向，比之而論，南嗇夫、北嗇夫、南佐、北佐可能指出入關的關嗇夫。

[2]此簡由姚磊綴合，見姚磊(2021P74)。

[3]此簡僅存左半，沈思聰(2018P289)釋出“年☐三用牛一頭”。

[4]合檄：詳見 T15：27A 注釋。

[5]此簡正背面兩“笱”，原皆未釋，從何茂活(2018.4)擬釋。按：此簡正背面内容相同，字形略有差異。何文補釋後文義仍不十分順暢，疑“笱笿”是“苟留”之訛誤字。

[6]葦席部：“部”通“蔀”，席棚。《易·豐》：“豐其蔀，日中見斗。”王弼注：“覆曖鄣光明之物也。”葦席蔀應是葦編的席棚。

[7]程少軒(2017.7.28)：這枚木簡，就來自一份折算考評等第的表格。簡首的“第三”指考核等第爲第三等，後面十二欄的數字，表示每月考

評中第三等對應的“算”數。例如,假若是一月考評,負十五算就是第三等,以此類推。

　　　　　　　　　　　牛車一乘,

鱳得安世里翟蓋,年廿七,　　　　　　　六月辛卯入。
　　　　　　　　用牛二頭。　　　　　　　　73EJT23:55

溫共利里濂戎,年卅,　字子嚴,六月甲午入。乘方相(箱)車,駕[1]騧

(騧)牝[2]馬[3],齒十六歲。ⅰ　　　　　　　73EJT23:56

☑訖六月廿三日穫大麥。　　　　　　　　73EJT23:57

熒陽始成里程武,年卌三,　字恩。方箱車,騅牝(牝)[4]馬齒十五

歲。五月壬子出。ⅰ　　　　　　　　　　73EJT23:58

鱳得萬歲里閻長,年十八,字子僅。　騎騧(騧)牡馬一☑　73EJT23:59

(此簡已與 T4H:44 綴合)　　　　　　　　73EJT23:60

☑子朔壬辰,登山隧☑ⅰ☑□敢言之。☑ⅱ　73EJT23:61

一椑[5]腐敗解隨□□□板毋復頭☑　　　　73EJT23:62

【校釋】

[1]駕:原釋作“一兩馬”,從胡永鵬(2014P235-246)改釋。

[2]牝:此字原未釋,司曉蓮、曲元凱(2016.4)釋作“牝”。按:據常見文例格式,此處應是表示馬性別詞,但原簡此字左從“牛”可確定,右與“土”、“匕”皆不甚合,暫擬補。

[3]馬:原未釋,從胡永鵬(2014P235-246)補釋。

[4]牝:黃艷萍以爲當隸定作“牝”。按:此字原簡從“比”相當明確,當視爲“牝”之異體。另外,所説的“隸定”一詞也不準確,漢代文字已經是隸書,不可再談“隸定”。

[5]椑:本是扁圓形盛酒器。但此處簡文説到“腐敗解隨”,似非描述酒器。疑此字讀爲“箄”。《説文》:“箄,籠箄也。”是籠簍一類的竹器。今審原圖版,此字右部結構與釋字也不完全相合,釋字可疑。

·右□七人……丿　用穀廿八石六斗　☑　　　73EJT23∶63

☑東部候史　陽等書到聽書牒　　　　　　73EJT23∶64

肩水金關　　　　　　　　　　　　　　　73EJT23∶65

朱永白　　☑ᵢ關嗇夫過卿[1]幸爲白,此致請☑ᵢᵢ　73EJT23∶66A

白　　　☑　　　　　　　　　　　　　　73EJT23∶66B

☑肩水廷隧次行。　　　　　　　　　　　73EJT23∶67

平樂[2]隧□Ⅰ平樂隧長□Ⅱ小科二毋。小科二毋。Ⅲᵢ狗少一。Ⅲᵢᵢ

札少卅Ⅳᵢ馬[3]少一石。Ⅳᵢᵢ小苣少冊☑Ⅴᵢ涕[4]少卅束☑Ⅴᵢᵢ

　　　　　　　　　　　　　　　　　　73EJT23∶68A

晏叩‗頭〖‗〗(叩頭叩頭)言[5]頃[6]奈何奈何叩‗頭‗(叩頭叩頭)言

之☑ᵢ……☑ᵢᵢ　　　　　　　　　　　73EJT23∶68B

襃叩‗頭‗(叩頭叩頭)白。　　　　□　　73EJT23∶69A

孫□□頭襃☑　　　　　　　　　　　　73EJT23∶69B

肩水鄙[7]　　　　　　　　　　　　　　73EJT23∶70

☑地節四年五月己亥下,凡百五十九☑　　73EJT23∶71

☑六月丁未嗇夫禁付曹憙。　　　卩☑　73EJT23∶72

☑□再拜唯卿幸告使□☑ᵢ☑……☑ᵢᵢ　73EJT23∶73A

☑恩取……☑　　　　　　　　　　　　73EJT23∶73B

☑子,年廿,十二月戊寅入。　　　　　　73EJT23∶74

☑……☑ᵢ☑……☑ᵢᵢ☑……☑ᵢᵢᵢ　　73EJT23∶75

記白任威卿,願幸爲□☑　　　73EJT23∶76A+139A[8]

惠卿以毛書爲信[9]☑　　　　73EJT23∶76B+139B

【校釋】

[1]過卿:關嗇夫之人名。

[2]平樂:原釋作"河東",從沈思聰(2018P290)改釋。按:金關簡中並未見"河東隧",且"平樂隧"下方又出現墨跡較淡的相同內容,其非同一人書寫,似是模仿之作。同簡後面的"小科二毋"也同樣是墨跡一濃一淡相

同内容,情況是一致的,淡墨文字都是另一人模仿的結果。

[3]此處的"馬"是"馬屎"之省。T21:182中有"馬矢六石"。

[4]涕:原未釋,原圖版作,今據原圖版補。

[5]此處原簡釋文作"晏叩＝頭頃言",今細審原簡圖,知抄寫者漏寫重文號,原整理者誤將"頭"的草書寫法釋作"頃",今改。

[6]頃:原釋作"因",今據原圖版改。

[7]肩水郡:原未釋,今補。"郡"字形義略顯不合,存疑。

[8]此簡由伊強綴合,詳見伊強(2016.8.9)。

[9]毛書爲信:毛,原未釋,原簡圖作。此字正在斷裂口處,字形比較簡單,只是兩橫一豎彎鉤,也就是"毛"的寫法。肩貳T23:275、肩伍F3:260、肩伍D:31A等簡中的"毛"就是此類寫法。信,原未釋,原簡圖左側所從"亻"比較易辨識,只是右側的"言"因爲墨跡剥落,加之草寫,較難識別。從内容上看,這是一枚書信殘簡。毛書,可能是插有羽毛的書信。或與傳世文獻中的"羽書"或"羽毛書"相似。這類"羽書"通常是内容緊急的重要文書,一般不會出現在私信中,所以這裏的"毛書"可能是指另外一封内容重要的信。

☑☐☐八其六付罷卒,其二見。　　　　　　　　73EJT23:77A

☑……　　　　　　　　　　　　　　　　　　73EJT23:77B

　　　　　　　大車一兩,

☑里李就,年冊八,

　　　　　　　用牛二。　　　　　　　　　　73EJT23:78

元延二年[1]正月癸亥朔壬午,肩水關嗇夫欽以小官行☑ⅰ事,隊[2]長章輔自言遣收責橐他界中,出入盡十二月止[3],如律令。☑ⅱ

　　　　　　　　　　　　　　　　　　　　　73EJT23:79A

守令史駿☑　　　　　　　　　　　　　　　　73EJT23:79B

☑吉[4],利數[5]見貴人☑　　　　　　　　　　73EJT23:80A

☑☐賜賜賜賜賜☑　　　　　　　　　　　　　73EJT23:80B

☑朔庚子,橐他守塞尉長移☑　　　　　　　73EJT23:81

當利隧長☑☑　☑　　　　　　　　　　73EJT23:82

☑□孫高,年廿四,　　庸同邑□☑　　　73EJT23:83

騂北亭長□□□□□□☑　　　　　　　73EJT23:84

☑六月丁卯除☑　　　　　　　　　　　73EJT23:85

☑受奉名籍[6]　　　　　　　　　　　　73EJT23:86

　　　　子小☑

☑□至

　　　　子小男□☑　　　　　　　　　73EJT23:87

☑日出賦[7]錢三千六百□□☑　　　　　73EJT23:88

□仝[8]疇里史駿　☑　　　　　　　　　73EJT23:89

【校釋】

[1]元延:西漢成帝年號。元延二年是公元前 11 年。

[2]隊:原釋作"隧",原簡圖作{CJK}今改。

[3]止:原釋作"晦",從姚磊(《合校》2021P220)改釋。

[4]吉:原釋作"告",漢簡中"吉"、"告"同形不別,從伊強(2015.2.19)改釋。

[5]數:王強(2019P319-331)釋作"速",迅速,此簡文大意是某日吉,利於迅速見到貴人。

[6]受奉名籍:永田英正(2007P118):隧長以上的吏可以領受奉錢。與奉錢有關的簿籍就是"吏受奉名籍"。

[7]"日"、"賦"原皆未釋,從何茂活(2018.4)補釋。

[8]仝:原未釋,此字原簡字形從"人"從"工"皆可辨識,今補。在此簡中用作里名。

言之,謹移吏卒□☑　　　　　　　　　73EJT23:90

成漢里公乘儀並,年五十一,黑色,字子真,六月辛卯入。　車一兩。牛二,皆黑犗,齒八歲。i　　73EJT23:91+418+821+429[1]

☑☐安里大夫楊戊☐☐[2] 車一乘,馬一匹☐☑　　　　73EJT23：92

☑☐赦令免爲　　　　　　　　　　　　　　　　73EJT23：93

肩水候官永始四年七月破船簿[3]　　☑　　　　73EJT23：94

☑……取☑　　　　　　　　　　　　　　　　73EJT23：95

十八日卒十七人。　　除作長一人[4],養[5]二人,病二人,積[6]三
人。凡解　　除[7]八人☐☑ⅰ　　　　　73EJT23：96+132[8]

【校釋】

[1]此簡由姚磊綴合,見姚磊(2021P78)。

[2]兩未釋字原釋作"……",今改。

[3]馬智全(2013.2)指出因爲有專門的簿籍對肩水候官的破船進行
登記,可見肩水候官船的使用是經常化的一種狀況。

[4]一人:原釋作一個未釋字,從綴合者改釋。

[5]養:原未釋,從綴合者補釋。

[6]積:何茂活(2015P175-188)認爲指割取和堆積飼草。

[7]解除:何茂活(2015P175-188)認爲統指不能參加正常成作。按:
在此簡具體指的是除作長、養、病、積而無法調配的八人。

[8]此簡由楊小亮綴合,詳見楊小亮(2014P300-309)。

吏捕得金城☑　　　　　　　　　　　　　　　73EJT23：97

☑四月戊申自取。　　　　　　　　　　　　　73EJT23：98

☑戍宿東☐☑　　　　　　　　　　　　　　　73EJT23：99

☑六月辛卯入。[1]　☑　　　　　　　　　　73EJT23：100

肩水候☐☑ⅰ十月……☑ⅱ　　　　　　　　　73EJT23：101

☑當以令取傳,歸☐☐ⅰ☑河津關,毋苛留☐ⅱ　73EJT23：102

☑閏月庚午朔辛未[2],南鄉☑　　　　　　　　73EJT23：103

☑書移肩水候官,寫移☐☑　　　　　　　　　73EJT23：104

☑西北出。　　　　　　　　　　　　　　　　73EJT23：105

☑　乘騩牝馬,齒四歲,以爲☑　　　　　　　　73EJT23：106

☑年十月☐☑　　　　　　　　　　　　　　　73EJT23：107

熒陽宜都里郭赦，年卅，字君功。　　乘方箱，駕騮(驪)☑
　　　　　　　　　　　　　　　　　　　73EJT23：108

(此簡已與 T23：688 簡綴合)　　　　　　　73EJT23：109

☑縣道津關，遣卒史王憚　　　　　73EJT23：110+222[3]

☑☐富里公乘卜賢，年廿。　　☑　　　　73EJT23：111

☑名籍　　　☑　　　　　　　　　　　　73EJT23：112

☑稟(廩)[4]第六隧卒范☐[5]☑　　　　　73EJT23：113

☑給要虜隧長趙赦正月奉　　　☑　　　　73EJT23：114

☑　八月甲辰日蚤[6]食☑　　　　　　　73EJT23：115

【校釋】

[1]此原釋文末尾有一未釋字，沈思聰(2018P291)删除。按：原簡“入”後確實無墨跡，當删。

[2]羅見今、關守義(2014.2)、胡永鵬(2017P256)將此簡歸在鴻嘉三年，並指出《朔閏表》此年閏九月庚子朔，陳夢家已指出此年當閏八月庚午。

[3]此簡由姚磊綴合，詳見姚磊(2021P79)。

[4]稟：原徑釋作“廩”，今據原圖版改。

[5]此未釋字沈思聰(2018P292)釋作“禹”。

[6]蚤：沈思聰(2018P292)指出此字原簡上部寫作“父”。按：此字上部爲“叉”的俗寫，與“父”同形。

(此簡已與 T23：119 簡綴合)　　　　　　73EJT23：116

鯗得☐所告☑　　　　　　　　　　　　73EJT23：117

☑尉，四月丙辰起。二封金☑

☑詣肩水官[1]。一封昭武長印☑

☑頭卒，人定三分武付莫當☑　　　　　73EJT23：118

出鹽斗二升　　稟(廩)[2]窮寇[3]卒孫☑　73EJT23：119+116[4]

☑☐　四月☑　　　　　　　　　　　　73EJT23：120

將軍月廿日□□　　　　　　　　　　　　　73EJT23:121

☑錢八百

　　　　　故襄澤☑

☑【錢□】百卅[5]　　　　　　　　　　　　73EJT23:122

張掖都尉章□　　☑ⅰ居延都尉府　　☑ⅱ　73EJT23:123

☑□　　今調守關佐代霍☑　　　　　　　　73EJT23:124

☑稟(廩)[6]窮寇隧卒□☑　　　　　　　　　73EJT23:125

☑肩水金關致☑　　　　　　　　　　　　　73EJT23:126

(此簡已與 T23:128 簡綴合)　　　　　　　　73EJT23:127

……言之。守令史尊　　　　　　　73EJT23:128+127[7]

【校釋】

[1]官:原未釋,從周艷濤、李黎(2014.1)補釋。

[2]稟:原徑釋作"廩",今據原圖版改。

[3]窮寇:隧名。何茂活(2017P132－141):"窮"意爲使困厄無援、陷於絕境。

[4]此簡由姚磊綴合,詳見姚磊(2017P188－201、2021P80)。

[5]此處原釋文作"錢卅",姚磊(《合校》2021P222)疑釋作"錢□百卅"。按:此處原簡圖僅能見"百卅"兩字墨跡,並無"錢□"墨跡,但可通過文例補出,不能直接釋錄。

[6]稟:原徑釋作"廩",今據原圖版改。

[7]此簡由姚磊綴合,見姚磊(2021P81)。"言之"原未釋,今據原圖版補。

□□□郭野兼行丞事□□　　　　　　　　　73EJT23:129

□□定□□嚴四百八十☑　　　　　　　　　73EJT23:130

廿四日Ⅰⅰ北書十一封。Ⅰⅱ一封鱳得長印,行大守事,詣居延都尉,五月壬子起。一封昆䭾[1]令印,詣肩水,五月辛亥起。一封氐池長印,詣廣地……☑Ⅱⅰ私印,詣橐他[2]官。一封昭武長印,詣橐他官。

一封屋蘭長印,詣肩水官。五封鱳得丞印,三封……☐Ⅱ_{ii}居延五月

丙寅日☐☐……☐Ⅱ_{iii}　　　　　　　　73EJT23：131+862 [3]

（此簡已與 T23：96 簡綴合）　　　　　　　　73EJT23：132

（此簡已與 T23：141 簡綴合）　　　　　　　73EJT23：133

☐移過[4]〖所〗縣道河津關,毋

☐律令。/掾房、令史敞。　　　　　　　　　73EJT23：134A

☐……　　　　　　　　　　　　　　　　　73EJT23：134B

☐☐舉吏卒不知蓬(烽)火　　　　　　　　　73EJT23：135

☐吏收責亟報迫卒且罷☐_i☐史敞、佐定☐_{ii}　　73EJT23：136

☐　　卒趙賢付☐　　　　　　　　　　　　73EJT23：137A

☐　　☐沙頭☐卒☐☐　　　　　　　　　　73EJT23：137B

出糴麥[5]七石三斗三升少　　　☐　　　　　73EJT23：138

（此簡已與 T23：76 簡綴合）　　　　　　　73EJT23：139

☐博欲小決精毋☐　　　　　　　　　　　　73EJT23：140

元延二年五月壬午朔[6]癸……移居延卅井縣索

　　　　　　　　　　　　73EJT23：141A+133A [7]

令元延毋它急……勝言之　　73EJT23：141B+133B

【校釋】

　[1]昆蹏:王錦城(2019P1843):即昆蹏,馬廐名,有令丞,爲太僕屬官。《漢書·百官公卿表上》:"又牧橐、昆蹏令丞皆屬焉。"顏師古注引應劭曰:"橐,橐佗。昆蹏,好馬名也。蹏音蹄。"注引如淳曰:"《爾雅》曰'昆蹏研,善升甗'者也,因以爲廐名。"顏師古注曰:"牧橐,言牧養橐佗也。昆,獸名也。蹏研者,謂其蹏下平也。善升甗者,謂山形如甑,而能升之也。蹏即古蹄字耳。"

　[2]他:原釋作"佗",今改。

　[3]此簡由伊強綴合,見伊強(2016P115-129)。

　[4]移過:原釋作"侯國",從何茂活(2015P175-188)改釋。改釋後,據常見文例可知"過"後原書寫者脫漏"所"。

［5］穬麥：大麥的一種，也稱裸大麥、青稞。

［6］《朔閏表》元延二年五月辛酉朔，與此簡朔干支不合。

［7］此簡由姚磊綴合，見姚磊（2021P83）。

・鴻嘉五年田校穀[1]◲　　　　　　　　　　　　73EJT23：142

永始三年八月丁丑朔辛卯，肩水候□◲

金關，敢言之◲　　　　　　　　　　　　　　　73EJT23：143

南部元延元年三◲　　　　　　　　　　　　　　73EJT23：144

戍卒濟陰郡定陶常富里董安定。Ⅰ三石具弩一，完。Ⅱⅰ稾矢五十，完。Ⅱⅱ承弦二，完。Ⅲⅰ弩幩一，完。Ⅲⅱ靳干、幡各一，完。Ⅳⅰ蘭、寇〈冠〉[2]各一，完。Ⅳⅱ　　　　　73EJT23：145

緱氏閒里楊玄成，年卅，　　字君光氏。　　正月壬申出，三月丙寅〖入〗[3]。　　　　　　　　　　　　　　73EJT23：146

◲庸同縣大昌里簪褭趙可，年卅七。（竹簡）　　73EJT23：147

◲萬賞，年廿三，　黑色，長七尺二寸，　　已出[4]。　　右◲

　　　　　　　　　　　　　　　　　　　　　　73EJT23：148

出錢千一百五十　　◲　　　　　　　　　　　　73EJT23：149

肩水金關◲ⅰ九月丁未◲ⅱ　　　　　　　　　　73EJT23：150

◲隧長處定世七月八月奉用◲　　　　　　　　　73EJT23：151

◲　當爲◲　　　　　　　　　　　　　　　　　73EJT23：152

◲置廚二千石傳乘用傳馬抱者□□蔡鳳

◲嘉怒賊殺臨母□□以縣官事□□斀亭□　　　　73EJT23：153

肩水候官　　　　　　　　　　　　　　　　　　73EJT23：154

◲鑠[5]得丞印幣（弊）　　　◲　　　　　　　73EJT23：155

……年二月辛卯，付氐池守令史□[6]◲ⅰ出麥一石，五年四月丁酉付氐池守令史□[7]◲ⅱ□直（值）麥十一石……◲ⅲ　73EJT23：156A

出麥大石三石◲ⅰ右昭武　□月□戌付沙頭◲ⅱ　73EJT23：156B

其一封橐他候印,詣肩水都☑

南書二封檄一:

一檄奚[8]禹印,詣肩水都尉府☑☑　　73EJT23:157A

其二封居延都尉印,……☑

南書六封:　　　一封……☑

八月庚子日出時[9]☑☑受莫當☑　　73EJT23:157B

【校釋】

[1]校穀:即效穀,屬敦煌郡。

[2]寇:原釋作"冠",從黄艷萍、沈思聰(2018P293)改釋,參《合校》2021P222。按:此處的"寇"當視爲"冠"之形近訛誤。

[3]此字原未釋。按:據簡文内容可知此處原抄寫者脱漏"入"。

[4]已出:原釋作"卩出",兩字原簡作🈂,仔細辨析不難發現,這兩字共用了中間的竪畫,應看作"已出"的合文,今改。

[5]鑠:原未釋,從何茂活(2018.4)補釋。

[6]此未釋字原釋文無,今據原圖版補。

[7]此未釋字原釋文無,今據原圖版補。

[8]奚:原未釋,沈思聰(2018P293)釋作"關"。按:此字原簡字形下從"木",爲漢簡中"奚"的俗寫,今補。

[9]日出時:《匯釋》(2008P31):日出在旦時後,約今六點。

☑　　△　　劍一。　　　　　　　　　　　　　73EJT23:158

☑□九月奉千二百。　　　　　　　　　　　　73EJT23:159

☑承弦三百卅五。　　　凡弦三百[1]☑　　　　73EJT23:160

戍卒趙國易陽侯里李董[2]高　　　☑　　　　73EJT23:161

☑丈人言:父[3]八月三日寄單衣賈長君所,□□□☑ⅰ☑……☑ⅱ

　　　　　　　　　　　　　　　　　　　　　　73EJT23:162

戍卒上黨郡襄垣石成里大夫李輔功,年廿四,長七尺二寸,黑色☑

　　　　　　　　　　　　　　　　　　　　　　73EJT23:163

（此簡已與 T23：8 簡綴合）　　　　　　　　　　　73EJT23：164

書,年、長、物色如書,皆毋官獄徵事,當得取傳,謁言廷,移過所縣道

河津金關,毋苛留,如律令,敢言之。i　　　　　　　73EJT23：165

【永始】[4]年三月己酉朔乙卯,張掖……令史事詔書到 i □□□□

□□□□□□從者如律令。　　　……ii　73EJT23：166+195[5]

□□□幸甚□□□□□□□伏地再拜

□□□足下　　成子方　　　　　　　　　73EJT23：167A

……　　　　　　　　　　　　　　　　　73EJT23：167B

☑　□上造□□,年卌三,代　☑　　　　　73EJT23：168

候長孫卿治所　　　　　　　　　　　　　73EJT23：169

☑□詣府,　二月辛卯南入。　　　　　　　73EJT23：170

（此簡已與 T23：177 簡綴合）　　　　　　73EJT23：171

建國元年九月癸巳□□　　　　　　　　　73EJT23：172A

右右右右右　張掖右大尉[6]　　　　　　　73EJT23：172B

（此簡已與 T23：634 簡綴合）　　　　　　73EJT23：173

☑□六　庸同邑高里公乘胡駿,年廿五。　☑　73EJT23：174[7]

【校釋】

[1]沈思聰(2018P294)釋簡首未釋字爲“承”,簡末未釋字爲“百”,今從其説存疑。

[2]董:原釋作“登”,從姚磊(《合校》2021P223)改釋。

[3]父:原釋作“伏”,王錦城(2019P378)、姚磊(《合校》2021P223)懷疑此字不是“伏”,當存疑。按:此字原簡圖版作 ,很容易看出是“父”字,今改。

[4]永始:原簡缺失,從羅見今、關守義(2014.2)補。

[5]此簡由姚磊綴合,詳見姚磊(2017P188-201、2021P82)。

[6]右大尉:紀寧(2017.2)認爲王莽改都尉爲大尉,既有稱“右”“後”,按理必有“左”“前”,如此説來,張掖郡最高軍事長官張掖都尉的領兵權至少被一分爲四。按:目前所見文獻中並無王莽時左太尉、前太尉

之名。

　　[7]此簡田炳炳與 T21∶323 綴合，不可從，參見姚磊(2021P415)。

☑鷥鳥[1]長印☑　　　　　　　　　　　　73EJT23∶175A

☑令　八月☑　　　　　　　　　　　　　73EJT23∶175B

第六隧長殷[2]延壽，　未得九月奉六百☑　73EJT23∶176

牛長倩記謁登山隧長張稚[3]孺所☑　　73EJT23∶177A+171A[4]

慶再拜言。・即可旦日番來謁見慶☑記☑☑☑☑☑☑

……☑　　　　　　　　　　　　　73EJT23∶177B+171B

☑尉詡移肩水金關☑　　　　　　　　　73EJT23∶178

☑☑☑☑☑　　　　　　　　　　　　　73EJT23∶179

☑月戊子出☑☑　　　　　　　　　　　73EJT23∶180

☑☑四☑☑　　　　　　　　　　　　　73EJT23∶181

☑睢陽爲陽里☑☑　　　　　　　　　　73EJT23∶182

☑壬子☑☑☑　　　　　　　　　　　　73EJT23∶183

☑△　弩矢五十。　～　　　　　　　　73EJT23∶184

☑橐☑長謂備　　　　　　　　　　　　73EJT23∶185

騂北亭☑　　　　　　　　　　　　　　73EJT23∶186A

十一月☑　　　　　　　　　　　　　　73EJT23∶186B

☑初除詣府☑　　　　　　　　　　　　73EJT23∶187

☑郡中，當舍傳舍☑　　　　　　　　　73EJT23∶188

始建國五年八月☑ⅰ……☑ⅱ　　　　73EJT23∶189

☑☑東部候☑　　　　　　　　　　　　73EJT23∶190

會水候☑　　　　　　　　　　　　　　73EJT23∶191

☑佐通等再☑(削衣)　　　　　　　　　73EJT23∶192

驪軒苑奴牧番和宜便里吳[5]☑　　　　73EJT23∶193

☑☑亥　守屬李[6]，　字元[7]君。ⅰ☑……ⅱ　73EJT23∶194

（此簡已與 T23∶166 簡綴合）　　　　　　　　73EJT23∶195

☑☑當來辨事[8]☑　　　　　　　　　　　　73EJT23∶196A

☑☑蚤爲子春☑☑ᵢ ☑☑石不宜☑☑ᵢᵢ　　　　　73EJT23∶196B

☑☑長☑☑☑　　　　　　　　　　　　　　　73EJT23∶197

【校釋】

[1]鸞鳥∶武威郡屬縣。

[2]殷∶姚磊（《合校》2021P224）懷疑是“段”，不從。

[3]稺∶原圖版作 ，或可録寫作“稺”。

[4]此簡由楊小亮綴合，詳見楊小亮（2014P300−309）。按∶B 面“謁”，及“見”後之“慶”原未釋，今據綴合後圖版補。

[5]吴∶原未釋，從姚磊（《合校》2021P224）補釋。按∶此字雖下殘，但尚見“口”形，且有辭例對證，可確定釋字。

[6]守屬李∶原皆未釋，李穎梅（2018.1）認爲此處應該作“守馬丞☑”，秦鳳鶴（2018.2）釋出“李”，姚磊（《合校》2021P225）認爲“屬”可能是“錢”。按∶此處原簡圖墨跡較淡，其中“守”和“李”較易辨識，唯獨“屬”草書筆畫略顯含糊，故有釋作“錢”、“馬”之説。屬，原簡圖作 ，如果知道金關簡中 （肩壹 T9∶319A）、 （肩貳 T24∶130）、 （肩叁 T25∶13）這類寫得像“馬”的“屬”字草書，就應該知道此形就是“屬”的草書。守屬，在金關簡中多見，比如 T1∶3“守屬況”、T3∶31“守屬胡長”、T23∶17A“守屬郭良”等等。守屬低於曹史，高於書佐，在漢簡文書簽署中與屬之地位相當，詳見 T1∶3“守屬”注。

[7]元∶原釋作“子”，從姚磊（《合校》2021P225）改釋。

[8]辨事∶原釋作“辦事”。“辦事”相對較晚出，T4∶108A 亦見“辨事”。辨事，辯論事理。這裏的“當來辨事”指應當來解釋某事。

☑　及𤲷[1]　　骨[2]肉完，不離絶，毋雍種[3]　☑　　73EJT23∶198

☑☑出☑☑書不☑　　　　　　　　　　　　73EJT23∶199

建昭元年☑ᵢ 將省卒詣☑ᵢᵢ　　　　　　　　　73EJT23∶200①

☑辰,廣地候千秋移☑☑ⅰ☑到,案致出入,如律☑ⅱ 73EJT23：200②

元始六年二月庚☑☑ⅰ從關嗇夫賞糴粟☑ⅱ　　　　73EJT23：201A①

肩水☑　　　　　　　　　　　　　　　　　73EJT23：201B①

☑☑嚴二月盡五月　　☑☑☑ⅰ☑☑千四百☑ⅱ　73EJT23：201A②

☑……☑　　　　　　　　　　　　　　　73EJT23：201B②

☑☑[4]一通,如時[5]付禁姦萬福☑　　　　　73EJT23：202

肩水候官☑　　　　　　　　　　　　　　　73EJT23：203

☑☑當候長宗敢不留☑☑　　　　　　　　73EJT23：204

☑　☑界南　☑　　　　　　　　　　　　73EJT23：205

尉史黨免冠叩頭,死罪死罪。☑　　　　　　73EJT23：206

☑褒履敝足不[6]☑　　　　　　　　　　73EJT23：207A

☑叩＿頭＿(叩頭叩頭)。不一└二[7]。謹使☑

☑……☑　　　　　　　　　　　　　　73EJT23：207B

【校釋】

[1]此字原釋文作"摝",何茂活(2014P225-236)釋作"摑"。按:頗疑此字是"攔"之俗寫,今暫作"攔"。

[2]骨:原釋作"胃",從黄艷萍(2018P134-140)改釋。

[3]雍種:原釋作"維☑",兩字原簡圖版分別作█、█,從何茂活(2014P225-236)改釋。雍種即臃腫。

[4]此未釋字原釋文無,今據原圖版補。

[5]如時:按照規定時間。

[6]此簡中的"褒"應該是人名,這在金關簡中非常多見。"履"是鞋子的意思。"敝足不"原釋作"敝足下",原釋文義頗不可解。今審原簡圖,知"下"字殘缺,所見墨跡很少,很可能是"不"字。"敝",原簡作草書,與"敵"字形近,據文義,作"敝"表示鞋子破了,接着説足不舒適之類的内容,文義更順。

[7]不一└二:《匯釋》(2008P23):指時間倉促,不能一一細説。

☑亂白牛長☑　　　　　　　　　　　　　73EJT23：208A

具爲其椑　　☑　　　　　　　　　　　　73EJT23：208B

☑婢侍☑　　　　　　　　　　　　　　　73EJT23：209

……₌事₌者具書☑☑　　　　　　　　　　73EJT23：210

（此簡已編聯至 T23：900 之後的簡册中）　73EJT23：211

☑月庚辰朔戊戌，居延令長以私印行事，敢告☑☑☑☑☑[1]

　　　　　　　　　　　　　73EJT23：212A+224B[2]

☑卒☑以來　　掾成佐誼　　☑　　73EJT23：212B+224A

　　　　　皆張掖☑☑

北書三封檄三：

　　　　　　　一檄一封☑☑　　　　　　73EJT23：213

務作治[3]，謁☑　　　　　　　　　　　73EJT23：214

☑肩水驛北亭[4]☑　　　　　　　　　　　73EJT23：215

☑……☑ᵢ☑☑年十月盡十二月☑ᵢᵢ　　　73EJT23：216

☑守尉尊移肩水☑　　　　　　　　　　73EJT23：217A

☑　守嗇夫參　　☑　　　　　　　　　73EJT23：217B

☑亭長☑☑　　　　　　　　　　　　　73EJT23：218

☑卿行塞不☑☑　　　　　　　　　　　73EJT23：219

出糜六斗六升大　☑　　　　　　　　　73EJT23：220

☑☑少一　　　　　　　　　　　　　　73EJT23：221

（此簡已與 T23：110 簡綴合）　　　　　73EJT23：222

☑四月己酉☑☑　　　　　　　　　　　73EJT23：223

（此簡已與 T23：212 簡綴合）　　　　　73EJT23：224

☑去河水百☑　　　　　　　　　　　　73EJT23：225

☑夫廣宗遷補肩水☑　　　　　　　　　73EJT23：226

☑☑隧長至今不到　　　　　　　　　　73EJT23：227

☑年廿二歲，長六尺七寸，墨色，☑　　73EJT23：228

☐元始元年八月庚午朔丁酉☐☐☐^[5]ⅰ言廷，謁移過所縣邑，毋苛留
☐☑ⅱ八月丁酉，河南宮丞史移過所☑ⅲ　　　　73EJT23：229A
河南宮丞印。　　☑　　　　　　　　　　　　　73EJT23：229B

【校釋】

[1]此簡原未作釋文，今參何茂活(2015P175—188)整理。

[2]此簡由姚磊綴合，見姚磊(2021P84)。

[3]作治：製作、治理。

[4]此簡中的"肩""亭"原皆未釋，從周艷濤、李黎(2014.1)補釋。按：補釋雖可從，但"肩"原簡墨跡很少，當作存疑。"亭"的"亠"結構可見，結合文例可確定釋字。

[5]此行原整理者作"……"，從胡永鵬(2015.3)補釋。胡永鵬推測此簡屬黃龍元年。

☑……年五十，自言爲家私市張^[1]ⅰ☑……過所縣、邑、侯國，勿苛
留，敢言之。ⅱ☑……六月己亥南出ⅲ☑……如律令。ⅳ
　　　　　　　　　　　　　　　　　73EJT23：230^[2]
☑……☑^[3]ⅰ☑☑☑舗至庈(斥)竟積四☑☑ⅱ　73EJT23：231
告東部候長有官移書^[4]☑　　　　　　　73EJT23：232A
等皆已適半詣趣☑　　　　　　　　　　　　73EJT23：232B
・表火☐中　　　☑　　　　　　　　　　　73EJT23：233
……☑ⅰ令史☐毋恙☐^[5]☑ⅱ　　　　　73EJT23：234A
☐豐叩頭白☐☐^[6]　　　　　　　　　73EJT23：234B
　　☐☐☐☐　　二人省府，　六人☐☑
右符
　　☐☐☐☐　　六人省☐，　一人☐☑　73EJT23：235
當井隧長隆召詣廷，　二月庚申舖坐^[7]入。　73EJT23：236

【校釋】

[1]張：周艷濤(2015.2)釋作"居"。

[2]此簡"年五十自"原未釋,"言"原釋作"宗","過所"原未釋,"己亥"原釋作三個未釋字,從姚磊(《合校》2021P227)改補。"南"前原釋文有"蘭"字,姚磊以爲整理者誤衍"南"字,實際是整理者誤衍了"蘭"字,過所文書中一般是"南出"、"北出",不當出現"蘭出"。

[3]此行原釋文無,今據原圖版補。

[4]書:原未釋,從周艷濤(2015.2)補釋。

[5]此未釋字姚磊(《合校》2021P228)疑是"忍"。

[6]此簡 B 面原釋文作"……","叩頭白□",從何茂活(2015P175－188)補釋。何茂活還懷疑首尾未釋字是"謹"和"封"。"豐",何茂活釋作"遣",今細審圖版,此字下部僅僅是一横畫,不能視爲"辶"之草寫,且"叩頭白"之前也多是人名,"豐"在金關簡中用作人名多見,今改。

[7]餔坐:張德芳(2004P190－216):"餔坐"是一個不通用的"稱謂",同"食坐"一樣,可能相對於餔食之後小坐休息的時間。

乘故隊[1]昌念,毋錢衣寒,昆弟不肯來相視,恐冬寒凍死,等死不所〈如〉[2]歸死。i 　　　　　　　　　　　　73EJT23:237A

五 　　　　　　　　　　　　　　　　　　　　73EJT23:237B

輒詣官[3]白傳 乚[4]。發致當乃自開閉,獨瘦(搜)[5]索人力不及☑
　　　　　　　　　　　　　　　　　　　　73EJT23:238

【校釋】

[1]隊:原釋作"隧",原簡圖作,今改。乘故隊,即是"乘胡隧"。

[2]所:用在此處文義不順,此字原簡圖作,細審原簡,此字形雖是"所"形,却與"如"字形近,綜合文義和字形,當將此形視爲"如"之訛字。簡文大義是説害怕冬天寒冷凍死,與其等死,不如回去死。此簡從内容上看是書信,值得注意的是背面僅有一數字"五",可能是此書信簡册的序號。

[3]詣官:對下級吏卒的調查及獎懲是通過詣官的形式完成的。詣官者多是候長、隧長、候史、士吏等,他們通過詣官或匯報情況,或交送報表

（日跡簿、名籍簿等），或領取俸錢，或受賞等。參方孝坤《候官職能述補》
（《敦煌研究》2004 年第 5 期）。

[4]此符號原釋作“–”，當是鉤識符號的草率書寫形式，今改。

[5]瘦：此字有釋作“廋”或同“廋”之說（《合校》2021P229）。按：此字
原簡從“疒”十分清楚，原釋無誤。瘦，王錦城（2019P388）讀爲“搜”，可從。
瘦索即搜索。

□□願足下善毋恙。閒者□遣卒幸得已，甚善。迫身伏前言　　☒i
□□□□唯丈人賴□赦罪，敞叩頭，幸甚。謹道敞前日去時忘□
☒ii　　　　　　　　　　　　　　　　　　　　73EJT23：239

肩水金關　　　　　　　　　　　　　　　　　73EJT23：240

☒　四日張掖肩水都　☒i☒　尉□橐他廣地　☒ii 73EJT23：241

居延司馬從所大奴破胡，年卅五。　　　☒　　　73EJT23：242

　　　　　日蚤食表一通，☒

四月乙卯，

　　　　　日下餔時表一通。已入[1]。☒　　　　　73EJT23：243

大守并力奉詔書遵法令與□□　　　　　　73EJT23：244

☒四月甲寅彭弟子阿　付尉史譚。　　丿　73EJT23：245

出□□百一□……☒　　　　　　　　　　　73EJT23：246

候官以致籍☒　　　　　　　　　　　　　73EJT23：247

☒二人要虜卒□☒　　　　　　　　　　　73EJT23：248

田卒魏郡內黃長里馮定，年廿七。　　☒　73EJT23：249

田卒魏郡內黃博望里□開卅　　☒　73EJT23：250[2]

□□□五千八百八十七石　　☒　　　　　73EJT23：251

☒九月己卯☒　　　　　　　　　　　　　73EJT23：252

（此簡已與 T23：364 簡綴合）　　　　　73EJT23：253

☒　六月☒　　　　　　　　　　　　　　73EJT23：254

☒十　　　　　　　　　　　　　　　　　73EJT23：255

☑　愚以爲得高官□☑　　　　　　　　　　　　73EJT23:256

☑齒十二歲,賈　泉(錢)四千五十。卩　　　　73EJT23:257 [3]

☑□莫當隊(隧)卒租[4] 傳言[5] 迺　丁亥表二通。卩 73EJT23:258

騂北亭長卒湯淮大守史淮淮淮陽□☑　　　　73EJT23:259

(此簡已與 T23:432 簡綴合)　　　　　　　　73EJT23:260

☑廿七　卒馬侯　☑　　　　　　　　　　　　73EJT23:261

☑佐前　以稟(廩)[6] 始安隧長☑　　　　　　 73EJT23:262

十二月　戊子　凡丁亥表[7] 卅九通□□[8] ☑　73EJT23:263

【校釋】

[1]已入:原釋作“日入”,原簡圖作🖾。同簡“日”兩見,原簡圖分別作
🖾、🖾,對比即可知原釋作“日入”有誤。漢簡中“已入”常合文書寫,比如
🖾(肩壹 T10:136)、🖾(肩伍 F3:189+421),🖾形與此類同。不過,此簡爲
表火出入刺,這類簡文多數是記時間點或收付人,鮮有標明“已入”或“已
出”内容。這是在内容上的一個疑點,有待考證。

[2]王錦城(2019P1311)指出 T23:249、T23:250 兩簡形制、字體筆跡
等一致,内容相關,可編聯。

[3]胡永鵬(2017P574)定此簡屬王莽統治時期。

[4]租:原釋作“根”,從姚磊(《合校》2021P229)改釋。

[5]傳言:《集成》(八 P35):傳言,烽火因故不能接續傳遞時,必須以
人馬走馳相告,令其向下傳遞。

[6]稟:原徑釋作“廩”,今據原圖版改。

[7]胡永鵬(2014P235−246)、何茂活(2018.4)指出原釋文“表”後衍
“直”字,今從删。

[8]此處兩個未釋字姚磊(《合校》2021P230)釋作“死隹”。按:兩個
未釋字,前者原簡圖作🖾,與“所”字形較近。後者原簡圖作🖾,疑是
“候”之簡省寫法,T25:156“候長”之“候”即如此形。

(此簡已編聯至 T23:900 後《漢居攝元年曆譜》)　　73EJT23:264

(此簡已與 T23:404 簡綴合)	73EJT23:265
☑　　卩☑	73EJT23:266
河上候史矛忠　　☑	73EJT23:267
肩水騂北亭長辛臨☑	73EJT23:268
(此簡已編聯至 T23:900 後《漢居攝元年曆譜》)	73EJT23:269
☑□以爲□當	73EJT23:270
卒二人　　　☑	73EJT23:271
校六月十五日丁未候長□□□□☑	73EJT23:272
九月十四日　　☑	73EJT23:273
☑□吏 亦今 [1] 須白☑	73EJT23:274
粦得敬兄里女子毛阿,自言夫武故爲肩水候官	73EJT23:275
……☑ i 用張掖酒泉郡中,當舍傳舍,從者如律令。☑ ii	73EJT23:276
……茭泉(錢),居延官除如牒,書到,出入如律令。	73EJT23:277
元始四年五月庚午朔丁丑,肩水守候橐他塞尉業敢☑	73EJT23:278
……i 之小計足道乎。叩＝頭＝(叩頭叩頭),前所貸粟今故遣史受	
教,小計當直出 ii 直入 [2],請自憐之,償 [3] 餘計不敢忽,憚 [4] 再拜。iii	
白奏有秩嗇夫坐前 [5]。iv	73EJT23:279A
……	73EJT23:279B
所……二年秋行塞□□□□及上積薪毋蹉,署吏卒被兵簿多繆誤,	
蓬(烽)表白 i	73EJT23:280
☑秩……　□君都	73EJT23:281A
☑叩頭白	73EJT23:281B
敢言之。	73EJT23:282A
頭	73EJT23:282B
☑四石尊各卌斗	73EJT23:283
出粟二石,　　稟(廩)[7] 右前候史王隆十月食。	73EJT23:284
肩水以郵行(檢)	73EJT23:285

【校釋】

[1]亦今:原未釋,今據原簡字形補。

[2]"出"原未釋,"入"原釋作"人",皆從曹方向(《合校》2021P230)改補。

[3]償:原簡圖作 ![字形],右訛從"常"。

[4]惲:姚磊(《合校》2021P231)釋作"謹"。按:此字原簡作 ![字形],確實似"謹",但對比 這類草書"惲",就會明白字形關係,可知原釋無誤。

[5]有秩嗇夫坐前:原釋文缺漏,從何茂活(2017.2.20)補釋。有秩嗇夫:龔延明(2006P290):鄉有秩嗇夫省稱,爲郡府所辟署。與由縣辟署之鄉嗇夫無秩禄有別。

[6]稟:原徑釋作"廩",今據原圖版改。

▌▌驛北亭卒日迹檮^[1]▌▌   73EJT23:286A

▌驛北亭卒日迹檮▌   73EJT23:286B

▌驛北亭卒日迹檮▌   73EJT23:286C

▌驛北亭卒日迹檮▌▌   73EJT23:286D

【校釋】

[1]檮:《匯釋》(2008P185、227):日記時使用之檮。檮,兩隧結合部以"檮"爲界,所謂"檮",《説文·木部》:"斷木也。"也就是半截木椿,以此爲巡跡的終點標誌。汪桂海(2006.3):"日跡檮"之"檮"當即"籌"字。籌是古代用來計算的工具。《漢書·五行志下之上》:"籌所以紀數。""日跡檮(籌)"應是邊塞吏卒日跡時發給的簽牌。按:若按汪説"籌"是一種計數工具,則"日跡籌"應該是一種記錄巡查日跡數量的工具,但金關簡所見的日跡檮,形制皆爲四面,若僅僅是"簽牌",似没必要製成四面,而且每面上下都有兩條墨綫,與一般的簽牌完全不一致。製成四面可能是爲了從四個方向都可看到,可能是在巡跡時丈量特殊痕跡所使用的標桿一類的工具。

臨澤隧[1]牛卬、襄澤隊長李由[2]、臨利隧長孫慶、禽寇[3]隧宋宋[4]良、

窮寇隧長張□☒ i　　　　　　　　　　　　73EJT23:287A

右前部隧亭　　☒　　　　　　　　　　　　73EJT23:287B

(此簡已與 T23:345 簡綴合)　　　　　　　　73EJT23:288

彊漢隧臨,守執適隊長音笑[5]問臨,欲顧校就不即不顧,欲□☒

　　　　　　　　　　　　　　　　　　　　73EJT23:289

始建國元年二月癸卯朔庚午,肩水候[6]　謂:關嗇夫欽吏所葆如牒。

　　　　　　　　　　　　　　　　　　　　73EJT23:290

【校釋】

[1]臨澤:黄艷萍(2016.1)認爲右前部屬肩水候官,襄澤燧、臨利燧、禽寇燧、窮寇燧皆屬肩水候官,故與之並列的"臨澤燧"也應屬肩水候官。

[2]由:原釋作"屮",從沈思聰(2018P299)改釋。按:此字原簡圖作![字形],T10:321 中同見"李由",其中"由"字原簡圖作![字形],與本簡字相同。另外,在金關簡中還有不少"由"、"屮"原簡字形相同而釋字不一的情況。《説文》字頭中雖有"屮"無"由",但是"由"字在先秦文獻中使用的頻率更高,而且《説文》中所收胄、油、邮等字皆從"由",不若皆統一改釋作"由"。

[3]禽寇:屬肩水候官。

[4]沈思聰(2018P299)、王錦城(2019P1312)以爲此處原抄寫者衍一"宋"字,或第一個"宋"爲"長"之誤。

[5]此字原釋作"笑",原簡字形作![字形],形義都不甚合,存疑。

[6]此處原簡空白,當是留出尚未書寫的人名位置。

居耶(攝)三年十月甲戌朔丁丑,左前守候長……i長詣廷□□[1]行

計事,言出入食司馬舍□□送豆謹□□行□□國食[2]……ii

　　　　　　　　　　　　　　　　　　　　73EJT23:291A

良當送胡□[3]後稟[4]車行尉事,不使吏送肩[5]司馬舍□□忘言□□

毋留之[6],i坐,敢言之。ii　　　　　　　　73EJT23:291B

十月廿□日[7] Ⅰ ⅰ南書七封Ⅰ ⅱ……十月壬戌起。Ⅱ ⅰ……居延丞
印……十月己未起廷。Ⅱ ⅱ□封……Ⅱ ⅲ十月己巳平旦騂北卒□□
莫當卒同。Ⅲ ⅰ檄一囊他候印,肩水府。Ⅲ ⅱ　　　　73EJT23:292

北部候長蘇君郎[8]　　　　　　　　　　　　　　　73EJT23:293A

……ⅰ匈奴所入候官……ⅱ　　　　　　　　　　　73EJT23:293B

(此簡已與T23:663簡綴合)　　　　　　　　　　　73EJT23:294

布橐一,直(值)百八十。布袜一兩,直(值)八十。始安隧卒韓詡,自
言責故東部候長牟放□□[9] ⅰ錢四百,驗問收責,持詣廷,放在城官
界中,謁移城官,治決害□日夜□ⅱ　　　　　　　 73EJT23:295

【校釋】

[1]廷□□:原釋作"廷……",從姚磊(《合校》2021P232)改釋。

[2]"入食"之後原釋作"……",從姚磊(《合校》2021P232)補釋。豆,
姚磊(《合校》2021P232)疑此即"胡豆"。

[3]未釋字原簡圖作🄰,疑是"詣"字。

[4]稟:原釋作"蘴",非是,此形爲漢簡中常見的"稟"之俗寫字形,當
直接録作"稟"。何茂活(2014P225–236)已經指出,並有詳細考述。今
從改。

[5]肩:原未釋,從姚磊(《合校》2021P232)補釋。

[6]留之:原未釋,原簡"之"字跡較清晰,可見"留"之"田"形,結合常
見辭例可釋,但釋字後與其後的"坐"連接不甚順暢,暫存疑。

[7]"□日"原釋文無,今據原圖版補。

[8]郎:沈思聰(2018P300)釋作"卿",不可從。

[9]此處兩個未釋字,郭偉濤(2017P321)將前一個釋作"行",姚磊
(《合校》2021P233)疑爲此處只有一個未釋,皆不可從。此處與後文"錢"
連讀,前面的動詞是"責",未釋字部分表示的應該是"責"的某種錢。

……

毋尊布[1]□匹,直(值)三百八十,梁卿取。

　　　　　　　　　　……　　　73EJT23:296A

　　徐君□

馮等再拜。

　　　實君伯　　　　　　　　73EJT23:296B

□□□□里公乘侯尊,年廿,　　字君稚。六月甲午入。車一兩,用

牛一,齒十二歲。　　　　　　73EJT23:297

安農隧卒王同,　自言數省今歸同隧部爲發伉健[2]卒代。73EJT23:298

出泉(錢)三百六十,糴黄米一石,麴三石。賈人任子□。Ⅰ□月

三日買。Ⅱ十月四日買殖[3]卌束,直(值)卅。買蔥一,直(值)十

五。Ⅲ　　　　　　　　　　73EJT23:299[4]

北書三封:Ⅰ其一封詔書,詣居延……。Ⅱi一封詣肩水……。Ⅱii

一封張掖……。閏月壬申起。Ⅱiii今月壬申驛北卒豐□□受□□[5]卒

同。Ⅲ　　　　　　　　　　73EJT23:300

　　【校釋】

　　[1]毋尊布:《集成》(十 P113):爲五緩布,漢代八十縷經綫爲一緩,五

緩布爲一種質地較粗的麻布。

　　[2]伉健:《集成》(十一 P283):謂體格強健,又指勇武之士。

　　[3]殖:音義不詳,釋字可疑。

　　[4]胡永鵬(2017P574)定此簡屬王莽統治時期。

　　[5]疑此處未釋兩字是"莫當"。

勞賞第一候長毋舉隧長議罰。書到,趣作治[1],諸舉務令攻堅[2]、任

用[3],皆爲□[4],畢成言[5],毋出i月廿八日。令可覆行,如律令。

/掾武。ii　　　　　　　　　73EJT23:301

　　【校釋】

　　[1]趣作治:鄔文玲(2014P89-96):及時進行修繕。

　　[2]攻堅:攻,原未釋,從鄔文玲(2014P89-96)補釋。攻堅,同義複詞,

堅固、牢固之意。

[3]任用:可堪使用。

[4]皆爲□:鄔文玲(2014P89-96)疑未釋字爲"任"。"皆爲任"當是指修繕造作被舉報的各項設施或器物,皆需擔保,以確保達到攻堅、任用的質量要求,同時也便於考課和事後查驗相關責任人。

[5]畢成言:鄔文玲(2014P89-96):全部完成後上報。

蔡襃叩頭白,謹因使再拜。……ⅰ趙卿坐前善毋恙,屬昨[1]日相見,未及,久不敢多□[2],因道卒□□在河西ⅱ　　　　　　73EJT23:302A

治席,逢水大,因不得渡[3],□□卿[4]見孫級,急[5]令級急來,級當從ⅰ官□爲渡,當過趙卿亭,必令急……ⅱ　　　　73EJT23:302B[6]

【校釋】

[1]昨:原未釋,原簡左殘,且有干擾,但能看到右部存留"乍"形,結合原圖版和文義補。

[2]此字原未釋,原簡字跡不清,據文義和殘存墨跡疑是"求"。

[3]渡:原未釋,原簡尚能見"氵"形,暫據文義擬補。

[4]卿:原未釋,原簡字形不甚清晰,但中間所從"皀"形尚可辨知,只是前面文字殘損,無法得知文例,疑前面所缺文字爲姓氏,暫存疑。

[5]此簡 B 面第一個和最後一個"急"字原整理者皆未釋。此處"急"原作兩個未釋字。將兩字原簡字形與同簡的"急"作對比即可知,這三字的上部都是"刍",下部三者寫法略有差異,當是"心"的變體寫法,故三字都是"急"。

[6]這枚簡的內容可能是寫信者蔡襃與趙卿約定昨日相見,未得見,因爲遇到大水,不能渡河,可能某人見到孫級,便讓孫級速來,來時經過趙卿所在亭,後面缺失的內容可能是托付孫級向趙卿轉達某事。

表是安樂里魯音,年卅一,　　牛一頭。　五月甲　　73EJT23:303

□官　　廚　　田官[1]　　諸尉　　獄　　　　73EJT23:304

汲垂[2]二。　　　　　　　　　　　　　　73EJT23:305

左後守候長徐……詣廷　　閏……　　　　　　73EJT23:306

鴻嘉三年六月壬寅朔壬申[3]，河東絳邑[4]西鄉☑　　73EJT23:307

元延二年四月己酉，尉[5]　　告左後守候長[6]　　謂:桓軍隧長千

秋等府君行塞，即日出關，☑以☑ⅰ　　　　　　73EJT23:308

【校釋】

[1]田官:薛英群(1989.1)指出所謂"田官"，應有廣狹兩義，廣義即泛指屯田機構，狹義即指具體屯田區。各具體田官機構的級別，視屯田區範圍之大小與主管官吏秩級高低而定，所以，高者太守可以主田官事，低者部候亦可理田官。

[2]汲垂:垂，沈思聰(2018P301)釋作"缶"。王錦城(2019P1315):汲垂即用於汲水的小口甕。

[3]如壬寅朔，則當月不可能出現壬申日。

[4]鄭威(2015P217-241):漢高祖六年(前201)正月，周勃受封爲絳侯，子亞夫死後國絶。《漢書·周勃傳》曰:"平帝元始二年，繼絶世，復封勃玄孫之子恭爲絳侯，千户。"元始二年即公元2年。此時絳或已改邑爲縣，可立侯國。《漢書·地理志》絳縣屬河東郡，在今山西省曲沃縣樂昌鎮與侯馬市鳳城鄉之間。

[5]原簡此處空白，當缺尉之人名。

[6]原簡此處空白，當缺守候長之人名。

……ⅰ十月乙丑事已[1]，未得元鳳ⅱ　　　　　73EJT23:309

☑橐四　　深目[2]六　　轉射[3]七　　　　　73EJT23:310

橛一，　張掖肩水司馬，　四月辛亥功曹史防[4]白發[5]。　73EJT23:311

肩水金關　　　　　　　　　　　　　　　　　73EJT23:312

肩水金關　　　　　　　　　　　　　　　　　73EJT23:313

肩水金關　　　　　　　　　　　　　　　　　73EJT23:314

(已編聯至T23:900後《漢居攝元年曆譜》之中) 73EJT23:315—318

居攝二年九月辛巳朔庚寅，……ⅰ自言[6]爲家私使旁郡中，市張

掖^[7]……_ⅱ願以令取傳，謁移廷，敢言之。九月……_ⅲ 73EJT23：319

【校釋】

［1］已：原釋作"己"，從胡永鵬（2017P53）改釋。

［2］深目：李天虹（2003P115）：深目也設置在塢墙上，通俗地講就是瞭望孔。簡文將轉射和深目並記，大約是因爲轉射是構築在深目裏的。

［3］轉射：李天虹（2003P115）：轉射設置在塢墙上，用於承受弩長臂以便轉動發射，從出土實物看，是呈Ⅱ形的木器。按：深目、轉射皆安裝在候、塢坪垸堞上，前者用於瞭望，後者用來射箭。

［4］防：原釋作"房"，黄艷萍以爲當隸定作"防"。按：此字原簡圖作 ，明顯是"防"字，今改釋。防，此處用作功曹史的名字。

［5］白發：藤田勝久（2018P223-244）：表示處理行爲的用語。簡裏"白"、"白發"中的"白"的用法是指在中間表述，未必有"開封"的含義。因此，也可確定通過"白"、"白發"組合而成的詞組至少是作爲期中間呈報的標記來使用的。

［6］自言：原未釋，從姚磊（《合校》2021P235）補釋。

［7］市張掖：姚磊（《合校》2021P235）釋作"□張掖"。王錦城（2019P398）以爲已有"爲家私使旁郡"的目的，不應再有"市張掖"，指出三字釋字有誤。

陽夏官成里陳青臂，Ⅰ□□□□□^[1]Ⅱ_ⅰ付□□二……Ⅱ_ⅱ貰賣皂複袍一領，直（值）二千六百。故箕山隧長氏池昌平里^[2]趙聖所。又錢廿，凡直（值）二千六百廿。Ⅲ_ⅰ已入八十，少二千五百卌。　畢　弓
付Ⅲ_ⅱ　　　　　　　　　　　　　　　　　73EJT23：320
（此簡已與T23：663簡綴合）　　　　　　　　73EJT23：321
……Ⅰ_ⅰ見錢十六萬八千七百付就人。·凡當三萬八千六錢。Ⅰ_ⅱ□□□□Ⅰ_ⅲ出錢百中部□□Ⅱ_ⅰ·凡付就人三百九十六錢。Ⅱ_ⅱ
　　　　　　　　　　　　　　　　　　　73EJT23：322A

□五十四。卩Ⅰⅰ左前五十四卩Ⅰⅱ中部六十三□百錢。Ⅱⅰ北部
六十三。卩Ⅱⅱ十一月奉三千。Ⅲⅰ十二月奉三千六百。Ⅲⅱ四千
五百□□Ⅳ　　　　　　　　　　　　　　　　73EJT23:322B

徐惲叩頭白□卿：願[3]爲□此就人，徐林等皆有致。　73EJT23:323A

叩頭，幸=[4]甚=(幸甚幸甚)，再拜白奏□卿[5]。　　73EJT23:323B

【校釋】

[1]此五個未釋字原釋作"……"，今改。

[2]昌平里：原未釋。昌平里，金關簡比較多見，如 T24:282、F3:198+
194 皆見"氐池昌平里"，且原簡字跡雖模糊，但還能看出"昌平"二字。今
據原圖和文例補。

[3]□卿願：原釋作"□叩頭"，從王錦城(2020.1)改釋。

[4]此重文號原釋文漏，從姚磊(《合校》2021P236)補釋。

[5]奏□卿：原釋作"□卩"，從何茂活(2017.2.20)改釋。

……[1]ⅰ朱君[2]□□[3]意。叩=頭=(叩頭叩頭)。因白：願往買茭五
束，ⅱ……ⅲ　　　　　　　　　　　　　　　73EJT23:324A

……　　　　　　　　　　　　　　　　　　73EJT23:324B

肩水候史尹□☑　　　　　　　　　　　　　73EJT23:325A

□□☑　　　　　　　　　　　　　　　　　73EJT23:325B

金關　　　　　　　　　　　　　　　　　　73EJT23:326

肩水金關□(檢)　　　　　　　　　　　　　73EJT23:327

薛陽子䓝[4]記，幸致[5]金關

嗇夫[6]李子張、亭長[7]過大公[8]所。　　　73EJT23:328

□陽里公乘□□，年卅五，　軺車一乘，　三月辛亥北出。73EJT23:329

閒者[9]絕不得徒施刑。元始四年，王府君省肩水塞，閒亭卒一人
門[10]。ⅰ　　　　　　　　　　　　　　　　73EJT23:330

☑　　千　弓　　　　　　　　　　　　　　73EJT23:331

【校釋】

[1]此行原釋文無,今據原圖版補。

[2]君:原簡圖作 ，與常見字形有較大差異,釋字未必確定。

[3]此一未釋字原簡圖作 ，疑是"旁"字。

[4]等:劉樂賢(2015P237-242)指出原整理者釋字問題,改釋作"胥",認爲"子胥"爲薛陽之字。按:此字作"等"、"胥"皆與原簡字形不甚相合,存疑待考。

[5]幸致:劉樂賢(2015P237-242)指出是"希望送達"或"請送達"的意思。

[6]嗇夫:劉樂賢(2015P237-242)認爲可能指金關嗇夫。

[7]亭長:劉樂賢(2015P237-242)認爲可能指騂北亭長。

[8]過大公:公,原釋作"小",從劉樂賢(2015P237-242)改釋。姓過字大公。

[9]閒者:傳世文獻有"近來"之義。《史記·孝文本紀》:"閒者諸吕用事擅權,謀爲大逆,欲以危劉氏宗廟,賴將相列侯宗室大臣誅之,皆伏其辜。"此處"閒者"若與同簡出現的"閒亭卒"同觀,則可能指空閒者。施刑者得到詔令去掉刑具,但必須要戍邊一段時間,不能無任何代價就"施刑",故簡中説"絶不得徒施刑"。因此這裏的"閒者"也可能指代那些符合詔令而履行義務的人。

[10]門:原未釋,從秦鳳鶴(2018.2)補釋。按:門,此處指守門。

癸	壬	壬[1]	壬	辛	辛	庚	庚	己	己	戊	戊	丁
五日					中伏[2]							
未	子	午	子	巳	亥	辰	戌	卯	酉	寅	申	丑

　　　　　　　　　　　　　　　　　73EJT23:332[3]

天水千人趙大公　　　　　　　　　　73EJT23:333

居延卅井尉史李譚,　　馬一匹,　　四月戊辰出。　　73EJT23:334

【校釋】

[1]壬:原未釋,從程少軒(2014P274-284)補釋。

[2]中伏∶王國維、羅振玉(2013P14—15)引《陰陽書》曰∶"從夏至後第三庚爲初伏,第四庚爲中伏,立秋後初庚爲後伏,謂之三伏。"知夏至後第四個庚日爲中伏。

[3]程少軒(2014P274—284)、胡永鵬(2017P470)定此簡屬居攝三年(公元 8 年)曆譜。

元始五年十二月辛酉朔庚辰,東鄉嗇夫丹敢言之∶□□里男子耿永,自言兄[1]彭、守肩水槖他安樂隧[2]長永,願ⅰ以令取傳,遺[3]彭衣食。謹案∶永等毋官獄徵事,當得取傳,□□,謁[4]移過所肩水金關,往來出入毋苟ⅲ留,如律令,敢言之。十二月庚辰,昭武長財、守丞鳳[5]移過所,寫移如律令。掾忠、令史放。ⅱ　　　　　　73EJT23∶335 [6]

【校釋】

[1]兄∶原未釋,原簡圖作█,從李迎春(2019P252—271)補釋。

[2]安樂∶原未釋。安,原簡圖作█,上能辨析所從"女"。樂,原簡圖作█,爲"樂"的草書寫法。安樂隧,隧名,又見於 T23∶481B、T23∶992。

[3]遺∶原未釋,從李迎春(2019P252—271)、王錦城(2020.1)補釋。

[4]謁∶原未釋,從李迎春(2019P252—271)、姚磊(《合校》2021P238)補釋。

[5]鳳∶原未釋,原簡圖作█,"几"形外輪廓尚可辨識,内部結構不太明確,暫存疑作"鳳"。此字用作人名。西北簡中以"鳳"爲人名者頗多,金關簡中如 T37∶778"尉史李鳳"、T37∶779"南部候長薛鳳"、T37∶940"守令史鳳"等等。

[6]藤田勝久(2018P223—244)∶元始五年(5 年)張掖郡的昭武縣收到了鄉的申請後所頒發並送抵過所的私人用"傳",此申請當時的目的關隘是"過所,肩水金關",並寫有"往來出入毋苟留"。此簡與過所雖一併指定了肩水金關,但仍然是張掖郡的地域範圍,没有超出。

幸幸叩頭叩頭頭頭頭頭頭　　　　　　73EJT23∶336A

……爲……爲爲爲爲爲再ⅰ幸甚甚甚甚……ⅱ　　　　73EJT23：336B

元□□年[1]正月庚寅朔甲午,南鄉[2]　嗇夫鳳、佐豐敢言之:宗里公
乘□□,自言取傳爲家私使ⅰ□□□□居延金關……,毋官獄徵事,
當爲傳,謁移過所,毋苛留。ⅱ　　　　73EJT23：337

三月癸卯居延令　□丞□移[3]……　　　　73EJT23：338A

君門下[4]　　　　73EJT23：338B

閏月乙未肩水行事　塞尉翕　　南[5]☑　　　73EJT23：339

肩水金關　☑　　　　73EJT23：340

觻得千乘里孫陽廿五。觻得丞印。　弟胥,年十八。　右二人鄭襃
葆。ⅰ　　　　73EJT23：341+813[6]

收降隧　☑　　　　73EJT23：342

軺車二乘,☑　　　　73EJT23：343A

……☑　　　　73EJT23：343B

王子長Ⅰⅰ孫卿Ⅰⅱ李長孫　☑Ⅰⅲ□□□　☑Ⅰⅳ鮮于長史　☑Ⅱⅰ
仲稚季　☑Ⅱⅱ　　　　73EJT23：344

☑爲家私使之居延,願以令取傳。·謹案:就ⅰ☑金關、居延縣索關,
出入如律令,敢言之。ⅱ正月戊午,氏池長、[7]　守丞宏寫移如律令。
　　/掾況、守令史習。ⅲ　　　　73EJT23：345+288[8]

☑……　☑[9]ⅰ☑高六尺　☑ⅱ　　　　73EJT23：346

【校釋】

[1]羅見今、關守義(2014. 2)據簡首干支推測此簡屬河平三年(前
26)或居攝元年(6)。姚磊(《合校》2021P239)釋作“元始六年”。今察原
圖版,“元”、“年”確實可見較多墨跡,但“始六”墨跡非常少,且西北簡中紀
年內容較複雜,暫不釋。

[2]此處原釋文有一未釋字,沈思聰(2018P302)、王錦城(2019P401)
都已指出當刪去,可從。但原簡此處確實有一字空白位置,應在釋文中
體現。

[3]□丞□移:原缺釋,從胡永鵬(2020. 6)補釋。姚磊(《合校》

2021P239）據 T37+1560+246+61 又補“移卅井縣索肩水金關”，暫不從。

　　［4］君門下：原釋作“□□”，從胡永鵬（2020.6）改釋。

　　［5］南：原未釋，原簡圖作𤰞。金關簡中有同類寫法的“南”，如 T31：143𤰞、F3：125B𤰞。此處後殘，完整應是“南入”。

　　［6］此簡由姚磊綴合，詳見姚磊（2017P188—201、2021P85）。褱：原釋作“程”，原簡作“褱”之俗形，今改。

　　［7］此處原簡空白，留待填寫人名。

　　［8］此簡由何茂活綴合並訂補釋文，詳見何茂活（2015P175—188）。

　　［9］此行原釋文無，今據原圖版補。

居攝二年六月癸未[1]……□ⅰ□□□卒[2]□致□ⅱ　　73EJT23：347

東部候長則　□　　　　　　　　　　　　　　　73EJT23：348

三月辛未，府告騂北亭長廣□

與俱車十六兩，馬三匹。·人廿八□□　　　　73EJT23：349A

府記予騂北亭長　　□　　　　　　　　73EJT23：349B[3]

居聑（攝）三年正月己卯朔□ⅰ驛馬[4]名籍一編，敢言之。□ⅱ

　　　　　　　　　　　　　　　　　　　73EJT23：350

□　詣府。　二月二日亭長譚入。　73EJT23：351+452[5]

建昭五年三月丙午朔甲寅，西部守候長□

一編，敢言之。□　　　　　　　　　　　73EJT23：352

□欽謂關嗇夫常，寫移□　　　　　　　　73EJT23：353

□□里公乘虞廣，年廿二，肩水都□　73EJT23：354A+478A[6]

　　　　日食時表一通。

□凡四通：日東中時表一通。

　　　　日西中[7]時表一通。　　　73EJT23：354B+478B

出錢百廿　五石甖□　　　　　　73EJT23：355

□□□叩頭白□

程卿前叩＝頭＝（叩頭叩頭）。程卿懷仁恩哀憐□☒　　　73EJT23：356

北書二封，皆張掖。一詣橐他，一詣☒　　　　　　　73EJT23：357

（此簡已與 T23：370 簡綴合）　　　　　　　　　　　73EJT23：358

【校釋】

［1］《朔閏表》居攝二年六月“壬子朔”，癸未不在當月。

［2］卒：原未釋，今據原簡圖擬補。

［3］沈剛（2017P207－222）引用李均明觀點指出，都尉府以“記”這種形式給亭下達命令，是因爲“記”是較書、檄隨意的通行文書形式，而亭還有過關案驗的職能。

［4］驛馬：《匯釋》（2008P162）：當時把這種驛騎在每個驛站替換馳行時所用的馬，特稱之爲驛馬。驛站所用之馬。

［5］此簡由姚磊綴合，詳見姚磊（2017P188－201、2021P86）。綴合後可復原“月”字，可知原釋文“十二日”實際是“月二日”。

［6］此簡由姚磊綴合，見姚磊（2021P87）。

［7］西中：時稱。正中午稱“日中”，日中略前稱東中，稍後稱西中。

☒賞[1]叩頭言：ᵢ 宋巨卿坐前毋恙，頃久不望見舍中，起居得毋有它。先日數累左右，毋它＝[2]。欲伏前面相見，加以新來毋器物，幸ᵢᵢ巨卿時力過府君行事，毋它。欲往，會病，心腹丈滿，甚□□往[3]，以故至今，請少□詣前。叩頭。壹數☒ᵢᵢᵢ……☒[4]之比得左右。頃[5]叩頭。因白官移記諸部令移☒ᵢᵥ……□言君☒ᵥ　　73EJT23：359A+807A[6]

……史賞致此書

置佐宋巨卿。　　　賞叩頭幸＝甚＝（幸甚幸甚）。　　73EJT23：359B+807B

【校釋】

［1］孫：原簡圖作▉，左部並非“子”，懷疑釋字有誤，可能是從“車”的字。賞：原釋作“常”，此字原圖結構不明確，今據簡背面出現的“賞”改釋。

［2］此號若作重文解釋，語義頗不順，故此號不能作重文號看待。比照同簡出現的“毋它。欲……”，如暫不作重文號看待，與此處“毋它。

欲……"行文恰好相同。由此推斷此處的重文號要麼表示加重語氣,要麼就是表示停頓作用。結合文義來看,應該以後者爲是。

[3]往:原釋作"注",與同簡出現的"往"對比即可知兩者是一字,知原釋作"注"有誤,今改。

[4]貰:原釋作"疾",此字原簡圖作,上從"世",下從"貝",同類字形見肩伍 D：231。《説文·貝部》:"貰,貸也。"即借貸賒欠之義。

[5]頃:原釋作"願",原簡圖作。"頃"、"願"兩字的草書形近易混,但"願"字左部第一筆通常是撇畫,"頃"左部的第一筆多是橫畫。不過這類形近易混字考釋多要以文義通順爲主。願,表示希望之義,"願叩頭"説法金關簡未見。《説文·匕部》:"頃,頭不正也。"頃,有傾倒之義,故"頃叩頭"猶言低頭拜叩之義。"頃叩頭"辭例又見 T31：165"頃叩頭,幸甚",可爲證。

[6]此簡由姚磊綴合,詳見姚磊(2021P88)。

☑□得毋有它,願詣前,迫職不及[1]。叩=頭=(叩頭叩頭)。因道

　　　　　　　　　　　　　　　73EJT23：360A

☑□[2]許子□[3]同封,願子春到必幸以時出之。　　73EJT23：360B

☑□□□移肩水候官候史張普坐不日迹□☑　　73EJT23：361A[4]

☑　／掾忠、兼獄史敞。☑　　　　　73EJT23：361B

☑施刑士張廣等發行爲巧詐亡ⅰ☑☑傷一人□□昧[5]獄未論,四人亡未得,昧死奏名牒。☑ⅱ　　　　73EJT23：362

☑□隧留不和[6],至定昏(昏)[7]乃和☑　　73EJT23：363

【校釋】

[1]迫職不及:書信常用語,猶言迫於工作未能與您見面。

[2]此未釋字原釋文無,今據原圖版補。

[3]此未釋字原簡圖作,應作人名。

[4]此簡中的"移"、"候史"原皆未釋,從胡永鵬(2021.1)補釋。

[5]昧:原釋作"賕",此字原簡圖作,同簡"昧"作,對比可知

兩者爲一字,但兩字用法似有別,後者是固定詞組,前者似指簡文"獄未論"之人。

[6]和:此簡中兩見,原釋文皆作"私",文義不順。"私"、"和"在西北漢簡中常常同形不别,要以文義確定釋字。據文義,這裏所説的"不和"可能指烽火不和。

[7]昬:原釋作"昏",今據原簡字形改。

隆叩頭白君公,見[1]數不一└二,叩=頭=(叩頭叩頭)。前者辱〈屬(囑)〉[2]來人告以欲爲稟就,屬(囑)今旦將廩,ｉ

　　　　　　　　　　　　　　73EJT23:364A+253A[3]

吏[4]持記來,言不能得就,即爲就者,今□□來[5],須[6]而發[7]。叩=頭=(叩頭叩頭)ｉ　　　　　　73EJT23:364B+253B

【校釋】

[1]見:原釋作"兄",從王錦城(2019P133-142)改釋。

[2]辱:原釋作"屬",此字原簡圖作 辱 ,爲"辱"的草書。此處當是"屬"誤寫作"辱"。屬,這裏讀作"囑",用作囑託義。

[3]此簡楊芬在私信中告知可綴合,並補釋正面茬口處的"稟"。

[4]吏:原釋作"史",從《合校》(2021P240)改釋。

[5]來:原釋作"報",原簡圖作 來 ,同簡正面"來"原簡圖作 來 ,兩者大同,今改釋。

[6]須:須臾、片刻。《荀子·王制》:"賢能不待次而舉,罷不能不待須而廢。"楊倞注:"須,須臾也。"

[7]發:原未釋,此字正處茬口處,綴合圖作 發 ,就是肩肆 T37:1067B 發 、肩貳 T15:28B 發 之類的"發"草書寫法。

斥(斥)竟隧長馬適中定記　　　☑　　　　　73EJT23:365A

斥(斥)竟隧長馬適敞☑ｉ孫稚文以印☑ⅱ　　　73EJT23:365B

李子公箭五☑ｉ□□□□□□□☑ⅱ　　　　　73EJT23:366

☑厚[1]☑歸[2]左部☑☑日久家以廉貧久☑

☑☑☑☑主簿[3]☑☑☑[4]得泉(錢)五千☑☑　　73EJT23：367A[5]

☑　詣官[6],屬[7]孝弟(悌),力☑　　　　　　73EJT23：367B

【校釋】

[1]厚：原釋作“譚”,原簡圖作▩,當爲“厚”之草書寫法。

[2]歸：原釋作“謂”,原簡圖作▩,皇象本《急就章》“歸”寫作▩,兩者形近,今擬改釋。

[3]簿：原未釋,此字原簡圖作▩,字形結構雖不完整,但所從“艹”和“氵”皆可見,今補。主簿,官職名,漢及以後中央各機構和地方郡、縣設置的事務官,主要職責是掌管官方内的文書、檔案、賬簿等。

[4]此未釋兩字原簡字形分別作▩、▩,待考。

[5]胡永鵬(2017P574)定此簡屬王莽統治時期。

[6]詣官：原未釋,今據原圖版擬補。

[7]屬：原未釋,今據原圖版補。按：此字原簡圖作▩,當爲“屬”的草書,同類寫法如居 393.1B ▩、肩貳 T23：15A ▩、肩伍 F3：117A ▩。

☑錢百七十七　　☑　　　　　　　　　　　73EJT23：368

受降隧卒☑☑Ⅰ……☑☑☑☑☑☑☑錢七千五百☑錢七十☑

☑☑直(值)錢☑Ⅱ i……☑☑☑☑初元二年六月甲午[1],酒肉☑☑

☑☑☑☑☑☑Ⅱ ii……☑☑☑☑☑錢六十☑Ⅱ iii　73EJT23：369

【校釋】

[1]甲午：原釋作“庚辛”,從黃艷萍(2013P188-200)改釋。按：居延新簡 ETP51.236 載“初元二年六月己丑朔”,己丑朔,甲午爲當月六日。

☑正月奉六百以付 i☑爲言何[1] ii　　　73EJT23：370+358[2]

執適[3]☑i適敢☑ii　　　　　　　　　　　73EJT23：371

居攝元年五月[4]省卒稟(廩)[5]名籍。　　☑　73EJT23：372

觻得騎士千秋張輔，　載茭百束。　　☑　　　　　　　73EJT23：373

☑節[6]，直(值)五十五。又貸幼麥二石六斗，直(值)二百六十。貰

買幼百，布綺一兩，布袍一領。i　　　　　　　　　73EJT23：374

第六隧長殷延☑　　　　　　　　　　　　　　　　73EJT23：375

(此簡已與 T23：659 簡綴合)　　　　　　　　　　73EJT23：376

☑□，　未得九月奉六百。　　乙未☑　　　　　　73EJT23：377

出麻[7]二石，　至八月己丑除書[8]到☑　　　　　　73EJT23：378

【校釋】

[1]何：原釋文缺釋，綴合者釋作“乃”，與原字形差距較大，今改。

[2]此簡由姚磊綴合，詳見姚磊(2021P89)。

[3]執適：原釋作“報□”，從何茂活(2018.4)改釋。

[4]居攝元年五月：肖從禮(2012P289-294)：“五月”爲目前所見漢簡中居攝元年年號最早的月份。由於此簡性質爲統計類的標題簡，故“居攝元年五月”有可能屬於追記，不能作爲最早使用居攝年號的依據。

[5]稟：原徑釋作“廩”，今據原圖版改。

[6]節：原釋作“領”，原簡作 ，此形爲“節”之常見草書寫法，但按照文義，此字似爲“領”之訛誤。

[7]麻：張再興、黃艷萍(2017P72-77)釋作“庍”，讀作“耕”，王錦城(2019P1321)疑爲“糜”之異體。按：此字原簡圖作 。金關簡中又見“磨”，爲“歷”之俗寫。疑此字即爲“歷”之省。T21：188 有“凡出磨(歷)六十石”，兩者用義應該相同，都讀爲“糒”。糒，後或作“㯱”。《史記·太史公自序》：“糒粱之食，藜霍之羹。”索隱引服虔云：“糒，臝米也。”

[8]除書：李均明(2009P55)：除，任命。……除書不僅僅是任命書，而是一組涉及與某項任免相關的調動、升遷、免職、代理事宜的文書。

禄福始昌里江道人，　　　牛車一，□☑　　　73EJT23：379+387 [1]

元康三年九月辛卯朔□☑

令史元康三年十月戊午[2]☑　　　　　　　　　73EJT23：380

五兩輸肩水已　　☑　　　　　　　　　　　　　73EJT23:381

☑□取　　百五十孫聖夫取　　　　　　　　　73EJT23:382

☑奉錢卌九萬四千六百九十☑　　　　　　　　73EJT23:383

䍐得騎士富貴里高齊,　　　年廿五。☑　　　73EJT23:384

本始五年五月戊辰朔辛巳,平鄉☑i保同里男子橋定廣,年五十四,

☑ii廷移過所縣邑門亭,毋苛留,如律令。☑iii　73EJT23:385

爲職至今年十一月甲寅,所部候史䍐得☑　　　73EJT23:386

(此簡已與 T23:379 簡綴合)　　　　　　　　73EJT23:387

員嚴[3]記,再拜,奏[4]　　☑i過大公合(閤)下[5],　☑ii 73EJT23:388

【校釋】

[1]此簡由楊小亮綴合,詳見楊小亮(2013P280—285)。

[2]戊午:原未釋,從胡永鵬(2017P85)補釋。

[3]員嚴:員,原釋作“貟”,從劉樂賢(2015P237—242)改釋。員嚴,姓員名嚴。

[4]奏:劉樂賢(2015P237—242):呈上、呈交的意思。

[5]過大公合下:過,原釋作“遺”,從劉樂賢(2015P237—242)改釋。過大公,人名,亦見 T23:328。合下即古書所説的“閤下”,用於表示對收件人的尊敬和客氣。

入雞一,雞子[1]十。　　元康三年三月甲午朔丙辰,嗇夫蓋衆受☑

　　　　　　　　　　　　　　　　　　　　　73EJT23:389

馴堅〈望〉[2]隧長武生☑　　　　　　　　　　73EJT23:390

☑南書八輩,　　十六封☑　　　　　　　　　73EJT23:391

☑　稟(廩)[3]廣漢隧[4]長宋長八月□☑　　　73EJT23:392

相伏地再　☑　　　　　　　　　　　　　　　73EJT23:393

☑客=舍=言昨朝有來過者□□☑　　　　　　73EJT23:394

☑徐卿白咋(昨)[5]日☑　　　　　　　　　　　73EJT23:395

【校釋】

［1］雞子：王錦城（2019P1322）：當指雞蛋。

［2］堅：原釋作“望”，此字原簡圖作 ，較容易辨別爲“堅”字。此“堅”乃“望”之訛誤。

［3］稟：原徑釋作“廩”，今據原圖版改。

［4］廣漢隧：不知所屬。

［5］㑕：此字孔德衆、張俊民（2013.6）、何茂活（2014P225-236）皆已指出是“昨”的異體字。

☑署所稟蟲矢九十二　☑	73EJT23:396A
☑所稟蟲矢九十二　☑	73EJT23:396B
☑☑丁丑去☑	73EJT23:397
☑卩　馬一匹。弓	73EJT23:398
八石具弩一，　　☑	73EJT23:399
張掖肩水候官塞[1]有秩士吏公乘張弘，　　元☑	73EJT23:400
□□□□□□□□□吏者皆赦□□□[2]☑	73EJT23:401
……☑	73EJT23:402A
……☑	73EJT23:402B
□定世擅去署壹宿，□□□毋它以☑	73EJT23:403

都倉責安，不得一錢也。贛不可毋予。子都錢不至，復使安住〈往〉也。謹因 i 　　　　73EJT23:404A+265B[3]

□□□□□□到今□爲□責□□□□□□……ⅰ安幸〻甚〻（幸甚幸甚），節[4]贛奉未出，安請案子都[5]□君言贛負安錢也，節□□□ⅱ

73EJT23:404B+265A

【校釋】

［1］塞：原未釋，從胡永鵬（2014P235-246）補釋。

［2］此簡原釋文作“……”，今據原圖版重新整理。

［3］此簡由伊強綴合，詳見伊強（2016P382-387）。

[4]節：表示假設。

[5]子都：原未釋,從綴合者補釋。

☑庫嗇夫[1]賞復訊護辤(辭)已定,滿三日欲更言不☑ 73EJT23:405

成並叩頭白：子春坐前,幸所爲書[2],各已……☑　　73EJT23:406A

者□更治□執願且復給[3]便獲[4]□計□□□☑　　73EJT23:406B

第卅　□□□□□□□☑　　　　　　　　73EJT23:407

執適守隧長彊[5]臨、登山隧長王詡辤(辭)皆曰：音前□[6]☑

　　　　　　　　　　　　　　　　　73EJT23:408

卿足下,幸□□謹奉教[7]再拜奏,客爲吏□□☑　73EJT23:409A

充[8]□□屬夫人任大□,充叩頭,謹[9]因使□□☑　73EJT23:409B

【校釋】

[1]庫：原釋作“厚”,此字原簡圖作庫,當爲“庫”之草書。此類“庫”形金關簡中常見,例如肩肆 T37:1068庫、肩伍 F3:327庫、肩伍 D:25A庫。“庫嗇夫”爲官職,主管庫之小吏。此官金關簡中非常多見,如 T4:147、T6:81A、T9:54 等。

[2]幸所爲書：此處的“爲書”猶今言寫信,“幸所爲書”猶言有幸能給您寫信。

[3]給：原未釋,原圖版作給,字形墨跡斑駁有缺失,但右從“合”非常明確,左爲“糸”的草書寫法,相類字形如居 10.40給、肩叄 T30:16給、肩壹 T3:54B給,今補釋。

[4]便獲：懷疑當是“致掾”二字。

[5]彊：原未釋,從姚磊(《合校》2021P242)補釋。按：此字原簡字形可與 T23:289 中“彊”字形對比參看。

[6]此未釋字原釋文無,今據原圖版補。

[7]奉教：自謙語,接受教導。

[8]充：原未釋,與同簡後文“充”字對比即可知兩者是一字,今補。

　　[9]叩頭謹:三字原皆未釋,原簡字跡不甚清晰,且"叩頭"常草書簡省書寫,需要通過文義來確定,"叩頭,謹因……"是書信用語中較常見的組合,相似行文如 T23:788B"甚幸,叩頭。謹因……",還有 T24:73A、T37:215B、F2:33 等皆可見用例。今結合殘留墨跡與常見文例補釋。

☑言前言解謹☑　　　　　　　　　　　　73EJT23:410

張攸……☑　　　　　　　　　　　　　73EJT23:411A

欲使兒入[1],到固門[2]有所取……☑　　　73EJT23:411B

☑伏自維念殺身靡(磨)骨毋以報,叩頭。　73EJT23:412

南書六封居延都尉:Ⅰ其三封六月戊子起府,Ⅱⅰ三封六月己丑起府。Ⅱⅱ二封詣張掖大守府,一封詣京兆府,一封詣……☑Ⅲⅰ一封詣敦煌大守府,一封詣肩水府。☑Ⅲⅱ　　　73EJT23:413

出臨澤隧長彭運二百廿束。　居聑(攝)三年閏☑　73EJT23:414

毋吏教使者狀☑　　　　　　　　　　　73EJT23:415

元始五年十一月[3]辛卯……☑　　　　　73EJT23:416

出賦泉(錢)六百。　～☑　　　　　　73EJT23:417[4]

(此簡已與 T23:91 簡綴合)　　　　　73EJT23:418

居聑(攝)二年十月庚☑　　　　　　　73EJT23:419

☑月乙卯,北鄉右扶廷殿[5]☑☑　　　73EJT23:420

☑凡入穀五千六百五十七石九斗少。　受☑　73EJT23:421

☑☑五千六百九十五石四斗少☑　　　73EJT23:422

☑☑☑☑錢遣候史☑　　　　　　　73EJT23:423

☑☑小疾,未任衣[6]☑　　　　　　73EJT23:424A

☑☑錢願相急☑[7]☑　　　　　　　73EJT23:424B

☑書到,出入如律☑　　　　　　　　73EJT23:425

☑署執適隧詡金☑☑　　　　　　　73EJT23:426

守置佐高嘉,年卅☑　　　　　　　　73EJT23:427

☑　　五百　　☑　　　　　　　　　　　　73EJT23:428

（此簡已與 T23:91 簡綴合）　　　　　　73EJT23:429

☑　視☑　　　　　　　　　　　　　　73EJT23:430

（此簡已與 T23:432 簡綴合）　　　　　73EJT23:431

☑【始建國】[8]三年八月戊午朔丙戌,東鄉有秩襃敢言之:中宿里男子王長,自言從府史[9]樊戎☑ⅰ☑□戎俱。謹案:長爵庶更,年十枲歲,毋官獄徵事,當得以令取傳,謁移過☑ⅱ

73EJT23:432+260+431^[10]

【校釋】

[1]兒入:兒,原未釋,原簡圖作 ,上"臼"下"儿"基本可辨識。入,原未釋,原簡圖作 ,較易辨識。兒,在簡中應用作人名。

[2]到古門:到,原未釋,原簡圖作 ,雙鉤復原圖作 ,從"至"從"刀"皆可辨知。古,原未釋,此字原簡圖作 ,中間有不確定筆畫,不能定釋。門,原未釋,原簡圖作 ,較易識別。古門,可能是某門名或讀作故門,意指原來的門。簡文的大意可能是説,想要指使兒進入,到原來門(古門)處獲取……。

[3]十一月:原未釋,從周艷濤、李黎(2014.1)擬補。

[4]胡永鵬(2017P574)定此簡屬王莽統治時期。

[5]此字原逕釋作"殷",其原簡圖作 ,與"殷"字略有不合,疑是"段"或"叚"。

[6]何茂活(2015.1.7)指出末尾未釋字作"衣",今從補。未任衣,猶言不能穿衣。

[7]此未釋字原簡圖作 ,疑是"惠"字。

[8]年號原簡缺失,據羅見今、關守義(2014.2)補。

[9]府史:在金關簡中"府"多指太守府或都尉府,這裏的"府史"可能指太守府的掾史、佐史。

[10]此簡由伊強綴合,見伊強(2016P115-129)。胡永鵬(2017P575)

將此簡歸爲新莽時期。

☑南部候☑☑　　　　　　　　　　　　　　73EJT23:433

☑　　☑^[1]其萬八☑　　　　　　　　　　73EJT23:434

（此簡已與 73EJT23:459 綴合）　　　　　　73EJT23:435

☑☑☑☑移丁外人☑　　　　　　　　　　　73EJT23:436

☑☑年廿八……☑　　　　　　　　　　　　73EJT23:437

☑☑☑☑廷署東部☑　　　　　　　　　　　73EJT23:438

肩水金關☑　　　　　　　　　　　　　　　73EJT23:439

六月丁未☑　　　　　　　　　　　　　　　73EJT23:440

☑解君公有☑　　　　　　　　　　　　　　73EJT23:441

☑☑^[2]趙稚,年廿☑　　　　　　　　　　73EJT23:442

主^[3]隧七所,以僥(徼)^[4]迹☑☑☑　　　73EJT23:443

長安屬縣☑☑　　　　　　　　　　　　　　73EJT23:444

☑虜隧戍^[5]卒趙國襄國☑　　　　　　　　73EJT23:445

　　【校釋】

　　[1]此未釋字原釋文無,今據原圖版補。

　　[2]此未釋字原釋文無,今據原圖版補。

　　[3]主:主管、負責。文例又見於 H2:24,可互參。

　　[4]僥:原徑釋作“徼”,今據原圖版改。

　　[5]“隧戍”與簡尾的“國”原皆未釋,從(胡永鵬 2014P235-246)補釋。

不知何人盜☑　　　　　　　　　　　　　　73EJT23:446

☑日未中時墩上表一通。弓

☑日失夕時^[1]墩上表一通。弓　　　　　　73EJT23:447

☑法屯曹橐☑　　　　　　　　　　　　　　73EJT23:448

☑長道☑☑以受刺☑　　　　　　　　　　　73EJT23:449

☑卯不待案　　　　　　　　　　　　　　　73EJT23:450

☑☑樂不如☑	73EJT23:451
(此簡已與 T23:351 簡綴合)	73EJT23:452
☑☑☑欲以事見	73EJT23:453
☑☑韓^[2]誼省府☑	73EJT23:454
☑月癸未朔乙酉,☑ⅰ☑☑☑☑☑ⅱ	73EJT23:455
☑癸丑致☑	73EJT23:456
留將☑	73EJT23:457
☑五卩	73EJT23:458
☑水金關遣□卒詣府□☑	73EJT23:459A+435A
☑　守令史武☑	73EJT23:459B+435B^[3]
大車一兩,　☑ⅰ用牛一頭。　☑ⅱ	73EJT23:460
孝賞叩□^[4]☑	73EJT23:461A
奉月□☑	73EJT23:461B
☑☑☑　　稾矢五十,　☑ⅰ☑劍一。　☑ⅱ	73EJT23:462
☑☑謹移所自占	73EJT23:463
☑□挌^[5]殺☑	73EJT23:464

【校釋】

[1]日失夕時:王錦城(2019P1846):據日失中爲日中之後一個時段的名稱來看,日失夕當爲日夕之後一個時段的名稱。

[2]簡首未釋字原釋文無,今據原圖版墨跡補。韓,原未釋,此字原簡圖作。此形雖然墨跡有缺失,但金關簡中有（肩肆 T37:871）、（肩伍 D:169）兩形,對比後尤其可説明此簡字形結構。韓,此處用作姓氏,韓誼爲人名。

[3]此簡由姚磊(2020.6.2)綴合。

[4]此未釋字原釋文無,今據原圖版補。

[5]挌:原釋作“格”,從沈思聰(2018P304)改釋。按:《説文·手部》:“挌,擊也。”此簡正用《説文》義。

☑寸,黑色。　　　☑　　　　　　　　　　　73EJT23：465

☑六月乙巳日☑☑　　　　　　　　　　　　73EJT23：466

觻得步利里公乘程歈,年☑　　　　　　　　73EJT23：467

☑關遣吏☑　　　　　　　　　　　　　　　73EJT23：468

☑□□不☑　　　　　　　　　　　　　　　73EJT23：469

☑卒□☑　　　　　　　　　　　　　　　　73EJT23：470

☑□Ⅰ☑莫當隧卒同八分[1] Ⅱi☑嘉[2]行。Ⅱⅱ　　73EJT23：471

☑十二☑　　　　　　　　　　　　　　　　73EJT23：472

☑□三　　☑　　　　　　　　　　　　　　73EJT23：473

☑□[3]都會☑　　　　　　　　　　　　　　73EJT23：474

☑□[4]四斗☑　　　　　　　　　　　　　　73EJT23：475

☑□恐□☑　　　　　　　　　　　　　　　73EJT23：476

☑□百九☑　　　　　　　　　　　　　　　73EJT23：477

(此簡已與 T23：354 簡綴合)　　　　　　　73EJT23：478

☑□□詣大守府有會日須☑　　　　　　　　73EJT23：479

肩水候官神爵二年七月吏□[5]☑　　　　　　73EJT23：480

朱幼季少九。亅　散幼君少十四。亅☑

段子賓多十。亅　楊翁前[6]多十☑　　　　　73EJT23：481A

止虜隧長申延壽九月。　　候史唐忠九月。☑

　　　　　　　　　　　散幼君五十　孫子卿百廿☑

安樂隧長孫東門九月。　　聞賓九十二　李子高三百八十☑

　　　　　　　　　　　　　　　　　　　　73EJT23：481B

廣野隧卒淳于德。　　　☑　　　　　　　　73EJT23：482

甲寅迹毋越塞出入迹。☑　　　　　　　　　73EJT23：483

☑卒悉[7]輓[8]林下,以丁未☑　　　　　　　73EJT23：484

　　【校釋】

　　[1]八分:原釋作一未釋字,從姚磊(《合校》2021P243)改釋。

[2]嘉:人名。何茂活(2018.4)釋作"壽"。

[3]此未釋字原釋文無,今據原圖版補。

[4]此未釋字原釋文無,今據原圖版補。

[5]此未釋字原釋文無,今據原圖版補。

[6]前:沈思聰(2018P304)釋作"叔"。

[7]悉:人名。

[8]輓:運輸。《説文·車部》:"輓,引也。"徐鍇《繫傳》作"引車也"。

☑牛車一兩。　　弩一,矢五十。　　卩　　　　　　73EJT23:485

☑十一月庚申入。　　　　年卅二☑　　　　　　73EJT23:486

☑□湯温□[1]……☑　　　　　　　　　　73EJT23:487

望城隧卒成[2]頤(頤)[3],　　賷賣布一匹,賈錢二百五十,貸錢百冊,
凡直(值)三百九十。故水門隧長尹野所。ⅰ　73EJT23:488+963[4]

☑亭長以主隧試[5]至神爵二年十☑　　　73EJT23:489+H2:27[6]

辤(辭)曰:隴西首陽☑　　　　　　　　73EJT23:490

告執適隧長宣、平樂隧長遂,昨(昨)日南盡☑ⅰ發省卒。會[7]昨
(昨)莫(暮),至今未到。宣乚、遂[8]☑ⅱ
　　　　　73EJT23:491A+492B+525A+515A+947B+1038B[9]

月食。會今,毋得以它爲解。　　·將作☑ⅰ如卒。至今未來。記
到,宣等趣遣令☑ⅱ　73EJT23:491B+492A+525B+515B+947A+1038A

【校釋】

[1]此未釋字原釋作"里",今審原圖版,知此字當爲從"氵"之字,今
改。其後似無墨跡,原釋文"……"可疑。

[2]成:原釋作"咸",此字原簡圖作 ![字形], 中間並非"口",從張再興、
黃艷萍(2017P72-77)、何茂活(2018.4)改釋。

[3]頤:原徑釋作"頤",原簡圖作 ![字形],伊強(2016P115-129)、張再
興、黃艷萍(2017P72-77)已指出此形爲"頤"之訛變字形,今改。

[4]此簡由伊強綴合,見伊強(2016P115-129)。

　　[5]試:原未釋,此字正當茬口處,綴合後字形作 ![字形],綴合後此字所從
"言"基本完整,右側所從"式"之"工"也基本清晰。試,在此指比試義。漢
簡中可見秋射制度,此"試"或指"秋試射"之"試"。

　　[6]此簡由姚磊綴合,見姚磊(2021P90)。

　　[7]會:至、到。《廣雅·釋詁三》:"會,至也。"

　　[8]遂:原未釋,綴合者釋作"隧"。此字原簡字形左部略殘,導致右部
所從不明確。此字在簡中作人名,指的應就是同簡出現的平樂隧長,今據
同簡用字改。

　　[9]此簡由楊小亮、姚磊綴合,詳見楊小亮(2014P300-309)、姚磊
(2017P188-201、2021P91)。綴合者簡號順序與釋文不對應,今改。

(此簡已與 T23:491 簡綴合)　　　　　　　　　　　73EJT23:492

☑三升少,　　以稟(廩)[1]夷胡隧卒。☑　　　　73EJT23:493

☑之,府移刺史書。……　　　　　　　　　　　　73EJT23:494

☑□[2]且亂[3]反謂□☑　　　　　　　　　73EJT23:495A

☑□人智[4]乎以故有☑　　　　　　　　　　73EJT23:495B

☑封張掖居城司馬[5],四封詣張掖大守府,一封詣肩水都尉府,一封
詣□□□……從御史周卿治所,一封詣熒陽罷戍田,謂 ![橋]橋[6]丞相
史治所。·七封居延令印,二封詣觻得,一封詣酒泉㴴[7]涫縣,一封
詣鶏〈鶉〉陰[8]。i☑一封詣肩水候官,一封詣日勒,一封詣魏郡館
陶。閏月戊午,卒宗受莫當日蚤食行。ii 73EJT23:496+1059+506[9]

　　【校釋】

　　[1]稟:原徑釋作"廩",今據原圖版改。

　　[2]此未釋字姚磊(《合校》2021P244)釋作"具"。

　　[3]亂:原簡作 ![字形],原釋作"乳"。按:漢簡常見的"亂"字也作此形,原
簡雖文義不明,但"亂反"尚有關聯,今改釋。

　　[4]智:原未釋,從何茂活(2018.4)補釋。

　　[5]居城司馬:"居延城司馬"之省。陳夢家(1980P46):張掖居延城司

馬可以秩次或近次代行居延都尉事，居延城倉長可以兼行居延都尉丞事，則此城司馬與城倉長俱屬於居延都尉，而城倉與都尉府同在一地，故得兼行。

［6］橋∶原未釋，今據原圖版擬補。

［7］灤∶原釋作“樂”，從黃艷萍（2018P134-140）改釋。

［8］鷾陰∶原釋作“館陶”，此二字原簡圖作 🔲、🔲 ，當作“鷾陰”。前者字形左爲“壹”之簡俗寫法，右爲“鳥”，非“館”字。漢簡中“陶”、“陰”同形相混，字形上難以區别，需結合文義。《漢書·地理志》載安定郡下有鶉陰縣，正可與此簡郡縣名相對證。可知“鷾陰”當爲“鶉陰”之訛誤，此爲金關簡中的一個特殊書寫現象，T8∶35、T37∶698 出現的“鶉陰”也皆寫作“鷾陰”。

［9］此簡由伊強綴合，見伊強（2015.6.17）。按∶原圖版 T23∶496 簡比其他兩簡略寬，但縮小後與綴合簡茬口非常吻合，且文辭通順，疑 T23∶496 簡圖並非原始比例。

☑塞虜隧卒爰魯，自言迺七月中貸故☑☑　　　　　　73EJT23∶497

☑隧戍卒粱（梁）國菑〈菑〉[1]市陽里☑　　　　　　73EJT23∶498

☑二索不事用。　　☑　　　　　　73EJT23∶499

☑以稟（廩）[2]安竟隧卒徐充光三月食。☑　　73EJT23∶500+511 [3]

水門隧卒淳于□[4]☑　　　　　　73EJT23∶501

　　　　卿幸謂☑

☑□記

　　　居延來☑　　　　　　73EJT23∶502A

☑厚恩得，幸ⸯ甚ⸯ（幸甚幸甚）。☑　　　　　　73EJT23∶502B

☑中故水門隧長尹野，使水門隧卒成[5]、弱郭[6]徒毋何[7]，賁賈〈買〉[8]皂布一匹，直（值）三百。i　　73EJT23∶503+925 [9]

【校釋】

［1］菑∶原徑釋作“菑”，孔德衆、張俊民釋作“甾”。按∶此字原簡圖作

，與“薑”無異，今改。

[2]稟:原徑釋作“廩”,從綴合者改釋。

[3]此簡由楊小亮(2013P280-285)綴合,並在綴合處補釋“徐”字,今從補。

[4]此未釋字王錦城(2019P1329)釋作“得”。

[5]成:人名。

[6]弱郭:表義不明。疑是人名。

[7]毋何:疑是人名。

[8]賈:原簡作，原釋作“買”,此處當爲“買”訛誤作“賈”,今改。

[9]此簡由姚磊綴合,詳見姚磊(2017P188-201、2021P92)。

☑移候令史	73EJT23:504
☑沙頭亭卒市	73EJT23:505
(此簡已與 T23:496 簡綴合)	73EJT23:506
☑詣大司農。一封詣大常,☑ᵢ☑廣地候印。一詣肩水☑ᵢᵢ	73EJT23:507
☑　人積茭百五十石☑	73EJT23:508
(此簡已與 T23:531 簡綴合)	73EJT23:509
馴望隧[1]卒驪[2]毋何☑	73EJT23:510
(此簡已與 T23:500 簡綴合)	73EJT23:511
☑取	73EJT23:512
(此簡已與 T23:538 綴合)	73EJT23:513
(此簡已與 T23:530 簡綴合)	73EJT23:514
(此簡已與 T23:491 簡綴合)	73EJT23:515
(此簡已與 T23:964 簡綴合)	73EJT23:516
河南郡☑	73EJT23:517
府傳章曰:乾齊長☑ᵢ九月丁卯以來,北出☑ᵢᵢ	73EJT23:518A
□□二年十月□戌朔丁卯,□□☑ᵢ□□□告臨□隧長……☑ᵢᵢ月壬	

申……☑ⅲ	73EJT23：518B
都尉章,詣橐他候☑ⅰ都尉章,詣廣地候☑ⅱ	73EJT23：519
☑□從謂壽曰☑☑	73EJT23：520
☑□繩不黄一木☑	73EJT23：521
騂北亭長　　□□☑	73EJT23：522
☑水吏安世☑	73EJT23：523A
☑　盡☑	73EJT23：523B
政再拜言☑	73EJT23：524
(此簡已與 T23：491 簡綴合)	73EJT23：525
(此簡已與 T23：954 簡綴合)	73EJT23：526
☑　以食□☑	73EJT23：527
安世除☑	73EJT23：528
☑辛卯四☑	73EJT23：529
☑弓一,櫝丸一,箭五十。△[3]☑	73EJT23：530+514[4]
☑□谷隧長屋闌福至里薛某。☑	73EJT23：531+509[5]
廣漢隧戍卒趙國□	73EJT23：532+768[6]
☑八十步　　九十步☑	73EJT23：533
☑□爲郡送☑	73EJT23：534
☑居ᇗ延ᇗ遣☑	73EJT23：535
☑長長☑	73EJT23：536
☑具在	73EJT23：537
☑矢卅 弓百一十	73EJT23：538+513[7]
(此簡已與 T23：542 簡綴合)	73EJT23：539
☑掖[8]肩水都尉☑	73EJT23：540
☑赤色　☑	73EJT23：541
☑□鑠得延壽里王珥☑	73EJT23：542+539[9]
☑□日□帶壽☑	73EJT23：543

☑☑☑作亡	73EJT23：544
☑☑☑☑☑☑	73EJT23：545
☑北檄十一　　☑	73EJT23：546
☑☑☑	73EJT23：547A
……☑	73EJT23：547B
☑候史三☑	73EJT23：548
靳干三其☑	73EJT23：549
☑主　☑	73EJT23：550
☑☑詣廣地候官，一詣橐他☑	73EJT23：551
糜二百六十☑	73EJT23：552
☑☑以私印☑	73EJT23：553
子卿稗[10]婦足下，見☑☑ⅰ☑☑☑☑☑☑☑☑☑ⅱ	73EJT23：554

【校釋】

[1]駟望隧：屬肩水候官。

[2]騣：原簡圖作**鳥多**，原釋作“駒”，何茂活（2014P225－236）以爲是“驄”之省寫。按：驄，《説文》本作“驄”，較晚俗從“忽”。按照漢簡的俗寫習慣，此字右部可能是“芻”之俗，今改。

[3]此符號原未釋，從綴合者補釋。

[4]此簡由姚磊綴合，見姚磊（2021P93）。

[5]此簡由楊小亮綴合，詳見楊小亮（2013P280－285）。

[6]此簡由胡永鵬綴合，見姚磊（2021P420）。

[7]此簡由謝明宏（2022.6.10）綴合。按：“百”、“十”釋字可疑，尤其是“十”，疑是“丨”校對號。

[8]此字有兩種解釋。按照金關簡中的常見行文組合是“張掖肩水都尉”，以此推知原未釋字當是“掖”。此字原簡圖作**女**，金關簡中的“掖”很多書寫十分簡省，如肩壹T9：148 **扚**、肩壹T7：136 **掖**、肩貳T23：496 **扚**、肩壹T9：104 **扚**。故可將此簡中的字形視作“掖”的簡率寫法。但從

字形對比來看，形左部也可視爲“土”形，右可視爲“成”之草書，即釋作“城”也有可能。金關簡中如肩肆 T37：1120 ，兩形十分接近。暫依前者。

[9]此簡由姚磊綴合，並補釋“里”、“王”兩字，見姚磊(2021P94)，今從補。

[10]稃：原釋作“稚”，從姚磊(《合校》2021P245)改釋。按：此字原簡圖作，當改。

·右士吏候長十三人。　　　☑	73EJT23：555
五月癸亥，武☑	73EJT23：556
☑伏地再拜請☑	73EJT23：557
☑□居延都尉☑	73EJT23：558
☑得　　☑ᵢ☑□日下餔時付□☑ᵢᵢ	73EJT23：559
出賦錢千二百☑	73EJT23：560

出麥十八石合〼卩　　居攝元年六月癸未，置佐玄付乘胡隧長放。

73EJT23：561+577[1]

廣地士吏陳廣平[2]子小女負，年五歲☑　　73EJT23：562

☑入　　水官者[3]，宮日數遷，羽日安，商、角日可，徵日兇。·冬以晦[4]到官視事，未到□☑ᵢ　　73EJT23：563+643[5]

【校釋】

[1]此簡由姚磊(2021P95)綴合，綴合後補釋“置”字，今從補。此簡有兩處空白，應是編繩位置。簡中的“三”原未釋，今據原圖版擬補。

[2]平：原未釋，從何茂活(2018.4)補釋。按：此字原簡圖作，右下點畫當爲第三橫畫的斷續。

[3]者：原釋作“徵”，從王強(2019P319-331)改釋。按：此字應是刮削之後再寫上去的，周圍較淡的墨跡應該是刮削殘留。

[4]晦：原釋作“時”，此字原圖版作，王強已指出原釋與字形不合，但未指出新的釋字意見。此字左從“日”清晰，右實際從“每”。漢簡中的

"晦"如肩貳 T23：574 ▦、居新 T59.339 ▦、居新 T68.197 ▦,可作對比。

［5］此簡由伊強綴合,轉見姚磊(2021P420),解析見王強(2019P319－331)。

☐爲職至今七月己巳☐☐　　　　　　　　　　　73EJT23：564

☐主隧六所負四百八十箄　　　　☐　　　　　　73EJT23：565

☐者,雖不爲盜賊,一人當小盜,一人爲郡中冣☐☐

73EJT23：566+689[1]

奉用錢八十二萬三千二百。　　　　　　　　　　73EJT23：567

戍卒河東郡臨汾[2]☐里靳[3] 孟竟[4]廿四[5],庸同郡☐☐

73EJT23：568+846[6]

【校釋】

［1］此簡由姚磊綴合,詳見姚磊(2021P96)。

［2］臨汾:縣名,居 279.8 又見臨汾邑。鄭威(2015P217－241):《漢書‧地理志》河東郡有臨汾縣,在今山西襄汾縣趙康鎮趙康村東約 100 米處。

［3］靳:原未釋,從綴合者補釋。

［4］此兩字原徑釋作"孟竟",字形略有不合。竟,原簡圖作 ▦,疑下部從"貝"。

［5］廿四:原皆未釋。綴合者補釋"廿",今再補"四"。按:據常見戍卒名籍的書寫格式,名字後應是年齡。原簡圖"廿"字右側長豎可能是污漬,"四"的外輪廓尚可見,暫根據常見文例擬釋作"廿四"。

［6］此簡由姚磊綴合,見姚磊(2021P97)。

如律令。　　☐　　　　　　　　　　　　　　73EJT23：569A

肩水君印。　　☐　　　　　　　　　　　　　73EJT23：569B

會水候官詣官府。　　　　　　　　　　73EJT23：570A+575B

帝爲其馬名﹦騮駼﹦(名騮駼。名騮駼)之疾禾耶,粟[1]留囗耶[2],旦
番[3]財ⅰ　　　　　　　　　　　　　　　73EJT23：570B+575A[4]

【校釋】

[1]粟:原未釋,何茂活(2018.4)疑是"稟",今據同簡文"禾"暫補釋
作"粟"。

[2]耶:原未釋,姚磊(2017P188-201)作"取",從何茂活(2018.4)
補釋。

[3]番:疑爲繁衍、生產之義。

[4]此簡由姚磊綴合,並補"名"、"留"、"旦"字,詳見姚磊(2017P188-
201、2021P98),今從補。

出粟四斗七升。　　　☑　　　　　　　　　73EJT23：571

☑六月庚辰,莊宗付范賞　□[1]☑　　　　　73EJT23：572

元始六年二月庚申朔丁卯,駼北亭長常敢言之:☑

編,敢言之。　　　☑　　　　　　　　　　73EJT23：573

☑欽三月戊申徙補,盡晦積一月逋奉[2]。　　73EJT23：574

(此簡已與 T23：570 簡綴合)　　　　　　　73EJT23：575

☑傳馬食二斗三升　　☑　　　　　　　　　73EJT23：576

(此簡已與 T23：561 簡綴合)　　　　　　　73EJT23：577

☑推辟部中各　　　　　　　　　　　　　73EJT23：578

☑[3]始二年二月丙辰朔☑(削衣)　　　　73EJT23：579[4]

晏伏地白:☑ⅰ幼闌[5]坐前善毋恙,見未久,□□尉卿過,得毋有它,
因白願☑ⅱ　　　　　　　　　　　　　73EJT23：580A+607A

侍有錢得日夜伏前,不負[6]。敢負之,毋尤,當食者□☑

使詣前受教,願毋尤,負[7]□……☑　　　73EJT23：580B+607B

【校釋】

[1]此未釋字原無,今據原圖版補。

[2]逋奉:逋,有拖延、拖欠之義。《廣雅·釋詁四》:"逋,遲也。"逋奉

即拖欠之俸禄。

〔3〕羅見今、關守義（2014.2）指出簡首殘缺"永"字。

〔4〕黄艷萍（2013P188-200）推此簡屬永始二年。

〔5〕闌：原未釋，原簡圖作 闌，上部爲"門"之草書寫法，下部是"柬"的草率寫法。居延舊簡中有一"闌"字作 闌（居 503.17+8），與此簡字形相類。幼闌，人名。此人名又見 T30：28B。

〔6〕負：原釋作"即"，王錦城（2019P416）改作"負"，姚磊（《合校》2021P246）以爲可能是"當"。按：此字原圖版作 負，細審原圖版，與原釋字差距太大，當作"負"。不負，就是不相欠，這是承上文"侍有錢"所説。

〔7〕負：原未釋，王錦城（2019P416）釋作"負"，姚磊（《合校》2021P246）懷疑是"當"。按：此字原簡作 負，與前文出現的"負"字形基本一致，只是此處正處茬口拼接處，下部形不完整。從王錦城補釋。

以爲竟〈意〉[1]，毋=忽=（毋忽毋忽），如律令。☑	73EJT23：581
☑十二月戊辰出。　　☑	73EJT23：582
☑　驚（警）米[2]九斗五升米斗五十，凡☑	73EJT23：583
☑郡國十二　　　上[3]有三石☑	73EJT23：584
☑受降隧長順敢言之。	73EJT23：585+598[4]
……☑ⅰ一封肩關小印，詣昭武☑ⅱ	73EJT23：586
☑□嗇夫章　☑	73EJT23：587
出粟六石　☑　☑	73EJT23：588
☑不耐等請（情）實[5]，口告昭☑	73EJT23：589
☑近所疑□[6]☑	73EJT23：590
☑□□□☑	73EJT23：591
☑西至☑	73EJT23：592
（此簡已編聯至 T23：900 之後《漢居攝元年曆譜》）	73EJT23：593
☑□取食官候長厶[7]☑	73EJT23：594

☑居延☑（削衣）	73EJT23:595
☑候長　　☑（削衣）	73EJT23:596
北書二封　　☑	73EJT23:597
（此簡已與 T23:585 簡綴合）	73EJT23:598
☑□守令史高憙☑	73EJT23:599
☑□□封[8]，毋章　　☑	73EJT23:600
使言之亭長□☑	73EJT23:601
☑平[9]昌里趙□☑（削衣）	73EJT23:602
☑□□里呂段□中☑	73EJT23:603
☑屬教[10]奏記不☑	73EJT23:604
☑要虜隧卒陳不識正月食。　　☑	73EJT23:605

【校釋】

[1]竟：原釋作“意”，今據原簡圖改。

[2]驚米：“驚”通“警”。警備急用的米。

[3]上：原釋作“廿”，沈思聰（2018P309）改釋。按：此字原簡圖作
，字形確實是“上”，但文義似不順暢，存疑。

[4]此簡由姚磊綴合，見姚磊（2021P99）。

[5]請實：“請”通“情”。詳情事實。

[6]此未釋字原釋文無，今據原圖版補。

[7]厶：原釋作“△”，從王錦城（2019P417）改釋。

[8]□□封：原釋作三個未釋字，何茂活釋作“北書□封”。按：“封”字
原簡可見左部構形，今補。其他字存見墨跡很少，不從。

[9]平：原未釋，今據原圖版存見墨跡擬補。

[10]屬：原未釋，秦鳳鶴（2018.2）釋作“前”。按：此字原簡圖作，上
殘，疑爲“屬”之草書，今擬補。屬教可讀爲囑教，即囑託、告訴之義。F3:
408A 簡文“……因白事屬□教孤山吏張彭……”，出現“屬□教”用法，可
與此簡相對理解。

☑……☑ᵢ☑七月己未,熒陽☑ᵢᵢ(削衣)　　　　　　73EJT23:606

(此簡已與 T23:580A 簡綴合)　　　　　　　　　　　73EJT23:607

河東戍卒第十六車,黑犗牛一頭,齒八歲。　車父[1]□□□

　　　　　　　　　　　　　　　　　　　　73EJT23:608+673[2]

☑所在　　　　　　　　　　　　　　　　　　73EJT23:609

☑□白子春足下,徐真大厚賜,叩　　　　　　73EJT23:610A

☑□語塞不爲,願急來,伏待　　　　　　　　73EJT23:610B

守左尉王順。馬一匹,騮牝,齒十二歲,高☑　　73EJT23:611

子春坐前善毋恙,頃☑　　　　　　　　　73EJT23:612+829[3]

·□□令使史刺☑　　　　　　　　　　　　73EJT23:613

☑□莊遂,Ⅰ與卒子光雜Ⅱᵢ……☑Ⅱᵢᵢ貰賣皂☑Ⅲ

　　　　　　　　　　　　　　　　　　　　73EJT23:614+687[4]

☑　箭鑷[5]一☑ᵢ☑二十□□各[6]一☑ᵢᵢ　　73EJT23:615

【校釋】

[1]車父:李均明(1998P98-102)認爲"父"通"夫","車父"即"車夫"。"車父"雖是趕車人,但不是專職運輸兵。戍卒赴役、退役時行軍車輛編組的情形:車輛按戍卒原籍郡、縣次第編號,每車十人,其中一人爲車父,車父亦可能是第十編組中的組長。赴役戍卒以車爲單位的編組在抵達戍所後即解散,其成員按邊塞組織的需要重新分配。雖然"車父"及其車在邊塞服役期間有可能從事一些與運輸有關的勤務,但不能等同於專業運輸兵。

[2]此簡由姚磊綴合,見姚磊(2021P100)。

[3]此簡由姚磊綴合,見姚磊(2021P101)。

[4]此簡由楊小亮綴合,詳見楊小亮(2014P300-309)。王錦城(2019P1909)認爲該簡右側似有刻齒。

[5]箭鑷:疑是織布機上的構件。

[6]"各"字前還有一"各"形,但不確定是完整字還是僅存右部,若僅存右部,可能是"絡"。

寇掾門下　　　☐(檢)　　　　　　　　　　　　73EJT23:616

肩水金關　　　　　　　　　　　　　　　　　73EJT23:617

關嗇夫吏　　　　　　　　　　　　　　　　　73EJT23:618

(此簡已與 T23:3 簡綴合)　　　　　　　　　　73EJT23:619

地節四年二月乙丑,張掖肩水司馬德以私印行都尉事,謂肩水候官:
寫移書到,候嚴教乘亭塞吏,各廋索部界中詔所名捕施刑士 i 金利
等,毋令留居部界中,毋有,具移吏卒相牽證任,不舍匿詔所名捕金
利等,移爰書都尉府,會二月廿五日,須報大守府。毋忽,它如律
令。ii　　　　　　　　　　　　　　　　　　73EJT23:620

☐☐世丞充謂過所縣道河津關,遣書佐李鳳德　73EJT23:621

此家累山里焦[1]賢,Ⅰ車一兩,Ⅱ i 肩水Ⅱ ii 載粟大石廿五石。就人
文德[2]清陽里楊賞,年卅,Ⅲ用牛二。Ⅳ　　　73EJT23:622

☐五封之。輻[3]傳兩馬[4]再封之,一馬一封。諸乘輻傳者,乘一封,
及以律令乘傳[5]起☐☐ i　　　　　　　　　　73EJT23:623

【校釋】

[1]焦:何茂活(2017P214-226)認爲此字是"侯"的訛寫。

[2]文德:饒宗頤、李均明(1995P170)已明確指出,"文德"也稱"敦
德",是新莽郡名,亦作縣名,即西漢之敦煌,新莽改制先稱"文德",後再改
爲"敦德",但作縣名時往往加"亭"字,以便與郡相區別,至遲始建國元年
敦煌郡已改名文德,改名早於西北其他郡,至遲天鳳三年,文德已改名爲
敦德。

[3]五封之輻:原未釋,從曾磊(2020P263-282)補釋。曾磊指出此簡
爲漢《廐律》殘文,並將律文復原爲:律,諸當乘傳及發駕置傳者,皆持尺五
寸木傳信,封以御史大夫印章。其乘傳參封之,有期會累封兩端,端各兩
封;乘置、馳傳五封之;輻傳兩馬再封之,一馬一封。諸乘輻傳者,乘一封及
以律令乘傳起☐……。

[4]馬:原簡作 ,字形與下文"馬"形有差別。

[5]乘傳:王錦城(2019P1822):簡文所記爲有關乘坐傳車的律文,輻

傳兩馬再封,一馬一封是説乘坐兩匹馬拉的軺車需要持有加封兩個印章的傳,只封一個印章的傳則只可乘坐一匹馬拉的軺車。按:根據傳世文獻記載,漢代官員根據事情緊急程度乘坐不同等級的傳車:一馬或二馬駕駛的車,就是簡文中所説的"軺傳";四馬一般速度的車,就叫作"乘傳";四馬較快的車,叫作"馳傳";四馬特快的車,叫"置傳"。

☑☑大守府……詣𥝩得一封刑忠ⅰ☑府ⅱ☑昬(昏)[1]四分賀受莫當卒昌。　　夜食賀付沙頭卒放。ⅲ　　　　　　73EJT23:624

☑……[2]☑　　　　　　　　　　　　　　　73EJT23:625

☑☑☑願賜尉,爲[3]今相見不一[4]└二,陳文至遣[5]使☑☑

☑☑伏叩　　　☑　　　　　　　　　　73EJT23:626A

☑謹白記　　　☑　　　　　　　　　　73EJT23:626B

馭望隧長武生,　　百廿　　　　　　　73EJT23:627

☑安漢隊(隧)[6]長馮邑☑　　　　　　73EJT23:628

肩水金關嗇夫候長☑☑　　　　　　　　73EJT23:629A

錢千……☑　　　　　　　　　　　　　73EJT23:629B

☑☑日下餔時　　☑　　　　　　　　　73EJT23:630

　　　　　　　　　牛☑

作者𥝩得高縣里王張。丿

　　　　　　　　用☑[7]☑　　　　　　73EJT23:631

☑九月五日以訾[8]轉[9]詣　　　　　　73EJT23:632

(此簡已與T23:2簡綴合)　　　　　　73EJT23:633

北書一封,張掖大守章。　廿日　詣居延都尉。八月乙未起。☑

　　　　　　　　73EJT23:634+173A[10]

☑……☑　　　　　　　　　　　　　　73EJT23:173B

【校釋】

[1]昬:原釋作"昏",今據原簡字形改。

[2]從僅存墨跡看,此簡應是分欄書寫。其中下方有一字筆畫結構較

清晰,原簡圖作 圖 ,疑下方從"思"。

[3]射爲:原釋作"物部",王錦城(2019P420)認爲原釋不確,當存疑。
按:射,原簡圖作 圖 ,疑是"射"字草書寫法。此"射"或與春秋試射有關。
爲,原簡圖作 圖 ,即"爲"的草書寫法,較常見。

[4]不一:原釋作"尔",從王錦城(2019P133-142)改釋。

[5]遣:原釋作"遷",從姚磊(《合校》2021P248)改釋。

[6]隊:原釋作"隧",此字原簡圖作 圖 ,今改。

[7]此未釋字原釋文無,今據原圖版補。

[8]訾:詳見 T1：57 注。

[9]轉:原未釋,從何茂活(2018.4)補釋。

[10]此簡由伊強綴合,見伊強(2016P115-129)。

廣地尉史汾慶[1]　　送罷卒府[2]。　　　　☑　　　　　73EJT23：635

☑楊安成里延賢　　　☑　　　　　　　　　　73EJT23：636

☑　□不肯復持書來令解□□ⅰ☑子意□買出□[3]ⅱ 73EJT23：637A

☑　言嗇夫負四□□□　　　　　　　　73EJT23：637B

☑□斗四升　　　　　　　　　　　　73EJT23：638

☑□令毋處尉　　　　　　　　　　　73EJT23：639

候史朱彊。　　☑　　　　　　　　　73EJT23：640

爲居之以送☑ⅰ……☑ⅱ　　　　　　　73EJT23：641

☑□詣肩水府。　八月丙午卒護受莫當卒光,食日八分時受卒

☑　　　　　□□□□□[4]卒音　73EJT23：642+35 [5]

(此簡已與 T23：563 簡綴合)　　　　73EJT23：643

☑弩一,矢十二,劍一。～　　　　　　73EJT23：644

☑□隆　送弩府☑　　　　　　　　　73EJT23：645

肩水候官以郵☑　　　　　73EJT23：646 [6]

☑移過所金關、縣索關,毋☑　　　　73EJT23：647

☑牝，齒九歲。¡☑□□南亭長賞內 ¡¡　　　　　　73EJT23：648

☑三年閏月辛☑　　　　　　　　　　　　　73EJT23：649 [7]

【校釋】

［1］慶：沈思聰（2018P310）釋作“處”，不從。

［2］送罷卒府：送罷卒到都尉府（詳見馬智全：《肩水金關漢簡所見罷卒》，《絲綢之路》2015 年第 20 期）。

［3］此行原釋文作“……”，今據原圖版改。

［4］此處五個未釋字原作“……”，今據原圖版重新整理。

［5］此簡由伊強綴合，見伊強（2016P115–129）。

［6］此簡原釋文作“……”，從何茂活（2015P175–188）改釋。

［7］羅見今、關守義（2014.2）指出滿足此簡的有建平三年（前 4）閏三月辛亥朔，王莽天鳳三年（16）閏五月辛酉朔，兩解。

累山里陳誼，年十八☑　　　　　　　　　　　73EJT23：650

☑令　　　/兼掾居[1]☑　　　　　　　　　　73EJT23：651A

☑尉尉尉尉尉☑　　　　　　　　　　　　　73EJT23：651B

南部候長□□☑　　　　　　　　　　　　　73EJT23：652

☑□月二十二日南嗇夫[2]博入。　　　　　　　73EJT23：653

☑　□□詣肩水都☑　　　　　　　　　　　73EJT23：654

敦煌陽關都尉張君房　　　　　　　　　　　73EJT23：655

☑賞　　　時三月丙戌夜過半時受莫當。　　　73EJT23：656

戍卒河東臨汾奇利里許武，年卅一。　　　丿☑　73EJT23：657

（此簡已與 T23：677 簡綴合）　　　　　　　73EJT23：658

富里公乘呂昌，年廿九，　　黑色，長七尺三寸，牛車一兩，牛二。

　　正月入□出 ¡　　　　　　　　　73EJT23：659+376 [3]

　　　　　　　　用馬一匹，☑

善居里公士杜譚，年六十六歲。

　　　　　　輶車一乘，☑　　　　　　　　73EJT23：660

戍卒鰶得廣昌里虔富,年廿五,　　乘望泉隧□☑　　　　73EJT23∶661

出麥二石,　　金姦隧[4]☑　　　　　　　　　　　　　　　73EJT23∶662

【校釋】

[1]居:原釋作"前",原簡圖作![字形],釋字與原簡字形差距較大。金關簡T25∶19中"居延"之"居"作![字形],與此簡字形近同。金關簡中"居"有、等字形,亦可看出草化端倪。按照常見行文,"兼掾"後應是人名,但以"居"爲名者,在西北簡中少見。西北簡中"弘"作人名者較多,或此形爲"弘"之訛誤。

[2]南嗇夫:魯普平(2016.1)認爲此爲南鄉嗇夫的簡稱。按:南嗇夫可能指出入關的關嗇夫。詳見 T23∶41+42 注釋。

[3]此簡由姚磊綴合,見姚磊(2021P102)。

[4]金姦隧:疑即是"禁姦隧"。

日計。Ⅰᵢ酒二石,直(值)二百卅。Ⅰᵢᵢ□一,直廿八。Ⅰᵢᵢᵢ脯一束,直(值)十。Ⅰᵢᵥ箅一,直(值)十八。Ⅱᵢ枲一斤,直(值)七[3]。Ⅱᵢᵢ米四斗,直六十六。Ⅱᵢᵢᵢ肉四斤,直(值)廿六。Ⅱᵢᵥ豚一,直(值)六十。Ⅱᵥ![字形][1]□[2]一,直(值)六十。☑Ⅲᵢ□卌五十枚[4]Ⅲᵢᵢ……☑Ⅲᵢᵢᵢ……Ⅳᵢ……Ⅳᵢᵢ……Ⅳᵢᵢᵢ　　　73EJT23∶663A+321A+993A+294A[5]

當所市Ⅰᵢ……Ⅰᵢᵢ……Ⅱᵢ鹽二升[6]直(值)廿六Ⅱᵢᵢ麴三斗直十八Ⅱᵢᵢᵢ□□二半七Ⅱᵢᵥ麗實一半三錢☑Ⅱᵥ……Ⅲᵢ□米一斗□Ⅲᵢᵢ□一斗卌Ⅲᵢᵢᵢ生□[7]一兩廿五Ⅲᵢᵥ……Ⅳᵢ惆三斤,直(值)卅。Ⅳᵢᵢ粟一石,直(值)卌。☑Ⅳᵢᵢᵢ□一束,直(值)卌。Ⅳᵢᵥ

73EJT23∶294B+993B+321B+663B

【校釋】

[1]![字形]:原釋作"贛",原簡圖作![字形],該字右下從"心",即使按照原整理者釋字方向考釋,也當釋録作"戇",但此字與"戇"、"贛"皆有差距,當存疑。

［2］未釋字原簡圖作🈁,待考。

［3］七:原釋作"十",今改。

［4］□卌五十枚:原釋文作"□卌五□□",何茂活(2018.4)認爲"卌五"之前是"鑒",之後爲"直□",不從。今據原簡補"十枚"兩字,其中"枚"字原簡字形結構不十分明確,存疑。"卌五"之前字疑是"釜"。

［5］此簡由伊強、姚磊綴合,詳見伊強(2015.8.27)、姚磊(2017P188-201、2021P103)。

［6］此簡姚磊(2021P381)也有討論,認爲此"日計"有可能是一支 20人戍卒群體一天的花銷匯總。

［7］此未釋字疑是"絲"字。

鴻嘉三年六月壬寅朔甲辰,肩水金☑　　　　　　　　　73EJT23:664

☑□□ᵢ☑二百卌三　　六百一十一ᵢᵢ　　　　　　　73EJT23:665

登受夷胡隧卒同,昏(昏)[1]時第六隧卒同付府門,界中[2]卅里。ᵢ

……ᵢᵢ　　　　　　　　　　　　　　　　　　　　73EJT23:666

☑居攝元年十月乙丑,令史武付橐他珍虜隧[3]長孫猛。　　　☑

　　　　　　　　　　　　　　　　　　　　　　　73EJT23:667

居耴(攝)三年七月丙午朔癸酉,肩水候[4]　謂關嗇☑ 73EJT23:668

(此簡已與 T23:678 簡綴合)　　　　　　　　73EJT23:669

　　　　　妻大女君,年廿,

☑□□□,年廿六,　　　　　　丿七月丁未出。　　出

　　　　　子小男客子,年一。　　　73EJT23:670

☑以五月廿五日入。丿ᵢ☑□□□ᵢᵢ　　　　73EJT23:671

沙上隧長審長　　送騰雞詣府☑　　　　　　73EJT23:672

(此簡已與 T23:608 簡綴合)　　　　　　　73EJT23:673

☑□前數候問起居,追職不及,度剠已,何時[5]訖也。 73EJT23:674

☑大夫鄭衆,年卅六。葆市北里□☑　　　　73EJT23:675

☑寅朔乙卯,居延₌(延延)水□☑　　　　　73EJT23:676

讕不予[6]或逃匿不可見,乃自言丞相、御二史二(御史。御史)爲趣郡
收責,不能備得所責主名,縣或報,毋令ⅰ　　　　　73EJT23:677+658 [7]

【校釋】

[1]昏:原釋作"昏",今據原簡字形改。

[2]界中:《集成》(八 P86):指郵書發出地到接受地之間的距離。

[3]殄虜隧:隧名,屬橐他候官。

[4]此處原簡空缺,應是肩水候的名字。

[5]時:原釋作"計",從黃艷萍(2018P134-140)改釋。

[6]讕不予:王錦城(2019P1823):"讕"爲抵賴。《説文・言部》:"讕,
抵讕也。"段玉裁注:"各本作詆,誤。抵讕,猶今俗語抵賴也。"讕不予則是
説抵賴不給。

[7]此簡由姚磊(2021P104)綴合,綴合後補釋"相"字。今從補。

永始二年五月乙酉朔壬子,居ⅰ……ⅱ　　　73EJT23:678A+669A [1]
……ⅰ……閏月庚申以來。　　門下　　／佐放☑ⅱ 73EJT23:678B+669B

庫糸□□還受遺。叩頭,死罪死罪。　　唯　☑　　73EJT23:679

☑丙子　　　　　　　　　　　　　　　　　73EJT23:680

戍卒秋利里閻□,黑□牛一頭,齒七歲。黃□牛一頭,齒九歲,
□□□[2]　　　　　　　　　　　　　　　　73EJT23:681

元延二年十二月戊子朔……☑　　　　　　　73EJT23:682

☑□請(情)實言,　　它如☑　　　　　　　73EJT23:683

出錢千二百　△　給□☑　　　　　　　　　73EJT23:684

・右八月所市☑　　　　　　　　　　　　　73EJT23:685

☑　　嗇夫常☑　　　　　　　　　　　　　73EJT23:686

(此簡已與 T23:614 簡綴合)　　　　　　　73EJT23:687

出粟二石　　卩稟(廩)[3]□[4]　　73EJT23:688+109 [5]

(此簡已與 T23:566 簡綴合)　　　　　　　73EJT23:689

梁國虞南昌里公乘☑　　　　　　　　　　　73EJT23:690

(此簡已編聯至 T23：900 之後《漢居攝元年曆譜》)　　　73EJT23：691

弟幼弱 ㄴ，不勝願＝(願，願)乞骸(骸)骨[6]歸養父病☑ 73EJT23：692

☑……　　　二月乙丑入。　　　卩　　　　　73EJT23：693

☑□司馬治所肩水　　　　　　　　　　　73EJT23：694A

☑　　嗇夫禹、佐彊。　　　　　　　　　　73EJT23：694B

☑萬福☑　　　　　　　　　　　　　　73EJT23：695

☑十二月丁酉，大司徒下京兆尹、濟陰、山陽大守丞書從事，下當用

73EJT23：696＋725[7]

【校釋】

[1]此簡由姚磊綴合，詳見姚磊(2021P105)。

[2]此簡沈思聰(2018P311)補釋作"戍卒秋利里閻兌黑牝牛一頭齒七歲黃牝牛一頭齒九歲，□□□"。其中兩處"牛"釋字可從，其他釋字不可確定，不從。

[3]稟：原徑釋作"廩"，今據原圖版改。

[4]未釋字何茂活(2015P175-188)以爲是"寇"。

[5]此簡由姚磊綴合，見姚磊(2021P106)。

[6]乞骸骨：辭職歸隱的委婉説法。

[7]此簡由姚磊綴合，詳見姚磊(2017P188-201、2021P107)。胡永鵬(2017P531)考此簡年代爲漢平帝元始元年或元始四年。

☑錢六百　　給執適隧長王猛六月奉。☑　　73EJT23：697

☑長國況　　十一月食。　　　　　　　　73EJT23：698

☑　　　六月己亥南入。　　　　　　　　73EJT23：699

載九……☑　　　　　　　　　　　　73EJT23：700

元始五年五[1]月甲子朔☑　　　　　　　　73EJT23：701

(此簡已與 T23：315 簡綴合)　　　　　　73EJT23：702

☑【居】聑(攝)二年十月食。　　　　　　73EJT23：703

☑黃一升，白蜀[2]一升，□□☑

☑☑後飯二└、三日長☑☑　　　　　　　　　73EJT23:704

☑朔己酉☑☑☑衆敢言之:☑　　　　　　　　73EJT23:705

·右卒四人。　　　　　　　　　　　　　　73EJT23:706

入四年十二月盡五年二月司御錢[3]三千。　受居延。　73EJT23:707

夫人厚恩也。今獨尚馬縣官馬泉(錢)少☑☑

☑☑☑☑☑☑收責☑☑☑☑☑☑☑　73EJT23:708A+T4H:77A[4]

君上夫人數相見[5],奈何☑[6]☑ⅰ聞君上夫人起居善也。叩˴頭˴

(叩頭叩頭)。出當移[7]ⅱ　　　　　　73EJT23:708B+T4H:77B

【校釋】

[1]五:原釋作“六”,從胡永鵬(2014P235-246)改釋。

[2]白蜀:王錦城(2019P2017):指白蜀葵。

[3]司御錢:王錦城(2018.6):司御錢既可指司御的薪俸,又指司御代替他人服更役而取得的更賦。

[4]此簡由謝明宏(2022.7.11)綴合。

[5]君上夫人數相見:原釋文作“☑……”,何茂活(2015P175-188)釋作“君上夫人欲相見”。按:何茂活釋字基本可從,唯“欲”字原簡所見墨跡從“女”,當改爲“數”。

[6]此未釋字姚磊(《合校》2021P250)釋作“不”。

[7]此處原釋文作“☑毋出當移”,綴合者懷疑未釋字是“願”。今根據綴合者綴合圖片可知,原釋文的“☑毋”實際是“叩˴頭˴”。尤其“叩”字右下重文號比較明顯。此後原釋作“出當移”的三字,原簡墨跡十分模糊,不能確定釋字,當存疑。

王博叩頭白☑　　　　　　　　　　　　　73EJT23:709A

罔[1]須臾耳[2]☑　　　　　　　　　　　　73EJT23:709B

☑傳之使其人自知也。☑　　　　　　　　　73EJT23:710

☑加匈(胸)脅支[3]滿,心腹不耐飲食☑☑　　　73EJT23:711

☑輜車加(駕)驪駠(騧)牝,齒七歲。　☑　　　73EJT23:712

```
            廣□□
□□王堯    長丈□
            深五□                          73EJT23:713
□□望見趣□□□□   □                         73EJT23:714
小白刀        □                             73EJT23:715
☑長年三月德宿等□□☑                        73EJT23:716
□縣丞乃行廚傳倉□□□[4]☑                   73EJT23:717A
□□□□□□□□縣及□☑[5]                     73EJT23:717B
△[6]□□言甲渠□□隧卒李音[7]自言[8]……  ☑    73EJT23:718
出錢四百    □傳馬一匹    ☑                  73EJT23:719
☑負十六    負十四    ☑                     73EJT23:720
（此簡已與 T23:990 簡綴合）                  73EJT23:721
訾家安藥□[9]☑                              73EJT23:722
毋有它,歸到鱳得賣魚☑                        73EJT23:723A
□□□□□☑                                  73EJT23:723B
☑張掖居延郡                                 73EJT23:724
（此簡已與 T23:696 簡綴合）                  73EJT23:725
```

【校釋】

[1]罔:原未釋,從何茂活(2018.4)補釋。

[2]耳:原釋作"而",從何茂活(2018.4)改釋。

[3]支:原釋作"丈",從鄔文玲(2014P93)、何茂活(2018.4)、張雷(2018 P414)改釋。

[4]此簡中的"縣"原未釋,"乃"原釋作"刀",從何茂活(2015P175-188)改補。按:"縣"字原簡圖作█,似左從"其",疑是"欺"。"倉"後未釋字何茂活釋作"廩"。簡末未釋字原釋文脫漏,今補。

[5]此行原釋文作"……",姚磊(《合校》2021P251)補出"縣及□",其他未釋字據簡圖補。

[6]此符號王錦城(2019P426)釋作"厶"。

[7]音:原未釋,原簡圖作 ,墨跡不全,字形結構不是非常明確,按照原簡墨跡雙鈎復原作 ,正是漢簡中"音"的寫法。金關簡中相類寫法如肩壹 T2:8A 、肩肆 T37:860 。"李音"爲人名,以此爲名者金關簡中不只一見,如肩肆 T37:456"肩水里李音",肩肆 T37:1464"曲河亭長昭武長壽里公乘李音"。

[8]自言:原未釋,從陸寧寧(2022.7.19)補釋。

[9]安樂□:原釋文作三個未釋字,姚磊(《合校》2021P252)改釋作"安樂里"。按:"安"原簡墨跡可辨識,"樂"字亦有"縣"的可能,"里"完全無法辨識。

　　望[1]城仲卿丿　　水門王卿丿
南[2]部　當井張卿丿　　壙野田卿丿
　　直隧[3]張卿丿　　候史王卿丿　　　　　　　73EJT23:726

【校釋】

[1]望:原未釋,從何茂活(2018.4)補釋。

[2]南:原未釋,從何茂活(2018.4)補釋。按:此字郭偉濤釋作"西",王錦城(2019P1342)、姚磊(《合校》2021P252)還有缺釋存疑等意見,今審原圖版,"南"的左半結構基本可辨,釋"南"可從。

[3]直隧:隧名,又見 T23:777。黄艷萍(2016.1):其中"水門燧"、"當井燧"爲"肩水候官",故此簡應爲肩水候官下的某部,故"壙野燧"、"直燧"亦屬肩水候官。

□晦[1]驚檄□至,精兵馬,明蓬(烽)火,謹迹候,彭欲□□ⅰ□□去
歸昭武田舍,乘彭邊塞吏□以□□□□ⅱ□……□ⅲ　73EJT23:727
……□月盡二月七日錢千四百六十。　　☑
……盡五月錢千二百。　　☑　　　　　　　　73EJT23:728A
……□ⅰ……□ⅱ　　　　　　　　　　　　　73EJT23:728B

☐☐☐☐朱未央移肩水候官,書曰驛☐☐

☐☐審入☐上請易有書令遣廏佐☐☐　　　　　73EJT23:729

☐　　　六月癸亥出。　　　　　　　　　　　73EJT23:730

竇嚴叩頭白。　　·罪法何敢逆意哉?☐

李據閒者見未久[2],辱記告以陋(陋)政[3],敬☐[4]☐　73EJT23:731A

大急,身常恐不能自脱榜箠[5],欲干☐☐

縣官莢自完,在燔離[6]中,出公開之校[7]☐　　　　　73EJT23:731B

☐去河水一里二百一十步,汲河☐ⅰ☐☐☐☐☐☐☐ⅱ73EJT23:732

☐……[8]　　　　　　　　　　　　出卅送王柱,

☐出六十償大公買羊破(皮)[9],　　出卅蔡趙氏,　　餘錢千六百卅四。

☐百一十,　　　　　　　　　　　出六十送宋敝,　　73EJT23:733A

☐☐以償張勝。　　出五十七勞令史杜卿。　　　　73EJT23:733B

【校釋】

[1]晦:原未釋,今據原圖版擬補。

[2]閒:原未釋,此字原簡被污跡覆蓋,僅能見"門"形,今據常見文例擬補。閒者見未久,意思是近來見面不久。

[3]陋政:陋,當爲"陋"之俗省寫法。陋,粗陋。陋政就是粗劣有缺陷之政。

[4]此未釋字疑是"也"字。

[5]榜箠:榜,原簡作**拐**,原釋作"搒";箠,原簡作**箠**,原釋作"菙",從何茂活(2018.4)改釋。按:漢簡文字中"木"、"扌"相混不別,"竹"、"艸"相混不別。搒菙,可釋作"榜箠"。榜箠爲固定詞語,司馬遷《報任安書》:"今交手足,受木索,暴肌膚,受榜箠。"

[6]離:沈思聰(2018P312)釋作"難",不從。按:此字原簡寫作"離"的草書,只是上部訛俗,與"難"形近。

[7]校:原簡圖作**校**,與"枚"字寫法更近。

[8]此釋文原整理者脱漏,據原圖版補。

[9]羊破:原釋作一未釋字,其原簡圖作**羊破**,當作"羊破"兩字。"羊"

形清晰易辨，"破"字書寫偪促，當是抄寫遺漏後補字。或理解爲兩字上下粘連亦可。漢簡中這種上下粘連的情況比較常見，不多舉例。此"破"字左從"石"右從"皮"之俗寫，金關簡"破"字如肩叁 T26:5B 、肩壹 T10:244 、肩貳 T24:416B 、肩肆 T37:710 ，兩者比照就會清楚其結構。實際這是漢簡中的簡率俗寫字形。破，從"皮"聲，兩字可通假，羊破即羊皮。羊皮是先秦兩漢時期常見的交易物資。

□□懿伏地伏地再伏地,再拜言……☒	73EJT23:734A
……☒	73EJT23:734B
昭武騎士富里徐習。　☒	73EJT23:735
籍入毋轉所官遣毋入,敢言之,　☒	73EJT23:736
□□齋敢言之:常利里女子橋徵史,自言夫廷□[1]☒	73EJT23:737
☒　□□　　印曰:肩水守候☒	73EJT23:738
·右鞠夬(決)[2]。　　☒	73EJT23:739
鄭將軍書二封,三月丙申甲[3]夜中過,卒應[4]行。☒	73EJT23:740A
史□□一□□□□三十一封甲申□夜過騂北亭[5]☒	73EJT23:740B
☒十二月甲辰受□,壬戌到都尉府。☒	73EJT23:741
☒……如律令。	73EJT23:742A
☒……	73EJT23:742B
☒鳳兼行丞事。☒ᵢ☒張掖郡中,當舍☒ᵢᵢ☒守令史訒☒ᵢᵢᵢ	
	73EJT23:743+744[6]
(此簡已與 T23:743 簡綴合)	73EJT23:744
☒叩頭再拜白。	73EJT23:745
方箱車☒	
奉明善居里男子侯訒,年卅。	
用馬一☒	73EJT23:746
☒曰若[7]至其夜食時☒	73EJT23:747

☑用穀八石。　　　☑　　　　　　　　73EJT23:748

☑☑五十以下欲爲戍庸☑　　　　　　　73EJT23:749

☑給候史李朝二年二月壬☑　　　　　　73EJT23:750

　　　　　癸☑

廿三日

　　　丑☑　　　　　　　　　　　　　73EJT23:751[8]

【校釋】

[1]簡首、簡尾未釋字姚磊(《合校》2021P253)釋作"夫"、"爲"；"齊"，姚磊從白軍鵬改釋作"齋"，不從。

[2]鞫夬：審問犯人曰"鞫"。"夬"讀爲"決"，判決。72ECC:10見"鞫決"。鞫決就是審訊判決。《魏書·肅宗紀》："有司可修案舊典，祇行六事：囹犴淹枉，隨速鞫決；庶尹廢職，量加修屬。"

[3]疑"甲"是衍文。

[4]應：人名。"應"在金關簡郵書刺中不只一見，如T26:103、T28:57、T28:82皆可見，而且可知此人是沙頭卒。

[5]騂北亭：原作兩個未釋字。三字中結構最明確的是"北"，此字原簡圖作█，這種寫法在金關簡中也可看到，比如肩壹T7:7█，就是這類寫法。亭，原簡圖作█，雖然僅能看到上部，但是主要結構基本可見。騂，原簡圖作█，此字結構不是非常明確，需要結合辭例分析字形。金關簡中單字與"北亭"結合者，有騂北亭、誠北亭、稽北亭、乘北亭，其中以騂北亭出現的最頻繁，而且從所見字形來看，█與"騂"最近。騂北亭，是肩水金關內部設置的亭，負責軍事防禦和郵書傳遞，存續時間爲漢宣帝本始元年至新莽始建國天鳳時期。

[6]此簡由楊小亮綴合補釋，詳見楊小亮(2013P280-285)。

[7]若：原釋作"茗"，原簡作█，此形與"若"形亦同，當改釋。

[8]程少軒(2014P274-284)推算此簡屬甘露二年(公元前52年)或漢昭帝始元四年(公元前83年)，何茂活(2015.2)認爲屬甘露二年。

關元始元年[1]

七月旦兼關出入　　　　　　　　　73EJT23:752A

七月傳吏民出入付(符)　　　　　　73EJT23:752B

北書三封……☑　　　　　　　　　73EJT23:753

□□伏地再拜[2]☑ⅰ……☑ⅱ　　　73EJT23:754

居珥(攝)　　　　　　　　　　　　73EJT23:755

元始二年十月己酉朔☑ⅰ□□□□□□☑ⅱ　73EJT23:756

□□□閣下通□□☑　　　　　　　73EJT23:757

☑　船[3]簿一　　　　　　　　　　73EJT23:758

□□負□□作□卅五　☑　　　　　73EJT23:759

(此簡已與 T23:801 簡綴合)　　　　73EJT23:760

肩水金關　　　　　　　　　　　　73EJT23:761

居攝元年　　朔乙□,囊他候秉移肩水金關□□

　　　亥朔午木△

□□□□府官　　　　　　　　　73EJT23:762A[4]

入三乎隊報發[5]　置佐豐[6]置佐豐[7]　73EJT23:762B

　　累山亭長楊親妻[8]居延肩水里召眇,年卅。

……　　子男□,年十四,　　　　大車一兩。73EJT23:763

出萬世隧函二。Ⅰ其一受入函[9],Ⅱ四月乙卯日東中時起,萬世隧
其日下餔五分時第六隧卒同付府門界中。Ⅲⅰ卅五里函行四時五
分,中程[10]。Ⅲⅱ　　　　　　　　　73EJT23:764

【校釋】

[1]此行原未釋,從何茂活(2015P175-188)、胡永鵬(2017P306)補釋。

[2]此行釋文原作"……",從何茂活(2015P175-188)補釋。

[3]船:原未釋,從何茂活(2018.4)補釋。

[4]此簡正面的第二行爲淡墨雜寫,第三行的未釋字也多是淡墨雜寫。

[5]隊:原釋作"時",原簡圖作 ,當爲"隊"的草書寫法。此簡上的文字墨跡濃淡不一,應是雜寫,其中"報"、"發"釋字未必準確。

[6]豐:原釋作"豊",今按照常見命名用字習慣改。

[7]後一"置佐豐"原釋文缺漏,姚磊(《合校》2021P255)補釋"置",其他字據圖版補。此三字墨跡較淡,應是二次書寫。

[8]妻:原釋作"堯",姚磊(《合校》2021P255)懷疑是"妻"。按:此字原簡字形下從"女"可辨,可確定釋作"妻"字。

[9]函:王國維、羅振玉(2013P110):函者,咸也;咸者,緘也。

[10]中程:符合規定按時到達。

執胡隧長田□二月乙丑病。 I 卒王臨三[1]月壬寅病。II ⅰ 卒□惲炅(熱)。II ⅱ 賦藥各五齋〈齊(劑)〉[2]。II ⅲ 居延蓬(烽)堲[3]卑[4]一尺,戶更西鄉(向)[5]。III ⅰ 蘭入表堲卑小。III ⅱ 亡人赤表堲單[6],垣不齋〈齊〉壹[7]。III ⅲ 狗少一。III ⅳ 汲垂少一。IV ⅰ 弩皆不□持。IV ⅱ 園韭五畦。IV ⅲ   73EJT23:765

【校釋】

[1]三:原釋作"二",從姚磊(《合校》2021P255)改釋。

[2]齋:林獻忠(2016.5)釋作"齊",通"劑"。按:此字原簡確實寫作"齋",原釋不誤。西北簡中"齋"、"齊"常混用,故這裏當理解爲"齊"訛誤作"齋"。

[3]蓬堲:用來撐起布烽的框架,詳見 T1:187 下注。

[4]卑:低、矮。

[5]戶更西鄉:戶,指烽堲的框形,詳見 T1:187 下注。"鄉"通"向"。戶更西向,是指烽堲的框形變更向西。

[6]單:可能是描述堲不牢固的狀態,待考。

[7]壹:原釋作"壺",從王錦城(2019P1344)、姚磊(《合校》2021P255)改釋。齋〈齊〉壹,王錦城解作整齊劃一。可從。

☑【淮】陽[1]國寧平第一車　　　　　　　　　　　73EJT23:766

皇天上帝隆顯大右(佑),成　命統序,符栔(契)圖文,金匱策書,ⅰ
神明詔告,屬予以天下兆民。ⅱ[2]　　　　　　　73EJT23:767

☑□鄲平阿里公乘吳傳孺。Ⅰ三石具弩一,絲偉同幾郭軸辟[3]完。Ⅱⅰ
弩循(幨)一完。Ⅱⅱ稾矢銅鍭五十,其卅二完,十八庎(坼)虜
(罅)[4]。Ⅲⅰ蘭=(蘭、蘭)冠各一,負索[5]完。Ⅲⅱ　73EJT23:768

【校釋】

[1]陽:原未釋,此字原簡存見墨跡較少,但尚能看到部分“阝”和“昜”
的筆畫。據《漢書・地理志》載,寧平縣屬淮陽國,正可與此簡内容對證,
並可據此推出前面缺失“淮”字。

[2]此簡原釋作“皇天上帝隆顯大右成　命統序符梁國文金□策書”,其
中“栔”原釋作“梁”,“圖”原釋作“國”,“匱”原未釋,“神明詔告屬予以天下
兆民”原未釋,從劉樂賢(2013.7.28)改補。據劉樂賢考析,此簡與《漢書・
王莽傳》記載的王莽登基詔書有關。此釋文句讀皆據劉樂賢(2013.7.28)
整理。

[3]絲偉同幾郭軸辟:王錦城(2019P1345):“絲”當指絲弦;“偉”通
“緯”,爲捆束弩弦兩端的繫繩。“幾”通“機”,爲弩機,指裝置在弩臂後部
的機件,包括鉤弦的牙,牙外的郭,郭上的瞄準器望山,郭下的扳機懸刀等;
“郭”爲弩郭,指牙外面的框;“辟”通“臂”,爲弩臂。“軸”當也是弩的部
件,但不知所指,待考。

[4]虜:原釋作“霅”,從黃艷萍、張再興(2018P215-222)改釋。庎虜,
亦有作“庎呼”、“庎乎”者,讀爲坼罅,表示開裂、破損之義。

[5]負索:王錦城(2019P1345):背負蘭的繩索。

王子文治劍二百五十,脯一腝(塊)[1]直(值)卅,□錢六十,・凡三百
五十。ⅰ曹[2]中叔七十五又十二,・凡八十七。ⅱ　　73EJT23:769A
前受麥得七石四斗。　　受受麥六石六斗。
右受要虜三斗。　　　　受受禁姦三斗。　　　　73EJT23:769B

北檄四封皆張掖都尉章。Ⅰ其一封詣居延都尉府,一封詣橐他候官,一封詣廣地候官,一封詣☑Ⅱⅰ正月辛酉日中時駅北亭卒□□□□☑Ⅱⅱ　　　　　　　　　73EJT23:770

☑適隧長安世敢言之:東部候長陳卿治所謹移疾　　　73EJT23:771

【五】[3]鳳四年四月辛丑朔甲寅,南鄉嗇夫誼[4]敢言之:白[5]石里女子蘇夫,自言夫延壽爲肩水倉丞,願以令取【傳】[6],ⅰ遣延壽里[7]□與子男□、葆延壽里段延年,俱乘[8]所占用馬一匹,軺車一乘。·謹案:户籍在鄉官,大ⅱ夫段[9]延年,皆毋官獄徵事,當以令取傳,敢言之。ⅲ四月□□,居延令弘[10]移過所,如律令。/佐定。ⅳ　　73EJT23:772A

居延令印。　　　　　　　　　　　　　　　73EJT23:772B

【校釋】

[1]膗:張再興、黄艷萍(2017P72-77)認爲此字是"塊"的異體字。

[2]曹:原釋作"惠",原簡作![字形],今據原簡字形改。

[3]五:原缺,從黄艷萍(2013P188-200)補釋。

[4]誼:原未釋。原簡此形左從"言"明確,右部可能是"宜",暫擬釋作"誼"。"誼"在此處用作南鄉嗇夫的名字。

[5]白:原未釋,從陸寧寧(2022.7.19)補釋。

[6]原簡此處殘缺一字,按照文例當是"傳"字。

[7]遣延壽里:遣延壽,原釋作"居延□",從《合校》(2021P257)改釋。里,原未釋,原簡墨跡較淡,尚能勉強看到下部兩橫畫。同簡出現的"延壽里"與此處"壽里"兩字可大致對應。

[8]俱乘:原未釋,今據原圖版和同類文例補。

[9]官大夫段:官大,原釋作"□",姚磊改釋作"官者"。兩字前者墨跡較清晰,易辨識,後者墨跡較少,但"官大夫"辭例較多見,如T24:41、T25:204A、T37:1002等皆可見。"段"原未釋,原簡墨跡較淡,據同簡前文所見"段延年"之"段",對比此字,可知兩者是一字。

[10]四月□□,居延令弘:原釋作"……",從胡永鵬(2015.3)改釋。

觻得安定里蓋漢光,年廿五,　　大車一兩,　　　牛一,劍一,弩一,矢
十二。i　　　　　　　　　　　　　　　　　　73EJT23:773

觻得成漢里孫延壽,　牛車一兩,弓　　劍一,大刀一。　正月庚☒
　　　　　　　　　　　　　　　　　　73EJT23:774

卅井士吏居延龍起里公乘樊德,年卅五,　韜車一乘,馬一匹,　七
月甲子入。i　　　　　　　　　　　　　73EJT23:775

夷胡隧長夏侯慶召詣廷,　五月乙亥日鋪坐入。　73EJT23:776

夷胡隧長司馬章兼直隧留□□□□□將詣廷,　五月庚戌日出入。
　　　　　　　　　　　　　　　　　　73EJT23:777

昭武騎士益廣里王隆。　　卩　　　　　73EJT23:778

·右伍長[1]。　　　　　　　　　　　73EJT23:779

塢上偃户[2]不利。　　弓　　　　　　73EJT23:780

☒□十月南書五輩。　　　　　　　　　73EJT23:781

趙君勞　白徐君公:不宜番護介㯱[3]。謹具置橐[4]中封之,到,
　　　　　　　　　　　　　　　　73EJT23:782A

起封發具之。偉橐[5]一枚,在君公所。矢羽三[6]枚,箭四枚,在君公
所。寓所具[7]i　　　　　　　　　　73EJT23:782B

曹游君二千四百。　常偉君千三百。　　☒
張伯二千六百。　　李子房四千五百五十　☒　73EJT23:783

功曹佐忠再拜言:驛北亭長憚之部再拜辤(辭)　☒73EJT23:784

必,毋忽,如律令。　二月辛卯入,　壬辰出。　73EJT23:785

元始五年四月己酉,肩水守候城守尉臨敢言之:始安　73EJT23:786

驛北亭元始元年八月盡海(晦)[8]　郵書真[9]。　73EJT23:787

【校釋】

[1]伍長:《漢書·韓延壽傳》:"又置正、五長,相率以孝弟,不得舍姦
人。"顏師古注:"正若今之鄉正、里正也。五長,同伍之中置一人爲長也。"

[2]偃户:薛英群、何雙全、李永良(1988P94):指塢上隱蔽的小
門。《莊子·庚桑楚》:"又適其偃焉。"注:"偃,謂屏廁。"指偏旁隱蔽

的地方。

[3]具:原簡圖作,字形可疑,似"居"字。

[4]櫜:原未釋,馬怡(2014P29-37)釋作"鹿",讀爲"簏"。按:未釋字原簡圖作,與"鹿"有差距,中間豎畫有部分墨跡脱落,其下部橫畫可能是左右兩點俗寫成一筆。

[5]櫜:原未釋,馬怡(2014P29-37)釋作"櫜",何茂活(2018.4)釋作"檠"。按:此字原簡字形中間的"石"形尚能辨識,釋"櫜"可從。此簡正背面字跡有別,並非一人書寫,或非一人一時書寫,除了正面字跡重背面字跡淡的區別外,其中兩面都出現的"君公"也有差距,所以同簡正背面都出現了"櫜"而書寫有別。

[6]矢羽三:原釋作"□□二",從馬怡(2014P29-37)改釋。

[7]寓所具:原釋作"□□",馬怡(2014P29-37)釋作一字"贖",今審原圖版,知是三字作兩行書寫。其中"所"原簡字形書寫較小,在最末尾。"具"字在第二行,原簡字跡較清晰。"所"、"具"兩字都較易識別。"寓",原簡圖摹本作,尹灣簡《神烏賦》131號簡中"寓通其災"的"寓"作,兩形相類,可作對證。"寓所具"三字字號相仿,但與同簡上文字號相差很大,當是受簡長所限,侷促書寫到簡末。簡文兩言"在君公所",這裏的"寓"或指君公之寓所。

[8]海:原釋作"晦",原簡圖作,從"水",今改釋。

[9]真:原釋作"算",從鄔文玲(2017P151-169)改釋。

蔡豊[1]叩頭白。王掾坐前毋恙,[2]　敢陳,愚因言王☑73EJT23:788A
德幸許給,願今莫(暮)欲得數束茭,甚幸,叩頭。謹因使再□[3]☑
　　　　　　　　　　　　　　　　　　　　73EJT23:788B
樂護叩頭白郝子春。見數不一└、二,叩頭白:願借傳真案
　　　　　　　　　　　　　　　　　　　　73EJT23:789A
之已立歸行,借穿瓦器[4]鐵,願以付使。幸=甚=(幸甚幸甚)。謹再拜白。i　　　　　　　　　　　　　　　　73EJT23:789B

【校釋】

[1]豐:原釋作"豊",從林獻忠(2016.5)改釋。

[2]此處原簡空白,空白處上下字的部分筆畫墨跡有缺失,應是刮削後形成的空白。

[3]此未釋字原釋文無,今據原圖版補。據常見文例,此字應是"拜"字。

[4]瓦器:瓦,原釋作"耳",此字原簡作 ，因處在斷裂處,干擾識別。"瓦"、"耳"漢簡書寫十分接近,綜合茬口吻合程度與簡文内容看,此字是"瓦"。器,原未釋,從秦鳳鶴(2018.2)補釋。瓦器,文獻非常多見,用泥土燒製的器皿即可稱瓦器。簡中所説"穿瓦器鐵",具體不詳。

田卒魏郡内黄西好駕里郎王九,年廿七。　　～	73EJT23:790
張掖居延□□□□□,年廿八……	73EJT23:791
南書一……	73EJT23:792A
府□……	73EJT23:792B
……	73EJT23:793A
……	73EJT23:793B
□□□□毋官獄徵事,……毋苛留,	73EJT23:794[1]
□□□□……□□□□□……,年卅六七,長七尺五寸,中壯大,刑	
面鼻[2],黑i	73EJT23:795
牒别言,會月旦,謹以舉書[3]過□□□如牒,敢言之。	73EJT23:796

【校釋】

[1]此簡原釋作"……毋苛留",從姚磊(《合校》2021P259)補釋。

[2]刑面鼻:刑面,沈思聰(2018P314)釋作"荆面",認爲同"刑面"。按:釋作"荆面"亦可,但"荆"當作動詞,解爲"割"。《廣雅·釋詁四》:"荆,到也。"《後漢書·列女傳》:"兒年十五,晚又夭殁。妻慮不免,乃豫荆其耳以自誓。"刑面鼻即是割面鼻,此爲受刑之人的描述。

[3]舉書:《匯釋》(2008P189):漢代官府下行文書的一種,漢簡中的舉

書一般主要用於檢舉過誤,用於上級官府因其下屬所辦之事有過失而予以揭發責問。

本始元年十二月癸酉,張掖大守 ̣ ̣(守守)卒史薛則督盜賊囗囗囗☑
(觚)　　　　　　　　　　　　　　　　　　　　73EJT23:797A

嗇夫安世,亭長息、憲上書,安世、息言變事[1],皆[2]侍報,檄到,☑
(觚)　　　　　　　　　　　　　　　　　　　　73EJT23:797B

亡自賊殺傷,給法所當得,詔獄重事爲疑囗[3]囗☑(觚)　73EJT23:797C

……☑(觚)　　　　　　　　　　　　　　　73EJT23:797D[4]

【校釋】

[1]變事:突然发生的重大事件。《史記·太史公自序》:“爲人臣者不可以不知《春秋》,守經事而不知其宜,遭變事而不知其權。”

[2]皆:原釋作“告”,此字原簡圖作 ̣,當爲“皆”之草書,今改。

[3]此行在該簡圖版 B 面也可看到,此未釋字在該簡圖版 B 面較清晰,疑是“察”或“寇”。

[4]郭偉濤(2017P229-259)據簡文推測此簡似爲檄文。

肩水候　　☑　　　　　　　　　　　　　　　73EJT23:798

　 亩矢　　☑
　 銅鏃百。　　　☑　　　　　　　　　　　73EJT23:799

☑　錢二千☑　　　　　　　　　　　　　　73EJT23:800

(此簡已編聯至 T23:900 後《漢居攝元年曆譜》)　73EJT23:801

(此簡已與 T23:691 簡綴合)　　　　　　　　73EJT23:802

(此簡已與 T23:269 簡綴合)　　　　　　　　73EJT23:803

賈人李大仲　錯　　　　　　　　　　　73EJT23:804A

月六日Ⅰ ᵢ北書七封。Ⅰ ᵢᵢ三封張掖大守章,詣居延府。其二封詔書,六月囗囗辛丑起,Ⅱᵢ二枚角〈䚡〉得[1]塞尉,詣廣地囗[2]肩水,Ⅱᵢᵢ一枚楊成[3]掾囗[4],詣肩水。Ⅱ ᵢᵢᵢ一封都尉,詣肩水。Ⅱ ᵢᵥ七月辛亥東

中時永受沙頭吏趙。Ⅲⅰ卿八分付莫當。Ⅲⅱ　　　73EJT23：804B

【校釋】

[1]得：原未釋,從孔德衆、張俊民(2013.6)補釋。

[2]此未釋字沈思聰(2018P314)釋作"肩",按照常見文例,"廣地肩水"中間不當有字,疑原抄寫者衍抄一字。

[3]楊成：即陽城。

[4]未釋字王錦城(2019P1851)釋作"印"。按：原簡圖作✦,疑是"守"字。

　　　　　毋尊布二匹,直(值)七百八十。八月辛卯受高卿。　☑
出錢七百八十。

　　　　　毋尊布一匹,直(值)四百☐。　　☑　　73EJT23：805

☑☐☐☐☐☐☐ⅰ☐☐馬一匹,驪(騮)牡,齒☐ⅱ　　73EJT23：806

(此簡已與 T23：359 簡綴合)　　　　　　73EJT23：807

願便告[1]歸部☑　　　　　　　　　　　73EJT23：808A

尉史孫卿弟從愚君所所☐ⅰ……☐ⅱ　　　73EJT23：808B

☑用牛二 。　六月己酉入。　六月丙辰出。　73EJT23：809

就居延平里梁並,年卅。入[2]。　大車☑　　73EJT23：810

吳良叩頭白：　☐　☑　　　　　　　　73EJT23：811A

子春坐前　　☑　　　　　　　　　　73EJT23：811B

☑☐少一通,解何?　　　　　　　　　73EJT23：812

(此簡已與 T23：341 簡綴合)　　　　　　73EJT23：813

肩水金關　☑　　　　　　　　　　　73EJT23：814

☑　給廣漢隧長宋長[3]☐[4]☑　　　　　73EJT23：815

☑　馬一匹　☑　　　　　　　　　　73EJT23：816

☑與護送[5]候長徐褒,内中臥,譚　　　　73EJT23：817

【校釋】

[1]告：王錦城(2019P436)有釋作"去"意見。

[2]入:李穎梅(2018.1)疑是"八"之誤。按:此字原簡墨跡較重,用筆與其他字有別,應是後寫之字,不能與"卅"連讀。

[3]長:原未釋,從姚磊(《合校》2021P261)補釋。

[4]此未釋字原釋文無,今據原圖版補。

[5]護送:原未釋,兩字原圖分別作 、。前者字形似從"言"從"蒦",只是因爲墨跡漫漶不能確定。後者字形下部從"辶",上部所從當是"关"形。姚磊(《合校》2021P261)也有釋"送"意見。金關簡中涉及"護送"內容非常多,比如肩貳 T24:154"送詔獄囚"、肩貳 T24:376A"送將軍"、肩叄 T26:302"送囚徒"、肩肆 T37:972"送御史"等,皆用單音節詞"送",而不用"護送",故此處的"護"可能是人名,可將簡文內容理解爲與名爲"護"的人送候長徐襃。

(此簡已與 T24:333 簡綴合)　　　　　　　　　　73EJT23:818

出賦錢六百,　　給候史楊況☑　　　　　　　73EJT23:819

☑☑☑　　嬰三石直(值)卅　☑　　　　　　　73EJT23:820

(此簡已與 T23:91 簡綴合)　　　　　　　　　　73EJT23:821

☑　七[1]月丁未出。　　出　　　　　　　　　　73EJT23:822

☑☑世敢言之:官移畢二牒,其一牒曰六☑☑　　73EJT23:823

☑候印,詣肩水都尉府。一封張掖肩候印,詣城尉☑

☑囊他莫當隧卒仁,即行,日未入一干[2]時☑　　73EJT23:824

☑客不審[3]縣里姓名胡人,字君督☑　　　　　73EJT23:825

安世隧長孫長賢　☑　　　　　　　　　　　　73EJT23:826

鬼新(薪)趙齊　☑　　　　　　　　　73EJT23:827[4]

☑☑奴婢亡人命　　　　　　　　　　　　　　73EJT23:828

(此簡已與 T23:612 簡綴合)　　　　　　　　　73EJT23:829

☑☑　劍一　卩　　　　　　　　　　　　　　73EJT23:830

☑☑[5]職事,毋狀罪當☑　　　　　　　　　　73EJT23:831

【校釋】

[1]七:原釋作"十",從姚磊(《合校》2021P261)改釋。按:姚磊還指出此字上部粘連符號"丿",非常有道理,但即使此"丿"算作"七"的一部分也不影響改釋。

[2]日未入一干:"日未入"是單獨一個時稱,指將近日落的一段時間,在這個時間内容又分成若干小段,便有了"某干"之説。

[3]不審:不知道,不清楚。

[4]伊强(2015P243—249):可能屬於"囚録"或與之類似的文書。

[5]此未釋字原釋文無,今據原圖版補。

從史朝☑	73EJT23:832
戍卒☑☑里☑☑黑☑[1]牛一頭,齒八歲,第十二車～	73EJT23:833
肩水北部候長☑☑☑☑	73EJT23:834
(此簡已與 T23:593 簡綴合)	73EJT23:835
☑癸酉丙戌丁酉戊辰戊申	73EJT23:836
(此簡已與 T23:593 簡綴合)	73EJT23:837
肩水金關　☑	73EJT23:838
☑□縣北成里趙遂☑	73EJT23:839
☑酉、子、辰　☑	73EJT23:840 [2]
初元☑☑ⅰ名籍一☑☑ⅱ(削衣)	73EJT23:841
☑☑　　　田由丿☑	73EJT23:842A
☑楊彭　　☑	73EJT23:842B
☑☑不不不	73EJT23:843
陰□[3]陵里黄恭　　☑	73EJT23:844
出錢百　　☑	73EJT23:845
(此簡已與 T23:568 簡綴合)	73EJT23:846
☑望泉隧[4]長昭武平都[5]☑	73EJT23:847
☑表一通。　候卒[6]聞□☑	73EJT23:848A

☑☑伏地再☑ⅰ☑☑長長長長長☑ⅱ　　　　　73EJT23:848B

☑候史延年　　　☑　　　　　　　　　　　73EJT23:849A

☑☑禹表火七通,定世得☑☑　　　　　　　73EJT23:849B

肩水金關　　☑　　　　　　　　　　　　　73EJT23:850

肩水候官☑　　　　　　　　　　　　　　　73EJT23:851

▨槍十　　　　　　　　　　　　　　　　　73EJT23:852

肩水金關　　　　　　　　　　　　　　　　73EJT23:853

【校釋】

[1]☑☑黑☑:原釋作"……",從沈思聰(2018P315)改釋。

[2]此簡"辰"原未釋,從程少軒(2014P274-284)補釋。程少軒指出此簡是神煞殘簡,可能叫"地杓"、"土禁"之類的名字。

[3]未釋字原簡圖作▨,地名用字,待考。

[4]望:原未釋,從何茂活(2018.4)擬釋。望泉隧,隧名。

[5]都:原未釋,從姚磊(《合校》2021P263)補釋。

[6]候卒:金關簡中頗多見,如T23:1022、T23:1065+931、T26:125、T28:79、T29:110等簡中皆可見。這些"候卒"多出現在烽火記録中,推測這裏的"候"可能指候望,"候卒"爲主候望之隧卒。

☑十月☑☑☑☑ⅰ☑☑乃遣☑☑舍署[1]ⅱ☑☑☑☑今聞ⅲ☑
☑☑☑☑因言ⅳ☑☑☑☑錢已發ⅴ☑☑☑☑都尉☑ⅵ　73EJT23:854A

☑……ⅰ☑……ⅱ☑……ⅲ☑……ⅳ☑……ⅴ☑……ⅵ[2]　73EJT23:854B

元始四年五月庚午朔乙未,東部候長放敢言之:謹移亡人火[3]出入
界ⅰ相付日時一編,敢言之。ⅱ　　　　　　　73EJT23:855A

牟放印。　　　　　令史發

五月乙未以來。　　　君前。　　　　　　　　73EJT23:855B

肩水金關　　　　　　　　　　　　　　　　73EJT23:856

☑　大男王☑,年二十三,長柰(七)尺五寸,☑☑☑ⅰ☑　居延庫丞
威移過所河津,遣官佐一人☑ⅱ　　　　　　73EJT23:857A[4]

☐☐隆俱之酒泉郡中,年、長如牒,毋☐☐　　　　73EJT23:857B

☐☐☐七日北出,從者觻得敬老里☐ᵢ☐尉君前☐ᵢᵢ　73EJT23:858

銖臾半☐ᵢ……☐ᵢᵢ　　　　　　　　　　73EJT23:859

(此簡已與 T23:593 簡綴合)　　　　　　　73EJT23:860

(此簡已與 T4H:20 簡綴合)　　　　　　　73EJT23:861

(此簡已與 T23:131 簡綴合)　　　　　　　73EJT23:862

反支　未　戌　未　酉　午　酉　午　申　巳　申　亥☐

　　　　　　　　　　　　　　　73EJT23:863 [5]

肩水金關　　　　　　　　　　　　　　　73EJT23:864

☐【永始】[6]四年三月甲辰朔,北部守候長☐　73EJT23:865A

☐年七月宗[7]陣人人人人人時人[8]使奴到　☐　73EJT23:865B

【校釋】

[1]此行釋文原釋作“☐乃遣舍署”,今據原圖版改。

[2]此處原釋文僅作“……”,原圖版雖然字跡模糊,但行數非常明確,今據原圖版重新整理。

[3]亡人火:應是“亡人赤表烽火”之簡省。

[4]胡永鵬(2017P575)定此簡屬王莽統治時期。

[5]程少軒(2014P274—284)據反支反推月朔,前十一個月月朔可能分別爲:卯辰、酉戌、卯辰、未申、丑寅、未申、丑寅、巳午、子、巳午、亥。程少軒(2014P274—284)推知此簡年代有六種可能,分別爲新莽始建國三年(公元11年)、新莽始建國二年(公元10年)、西漢鴻嘉二年(公元前19年)、黃龍元年(公元前49年)、甘露四年(公元前50年)、元鳳二年(公元前79年)、元鳳元年(公元前80年)。何茂活(2015.2)認爲應屬鴻嘉二年或始建國三年曆譜。

[6]永始:原無,從羅見今、關守義(2014.2)補。

[7]宗:原未釋,原簡圖作𥗁,何茂活(2018.4)釋作“關”。按:此字上從“宀”下從“示”較明顯,今改作“宗”。

[8]此簡中的“人”,姚磊(《合校》2021P263)皆改釋作“入”,暫不從。

□□頓首白[1]韓君孫足下,見[2]數不一 乚、二。因言前韓君公□☑

73EJT23:866A

□□汙射▨,訖[3]今未還。君公又之鑠得,對問[4]候史曹卿,來[5]

書☑

73EJT23:866B

【校釋】

[1]□□頓首白:原釋作"……",從姚磊(《合校》2021P264)補釋。

[2]見:原未釋,原簡作▨,從王錦城(2019P133-142)補釋。

[3]糒訖:原釋作"□從",承蒙楊芬私下示之。釋"訖"可從,釋"糒"

暫存疑。

[4]對問:原釋作"第四",何茂活(2018.4)認爲釋字可疑,但未提出新

的釋讀意見。按:兩字原簡作▨、▨,兩形爲"對問"草書,今改。對問,指

當面審問之義。

[5]來:原釋作"求",原簡作▨,從何茂活(2018.4)改釋。

保河内曲陽里孫明[1],年七十,長七尺五寸。　☑　73EJT23:867

☑　□死罪死罪　☑　73EJT23:868

長卿尊君足下,　☑　73EJT23:869A

長卿足下,　☑　73EJT23:869B

☑葆同縣□里□上時　73EJT23:870

☑佐勤敢言之。　73EJT23:871

☑一匹　73EJT23:872

南書一封,張掖封淺[2]塞尉。Ⅰ詣肩水都尉府,十一月□□日下餔

時,駟北亭卒賀受莫當隧Ⅱi卒賞。Ⅱii　73EJT23:873

齎叩頭白記大公。　73EJT23:874

解隋[3],令屬身[4]各推置[5]中,相付受日[6],▨[7]告言吏[8]主當坐者

名,謹與□☑i　73EJT23:875

【校釋】

[1]明：原釋作“朋”，從黃艷萍（2018P134-140）改釋。

[2]封淺：原未釋，原簡圖作 ▨、▨，較易辨識。“張掖封淺塞尉”又見 T37：39 簡。按：李穎梅（2018.1）已有改釋意見。

[3]隋：原未釋，王錦城（2019P440）釋作“隨”，今審原圖版不見“辶”形，改釋作“隋”。

[4]令，原釋作“問”，原簡字形上從“人”，非“門”形，當改。令，這裏應該是用作命令之義。屬，原未釋，原簡圖作 ▨，“屬”的草書寫法。此“屬”應指同伴之義。《廣韻·燭韻》：“屬，儕等也。”身，原未釋，原簡圖作 ▨，雖有墨跡剥落，但基本結構可辨識。這裏的“身”作親自之義。《爾雅·釋言二》：“身，親也。”

[5]置：原釋文作兩個未釋字，頗疑此是從“辶”或下面是一横之字，暫擬作“置”，指驛站。

[6]相付受日：原釋作“□付□□”。王錦城（2019P440）補釋出“相”“付”二字，可從。日，原簡字形雖有墨跡剥落，但仍可辨識，今補。相付受日，就是指郵件的交接日。

[7]尉：原釋作兩個未釋字，疑是“尉”的草書寫法。此形從“寸”較清楚，只是左上墨跡脱落，不能確定結構。

[8]吏：原釋作“史”，原簡圖上部當作兩横看待，是漢簡中典型的“吏”字草書寫法。“吏主”或“吏主者”是較常見的行文組合。此簡所説“吏主當坐者”指的是“吏主”中“當坐者”，故此簡内容可能涉及案件陳述或法律判決。

傳車三乘遣^[1] 并……具□馬六匹□東

都倉還今詣

望隊^[2]會月廿六日。　　　　　　　　　73EJT23：876

居耶（攝）二年八月，關嗇夫常^[3]叩叩（叩頭叩頭），死死罪（死罪死罪），敢言之：樂昌隧長就所捕橐他卒郭朝、i 廣地卒李襃驗問辟

（辭）：服勳[4]以十月七日莫（暮）[5]到臨利隧，下□中見朝 ∟，褒問
勳[6] ii□□□勳曰[7]：……iii　　　　　　　　　　73EJT23：877A

……ｉ……夫嗇夫……ii夫夫夫夫常常常夫夫夫嗇嗇iii嗇夫iv

　　　　　　　　　　　　　　　　　　73EJT23：877B[8]

【校釋】

［1］此字原釋作“尊”，與原圖字形相差太大，頗疑此字當爲“遵”。

［2］隊：原釋作“隧”，原簡圖作![字形]，今改。

［3］常：原釋作“□□”，從郭偉濤（2017P229－259）、馬智全（2017P254－263）改釋。

［4］勳：原釋作“□功”兩字，其原簡圖作![字形]，因墨跡剝落，容易誤認爲兩字，當是同簡後文出現的“勳”字。另外，此字右側尚有三四個小字，原未釋，可能是後補的小字。

［5］莫：讀爲“暮”，傍晚。

［6］勳：原釋作“動”，漢簡中的“動”、“勳”常同形相混，此處作人名，則釋“勳”更合適，今改。

［7］□□□勳曰：原未釋，此處原簡殘左，大部分字殘留筆畫較少，無法辨識，但“勳曰”兩字的主要筆畫可見，可補。

［8］此釋文原釋作兩行“……”，從胡永鵬（2014P235－246）整理。

居聑（攝）三年十月甲戌朔壬午，大司空假屬建、大司徒屬錯逐捕反
虜陳伯陽[1]、王孫慶[2]及新（親）屬[3]當坐者，移□ｉ監御史[4]、州
牧、京兆尹、四輔[5]、郡大守、諸侯相：伯陽、慶所犯悖天逆理，天地所
不覆載，臣子所當誅滅[6]□ii　　　　　　　　　　73EJT23：878

【校釋】

［1］陳伯陽：劉樂賢（2014.1）認爲，如果簡文的“陳伯陽”是姓陳字伯陽，可能就是《漢書》提到過的翟義外甥陳豐。

［2］王孫慶：劉樂賢（2014.1）：參與翟義造反的重要人物之一。

［3］新屬：伊強（2015.3.5）：簡文中的“新屬”當讀爲“親屬”。

[4]監御史:劉樂賢(2014.1):很可能是王莽當政時期鑒於州牧已經無暇顧及監察事務,遂參照秦制而設置的專門監察職位。從目前能够見到的材料看,以"監御史"監察地方,似乎只是王莽在漢末當政時期的制度。按:《漢書·百官公卿表上》:"監御史,秦官,掌監郡。漢省,丞相遣史分刺州,不常置。武帝元封五年初置部刺史,掌奉詔條察州,秩六百石,員十三人。成帝綏和元年更名牧,秩二千石。哀帝建平二年復爲刺史,元壽二年復爲牧。"

[5]四輔:劉樂賢(2014.1):王莽執政時期是以太傅、太師、太保、少傅爲"四輔",王莽建立新朝以後,是以太師、太傅、國師、國將爲"四輔"。金關漢簡排列在"京兆尹"和"郡大守"之間的"四輔",與上述地位崇高的"四輔"頗不相稱。從文例看,該簡的"四輔"似乎與"三輔"相類,可能是指京畿地區的主管官員。簡文在"四輔"的前面已經有"京兆尹",則"四輔"必定不包括京兆尹。

[6]據劉樂賢(2014.1)、伊強(2015.3.5)考釋,此簡所見大司空假屬建、大司徒屬錯、王孫慶等人,即是《漢書》所載居攝二年(公元6年)翟義反莽事件中的相關人。此簡時間是居攝三年,正是該事件的第二年,此時事件應該已經結束,此簡所記爲下發各地肅清餘黨的文書。

(此簡已編聯至 T23:900 之後的簡册中)　　　　73EJT23:879

……[1]ⅰ 兩關之外迫給趄走之使數[2]…… ⅱ □□□□□□□

□□□□□□□息□₌□₌□□[3]ⅲ　　　　73EJT23:880A

囗[4]遠居寬忍[5]。叩頭。願爲春氣不和[6],近衣強飯自愛[7]……

愚[8],吏卒多行快之,昏[9]ⅰ　　　　73EJT23:880B

【校釋】

[1]此行原釋文無,今據原簡圖補。

[2]使數:原釋文漏釋,從姚磊(《合校》2021P267)補釋"使",今據圖版補釋"數"。

[3]此行原釋文作"……息……",今據原圖版重新整理。

[4]以：原未釋，從姚磊（《合校》2021P267）補釋。

[5]寬忍：原皆未釋。寬，姚磊釋作“官”。寬忍，書信用語，與“因忍”（T15：8）大致同義，皆表示寬恕容忍。

[6]春氣不和：“氣”原未釋，“和”原釋作“利”，從何茂活（2015P18-27）改補，何茂活並引“春時風氣不和”爲證。不和，《集成》（七 P266）：指季節交替之時，時氣多變。

[7]自愛：原釋文漏釋，今補。

[8]愚：此字原漏釋，從何茂活（2015P18-27）補釋。

[9]多，原未釋，今據原圖版擬補。行，原釋作“前”，今細審原圖，知是從“彳”從“亍”之字，今改。快，原釋作“使”，從何茂活（2015P18-27）改釋。之，原釋作“出”，今改。皆，原未釋，此處原簡有一重墨污跡，蓋住了一部分筆畫，導致無法確定釋字，暫擬補釋。

……器[1]□皆在亭遣新吏范政視事以常相　　　　73EJT23：881[2]

□□□報部卿，食已[3]，博、趙[4]……移簿君趣書[5]急 73EJT23：882

府告肩水關嗇夫許常負學陸（師）[6]張卿錢五百，錄。 73EJT23：883

・肩水候官廣谷[7]隧居攝二年兵簿。　　　　　　　73EJT23：884

張憲白郝卿君教問登山隧長吳良，安所飲[8]？良飲[8]驛（驒）北來

　　　　　　　　　　　　　　　　　　　　73EJT23：885A

願爲審問齊中誰有謹者，願良刑將□報事…… 73EJT23：885B

【校釋】

[1]器：原缺釋，從何茂活（2018.4）、王錦城（2020.1）補釋。

[2]此簡中“遣”、“事”原皆未釋，從何茂活（2018.4）補釋。

[3]食已：食，原釋作“衣”，原簡圖作 ，上面是“人”形，並非“亠”，此爲漢簡常見的“食”的寫法，字形參見肩伍 F2：44、肩伍 F3：418、肩伍 F3：420。已，原釋作“足”，原簡圖作 ，較易識別，今改。

[4]趙：原未釋，原簡圖作 ，右所從“肖”較清楚，左所從“走”亦能勉強看出，今補。

　　［5］書：原未釋，王錦城（2019P444）釋作“書”，張俊民（《合校》2021P267）以爲是“之”。按：此字原簡圖作 ，爲常見“書”的草書寫法，釋“書”可從。

　　［6］馬智全（2017.2）：這枚簡屬於告書，由“府”這一機構發出，應指肩水都尉府。肩水都尉府移文，説明肩水關嗇夫許常欠“學師”張卿五百錢，録可能指已登記。這枚漢簡記載的關嗇夫許常，很可能是 T23：877 中的肩水關嗇夫常，而該簡有居攝二年八月的記載，則“學師張卿”的時代，也應是西漢晚期。王楚寧、張予正（2017.8.11）：此“學師”，或即“置學師以教之”。據此，漢簡《齊論語》或是金關之中“學師”教授時所用的教材，肩水金關除軍事保衛與行政管理的職能外，應還有一定的文化教育功能，這代表了漢代國內各地文化交流的狀況與儒家思想在西北地方的傳播情況。

　　［7］谷：原未釋，從郭偉濤（2017P37）、何茂活（2018.4）補釋。

　　［8］A 面的兩個“飲”原釋作“願”，張俊民（《合校》2021P268）認爲此簡中四個“願”皆當改釋作“飲”。按：A 面的兩個“飲”原簡分別作 、，與常見的“願”字寫法確實差異較大，而與“飲”更近，如 T7：81 中的“飲”作 ，兩者近同。原釋字可疑。此簡背面也出現了兩個“願”，但背面完全看不到墨跡。從此簡背面紅外綫圖和彩色圖對比來看，所謂的紅外綫圖版可能是由彩色圖版轉換而來，導致此紅外綫圖不如彩色圖清晰。從所見紅外圖和彩色圖版看，背面似無墨跡，不知背面釋文如何而來。

守令史孫黨迎取四人，書到，願令史以施刑付黨，報　　73EJT23：886

校肩水部移元年十月盡十二月四時。•凡出糜五百六石二升，校中實得四百六石二升□☑ⅰ　　　　　　　　73EJT23：887

☑□子孝前見未久，不去，中舍[1]取魚六十頭，子儀取十頭，凡七□

　　　　　　　　　　　　　　　　　　　　　73EJT23：888

……王孫慶，字子宣□□□□守史臨邑[2]宋嘉，字　　73EJT23：889

……肩水司馬□□，謁移過所縣道津關，遣書佐ⅰ……ⅱ　73EJT23：890

……ⅰ書到，出入如律令。ⅱ　　　　　　　　　73EJT23：891A

……　　　　　　　　　　　　　　　　　　　73EJT23:891B

曉[3]、掾卒史宜□□□□不可□也。　　　　　　73EJT23:892

出粟五石直(值)六百，　元始六年二月乙酉嗇夫常付□□隧□□

□[4] ｉ　　　　　　　　　　　　　　　　　　　73EJT23:893

張憲叩頭白劉子胥[5]。聞[6]子胥車北書(輸)[7]居延，願爲糶☒

　　　　　　　　　　　　　　　　　73EJT23:894A [8]

……持三□詣前，即居延粟□還足之，叩頭。必令　73EJT23:894B

【校釋】

[1]中舍：肖從禮(2011P88-96)：在漢簡中"中舍"既可指"從者"，又爲邊塞官吏"從者"所居之所。按：此簡爲書信，上部殘斷，部分内容缺失，導致解讀存在不確定性。簡中的"中舍"若與"取魚"連讀，則指"從者"；若屬前讀作"不去中舍"，則指所居之所。暫從前者。

[2]臨邑：屬東郡。《漢書·地理志上》："臨邑，有沛廟。莽曰穀成亭。"

[3]曉：原未釋，原簡圖作，從"日"從"堯"，爲"曉"之草形。

[4]常付□□隧□□□：原釋作"□□□□□隧……"，從胡永鵬(2014P235-246)改釋。

[5]劉樂賢(2015P237-242)：張憲是寫信人，劉子胥是收信人。按照漢代的書信禮儀，寫信人一般以名自稱，對收信人多以字相稱。

[6]聞：原釋作"間"，原簡圖作，爲"聞"之草書，今改。按：劉樂賢(2015P237-242)注釋引文已改作"聞"。

[7]書：據文義，知此字應讀爲"輸"，指運輸。書，古音書母魚部。輸，古音書母侯部。兩字聲母相同，韻部相近，可通假。

[8]内容與 T23:885 簡有關。

府君書三封，十一月十二日起府，十三日十五日受沙頭。　73EJT23:895

□□□□胡爰卿詣前，取粟十石，願君上[1]必以粟付爰卿。ｉ□□□

叩＝頭＝(叩頭叩頭)，幸＝甚＝(幸甚幸甚)。以印爲信，願君上勿逆，藉(借)車牛[2]_{ii}離得以爲_{ii}□□,毋令再反(返),大不可[3]。道遠,比[4]相見,頃願且自₌愛₌(自愛自愛)。單記不一└、二。叩₌頭₌(叩頭叩頭)。_{iii}　　　　　　　　　73EJT23:896A

……幸爲謝梁子贛、褒。叩₌頭₌(叩頭叩頭)。　南部候長徐君公_i……咋(昨)日相見。　日入莫(暮)夜,不及一└、二,決止中,甚恨₌之₌毋₌已₌(恨之毋已,恨之毋已)。_{ii}……粟十石,其錢奉來,欲爲身復詣前,又迫職不及。_{iii}　　　73EJT23:896B[5]

【校釋】

[1]君上:人名,又見於 T23:708B。

[2]藉車牛:藉,讀爲"借"。藉車牛,借車牛。

[3]大不可:據上下文,當是"萬萬不可"之義。

[4]比:等到。《史記·項羽本紀》:"比至定陶,再破秦軍。"

[5]此簡右側有斜刻槽,簡正反面中部都有大塊空白面積。正面的"取"、"印"、"道"字以上是一欄,以下是空白和第二欄,但上下可連讀,並不能分欄讀。反面的"子"、"見"、"錢"以上是第一欄,以下是空白和第二欄,同樣也要連讀,不可分欄讀。

元壽二年七月丁卯朔辛卯[1],廣昌鄉嗇夫假佐[2]宏敢言之:陽里男子任良,自言欲取傳爲家私使之武威、_i張掖郡中。謹案:良,年五十八,更賦皆給[3],毋官獄徵事,非亡人命者,當得取傳,謁移過所河津關,毋_{ii}苛留,如律令。_{iii}七月辛卯,雍令[4]　、丞鳳移過所,如律令。_{iv}馬車一兩,用馬一匹,齒十二歲。牛車一兩,用牛二頭。/掾竝、守令史普。_v　　　　　73EJT23:897A[5]

雍丞之印。　　　　　嗇夫賞白

正[6]月己巳以來,南[7]　君門下。　　　73EJT23:897B

【校釋】

[1]黃浩波(2016.2.26)指出,根據《朔閏表》,元壽二年七月爲壬戌朔,元壽二年前後五年間得有"丁卯朔"者,僅有元壽元年十月,元始四年

十一月。因此,頗懷疑"二年"當爲"元年","七月"當爲"十月",即嗇夫賞的任職至遲始於元壽元年十月。郭偉濤(2017P229-259)推測此簡原本爲元壽元年十月,元壽二年五月任良經過金關,關吏謄抄通行證時誤將元壽元年記作元壽二年,故兩處釋文"七月"亦當改爲"十月"。

[2]假佐:即"假佐"。

[3]更賦皆給:陳直(2009P42):謂過更之費,及田租之賦,皆已繳納。

[4]此處原簡有一字空白位置,待填寫雍令名字。

[5]藤田勝久(2018P223-244):此乃元壽二年(前1)七月辛卯(25日),從右扶風雍縣的下級單位鄉遞來的申請,希望得到私人旅行使用的"過所、河津關"的通行許可。在雍縣的文書檔案中,同日有記録顯示接受了此申請,並向過所(通行關隘)進行了告知。所以,此爲私人旅行所使用的"傳"。然而,此份記載"傳"内容的木牘正面,還增加了馬車、用馬、牛車、用牛等物資的信息内容。此並非"傳"的正文,通常記録車馬信息應屬於"致籍"的文書内容。因此,處於漢王朝畿内地區的雍縣所頒發的"傳"中,也會含有記録車馬信息的"致籍"内容。此内容應在肩水金關謄寫於木牘時被一起記録了下來。

[6]正:原釋作"五",從姚磊(《合校》2021P269)改釋。按:此字原簡作 ,下部的"止"形可辨。

[7]"南"後應有"出"或"入"内容。

十二月己酉,嗇夫午卿遺[1]王□遊市□□絮二枚,直(值)百卅。黑
絮一兩,直(值)卅五。ⅰ　　　　　　　　　　　　　73EJT23:898A
□三枚,□二枚,直(值)廿九。□四,直(值)廿。并直(值)二百廿
四。入泉(錢)九十八,少百一十六。ⅰ期還取餘泉(錢)。ⅱ

　　　　　　　　　　　　　　　　　　　73EJT23:898B[2]

肩水官……　　　　　　　　　　　　　　　　73EJT23:899A
受　　前時十五束茭,幸[3]　　　用此買圜[4]……ⅰ鱳得成□等十八
田[5]□　　　第……ⅱ　　　　　　　　　　　73EJT23:899B

	程詡	廉憲	杜嘉	黄輔
所送卒名:	李襃	黄欽	董□	鞧尊友
	孫充[6]	張豐		73EJT23:900A

□君卿白長孟當□持□□□□小ⅰ□□□爲□□告□爲□□ⅱ

73EJT23:900B

(此簡已編聯至以下《漢居攝元年曆譜》中)　　　73EJT23:901

【校釋】

[1]遺:原未釋,今據原圖版擬補釋。

[2]胡永鵬(2017P575)定此簡屬王莽統治時期,並補釋"午"、"王"、"遊"及"廿九",今從補。

[3]幸:或爲"奉"之訛誤。

[4]蔥:原未釋,從王錦城(2019P448)補釋。按:此字原簡作,上部不從"艹",可能是"蔥"之訛寫,可疑。

[5]田:原未釋,原簡圖作,較清晰易辨。

[6]充:原釋作"克",從沈思聰(2018P316)、白軍鵬(2020P235-243)改釋。

元始六年磨(曆-曆)[1]日。　　居攝元年大歲在寅[2]。

73EJT23:317 [3]

□己	己	戊	戊
		建	
□丑	未	子	午

73EJT4H:29

丙	丙	乙	乙	甲	甲	癸	癸	壬	壬	辛	辛
七日					建						
申	寅	未	丑	午	子	巳	亥	辰	戌	卯	酉

73EJT23:901

丁	丁	丙	丙	乙	乙	甲	甲	癸	癸	壬	壬
八日	春分								建		

酉 卯 申 寅 未 丑 午 子 巳 亥 辰 戌

　　　　　　　　　　　　73EJT23：315+702 [4]

己 己 戊 戊 丁 丁 丙 丙 乙 乙 甲 甲

十日　　　　　　　　　建

亥 巳 戌 辰 酉 卯 申 寅 未 丑 午 子

　　　　　　　　　73EJT23：318

　庚 庚 己 己 戊 戊 丁 丁 丙 丙 乙 乙

十一日　　　　　建 夏至　　　　　　　　建

　子 午 亥 巳 戌 辰 酉 卯 申 寅 未 丑

　　　　　　　73EJT23：902

【辛 辛 庚 庚 己 己 戊 戊 丁 丁】丙 丙

十二日 [5]

【丑 未 子 午 亥 巳 戌 辰 酉 卯】申 寅 [6]

　　　　　　73EJT23：264+T4H：47 [7]

☑ 辛 辛 庚 庚 己 己 戊 戊 丁 丁

　　　　　中伏

☑ 丑 未 子 午 亥 巳 戌 辰 酉 卯　　73EJC：459

☑ 己 戊 戊

☑ 巳 戌 辰　　　　　　　　73EJT4H：28

　甲 甲 癸 癸 壬 壬 辛 辛 庚 庚 己 己

十五日

　辰 戌 卯 酉 寅 申 丑 未 子 午 亥 巳

　　　　　　73EJT23：903

　丙 丙 乙 乙 甲 甲 癸 癸 壬 壬 辛 辛

十七日　　　　　　　　　　　　冬至

　午 子 巳 亥 辰 戌 卯 酉 寅 申 丑 未

　　　　　　73EJT23：904

戊　【戊】　丁　丁　丙　丙　乙　乙　甲　甲　癸　癸

十九日

申　【寅】　未　丑　午　子　巳　亥　辰　戌　卯　酉

73EJT23：593+837+835+860 [8]

□　□　庚　庚　己　己　戊　戊　丁　丁　丙　丙

廿二日

□　□　戌　辰　酉　卯　申　寅　未　丑　午　子

73EJT9：282

壬　壬　辛　辛　庚　庚　己　己　【戊　戊　丁　丁】

廿三日

子　午　亥　巳　戌　辰　酉　卯　【申　寅　未　丑】

73EJT23：691+802 [9]

甲　甲　癸　癸　壬　壬　【辛　辛】　庚　庚　己　己

廿五日　　　　　　立夏

寅　申　丑　未　子　午　【亥　巳】　戌　辰　酉　卯

73EJT23：801+760 [10]

【丁　丁】　丙　丙　乙　乙　甲　甲　癸　癸　壬　壬

【廿八日】

【巳　亥】　辰　戌　卯　酉　寅　申　丑　未　子　午

73EJT23：269+803 [11]

戊　戊　丁　丁　丙　丙　乙　乙　甲　甲　癸　癸

廿九日

午　子　巳　亥　辰　戌　卯　酉　寅　申　丑　未

73EJT4H：16+18

☑　戊　丁　丙　乙　甲　甲

☑　午　巳　辰　卯　寅　申　　　　　　73EJT4H：1

血忌　丑　未　寅　申　卯　酉　辰　戌　巳　亥　午　子

73EJT23：316 [12]

月殺　丑　戌　未　辰　丑　戌　未　辰　丑　戌　未　辰

73EJT23:908 [13]

往亡寅巳申【亥卯午】酉子辰【未戌丑】☑　73EJT4H:17+T23:840 [14]

☑未卯子酉午☑　　　　　　　73EJT23:211 [15]

刑德[16]　　堂庭門巷術野術巷門庭堂内[17]　　73EJT23:879 [18]

小時[19]　　東方　東方　東方　南方　南方　南方　西方　西方

西方　北方　北方　北方[20]　i　　　　　73EJT23:992 [21]

【校釋】

[1]磨:原釋作"磨",何茂活(2014P225-236)釋作"厤",讀作"歷",表示曆法字後作"曆"。張再興(2018P130-141)指出此字原簡字形就是"磨",但實爲"曆"之俗字,在此處用作"曆"。

[2]大歲在寅:何茂活(2015.2):太歲是古代天文學中假設的星名,歲星自西向東運行,十二年(實際爲11.86年)一周天,故將黄道分爲十二等分,依次爲星紀、玄枵、娵訾、降婁、大梁、實沈、鶉首、鶉火、鶉尾、壽星、大火、析木,稱爲十二次。以此紀年稱爲歲星紀年法。另外,人們又將黄道自東向西劃分爲子、丑、寅、卯、辰、巳、午、未、申、酉、戌、亥,稱爲十二支。並假想有一太歲與歲星相向而行,其運行方向正與十二支順序相合。以十二支紀年的方法爲太歲紀年法。十二次與十二支的對應關係爲:星紀(丑)、玄枵(子)、娵訾(亥)、降婁(戌)、大梁(酉)、實沈(申)、鶉首(未)、鶉火(午)、鶉尾(巳)、壽星(辰)、大火(卯)、析木(寅)。在十二支基礎上配以天干,又成爲後來的干支紀年法。"大歲在寅",若用歲星紀年法便爲"歲在析木";按後世的干支紀年法推算,則爲丙寅年。

[3]程少軒(2014P274-284)指出此簡爲元始六年曆日册標題。漢平帝崩於元始五年年底,新帝即位,改元消息尚未傳到西陲,抄手已按"元始六年"將下一年曆譜製作完畢。"居攝元年"字樣,大概是使用者獲知改元後自行補寫的。

[4]此簡胡永鵬(2014P235-246)、程少軒(2014P274-284)都發現可綴合,指出此簡屬元始六年曆日册,程少軒並補釋末尾"戌"字。今從補。

[5]日:原釋作"月",從程少軒(2014P274-284)改釋。

[6]干支内容原無,從何茂活(2015.2)、程少軒(2016.8.27)補。

[7]此簡由程少軒(2016.8.27)綴合,並且補缺失内容。今從補。

[8]此簡由程少軒(2014P274-284)綴合。其中"戊申"原釋作"丙申",從綴合者改釋。

[9]此簡由程少軒(2014P274-284)綴合。

[10]此簡由程少軒(2014P274-284)綴合。其中"戊"原釋作"寅",從綴合者改釋。

[11]此簡由程少軒(2014P274-284)綴合。簡中兩"乙"原釋作"己",從綴合者改釋。

[12]程少軒(2014P274-284)指出此爲"元始六年(居攝元年)曆日"所附的神煞週期表。"血忌"神煞,秦漢簡牘中數見。孔家坡漢簡《日書》簡397及香港中文大學文物館藏漢簡《日書》簡73將"血忌"與二十八宿相配。敦煌漢簡TH198B曆注殘簡則將之與日期、干支相配。

[13]程少軒(2014P274-284)指出此簡爲"元始六年(居攝元年)曆日"所附的神煞週期表。"月殺"又作"月煞",文獻中常與"血忌"並舉。"月殺"的週期,與睡虎地秦簡《日書》甲種"毀弃"、"到室"及乙種"作事"三篇簡文所列干支排列一致。

[14]此簡由程少軒(2016.8.27)綴合,並補缺失文字。今從補。程少軒(2014P274-284)曾認爲簡T23:840可能屬於"地杓"、"土禁"之類的神煞。何茂活(2015.2)則認爲T23:840簡的名目及性質暫不可考,故未綴入。

[15]程少軒(2014P274-284)曾認爲這枚神煞殘簡,應該就是後世選擇通書中的"九坎"、"九焦"。後來(2016.8.27)認爲文獻中與"往亡"相配的常常是"歸死",推測此簡的神煞完全有可能是這一類名字。何茂活(2015.2)認爲簡形與字體均不同於居攝元年曆譜,應係另外某年之曆注簡。

[16]刑德:程少軒(2014P274-284):刑德即《淮南子·天文》所謂"刑德七舍"。《集成》(九P254):刑德七舍,即陰陽刑德一歲運轉之七個處

所。德自内而漸外,刑自外而漸内,二者相對而行。

　　[17]程少軒(2014P274-284):居延新簡作"内中",《淮南子·天文》則作"室"。

　　[18]程少軒(2014P274-284):"元始六年(居攝元年)曆日"所附的神煞週期表。此簡講的是"德"的運行,應該還有一支與之相配的"刑"簡,可惜已佚。

　　[19]小時:程少軒(2014P274-284):"小時"又稱"小歲"、"月建",與"大時"(又稱"太歲"、"咸池")相對。張文瀚、劉鳳麗(2019P272-278):此簡内容首列小時,然後依次列舉東南西北四方,且每方重複三次,共十二個方向。依照《淮南子·天文》所言,小時的運行從正月開始,左行(按東南西北的方向運行)一個月居一辰,十二個月行十二辰,繞行四方一周。寅、卯、辰位,屬東方;巳、午、未位,屬南方;申、酉、戌位,屬西方;亥、子、丑位,屬北方。比較來看,這枚簡說明的正是小時從正月依次運行至十二月時斗杓每月所處的方位。這與《淮南子》的記載是相符合的。

　　[20]程少軒(2014P274-284):"元始六年(居攝元年)曆日"所附的神煞週期表。

　　[21]以上簡 T23:317 至 T23:992 共 34 個簡號,原屬同一簡册,曾有羅見今、關守義(2014.2)、何茂活(2015.2)、胡永鵬(2017P467-468)、程少軒(2016.8.27)等多位學者討論,最終由程少軒編聯復原。

(此簡已編聯至以上《漢居攝元年曆譜》中)　73EJT23:902+903+904

居延令史王元。Ⅰ居延丞印。Ⅱ革車[1]一乘。用馬一匹,駠(騮)

牝,齒十二歲,高六尺。Ⅲ十月癸丑南嗇夫□入。Ⅳ　73EJT23:905

出粟二石,　　　稟(廩)[2]東部守候長陳馮九月食。　73EJT23:906A

十月一日從王君長取毋尊布一匹,直(值)百□□二百六十少二百

□。i　　　　　　　　　　　　　　　　　　　　　73EJT23:906B

遣就人車兩人名如牒,書到,出入如律令。　　　73EJT23:907A

居延城倉承印。　　　嗇夫常[3]發。　　　　　　73EJT23:907B

（此簡已編聯至 T23:900 之後的《漢居攝元年曆譜》中）73EJT23:908

東部候長厶再拜言:ᵢ教驗問治關門餘木厶後夫子發待坐之。謹驗問
關嗇夫欽[4]、亭長當、卒甗承,叩頭。對曰:九月中ᵢᵢ　　73EJT23:909A

……ᵢ時領録[5],毋狀,當并坐,免冠叩頭,死罪,再拜白。ᵢᵢ

73EJT23:909B

【校釋】

　　[1]革車:古代兵車的一種。《戰國策·秦策一》:"革車百乘,錦繡千
純,白璧百雙,黃金萬溢。"

　　[2]禀:原徑釋作"廩",今據原圖版改。

　　[3]常:原釋作"當",從馬智全(2017P254-263)改釋。

　　[4]欽:原釋作"歆",從王錦城(2019P449)改釋。

　　[5]領:原釋作"願",原簡作𨏍,字形不合,此爲"領"草書寫法,當改
釋。領録,疑讀爲"領禄",即領取俸禄。

因毋裘衣糧食,疑客等阿爲彊健聽姦請[1],私以貧弱相冒代

73EJT23:910

□□□[2]元年十一月己亥朔癸丑,張掖後疹北鄣[3]候永移過所縣
道……張ᵢ　　　　　　　　　　　73EJT23:911 [4]

出麥二石,　　禀(廩)[5]馹望隧卒張立十一月食。　　73EJT23:912

……爲俗,以穀爲□,空野積物毋儲[6],久₌(久久)不能耳[7]。職卒

73EJT23:913

見匈奴人塞外盡日上二蓬(烽)。ᵢ匈奴人入塞及金關以北塞外丁
(亭)隊(隧)[8]見匈奴人盡界十二。ᵢᵢ匈奴人,守亭鄣不得下,煩
(燔)積新(薪)[9]盡ᵢᵢᵢ　　　　　　　　73EJT23:914A

　　　　　□□□□

□君□候長　　狗少一。

　　　　　卒□□食。　　　　　　73EJT23:914B

【校釋】

[1]請：原未釋，從秦鳳鶴（2018.2）改釋。按：此字原簡作 ，是“請”的草書。

[2]羅見今、關守義（2014.2）推簡首年號爲“黃龍”。

[3]郭：原釋作“障”，今據原圖版改。

[4]癸丑，原未釋，從胡永鵬（2014P235-246）補釋。“後”、“珍”、“永”、“縣道”原皆未釋，“張”原釋作“一寸”，皆從姚磊（《合校》2021P272）改補。

[5]稟：原徑釋作“廩”，今據原圖版改。

[6]空野積物毋儲：空野，猶言露天空地。此句似説某物露天堆積没有儲藏。所以後文説“久久不能耳”，就是時間長了就不可以了。

[7]耳：原未釋，察原彩色圖可知此字上部的圈形墨跡並非筆畫，實爲木眼。剔除干擾雙鉤復原作 ，可知此字就是“耳”字。耳，在此簡應是虚詞，僅表語氣作用，並無實際意義。

[8]丁隧：原釋作“丁□”，姚磊（《合校》2021P272）釋作“亭隧”。按：今細審原簡圖，“丁”原釋不誤，但據文義當讀爲“亭”。隧，原圖可見“阝”，不見“辶”，當釋作“隊”，讀作“隧”。“丁隊”即“亭隧”。

[9]煩積新：煩，原釋作“燔”，原簡作 ，右從“頁”之草書。煩讀爲“燔”。新，原釋作“薪”，原簡不從“艹”，當改。新讀爲“薪”。燔積薪就是燔燒積薪。

始建國元年二月癸卯朔丁巳，張掖居延都尉昌、丞音[1]將過，遺居延尉史衛望迎[2] ¡　　　　　　　　　　　73EJT23：915

……發各十束，其（葵）[3]三斗，錢□□□¡以本賈賜之，甚厚＝（厚，厚）其人[4]亟自知也。良前時校斗，凡取千五十，後又取二百。ii

……iii　　　　　　　　　　　73EJT23：916A

……子嘉[5]、楊□卒不相見，¡恨＝何＝已＝（恨何已，恨何已），欲且留。又[6]聞塞外[7]有彙佗，恐其來入天田也。以□……ii……北出[8]，車甚大，願爲寄泉[9]□□iii　　　　　　　73EJT23：916B

（此簡已與 T23:919 編聯）　　　　　　　　73EJT23:917

……ᵢ白　　·崇叩頭請。ⱼⱼ……ⱼⱼⱼ　　　　　73EJT23:918A

歸誤□宗家皆毋它，叩頭。所送□□相欲急□□又□官ᵢ檄捕，候長
丁卿、候史姚放、隊長王隆等，未能盡得，守府聞ⱼⱼ　　73EJT23:918B

【校釋】

〔1〕昌、音：人名，原未釋，從魏振龍（2019P341—353）補釋。

〔2〕迎：原未釋，從王錦城（2020.1）補釋。

〔3〕其：應是“葵”之俗寫。金關簡中多次言及買葵或葵子，比如肩肆
T37:1479 簡記載“葵子五升，直（值）廿”，肩伍 F3:38 簡記載“買葵、韭、葱
給刀將軍、金將軍家屬”等等，推知“葵”是西北邊塞的一種重要食物。

〔4〕其：原釋作“受”，原簡圖作 ，字形不合，此爲“其”草書寫法，相
同寫法可見同簡背面“其”（ ），今改釋。承接上文説“以本賈賜之”，“厚
其人”應指的是使受賜之人獲利豐厚。

〔5〕嘉：原釋作“春”，原簡字形下部雖然筆畫模糊，但是上部所從“吉”
很清楚，同探方 T23:307、T23:427、T23:889 中“嘉”可作對比，對比可知下
部是“加”，當釋作“嘉”。

〔6〕又：原未釋，原簡圖作 ，今據文義與字形改釋。

〔7〕王錦城（2019P450）指出此處原釋文衍“□”，今删。

〔8〕北出：北，原釋文脱漏，此字原簡作 ，左部稍有殘缺，但基本結構
可識別，可判定是“北”字。出，原釋作“大”，原圖版作 ，爲漢簡中常見的
“出”寫法。

〔9〕泉：原未釋，從姚磊（《合校》2021P273）補釋。

子涇、業君家室諹〈諸〉子毋恙[1]，閒起得毋有它[2]。數以田宅泉
（錢）累子涇、業君[3]，毋它，叩頭。ᵢ頃昆弟家室皆得毋有它[4]。常
客爲吏[5]，道遠不數相聞，毋恙，叩₌頭₌（叩頭，叩頭）。常日₌（日
日）欲遣ⱼⱼ書親田[6]，又未得奉錢，毋以自遣，因至今。願子涇爲出

田[7],使人持之。即毋持者,ⅲ幸爲耕(耕)之[8]。舍東麥地盡以種禾;舍東禾地以種穈、黍、穄(粱)[9]。西内中種皆因ⅳ種[10],以舍前塊以西盡種秫[11]。川内中小汜中有小半毋種[12],願子俓(涇)備牧[13]。萬石種破用ⅴ種萬石[14],以渠南種小半詡[15]。願子俓(涇)及時取麥藁貿[16],耕(耕)餘[17]盡賣之。願子俓(涇)即ⅵ

73EJT23:919A+917A [18]

耐(能)自耕(耕)₌之[19]。ⅰ許常[20]叩頭白。ⅱ有賴祭酒卿内入[21],奈毋分寸之功[22],幸得□□[23]通牒補空乏之處。ⅲ餔(甫)言益數皆知過者[24],有賴祭酒卿内入厚恩。毋它。使謹因使。願幸謹ⅳ如會[25]。欲身自犇馳詣前拜[26],迫不及。故具斗酒,相見而拜[27],願高□。ⅴ

73EJT23:917B+919B [28]

【校釋】

[1]子俓、業君家室諸子毋恙:子俓,收信者名字。楊小亮(2014P114-117)認爲"俓業"是收信人的字,不可從。何茂活(2021P235-241)説"子俓"和"業君"是兩人,可從。䚻,原釋作"煒",楊小亮改釋作"諱",何茂活存疑。此字確實從"言",但右側䖵形也非"韋",很明顯是"孝",故釋文當録作"䚻"。從文義來看,此字應是受下字"子"的影響而將"諸"訛誤作"䚻"。"諸子毋恙"文例又見於72EJC:17。諸子毋恙,即是在問候收信人的同時,又問候家人平安。這類問候方式很常見,如 T24:11"頃舍中兒子起居得毋有它",T37:215A"舍中兒子起居得毋……",T10:208"家室人馬毋恙"等等。

[2]閒起得毋有它:閒,常出現在書信用語中。楊小亮(2014P114-117)認爲"閒(閑)起得"是口語,形容百無聊賴,無所事事,強調只是寫信隨便問候,並無其它重要事情。何茂活(2021P235-241)認爲或爲起居之義。王貴元、李雨檬(2019.8)撰文總結書信用語時舉了很多這類例子,指出敬禮語與動詞之間的"閒"義爲遥遠的、間隔的,又指出"閒者久不相見"中的"閒"是分别、别離之義,並列舉了"閒久不伏前"、"頃閒久不以時致問"等相類文例。從王貴元文章所舉文例可以看出,這個"閒"應該是"閒

者”之省。“閒者”就是近來、最近或者這期間的意思。《史記·孝文本紀》：“閑（閒）者諸呂用事擅權，謀爲大逆，欲以危劉氏宗廟，賴將相列侯宗室大臣誅之，皆伏其辜。”這裏的“閑（閒）者”就是用此義。“閒者久不相見”、“閒久不伏前”、“頃閒久不以時致問”等寒暄語中的“閒”或“閒者”表義與傳世文獻的表義相同，大致是說最近這段時間一直没見面（或問候）。閒起得毋有它，完整表達應該是“閒者起居得毋有它”，比如 F3：127A、7F3：174B+197B 皆作“閒者起居毋它”。意在問候收信者最近起居都平安無事。

[3]數以田宅泉累子涇、業君：數，是多次的意思。泉累，楊小亮（2014 P114−117）謂指“不停的勞煩别人”，不可從。泉，何茂活（2021P235−241）認爲通“錢”，可從。需要強調的是，王莽時期“錢”改用“泉”，所以此字更應突出時代特徵。在西北漢簡中出現此特徵字的簡，基本可定爲王莽時期。據此，該簡的時代應定在王莽時期。田宅泉即是田宅錢。累，勞煩。T23：359A+807A 有“先日數累左右”，與此簡用法相類。此句的意思是多次因爲田宅錢勞煩子涇、業君。

[4]頃昆弟家室皆得毋有它：頃，原未釋，楊小亮（2014P114−117）、何茂活（2021P235−241）皆釋作“願”，不可從。按照字形比對和常見書信用語行文，此字當釋作“頃”。此字原簡圖作 ![字形], 同簡出現的“願”作 ![字形]、![字形], 對比可知形體上有些差異。尤其是左部横畫與撇畫的區別，說明兩者不是一字。在金關中有不少類似的行文，如 T24：11、T24：65A、T37：1367B、F3：182A 皆可見此類行文。“頃”又作“頃者”或者“頃之”，這與“閒”又作“閒者”相類似，兩者的表義其實也近似。漢代楊惲《報孫會宗書》有：“頃者足下離舊土，臨安定。”這裏的“頃者”意思也是近來、最近的意思。頃昆弟家室皆得毋有它，就是近來兄弟家室都平安無事吧。

[5]常客爲吏：常客，楊小亮（2014P114−117）解爲常在他鄉爲客，並在文末附記中說到：“會後鄔文玲先生提示，‘常爲客吏’、‘常日日欲遣’中之‘常’字，或可理解爲人名，與信末寫信人之‘敞’同。”按：將“常”理解爲人名可取，但與“敞”相聯繫，不可取。客爲吏，又見於 T23：409A“謹奉教再

拜奏,客爲吏□□……"。客,有寄居、旅居之義。"客爲吏"猶言在外地爲官。所以後文接着説"道遠不數相聞",就是道遠不能經常問候。

[6]常日〓欲遣書親田:常,指致信者。書,原釋作"素",從何茂活(2021P235-241)改釋。肩伍F3:345A中有"九日遣書到"。遣書,就是寄信的意思。這正好與前面所説"道遠不能相問候"相接,表達出想寄信問候的願望。此"田"即後文託付"子涇"管理的田地。這裏表達了"常"對自己田地的惦記。常日日欲遣書親田,是説常每天都想給你寫信,想親自耕種自己的田地。後文説到"又未得奉錢,毋以自遣,因至今",這是對爲什麼没回去"親田"的解釋。

[7]願子涇爲出田:出,原釋作"土",從楊小亮(2014P114-117)改釋。西北簡中"出"、"土"完全同形,要據文義來釋字。出田,楊小亮指出是出讓田地,並認爲可能是指出租田地而非出讓土地産權。願子涇爲出田,意思是希望子涇能爲我把田租出去。

[8]持,是管理、治理的意思。使人持之,就是找人管理的意思。者,原未釋,從何茂活(2021P235-241)補釋。即,表示假設之義。秐,爲"耕"之異體,何茂活有詳述。即毋持者,幸爲耕之,就是如果没有人管理,希望您能耕作。

[9]舍東禾地以種穄、黍、稂:禾地,原未釋,從楊小亮(2014P114-117)補釋。稂,原未釋,從楊小亮補釋。楊小亮指出此爲"粱"之異體,可從。此字應是受同簡多次出現的"禾"而類增義符產生的"粱"之俗字。

[10]西内中種皆因種:内中種,原未釋,從楊小亮(2014P114-117)補釋。内中,原簡圖較易識別,並且後文出現了"南内中",這些都是方位的描述,可確定釋字。其後的"種",楊小亮作存疑處理。此字原簡左作"禾"可以確定,右部可見墨跡較少,釋字可疑,可能是從"禾"的作物名。因,原未釋,楊小亮釋作"迫",何茂活(2021P235-241)釋作"毋",皆不可從。此字右側筆畫恰在茬口處,影響釋字,去除底色並擬用雙鉤復原作 ,可知這是"因"字。"因種"之"種",楊小亮(2014P114-117)採用李均明意見改爲"臨",不可從。此字原簡圖作 ,左從"禾"非常明確,同簡"種"作 ,

對比也可知右側結構,當從原釋,毋庸置疑。"因"爲"因襲"之義,"因種"就是沿襲種。前面説的是改種情況,這裏説的是不用改種,繼續種原來作物。

[11]以舍前塊以西盡種秫:以,原釋作"川"。川,本爲河流的意思,表示陸地的用義較晚才出現,所以原釋作"川"值得商榷。此字原簡作 。楊小亮(2014P114-117)曾指出"毋以自遣"的"以( )",與此形近似,唯中間一筆有上挑的斜畫。兩形用筆結構確實非常一致,而且也都有楊小亮所説的"上挑的斜畫"。兩者實爲一字,都是"以"。秫,原釋作"穬",此字原簡作 ,右部與"廣"形差距太大,原釋不可從。此形右上有一類似撇的筆畫,這類寫法通常在"犬"、"求"、"術"一類的横畫中出現,推知此字爲"秫"。不過這個字形右部應該也出現了訛誤。《説文·禾部》:"秫,稷之粘者。"也就是有黏性的稷。

[12]川内中小汎中有小半毋種:川,原未釋,楊小亮(2014P114-117)釋作"南",何茂活(2021P235-241)釋作"西"。此字原簡圖作 ,釋作"南"或"西",字形都與原簡字形有不小差距,特別是原字形中全然不見一點横畫墨跡,此形則與"川"字更合。川,是河流、河道的意思。如此才能更好地解釋其後出現的"小汎"。汎,原未釋,楊小亮採用劉少剛意見補釋作"泥",並將"小泥"解作"小片泥窪地"。汎,原簡作 ,與"泥"字形不合。《説文·水部》:"汎,浮貌。"小汎,或指小片有浮草的沼澤地。川内中小汎,可能指河道裏有小塊沼澤地。河水漲落會在河道兩旁滲水不暢的低窪處形成沼澤,這類地不光有漲水被淹的隱患,更重要的是這類沼澤地滲水較慢,不宜種植農作物,所以接着説這塊地"毋種"。

[13]備牧:原釋作"用收"。備,原簡字形" ",左從"亻",此形應是"備"之草書。牧,原簡作" ",所從"牛"也十分明顯。前文説小塊沼澤地"毋種",此句正是説要用這塊地備用放牧。

[14]萬石種破用種萬石:何茂活(2021P235-241)指出萬石,疑爲對某高產地塊的稱謂,有期望和誇張的成分,並舉甘肅河西地區稱地塊爲三斗地、五斗地、三石地等習俗以證,可從。按照此意見,兩處"萬石"都不能理

解爲具體的數量,前者指高産地,後者可能泛指更多的或優質的種子。

[15]以渠南種小半詡:南,原釋作“前”,從何茂活(2021P235-241)改釋。此字原簡圖作█,不從“刀”,金關簡中此類的“南”如肩壹T1:115 █、肩叁T31:143█、肩叁T24:969█,可資對比。詡,楊小亮(2014P114-117)、何茂活句讀皆屬下,與“願”連讀。楊小亮將“詡願”解釋爲“殷切地希望”,但這種用法無例證,而且整個西北簡中也很少見到“願”字前加表示程度的修飾語。何茂活認爲此字爲致書者自稱。但此信的致信者爲“常”,而非“詡”。此字或讀爲“許”。“詡”、“許”兩字皆爲曉鈕魚部,讀音相同,可通假。《詩經·大雅·韓奕》“川澤訏訏”,《玉篇·言部》引“訏”作“詡”,而《太平御覽》三七引“訏”作“湑”。“湑”、“許”同聲符,故同音。是爲文獻中“詡”、“許”聲音相通之例證。許,可表示約略的數量。如《後漢書·皇甫張段列傳》:“臣伏見先零東羌雖數叛逆,而降於皇甫規者,已二萬許落,善惡既分,餘寇無幾。”《後漢書·皇甫嵩朱儁列傳》:“雞鳴馳赴其陳,戰至晡時,大破之,斬梁,獲首三萬級,赴河死者五萬許人。”所以,此信中的“小半詡(許)”可解釋爲大概一小半。

[16]及時取麥藁賈:麥,原釋作“茇”,原簡圖作█,其上並非“艸”,而是橫豎結構的俗寫,金關簡中此類俗寫的“麥”不只一見,如肩貳T23:936 █、肩壹T4:73█皆與此形相同。麥藁就是麥稈。賈,就是買賣交易。《説文·貝部》:“賈,易財也。”及時取麥藁賈,就是及時收取麥稈準備賣掉。

[17]耕餘:指農閑時。

[18]此簡由楊小亮綴合並作改釋、句讀整理,見楊小亮(2014P114-117),本書對句讀釋文作了調整。

[19]耏自耕＝之:耏,原未釋,楊小亮(2014P114-117)擬補作“耏”,何茂活釋作“時”。此字原簡作█,從“寸”很明顯,左部爲“而”的草書寫法,後文出現的“而”作█,對比可知此字左部寫法與此類同,可確定釋作“耏”。“耏”讀爲“能”,“耏自耕”就是能自己耕種。“之”後原釋文作“……”,楊小亮認爲其後無墨跡,應删去“……”。楊小亮意見可從,其後

雖有少許墨跡,但整體對比來看,這些墨跡並非文字,而是一些汙跡,到"耕=之"句結束。此句的重文號何茂活解釋説:"據文意,'耕'後當無重文號,經查圖版,似有似無,兹姑存之。"原簡此處重文號非常清楚,但"耐自耕之",文義表達已經清楚,讀作"耐自耕耕之"文義反倒不順暢,所以這裏所謂的重文號並非表示重文。

[20]許常:許,原未釋,楊小亮(2014P114-117)釋作"再"。此字原簡圖作▨,左爲"言"之草書,右爲"午",金關簡中類似寫法如肩伍 D:71A▨,可資對比。常,原釋作"當",原簡作▨,下部爲"巾"之草書而非"田",與"常"草書相合。此簡正背兩面内容無聯繫,是不同的兩封信,這裏的"許常"是背面這封信的致信者。

[21]有賴祭酒卿内入:有賴祭酒,簡中共出現兩次。此處"有賴",原未釋,楊小亮(2014P114-117)釋作"所請",其原簡綴合圖作▨、▨。後文的"有賴",原簡圖作▨、▨。從字形對比上看,兩處應該相同。何茂活(2021P235-241)也指出二者字形相同,當爲同樣内容。前者"有"字形作▨,較易識别,尤其是"月"形的草書寫法較突出。但後者的"有(▨)"字形與前者略有差距,可能有墨跡干擾,或者抄寫有誤。兩處"賴"字形較一致,特别是右下角的捺筆寫法尤其相似。"賴"的草書寫法在漢簡中比較少見,金關簡中有肩壹 T10:121A▨,可資對比。後世傳爲王獻之《慕容帖》中的"賴"寫作▨,寫法也較近。酒,原未釋,從楊小亮補釋。此字原簡墨跡雖然非常淡,但根據同簡相同文例對照可確認就是"酒"字。祭酒卿在此處用作稱謂。内入,簡中兩見,原皆釋作"内人"。楊小亮認爲"内人"指妻妾,説"祭酒卿内人"是寫信者的妻子。"内人"通常是對别人稱自己妻妾的説法,即使給自己妻子寫信也不能這樣稱呼。漢簡中"人"、"入"不别,要以文義確定釋字。内入,就是納入。有賴祭酒卿内入,就是依靠祭酒卿納入。這正可與後文的"補空乏之處"相呼應。

[22]奈毋分寸之功:奈,原未釋,楊小亮(2014P114-117)釋作"素"。原簡去底圖作▨,上從"大"之草書,下爲"示"之簡省,當爲"奈"之俗寫,如《隸辨》中作▨,王羲之《頻有哀禍帖》中草作▨,都屬於這類"奈"的寫

法。分寸,原釋作"以□"。分,原簡圖作 ,較易辨識。寸,楊小亮釋作"田",此字原簡圖作 ,也較易辨識。功,原未釋,楊小亮採納李均明意見補釋,從補。此字原簡圖作 ,所從"力"十分清楚,只是左部處在茬口處,又有汙跡干擾,且"工"形又常常寫得比較小,影響釋字。奈毋分寸之功,直譯是無奈我沒有分寸的功勞。這是針對後文"幸得……"的一種自謙説法。意思是我沒什麽功勞,只是有幸得了。

[23]幸得□□:原釋作"……",楊小亮(2014P114-117)懷疑是"幸得怨免"。幸,原簡墨跡較淡,而且汙跡干擾較多。剔除干擾後作 ,知是"幸"的草書,金關簡中類似寫法如T37:786B 。得,原簡同樣墨跡很淡並且有汙跡干擾,剔除干擾後作 ,可知是"得"的草書,金關簡中類似寫法如肩壹T8:105A 、肩貳T23:364B 、肩肆T37:1152 。幸得,就是有幸得到,辭例金關簡中比較常見,如T24:865"幸得歸",F3:60+283"幸得以赦令除"。"幸得"可定釋字,"怨免"暫不從。

[24]餔言益數皆知過者:言,原未釋,何茂活(2021P235-241)釋作"亡"。此字原簡作 ,這是"言"的簡省寫法。"言"的草書並不固定,橫畫省簡不一,下部的"口"形也多變,而且還有與"云"形近甚至同形的情況,所以多數情況還要結合文義或語境釋字。"云"常出現在典籍文獻中,書信中多口語,較少使用,所以這裏當釋作"言"。"餔言"或讀爲"甫言"。甫,有大的意思。《詩經·甫田》:"無田甫田。"鄭注:"甫,大也。"甫言就是大言。這裏應該是對自己言論的自謙説法。益,原釋作"適",從何茂活改釋。此字原簡圖作 ,上部中間一橫上下各兩點,下部是"皿"也較易識別。皆,原簡作 ,同簡的"皆"另見兩次,分別作 、 ,與此處字形相差較大,但此簡正背兩面不僅内容無聯繫,書寫也有差別。知過,原未釋,何茂活釋作"益"。此兩字原簡圖作 ,此形與"知過"兩字草書頗合,但從同簡抄寫情況來看,此兩字所佔空間當爲一字,推測此處可能抄寫有誤。

[25]願幸謹如會:幸,原釋作"業",楊小亮(2014P114-117)釋作"奉",何茂活釋作"幸"。此字原簡字形作 ,爲漢簡常見的"幸"之草書,類似寫

法如肩肆 T37：786B ▨、居 178.14A+190.36A ▨。其右上點畫，正是“犬”形的特徵筆劃，也是後來寫作反向橫畫的源頭，故釋“幸”爲是。“願幸”是一種敬語表述，在金關簡中多見，如肩伍 F3：159B“願幸爲以余泉（錢）百五十糴一石米”，肩伍 F3：217B+309A+593A“拜食待，願幸臨之”。尤其是後者，與此處結構和表義很相似。謹，原未釋，原簡圖墨跡較淡並有剥落，清除底色和干擾後作 ▨，與同簡的“謹（▨）”對比可知兩者應是一字。願幸謹如會，就是表示希望能與您見面的意思。

　　[26] 欲身自犇馳詣前拜：欲，原釋作“敞”，原簡圖作 ▨，其左從“谷”非常明顯，原釋不可從。詣，原未釋，原簡作 ▨，這是“詣”的草書寫法，金關簡同探方 T23：413 中兩次出現“詣”，原簡寫作 ▨、▨，即是相同寫法。前，原釋作“敞”，何茂活（2021P235—241）釋作“再”。此字原簡圖作 ▨，上部墨跡略有缺失，同簡出現的“前”作 ▨，兩者寫法大致相同，可爲證。拜，原釋作“城”，何茂活釋作“拜”，今從改。此字原簡圖作 ▨，字形與“城”不合，且文義頗難理解。同簡後文出現的“拜”原簡圖作 ▨，字形基本相同，應是一字。這裏的“拜”可指拜謝，但也可以只是表達敬意。欲身自犇馳詣前拜，就是希望能親自飛奔到您面前拜謝。

　　[27] 故具斗酒，相見而拜：故，原釋作“敞”，從何茂活（2021P235—241）改釋。原簡圖左從“古”非常清晰易辨。具，是準備的意思。而，原簡圖作 ▨，何茂活釋作“再”，字形不合。金關簡中這類“而”十分多見，如肩貳 T23：861B ▨（而已）、肩叁 T24：712 ▨（知而劾之）、肩叁 T30：28A ▨（須而以補），當從原釋。拜，原釋作“城”，從何茂活改釋。此與前面出現的“拜”表義相同。這句話是説，因此準備了酒，見面再拜謝。

　　[28] 這枚木牘屬於王莽時期的遺物，正背面分别抄了兩封不完整的信，都不是正式寄出的書信原件。而且木牘上的墨色和文字特點顯示出正背面内容並不是一次抄寫完成的，而是分三次書寫的。子涇，是第一封信的收信者。業君，是子涇的夫人。這封信的書寫目的主要是“常”因爲在外地爲吏無法管理自己的田地，委託子涇幫忙治理。信中“常”詳細説明

了不同地塊的種植安排,還囑託子涇及時收麥稈賣掉。祭酒卿,是第二封信的收信者。楊小亮(2014P114–117)說“祭酒卿内人”就是正面的“子涇業君”,認爲正面的稱謂是以字稱收信人,背面的稱謂是因爲正面有農事、家事相託,故擡高收信人地位。這是没有將兩封信區別看待的結論。從信文内容中完全看不出子涇與祭酒卿兩者有何關係。第二封信的内容較少,主要目的是許常感謝祭酒卿納入補缺的厚恩。兩封信的致信者可能是一人,但嚴格上當將這枚木牘分别定名爲《常致子涇業君書》、《許常致祭酒卿書》。

（此簡已與 T23：917 簡綴合）　　　　　　　　　　　　73EJT23：919

田卒上黨郡涅[1]蒲里不更童豹,年廿五。　　　☑　　73EJT23：920

戍卒趙國易陽南實里王遂。　　☑　　　　　　　　73EJT23：921

田卒上黨郡壺關東陽里不更莊耐,年廿五。　　　☑　　73EJT23：922

京兆尹長安雀昌里公乘張從,年廿四。☑　　　　73EJT23：923

鰈得千秋里大男曹胸[2],年五十八。　　牛車一兩,□☑ 73EJT23：924

（此簡已與 T23：503 簡綴合）　　　　　　　　　　　　73EJT23：925

☑□,年卅五,長七尺五寸,黑色。　　十一月戊子☑　73EJT23：926

武伏地再拜。　　　☑　　　　　　　　　　　　73EJT23：927

【校釋】

[1]馬孟龍(2014.2)指出《漢書·地理志》上黨郡載有“涅氏”,而《續漢書·郡國志》記作“涅”。今本“涅氏”的寫法,乃正文、注文錯亂的結果,“氏”字仍當改爲小字,恢復爲注文。出土文獻確定無疑地表明“涅”是西漢上黨郡轄縣的正確書寫形式。

[2]胸:原釋作“盼”,原簡作𝌀,今據圖版改。

七月奉六百,候長實[1]取。已出錢二百二十四,皂錢已。☑ᵢ八月奉六百,上功[2]計已。　　計長　☑ᵢᵢ（竹簡）　　　73EJT23：928

☑敢言之:遣候長外人送昭武所訟遷令史董承復[3]范德、趙赦之、刑

常致,昭ⅰ☑河津金關,毋苛留止,如律令,敢言之。ⅱ☑如律令。/掾

安世、令史光、佐其。ⅲ　　　　　　　　　　　73EJT23：929

元康二年十二月乙丑朔庚☑

年、長、物色如牒,謁移肩水金☑☑　　　　73EJT23：930A

……☑　　　　　　　　　　　　　　　　73EJT23：930B

（此簡已與 T23：1065 簡綴合）　　　　　73EJT23：931

故犪得叚[4]（假）佐守澤中亭長六月丙辰除☑　73EJT23：932

☑封[5]居延令印。一封詣繁陽,一封詣内黄,一封詣媼圍,一封張掖

肩水。ⅰ☑候印。一封詣昭武,一封詣肩水城尉官,二封張掖肩候,

一封詣昭武獄,一封詣ⅱ☑亭卒☐受橐他莫當隧卒租,即行日食時付

沙頭亭卒合。ⅲ　　　　　　　　　　　　　73EJT23：933

☑☐[6]輔　　賣襲一領,賈錢六百。　　要虜隧長☐☑73EJT23：934

☑☐寸,黑色。　輺車一乘,馬☑　　　　　73EJT23：935

☑☐九斗,　負嗇夫三斗麥　☑　　　　　　73EJT23：936

☑一匹。△　劍一,　弩一,矢五十。　　　73EJT23：937

☑居令延印,一封詣酒泉會水,一封詣張掖大守府,一封詣氐池。一

封居延甲候詣姑臧,二封張掖廣地候印,一封詣ⅰ☑尉府,一封詣肩

水城尉官[7]。一封郭全私印,詣肩水城官。檄一[8],居延令印,詣昭

武。ⅱ☑☐☐卒高宗受橐他莫【當】隧卒趙人。即行日蚤食時付沙頭

亭卒充。ⅲ　　　　　　　　　　　　　　73EJT23：938

【校釋】

[1] 實:王錦城（2019P1354）認爲可能是“賓”字。按:此字原簡圖結構

不明確,暫從原釋。

[2] 上功:《集成》（六 P225）:功、勞是漢代計算吏政績的標準,一功爲

四年,勞則以日計。上功,即報功。

[3] 承,原釋作“幸”,從沈思聰（2018P318）改釋。復,沈思聰釋作

“禄”,原簡此字從“彳”非常清楚,原釋無誤。這裏的“復”應指過所文書中

常見的“往來復傳”之“復”。簡中的外人、董承、范德、趙赦之、刑常,皆爲

人名。

［4］叚:原釋作"㑦",原簡作🖋,今據圖版改。

［5］封:原未釋,姚磊(《合校》2021P274)懷疑此字是"封"。按:此字正處斷茬處,右部殘缺,左部清楚可見,再結合文義可知釋"封"可從。

［6］此未釋字張文建(2017.6.18)認爲從"壬"。

［7］官:原釋作"府",從陳安然(2020P180-193)改釋。陳安然認爲"只有都尉及以上官員的所在機構可稱爲'府'","一封詣肩水城尉官"相同文例見T23:933。

［8］一:原釋作"二",今據原圖版改。

田卒梁(梁)國蒙市陰里季豎,年廿四。　　☑ 73EJT23:939+1031 [1]

☑李莊,年十六歲,長六尺,黑色。☑　　　　　　　73EJT23:940

■五鳳二年五月☑　　　　　　　　　73EJT23:941A

■　　　　☑　　　　　　　　　　73EJT23:941B

☑【昭武】便[2]處里公乘杜☑,年廿五,　　用馬☑　73EJT23:942

前白都吏孫　　☑　　　　　　　　　73EJT23:943

☑受張忠四百七十ⅰ☑☐☐☐☐☐☐☐ⅱ　73EJT23:944

☑　審常　　　　　　　　　　73EJT23:945

☑郵行　　　　　　　　　　　73EJT23:946

(此簡已與T23:491簡綴合)　　　　　73EJT23:947

☑☐舍,勳婦聖君在☐舍,　　　　　73EJT23:948

八月丙子蚤食七分時,當塢上一通,付并☑　73EJT23:949

☑　　張玄☑　　　　　　　　　73EJT23:950

……駒來須就關,須☑　　　　　　73EJT23:951A

☐☐平樂,毋官獄　☑　　　　　　73EJT23:951B

☑　　神爵元年七月庚戌朔壬申,嗇夫久付廣☑ⅰ☑……☐月盡

☐月積五月奉。　　自取　☑ⅱ　　73EJT23:952 [3]

☑幸甚。自謂私吏〈使〉[4]昆弟☐☑　　73EJT23:953

□伏地言:田卿足下,屬[5]見不久,不得言。前田卿所取計,今□☑

73EJT23:954A+526A[6]

□□□計行省持來,不可₌已₌[7]。　　　　73EJT23:954B+526B

【校釋】

[1]此簡由姚磊綴合,見姚磊(2021P108)。

[2]便:原未釋,此字正處斷茬口處,但基本結構可辨。金關簡中數見"昭武便處里",如 T37:175、T37:754 等,結合文例與原圖存見墨跡可補"便"字。

[3]郭偉濤(2017P229-259):應爲受奉名籍,由嗇夫久發放,且注以"自取"。

[4]吏:原釋作"受",原簡作ㄓ,與"受"之草書有差距,當爲"吏",相類字形如肩肆 F1:13 ㄓ、肩肆 T37:1259 ㄓ、肩伍 F3:171 ㄓ。金關簡中"私使"十分常見,而不見"私受",故此處應是"使"之訛誤。

[5]屬:原未釋,據常見辭例與原簡字形補。

[6]按:此簡姚磊綴合,詳見姚磊(2021P109)。

[7]不可₌已₌:此處重文號若按照重複字詞理解,文義不順。"可已"後已經是空白,如果原簡抄寫完整,那就是到"可已"結束。但"不可已,可已"實在不好理解,所以推測這裏要麼是"可₌已₌"誤打了重文號,要麼就是在"不"下少打了重文號。"不可已!不可已",這是重複行文表述強調。這類表示強調的重複在文獻中非常多見,比如書信用語中"叩頭叩頭"、"幸甚幸甚"、"頓首頓首"等都是通過重複表示強調。

☑等二人,書到庾索界中,毋有。具移相牽任不□☑ᵢ☑□奴等廿四人,庾索部界中,相牽證任,毋舍匿,詔□☑ᵢᵢ　　73EJT23:955

·右爰書。　　　　　　　　　　　　　　　　73EJT23:956

□□孫君……☑ᵢ奉履□……☑ᵢᵢ細……☑ᵢᵢᵢ　73EJT23:957

步安[1]丞勝初□下．候丞[2]□☑　　　　　　73EJT23:958

☑□□[3]自愛[4],毋可言者,瓂[5]毋重比者ᵢ☑……ᵢᵢ 73EJT23:959

☑☑會月廿三日須以成事☑　　　　　　　73EJT23：960

・右隧長名。　　　　　　　　　　　　　73EJT23：961A

從……　　　　　　　　　　　　　　　73EJT23：961B

☑長七尺七寸,黄色。　軺車一乘,馬一匹　☑　73EJT23：962

(此簡已與 T23：488 簡綴合)　　　　　　73EJT23：963

賣絑[6]一兩,直(值)錢廿三。革帶二枚,直(值)六十。・凡直(值)八十三。故水門隧長屋闌富昌里尹【野所】[7]。ⅰ 73EJT23：964+516 [8]

廣野隧卒勒忘,　費賣繡(縹)[9]一匹。隧長屋闌富昌里尹野所。Ｊⅰ　　　　　　　　　　73EJT23：965

陽朔三年正月丁卯朔戊寅,肩水ⅰ士吏政即日視事,日直赤帝三陽長日,利以ⅱ　　　　　　　　　　　73EJT23：966

入官視=事=(視事,視事)大吉,福禄日□□□□事數得ⅰ察舉陽遂高遷□□□敢言之。ⅱ　　　73EJT23：967[10]

【校釋】

[1]沈思聰(2018P52)認爲這裏的"步安"是人名。簡文缺失上文,不能確定。

[2]候丞:李均明(1992P25-46):候丞,候之副手,不常設,有時設 1人……候官可能長期只設尉,不設丞,只是短期有過丞的編制。

[3]簡首兩個未釋字原釋作"留□□"。"留□"原簡圖作▨,下部似"女",此字頗似"妻"字,但上部没有豎畫。

[4]自愛:原釋作"甚善",王錦城(2019P458)已發現原釋"善"有誤。按:今審原簡圖,"愛"下所從"心"非常清楚,"自"的大致輪廓也可見,只是兩字的筆畫都比較模糊,暫存疑。

[5]瓌:原釋作"懷",原簡圖此字從"王",今改。

[6]絑:原釋作"絑",從王錦城(2019P1327)改釋。

[7]野所:原未釋,據 T23：965 簡文補。

[8]此簡由伊强綴合,見伊强(2016P115-129)。

[9]繡:原釋作"縹",從何茂活(2014P225-236)改釋,指青白色的絹。

　　[10]上 T23∶966、T23∶967 兩簡，姚磊（2017. 10. 14）認爲當屬同一册書，可復原。簡文内容是肩水士吏政視事任職時"擇日"。可從。另外，T23∶1048 簡内容可能也與此簡内容相關或相似。

☑□大奴右，年廿六歲，長七尺五寸，黑色。　　馬一匹。 73EJT23∶968

受降卒富里宋鉗，Ⅰ 賫官練襲[1]一令（領），直（值）千。灤涫[2]平旦[3]周稺[4]君所。稺[5]君舍在會水候官，入東門得術[6]，西入酒泉。東部候Ⅱⅰ史不審里孫中卿妻秋任[7]。　　畢。Ⅱⅱ 73EJT23∶969

【校釋】

　　[1]練襲：《集成》（六 P229）：練，《説文·糸部》："練，繒也。"襲，衣服名，或曰單衣，或曰複衣。又單複衣一套爲襲。此指複衣。

　　[2]灤涫：《漢書·地理志》作"樂涫"，屬酒泉郡。

　　[3]平旦：里名。也可能是"平里"之誤。

　　[4]稺：原釋作"稚"，原簡圖作𥝲，今據原簡圖改。

　　[5]稺：原釋作"稚"，原簡圖作稺，今據原簡圖改。

　　[6]術：街道、道路。《説文·行部》："邑中道也。"

　　[7]任：擔保。

居延始至里宋毋害。　　牛車一兩，　　弩一，矢十八，劍一。卩
　　　　　　　　　　　　　　　　　73EJT23∶970

居延佐富里張廣地，年廿五，長七尺五寸，黑色。　　馬一匹，　弓一，矢卅。△ⅰ　　　　　　　　　73EJT23∶971

十一月丁巳。Ⅰ 平旦表四。Ⅱⅰ日出時表四。Ⅱⅱ日蚤食時表七。Ⅱⅲ日食時表三。Ⅱⅳ日食坐時表四。Ⅲⅰ日東中時表三。Ⅲⅱ日中時表四。Ⅲⅲ日……☑Ⅳⅰ日餔時表三。☑Ⅳⅱ日下餔時☑Ⅳⅲ
　　　　　　　　　　　　　　　　　73EJT23∶972

居延令史富里公乘曹延年﹦（年，年）卅五，長七尺五寸，黑色。　　軺車一乘，馬一匹　　☑ⅰ　　　　　　　　73EJT23∶973

河南郡雒陽長年里左驠(驧)[1],年卅三,　步　七月乙亥入。

　　　　　　　　　　　　　　　　　　　73EJT23:974

萬年里任廣漢大奴據,Ⅰ年廿五,Ⅱ_i墨色。Ⅱ_{ii}車牛一兩。Ⅲ練
龍[2]〈襲〉一領,白布單(襌)衣Ⅳ_i一領,布綺[3]一兩,Ⅳ_{ii}革履一
兩。Ⅴ·右伍長。Ⅵ　　　　　　　　73EJT23:975

☐☐☐☐☐青毋忘,Ⅰ幸爲生請王子贛,生幸甚。Ⅱ甚幸[4]。Ⅲ

　　　　　　　　　　　　　　　　　　　73EJT23:976A

負等事　　　　　　　　　　　73EJT23:976B

廣地受延隧長徐壽光妻氐池富昌里徐公君,年廿八,黑色。Ⅰ子小
男賀,年三歲。Ⅱ牛車一兩。Ⅲ　　　　73EJT23:977

☑☐之第(弟)[5]爲葆也。少須,我報候及令史福,具言[6]候、福曰:
得即封☑_i　　　　　　　　　　73EJT23:978

　　【校釋】

　　[1]驠:何茂活(2014P225-236)指出此字與"驨"、"驛"異體,可從。

　　[2]龍:原徑釋作"襲",原簡不從"衣",今改。

　　[3]綺:原釋作"綀",何茂活(2014P225-236)認爲可徑釋作"綀"。
按:此字原簡作𥿈,此字形較怪異,但右部並非"未"、"末",當是"夸"。可
能是𥿈(居509.26)這類"綺"字訛誤而來。

　　[4]甚幸:原釋作"幸甚",今據原圖版改。

　　[5]第:原徑釋作"弟",今據原圖版改。

　　[6]具言:《集成》(九 P27):即詳細言告。

二月乙未卒十九人:Ⅰ其二人養,Ⅱ_i一人守葦,Ⅱ_{ii}定作十六人。就
車二兩,載新(薪)葦百六十束,率人十束,起酒泉五渠隧,到上辟[1]。
往來五十里,莫(暮)宿。Ⅱ_{iii}　　　　73EJT23:979+1017 [2]

☑☐卿爲成請肩水鍛工[3]卒名安樂,在河_i☑☐☐☐☐_{ii} 73EJT23:980

江卿少三。　趙卿少一。·毛卿少二。　凡少☐　73EJT23:981

☑里大夫利樂宗，年廿三，長七尺五寸，黑色。　　弓一，矢五十。

73EJT23∶982

……叩頭，幸゠甚゠（幸甚幸甚）^[4]。乃弟^[5]相張利子文以行事。

73EJT23∶983

【校釋】

［1］上辟：辟，指塢壁。“上辟”當是以塢壁爲對象標示的地理位置。

［2］此簡由姚磊綴合，詳見姚磊（2021P110）。

［3］鍛工：韓華（2014P377-385）認爲是鍛造工件或毛坯的工種。

［4］“幸甚”原釋文漏釋重文號，今據原圖補。

［5］弟：沈思聰（2018P319）釋作“夷”。

……尺二寸，黑色。□□□□辤（辭）以發幼　　廣地候官　　吏

吏 i……ii　　　　　　　　　　　　　73EJT23∶984A

……子文謹□爲何　　子實文 i……ii　　73EJT23∶984B

布六尺五寸，直（值）七十五。　　出錢二百五十九。

槖四斤，直（值）七十。　　　　　出錢卅六，就錢。

卮^[1]一升四錢。　　　　　　　凡出二百九十五。　73EJT23∶985

☑百廿五　　　　已　　　　　　　73EJT23∶986

枚陽印。i 肩水金關 ii□□□以來。iii　　73EJT23∶987

肩水金關　　　　　　　　　　　　73EJT23∶988

□八月大☑　　　　　　　　　　　73EJT23∶989

……已五百□□□　　　73EJT23∶990A+721A^[2]

……　　　　　　　　73EJT23∶990B+721B

【校釋】

［1］卮：原未釋，原簡作 ，當爲“卮”。原字形雖左邊撇畫有缺失，但仍能看到少許痕跡。居延舊簡 505.8 中“赤卮五枚”的“卮”作 ，與此簡字形相類。《説文·卮部》：“卮，圜器也。一名觛。所以節飲食。象人，卪在其下也。”段玉裁注説此器爲“酒漿器”。可知“卮”是一種酒器。

〔2〕此簡由姚磊（2021P111）綴合。

□□□表二壹通南。Ⅰ元始五年五月乙酉,日西中五分,禁姦隧
卒□□□Ⅱ i 半分當利隧卒兼付安樂隧卒馮,界中卅五□Ⅱ ii 程
□Ⅱ iii   73EJT23：991

（此簡已編聯至 T23：900 後《漢居攝元年曆譜》）   73EJT23：992

（此簡已與 T23：663 綴合）   73EJT23：993

□□錢不縣得毋煩□□……   73EJT23：994A

□□留之人妻婦幼弱,獨上下塞難,叩頭。謹請往   73EJT23：994B

□□叩＝頭＝（叩頭叩頭）,幸甚。願相見致且自愛,來者數聞起居,
叩＝頭＝（叩頭叩頭）。□□ i   73EJT23：995A

宋德叩＝頭＝（叩頭叩頭）,白奏郝[1]有秩□　□   73EJT23：995B

□□除譚庠（斥）免缺除徐徐徐　□   73EJT23：996A

□聽聽免補除補徐補　□[2]   73EJT23：996B

□路[3]人付南部　□   73EJT23：997

□　日中二分一通。　下餔一通。□
□　三分一通。　　□
□　西中九分一通。　□   73EJT23：998

居延左□印。□ i 肩水金關□ ii   73EJT23：999

□……自言爲家私使□□   73EJT23：1000

□未已也,願君□□   73EJT23：1001

　　　　黍二石在□君所
□錢百　　酒
　　　　……   73EJT23：1002

□吏令□□□掖□左尉□稚君□□   73EJT23：1003A

□告令　　□叩頭言:丈人坐前善毋恙,□□□□過□□

                                                         73EJT23：1003B

（此簡已與 T4H：74 綴合）　　　　　　　　　73EJT23：1004

茂陵壽成上里董葉，年十九，長……大車一兩。☑　73EJT23：1005

☑卒不及入官求索，願借六尺☑☑　　73EJT23：1006+T4H：36A[4]

☑地長　　　☑　　　　　　　　　　　　73EJT23：1006B

廷言北部候長、隧長等，迺十二月☑會水掾☑☑☑☑

到秩索[5]，自持詣廷，毋忽，如律令。☑　　73EJT23：1007

☑……　用牛四頭。　　☑　　　　　　　73EJT23：1008

☑已取☑☑通不肯復遣必使有☑　　　73EJT23：1009A

☑……　　　　　　　　　　　　　　　73EJT23：1009B

……☑ᵢ馬不任，體[6]病傷寒，積五日苦☑ᵢᵢ　73EJT23：1010A

前☑☑衝所[7]作劾[8]☑病苦☑[9]☑　　73EJT23：1010B

【校釋】

［1］奏郝：原未釋，從何茂活（2017. 2. 20）補釋。原釋文在“白”“奏”和“奏”“郝”之間各有一個未釋。王錦城（2019P460）已指出兩處未釋字應是左邊斷殘行中字的筆畫，今據文義删去。

［2］此行原釋文脱漏末尾殘斷號。

［3］路：原未釋，從沈思聰（2018P320）補釋。按：此字原簡可見所從“足”，右部尚能見到“口”，暫從其擬補釋。

［4］此簡由謝明宏（2022.7.13）綴合。

［5］此處文義不明，原簡字形可疑。

［6］體：原釋作“豊”，林獻忠（2016. 5）改釋作“豐”，沈思聰（2018P320）指出此是“體”所存右部，從改。

［7］所：原未釋，原簡圖僅能見到左半“戶”，暫擬補釋。

［8］劾：原未釋，原簡圖能見到左半“亥”，暫擬補釋。

［9］此行釋文沈思聰（2018P320）補釋作“前神武衝☑作疾由痛苦☑”。末尾未釋字秦鳳鶴釋作“再”。

☑通……二通。☑ᵢ☑一通。日未中二通。一通☑ᵢᵢ☑一通。·凡

三通……☐ⅲ☐……一通日西☐☐二通☐ⅳ　　　　　　73EJT23：1011

出粟六石直(值)七百廿。　　　　元始六年二月廚[1]嗇夫☐☐

　　　　　　　　　　　　　　　　　　　　　　　73EJT23：1012

從吏日勒尉史齋☐　　　　　　　　　　　　　73EJT23：1013

……☐ⅰ到官視事行道☐ⅱ　　　　　　　　　　73EJT23：1014

觻得富貴里趙嬰齊。　　☐　　　　　　　　　73EJT23：1015

(此簡已與 T23：1023 簡綴合)　　　　　　　　73EJT23：1016

(此簡已與 T23：979 簡綴合)　　　　　　　　　73EJT23：1017

神爵二年五月☐ⅰ步利里曹自爲☐ⅱ　　　　73EJT23：1018A

五[2]月乙卯以☐　　　　　　　　　　　　　　73EJT23：1018B

☐兩,弩一,矢五十。　　　丿　　　　　　　73EJT23：1019

出錢百　　買葦☐　　　　　　　　　　　　73EJT23：1020

☐……詣肩水都尉府。一封居令延印。ⅰ☐檄一封,居延倉長
〖印〗[3],詣張掖大守府。ⅱ☐卒充,即行日蚤食時付沙頭亭卒合。ⅲ

　　　　　　　　　　　　　　　　　　　　　73EJT23：1021

☐　候卒利　　　△　　　　　　　　　　　73EJT23：1022

肩水候官主關隧長公乘郭克中勞一歲六月七〖日〗[4]。能書、會計、
治官民[5],頗知ⅰ　　　　　　　　　73EJT23：1023+1016[6]

【校釋】

[1]廚:原釋作"厨",今改。

[2]五:原釋作"正",從王錦城(2019P462)改釋。

[3]據文義和常見行文格式可知此處脱漏"印"。

[4]據文義可知此處脱漏"日"。

[5]能書、會計、治官民:按照 T26：88A 可知,其後是"頗知律令、文"。
《集成》(七 P235):漢代對稱職官吏的考核習用語。能書會計,猶言能寫
會算。治官民,能治官和民事。頗,相當。……文,指其官職屬文職序列,
與其相對應者爲"武"。

[6]此簡由姚磊(2021P112)綴合,"中"原未釋,從綴合者補釋。

　　　　　　　五石具弩一完,　　　茝矢☑

☑☑隧卒☑☑☑☑　　　弩幩一敝[1],　　　蘭☑　　73EJT23:1024

☑【元延三年】[2]三月丙辰朔丁巳,甲渠候☑☑　　73EJT23:1025

☑[3]正月辛丑朔丁未,千人令史袁昌敢言之:遣令史廣與從者居延☑☑

里記、萬富里公孫世,俱來☑ i ☑……☑ ii　　73EJT23:1026+1047[4]

居延沙陰里李奴,年卅,長七尺五寸,黑☑　　　73EJT23:1027

☑　車一兩,麥、粟五十石☑　　　　　　　73EJT23:1028

☑可三百里。　　　　　　　　　　　　73EJT23:1029

☑書七封檄一。　　☑　　　　　　　　73EJT23:1030

（此簡已與 T23:939 簡綴合）　　　　　　73EJT23:1031

出錢十九萬五千一百廿,給吏奉　☑　　　73EJT23:1032

☑都尉府,敢言之　　☑　　　　　　　73EJT23:1033

☑以下七十九人。　　☑　　　　　　　73EJT23:1034

☑☑　完　　☑　　　　　　　　　　73EJT23:1035

☑塢下一苣火一通,南通都尉府　☑　　　73EJT23:1036

☑出稟(廩)[5]賣都倉以糴☑　　　　　　73EJT23:1037

（此簡已與 T23:491 簡綴合）　　　　　　73EJT23:1038

☑事,敢言之。　　　　　　　　　73EJT23:1039A

☑觻得常利里,家去大守府一里,　　産觻得縣,

☑爲吏二歲九月十日,

☑……官視事☑☑☑。　　　　觻得縣人。73EJT23:1039B[6]

【校釋】

　[1]敝:原未釋,從沈思聰(2018P320)補釋。

　[2]元延三年:原漏釋,從羅見今、關守義(2014.2)、胡永鵬(2017P274)
補釋。

　[3]胡永鵬(2017P296)定此簡在元壽元年。羅見今、關守義(2014.2)
定此簡在建武六年。

　[4]此簡由姚磊綴合,見姚磊(2021P113)。

[5]稟:原徑釋作"廩",今據原圖版改。

[6]此簡 B 面内容、格式與 T4:182+64 非常接近,兩者是同一種文書,可能是官吏的考核記録。

(此簡已與 73EJT21:46 綴合)	73EJT23:1040
☑騂北亭長宗☑☑ᵢ☑……☑ᵢᵢ	73EJT23:1041
☑出入毋留,敢言之,☑ᵢ☑/掾充、佐文光。ᵢᵢ	73EJT23:1042
☑信二月食。	73EJT23:1043
☑△└　　　未得九月奉☑	73EJT23:1044
☑一乘,馬一匹,弩一,矢五十☑	73EJT23:1045
☑官謂肩水候官,執胡☑	73EJT23:1046A
☑……☑	73EJT23:1046B
(此簡已與 T23:1026 簡綴合)	73EJT23:1047
☑福禄日至☑	73EJT23:1048A [1]
☑福禄日至　　☑	73EJT23:1048B
☑官高遷☑	73EJT23:1056A
☑官高遷☑	73EJT23:1056B

【校釋】

[1]姚磊(2021P114)認爲 T23:1048、T23:1056 兩簡可綴合。今審原圖版,知兩簡茬口完全不合,不可直接綴合。但兩簡内容相關,字形、墨跡也相類,暫作同一簡册。此内容可能與 T23:966、T23:967 簡内容相似,皆屬於士吏"擇日"類内容。

居延游徼千秋里公乘霸意,年廿五,長七尺二寸,黑色。　　☑	
	73EJT23:1049
☑用者ᵢ☑吏平☑☑☑令史☑ᵢᵢ	73EJT23:1050
☑　告臨河隧☑ᵢ☑　☑[1]上☑☑ᵢᵢ	73EJT23:1051A
☑亭來☑ᵢ☑☑☑ᵢᵢ	73EJT23:1051B

☑騎守小　　　　　　　　　　　　　73EJT23:1052

☑□左里公乘辛☑　　　　　　　　　　73EJT23:1053

☑　　　致　　　　　　　　　　　　73EJT23:1054

☑……☑ᵢ張掖大守章,卒禁十□☑ᵢᵢ☑付莫當卒弘☑ᵢᵢᵢ

　　　　　　　　　　　　　　　　　73EJT23:1055

(此簡編聯至 T23:1048 簡後)　　　　73EJT23:1056

☑□時壽里□□伯所☑　　　　　　　73EJT23:1057

戍卒趙國易陽壽☑　　　　　　　　　73EJT23:1058

(此簡已與 T23:496 簡綴合)　　　　73EJT23:1059

☑尉仁之逆寇隧☑ᵢ☑水塞尉☑ᵢᵢ　　73EJT23:1060A

☑得八十三,凡齎☑ᵢ☑……☑[2]ᵢᵢ　　73EJT23:1060B

□□　☑ᵢ孫卿　☑ᵢᵢ　　　　　　73EJT23:1061A

□□□　☑ᵢ□□大夫伏　☑ᵢᵢ　　73EJT23:1061B

(此簡已與 73EJT21:46 綴合)　　　73EJT23:1062

☑□□□,年五十歲,長七尺八寸,爲人黃色,□□ᵢ☑□□□□小殹[3]

☑ᵢᵢ　　　　　　　　　　　　　　　73EJT23:1063

☑□□□三□　　·宼[4]卅石折□☑　73EJT23:1064A

☑　秋□卒孫長　☑ᵢ☑　勇士卒翟並　☑ᵢᵢ　73EJT23:1064B

　　　　　日東中時表六通。　　日下餔時表二通。

☑……受表十二通:　　　　　　　　　　候卒初。△

　　　　　日西中時表四通。　　73EJT23:1065+931[5]

☑……　　　　　　　　　　　　　73EJT23:1066A

☑君　　　　　　　　　　　　　　73EJT23:1066B

☑……　　　　　　　　　　　　　73EJT23:1067

☑□里王奉光　　　　　　　　　　73EJT23:1068

☑□伏地再拜☑　　　　　　　　　73EJT23:1069

☑卒十　卩　□[6]☑　　　　　　73EJT23:1070

☑弓☑	73EJT23:1071
☑　☑　　△☑	73EJT23:1072
☑　大車一兩。☑ᵢ☑弩一,矢☑ᵢᵢ	73EJT23:1073
☑案道前⁽⁷⁾水謁告☐☑	73EJT23:1074

【校釋】

［1］未釋字原簡圖作🖼,疑爲"瓿"。

［2］此行原釋文無,今據原圖版補。

［3］股:原徑釋作"股",原簡作🖼,釋字與字形略不合。按:金關簡中未見"股",但是"服"出現頻率很高,字形如肩伍 F3:283 🖼、肩叁 T26:192 🖼等,與此簡中的字形相近。可疑。

［4］㝡:原釋作"㝡",從王錦城(2019P1363)改釋。

［5］此簡由伊強綴合,見伊強(2016P115-129)。

［6］此未釋字原無,今據原圖版補。

［7］前:原未釋。此字原簡字形雙鉤復原作🖼,可知是"前"。金關簡中"前"有如肩貳 T21:176 🖼形,與此簡字形相類,今補釋。

肩水金關 T24:1-500

☐賞幼都叩頭白……	73EJT24:1A
……	73EJT24:1B
……	73EJT24:2
其四百八石₌(石,石)卌八。	
出錢二萬七千八十四以糴粟成入。　　　……	
百五十石₌(石,石)五十。	
	73EJT24:3
内十二。　　東面十一。　　西面十三。	
南面廿四。　　北面十六。　　☐☐十二。	73EJT24:4

·　　　魏氏射得負□品。　　　　　　　　　　　　73EJT24:5

出錢十,八月七日米。　　　　出錢……十一月十日□

　　　　　　　　　　　　　　　　　　　　……二月……

出錢卅,君井[1]買絮一枚。　　出錢……　　　　73EJT24:6A

……

出錢六十=(十,十)[2]月廿六日和[3]傷汗[4]。　　出錢……

出四百八十,買絮。　　　　　　　　　　出錢……

　　　　　　　　　　　　　　　　73EJT24:6B

【校釋】

[1]井:原釋作"成",從姚磊(《合校》2021P279)改釋。

[2]此重文號原釋作"二",從何茂活(2018.4)改釋。

[3]和:人名。

[4]丁媛(2018P1-15)認爲"傷汗"也有可能是指傷寒出汗的病狀。按:此簡爲計簿,正反兩面皆記録出錢情況,"傷汗"應是描述"和"的病情。

·肩水候官居聑(攝)三年四月盡六月磑[1]四時出入簿[2]。　　　肩水候官居聑(攝)三年四月盡六月鹽四時ⅰ　　　73EJT24:7

……　　　　　　　　　　　　　　73EJT24:8A

兼掾陽、守令史譚。　　　　　　73EJT24:8B

元始二年四月壬午朔……,移過所縣道河津關,遣都田守嗇夫[3]陳惲以詔書行水[4]酒ⅰ泉……[5]　　　/[6]兼掾詡、令史譚、佐宏。ⅱ

　　　　　　　　　　　　　　73EJT24:9A

居延丞印。ⅰ四月……南入。ⅱ　　73EJT24:9B

【校釋】

[1]磑:初師賓(1984P142-222):居延邊塞戍所裝備之磨磑,每隧皆配置一合,可能是加工軍糧的工具。東漢時期石磑,漢代遺址屢有出土,形狀略同今小石磨,上下兩扇,上扇頂部隆起有凹槽,可裝轉柄。

[2]四時出入簿:一般都標明時段,記録某段時間器物進出情況。

　　[3]都田守嗇夫:王勇(2008.3):都田之"都"當即都官之"都",都田嗇夫是中央官署派駐在縣内的農官,主管全縣公田。

　　[4]行水:疏通水或治水。《孟子·離婁下》:"如智者若禹之行水也,則無惡於智矣。禹之行水也,行其所無事也。"

　　[5]泉:原釋文無,從姚磊(《合校》2021P280)擬補釋。

　　[6]張俊民認爲此行"/"前還可補釋"令"(見《合校》2021P280)。

劉屬叩頭白:ⅰ韓君孫萬去府,不多言=(言之)[1]。謹道遲明日去[2],萬宛君□所[3]□□[4]必ⅱ　　　　　　　　　　73EJT24:10B[5]

爲急治之,使會月五日□□三日食時,伏地□願必不可已,叩=頭=(叩頭叩頭),幸甚[6]。ⅰ謹再拜君游致記,再拜[7]ⅱ白,幸爲屬,叩頭。

多有張□徐卿、宋卿、許君□[8]、韓君公、王子游。ⅲ　　　　73EJT24:10A

　　【校釋】

　　[1]言=:原簡圖作，原釋文作"云="。西北簡中常"言"、"云"同形相混,比如肩壹 T4:142 、肩壹 T4:130 、肩壹 T10:120A ,這些"言"皆在"敢言之"中出現,無它釋的可能,字形卻與"云"非常接近,也與此簡字形寫法大致相同。所以釋讀要以文義順暢優先。這裏應是"言="讀作"言之"。不多言之,意思也很好理解,就是不多説這個。按:張俊民將此前的"多言"釋作"爲意"(參見《合校》2021P280)。

　　[2]謹道遲明日去:遲,原釋作"屬",此字原簡圖作，同簡兩次出現的"屬",對比可見差異,推知此釋字有誤。此形上部是類似"侯"的漢簡寫法,下面的長橫應該是"辶"形,漢簡中"遲"字形如居 133.23 (留遲)、居 55.11+137.6+224.3 (留遲),對比即可知此字結構也是"遲"。明,原未釋,原簡圖作，左部所從"日"比較清楚,右部的"月"模糊,不是十分確定,存疑。謹道遲,謹是敬辭,道遲,與《詩經·采薇》之"行道遲遲"對照理解的話,則是表示道路難走的意思。謹道遲明日去,就是因爲道路難走明日離開。或將"謹道"作爲固定表述,理解作向您説明遲緩明日離開的情況。

［3］所：原未釋，今據原圖版擬補。

［4］此未釋字沈思聰（2018P321）懷疑是“麴”。

［5］承蒙楊芬私信示知，此簡 B 面爲信之開頭部分，且 B 面末尾與 A 面開頭連接作“必爲急治之”，較順暢，今按照書寫格式與内容調整 AB 面順序。

［6］幸甚：原釋文作一個未釋字整理。此處因在簡尾，加上墨跡較淡，文字較難識別，要特別注意右上角的兩個墨點，那是接着“叩頭”的重文號連寫。仔細辨析重文號旁邊的墨跡，可知是“幸甚”的草書寫法。而且按照文例，“叩頭”也常與“幸甚”重文組合使用。

［7］再拜：原未釋，原圖版作，張俊民釋作一字“拜”（轉見《合校》2021P280）。此當作兩字，這是“再拜”的草書簡省寫法，T4：108B 中的“再拜”作，就是這類寫法。

［8］未釋字沈思聰（2018P321）釋作“長”。

三（四）月晦日具記[1]：□□□□□問ⅰ子侯君壯毋恙，頃舍中兒子起居得毋有它，今府問故卒及ⅱ□子弟欲爲卒者，言半得直[2]欲令歆[3]爲卒，恐屬它郡，又不ⅲ　　　　　　　　　　　　　　73EJT24：11

□爲職至[4]正月甲寅，當井隧、禽寇隧戍卒臨[5]、畢、收[6]、循共盜官米一斛，亡。畢未得，循爲吏ⅰ　　　　　　　　　　73EJT24：12

故駿亭長田襃　　　從候詣府。　　卩□　　　73EJT24：13

☑□居延守令城騎千人[7]　　守丞城倉丞義移過，如律令。　73EJT24：14

【校釋】

［1］具記：《集成》（九 P279）：猶以記具言。具，具體列述。漢人書牘或曰“書”，或曰“記”。“記”之稱，無論官事往還，或尋常書問，並得通用。

［2］半得直：表義不詳。

［3］歆：人名。

［4］爲職至：爲，原未釋，原簡雖然字跡模糊，但是“爲”的下部構形基本可辨，姚磊（《合校》2021P281）亦如此釋。至，原未釋，張俊民、姚磊釋作

“迺”。按：此字原簡圖筆畫周圍有部分殘勒或多餘的干擾墨跡，但下部尚能看出是“土”形，結合文義可補釋。爲職至，意思是“任職至”或“做這份工作到”，文例見 T23:386、T23:564 等。

［5］禽寇隧戍卒臨：原釋作“□詡代□□隧”。臨，原釋作“隧”，本文擬改釋，其他皆從張俊民改釋（見《合校》2021P281）。

［6］收：原釋作“與”，張俊民釋作“成”，釋字皆與字形差距太大。此字左部從“丩”，右部墨跡略有剥落，但仍能辨析出“攵”。按照新釋文來看，意思是説某人任職到正月甲寅這天，當井隧、禽寇隧的戍卒臨、畢、收、循等人，一共盜取官米一斛，逃亡。畢、收未捕得，循……。可知這是一起盜官米案件的記録，其中的臨、畢、收、循皆爲涉案人名。

［7］特殊書寫格式，詳見 T21:60A+T24:304A。

少吏[1]趙憲叩頭言：¡掾坐前、夫人御者足下[2]善毋恙。苦寒[3]，起居得毋它[4]。因言憲會今日ⅱ　　　　　　　　　　73EJT24:15A

解湲（澣）襦[5]，願且借故襦一└二日所[6]，不敢久，叩＝頭＝（叩頭叩頭）。　　　　　　　　　　　　　　　　　73EJT24:15B

【校釋】

［1］少吏：《漢書·百官公卿表上》：“百石以下有斗食、佐史之秩，是爲少吏。”

［2］掾坐前、夫人御者足下：馬怡（2014P29–37）：此書的受書人是掾及其夫人。……“坐前”、“御者足下”，皆提稱語。以提稱語來擡高對方，這是表示自謙自卑。

［3］苦寒：馬怡（2014P29–37）：苦於寒冷。

［4］起居得毋它：馬怡（2014P29–37）：當同“起居得毋有它”，意爲“起居該不會有異常”，後者常見於漢代書信。

［5］解湲襦：馬怡（2014P29–37）：“湲”應讀爲“澣”，而趙憲書中的“解湲襦”應即“解澣襦”，意爲拆洗襦。“襦”，上衣，通常較短……襦溫暖，其樣式當較爲適體，且往往絮綿。絮綿的襦又稱作複襦。

[6]願且借故襦一∟二日所：馬怡(2014P29-37)：“願”，希望，願望。“故襦”，舊襦。“∟”爲勾識符，表示其前後的“一”和“二”分開，以免在豎行中將這兩個字合在一起而誤爲“三”字。“所”，大約。

安陵壽陵里張閱字子威，粟一石，　直(值)四百。　　　在□□□□
里□西二舍北入。ⅰ(竹簡)　　　　　　　　　　　　73EJT24∶16

　　　　壬　　壬　辛

十六日

　　　　寅　　申　　丑　　　　　　　　73EJT24∶17[1]

謹移卒自言一事，唯治所移官，敢言之。　　　73EJT24∶18

橐他候官與肩水金關爲吏妻子葆庸出入符，齒十。

從第一至百左居官，右移金關，葆〈符〉合以從事[2]。　　第卅一。

(左側有刻齒)　　　　　　　　　　　　73EJT24∶19

徐岑叩頭言∶ⅰ……ⅱ　　　　　　　　73EJT24∶20A

爲今見[3]不一∟二。謹因往人奉書，叩頭，再拜白。　73EJT24∶20B

【校釋】

[1]程少軒(2014P274-284)：首月朔丁亥，前兩月分別爲大月、小月。年代屬永光三年(公元前 41 年)或本始二年(公元前 72 年)。胡永鵬(2017P461)定此簡屬永光三年曆日。

[2]郭偉濤(2018P96-125)已指出“葆合以從事”於理不通，當爲“符合以從事”的訛寫，從改。出入符的形制與使用解析詳見 T22∶99。

[3]見：原釋作“元”，從王錦城(2019P133-142)改釋。按：此字原簡字形略訛，據文義確定釋字。

戍卒淮陽郡長平西原里上造鄭陽，年卅。　　　　73EJT24∶21

始建國元年八月庚子朔己□ⅰ耐罪囚華長，六月八日與觻得□☒ⅱ

　　　　　　　　　　　　　　　73EJT24∶22

永始二年九月壬子朔辛酉，東鄉有秩相敢言之：廣世里☒ⅰ案：毋官

獄徵事,謁移過所,勿苛留,敢言之。☑ⅱ九月辛酉,熒陽守丞承移過
所,如律令。☑ⅲ　　　　　　　　　　　　　73EJT24:23A

熒陽丞印。　　　　☑　　　　　　　　　73EJT24:23B

☑□朔丙子,直[1]隧長護行候長文書事,敢言之:廷書曰:當井隧卒
彭晏,四月ⅰ☑盡廿三日食,書到,收晏食,遣吏持詣廷,會月廿八日。
謹案:時稟(廩)[2]吏壖野隧長豐ⅱ　　　　　73EJT24:24A

☑居耼(攝)二年正月□□□□□(習字)　　73EJT24:24B

五月癸未,橐他候賢以私印行事,敢言☑

固釵[3]工昌爲橐他固,今遣詣府,移關門□☑　　73EJT24:25

【校釋】

[1]□朔丙子直:原釋文作"……",從何茂活(2018.4)補釋"直",從
姚磊(《合校》2021P282)補釋"朔丙子"。

[2]稟:原徑作"廩",今據原圖版改。

[3]釵:原簡字形左部"金"形豎畫穿到底部,與常見的"金"部略有差
異,右部從"又",釋字可疑。T23:980有"鍛工","釵工"或爲其訛誤。

書四封,合檄二,單檄[1]四。Ⅰ其三封張掖都尉章,詣肩水橐他廣地
候。Ⅱⅰ一封肩水叔〈都〉尉[2],詣廣地候官。Ⅱⅱ合檄一,張掖都尉
章,詣居延都尉府。Ⅱⅲ·合檄一,居延左尉,詣居延廷。Ⅲⅰ檄四,
張掖都尉章,詣肩水、橐他、廣地候督蓬(烽)史[3]。Ⅲⅱ·二月壬申
平旦受界亭卒。Ⅳⅰ輔蚤食沙頭。Ⅳⅱ　　　　73EJT24:26

【校釋】

[1]單檄:王錦城(2019P1857):和合檄相對,或指書寫於單個簡牘不
加封緘的檄。

[2]叔:原簡作🖼,原徑釋作"都",不可從。金關簡中此形的"叔"可
見於T37:179A(長叔)、T9:3(字子叔)。叔,應是"都"的音近訛誤字。都
尉,秦時稱郡尉,西漢景帝時改作都尉。這裏的"肩水都尉"屬於張掖郡,
按照常見行文,此"肩水都尉"是"肩水都尉章"之省。

　　[3]督蓬史：主督察烽火事。

　□肩水金關(習字)　　　　　　　　　　　　73EJT24：27A

　□(圖畫)　　　　　　　　　　　　　　　73EJT24：27B

建始二年七月丙戌朔壬寅,觻得隱它[1]里秦俠君,貰買沙頭戍卒

梁[2]國下邑水陽里孫忠布復[3]□□ⅰ(右側有刻齒)　73EJT24：28

□隧長孫□,自言買牛一頭,黑特,齒四歲,病傷暑[4],不能食飲,衆

□□　　　　　　　　　　　　　　　　　73EJT24：29

□黨自取[5]九斗又一石一斗,□□[6]　酒泉大守官□□□

　　　　　　　　　　　　　　　　　　　73EJT24：30

元始三年四月丙午朔乙[7]丑,□□候長[8]襃敢言之：謹移受奉名籍

一ⅰ編,敢言之。ⅱ　　　　　　　　　　　73EJT24：31A

居耶(攝)二年十月　　長長長長□□外具及見(習字)73EJT24：31B

　【校釋】

　　[1]隱它：隱,原未釋,從姚磊(《合校》2021P282)補釋。它,原釋作
"佗",今據原圖版改。隱它,里名。

　　[2]梁：原釋作"粱",從張俊民(《合校》2021P282)改釋。

　　[3]復：原釋作"值",從張俊民(《合校》2021P282)改釋。按：金關簡
中的"值"一般作"直",按照常見文例,這裏應該是"布復(複)袍"之類的
衣物。

　　[4]傷暑：丁媛(2018P1-15)：指感受"六淫"中的暑邪,即中暑熱所致
的病證,不見於其他簡帛文獻,此處是牛中暑熱。

　　[5]□黨自取：原釋作"……",何茂活(2018.4)釋出簡首兩字爲"米
橐"。第一個字可見左從"米",可能是"精"一類的字。黨,原簡圖作█,雖
然右殘,但從"尚"從"灬"等構件都可識別,當改釋。黨,人名。第三字所
見筆畫較少,主要靠第四字和常見文例推出。取,原簡圖作█,"耳"形上
面有一點畫,這是"取"的左邊,是一種常見的俗寫字形。自取,在金關簡
中十分常見,不多舉例。

　　[6]此處兩未釋字何茂活(2018.4)釋作"戊寅",今審原圖版,疑是"宋放",待考。

　　[7]乙:原未釋,從黃艷萍(2013P188-200)補釋。

　　[8]候長:原未釋,從張俊民(《合校》2021P283)補釋。

元始六年正月庚寅朔庚戌,橐他候秉移肩水候官,出粟給令史官吏i
如牒,前移先校連月不爲簿入[1],令府卻出[2],書到,願令史簿入。ii

　　　　　　　　　　　　　　　　　　　　　73EJT24:32

·右第卅五車　　　廿人。　　　正月辛巳　　　73EJT24:33

·驛北亭河平三年四月過書剌[3]。　　　己未朔　　　73EJT24:34

五鳳二年二月甲申朔戊子,北鄉佐橫敢告尉史:臨渠里大夫邱國,自
言取傳爲家私市張掖郡居延□☑i當爲傳,謁移過所縣、邑、侯國,以
律令從事,敢告尉史。/佐橫。/二月戊子尉史□出。☑ii

　　　　　　　　　　　　　　　　　73EJT24:35A

初[4]元年□□□□☑　　　　　73EJT24:35B

始建國三年夃月己丑朔乙未,將屯[5]裨將軍[6]張掖後大尉元、丞音
遣延水守丞i　　　　　　　　　73EJT24:36

關嗇夫吏　　　　☑　　　　　73EJT24:37

　　【校釋】

　　[1]不爲簿入:疑是指不按照簿籍所載納入。

　　[2]卻出:退出,退回。

　　[3]過書剌:《集成》(十二 P186):亦稱郵書剌,簡要記載郵書過往基
本情況,以便督察考課。

　　[4]初:原釋作"在",從胡永鵬(2015.3)改釋。何茂活(2015P175-
188)釋作"嘉"。

　　[5]將屯:黃今言(1993P188):"將屯"之"屯",是"駐扎"、"屯駐"、
"屯兵"的意思。……"將屯"是一種軍事術語,從其內涵來講,"將屯兵"或
"屯兵",實際上是由中央委派將軍(太守即郡將,也是將軍)率領,屯駐於

邊郡“要害處”的作戰部隊。

[6]裨將軍:《集成》(十二 P62):王莽地皇元年,號郡卒正連率、大尹爲偏將軍,屬令長爲裨將軍,縣宰爲校尉。

……Ⅰ ᵢ入粟小石七百五十石。Ⅰ ᵢᵢ佐甲受燕國[2]前芻里趙仁。Ⅱ 弓Ⅲ與此[1]二萬三千八百Ⅳ ᵢ五十二石六斗四。Ⅳ ᵢᵢ　73EJT24:38

【校釋】

[1]與此:李均明(2009P414):“與此”所繫數值爲逐次累計數。

[2]燕國:周振鶴(2017P68):高帝五年臧荼、盧綰相繼王燕,有廣陽、上谷、漁陽、右北平、遼東、遼西六郡;十二年更王子建。景帝三年,燕國唯餘廣陽一郡,其餘五邊郡屬漢。武帝元朔元年燕國除爲郡,元狩六年以廣陽郡部分地復置燕國封子旦,餘地置爲涿郡,昭帝間,燕國復除爲郡,宣帝本始元年又以此郡部分地置廣陽國。

□□鱳得大千秋里公士淳于晏,年廿四。出。　　　☑　73EJT24:39
九月庚申,肩水守候欽下尉候長實[1]等,承書從事下當用者[2],書到,各……詣 ᵢ[3]□□□無有言。會令,如詔書律令[4]。　守令史襃[5]。ᵢᵢ　　　　　　　　　　73EJT24:40

【校釋】

[1]實:原簡作𧶠,原釋作“賽”。此形或爲“實”之訛俗字,T23:928 中見候長“實”。

[2]承書從事下當用者:李均明(2009P141):謂上級指令其下級執行文件並傳達給有關人員……承,接受、承受……從事,辦事、治事……所以“承書從事下當用者”句包含兩層意義:一是要求收文者按來文的指示行事。二是要將文書再傳達給有關部門及人員。

[3]“各”“詣”原釋文無,從姚磊(《合校》2021P284)補釋。

[4]如詔書律令:汪桂海(1999P102):根據我們的觀察,“如詔書”、“如府書”、“如莫府書”等與“如律令”連語,均出現於下級機構向下轉下詔

書或太守、都尉、將軍諸府文書之時,是在行下之辭裏使用的習語。冨谷至(2013P151):事實上,在這個環節,個別語句的原意早已升華,僅僅是包含了"遵照以上所執行"語義的慣用結束語句而已,筆者認爲,正因爲如此,具體表達上才會呈現出多樣性。

[5]褒:原未釋,姚磊(《合校》2021P284)釋作"産",不可從。按:此字原簡作产,此爲西北漢簡中出現的"褒"之簡省寫法,相類寫法見於肩肆 T37:617、肩伍 F2:46B。褒,在整個西北簡中基本用作人名,在此簡也用作人名。這種簡省寫法,只出現在人名中,可能與個人簽名習慣有一定關係。

戍卒濟陰[1]郡冤句亭里官大夫爰聖,年廿九。　　　☑　73EJT24:41
□年爵如牒,皆[2]毋官獄徵事,當得取傳,謁移[3]肩水金關、居延縣索關,毋苛留,……ⅰ三月戊午[4]朔庚申,鰥得長守丞[5]□移過所,縣道河津關毋苛留,敢言之。　　　掾□、守令史褒[6]。ⅱ 73EJT24:42A
鰥得丞[7]印。　　　　　　　　　　73EJT24:42B

【校釋】

[1]此字原簡圖作丁钩,字形與"陶"相混。

[2]年爵如牒皆:原未釋,從姚磊(《合校》2021P284)補釋。

[3]謁移:原釋作"張掖",今據原圖版和常見文例改。

[4]午:原未釋,從沈思聰(2018P322)補釋。

[5]丞:原未釋,從沈思聰(2018P322)補釋。

[6]褒:姚磊(《合校》2021P284)改釋作"章"。按:此字作人名,應與T24:40中的"守令史褒"的"褒"爲同一人,且寫法也相類,都是簡省寫法,原釋不誤。

[7]鰥得丞:原未釋,從沈思聰(2018P322)補釋。

出麥二石、、[1]　　禀(廩)[2]臨莫隧[3]卒廉襄九月食。二十一。卩[4]

　　　　　　　　73EJT24:43

酒醬二石，　　官□自取。弓　　　　　　　　　73EJT24:44

四月丙申，平樂隧長明敢言之:謹移□[5]□i書一編,敢言之。□ii

　　　　　　　　　　　　　　　　　　　　73EJT24:45

入亡人赤表一,壹通南。Ⅰ正月癸巳日下餔八分時,萬福隧卒同受

平樂隧卒同,即日₌(日日)入一分半分時,東望隧卒□☑Ⅱi完軍隧

長音,界中卅五里,表行三分半分,中程。☑Ⅱii　　　73EJT24:46

【校釋】

[1]此處原簡有一墨點,原釋文漏釋,從姚磊(《合校》2021P285)補釋。

[2]稟:原徑作"廩",今據原圖版改。

[3]臨莫隧:隧名,屬肩水候官。

[4]卩:原釋作"丿丿",從姚磊(《合校》2021P285)改釋。

[5]謹移□:原釋作"……",從姚磊(《合校》2021P285)改釋。姚磊指出此簡時間當距甘露三年較近。

贖罪[1]允吾[2]葉陽里女子陳成大婢愛。　　　73EJT24:47[3]

居延當利里大夫召里人,年廿,長七尺二寸,黑色,十一月戊寅

出。Ⅰ十一月己未,Ⅱ車一兩,牛一。Ⅲ　　　73EJT24:48

張掖大大守□卒□(習字)　　　　　　　73EJT24:49A

守守守……(習字)　　　　　　　　　73EJT24:49B

河南郡雒陽常富里大夫張益衆,年廿六歲,黑色,長七尺二寸,四月

甲辰入。　　　牛車一兩。□[4]☑i　　　73EJT24:50

☑公乘段安世,年卅,長七尺五寸,黑色。　　弩一,矢廿四,　　馬

一匹。丿[5]i　　　　　　　　　　　73EJT24:51

出粟二石，　　稟(廩)[6]樂昌隧卒聶意五月食。　卩 73EJT24:52

【校釋】

[1]贖罪:用行動或財物來抵銷罪過或免除刑罰。《後漢書·光武帝紀下》:"夏四月乙丑,詔令天下繫囚自殊死已下及徒各減本罪一等,其餘贖罪輸作各有差。"

［2］允吾：金城郡下轄縣。

［3］伊強(2015P243－249)：(此簡)可能屬於"囚錄"或與之類似的文書。

［4］此未釋字原釋文無,今據原圖版補。

［5］此符號原釋文無,從姚磊(《合校》2021P285)補釋。

［6］稟:原徑作"廩",今據原圖版改。

□□□□□☑	73EJT24:53
□□……☑ⅰ牛長……☑ⅱ	73EJT24:54
客[1]白張卿今毋☑	73EJT24:55
關嗇夫欽☑	73EJT24:56+529[2]
☑黑色　　　☑	73EJT24:57
☑辨願請立上不久諸小□☑	73EJT24:58A
☑酒,今以五斗粟直(值)卅□☑	73EJT24:58B
☑對會[3]大守府,敢言之。ⅰ☑廣地里前以詔書ⅱ	73EJT24:59+312[4]
肩水金關遣就人□[5]☑	73EJT24:60A
居延倉丞印。　　☑	73EJT24:60B

【校釋】

［1］客:姚磊(《合校》2021P286)釋作"宏"。

［2］此簡由林宏明綴合,綴合後補釋"欽"字,見林宏明(2016.12.15)。

［3］對會:蔣禮鴻(1994P87):當面對答,受審查。按:漢簡中的對會應該是就某事當面對質之義。

［4］此簡由姚磊綴合,詳見姚磊(2021P115)。

［5］此未釋字姚磊(《合校》2021P286)釋作"車"。

☑毋用肖□[1]可以……☑	
☑和麴[2](麴)直,比相見,頃且自愛[3]□□□☑	73EJT24:61A
☑頭白☑ⅰ□□坐前毋恙,……☑ⅱ	73EJT24:61B[4]

☑　　小奴滿家　　　☑　　　　　　　　　　73EJT24：62

葆揟次[5]富里夏侯莽年[6]☑　　　　　　　　73EJT24：63

七尺柜牀[7]一具。　　☑　　　　　　　　　　73EJT24：64

【校釋】

[1]未釋字沈思聰（2018P323）釋作“醇”，不從。

[2]麲：原徑釋作“麯”，從沈思聰（2018P323）改釋。按：此字原簡圖作
麲，右部並非“曲”，而是“匊”的俗寫。

[3]頃且自愛：723：896A 有“頃願且自愛”之語，猶言這段時間裏要自
己保重。

[4]從寒暄語内容上看，B 面應是該信的正面。

[5]揟次：縣名，屬武威郡。

[6]年：原未釋，從沈思聰（2018P323）擬補釋。

[7]柜牀：柜，原釋作“杞”。此字原簡雖然墨跡不全，但是可判斷右不
從“己”，知原釋有誤。從所見墨跡看，這個字可能是“柜”。《説文·木
部》：“柜，木也。”段玉裁注：“趙注《孟子》曰：‘杞柳，柜柳也。’郭注《爾雅》
曰：‘柜柳似柳，皮可煮作飲。’《廣韻》柜下云：‘柜柳。’按：柜，今俗作櫸，又
音訛爲鬼柳樹，未知許所説是此不。”據段玉裁注可知“柜”俗爲“櫸”。櫸
樹在甘肅、陝西、山東等地都有生長，並可長爲高大喬木，適合製作傢俱。
東漢服虔《通俗文》：“牀三尺五曰榻板，獨坐曰枰，八尺曰牀。”此簡文説
“牀”七尺，與其記載皆不合。金關簡所記録的漢人身高多數在七尺左右，
這個身高比較適合《通俗文》所記的八尺牀，而此簡所記的七尺牀顯得略
小，所以此簡説的“牀”可能並非臥具，當爲坐具。

十一月五日，具書肩水驛北亭息[1]，譚叩頭賜書[2]。ⅰ丈人萬年坐前
善毋恙，頃舍中毋它，譚[3]叩頭，因言：丈人所寄ⅱ卻[4]子張書一封，
謹到。書上言[5]仲[6]病，至今未愈，極䒧[7]人可□何等[8]。ⅲ閒者敦
迫事急[9]，數失往來[10]，叩＝頭＝（叩頭叩頭）[11]。因言[12]：候便[13]譚
補官令史，□府□□□ⅳ記府□□守令史未如府……ⅴ　73EJT24：65A

方議其功,未知何數[14],叩頭。ⅰ丈人爲時不和,謹衣彊幸酒食,數進所使[15]往來人,願數來書記,使[16]ⅱ譚日夜奉聞丈人萬年毋恙,叩頭,幸甚。謹因[17]ⅲ往入,譚叩頭,再拜。奏[18]ⅳ丈人前[19]ⅴ

73EJT24:65B

【校釋】

[1]息:劉樂賢(2015P266-274。下同):這裏的"息",還是應當解釋爲稱謂。按:這封信開頭與常見格式不盡一致,開頭即言某日"具書"某。具書,猶言詳細寫。這應是給收信者的用語。既然"譚"是發信者,用"具書"給"譚"不合適,故這裏的"息"應是收信者的人名。

[2]賜書:劉樂賢:"賜書"一詞在簡牘和古書中,是用來表示對對方來信的敬稱。……"賜書"的主語應當是"譚"。而"譚"作爲寫信人,如將自己給父母寫信稱爲"賜書",殊不合理。

[3]譚:原釋作"謹",從劉樂賢改釋。

[4]却:原釋作"郵",劉樂賢釋作"郝",此字原簡圖作，與"却"形更近。"却"爲"卻"之俗字。只是"卻"姓在西北簡中確實少見,而且此形與"趙"之草書較近,也可能是"趙"之訛誤,暫存疑。

[5]上言:原未釋,從劉樂賢改釋。

[6]仲:人名。劉樂賢以爲是"譚"的兄弟或姐妹。

[7]極恙:恙,原釋作"坐",劉樂賢懷疑是"藥"。此字原簡圖作，字形與"坐"、"藥"差距都太大。尤其是中間一豎未穿到底,而且下方應該是"心"的草書寫法,其上是"羊"形的草書寫法。《爾雅·釋詁》:"極,至也。"恙,指疾病。極恙,可能指大病。而且單就字形而言,此形也可能是"悉"字草書,暫依文義存疑作"恙"。

[8]何等:兩字原釋作一個未釋,姚磊將兩字釋作一個"譚"字。按:此兩字原簡字形分別作、。前者爲"何"的草書寫法,較易識別。後者字跡不是特別清楚,而且有汙跡干擾,剔除汙跡雙勾描後作，可知是"等"字。這類寫法在金關簡中很常見,參見肩貳 T24:40、肩伍 F3:171、肩伍 F3:401 簡中的"等"。何等,在這裏可能是形容病情的程度。

[9]敦迫:劉樂賢:是逼迫、迫促的意思……閒者敦迫事急,近來迫於事情緊急。

[10]數失往來:"失往來"三字原未釋,劉樂賢釋。劉樂賢:可能是"數失往來人"或"數失往來者"的意思。……別的書信簡牘作"數失往人",可參考。書信中的"數失往人",是説屢次錯過了帶信人,其實是説已經久未寫信問候。按:若書信是往來人捎帶,則此信不是從正式郵路上傳遞,或可説明公私書信的傳遞區別。

[11]此處原簡本有重文號,原釋文漏釋,今補。

[12]此行的"因言"原釋作"□□□","譚"原釋作"許",皆從劉樂賢改釋。

[13]使:原簡圖作▨,字形與釋字差距較大,當存疑。疑此字爲"使",訛成"陝"字。

[14]何數:原釋作"□奴",劉樂賢懷疑是"何數",從改。何,原簡圖右邊筆畫殘缺,與簡 A 面的"何"對比即可知兩者是一字。數,原簡草書寫法,也可確定釋字。改釋後"未知何數"簡文比較通順。

[15]所使:原釋作"取便",劉樂賢改作"所便"。所,此字原簡左側應是"户"的寫法,而非"耳",劉樂賢釋字可從。使,原簡圖作▨,左部爲"吏"之草書寫法,西北漢簡中的"使"如居新 F22.43 ▨、居新 T68.89 ▨、居新 T68.155 ▨,就是這類寫法。"所使往來人"在簡中可能指的是往來送信或往來辦事的人。

[16]使:原未釋,從劉樂賢補釋。

[17]此行的"譚"原釋作"得","奉"原釋作"承","萬年"原釋作一"善"字,"謹因"原未釋,皆從劉樂賢改補。

[18]此行的"譚"原釋作"謹","奏"原釋作"枼",皆從劉樂賢改釋。

[19]前:原釋作兩個未釋字,從姚磊(《合校》2021P288)擬補釋。

……之廷　　……廿七束
……之廷　　……

□□　　……取□　　……

　　　　……

　　　　……　　　　　　　　　　　　　73EJT24：66A

……　　　　　　　　　　　　　　　　73EJT24：66B

出第四菱五十　　後反時[1]北　　☑　　　73EJT24：67

元始六年四月己未朔己未,張掖居延卅井守候殄北塞尉駿移過所河

津關,遣尉史ⅰ……ⅱ　　　　　　　　73EJT24：68

駅北亭迹簿□□　　　　　　　　　　73EJT24：69

鱳得廣寂[2]里張猛年……

橐他□□隧長□□……秦光行□史史史

　　　　日乙[3]　　　　　　　　　　73EJT24：70A

皇卿言夫言記[4]至寂言再拜[5]

□□□卿再拜卿卿再拜……[6]　　　　73EJT24：70B

【校釋】

[1]時:原未釋,從王錦城(2019P1369)補釋。

[2]寂:原未釋,姚磊(《合校》2021P289)釋作"穿"。按:此字原簡圖作▨(▨),上從"宀"可確定,下從"取",同簡背面雜寫中亦出現此字,可互證。

[3]"秦光"前姚磊(《合校》2021P289)補釋"定子"。"行□史史史",其中未釋字姚磊釋作"書"。其中"行"和後兩個"史"原未釋,從姚磊補釋。"日乙"原釋文無,從姚磊補釋。

[4]記:原未釋,從沈思聰(2018P323)補釋。

[5]此行原釋文作"□卿言夫□□□□言再拜"。姚磊補釋出"至寂",本書在此基礎上據原簡圖改釋作"至寂"。其他除簡首字外,皆從何茂活(2018.4)改釋。簡首字原未釋,原圖版作▨,下從"土",似爲"皇"之俗。寂,沈思聰釋作"敢"。

[6]此行原釋文作"……",從何茂活(2018.4)補釋。

⬚□□隧[1]

燋上蓬(烽)干　　　　　　　　　　　　　　　　73EJT24:71

□里宋友閣[2]錢二千。(檢)　　　　　　　　　　73EJT24:72

【校釋】

[1]此行的"⬚"原未釋,姚磊(《合校》2021P289)釋作"望",今暫擬釋作"⬚"。"隧"原未釋,從姚磊(《合校》2021P289)補釋。

[2]閣:原未釋,從魏璐夢(2016P27)、何茂活(2018.4)補釋。

至于今,比相見,且自愛,來者數聞毋恙[1],甚厚,叩=頭=(叩頭叩頭)。相去日及ⅰ致互數相聞,此意何非[2]? 博[3]今相見且毋深尤[4],叩=頭=(叩頭叩頭)。謹因王君游ⅱ白記,記李子先[5]李子先致不欲,李子先□。謹因王君游[6]ⅲ　　　73EJT24:73A

欲叩頭言:ⅰ李子先坐前善毋恙,吏吏吏吏吏吏吏ⅱ元[7]叩頭卩ⅲ

　　　　　　　　　　　　　　　　　　　　　73EJT24:73B

【校釋】

[1]恙:原釋作"送",原簡圖作⬚,字形與原釋不甚相合,此形上爲"羊",當爲"恙"之草書。金關簡 T30:233A 中就有"來者願數聞毋恙",與此簡文例相同。

[2]非:原釋作"能",原簡圖作⬚,金關簡中"能"與此形不合,此字當爲"非"之草書。"此意何非",是説此意有什麽不對的呢。

[3]博:原釋作"爲",原簡圖作⬚,字形與原釋不合。西北簡中的"博"如肩叄 T26:77 ⬚、肩肆 T37:1064 ⬚、肩伍 D:362 ⬚,對比可知原釋"爲"字當改作"博"。只是左邊的豎畫與右部書寫得太近,影響判斷。"博"在金關簡中基本用作人名,而且出現得非常頻繁,此簡應該也用作人名。

[4]毋深尤:《説文·乙部》:"尤,異也。""毋深尤"猶言没什麽特別的,意在説平安無事。

[5]先：原釋作"光"，今據原圖版改。先，在此處用作人名。此字同簡出現三次，原釋文皆誤作"光"，今改。

[6]原簡字跡不完整，有些釋字未必可信。

[7]元：沈思聰（2018P323）釋作"欲"。

肩水尉史王隆子張書▨　　▨（檢）　　　　　　　73EJT24：74

居聑（攝）三年六月丙子朔丙子，張掖……ǐ吏妻子家屬夕客如牒[1]，

謁移ⅱ　　　　　　　　　　　　　　　　73EJT24：75A

如律令，敢言之。　　　　　　　　　　　　73EJT24：75B

▨□里唐[2]毋卑　　　取錢四百爲秋政[3]廿石。　　▨73EJT24：76

中公耶□[4]者時賜記，教齊以事，奉聞嚴教毋恙。伏地再拜ǐ中公夫人足下。ⅱ　　　　　　　　　　　　　　73EJT24：77

【校釋】

[1]夕客如牒：應是"名各如牒"之誤。金關簡中"口"草書常寫作三點連寫，形似"宀"，抄寫者可能是在轉抄時誤將"名"的"口"認作"宀"，導致"名各"誤作"夕客"。

[2]里唐：原未釋，從沈思聰（2018P323）補釋。其中"里"筆畫較少，存疑。

[3]秋政：傳世文獻指秋季的政令。《禮記·祭統》："古者於禘也，發爵賜服，順陽義也。於嘗也，出田邑，發秋政，順陰義也。"此簡"秋政"後有數量詞，故與傳世文獻表意不同，具體含義待考。

[4]此未釋字沈思聰（2018P323）釋作"來"。此字原簡圖作𢽾，似"弟"或"夷"。

初元五年〚五月〛[1]癸酉朔甲午，□案[2]鄉佐□敢告尉史：龐[3]自言爲家私使居延。謹案：毋官獄徵事，當爲傳，謁移函谷關，入來復傳，出[4]過所津關，毋苛留，敢告尉史。ⅱ　　　　　73EJT24：78

【校釋】

[1]五月:原抄寫者漏書,從黃艷萍(2013P188—200)補。

[2]案:原未釋,原簡圖作█,從"广"從"女"從"匕"從"木",用作鄉名,疑是"案"之俗訛字。

[3]龐,原簡圖作█,與常見的"龐"形有較大差距。

[4]出:原未釋,從張俊民(《合校》2021P291)補釋。按:文例參見 T10:339。

☑　　以食金關隧長□☑　　　　　　　　　73EJT24:79[1]

☑乘張光,年六☑　　　　　　　　　　　　73EJT24:80

☑當　　　　所[2]迎五月、六月司御錢三□☑

☑□□　　　卅以將軍行塞置不□☑　　　　73EJT24:81

☑　　十七枚☑　　　　　　　　　　　　　73EJT24:82

出關毋傳,君兄☑　　　　　　　　　　　　73EJT24:83

☑定國爲取　☑　　　　　　　　　　　　　73EJT24:84

☑□多未　　　　　　　　　　　　　　　　73EJT24:85A

☑……　　　　　　　　　　　　　　　　73EJT24:85B

・大凡一月二百☑　　　　　　　　　　　　73EJT24:86

☑年廿　　☑　　　　　　　　　　　　　　73EJT24:87

☑□　　宋[3]子孫入。　　　　　　　　　　73EJT24:88

順[4]伏地再拜☑ⅰ……☑ⅱ　　　　　　　　73EJT24:89

☑　　言之府下傳□☑　　　　　　　　　　73EJT24:90A

☑　　嗇夫豐　　☑　　　　　　　　　　　73EJT24:90B

■民十九人,　　牛車十七兩。☑　　　　　73EJT24:91A+119[5]

☑□□□☑　　　　　　　　　　　　　　　73EJT24:91B

【校釋】

[1]此簡姚磊(2021P116)與 T24:84 遙綴,但兩簡存在同一書手抄寫

兩枚同類内容的可能,不從。

[2]所:原釋作“取”,此字原簡作![字形]爲“所”字常見草書寫法,且C:547簡有“受肩水守塞尉並所迎錢”,今據原圖版和文例改。

[3]宋:原釋作“甲”,沈思聰(2018P324)釋作“牢”。按:此字原簡圖作![字形],上確實從“宀”,“甲”字鮮有上一點畫。此形應該是這類草寫字形。“宋”在此處應作姓氏。其後的“孫”字也有疑問。此字原簡圖作![字形],漢簡草書的“縣”作,兩者基本同形。故疑此簡人名是“宋子縣”。

[4]順:原未釋,從沈思聰(2018P324)補釋。

[5]此簡由姚磊綴合,見姚磊(2021P117)。

甘露三年三月甲申朔己酉,☑ᵢ……☑ᵢᵢ	73EJT24:92A
五月丙申□□☑	73EJT24:92B
記月廿五日食時起逆寇隧行者走[1],盡東部候□	73EJT24:93A+137A[2]
告[3]□候長□東[4]部中□□延袤[5]□□	73EJT24:93B+137B
出甂一,直(值)八十☑	73EJT24:94A
□□□一百卌☑	73EJT24:94B
■右八人共　　傳　　　☑	73EJT24:95
☑部　　　輸小畜:雞十枚,雞子廿□☑	73EJT24:96

【校釋】

[1]行者走:原未釋,從何茂活(2018.4)補釋。

[2]此簡由姚磊綴合,詳見姚磊(2021P118)。

[3]告:原未釋,王錦城(2019P483)補釋。按:金關簡“告”、“吉”同形,要靠文義確定釋字,此處文義不確定,存疑。

[4]東:原未釋,從何茂活(2018.4)補釋。

[5]延袤:原未釋,從何茂活(2018.4)補釋。

本始三年[1]十二月丙子朔甲辰,中鄉嗇夫湯敢言之:□☑ᵢ取傳田

畜^[2]張掖居延界中,與大奴便 ∟、始□乘所占畜馬二匹,軺車……ⅱ

等筭^[3]簿臧鄉官者,皆毋官獄徵事,當得取傳,謁言廷,移過所縣邑

門亭ⅲ　　　　　　　　　　　73EJT24:97+T30:64+T30:11^[4]

☑守令史彊□☑　　　　　　　　　　　73EJT24:98

觻得萬年里任廣漢大奴有☑　　　　　　　73EJT24:99

☑□□□孔^[5]常,年卅二歲,長七尺二寸,黑☑ⅰ☑　……☑ⅱ

　　　　　　　　　　　　　　73EJT24:100

【校釋】

[1]本始:漢宣帝年號。本始三年,即公元前71年。

[2]田畜:姚磊(2021P382):耕種與畜牧。

[3]筭:原釋作“兵”,從張俊民(2015.1.19)改釋。

[4]此簡由姚磊綴合,見姚磊(2021P119)。

[5]孔:原未釋,從沈思聰(2018P325)補釋。

大僕^[1]未央廄^[2]Ⅰ地節三年獄計^[3]。張掖居延農都尉^[4]隴西郡

西^[5]始昌里^[6]☑Ⅱⅰ癸卯□□□□丞昌、掾通^[7]、守獄史^[8]奉德^[9]論

罰章☑Ⅱⅱ　　　　　　　　　　73EJT24:101+116

【校釋】

[1]大僕:彭浩(2018P221-231):中央政府管理輿馬的機構。大僕設
在河西邊郡的馬苑是分屬各廄管理。在張掖郡則由農都尉下屬屯田卒承
擔養馬事務。

[2]未央廄:《後漢書·范衆傳》:“子安世,亦傳家業,爲長樂、未央
廄令。”

[3]獄計:彭浩(2018P221-231):“獄”指訴訟。“計”是統計,不能解
釋爲上計。獄計屬統計文書。漢代的上計文書包含有獄訟的統計。

[4]農都尉:裘錫圭(2012:5P221-224):在居延地區只有令長一級的
農官,並不存在所謂居延農都尉……似乎農都尉的主要任務是固定在一個
地方屯田。他本身都需要别的都尉保護,大概不可能去保護郡境内的其他

農官。姚磊(2016.4)指出漢代張掖郡分設有張掖、居延農都尉，"張掖居延農都尉"是"張掖郡居延農都尉"省稱。農都尉確隸屬於大司農以及邊郡太守，與"田官"關係尚不明確。彭浩(2018P221-231)：漢武帝時置，於少數遊牧民族鄰接地區設此官，掌屯田殖穀，發展農業生產。東漢沿置。

〔5〕西：隴西郡西縣。

〔6〕里：原未釋。原簡僅殘存上半字，但仍可辨識出"田"形，且"隴西西始昌里"又見於 T37：524、T37：1155，可確定釋字。

〔7〕丞昌、掾通：原皆未釋。此四字雖皆殘左半，但僅存墨跡足以辨識。丞、掾皆爲官名，"昌"是丞的名字，"通"是掾的名字。

〔8〕獄史：原未釋，今據原圖版補。兩字原簡圖分別作🔲、🔲，"史"字殘缺較少，較易辨識。"獄"字可見"犬"形，按照文例可斷定釋字。獄史是一種低級官吏。金關簡中與此官組合且字形相近的只有"守"，所以"獄史"前墨跡不全、原未釋的字可能是"守"字。

〔9〕奉德：原未釋。奉，原簡字跡雖然結構不是十分明確，但從橫畫捺畫的組合關係可推知就是"奉"。德，從原簡圖所見右半基本可確定釋字。"奉德"爲守獄史的名字。此名在西北簡中也較多見，如金關簡 T28：121可見"氐池奉德"。

（此簡已與 T30：133 簡綴合）　　　　　　　　　　73EJT24：102

☐車一兩。　　　　　☐　　　　　　　　　　73EJT24：103

☐何以復見乎？子贛爲之請，子曰：是　　　73EJT24：104 [1]

☐　　　牛車一兩，載粟。　　☐　　　　　73EJT24：105

☐……☐　　　　　　　　　　　　　　　73EJT24：106

☐　　　牛車一兩，載粟。☐　　　　　　　73EJT24：107 [2]

☐日入卒武受沙頭卒輔，日☐i☐誼☐ii　　73EJT24：108

☐　　　十一月辛☐☐　　　　　　　　　73EJT24：109

從者不里[3]侯☐　　　　　　　　　　　　73EJT24：110

☐☐迹候[4]，毋令亡人得出☐　　　　　　73EJT24：111

二月乙巳,蒙右尉怯敢言☑

二月乙巳,蒙守令^[5]、葘右^[6]☑　　　　　　　　73EJT24:112A

章曰:葘右尉印。☑　　　　　　　　　　　　　　73EJT24:112B

【校釋】

[1]馬智全(2014P165-171)指出"何以復見乎"意爲"以什麽來再次見到呢"。"子贛"即子貢,"貢"是"贛"的省寫,簡文猶存古意。"子贛爲之請",意思是説子貢爲這件事請問於孔子。"子曰:是",孔子説,是這樣的。劉嬌(2018P279-326)認爲此簡行文與《論語》相類,可能是失傳典籍。王楚寧、張予正(2017.8.11.6)認爲屬《齊論》。

[2]王錦城(2019P1371):以上 T24:105、T24:107 兩簡形制、字體筆跡等一致,内容相同,或屬同一簡册,當可編聯。

[3]不里:王錦城(2019P1371):里名,或爲不審里之漏寫。

[4]迹候:原未釋,從張俊民(《合校》2021P291)補釋。

[5]"令"後原釋文衍"史"字,從胡永鵬(2014P235-246)删。蒙,梁國屬縣。

[6]葘右:原釋作"曹子",從何茂活(2015P175-188)改釋。葘,梁國屬縣。

☑☑倉嗇夫廣漢行丞　　　　　　　　　　　　　73EJT24:113A

☑掾常安、獄史殷昌。　　　　　　　　　　　　73EJT24:113B

☑劍一。ⅰ☑・右官兵。ⅱ☑有方一。ⅲ☑・右卒兵。ⅳ 73EJT24:114

☑□如詔書。/^[1]掾召、屬湯、書佐□□　☑　　73EJT24:115

(此簡已與 T24:101 簡綴合)　　　　　　　　　73EJT24:116

戍卒汝南郡長平邑^[2]緹里公乘丁恢,年廿四。　☑ 73EJT24:117

☑候長=(長長)生記到,遣金關省卒持彊漢　　　73EJT24:118

(此簡已與 T24:91 簡綴合)　　　　　　　　　　73EJT24:119

☑　　　九月丁未入。　　　　　　　　　　　　73EJT24:120

觻得敬老里上造張忘,年六十,長七尺四寸。　☑ 73EJT24:121

☑　　牛車一兩，　　五　　劍一。☑　　　　　　73EJT24：122

……　☑ᵢ長卿足下。　☑ᵢᵢ　　　　　　　　　73EJT24：123

☑　　子男聞君子女冠符，　　車牛一兩。　☑　73EJT24：124

民十七人。　　　牛車十二兩。　☑　　　　　73EJT24：125

☑車[3]，駕騀牡馬，齒八歲，騂牝馬,齒十二歲。　十一月廿四日出。

　　　　　　　　　　　　　　　　　　　　73EJT24：126

☑令城倉長譚、丞順移過所縣道河津關,遣☐　73EJT24：127

（此簡已與 T24：135 簡綴合）　　　　　　73EJT24：128

☑　　牛一,弓一,矢廿,劍一。　　　　　　73EJT24：129

　　　　　章曰：居延都尉

肩水候官　　　章。

　　　　　屬當時致。　　　　　　　　　　73EJT24：130

（此簡已編聯至 T30：264 後簡册中）　　　73EJT24：131

☑朔丙辰,新安鄉有秩文、佐羲[4]敢言之：長安宜平里公乘滿順,自言☑ᵢ☑賢大奴便、大婢利、小婢[5]宮乳爲家私市居延界中。謹案：順等年、爵如書,筭[6]賦☐☑ᵢᵢ　　　　　　73EJT24：132

【校釋】

[1]此簡首未釋字原簡字形頗似“募”,但不知何解,待考。如,原未釋,從張俊民（《合校》2021P292）補釋。／,原釋作“一”,從王錦城（2019P487）改釋。

[2]長平邑：鄭威（2015P217-241）：當稱長平縣時,全爲淮陽郡之屬縣,而稱長平邑時,則屬汝南郡。元康三年淮陽置國之後,長平改屬汝南,置邑當在此年之後。

[3]車：原未釋,從張俊民（《合校》2021P292）補釋。

[4]此字原簡作，原徑作“義”,也可能是“義”的草寫。

[5]秦漢以年齡或身高標準劃分“大”、“小”。劃分標準學界尚無統一結論：秦代年齡標準主要有十七歲、十五歲;漢代有二十歲。也有分三階段説：漢初襲秦制十五歲始傅,漢景帝二年爲二十歲始傅,漢昭帝時,變爲二

十三歲始傅。身高標準則主要以《倉律》所載男不滿六尺五寸、女不滿六尺二寸皆爲"小"作爲參考(參丁光勳《秦漢時期的始傅、始役、終役的年齡研究》,《上海師範大學學報(哲學社會科學版)》2003 年第 4 期;張金光《秦自商鞅變法後的租賦徭役制度》,《文史哲》1983 年第 1 期)。

[6]筭:原釋作"算",原簡圖作 共,爲"筭"的俗寫。

永始四年七月壬寅朔☑

稟(廩)^[1]城官名籍一編,敢☑　　　　　　　　73EJT24:133

☑遄不筭日不給,更繇、口筭賦^[2]☑

☑當收直(值),謁移屬國居延□☑　　　　　73EJT24:134

【校釋】

[1]稟:原徑作"廩",今據原圖版改。

[2]此簡中兩"筭"原徑釋作"算",從沈思聰(2018P326)改釋。口筭賦,勞榦(1987P23—56):口賦制度應當包括三類賦役,即是口賦、算賦和獻賦。口賦是徵收七歲以上兒童的……成人自十五歲至五十六都要出算賦,算賦是每人一百二十錢一年。女子也要出算賦,商人和奴婢算錢加倍。又家産在一萬錢以内的人出一百二十錢。家産在一萬錢以上,每增加財産一萬錢,每年多出一百二十錢。所以算賦實包括兩種性質,一爲人口稅,一爲財産稅……在天子直轄的郡縣對人民所徵收的是口賦算錢。在王國侯國將口賦算賦轉獻給天子的叫做獻賦……算賦是百二十錢,獻賦是六十三錢(即是算賦的一半再加三錢)。所以王國或侯國收到人民算賦百二十錢以後,獻給天子六十三錢,還可餘五十七錢。

入Ⅰ侯(候)正月二人,一人任意掾^[1]☑Ⅱⅰ侯(候)四月二人。Ⅱⅱ侯(候)五月一人□Ⅱⅲ侯(候)六月一人Ⅱⅳ華漢^[2]☑Ⅲⅰ箕^[3]樂Ⅲⅱ元康二年六月戊戌朔辛亥,肩水司馬令史□☑Ⅳ(右側有刻齒)

　　　　　　　73EJT24:135A+128A+T30:167A^[4]

□光連　　·馮延年六月連□☑　73EJT24:135B+128B+T30:167B

【校釋】

[1]侯:原皆釋作"候",嚴格説應該釋作"矦"。按照文義,此"侯"當讀爲"候",指候官。掾:綴合者改釋作"物",不可從。"入候官正月二人,一人任憙掾",就是正月入候官者有二人,其中一人擔任"憙"的掾吏。

[2]華漢:原皆未釋。按:華,原簡作𦱜,綴合者據張俊民説改作"業"。此字與常見的"業"有區別,"丷"形下有一短横畫,當爲"華"之俗寫。漢,原簡圖作𣲏,左從"氵"很清楚,右從"堇"之草寫也大致可辨,右上一筆是刮削未盡的墨跡。華漢,人名,此名又見於 T22:119"□南隧卒通里華漢"。

[3]箕:原釋作"黄",原簡作𥴥,當從"竹"從"其",今改。

[4]此簡由姚磊綴合,見姚磊(2021P120)。值得注意的是此簡側面有刻齒,結合原簡圖片,按照常見的刻齒符號推知所刻表示"二千三百五十",通常在簡文中應該有對應此數字的内容,但是此簡卻僅見人數、人名及擔任職務情況,這與其形制非常不合。此簡雖下部斷殘,但經過綴合後殘缺的部分不會太長。根據所見内容,後文出現的内容可能也是時間、人名、人數之類的記録,未必出現刻齒所表示的數量。我們發現此簡第二欄"人"後除第一行外,其他三行都有刮削後殘留的墨跡。比如"一人□"中的未釋字實際是刮削未盡留下的墨跡,而且此欄"人"後都有少許墨跡,也都是刮削未盡的殘餘。以此推測此簡的刻齒與被刮削掉的内容相關。

百九[1] ¡至百五十四日﹦(日,日)在東井二度[2]。ⅱ　73EJT24:136A

乙亥　　　庚寅　　　丙午

丙子　　　辛卯　　　丁未

壬寅　　丁丑　　壬辰　　戊申[3]　　　　　　　　73EJT24:136B

(此簡已與 T24:93 簡綴合)　　　　　　　　　　73EJT24:137

【校釋】

[1]百九:原未釋,從許名瑲(2014.8.21)擬補。許名瑲認爲此簡可與

T30：151 簡綴合，不從。

[2] 日在東井二度：許名瑲（2014.8.21）：《太初曆》曆元在年前子月十一月冬至，日躔牽牛初度，日行一度，行百五十四度（由牽牛初度，經牛八、女十二、虛十、危十七、室十六、壁九、奎十六、婁十二、胃十四、昴十一、畢十六、觜二、參九，入東井二度）。日在東井二度，於時爲四月小滿後一日，月建爲"巳"。

[3] 此行原釋作"……"，從許名瑲（2014.8.21）擬補。

□□□一，收直（值）二百。Ⅰⅰ□□隧[1]長寧韋五，直（值）廿三。Ⅰⅱ止虜隧長申延壽韋，直（值）百一□。Ⅱⅰ執適隧長王遣韋五，收直（值）廿。Ⅱⅱ豆（登）山隧[2]長趙彭助[3]五，收直[4]Ⅱⅲ金關隧長聶定世[5]五，收直（值）Ⅱⅳ　　　　　　　　73EJT24：138

【校釋】

[1] 隧：原未釋，從郭偉濤（2018.1）補釋。郭偉濤指出此簡可能屬於某部所轄隧長的財務清單，豆山隧即登山隧，屬肩水塞，簡文所涉及的止虜隧很可能轄於肩水塞。

[2] 豆山：何茂活（2018.4）指出此爲"登山"之訛，從改。黄艷萍（2016.1）已指出此簡應爲同候官下各燧燧長領取物品簿籍，執適燧、止虜燧、金關燧皆屬肩水候官，故"豆山燧"應該也屬肩水候官。

[3] 助：何茂活（2018.4）指出此字是"祖"字誤書。

[4] 收直：此簡共出現四次"收"，原釋文皆作"枚"。此字原簡作𤗉，在四個中最清晰，結構最明確。此形絕非"枚"，其左非從"木"，當是"收"，此類字形參見肩壹 T7：13A。而且"韋"不當以"枚"作量詞。此處的"直"原未釋，從胡永鵬（《合校》2021P294）補釋。收直，又見 T24：134，意思是討債抵償的價值。又 F3：298 簡還見"收布"，即是以布償債。

[5] 世：原釋作"卅"，從何茂活（2018.4）改釋。

八月辛丑，肩水守候塞尉外人以　　　行事，敢言之。□　73EJT24：139

皆驗證。案：譚放[1]牛蘭越塞天田出。丿　　遺丹罰[2] 73EJT24：140

在界中，寫移書到，如律令。　　　掾憲。　　　　　　73EJT24：141

褕不削增[3]，毋物可進，幸寬[4]所[5]過，幸甚。少卿欲買櫝[6]，幸報。

即不欲幸ⅰ……ⅱ　　　　　　　　　　　　　　　73EJT24：142

【校釋】

[1]放：原釋作“取”，今據原圖版改。譚放，人名。此句簡文內容是說譚放的牛過塞從天田出。

[2]遺：原釋作“遣”，原簡圖作🀄，所從“貴”之草書清晰易辨，今改。“遺”可解釋爲交給的意思，“遺丹罰”即交給丹處罰。就是說對“譚”的處罰交給“丹”處理。由於金關簡中“遺”字使用得很頻繁，也可將“遺”理解爲“遣”的訛誤，“遺〈遣〉丹罰”就是派遣丹處罰。

[3]褕不削增：褕，原未釋，原簡圖作▨，左從“衣”較明確，右部結構對比金關簡中的肩叁 T30：94、肩肆 T37：1334 等簡中的“褕”形，即可知此字也是“褕”。褕，直裾衣。《說文·衣部》解釋爲“一曰直裾謂之襜褕”，金關簡中也多是“襜褕”組合出現。“褕”在此處應代指衣物。“削增”在此簡應該是偏義複合詞，意在“增”。“褕不削增”是在說衣物沒有增加，所以才接着說“毋物可進”，就是沒東西可贈獻。

[4]寬：原釋作“寬”，今統一作“寬”。

[5]所：原釋作“取”，承蒙楊芬私信示下，此當釋作“取”，從改。

[6]櫝：王錦城（2019P490）：此處“櫝”或指木匣、函套等收藏用具。按：西北漢簡中“櫝”的常見用義有“小棺”和“盛弓弩之器”兩義，不能確定此處所指。

金關隧長楊惲第四　第二　第三　第一　方　第一　第二　第三　第二　第二　第三☑　　　　　　　73EJT24：143

·萬世隧倉元始五年八月穀出入簿。　　☑　73EJT24：144

元始四年三月辛未朔丁丑，魏郡業守尉何[1]以☑　73EJT24：145

後城司馬令史吳翊，用馬一匹，騩牝，齒七歲。 73EJT24：146＋430[2]

戍卒昭武宜春里簪褭辛恭,年廿☑　　　　　　　73EJT24:147

☑□稍入茭,望城東草中,根從河上呼萬=年=(萬年,萬年)之根所

　　　　　　　　　　　　　　　　　　　73EJT24:148

☑未朔乙亥,張掖居延大尉昌、丞音謂過所:遣城倉守丞孫尚行水[3]

酒泉界中,當舍 i ☑……ii　　　　　　　73EJT24:149 [4]

(此簡已與 T24:411 簡綴合)　　　　　　　73EJT24:150

【校釋】

[1]何:人名。

[2]此簡由姚磊(2021P121)綴合,綴合後補"用"字,從補。

[3]行水:解義見 T24:9A 注釋。馬智全(2013.2):指巡行檢查水道狀況。從簡文又可看出肩水地區水利的監管是通渠管理,不是僅限於屯田區範圍之內。

[4]胡永鵬(2017P574)定此簡屬王莽統治時期。

廣野卒□光,　　　見吏不在,　　　廣野卒丁陽□□　　73EJT24:151

　　　　　　　糒嬰一,直(值)二☑

通望兵内中居[1]　　米器一,直(值)五十☑

　　　　　　　布緯二,直(值)九十☑　　　　73EJT24:152

居攝二年六月□□守尉馮候長昌錢□☑　　　73EJT24:153

　　　　年廿三,長七尺☑

☑□郭奉親,　　　　　　送詔獄囚郭誼田萬☑

　　　　五寸,黑色。☑　　　　　　　　　73EJT24:154

河上候史夏侯陽葆　　徒弟□☑　　　　　　73EJT24:155

表是禾里公乘王利親,年廿一,長七尺三寸,黑色,十一月戊寅☑

　　　　　　　　　　　73EJT24:156+482+158 [2]

☑索里公乘左彊,年卅☑　　　　　　　　　73EJT24:157

(此簡已與 T24:156 簡綴合)　　　　　　　73EJT24:158

……　☑i 卒名籍一編,敢言之。　　☑ii　　73EJT24:159A

百八人丙午　　　甘露☑　　　　　　　　　　　73EJT24:159B

☑叩頭地□八月□□

肩水金關金關移居延　　張君業

□□隧長隧長長……　　　　　　　　　　　73EJT24:160A[3]

周吴叩頭白

卅井縣索關　　　子春坐前,

詣治所[4]肩水金關

居延縣索關

……起居得毋有它,干治所居[5] 73EJT24:160B

【校釋】

[1]居:白海燕(2018P513-516):積貯、儲存。

[2]此簡由姚磊綴合,見姚磊(2021P122)。其中"三寸"的"三"原釋作"二",從綴合者改釋。

[3]此簡正面三行,原整理者釋文僅有中間一行,其餘兩行皆作"……",從何茂活(2018.4)補釋。

[4]詣治所:原釋作"□□",何茂活(2018.4)釋作"□治所",本書據原簡圖再補"詣"字。

[5]居:原未釋,從姚磊(2012P122)補釋。

☑□岑二月奉　☑　　　　　　　　　　　73EJT24:161

□[1]宜便具☑　　　　　　　　　　　　73EJT24:162

☑□□□,年卅一,軺車一乘,☑　　　　　73EJT24:163

☑假後等☑　　　　　　　　　　　　　73EJT24:164

☑廣地界中,　　用馬一匹,　　　　　　73EJT24:165

☑□□[2]後　　　　　　　　　　　　　73EJT24:166

鱳得定安里桃□☑　　　　　　　　　　73EJT24:167

唯廷省察所[3]言誠職使☑　　　　　　　73EJT24:168

　·凡得䓵爲大石　　十六　☑　　　　73EJT24:169

鱳得常利里任[4]久都，　　　車一兩，　　　　　　73EJT24:170

☑　　　臨河里張☑　　　　　　　　　　　73EJT24:171

☑奉　　　☑　　　　　　　　　　　　　73EJT24:172

（此簡已與 T24:187 簡綴合）　　　　　　　73EJT24:173

☑……☑ᵢ☑……☑ᵢᵢ　　　　　　　73EJT24:174A

☑……☑ᵢ☑……☑ᵢᵢ　　　　　　　73EJT24:174B

☑……☑　　　　　　　　　　　　　　73EJT24:175

☑　　　□二分　　　☑　　　　　　73EJT24:176

肩水候官以郵行。　　　　☑　　　　　73EJT24:177A

令　　　☑　　　　　　　　　　　　73EJT24:177B

☑□一，

　　　　　　　　凡八物。

☑席一，　　　　　　　　　　　　　73EJT24:178

□□界中□（削衣）　　　　　　　　　73EJT24:179

流民三輔[5]郡中，當舍傳舍，從者如律令。・葆三泉里上造成[6]爲

□☑ᵢ　　　　　　　　　　　　　　73EJT24:180

【校釋】

[1]未釋字何茂活（2018.4）釋作“期”。按：此字原簡圖作 ，右似從“丮”，不知何字，待考。

[2]未釋字原簡圖作 ，似“偵”，待考。

[3]所：原未釋，此字原簡圖作 ，從“户”清晰可見，從何茂活（2018.4）補釋。

[4]任：原未釋，沈思聰（2018P328）釋作“仁”。按：此字原簡中間抽絲或磨礪，多字中間的墨跡缺失，疑此字中間應有豎畫，暫擬釋作“任”。

[5]流民三輔：原未釋，姚磊補釋“流民”，張俊民補釋“三輔”，從補（參見《合校》2021P295）。

[6]成：原釋作“同”，原簡圖作 ，字形參見肩叁 T30:240、肩肆

T37:1331 的“成”字。西北漢簡中“同”的内部草化程度還没有達到如此牽連的程度,當改釋作“成”,用作人名。

佐吏〈史〉[1]主人□具[2](削衣)　　　　　　　　73EJT24:181

☑□劵歷□☑　　　　　　　　　　　　　　73EJT24:182

☑□者得□(削衣)　　　　　　　　　　　　73EJT24:183

☑□期殲罩[3]宕程充□☑　　　　　　　　　73EJT24:184

其或□復得[4]□(削衣)　　　　　　　　　　73EJT24:185

☑□迹度河西☑　　　　　　　　　　　　73EJT24:186

☑□二石四斗付誠北[5]萃(卒)擊[6],以食士四人十二☑

　　　　　　　　　　　　　　　73EJT24:187+173[7]

☑□□□□行丞事,謂過☑　　　　　　　　　73EJT24:188

□陽書奏　　☑ⅰ周君長[8]　　☑ⅱ　　　　73EJT24:189

【校釋】

[1]佐吏:佐,原未釋,原簡圖左殘,但遺存墨跡與常見“佐”的草書對比即可確定釋字。吏,可能是“史”的訛誤。佐史,金關簡中常見,而未見“佐吏”。

[2]具:原未釋,原簡僅存右半墨跡,疑是“具”。

[3]殲罩:殲,原未釋,原簡圖作🔣,疑此字爲“幸”之異體。罩,原未釋,原簡圖作🔣,此字雖不知何字,但結構十分明確,上從“死”下從“皋”,頗疑此爲《説文》中“殬”的俗字。

[4]得:原未釋,從何茂活(2018.4)補釋。

[5]誠北:“誠”原釋作“職”,“北”原未釋,從綴合者改補。誠北,又寫作“城北”,爲甲渠候官下屬隧名。

[6]萃擊:“萃”原釋作“率”,從綴合者改釋。萃,綴合者讀作“卒”。“擊”是人名。

[7]此簡由伊強(2015.1.19)綴合。

[8]長:原未釋,從秦鳳鶴(2018.2)補釋。

角今毋野平^[1]角須後輸。　　　　　　　　　73EJT24:190A

宋解再拜請。　　　　　　　　　　　　　　　73EJT24:190B

宋解謹伏地再拜請　　再拜請　　再拜請　入　73EJT24:193^[2]

五月戊辰,驛(驿)^[3]北亭長解敢言之。　　　　　73EJT24:191

……　　☑^[4]ⅰ有石斗數　　　☑ⅱ　　　　73EJT24:192

(此簡已編聯至 T24:190 後)　　　　　　　　73EJT24:193

還知放病臥隧中,武妻子病在隧外廄^[5]内中,已□□☑　73EJT24:194

☑輻車一乘,用馬一匹,騧牝,齒十五歲,高五尺八寸。　73EJT24:195

……　　　　　　　　　　　　　　　　　　73EJT24:196

·肩水中部居聑(攝)三年十月吏卒見缺名。　　☑　73EJT24:197

☑解不知馬所病,毋豎且言☑　　　　　　　　73EJT24:198

(此簡已與 T24:210 簡綴合)　　　　　　　　73EJT24:199

☑□　　　凡用□□　　　　　　　　　　　　73EJT24:200

謹再拜請,以君教望其去解養視☑　　　　　73EJT24:201A

車其主去今解日夜養不敢解□☑　　　　　　73EJT24:201B

☑曰安所得從奴☑　　　　　　　　　　　　73EJT24:202

☑辛^[6]卯日中時　　　出。　　　☑　　　73EJT24:203A

☑即日^[7]□□□□□☑　　　　　　　　　73EJT24:203B

【校釋】

[1]平:沈思聰(2018P329)釋作"羊"。

[2]T24:190、T24:193 兩簡由王錦城(2019P492)編聯,可從。

[3]此字原釋作"驿",今據原圖版改釋。

[4]此行釋文原釋文無,今補。

[5]廄:原簡圖作廄,此字從"广"從"欠"皆非常明確,可知原釋作"廄"絶不可取。按照文義,此字應該表示屋舍建築一類的名詞,待考。

[6]辛:原整理者圖版旁釋文誤作"卒",下册釋文不誤。司曉蓮、曲元凱(2016.4)、李穎梅(2018.1)等人改釋時未説明。

　　[7]即日:原未釋。此簡背面僅存右半,字跡皆不全,原釋文皆作未釋處理。按照常見文例格式還可釋出"即日"、"發"。其中"即日"原簡字形較完整,較易識別。發,原簡字僅存一半。金關簡中有"即日嗇夫豐發"(T37:1061B、T37:1162A、C:480),按照文例,結合所見墨跡,此字可確定是"發"字。

☑☑畢傳榆飧渡　　　　　　　　　　　　　73EJT24:204A
☑☑五里見四人☑　　　　　　　　　　　　73EJT24:204B
　　　　　　　　　　積三爲〈萬〉[1]二千☑
☑　麥廣百卅長二百五十步,　　　　　　　丿☑☑
　　　　　　　　　五百步。　☑　　73EJT24:205
　　　　　牛車一兩,　　　　　載米卅石☑
☑吳子小女都,年一,
　　　　　用馬一,騂牡,齒四歲。　九月十四日入。☑
　　　　　　　　　　　　　　　　73EJT24:206
☑二十五□□□□有　　　☑　　　　　73EJT24:207
出六石弩一,　　征和[2]三年癸丑令卒赦國[3]……☑ 73EJT24:208
☑都亭蘇幼君幘[4]錢少六十☑ⅰ☑……☑ⅱ　　73EJT24:209
□多問　　☑ⅰ……☑ⅱ　　　　　73EJT24:210A
知也,慎事□□以自告,□也☑　　　　73EJT24:210B+199[5]
☑□[6]奇其端,以指虜所聚匿處,　　☑　　73EJT24:211
昭武佐毛彭,　昭武丞印。　馬[7]一匹,白牝,齒十歲,高□尺八寸[8]。ⅰ　　　　　　　　　　　　　73EJT24:212

　　【校釋】

　　[1]爲:張俊民、姚磊(《合校》2021P297)釋作"萬"。按:此字原簡作🐛,非常清楚是"爲"草書,原釋不誤。此"爲"當視爲"萬"之訛誤。

　　[2]征和:原釋作"延和",從羅見今、關守義(2014.2)、胡永鵬(2017P34)改釋。

[3]赦國:原皆未釋。赦,從沈思聰(2018P329)補釋。姚磊(《合校》2021P297)疑是"夜"。按:此字原簡圖作,左從"亦",右從"攵",即"赦"的異體。國,原簡圖作,疑爲"國"字。金關簡中的"國"字中間結構省簡不一,相當多變,如肩貳 T21:37、肩肆 T37:834、肩伍 72EBS7C:2A 中字形可資對比。

[4]幘:頭巾。《説文·巾部》:"髮有巾曰幘。"

[5]此簡由伊強綴合,詳見伊強(2016.8.9)。按:A 面"……"原釋文無,今據原圖版補。

[6]此未釋字原釋文無,從張俊民(《合校》2021P297)補釋。

[7]馬:原未釋,今據原圖版補。

[8]寸:原未釋,從沈思聰(2018P329)補釋。按:原簡此字處已經捲曲,完全看不到墨跡,但按照文例可確定釋字。

草辟及〈皮〉[1]冒各一。　　☑　　　　　　73EJT24:213

始建國元年八月丁丑[2]☑☑　　　　　　　73EJT24:214

☑書☐☐,如律令　　　　　　　　　　　73EJT24:215

不和願☐☐爲山奴卒[3]☑　　　　　　　　73EJT24:216

☑☐　建平五年十[4]月甲申,宜禾里李邑、付正[5]、徐武。 73EJT24:217

☑　　正月壬辰皆南入。☑　　　　　　　73EJT24:218

☑☐　　叩頭再拜。☑　　　　　　　　73EJT24:219A

☑……☑　　　　　　　　　　　　　73EJT24:219B

出麥三石,以食亭戍卒五人十二月辛丑盡庚☑ 73EJT24:220+502[6]

【校釋】

[1]及:張再興、黃艷萍(2017P72-77)懷疑是"皮"之訛誤,從改。

[2]丑:原未釋,據原簡圖補。始建國元年八月庚午朔,丁丑則是當月第八天。

[3]卒:原釋作"不",從何茂活(2018.4)改釋。

[4]十:原釋作"五",從胡永鵬(2017P298)改釋。

[5]正:原釋作"直",從張俊民(《合校》2021P298)改釋。

[6]此簡由林宏明綴合,見林宏明(2016.12.15)。

☒☒中亭積新候[1]奉國等候望☒　　　　　73EJT24:221

(此簡已與 T24:359 簡綴合)　　　　　　73EJT24:222

☒候☒粟卅五石☒☒　　　　　　　　　73EJT24:223

☒富昌里宋☒,年十八,☒　　　　　　　73EJT24:224

☒☒甑箅[2]脜[3]☒☒　　　　　　　　73EJT24:225

☒　　二月己酉出。　　☒　　　　　　73EJT24:226

十八日　　☒　　　　　　　　　　73EJT24:227

始建國三[4]年八月癸丑[5]☒ᵢ……☒ᵢᵢ　　73EJT24:228

☒☒衣卓[6]☒

　　　　　牛車☒☒

☒秋單衣未到☒　　　　　　　　　　73EJT24:229

☒子☒遣☒　　☒　　　　　　　　73EJT24:230

・詔書□□□穀益□☒　　　　　　　73EJT24:231

付言長公[7]穀千石　　☒ᵢ……　☒ᵢᵢ　73EJT24:232

☒頭白:都士坐前□☒　　　　　　　73EJT24:233

滎陽右尉王□□□☒　　　　　　　　73EJT24:234

【校釋】

[1]"新"原未釋,"候"原釋作"侯",從何茂活(2018.4)改補。

[2]箅:原釋作"箕",從何茂活(2014P225-236)改釋。甑箅,蒸鍋中的屜子,以竹木製成。王錦城(2019P133-142)釋作"箕"。

[3]脜:原釋作"脜",何茂活(2014P225-236)以爲是"脂"。按:從此簡的書寫情況來看,内容可能是字書。疑此字爲"脜"之俗寫。

[4]三:原釋作"三",從胡永鵬(2014P235-246)、何茂活(2018.4)改釋。

[5]丑:原未釋,從何茂活(2018.4)補釋。

[6]□衣皁：原釋作"□□"，張俊民釋作"三衣三十一"，今據原圖版重新整理。

[7]言長公：言，原未釋，此字原簡作⿱，雖然右部略殘，但從上下字墨跡對比可知，所缺較少，右部應無其他的部件，此形當爲"言"的草書寫法。言，此處用作姓氏。公，原釋作"占"，從沈思聰（2018P330）改釋。按："長公"在金關簡中非常多見。

■右出麥六十一石，　　給乘塞庶士[1]以下十九人初除，積　卅月十五日逋食。i　　　　　　　　　　　　　　　73EJT24：235

☑見虜迹及以檄言　　　　　　　　　　　　　　73EJT24：236

移肩金關、居延卅井縣索關，書到，出入如律令。　73EJT24：237A

肩倉小官印。　嗇夫常[2]發。　守嗇夫宏。　　73EJT24：237B

淮陽郡新郪革里周壽。　　　　～　　　　　　73EJT24：238

☑狀[3]爵公乘，居觻得富里，姓周氏，年卅八歲，迺　73EJT24：239

過所縣道河津關，毋苛留止，敢言之[4]。i五月壬戌，居延丞延年移過所縣道河津關，毋苛留止，如律令。/掾延年、佐長世。ii

　　　　　　　　　　　　　　　　73EJT24：240A[5]

印曰：居延丞印。　　　　　　　　73EJT24：240B

河東池北[6]呂弘，　　牛車一兩，　　劍一，圓[7]一。　73EJT24：241

河南郡雒陽雨[8]石里張湯，　　牛車一兩　　弩一，矢十二。　～

　　　　　　　　　　　　　　　　73EJT24：242

【校釋】

[1]庶士：王莽時期官秩名。《漢書·王莽傳》："（始建國元年）更名秩百石爲庶士，三百石曰下士。"

[2]常：原釋作"當"，從馬智全（2017P254—263）改釋。按：此字原簡字形作⿰，與常見"當"形不合，而與"常"草形頗合。常，在此簡中用作人名。

[3]狀：原未釋，從何茂活（2018.4）改釋。在此用作人名。

　　[４]此行釋文原釋作"……"，從胡永鵬（2014P235－246）、何茂活（2015P175-188）改釋。

　　[５]胡永鵬（2017P492）定此簡年代在漢宣帝地節年間。

　　[６]河東池北：趙海龍（2014.8.24）指出此爲河東縣池北里。按：《漢書·地理志》安邑，"莽曰河東"。

　　[７]劋：原未釋，此字原簡圖作▨，左從"頁"，右從"刀"，不知何字，今據形録寫，待考。

　　[８]雨：何茂活（2018.4）釋作"南"。此字原簡字形不是十分明確，暫從原釋。

　　　　　　　　　　　　　　五日辛丑倩宿河上。　十日丙午漢宿河上。
☑一日丁酉倩宿河上。　六日壬寅漢宿河上。
☑二日戊戌漢宿河上。　七日癸卯倩宿河上。
☑三日倩宿河上。　　　八日甲辰漢宿河上。
☑四日庚子漢宿河上。　九日乙巳倩宿河上。　　　　　　73EJT24：243

張掖肩水廣地候賓、士吏[1]昌昧死再拜。上書一。[2] Ⅰ ᵢ騎置馳行上。Ⅰ ᵢᵢ行在所，公車司馬以聞。Ⅰ ᵢᵢᵢ本始[3]五年四月戊申日餔時，受□□□。Ⅰ ᵢᵥ本始元[4]年四月己酉[5]日蚤食時，Ⅱ ᵢ入□□□長壽隧得[6]□□、隧長妻捐[7]₌（捐、捐）子□□□□Ⅱ ᵢᵢ　　73EJT24：244

　　【校釋】

　　[１]士吏：原釋作"□□長"，從張俊民（《合校》2021P301）改釋。

　　[２]上書一：原釋作"□□"，從張俊民擬補。

　　[３]本始：原未釋，從胡永鵬（2014P235-246）補釋。

　　[４]因《朔閏表》此年四月辛丑朔，當月不得有己酉日，故胡永鵬（2017P62）以爲"元"當是"五"。

　　[５]己酉：黄艷萍（2013P188-200）以爲是"乙酉"之誤。

　　[６]得：原未釋，姚磊（《合校》2021P301）釋作"得"，存疑。

　　[７]捐：原釋作"報"，從姚磊（《合校》2021P301）改釋。

顯處,令吏、民、卒、徙〈徒〉[1]、奴、婢盡知之,各相牽證任,毋舍匿,
大[2]已。爰書鋼臧縣廷,令可案。毋令留居部界中Ⅰ不得。胡人亡,
重事,如法律令,敢言之。╱九月丙子,車騎將軍、宣曲校尉[3]當,肩
丞讓敢告典屬國[4]卒人,寫移□☑Ⅱ　　　　　　　73EJT24：245

【校釋】

[1]徙:原釋作"徒",此字原簡圖作 𢓓 ,應釋作"徙",視爲"徒"之
訛誤。

[2]大:原釋作"出",從張俊民(《合校》2021P302)改釋。按:疑此字
爲"出"之訛誤。

[3]宣曲校尉:馬智全(2021.7):此簡時代應是在西漢武帝到成帝河
平元年之間。宣曲校尉,爲史書所未見,應是指上林苑的宣曲宮,是因駐守
地點而得名。西漢曾在關中設置宣曲校尉,由車騎將軍領屬。宣曲校尉與
丞署名移文,分職行事,對胡騎事務管理。西漢既有長水校尉,也有宣曲校
尉。長水校尉設在長安東南,宣曲校尉設在長安西南,地理位置不同。

[4]典屬國:《漢書・百官公卿表》:"典屬國,秦官,掌蠻夷降者。武帝
元狩三年昆邪王降,復增屬國,置都尉、丞、候、千人。屬官,九譯令。成帝
河平元年省併大鴻臚。"

……

□石具弩一。　　　　茝矢六十。　　　鐵甲一。
承弦二。　　　　　　矛二。　　　　　鐵鞮鍪一。　　　□　　卩
槀矢二百。　　　　　瞀(鍪)一。　　　　　　　　　73EJT24：246

・所寄張千人[1]舍器物記。Ⅰ i □米庵(囷)[2]一,并取其蓋。Ⅰ ii
大斤一。　　　　大庵一。Ⅰ iii……Ⅰ iv胡狗[3]一。Ⅱ告從史[4]孫長卿
必之廣地[5]行此書,案如署凡二封。Ⅲ i 長卿必責李長君錢,及長卿
所賣澗上羊[6]錢。長卿Ⅲ ii所持封五安左以候屬長卿急責所受文君
㝉主Ⅲ iii錢,長卿必得□□封書□長卿□自北之㯻他。Ⅲ iv

　　　　　　　　　　　　　　　　　73EJT24：247A+268B

葦延席^[7]一。Ⅰᵢ六尺席一。Ⅰᵢᵢ弓一。Ⅰᵢᵢᵢ□一。Ⅰᵢᵥ□二。Ⅱᵢ窜二。　白革騎勒^[8]一。Ⅱᵢᵢ大去閒^[9]八居米庹中。Ⅱᵢᵢᵢ復（轉）^[10]、參靳^[11]、亶帶^[12]各一居米庹中。Ⅱｉⅲ弊舍槀盛家窒幣寫Ⅲᵢ短延席一。Ⅲᵢᵢ榆莢^[13]二斗。Ⅲᵢᵢᵢ槢^[14]一。Ⅲᵢᵥ　　　　　　　　73EJT24:268A+247B^[15]

【校釋】

［1］張千人：姓氏加官名。

［2］庹：何茂活（2014.6）：同“笢”，今作“囷”，爲儲存穀物的器具。笢，多以竹篾編成，故從“竹”。但甘肅河西地區多以芨芨草編製。白海燕（2018P513-516）：囷聚儲藏之器。

［3］胡狗：何茂活（2014.6）：狗爲犬之泛稱。“胡狗”蓋如今之“藏獒”之類。

［4］從史：何茂活（2014.6）：即從吏。《漢書·兒寬傳》：“時張湯爲廷尉，廷尉府盡用文史法律之吏，而寬以儒生在其間，見謂不習事，不署曹，除爲從史，之北地視畜數年。”顏師古注：“從史者，但只隨官僚，不主文書。”本簡中之“從史孫長卿”應爲肩水都尉府之從史。

［5］廣地：廣地候官之省。

［6］何茂活（2014.6）：長卿所賣澗上羊，原釋作“長卿□賣閒二羊錢”。澗上，隧名，屬廣地候官。

［7］葦延席：何茂活（2014.6）：席，指用葦篾或芨芨草編織的炕席之類。……延，通“筵”，與“席”同義。

［8］白革騎勒：何茂活（2014.6）：是指用未經着色的皮革編縮而成的騎馬用的馬嚼子（嚼口爲金屬，其他部分爲皮帶或皮繩）。製作騎勒的“白革”則應是用芒硝“熟”過的軟而柔韌的皮。

［9］大去閒：原皆未釋。去，何茂活（2014.6）補作“厺”，今按通行釋文録作“去”。“大”、“閒”從綴合者補釋。去閒爲盛物器。

［10］復：何茂活（2014.6）：通作轉，車挽具。《説文·韋部》：“轉，軶裏也。”段玉裁注：“軶，轅前也，以皮裏之。”車軶裏以皮革，意在保護駕車的牛馬的頸部，防止磨傷。

[11]参靳:何茂活(2014.6):"靳"應指駕車之馬(無論服馬和驂馬)的胸帶,"参(驂)靳"自然指驂馬之胸帶。但因爲胸帶與套繩密不可分,所以驂馬的胸帶、套繩或胸帶加套繩皆可得稱"参(驂)靳"。

[12]亶帶:何茂活(2014.6):在敦煌懸泉漢簡中有"亶氊",或將亶通氊,亶氊可能是以毛氊爲車篷和車廂內部裝飾的車子,可以保暖。其實"亶"非通"氊"而通"檀","檀氊"即"檀輿",也稱檀車。"亶帶"即檀輿之"帶"。帶,即"當膺",亦即馬拉車時橫在胸前的皮帶,亦稱胸帶、大帶。初時服馬負軛,驂馬佩帶;後來服馬亦改用胸帶。

[13]榆莢:何茂活(2014.6):俗稱榆錢,可食用。

[14]櫖:何茂活(2014.6):同鑢,鏨之異體,指形似門齒的金屬工具。邢義田(2015P191–206):推測它是漢魏晉時代河西和邊塞一種由牛牽挽、丁字形橫向列有尖鐵齒、用於碎土和整田的農具,很可能類似……後世常説的杷或耙。

[15]此簡由胡永鵬(2014P235–246)綴合。從胡永鵬補釋第二欄第三行"閒"字。

雒陽宜歲里張放,年三十五,字高　　作者樂得廣昌里韓況□[1]☑
　　　　　獄丞印。　　　　　　　牛車一兩,用牛二頭。　☑

73EJT24:248

(此簡已與 T24:872 簡綴合)　　　　73EJT24:249

☑□安樂里白延壽與從者長樂里蘇奉親,俱歸[2]取衣用張掖ⅰ☑□
毋河(苛)留止,敢言之。ⅱ☑毋河(苛)留止,如律令。/掾延年、令史
可置。ⅲ　　　　　　　　　　　　73EJT24:250

地節三年三月丁巳朔壬戌,關通[3]敢言之:迺辛☑
　　　　　　　……　伏地再☑　73EJT24:251

肩水候史樂得宜樂里吕萬年,Ⅰⅰ地節元年十二月丙辰除。Ⅰⅱ未得
正月盡九月積九[4]月奉錢五千。……☑Ⅱⅰ已得都内賦錢五千四
百。☑Ⅱⅱ　　　　　　　　　　73EJT24:252

☑【地】節[5]三年閏月戊午，候長充宗。　　　　73EJT24：253A

☑　　☐迹遠隧見卒二人[6]　　　　73EJT24：253B

☑黃政口豪　　　　73EJT24：254

☑☐睢陽絃邲[7]里黃充，年廿六。　　　~　　73EJT24：255

戍卒梁國睢陽東方里上造趙害，年廿四。　　☑　73EJT24：256

☑豪他鄣卒孔德。　　　　丿　　73EJT24：257

大河郡東平陸東平里孫遺，年廿四。　　　丿　73EJT24：258

大河郡東平陸合里單當時，年卅六。　　☑　73EJT24：550

大河郡東平陸禾成里夏樂，年廿八☑　　73EJT24：974[8]

【校釋】

[1]樂得：孔德衆、張俊民指出此即"欒得"，可從。又，未釋字姚磊（2020
P109-122）釋作"年"。

[2]歸：原釋作"隨"，此字原簡作▣，爲漢簡中"歸"的俗寫。不過西
北簡中"歸"、"隨"確實很相近。按照文義，如果是"俱隨"意味着要有多人
隨行，但簡文只說了"從者長樂里蘇奉親"，即從者只有一人。所以從文義
上也應是白延壽與蘇奉親同時歸取衣用。故釋作"歸"爲是。

[3]關通：郭偉濤（2017P229-259）：關佐通的省稱。通即 T24：251 中
的"趙通"。

[4]正月盡九月積九：原釋作"……盡六"，從胡永鵬（2015.3）改釋。
相同文例見 T24：534。

[5]地節：原未釋，從何茂活（2015P175-188）補釋。

[6]此簡 B 面"隧"原釋作"隨"，"卒二"原未釋，皆從何茂活
（2015P175-188）改補。"人"原未釋，今結合文義與原圖版墨跡補。

[7]邲：沈思聰（2018P332）釋作"邠"，按：此字原簡作▣，疑此爲
"卯"之俗寫。

[8]以上 T24：258、T24：550、T24：974 三簡由姚磊（2020P109-122）編
聯。胡永鵬（2017P487）認爲三簡皆在漢昭帝到宣帝之間。

☑　　以食徒大男四人十二月食積百廿人=（人，人）六升。　☑

$\qquad\qquad\qquad\qquad\qquad\qquad\qquad\qquad\qquad$ 73EJT24：259

郭卒張廣德，　　承弩一，有方一。　　　73EJT24：260

安土[1]隧戍卒穎川傿陵[2]臺里傅固。　　73EJT24：261

本始四年九月壬戌[3]朔丁未[4]，西鄉有秩賢敢告尉史：宜歲里上造
董賣，年卅五歲，正占[5]，自言爲家私市 i……ii　　73EJT24：262

六月廿日責計。Ⅰ責柳子文布一匹，少百Ⅱi。責龐次君布一匹，直
（值）四百廿[6]，出二百五十少七十。Ⅱii責□[7]□駕布[8]一匹直四
百入二百八十少百廿Ⅲ　　　　　　　　73EJT24：263

【校釋】

[1]土：沈思聰（2018P332）釋作“士”。

[2]傿陵：此處爲縣名，T2：61、T3：95 又見傿陵邑。

[3]黄艷萍（2013P188-200）懷疑“壬戌”是“壬寅”之誤。

[4]《朔閏表》此年壬寅朔與此簡不合，又壬戌朔當月也不會出現丁
未日。

[5]占：原釋作“令”，從劉欣寧（2016.2）改釋。正，指里正。正占，指
里正占驗的意思。

[6]廿：此字原簡圖作█，也可能是“卅”。

[7]此未釋字張俊民（《合校》2021P305）釋作“錢”。

[8]駕布：王錦城（2019P1384）認爲指品質粗劣的布。按：前有缺文，
表義不明，存疑待考。“駕”釋字可疑。

（此簡已與 T24：269 簡綴合）　　　　　73EJT24：264

二月戌[1]詣張掖郡肩水部署[2]萬福隧，至地節□□□□中□□[3]

$\qquad\qquad\qquad\qquad\qquad\qquad\qquad\qquad\qquad$ 73EJT24：265

案毋官徵事，當爲傳，移過所縣邑，勿何（苟）留，敢言之。i十二月雒
陽丞大[4]移過所縣邑，勿何（苟）留，如律令。掾禹、令史樂。ii

$\qquad\qquad\qquad\qquad\qquad\qquad\qquad$ 73EJT24：266A

章曰:雒陽丞印。　　　　　　　　　　　　　　73EJT24:266B

地節三年正月戊午朔辛酉,居延軍候世謂過所:遣ⅰ私從者河内郡温

犀[5]里左通,私市張掖郡中。謁移過ⅱ　　　　　73EJT24:267A

章曰:軍候印。　　　　　　　　　　　　　　　73EJT24:267B

(此簡已與 T24:247 簡綴合)　　　　　　　　　73EJT24:268

【校釋】

[1]戌:原釋作"戍",從張俊民(《合校》2021P305)改釋。

[2]署:原釋作"界",從張俊民(《合校》2021P305)改釋。按:原簡字

形作🔲。

[3]🔲🔲🔲🔲中🔲🔲:原釋作"……",張俊民(《合校》2021P305)補釋

作"🔲年五月中🔲🔲",今審原簡,除了"中"字可確定釋字,其他字皆不能

確定。

[4]大:人名。

[5]犀:原釋作"犀",從黄浩波(2017P113-165)、黄艷萍、張再興

(2018P215-222)改釋。温犀里又見於 T24:715。

地節三年正月戊午朔己卯,將兵護民田官[1]居延都尉章、居延右尉

可置行丞事,謂過所縣道河津關:遣從史畢歸取衣用ⅰ隴西郡,與[2]

小婢利主,從者刑合之、趙奇,俱乘所占用〖馬〗[3]四匹,當舍傳舍,如

律令。/掾定、屬延壽、給事佐[4]充宗。ⅱ　　　73EJT24:269A+264A[5]

章曰:居延都尉章。ⅰ五月乙亥卒史孫畢以來。ⅱ73EJT24:264B+269B

【校釋】

[1]將兵護民田官:陳夢家(1980P42):"居延都尉"前冠以"將屯"或

"將兵護屯田官",表示都尉兼將屯之事,猶"張掖太守"前冠以"將屯"一

樣,"將屯"即將兵屯田。裘錫圭(2012:5P219):"將兵護民田官"中的

"民"與"田官"也應是動詞"護"的並列賓語。居延地處邊防前沿,居延都

尉統率屯兵,保衛邊疆,並負有保護防區內一般人民和田官的職責,其地位

顯然比在其南面的肩水都尉以及張掖郡都尉重要,其兵力大概也比其他都

尉強。

[2]與:原釋作"興",從王錦城(2020.1)改釋。

[3]據常見文例,此處應是"占用馬",應是原抄寫者誤脫"馬"字。

[4]給事佐:陳夢家(1980P115):給事佐低於書佐而非書佐,大約與府佐相當。據漢簡名籍,居延都尉府亦有給事佐。

[5]此簡由伊強綴合,詳見伊強(2014.12.31)。

河内郡山陽有利里張萬　　☑	73EJT24:270
肩水候官	73EJT24:271
肩水金關　　白賢等二人。	73EJT24:272
☑　王幸馬疾[1]　　胡刑原兒疾 ⅰ☑……ⅱ[2]	73EJT24:273
肩水都尉屬李	73EJT24:274
(此簡已與 73EJT24:566 綴合)	73EJT24:275
☑□衣莊來歸□□□	73EJT24:276
☑□[3]□不肖,去丈人居外城沙石閒,元不知丈☑ ☑　□百尉[4]即入[5]□不□幸□[6]得之罪□□□	73EJT24:277
……☑ⅰ正月廿七日迹。　　肩水☑ⅱ	73EJT24:278
戍卒魏郡繁[7]陽宜秋里大夫趙嬰,年廿三。　　　☑	73EJT24:279
□□□□張掖觻得□□□受□☑	73EJT24:280
出粟小石六石　　☑	73EJT24:281
氐池昌平里不更董不侵,年卅四,長七尺☑	73EJT24:282
千秋里靳充　　☑	73EJT24:283
初元年四月辛巳朔庚午[8],肩水史譚敢言☑	73EJT24:284

【校釋】

[1]王幸馬疾:原皆未釋,"王"、"馬"從張俊民(《合校》2021P306)補釋,"幸"、"疾"從姚磊補釋。

[2]此行釋文原無,今據原圖版補。

[3]此未釋字原釋文脫漏,今補。

　[4]尉:原未釋,沈思聰(2018P333)釋作"封",從張俊民(《合校》2021P306)改釋。

　[5]即入:原釋作"助人",今據原圖版改。

　[6]不□幸□:沈思聰(2018P333)釋作"不敢幸遺"。

　[7]繁:有釋作"縶"或不釋意見(《合校》2021P306)。按:此字原簡圖作,原簡字形特殊,與常見"繁"有較大差距,存疑待考。

　[8]初元年:胡永鵬(2017P164)認爲即初元元年,居延新簡 EPT51:193、EPT56:360 皆可見此種行文,但《朔閏表》記此年四月丁卯朔,與此簡朔干支不合,且辛巳朔當月不會有庚午日。

☑　　　色,長七尺四寸。　　☑　　　　　　　　　73EJT24:285

□□相三□宗□有虜□☑　　　　　　　　　　　73EJT24:286

☑☑☑☑☑[1]候居延□宜里[2]女子李然,年卅五,黑色。☑

　　　　　　　　　　　　　　　　　　　　　73EJT24:287

☑　　　其一人取稟(廩)[3]官定作四人。　☑　　　73EJT24:288

□□猛下肩水候,承書從事。　　　　　　　　　73EJT24:289

☑四已入八,　　少卅六。　　　　　　　　　　73EJT24:290

出錢三百,　賦當利隧卒張豐。　故廣地累山隧卒☑73EJT24:291

今餘穀七十四石三斗九☑　　　　　　　　　　73EJT24:292

☑☑☑☑之﹦事有急,不與也。□等□□ⅰ☑……ⅱ 73EJT24:293A

☑☑☑☑☑　　　　　　　　　　　　　　　73EJT24:293B

☑通[4]赤力一百斤。Ⅰⅰ☑四石赤閒[5]五百八十斤Ⅰⅱ三石力四百斤。Ⅱ☑平樂隧弩石力　　　□☑Ⅲ　　　　　　　73EJT24:294

□　　□□□□☑

　　　呂子侯[6]　　　白　☑　　　　　　　73EJT24:295

【校釋】

　[1]此未釋字沈思聰(2018P333)釋作"僕"。

　[2]宜里:原未釋,從沈思聰(2018P333)補釋"里",另據簡圖補"宜"。

[3]稟:原徑作"廩",今據原圖版改。

[4]通:原未釋,今據原圖版補。

[5]四石赤閒:宋傑(1992P93—96):李善注張衡《南都賦》"黄間機張"句時,引鄭氏曰:"黄間,弩淵中黄牙。"《釋名·釋兵》"弩"條曰:"鈎弦者曰牙,似齒牙也。"是説"間"乃弩機中鈎弦的部件——牙……因爲弩牙的形狀是露出兩片直立的機齒,中間有空隙,所以又被稱爲"間"。至於弩名爲什麽冠以某種顏色,前引李善注《南都賦》説"黄弩,弩淵中大黄",是指弩牙及弩機的顏色。而《史記索隱·李將軍列傳》則曰:"大黄、黄間,弩名也。故韋昭曰:'角弩也,色黄體大。'"是指弩身的顏色,其説不同弩牙,赤閒爲赤色弩牙的弩。按:據宋傑考證可知,機齒中間有空隙,所以又被稱爲"間",弩牙、弩機的顏色有黄、赤,故有大黄、赤閒之別。

[6]侯:原整理者圖版旁釋文誤作"候",釋文本不誤。按:何茂活(2018.4)改釋此字時未核查下册釋文。

望遠隧長奴子小女居延城勢里郭婢,年十歲,廣地[1]

　　　長五尺,黑色。　　　　　　　　　　　　　　73EJT24:296

十一月辛巳。Ⅰ肩水卒卌七人,Ⅱⅰ橐他卒六十五人,Ⅱⅱ·凡卒百一十二人。Ⅱⅲ其十人養,·Ⅱⅳ五人病[2],·Ⅲⅰ一人作長·,Ⅲⅱ一人木工·[3],Ⅲⅲ定作九十五人。Ⅳⅰ取薪增落[4]廣六尺,槫兩行[5]。馬善[6]并高四尺五寸,袤廿丈,率人二尺一寸有奇。Ⅳⅱ六十九人取薪二百七石,率人三石。薪去□□里[7]往來卌八里。Ⅳⅲ

　　　　　　　　　　　　　　　　　　　　　73EJT24:297

【校釋】

[1]廣地:原釋作"四年",從郭偉濤(2017P97)改釋。

[2]病:生病。

[3]此符號與"凡"上的墨點原釋文無,從姚磊(《合校》2021P308)補。

[4]落:指彊落。

［5］樏：王錦城（2019P1387）：通作“摶”，意爲圓。按：樏，當解爲聚集義。樏兩行，應是指簡文“取薪增落”的結果，即取薪匯集成兩行彊落。

［6］善：張俊民（《合校》2021P308）釋作“嗇”。

［7］里：原未釋，從張俊民（《合校》2021P308）補釋。

| ☒……（檢） | 73EJT24∶298 |

☒　　　戍田卒　　　☒　　　　　　　73EJT24∶299

☒壽二年五月辛巳除。　　　☒　　73EJT24∶300[1]

☒乙酉朔甲午☒　　　　　　　　　73EJT24∶301

☒□死罪[2]。關以主出入吏民，禁備盜賊。　　73EJT24∶302

正月甲辰，廣地候千☒ⅰ□☒ⅱ　　73EJT24∶303A

……[3]　　　　　　　　　　　　　73EJT24∶303B

（此簡已與 T21∶60 簡綴合）　　　73EJT24∶304

　　　　丙　乙　乙　乙　甲　　甲　癸☒

十八日　　　　　　　　　重節[4]　　八鬼[5]節☒

　　　　申　丑　未　丑　午[6]　子　巳☒（簡上有陰刻綫）

　　　　　　73EJT24∶305A+497A+498A[7]

……☒　　　73EJT24∶305B+497B+498B

【校釋】

［1］黃艷萍（2013P188-200）推此簡屬元壽二年。

［2］簡首未釋字原釋文脱漏，今補。“死罪”原未釋，從張俊民（《合校》2021P308）補釋。

［3］此簡釋文本作“……□”，今從圖版旁釋文。

［4］重節：即端午節。程少軒（2016.6.3）指出這是迄今關於端午節的最早文字記載，這個原始的端午節，用的不是五月五日，而是午月午日，而且是第二個午日。一個月有 29 至 30 天，地支是十二個，所以一個月會有兩個或三個午日，其中第二個午日一定在五月十三日至二十四日之間，是正中的午日。“午月的第二個午日”符合“正午”的觀念，所以將“端午”解

釋爲“正午”是正確的。

[5]八鬼：程少軒(2014P274-284)指出“八鬼”即“八魁”。一般文獻中以夏季甲申日爲“八魁”,肩水金關漢簡以夏六月甲子日爲八魁日,這與《素問六氣玄珠密語》卷十六“五行類應紀篇”所載相合。

[6]午：原未釋,從程少軒(2014P274-284)補釋。

[7]程少軒(2014P274-284)定此簡屬居攝三年曆譜。

居延左尉印。　　☑　　　　　　　　　　　　73EJT24：306

☑☑☑胡隧長爰卿。☑　　　　　　　　　　　73EJT24：307

肩水金關　　　　　　　　　　　　　　　　　73EJT24：308

萬歲里公乘任青肩,年廿二,　長七尺三寸,黑色。☑ 73EJT24：309

☑牛車一兩,弩一,矢五十。　　～　　　　　73EJT24：310

案毋官徵事,當爲傳……[1]☑

五月癸未,雒陽守丞安……☑　　　　　　　73EJT24：311A

雒陽丞印。　　☑　　　　　　　　　　　　　73EJT24：311B

(此簡已與 T24：59 簡綴合)　　　　　　　　73EJT24：312

☑☑迹盡[2]界,毋越塞出入迹。　　☑　　　73EJT24：313

·凡出穀四石三斗二升。　　☑　　　　　　　73EJT24：314

元始四年七月☑　　　　　　　　　　　　　73EJT24：315

☑年卌五,長七尺五寸,黑色。牛☑　　　　　73EJT24：316

☑　　敕之行[3]☑　　　　　　　　　　　　73EJT24：317

俱買猪,其主不肯,乃[4]武令☑☑　　　　　73EJT24：318

出荻十束。　　　居珝(攝)三年☑　　　　　73EJT24：319

☑☑釗[5]　☑　　　　　　　　　　　　　　73EJT24：320A

☑……☑　　　　　　　　　　　　　　　　73EJT24：320B

【校釋】

[1]此行釋文原釋作“☑☑行候事……”,案毋官徵事,從張俊民補釋。當爲傳,張俊民釋作“當以令爲傳”,姚磊釋作“當得傳”(《合校》

2021P309），今參兩者並核對原圖改釋。

　　［2］迹盡：原未釋，從王錦城（2019P1388）補釋。

　　［3］行：原釋作"弓"，今據原圖版補。

　　［4］乃：張俊民（《合校》2021P309）釋作"與"。按：此字若從存見墨跡看當釋作"弓"，但文義不知何解。西北簡中"弓"、"乃"形近易混，暫從原釋。

　　［5］釦：原簡作𢦏，原釋作"針"。按："針"爲"鍼"之後起俗字，不可從，今改釋作"釦"。或爲"劍"之俗寫。

聞熹[1]邑高里傅定，　　男弟二人，　　□□□□　　☑
庸同縣魚廬里郅羌。　　弟婦二人，　　同里傅[2]孫□任　　☑
　　　　　　　　　　　口[3]八。　　同里傅□任[4]　　☑
　　　　　　　　　　　　　　　　同里閭卿[5]任　　☑73EJT24：321

【校釋】

　　［1］鄭威（2015P217-241）：從簡文"同縣"可知聞憙邑爲縣級政區，高里、魚廬里爲縣下之里，屬河東郡，地在今山西省聞喜縣桐城鎮上郭村、邱家莊村。

　　［2］簡中出現兩處"同里傅"，原釋文皆作"同里傳"，從王錦城（2019P1388）改釋。

　　［3］口：原未釋，從姚磊（《合校》2021P310）補釋。

　　［4］任：原未釋，從沈思聰（2018P333）補釋。

　　［5］卿：原未釋，今補。

（此簡已與 T24：343 簡綴合）　　　　　　　　　73EJT24：322

☑和吞□南　　　　　　　　　　　　　　　　　　73EJT24：323

☑三百一十人=（人，人）六升。　　☑　　　　　73EJT24：324

肩水金關。　　　　　　　　　　　　　　　　　73EJT24：325A

橐他候[1]以郵行。　　　　　　　　　　　　　　73EJT24：325B

其百五十四石六斗六升麥，☒

☒升

九十一石九斗九升粟。 ☒ 73EJT24:326

癸丑旬[2]遣登山隧長□[3]☒ 73EJT24:327

濟陰郡廩丘左里卜捐。 ☒ 73EJT24:328

☒ 八月辛巳南入，即日□☒ 73EJT24:329

☒☒☒☒☒☒☒☒☒申日行到酒泉，北部戍卒穎 ☒☒☒☒☒

安昌里孔目等二人今告曰□ⅰ 73EJT24:330+T21:482[4]

昭縣宜眾里公士孫戎，年十三。 ☒☒☒ 73EJT24:331

居延都尉章，詣大守府☒ 73EJT24:332A

……☒ 73EJT24:332B

橐他候長呂漢昌妻觻得樂就里大女呂貞，年廿六歲，黑色。牛車二

兩。・子小女□☒ 73EJT24:333+T23:818[5]

【校釋】

[1]候：原釋作"隧"，從張俊民(《合校》2021P310)改釋。按：金關簡

無"橐他隧"，改釋可從。

[2]原釋作"旬"之字，原簡圖作 ，張俊民(《合校》2021P310)釋作

"官"，暫從原釋，存疑待考。

[3]此未釋字姚磊(《合校》2021P310)疑是"陽"。

[4]此簡由姚磊綴合，詳見姚磊(2021P123)。

[5]此簡由姚磊綴合，詳見姚磊(2021P124)。

☒爲[1]欲得之耳，固有人ⅰ☒□也可，自言候移書居延ⅱ 73EJT24:334A

☒☒☒☒☒☒ 73EJT24:334B

☒□牛牛牧之[2]之 73EJT24:335A

☒□□言言之敢[3]。 73EJT24:335B

官元始五年四月傳驛稟(廩)[4]名☒ 73EJT24:336

【校釋】

[1]爲:原未釋,原簡字右殘,但主要結構可見,今補。

[2]之:原釋作"出",從何茂活(2018.4)改釋。

[3]此簡原釋文作"三百□□□□",何茂活(2018.4)改作"言言□敢",姚磊(《合校》2021P311)在此基礎上又補作"言言之敢",今結合兩者釋文重新整理。

[4]稟:原徑作"廩",今據原圖版改。

河内郡軹[1]安昌里時[2]利☑　　　　　　　　　　73EJT24:337

☑　　　　廩禁胡隧卒☑　　　　　　　　　　73EJT24:338

□伏地再拜請:　·取□ᵢ中叔足下中夫御者,頃不相見,得毋☑ᵢᵢ□草爲之,故用家室累中叔中夫□□ᵢᵢᵢ　　　73EJT24:339A

湢[3]白[4]傳翻由落耳以張□□□☑ᵢ數[5]賜記部中大夫,願中叔中夫□□[6]☑ᵢᵢ□善視張惠君,客愚兄張氏,愚[7]□☑ᵢᵢᵢ73EJT24:339B

【校釋】

[1]軹:河内郡之縣名。

[2]時:原未釋,從秦鳳鶴(2018.2)補釋。

[3]湢:原未釋,從秦鳳鶴、何茂活(2018.4)補釋。按:此字原簡字形作![字形],從"水"從"屈"。

[4]白:姚磊(《合校》2021P312)改釋作"自"。

[5]數:原未釋,從張俊民補釋,見姚磊(《合校》2021P312)。

[6]中夫□□:原釋文本作"……",今據原圖版改。

[7]愚:原釋作"遺",原簡圖作![字形],從姚磊(《合校》2012P312)改釋。

☑□□有有□☑(習字)　　　　　　　　　　73EJT24:340A

☑有有□□(習字)　　　　　　　　　　　　73EJT24:340B

☑□六歲,長□尺四寸,黑色☑　　　　　　　73EJT24:341

☑□九月旦盡晦郵書刺[1]□☑　　　　　　　73EJT24:342

☑延一，□帚一，于二，小杯三，□素案[2]一，笥一合□[3]爲東。

☑帚一，笥一合，大杯三，　　　去閒[4]一，　73EJT24：343+322[5]

【校釋】

［1］郵書刺：又稱“過書刺”，詳見 T2：23 注釋。

［2］素案：何茂活（2018.4）：應指未經油漆的盛食物的托盤。按：或指無圖案描繪的托盤。

［3］未釋字何茂活（2018.4）釋作“皆”。

［4］去：原釋作兩個未釋字，從何茂活（2014.6）補釋。去閒，何茂活（2018.4）：實爲笥箕。

［5］此簡由姚磊綴合，見姚磊（2021P125）。

☑長彭出	73EJT24：344
言之，謹☑	73EJT24：345A
元元元元☑（習字）	73EJT24：345B
☑□未明知之，必破盡□□☑	73EJT24：346
延[1]席二　　□□☑	73EJT24：347
☑恒懊[2]　　☑[3]（削衣）	73EJT24：348
☑八月廿☑[4]（削衣）	73EJT24：349
出泉（錢）二□☑	73EJT24：350[5]
☑□[6]□一疋[7]取就[8]□☑	73EJT24：351
☑出賦錢千二百[9]☑	73EJT24：352
☑……☑	73EJT24：353
☑其一匹還，　和卿取二匹，　　其☑	73EJT24：354
居耶（攝）三年☑	73EJT24：355A
白韓掾☑	73EJT24：355B
☑一領取　　□	73EJT24：356
☑直（值）三百問	73EJT24：357

【校釋】

［1］延：原釋作“正”，原簡字形草率，確實像“正”，但與“延”相對照即可知此當爲“延”。延席，又見於 T24：268。何茂活（2018.4）即釋作“延”。

［2］恒懊：原釋作“恒懊”。恒，原簡字形從“心”從“亘”皆可識別，北大漢簡中《老子》“恒”形可與此對證。懊，原簡右旁是“與”之俗寫。

［3］原缺漏首尾殘斷號，今補。

［4］原缺漏首尾殘斷號，今補。

［5］胡永鵬（2017P575）定此簡屬王莽統治時期。

［6］此未釋字何茂活（2018.4）疑是“馬”。

［7］此字原簡作![字],懷疑是“所”之草寫。

［8］就：原未釋，從何茂活（2018.4）補釋。

［9］此簡釋文原釋作“□□錢千二□”，從何茂活（2018.4）改釋。

　　　　　　　□

☑席一　　　二[1]　　　　　　　　　　　　　73EJT24：358

居延亭長樂誼。　　　居延丞印。☑　　　73EJT24：359+222[2]

始安里温宮　☑　　　　　　　　　　　　73EJT24：360

☑月庚辰入□　　　☑　　　　　　　　　73EJT24：361

☑凡四百墼　☑　　　　　　　　　　　　73EJT24：362

☑月癸酉有劾缺　　　☑　　　　　　　　73EJT24：363

☑□業從死倉中，呼博☑　　　　　　　　73EJT24：364

坐游徽蘇☑　　　　　　　　　　　　　　73EJT24：365

酒泉表是萬歲里　☑　　　　　　　　　　73EJT24：366

☑前夫人來，卿言許君倩屬泉，今君倩[3]言毋

☑□忽不可得也。　　　徐君都　　73EJT24：367A+509B[4]

☑□，甚₌恨₌毋₌已₌（甚恨毋已，甚恨毋已）[5]，□□不聞君□家中

起居具□☑ i　　　　　　　　73EJT24：367B+509A

轉粟大石，至今死，爲泉（錢）少千五百□☑

不買長……☑　　　　　　　　　　　　73EJT24:368

☑助治天田彊落,名、縣、爵、里、年☑　　　73EJT24:369

　　　　　　　　其千八百石粟,　　☑

·凡入穀二千二百五十石。

　　　　　　　四百五十石糜。　　☑　73EJT24:370

……旦夕☑　　　　　　　　　　　　73EJT24:371A

……☑　　　　　　　　　　　　　　73EJT24:371B

東部候長牟放[6]漢[7]　　　☑　　　73EJT24:372

☑稟鄣卒安敝七月食[8]。　　卩　　73EJT24:373

【校釋】

[1]此簡原釋文作“仁☐”,從姚磊(《合校》2021P314)改釋。姚磊指出此簡倒置,未釋字釋作“上”,不從。“席”字原簡字形僅存下部,也存在疑問。

[2]此簡由姚磊綴合,見姚磊(2021P126)。

[3]倩:原未釋,原簡此字右殘,但可見所從“亻”及“青”的部分筆畫,可結合存見墨跡與同簡出現的人名用字確定補釋。

[4]此簡由姚磊(2021P127)綴合,綴合後補釋 A 面第一行“今君倩言”的“君”“言”二字,復原第二行“徐”字。今從補。

[5]甚=恨=毋=已=:原未釋,今補。

[6]放:原釋作“枚”,從姚磊(《合校》2021P314)改釋。

[7]漢:原簡字形與“葆”十分接近,不排除是“葆”的可能。

[8]此簡原釋文作“☐鄣卒☐☐☐☐”,從何茂活(2018.4)改釋。

　　　　　　　　　　　　　　輜車二☑

☑里公乘孫宣,年七十。　　葆鰈得當富里公乘任賞,年卅,

　　　　　　　　　　　　　用馬三☑

　　　　　　　　　　　73EJT24:374

☑☐☐☐☐有它　　　　　　　73EJT24:375

☑　　　送將軍肩☑　　　　　　　　　　73EJT24:376A

☑大大大大大大大　　　　☑　　　　　73EJT24:376B

☑□故爲善白致出之,叩=頭=(叩頭叩頭)。願□☑　73EJT24:377

元始五年閏月☑ᵢ賣肉,它如□☑ᵢᵢ　　　　73EJT24:378

☑朔丁酉,東部守候長□[1]☑　　　　　73EJT24:379

革鞉鞏二。　☑　　　　　　　　　　73EJT24:380

閏月壬子　　　□☑ᵢ莊長公☑ᵢᵢ　　　73EJT24:381

☑……自言爲家私使居延。謹案:户籍臧鄉者,隆□

☑縣索關,出入毋苛留,敢言之。　73EJT24:382A+402A[2]

☑　　六月己未以來,至今不　　　73EJT24:382B+402BB

☑□市□☑　　　　　　　　　　　　73EJT24:383

二月丙辰,鰥得丞建寫移☑ᵢ……☑ᵢᵢ　　73EJT24:384A

……[3]　　☑ᵢ三[4]月乙丑,虞功房以來。　☑ᵢᵢ　73EJT24:384B

☑即裝[5]南副里大夫趙宗言☑　　　　73EJT24:385

【校釋】

[1]此未釋字原釋文無,今據原圖版補。

[2]此簡由伊強(2016P115–129)綴合,並對釋文略有調整,其中 B 面
"來"原釋作"未",從綴合者改釋。

[3]此行姚磊釋作"□□□印"。

[4]三:原釋作"二",從周黻濤、張顯成(2018P85–93)改釋。

[5]即裝:原釋作"□長",今審原圖版,可見"裝"字上所從"非""衣"
右半清晰,其上字所從"卩"亦可辨別。即裝,T21:438 寫作"抑悲",此處與
傳世文獻同。據傳世文獻記載,"即裝"是魏郡屬縣。

☑　　　正月丁未南入。　　　　　　73EJT24:386

☑……付□□亭長□　　　☑　　　　73EJT24:387

☑□六升　　　　　　　　　　　　73EJT24:388

毋尊布三匹=(匹,匹)四百☑

出錢千八百。

黃縑一匹,直(值)六百[1]☑　　　　　　　73EJT24:389

屋蘭[大昌]里趙勤[2],年五十歲,□　乘方箱車,馬一匹☑　73EJT24:390

☑　□士吏□☑　　　　　　　　　　　　73EJT24:391

戍卒東郡茌[3]平邑□☑　　　　　　　　　73EJT24:392

■右第二車九☑　　　　　　　　　　　73EJT24:393

五藉□□☑　　　　　　　　　　　　73EJT24:394A

……☑　　　　　　　　　　　　　　73EJT24:394B

胡君經☑　　　　　　　　　　　　　73EJT24:395

☑……☑ⅰ☑玄宜以時得如□言可行☑ⅱ　　73EJT24:396

謂候長禹等[4],府移大守☑　　　　　　　73EJT24:397

☑甲子,肩水候☑　　　　　　　　　　73EJT24:398

入賦泉(錢)六百。　　受望泉隧長田並□☑　73EJT24:399[5]

☑　八月辛卯嗇夫常[6]受次仲錢。　　　73EJT24:400

☑擊殺護其☑　　　　　　　　　　　73EJT24:401

(此簡已與 T24:382 簡綴合)　　　　　　73EJT24:402

☑　　弓一,矢五[7]☑　　　　　　　　73EJT24:403

(此簡已與 T24:436 簡綴合)　　　　　　73EJT24:404

河南雒陽直里公乘馬害,年廿八。　　　☑　73EJT24:405

☑□十八,長七尺二寸,黑色。軺車一乘,馬二匹☑　73EJT24:406

☑張掖居廷〈延〉[8]界中。案:毋官獄徵事,☑

☑……☑　　　　　　　　　　　　　73EJT24:407

【校釋】

[1]六百:原未釋,從曹方向(《合校》2021P315)補釋。

[2]大昌里趙勤:大昌,原未釋,"勤"原釋作"勳"。此處幾字原簡字跡不清晰,T37:129 中有"屋蘭大昌里趙勤",兩者對比,推知兩處內容相同,今據 T37:129 改釋。

　　[3]茬:原釋作"茌",從林獻忠(2016.5)改釋。按:C:425 有"東郡茬平東樂里"。

　　[4]等:原釋作"告",從張俊民(《合校》2021P316)改釋。

　　[5]胡永鵬(2017P575)將此簡歸爲新莽時期。

　　[6]常:原釋作"當",從馬智全(2017P254-263)改釋。

　　[7]五:原未釋,從沈思聰(2018P335)補釋。

　　[8]廷:原釋作"延",此字原簡圖作🔲,當爲"延"訛寫作"廷"。

☑元始☐[1]年七月壬午☐☑　　　　　　　　　　　73EJT24:408

☑　　　七月丁未日食時卒壽王受莫當卒☑　　　73EJT24:409

☑移過所,如律令。/掾☑　　　　　　　　　　　73EJT24:410

　　　　　　子男累山里焦詡,年廿六,

☑☐守令史焦賢,　　　　　　　　　正月廿一日北出。

　　　　　軺車一乘,馬二匹,　　73EJT24:411+150[2]

☑　馬一匹,驪牡,齒六歲,高五尺九寸。

☑　馬一匹,騮牝[3],齒七歲,高六尺。　　　73EJT24:412

☑移肩水金關卅井　　　　　　　　　　　73EJT24:413

☑☐,直(值)八萬三千三百。　　　　同里閭嚴任,

☑☐☐☐☐☐☐☐　　　　　　　同里毋丘孫任。　73EJT24:414

出糜三石付誠北萃(卒)[4]擊,以食☑　　73EJT24:415

　　【校釋】

　　[1]元始☐:原釋文作兩個未釋字,從胡永鵬(2015.3)補釋。另外,胡永鵬懷疑其中的未釋字是"二",不從。

　　[2]此簡由姚磊(2021P128)綴合。簡中兩"焦"字,何茂活(2017P214-226)均釋作"侯",不從。

　　[3]牝:原釋作"牡",從胡永鵬(2014P235-246)改釋。

　　[4]萃:原釋作"華",從伊強(2015.1.19)改釋。按:萃,讀爲"卒"。其後的"擊"爲人名,亦見於 T24:187+173。

☑詣居延都尉。Ⅰⅰ☑□詔書,四月戊戌丁未起,二四月己酉丁未
起,Ⅰⅱ☑封,受候史楊卿,蒲繩解兑。Ⅰⅲ五月己未日食時受,Ⅱⅰ
成[1]四分時付莫當卒同,復[2]行Ⅱⅱ　　　　　73EJT24:416A

☑他[3]

☑□　　　　　　美[4]

☑屋蘭尉,一顯美[5]尉,皆詣廣地,封皆破[6]。

☑橐他　　　　　　　　　　　　　　　73EJT24:416B

☑二,叩=(叩叩)頭[7]。辱賜記告邑事,甚厚,欲詣門下,迫不

　　　　　　　　　　　　　　　73EJT24:417A

☑□幸毋憂也。今軍車牛行糧不在比車患ⅰ☑……ⅱ　73EJT24:417B

【校釋】

[1]成:原釋作“同”,此字原簡作**鳳**,原釋字與字形嚴重不合,此字形
與“成”草書最近,今改。

[2]復:原未釋,張俊民釋作“傳”,今擬補釋。

[3]此行原釋文無,從姚磊(《合校》2021P318)補釋。

[4]此字原釋文無,從姚磊(《合校》2021P318)補釋。姚磊指出此字爲
刻畫,非毛筆書寫。

[5]顯美:屬張掖郡,治在今甘肅永昌縣城東的四十里鋪。

[6]封皆破:《集成》(八 P130):指封緘郵書封泥印章殘破。

[7]原簡圖“叩”右下角可見重文號,原釋文未釋。“頭”後原簡圖無重
文號,原抄寫者誤脱。

☑里[1]上造趙嘉,年卌九送客☑　☑　　　　73EJT24:418

☑□范卿御吏應　　　　　　　　　　73EJT24:419

☑三,長七尺三寸,黑色。☑　　　　　　73EJT24:420

☑當死,叩頭,死罪。☑　　　　　　　　73EJT24:421

……☑　　　　　　　　　　　　　　73EJT24:422

出賦錢六百　☑　　　　　　　　　　73EJT24:423

☑尺二寸,黑色,大車一兩,牛一。　　　☑　　　　73EJT24:424

☑各一,大杯二,于(盂)一[2]☑　　　　73EJT24:425

☑元始五年☑　　　　73EJT24:426

☑□當爲傳,謁移過所縣、邑、侯國,以律☑　　　73EJT24:427A

☑……☑　　　　73EJT24:427B

☑嚴_弟審□☑　　　　73EJT24:428

☑出糜七石,以食亭卒五人十月壬寅盡[3]□☑　　　73EJT24:429

(此簡已與 T24:146 簡綴合)　　　　73EJT24:430

☑□葆俱之長安迎ⅰ☑□謁移過所縣道ⅱ　　　73EJT24:431

☑以食卻適隊卒尚,乃始[4]正月七日勮食[5]。☑　　　73EJT24:432

【校釋】

[1]里:原未釋,從沈思聰(2018P336)補釋。

[2]于一:原未釋,從何茂活(2018.4)補釋。"于"通"盂",食器。

[3]盡:原未釋,姚磊(《合校》2021P318)疑是"盡"。按:此字原簡字形與同探方 T24:346 簡中"盡"幾近相同,甚至可能是一個書手,金關簡這類草書寫法還見於肩貳 T24:7、肩壹 T6:60,都可作參考。盡,表示至、到的意思。對比同類内容可知,此簡後文還有干支和所積累的總共日數。

[4]始:原釋作"使",張俊民(《合校》2021P319)改釋。按:此字原簡字形作（图）,與"使"差距大,原釋不可從。此字右從"台"較易辨識,改釋可從。

[5]勮食:王錦城(2019P1397):漢簡常見"勮作",或指繁重的勞作,則勮食爲繁重勞作時的食糧。

士吏□☑　　　　73EJT24:433

甲寅迹毋越塞出入迹。　　☑　　　　73EJT24:434

☑豪他界中☑　　　　73EJT24:435

☑□隧戍卒淮陽國☑　　　　73EJT24:436+404[1]

□□□庚子,肩水守塞　　☑　　　　73EJT24:437

☑還☑☑　　　　　　　　　　　　　　　　　73EJT24:438

元始六年五月☑　　　　　　　　　　　　　　73EJT24:439

左後□……☑　　　　　　　　　　　　　　　73EJT24:440

食[2]稽洛[3]三☑　　　　　　　　　　　　　73EJT24:441

☑□有秩□☑　　　　　　　　　　　　　　　73EJT24:442A

☑斗今旦□☑　　　　　　　　　　　　　　　73EJT24:442B

☑叩頭死罪。　　　　　　　　　　　　　　　73EJT24:443

☑□□□□牝[4]，齒六歲，高五☑　　　　　　73EJT24:444

☑……張君□取　　　　☑　　　　　　　　　73EJT24:445A

☑□□□　☑ⅰ☑□□□□□□　☑ⅱ　　　73EJT24:445B

妻至，年五十。　　☑　　　　　　　　　　　73EJT24:446

☑□亭　　　☑　　　　　　　　　　　　　　73EJT24:447

☑起居得毋他，伏詣前，會□□　　　　　　　73EJT24:448A

☑……　　　　　　　　　　　　　　　　　　73EJT24:448B

☑三人還　　　　　　　　　　　　　　　　　73EJT24:449A

☑……　　　　　　　　　　　　　　　　　　73EJT24:449B

千秋敢言之：步利里女子王嬰，自言夫輔爲居延都尉庫令史，願以令
取傳。謹ⅰ　　　　　　　　73EJT24:450+464[5]

☑……以知□□[6]☑　　　　　　　　　　　73EJT24:451

……☑　　　　　　　　　　　　　　　　　　73EJT24:452

☑……☑　　　　　　　　　　　　　　　　　73EJT24:453

☑……☑　　　　　　　　　　　　　　　　　73EJT24:454

【校釋】

[1]此簡由姚磊綴合，詳見姚磊(2021P129)。

[2]食：原未釋，從沈思聰(2018P336)補釋。

[3]稽洛：又作“稽落”、“積落”。

[4]牝：原未釋，原字左部從“牛”較清楚，右部墨跡較淡，仔細辨識可
知是“牝”。

　[5]此簡由伊強綴合,詳見伊強(2014.12.31)。

　[6]未釋兩字張俊民(《合校》2021P319)釋作"而所"。

中叔^[1]御者足下,善毋恙。□□□□^[2]□□☑

□日所^[3]幸爲履^[4]書,元^[5]毋校☑　　　　　　73EJT24:455

☑出麥六斗以……　　　　　　　　　　　　　　73EJT24:456

☑出麥三石……☑　　　　　　　　　　　　　　73EJT24:457

☑　　　金關　　　☑　　　　　　　　　　　　73EJT24:458

……☑　　　　　　　　　　　　　　　　　　　73EJT24:459

☑三百□□三千☑ᵢ☑三百升九千三☑ᵢᵢ　　　73EJT24:460

☑……　　　　　　　　　　　　　　　　　　　73EJT24:461A

☑……　　　　　　　　　　　　　　　　　　　73EJT24:461B

☑……☑　　　　　　　　　　　　　　　　　　73EJT24:462A

☑……☑　　　　　　　　　　　　　　　　　　73EJT24:462B

☑十二月吏☑　　　　　　　　　　　　　　　　73EJT24:463A

☑十二月□□^[6]☑　　　　　　　　　　　　73EJT24:463B

(此簡已與T24:450簡綴合)　　　　　　　　　73EJT24:464

☑行事,丞□移會水肩水ᵢ☑……ᵢᵢ　　　　　73EJT24:465A

☑　　□□□□^[7]　　　　　　　　　　　73EJT24:465B

　【校釋】

　[1]叔:原未釋,周艷濤、張顯成(2018P85-93)釋作"君",今據原簡圖補。

　[2]此未釋四字張俊民(《合校》2021P319)釋作"曩時□中"。

　[3]□日所:未釋字張俊民(《合校》2021P319)釋作"月"。按:未釋字疑是"耑"。所,原釋作"不",從張俊民改釋。

　[4]履:原簡字形怪異,疑釋字有誤。或爲"慶"之草書簡省。

　[5]書元:原釋作"者光",從張俊民(《合校》2021P319)改釋。

　[6]此行釋文原釋作"……",今據原圖版改。

[7]此未釋字沈思聰(2018P336)釋作"印"。

☑……私☑	73EJT24:466
☑□前出　　出　　☑	73EJT24:467
爲爲　爲爲爲☑(習字)	73EJT24:468
……☑	73EJT24:469
☑□毋狀□☑	73EJT24:470A
☑前屬☑	73EJT24:470B
☑□ⅰ☑□□□□□[1]ⅱ	73EJT24:471
……☑	73EJT24:472A
……☑	73EJT24:472B
☑□毋忽□[2]　☑(削衣)	73EJT24:473
……毋☑	73EJT24:474
必□□☑	73EJT24:475
☑……年廿八　□[3]☑	73EJT24:476
皆……☑	73EJT24:477
☑……☑	73EJT24:478A
☑……☑	73EJT24:478B
☑……給食……凡四人往來積□[4]☑	73EJT24:479
☑□□□□☑	73EJT24:480
☑□籍如律☑	73EJT24:481
(此簡已與 T24:156 簡綴合)	73EJT24:482
☑□狀叩頭,謹☑	73EJT24:483
☑□□言府下□□上一歲中諸出ⅰ☑……ⅱ	73EJT24:484
蒼頡□□☑	73EJT24:485
☑頭死罪,敢言之。☑	73EJT24:486A+577[5]
☑□坐□☑	73EJT24:486B

【校釋】

[1]此簡原釋文作“……”,姚磊(《合校》2021P320)補釋“之”、“掾”、“置”,皆不可從。今據原簡重新整理。

[2]原釋文脱漏末尾未釋字,今據原圖版補。

[3]此未釋字原釋文無,今據原圖版補。

[4]此簡“凡”之前釋文原作“……”,姚磊(《合校》2021P320)改釋作“□月丁未給食□□□□□從者……”。今審原圖版,僅“給食”可從。“積□”原作一個未釋字,姚磊據張俊民意見改釋,今從改。

[5]此簡由林宏明綴合,見林宏明(2016.12.21)。

☑爲家私市居延	73EJT24:487
☑□□　□□	73EJT24:488
☑盡三年二月叚(假)^[1]器物□	73EJT24:489
☑□長七尺二寸,☑	73EJT24:490
☑受沙頭☑	73EJT24:491
☑□二寸,黑色。☑	73EJT24:492
☑□月^[2]甲寅朔壬戌,□☑	73EJT24:493
出麥二石。丿☑	73EJT24:494
河南郡雒陽富□里□☑	73EJT24:495
☑長……^[3]三月食。☑	73EJT24:496
(此簡已與73EJT24:305綴合)	73EJT24:497
(此簡已與73EJT24:305綴合)	73EJT24:498
□□□公乘□□☑^[4]ⅰ……☑ⅱ	73EJT24:499A
章曰:温之^[5]☑	73EJT24:499B
☑□三百四。丿☑	73EJT24:500

【校釋】

[1]叚:原徑作“假”,原圖版作，不從“亻”,今改。此“叚”用作“借”義,“叚器物”即借器物。

[2]□月:原釋文作"□",張俊民(《合校》2021P320)釋作"二月"。今審原圖,上端殘缺不能確定"二"或"三",不釋。

[3]長……:原釋作"□",從姚磊(《合校》2021P320)補釋。

[4]此行原釋作"……",從何茂活(2018.4)修訂作"□□□公乘□□"。姚磊(《合校》2021P321)將"公乘"之前字釋作"爵"。

[5]之:原未釋,從姚磊(《合校》2021P321)補釋。姚磊已指出此處應該是"温之丞印"殘存。

國家社科基金
GUOJIA SHEKE JIJIN HOUQI ZIZHU XIANGMU
後期資助項目

肩水金關漢簡校釋

中

李洪財　著

中華書局
ZHONGHUA BOOK COMPANY

《肩水金關漢簡(叁)》校釋

肩水金關 T24:501–1006

妻大女昭,年☑

☑☑

弟齊,年廿☑　　　　　　　　　　　　73EJT24:501

(此簡已與 T24:220 簡綴合)　　　　　73EJT24:502

居延都尉從史☑☑　　　　　　　　　　73EJT24:503

☑☑☑四月☑☑行　　　　　　　　　　73EJT24:504

肩水金關☑　　　　　　　　　　　　　73EJT24:505

☑☑元始元年三月☑　　　　　　　　　73EJT24:506

布帛錢,子孫咸☑　　　　　　　　　73EJT24:507A

記巾　　☑　　　　　　　　　　　　73EJT24:507B

☑辛卯	丁酉	甲辰	庚☑
☑壬辰	戊戌	乙巳	辛亥☑
☑☑巳	己亥	丙午	壬子☑
☑	庚子	丁未建	癸☑
☑	☑☑	☑☑	

73EJT24:508A

☑	庚子	丙午建　☑	
☑	辛丑	☑	
☑	壬寅	☑	73EJT24:508B[1]

（此簡已與 T24:367 簡綴合）　　　　　73EJT24:509

☑肩水城倉出入☑　　　　　　　　　73EJT24:510

☑候官　　☑　　　　　　　　　　73EJT24:511

☑再拜請☑ᵢ☑……　　☑ᵢᵢ　　　73EJT24:512A

☑　　張威卿幸得□☑　　　　　　73EJT24:512B

☑君公叩☑ᵢ☑□上□□□ᵢᵢ　　　73EJT24:513A

☑□厚恩叩□□ᵢ☑□賜記□☑ᵢᵢ　73EJT24:513B

☑月己丑朔庚寅,肩水倉☑　　　　73EJT24:514

鱳得富安里公乘召忠,年五十八,長七尺☑　73EJT24:515

☑□壬午,廣地守尉譚[2]順移肩水金關名　73EJT24:516A

☑□言　　　　　　　　　　　　73EJT24:516B

☑亡命□□就遝□□獄,遣守尉萬年　73EJT24:517A

☑☑☑☑☑　　　　　　　　　　73EJT24:517B

出錢千二百　　☑☑☑☑☑　　　73EJT24:518

☑□　十一月己未南入。　　　　73EJT24:519

乘氏[3]清東里程凡[4],年廿六,　　長七尺二寸,☑　73EJT24:520

☑章當欲裘徙,恐吏不聽,辛丑去署亡,褒□　73EJT24:521

昭武萬□[5]里張光,年卅五,☑　　73EJT24:522

水門隧長當乘、始安邑夷[6]胡隧☑　73EJT24:523[7]

【校釋】

　　[1]程少軒(2015P129–143)認爲此簡兩面字跡不同,當非同人書寫。A 面簡文中有“丁未建”,説明該月是顓頊曆、太初曆之六月或新莽曆之七月。B 面存有當月最末一日“丙午建”,據此可知該月建午,是顓頊曆、太初曆之五月或新莽曆法之六月,且下一月朔丁未。查《三千五百年曆日天象》,符合條件者只有西漢成帝鴻嘉二年(前 19)。A 面月曆的時代應該距

離鴻嘉二年不遠,以元延二年(前 11)或三年(前 10)的可能性最大。胡永鵬(2017P463-464)定此簡屬鴻嘉二年。

[2]譚:原未釋,從何茂活(2016P373-381)補釋。

[3]氏:原釋作"田",從黃浩波(2017P113-165)改釋。

[4]凡:原簡作𪔂,原釋作"亘",從何茂活(2016P373-381)改釋。該字在簡中用作人名。

[5]此未釋字黃浩波(2014.7.22)疑爲"歲"字。此字原簡墨跡很少,不能確定釋字。

[6]夷:原簡圖作𢎜,與"弟"訛混。

[7]此簡姚磊(2021P130)與 T24:521 綴合,但綴合處茬口並不完全吻合,似還有殘缺内容,按照文義還應該缺"長"、"卒"一類表示身份的字。

☑令史☑☑[1],年卅五,　☑　　　　　　　　　　73EJT24:524

☑……☑ᵢ☑吏所葆名、縣、爵、里、年、姓如牒,書到☑ᵢᵢ

　　　　　　　　　　　　　　　　　　　73EJT24:525[2]

☑　子酉午卯子酉午卯子酉☑　　　　73EJT24:526[3]

☑☐酉十日食一牒,書實[4],敢言之。　　73EJT24:527

☑　凡一石七斗四升,以食亭吏一人,九月癸酉☑　73EJT24:528

(此簡已與 T24:56 簡綴合)　　　　　　　73EJT24:529

肩水候官　　　☑　　　　　　　　　　73EJT24:530

候長周☐　　☑　　　　　　　　　　73EJT24:531

地節二年十月庚寅朔庚子,榮昌鄉佐弘敢言之:脩正里公乘☑

年、爵如書,毋官獄事,當得取偋檢[5],謁移過所縣、邑、津☑

敢言之。十月庚子,平陵令湯、守丞調衆,移所[6]縣、邑,如律☑

　　　　　　　　　　　　　　　　　　　73EJT24:532A

章曰:平陵令印。　　☑　　　　　73EJT24:532B

【校釋】

[1]此處兩個未釋字沈思聰(2018P338)釋作"臧宣",不從。

［2］從紅外圖版來看,此簡正面中間有一條脊綫,左右各有一面。

［3］此簡程少軒(2015P129-143)認爲是神煞“大時”的殘簡。

［4］實:原釋作“寶”,從王錦城(2020.1)改釋。

［5］偃檢:檢,原簡作𥯑,字形較特殊,構形有省簡。偃檢,王子今(2005
P102-107)認爲檢可能是查核驗證之後的證明文書。肖從禮(2012P289-
294)認爲是專門用於客田之類所用傳上的附件。張鵬飛(2019P58)認爲
偃檢是專門用來遮蓋或隱藏文書内容作用的赤紅色檢。偃檢由官方掌控,
故而平民需要使用時自然要向政府提交申請,政府認定可以向其發放“偃
檢”的,便會在發放的同時在文書當中標注出“當得取偃檢”的字樣。

［6］依照文義,“所”後應脱漏“過”。

☑□苣火[1]所起何所? 苣火也,使傳行

☑持奉賦[2]籍來,何難也。使驛(驛)[3]北卒　　　　　73EJT24:533A

☑□急之。　　　　　　　　　　　　　　　　　　　73EJT24:533B

(此簡已與 T24:945 簡綴合)　　　　　　　　　　　73EJT24:534

☑申朔辛巳,茂陵令　　　[4]、獄丞福□□□□鄉□☑　73EJT24:535

□□都尉張功子記充史三人□□衣□☑　　　　　　　　73EJT24:536

□□幸時使吏存問□□□□　☑　　　　　　　　　　73EJT24:536

凡取一石豆。　☑　　　　　　　　　　　　　　　　73EJT24:537

☑始四年,計乘所占畜馬一匹,軺車一乘。　　　　　73EJT24:538

☑驛小史傅,　麥一石八斗。候稟部　麥一石七斗四升。候稟☑

　　　　　　　　　　　　　　　　　　　　　　　　73EJT24:539

☑　入□一,直(值)八百。　　入□　☑

☑　入□一,直(值)千五百。　　入□　☑　　　　　73EJT24:540

田卒梁(梁)[5]國睢陽館里彭廣,年廿七。　　庸樂□☑　73EJT24:541

戍卒鉅鹿郡南巒武安里成平　　　☑　　　　　　　　73EJT24:542

戍卒東郡畔[6]大曲里單地餘,　有方一☑　　　　　　73EJT24:543

☑　庸睢陵里張定,年廿四。　☑　　　　　　　　　73EJT24:544

賤更^[7]充國伏地☑   73EJT24:545A

元年八月☑   73EJT24:545B

☑□月辛巳入， 六月丁丑出。   73EJT24:546

望遠卒史異衆，   有方一，   ☑   73EJT24:547

☑隧卒張馴，   ☑   73EJT24:548

樂哉隧^[8]卒索充，   ☑   73EJT24:549

【校釋】

[1]苣火：《集成》(九 P16)：用草稈札成的火炬，即火把。爲夜間燃放的烽火信號。李均明(2009P227)：苣是用蘆葦、芨芨草等札製的草把，用以燃火，即簡文所謂"苣火"。苣之長度大小不一。

[2]奉賦：李天虹(2003P29)：指用賦錢支付吏俸。漢代的賦稅主要有算賦、口賦和更賦，其中算賦用於軍事開支……推測支付邊塞吏俸的賦錢主要是算賦。

[3]驛：此字原整理者皆作"驛"，今據原簡字形改。

[4]此處原簡空白，留待書寫茂陵令人名。

[5]粱：原徑作"梁"，今據原圖版改。

[6]畔：畔縣，T99:116 又見畔邑。

[7]賤更：卑微的役卒。自謙之詞。

[8]樂哉隧：隧名，甲渠候官與廣地候官皆有樂哉隧。

(此簡已編聯至 T24:258 之後)   73EJT24:550

☑兩， 卩   大刀一，劍一，楯(盾)^[1]一。   73EJT24:551

☑ 軺車一乘，馬一匹。   ☑   73EJT24:552

☑□□，年卅五，長七尺二寸，黃色。   ☑   73EJT24:553

觻得騎士長壽里冀兵。   ☑   73EJT24:554

☑充宗證，謁報府，敢言之。   73EJT24:555

☑陵孔街里史傀， 大車一兩，□☑   73EJT24:556

迺甲申直隧長觻得萬金里邭種已，廣野隧長屋□☑   73EJT24:557

☑主[2]倉長司馬君家☐☐非食不見略　　　　　73EJT24:558

☑李虎等卅六人,皆　　☑　　　　　　　　　　73EJT24:559

☐☐☐出[3]力牛六　　　☑　　　　　　　　　　73EJT24:560

☑三石承弩一。　　　　　　　　　　　　　　73EJT24:561

☑國☐☐☐☐[4]之☐毋財　　　　　　　　　　　73EJT24:562

☑☐鄉佐勝敢告尉史:常平里不更陶[5]隻,年卅歲,正奉[6]占,自言
☑謹案:隻毋官徵事,當得傳,可[7]謁言廷,移過所縣、邑、津、關

　　　　　　　　　　　　　　　　　　　　　73EJT24:563A

☑☐　　　　　　　　　　　　　　　　　　　73EJT24:563B

☑已成未成簿一編,敢言[8]☑　　　　　　　　73EJT24:564

☑寄,　有方一,　　三石承弩一,　　　　　73EJT24:565

【校釋】

〔1〕楯:T25:117、T30:199 等簡與“劍”組合者皆作“盾”,故這裏的“楯”應讀作“盾”。

〔2〕主:此字原簡作█,細審上部,知其並非一橫,當是左右點畫粘連,或可改釋爲“坐”。坐,此指因某某事獲罪。

〔3〕☐☐出:姚磊(《合校》2021P324)釋作“☐騎士”。

〔4〕未釋四字疑爲“郡信非國”。

〔5〕陶:原簡作█,原釋作“陽”,非是,今據字形改。此簡用作姓氏。

〔6〕正奉:正,里正。奉,里正之名。

〔7〕可:原未釋,今據原簡殘存墨跡補。

〔8〕言:原未釋,今據辭例與原簡殘存墨跡補。

地節四年八月十日,長安平都里李子宣,買[1]冀[2]陰利里長廣君大婢,財賈錢万二千。錢畢已。節有固疾不當賣而賣,逐賈錢[3]

　　　　　　　　　　　　　　　73EJT24:566A+275A[4]

知賣家中見在者[5],處☐☐知[6]券約沽酒旁二斗[7]　73EJT24:566B+275B

【校釋】

[1]買：原未釋,姚磊(2020.10.28)綴合後補釋,從補。按:此字下部漏寫兩筆。

[2]冀：天水郡屬縣。

[3]丁義娟(2019P228)：此簡是漢代奴婢買賣契約。契約中約定了瑕疵擔保責任,即賣方確保該大婢無固疾,否則賣方需退還價款。固疾,指短期較難治愈的疾病。暫時性的疾病不屬於解除合同的條件。

[4]此簡由姚磊(2020.10.28)綴合。姚文指出此簡是關於奴婢買賣的文書,記載此奴婢"有固疾不當賣而賣",爲研究漢代奴婢問題增添了新史料。姚文還説到:"鑒於奴婢買賣引起的糾紛較多,官府可能把一些經典案例向地方進行了下達,作爲地方官員處理相近案例時的參考,可歸屬爲'律令册'一類。由於是範本案例,又是統一下達,故簡牘形制較爲特殊,這也解釋了爲何新綴簡的長度較長達35.1cm(約漢代的一尺五寸),或是其所記内容較爲重要的緣故。"王錦城(2019P1910)指出此簡 A 面左側有一刻齒。

[5]知責家中見在者：《集成》(七 P170)：如果負債當事人死亡,其債務由其家中現有人員承擔。

[6]知：原未釋,姚磊(2020.10.28)綴合復原後補釋,從補。

[7]沽酒旁二斗：王錦城(2019P1912)：即買酒二斗給見證人作酬勞。按:李均明(2009P438)曾指出債券所見有任者和旁人,任者是擔保人、保證人,而旁人僅僅是見證人。此簡中的"旁"應該指的是見證人。

☒☒候事,敢言之。謁尉　　　　　　　　　73EJT24：567

☒☒徐以既知而☒☒　　　　　　　　　　73EJT24：568

☒買素一匹[1],直(值)三百☒☒　　　　　73EJT24：569A

☒☒☒☒☒　　☒　　　　　　　　　　73EJT24：569B

☒月丙戌朔戊戌,東鄉佐赦敢告尉史：温城歐里張調,自言取傳以令☒☒ⅰ☒獄徵事,當爲傳,移過所縣邑、侯國,以律令從事,☒☒☒ⅱ

　　　　　　　　　　　　　73EJT24：570+571[2]

（此簡已與 T24:570 簡綴合）　　　　　　　　　73EJT24:571

☑☑百,　蔥[3]子、韭子各☑　　　　　　　　73EJT24:572

肩水候官　　☑　　　　　　　　　　　　　　73EJT24:573

元始二年十月己酉朔丁卯,居☑

遣佐楊戎……當舍☑☑　　　　　　　　　　73EJT24:574

肩水金關　　☑　　　　　　　　　　　　　　73EJT24:575

☑屯[4]護民田官居延都尉嘉,甲渠☑☑☑

☑　　　　　　　　　　☑錢☑☑（削衣）　73EJT24:576

（此簡已與 T24:486 簡綴合）　　　　　　　　　73EJT24:577

戍卒趙國易陽長富別[5]里公乘董故,年廿☑　　73EJT24:578

☑長安利成里韓☑☑　　　　　　　　　　　73EJT24:579

☑……自言爲家私市張掖,正睪占[6],案毋官獄事,　73EJT24:580

☑充、令史尊、佐奉。　　　　　　　　　　　73EJT24:581

☑☑☑　　☑　　　　　　　　　　　　　　73EJT24:582

　　　　【校釋】

　　[1]買素一匹:原釋作“☑☑三”。買,原簡圖上部殘缺,但下部所從“貝”十分清楚,暫擬作“買”。素,原未釋,原簡圖尚能見三横與“糸”。《説文·素部》:“素,白致繒也。”素就是白色的生帛。匹,原釋作“三”,此字原簡雖然缺筆畫,但可確定不是“三”。尤其是兩横中間的筆畫是點畫而不是横畫,如果左部所缺的是豎畫,這就是“匹”的草書,這類寫法見於肩壹 T10:380、肩叁 T32:10、肩肆 T37:836A 等簡中。“匹”在這裏用作“素”的量詞。通過改釋後可知簡文記録的是買素一匹,價值是三百多。

　　[2]此簡由伊強(2015.1.19)綴合。伊強補釋第二行簡首原未釋兩字作“獄徵”,從補。

　　[3]蔥:原釋作“葱”,今據原圖版改。

　　[4]屯:原未釋,原簡僅見一下拉筆畫,結合“將屯護民田官”文例補釋。參 T24:269A+264A 下注。

　　[5]別:原未釋,此字正處斷裂處,左部結構不十分明確,但右部從

“刀”可確定,今擬釋。

[6]正奉占:原未釋。占,從張俊民(2015.1.19)補釋。金關簡 T24：
563A 中有“正奉占”,據此補“正奉”。

☑言齤一[1]爲家私市,當☑ i ☑……[2] ☑ ii　　　　73EJT24：583

☑四月乙丑東中時,卒☑　　　　　　　　73EJT24：584A

☑□付府☑ i ☑……☑ ii　　　　　　　　73EJT24：584B

☑□隧卒歐吉三月□☑　　　　　　　　　73EJT24：585

☑今爲右大尉[3]肩水候官☑(削衣)　　　73EJT24：586[4]

元始五年四月乙未朔☑ i □　　　　☑ ii(削衣)　　73EJT24：587

☑一月　子　丑　寅　卯　辰　巳　午　未☑　73EJT24：588[5]

【校釋】

[1]齤一:人名。王錦城(2019P523)認爲“一”是右行文字延伸的筆
畫。按:此簡右側無殘斷痕跡。

[2]此行原釋文無,今據原圖版補。

[3]王莽時稱“都尉”爲“大尉”。

[4]胡永鵬(2017P575)將此簡歸爲新莽時期。

[5]此簡程少軒(2015P129-143)認爲是建除表十一月部分。

☑　二月癸丑入。☑　　　　　　　　　73EJT24：589

☑□長李樂十二月食。　☑　　　　　　73EJT24：590

齋者有毋十□☑　　　　　　　　　　　73EJT24：591

亭具椎[1]、連梃[2]各廿。斧十,柯[3]皆長六□☑　73EJT24：592

☑　稟驪喜隧長☑　　　　　　　　　　73EJT24：593

☑□四年八月□☑　　　　　　　　　　73EJT24：594

☑毋留　　　　　　　　　　　　　　　73EJT24：595

隧長毛[4]詡九☑　　　　　　　73EJT24：596+611[5]

(此簡已與 T24：599 簡綴合)　　　　　73EJT24：597

☑☑☑　☑　　　　　　　　　　　　　　　　　73EJT24:598

【校釋】

　[1]椎:《匯釋》(2008P247):槌、棰。

　[2]連梃:《集成》(五 P196-197):漢塞守禦器物,狀如打禾用的連枷。

　[3]柯:斧子的柄。

　[4]毛:原釋作"屯",從王錦城(2019P1403)改釋。

　[5]此簡由姚磊綴合,見姚磊(2021P131)。

☑☑[1]天覆地戴(載)[2]永=(永遠)無極天下,幸甚幸甚,臣豐奴☑

　　　　　　　　　　　　　　　　73EJT24:599+597[3]

【校釋】

　[1]此未釋字胡永鵬(2016P154-158)釋作"戊"。按:從殘存墨跡看,可能是"從"。

　[2]戴:原釋作"載",從馮勝君改釋(轉見胡永鵬2016P154-158)。此字正處綴合茬口處,綴合後作 ![字], 可知此字從"異"不從"車"。

　[3]此簡胡永鵬(2016P154-158)最先綴合,稍後姚磊(2021P426)亦綴合,並認爲是諸葛豐給漢元帝的上書殘篇。

(此簡已與 T24:606 簡綴合)　　　　　　　　73EJT24:600

☑☑石　☑　　　　　　　　　　　　　　　　73EJT24:601

☑☑未出☑　　　　　　　　　　　　　　　　73EJT24:602

☑律令☑　　　　　　　　　　　　　　　　　73EJT24:603

·凡出麥廿五石二斗☑　　　　　　　　　　　73EJT24:604

☑給禁姦隧長☑　　　　　　　　　　　　　　73EJT24:605

☑傳驛馬稟名籍☑　　　　　　　　　73EJT24:606+600[1]

☑☑　稟☑　　　　　　　　　　　　　　　　73EJT24:607

☑☑月癸……☑　　　　　　　　　　　　　　73EJT24:608

　　　　☑☑二☑

長棓[2]廿四。

　　　　　　□□一□　　　　　　　　　　73EJT24：609A

……□　　　　　　　　　　　　　　　　73EJT24：609B

□大守府一□　　　　　　　　　　　　　73EJT24：610

(此簡已與 T24：596 簡綴合)　　　　　　73EJT24：611

臨利卒王永□　□　　　　　　　　　　　73EJT24：612

□[3]二年　□　　　　　　　　　　　　　73EJT24：613

□校郵[4]書□□□　　　　　　　　　　　73EJT24：614

□前日不夬(決)[5]過失□　　　　　　　73EJT24：615

元始五年三月乙丑朔戊辰,肩水城尉□移肩水金關吏□□□

如牒,書到,出入如律令。　　　　□　　73EJT24：616A

肩水城尉印。　　～□　　　　　　　　　73EJT24：616B

□卯　辰　巳　午　未　申□　　　　　　73EJT24：617A

□　　大□[6]□　　　　　　　　　　　73EJT24：617B

□肩水□□□□　　　　　　　　　　　　73EJT24：618

□□二年□□　　　　　　　　　　　　　73EJT24：619A

等□　　　　　　　　　　　　　　　　　73EJT24：619B

□□黑色,　輜車一乘,馬一匹,三月七日出,即日入。　73EJT24：620

□　　粟七百石付橐□□ⅰ□□　　　□ⅱ　73EJT24：621

□丑朔乙卯,守令史□□ⅰ□謹案:名籍臧官□ⅱ　73EJT24：622A

□□南入。　　　　　　□　　　　　　　73EJT24：622B

□　　稟安竟隧長張誼十二月食。　　□　73EJT24：623

□□　　　□　　　　　　　　　　　　　73EJT24：624

居延出□□都尉□□死……□　　　　　　73EJT24：625

□□傅[7]□□　　　　　　　　　　　　73EJT24：626

(此簡已與 T24：634 簡綴合)　　　　　　73EJT24：627

范陽白:　　□□ⅰ　□□卿游□□□ⅱ　73EJT24：628

☑☑☑升，　　　蘇君長已取一石一斗　　☑

☑　　　　……　　　　　☑　　　　　　　73EJT24：629

☑致☑^[8]略倚十九☑餘未別致☑　　　　73EJT24：630

居延卅井令史☑☑……☑☑尺二寸　　☑　　73EJT24：631

☑　　六石　　☑　　　　　　　　　　73EJT24：632

☑富里趙譚，年卅☑ⅰ☑乘馬二匹　　　☑ⅱ　　73EJT24：633

【校釋】

［1］此簡由姚磊綴合，詳見姚磊（2021P132）。

［2］長棓：棓，"棒"之俗字。長棓即長棒。

［3］未釋字胡永鵬（2015.3）認爲是"甘"，後抄漏"露"字。漢簡中
"甘"、"曰"同形，未釋字也有可能是"曰"，如此，則簡文可能是陳述二年的
事情，未必是年號紀年内容。

［4］郵：原釋作"部"，從王錦城（2020.1）改釋。

［5］此字原未釋，王錦城（2019P525）釋作"夬"，通"決"，從補。

［6］未釋字程少軒（2015P129－143）疑爲"建"或"盡"，認爲此簡屬建
除簡。

［7］傅：原釋作"傳"，原簡字形作 𫝑，右上有反向横畫，爲"父"形之遺
留，今改釋。

［8］"致"前後未釋字原簡分別作 𫟃、𫝑，字形似不完整。

正月十二日Ⅰ ⅰ南書一封，居延都尉Ⅰ ⅱ詣肩水都尉府，正月癸未
起。Ⅱ正月己丑東中時良受，莫當卒Ⅲ ⅰ良八分時付沙頭卒益，有良
行Ⅲ ⅱ　　　　　　　　　　　73EJT24：634A＋627A^[1]

又一封橐他候印，詣府☑　　　　　　73EJT24：634B＋627B

明府^[2]哀憐全命^[3]☑　　　　　　　73EJT24：635

……^[4]☑ⅰ狄君稚五十☑ⅱ　　　　　73EJT24：636A

……☑　　　　　　　　　　　　　73EJT24：636B

☑☑河上候史王忠五月食。　　☑　　　73EJT24：637

三年☑　　　　　　　　　　　　　73EJT24:638

長卿中絲[5]□☑　　　　　　　　　73EJT24:639A

□中絲☑　　　　　　　　　　　　73EJT24:639B

【校釋】

[1]此簡由伊強綴合,見伊強(2016P115-129)。

[2]明府:明府君之略,對太守的尊稱。

[3]哀憐全命:王錦城(2019P527):是説憐憫保全性命。

[4]此行右殘,對照同簡“五十”與從所見殘存墨跡看,此行末尾似可補“五十”,前面應是人名。

[5]絲:簡中正背面共出現兩個“絲”,原皆未釋。正面的“絲”原簡圖作，此字左殘,右部所從“糸”清晰。背面的“絲”原簡圖作，右部的“糸”比較清楚,左部的“糸”也可大致辨出,只是墨跡較淡,不易辨別。兩者合觀即可確定是“絲”字。中絲,這裏用作人名。

平裸[1]方萬[2]尺耳[3]。於癸日[4]……☑　　　73EJT24:640

【校釋】

[1]《説文》無“裸”,疑此字爲“祼”之俗寫。

[2]萬:原未釋,此字原簡爲草書,缺失部分筆畫,疑爲“萬”。

[3]耳:原未釋,此字原簡字跡有部分缺失,疑爲“耳”。

[4]癸日:原釋作“……”。癸,原簡主要結構可見。日,原簡因爲有較多汙跡干擾,導致不易識別。於癸日,意思是在癸日這天。這是數術類文獻中常見的表述,推測此簡與數術有關。

☑□卅五☑　　　　　　　　　　73EJT24:641

☑界亭長記豐　☑　　　　　　　73EJT24:642

☑月食　☑　　　　　　　　　　73EJT24:643

☑幸=甚=(幸甚幸甚),　☑　　　73EJT24:644

☑□二封□[1]☑　　　　　　　　73EJT24:645

元始四年八月己亥朔甲寅,殄北□□☑

☑移過……□酒泉、張掖、武威郡　　☑　　　73EJT24:646+648+650[2]

☑□□□　　　牛車一兩,☑　　　　　　　73EJT24:647

(此簡已與 T24:646 簡綴合)　　　　　　73EJT24:648

☑里上造肥病去,年廿□☑　　　　　　　73EJT24:649

(此簡已與 T24:646 簡綴合)　　　　　　73EJT24:650

☑□馮明,自言從者[3]范陽以功☑　　　　73EJT24:651

☑□□□□☑　　　　　　　　　　　　　73EJT24:652

☑　　劍一,　　☑　　　　　　　　　　73EJT24:653

☑　　輜車一乘,馬☑　　　　　　　　　73EJT24:654

☑劍一,　　☑　　　　　　　　　　　　73EJT24:655

苟子上德者☑　　　　　　　　　　　　73EJT24:656

☑長生光☑　　　　　　　　　　　　　73EJT24:657

☑(此簡已與 T24:681 簡綴合)　　　　　73EJT24:658

☑長□=叩頭死=罪。☑ᵢ☑……☑ᵢᵢ　　73EJT24:659

☑龍起　　　　☑　　　　　　　　　　73EJT24:660

☑□毋害[4]　　　☑　　　　　　　　　73EJT24:661

☑以下朝致中所在□☑　　　　　　　　73EJT24:662

☑通八月食。　　☑　　　　　　　　　73EJT24:663

☑安君　　☑　　　　　　　　　　　　73EJT24:664

☑□席一卩　　　大□四案[5]二☑　　　73EJT24:665A

☑□並　☑　　　　　　　　　　　　　73EJT24:665B

【校釋】

[1]從原簡墨跡看,此未釋字似是"尉"。

[2]此簡由許名瑲綴合,詳見許名瑲(2014.9.5)。

[3]者:原未釋,從王錦城(2019P527)補釋。

[4]毋害:楊樹達(1955P240):文毋害是一事,蓋言能爲文書無疵病。

陳槃(2009P38):今按"毋害"者,積極之辭,有勝善之義。諸解作"無比"、

"最能"、"能最高"者,並可通。

　　[5]四案:原未釋,從何茂活(2016P373—381)補釋。

田卒梁(梁)[1]國睢陽南里☑　　　　　　　　　73EJT24:666

塞虜卒趙辰☑　　　　　　　　　　　　　　　73EJT24:667

田卒大河郡東平陸巨丘里☑☑　　　　　　73EJT24:668[2]

☑　　牛車一兩☑　　　　　　　　　　　　73EJT24:669

☑☑☑☑船[3]☑　　　　　　　　　　　　　73EJT24:670

　　　　　　四石具弩一,☑

累山卒王平,

　　　　　　　蚩矢百五十。☑　　　　　　73EJT24:671

☑☑兩　☑　　　　　　　　　　　　　　　73EJT24:672

……☑ⅰ出錢千一百以償☑ⅱ　　　　　　73EJT24:673

肩水☑☑　　　　　　　　　　　　　　　　73EJT24:674

☑☑福長印。　　　　　　　　　　　　　　73EJT24:675

☑令。　/掾延年☑　　　　　　　　　　　73EJT24:676

☑居延☑☑☑[4]☑　　　　　　　　　　　　73EJT24:677

☑☑　牛車一兩　☑　　　　　　　　　　73EJT24:678

☑☑長三☑☑　　　　　　　　　　　　　　73EJT24:679

☑☑八　☑　　　　　　　　　　　　　　　73EJT24:680A

☑石,直(值)千☑　　　　　　　　　　　　73EJT24:680B

……ⅰ騎士便[5]里李☑ⅱ　　　　　73EJT24:681A+658B[6]

趙林家從者廣明☑　　　　　　　　　　73EJT24:681B+658A

　　【校釋】

　　[1]梁:原徑作"梁",今據原圖版改。

　　[2]此簡胡永鵬(2017P487—488)定在漢昭帝到宣帝之間。

　　[3]船:原釋作"舩",從王錦城(2019P2088—2089)改釋。

　　[4]後兩個未釋字姚磊(《合校》2021P326)釋作"史吳"。

　　[5]"便"字右下似有重文號。

　　[6]此簡由姚磊綴合,見姚磊(2021P133)。

觻得千秋里☑	73EJT24:682
☑觻得安國里[1]☑	73EJT24:683
☑關[2]☑　☑	73EJT24:684
☑□守[3]令史莫[4]　　☑	73EJT24:685
☑足下□□☑	73EJT24:686
☑破胡隧[5]☑	73EJT24:687+703 [6]
☑滿窓□☑	73EJT24:688
☑□縣□☑ᵢ☑□移過所☑ᵢᵢ	73EJT24:689
☑　劍一☑	73EJT24:690
(此簡已與 T24:900 簡綴合)	73EJT24:691
(此簡已與 T24:786 簡綴合)	73EJT24:692
☑殄虜隧☑	73EJT24:693
☑□廣利□☑	73EJT24:694
☑……☑	73EJT24:695A
☑……☑	73EJT24:695B
☑　官[7]☑	73EJT24:696
關嗇夫☑	73EJT24:697
臨道隧[8]卒田☑	73EJT24:698

　　【校釋】

　　[1]此簡首尾"觻"、"里"原未釋,從張俊民、趙海龍(2014.8.31)補釋。

　　[2]關:原未釋,從何茂活(2016P373-381)補釋。

　　[3]守:原未釋,今據原簡和常見"守令史"文例補。

　　[4]莫:此字原簡缺失右下筆畫,不排除此爲"尊"字。令史莫,僅此一見。守令史尊,金關簡至少四見,如 D:96、T26:210、T23:128、T24:581 簡中皆可見。

[5]破胡隧:隧名,屬肩水候官。

[6]此簡由何茂活(2016P373—381)綴合。

[7]官:原未釋,從何茂活(2016P373—381)補釋。

[8]臨道隧:隧名,金關簡首見。

☑上,年廿四☑☑　　　　　　　　　　　73EJT24:699

☑☑☑ⅰ☑前☑ⅱ　　　　　　　　　　　73EJT24:700

☑當井卒☑☑　　　　　　　　　　　　73EJT24:701

☑☑[1]郡☑　　　　　　　　　　　　　73EJT24:702

(此簡已與 T24:687 簡綴合)　　　　　73EJT24:703

觻得春奈[2]里周☑　　　　　　　　　73EJT24:704

詔獄所還四牒☑ⅰ元康元年七月甲戌朔乙酉,治詔獄☑☑ⅱ……☑ⅲ
　　　　　　　　　　　　　　　　　　73EJT24:705

田卒粱(梁)[3]國睢陽東弓里孫聖,年☑　73EJT24:706

☑【田】[4]卒粱(梁)[5]國睢陽東弓里欒遺[6],年廿四。　　☑
　　　　　　　　　　　　　　　　　　73EJT24:709

田卒粱(梁)[7]國睢陽東[8]☑　　　　　73EJT24:776

☑國睢陽東弓里吕姓,年廿四。　庸樂☑　73EJT24:791[9]

【校釋】

[1]此未釋字原簡圖作 ,疑是“武”。

[2]春奈:原未釋,從何茂活(2016P373—381)補釋。按:T21:272 簡中
見“觻得春奈里”,可參考。

[3]粱:原逕作“梁”,今據原圖版改。

[4]此簡與 T24:706 簡書手相同,兩者都爲田卒名籍,可補簡首“田”字。

[5]粱:原逕作“梁”,今據原圖版改。

[6]遺:原釋作“邊”,原簡字形作 ,今比照肩肆 T37:1487 、居
217.32 等“遺”形改釋。樂遺,人名。

[7]粱:原逕作“梁”,今據原圖版改。

　　[8]東:原未釋,從陸寧寧(2022.7.19)補釋。

　　[9]以上 T24:706、T24:709、T24:776、T24:791 四簡由姚磊(2020P109-122)編聯。

☑☑煩充　　　　☑　　　　　　　　　　　　　73EJT24:707

☑捕未央　　☑　　　　　　　　　　　　　　73EJT24:708

(此簡已編聯至 T24:706 之後)　　　　　　　　73EJT24:709

☑愚敢隧[1]卒鄭虫除　　☑　　　　　　　　　73EJT24:710

☑庸同里累乾,年廿四。　　　☑　　　　　　73EJT24:711

以此知而劾之,毋它狀,　☑　　　　　　　　73EJT24:712

☑聿,敢言之[2]。☑　　　　　　　　　　　　73EJT24:713

　　　　　　　麥二石☑

關佐趙通

　　　　　受降□☑　　　　　　　　　　　73EJT24:714

河内郡温犀[3]里左通,　　☑　　　　　　　73EJT24:715

戍卒賈通,　　　　蚤矢六十☑

戍卒劉倉,　　　　鍉[4]矢二,稾□☑

戍卒薛[5]得赦,　　　承弦二完。☑　　　　73EJT24:716

【校釋】

　　[1]愚敢隧:隧名。愚敢,居延舊簡寫作"勇敢",如居 273.6+88.18+88.17 即可見。

　　[2]聿:原釋作"事",此字原簡作 ，或爲"律"之省,此類"聿"之寫法又見於 T37:528、 F3:171 等。且按照常見文例,此處爲"如律,敢言之",亦可證原釋之誤。

　　[3]犀:郭偉濤(2017P242)釋作"庠"。

　　[4]鍉:箭鏃、箭頭。

　　[5]薛:沈思聰(2018P341)釋作"薛"。

出錢四☑	73EJT24:717
☑隧長益衆敢言☑	73EJT24:718
☑□入塞伏匿[1]，丁酉殺略[2]，今☑ⅰ☑……☑ⅱ	73EJT24:719
☑……☑ⅰ謁移過所縣、道☑ⅱ	73EJT24:720
石上隧[3]卒張青　☑	73EJT24:721
☑□賊毋失聞㿿[4]	73EJT24:722
（此簡已與 73EJT24:945+534 綴合）	73EJT24:723
☑□北良里不更孫福，年卅八。　☑	73EJT24:724
田卒大河郡東平陸陵里朱市客。　☑	73EJT24:725 [5]
候史江偃　　☑	73EJT24:726
☑十隊二　　☑	73EJT24:727
☑勿忘也。比見，且自愛，	73EJT24:728A
☑頭叩頭　　□	73EJT24:728B
☑□□史廿人居當☑	73EJT24:729
郡中，乘所占用馬一匹，軺車一乘☑	73EJT24:730
☑何[6]，故曰：誠=之=（誠之誠之）聖☑	73EJT24:731 [7]

【校釋】

[1]伏匿：隱藏，躲藏。《楚辭·九辯》：“騏驥伏匿而不見兮，鳳皇高飛而不下。”

[2]殺略：又作“殺掠”，殺戮擄掠。《漢書·匈奴傳上》：“匈奴日以驕，歲入邊，殺略人民甚衆。”

[3]石上隧：隧名。

[4]此字原釋作“皆”，但原簡字形與釋字有差距，何茂活（2015P112-128）認爲字形似“聞”，今存疑。

[5]此簡胡永鵬（2017P487-488）定在漢昭帝到宣帝之間。

[6]何：原未釋，從何茂活（2015P112-128）補釋。

[7]劉嬌（2015P293-303）認爲此簡從内容上雖然看不出跟《孝經》是否有聯繫，但其字體、文氣跟 T31:102A 等簡近似。

☑戊寅　　　☑　　　　　　　　　　　　73EJT24：732

☑溫城陬里張☑[1]☑　　　　　　　　　73EJT24：733

☑子[2]羽　　　　　　　　　　　　　　73EJT24：734

☑□人　　　☑　　　　　　　　　　　73EJT24：735

☑□閭丘勝☑　　　　　　　　　　　　73EJT24：736

居延倉長司馬君□☑　　　　　　　　　73EJT24：737

趆[3]虜亭☑　　　　　　　　　　　　　73EJT24：738

☑令[4]不行,禁不止,使少驕其子,長毋文理[5],不敬[6]。其妻莫奉
□……□妾不□☑ i　　　　　　　73EJT24：739+784+785[7]

【校釋】

[1]此未釋字姚磊(《合校》2021P328)釋作“調”。

[2]子:原未釋,從王錦城(2019P533)補釋。

[3]趆:張再興、黃艷萍(2017P72-77)讀作“趺”,與制、降、破、滅一類
意思相近。

[4]令:原未釋,從何茂活(2015P112-128)、伊強(2015.2.19)補釋。

[5]使少驕其子,長毋文理:何茂活(2015P112-128)認爲句中“使”爲
假使之意,“少驕其子,長毋文理”,意謂少時驕縱失教,及其年長則必不懂
儀軌。“毋文理”之説,非指文章而言,而是指人際交往尤其是爲政事君之
規矩法度。

[6]敬:原釋作“效”,從伊強(2015.2.19)改釋。

[7]此簡由姚磊(2021P134)綴合,劉嬌(2018P279-326)認爲可能屬
六藝類典籍殘簡。

☑□富昌里閭丘勝,　劍一,　馬一匹,　☑　　　73EJT24：740

居延給事佐徐外人,　劍一☑　　　　　　　　　73EJT24：741

☑三=[1]:一曰不知織紝,二曰不愛稼☑　　　73EJT24：742[2]

☑□舉二蓬(烽),晝舉二煙[3],夜舉二苣火[4]。　73EJT24：743

士吏候長帛一匹三丈,布一匹一丈一尺四寸☑　　73EJT24：744A

其四千六百八十不見及物故。　☑　　　　　　　73EJT24:744B

布十三匹二丈,其五匹□^[5],定見八匹二丈,　出二匹□^[6]取。　☑

73EJT24:745A

□□^[7]□☑　　　　　　　　　　　　73EJT24:745B

【校釋】

[1]此處"重文號"何茂活(2015P112-128)認爲不表示重文,表示停頓作用。按:何説可從,前面的"三"可能指的是後面的三條,只是目前存見兩條。所以這裏的"重文號"作用似與今天之冒號相當。

[2]劉嬌(2018P279-326)指出此簡或屬六藝類典籍殘簡。其中"三"、"愛稼"原皆未釋,從何茂活(2015P112-128)補釋與句讀。

[3]煙:《匯釋》(2008P217):用薪焚燒,放在"兜零"小籠中,懸於竿頭。

[4]苣火:《匯釋》(2008P105):漢塞傳遞情報用的小火把。詳參 T24:533A 下注釋。

[5]此未釋字原簡圖作 ,疑爲"廉"。

[6]此未釋字原簡圖作 ,應與前面未釋字爲一字,疑爲"廉"。

[7]此未釋字僅存左部較少筆畫,疑爲"吏"

天水右庶^[1]長勇士^[2]公乘田奉☑　　　　　73EJT24:746

☑酒泉,毋官獄徵ⅰ☑……ⅱ　　　　　　　　73EJT24:747

地節四年三月辛巳朔辛巳,令史彊敢☑　　　　73EJT24:748

☑□年三月辛卯,肩水東部候長憲受庫庶士^[3]宣☑

73EJT24:749+983^[4]

戍卒梁(梁)^[5]國睢陽訾陽里不更陳外人,年卅五。☑

73EJT24:750+919^[6]

【校釋】

[1]庶:原未釋,從何茂活(2016P373-381)補釋。

[2]勇士:趙海龍(2014.8.31)認爲此"勇士"指《漢書·地理志》所記

載天水郡勇士縣。按:金關簡中"勇士"多作隧名,但此處行文格式一般是
郡縣名,故趙説可從。

[3]庶士:官秩名,詳見 T24:235 注釋。

[4]此簡由姚磊綴合,見姚磊(2021P135)。胡永鵬(2017P574)定此
簡屬王莽統治時期。

[5]粱:原釋作"梁",原簡圖作 ![粱],下從"米",今改。

[6]此簡由伊強綴合,詳見伊強(2014.7.10)。

☑□稽落卒王騫[1]　　☑　　　　　　　　　　　73EJT24:751

☑不更黄[2]意,年廿六,　　庸同縣□☑　　　　　73EJT24:752

☑淮陽長平粟[3]里陳東☑　　　　　　　　　　　73EJT24:753

戍卒粱(梁)[4]國睢陽宜受□☑　　　　　　　　　73EJT24:754

☑曲里賈利,　　☑　　　　　　　　　　　　　　73EJT24:755

☑　　~　　☑　　　　　　　　　　　　　　　　73EJT24:756

鞠[5]十石,　　☑　　　　　　　　　　　　　　73EJT24:757

萬一千六百八十,　　☑　　　　　　　　　　　　73EJT24:758

地節二年七月庚□☑　　　　　　　　　　　　　　73EJT24:759

戍卒淮[6]陽郡陳陵里士五(伍)袁猜,年廿八☑　　73EJT24:760

【校釋】

[1]騫:王錦城(2019P1414)釋作"騫"。

[2]黄:原簡圖作 ![黄],與常見"黄"形有較大差異。

[3]粟:原未釋,從高一致(2016P15-24)補釋。

[4]粱:原徑作"梁",今據原圖版改。

[5]鞠:《匯釋》(2000P287):釀酒的材料。

[6]淮:王錦城(2019P1414)以爲此字左從"日",非是。按:此字左側
爲三點寫作三横畫,並與"隹"相接形成似"日"假象,原釋不誤。

(此簡已與 T24:956 簡綴合)　　　　　　　　　　73EJT24:761

☑殄虜卒張畢。　　　☑　　　　　　　　　73EJT24：762

☑有讓坐之　　　　　　　　　　　　　73EJT24：763

☑肩水守候登移橐☑　　　　　　　　　73EJT24：764

☑□五。　庸館里讎廣德☑　　　　　　73EJT24：765

大河郡瑕丘[1]直陽里陶延，年廿四，☑　　73EJT24：766[2]

☑□如律令。　　　　　　　　　　　　73EJT24：767

☑□耳，　　軺車一乘，馬一☑　　　　73EJT24：768

（此簡已與 T24：773 簡綴合）　　　　73EJT24：769

☑則受廣谷[3]□☑　　　　　　　　　　73EJT24：770

☑帚[4]矢六爲程[5]，過六矢賜勞矢十五日。　73EJT24：771+913[6]

【校釋】

[1]瑕丘：居延漢簡 515.42 又見瑕丘邑。鄭威（2015P217－241）指出瑕丘縣、瑕丘侯國或同時並存，而瑕丘縣一度置邑，瑕丘地在今山東兗州市新嶧鎮東頓村南 500 米處。

[2]此簡胡永鵬（2017P487）定在漢昭帝到宣帝之間。

[3]廣谷：隧名，屬肩水候官。

[4]帚：《集成》（九 P139）：即埻，箭靶的中心。

[5]程：標準。

[6]此簡由姚磊綴合，見姚磊（2021P136）。

長卿足下☑　　　　　　　　　　　　　73EJT24：772

☑卒李赦之，　　　　有方一，　三石承，☑　73EJT24：773+769[1]

曲河環定　☑　　　　　　　　　　　　73EJT24：774

☑□氏池[2]武都里張忘□☑　　　　　　73EJT24：775

（此簡已編聯至 T24：706、T24：709 之後）　73EJT24：776

惠士卒蘇德☑　　　　　　　　　　　　73EJT24：777

鄭君行塞☑　　　　　　　　　　　　　73EJT24：778

☑隧與塢☑　　　　　　　　　　　　　73EJT24：779

石⬚亭^[3]卒吕何齊☑   73EJT24:780

居延成勢里☑   73EJT24:781

☑十☑   73EJT24:782

累南卒高縉☑   73EJT24:783

（此簡已與 T24:739 簡綴合）   73EJT24:784

（此簡已與 T24:739 簡綴合）   73EJT24:785

肩水候官地節四年吏受奉賦名籍☑   73EJT24:786+692^[4]

卻^[5]適卒田寬   ☑   73EJT24:787

【校釋】

[1]此簡由姚磊（2021P137）綴合，王錦城（2019P1416）認爲茬口均十分平整，其綴合似尚有可疑之處。今細審兩簡，以彩色圖所見污跡可證明兩簡可綴合。

[2]氐池：原未釋，從高一致（2016P15-24）補釋。

[3]石東亭：原釋作"□東亭"，黃浩波（《合校 2021P331》）釋作"石南亭"。今審原圖版，釋"石"可從，釋"南"不可從，但原釋"東"也未必定釋，存疑。

[4]此簡由姚磊綴合，見姚磊（2021P138）。

[5]卻：原未釋，從何茂活（2016P373-381）補釋。

□□□□觲得長武守丞尊移肩水☑（削衣）   73EJT24:788

☑彭常，   軺車一乘，馬☑   73EJT24:789

☑□至關見政，幸甚。ⅰ☑……ⅱ   73EJT24:790

（此簡已編聯至 T24:706、T24:709、T24:776 之後）   73EJT24:791

☑□來三石具弩一，今力三石。   73EJT24:792

☑四年八月丁☑   73EJT24:793

樂哉卒宋免，   有方☑   73EJT24:794

後右足鼻各一所，房誼連戰至驪☑   73EJT24:795

☑睢陽[1]澂[2]南里士五(伍)張廣,年廿六。　　庸同☑☑

73EJT24:796

萬福隧兵簿☑　　　　　　　　　　　　73EJT24:797

☑☑☑☑充,年廿四　　☑　　　　　　73EJT24:798

☑薛充,年廿四。　　庸同☑　　　　　73EJT24:799

【校釋】

[1]睢陽:原未釋,從高一致(2016P15—24)補釋。

[2]澂:原釋作"澑",從何茂活(2016P373—381)改釋。按:此字又有釋"濯"或不釋等意見(參見《合校》2021P332)。

☑起[1],而福吉常存,以財爲草,以身爲葆(寶)[2],可以主葛蓬愛費[3]☑ᵢ　　　　　73EJT24:800+842+843[4]

【校釋】

[1]何茂活(2015P112—128)據《史記·孝文本紀》"蓋聞天道,禍自怨起,而福繇德興",推斷本簡中"起"字所在之句當爲"凶禍不起"、"禍凶不起"或"禍怨不起"之類。

[2]以財爲草,以身爲葆:何茂活(2015P112—128)指出語見劉向《說苑·叢談》:"義士不欺心,廉士不妄取。以財爲草,以身爲寶。"意即錢貨財寶不必吝惜,而身體及生命最可珍視。

[3]主葛蓬愛費:何茂活(2015P112—128)指出"葛"即葛衣,用葛布作的夏衣;"蓬"即茅茨,指用蓬草作頂的房屋。葛蓬,指葛衣與蓬草,均指簡單寒素的生活條件。愛"意爲吝惜,"費"指開支、靡費。"愛費"可理解爲聯合式結構,指愛惜與靡費;也可理解爲動賓結構,指珍惜財用。本簡說"主葛蓬愛費"之愛費,理解爲動賓結構,固然可以講通,但解爲聯合結構似更爲通暢——主宰葛衣、蓬茨之類基本生活資料的省儉與靡費。

[4]此簡由何茂活(2015P112—128)綴合,並作句讀解讀,今從之。

☑……☑☑河津關,如律令。／掾☑　　　　73EJT24:801

（此簡已與 24：932 簡綴合）　　　　　　　　　　73EJT24：802

☑☑出亡居延。謹案：☑　　　　　　　　　　　73EJT24：803

☑馬一匹，軺一乘。　　☑　　　　　　　　　　73EJT24：804

（此簡已與 T24：874 簡綴合）　　　　　　　　　73EJT24：805

☑☑千六百廿四。　　　　　　　　　　　　　　73EJT24：806

☑☑，年廿八。　　庸同[1]☑　　　　　　　　　73EJT24：807

☑☑虔弘，年廿五。　　　☑　　　　　　　　　73EJT24：808

地節四年六月☑☑　　　　　　　　　　　　　73EJT24：809

（此簡已與 T24：828 簡綴合）　　　　　　　　　73EJT24：810

戍卒梁（粱）[2]國睢陽牛□[3]☑　　　　　　　　73EJT24：811

戍卒鉅鹿郡南䜌橫里☑　　　　　　　　　　　73EJT24：812

☑獄訊問房誼☑　　　　　　　　　　　73EJT24：813[4]

酒泉表是安都里董之，　牛車一兩，爲觻得□□☑　73EJT24：814

觻得安國里朱長婦，　　☑　　　　　　　　　73EJT24：815

☑☑丞定國兼行丞事，謂過所縣ⅰ☑……ⅱ　　　73EJT24：816

☑☑　　署都倉　　張掖　　□□　　　　　　73EJT24：817

地節　　　☑　　　　　　　　　　　　　　　73EJT24：818

☑軺[5]車一乘，馬二匹，七月出☑　　　　　　　73EJT24：819

【校釋】

[1]同：原未釋，據常見文例與原簡墨跡補。

[2]粱：原逕作“梁”，今據原圖版改。

[3]此未釋字高一致（2014. 8. 12）釋作“里”。

[4]此簡內容當與 T21：59 簡有關。

[5]軺：原未釋，今據原圖版補。

☑☑非亡人命者，各證所言，它☑　　　　　　73EJT24：820

☑……☑ⅰ☑令☑ⅱ　　　　　　　　　　　　73EJT24：821

莎亭卒牙□☑　　　　　　　　　　　　　　　73EJT24：822

驛北亭長□□□　　　　　　　　　　　　73EJT24:823

□□^[1]根　　□　　　　　　　　　　　73EJT24:824

□□,年廿五。庸同縣□　　　　　　　　　　73EJT24:825

□睢陽務故里不更□　　　　　　　　　　　73EJT24:826

□不更程幼,年□　　　　　　　　　　　　73EJT24:827

牒書獄所^[2]還一牒。□ⅰ 地節三年三月丁巳朔丙^[3]□ⅱ

　　　　　　　　　　　　73EJT24:828+810^[4]

□□不急不ⅰ□□□ⅱ　　　　　　　　　　73EJT24:829

居延都尉丞^[5]□　　　　　　　　　　　73EJT24:830

□年卌九□　　　　　　　　　　　　　　73EJT24:831

□詔書律令。　／掾……□　　　　　　　73EJT24:832

□曰:天何言哉。四時行焉,萬物生焉。□

□年之喪,其已久矣。君子三□　　　73EJT24:833^[6]

□　　劍一。　　丿　　　　　　　　　73EJT24:834

□□□子卿曰乙□ⅰ□……□ⅱ^[7]　　　73EJT24:835

戍卒鉅鹿郡廣阿^[8]秋華里侯遂□　　　　73EJT24:836

□庸同縣北緩^[9]里不更陳毋害,年卅□　　73EJT24:837

□願君□之小女^[10]　　　　　　　　　73EJT24:838

【校釋】

[1]未釋字原簡圖作█,上殘,疑是"陰"或"陶"字。

[2]所:高一致(2016P15—24)認爲當釋作"房",作"所"之誤字看待。按:此字原簡不從"方"。

[3]丙:何茂活(2016P373—381)認爲是"庚"。

[4]此簡由許名瑲綴合,詳見許名瑲(2014.9.5)。

[5]都尉丞:都尉的屬官。

[6]此簡爲《論語·陽貨》殘簡。何茂活(2015P112—128):與傳世文獻相比,簡文有兩處不同,即將"百物"寫作"萬物","期已久矣"寫作"其已久矣"。

[7]此行原釋文無,今據原圖版補。

[8]廣阿:廣阿縣。西漢置,屬巨鹿郡。治所在今河北隆堯縣東十二里舊城鄉。

[9]綏:原未釋,從何茂活(2016P373−381)補釋。

[10]此簡原釋文作“顧君□□□”,從王錦城(2019P538)補釋“之”,今再補“小女”。女,姚磊(《合校》2021P333)釋作“毋”。

☑□之,書到具移☑	73EJT24:839
☑　　有方一。　　☑	73EJT24:840
☑都[1]尉府	73EJT24:841
(此簡已與 T24:800 簡綴合)	73EJT24:842
(此簡已與 T24:800 簡綴合)	73EJT24:843
爲識則迺☑	73EJT24:844
☑卒史文不識專診[2]不識人☑	73EJT24:845
☑其弩主與□☑	73EJT24:846
……安里原防□☑	73EJT24:847
☑十一車十人　　　☑	73EJT24:848
三甲日甲主乙建除[3]☑	73EJT24:849
昭武市陽里大女☑	73EJT24:850
出錢千償董長卿☑ⅰ 出錢四百以付多年歸予□☑ⅱ	73EJT24:851
失寇捕毃房誼東候☑	73EJT24:852[4]
☑□事,善毋恙。☑	73EJT24:853
毋傳,以符籍☑	73EJT24:854
☑月丙辰☑	73EJT24:855
驛北隧□☑	73EJT24:856
☑兩,劍一,循(盾)一。	73EJT24:857
☑詣候官,會☑	73EJT24:858
☑□所報者願幸[5]☑	73EJT24:859

☑☑☑公乘虞賜,年卅八。　☑　　　　　　　73EJT24:860

戍卒梁(梁)[6]國睢陽長年里公士高偃,年廿五。☑　73EJT24:861

☑坐劾[7]關☑　　　　　　　　　　　　　73EJT24:862

河東楊[8]徐德,年卌四☑　　　　　　　　　73EJT24:863

戍卒鉅鹿[9]郡南☑　　　　　　　　　　　73EJT24:864

☑幸得歸,其☑　　　　　　　　　　　　73EJT24:865

☑卒樂國　　　　☑　　　　　　　　　　73EJT24:866

☑幸☑☑信譸☑ᵢ☑☑☑☑☑ᵢᵢ　　　　73EJT24:867

☑　　掾國、獄史☑　　　　　　　　　　73EJT24:868

(此簡已與 T24:925 簡綴合)　　　　　　　73EJT24:869

廣地隧卒傅☑　　　　　　　　　　　　73EJT24:870

(此簡已與 T24:874 簡綴合)　　　　　　　73EJT24:871

【校釋】

[1]都:原未釋,從何茂活(2016P373-381)補釋。按:此字原簡上殘,但可見"阝"下部,結合辭例補釋可從。

[2]診:原未釋,原簡作▨,左從"言"右從"㐱"皆非常明確。金關簡中肩壹 T10:215A、肩肆 T37:252 等簡中"診"的寫法即同此類。這裏的"診"可能表示詢問的意思。

[3]乙建除:原未釋,從何茂活(2016P373-381)補釋。

[4]此簡內容與 T24:927 相關。

[5]願幸:原未釋,從何茂活(2016P373-381)補釋。"願幸"兩字連用者如 T23:76+139、F3:159 等。

[6]梁:原徑作"梁",今據原圖版改。

[7]坐:原釋作"主",此字原簡圖作▨,上爲兩點而非一橫畫,爲"坐"之俗寫。對比肩伍 F3:182A、肩貳 T24:15A、肩叁 T32:70 等簡中"坐"的寫法即可看出此簡字形問題。坐劾,指定罪揭發。居新 ESC·53 有"不以時發、舉,賜前已坐劾"。

[8]楊:河東郡下轄縣名。王錦城(2019P1423)認爲"楊"字後或脱

“里”，楊里爲里名。按：《漢書·地理志》河東郡下記載有“楊”縣。“楊”後應是脫漏了里名而不是“里”字。

［9］鹿：原簡圖作■，與常見“鹿”寫法有較大差異。

地節三年二月戊子朔庚子，東鄉有秩受王[1]、佐赦敢告尉史：溫[2]城阤里大夫張恢，自言輩父騎將爲居延司馬取傳，與葆ⅰ平都里解延壽、郭里蔡[3]赦，往遺衣用，乘家所占畜馬[4]二匹。案：毋官獄徵事，當爲傳，謁移過所縣邑、ⅱ侯國，以律令從事，敢告尉史。/有秩受王。ⅲ   73EJT24：872A+249A [5]

章曰：溫[6]之丞印。 ☑   73EJT24：872B+249B

【校釋】

［1］受王：簡中共出現兩處。第一處正當茬口，原整理者因未綴合而誤釋作“史”。此字綴合拼接後作■，對比金關簡肩貳 T22：95、肩伍 D：287、肩叁 T24：754 等“受”形，可知此字當是“受”字。末尾的“受”結構不明確，但按照相同文例即可知都是一字。受王，這裏用作有秩的人名。西北漢簡中“王”、“玉”同形。《左傳》、《韓非子》都記錄了“子罕不受玉”故事，故懷疑此名當爲“受玉”而非“受王”。

［2］溫：原釋作“湹”，從趙海龍改釋，見伊強（2016P115−129）。溫指溫縣，《漢書·地理志》記屬河內郡，因此簡文溫縣城阤里屬河內郡。

［3］蔡：原釋作“葛”，原簡作■，上從“艹”，中從“肉”“示”，右下從“又”，當釋作“蔡”。

［4］乘家所占畜馬：陳直（2009P43）：謂馬口錢已經完繳，適用於騎乘行道者。

［5］此簡由伊強綴合，見伊強（2016P115−129）。

［6］溫：原未釋，從何茂活（2016P373−381）補釋。

酒泉郡。案：毋官徵事，☑ⅰ……☑ⅱ   73EJT24：873A

章曰：河南[1]丞印。☑   73EJT24：873B

戍卒粱(梁)[2]國睢陽董丘[3]里公士淳于然,年卅五。☑

73EJT24∶874+871+805[4]

☑☑　　　牛車一兩。　　☑　　　　　73EJT24∶875

地節二年十☑　　　　　　　　　　73EJT24∶876

☑平里簪裏虞廣,年廿八　　☑　　　73EJT24∶877

☑更曹則,年卌五,　　　爲庸[5]☑☑　73EJT24∶878

☑☑新[6]昌里不更陳☑　　　　　　73EJT24∶879

里孫得,俱乘輅☑ⅰ九月丙寅,居延☑☑ⅱ　73EJT24∶880

戍卒魏☑　　　　　　　　　　　73EJT24∶881

戍卒粱(梁)[7]國睢陽☑　　　　　　73EJT24∶882

☑☑移過所門、亭☑ⅰ☑移過縣、道☑☑ⅱ　73EJT24∶883

☑張小子　☑　　　　　　　　　73EJT24∶884

☑☑年里不更張☑☑　　　　　　73EJT24∶885

☑☑廿五,黑色☑　　　　　　　73EJT24∶886

累南卒呂魂[8]　☑　　　　73EJT24∶887+909[9]

☑魋,年廿五　☑　　　　　　　73EJT24∶888

戍卒粱(梁)[10]國睢陽張里☑　　　　73EJT24∶889

☑☑張掖大守遣卒☑☑　　　　　73EJT24∶890

戍卒邊衆[11]里李德　☑　　　　　73EJT24∶891

☑☑里簪裏王☑☑　　　　　　　73EJT24∶892

☑地刑留☑　☑　　　　　　　73EJT24∶893

☑☑道得☑　　　　　　　　　73EJT24∶894

本始五年十二月甲午朔辛酉,東☑ⅰ私市[12]張掖居延☑☑☑☑☑

☑ⅱ　　　　　　　　　　　　73EJT24∶895

【校釋】

[1]南:原釋作"東",從黃浩波(《合校》2021P334)改釋。

[2]粱:原徑作"梁",今據原圖版改。

　　[3]董丘:原釋作"董父",張俊民(2015.1.19)以爲作"善丘"。按:"董"字原釋不誤,"父"確實應當釋作"丘",今改。

　　[4]此簡由姚磊綴合,詳見姚磊(2021P139)。

　　[5]庸:原未釋,從何茂活(2016P373-381)補釋。

　　[6]新:原未釋,今據原圖版擬補。

　　[7]梁:原徑作"梁",今據原圖版改。

　　[8]魂:原釋作"虎",此字又見於 T8:100,參見簡其下注釋,今改。

　　[9]此簡由姚磊綴合,見姚磊(2021P140)。

　　[10]梁:原徑作"梁",今據原圖版改。

　　[11]邊:原未釋,今據原圖版墨跡補。"邊衆"猶言邊民,此處作里名。

　　[12]私市:原未釋,原簡雖然左殘,但結合常見文例可知,前者是"私"右部的"厶",後者"市"字的基本結構也可辨知,可確定釋字。

橐候長李定昌私從者☑☑☑　　　　　　　　73EJT24:896A

二月己未出。　　　　　　　　　　　　　　73EJT24:896B

河南郡河南縣東甘里張☑　　　　　　　　　73EJT24:897

☑☑☑　　　　　　　　　　　　　　　　　73EJT24:898

☑有方一。　　☑　　　　　　　　　　　　73EJT24:899

☑卒張奉高☑　　　　　　　　73EJT24:900+691 [1]

田卒梁國睢陽彭里☑　　　　　　　　　　　73EJT24:901

番和脩福 [2] 里鹿遂　　☑　　　　　　　　73EJT24:902

☑生 [3] 皆　☑　　　　　　　　　　　　　73EJT24:903

☑士吏☑　　　　　　　　　　　　　　　　73EJT24:904

☑六石具弩一☑　　　　　　　　　　　　　73EJT24:905

☑丑朔甲子,登☑　　　　　　　　　　　　73EJT24:906

長安驤里☑☑　　　　　　　　　　　　　　73EJT24:907

☑劾狀解何˴☑☑　　　　　　73EJT24:908+73EJC:498 [4]

(此簡已與 T24:887 簡綴合)　　　　　　　73EJT24:909

☑　　庸竹里☑　　　　　　　　　　　　　　73EJT24：910

（此簡已與 T24：955 簡綴合）　　　　　　73EJT24：911

☑里莊虜　　　☑　　　　　　　　　　　　73EJT24：912

（此簡已與 T24：771 簡綴合）　　　　　　73EJT24：913

☑□十六□☑　　　　　　　　　　　　　　73EJT24：914A

☑□余　　☑　　　　　　　　　　　　　　73EJT24：914B

☑馬不□□☑　　　　　　　　　　　　　　73EJT24：915

☑案佐[5] 則☑　　　　　　　　　　　　　73EJT24：916

　【校釋】

　[1]此簡由姚磊(2021P141)綴合。“奉”，原釋作“青”，從綴合者改釋。

　[2]福：原釋作“禮”，原簡圖作 ![字形]。無論釋作“禮”還是釋作“福”，都是結構左右調換。不過細辨左部當是從“田”從“目”，而且對比漢簡中所見的“福”、“禮”亦可知此爲“福”字。只是這個“福”所從的“田”“自”上下顛倒。金關簡中有很多“修某里”，如 T24：532A 修正里、T26：118 修德里；T9：120 修義里、T8：84 修獲里等。修福里，與這些里名一樣都是表達一種美好的願望。

　[3]生：原簡圖作 ![字形]，如不是篆書遺留造成的上橫畫分兩筆書寫，此形可能是“坐”之俗。參見 T24：862 下校釋。

　[4]此簡由姚磊(2021P142)綴合。雖兩簡出土地點不同，但綴合後茬口基本相合，文義通暢。

　[5]案佐：原釋作“察伏”，從何茂活(2016P373-381)改釋。

□□□□□□□□ i 五月己亥，卅井塞☑ ii　　　73EJT24：917

☑百人皆施刑屯居延，作一日當[1] ☑　　　73EJT24：918

（此簡已與 T24：750 簡綴合）　　　　　　73EJT24：919

☑陽里侯從，年廿五，　☑　　　　　　　　73EJT24：920

☑君急來，錢悥伏☑　　　　　　　　　　　73EJT24：921

河内郡温曲陽里程歳☑	73EJT24:922
成務[2]卒李賜之☑	73EJT24:923
☑里孫推皆☑☑	73EJT24:924
☑主關符傳☑	73EJT24:925+869 [3]
☑矢五十。 ☑	73EJT24:926
☑□失寇捕毄房誼東【候】	73EJT24:927 [4]
出麥二石。 ☑	73EJT24:928
☑□五 ☑	73EJT24:929
☑史徐□☑	73EJT24:930
☑庸同縣□☑	73EJT24:931
☑□悔之,人毋遠慮,必有近憂☑	73EJT24:932+802 [5]
☑□車一□☑	73EJT24:933
☑□□隧卒索☑	73EJT24:934
田卒梁(梁)[6]國雎☑	73EJT24:935
☑里王☑	73EJT24:936
☑□富成[7]☑	73EJT24:937

【校釋】

[1]此簡首尾的“百”、“當”原未釋,從張俊民(2015.1.19)補釋。

[2]成務:隧名,金關簡首見。疑爲“城務”之誤寫。

[3]此簡由姚磊綴合,見姚磊(2021P143)。

[4]此簡内容與 T24:852 相關。

[5]此簡由姚磊綴合,釋文較原釋有補充,見姚磊(2021P144)。内容見《論語·衛靈公》篇。

[6]梁:原徑作“梁”,今據原圖版改。

[7]富成:原未釋,今據原圖版補。T6:94 亦見“富成”,作里名。

田卒梁(梁)[1]國雎陽彭[2]☑	73EJT24:938
☑更吴年〓(年,年)廿四 ☑	73EJT24:939

☐☐袁外人,年☐	73EJT24:940
☐☐宜衆里孫庚門,　　未得地節二年五☐	
☐子除,　　　　已得都内[3]賦錢☐	73EJT24:941+73EJC:492[4]
☐　☐☐☐(削衣)	73EJT24:942
☑陽郡陽夏武成里☐	73EJT24:943
地節四☐	73EJT24:944

肩水望城隧長屋蘭大昌里丁禹,Ⅰᵢ本始二年六月己巳[6]除。Ⅰᵢᵢ
未得地節二年正月盡九月積九月奉錢五千四百,兄當[5]取。Ⅱᵢ已
得都内賦錢五千四百。　　　地節二年四月壬辰,授爲如意。Ⅱᵢᵢ

73EJT24:945+534+723[7]

【校釋】

[1]粱:原簡圖作 𥼆,下不從"木",當録作"粱"。

[2]彭:趙海龍(2014.8.31)認爲此"彭"可能指"彭里"。

[3]都内:掌管發俸禄的機構。詳見 T21:422 注釋。

[4]此簡由姚磊綴合,見姚磊(2021P145)。

[5]當:姚磊(2020.7.4)指出 T5:8 號簡記載了"丁當",亦是"大昌里",與此簡的"當"應爲同一個人,並據胡永鵬(2015.3)之説認爲 T24:252與 T24:534 簡有編聯成册的可能。

[6]王錦城(2019P1428)認爲本始二年六月甲申朔,無己巳日,二十二日乙巳,或"己"爲"乙"之書誤。

[7]此簡由姚磊綴合,見姚磊(2021P146、2020.7.4)。

☐☐睢陽始成☐	73EJT24:946
戍卒粱(梁)[1]國睢☐	73EJT24:947
肩水金關☐(檢)	73EJT24:948
(此簡已與 T24:950 簡綴合)	73EJT24:949
☐敢言之:謹移所受ᵢ☐編,敢言。☐ᵢᵢ	73EJT24:950+949[2]
觻得成漢里王年,　　牛車一兩☐	73EJT24:951

☑　　庸英^[3]里董齊,年廿四　　☑　　　　　　　73EJT24:952

☑卒東郡東阿牛里孫望之☑　　　　　　　　　　　73EJT24:953

就人京兆尹長安富昌里大夫富充,年卅五☑　　　　73EJT24:954

燔薪舉地一蓬(烽),即虜攻鄣亭隧,留不□以攻亭鄣,品約和之。☑
　　　　　　　　　　　　　　　　　　73EJT24:955+911^[4]

淮陽長平故陳里陳當時。　　　☑　　　73EJT24:956+761^[5]

　【校釋】

　[1]梁:原徑作"梁",今據原圖版改。

　[2]此簡由姚磊綴合,詳見姚磊(2021P147)。

　[3]英:原釋作"焚",原簡作**夫**,今改。

　[4]此簡由姚磊綴合,見姚磊(2021P148)。

　[5]此簡由伊強綴合,見伊強(2016P115-129)。

出麥六斗六^[1]升以食罷田卒^[2],病留□☑　　　73EJT24:957

☑　　　牛車一兩　　☑　　　　　　　　　　73EJT24:958

☑小二斛二斗　　☑　　　　　　　　　73EJT24:959^[3]

稽北亭卒武宗　　☑　　　　　　　　　　　73EJT24:960

☑言之。謹案:縣、年、爵如書ⅰ☑□□□如律令……ⅱ　73EJT24:961

☑□矢七百卅　　☑　　　　　　　　　　　73EJT24:962

☑□□隧里弘勝之,　　牛車一兩☑　　　　73EJT24:963

䰥得復作驪軒當利里馮奉世。　　☑　　　73EJT24:964

勝之卒王道人。　　☑　　　　　　　　　73EJT24:965

成卒淮陽郡陳作汜里士五(伍)陳常☑　　　73EJT24:966

大婦利里　　☑　　　　　　　　　　　73EJT24:967

大河郡任城^[4]河陽里淳于遂成^[5],年卅四。☑　73EJT24:968^[6]

　【校釋】

　[1]六:原圖版作▨▨▨,不排除"七"的可能。

[2]罷田卒:不勝屯田的士卒。

[3]胡永鵬(2017P575)將此簡歸爲新莽時期。

[4]任城:大河郡屬縣,治在今山東省濟寧市東南。據《漢書·地理志》載,武帝元鼎元年改東平國爲大河郡,宣帝甘露二年復爲東平國。此簡記"大河郡任城",知斷代在甘露二年之前。

[5]淳于遂成:人名。淳于,複姓。

[6]此簡胡永鵬(2017P487)定在漢昭帝到宣帝之間。

倉南卒靳祖。　☑	73EJT24:969
田卒梁(梁)[1]國睢陽富樂里龔根,年廿五。　庸樂陽☑	73EJT24:970
☑梁國睢陽道里不更董蘭,年廿五。　☑	73EJT24:971
☑更晉廣,年卅二。　☑	73EJT24:972
長卿足下　☑	73EJT24:973
(此簡已編聯至 T24:258、T24:550 之後)	73EJT24:974
……☑i……決願次翁步馬足☑ii	73EJT24:975
☑……之央,毋予鼻疾	73EJT24:976[2]
官徵事,當爲傳,移所過縣、邑、津、關,勿何(苛)留,□□☑	
關,勿何(苛)留,☑	73EJT24:977A
章曰:雒陽丞印。　☑	73EJT24:977B
候長安國六月食以予[3]丁子方　六月□□□　☑	73EJT24:978
☑□不欲爲趙少功行記,今欲發□☑	73EJT24:979
入雞子[4]十　　十☑	73EJT24:980
☑□小石卌五石輸居延	73EJT24:981
☑劍一　　卩☑	73EJT24:982
(此簡已與 T24:749 簡綴合)	73EJT24:983
☑□房復騎令史立政所騎☑	73EJT24:984
☑三石弩一,　☑i☑稾矢五十,　☑ii	73EJT24:985

☑□，年卅五。　☑　　　　　　　　　　　　73EJT24：986

利上里徐富□☑　　　　　　　　　　　　　　73EJT24：987

☑　　牛一，車一兩。☑　　　　　　　　　　73EJT24：988

☑幸甚，夷書　☑　　　　　　　　　　　　　73EJT24：989

戍卒淮陽郡陳[5]大楊里不更☑　　　　　　　73EJT24：990

☑身自問省□☑　　　　　　　　　　　　　　73EJT24：991

☑丙寅，史長生☑　　　　　　　　　　　　　73EJT24：992

☑伏地，叩頭。☑　　　　　　　　　　　　　73EJT24：993

肩水候[6]☑　　　　　　　　　　　　　　　73EJT24：994

劾狀，解何。□☑　　　　　　　　　　　　　73EJT24：995

☑伏地，再拜。　　　　　　　　　　　　　　73EJT24：996

☑……☑ⅰ☑軍[7]候世以軍中候印行事。□☑ⅱ　73EJT24：997

☑□子卿　☑　　　　　　　　　　　　　　　73EJT24：998

☑臠得騎士延[8]喜里□幼都□

　　　　　　　　　　□□☑

☑麥小石卅五石輸居延。　　　　　　　　　　73EJT24：999

☑見非……☑　　　　　　　　　　　　　　　73EJT24：1000

五月壬辰，庫□□□☑　　　　　　　　　　　73EJT24：1001

☑劍一，ⅰ☑刀一。ⅱ　　　　　　　　　　　73EJT24：1002

☑刀劍各一。　　　　　　　　　　　　　　　73EJT24：1003

八　　　　　　　　　　　　　　　　　　　　73EJT24：1004

☑劍一。　　　　　　　　　　　　　　　　　73EJT24：1005

☑　皆五月癸酉入關。　　　　　　　　　　　73EJT24：1006

【校釋】

　[1]梁：原徑作“梁”，今據原圖版改。

　[2]T26：119有“毋予目疾”，可能與此簡有關係，內容可能與“馬禖
祝”相關。

[3]予:原簡圖作 ，字形雖不清楚,但上部的"マ"形比較清楚,結合文義可確定這是"予"字。予,給予。簡文是説候長安國將六月的廩食給了丁子方。

[4]雞子:雞蛋。

[5]陳:縣名。

[6]候:原未釋,從何茂活(2016P373-381)補釋。

[7]軍:原未釋,從姚磊(《合校》2021P335)補釋。

[8]此簡中"鰈得"、"延"原皆未釋,從姚磊(《合校》2021P336)擬補釋。

肩水金關 T25:1-248

肩水金關　　　　　　　　　　　　　　　　　　　73EJT25:1

十一月丁卯出。　　　　　　　　　　　　　　　　73EJT25:2

☐令[1]史拓。　　　　　　　　　　　　　　　　　73EJT25:3

☐都吏賈君〓兄〓[2]爲政,徙臧[3]小叔、雲中犢和[4]宋長實[5]田舍,至十月中,吏捕得順小叔,君兄與☐☐ ｊ　　　　73EJT25:4

【校釋】

[1]令:原未釋,原簡此字上殘,僅見部分筆畫,今據文例和原圖版補。

[2]此處的重文號未必表示重文,存疑。

[3]臧:按照常見人名前冠以地名的文例來看,這個"臧"應該是地名。

[4]雲中犢和:雲中郡犢和縣。

[5]實:沈思聰(2018P348)疑釋作"賓"。

河南勃〈穀〉成[1]長陽里大夫陑(師)[2]逢,年卅,長七尺二寸,黑色,牛車一兩,鐱(劍)、楯(盾)各一。卩 ｊ　　　　73EJT25:5

甘露三年二月乙卯朔辛未,東部候長廣宗敢言之:官下大守都尉府書曰:案往者卒過 ｊ　　　　　　　　　73EJT25:6

地節二年八月辛卯朔壬辰,西鄉有秩安敢告尉史:溫[3]夕阿里上造
桃禹與葆同里龔縣,自言取傳爲家私市張掖郡中。ⅰ案:毋官獄徵
事,當爲傳,謁移過所縣邑、侯國,以律令從事,敢告尉史。　/有秩
安,八月壬辰,尉史弘敢言之。ⅱ　　　　　　　　　73EJT25:7A

章曰:溫之丞印。　　　　　　　　　　　　　　73EJT25:7B

肩水金關　　　　　　　　　　　　　　　　　73EJT25:8

居延[里][4]始至里公士王奴,年廿五,長七尺,黑色,卩　　屬車一
乘,馬一匹,弩一,矢五十。卩▢ⅰ　　　　　　　　　73EJT25:9

見茭五萬四千九百七十三石一鈞[5]廿八斤。Ⅰ其二千一百五十二
石二鈞廿斤積□□□食,Ⅱⅰ五萬二千石三鈞八斤□食。Ⅱⅱ

　　　　　　　　　　　　　　　　　　　　　73EJT25:10

從者濟陰都關[6]樂里公乘行博德,年卌,長七尺三寸,黑色,　閏月
丙辰入,　鐱(劍)一。ⅰ　　　　　　　　　　　73EJT25:11

□叩頭……幸……士使□書□□□……ⅰ少平□……□□□令史
□□□叩頭伏地[7]□君都ⅱ　　　　　　　　　　73EJT25:12A

……嗇夫宣ⅰ居延□進□□□　陳卿　部吏取延ⅱ 73EJT25:12B

【校釋】

[1]勃成:勃,此字原徑釋作“穀”,原簡作𢧜,此字右訛作“力”,黃艷
萍(《〈肩水金關漢簡〉(壹—肆)異體字研究》,華東師範大學博士學位論
文,2016 年第 136-137 頁)已指出當爲“穀”之訛寫,今改釋。《漢書·地理
志》河南郡下轄穀成縣。按:如果按照草書的演變來説,此“勃”也可視爲
“穀”的草形。

[2]阤:原釋作“師”,今據原圖版字形改釋。阤,“師”之俗形。

[3]溫:河南郡下轄縣名。

[4]王錦城(2019P1433):“居延里”的“里”字當爲原簡書寫時衍。

[5]鈞:重量單位。《漢書·律曆志》:“二十四銖爲兩,十六兩爲斤,三
十斤爲鈞,四鈞爲石。”

[6]趙爾陽(2019P159-168):都關在《漢書·地理志》中屬山陽郡。

都關隸屬於濟陰郡的時期爲景帝後元年至甘露二年(前144-前52)和竟寧元年至河平四年(前33-前25);除河平四年至建平二年(前25-前5)屬山陽郡外,自景帝後元年至西漢末年的其他時期皆屬濟陰郡或定陶國所轄;此簡時代當在宣帝甘露二年以前,極可能是宣帝早期。

　　[7]叩頭伏地:原未釋,今據圖版補。

戍卒秦少平、野馬[1]卒張賢所屬,願屬所吏言已來取錢……

　　　　　　　　　　　　　　　　73EJT25:13

肩水金關肩水金關　　　　　　　73EJT25:14A

肩水肩水金關肩　　　　　　　　73EJT25:14B

元[2]康元年十月壬寅朔庚午,都鄉佐恩敢言之:孤山里張輔、安樂里祝幸之,自言爲家私市張掖酒泉ｉ郡界中,持牛二、車二兩。謹案:輔、幸之毋官獄徵事,當以令所〈取〉傳,謁移過所縣、道、河、津,毋苛留止,ⅱ敢言之。十月居延庚午[3],守丞右尉充國移過所縣、道、津、關,毋苛留止,如律令。　　／掾萬年、佐安世。ⅲ　　73EJT25:15A

牛錢少十一,ⅰ侯奴屬十,ⅱ許子方共酒廿七。ⅲ□□謹使˴(使使)受教,須爲尹計。ⅳ　　　　　　　　73EJT25:15B

東部候長　　　☑　　　　　　　73EJT25:16

(此簡已與 T25:86 簡綴合)　　　73EJT25:17

東部候長王卿治所　☑　　　　　73EJT25:18

居延獄史徐偃□　☑　　　　　　73EJT25:19

戍卒濟陰乘氏[4]敬事里公乘靳成。　丿　☑　73EJT25:20

☑□居延　　　　　　　　　　　　73EJT25:21

☑積薪三,　　　表二。

☑駒薪[5]三,

☑……　　　　　　　　　　　　73EJT25:22

☑受倉南表六通付右前乘胡隧候長☑　73EJT25:23

☑馬一匹,　　　　弓☑　　　　　73EJT25:24

☑☑期里女子聊藜,年卅☑　　　　　　　　73EJT25:25

子惠大奴多☑　　　　　　　　　　　　　73EJT25:26

☑☑☑☑☑☑☑☑☑縣[6]延以書言不得☑大守府☑☑張掖……

☑ⅰ☑☑☑☑部☑☑☑☑☑史書律令　／掾☑昌☑☑☑ⅱ

　　　　　　　　　　　　　　　　　　73EJT25:27

【校釋】

[1]野馬:隧名,屬橐他候官。

[2]元:原未釋,從黃艷萍(2015.2-1)補釋。

[3]十月居延庚午:應是"十月庚午居延"之誤書。

[4]乘氏:乘氏縣,西漢置,屬濟陰郡。治所在今山東巨野縣西南五十里。

[5]駒薪:不詳。

[6]縣:原未釋,原簡字跡不清,但仍能辨析左部及右部所從"糸",今補。

☑☑空要☑(削衣)　　　　　　　　　　73EJT25:28

☑☑置☑☑(削衣)　　　　　　　　　　73EJT25:29

初元[1]二年八月己丑朔[2],令史買之敢言之:爰書塞有秩候長☑(削衣)　　　　　　　　　　　　　　　　　73EJT25:30

☑☑謹移出者☑☑(削衣)　　　　　　　73EJT25:31

本始五年[3]四☑☑(削衣)　　　　　　　73EJT25:32

☑☑睢陽令☑☑(削衣)　　　　　　　　73EJT25:33

☑☑遇　　　　☑(削衣)　　　　　　　73EJT25:34

☑☑☑☑☑(削衣)　　　　　　　　　　73EJT25:35

☑家私使張掖。案:毋☑☑ⅰ☑……☑ⅱ(削衣)　73EJT25:36

☑伏地再拜,叩☑(削衣)　　　　　　　73EJT25:37

☑月奉☑☑都ⅰ☑☑毋可奈何。負☑ⅱ

☑☑叩‗頭‗(叩頭叩頭)。☑ⅲ(削衣)　　73EJT25:38

☑秩候長公乘黃文之劍☑(削衣)　　　　　　　73EJT25：39

☑□一編,敢□☑(削衣)　　　　　　　　　　73EJT25：40

☑故里張☑(削衣)　　　　　　　　　　　　　73EJT25：41

肩水金關　☑　　　　　　　　　　　　　　　73EJT25：42

居延甲渠塞尉從史居延萬歲里張常富,年廿一,　長七尺五寸,黑

色。　☑ⅰ　　　　　　　　　73EJT25：43+191[4]

☑　金關　☑　　　　　　　　　　　　　　　73EJT25：44

　　賦錢六百,　　□□錢

出　　　　　　　　　　　　神爵☑

　　以給候史莊尊四月奉。　　　　　　　　　　73EJT25：45

六月甲子鱳得守☑ⅰ如律令。　／佐光☑ⅱ　73EJT25：46

☑界亭去署亡,持囊一、飯二斗,蘭越肩水驛北　73EJT25：47

☑　弩一,矢卅,ⅰ☑　劍一。ⅱ　　　　　　73EJT25：48

(此簡已與 T27：72 簡綴合)　　　　　　　　73EJT25：49

居延都尉守屬奉,年卅九,長七尺二☑　　　　73EJT25：50

當遂隧卒賈遠[5]　☑　　　　　　　　　　　　73EJT25：51

☑　　～劍一。　　　　　　　　　　　　　　73EJT25：52

☑□張掖郡居延縣界中。謹移過所　　　　　　73EJT25：53

肩水金關　☑　　　　　　　　　　　　　　　73EJT25：54

居延誠勢里公大夫蔡午,年廿歲,長七尺二寸,黑色。☑ 73EJT25：55

☑官弩八,矢三百廿。ⅰ☑官弓十二,矢二百卌。ⅱ☑私弓五,矢百五

十。ⅲ☑官劍七。ⅳ　　　　　　　　　　　　73EJT25：56

☑　敢言之:謹　　　　　　　　　　　　　　73EJT25：57

☑　六月己卯入。　　　　　　　　　　　　　73EJT25：58

便以正月中責交爲得錢百,登山隧□☑　　　　73EJT25：59

☑大守府,與從者□[6]ⅰ☑留止。謹復傳,敢言ⅱ　73EJT25：60

☑弩一,矢廿四。　正月己丑出。　　　　　　73EJT25：61

☐☐明里范聖　　☐　　　　　　　　　　　　73EJT25：62

☐☐☐☐居延利上里晏買奴，　　　劍一。　　 ~ 　　☐73EJT25：63

☐七尺二寸，黑色。　　卩　☐　　　　　　　　73EJT25：64

……☐ⅰ 十一月癸丑，張掖農都尉賞、水章[7]丞☐ⅱ 73EJT25：65A

張掖農都尉章　　☐ⅰ☐　☐ⅱ　　　　　　73EJT25：65B

　　　　　　常韋[8]一☐，☐

☐布袍一領，

　　　　　　犬韎[9]一兩。☐　　　　　　　　　73EJT25：66

【校釋】

[1]初元：漢元帝年號。

[2]此處原簡有兩字空白位置，空出日干支待填寫。

[3]本始年號只用了四年，此處作“五年”原因説法不一，待考。

[4]此簡由何茂活綴合，見何茂活（2015.11.6）。

[5]遠：高一致（2016P15－24）以爲此字是“壴”。姚磊（《合校》2021P337）已作辨析，可參。

[6]此未釋字原簡圖作 ，或爲“得”草書。

[7]水章：《漢書·地理志下》：“霸陵，故芷陽，文帝更名。莽曰水章也。”

[8]常韋：《匯釋》（2008P231）：夾在鞋襪上防髒的皮罩。

[9]韎：原釋作“絑”，從王錦城（2019P1436）改釋。按：《集韻》所收“襪”字異體從“末”，當改。

☐賞叩＝頭＝（叩頭叩頭）。　　　　　　　　73EJT25：67A

☐叩＝頭＝（叩頭叩頭），死＝罪【＝】（死罪死罪）。　73EJT25：67B

☐一封☐☐都尉章，詣☐ⅰ☐二月甲寅日中時，卒☐ⅱ73EJT25：68

☐年十二月己亥上書待報。　　　　　　　　73EJT25：69

☐☐四[1]十☐十六☐☐　　　　　　　　　　73EJT25：70A

☐☐六枚　　八月己酉泭出[2]。☐　　　　　73EJT25：70B

☑……ⅰ ☑□禹、令史赦。ⅱ ☑……ⅲ　　　　　73EJT25:71

☑□史賜池陽里李率公,自言父舜爲故吏,持

☑傳,謁移過所縣邑,以律令從事,敢告尉史。　73EJT25:72 [3]

☑　　輻車一乘☑　　　　　　　　　　　　　73EJT25:73

☑朔丙午,令史昌敢言之:遣☑　　　　　　　73EJT25:74

　　　　　　六月壬辰出,

☑色,　　牛一車兩。

　　　　　　八月乙酉入。　　　　　　　　　73EJT25:75

☑　　九月☑　　　　　　　　　　　　　　　73EJT25:76

☑弓　　士吏福橐。　　　　　　　　　　　　73EJT25:77

☑□□□□酉丁丑辛巳乙酉癸巳丁酉辛□☑　　73EJT25:78

袍一領直(值)六百,　　出錢廿四,茭卅束。　　出☑

□□一領□□□　　□□□□□□□　□□☑ 73EJT25:79A

(圖畫)　　　　　　　　　　　　　73EJT25:79B [4]

本始二年[5]六月甲申朔丙午,……ⅰ 到居延□□□南樂里其□……ⅱ

　　　　　　　　　　　　　　　　　　　　　73EJT25:80

☑　　三月丙午□☑　　　　　　　　　　　　73EJT25:81

☑□一分,中程。　　　　　　　　　　　　　73EJT25:82

田卒濟陰郡☑　　　　　　　　　　　　　　73EJT25:83

☑還復籍入,毋☑　　　　　　　　　　　　　73EJT25:84

☑□六斗六升大。·後折二斗四升☑　　　　　73EJT25:85

梁(梁)[6]國卒千九十五人戍張掖郡,會甘露三年六月朔日,　四千

五百九里☑ⅰ　　　　　　　　　　73EJT25:86+17 [7]

【校釋】

[1]四:原未釋,原簡圖作█,較易辨析,今補。

[2]泭出:《説文·水部》:"泭,編木以渡也。""泭出"就是乘木筏出。

[3]此簡伊強(2015.1.19)認爲可與 T25:80 綴合。按:兩簡寬度不一

致,茬口不合適。

　　[4]圖畫上部可見馬頭形象。

　　[5]本始二年:本始是漢宣帝劉詢的第一個年號,本始二年是公元前72 年。

　　[6]梁:原徑作"梁",今據原圖版改。

　　[7]此簡由姚磊綴合,見姚磊(2021P149)。

☑月己巳朔乙酉,東部候長=(長長)生敢

☑被兵簿一編,敢言之。　　　　　　　　　　　　　73EJT25:87

卒史孫畢　　　☑　　　　　　　　　　　　　　　73EJT25:88

戍卒魏郡元城邑[1]多禾里大夫鄭☑　　　　　　　73EJT25:89

河東解亭長秦[2]世,年卅七。　　☑　　　　　　　73EJT25:90

戍卒淮陽郡固始南高里不更宋猜,年廿四。☑(削衣)　73EJT25:91

鱳得千秋里上造尹賢☑　　　　　　　　　　　　　73EJT25:92

☑藥橐〖三〗[3]各三枚,直(值)五十。　　□　　☑　73EJT25:93

河東臨汾南署里董温☑　　　　　　　　　　　　　73EJT25:94

☑張胙[4],年卅二,長七尺二寸。　　閏☑　　　　　73EJT25:95

南書二封,　皆居延都尉章,酒泉東部□☑　　　　73EJT25:96

禄福字里博通[5]　　☑　　　　　　　　　　　　　73EJT25:97

　　【校釋】

　　[1]元城邑:鄭威(2015P217-241):當亦是富平侯之元城邑,省去了"富平侯"三字。由此看來,侯國別邑亦可省稱爲"地名+邑"的形式,從行文格式上很難與湯沐邑相區别。元城邑爲富平侯之别邑。《漢書·地理志》魏郡有元城縣,地在今河北大名縣東。

　　[2]秦:原釋作"棄",原簡作秦。按:此形下從"禾"十分明顯,且上部就是"秦"之小篆結構,今改釋。

　　[3]此處原簡抄寫者誤衍"三"。

　　[4]張胙:人名。

[5]博通:人名。

□廣地伏之[1]隧長勒登[2]七月奉。　　□　　　　　73EJT25:98

穎川郡陽翟[3]畸里召□　　　　　　　　　　　　73EJT25:99

□二月完兵[4]四時[5]出入簿[6]。□　　　　　　　73EJT25:100

居延故卒史苑美[7]　　□　　□　　　　　　　　73EJT25:101

□牛一,黄牝,齒十歲,久右□[8]□　　　　　　　73EJT25:102

【校釋】

[1]伏之:隧名,金關簡首見,據簡文可知此隧屬廣地候官。

[2]勒登:人名。

[3]此處陽翟爲縣,T9:206 有"陽翟邑"爲邑名。

[4]完兵:完好無損壞的兵器。

[5]四時:《匯釋》(2008P63):指季度,有時也指半年。

[6]出入簿:《匯釋》(2008P62):漢簡中多爲記錄物品收付的賬册。

[7]苑美:人名。

[8]久:原未釋,從高一致(2014.8.23)、何茂活(2016P191-198)補釋。未釋字高一致以爲是"面",何茂活疑是"寫"。按:末尾未釋字應該是表示部位的字,牛身上的"久"記一般是在"尻""髀"等部位,故釋"面"、"寫"不可從。疑此字是"寬",讀爲"髖"。《說文・骨部》:"髖,髀上也。"即表示臀部。

河内郡温孔里張巳,　　□　　　　　　　　　　73EJT25:103

完城旦大男吕柯,　　　　□　　　　　　　　　73EJT25:104

□□延都尉,二月乙丑起府。

□時,橐他先登卒孫彭受付[1]莫當□　　　　　73EJT25:105

從者酒泉禄福定武里楊宗,　　□　　　　　　73EJT25:106

屋闌(蘭)丞社長樂[2]　　□　　　　　　　　　73EJT25:107

□□傳,謁移肩水金關,籍出　　　　73EJT25:108+211[3]

☑□卅歲,長七尺五寸,黑色,弓一,矢卅,　　牛車一兩,☑
　　　　　　　　　　　　　　　　　　　　　　　　　73EJT25:109

☑　　以稟戍卒□☑　　　　　　　　　　　　　73EJT25:110

☑　　聊游君[4]　　　　　　　　　　　　　　　73EJT25:111

淳永[5]千九百七十九。　、☑　　　　　　　　73EJT25:112

貝丘[6]多得[7]里公乘趙兵。　　☑　　　　　　73EJT25:113

☑六人縣三老☑　　　　　　　　　　　　　　　73EJT25:114

廿五日☑　　　　　　　　　　　　　　　　　　73EJT25:115

(此簡已與T25:159簡綴合)　　　　　　　　　73EJT25:116

☑　　牛車一兩,劍、盾一。　　　　　　　　　　73EJT25:117

省作[8]彊落□☑　　　　　　　　　　　　　　73EJT25:118

☑里公乘朱得,年五十七,長七尺二寸,黑色,☑　73EJT25:119

居延卅井候[9]從史[10]□□☑　　　　　　　　73EJT25:120

【校釋】

[1]受付:接受交付。

[2]社、樂:皆人名。

[3]此簡由何茂活綴合,見何茂活(2015.11.6)。

[4]聊游君:人名。

[5]淳永:可能爲人名。

[6]貝丘:原釋作“居延”,原簡作🔲。按:此兩形與“居延”兩字差距太大,據字形當改釋作“貝丘”。貝丘爲縣名,屬魏郡,T29:100、T30:117、T37:740A等簡皆可見貝丘,並且明確記載屬魏郡。但《漢書·地理志》貝丘縣並不在魏郡下,而在清和郡下。

[7]多得:多,原釋作“觻”,原簡作🔲。原整理者應是考慮到西北簡中常見的“觻得”又寫作“角得”(如F3:558、F3:314簡中),故將此處當成“角得”而釋文整理作“觻得”。但觻得是張掖郡下轄縣,出現在里名中尚屬首見。金關漢簡中的“角”、“多”兩字形近,一般“角”上的“刀”形不會與下撇畫連寫,而“多”字的草書卻每個都可與此簡字形大致相合,故從

字形對比上應將此簡字釋作"多"。多得,在此簡作里名。金關簡中"多某"的里名不乏其例,如 T2:2A 多積里、T25:89 多禾里、F3：178 多牛里等等。

[8]省作:永田英正(1983P197-222):離開原工作地點的戍卒叫"省卒",省卒到別處去工作叫"省作"。《集成》(八 P70):從戍卒中臨時抽調之省卒。用於集中人員和時間完成某一項工作。

[9]居延卅井候:張掖郡下轄居延都尉府與肩水金都府,卅井候隸屬於居延都尉府。

[10]從史:《匯釋》(2008P38):散吏名,跟隨官僚,不主文書,即不列入郡縣諸曹的散吏。

肩水候官辟非隧[1]長公乘荀長賢[2]☑　　　　73EJT25:121A

初元三年[3]功勞案[4]☑　　　　　　　　　　73EJT25:121B

(此簡已與 T25:156 簡綴合)　　　　　　　73EJT25:122

☑衣用,謁移過所　　　　　　　　　　　　73EJT25:123

(此簡已與 73EJC:482 簡綴合)　　　　　　73EJT25:124

觻得千秋里薛〈薛〉[5]□☑　　　　　　　　73EJT25:125

光子小女□☑　　　　　　　　　　　　　　73EJT25:126

扶溝[6]上里段巍[7],年廿八。　☑　　　　 73EJT25:127

☑善食酢=善飲□=　　　　　　　　　　　　73EJT25:128

橐他尉史□□☑　　　　　　　　　　　　　73EJT25:129

逆寇隧宗廣□　☑　　　　　　　　　　　　73EJT25:130

【校釋】

[1]辟非隧:隧名。

[2]荀長賢:人名。

[3]初元:漢元帝劉奭的第一個年號,初元三年是公元前 46 年。

[4]功勞案:原未釋,從張俊民(2015. 1. 19)補釋。李均明(2009 P416):經查實,將有關事項記錄在案的文書形式亦稱作"案"。按:據李均

明所説,則功勞案是經過核查確定後的官員積功明細記録。

　　[5]薜:原釋作"薛",從沈思聰(2018P350)改釋。按:此字原簡確實從
"辟"。按照常見姓氏而言,"薜"當爲"薛"之訛俗寫法。

　　[6]扶溝:原未釋,從高一致(2016P15-24)補釋。扶溝,西漢屬沛郡,
東漢時爲淮陽國轄地。

　　[7]巍:原釋作"魏",從高一致(2016P15-24)改釋。

第廿九□長丁□　　月□☑　　　　　　　　　　　　73EJT25:131

☑□□□□閏月己巳入。　　☑　　　　　　　　　73EJT25:132

戍卒趙國邯鄲樂中里樂彊□☑　　　　　　　　　　73EJT25:133

☑居延鞮汙里公乘李當時,年廿九,　長七尺□☑　　73EJT25:134

七月丁卯騂北亭卒少[1]以來。[2]☑　　　　　　　　73EJT25:135A

七月丙寅☑　　　　　　　　　　　　　　　　　　73EJT25:135B

□喜,軺車一乘,持[3]白牡馬[4]一匹,☑　　　　　　73EJT25:136

田卒濟陰郡定陶宜慶里大夫陳……長七尺二寸,黑☑ 73EJT25:137

☑　長六尺,黑色,劍一,　正□　☑　　　　　　　73EJT25:138

☑……☑[5]ⅰ☑□□□,死=罪=(死罪死罪),□□□□☑ⅱ
　　　　　　　　　　　　　　　　　　　　　　73EJT25:139A

☑……☑[6]ⅰ☑……☑ⅱ　　　　　　　　　　　　73EJT25:139B

鱳得當利里小女相☑　　　　　　　　　　　　　　73EJT25:140

☑如律令。╱掾意、令史賀。　　　　　　　　　　73EJT25:141A

☑[7]……[8]　　　　　　　　　　　　　　　　　　73EJT25:141B

蜀郡[9]……三……黑色　字長伯。　牛車一兩,弩☑ 73EJT25:142

　　【校釋】

　　[1]少:人名。

　　[2]來:原未釋,今據原圖版和殘存墨跡補。

　　[3]持:懷疑此字是"特",但與常見文例略有不合。

　　[4]馬:原未釋,從王錦城(2020.1)補釋。

[5]此行原釋文無,今據原圖版殘留墨跡補。

[6]此行原釋文無,今據原圖版殘留墨跡補。

[7]此簡背面原釋文誤作下殘,實爲上殘。

[8]此簡下部似爲圖畫。

[9]蜀郡:《漢書·地理志上》:"蜀郡,秦置。有小江入,并行千九百八十里。《禹貢》桓水出蜀山西南,行羌中,入南海。莽曰導江。屬益州。"

□游卿，　　靳□一　　　□□□☑　　　　　73EJT25∶143A

□□　　丁……□□□☑ⅰ□□……人自……上☑ⅱ 73EJT25∶143B

(此簡已與 25∶151 綴合)　　　　　　　　　　73EJT25∶144

□□里大夫姚光,年十五,長七尺……☑　　　　73EJT25∶145

戍卒睢陽馳□☑　　　　　　　　　　　　　　73EJT25∶146

☑……☑ⅰ☑……自取☑ⅱ　　　　　　　　　73EJT25∶147

☑長六尺八寸,黑色,　　十二月乙丑出。　　☑　73EJT25∶148

☑□□二千石長史丞□召告□等□☑

☑□□年月□□□□□☑　　　　　　　　　　73EJT25∶149A

☑南卒少行令一檄真[1]□☑　　　　　　　　　73EJT25∶149B

任城山陰里□☑　　　　　　　　　　　　　　73EJT25∶150A

掖掖掖掖□☑　　　　　　　　　　　　　　　73EJT25∶150B

以糴驚糒[2]買布爲名,尉禹[3]等不敬循[4]行留□吏卒……候史□☑

　　　　　　　　　　　　　　　73EJT25∶151+144[5]

子公乘□□☑　　　　　　　　　　　　　　　73EJT25∶152

☑屯居延,作一日當[6]☑ⅰ☑□□□□□□□　☑ⅱ　73EJT25∶153

市陽里趙翁稑☑　　　　　　　　　　　　　　73EJT25∶154

(此簡已與 T25∶186 簡綴合)　　　　　　　　73EJT25∶155

東塢〈部〉[7]候長則以府表舉書道官[8],六月七日戊子[9]駙北亭卒福表七通,辛卯……☑ⅰ　　　　73EJT25∶156+174+122[10]

【校釋】

［1］檄真：原釋作“數算”，二字原簡圖分別作![字形]、![字形]，字形較易辨識。檄真，即檄書正本。

［2］糒，原釋作“檄”，張俊民（2015.1.19）釋作“糴”。按：此字原簡字形不從“入”。驚糒：初師賓（1984P142-222）：驚米、驚糒，乃專爲爆發戰爭而設。驚同警。《匯釋》（2008P238）：應急的糧食。

［3］禹：人名。原釋作“備”，從張俊民（2015.1.19）改釋。

［4］敬循：張俊民（2015.1.19）釋作“數循”。

［5］此簡由謝明宏（2022.6.7）綴合。

［6］當：原未釋，從張俊民（2015.1.19）補釋。

［7］東塢：原未釋，姚磊（2021P150）釋作“東部”。塢，原簡作![字形]，若將此形看作“部”，結構筆順都與漢簡中的字形不合，找不到任何相同字例。此形與“塢”的簡省寫法很合，如居延舊簡104.42B中的“塢”就是此形，正可對證。T23：348有“東部候長則”，有文例相對。故此字當釋作“塢”，而視爲“部”之訛誤字。

［8］道官：道，原未釋，從姚磊（2021P150）補釋。邊塞有少數名族雜居者稱道。官，官府。

［9］許名瑲（2016.12.26）指出“六月七日戊子”，則六月壬午朔，定此簡屬宣帝五鳳二年。

［10］此簡由姚磊綴合，見姚磊（2021P150）。

（此簡已與T25：244簡綴合）　　　　　　　　　　　　　73EJT25：157

☑　地節[1]☑ᵢ☑　☑☑☑ᵢᵢ　　　　　　　　　　　73EJT25：158

雒陽利長里大夫韓贛，年廿八歲，長七☑　　　73EJT25：159+116 [2]

☑辝（辭）☑☑☑　　　　　　　　　　　　　　73EJT25：160

☑受麥[3]大石九石二斗四升☑　　　　　　　　　73EJT25：161

田卒濟陰郡定陶西牢里大夫王廣，年廿八，　長七尺二寸，黑色。

　　～☑ᵢ　　　　　　　　　　　　　　　　　73EJT25：162

甘露四年五月□☑ᵢ 一編,敢言之。☑ᵢᵢ　　　　　73EJT25∶163

田卒濟陰郡定陶西泗里大夫陳☑　　　　　　　73EJT25∶164

☑色,　　十二月庚□入。　……出☑　　　　73EJT25∶165

章曰∶雒陽丞印。☑　　　　　　　　　73EJT25∶166A⁽⁴⁾

五月庚辰,雒陽長忠□☑　　　　　　　73EJT25∶166B

☑侯武,年廿三,長七尺二寸,☑　　　　　　　73EJT25∶167

☑輻車一乘,馬一匹,☑　　　　　　　　　　73EJT25∶168

爰書一編。☑　　　　　　　　　　　　　　73EJT25∶169

☑□戊辰朔丁丑,居☑　　　　　　　　　　73EJT25∶170A

☑吏居延□☑　　　　　　　　　　　　　73EJT25∶170B

冠軍邑⁽⁵⁾安甯里張輔,年卅☑　　　　　　　　73EJT25∶171

【校釋】

[1]地節∶原未釋,從胡永鵬(2015.3)補釋。

[2]此簡由何茂活綴合,見何茂活(2015.11.6)。

[3]受麥∶原未釋,從何茂活(2016P191−198)補釋。

[4]據常見的行文格式,應當在背面記録章印内容。此簡可能是正反面編號顛倒。

[5]冠軍邑∶南陽郡之屬縣。

趙貂│││││││││││十│││││││││☑

宋午│││││││││││十│││││││││☑

│││││││││││十│││││││││☑　73EJT25∶172

☑　牛二車一兩,　十一月丁卯出。　　　　73EJT25∶173

(此簡已與 T25∶156 簡綴合)　　　　　　73EJT25∶174

(此簡已與 T30∶46 簡綴合)　　　　　　　73EJT25∶175

☑不數教告卒令□☑　　　　　　　　　　73EJT25∶176

☑隧長一人,　　　南……☑

☑卒二人,　　　　書到驛北……☑　　　　73EJT25∶177

☑事,當爲傳,移所過縣、邑,勿^[1]☑ⅰ☑……　☑ⅱ　　73EJT25:178

☑□□客　☑　　73EJT25:179

☑□　　長七尺三寸,黑色,□☑　　73EJT25:180

☑□萬歲里徐☑　　73EJT25:181

☑黑色,　　　已出。卩　　73EJT25:182

☑□以私行候☑　　73EJT25:183

☑廣地石北隧長董青得☑　　73EJT25:184

家私市居延☑ⅰ……☑ⅱ　　73EJT25:185A

印曰:雒丞☑　　73EJT25:185B

☑過所河、關,毋苛留止,如律令。☑　　73EJT25:186+155^[2]

☑……二時四分□^[3]☑　　73EJT25:187A

☑縣□　　☑　　73EJT25:187B

☑五歲^[4]☑ⅰ☑□□□□□□□☑ⅱ　　73EJT25:188

☑□尉史十☑ⅰ☑丑維〈緱〉氏^[5]□☑ⅱ　　73EJT25:189

☑　　三丈,　　　二丈☑

☑□　二丈,　　　二丈☑

☑　　四丈,　　　二丈☑　　73EJT25:190

(此簡已與 T25:43 簡綴合)　　73EJT25:191

☑樂^[6]昌隧長毛光七月食。　　丿　　73EJT25:192

通長生,先以亡人命者蘭渡關律辨告^[7],□□☑　　73EJT25:193

☑□　　戊

☑戊　　辰　　73EJT25:194

☑□移過所縣、邑、侯國,如律令 。／掾充☑　　73EJT25:195

　　　　　　……☑

居延尉史安國　　～

　　　　　　　馬二匹,□☑　　73EJT25:196

☑劍一,弩一,矢五十。　　73EJT25:197

☑☑☑一領，　　　☑☑☑

☑皁袍一領，　　　皁布單衣一。　　　73EJT25：198

☑鮮☑☑不……　　　73EJT25：199

☑☑所成　☑　　　73EJT25：200

☑秋^[8]穀計。　　　73EJT25：201

【校釋】

［1］勿：原未釋，從王錦城、魯普平（2017P328—334）補釋。

［2］此簡由姚磊綴合，見姚磊（2021P151）。

［3］此未釋字原無，今據原圖版補。

［4］歲：原釋作“養”，從何茂活（2016P191—198）改釋。

［5］維氏：何茂活（2016P191—198）改釋作“緱氏”。按：原釋不誤。此處“維氏”當視爲“緱氏”之誤。緱氏爲縣名，《漢書·地理志》載屬河南郡。

［6］樂：原未釋，從陸寧寧（2022.7.19）補釋。按：此字原簡墨跡雖少，但可通過辭例“樂昌隧”確定釋字。

［7］律辨告：原釋作“津☐☐”，從王錦城（2019P554）改釋。

［8］秋：原釋作“私”。原簡此形最右的點與“厶”的點畫筆勢不同，故知此字釋作“私”有問題。原簡此字右從“火”，肩貳 T23：924、肩肆 T37：757、肩肆 T37：102 中皆可見此類字形的寫法。從上計的角度來說，私人的穀未必是上計物，所以此處的“私”當改釋作“秋”

☑☑單　　　73EJT25：202

☑……·受子☑☑　　　73EJT25：203A

☑……☑　　　73EJT25：203B

☑☑☑朔丁丑，西鄉嗇夫☐敢言之：☐☐里官大夫☐☐，年卅☐☐☑

☑……取傳，謁移縣、邑、侯國，……　　☑　　　73EJT25：204A

☑……☑　　　73EJT25：204B

☑☑☑春里大夫☐☐，年☑　　　73EJT25：205

☑尺二寸，黑色。　　　∫　　　73EJT25：206

☑建秋試射隧　　　　　　　　　　　　　73EJT25：207

出羊空☑☑　　　　　　　　　　　　　　73EJT25：208

☑☑☑☑☑☑☑ⅰ☑請以令爲☑☑ⅱ　　　　73EJT25：209

☑☑　　弓　☑[1]　　　　　　　　　　　73EJT25：210

（此簡已與 T25：108 簡綴合）　　　　　73EJT25：211

☑☑治北☑令☑☑表☑☑☑☑卒　　　　　73EJT25：212

（圖畫）[2]　　　　　　　　　　　　　73EJT25：213A

（圖畫）　　　　　　　　　　　　　　　73EJT25：213B

☑☑☑事☑☑己未☑☑籍來者……　　　　73EJT25：214

東部候長☑☑☑☑　　　　　　　　　　　73EJT25：215

☑☑矢十二　　　　卩　　　　　　　　　73EJT25：216

☑敢[3]言之☑☑隧長☑　　　　　　　　　73EJT25：217

☑☑主召☑　　　　　　　　　　　　　　73EJT25：218

☑……☑　　　　　　　　　　　　　　73EJT25：219A

☑……☑　　　　　　　　　　　　　　73EJT25：219B

☑拜再拜　　　　　　　　　　　　　　　73EJT25：220A

☑……　　　　　　　　　　　　　　　　73EJT25：220B

☑　　　　卩　　　　　　　　　　　　　73EJT25：221

☑☑九　☑　　　　　　　　　　　　　　73EJT25：222

☑☑子☑☑☑　　　　　　　　　　　　　73EJT25：223

☑☑☑☑行丞事。☑ⅰ☑……☑ⅱ　　　　73EJT25：224

☑……☑　　　　　　　　　　　　　　73EJT25：225

☑八月乙卯　　　☑　　　　　　　　　　73EJT25：226

溫豪上里[4]公乘☑☑　　　　　　　　　　73EJT25：227

☑月食　　　☑　　　　　　　　　　　　73EJT25：228

☑復用[5]　　　　　　　　　　　　　　73EJT25：229

【校釋】

　[1]此簡原釋文僅有一符號,但上方仍能看到半字,今補。又,原整理者作下殘,但原簡下部似未殘。

　[2]此簡可見虎身圖案。

　[3]敢:原未釋,原簡僅存少許筆畫,今據文義和常見文例補。

　[4]溫:縣名。豪上里:里名。

　[5]復用:原未釋,原簡"用"字較清晰易辨,"復"字上殘,但主要結構可辨。今補。

☑弩不自☑[1]☑(削衣)　　　　　　　　73EJT25：230

☑公乘郭毋蓉(咎)[2],年廿四。　☑　　　73EJT25：231

☑□一斗直(值)百廿三。　　　　　　73EJT25：232A

☑□記　　　　　　　　　　　　　　73EJT25：232B

☑……張……當……☑　　　　　　　73EJT25：233

☑士吏昌付候史王弘。　　　　　　　73EJT25：234

☑□□□□一□☑　　　　　　　　　73EJT25：235

☑□□□之　☑　　　　　　　　　　73EJT25：236

☑　劍一☑　　　　　　　　　　　　73EJT25：237

☑□如律令。　／掾□☑　　　　　　73EJT25：238

☑□□□☑　　　　　　　　　　　　73EJT25：239

☑□章曰□□☑　　　　　　　　　　73EJT25：240

☑省卒九人,　　　　　☑
☑其一人養,　　　　　☑
☑一人病,　　　　　　☑
☑定作七人。　　　　　☑　　　　　73EJT25：241

☑不更張衆,年□□□☑　　　　　　73EJT25：242

(此簡已與 T25：244 簡綴合)　　　　73EJT25：243

河南故市[3]樂[4]……蘇□,年廿九,長七……閏月己巳入。

牛車一兩☒　　　　　　　　　　　73EJT25：244+243+157 [5]

☒☒☒☒☒☒☒☒☒十月☒☒　　　　　　73EJT25：245

☒當得……　　　　　　　　　　　　73EJT25：246

☒　胡子長☒☒ᵢ☒　☒☒☒ᵢᵢ　　　　73EJT25：247

章曰：□□丞☒　　　　　　　　　　73EJT25：248A

之印☒　　　　　　　　　　　　　　73EJT25：248B

【校釋】

［1］未釋字疑爲“射”。

［2］荅：原未釋,高一致(2014.9.5)釋作“咎”。按：此字原圖作 [image],從“艹”從“咎”皆易辨識,今補。此“荅”讀作“咎”,毋荅即無咎。

［3］故市：王錦城(2019P1448)認爲是《漢書·地理志》所記河南郡屬縣。按：此處若“藥”釋字不誤,應“市藥”連讀。

［4］樂：原未釋,從高一致(2016P15-24)補釋。

［5］此簡由何茂活、姚磊綴合,見何茂活(2015.11.6)、姚磊(2021P152)。

肩水金關 T26：1-305

☒十一月戊午,肩水守候宬[1]□□☒

☒塞尉何[2]以近次兼行[3]丞事,下候、田官☒　　　73EJT26：1A

☒印曰：宋卿私印。　　☒　　　　　　　　　　73EJT26：1B

詣府,會日中,須有驗,毋以它爲解[4],有ᵢ教ᵢᵢ　　73EJT26：2A

□□□□候長﹦(長長)生[5]。　　　　　　　　　73EJT26：2B

南書二封：Ⅰ皆張掖肩候印,一詣肩水都尉府,Ⅱᵢ一詣武昭[6],Ⅱᵢᵢ

四月戊戌夜食時,卒幼受澤嬰,付沙頭卒輔。Ⅲ　　73EJT26：3

□谷隧卒比毋故　病　養　養　□　養　☒　　　　73EJT26：4

【校釋】

［1］宬：原釋作“最”,從王錦城(2019P557)改釋。

［2］何：人名。

[3]以近次兼行:《集成》(五 P29):以官職相近而代行其職。

[4]毋以它爲解:《集成》(十 P70):文書慣用語,不得以任何理由推諉,係催辦之詞。

[5]長生:候長名。

[6]武昭:當爲"昭武"書寫時位置顛倒。昭武,縣名,屬張掖郡,在今甘肅省張掖市臨澤縣。

九_二(九九)八十一。Ⅰ_i八九七十二。Ⅰ_{ii}
八_二(八八)六十四。Ⅱ_i七八五十六。Ⅱ_{ii}六八卅八。Ⅱ_{iii}七_二(七七)卅九。Ⅲ_i六七卅二。Ⅲ_{ii}六_二(六六)卅六。Ⅳ_i五六卅。Ⅳ_{ii}五_二(五五)廿五。Ⅴ_i四五廿。Ⅴ_{ii}□□□Ⅴ_{iii}二三而六。Ⅵ_i一二而二。Ⅵ_{ii}　　　　　　　73EJT26:5A^[1]
……小^[2]Ⅰ辛丑六日執。ↀⅡ_i壬寅七日破。ↀⅡ_{ii}癸卯八日危。ↀⅡ_{iii}辛亥十六日平。ↀⅢ_i壬子十七日定。ↀⅢ_{ii}癸丑十八日執。ↀⅢ_{iii}辛【酉廿六日除】^[3]。Ⅳ_i壬戌廿七日滿。Ⅳ_{ii}癸亥廿八日平。Ⅳ_{iii}甲子廿九日定^[4]。Ⅳ_{iv}　　　　73EJT26:5B^[5]

【校釋】

[1]程少軒(2015P129-143)認爲第六欄没有按規律抄寫"四_二十六"、"三四十二"等,疑表格抄寫有誤,或因餘下空間不足而將"四"以下口訣抄在木牘其餘空白處。

[2]小:原釋文無,從程少軒(2015P129-143)補釋。

[3]此行原釋文無,從程少軒(2015P129-143)補釋。

[4]甲子廿九日定:程少軒(2015P129-143):據干支與日序的對應關係,可推知該月曆當月朔日爲丙申。又據建除對應之地支,可推知該月建申,對應顓頊曆、太初曆之七月以及新莽曆法之八月。該牘保存的是月曆的最左部分,"甲子廿九日定"是該月最後一日,因此該月是小月。查張培瑜《三千五百年曆日天象》,該牘所寫爲西漢昭帝元平元年(前74)七月月曆。

[5]此簡 A 面是乘法表,但是並不完整。B 面爲曆譜,每日後附建、除、滿、平、定、執、成、收、破、危、開、閉等十二值位,以説明該日吉凶,此簡提到六個。

壬	壬	辛	辛	庚	庚	己	己	己	戊	戊	丁	丁

十六日　　　　　　　　初伏[1]

寅	申	丑	未	子	午	亥	巳	亥	辰	戌	卯	酉

　　　　　　　　　　　　　73EJT26:6 [2]

蒙城中[3]芮係。　　　丿　　　　　　　　　73EJT26:7

☑□三……令史齊、卒[4]張外人　　　　　73EJT26:8

田卒淮陽郡新平景里上造高千秋,年廿六,　　　取甯[5]平馹里上造

胡卻[6],年廿四,爲庸。　　　丿 i　　　　73EJT26:9

【校釋】

[1]初伏:夏至後的第三個庚日或是指從夏至後第三個庚日到第四個庚日之間的十天時間。詳見 T23:332"中伏"注。

[2]黄艷萍(2015.2-1)、程少軒(2015P129-143)考此簡屬本始二年曆譜,此簡干支與本始二年各個月份的十六日的干支相合。

[3]蒙城中:趙海龍(2014.8.31):蒙縣,《漢書·地理志》屬梁國,漢簡中記載戍卒信息一般爲"縣名+里名",則"城中"應爲里名。

[4]"齊"原釋作"信","卒"原未釋,從高一致(2016P15-24)改補。按:同探方 T26:13 簡有"令史齊、卒張外人"。

[5]甯:原簡作■,原釋作"寧",從何茂活(2016P191-198)改釋。按:據簡文前面説到"淮陽郡新平景里",推測"甯"字後可能漏了"新"。

[6]卻:原釋作"部",何茂活(2016P191-198)釋作"舒"。按:此字左部筆畫不完全明確,在簡中用作人名,若按照詞義理解,"胡卻"取胡人膽怯或使胡人退却義,似更適合作人名。

單(襌)衣一領,

戌卒……里徐年，　　　　　　　　　　□□□卩

　　　　綺一，　　　　　　　　　　　　73EJT26：10

南書二封，　肩關，一詣肩水都尉府，一詣觻得。　六月□□

　　　　　　　　　　　　　　　　　　73EJT26：11

月晦[1]復言狀，叩頭，死死罪罪（死罪死罪），敢言之。　73EJT26：12

牛一，黃，涂，犗，白口，腹下左斬，齒七歲，絜八尺，　第八百九十二

人[2]。　元鳳四年閏月丙申[3]，守農令久左尻[4]，以付第五令史齊、

卒張外人。i　　　　　　　　　　　　　73EJT26：13

牛一，黑，犗，涂頭，左斬，齒七歲，絜八尺五寸，　角第千一百卅三，

名曰[5]白虎[6]。　☑i　　　　　　　　　　73EJT26：14

【校釋】

[1]月晦：《匯釋》(2008P40)：月底，猶三十日。按：指每月的最後一日。

[2]依據文例，此處前面是牛的編號，後面應該是牛的名字，釋文作"人"字未必正確。或當釋作"入"。

[3]黃艷萍(2015.2-1)認爲元鳳四年無閏月，該簡"元鳳四年閏月"或有誤。

[4]久左尻：在左邊屁股上做標記。

[5]名曰：原未釋，從張俊民(2015.1.19)補釋。

[6]虎：何茂活(2016P191-198)釋作"馬"。

□□□官謂守候長□□□□塞……☑i□傳詣廷轉行數辦□□□之……爲解☑ii八月己酉平旦，方謂□□□留……☑iii 73EJT26：15

元鳳二年[1]二月癸卯，居延與金關爲出入六寸符[2]，券齒百[3]。從第一至千，左居官，右移金關，符合以從事。第九百五十九。

　　　　　　　　　　　　　　　73EJT26：16[4]

【校釋】

[1]元鳳二年是公元前79年。

　　[2]符:《匯釋》(2008P234):出入關卡的憑證。符合以從事,左右相合,方可通行。藤田勝久(2014P599-615):出入符是居延縣發放給金關,要從居延地區通過肩水金關、進入肩水地區的證明。在金關,先將發給的有連續號碼的符,與通行者的符進行校驗確認,而通行者在回到居延以後符被回收,以便反復利用。

　　[3]券齒百:就是刻齒的形狀是"百",詳見籾山明(1998P147-177)專文。

　　[4]李迎春(2019P252-271)指出此類符完整者皆有刻齒、穿孔,長度基本符合漢代六寸,内容都是"居延與金關爲出入六寸符(券)"、"左居官右移金關",記有券齒和編號,無使用者信息,是不固定於某個人、可循環使用之符。

賤子倡[1]□伏地再拜,多問ⅰ大君□足下善毋恙。甚苦[2]事秋時不和,願近衣進酒食,[3]ⅱ□[4]事,幸甚……ⅲ　　　　　　73EJT26:17A

居延都尉糞土臣武上書……ⅰ□□□□詣行在所,公車司馬……ⅱ元鳳二年□月辛酉……ⅲ　　　　　　　　　　73EJT26:17B

【校釋】

　　[1]賤子:謙稱。倡:人名。

　　[2]甚苦:原釋作三個未釋字,從何茂活(2016P191-198)補釋。

　　[3]秋時不和,願近衣進酒食:依節令向收信人問候的客套語,望對方注意飲食起居。

　　[4]此未釋字何茂活(2016P191-198)釋作"察"。

……肩水☑ⅰ□□歲,高六尺,迺五月乙亥病中☑ⅱ　　73EJT26:18

左□□□□□□□□非……欲□ⅰ……ⅱ　　　　　73EJT26:19A

……　　　　　　　　　　　　　　　　　　　　73EJT26:19B

☑□□前,近衣進酒食,明察蓬(烽)火候望[1]□ⅰ☑……ⅱ

　　　　　　　　　　　　　　　　　　　　　73EJT26:20A

☑□□善毋恙。甚苦候望事,秋時[2]書記　　　　73EJT26:20B

(此簡已與 T30:27 簡綴合)　　　　73EJT26:21

肩水金關　　　　73EJT26:22

入七稯布[3]二千七百九十七匹九尺六寸五分,直(值)六十萬八千四

百,　　率匹二百一十七錢五分 i　　　　73EJT26:23

……☑ i 走者吏[4]以時行如律,已移書酒泉大守府,敢告☑

　　　　73EJT26:24

(此簡已與 T26:42 簡綴合)　　　　73EJT26:25

(此簡已與 T26:245 簡綴合)　　　　73EJT26:26

肩水廣地候長李勝之與金關　　　從者綏彌縣常利里勝延年,

爲出入符,牛車二兩,符第百。　　　從者綏彌縣敬老里苗彊。

　　　　73EJT26:27 [5]

從者昌爵昌[6]袍、襲各一領,錢百,米　　　73EJT26:28

☑□□[7]　寅　亥　申　巳　寅　亥　申　巳　寅　亥　申　☑

　　　　73EJT26:29

☑昌□所□縣□□ i ☑相御史府移中二₌千₌石₌(二千石,二千石)

三 ii ☑道上苛察□□鄉邑 iii　　　73EJT26:30

【校釋】

[1]察:原釋作"寇",從何茂活(2016P191-198)改釋。明察即熟悉明白,觀察入微。蓬火是漢塞傳遞敵情的信號。候望即瞭望,察邊塞動靜。這些是漢塞守邊戍卒日常工作之一。

[2]事秋時:原未釋,從王錦城、魯普平(2017P328-334)補釋。

[3]七稯布:《匯釋》(2008P2、275):貧民、囚犯穿的粗布。稯是絲布的縷數單位,布八十縷爲一稯。

[4]走者吏:一般是"行者走",表示以步行傳遞,這裏説"走者吏"應指步行傳遞者。

[5]李迎春(2019P252-271)將此簡擬定爲宣帝前中期。郭偉濤(2018P96-125):肩水廣地候長,實際是指肩水都尉轄下的廣地候官塞某部候

長,該符很可能是廣地候官所製作。

[6]昌爵昌:王錦城(2019P1450)認爲是從者的名字。按:爵,原簡圖作𤔛,字形可疑,可能書寫有誤。按照常見文例,第二個"昌"後應該是爵名,疑此處書寫亦有誤。

[7]程少軒(2015P129-143)認爲簡首未釋字是神煞名,據簡文可知該神煞之運行爲正月起寅、逆行四孟。

孝武皇帝兄弟子[1]有屬籍[2]在郡國者,賜馬各一匹駠,資馬錢十四萬[3]。ⅰ　　　　　　　　　　　　　　　　　73EJT26:31[4]

【校釋】

[1]兄弟子:鄔勖(2015P45-57):武帝兄弟之子。

[2]屬籍:鄔勖(2015P45-57):是記載親屬關係的簿籍,其範圍應與喪服範圍相關……"屬籍"大概就是以宗長爲中心編製的五服之籍。"有屬籍、在郡國者",即名列於漢的屬籍,但不在位而在郡國爲民者,包括不得封者及封而廢、免者。……本簡所説的"武帝兄弟子有屬籍"的情況不大可能發生在元帝時,而應在元帝以前的昭、宣時代。

[3]賜馬各一匹駠,資馬錢十四萬:高一致(2014.8.23):似乎是漢元帝兩次賜馬宗室中的某一次具體實施細則。"駠資馬錢十四萬",是朝廷對孝武皇帝兄弟子有屬籍在郡國者原本擁有的馬匹所"資"之錢。鄔勖(2015P47):"賜馬各一匹,駠資馬錢十四萬",應指賜馬執行時可用錢來代替。四匹馬折錢十四萬,計每匹折錢三萬五千。王錦城(2019P561):該簡"一匹"和"駠"之間或脱"至"或"至二"數字,而"資馬錢十四萬"是説除賜馬一至駠之外,還賜錢十四萬。按:資,給。《戰國策·秦策四》:"王資臣萬金而遊。"高誘注:"資,給。"

[4]此簡爲中央頒佈的詔令,鄔勖(2015P45-57)、高一致(2014.8.23)皆對此簡有論述,尤其以前者論述較詳。前者認爲此簡詔令當頒佈在昭宣元之際,專門針對武帝兄弟之子進行的優待,用意可能包括對因武帝舉措受損的宗室補償,以重修"親親"之義;感動上天或先帝,以利於漢朝

延續。

爵左庶長[1]，中都官[2]及宦者吏千石以下至六百石爵五大夫孝者，
爵人二級，吏民爵人一級。四年以前吏□□ⅰ　　　　73EJT26：32
☑漢里徐強，　本始二年三月甲午除。　見。　☑　　73EJT26：33
治渠卒河東安邑陵里公乘垣賀，年卅三。　☑　　　73EJT26：34
河內溫中侍里汪罷軍，年卅八，字君長，　乘方相(箱)車，驪(騩)牡
馬一匹，齒十五。　八月辛卯入。ⅰ　　　　　　　　73EJT26：35
(此簡已與 T26：75 簡綴合)　　　　　　　　　　　73EJT26：36
■右增山隧[3]卒四人。　　　　　　　　　　　　　73EJT26：37
綦毋故　　新　　ム　ム　丿　丿　　　　　　　　73EJT26：38
沙頭隧長虞明，　　毋奉未出。　　　　　　　　　73EJT26：39
☑寅朔庚寅，萬歲　☑(削衣)　　　　　　　　　73EJT26：40
卒孫義　　二　　二　　八　　三　　　　　　　　73EJT26：41
本始六年正月甲子朔己丑[4]，南鄉佐歲敢告尉史：南里陳叔自言
【取】傳爲家私市張掖居延。謹案：毋官獄ⅰ徵事，當爲傳，謁言移過
所縣邑，勿何(苛)留，敢告尉史……ⅱ　　　73EJT26：42+25 [5]

【校釋】

[1]左庶長：秦漢二十等爵中的第十級爵。

[2]中都官：兩漢京師各官署的統稱。《漢書·宣帝紀》本始元年："賜
吏二千石、諸侯相，下至中都官、宦吏、六百石爵，各有差。"顏師古注："中
都官，謂在京師諸官也。宦吏，諸奄官也。"

[3]增山隧：新見隧名。

[4]本始六年正月甲子朔己丑：本始是漢宣帝劉詢的第一個年號，僅
使用了四年。這裏的"正月甲子朔"可與漢地節二年時間對應。

[5]此簡由伊強(2016P115－129)綴合，綴合後第一行茬口處略有缺
損，可補一字"取"。

毌適隧[1] 蘭柱　　☑　　　　　　　　　　　　　73EJT26：43

☑肩水候官　　　　　　　　　　　　　　　　　73EJT26：44

　　　　　　下甲卿留月

天子　　　下日一□名　　二年七月　　　張掖大宮　　☑（習字）

　　　　　部丞旦　　　　　　　　　　　　　　　73EJT26：45A

　　丁卯

甲子乙丑丙寅□□戊辰　　　（習字）　　　　　　73EJT26：45B

觻得定利里公乘樂護，年卅七，　長七尺五寸，黑色。　　☑

　　　　　　　　　　　　　　　　　　　　　　　73EJT26：46

☑七月丙午朔　　　肩水關嗇夫　　□寫移候官□☑　73EJT26：47 [2]

☑□虜隧□□　　丿　　馬　　　　　　　　　　　73EJT26：48

☑□里孫□，年卅五，　　☑　　　　　　　　　　73EJT26：49

建昭二年[3]六月壬戌朔壬申，張掖大守良、長定、丞……千人謂□□☑

　　　　　　　　　　　　　　　　　　　　　　　73EJT26：50

　　　　　　　　四人身[4]　　☑

·右第十車十人。

　　　　　　　　六庸　　☑　　　　　　　　　73EJT26：51

【校釋】

[1]毌適隧：隧名。何茂活（2017P132-141）：毌適，即無敵。

[2]簡中日干支和嗇夫名皆事先空缺待填寫。

[3]建昭二年：漢元帝劉奭的第三個年號，建昭二年是公元前37年。

[4]身：凌文超（2017P87-92）："身"指本人充任戍卒者；而連記戍卒與庸的則只按"庸"結計，"庸"爲代役之人。本應戍邊的戍卒出錢假人自代後，其本人留在本籍，"庸"則實際前往戍邊。按：同簡中出現的"庸"是僱傭替代本人，若與此相對來看，"身"或爲親身，未僱傭代替的意思。

☑　他，　以食守堅〈望〉[1]隧卒張乙三月十六日勮食。　　　　弓

　　　　　　　　　　　　　　　　　　　　　　　73EJT26：52

橐他莫當隧長□□□□沙頭亭=(亭,亭)毋人,置檄去城官,辛丑

受。i　　　　　　　　　　　　　　　　　　　73EJT26∶53

☑　　自言迺十二月貰賣菅草袍[2]一領,橐絮裝[3]賈錢八,兼得壽貴

里李長君所,任者執適隧長 i　　　　　　　　73EJT26∶54

肩水候長鄭赦。　　☑　　　　　　　　　　　73EJT26∶55

居延闒都里不更孫橫,年卅□　☑　　　　　　　73EJT26∶56

南書三封　　　☑　　　　　　　　　　　　　　73EJT26∶57

　　　　　其一封候印,詣肩水府,二月辛亥起。☑

南書二封:

　　　　　一封肩候印,詣肩水府,二月壬子起。☑　73EJT26∶58

登山隧戍卒趙國邯鄲鹿里吾延年☑　　　　　　73EJT26∶59

莫當隧卒李朔　　☑　　　　　　　　　　　　73EJT26∶60

☑兩載糜七十五石　　☑　　　　　　　　　　73EJT26∶61

虜一枚,　直(值)百,　孟君卿取。　　　　　73EJT26∶62

兼得安世里王吉陽,　車一兩,載糜廿五石,　已入。　73EJT26∶63

☑頓首,死罪,死罪。　　　　　　　　　　　　73EJT26∶64

☑　務平獄,毋苛刻煩擾奪民時,所察毋過詔條[4]　73EJT26∶65

二石釜一直(值)六百。　　□☑　　　　　　　73EJT26∶66

☑裘一領。　　　丿　　～　　　　　　　　　73EJT26∶67

☑長者敢言之。　☑　　　　　　　　　　　　73EJT26∶68

□書三封,　五月辛亥☑　　　　　　　　　73EJT26∶69A

廿七日　☑　　　　　　　　　　　　　　　73EJT26∶69B

出鹽三升　☑　　　　　　　　　　　　　　73EJT26∶70

　　　　　其十白,　☑

于[5]十四,

　　　　　四黑。　☑　　　　　　　　　　73EJT26∶71

不敢自訟,東部肩水記部尤戲、孝誠[6]欲告之,道涇[7]毋從□得

　　　　　　　　　　　　　　　　　　　73EJT26∶72

【校釋】

[1]堅:原釋作"望",今據原圖版改。此字當爲"望"之訛誤。

[2]菅草袍:王錦城(2019P1453):指用菅茅編織而成的草袍。

[3]橐絮裝:《匯釋》(2008P284):駞毛絮裝的套褲。

[4]詔條:《漢書·百官公卿表》:"武帝元封五年初置部刺史,掌奉詔條察州。"這裏是說巡查時不要超過詔條的範圍。

[5]于:通"盂"或"杅",容器。

[6]尤戲、孝誠:人名。

[7]此兩字原簡有兩筆勾畫,當作衍文看待。

當利隧長觻得壽光里田捐之。　　　☑　　　　　73EJT26:73

入錢二千一百,　徐☑　　　　　　　　　　　73EJT26:74

溫西市北里公乘鄭業,年六十二,　乘方箱一乘,驪(驪)牡馬一匹,齒十八歲。　入。　字長賓[1]。二月庚子。i　73EJT26:75+36[2]

☑□歲,高六尺,　☑　　　　　　　　　　　　73EJT26:76

　　　　　……□月□巳入。

☑候員宗,　　　　　　　已上　候史李昌莫當隊長□博。

　　　　　……□月□巳出。　　　　　　　　　73EJT26:77[3]

☑□掾房、令竟、佐□☑　　　　　　　　　　　73EJT26:78

　　　弩一,矢卅二,☑

☑□二頭,

　　　劍一。☑　　　　　　　　　　　　　　　73EJT26:79

☑□□□□迎刺史君肩水☑　　　　　　　　　　73EJT26:80

☑道、津、關,遣亭長景敞☑

☑　　　　　　　　兼☑　　　　　　　　　　　73EJT26:81

☑　能不宜其官[4],徙補候史代王安稚。　　　　73EJT26:82

【校釋】

[1]賓:原釋作"實",從王錦城(2019P1451)改釋。

[2]此簡由姚磊綴合,詳見姚磊(2021P153)。

[3]此簡原釋文作上下兩欄,今參姚磊(《合校》2021P345)諸文重新整理作三欄。其中第二欄原釋文無,"已上"原釋作"卿上","員"原釋作"負",從姚磊改補。

[4]能不宜其官:《集成》(十P34):能力不適宜其職務。官吏考核習用語,一般需進行職位調換。漢代考核官吏一般有行、能兩方面,前者指品行、修養;而能,指能力。邢義田(2011:1P546):此處之"能"應即文獻中常見"以爲能"之"能"或"能吏"之"能"。"能"是漢代官吏考課的重要術語,用以肯定官吏在職務上的表現,絕不是説其能力不稱其職。爲何不宜其官,並没有交待出來。

☑亭長丁宗行追廣宗　　　　　　　　73EJT26:83

孫都謂王君☐☐☐ᵢ任衣,叩⹀頭⹀(叩頭叩頭),因☐ᵢᵢ 73EJT26:84A

之言亡鞭子所☐ᵢ 遣卒往來且☐ᵢᵢ　　　73EJT26:84B

☐☐月北書　　七輩　　　　　　　　73EJT26:85

☐☐☐☐年十月丁亥朔已巳[1],☐☐☐☐☐敢言之:萬年里男子樂意,自言爲家私ᵢ☐……行丞事。　　　/掾武、守[2]令史鳳。ᵢᵢ

　　　　　　　　　　　　　　　　　73EJT26:86

河平元[3]年五月庚子朔丙午,都鄉守嗇夫宗敢言之:肩水里男子王野臣,自言爲都尉丞從史徐興☐ᵢ取傳。謹案:户籍臧官者野臣,爵大夫,年十九,毋官獄徵事,當得以令取傳,謁移過所津關,毋☐ᵢᵢ五月丙午,居延令宜、守丞誠[4]、倉丞敕[5],移過所縣道,毋苛留止,如律令。/掾☐。ᵢᵢᵢ　　　　　　　　73EJT26:87

【校釋】

[1]胡永鵬(2017P250)指出此簡屬陽朔四年,已巳爲四十三日或朔前十八日。

[2]守:原未釋,王錦城(2019P565)以爲是"令"字筆畫。按:此字正處在茬口處,尚能見到"宀"和"寸"的横畫,結合存見墨跡和常見文例補釋。

　　[3]元:原簡作![字形],原釋作"五",胡永鵬(2015.3)根據年號、干支、字形比對改作"元",從改。河平元年五月庚子朔是公元前 28 年 5 月 7 日。

　　[4]誠:原釋作"城",從王錦城(2019P566)改釋。按:此字原簡作![字形],左從"言"之草書。

　　[5]宗、王野臣、徐興、宣、誠、赦:皆人名。

肩水候官駟望隧長公乘楊殿[1],自占書功勞[2]:訖九月海〈晦〉[3]日,☑Ⅰⅰ爲肩水候官駟望隧長四歲十一月十日,☑Ⅰⅱ凡爲吏四歲十一月十日。Ⅰⅲ其六日,五鳳三年[4]九月戊戌病,盡癸卯不爲勞[5]。Ⅰⅳ·能書、會計、治官民,頗知律令、文。☑Ⅱⅰ年廿七歲。☑Ⅱⅱ

73EJT26:88A

尉塞☑　　☑
73EJT26:88B

☑二兩　　☑
73EJT26:89

候史謝護。☐　　(檢)
73EJT26:90

　　　　☐　　　☐　　　腸血六十☑

☑卅七　　　　　　犢十四　　☑

　　　　　　……　　　☑
73EJT26:91A

☑☐丁功取。![字形]☑
73EJT26:91B

【校釋】

　　[1]殿:此字原簡圖作![字形],沈思聰(2018P355)疑爲"段"。西北簡中"段"、"叚"、"殿"相混難別,不排除此形是"段"、"叚",當存疑。

　　[2]自占書功勞:《集成》(九 P40):功勞爲漢代官吏考課優劣的主要依據。功指戰功等,又稱"伐";勞即勞績,通常爲任職年限,又稱閱歷。故又稱"功勞伐閱"。"自占書功勞"係根據要求自報業績。

　　[3]海:原簡作![字形],原徑釋作"晦"。此形從"氵"非常明確,今改。這裏的"海"應視爲"晦"的訛誤。

　　[4]五鳳三年即公元前 55 年。

　　[5]不爲勞:不計算功勞。

河平五年^[1]二月戊寅,西鄉嗇夫赦敢言☑ⁱ俱。謹案:戶籍晏(匽)^[2],
爵上造,年☐☐☐ⁱⁱ二月己丑,居延令博移過所☑ⁱⁱⁱ　　73EJT26：92

☑董子文☑　　　　　　　　　　　　　　　　73EJT26：93

六月己卯,昭武長譚、丞^[3]移肩水金關、居延縣索關,寫移書到,出入
所部ⁱ如律令。　　　／掾壽守☐☐ⁱⁱ　　　73EJT26：94

☐☐擊刺,傷宗右手、左脾、右掖(腋)下各一所,亡時廣宗安所居不☑
　　　　　　　　　　　　　　　　　　　　　73EJT26：95

☑　正月己丑下餔七分☐☐ⁱ☑日入時付莫當隧☐☑ⁱⁱ73EJT26：96

☑　厶　二月辛丑入。　　六月庚☑　　　　73EJT26：97

☑　二月丁酉日出時,騂北亭卒順受沙頭亭卒勳。　73EJT26：98

☐☐☐戊寅☐☑　　　　　　　　　　　　　73EJT26：99A

☑……☑　　　　　　　　　　　　　　　　73EJT26：99B

☑士吏☐☐☐☐☐詣府　　　　　　　　　　73EJT26：100

☑卩　字孫　厶　　　　　　　　　　　　　73EJT26：101

北書一封,　　張掖大守章詣居延都尉府。　☑　73EJT26：102

☑四月丙午西中七分騂北亭☐☑
☑☐卒應下餔時付莫當。　　☑　　　　　　73EJT26：103

叩頭再拜……☑　　　　　　　　73EJT26：104①A

並叩頭白:言並☑　　　　　　　73EJT26：104①B

☐☐☐不☐☑　　　　　　　　　73EJT26：104②A

☑☐所毋何(苛)☑　　　　　　73EJT26：104②B^[4]

☑亓安世　　☐☐昌☑

☑☐韓東　　皆居署^[5]☑　　　　　　73EJT26：105

奉明(明)^[6]廣德里男子丘偃,年十八☐☐☐☑　73EJT26：106

【校釋】

[1]河平是漢成帝劉驁第二個年號,按照史籍記載該年號僅使用四
年,這裏的河平五年相當於史籍所載的陽朔元年。

　　[2]晏:通"匽",隱藏。《説文·匸部》:"匽,匿也。"

　　[3]原簡此處漏寫丞的名字。

　　[4]此簡 AB 面諸字原皆作"□□□□",從何茂活(2016P191-198)補釋。

　　[5]居署:《匯釋》(2008P158):在現居住地、現工作地的意思。按:即這三人均值勤在戍所。

　　[6]奉明:明,原釋作"明",今據原圖版改。"明"同"明"。奉明屬於京兆尹。

執適:Ⅰ枲承弦[1]三挈[2]□四尺,負十筭[3]。Ⅱi塢中不掃除,負三筭。Ⅱii塢上不塗堊[4],負三筭。Ⅱiii鼓一毋柜(虡)[5],負五筭。Ⅲi布蓬[6]一作治未成,負三筭。Ⅲii□二不□□,負十筭。　　☑Ⅲiii毋□禁當□　☑Ⅳi毋大刀,負五筭。　　☑Ⅳii　　　　73EJT26:107A

(圖畫)　　　　　　　　　　　　　　　　　　　　　73EJT26:107B

☑七尺二寸,衣白布單衣☑　　　　　　　　　　　　73EJT26:108

☑檄一,張掖候印,詣將漕候長□☑　　　　　　　　73EJT26:109

☑食庾候官[7]　☑　　　　　　　　　　　　　　　73EJT26:110

☑始二年正月丁亥朔[8]己亥,☑(削衣)　　　　　　73EJT26:111

四年物故衣履☑(削衣)　　　　　　　　　　　　　73EJT26:112

　　【校釋】

　　[1]枲承弦:《匯釋》(2008P195):即用麻製成的弓弩之備用弦。

　　[2]挈:居延簡中又寫作"絜",表示麻、枲的量詞,詳見裘錫圭(2012:2P54)。

　　[3]此簡共出現七個"筭",原皆作"算",今據原圖版改。

　　[4]塗堊:《匯釋》(2008P217):是指在表面塗一層泥,之後再用白灰飾之,使之不被外火傷害,還能防止被雨淋,以防使用時影響信息發佈。

　　[5]柜:原簡圖作𣐈,釋字無疑,但在此簡中讀爲"虡"。《漢書》"縣石鑄鐘虡",顏師古注:"虡音巨。""柜"、"巨"皆從"巨"聲,故兩字音同,可通假。《説文·虍部》:"虡,鐘鼓之柎也。"通俗地説就是懸掛或支撑

鐘鼓的架子。

　[6]布蓬:《集成》(八 P132):用布做成的蓬,傳遞軍情的籠狀信號物。

　[7]庾候官:肩水都尉下轄候官。

　[8]正月丁亥朔的有漢宣帝本始二年和漢成帝永始二年。

☑戊　戊　丁　丁　丙☑
☑辰　戌　卯　酉　寅☑　　　　　　　　　　73EJT26:113
　　癸　☑

廿日

　　亥　　☑　　　　　　　　　　　　　　73EJT26:114[1]

☑誠北亭十月壬戌盡☑　　　　　　　　　73EJT26:115

☑……五月戊戌,道入行部☑☑☑　　　　73EJT26:116

(此簡已與 T26:127 簡綴合)　　　　　　73EJT26:117

觻得脩德里大夫任奴,年廿,長七尺二寸,黑色,　　牛車☑

　　　　　　　　　　　　　　　　　　　73EJT26:118

☑☑英,毋予目疾,令視☑☑　　　　73EJT26:119[2]

會水[3]安樂里大夫薛〈薛〉[4]常,年六十,長七尺五寸,黑色☑

　　　　　　　　　　　　　　　　　　　73EJT26:120

☑　遣通道隧☑　　　　　　　　　　　73EJT26:121

☑……☑ⅰ☑二百·定[5]少萬二千四百廿☑ⅱ　73EJT26:122

☑☑七十二人作墼,塞埳空[6]☑☑☑　　　73EJT26:123

【校釋】

　[1]程少軒(2015P129-143)認爲有五個年份與此簡相符,分別爲西漢昭帝元鳳元年(前80)、宣帝黃龍元年(前49)、新莽天鳳元年(14)、東漢光武帝建武二十一年(45)以及東漢章帝建初元年(76)。羅見今、關守義(2015.4)考釋該簡年代爲黃龍元年(前49)或始元七年(前80)。黃艷萍(2015.2)則認爲該簡爲黃龍元年(前49)曆譜。

　[2]T24:976 有"毋予鼻疾",可能與此簡有關係,内容可能與"馬禖

祝”相關。

　　[3]會水:酒泉郡下轄縣。

　　[4]薛:原釋作“薛”,從沈思聰(2018P355)改釋。按:此字原簡確實從“辟”,當視爲“薛”之訛俗。

　　[5]定:實際。

　　[6]塞堠空:空,此處作孔、穴之義。塞堠空就是堵塞堠上的空缺處。

☑☑[1]關[2]外湯石亭遺☑	73EJT26:124
☑☑☑候卒德受禁姦☑船[3]宿	73EJT26:125
☑☑[4]常樂爲官市藥長	73EJT26:126
☑卒代塗人[5]作,今遺塗人☑	73EJT26:127+117[6]
☑　黑色。　☑	73EJT26:128
戍卒濟陰郡冤句利里☑☑☑☑	73EJT26:129
☑入簿　☑	73EJT26:130
☑☑☑☑言☑☑	73EJT26:131
☑人養☑	73EJT26:132
葆鱳得富里陳聖,公乘,年卅六。　☑	73EJT26:133
☑靳幡一,完。ⅰ☑☑矢五十,完。ⅱ	73EJT26:134
(此簡已與T26:186簡綴合)	73EJT26:135
澗[7]從者淮陽苦柳里莊壽。　☑	73EJT26:136
☑☑廣地美草隧長孫博出☑	73EJT26:137
賤子禹再拜言……☑	73EJT26:138
☑費長史	73EJT26:139
☑律令。　/卒史☑☑	73EJT26:140
☑月丙子除。　☑	73EJT26:141
☑舉土曾(增)堤[8]傲(徼)[9],廣五丈☑二☑☑☑六步,率人四尺☑	
	73EJT26:142+272[10]

【校釋】

[1]此未釋字疑是"刻"或"劾"字。

[2]關:黃艷萍(2018P134-140)以爲是"開"。此字原簡書寫簡略,與"開"字形接近,但仍有區別。

[3]船:原簡作,原未釋。按:此字左從"月"形,右疑是"合",暫擬釋。

[4]此未釋字馬智全(2018P87-95)疑是"長"。

[5]塗人:伊強(2015.1.19):"塗人"當即從事"塗"這項工作的人。

[6]此簡由伊強(2015.1.19)綴合,並將原釋文"代塗入"改作"代塗人",今從改。

[7]潢:此字原簡結構不明確,疑當釋作"漢",此處用作人名。

[8]曾堤:王錦城(2019P573):"曾"當通"增"。"增堤"即增加堤壩。

[9]僥:原未釋,原簡圖作,從張俊民(2015.1.19)補釋。"僥"讀作"徼",邊界。

[10]此簡由姚磊綴合,見姚磊(2021P154)。

肩水☑	73EJT26:143
骨肉,治黍飯,盡貍(埋)之壇下,毋使犬得,東鄉(嚮)席與石俱居駊☑	
	73EJT26:144+182 [1]
毛子文錢☑	73EJT26:145
☑史寬[2]☑(削衣)	73EJT26:146
☑十五兩	73EJT26:147
☑壬申,居延令博爲付□☑	73EJT26:148 [3]
告騂北卒山□☑	73EJT26:149
☑□君足下,甚☑	73EJT26:150
☑□子君伏地因□☑ᵢ☑……☑ᵢᵢ	73EJT26:151A
☑□窬穿真曾毋物□☑	73EJT26:151B
令史三人　　　　　☑	73EJT26:152

廿二日丁丑　　　☑	73EJT26:153
廿六日辛巳　　　☑	73EJT26:223 [4]
萬福隧長鮮得當富里☑	73EJT26:154
(此簡已與 T26:259 簡綴合)	73EJT26:155
登山隧長鮮得定安里范常□☑	73EJT26:156
(此簡已與 T26:256 簡綴合)	73EJT26:157
☑敢言之。大□延☑	73EJT26:158
☑　十一月己卯入。　☑(削衣)	73EJT26:159
☑　辛　　☑	
☑　未　　☑	73EJT26:160
☑□□塢上連表一通,☑	73EJT26:161A
☑四分一通,予禁☑	73EJT26:161B
☑　　毋城倉籍。	73EJT26:162
(此簡已與 T26:190 簡綴合)	73EJT26:163
☑……☑ᵢ☑□□爲[5]大石四百五十石,　　丞賢臨☑ᵢᵢ	73EJT26:164
出狐(孤)[6]山,敢言之。	73EJT26:165
☑　以食……七月　　　丿	73EJT26:166

【校釋】

[1]此簡由姚磊(2021P155)綴合,並吸收何有祖、黄浩波等人的釋文成果整理,其中"骨"原釋作"買","盡"原未釋,從何有祖改補;"騑"原釋作"騱",從黄浩波改釋。

[2]寬:原未釋,原簡圖作 寬,雖下殘,但基本結構保留,又 T37:1095 中有"令史寬",今擬補。

[3]胡永鵬(2017P524)定此簡年代在漢成帝河平、陽朔時期。

[4]T26:153、T26:223 兩簡,程少軒(2015P129-143)認爲屬同一簡册曆譜。程少軒認爲兩簡或屬特殊的月曆,該月曆由約 30 支簡編成,自右向左編排,每簡簡端書寫日序與干支,其下留白用以記事。又指出符合兩簡條件者甚多,若此月份爲正月,則僅有西漢元帝初元三年(前 46)符合條件。

[5]爲：原未釋，其前未釋字原釋文無，F3：90 有“爲大石十石三斗三升”。今據原圖版和相似文例補。

[6]狐：原釋作“孤”，此字原簡圖作 ，可以確定左不從“子”。嚴格説左部從“豸”。比如金關簡中的“豺”作 （肩壹 T5：14），左部與此形近同。所以 可以釋作“狐”。不過西北漢簡中“豕”、“豸”、“犭”在偏旁中形近相混，比如“豬”亦作“猪”，還有金關簡中“狗”作 （肩壹 T7：109），左部所從“犬”既與“豕”近，亦與“豸”近。所以，這裏的“狐”完全可視爲“狐”異體。

吏入官視事日，取陽前辰陰前日堪對，及歲後星 ╰[1]，堪後[2]三四五辰，五行相老日取辰，之陽[3]，皆北吉[4]□□□▨i

73EJT26：167+201+296 [5]

【校釋】

[1]鉤識符號原未釋，今補。

[2]堪後：原釋作“婢從”。“堪”，從黃浩波（轉見於姚磊 2021P156）改釋。“後”，據原圖與文義改。

[3]：姚磊（2021P156）釋作“華”，王強（2019P319-331）釋作“若”，此字原簡拼接後上從“亠”，下似從“秀”。睡虎地秦簡《日書》甲種有“人有思哀也弗忘，取丘下之 ”（63 背壹），其中也出現了“取 ”，兩者或有關係。其後的“陽”以往皆未釋，此字原簡圖左部墨跡磨蝕不見，但右面的“易”尚可辨識，對照同簡前文内容可確定是“陽”。

[4]吉：原釋作“去”，此處因處在左右綴合處，加上原簡彎曲變形，導致錯位，影響辨識。此字綴合拼接後作 ，字形更近“吉”。按照文義，此字可能屬下讀，作“皆北，吉”。今擬釋作“吉”。

[5]此簡由姚磊（2021P156）綴合並作釋文補釋，其中“吏入官視事日，取陽前辰陰前日堪”原未釋，“歲”原釋作“前”，“辰”原未釋，“日取”原釋作“曰發”，“辰 之”原未釋。姚磊在注釋中説明，入、官、視事、陰、堪、日，皆黃浩波釋；吏、取、陽、辰、華（今改釋作“ ”）、之，姚磊釋；歲、星、老，何

有祖釋。王强(2019P319-331)指出這段文字與日書類文獻區別較大,猜測與式占有關。

☑☑☑☑☑☑　　　☑☑☑　☑	73EJT26:168
貸毋次公十五,憂長公十五,李長史十五☑	73EJT26:169[1]
行事,敢言之。☑☑故爲☑	73EJT26:170
☑　貸卅石　☑	73EJT26:171
尊[2]從者淮陽苦[3]平曲里魯☑	73EJT26:172
以記告☑[4]光予郭少季錢二☑☑	73EJT26:173
☑後右足,五月辛酉受令史明。	73EJT26:174A
張客子穀食一石,在辟非卒☑ᵢ　職所　　☑ᵢᵢ	73EJT26:174B

三丈☑	
毋適隧鄭彊　　二丈☑	
四尺☑	73EJT26:175

☑城尉毋害	73EJT26:176
☑☑門安世即捕,不知何=人=[5]提劍,鄉吏不直[6]☑	73EJT26:177

【校釋】

[1]簡中的毋次公、憂長公、李長史皆爲人名。簡尾“十五”原未釋,今據原圖版和文義擬補。

[2]尊:人名。

[3]苦:苦縣。淮陽郡屬縣。

[4]此未釋字沈思聰(2018P357)疑是“豐”,姚磊(《合校》2021P348)以爲似“通”。

[5]“何人”下重文號,王錦城(2019P574)以爲是右行文字墨跡,應刪除。今審原圖,並無右行有字跡象。據文義,此處符號並不表示重文,可能表示强調提示作用。

[6]不直:胡平生、張德芳(2001P19):不公正,爲秦漢時常用法律術語。

```
        庚    ☑
六日
        辰[1]  ☑                              73EJT26:178
        乙     甲
廿一日          |      宋卿之□對日[2]☑
        未     子                        73EJT26:218+293[3]
```

【校釋】

[1]程少軒(2015P129-143)指出此簡與 T26:218 屬同一部曆書,據日序與干支可推知皆爲正月朔乙亥。

[2]對日:原釋作"對曰"。核對原簡圖可知,"對日"後還有一段空白,説明其後已無内容,故原釋作"對曰"不合適。此簡是曆日簡,"宋卿之□對日"應該是記録此日的工作内容,猶如秦簡中出現的"質日"類内容,所以這裏的"對日"應該指對會或對府之日。

[3]此簡由姚磊綴合,詳見姚磊(2021P158)。程少軒(2015P129-143)認爲兩簡年代最可能是西漢昭帝元鳳六年(前75)或東漢光武帝建武二十六年(50),也可能是西漢武帝太初四年(前101)。黃艷萍(2015.2)認爲兩簡爲元鳳六年(前75)曆譜。

```
☑十匹爲行,毋鼻□☑                       73EJT26:179
男毋家室毋恙,多問☑ i □□□□□□□□☑ii    73EJT26:180
厈(斥)胡隧卒田得      ☑                  73EJT26:181
(此簡已與 T26:144 簡綴合)              73EJT26:182
☑  元鳳五年六月戊申☑                     73EJT26:183
☑□陽郡新平[1]南茈里上造朱安世,年廿七。  ☑ 73EJT26:184
·右第十車十人。  ☑                      73EJT26:185
☑尺五寸,黑色。    馬一匹,輜車一乘,  ☑ 73EJT26:186+135[2]
田卒淮陽郡圉囷[3]里葉弘    □□☑          73EJT26:187
☑……卅六中道二百八十六平之出 i ☑……治酒,請邑子楊安等六
```

人,輔與ᵢᵢ☑□五十ᵢᵢᵢ　　　　　　　　　73EJT26:188

魏郡東陽侯國[4]廣陂里王拓,年卅二。　　☑　　73EJT26:189

【校釋】

[1]新平:新平縣,屬淮陽郡。

[2]此簡由姚磊綴合,見姚磊(2021P157)。

[3]君:原未釋,高一致(2016P15-24)釋作"君"。按:此字原簡圖作
𥄂一,上部所從"尹"形不是很確定,暫存疑作"君"。此處用作里名。

[4]東陽侯國:黄浩波(2014.7.22)考述,據《漢書·王子侯表》,東陽
侯國爲清河綱王子劉弘的封國,始封於宣帝本始四年,傳五世。東陽侯國
自本始四年起別屬漢郡。始封之時或即屬魏郡,而非信都。與東陽侯國同
時分封的新鄉侯國(即《地理志》"信鄉"),亦有可能同時別屬魏郡。地節
四年清河國除爲郡,初元二年至永光元年復置清河國,在此期間,東陽侯
國、新鄉侯國必又別屬漢郡,此次別屬也應別屬魏郡。永光元年清河國除
爲清河郡,東陽侯國、新鄉侯國一同回屬清河郡。

廣德伏地再拜請:ᵢ長孫中君足下善毋恙。秋時廣德伏地,願長孫中
君爲左右進酒。ᵢᵢ　　　　　73EJT26:190+198+163[1]

☑□茅延,　　鞜車一乘,馬一匹。　　　　73EJT26:191

☑不衣服,叩頭,死₌罪₌(死罪死罪)。　　　73EJT26:192

長安長壽里吳常,年[2],長七尺二寸☑　　　73EJT26:193

(此簡已與 T26:227 簡綴合)　　　　　　73EJT26:194

☑□田辟□[3]☑　　　　　　　　　　　73EJT26:195A

☑□□□□☑　　　　　　　　　　　　73EJT26:195B

☑迹₌(迹,迹)長可尺一寸,蘭渡天田,北出塞,今即[4]肩水

　　　　　　　　　　　73EJT26:196+219[5]

【校釋】

[1]此簡伊强(2015.1.19)綴合 T26:190+198,何茂活(2015.10.26)
再綴 T26:163,並作釋文補充。其中"廣德"、"恙秋時廣德"、"酒"等字原

未釋,從何茂活補釋。

　　〔2〕據常見文例可知此處漏抄年齡數。

　　〔3〕何茂活(2016P191-198)認爲此未釋字可能是"病"。

　　〔4〕即:接近、靠近。

　　〔5〕此簡由謝明宏(2022.3.29)綴合,綴合後補釋"北"字,今從補。

☑　　子,自言居延☑　　　　　　　　　　73EJT26：197

(此簡已與 T26：190 簡綴合)　　　　　　73EJT26：198

☑□誼先自劾[1],謁移　　　　　　　　　73EJT26：199

☑願子真近衣彊食[2],□[3]ⅰ☑不及,叩頭,幸甚,□ⅱ 73EJT26：200

(此簡已與 T26：167 簡綴合)　　　　　　73EJT26：201

……所□莫對……☑　　　　　　　　　　73EJT26：202

☑……　　　　　　　　　　　　　　　　73EJT26：203

□□□□□具對□□吏□□□□□□□□□□□□□□□

得□□□□□□□□□□聽ⅰ　　　　　　73EJT26：204

☑　申 亥 卯 午 酉 子 辰 未 戊 丑 73EJT26：205[4]

☑□候檄一封……行南[5]二□　　　　　73EJT26：206A

☑虜出第九亭事　　　　　　　　　　　　73EJT26：206B

　　【校釋】

　　〔1〕自劾:檢舉自己的過失。

　　〔2〕近衣彊食:何茂活(2015P18-27):對收信人的祝願語,意思是希望對方注意飲食起居,保重身體。

　　〔3〕此未釋字何茂活(2016P191-198)疑爲"察"。

　　〔4〕"亥"、"戊丑"原未釋,"辰未"原釋作"癸亥",從程少軒(2015P129-143)改補,程少軒又補簡首殘斷內容作"□□寅、巳",認爲所缺神煞可能是"地杓"、"土禁"之類的名字。

　　〔5〕南:原未釋,從王錦城(2019P577)補釋。

☑巨里王☐　　☑　　　　　　　　　　　73EJT26:207A

☑☐☐　　☑　　　　　　　　　　　　73EJT26:207B

過所邑、侯國,以律令從事,敢言之。佐史[1]十二月☐☐☑

　　　　　　　　　　　　　　　　　73EJT26:208

☑　張☐張☐　　　　　　　　　　　73EJT26:209

☑官獄徵事,當得取傳,謁移過所縣、邑、部、亭,毋苛留,

☑☐縣、邑。　　／守令史尊。　　　73EJT26:210

　　　　　　襲一領,　皁單衣一領,丿

☑……　　　　　　　　　令已出☑

　　　　　綺一兩,　枲履二兩。丿　　73EJT26:211

☑☐第[2]五丞別田令史[3]光敢言之:☐☑

☑☐☐☐謁言府,敢言☑　　　　　　73EJT26:212

本始元年十一月戊子朔壬辰[4],☐☐君貰賣戍卒☐☐☐☑(左側有

刻齒)　　　　　　　　　　　　　73EJT26:213

☐☐充從定德。　　　☑　　　　　73EJT26:214

☐☐水候官　　　　　　　　　　73EJT26:215

狀曰上造　☑　　　　　　　　　73EJT26:216

【校釋】

　　[1]佐史:《集成》(九 P36):低級官史,書佐和曹史的通稱。《漢書·百官公卿表》:“百石以下有斗食、佐史之秩,是爲少吏。”顏師古注引《漢官名秩簿》:“佐史,月俸八斛也。”

　　[2]第:原未釋,原簡尚存“第”下部墨跡,結合常見文例擬補。

　　[3]別田令史:王勇(2008.3):漢簡中所見“別田令史”均附在部農長丞之後,沒有出現單獨的“別田令史”官稱,這説明別田令史可能不應被視爲一級屯田主管官員。裘錫圭(2012:5P231):分部的別田令史當是率領一部分田卒到本分部主要屯田區之外的某地從事生産的官吏。姚磊(2016.4):屯田系統的主官。按:既然稱“別”,則是在主幹系統之外附設,故與本地主管田官分別,冠以“別田”。

[4]本始元年,公元前 73 年。十一月戊子朔壬辰,爲十一月初五。

　　　　　　　　　　三石具弩一,完。　　蘭一,完。☑

戍卒淮陽郡苦集[1]里宣横:　弩循一,完。　　蘭冠一,完。☑

　　　　　　　　　　承弦二,完。　　　服一,完。☑

　　　　　　　　　　　　　　　　　　73EJT26:217

戍卒淮陽郡苦上里王光,　有方一完,　　靳幡一完。　73EJT26:231[2]

【校釋】

[1]集:原釋作“葉”,原簡圖作 ，從高一致(2016P15—24)改釋。

[2]王錦城(2019P1464)指出 T26:217、T26:231 兩簡形制、字體筆跡等一致,内容相關,當屬同一簡册,或可編聯。

(此簡已編聯至 73EJT26:178)　　　　　　73EJT26:218+293

(此簡已與 73EJT26:196 綴合)　　　　　　73EJT26:219

元鳳二年二月……☑　　　　　　　　　　73EJT26:220

初元年八月乙丑朔☑　　　　　　　　　　73EJT26:221

利□里王加☑　　　　　　　　　　　　　73EJT26:222

(此簡已編聯至 73EJT26:153 之後)　　　　73EJT26:223

五鳳元年九月丙辰朔丁丑,居延都尉□□□□□□□□☑

　　　　　　　　　　　　　　　　　　73EJT26:224

卌八兩,皆有傳,兵弩☑　　　　　　　　73EJT26:225

☑月乙酉入。　　　☑　　　　　　　　　73EJT26:226

戊子,緩取薪卅八束,縣候　緩[1]迹　　　73EJT26:227A+194[2]

☑　　廿六☑　　　　　　　　　　　　　73EJT26:227B

☑□□之　　有方　千人刃[3]　　廿五　　73EJT26:228

☑最凡[4]千八百。粟十斛,粱米[5]三斛。ⅰ☑……ⅱ 73EJT26:229A[6]

☑　今□魚十五頭ⅰ☑……ⅱ　　　　　　73EJT26:229B

【校釋】

[1]緩:同簡中兩見,原皆作"綬",原簡圖分別作 緩、緩,右部應是 "爰"的俗寫。"爰"、"受"兩字漢簡中草率寫法非常接近。嚴格説,"爰" 的"⊓"形下應該有橫撇的結構,"受"的"⊓"下應有"冖"的結構。不過此 簡字形兩個特徵都不具備。同時兩字用作人名,文例也難限定釋字。如果 從整個西北簡的用字頻率和人名用字習慣來看,"綬"出現的頻率較低,主 要出現在絲織表述中,很少用作人名;"緩"出現的頻率較高,而且有用作 人名的情況,比如 T37:792"掾緩",故釋"緩"優於釋作"綬"。

[2]此簡由伊強綴合,見伊強(2015.1.19)。

[3]千人刃:兵器,形制不詳。

[4]最凡:總計。

[5]粱米:《集成》(九 P181):亦即粱粟,精細的小米。

[6]胡永鵬(2017P575)將此簡歸爲新莽時期。

□□□□□□□　　左後卒二人齋(齎)食[1]兵付如意隧長　　□□□

□□□□□□ i 　　　　　　　　　　　　　　73EJT26:230A

初元二年□□□□□□□□□□　　　　　　73EJT26:230B

(此簡已編聯至 T26:217 簡後)　　　　　　　　73EJT26:231

董乃始　四月病　　印　　丿 □　　　　　　73EJT26:232

☑□肩水都尉府、張掖大守府,以郵亭次行[2]。　　73EJT26:233A

☑十二月丁亥朔丁亥,驛北亭長宣敢言之:
　　　　丁丁亥　　　　　　　初元

☑□名籍一編,敢言之。初元初初元二年　　　　73EJT26:233B

☑辰巳　☑　　　　　　　　　　　　　　　　73EJT26:234A

☑丁卯　☑　　　　　　　　　　　　73EJT26:234B[3]

☑敢言之:謹移功勞墨將名籍[4]。　　　　　　73EJT26:235

☑□嗇夫武敢言之:長安步安里朱遂成,自言□☑　73EJT26:236

☑守候城尉定敢☑　　　　　　　　　　　　73EJT26:237A

☑乙酉,肩水守候城尉定☑　　　　　　　　　73EJT26:237B

牛一,黑犗,白頭,腹下右腹左斬,齒七歲,絜七尺九寸,　角第百,左
尻白☑ᵢ　　　　　　　　　　　　　　　　　　　73EJT26:238

【校釋】

[1]齋食:黃浩波(《合校》2021P350)讀作"齎食",作攜帶糧食解。

[2]以郵亭次行:漢代文書傳遞方式之一,逐亭傳遞。

[3]此簡正面釋文原釋作"内印　　弓",背面"丁"原釋作"(圖畫)",皆
從劉釗(2014P350-362)改釋。"卯"原未釋,從姚磊(《合校》2021P350)
補釋。

[4]功勞墨將名籍:《集成》(九 P49):官吏個人才能和勞績的登録名
單。李均明、劉軍(1999P360):依據簡文所見,功勞墨將名籍不僅記録官
吏個人的基本情況,如現任職務、爵級、姓名、年齡、身高、家庭住址及距現
任職單位距離、工作能力、知識水平,亦包括任職後的功績。按:"功勞墨將
名籍"的基本功能大致可知,但"墨將"的具體含義目前尚有分歧,參見王
錦城(2019P581-582)。

☑【五】鳳四年[1]十二月　☑　　　　　　　73EJT26:239

馬弓　　☑☑☑牒札[2]☑☑☑　　　　　　　73EJT26:240

☑☑蕃率持三席☑☑　　　　　　　　　　　73EJT26:241

☑六尺廣物☑☑☑ᵢ ☑☑☑故☑☑☑ᵢᵢ　　　　73EJT26:242

奉山林澤中及當乘亭隧[3]郵辟☑去者行……☑　　73EJT26:243

☑以食驛馬二匹七月盡九月積百☑　　　　　73EJT26:244

☑　一日用食一斗八升☑　　　　　73EJT26:245+26[4]

☑令。　／尉史☑☑　　　　　　　　　　　73EJT26:246

牛一,黑☑☑☑☑☑歲,絜八尺　☑☑八十☑　　73EJT26:247

(此簡已與 T26:258 簡綴合)　　　　　　　73EJT26:248

馬一匹,驊牝,齒四歲,高五尺八寸。　☑　　73EJT26:249+255[5]

【校釋】

[1]羅見今、關守義(2015.4)推測是五鳳四年(前54)或元鳳四年(前77)。

[2]牒札:《集成》(五 P8):文書名。牒,札也,通常一札署一事。

[3]亭隧:王國維、羅振玉(2013P58):《説文》:"隧,塞上亭。"他簡又多亭、燧連文,則亭、燧一也。

[4]此簡由姚磊綴合,見姚磊(2021P159)。"一斗"的"一"原未釋,從綴合者補釋。

[5]此簡由伊強綴合,見伊強(2015.1.19)。

☑　右耳有彊塞,佐(左)耳有酒所☑　　　　73EJT26:250[1]

☑　癸巳□卿等付曹福　　　　　　　　　73EJT26:251

……市……毋……☑　　　　　　　　　　73EJT26:252

☑　爲守尉予酒錢百卅　　　　　　　　　73EJT26:253

　　　　辛　□　□　□　□☑

廿五日

　　　　亥　□　□　□　□☑　　　　　73EJT26:254[2]

(此簡已與 T26:249 簡綴合)　　　　　　73EJT26:255

☑　一月用食五石四斗　　　　　73EJT26:256+157[3]

☑長[4]廣出☑　　　　　　　　　　　73EJT26:257

☑□垂從東鄉,毋以庚辛到,必死。甲乙行,毋以庚辛到,必復出。

壬午、丙申☑ⅰ　　　　　　　　73EJT26:258+248[5]

【校釋】

[1]此簡原釋文作"□耳有□□□耳有□□"。"右"、"酒所"原未釋,從何茂活(2016P191-198)補釋。"彊"、"塞"、"佐"三字原未釋,從王錦城、魯普平(2017P328-334)補釋。王錦城、魯普平指出彊塞指西北邊境的長城塞防。

[2]此簡未釋字原整理者作"……",從胡永鵬(2017P464)補釋。"辛

亥”原釋作“丙辰”,從何茂活(2015.12.9)改釋。羅見今、關守義(2015.4)認爲此簡屬永始元年(前16),程少軒(2015P129-143)認爲屬西漢成帝永始元年(前16)或新莽始建國三年(11),胡永鵬(2017P464)定此簡屬永始元年。

[3]此簡由姚磊綴合,見姚磊(2021P160)。

[4]長:原未釋,今據原圖版補。

[5]此簡由姚磊綴合,詳見姚磊(2021P161)。原釋文作“□□從東鄉□□□□到必死□□行毋以庚辛到必復□壬午□□”,今從何茂活(2016P191-198)訂補。其中“丙申”,何茂活釋作“西鄉”,從姚磊(《合校》2021P351)改釋。簡首“午”和第一個“毋以”爲本書結合原簡墨跡與文義擬補。此簡內容應是數術擇日類內容。

☑　本始三年六月丁酉除。　☑	73EJT26:259+155 [1]
□□□□□□☑	73EJT26:260
千秋里成千☑	73EJT26:261
☑月庚寅南　☑	73EJT26:262
☑□前人持裹 [2] 後人抱美平 [3]	73EJT26:263
(此簡已與 T26:268 簡綴合)	73EJT26:264
☑審平隧 [4]	73EJT26:265
(此簡已與 T26:268 簡綴合)	73EJT26:266
☑視已令□者食之□☑	73EJT26:267
地節四年十一月辛丑,肩水北部候長□□敢言之☑	
	73EJT26:268+264+266 [5]

【校釋】

[1]此簡由許名瑲綴合,詳見許名瑲(2015.6.11)。

[2]裹:原釋作“裏”,從何茂活(2016P191-198)改釋。何茂活指出“裹”是“懷”的古字,持懷,猶懷抱、抱持。

[3]何茂活(2016P191-198)認爲“前人持懷後人抱”句意大致可解,

但"美平"何意頗費疑猜,且所釋"美"字,或可釋爲"癸"。

[4]審:原釋作"富",此字原簡圖作🗚,與"富"字差距太大。金關簡中的"審"如肩貳 T23:945 🗚(審常)、肩肆 F1:75 🗚(不審名)、肩壹 T4:110B 🗚(不審),皆與此簡字形近同。審平隧,西北簡首見。

[5]此簡由許名瑲綴合,詳見許名瑲(2015.6.11)。

☑屈稺季　　　☑	73EJT26:269A
☑☑☑	73EJT26:269B
☑☑☑月己未,卒☑☑	73EJT26:270
☑☑緆一上船[1]	73EJT26:271
(此簡已與 T26:142 簡綴合)	73EJT26:272
☑☑☑侯翁☑☑	73EJT26:273
☑死罪。故與☑☑	73EJT26:274
☑犗,牝,齒七歲,高五尺七寸☑	73EJT26:275
☑戍卒淮陽郡苦宣房里恭畢,　　☑☑	73EJT26:276
☑☑神下茭次廣☑☑	73EJT26:277
己巳　　☑	73EJT26:278
☑☑輸薪　　☑☑	73EJT26:279
廣昌里☑☑安　☑	73EJT26:280
☑敢言之☑	73EJT26:281
執適隧卒趙國☑	73EJT26:282
櫓[2]五　☑	73EJT26:283
☑不幸死,枺(槥)一☑	73EJT26:284
☑☑☑善毋☑(削衣)	73EJT26:285
☑不以實律變告[3]乃☑ᵢ☑☑☑☑ᵢᵢ(削衣)	73EJT26:286
六月十九日出錢九十……卅……☑ᵢ……☑ᵢᵢ	73EJT26:287
☑津……ᵢ☑令　／掾☑☑。ᵢᵢ	73EJT26:288

☑……二百廿七　☑　　　　　　　　　　　　73EJT26：289

☑☑☑四十里☑　　　　　　　　　　　　　　73EJT26：290

■右第二☑☑[4]卒二人車二兩，凡載廿二☑　　　☑　73EJT26：291

【校釋】

[1]船：原釋作"舩"，此字原簡字形作 ，與"船"之漢簡寫法基本相同，且原整理者釋字不見於《說文》，後世以爲是"頒"之俗，不若直接改釋爲"船"。

[2]櫓：古代的兵器，即大盾、大戟。《左傳·襄公十年》："狄虒彌建大車之輪，而蒙之以甲，以爲櫓。"杜預注："櫓，大盾也。"

[3]以實律變告：實，原未釋，姚磊（《合校》2021P353）以 T21：239 辭例和相似字形證補，從補。按：變告，或爲"辨告"之誤。《漢書·宣帝紀》："吏以文法教訓辨告，勿笞辱。"顏師古注："分別義理以曉喻之。"

[4]兩未釋字張俊民（2015.1.19）補爲"丞官"。

☑……敢言之☑　　　　　　　　　　　　　　73EJT26：292

（此簡已與 T26：218 簡綴合）　　　　　　　　73EJT26：293

迊乙亥德受☑☑ᵢ☑☑☑☑☑☑☑ᵢᵢ　　　　　73EJT26：294A

鄭伏地再拜☑ᵢ☑☑☑☑☑ᵢᵢ　　　　　　　　73EJT26：294B

☑☑☑☑☑☑☑☑　　　　　　　　　　　　73EJT26：295

（此簡已與 T26：167+201 簡綴合）　　　　　　73EJT26：296

☑……　☑　　　　　　　　　　　　　　　73EJT26：297

☑☑☑☑☑☑☑☑☑☑☑☑☑☑☑　　　　73EJT26：298

子自蜀至巴九年，武卒☑☑　　　　　　　73EJT26：299[1]

☑☑黑牝豚，黍飯酒財☑☑　　　　　　　　73EJT26：300

☑☑孫☑　☑　　　　　　　　　　　　　　73EJT26：301

☑☑充送囚徒☑之☑　　　　　　　　　　　73EJT26：302

……奉[2]，年冊，長七尺☑　　　　　　　　73EJT26：303

☑移☑☑武☑☑ᵢ☑☑故來取☑ᵢᵢ　　　　　73EJT26：304A

☐……ⅰ☐……[3]ⅱ　　　　　　　　　　　　　73EJT26:304B

☐☐卅二人　　　　　　　　　　　　　　　　73EJT26:305

【校釋】

[1]此簡"卒"原未釋,"至巴"原釋作"子也",從何茂活(2016P191－198)改補;"武"原未釋,從姚磊(《合校》2021P353)補釋。

[2]此字原釋作"秦",沈思聰(2018P359)釋作"奉"。原簡圖作🀀,下不從"禾",上部也與"秦"、"奉"上部有差別,今作"奉"存疑。

[3]原釋作一行,今據原簡墨跡補。

肩水金關 T27:1－142

鱳得宜産里杜餘,年十八,黑色,車牛一☐　　　　　73EJT27:1

☐☐辰朔乙丑,肩水候尹[1]敢言之:☐☐☐　　　　73EJT27:2A

☐舉籍吏民奴婢、畜産、財物訾直(值)[2]☐　　　　73EJT27:2B

☐☐,年十八,　長七尺一寸,黑色,劍一,　牛車☐☐　73EJT27:3

☐☐里黄☐貰買居延[3]資陽[4]里高賞復絣[5]一匹,賈☐

☐☐知券齒,古(酤)[6]酒旁[7]二斗卩　☐　　　　　73EJT27:4

【校釋】

[1]尹:沈思聰(2018P359)疑是"君"。

[2]訾直:《集成》(九 P96):訾通貲、資。訾直即資産總值。

[3]居延:原未釋,原圖字跡不甚清晰,今暫據原圖擬補。

[4]資陽:陽,原未釋,原簡圖作🀀,疑是"陽"字。資陽,里名。

[5]絣:原釋作"縑",原圖版作🀀,此字右從"并",當改釋。絣是一種雜色布。

[6]古:通"酤",買酒。傳世文獻中多寫作"沽"。《説文·酉部》:"酤,一宿酒也。一曰買酒也。"

[7]旁:指見證者。

☑牛車一兩，爲觻得騎士功歲里孫青弓，就載肩水穀小石卌五石輸

居延，矛一，刀一。刀刀　　　　　　　　　　　　73EJT27：5

☑□粱（粱）米三斗，封寄持來　　　　　　　　　73EJT27：6

☑……　　　　　　　☑

　　　　　　　□　☑

☑界中者，毋令擅

　　　　　　　□　☑　　　　　　　　　　　　　73EJT27：7A

☑□安民里王長生，年☑　　　　　　　　　　　　73EJT27：7B

☑□肩水候福敢言之：府移ⅰ☑……ⅱ　　　　　　73EJT27：8

魯再魚里[1]公乘王衍，年卅六，　　長七尺六寸，黑色，字少君，車馬一

乘，　☑ⅰ　　　　　　　　　　　　　　　　　73EJT27：9

投（骰）[2]、舘[3]各二，　完。　　　　　　　　　73EJT27：10

狀曰：簪裹居觻得武安里，年廿七歲，姓☑　　　　73EJT27：11

☑　如律令。　　　　　　　　　　　　　　　　　73EJT27：12

五月己丑，長安令世、守左丞德移過所縣、邑，毋留止，如律令。守令

史充。　　　　　　　　　　　　　　　　　　　　73EJT27：13

魏郡內黃同里大夫張陽吉，年廿七。　☑　　　　　73EJT27：14

年八月中犢二□□□□犢一。　　　凡值錢六百五十。ⅰ・十二月

中，買牛一，黑字（牸）[4]，齒二，趙秋取直錢千二百。　又婦以五月

作盡十一月廿二日。ⅱ年十一月中，亡[5]牛【一，黑字（牸），齒】二，趙

秋見之水中。　・直（值）錢三千。ⅲ年四月，亡牛一，黑……□時□

見，趙秋、朱子隻見之水中，死。ⅳ　　　　73EJT27：15A+16A+58B

二月中，狼食小犢一，黃字（牸），□黨負[6]。　　　・凡并直（值）萬二

千六百五十。ⅰ六月中，狼食小黃字（牸），……趙秋見之，黨負。

　・彊所取直（值）千九百卅。ⅱ年正月中，黑字（牸）牛一，齒二，溺

死。黨負。　　　・又承登六□直（值）四百廿。ⅲ……ⅳ

　　　　　　　　　73EJT27：58A+15B+16B[7]

（此簡原整理者已與 T27：15 綴合）　　　　　　　73EJT27：16

城[8]官橐他廣地真[9]。　　　　　　　　　　　　73EJT27：17A

今餘錢卅六萬五百八十九　　　　　　　　　　　73EJT27：17B

　　　　　　……至□□□敢言之

二月十二日戊寅，

　　　　　　　　……隧□□　　　　　　　　　73EJT27：18

【校釋】

[1]魯再魚里：魯，魯國屬縣名。再魚，里名。

[2]投：讀爲“轂”，《玉篇》：“轂，車竿也。”

[3]鎋：王錦城（2019P1468）：爲車轂端用金屬包的冒蓋。

[4]字：何茂活（2016P191-198）：即“牸”，亦指母牛。

[5]亡：原釋作“出”，何茂活（2016P191-198）釋作“比”。按：此字原簡作 ，同簡另一個“亡”原簡作 ，兩者都是一個字。漢簡中的“出”一般寫作 （肩貳 T24：150），多是上橫轉折，很少有下橫寫成豎折的。即使下面寫作豎折也是寫作 （肩叁 T26：257），也不會上面是橫畫。釋作“比”也無字形依據，且按照同簡文描述格式，後文所説的“黑字”已經説明了牛的性别，故何茂活將“比”讀作“牝”則描述性别内容出現重複，不可從。此簡的這兩個字形應該是 （肩叁 T26：95 亡時）、 （肩貳 T21：56）這類“亡”的略訛誤寫法。而且從文義上來看，後文説到的“直”、“黨（當）負”，應該是對應這裏的損失産生的賠償價值。

[6]黨負：簡中共出現了三處“黨負”，前兩個原釋文都將“黨”釋作“當”，兩字的原簡圖分别作 、 ；第三處“黨”，王錦城（2019P589）釋作“當”。按：第三處“黨”原簡作 ，字形最清楚。這三個字形實際就是一個字。三處文例相同，字形上前兩個一致，下部都不是“田”，而是兩點畫，這是“黨”下“灬”的草書寫法。第三處可以算作省掉了“灬”。所以這三處都是“黨”。“黨”在此簡可有兩解。一是“黨負”讀作“當負”，即當賠償的意思。還有一種可能是作人名。簡文説到“趙秋取直”，“趙秋、朱子隻見之

水中”,可能所涉及的兩個人都是見證者,所以緊接着所説的“黨負”也可能指的是這些損失都由黨賠償。

[7]此簡由何茂活(2016P191－198)綴合。何茂活對部分文字作了釋讀修改,其中 A 面第一行“年八月中犢二□□□犢一”、“凡值錢六百五十”,第二行“買”,第三行“牛”,B 面末行“年”,原皆未釋,皆爲何茂活綴合後補釋。據綴合文義,正面第三行和第四行“亡牛”之後都可能是“一,黑字,齒二”,第一個“亡牛”之後尚見“二”字殘存墨跡,此字原未釋,今據文義補。

[8]城:原簡字跡不清,也可能是“候”字。

[9]真:原釋作“算”,從鄔文玲(2017P151－169)改釋。鄔文玲指出這裏指正本之義。

魯國大里大夫王輔,年卅五歲,長七尺五寸,黑色,　　十月辛巳入。

　牛車一兩,弩一,矢五十。乀　　　　　　　　　　73EJT27:19

河南郡雒陽褚里公乘李定國,年廿八,長七尺二寸,黑色。　　☑

　　　　　　　　　　　　　　　　　　　　　　　73EJT27:20

田卒梁(梁)[1]國蒙新成[2]里不更兒充,年廿五。　　☑　73EJT27:21

田卒趙國襄國齋里李賜,年卅三。　　丿～(竹簡)　73EJT27:22

初元二年九月壬戌,大人令請子實[3]足下,善令☑　73EJT27:23

吏卒離署[4],至官府下或之他部,以責裘爲名,與卒□□□不

　　　　　　　　　　　　　　　　　　　　　　　73EJT27:24

☑□受莫當卒同。　　　　　　　　　　　　　　73EJT27:25

田卒陽夏富陵里戴千秋,年廿五。　　　☑　　　73EJT27:26

☑　　馬一匹,弩一,矢卅,劍一。☑　　　　　　73EJT27:27

元康元年十月壬寅朔☑　　　　　　　　　　　　73EJT27:28

☑　　河平二年二月丙寅[5],令史給候長□☑　　73EJT27:29

☑□里不更萬賢,年廿八,長七尺二寸,黑色。　☑　73EJT27:30

☑陽東㜺里公☑　　　　　　　　　　　　　　　73EJT27:31

初元元□□☑　　　　　　　　　　　　　　　73EJT27:32A

年年元☑☑   73EJT27:32B

☑居延誠勞里☑   73EJT27:33

☑冠一完。   73EJT27:34

四月☑☑☑☑☑☑☑ i 四月戊辰,宛丞第☑ ii   73EJT27:35A

……☑   73EJT27:35B

☑□二百石   長安灋[6]里公乘,年五十,長七尺   □□☑

☑   十月戊寅入。   ☑   73EJT27:36

【校釋】

[1]梁:原徑釋作"梁",從何茂活(2016P191-198)改釋。

[2]成:原釋作"歲",從何茂活(2016P191-198)改釋。

[3]實:王錦城(2019P590)釋作"賓"。

[4]離署:或言"去署"(T7:3),皆爲離開崗位之義。

[5]河平二年:前27年。《朔閏表》河平二年二月乙丑朔,二月丙寅爲二月初二。

[6]灋:原未釋,原簡作█,可能是"娑"或"灋",存疑。

☑……   73EJT27:37

☑水守候。[1]囊他塞尉□敢□☑   73EJT27:38

☑……☑   73EJT27:39

☑□□宜起□☑   73EJT27:40

□野……受福☑   73EJT27:41A

……☑   73EJT27:41B

☑……昏付卒☑   73EJT27:42

☑   二月□□☑   73EJT27:43

‖ 騂北亭卒日迹檮‖   73EJT27:44A

‖ 騂北亭卒日迹檮‖   73EJT27:44B

‖ 騂北亭卒日迹檮‖   73EJT27:44C

‖ 騂北亭卒日迹檮‖   73EJT27:44D

關嗇夫吏　　　　　　　　　　　　　　　　73EJT27:45

左前候長隊[2]長黨寫傳至東部隧次行。　　　73EJT27:46

東部候長放。　　　　　　　　　　　　　　73EJT27:47

初元二年　　戍卒淮陽國陳莫勢里許温[3]舒,年卅一。

正月　　　　戍卒淮陽國陳大宰里陳山,年卅一。

驛北亭　　　戍卒淮陽國陳桐陵里夏寄,年廿四。

戍卒符。　　　　　　　　　　　　　　　　73EJT27:48[4]

王臨叩頭白記:

　　　　　　　　☒(檢)

東部候長平卿門下。　　　　　　　　　　　73EJT27:49

☒……定爲農都尉從史,遣之強□取衣用☒ⅰ☒……移過所縣道津
關,當舍傳舍,……☒ⅱ囷兼行事,謂過所縣道……☒ⅲ73EJT27:50

☒……藥卿年廿七,元始元年十一月□□　　……卅五……　　　☒

☒□三年十一月丙午除。　　　　　　□□長……二年☒

　　　　　　　　　□□□□□□□□ ……二□☒

　　　　　　　　　　　　　　　　　　　　73EJT27:51

☒坐擅離署。☒ⅰ☒地節三年五月丙辰朔丁巳,守丞畢獄□☒ⅱ

　　　　　　　　　　　　　　　　　73EJT27:52[5]

☒□□□□□有☒　　　　　　　73EJT27:53A[6]

☒□不敢受也。　☒　　　　　　　73EJT27:53B

☒欲往取,且送之。　　☒　　　　73EJT27:54

☒□相下當用者,　　　　　　　　73EJT27:55

鰈得富貴里彭當時　☒　　　　　73EJT27:56

☒　□酒三升算卅☒ⅰ☒　□□升算[7]□☒ⅱ　73EJT27:57

【校釋】

[1]此處原釋文有"/",王錦城(2019P591)已指出並非墨跡,可從,
今删。

[2]隊:原釋作"隧",原簡圖作 ，。同簡後一個"隧"作 ，兩者有别,今改。

[3]温:原釋作"湛",從胡永鵬(2017P169)改釋。

[4]郭偉濤(2018P96-125):該簡上端鑽孔,左側刻齒,尺寸亦與家屬符相類,雖僅名爲戍卒符,其作用與出入符無異。

[5]伊強(2015P243-249)指出此簡可能屬於"囚錄"或與之類似的文書。

[6]此簡原作七個未釋字,何茂活(2016P191-198)釋作"□敢□再拜□□",姚磊(《合校》2021P355)釋作"□□□□夫人有"。今審原圖版,知此簡僅存左半,除最末字可確定是"有"外,其餘字皆不可定釋。

[7]升算:原未釋,今據同簡文例與存見墨跡擬補。

(此簡已與 T27:15 簡綴合)	73EJT27:58
大婢睸,年十一歲,長乇[1]☑	73EJT27:59
□□□□□□□ᵢ甲午蘭入,表行□☑ᵢᵢ	73EJT27:60A
…… ☑	73EJT27:60B
☑敦煌玉門富昌里高殷年☑	73EJT27:61
☑ 皁布牀襜[2]一,幣。 ☑	73EJT27:62
八尺蒲復(複)椹[3]一,毋尊衣☑	73EJT27:63
☑□占字游卿 ☑	73EJT27:64
☑史徐赦之,年十五,長☑	73EJT27:65
☑□ 中功二勞[4],三月十☑	73EJT27:66
望城隧卒段從☑	73EJT27:67
☑直(值)五十今☑	73EJT27:68
☑ 其六封張掖□□ᵢ☑ 居延都尉府,一封☑ᵢᵢ☑段常利印,詣居	
☑ᵢᵢᵢ☑ 閏月丁丑日食□□□ᵢᵥ	73EJT27:69
☑子真☑ᵢ☑□□□□☑ᵢᵢ	73EJT27:70
甘露二年磨(曆-曆)[5]日☑	73EJT27:71

居延司馬令史氐池充郭里公乘石彭祖,年卅六。　☑

73EJT27∶72+T25∶49^[6]

【校釋】

[1]原釋作"七"之字,原簡存見墨跡較少,姚磊(《合校》2021P355)據常見女性身高改釋作"五",今從原釋存疑。

[2]皁布牀襜:王錦城(2019P1470):"襜"指帷幕。《後漢書·劉盆子傳》:"乘軒車大馬,赤屏泥,絳襜絡。"李賢注:"襜,帷也;車上施帷以屏蔽者。"皁布即黑色的布,牀襜當爲牀上的帷幕。

[3]蒲復椹:雷海龍(《合校》2021P356):"復"讀爲"複","椹"讀爲"簟","蒲復席"與"蒲復椹"意思相同,但具體所指有差異。王錦城(2019P1470)認爲蒲復椹當指用蒲柳做成的砧板。按:雷説可從。

[4]中功二勞:胡平生(1995.4):"中"即"中程"、"中式"之"中",是"合"、"適"的意思。由於計算功勞的時日,不是按照爲吏的時間等量折算的,所以有"中"或不"中"問題,哪些時間可以計勞計功,哪些時間不上功不計勞,有法律規定。"中勞律",解釋得更準確一點,可能應當説是關於計算勞績的法律。由此可知,居延簡中寫明了"中功"、"中勞"的,應是比較正式的檔案文書;而沒有特別寫出"中"字的,則可能屬於比較隨便的報表材料。也許這種報表須經上級核准之後,纔能够冠以"中"字,其含義是:已得到法律或上級認可的功勞。

[5]磿:何茂活(2014P225-236)釋作"厤",讀作"歷",表示曆法後作"曆"。張再興(2018P130-141)指出此字實爲"厤"之俗字,在處用作"曆"。今從改。

[6]此簡由姚磊綴合,詳見姚磊(2021P162)。

☑鹽名籍☑　　　　　　　　　　　　　　　73EJT27∶73A

☑憂也幸☑　　　　　　　　　　　　　　　73EJT27∶73B

☑自言爲家私市張☑ᵢ ☑……☑ᵢᵢ　　　　　73EJT27∶74

☑候望　　　　　　　　　　　　　　　　　73EJT27∶75

北書二封。　　☑　　　　　　　　　　　　73EJT27∶76

六月餘折傷牛車十二兩。　　　☑　　　　　73EJT27∶77

☑水守尉望☑ᵢ☑☑☑☑ᵢᵢ　　　　　　　　73EJT27∶78

甘露二年正月丁巳視事,盡晦積三日迹　☑ᵢ☑☑☑☑　　☑ᵢᵢ

　　　　　　　　　　　　　　　　　　73EJT27∶79

☑☑　字子孟,　　牛☑☑☑☑　　☑　　73EJT27∶80

☑關隧長田恭食時受☑☑　　　　　　　73EJT27∶81A

　☑　　隧長田恭　　　　　　　　　　73EJT27∶81B

☑肩水倉佐昭武射南里孫平年廿三。　　初☑　　73EJT27∶82

鰥得騎士相☑里☑☑時　　☑　　　　　73EJT27∶83

☑敢言之。　　　　　　　　　　　　73EJT27∶84

☑　　/掾宣、令史望。　　　　　　　73EJT27∶85

☑☑奈何乎。宣伏地再拜☑ᵢ☑……伏地☑ᵢᵢ(削衣)

　　　　　　　　　　　　　　　　　　73EJT27∶86

　☑　□歲　　　　　　　　　　　73EJT27∶87

☑己　　　☑

☑酉　　　☑　　　　　　　　　　　73EJT27∶88

甘露☑☑ᵢ青伏地再拜☑ᵢᵢ 甘露☑☑ᵢᵢᵢ　　73EJT27∶89A

甘　☑ᵢ露　☑ᵢᵢ　　　　　　　　　　73EJT27∶89B

君遣☑☑ᵢ ☑☑☑ᵢᵢ(削衣)　　　　　73EJT27∶90

☑☑使☑☑　　　　　　　　　　　73EJT27∶91

☑長七尺二寸,黑色,☑☑(削衣)　　　　73EJT27∶92

☑車一乘,馬☑　　　　　　　　　　73EJT27∶93

☑☑☑叩頭言☑ᵢ☑安君毋恙。再☑ᵢᵢ☑☑☑☑☑☑☑ᵢᵢᵢ(削衣)

　　　　　　　　　　　　　　　　　　73EJT27∶94

☑☑大移移☑ᵢ☑妻子母蒙壽[1]ᵢᵢ(削衣)　73EJT27∶95

☑地言　　☑ᵢ☑足下……☑ᵢᵢ(削衣)　73EJT27∶96

☑☑二萬二千六百九十六石七斗七升少八龠☑(削衣)

　　　　　　　　　　　　　　　73EJT27:97+99^[2]

☑五斗☑☑(削衣)　　　　　　　　73EJT27:98

(此簡已與 73EJT27:97 綴合)　　　　73EJT27:99

☑月癸丑日蚤食二分☑☑ⅰ☑……☑ⅱ　　73EJT27:100

(此簡已與 T27:103 簡綴合)　　　　73EJT27:101

鱳得騎士安樂里蘇廣　　／　　☑(竹簡)　73EJT27:102

☑……士吏☑☑ⅰ☑……得子明力,詳察諸☑ⅱ☑□明數教督,迫不

及□□ⅲ☑□再═拜☑ⅳ(削衣)　73EJT27:103+101^[3]

☑　黃君倩☑(削衣)　　　　　　　73EJT27:104

☑御器具☑(削衣)　　　　　　　　73EJT27:105

☑□託步^[4]☑(削衣)　　　　　　73EJT27:106

☑□長☑(削衣)　　　　　　　　　73EJT27:107

☑伏□☑(削衣)　　　　　　　　　73EJT27:108

☑□寧歸^[5]　　☑　　　　　　　73EJT27:109

☑□□□ⅰ☑安利里陳長倩□☑ⅱ(削衣)　73EJT27:110

☑長七尺二寸,黑色。　　☑　　　73EJT27:111

戍卒魏郡繁陽^[6]宜里公乘□□□,年十七,……☑　73EJT27:112

【校釋】

[1]壽:原釋作"春",何茂活(2016P191-198)以爲是"䓕"。按:此字原簡圖作𥄂,非"春",也非"䓕",疑爲"壽"之俗寫。此作人名。

[2]此簡由謝明宏(2022.3.29)綴合。

[3]此簡由姚磊綴合,見姚磊(2021P163)。

[4]步:原釋作"莎",原簡圖作𦫵,爲"步"俗寫。

[5]寧歸:陳直(2009P139):寧謂歸家料理喪事也。

[6]繁陽:原釋作"館陶",從高一致(2016P15-24)改釋。按:此處的"繁"簡圖下從"貝",字形特殊。

☑……　·凡並直(值)☑　　　　　　　　73EJT27：113A

☑□□　☑　　　　　　　　　　　　　　73EJT27：113B

☑□　☑(削衣)　　　　　　　　　　　　73EJT27：114

☑□急□☑(削衣)　　　　　　　　　　　73EJT27：115

☑　□□ᵢ☑　□□君□□☑ᵢᵢ(削衣)　　73EJT27：116

☑……☑ᵢ☑□□不敢在有□☑ᵢᵢ　　　　73EJT27：117

☑□鱳得市里公乘蘇□□ᵢ☑□□刪丹平曲里公乘□☑ᵢᵢ73EJT27：118

☑□匹Ⅰ其一匹□□□☑Ⅱᵢ一匹驊□□齒十□☑Ⅱᵢᵢ一匹□牝齒五

歲高☑Ⅱᵢᵢᵢ　　　　　　　　　　　　73EJT27：119

☑□入賜,叩頭☑　　　　　　　　　　73EJT27：120A

☑恙,因道☑　　　　　　　　　　　　73EJT27：120B

☑□□□□丞候長則☑(削衣)　　　　　73EJT27：121

……☑　　　　　　　　　　　　　　　73EJT27：122A

……☑　　　　　　　　　　　　　　　73EJT27：122B

☑……☑(削衣)　　　　　　　　　　　73EJT27：123

☑丞道　□□□☑(削衣)　　　　　73EJT27：124+135[1]

☑縹□□ᵢ☑□少□□☑ᵢᵢ(削衣)　　　73EJT27：125

☑　使□☑(削衣)　　　　　　　　　　73EJT27：126

☑□樂君□☑　　　　　　　　　　　　73EJT27：127A

☑□□公之□☑　　　　　　　　　　　73EJT27：127B

☑劍[2]　丿☑　　　　　　　　　　　　73EJT27：128

☑二月甲午入。　☑　　　　　　　　　73EJT27：129

☑　□叩□□☑(削衣)　　　　　　　　73EJT27：130

☑□□謁□　　　　　　　　　　　　　73EJT27：131

☑……並山□☑　　　　　　　　　　　73EJT27：132

守府□☑　　　　　　　　　　　　　　73EJT27：133

☑　卩　　　　　　　　　　　　　　　73EJT27：134

（此簡已與 73EJT27:124 綴合）	73EJT27:135
☑☑☑☑(削衣)	73EJT27:136
☑十二☑　　　☑☑　　　☑	73EJT27:137
☑☑憚,年卌又☑	73EJT27:138
戍卒魏郡繁[3]陽安里公乘許多□[4]☑	73EJT27:139
☑☑☑☑	73EJT27:140
☑☑☑中謹□☑	73EJT27:141
☑君回☑	73EJT27:142A
☑君廿□☑	73EJT27:142B

【校釋】

[1]此簡由謝明宏(2022.3.29)綴合。

[2]劍:原釋作"副",從姚磊(《合校》2021P357)改釋。

[3]繁:原未釋,從高一致(2016P15-24)補釋。按:此字簡圖下從"貝",字形特殊。

[4]此未釋字姚磊(《合校》2021P358)釋作"年"。

肩水金關 T28:1-146

東部候長廣宗。	73EJT28:1
禁姦隧卒馮門　☰☰　☰廿休☰☰☰　　☰	
	73EJT28:2
正月癸卯。	73EJT28:3
元康四年正月☑	73EJT28:4A
元庚(康)[1]四年四月☑	73EJT28:4B
候長治所	73EJT28:5
四石具弩一,	
戍卒伯人[2]宜[3]利里董安世,　蘭一,冠一,	
稾矢銅鍭五十。	73EJT28:6

平樂隧長陳駿，　☑　　　　　　　　　　73EJT28：7

☑……金城、安定、武威、張掖、酒泉、敦煌大守屬國

☑……聞能頗不如實，盜賊發多，民自言留不決　　73EJT28：8A

☑□大　　　　　　　　　　　　　　　　　73EJT28：8B

橐他上利隧長家屬　　　　子小男恭，年六歲，☑

建始四年正月己丑符。　　　子小女君便，年四歲，☑

　　　　　　　　　　　　　子小男相，年二歲。☑　　73EJT28：9A

金關　　☑　　　　　　　　　　　　73EJT28：9B[4]

登山隧長緷[5]五十丈，傳詣候長王卿[6]治所，

各完全封相付屬，毋留。　　　　　　　　　73EJT28：10

革鎧、鞮瞀（鍪）各一，傳詣平樂隧，毋留，急=（急急急）[7]。　73EJT28：11

【校釋】

　　［1］庚：原徑釋作“康”，原簡作 ，今據字形改。

　　［2］伯人：《漢書·地理志》作柏人，屬趙國，王莽時改稱壽仁。

　　［3］宜：原釋作“宣”，從高一致（2016P15–24）改釋。

　　［4］此簡原有穿孔。

　　［5］緷：張俊民（2015.1.19）釋作“繩”。此字原簡寫作“緷”，但從文義看也可能是“繩”之俗訛寫法。

　　［6］王卿：郭偉濤（2017P270–286）：簡文涉及的東部候長王卿，可能爲王武或王廣宗，王武見於地節三年（前67），王廣宗活動於甘露年間。

　　［7］此三短橫當表示三字重文“急急急”。

地節二年五月壬申，張掖大守客大原中都里邯鄲[1]張占田[2]居延ⅰ

與金關爲出入符=（符，符）齒第一。　　小奴富主。ⅱ……ⅲ

　　　　　　　　　　　　　　　　　　　73EJT28：12[3]

甘露三年正〖月〗戊戌□□☑ⅰ迎逢（蓬）表、苣火約各如牒，檄到，

候、尉□☑ⅱ段（假）[4]天陰[5]風雨，不見蓬（烽）表苣火，人走傳相告

☑ⅲ　　　　　　　　　　　　　　　　　73EJT28:13A

正月庚子,肩水候福謂候長廣宗☑

誤亂,它如尉、丞、卿檄書律令,☑　　　　　　73EJT28:13B

【校釋】

[1]趙海龍(2014.8.31)認爲"里"字或在"邯鄲"後面,這樣簡文中的地名信息則爲太原中都邯鄲里,這樣的解釋或許更爲合理。王錦城(2019P1918)認爲"邯鄲"是複姓。

[2]張占田:原釋作"倀占至",從張俊民(2015.1.19)改釋。

[3]此簡内容似吏家屬符,但存在爭議,參李迎春(2019P252—271)。郭偉濤(2018P96—125):符主爲張掖太守的客,製作單位可能是太守府。目前所見序號符,多數爲居延及橐他候官製作,家屬符多數爲橐他、廣地、肩水等候官塞製作使用,製作機構基本上都是候官一級。

[4]叚:原徑釋作"假",原簡作🀄,今據原簡字形改釋。

[5]陰:原簡圖作🀄,與"陶"同形相混。

二月丁丑,告金關隧長賢友等:前官令賢□□☑ⅰ 各傳□□□□……

□□治所□□□□☑ⅱ　　　　　　　　　73EJT28:14A

□候史捐之,記到,趣縣索□亭四斤行☑ⅰ □□記☑ⅱ 73EJT28:14B

☑國佰人[1]平陽里□□□□☑　　　　　　　73EJT28:15

甘露三年四月甲寅朔丙辰,平樂隧長明敢言之:ⅰ□□病卒爰書一

編,敢言之。ⅱ　　　　　　　　　　　　　73EJT28:16

☑□七百五十禪[2]衣直(值)二百冊,約至五月畢已。延陵中倩[3]任

故酒彭二斗。ⅰ　　　　　　　　　　　　　73EJT28:17

甘露三年五月癸未朔甲午,平樂隧長明敢言之:治所檄曰□□

□……移檄到,遣ⅰ□□詣官,會己酉旦。謹案:戍卒三人,其一人吳

憙,迺能(耐)莎上[4]疾溫[5],幸少偷(愈)[6],其毛足進易皮□出。ⅱ

　　　　　　　　　　　　　　　　　　　73EJT28:18

【校釋】

　　[1]佰人：金關簡中又作“伯人”，見 T28：15。

　　[2]襌：原釋作“褍”，原簡圖作🔲，右爲“單”之簡俗寫法，今改。襌衣，金關簡中多寫作“單衣”。D：8A 有作“皁襌衣”，指單層衣服。

　　[3]延陵中倩：趙海龍（2014.8.31）：延陵縣《漢書·地理志》屬代郡，漢代登記信息時多採用“縣名+里名”的原則，此處延陵縣後面的“中倩”應爲里名，因此此條簡文“延陵中倩”可釋讀爲延陵縣中倩里。

　　[4]迺能莎上：金關簡中“迺”一般用作指示代詞，這裏指代“吳憙”。“能”通“耐”，經受得住。莎上，地名，或泛指某個地理位置。“迺能莎上疾温”意思是説吳憙經受住了莎上的疾温病。

　　[5]疾温：陳直（2009P204）：疾温者，春秋時温疫之症也。

　　[6]偷：原釋作“愉”，從王錦城（2019P598）改釋。按：此字原簡從“亻”，“偷”在此處讀爲“愈”。

☑……毋狀，已劾，免　　　　　　　　　　　　　73EJT28：19

佐前、候長光等寫傳東部候廣宗行者走。　　　　　73EJT28：20

☑張……定居司馬令史武賢……ⅰ☑走……ⅱ　　73EJT28：21

·右後甘露三年三月戍卒勞賜名籍。　　　　　　　73EJT28：22

·右二人當谷隧[1]。　　　　　　　　　　　　　　73EJT28：23

·右第十五車十人。　　☑　　　　　　　　　　　　73EJT28：24

■右第廿八車廿一人。　　☑　　　　　　　　　　　73EJT28：25

知所薪著侵街，毋令到不辦，毋忽如律。　　　　　73EJT28：26

　　　　　　　　　　　三人韋，

戍寅卒七人：　　其一人養，　　　　　　　一人治。

　　　　　　　　　　　　二人偏（編）韋，　　73EJT28：27+93 [2]

（此簡已與 T28：81 簡綴合）　　　　　　　　　　73EJT28：28

☑年二月乙卯朔乙丑[3]，東部候長廣宗敢言之，☑ⅰ☑……☑ⅱ

　　　　　　　　　　　　　　　　　　　73EJT28：29+92 [4]

田卒淮陽郡長平南莊里不更扈惡子,年廿五。　☑　　73EJT28:30

田卒上黨郡屯留新利里士伍賈尊官,年卅。　☑　　73EJT28:31

☑　車二兩,載穬麥五十石,偷(輸)^[5]橐他候官。☑　73EJT28:32

鴻嘉四年二月丁卯朔☑ⅰ……☑ⅱ　　73EJT28:33

·肩水候官甘露二年二月戊寅,士吏☑　　73EJT28:34A

出錢五百卌徐□以庚辰　☑　　73EJT28:34B

肩水金關　☑　　73EJT28:35

扶溝樂陽里汲千秋,年廿八。　☑　　73EJT28:36

☑墬富昌等發,不以爲意^[6]□　　73EJT28:37

【校釋】

[1]當谷隧:隧名,屬肩水候官。

[2]此簡由姚磊綴合,見姚磊(2021P164)。

[3]黃艷萍(2015.2-1)據簡首干支推此簡屬甘露三年(前51)。

[4]此簡由姚磊綴合,見姚磊(2021P165)。

[5]偷:原徑作“輸”,從丁義娟(2018.5.27)改釋。偷,此處用作“輸”。

[6]不以爲意:馬虎不認真。

僕行道某者,先明毋目即☑　　73EJT28:38

騂北亭長宗敢言之☑　　73EJT28:39

元康二年閏月☑　　73EJT28:40

☑登山隧卒趙馬六月食☑　　73EJT28:41

氐池里宜粟里李餘　☑　　73EJT28:42

騎士利成里王定世　☑　　73EJT28:43

(此簡已與 T28:55 簡綴合)　　73EJT28:44

☑望城□□孫礽□□奉。　～　自取。　☑　　73EJT28:45

地節四年三月辛巳朔己丑,西鄉佐昌敢言☑ⅰ私市張掖酒泉郡中。

□□□□☑ⅱ　　73EJT28:46A

九月癸未左世以來。　☑　　73EJT28:46B

☑□火一通，西部候長道、右後[1]候長□絶非□☑　　　　73EJT28：47

☑丁巳，執適隧長宣取。　　　　　　　　　　　　　73EJT28：48

☑□民或　　　　　　　　　　　　　　　　　　　73EJT28：49

鞣得騎士果成里馬延壽☑　　　　　　　　　　　　73EJT28：50

☑□死莫耐相[2]　　　　　　　　　　　73EJT28：51 [3]

【校釋】

　[1]右後：將軍軍陣中的五營之一，其餘爲左前、右前、左後和中軍。

　[2]相：原未釋，原簡圖作 ▨ ，經電腦修復示意作 ▨ ，可知此字就是“相”。

　[3]此簡姚磊（2021P166）與 T28：49 綴合，茬口不合，差距較大，但兩者有遙綴或同屬一册的可能。兩簡抄寫規整，字形大小和字間距皆較統一，疑爲失傳文獻典籍。

南書一封，　　居延都尉章，詣張掖大守府。　　十一月辛亥夜□☑
　　　　　　　　　　　　　　　　　　　　　　　73EJT28：52

地節三年九月甲寅朔乙丑，土鄉佐勝敢告尉☑ⅰ……☑ⅱ73EJT28：53A

五月乙亥□[1]收以來。　　　　☑　　　　　　　73EJT28：53B

謂隧長賢友等：尉丞卿送剡（剌）史、都吏北遷谷壹[2]二行東塞，檄到賢友等☑ⅰ　　　　　　　　　　　　　73EJT28：54

甘露三年二月乙卯朔庚午，肩□……吏昌敢言之：謹ⅰ移廣地省卒不貰賣衣財物名籍爰……編，敢言之。ⅱ　　　73EJT28：55+44 [3]

☑河平三年七月丙戌，居延丞□爲傳送囚。Ⅰⅰ☑鞣得。Ⅰⅱ閏月丙寅[4]入金關南。Ⅱ八月戊子出金關北。Ⅲ　　　73EJT28：56

　　　　　　一封……府，

南書三封：　　　　　　隧卒成雞前鳴時[5]付沙頭亭卒應。

　　　　　　一封居延千人詣張掖庫。　　　　　73EJT28：57

十五日到府與衞卿卿飲一宿，　魚二百卅頭，　□□□□□□

□□□　　　　　　　□□□　　　　闌取錢五十予卒。

　　　　　　　　　　　　　　　　　　　　73EJT28：58

候長王卿治所　　　　　☑　　　　　73EJT28：59

☑　四月庚辰下餔九分,卒未央受莫當卒疾去,付沙頭卒枚[6]。

　　　　　　　　　　　　　　　　　　　　73EJT28：60

【校釋】

[1]未釋字姚磊(《合校》2021P360)釋作"卒",文義雖通,但與原簡存見墨跡不合。

[2]據文義,"谷壹"應該是地名,但未見有此地名。今審原簡,"壹"與常見寫法差距較大,疑釋字有誤。疑"壹"是"盡"之訛誤。

[3]此簡由姚磊綴合,見姚磊(2021P167)。

[4]黃豔萍(2015.2)據《朔閏表》指出河平三年閏六月戊子朔,當月無丙寅日,認爲原簡書寫有誤。

[5]雞前鳴時:張德芳(2004P190-216):"雞鳴"是平旦之前的一個時段。雞叫三遍,古人稱之爲"雞三號"……爲了細分,懸泉、居延漢簡中把雞叫三遍分別稱作"雞前鳴"、"雞中鳴"、"雞後鳴"。

[6]枚:姚磊(《合校》2021P360)釋作"放"。

南書六封:Ⅰ其五封居延令印,一詣屋蘭,還。一詣日勒,還。一詣溫,還。一詣右扶風。一詣河內大守府。☑Ⅱⅰ一封橐他候印,詣肩水都尉府。□月乙未日出二分時,卒膽[1]受莫當吏□□,付沙頭卒□。☑Ⅱⅱ　　　　73EJT28：61

南書二封,合檄一:Ⅰ其一封居延都尉章,詣張掖大守府。Ⅱⅰ一封張肩塞尉,詣昭武。Ⅱⅱ十二月戊申人定五分,驛北亭卒壽受莫當。Ⅲⅰ隧卒同夜半[2]□□□□□Ⅲⅱ　　73EJT28：62

狀[3]:公乘,氐池先定里,年卅六歲,姓樂氏,故北庫嗇夫。五鳳元年八月甲辰,以功次遷爲肩水士吏,以主塞吏卒爲職☑ⅰ戍卒趙國柏人希里馬安漢等五百六十四人,戍詣張掖,署肩水部[5]至□□到酒

泉沙頭隧[6]閱具簿[7]□☒ⅱ　　　　　　　　　73EJT28:63A

迺五月丙辰,戍卒趙國柏人希里馬安漢戍詣張掖,署肩水部行到沙
頭隧閱具簿□□□□□□亡滿三[8]☒ⅰ 甘露二年六月己未朔庚申,
肩水士吏弘別迎三年戍卒……候,以律令從事。□□□　　　☒ⅱ

　　　　　　　　　　　　　　　　　　　　　　　73EJT28:63B

【校釋】

[1]膽:原未釋,原簡圖作🔥,暫擬補釋。

[2]夜半:據張德芳(2004P190-216)考述,傳送一些重要的詔書和緊
急文書,必須把時間卡在一個最小的精度上。比如在"夜半"之前劃出了
"夜少半",又將"夜少半"分爲"夜幾少半"、"夜少半"、"夜過少半"三段時
間,目的就是爲了反映時間的精確性。"夜半"是坐標性的時間概念,在文
獻、漢簡中極爲常見。

[3]狀:黎明釗(2014.4):此牘顯示趙國戍卒有個別逃亡的現象。此
枚木牘以"狀"開首,推測"狀"指提出起訴的"狀辭",但此文書是一份不完
整的起訴書。

[4]丁義娟(2019P205):根據狀辭的一般格式和下文的內容,此處應
爲事件年月日的記載,應包含"甘露二年五月丙辰"內容。

[5]肩水部:王錦城(2019P603):當指肩水都尉府。

[6]酒泉沙頭隧:黎明釗(2014.4):考慮B面內容不見"酒泉",或許酒
泉爲衍文。丁義娟(2019P205):肩水候官下有沙頭亭,此簡文內容表明戍
卒戍署張掖肩水沙頭隧應即指此沙頭亭。

[7]閱具簿:《匯釋》(2008P216):閱具,猶言閱辦。《史記·功臣表》
云:積日曰閱,謂積日陳報所存器具也。蓋爲漢人之習俗語,不見於文獻。
丁義娟(2019P206):閱具,點數之意。"具簿"指一一列舉人或物,供人點數
查驗。黎明釗(2014.4):此處"閱具簿"未知是指器物的簿籍,抑或馬匹的名
籍。但根據後面的內容,很可能"閱具簿""與點劾來屯趙國戍卒名籍有關"。

[8]黎明釗(2014.4):戍卒馬安漢不知何故離開同伍戍卒,走出關"滿
三□",超過三日(?),結果被肩水士吏弘劾告。丁義娟(2019P206)認爲本

案的確涉及戍卒的逃亡,但此處的時間規定,並非與逃亡戍卒馬安漢是否構成犯罪有關,因爲吏卒逃亡構成犯罪並不需要滿一定的時限。這一時限與吏的舉劾責任有關。"□□□□亡滿三□"應是"吏毋告劾亡滿三日五日以上"的殘存,是指 5 月 28 日逃亡發生後負有舉劾責任的吏未按時限要求舉劾。

□□如書,毋官獄徵事,當得爲傳,移過所縣、邑、侯國,□

□國丞　／掾千秋、／令史彭祖、／令忠臣。□　　　73EJT28∶64

□□□□□……□□□寅、卯、辰、木、青。

□□□□□……□□□巳、午、未、火、赤。　　　　　官□□

……□□□申、酉、戌、金、白。

□□□亥、子、丑、水、黑。　　　　　73EJT28∶65A[1]

上下□　　　　　　　　　　　　　73EJT28∶65B

□□一詣居延。一封昭武丞印,詣居延。　□　　73EJT28∶66

【校釋】

[1]此簡中的寅、巳、申、酉、戌、亥、子原皆未釋,"卯"原釋作"戊","午"原釋作"己",皆從程少軒(2015P129-143)改補。程少軒認爲該木牘書寫的是東、南、西、北四方配五行、五色、地支等信息。

　　　　　出廿四□就,　　　　出卌七檄,□

候長奉千二百。出卅四社[1],　　　　　除〈餘〉[2]九百七十五。□

　　　　　　　　出[3]百廿革。　　　　　73EJT28∶67

□皆毋所見,即馳南[4],夜□□　　　　　73EJT28∶68

槀宝矢二千二百　□　　　　　　　73EJT28∶69

弘農郡貇里胡□□　　　　　　　　73EJT28∶70

制曰:刾(刺)史之部,明教吏,謹□[5]□　　　73EJT28∶71

肩水守候□(削衣)　　　　　　　73EJT28∶72

□魯絮一斤直(值)百卅□　　　　　　73EJT28∶73

☑　靡關嗇夫□☑　　　　　　　　　　　　73EJT28：74

☑東部守☑　　　　　　　　　　　　　　73EJT28：75

☑乙　　甲

☑巳　　戌　　　　　　　　　　　　　　73EJT28：76

☑六百　　　給廣地博望隧長☑　　　　　73EJT28：77

（此簡與 T7：205 綴合）　　　　　　　　73EJT28：78

五月十六日庚辰：Ⅰ失中九分一。Ⅱⅰ餔時三分一，└二分一，六分一。Ⅱⅱ餔坐五分一。　　　·凡六。Ⅲⅰ日出三分一，外候。Ⅲⅱ候卒赦受莫當徒宿。Ⅳ　　　　　　　　　　　73EJT28：79

☑告尉史□直□□□□[6]自☑ⅰ☑□□令從事，敢告尉史。　　　　☑ⅱ

　　　　　　　　　　　　　　　　　　73EJT28：80

迺甲寅病，見卒一人，亭四道行書，南去沙頭十一里，去金關隧六百卅步，去莫當隧四里ⅰ　　　　　　73EJT28：81+28 [7]

　　【校釋】

　　［1］社：指社祭。李天虹（2003P48）：邊塞烽燧士卒也組織有社，舉行社祭所需的錢，也就是“社錢”似乎是由吏員分擔的。姚磊（《合校》2021P361）據此簡指出“社”錢是從吏員的俸祿中直接扣除的，據此可以推測參加“社”的活動似有統一的組織。

　　［2］除：原釋作“餘”，原簡圖作**除**，當釋作“除”，視爲“餘”之訛誤。

　　［3］出：原未釋，從姚磊（《合校》2021P361）擬補。

　　［4］馳南：亭名。

　　［5］此未釋字白軍鵬（2022P132–141）指出是“迎”。

　　［6］此處四個未釋字姚磊（《合校》2021P361）釋作“□里賈□”。此外，此簡左側可見多處筆畫墨跡，疑左側殘缺或編聯後相鄰簡書寫之遺留。

　　［7］此簡由姚磊綴合，見姚磊（2021P168）。侯旭東（2016.4）指出此簡類似於“亭間道里簿”，指出這裏的亭指驛北亭，它設置在肩水金關內，金關隧在另外一地點。

□書四封皆居延都尉章。Ⅰ一詣□□□,Ⅱ ⅰ 一詣敦煌大守府,Ⅱ ⅱ
一詣河東大守府,Ⅱ ⅲ □□□□蚤食時付沙頭亭卒應。Ⅲ　73EJT28:82

　　　　　四石具弩一，　　官袍一領,

□□　張衆,　稟矢十二,　　　官□三。　　　　　　□

　　　　　蘭三,　　　　　　　　　　　　　73EJT28:83

八百七十二,櫝[1]丸□直(值)二□□十□□□　73EJT28:84A

許光一光 ……癸酉□　　　　　　　　　　73EJT28:84B

□……五月丁┃未朔丁丑[2]朔……　　　　　73EJT28:85

五鳳二年計毋餘布復(複)綺。　　□　　　　73EJT28:86

□□公孫厖,年五十□□　　　　　　　　　73EJT28:87

□□東部候長廣宗敢言之:謹移吏卒被　　　73EJT28:88

……伏地再拜請□　　　　　　　　　　　73EJT28:89A

□　人□□等,幸甚□　　　　　　　　　　73EJT28:89B

□歲,長七尺二寸,黑色□　　　　　　　　73EJT28:90

觻得　　　□　　　　　　　　　　　　　73EJT28:91A

君　　　　□　　　　　　　　　　　　　73EJT28:91B

(此簡已與 T28:29 簡綴合)　　　　　　　73EJT28:92

(此簡已與 T28:27 簡綴合)　　　　　　　73EJT28:93

□長七尺五寸,黑□　　　　　　　　　　　73EJT28:94

雒陽士卿[3]東樂里□(削衣)　　　　　　　73EJT28:95

□尺五寸,黑色　　□　　　　　　　　　　73EJT28:96

馳[4]南亭長射樂鬭以臨□[5]□　　　　　　73EJT28:97

【校釋】

[1]櫝:原釋作"犢",漢簡中"牛"、"木"同形,據文義改。

[2]丑:原釋作"巳",從程少軒(2015P129-143)改釋。

[3]士卿:姚磊(《合校》2021P362)釋作"士鄉",認爲"士"爲"東"
之誤。

[4]馳:張俊民(2015.1.19)以爲作"駃"。

［5］臨□：張俊民（2015.1.19）以爲作“劍刃”。

入肩水尉丞□□錢六人。　　　甘露……己酉……☑（右側有刻齒）

73EJT28:98

☑□皆百廿五石尉奉　　□　　尉白建等穀皆積亭☑　　73EJT28:99

☑鄭光尉史☑　　　　　　　　　　　　　　　　73EJT28:100

一比用脂卅六斤　　一見□☑　　　　　　　　　73EJT28:101

廣地轉三百廿兩，已入三百一兩奇廿二石八斗，未[1]備十八兩奇二
石二斗。ⅰ橐他轉二百八十兩，已入二百七十七兩奇三石六斗，未備
二兩廿一石四斗。ⅱ肩水二百卌兩，已入二百卅五兩，奇廿一石一斗
五升，未備四兩奇三石八斗五升。ⅲ　　　　　　　73EJT28:102

【校釋】

［1］未：簡中共出現三次，原皆釋作“米”，從王錦城（2019P1479）改釋。

平旦四分　　　　☑

表二通，十一月丙戌

……　　　　☑　　　　　　　73EJT28:103

三石具弩一　　　　　☑

☑□安樂里王小子：　　稾矢十　　　　　☑

官襲一領　　　　　□☑

官袍一領　　　　☑　　73EJT28:104

☑長斧四刃，皆毋繩，其一刃破，負十二筭[1]。　　73EJT28:105

☑買皁衣者，唯卿哀憐，爲湯問☑　　　　　　　73EJT28:106

未能汲齋春廱[2]，徼迹見二，作它歲隧有塢馬矢，今年未昭有古日夜
取塢馬，唯治所塞官，今治所檄ⅰ曰：遣卒一人，索五日食，詣治所取
塢，明請便道將要虜卒南取塢及馬，願□□高等謁執，敢言之。ⅱ

73EJT28:107

【校釋】

[1]筭:原釋作"算",此字原簡字形不甚明確,但依據金關簡文字使用習慣當釋作"筭"。

[2]未能汲齋春麻:"齋",原釋作"齊",此字原簡圖作**齊**,下部明顯可見三點畫,嚴格説這是"齋"。不過西北簡中"齊"、"齋"相混,作"齊"也無大礙,只是釋字要順從文義。如果不破讀,"汲"本是打水之義,"汲齊"非常不好理解,如果是"汲齋",則可以理解作齋祭名。這可能是一種取水之祭。比如今甘肅河西地區仍有祭井神的傳統。在每年的農曆正月初一早上,當地人擔水桶,攜香、饅頭、油果子等物前往村頭井旁祭祀井神,焚香叩頭,將食物投入井中再撈出帶回家分食,以爲可以治病。如果此簡與此類祭祀有關,那麼其後接的"春麻"也應與此祭祀有關。麻,原簡圖作**麻**。T23:378 簡中有"出麻二石",其中"麻"原簡圖作**麻**,頗疑兩者爲一字,都是"麻"。或兩字都是"麻",讀爲"糒"。《説文·米部》:"糒,粟重一秙,爲十六斗大半斗,春爲米一斛曰糒。"這裏就説到"春糒"。

李長君奉錢六百,　　　縣少四百。　　　▨

出十二載[1]就,　　　今餘三百九十二。　▨

出百九▨▨▨▨　　　　　　　　▨　　73EJT28:108[2]

出鹽二升八龠。　　▨　　　　　　73EJT28:109

河内温郡東郭里▨　　　　　　　73EJT28:110

▨▨癸酉朔辛巳,▨▨ⅰ▨酒泉郡中,▨▨ⅱ　73EJT28:111

▨寫移　　　　　　　　　　73EJT28:112

▨丑,執適隧長騰之,敢言之▨ⅰ▨▨罷軍,迺丙子從省來道疾▨ⅱ

　　　　　　　　　　　73EJT28:113

▨卒爲部伐胡麻[3],取▨　　　73EJT28:114

▨月己巳,置佐禹市　　　　73EJT28:115

橐他野馬隧長鳴葆氏池益城里上▨　73EJT28:116+118[4]

·駟北卒丁少一人宜▨▨　　　73EJT28:117A

平樂卒□□一人□☑   73EJT28:117B

(此簡已與 T28:116 簡綴合)   73EJT28:118

☑君傳致未亡孟☑   73EJT28:119

☑……☑ⅰ☑□塢上連表一通,旁蓬(烽)☑ⅱ   73EJT28:120

☑氏池奉德　☑   73EJT28:121

或　☑   73EJT28:122

☑　未央☑   73EJT28:123

居延都尉守屬□☑(削衣)   73EJT28:124

☑□日□[5]幼闌[6]☑ⅰ☑計,唯毋恙☑ⅱ(削衣) 73EJT28:125+142[7]

【校釋】

[1]載:原釋作"鼓",張俊民(2015.1.19)釋作"載"。今審原圖,知此字雖與"鼓"字形近,但結合文義和整簡書寫草率省簡特點,此字可視爲"載"之訛省寫法,今從張俊民改釋。

[2]此簡上有繫繩契口。

[3]胡麻:《匯釋》(2008P168):即巨勝,今名芝麻,用以作油。

[4]此簡由何有祖綴合,詳見何有祖(2016.1.20)。

[5]此未釋字疑是"蜀"。

[6]闌:原未釋,原簡字形大部分缺失,但可見"門"形左上,結合常見人名"幼闌"暫擬補釋。

[7]此簡由姚磊(2021P169)綴合,兩片削衣綴合後,茬口並不完全密合。綴合後"唯毋恙"與書信中"願聞毋恙"之語表義相近,懷疑兩削衣同屬一簡,但茬口處可能還有一字或數字丟失。暫從姚磊釋文。

☑檄到,各逐(削衣)   73EJT28:126

☑　有方一。ⅰ☑　·右戍卒兵。ⅱ   73EJT28:127

　　　　　　　其十封張掖長☑

北書十一封檄一:

　　　　　　　一封詣居延城□☑(削衣)   73EJT28:128

☑☑☑☑　　　長七尺五寸,☐　☑ᵢ☑……☑ᵢᵢ　　　　　73EJT28:129

▤木☐☑　　　　　　　　　　　　　　　　　　　　73EJT28:130

☑☐車☐☐☑　　　　　　　　　　　　　　　　　　73EJT28:131

☑辛丑☑　　　　　　　　　　　　　　　　　　　　73EJT28:132

☑劍一。　　　皆以十☑　　　　　　　　　　　　73EJT28:133

牛一,黃特,齒十歲　　大車一☑　　　　73EJT28:134+T7:192[1]

☑六月乙丑去署,盡☐☑(削衣)　　　　　　　　　73EJT28:135

伏地再拜請　☑ᵢ長賓足下　☑ᵢᵢ(削衣)　　　　　73EJT28:136

☑☐☐☐分☑(削衣)　　　　　　　　　　　　　　73EJT28:137

☑癸未☐☑(削衣)　　　　　　　　　　　　　　　73EJT28:138

☑倚☐☑(削衣)　　　　　　　　　　　　　　　　73EJT28:139

☑☐　☑(削衣)　　　　　　　　　　　　　　　　73EJT28:140

☑☐十一石八斗　☑(削衣)　　　　　　　　　　　73EJT28:141

(此簡已與 T28:125 簡綴合)　　　　　　　　　　73EJT28:142

☑☐☐百卅里ᵢ☑☐驛☐☐卅五里ᵢᵢ☑九十里ᵢᵢᵢ(削衣)73EJT28:143

☑北　☑(削衣)　　　　　　　　　　　　　　　　73EJT28:144

☑☐☐☑(削衣)　　　　　　　　　　　　　　　　73EJT28:145

☑　以☐☑(削衣)　　　　　　　　　　　　　　　73EJT28:146

【校釋】

[1]此簡由謝明宏(2022.6.23)綴合。

肩水金關 T29:1-135

出糜一石二斗六升大,　以食彊漢隧☑　　　　　73EJT29:1

昭武市陽里周禹,年十七。　　　☑　　　　　　　73EJT29:2

☑牛車一兩,　弩一,矢廿。　　　 刀　　　　　　73EJT29:3

☑☐月戊寅,　候長賢子男氏池昌樂里東門建,年廿二歲,長七尺二

寸。	73EJT29：4
萬福隧長鱳得粟成里不更☑	73EJT29：5
☑　☑子與金關關☑☑	73EJT29：6
謁　☑廣意再拜　☑（削衣）	73EJT29：7
☑☑庶受橐他莫當隧卒租[1]傅言☑☑	73EJT29：8
☐☐☐里功忘憂，年卅。　☑	73EJT29：9A
……☑	73EJT29：9B

……ⅰ☐☐☐數辱賜記二封，錢二百。ⅱ……能市橐，謹[2]與趙子路

入。ⅲ……唯少孫爲子路約[3]其記。ⅳ　　　73EJT29：10A+19A [4]

……少孫毋已時充[5]不敢ⅰ☐☐收[6]收記充ⅱ……ⅲ

73EJT29：19B+10B

【校釋】

[1]租：原釋作“根”，據姚磊（《合校》2021P274）所舉例文改。莫當隧
卒租，又見於 T23：933 簡。

[2]能市橐謹：原釋作“☐卿屬☐”，從姚磊（2021P170）改釋。

[3]約：約定。

[4]此簡由姚磊（2021P170）綴合。

[5]充：原釋作“死”，今據原圖版改。

[6]收：原釋作“致”，從姚磊（2021P170）改釋。

神爵四年七月癸亥朔辛未，右後候[1]長☐敢言之：府移表火舉☐☑

言會月七日，謹以表火舉書逐辟捕問 訊舜（辭）[2] 各[3]如牒，敢言☑

73EJT29：11

☑善毋恙。良☑（削衣）	73EJT29：12
☑葉中倩米一石，百。　　餘☐少君粱（粱）[4]一石☑	
☑薛孝婦米一石，百。　　凡直（值）九百卅☑	
☑☐丘子☐☐一石，☐。☑	73EJT29：13A
☑☐一石，直（值）百。　　左☐☐鞠一石。	

　　　　　　　　同　　　☑

☑一石,百。　　　　　☑少君鞠一石。　　　……☑73EJT29:13B

甘露二年十二月己巳,候長廣宗謂☑　　　　73EJT29:14+41 [5]

　　【校釋】

　　[1]候:原未釋,原簡字形較模糊,但尚能看到部分"矣"形,結合常見辭例可補。

　　[2]捕問訊辤:原釋作"捕驗問☑☑",今細審原圖版,知原簡並無"驗"字,"訊"能辨識"言"旁,"辤"能見到"受"旁墨跡,今擬作"訊辤"。

　　[3]各:原未釋,今結合原簡墨跡與常見辭例補。

　　[4]梁:原徑作"梁",今據原圖版改。

　　[5]此簡由姚磊綴合,見姚磊(2021P171)。

府,敢言之☑　　　　　　　　　　　73EJT29:15A

……☑　　　　　　　　　　　　　　73EJT29:15B

正月　驛北亭長宗☑　　　　　　　73EJT29:16

☑　　十二月乙☑☑　　　　　　　73EJT29:17

肩水都尉守卒史政　　☑　　　　　73EJT29:18

(此簡已與 T29:10 簡綴合)　　　　73EJT29:19

☑日勒充實里大夫紀充☑☑　　73EJT29:20+76 [1]

(此簡已與 T29:22 簡綴合)　　　　73EJT29:21

酒泉禄福中里上造李順,年廿二,長七☑　73EJT29:22+21 [2]

　　　　　　　　☑☑☑

東阿北平里宋充 [3] ,

　　　　　　年卅三☑　　　　　　73EJT29:23

肩水候官☑　　　　　　　　　　　73EJT29:24A

……☑　　　　　　　　　　　　　73EJT29:24B

☑☑宜以細☑☑i☑地再拜☑☑ii　73EJT29:25A

☑敢陳辤(辭),謹☑　　　　　　　73EJT29:25B

【校釋】

[1]此簡由伊強綴合,見伊強(2015.1.19)。

[2]此簡由伊強綴合,見伊強(2015.1.19)。"李"字原未釋,從伊強補釋。

[3]充:原釋作"克",原簡字右下無區別特徵,從沈思聰(2018P365)改釋。

帛四丈九尺=(尺,尺)九,直(值)百卅四。　　　絮一繩直(值)……☑

☑三丈,尺九,直(值)二百七十。　　　帶一直(值)……☑

素六尺=(尺,尺)十,直(值)六十。　　　☑直(值)……☑

☑☑☑匹,直(值)百九十。　　　☑一直(值)……☑

　　　　　　　　　　　　　　　73EJT29:26[1]

☑　　以食通道隧卒……田……　　　　73EJT29:27

☑☑八長七尺二寸,黑色,牛車一兩,麥五十石[2]☑ᵢ☑西鄉嗇夫充　敢

言之:成☑ᵢᵢ☑☑如牒,謁移肩水金關,出來☑ᵢᵢᵢ　73EJT29:28A

☑　牛車一兩　☑　　　　73EJT29:28B

三月丙辰,肩水關佐信以私印兼行候事[3],敢言之:謹移 73EJT29:29

移,敢言之。　／佐信。　　　　73EJT29:30

☑☑☑長樂里☑☑,　　　左前騎士今居平樂隧　73EJT29:31

☑　☑ᵢ卿從車　☑ᵢᵢ　　　　73EJT29:32

(此簡已與 T29:43 簡綴合)　　　　73EJT29:33

十月丁亥,張掖肩水☑☑☑☑都尉☑

書從事,下當用者,如詔書。　　　／屬臨☑　73EJT29:34+36[4]

肩水金關　　☑　　　　73EJT29:35

(此簡已與 T29:34 簡綴合)　　　　73EJT29:36

☑……☑ᵢ☑來,毋留,如律令。☑ᵢᵢ　　73EJT29:37

長賓君伏地……☑ᵢ☑☑☑王舒君☑☑☑ᵢᵢ　73EJT29:38A

子賓足下善毋恙。☑ᵢ察官事☑☑☑　☑ᵢᵢ……☑ᵢᵢᵢ 73EJT29:38B

河南郡緱氏樂陽里☑　　　　　　　　　　　73EJT29:39

扶溝始安里夏樂,年廿五。　　☑　　　　　73EJT29:40

(此簡已與 T29:14 簡綴合)　　　　　　　　73EJT29:41

告隧長賢友等,趣作治,纍(累)[5]☑　　　　73EJT29:42

　　　博望隧長孫道得妻居延平里　　　子男□□,年四歲,☑

廣地

　　　孫可㝡,年廿七歲,長七尺,黑色。　　子小男璜□,年二歲,☑

　　　　　　　　　　　　　　　73EJT29:43+33[6]

數列星之分□☑　　　　　　　　　　　　　73EJT29:44

候長王武　　　☑　　　　　　　　　　　　73EJT29:45

☑給乘胡隧長☑　　　　　　　　　　　　　73EJT29:46

出錢廿二,田次君取。　　　出錢廿二,　☑　73EJT29:47A

□□□□☑　　　　　　　　　　　　　　　73EJT29:47B

·右日迹簿[7]二千石賜勞名籍[8]令。　　☑　73EJT29:48

【校釋】

　[1]此簡內容與 T32:10 性質相同,可對比參看。

　[2]牛車一兩,麥五十石:和同簡其餘文字字體筆跡不同,當爲二次書寫。

　[3]肩水關佐信以私印兼行候事:此段內容與同簡其他文字筆跡不同,當是後寫內容。

　[4]此簡由姚磊綴合,見姚磊(2021P172)。

　[5]纍:原徑釋作“累”,今據原圖版改。

　[6]此簡由姚磊綴合,見姚磊(2021P173)。王錦城(2019P1918)指出此簡右側有刻齒。

　[7]日迹簿:《集成》(九 P291):例行巡邏的統計簿。日迹是每天例行的觀察天田上是否有足跡的活動。

　[8]賜勞名籍:《集成》(五 P61):賜勞,賞賜勞績。漢塞有以秋射、日迹賜勞的功令與節令。

甘[露]三年三月乙　☒　　　　　　　73EJT29：49

累山亭卒易陽南市里京安世☒　　　　73EJT29：50

　　　　　　其一石☒

出穀大石六石：

　　　　　　四石八☒（削衣）　　　　73EJT29：51

　　女吉　男吉　男吉　男吉　男吉　女吉　男□☒

産子[1]

　　男凶　女凶　女凶　女凶　女凶　男凶　女凶☒

　　　　　　　　　　　　　　73EJT29：52[2]

【校釋】

　[1]産子：程少軒（2015P129－143）指出神煞名"産子"，也就是"生子"，秦漢數術簡中以"生子"爲主題的内容甚多，但多是據日期占測，像此簡這樣據月份占測的尚屬首見。

　[2]此簡數術内容，解析詳見程少軒（2015P129－143）、王强（2019P319－331）。

出麥三斗五升，　以食橐他隧□☒　　　　73EJT29：53

☒□升少，　以食鄣卒東阿吉里昭信。　☒　73EJT29：54

若有代罷，如律令。☒　　　　　　　　73EJT29：55A

……　☒i十月辛亥成自受書　　☒ii　　73EJT29：55B

☒□車一兩，　六月癸卯出。　　　　　73EJT29：56

☒　　五月辛酉入。　　　　　　　　　73EJT29：57

☒□稟登山隧卒董得□☒　　　　　　　73EJT29：58

■右七日卌九人，　□□□斗　用穀五石七斗一升大。　☒

　　　　　　　　　　　　　　73EJT29：59

　　　　有方一，

☒里王賀，　　　　　　　袤一領，☒

　　　官綺一兩，　　　　　　　　　73EJT29：60

☑年五十歲,長七尺二寸,黑色。□[1]月甲寅入☑　　73EJT29:61

甘露二年十二月丙☑　　73EJT29:62

甘露二年五月己丑朔甲寅,□☑　　73EJT29:63

小婢莫欲　　☑　　73EJT29:64[2]

武謹伏地再拜請□☑　　73EJT29:65A

此表火時□☑　　73EJT29:65B

新成里公乘臨平,年廿九。　　☑　　73EJT29:66

☑　壬　辛　辛　☑

☑　申　丑　未　☑　　73EJT29:67

六月己卯温丞當時謹移過所縣、邑、侯國□☑　　73EJT29:68

　　　　庚　　己　　己☑

廿日

　　　戌　　卯　　酉☑　　73EJT29:69[3]

復作二歲,大男孫得。　　☑　　73EJT29:70

　　　　　　　　三石具弩一,完。　　☑

禽寇隧戍卒梁國蒙宜故里丁憲[4]。

　　　　　　　　弩幡一,完。☑　73EJT29:71

☑固里龍贛　　車第十六萃　　☑　　73EJT29:72

☑□一乘=(乘,乘)驛牡馬一匹,劍一　　卩　　73EJT29:73

☑□□□□□□□,毋官獄徵事,當☑

☑□長鄭侯國[5]相憙移過所縣邑,勿河(苟)留止,如律☑

　　　　　　　　　　73EJT29:74

☑毋忍〈忽〉[6]如律令。　　73EJT29:75

(此簡已與 T29:20 簡綴合)　　73EJT29:76

☑出。　　牛車一兩,弓一,矢卅卩　　73EJT29:77

☑將軍行水□□□☑　　73EJT29:78

□□□□□十丈□其三百六十尺……☑　　73EJT29:79

☑　凡積三千六百尺　☑　　　　　　　　　　　73EJT29:80

☑德□肩水候表☑(削衣)　　　　　　　　　　　73EJT29:81

☑　　　五月朔大☑　　　　　　　　　　　　　73EJT29:82

☑乘張湯,年廿三,長七尺五寸,車☑　　　　　　73EJT29:83

鄣卒孫定,　　　四石具□☑　　　　　　　　　73EJT29:84

☑爲吏受四月盡六月積三月奉☑ⅰ☑□□ⅱ　　　73EJT29:85

　　　　　　　　六石具弩一。　　　　　　裘一□☑

□……長武陽里……。□□二。　　　　　　　　☑

　　　　　　　　皁布□□一領。　　　　　　　☑

　　　　　　　　皁布復(複)綺一兩。　　☑　　73EJT29:86

☑□又廿五石又廿五石畢出☑(削衣)　　　　　　73EJT29:87

☑□緯綬衣……☑　　　　　　　　　　　　　73EJT29:88A

☑謀古惡[7]毋敢者　　☑　　　　　　　　　　73EJT29:88B

【校釋】

[1]此未釋字位置原釋文作一空白,今據原圖版殘留墨跡補。

[2]此簡張文建(2017.1.22)認爲可與T9:49綴合。核查原簡,茬口不合,不可從。

[3]程少軒(2015P129-143)考此簡屬甘露二年曆日。

[4]疌:原釋作"疌",從王錦城(2019P1487)改釋。

[5]酇侯國:酇,原釋文誤作"鄭",今改。《漢書·地理志》中南陽郡、沛郡下皆有"酇"縣。馬孟龍(2014.2)也指出在漢代"酇"應爲沛郡酇縣,而"酇"是南陽郡酇縣。酇侯國應是南陽郡之屬縣。酇侯國本爲漢初蕭何封地,其後有更封,至西漢後期是否有轄屬變動尚不知曉。

[6]忍:原徑釋作"忽",原簡圖作忍,"忍"形易辨,此爲"忽"之形近訛誤。

[7]古惡:王念孫(《讀書雜志》,江蘇古籍出版社,1985年第225頁):見郡國多不便縣官作鹽鐵。器苦惡,賈貴。如淳曰:"苦,或作鹽。鹽,不攻嚴也。"臣瓚曰:"謂作鐵器,民患苦其不好也。"師古曰:"二説非也。鹽既

味苦,器又脆惡,故揔云苦惡也。"念孫案:如説是也。苦讀與鹽同,《唐風·鴇羽》傳云:"鹽,不攻致也。"言鐵器既鹽惡,而鹽鐵之價又貴也。《史記·平準書》作:"見郡國多不便縣官作鹽鐵,鐵器苦惡,賈貴。"《鹽鐵論·水旱篇》:"今縣官作鐵器多苦惡。"皆其證。師古讀苦爲甘苦之苦,而以鹽鐵器苦惡連讀,斯文不成義矣。《高惠高后文功臣表》云:"道橋苦惡。"《息夫躬傳》云:"器用鹽惡。"《匈奴傳》云:"不備善而苦惡。"《管子·度地篇》云:"取完堅,補弊久,去苦惡。"書傳言苦惡者多矣,若讀如甘苦之苦,則其義皆不可通。按:傳世文獻中此詞是形容鹽鐵,此簡主語不明,兩者是否可等同看待,當存疑。此詞又見於 T30:31"易古惡鹿木用三百枚"。這裏的"古惡"應是故舊損壞之義,西北漢簡中還有"古絶"(T21:66),是故舊而斷絶的意思。所以漢簡中的"古惡"恐怕與傳世文獻的"苦惡"有一些區別。

見虜塞外舉亭上一蓬(烽)<u>火</u>[1],一苣火,虜去輒下□□

虜入塞及[2]金關以北塞外亭隧見虜,燔一積薪□[3]□　73EJT29:89

大奴同長七尺□(削衣)　73EJT29:90

□長六尺,黑色□　73EJT29:91

□　元康元年庫佐德、工定繕[4],護工卒史遂、丞常、令仁臨[5]。

　73EJT29:92

□□廷獄置自言取傳爲郡輸錢武□□　73EJT29:93

□□□事家室毋恙。□□(削衣)　73EJT29:94

　　　　其一人養,□

□□人,

　　　　一人病,□　73EJT29:95

戍卒粱(梁)[6]國虞宜年里不更丁姓,年廿七。　□　73EJT29:96

肩水候官甘露二年十月士吏昌所將省卒離莢日作簿[7]。　□

　73EJT29:97

堅塊不脩治,封埒坤[8]陜小解隨,甚毋狀,以責尉部候長,檄到賢友等各令 i

　73EJT29:98

【校釋】

[1]王錦城(2019P1825)已指出,此字原釋作"火"不確,非"火",存疑。

[2]塞及:原未釋,從王錦城(2019P1825)補釋。

[3]此未釋字疑是"舉"。

[4]繕:修補,整治。

[5]臨:王錦城(2019P614):親臨,察視。按:王説雖亦可,但此簡中的"臨"應突出遂、常、仁三人的監察督造身份。《説文·臥部》:"臨,監臨也。"故此處的"臨"應解釋爲"監督"。

[6]梁:原徑作"梁",今據原圖版改。

[7]日作簿:李天虹(2003P134):作簿主要是記載鄣卒和省卒從事雜務勞作的文書,由於是按天記錄,所以又稱"日作簿"。

[8]封埒埤:王錦城(2019P614):蓋指邊境封界上的矮墙。

☑☑五十石輸廣地候官　　　　　　　　　　　73EJT29:99

田卒貝丘莊[1]里大夫成常幸,年廿七。　　庸同縣厝[2]期里大夫張

收,年卅,　　長七尺☑ i　　　　　　　　　73EJT29:100

出穬麥一斗一升大,　以食稽落亭卒樂安四月八日勮食。　　弓

　　　　　　　　　　　　　　　　　　　　　73EJT29:101

河南武陵里左奴,年廿一。　　　　　　　　73EJT29:102

·神爵元年五月轉車名籍。　　　　　　　　73EJT29:103

☑☑門望里☑☑彊,年卅二,　長七尺五寸,黄色,　軺車二乘,馬二

匹,十月甲午出。i　　　　　　　　　　　　73EJT29:104

丁子平　☑　　田次君　　　　　　　　　　73EJT29:105A

捐之伏地再拜請[3] i ……[4] ii　　　　　　　73EJT29:105B

血忌　寅申　未寅申　寅申　申　卯　酉　辰　戌　巳　亥　午

　子 i　　　　　　　　　　　　　　　　　73EJT29:106[5]

迺壬辰夜,不知何⬚步入[6]　　　迹蘭越肩水金關隧塞天田,入☑

五鳳三年五月丙子朔癸巳，肩水候長則□☑   73EJT29：107

鱳得亭長當城里趙常，年卅八，長七尺五寸，黑色，衣絢襦[7]皁布單
衣，白布綺。Ⅰ 元康二年七月辛卯入。Ⅱᵢ 弓一，矢五十，劍一，Ⅱ ᵢᵢ
馬一匹，卩Ⅲᵢ 輻車一乘。Ⅲ ᵢᵢ   73EJT29：108

【校釋】

　[1]莊：原簡圖作 莊，與常見的"莊"略有差異。

　[2]厝：原簡圖作 厝，從"广"。

　[3]原釋文此後有三個未釋字，王錦城（2019P614）已指出是左行文字
的筆畫，今删。

　[4]此行原釋文無，據原簡圖版補。

　[5]程少軒（2015P129–143）指出該簡將正月至三月的"丑、未、寅"變
更爲"寅申、未寅申、寅申"。何茂活（2015.12.9）對此簡也有討論。

　[6]何二步入：入，王錦城（2019P615）釋作"人"，以爲此處當是"何二
人步"。今審原圖版，"二"字墨跡較重，與上下墨跡不協調，應是後寫，若
作符號看待，文義較通順。或可整理作"不知何₌步入"，就是不知什麼原
因走入。存疑，待考。

　[7]絢襦：王錦城（2019P1490）：當爲細葛布製作的短上衣。

☑□十一。卩　　　壯賓，十一。卩　　　耿次翁，四。
☑□十一。卩　　　侯長□，四。卩　　　薛長賓，七。卩
☑□七。卩　　　宋子方，十一。卩   73EJT29：109

　　　　蚤食時，表一通。　　　下餔時，表一通。　　　候卒登都。
二月壬子：日東中時，表一通。　　　雞後鳴，表火二通。
　　　　餔時，表一通。   73EJT29：110

十一月五〖日〗[1]，要虜卒□始不迹[2]。……ᵢ 十一月十五日，卒樂安
世不迹。……ᵢᵢ 八月十五日，金關卒□當迹[3]。吏代。十二月五日，
卒□當迹。吏代□□迹。ᵢᵢᵢ   73EJT29：111

☑七尺二寸，黑色☑   73EJT29：112

☑☑里郭釋之囗二　☑ 73EJT29：113

明伏地再拜請：ⅰ少平足下，屬決不盡悉，謹道明賣履一兩，歲[4]圓
賈[5]七十，明唯少平從歲取。ⅱ幸以爲明買鮮魚五十頭，即錢。少平
已得五十頭，可飤[6]卅頭，唯留意囗欲内之，明ⅲ 73EJT29：114A

叩＿頭＿（叩頭叩頭），幸甚，素毋補益左右，數[7]以細苛于治，叩＿頭＿
（叩頭叩頭）。唯薄怒善視黃卿，ⅰ毋以事爲趣[8]，願必察之，謹伏地
再拜。・奏ⅱ少平[9]足下。　　葉卿・吳幼闌。ⅲ 73EJT29：114B

甘露二年三月庚寅朔丙辰，東部候長

廣宗敢言之：迺甲寅病溫，四支（肢）不舉，未 73EJT29：115A

王廣宗印。ⅰ三月乙[10]卯驛北卒齊以來。ⅱ 73EJT29：115B

能視事謁報，敢言之。 73EJT29：116[11]

【校釋】

[1]原簡出處漏寫“日”。

[2]不迹：不循法度。《詩・小雅・沔水》：“念彼不跡，載起載行。心
之憂矣，不可弭忘。”毛傳：“不跡，不循道也。”鄭玄箋：“諸侯不循法度，妄
興師出兵，我念之憂不能忘也。”

[3]當迹：簡中兩見，相對於“不迹”來看，此詞當指遵循法度。

[4]歲：原未釋，其原簡圖字形不是特別清楚，但是對比同簡“歲”可確
定兩者就是同一個字。歲，在此簡用作人名，從文義看兩處指同一個人。

[5]賣賈：原皆未釋。“買”原簡墨跡較少，僅能隱約可見“貝”形，暫存
疑。“賈”原圖可見上有長橫畫，下可見“貝”形。“賈七十”指的應該就是
履的價錢。此信寄件人是明，收件人是少平。簡文買鞋、賣鞋、取鞋的關係
頗不順。懷疑這裏的“賣”和“買”使用顛倒了。可能是“明”從“歲”處爲
“少平”買了一雙鞋，價格是七十，讓少平到“歲”處取。這樣簡中的“賣”讀
爲“買”，“買”應該讀爲“賣”。

[6]可飤：可，原釋作“不”，此字原簡圖作▨，中間不是簡單的一豎
畫，應是“可”的草書寫法。飤，原釋作“得”。此字原簡墨跡很淡，與同簡
的“得”字有差距，而且釋作“得”文義也不順，暫擬作“飤”。

［7］數：原釋作“欲”。此簡前文説没什麽功勞，這句是説治理上多煩瑣苛刻的事情。

［8］趣：原簡圖作🐛，字形可疑。

［9］此行“少平”前行“奏”下空白，收件人名另起行，足見平關之制。

［10］乙：原釋作“己”，從胡永鵬(2017P142)改釋。

［11］以上兩簡，何有祖(2016.1.19)指出形制、字跡近同，兩簡“未能視事”連讀順暢，當爲同一册書。

十一月甲戌小 Ⅰ ; 九月乙亥小 Ⅰ ;; 七月乙亥大 Ⅰ ;;; 五月丙子大 Ⅰ ;ᵥ 三月丁丑大 Ⅰ ᵥ 正月戊寅大 Ⅰ ᵥ;

己卯Ⅲ	甲戌[1]Ⅱ
庚辰Ⅲ	癸酉Ⅱ
辛巳Ⅲ	壬申立春Ⅱ
壬午Ⅲ	辛未Ⅱ
癸未夏至Ⅲ	庚午中伏Ⅱ
甲申Ⅲ	己巳立秋Ⅱ
乙酉Ⅲ	戊辰Ⅱ
丙戌冬至Ⅲ	丁卯Ⅱ
丁亥Ⅲ	丙寅Ⅱ
戊子Ⅲ	乙丑Ⅱ
己丑Ⅲ	甲子Ⅱ
庚寅後伏Ⅲ	癸亥Ⅱ
辛卯Ⅲ	壬戌Ⅱ
壬辰Ⅲ	辛酉Ⅱ
癸巳Ⅲ	庚申Ⅱ
甲午Ⅲ	己未Ⅱ
乙未Ⅲ	戊午Ⅱ

丙申Ⅲ　　　　　丁巳Ⅱ

丁酉Ⅲ　　　　　丙辰Ⅱ

戊戌立夏Ⅲ　　　乙卯秋分到Ⅱ

己亥Ⅲ　　　　　甲寅Ⅱ

庚子立冬Ⅲ　　　癸丑Ⅱ

辛丑Ⅲ　　　　　壬子春分Ⅱ

壬寅Ⅲ　　　　　辛亥Ⅱ

　　　　　　　　庚戌初伏騰Ⅱ

　　　　　　　　己酉Ⅱ

二月戊申小Ⅳⅵ四月丁未小Ⅳⅴ六月丙午小Ⅳⅳ八月乙巳大Ⅳⅲ十月甲辰大Ⅳⅱ十二月癸卯大Ⅳⅰ　　　　　　　　　　73EJT29:117A

二月小Ⅰⅰ戊申卩Ⅰⅱ己酉卩Ⅰⅲ庚戌卩Ⅰⅳ辛亥卩Ⅰⅴ壬子卩Ⅰⅵ癸丑卩Ⅰⅶ甲寅卩Ⅰⅷ乙卯卩到[2]Ⅰⅸ丙辰卩Ⅰⅹ丁巳卩十日Ⅰⅹⅰ戊午卩Ⅰⅹⅱ己未卩Ⅰⅹⅲ庚申卩Ⅰⅹⅳ辛酉卩Ⅰⅹⅴ壬戌卩Ⅰⅹⅵ癸亥卩Ⅰⅹⅶ甲子卩Ⅰⅹⅷ乙丑卩Ⅰⅹⅸ

辛未Ⅱⅰ壬申Ⅱⅱ癸酉Ⅱⅲ甲戌 Ⅱⅳ乙亥Ⅱⅴ丙子晦Ⅱⅵ

　　　　　　　　73EJT29:117B[3]

【校釋】

[1]何茂活(2015.1):因甲戌日並見於上端右側"十一月甲戌小",因此"癸酉"旁的"甲戌"應屬一時誤書。細察圖版,似爲刮削未盡之跡。使用時須知此二字多餘。

[2]何茂活(2015.1)分析説 B 面有同年二月曆日干支,其中"乙卯"之下正好也書有"到"字。這説明此簡抄寫時間應當正是二月乙卯(初八)。抄寫者應當是在抄完正面的環讀式曆譜後,又在背後推演出了當月的曆日干支,並在正反兩面都標出了當時所在的日期。此外,B 面二月乙卯前後共十八日之下標有"卩"字,表示此日已過。乙卯日及其之前共八日之"卩",應係抄寫時所書;之後十日之"卩",應係之後逐日補書。"辛未"至"丙子晦"諸日無此標記。

[3]此曆譜原抄寫在一塊長 23.2 釐米木牘上,正面原本按照上下左右不同方向書寫,由於排版不便,文字的方向未能保持原簡情况。此簡爲西漢宣帝五鳳三年(前 55 年)的曆譜,魏德勝(2014.6.26)、何茂活(2015.1)、羅見今、關守義(2015.4)、胡永鵬(2017P458)等多位學者皆有論及。何茂活(2015.1)指出此簡抄寫時間應當是二月乙卯(初八)。抄寫者應當是在抄完正面的環讀式曆譜後,又在背後推演出了當月的曆日干支,並在正反兩面都標出了當時所在的日期。環讀式曆譜的結構形式及大體原理是:在其上下兩端書寫各月月朔、大小,左右兩側書寫其餘曆日干支。按逆時針方向迴圈讀取,即得全年各月日之干支。

麴十九石六斗,直(值)千一百七十六。　　席二,直(值)五十六。

□一,直(值)百六十。　　　　　　　　　綺一,直(值)百卅。

73EJT29:118A

　　　　出錢十五□□□□,

再　伏

　　　　出錢十八,去間一。　　　　　73EJT29:118B

肩水候官　　☑　　　　　　　　　　73EJT29:119

東部候長廣宗。　　　　　　　　　　73EJT29:120

肩水候官　　　　　　　　　　　　　73EJT29:121

騂北亭長宣。　　　　　　　　　　　73EJT29:122

東部候長王卿治所次亭行。　　　　　73EJT29:123

東部候長黄卿治所。　　　　　　　　73EJT29:124

　　　　　☑

肩水候官行者走。　　☑

　　　　　☑　　(檢)　　　　　　73EJT29:125A

譚伏地再拜請:

中君　　　　　　大令　　　　應令[1]

　　初元二年十月戊子朔壬寅,敢言之。　　73EJT29:125B

◈六石具弩一,完。 73EJT29:126A

◈亭長 73EJT29:126B

☒☒☒千☒死罪,幸有臧卿力,敢再₌拜₌(再拜再拜)。

☒☒☒☒☒自☒敢,幸₌甚₌(幸甚幸甚)。☒☒屬₌ 73EJT29:127

田卒魏郡内黄西[2]☒☒ 73EJT29:128

具少酒☒ᵢ☒謹☒ᵢᵢ(削衣) 73EJT29:129

☒☒酒一斗,爲☒☒(削衣) 73EJT29:130

☒之居延☒(削衣) 73EJT29:131

☒勳當☒☒(削衣) 73EJT29:132

☒☒使☒☒(削衣) 73EJT29:133

越鷩[3]☒☒ 73EJT29:134

鑠得誠信里男子功帥(師)憲[4],年廿四歲, 弓一,矢十二。 卩

73EJT29:135

【校釋】

[1]應令:胡平生(2012P113-129):"應令"已經成爲公文套語,泛指按照上級指令呈報與回覆問詢的公文,一概加上"應令"一類的字樣。

[2]西:原未釋,從陸寧寧(2022.7.19)補釋。

[3]鷩:原未釋,原簡圖作🖼,暫擬補。

[4]憲:此字原釋作"更",從王錦城(2019P1491)改釋。功師憲即工師憲。

肩水金關 T30:1-267

四月廿二日丙寅,偃受長叔外長下四千。 73EJT30:1

三月一日丙子,偃受長叔十六萬五千。 八月廿四日丙寅,靳長叔

入錢五千五百,偃受。ᵢ 73EJT30:2

☒☒月入錢千四百偃受☒ 73EJT30:63

·靳君仲入錢卅二萬六千,此下後入錢十萬二□☑　　73EJT30：136

☑八月廿四日丙寅,李少兄入錢萬九千九百□☑　　73EJT30：145 [1]

【校釋】

[1]羅見今、關守義(2015.4)、黄艷萍(2015.2-1)均指出簡 T30：1、T30：2 皆屬元康四年(前 62 年)。羅見今、關守義(2015.4)認爲簡 T30：145、T30：1、T30：2 是同人所書。王錦城(2019P1492)認爲 T30：63 也與其他三簡字體筆跡相同,内容相關,或可編聯。姚磊(2018P357-366)認爲上列五簡可編聯爲同一簡册,今從調整。

戍卒淮陽郡陳宜民里不更苟城,年廿四　　　　　　73EJT30：3

戍卒淮陽郡陳安衆里不更舒畢,年廿四,　庸同里不更夏歸[1]來,年

廿六。i　　　　　　　　　　　　　　　　　　　73EJT30：12

戍卒淮陽郡陳高里不更宋福,年廿四,　庸張過里不更孫唐得,年

卅。i　　　　　　　　　　　　　　　　　　　　73EJT30：13

戍卒淮陽郡陳逢卿里不更許陽,年廿七。　庸進賢不更酸[2]常,年

卅三。i　　　　　　　　　　　　　　　　　　　73EJT30：15

戍卒淮陽郡陳隱丘里不更趙從,年卅。　　73EJT30：118

戍卒淮陽郡陳思孝里不更蓋寬,年卅八。　庸[3]☑　73EJT30：135

戍卒淮陽郡陳安夷里不更鄴[4]盧,年廿四。　　73EJT30：262 [5]

【校釋】

[1]歸:凌文超(2017P87-92)釋作“隨”。

[2]酸:原未釋,凌文超(2017P87-92)釋作“皮”。按:此字原簡作，這裏用作姓氏,疑是“酸”姓,存疑待考。

[3]庸:原釋作“長”,從凌文超(2017P87-92)改釋。按:此字正處在荏口處,僅能見到較少筆畫,按照編聯後其他各簡的文例,此處應釋作“庸”。

[4]鄴:原釋作“鄩”,從林獻忠(2016.5)改釋。按:此字左從“枼”明確。

　[5]以上自 T30：3 至 T30：262 共七枚簡,從姚磊(2020P109－122)
編聯。

　　　　　其一破傷,
六月餘犂金[1]五,

　　　　　　　　　四完。　　　　　　　　　　　73EJT30：4
六月餘犂冠[2]廿,　皆敝盡[3]。　　　　　73EJT30：104[4]
　【校釋】
　[1]犂金:王錦城(2019P1493):當是説犂爲金屬製作。按:王説不妥,
參見 T37：199+205 注。
　[2]犂冠:犂,原釋作“犁”,今改。王錦城(2019P1493):或指犂的蓋
子。按:應指包在犂鐴外的金屬。
　[3]敝盡:破舊損壞。
　[4]王錦城(2019P1493)指出以上 T30：4、T30：104 兩簡形制、字體筆
跡等一致,内容相關,當屬同一簡册,可編聯。今從調整。

■右第五十二車十人。　　　　　　　　　73EJT30：5
(此簡已編聯至 T30：264 後簡册中)　　　　73EJT30：6
臨莫隧卒趙廣。　　　　　故府隧卒克[1]延年。
禁姦隧卒朝[2]蓋之。
並山隧卒李赦之。　　　　　　　　　　　73EJT30：7+19
田卒淮陽長平東陽里不更鄭則,年卅八。　　73EJT30：8
田卒淮陽郡長平北親里不更費畢,年卌五,　　庸西陽里不更莊登,年
卅八。ⅰ　　　　　　　　　　　　　　　73EJT30：263
田卒淮陽郡長平高閒里不更李范[3],年廿六。　　庸南垣不更費充,
年廿五。ⅰ　　　　　　　　　　　　　73EJT30：267[4]
　【校釋】
　[1]克:原釋作“充”,此字原簡作 **克**,右下點畫爲“克”與“充”的重要

區別特徵,從高一致(2016P15-24)改釋。

[2]朝:原釋作"韓",此字原簡正處左右交接茬口處,修復的字形作![字形]。修復後可以很容易地看出這是"朝"字。肩伍 72ECNC:1A 中的"朝"作![字形],即是此類字形。朝,此處用作姓氏,《左傳·昭公十五年》有"朝吳",即是以"朝"爲姓氏。

[3]范:原簡作![字形],疑釋字有誤。

[4]以上 T30:8、T30:263、T30:267 三簡由姚磊(2020P109-122)編聯。

氐池充郭里齊本,年五十六,　牛車一兩,　弩一,矢卅。　　73EJT30:9
氐池敬老里和焉息,年廿三,　牛二,車一兩,　弓一,矢卅。

73EJT30:10

氐池千秋里田德,年廿,　牛車一兩,　弓一,矢卅。☑

73EJT30:133+T24:102 [1]

氐池敬老里和鐵柱,年廿五。　牛車一兩。☑　　73EJT30:152
氐池先定里董信,年卅,　牛車一兩。　☑　　73EJT30:160
氐池先定里□☑　　　　　　　73EJT30:247 [2]

【校釋】

[1]此簡由姚磊綴合,詳見姚磊(2021P177)。

[2]以上 T30:9 至 T30:247 共六枚簡,姚磊(2018P357-366)編聯爲同一簡册,今從調整。

(此簡已與 T24:97 簡綴合)　　　　73EJT30:11
(此簡已編聯至 T30:3 之後)　　　　73EJT30:12-13
戍卒淮陽郡苦魯里不更華[1]橫,年卅四。　　73EJT30:14
戍卒淮陽郡苦平陽里不更金□[2]廣,年卅二。　☑ 73EJT30:25 [3]

【校釋】

[1]華:原釋作"葉",從伊強(2014.11.19)改釋。

[2]此未釋字凌文超(2017P87-92)釋作"楩"。此字原簡圖作![字形],疑

是“搜”之俗訛。

　　[3]以上 T30:14、T30:25 兩簡由姚磊(2020P109-122)編聯。

(此簡已編聯至 T30:3 之後簡册中)　　　　　　　　　　73EJT30:15

城旦五百人皆^[1]施刑詣居延屯,作一日當二日^[2],□□□□□施刑
□□淮陽郡城父幸里□□作^[3]ⅰ日備^[4],謁移過所縣、邑、侯國、津
關,續食給法所當得,毋留,如律令,敢言之。□□ⅱ九月丙午,居延
軍候世以軍中候☑ⅲ　　　　　　　　　　73EJT30:16+254^[5]

【校釋】

　　[1]皆:原未釋,從張俊民(2015.1.19)補釋。

　　[2]屯作一日當二日:原未釋,從張俊民(2015.1.19)補釋。

　　[3]作:原未釋,從張俊民(2015.1.19)補釋。

　　[4]備:原釋作“前”,從張俊民(2015.1.19)改釋。

　　[5]此簡由姚磊綴合,見姚磊(2021P174)。釋文整理參張俊民(2015.
1.19)。

　　　　　　　　　　　　　　樂世奉錢車二兩,^[1]ⅰ

元康二年十二月　　^[2],廣地士吏樂世迎奉錢敢言之。　　府吏與塞外
吏家車。ⅱ　　　　　　　　　　　　　　73EJT30:17

　　右前候長□□都隧七所,　　見慈其^[3]千束,

　　　　　　　　　　　　　　　　率亭作四百五十丈。

●

　　其三所有彊洛,四所毋彊洛。其五百束已□。　　73EJT30:18

(此簡已與 T30:7 簡綴合)　　　　　　　　　　73EJT30:19

觻得廣穿^[4]里公乘虞良,年卅,Ⅰ 葆兄子嘉,年十五,Ⅱ ⅰ方箱車一
乘,馬一匹,騂牝,齒十歲,高六尺二寸。Ⅱ ⅱ三月辛未北嗇夫豐
出。Ⅲ　　　　　　　　　　　73EJT30:20

元康二年八月丁卯朔甲申^[5],昭武左尉廣爲郡將漕敢言:謹寫罷卒
名籍,移,敢言之。ⅰ　　　　　　　　　73EJT30:21A+87^[6]

佐安昌、亭長齊。　　　　　　　　　　　　　　　　73EJT30∶21B

【校釋】

[1]此行字小墨重,應是後補寫。

[2]此處日干支空出待後填寫。

[3]慈其:張麗萍、張顯成(2016.4):就是古籍中所説的"席其",也就是我們今天所説的芨芨草。

[4]穿:原釋作"窮",從黃浩波(2017P113-165)改釋。

[5]元康:西漢宣帝年號。元康二年八月丁卯朔甲申,即公元前 64 年 8 月 18 日。

[6]此簡由伊強綴合,詳見伊強(2015.6.6)。

大子舍人騎[1]弋居[2]孝里謝宰通籍[3]。　☑　　　　73EJT30∶22
居延亭長孤山里刑延壽,年五十一,　用馬一匹,驪(騼),齒十歲,
正月丙寅入。ⅰ　　　　　　　　　　　　　　　　73EJT30∶23
……ⅰ鞠五斗直(值)卌五。ⅱ負錢卌。　凡所負子惠錢五百一十
五。ⅲ　　　　　　　　　　　　　　73EJT30∶24A+122A[4]
麥一石粟二石,直(值)三百,　凡子惠負千廿錢。
酒米三石直(值)五百一十,　　稚(雜)[5]二隻,其一隻以當履錢。
……□□□□□□　　　　　　　73EJT30∶122B+24B

【校釋】

[1]大子舍人騎:王錦城(2019P1497):《後漢書・百官志四》:"太子舍人,二百石。本注曰:無員,更值宿衛,如三署郎中。"李賢注引《漢官》曰:"十三人,選良家子孫。"此簡言太子舍人騎,或因其值宿衛,常騎於馬上。按:這裏的"騎"可能指騎士。

[2]弋居:縣名。《漢書・地理志》:"秦置,隸屬北地郡。"在今甘肅寧縣。

[3]通籍:《漢書・元帝紀》:"令從官給事宫司馬中者,得爲大父母父母兄弟通籍。"顏師古注引應劭曰:"籍者,爲二尺竹牒,記其年紀名字物色,縣之宫門,案省相應,乃得入也。"

　　[4]此簡由伊强綴合,詳見伊强(2015.6.6)。A面"負錢卅"的"卅"原
釋作"卅",從綴合者改釋。

　　[5]稚:讀爲"雉",俗謂野雞。

(此簡已編聯至 T30:14 之後)　　　　　　　　　　　　73EJT30:25
八月庚申,橐他候賢謂南部候長定昌,寫移書到,逐捕驗問害奴[1]山
栩等,言案致收責ᵢ □記,以檄言封傳上計吏[2],它如都尉府書律令。
/ 尉史明。ᵢᵢ　　　　　　　　　　　　　　　　　　　73EJT30:26

【校釋】

　　[1]奴:原簡圖作,或爲"如"字。

　　[2]上計吏:凡郡國承擔上計公事的人員,稱上計吏。東漢時,上計吏
得遷補郎官。陳夢家(1980P121):漢制,郡國歲上其計簿於京師,西漢以
長史、守丞代郡守、國相赴京師……東漢制則如《百官志》所説"歲盡遣吏
上計",故稱"上計吏"……而上計吏則爲赴京師臨時所舉遣。

輔[1]伏地再拜請:ᵢ 幼卿足下善毋恙。甚苦道來至,甚善。謹道幼卿
屬從姑臧送兵[2]來,ᵢᵢ □聞輔丈人緩急不(否)。輔聞幼卿來至都倉
□□願留歸[3],迫ᵢᵢᵢ行[4]。御史且至[5]□,故不敢□□,叩頭死₌罪₌
(死罪死罪),幼卿即□□□ᵢᵥ　　　　　　73EJT30:27A+T26:21A
緩急以記齎楊子游,令輔聞丈人緩急[6],輔幸甚,寒時幸近ᵢ衣進酒
食,方秋虜爲寇時[7],往來獨行關外,願慎之,身非有副ᵢᵢ它來者[8],
時賜記,令輔幸聞幼卿毋恙。伏地再拜ᵢᵢᵢ幼卿足下。　　　奏皇幼卿
　　宋子孥[9]。ᵢᵥ　　　　　　　　　　　73EJT30:27B+T26:21B

【校釋】

　　[1]輔:此字在本簡中共出現了六次,原皆釋作"轉"。如作字形對比
即可知原釋"轉"有誤,當改作"輔"。"輔"在此簡用作人名,金關簡中以此
爲名者頗多,比如 T3:74"臨田隧長宋輔"、T8:13A"佐輔"、T9:29A"中鄉守
嗇夫輔"等。

[2]送兵：指運送兵器。T21：305 中也有出現："・本始四年五月吏□
出府所□罷卒帛及送兵計□出名籍。"

[3]願留歸：原釋作"□□留"，此處原簡字跡較淡，結構不是非常明
確，今擬改釋。

[4]行：原未釋，今據原圖版補釋。

[5]御史且至：意思是御史將要來。

[6]緩：原釋作"教"。此字原簡作，左部所從"糸"之草書寫法非
常清楚，右部的寫法較簡省，但與同簡出現的"緩"形基本相合，再結合簡
中多次重複出現的"緩急"，可知此字就是"緩"之草寫。"緩急"是漢代的
習慣用語，多用在表示事情危急或有變故時。

[7]方秋虜爲寇時：意思是正當秋天胡虜劫掠時。

[8]身非有副它來者：王錦城（2019P621）將"身非有副"單獨作一句，
解釋爲"身體沒有第二個，是説人只有一個身體，要保重"。按：王文可備
一説。若聯繫"時賜記"，"身非有副它來者"似在表達如果沒有其他的事
情，希望能時常來信。存疑待考。

[9]勢：原未釋，此字原簡圖作。此形的疑點是左部的結構，但對比
金關漢簡中"勢"可知此簡字形就是"勢"。此形可能是人名用字的特殊寫
法。"勢"在此處用作人名，以"子勢"爲名字，在金關簡中也不只一見，如
T6：66B"趙子勢"、T21：50"字子勢"。

宣伏地言：i
稚萬足下善毋（無）恙。勞道[1]，決府[2]，甚善。願伏前[3]，會身小不
快[4]，更[5]河梁[6]難，以故不至門下 ii 拜謁。幸財（裁）罪[7]，請少偷
（愈）[8]伏前。因言：累以所市物[9]，謹使＝（使使）再拜受[10]，幸 iii 願
稚萬以遣使[11]。天寒已至，須而以補，願斗食遣之[12]。錢少不足，
請知數[13]。iv 撰（奉）奏[14]，叩頭，幸甚。謹持使奉書，宣再拜。v 稚
萬[15]……　　張宣 vi　　　　　　　　　　　　　73EJT30：28A[16]
前寄書……□言必代贛取報書[17]。都尉府以九月十六日 i 召禹，對

以表火□□□□責致,八日乃出,毋它緩急。禹叩頭,多問功如、稚公、少負、聖君[18]、幼闌、ii子贛、邨君。莫(暮)旦,龐[19]狗[20]、諸兒[21]、宜馬、昆弟君都得之何齊。·負、贛、春、王子明君、子卿、長君、子恩、政君iii回昆弟子文、都君。·見朱贛、中君、子實、少平諸嫂。請之孔次卿、平君、賞、稠卿、春君。禹問(聞)[22]幼闌iv得換爲令史去置。甚善。辱幸使肩水卒史徐游君、薛子真存請。甚厚。禹叩͟頭͟(叩頭叩頭)。v今幼闌見署何[23]所,居何官,未曾肯教告,其所不及,子贛射罷未[24]。   73EJT30:28B

【校釋】

[1]勞道:劉樂賢(2018P298-307):漢代書信或作"苦道"。漢代人在相逢或寫信問候時往往要互道"勞苦",有時也可以省寫作"苦"。

[2]決府:劉樂賢(2018P298-307):決,或作"訣",訣別。決府,在"府"告別。西北漢簡中所説的"府",在大多數情況下是指都尉府。張宣和稚萬上次可能是在都尉府分手的。簡文"決府,甚善"大致是説,上次在都尉府分手後您一切都好。

[3]願伏前:劉樂賢(2018P298-307):是願意俯伏於您跟前的意思。

[4]會身小不快:劉樂賢(2018P298-307):是碰上身體有小恙的意思。

[5]更:劉樂賢(2018P298-307):可以訓爲動詞"經",也可以訓爲連詞"與"或"和"。

[6]河梁:劉樂賢(2018P298-307):橋樑。

[7]幸財罪:幸,劉樂賢(2018P298-307):希望。幸財(裁)罪,希望減省(我因病不能前來問安的)罪過。

[8]少偷:劉樂賢(2018P298-307):古書作"少愈",也作"小愈",是疾病稍有痊癒的意思。

[9]累以所市物:劉樂賢(2018P298-307):意謂煩累您所購買的物品。這裏的"市"作動詞用,是購買的意思。

[10]謹使͟再拜受:劉樂賢(2018P298-307):是説謹派專人前來領取。此處要領取或接受的,就是前文"累以所市物"中所説的"物"。

　　[11]幸願稚萬以遣使:劉樂賢(2018P298-307):是説希望稚萬讓來取東西的人把東西取走。按:萬:原簡圖作 ，字形有訛誤。

　　[12]天寒已至，須而以補，願斗食遣之:劉樂賢(2018P298-307):可能是説寒冷季節已至，我等着進補，希望您能讓人帶來一些食物。

　　[13]錢少不足，請知數:劉樂賢(2018P298-307):錢少了或不够的話，請告知數字。此處"少"與"不足"語義相近，似嫌重複，但古書和出土文獻確實可以如此表達。

　　[14]撗:原簡作 ，原釋作"推"，劉樂賢(2018P298-307)改爲"撗"，"撗"是"捧"或"捧"的異構，與"奉"也是音義俱近。此處"撗奏"二字連讀，應大致相當於"奉奏"，可以理解爲敬詞。

　　[15]稚萬:原未釋，從劉樂賢(2018P298-307)補釋。

　　[16]劉樂賢(2018P298-307)指出寫信人並非只是爲了向稚萬致歉或表示慰問，也與所謂伏日拜謁上級或派人向上級送禮無關。寫信的目的就是要派人去稚萬處取回以前委託稚萬購買的物品，並想確認以前給稚萬留下的貨款是否够用。

　　[17]書:原釋作"言"，原簡圖作 ，同簡同行"書"原簡作 ，對比可看出兩者就是一字，故原釋作"言"有誤，今改作"書"。報書，在西北簡中多指判決書。

　　[18]"少負、聖君"也可不分開，作一個人名理解，後文"子贛、郵君"等行文也如此。但此簡中的"君"除了可理解作敬稱外，也有可作言及對方妻子時的一種稱謂方式。詳參 T23:919A+917A 中的"子涇業君"注。

　　[19]龐:原簡圖作 ，與常見的"龐"字有較大差距。

　　[20]狗，原釋作"物"，原簡圖作 ，從"犬"從"句"易辨，今改釋。

　　[21]兒:原簡圖作 ，字形可疑。

　　[22]問:原釋作"公"，原簡圖作 ，上部是三點，與常見的"公"明顯有差異。在俗寫中，"口"、"厶"相混。漢簡中"門"在作偏旁時常草化成幾點。所以這是從"門"從"口"的字，當是"問"。如果從下方部件的豎畫書寫筆勢來説，此簡的這個字形也不排除就是"聞"的草書。暫釋作"問"，讀

作"聞"。"禹問(聞)幼闌得換爲令史去置",這是陳述發信者的聽聞。

[23]何:原簡作 ，字形略訛。

[24]原釋文在末尾的"未"後有一未釋字,詳細查看原簡紅外和彩色圖版,知是"未"字的豎畫拉長,無需單獨釋字,當刪除。此信的寄件者是禹,收信者並不是特別明確。在簡末尾內容中,發信者詢問幼闌"署何所,居何官,未曾肯教告",揭示了"幼闌"可能是此信的收信者。簡中出現非常多的人名,有些其實是一人,比如"負"與"少負"是一個人,"昆弟君都"與"昆弟子文都君"也是一個人。但簡中提到的"贛"、"子贛"、"朱贛"是不是一個人,就沒辦法完全確定了。

騎都尉[1]屬陳恭中功一勞三歲十月。Ⅰⅰ延水[2]嗇夫隗敞中功一勞三歲十[3]月廿四日。Ⅰⅱ居延令史鄭惲中功一勞三歲四月七日。Ⅰⅲ北部司馬令史樂音中功一勞[4]三月廿四日。Ⅱⅰ顯美令史馬戎[5]中功一勞三歲三月十四日。Ⅱⅱ郡庫令史崔枚中功一勞三歲三月四日。Ⅱⅲ　　　　　　　　　　　　　　73EJT30:29A

居延[6]千人令史郭良中功一勞[7]三月。Ⅰⅰ北部[8]都尉屬傅博中功一勞三歲八日。Ⅰⅱ騎[9]千人令史諸戎功勞[10]一勞二歲十月。Ⅰⅲ大城[11]令史傅建功一勞三歲[12]八月十日。Ⅱⅰ居延都尉屬孫萬中功一勞二歲一月。Ⅱⅱ十一日Ⅱⅲ　　　　　　　　73EJT30:29B

屬國都尉屬陳嚴中功二勞七月七日。Ⅰⅰ敦德置[13]嗇夫張尊中功二勞五月十三日。Ⅰⅱ刪丹庫嗇夫徐博中功二勞五月一日。Ⅰⅲ肩水候官令史王嚴中功二勞四月。Ⅰⅳ北部都尉史陳可中功一[14]勞三月廿日。Ⅱⅰ城倉令史徐譚中功二勞二月五日。Ⅱⅱ刪丹令史成功並中功一勞三歲十一月二日。Ⅱⅲ北部庫嗇夫瞿宏[15]中功一勞三歲十月廿日。Ⅱⅳ　　　　　　　73EJT30:30A

城倉守[16]嗇夫孫忠中功三勞三歲十月。Ⅰⅰ屬國左騎千人令史馬陽中功三勞四月廿日。Ⅰⅱ兼[17]守屬林參中功二勞[18]九月廿一日。Ⅰⅲ氐池令史丁彊中功二勞二歲十月十日。Ⅰⅳ居延殄北令史蘇誼中功二勞二歲五月五日。Ⅰv肩水都尉屬張[19]並中功二勞二歲三月十八日。Ⅱⅰ屋蘭候官令史孫宏中功二勞一歲七月五日。Ⅱⅱ延水嗇夫路興中功二勞十月一日。Ⅱⅲ居延千人令史陽召中功二勞九月。Ⅱⅳ居延都尉屬王宣中功二勞十[20]月五日。Ⅱv

73EJT30：30B[21]

【校釋】

[1]騎都尉：騎，原未釋，從鄔文玲(2019P242-256)補釋。鄔文玲(2019P242-256)：騎都尉，一般認爲始置於秦漢之際，不過也有學者認爲可能秦代就已出現。秦代的"騎邦尉"很可能在漢代爲避漢高祖劉邦之諱被改爲"騎都尉"。其職責主要是掌領騎兵，也領兵征伐，無固定人數，位次將軍，與校尉同級，屬光禄勛。以往認爲騎都尉爲中央職官，但從相關資料來看，西漢時期某些邊郡也設有騎都尉。

[2]延水：原作一個未釋字，從鄔文玲(2019P242-256)補釋。

[3]十：陳偉、熊北生(2018.3)釋作"七"。

[4]陳偉、熊北生(2018.3)指出此處漏抄"三歲"。

[5]戎：原未釋，從鄔文玲(2019P242-256)補釋。

[6]居延：原未釋，從鄔文玲(2019P242-256)補釋。

[7]陳偉、熊北生(2018.3)指出此處漏抄"三歲"。

[8]北部：原未釋，從鄔文玲(2019P242-256)補釋。

[9]騎：原未釋，從鄔文玲(2019P242-256)補釋。

[10]陳偉、熊北生(2018.3)指出此處衍抄"勞"字。

[11]城：原未釋，從鄔文玲(2019P242-256)補釋。大城，地名。

[12]陳偉、熊北生(2018.3)疑此處"三歲"是"二歲"之誤。

[13]敦德置："德"原未釋，從鄔文玲(2019P242-256)補釋。鄔文玲指出這裏的"敦德"與新莽時改敦煌爲"敦德"無關，"敦德置"可能是張掖郡中的驛置。

[14]陳偉、熊北生(2018.3)疑此處"功一"是"功二"之誤。

[15]瞿宏：原未釋，從鄔文玲(2019P242-256)補釋。

［16］城倉守：原未釋，從鄔文玲（2019P242-256）補釋。城倉守嗇夫即試守的城倉嗇夫。

［17］兼：原未釋，從鄔文玲（2019P242-256）補釋。

［18］此處陳偉、熊北生（2018.3）據文義補"三歲"。

［19］張：原未釋，從鄔文玲（2019P242-256）補釋。

［20］十：陳偉、熊北生（2018.3）疑是"八"誤書或誤釋。

［21］以上兩簡陳偉、熊北生、黃浩波（見《合校》注釋）、曹天江編聯順序作 30B、30A、29A、29B（參見《合校》2021P370）。

易[1]縣索[2]用三千二百丈，

乘胡隧長張常幸，　易古惡[3]鹿木用三百枚。□□□　　73EJT30:31

禽寇驛北十二月奉千二百。Ⅰ□□Ⅱ ᵢ出三百禽寇爲尉丞居。Ⅱ ᵢᵢ
出二百七十尉丞居。Ⅱ ᵢᵢᵢ出卅禽寇祭。Ⅱ ᵢᵥ出五十八常平橐一。Ⅲ ᵢ
出二百小麥二石。Ⅲ ᵢᵢ出百一十六皁布八尺。Ⅲ ᵢᵢᵢ出六十八黍米二
斗。Ⅲ ᵢᵥ·凡出出千卅六，☑Ⅳ ᵢ餘百五十四償禮忠，少它少千四百
☑Ⅳ ᵢᵢ　　　　　　　　　　　　　　　73EJT30:32

地節五年[4]正月丙□☑　　　　　　　　73EJT30:33A

正月辛丑郵人同以來。☑　　　　　　　73EJT30:33B

河平三年[5]正月庚寅朔庚寅，驛北亭長章[6]☑ ᵢ守御器簿一編，敢
言之。☑ ᵢᵢ　　　　　　　　　　　　　73EJT30:34A

……☑　　　　　　　　　　　　　　　73EJT30:34B

登山隧弩辟、緯[7]各二，子惠移被兵[8]各一，少一。平樂[9]弩辟二，
子惠移被兵一，少一。ᵢ　　　　　　　73EJT30:35A

願遣使告偃其解　　　　　　　　　　73EJT30:35B

【校釋】

［1］易：王錦城（2019P1502）：當指更換，代換。

［2］縣索：《集成》（十 P122）：天田兩側木椿上佈設的繩索。木椿謂之枵柱，繩索謂之懸索，與天田同爲配套實施。

[3]古惡:破損嚴重。

[4]地節五年:漢宣帝年號,但僅用四年,地節五年相當於史籍所載元康元年,即公元前 65 年。

[5]河平:漢成帝第二個年號,河平三年即公元前 26 年。

[6]章:原未釋,從姚磊(《合校》2021P371)補釋。

[7]緯:李天虹(2003P94):緯是繫弓弦的繩子;弦,有糸弦和枲弦之别,糸弦是絲製的弦,枲弦是麻製的弦。

[8]被兵:金關簡中習見記錄兵器情況的"被兵簿"。此簡兩見"被兵",皆爲"移"之對象,可能是"被兵簿"之省。

[9]平樂:指平樂隧。

☑凡四百卌四人　　　　　　　　　　　　　　　73EJT30:36

始至里☑　　　　　　　　　　　　　　　　　　73EJT30:37

☑　　以食橐他次稽隧[1]卒☑　　　　　　　　　73EJT30:38

臨利隧長鱳得孔嘉[2]　　　隧隧長伏見人[3]史□見[4]隧長73EJT30:39

出糜一石九斗三升少,　　以食逆寇隧卒王廣國二月食。　☑
　　　　　　　　　　　　　　　　　　　　　　73EJT30:40

元康三年七月壬辰朔甲寅[5],關佐通敢言之:爰書廣地令德先以證不盲[6]☑ᵢ　　　　　　　　　　　　　73EJT30:41

【校釋】

[1]次稽隧:隧名,金關簡首見,屬橐他塞。郭偉濤(2019.1)有討論橐他塞部隧設置問題。

[2]嘉:原簡作**袁**,原釋作"袁",張再興、黄艷萍(2017P72-77)釋作"吉奴",並以漢印中人名爲證。按:T9:143 中見"鱳得孔嘉里",此字當爲"嘉"之俗字,今據此改釋。

[3]人:姚磊(《合校》2021P371)認爲是"令"字缺筆。

[4]見:姚磊(《合校》2021P371)認爲此字非"見"。今審原簡,知此字原簡爲"見"之草書,原釋不誤。

[5]元康:漢宣帝年號。元康三年七月壬辰朔甲寅,即公元前 63 年 7 月 23 日。

[6]此字原未釋,今據原圖版和"證不言情"文例擬補。

(此簡已編聯至 T30:264 後簡册中)　　　　73EJT30:42+69

地節三年七月乙卯朔甲戌[1],右農[2]後西〈曲〉[3]丞別作令史充敢
言。ⅰ　　　　　　　　　　　　　　　　　　　73EJT30:43

茂陵嘉平☑　　　　　　　　　　　　　　　　73EJT30:44

出穄穅[4]二石　　☑　　　　　　　　　　　　73EJT30:45

北書三封,記一。Ⅰ其三封張掖都尉章:一詣肩水候,一詣橐他候,
一詣廣地候。Ⅱⅰ一記,朱憙[5]印,詣嗇夫去疾。十月戊寅□☑Ⅱⅱ

　　　　　　　　　　　　　　　73EJT30:46+T25:175 [6]

【校釋】

[1]地節:漢宣帝第二個年號。地節三年七月乙卯朔甲戌,即公元前
67 年 7 月 20 日。

[2]右農:裘錫圭(2012:5P229):大概居延農在上引這批簡的時代分
成左農、右農,左農、右農又分左、右、前、後等部。這些分部由丞或長爲其
主管,其下有別田令史、佐等屬吏。

[3]西:原釋作"曲",原簡圖作 　　,當是"曲"誤寫作"西"。

[4]穄穅:穄的別名,即糜子,一種紅色細粒的穀物。

[5]朱憙:朱,姚磊(2021P175)釋作"來"。今細審綴合圖版,知應釋作
"朱"。憙,王錦城(2019P1861)釋作"憲"。朱憙,人名。

[6]此簡由姚磊綴合,見姚磊(2021P175)。

☑　四百　二百　二百　二百　二百　六百　☑　73EJT30:47

元康二年閏月戊戌朔丁巳,西部候長宣敢言之:官檄　73EJT30:48

輔再拜言□□□□□☑　　　　　　　　　　　73EJT30:49A

元輔幸甚　　　☑　　　　　　　　　　　　　73EJT30:49B

☑遣士吏充輸折傷兵☑	73EJT30：50
津關令　　☑	73EJT30：51
☑寸,黑色□□□☑	73EJT30：52
酒五斗,脯一塊。　☑	73EJT30：53
☑出入簿一編,敢言之。　☑	73EJT30：54
(此簡已與 T31：44 簡綴合)	73EJT30：55

□史謁千八百。Ⅰ ᵢ □尉謁五千二百。Ⅰ ᵢᵢ □尉謁四千。Ⅰ ᵢᵢᵢ □□謁□[1]千六百。Ⅰ ᵢᵥ □部謁四千九[2]百,Ⅰ ᵥ □□[3]二千二百,Ⅰ ᵥᵢ 長史男孟卿。Ⅱ ᵢ 幼小男俠卿。Ⅱ ᵢᵢ □□□君房會□。Ⅱ ᵢᵢᵢ □□□□孫枚。Ⅱ ᵢᵥ 候長張卿。Ⅱ ᵥ 肩水候純[4]光君上叩頭拜請。Ⅲ ᵢ 獄掾王仲、獄史韓子深。Ⅲ ᵢᵢ 辥(辭)曹史路子孝叩‗頭‗(叩頭叩頭)。Ⅲ ᵢᵢᵢ 以李長叔累子孝會府報[5]。Ⅲ ᵢᵥ 光[6]多請韓君威叩‗頭‗(叩頭叩頭)。Ⅲ ᵥ

	73EJT30：56A+83A [7]
……	73EJT30：83B+56B

【校釋】

[1]此未釋字姚磊(2020.6.11)釋作"四"。

[2]九:姚磊(2020.6.11)認爲此字無法判斷是"六"還是"九"

[3]此未釋字姚磊(2020.6.11)釋作"謁"。

[4]純:姚磊(2020.6.11)釋作"紀"。

[5]會府:姚磊(2020.6.11)疑是"令有"。報:姚磊認爲原字殘損,當不釋。

[6]光:原未釋,從王錦城(2019P626)補釋。

[7]此簡由王錦城(2019P626)綴合,綴合後可復原第一欄第四行"□千六百"、第三欄第四行"子孝會府報"等字。

□……月丁亥朔……ᵢ ……縣、爵、里、年、姓如牒,書到,出入[1]如律令。ᵢᵢ

	73EJT30：57A

張掖廣地候印。　　　即日發關。

二月甲辰以來。　　　　　　　　　令史嘉。　　　　73EJT30：57B

民百廿六人，Ⅰⅰ其三人卒，Ⅰⅱ凡百卅二人。Ⅱⅰ馬十四匹。·其一

匹官馬。Ⅱⅱ牛車百一十四兩。·其廿六兩塞吏家車☒Ⅲⅰ牛百廿

五。·其廿七塞吏家牛。☒Ⅲⅱ　　　　　　　　　73EJT30：58

事，敢言之：謹移囚録[2]一編，敢言之。　　　　73EJT30：59A [3]

番和令印[4]。　　　　　　　　　　　　　　　73EJT30：59B

　☒　橐他ⅰ☒　　牛車ⅱ　　　　　　　　　73EJT30：60

　·駟北亭建昭五年[5]正月吏☒　　　　　　　　73EJT30：61

　　　　　　　　隧長奉妻觻得常樂里大女葉中孫，年廿五歲。

初元四年[6]正月癸酉，　　子小女毚[7]，年五歲。

橐他珍虜隧長符。　　　　子小男忠，年一歲。　　　·皆黑色。

　　　　　　　　　　　　奉弟輔，年十七歲。

　　　　　　　　　　　　奉弟婦婢，年十六歲。　73EJT30：62 [8]

（此簡已編聯至 T30：1 之後簡册中）　　　　　73EJT30：63

（此簡已與 T24：97 簡綴合）　　　　　　　　73EJT30：64

居延廚嗇夫公乘張宗，年五十。　　　☒　　　73EJT30：65

　【校釋】

　[1]簡中的"縣"、"爵"、"年"、"姓"、"出入"，原皆未釋，這些字原簡墨跡斑駁或磨蝕不全，但文例在金關簡中十分常見，今補。

　[2]囚録：李均明（2009P415）指出，録，記録。辨物而録，忠實於客觀，是録這一文書形式的特點。按：囚録即對囚犯信息記録的文書。

　[3]伊强（2015P243-249）認爲此簡是輸送囚徒戍邊上呈肩水都尉的文書末尾。

　[4]伊强（2015P243-249）：此四字是文書拆封時所作的用印記録。

　[5]建昭五年：漢元帝第三個年號。建昭五年即公元前 34 年。

　[6]初元四年：漢元帝第一個年號。初元四年即公元前 45 年。

　[7]毚：原釋作"疌"，從王錦城（2019P1919）改釋。

　[8]此爲吏家屬出入符，詳參李迎春（2019P252-271）。

⊠　　　七月乙卯盡甲申卅日積百廿人⊠　　　　　73EJT30:66

一人木工。　　七月乙卯盡甲申卅日積卅人。　　73EJT30:103[1]

【校釋】

[1]T30:66、T30:103 兩簡,羅見今、關守義(2015.4)認爲由同人所書,兩簡形制、字體筆跡等一致,内容相關,當屬同一簡册,較大概率屬於地節三年,但不能排除建昭三年的可能。

其四人行道疾死。　　　　⊠　　　　　　　　73EJT30:67

(此簡已與 T30:90 簡綴合)　　　　　　　　　73EJT30:68

　　　廿七日　　　　　　　六十ⅰ

九月甲子,召受東望隧長臨宜馬[1]屠牛,賣肉骨格(骼)郡門外,卒武、經等從宜馬買腸、血及骨格(骼)[2]ⅱ宜馬知所予主名。　　又十月庚寅廿四日,食[3]宜馬屠牛。ⅲ　　　　　73EJT30:70[4]

□人署都尉庫　　　⊠　　　　　　　　　　　73EJT30:71

　　　　　　葆[5]從者義□　⊠

⊠□籍慶已入。

　　　　　輺車一乘,牛　⊠(削衣)　　　　73EJT30:72

【校釋】

[1]臨宜馬:人名。

[2]格:原釋作"持",文義十分不順,知釋字有誤。此字原簡作🈂,此形右下非"寸",當是"口"的草書寫法,如其後出現的"名"原簡作🈂,即是相同"口"形寫法,而且西北簡中的"扌"、"木"常相混不别,所以這個字應該是"格"的草書寫法。格,此處讀爲"骼",骨骼連讀成詞,與其前出現的骨骼皆指宜馬所屠牛的骨骼。

[3]食:王錦城(2019P627)釋作"臨"。

[4]胡永鵬(2017P232)定此簡時間爲河平元年。

[5]葆:原釋作"落",按照常見文例,"從者"前應該是"葆"字。與此簡相類的内容如 T37:135+133、F3:109。此字原簡圖作🈂。西北簡中"氵"

鮮有此種寫法,更靠近"彳",而西北簡中常出現"彳"與"亻"相混的情況,比如常見的"徵"和"儌"、"往"和"住"就常相混。所以這個像"氵"形部件可能是"亻"。金關簡中相類的"葆"(肩伍 F3:344 葆)可與此形對比參看。

☑☑☑卅　甘露五年[1]二月癸酉朔甲午,帶受肩水尉史光塞外吏絮巾錢。ⅰ　　　　　　　　　　　　　　　　　　73EJT30:73

☑食並山隧[2]卒靳安世五月　　☑　　　　　73EJT30:74

☑士潘湯,年卅三。　　　　☑　　　　　73EJT30:75

☑□與金關爲出入六寸☑ⅰ☑符[3]合以從事,第□☑ⅱ　73EJT30:76

☑……□爲番□☑　　　　　　　　　　　73EJT30:77

☑□城隧長宗昌取。　　　　　　　　　　73EJT30:78

☑世持司馬記告　　☑　　　　　　　　　73EJT30:79

☑□以其百償卒□□□ⅰ☑士馬食麥直☑ⅱ　73EJT30:80A

☑二百囚[4]十以償□□□ⅰ☑其餘以償聖所☑ⅱ☑取奉☑ⅲ

　　　　　　　　　　　　　　　　　　73EJT30:80B

☑帛不得言寄有錢,願受教☑ⅰ☑白　　☑ⅱ　73EJT30:81A

☑□屬見未久,不一⌐二,立叩=頭=(叩頭叩頭)。謹☑　73EJT30:81B

河平二年十月壬戌朔辛巳[5],　　☑ⅰ　移書到,聽書牒,署□　　☑ⅱ

　　　　　　　　　　　　　　　　　　73EJT30:82

(此簡已與 73EJT30:56 綴合)　　　　　　73EJT30:83

☑復傳出已☑　　　　　　　　　　　　73EJT30:84

出麥二石,　　以食執適隧[6]葆[7]安世四月食。　73EJT30:85

督蓬(烽)隧史遂再拜ⅰ侍ⅱ　　　　73EJT30:86+112[8]

【校釋】

　[1]甘露:漢宣帝第六個年號,但僅用了四年。按照史籍記載,甘露五年相當於黃龍元年,即公元前 49 年。

［2］並山隧:隧名,屬肩水候官。

［3］此字原未釋,今據原圖版與常見文例擬補。

［4］此字原未釋,今據原圖版與常見文例擬補。

［5］河平二年十月壬戌朔辛巳:即公元前 27 年 10 月 20 日。

［6］執適隧:隧名,屬肩水候官。

［7］葉:伊強(2014.11.19)釋作"華"。

［8］此簡由伊強綴合,詳見伊強(2015.6.6)。

（此簡已與 T30:21 簡綴合）　　　　　　　　　73EJT30:87

……□□……都尉事謂候官,書到……

……□毋□□□居部界中,如律令。／ 卒史安世、屬□世。73EJT30:88

氐池斗食令史公大夫孫長生。　　　　　　　　73EJT30:89

制　　曰:可。

地節三年四月丁亥朔庚戌,御史大夫相[1]承書從事,下當用者如詔

書。i　　　　　　　　　　　　　73EJT30:90+68 [2]

今移名籍如牒書。　　　　　　　　　　　73EJT30:91

東部候長=（長長）生。　　　　　　　　　　73EJT30:92

☒□人,　 徒六人,　 奴一人,　 軺車一乘,馬四匹,　 牛車九兩。☒

　　　　　　　　　　　　　　　　73EJT30:93

☒……,年卅一=[3]二歲,長七尺一 ∟[4]二寸,大壯,赤色,去時衣綺

複襜褕,縑單襜褕。i　　　　　　　　73EJT30:94A [5]

☒……驿牡馬,大婢恩御恩,年十五=六歲。　73EJT30:94B

【校釋】

［1］姚磊(2021P382)指出簡文中的"御史大夫相"當是"魏相",此詔

書與《漢書·宣帝紀》記載地節三年"夏四月戊申,立皇太子,大赦天下"的

赦免活動有關。

［2］此簡由姚磊綴合,詳見姚磊(2021P176)。

［3］這枚簡中的正面與背面都出現了一處"="。相同情況在簡中出現

兩次,説明這不是偶然的誤寫。從寫法上説這與漢簡中的重文號没有任何區別。但從簡文内容上看,這兩處符號都不能表示重文,否則文義無法通順。按照文義,正面的"卅一﹦二"意思是四十一二,背面的"十五﹦六"意思是十五六,都是不確定的描述。前者重文號可能是防止出現上下書寫"一二"誤認作"三",這主要是起到分隔作用。後者與前者略有不同,"五"和"六"上下書寫並不容易發生誤認、誤讀問題,所以它不能簡單理解爲表示分隔,而應理解爲表示停頓。不過問題在於,同簡中就出現了表示間隔的符號"∟",既然同簡有表示間隔的鈎識號,這説明此簡中的重文號不能簡單地理解作間隔作用,或許都應理解作停頓作用更加合理。

[4]"∟"原釋作"、",爲了能與現代標點相區别,這裏作了修改。同時這個符號與秦簡中表示間隔的"鈎識號"作用基本一致,今統一整理釋文。

[5]此簡形制特殊,簡橫截面呈"⌒"形,此類形制又見於長沙走馬樓西漢簡。

再拜言:尤爲人子者,盡其孝。　　□□□　　□□□　　君不
……姦……　　　　　　　　　　　　　　　　　73EJT30:95

　　　　　　六十各[1]皁四尺,
張貞計。　　百九十五各彖[2]丈三尺,
　　　　　　百廿牵素[3]六尺,
　　　　　　卅五各彖三尺。　　　凡四百廿。　73EJT30:124+96+123
長卿少卿子惠足下・,願急□報[4]・,丞相御史受府卒史張長寶[5]發
屯來,幸i　　　　　　　　　　　　　　　　　73EJT30:97
安世伏地進記　　記進　　　　　　　　　　　73EJT30:98
□□□會月十六日□□爲尉丞治事　　　　　　73EJT30:99A
急[6]……　　　　　　　　　　　　　　　　　73EJT30:99B
□□□□□□□□□一鈎,・四鈎一石[7]。　　張卿以□□□□□取
亭一弩,矢卅。i　　　　　　　　　　　　　　73EJT30:100

出詣表一通，　　……日西中……表□☑　　　　73EJT30:101

累山戍卒淮陽郡陽夏平里夏尊，自言貸駃(駮)^[8]北亭卒同縣孟閒

人，字中君，錢五百五十。i　　　　　　　　73EJT30:102

【校釋】

[1]各：王錦城(2019P1506)：通"絡"，各皁爲生絲製作的黑色絲織品。按：《説文・糸部》："絡，絮也。"即粗絲綿。

[2]彖：王錦城(2019P1506)：通"緣"。《説文・糸部》："緣，衣純也。"裝飾衣邊。這裏可能指裝飾衣邊的布飾。

[3]夆素：王錦城(2019P1507)："夆"或通"絳"，夆素不明。按：絳素，疑指紅色的生帛。

[4]□報：原皆未釋，何茂活釋作"賜教"，不從。按："報"所從"幸"形尚可見，也可能是"執"，存疑待考。

[5]實：王錦城(2019P630)釋作"賓"，不從。按：此字原簡墨跡較淡，下部似不從"貝"，此字似當釋作"穿"，存疑待考。

[6]急：原未釋，今據原圖版補。

[7]四鈞一石：《漢書・律曆志上》："十六兩爲斤，三十斤爲鈞，四鈞爲石。"

[8]駃：原徑釋作"駮"，今據原簡圖改。

(此簡已編聯至 T30:66 之後)　　　　　　　73EJT30:103

(此簡已編聯至 T30:4 簡後)　　　　　　　73EJT30:104

大河無鹽^[1]守令壽良右尉樂。　　丿☑　　73EJT30:105^[2]

☑□浦，年卅，長七尺二寸，　黑，　牛車一兩。　73EJT30:106

(此簡已與 T30:129 簡綴合)　　　　　　　73EJT30:107

地節三年功勞案。　　　　　　　　　　　73EJT30:108

□明伏地再拜請子　　　　　　　　　　　73EJT30:109

地節四年六□□戍……i □□ii　　　　　　73EJT30:110

……津關五i ……尉各以謁書……ii　　　　73EJT30:111

（此簡已與 T30∶86 簡綴合）　　　　　　　　73EJT30∶112

　　　　　　　　　　三石具弩一，
戍卒濟陰郡定陶商里爰横，　　幡一，
　　　　　　　　　　櫜矢五十。　　　　　　73EJT30∶113

☑地再㆑拜㆑（再拜再拜）。因再拜　　　　73EJT30∶114

☑頃八十畝直（值）錢四萬八千。　　☑☑☑☑☑☑
☑頃一十六畝,直（值）錢萬一千六百☑。　73EJT30∶115

長馬蹇[3],請趙中倩治之,出入三日,馬恐ⅰ……ⅱ　73EJT30∶116A
☑伏地再拜。ⅰ子德叩頭。ⅱ　　　　　　　73EJT30∶116B

田卒魏郡貝丘宜春里大夫趙建,年卌八,　長七尺二寸,黑色。✔
　　　　　　　　　　　　　　　　　　　　73EJT30∶117

（此簡已編聯至 T30∶15 之後）　　　　　　73EJT30∶118

從者淮陽郡陳朱[4]里夏侯君公,　～劍一,刀一。　73EJT30∶119
居延令史充國,　劍一,　弓一,矢廿。　　～　73EJT30∶120

吏十六人,　　奴婢二人,　　軺車十六乘,　牛車一兩。
民十六人,　　　　　　馬卅八匹。　　　　73EJT30∶121

（此簡已與 T30∶24 簡綴合）　　　　　　　73EJT30∶122
（此簡已與 T30∶96 簡綴合）　　　　　　　73EJT30∶123
（此簡已與 T30∶96 簡綴合）　　　　　　　73EJT30∶124

三月丙戌驛北卒陽以來。　　　　　　　　　73EJT30∶125

爲[5]屏圂[6]良日∶五癸[7]及壬申六日。壬辰爲屏圂,大富。戊寅、戊
辰,大凶。ⅰ　　　　　　　　　73EJT30∶126[8]

【校釋】

[1]無鹽∶無鹽縣,西漢先後屬梁國、濟東國、大河郡、東平國,在今山
東省東平縣無鹽村。

[2]此簡胡永鵬（2017P487）定在漢昭帝到宣帝之間。

[3]蹇∶《説文·足部》∶“蹇,跛也。”

[4]朱∶原釋作“未”。金關簡中“朱”、“未”常同形不別。T37∶1496 有

"淮陽陳國朱里",今對讀改釋。

　　[5]爲:高一致(2014.8.23)釋作"治"。

　　[6]屏圂:高一致(2014.8.23):指廁所和豬圈。按:"屏圂"指養豬與
如廁功能相兼的建築。

　　[7]五癸:高一致(2014.8.23)認爲可能指"六癸"中除去"癸丑"這一
忌日後剩下的五日。

　　[8]此簡句讀據高一致(2014.8.23)。

　　　　□肩水候簿餘
肩水候　錢百八十。

　　　　……　　　　　　　　　　　　　73EJT30:127

……

步光伏地再拜　　伏□

　　　　步光伏地□□拜

□□□□□伏土□□□□□伏地再拜受□　73EJT30:128A+130A

□ⅰ陳卿ⅱ朱賓[1]　　　伏伏幸伏ⅲ　　73EJT30:128B+130B

請

子公足下　蔡子卿　　　　73EJT30:129A+107[2]

奏　　　　　　　　　　　　73EJT30:129B

(此簡已與 T30:128 綴合)　　　73EJT30:130

廣谷隧長馮安世。　　☑　　73EJT30:131

鱳得千秋里萬政,年廿六,長七尺三寸,黑色。　☑　73EJT30:132

(此簡已編聯至 T30:9 以後簡册中)　73EJT30:133+T24:102

☑　　　　　　　　　　……

☑□作者見廿一人,半日初□[3]　有方卿急遣諸亭,封傳之,須服兵

　　　　　　　　　　　　73EJT30:134

(此簡已編聯至 T30:15、T30:118 之後)　73EJT30:135

(此簡已編聯至 T30:1 之後簡册中)　73EJT30:136

☑□京　鐱(劍)[4]一,弓一,矢卅五,　　留守材　　　　　　73EJT30:137

正月廿六日責和長卿家戴賔三千貸　　☑　　　　　　　73EJT30:138

☑　軟弱毋辦護不勝任[5],免缺。　　　　　　　　　　73EJT30:139

【校釋】

[1]賔:原簡作🈂️,原釋作"實",從王錦城(2019P632)改釋。

[2]此簡由伊強綴合,詳見伊強(2015.6.6)。

[3]未釋字原簡圖作🈂️,或爲"惇"字。

[4]鐱:同"劍"。

[5]軟弱毋辦護不勝任:《集成》(十二 P5):軟弱不任吏職,或軟弱不任職,官吏考核語。軟弱指無爲官的能力和條件,包括身體健康狀況。毋辦護:不盡其職。連劭名(1988P131-141):"毋辦護"之意大體與"不職"、"不任職"相當,皆言不盡其責。

戍卒淮陽郡苦平川里大夫蔡外,年卅四。　　　73EJT30:140+241[1]

氏池長年里□☑　　　　　　　　　　　　　　73EJT30:141

民廿一人,　牛車七十五兩。　　☑　　　　　　73EJT30:142

書佐五人見。　　　☑　　　　　　　　　　　73EJT30:143

(此簡已與 T30:170 簡綴合)　　　　　　　　　73EJT30:144

(此簡已編聯至 T30:1 之後簡册中)　　　　　　73EJT30:145

☑□　軺車一乘,馬一匹,弓一,劍一。　　☑　　73EJT30:146

從者一人,　軺車一乘,馬二匹。　　☑　　　　73EJT30:147

若是而子文自寬[2],□君從南方來,願子文☑ 73EJT30:148A+172A[3]

□□伏地再拜□□□□□□☑ⅰ子文孝君馬足下[4],善毋恙。甚苦……伏地再拜。☑ⅱ　　　　　　73EJT30:148B+172B

【校釋】

[1]此簡由伊強綴合,詳見伊強(2016.8.23)。

[2]自寬:寬,原簡字形作🈂️,字形與"宏"非常接近。自寬,自己安慰自己。《列子·天瑞》:"孔子曰:'善乎,能自寬者也。'"

[3]此簡由伊強綴合,詳見伊強(2015.6.6)。

[4]馬足下:李均明(2009P126):簡文所見"馬足下"、"御者馬足下"即自謙之甚者,似乎將自己降的越低,對他人就愈尊敬。

☑　環(還)之鱳得。　　　　　　　　　　73EJT30：149

☑里知章坐田有爲不省四月 i ☑金四兩 ii　　73EJT30：150

　　　　　　　　　庚子

四年正月己丑朔大

　　　　　　　　　辛丑　　　　　　　　　73EJT30：151A

大陰在辰　　　　　　　　□□[1]

大時、小時[2]南方　　　　日□　　　　　73EJT30：151B [3]

【校釋】

[1]辰:原未釋,從許名瑲(2014.8.21)補釋。

[2]大時、小時:神煞名。

[3]此簡許名瑲(2014.8.21)與 T24:136 綴合。程少軒(2015P129-143)有詳細解析。據許名瑲考訂,此簡屬元康四年曆譜。

(此簡已編聯至 T30:9 以後簡册中)　　　73EJT30：152

從吏長壽,　從者一人,　軺車□□☑　　73EJT30：153A

……☑　　　　　　　　　　　　　　　　73EJT30：153B

淮陽郡固始縣盟[1]鄉嗇夫閡[2]畢成,年廿七。　☑　73EJT30：154

☑　　車牛一兩,刃一。　　　　　　　　73EJT30：155

出麥二石,　以食☑　　　　　　　　　　73EJT30：156

☑印曰:鱳得丞。　　　　　　　　　　　73EJT30：157

■右伍長柳應。　☑　　　　　　　　　　73EJT30：158

■右伍長董信。　　☑　　　　　　　　　73EJT30：159 [3]

(此簡已編聯至 T30:9 以後簡册中)　　　73EJT30：160

☑會月七日官　　　　　　　　　　　　　73EJT30：161

趙恩一頃,直(值)錢☑　　　　　　　　　73EJT30:162

☑兼行丞事,下司馬候城尉ⅰ☑□令史息。ⅱ　　73EJT30:163

☑□擇,　牛車一兩,劍一,大刀一。　☑　　73EJT30:164

☑小史闒[4]都里周奉親。　　☑　　　　　73EJT30:165

☑昭武當市里張常賢。　　☑　　　　　　73EJT30:166

(此簡已與 T24:135 簡綴合)　　　　　　73EJT30:167

屋蘭倉佐福至里公大夫徐熊,年卅五,黄色,☑　73EJT30:168

子卿ㄴ[5]子惠長賓足下善毋恙。甚苦事,暑□☑　73EJT30:169

(此簡已編聯至 T30:264 後簡册中)　　73EJT30:170+144

☑　劍一。　　　　　　　　　　　　73EJT30:171

(此簡已與 T30:148 簡綴合)　　　　　　73EJT30:172

☑　輶車一乘,馬一匹☑　　　　　　　73EJT30:173

☑　掾武、獄史武先。　　　　　　73EJT30:174A

☑□□張掖大守　　　　　　　　　73EJT30:174B

☑路入錢五萬□☑　　　　　　　　　73EJT30:175

先入從車□□衣□□□□□□□□張稚孫　73EJT30:176

元壽元年□□□□□□□□☑　　　　73EJT30:177

出麥八石,　·食隧長　　四月食積四月=(月,月)二石。

　　　　　　　　　　　　　　　　73EJT30:178

【校釋】

[1]盟:原簡圖作🀆,此種"皿"形寫法極少見,疑釋字有誤。

[2]昊:原簡圖作🀆,下部並非簡單的"天",漢代文字中"𠕋"有俗寫作"日"者,頗疑此字爲"爰"之俗寫。

[3]姚磊(2018P357–366)指出 T30:158、T30:159 兩簡形制、字體筆跡一致,内容關聯,當屬同一簡册。

[4]闒:原釋作"闗",從張俊民(2015.1.19)改釋。按:此字原簡作🀆,從"門"從"羽",或爲"闒"之簡俗寫法。

[5] ∟:原釋作"﹣",此符號爲常見的鉤識符號,今改。

十月戊辰,詐封致[1]與關[2]詐[3]罪,當俱出關,以責士吏牛放爲
名,……趙君候以日出五干[4]所出關,日食時牛放ᵢ與趙君男孺卿俱
來入關,候[5]故行[6]至官,以戊辰卿□……官士吏王當皆夜見謁ᵢᵢ

73EJT30:179+180[7]

【校釋】

[1]致:原簡圖作🦌,右側兩點畫也可能是重文號。

[2]關:原簡圖作🦅,與草書的"具"字接近,釋字可疑。

[3]詐:原簡圖作▨,似刮削殘留,釋字可疑。

[4]日出五干:表示時間的時稱。

[5]候:應指前文的"趙君候"。

[6]故行:李迎春(2014P99-110):"故"通"雇"。僱傭人傳遞文書。

[7]此簡由姚磊綴合,見姚磊(2021P178)。

(此簡已與 T30:179 簡綴合)　　　　　　　　73EJT30:180

☑□寸,黑色,　弩一,矢廿枚。　字子游,車馬一乘。　卩

73EJT30:181

☑□䜌得長秋里,年廿九歲,姓郭氏,故□□□☑　　73EJT30:182

☑年廿八,　長七尺二寸,黑色　　□☑　　　　73EJT30:183

□卒淮陽郡苦安見里公乘秦始,年卅,長七尺☑　　73EJT30:184

安世從者始至里公大夫張延年=(年,年)十五,長六尺☑

73EJT30:185

☑　十二月壬辰不畫一里。　☑　　　73EJT30:186

　　　　戊　戊　丁　丁　丙　丙☑

廿一日

　　　　戊　辰　酉　卯　申　寅☑(竹簡)　73EJT30:187[1]

☑☑月尉丞行塞舉。　　　☑　　　　　　　　73EJT30：188

廣谷隧長氐池步光里公乘莊未央,年☑　　　　73EJT30：189

☑　　十二月壬辰不見☑　　　　　　　　　73EJT30：190

☑隧長一人,　　　□□二,　　　☑

☑戍卒二人,　　鐵鞮瞀(鍪)二,　☑

　　　　　　　革鞮瞀(鍪)三,‧多一☑　　　　73EJT30：191

　　　　　　　□□□　　　☑

☑□□　　　革鞮瞀(鍪)三,　☑

　　　　　　　靳干三,　☑　　　　　　　　73EJT30：192

☑……‧治寒氣丸:蜀椒四分,乾薑二分☑　　73EJT30：193

☑十二月郵書課[2]☑　　　　　　　　　　73EJT30：194

　　　　　　□□□□☑

☑利里公乘司馬章,年卅,

　　　　　　阜單衣一領,☑　　　　　　　73EJT30：195

☑□爲且鹿[3]伏牛[4]隧長☑　　　　　　　73EJT30：196

☑所縣河津　　　　　　　　　　73EJT30：197A

☑□□七十二　　　　　　　　　　73EJT30：197B

傳馬騋麤[5]　　☑　　　　　　　　73EJT30：198

☑□,劍一,盾一。　　卩　　　　　　73EJT30：199

河內溫當洛里□☑　　　　　　　　73EJT30：200

☑　　食匈奴單于□☑　　　　　　73EJT30：201

☑入春時,其令郡諸侯皆通道、溝、渠及衝、術,其有離(籬)格(落)[6]、
枯木□□☑ⅰ☑二月甲午下。☑ⅱ　　　　73EJT30：202

……史薛尊歸取用長安,與從者□□☑ⅰ……傳,毋河(苛)留止,如
律令,敢言之。☑ⅱ……令。　／令□。☑ⅲ　73EJT30：203

☑□午朔癸丑,張掖肩水都尉惲丞謂候:往者[7]亭隧☑

☑循行廢不以爲意,甚不稱,前遣丞行塞,所舉如牒,☑　73EJT30：204

☑張掖農、屬國、部都尉、官縣,承書從事,☑☑

☑　／掾禹、守屬尊、助府令史平☑☑　　　　　　73EJT30:205

☑　其一封居延司馬詣昭武,　　　　　日下餔卒武受莫當☑

☑　一封廣地候印,詣肩水都尉府,　　　　輩☑

☑　一封橐他候印,詣肩水☑　　　　　　　　73EJT30:206

【校釋】

[1]程少軒(2015P129-143)認爲宣帝五鳳三年(前 55)和東漢明帝永平八年(65)兩個年份符合條件。許名瑲(2015.3.10)考此簡爲五鳳三年曆日簡。

[2]郵書課:李均明(2016P139-154):郵書課,是關於傳遞郵書的考核文書,内容除登録實情外,尚加考核評語……郵書課之形式與郵書刺同,僅文末多記録了傳行里程及所耗費時間並加以考核評語。

[3]且鹿:T37:1282 可見"且鹿候長",T33:13+4 可見"且鹿候官",知此爲新見候官。

[4]伏牛:新見隧名,依據此簡簡文可知屬且鹿候官。

[5]此字原釋作"嶐",原簡此字上從"止"之草寫,非"山",今改。

[6]離格:讀作"籬落",藩籬壁落,或簡言之柵欄。《左傳·昭公十三年》:"請藩而已。"韋昭注:"藩籬,壁落。"

[7]者:原釋作"告",張俊民(2015.1.19)釋作"者"。按:此字原簡字形雖然近"告",但下部更似"日"之草書,且按照文義,釋"者"更順,今改。

☑☑☑二百。Ⅰⅰ☑☑☑百五十。Ⅰⅱ☑福五十Ⅱⅰ趙歲[1]少四百,已入百一十,定少二百九十。Ⅱⅱ。傳可五百少二百七十。Ⅱⅲ綦毋☑☑☑二百五十。Ⅱⅳ王☑☑Ⅲⅰ龐明☑Ⅲⅱ張☑☑Ⅲⅲ辛☑☑Ⅲⅳ

　　　　　　　　　　　　　　73EJT30:207A

☑☑九尺☑九　　　直(值)錢八☑☑☑

☑……四　　　任子力得十六　　　☑☑☑

☑……　　　　☑☑☑　　　☑☑☑☑　73EJT30:207B

☑皆嫂偶取。Ⅰ_ⅰ☑斤直（值）卅九斤七……。Ⅰ_ⅱ此皆二月庚寅,Ⅱ十一月中取麥三石₌（石,石）百一十,Ⅲ_ⅰ又閏月中取麥二石₌（石,石）百爲☐酒。Ⅲ_ⅱ又閏月晦買肉廿斤₌（斤,斤）七十爲正。₌Ⅲ_ⅲ·又正月中取脂一斤,Ⅳ_ⅰ·又雞出入直Ⅳ_ⅱ百五十四。Ⅳ_ⅲ

73EJT30:208A

☑☐取三斗酒爲Ⅰ居逢☐☐解白時也Ⅱ又丞相史☐卿及居延都尉夫人來使守閤壴^[2]取二斗Ⅲ73EJT30:208B

【校釋】

　[1]歲:原釋作"誠",從沈思聰(2018P371)改釋。

　[2]壴:原釋作"熹",從沈思聰(2018P371)改釋。

☑入臨豪里趙千秋,自言取傳爲家私市長安,謁_ⅰ☑令_ⅱ☐☑掾_ⅲ

73EJT30:209

☑☐四百里₌（里,里）人大夫乘忘☐☑_ⅰ☑言廷,敢言之。移所過縣、邑、侯國,可☑_ⅱ☑月辛酉,臨菑右丞☐☑_ⅲ73EJT30:210A

☑　　右丞　　☑73EJT30:210B

☑☐肩水金關,遣☑_ⅰ☑史案籍往來出☑_ⅱ73EJT30:211A

☑掾庫、　佐充☐☑73EJT30:211B

昌伏地再拜:_ⅰ子思足下善毋恙。獨勞☐☑_ⅱ73EJT30:212A

井子思　　☑73EJT30:212B

☑光^[1]元年八月中,以久☐☑_ⅰ☑罷^[2]累胡隊^[3]某^[4]耐不詣☑_ⅱ

73EJT30:213

　　　　　　　卒一人見。　　　六石弩一,不正,負四筭^[5]。　　　☐☑
☐☐長☐歐見。　　　　　　轉射皆不承長辟☑
　　　　　　　　　　枱柱^[6]一,棓,負二筭☑
　　　　　　　　　·右新舉☑73EJT30:214

☑未塞尉宣敢言之:官移居延所移肩水書曰:卅井☑

☑月乙酉,署累胡隊某耐不詣隊,去署亡,蘭入肩水塞。案☑

73EJT30:215+217 [7]

☑其一封居延都尉章,詣張掖大守府。☑

☑　一封居延千人,詣梁國□□　☑　　　73EJT30:216+220 [8]

(此簡原整理者與 T30:215 簡綴合)　　　73EJT30:217

☑己丑卒持弩出ⅰ☑卒付□□卒□ⅱ　　　73EJT30:218

☑□[9]黃安樂里大夫路赦,年廿七。☑　　　73EJT30:219

(此簡已與 T30:216 簡綴合)　　　73EJT30:220

【校釋】

[1]羅見今、關守義(2015.4)推得“永光”。

[2]署:原未釋,姚磊(《合校》2021P376)與 T30:215+217 相同辭例對讀釋字,可從。按:王錦城(2019P638)即指出此簡與 T30:215+217 兩簡或爲同一簡册,可綴合或編聯。此簡與 T30:215+217 書寫風格相同,甚至相同辭例中很多字寫法完全一致,應是一個書手。

[3]累胡隊:即累胡隧,隧名,屬卅井候官。

[4]某:張俊民(2015.1.19)、姚磊(《合校》2021P376)釋作“果”。此處作人名或作代詞皆可。

[5]筭:同簡兩見,原皆釋作“算”,今據原簡字形改。

[6]柃柱:《集成》(九 P218):安裝懸索的木樁。

[7]張俊民(2015.1.19)已指出此簡與上 T30:213 所言爲一事。王錦城(2019P638)指出兩簡屬同一簡或同一簡册,可綴合或編聯。

[8]此簡由伊强綴合,詳見伊强(2014.7.10)。

[9]此未釋字可能是“内”。魏郡下轄内黃。

張掖郡中。謹案:除等二人毋☑　　　73EJT30:221

☑具弩一,　　　亩銅鍭四百☑

☑□三,　　　服三。·多一☑

☑□□五,　　　蘭二,冠☑　　　73EJT30:222

☑☑☑長☑☑☑☑廣六寸☑後ᵢ☑☑☑南入ᵢᵢ　　　　73EJT30：223

從者左馮翊武城竟里公乘☑☑　　　　　　　73EJT30：224

魏郡館陶☑☑　☑（竹簡）　　　　　　　73EJT30：225

☑十二月辛酉入。　　　　　　　　　　　73EJT30：226

　　　　　　☑☑☑☑☑☑

北書四封，合檄一：

　　　　　　　合檄一，虎猛☑　　　　　　73EJT30：227

肩水候官以郵行☑　　　　　　　　　　　73EJT30：228

肩水候官以郵行。　☑☑　　　　　　　73EJT30：229A

☑☑令　☑　　　　　　　　　　　　73EJT30：229B

☑☑令　☑　　　　　　　　　　　　73EJT30：230

肩水☑☑

肩水塞尉誼☑☑☑☑　　　　　　　　　　73EJT30：231A

丁少卿　君　☑☑卿足下進表是令　　　73EJT30：231B

☑二封居延都尉章，詣張掖大守府。　☑（削衣）　73EJT30：232

□卿足下□再拜□□來者，願數聞毋恙。　73EJT30：233A

☑☑☑　　　　　　　　　　　　　　73EJT30：233B

　　　　　　☑☑☑

張掖觻得界中。謹案：護□　☑

敢言之。·八月丁巳，杜陵令☑（削衣）　　73EJT30：234

觻得☑☑☑ᵢ皷下願子文☑ᵢᵢ（削衣）　　73EJT30：235

☑☑六十　　☑（削衣）　　　　　　　73EJT30：236

☑人人☑☑☑（削衣）　　　　　　　　73EJT30：237

雲☑☑　　　　　　　　　73EJT30：238①[1]

□□當利隧☑　　　　　　　73EJT30：238②

☑☑功名籍。　　　　　　　73EJT30：239A

☑☑來縣☑☑　　　　　　　73EJT30：239B

地節五年二月丙午朔丙辰，關嗇夫成[2]敢言之：□□☑73EJT30：240[3]

（此簡已與 T30:140 簡綴合）　　　　　　　73EJT30:241

☑☑　　　車牛一兩。　　　　　　　　　　73EJT30:242

正[4]定占自言爲家私市張掖郡中。謹案：常年、爵☑☑73EJT30:243A

章曰：雒陽丞印。　　　　☑　　　　　　　73EJT30:243B

廣地候敢言之：乙酉平旦，列亭隧舉逢燔薪，從北☑☑ 73EJT30:244

☑再拜　☑　　　　　　　　　　　　　　　73EJT30:245

☑二年　　　　　　　　　　　　　　　　　73EJT30:246

（此簡已編聯至 T30:9 以後簡册中）　　　　73EJT30:247

☑☑　　弩一，矢廿，劍一。　　　　　　　73EJT30:248

☑官=（官，官）移都尉☑☑　　　　　　　　73EJT30:249

☑萬中卿☑　　　　　　　　　　　　　　　73EJT30:250

☑一人　　　　　　　　　　　　　　　　　73EJT30:251

☑　　牛車一兩。☑☑　　　　　　　　　　73EJT30:252

肩水☑☑　　　　　　　　　　　　　　　　73EJT30:253

（此簡已與 T30:16 簡綴合）　　　　　　　73EJT30:254

☑☑三千梨（犁）[5]冠廿五錢百☑ⅰ☑二千九百又六☑ⅱ（削衣）

　　　　　　　　　　　　　　　　　　　　73EJT30:255

☑穀百石直（值）八千☑ⅰ☑☑☑☑☑ⅱ　　73EJT30:256

☑☑☑☑☑　　　　　出十枚☑

☑　　　　　　　　　出卅八·□□□

☑☑　　　　　　右驪軒（軒）[6]　☑（削衣）　73EJT30:257

☑☑錢三千（削衣）　　　　　　　　　　　73EJT30:258

□言☑ⅰ夫人御者□足辱蘇子孫賜書……☑ⅱ（削衣）73EJT30:259

☑☑　塢户上給皆□。　　　　　□布蓬（烽）少二，□☑☑

☑　　□蓬（烽）毋紐捆[7]白。　　　□□□□□☑（削衣）

　　　　　　　　　　　　　　　　　　　　73EJT30:260

……　　　　　　　堠□

革穿一負□　　　　蓬(烽)火
　　　　　　　　　　堠中不騒(削衣)　　　　　　73EJT30:261 [8]

(此簡已編聯至 T30:15、T30:118、T30:135 之後)　　73EJT30:262

【校釋】

[1]此簡原爲兩片綴合,但苷口文義極不合適,今依姚磊(2017.3.31)分爲兩號,並據其補釋"雲"字。

[2]成:人名,郭偉濤(2017P229-259)有詳細考述。

[3]郭偉濤(2017P229-259)疑爲關嗇夫成上呈文書的草稿。

[4]正:原未釋,從劉欣寧(2016.2)補釋。

[5]梨:原釋作"犁",原簡從"木",今改。

[6]驪軒:原未釋,原簡圖分別作 ▮、▮,前者所從"馬"的草書清楚易辨,後者所從"車"從"干"皆可辨識。驪軒即驪靬,又名犛靬,地名,位於甘肅省金昌市永昌縣焦家莊鄉。

[7]捐:原未釋,此字原簡作 ▮,疑從"扌"從"肙"。或從"知"從"耳"作"䏩"字。

[8]何茂活(《肩水金關斷簡零綴四則》,《河西漢簡考論——以肩水金關漢簡爲中心》,中西書局,2021 年,第 244 頁)已指出此簡原整理者上下綴合有誤,應作左右綴合,重新綴合後可補釋"騒""負"兩字。今從改。

(此簡已編聯至 T30:8 後)　　　　　　　　　　73EJT30:263

屋闌元康二年閏月囚録。　　　　　　　　　　73EJT30:264

耐罪屋闌□□□□□□[1] Ⅰ 坐與同縣富昌里男子吕湯共盜大原郡
於縣[2] 始昌▱ Ⅱ ᵢ □□□▱ Ⅱ ᵢᵢ　　　　73EJT24:131

死罪屋闌游徼當禄[3] 里張彭祖, Ⅰ 以胡刀自賊剌(刺)[4] 頸各一所,
以辜[5] 立死。Ⅱ ᵢ 元康二年三月甲午,械毄[6]。Ⅱ ᵢᵢ 屬國各在破胡受
盧水[7] 男子翁□當告。Ⅲ　　　　　　　　　　73EJT30:6

□□□□□□□□□□□ Ⅰ 坐與游徼彭祖捕縛盧水男子因,籍田都當故
屬國千人辛君大奴宜馬▱ Ⅱ ᵢ □□□□□▱ Ⅱ ᵢᵢ 73EJT30:170+144 [8]

☑屋闌[9]元康二年閏月囚録。　　　　　　　　　　　73EJT31：45

元康二年閏月戊戌朔甲子[10]，屋闌司空嗇夫蓋梁以私印行丞事，i
敢言之：謹移囚録一編，敢言之。ii　　　　　　73EJT30：42＋69 [11]

【校釋】

［1］此欄内容原釋作"……"，從伊强（2015P243－249）補釋"耐罪屋
闌"，其他未釋字爲本書據原圖版補。

［2］於縣：黄浩波（2017P113－165）認爲是指《漢書·地理志》所記的
"鄔"。按：大原郡轄有於離縣，此於縣或爲於離之省。

［3］禄：原釋文本誤作"禄"，圖版旁釋文不誤。

［4］刕：原徑釋作"刺"，原簡字從"夾"，今改。

［5］辜：古代法律術語，也用作"保辜"或"辜限"的省寫。就是對傷害
罪適用的傷害行爲實施以後需要經過一定時間再確定傷害後果的規定。

［6］械毄：加刑具以拘捕。

［7］盧水：此處是以水名作地名。《後漢書·竇融傳》："明年，固與忠
率酒泉、敦煌、張掖甲卒及盧水羌胡萬二千騎出酒泉塞。"李賢注曰："案：
湟水東經臨羌縣故城北，又東盧溪水注之，水出西南盧川，即其地也。"

［8］此簡由伊强（2014.7.10）綴合。伊强（2015P243－249）指出簡首
缺釋文字可能是"死罪屋闌游徼……"。

［9］屋闌：原未釋，從伊强（2015P243－249）補釋。

［10］元康二年閏月：伊强（2015P243－249）指出閏月是元康二年七月。
按：簡文"元康二年閏月戊戌朔甲子"即公元前 64 年閏 7 月 27 日。

［11］以上 T30：264 至 T30：42＋69 六簡，伊强（2015P243－249）指出六
簡字體筆跡相同，内容相關，屬同一簡册。伊强認爲此簡册是輸送囚徒戍
邊上呈肩水都尉的"囚録"，並指出 T30：264、T31：45 是兩個標題簡。王錦
城（2019P1871－1872）根據相類漢簡簡册順序作了排序。以上從王錦城排
序匯集如上。

張掖卒史張憙[1]，　　劍一、弓、櫝[2]丸各一，矢卅，　　軺車一乘，馬

二匹。ⅰ　　　　　　　　　　　　　　　　　　73EJT30：265

河南郡雒陽樂歲里公乘蘇之，年廿六，長七尺二寸，黑色^[3]，　弓一，

矢十二，　乘方相（箱）一乘，馬騴牡，齒十歲，　九月甲辰出。卩ⅰ

　　　　　　　　　　　　　　　　　　　　　　73EJT30：266

（此簡已編聯至 T30：263 之後）　　　　　　73EJT30：267

　　【校釋】

　　［1］悥：原釋作“熹”，從高一致（2016P15-24）改釋。

　　［2］櫝：原釋作“犢”，金關簡中“木”、“牛”在偏旁中相混不別，今據文

義改。

　　［3］色：原簡作𠃌乚，字形較特殊。

肩水金關 T31：1-242

穎川郡穎陰邑□☑　　　　　　　　　　　　73EJT31：1

☑□飲之□與飲當爲飲三☑　　　　　　　　73EJT31：2

☑□孔少卿一斗未入。卩☑

☑□康子文五斗未入。卩☑　　　　　　　　73EJT31：3A

☑□丑卒翁卿四斗　　☑ⅰ☑□卒翁卿又一斗　　☑ⅱ　73EJT31：3B

☑□□也問伯☑ⅰ☑……☑ⅱ　　　　　　　73EJT31：4A

☑刀刀前君☑　　　　　　　　　　　　　　73EJT31：4B

☑□所告言重=者論□☑　　　　　　　　　73EJT31：5

鱳得南至里不更王譚，年十七，長□☑　　　73EJT31：6

☑氏池南空^[1]☑　　　　　　　　　　73EJT31：7

■服胡隧☑　　　　　　　　　　　　　　　73EJT31：8

騎千人良臣行居延南澤塞外地，刑發騎齋（齎）^[2]食塞☑73EJT31：9

☑□五斤直（值）六百廿四　　☑ⅰ☑□□受五百□　　☑ⅱ　73EJT31：10

☑糜廿一石六斗　　～卩☑　　　　　　　　73EJT31：11

☑掾昌、守令史憲☑　　　　　　　　　　　73EJT31：12

君足下　　☒　　　　　　　　　　　　　　　73EJT31:13

☒　□延占ⅰ☒　　田爵[3]ⅱ(削衣)　　　　73EJT31:14

☒　　□□作□□□令□□□　　　　　　　　73EJT31:15

□米石□□☒　　　　　　　　　　　　　　　73EJT31:16A

房伏地……☒　　　　　　　　　　　　　　　73EJT31:16B

☒千秋，　　軺車一乘,馬一匹,　　七月☒　　73EJT31:17
　　　　　一封詣涼州刺史。　　　☒

東書八封:　　　　　　　　　　　☒☒
　　　　　一封詣金城大守府。　　☒　　　　73EJT31:18

肩水……☒ⅰ告吏卒令□□得聞□□即聞□☒ⅱ　□令驛北亭……
☒ⅲ　　　　　　　　　　　　　　　　　　　　73EJT31:19A

嗇夫　　☒ⅰ孫卿　　☒ⅱ　　　　　　　　　73EJT31:19B

元康四年六月丁巳朔辛酉,都鄉有秩賢、佐安漢敢告尉史:宛□☒ⅰ自
言爲家私使張掖界中。案:毋官獄徵事,當爲傳,□□□□謁移☒ⅱ
尉史衆敢言之:謹寫移音渠年、爵如書,敢言之。☒ⅲ六月丁巳,宛守
丞魯陽右尉光謹移過所縣、邑、侯國,☒ⅳ　　73EJT31:20A+34A[4]

印曰:魯陽右尉印。☒ⅰ二月丙辰盛音以來。☒ⅱ

　　　　　　　　　　　　　　　　73EJT31:34B+20B

【校釋】

　[1]氐池南空:趙海龍(2014.8.31):氐池縣南空里。

　[2]齋:原釋作“齋”,此字原簡作 ，即爲漢簡之“齋”的寫法。齋,
讀爲“齎”。齋食,黃浩波(《合校》2021P378)解作“攜帶糧食”,可從。

　[3]爵:原簡圖作 ,字形與“奪”較近,釋字可疑。

　[4]此簡由何有祖(2016.1.19)綴合。第二行的“謁移”,原未釋,從何
有祖補釋。其前面的未釋字,何有祖補作“敢言之”,不從。

☒□縣邑遣河北[1]陽成倉丞齊忠送卒張掖居延,當舍傳舍,從者如

律令。/掾咸、守屬德、守書佐 [2]。i   73EJT31:21+155 [3]

☑☑☑,敢言之。   ☑   73EJT31:22

☑□茹二石廿斤。   受幣絶𡧛[4]簿。   ☑   73EJT31:23

死罪   73EJT31:24

印曰:鰷得丞印。i 正月辛酉,鰷得利成里孫昭以來。ii 73EJT31:25

戍卒東郡東阿臨利里公乘時將來,年卅三。   ☑   73EJT31:26

掾葆居延利上里不更左延□☑   73EJT31:27

☑公乘張政,年卅二。   ☑   73EJT31:28

其一封詣丞相府。   ☑i ……☑ii   73EJT31:29

☑已得□□縣(綿)絮[5]……i ☑□   已得彭城糸絮七斤,直(值)

四百廿七,   財物直(值)五千七百五十五。ii   73EJT31:30

☑劍一枚。   ☑i ☑弩一,失〈矢〉[6]卅三枚。☑ii   73EJT31:31

【校釋】

[1]河北:趙海龍(2014.8.31):此條簡文中的河北應爲縣名,《漢書·地理志》河北縣屬河東郡。

[2]此處原簡未寫書佐之名。

[3]此簡由姚磊綴合,見姚磊(2021P179)。"齊"原未釋,今據綴合圖版擬補。

[4]此字原簡圖作𡧛,原釋作"歲",恐非是,疑是"韋"字。

[5]已得□□縣絮:原缺釋,從胡永鵬(2020.6)補釋。

[6]失:原釋作"矢",原簡圖作𡧛,今改釋。

道□乚、賞伏地再拜。   73EJT31:32

出麥一石九斗三升少,   以稟禽寇隧卒狄捐之三月食。☑

                                     73EJT31:33

(此簡已與 T31:20 簡綴合)   73EJT31:34

☑□言書至□留界中,狀何如,檄到具言。   73EJT31:35

·右除書。   ☑   73EJT31:36

☑　　　卩☑ᵢ☑　十月甲申☑☑ᵢᵢ　　　　　73EJT31：37

河南緱氏武平里大夫程宗。　　　　　　　73EJT31：38

視　　　☑ᵢ　長孫病　☑ᵢᵢ　　　　　　73EJT31：39

　　　　　　　　　　兄子昭武萬歲里☑

初元四年正月庚申　　　☑妻觻得☑☑

橐他駮[1]馬亭長孫猛符。　子小女☑耳年☑

　　　　　　　　　　子小男建☑☑　　73EJT31：40[2]

張掖肩水塞尉　　☑　　　　　　　　　73EJT31：41

（此簡已編聯至 73EJT31：101 後簡册中）　73EJT31：42

☑……亡毀傷兵器☑　　　　　　　　　73EJT31：43

（此簡已編聯至 73EJT31：101 後簡册中）　73EJT31：44+T30：55

（此簡已編聯至 T30：264 後簡册中）　　73EJT31：45

肩水金關　　☑　　　　　　　　　　　73EJT31：46

（此簡已編聯至 73EJT31：101 後簡册中）　73EJT31：47

肩水金關　　　　　　　　　　　　　73EJT31：48

肩水金關　　☑　　　　　　　　　　　73EJT31：49

四月辛亥觻得☑ᵢ四月癸丑觻得☑ᵢᵢ　　　73EJT31：50

☑□卿、張卿、巫山卿及□☑ᵢ☑□□卿₌（卿，卿）請粟一石☑ᵢᵢ

　　　　　　　　　　　　　　　　73EJT31：51A

☑已奏錢大□☑ᵢ☑□知[3]泛尚□☑ᵢᵢ　73EJT31：51B

肩水金☑　　　　　　　　　　　　　73EJT31：52

☑足下善[4]　　　　　　　　　　　73EJT31：53A

☑□命　　　　　　　　　　　　　73EJT31：53B

……☑ᵢ關、居延縣索關、肩水金關，毋何（苟）留，　　☑ᵢᵢ正月戊

戌，觻得守丞□移肩水金關、居延縣索☑ᵢᵢᵢ　73EJT31：54A

觻得丞印。　　☑　　　　　　　　73EJT31：54B

……史張掖郡居延縣界中。ᵢ……之ᵢᵢ……　月庚子餔時入。ᵢᵢᵢ

　　　　　　　　　　　　　　　　73EJT31：55A

（圖畫）　　　　　　　　　　　　　　　73EJT31:55B

☑☑建　　　　　　　　　　　　　　　73EJT31:56

元康四年☑ᵢ 里朱則等自☑ᵢᵢ 金關☑☑☑ᵢᵢᵢ　　73EJT31:57

☑☑丞印,詣公車司馬,二月己巳起,漏上卅刻[5]☑

☑☑,詣張掖大守府,☑　　　　　　　　73EJT31:58

☑☑傷‧吴君長弓所在寧　　　　　　　73EJT31:59A

☑足乎　　　　　　　　　　　　　　　73EJT31:59B

元康三年二月甲子朔辛☑ᵢ ……☑ᵢᵢ　　73EJT31:60

　　　　　九石具弩一,傷兩撫(橅)[6],左應死四分。卩　☑

☑☑行塞　　塢上布蓬(烽)三,抓五寸,已作治。卩　☑

　　　　　程苣[7]九,不具堠外已出。卩　☑　　73EJT31:61A

　☑累……　　具弩一,☑

　　　　　　□矢七□☑

　　　　　　伏地叩頭☑　　　　　　　73EJT31:61B

【校釋】

[1]駮:原釋作“馳”,郭偉濤(2018P96-125)釋作“駮”,張俊民(2015.1.19)釋作“駮”,今從張俊民改釋。

[2]此爲吏家屬出入符,詳參李迎春(2019P252-271)。

[3]知:原未釋,原簡圖作，爲“知”的草書。

[4]善:原釋作“恙”,原簡圖作，下部完全看不出“心”的長鉤筆畫。按照常見文例,這裏完整的表述應該是“足下善無恙”。

[5]刻:原釋作“劾”,從王錦城(2019P1873)改釋。按:此處記録漏刻點數,且漢簡中“刀”、“力”作偏旁時常相混,當按照文義改。陳夢家(1980P242):漏分爲夜漏、晝漏兩部分;而夜漏或晝漏又分爲兩部分,前半稱爲上水或上,後半稱爲未盡或下。凡稱上水或上若干刻是順數,凡稱下若干刻是順數,稱未盡若干刻是逆數……它們從來不與“時稱”連合,如稱夜食若干刻者。它們和漢簡上所見的“時分”(即某時幾分)應是兩種系統。

[6]憮:《集成》(九 P87):同"弣"、"柎",弓中央手所把附處,前後共處,故曰兩憮。

[7]程苣:王錦城(2019P648):亦或指某一種爲程式所規定的固定尺寸的火苣。

綏和二年九月丙申朔丙辰,居延令彊、丞循移過所縣、道、河、津、關,令對會大府,當□☑ⅰ從者如律令。　　／兼掾宮、守令史隆□☑ⅱ

73EJT31:62

永光四年四月庚戌朔庚申,北部候長宣敢言之:謹移吏家屬出入金關簿一編,敢言之。ⅰ　　　　73EJT31:63

閏月己亥,張掖肩水都尉政丞下官,承書從事下當用者,書到,明扁書顯見處,令吏民盡知之。ⅰ嚴勅[1],如詔書律令。　　／掾豐、屬敞、書佐鳳。ⅱ　　　　73EJT31:64

建始四年四月丙午朔戊申,東部候長建[2]敢言之:謹移吏三月奉☑籍一編,敢言之。　　　　☑ⅰ　　　　73EJT31:65

五鳳四年十二月丁酉朔甲子,佐安世敢言之:遣第一亭長護衆,逐命張掖、酒泉、敦煌、武威、金城郡中,與從者安樂[3]里齊赦之,ⅰ乘所占用馬一匹,軺車一乘,謁移過所縣、道、河、津、金關,勿苛留,如律令,敢言之。ⅱ十二月甲子,居延令弘、丞[4]移過所如律令。/令史可置[5]、佐安世。　　正月己卯入。ⅲ　　　　73EJT31:66[6]

【校釋】

[1]嚴勅:嚴謹慎誡。

[2]建:原未釋,從郭偉濤(2017P320)補釋。

[3]樂:原釋作"漢",原簡作[字圖],此字爲"樂"之草書,從高一致(2016 P15—24)改釋。

[4]此處原簡脱漏丞名,T9:104 見與居延令弘同時出現的丞爲"江",據此可知此處應是"江"。

[5]置:原釋作"遣",從伊强(2015.2.19)改釋。

[6]此簡本爲 72EBS7C:1A,誤置於此。見 72EBS7C:1A 下説明。

☑芮薪[1]二石。	橐☑☑。	深目九。	𨵿門[2]壍三百。
☑沙竈[3]一。	馬矢二石。	傅□[4]面一。	户關[5]二。
☑破釜[6]一。	沙二石。	表二。	桼楪[7]□。
	槍卅。	户戊[8]二。	□□□。
			汲甖[9]二。

73EJT31:67

【校釋】

[1]芮薪:柴草一類。

[2]𨵿門:原未釋,王錦城、魯普平(2017P328-334)補釋作“關門”,認爲“關門壍”是非常時期堵封和加固塢隧門户的備用品。王錦城(2019P2104)後來又改釋作“𨵿門”。按:“𨵿”字原簡殘缺較多,無法完全確定釋字,但據王錦城後釋更合理。

[3]沙竈,即“沙灶”或“沙造”。“灶”即井,這裏指置沙的土坑。漢代邊塞的守禦設備。

[4]此未釋字原簡圖作 ，字形似“勞”,待考。

[5]户關:初師賓(1984P142-222)指出户關或稱門關,户戊或稱門戊,亦即《漢書·五行志》、《谷永傳》之“門牡”,閉門的橫木爲關,禁關之楔曰戊(牡、楗),容納戊的裝置曰閉(牝)。

[6]釜:原釋作“逢”,從姚磊(《合校》2021P381)改釋。釜,炊器,置於灶上,上置甑以蒸煮。

[7]桼:原未釋,從王錦城、魯普平(2017P328-334)補釋。桼楪,李天虹(2003P115):門户、關牡之間的木楔。

[8]户戊:王國維、羅振玉(2013P76):戊,讀爲“牡”,封閉門的器具。

[9]汲甖:甖,姚磊(《合校》2021P381)釋作“器”。馬怡(2006.3)認爲“汲”意爲打水,“汲器”爲取水器,“儲水罌”是一種儲水器,也可能是一種刻漏,用於計時。莊小霞(2017.5)指出“甖”當即“罌”,同“罌”,既可用來

汲水,也可存水,用於汲水稱作"汲甖",用於存水稱作"諸水甖",也作"諸水罋"。

八月庚戌□□□□□長□□凡□請……詣官ⅰ……毋以它爲……

不發ⅱ　　　　　　　　　　　　　　　73EJT31：68A

□□□□掾₌掾[1]□□□薄士吏……　　73EJT31：68B

☑正月丁未朔丙寅,橐他稽北亭長常敢言之：

☑□龍常迺己酉除爲稽北亭長,不受縣出關　73EJT31：69

治渠卒南陽郡鄧邑[2]陽里公乘胡凡,年卅。　～☑　73EJT31：70

☑□辟逃吏私□☑　　　　　　　　　　73EJT31：71

☑□一月甲子□☑　　　　　　　　　　73EJT31：72

☑厈(斥)呼五寸以上　　☑　　　　　73EJT31：73

☑張順正月奉　　　☑　　　　　　　73EJT31：74

☑遷怒,不貳過,不幸短命死矣。今　　73EJT31：75 [3]

☑於齋(齊)[4],冉子爲其母請粟。☑　73EJT31：77 [5]

【校釋】

[1]掾:原未釋,原簡圖作 ,基本筆畫皆可辨識,只是前面已出現"掾",又有重文號,緊接着又出現相同字,難免令人懷疑,但習字雜寫簡中常有這種現象。

[2]鄧邑:鄭威(2015P217-241):《漢書·地理志》南陽郡有鄧縣,地在今湖北省襄陽市西北團山鎮鄧城村南。

[3]此簡爲《論語·雍也》篇殘簡。

[4]齋:原釋作"齊",從陳劍意見改釋,轉見劉嬌(2018P279-326)。

[5]此簡爲《論語·雍也》篇殘簡。何茂活(2015P112-128)指出 31：75、31：77 是同一簡册中的相鄰二簡。

東部建始四年三月吏奉名籍。　　☑　　73EJT31：76

(此簡已編聯至 73EJT31：75 之後)　　73EJT31：77

☑□茭二百冊束。　　☑　　　　　　　　　　73EJT31:78

☑小婢緑,年十歲,黑色,　　□□□☑　　　　73EJT31:79

☑　　地節四年七月乙酉,平樂隧長豐[1]……☑　73EJT31:80

☑　　日食時二分　☑　　　　　　　　　　　73EJT31:81

(此簡已與 T31:129 簡綴合)　　　　　　　　　73EJT31:82

☑關,出入如律令,敢言之。　　　　　　　　　73EJT31:83

☑氏池利陽里箕宗,年卅八。　本始四年七月乙☑　73EJT31:84

☑鱳得武安里公乘宋文,年卅二歲,黑色,長☑　73EJT31:85+90 [2]

(此簡已編聯至 73EJT31:101 後簡册中)　　　73EJT31:86

☑輒移函出☑　　　　　　　　　　　　　　　73EJT31:87

鱳得丞印。　☑ⅰ肩水金關　☑ⅱ　　　　　　73EJT31:88

☑　　五月壬午入。☑　　　　　　　　　　　73EJT31:89

(此簡已與 T31:85 簡綴合)　　　　　　　　　73EJT31:90

☑□六。　庸同縣樂昌里公乘□氣年☑　　　　73EJT31:91

……☑ⅰ萬年里趙房等十一人書到,案籍□☑ⅱ　73EJT31:92A

居延右尉……☑　　　　　　　　　　　　　　73EJT31:92B

田卒魏郡繁[3]陽鉅當里大夫石虞人,年廿七。　☑　73EJT31:93

廣谷隧卒郭息　　失候☑　　　　　　　　　　73EJT31:94

服胡隧長忘得八十□☑ⅰ 陳秋自言責[4]　☑ⅱ　73EJT31:95

☑□掖府十一月丙戌起。

☑□十一月丙申起,　　十一月庚戌付□。　　　73EJT31:96

【校釋】

[1]豐:原釋作"豐",今改。

[2]此簡由伊強綴合,見伊強(2015.1.19)。

[3]繁:黃艷萍(《合校》2021P383)釋作"蘩"。按:此字上部確實從"艹",但是從漢簡俗寫特點來説,此字原簡字形特殊,應該視爲"繁"的俗寫,今仍從原釋。

[4]自言責:《匯釋》(2008P88):司法專用語,指無人指使而自願投訴。

　　　　□主官[1]致尉四年正月以來，

□可久負長者[2]，

　　　　盡六月舍人迎付居延府卿[3]舍。　　　73EJT31：97A
□家貸錢市買須今償之。　　　　　　　　　　73EJT31：97B

【校釋】

　　[1]主官：《集成》（九 P5）：關塞諸屬吏中爲首者，主持日常例行公務，例如掾、令史可稱主官，又稱掌官。汪桂海（2001P377—384）：所謂“主官”似應是在候官最高長吏候外出、病休或剛離任而新任命者尚未到任的情況下，“行候事”或“兼行候事”的掾、令史、尉史等屬吏的一種稱呼。他們臨時代候主持候官事務，故被稱爲“主官”。

　　[2]可久負長者：可，原未釋，原簡圖作　　，雖然上部略有殘損，但基本結構很明確，就是　（肩肆 F1：4）這類“可”的寫法。久，原未釋，原簡圖作　，其實就是“久”字，比如肩貳 T23：359A　　就與此形近似。負，原釋作“侯”，原簡圖作　。金關簡中“侯”草書作　（肩肆 T37：1260），兩者差距較大。金關簡中的“負”如（肩肆 T35：6）　（負倉官錢）、（肩伍 F3：283）　，皆與此簡字形相合。者，原釋作“齊”，不可從。此字原簡圖作　，最上部是橫豎結構，與“齊”的寫法完全不合。此形是“者”的常見草書寫法，如肩肆 T37：786B　、肩壹 T4：206　、肩伍 D：284A　等形皆屬此類。推知此句的完整內容是“不可久負長者”，這樣才文義表述完整。

　　[3]府卿：劉樂賢（2014P221—227）指出“府”指郡府，指郡太守或郡府丞，漢代確實可以將都尉或太守稱爲“府卿”，也就是說，“府卿”的含義應與“府君”、“明府”大體一致。

□　　　　　以閏月乙未入。　　卩　　　　　73EJT31：98
□□左尉決頃移書□□□　　　　　　　　　73EJT31：99
百卅六里有奇□　　　　　　　　　　　　　73EJT31：100

☑九﹂,三年不用其田宅﹂,須其反也[1]。君薨[則死][2]　73EJT31:101A

☑　五十八　　　　　　　　　　　73EJT31:101B [3]

☑□天子曰兆民,諸侯曰萬民[4]。　　　73EJT31:42A

☑　　六十八　　　　　　　　　73EJT31:42B

上而不驕(驕)[5]者,高而不危;制節謹度而能分施者,滿而不溢。

《易》曰"亢龍有毒〈每(悔)〉[6]",言驕(驕)溢也。亢之爲言[7] i

　　　　　　　　　　　73EJT31:44A+T30:55A

七十二　　　　　　　　73EJT31:44B+T30:55B

《詩》曰:"題〖彼〗積(脊)令[8],載鳶(飛)[9]載鳴,我日斯邁,而月斯

逝(征)[10]。蚤﹦興﹦夜﹦未﹦(寐)﹦毋﹦天(忝)﹦璽〈爾〉﹦所﹦生﹦(蚤

興夜未,毋天璽所生。"[11]"蚤興夜未,毋天璽所生")者,唯﹦病﹦乎﹦

(唯病乎!唯病乎)[12]!其勉﹦之﹦(勉之勉之)。i 73EJT31:102A [13]

八十二　　　　　　　　　　　73EJT31:102B

☑侯柏(伯)子男乎?故得萬國驪(懽)心,以事其先王[14],是以天下

無畔(叛)國也。爵 i　　　　　　73EJT31:104A [15]

☑　　百四　　　　　　　　　73EJT31:104B

《行葦》[16],則兄弟具(俱)尼(爾)矣[17]!故曰:"先之以博愛,而民

莫遺其親[18]。"·百廿七字[19]☑。[20] i　　　73EJT31:141

☑□[21]則民目説(悦)矣[22]。☑[23]　　　73EJT31:86

愛也,唯有明聖,弗能庚[24]純[25]☑　　　73EJT31:47 [26]

　【校釋】

　[1]三年不用其田宅﹂,須其反也:黄浩波(2015.4.22)、何茂活(2015
P112-128)、鄔勖(2015P45-57)皆指出此簡與《國語·越語下》所記范蠡
故事相關。鄔勖認爲這句話或指保留范蠡的田宅以待其歸來。

　[2]薨則死:原釋作"憂臣勞",陳劍釋作"薨□死"(轉見劉嬌2018
P279-326)。今細審原簡紅外圖與彩圖,釋"死"尚難確定,存疑。則,原圖
版存見墨跡似"貝",暫擬作"則"。

　[3]此簡可能是《孝經》的解説,或是一種失傳典籍,參劉嬌(2018

P279-326）。

[4]諸家多已指出語見《左傳》閔公元年。劉嬌(2015P293-303)：是解説《孝經・天子章》"《甫刑》云：一人有慶,兆民賴之" 中的 "兆民" 一詞的。

[5]騙：同簡兩見,原釋作 "驕",從劉嬌(2015P293-303)改釋。

[6]毒：原釋文徑釋作 "悔",從高一致(2016P15-24)改釋。按：劉嬌(2015P293-303)釋文作 "每",亦可。

[7]劉嬌(2015P293-303)：其内容可能跟《孝經・諸侯章》有關,只是《孝經・諸侯章》章末引《詩》而此簡引《易》。

[8]積令：何茂活(2015P112-128)指出 "積" 通 "脊",積令即脊令。脊令,水鳥名,也作鴨鴒、鶺鴒。

[9]蔦：何茂活(2015P112-128)認爲通 "飛",指出古書中 "飛" 字又多作 "蜚" 或 "蠹","蔦" 的字理亦與 "蜚"、"蠹" 相同。鳥、蟲連類,故可換用。

[10]延：何茂活(2015P112-128)：此字同 "征",在漢代及其以前,"延" 爲正字,"征" 爲或體。

[11]引《詩經》文見《小雅・節南山之什・小宛》,《毛詩》作："題彼脊令,載飛載鳴。我日斯邁,而月斯征。凤興夜寐,毋忝爾所生。" 何茂活(2015P112-128)指出 "天" 爲 "忝" 之省訛,"璽" 爲 "爾" 字誤加偏旁所致。"毋忝爾所生" 之大意爲不要愧對摰育自己的天地父母。

[12]陳晨(2019P279-291)將 "病" 訓爲 "勞苦","唯=病=乎=" 讀爲 "唯病乎！雖病乎"。何茂活(2015P112-128)認爲 "病" 有憂慮、爲難之意,這裏説 "'夙興夜寐,毋忝爾所生' 者,唯病乎",大意是説,人若常常如此勤勉克己,無愧人生,則一定會心存憂患,感到艱難。因此接着説 "唯病乎,其勉之",正因爲憂慮爲難,故須勉力前行。

[13]劉嬌(2015P293-303)：簡文此段大概就是詳細解説《孝經》所引 "夙興夜寐" 一句的。按：此簡鄔勖、劉嬌、黄浩波、何茂活、劉樂賢、陳晨等皆有討論,句讀略有差異,解讀也略有不同,陳晨(2019P279-291)曾對各家對比,可參。鄔勖(2015P45-57)認爲此簡所根據的本子應與阜陽漢簡《詩經》的情況類似,並非四家中的任何一家。

　　[14]侯柏子男乎? 故得萬國驩心,以事其先王:諸家多已指出此句語見《孝經·孝治章第八》。何茂活(2015P112-128)指出"柏"通"伯","驩"通"懽"、"歡"。

　　[15]劉嬌(2015P293-303):其内容可能跟《孝經·孝治章》有關,可能是一種關於《孝經》的傳注或解説。

　　[16]行葦:《毛詩·大雅》中篇名。

　　[17]《毛詩·行葦》有"戚戚兄弟,莫遠具爾"。劉嬌(2015P293-303、2018P279-326)讀爲"兄弟俱尼",並引述蔡偉觀點:"'兄弟具尼'即化用《詩經·行葦》之'戚戚兄弟,莫遠具爾','尼'與'爾'古音極近,'尼'與'爾'義皆爲'近'。"陳晨(2019P279-291):"具"可如字讀。"兄弟具尼"猶言"兄弟皆親近"。"兄弟具尼"是經過對兩漢四家《詩》進行加工改造形成的,以推行孝悌觀念,達到教化民衆的目的。其出現的時代當是在四家《詩》説全部形成之後,這也有助於簡牘年代的判定。

　　[18]先之以博愛,而民莫遺其親:語見《孝經·三才章第七》,亦見於《上海博物館藏戰國楚竹書(八)》之《顔淵問於孔子》。

　　[19]百廿七字:何茂活(2015P112-128)認爲是對簡册中一節内容的收字統計。黄浩波(2015.4.22)認爲是一章的字數統計。

　　[20]劉嬌(2015P293-303):其内容可能跟《孝經·三才章》有關。很可能也是對《孝經》的一種傳注或解説。

　　[21]此未釋字黄浩波(2015.4.22)釋作"恭"。

　　[22]目:原釋作"自",從張俊民(2015.1.19)改釋。張俊民指出此簡爲《説苑》散簡,原文作"則民之目悦矣"。按:《韓詩外傳》亦見"則民之目悦矣"。

　　[23]劉嬌(2015P293-303):此殘簡也許可以跟 T31:104 簡綴合。"民自悦"似與上引《孝經·孝治章》的"得百姓之歡心"有關。

　　[24]庚:原釋作"庸",從何茂活(2015P112-128)改釋,何茂活認爲讀作"賡"。劉嬌(2015P293-303)以爲"庸"讀作"用"。

　　[25]純:劉嬌(2015P293-303):或即"純一"之義。雖有明圣,弗能用純:劉嬌(2015P293-303)認爲可能跟《孝經·聖治章》相關,這段簡也用

"弗"字,不避昭帝諱,跟上舉八角廊漢簡《儒家者言》第 22 章的情况相似。

　　[26] 以上 T31：101 至 T31：47 共九枚簡,何茂活(2015P112-128)認爲屬同一簡册。劉嬌(2015P293-303) 認爲 T31：42、T31：47 兩簡可能與《孝經》有關,其他簡很可能是對《孝經》的一種傳注或解説。劉樂賢(2016P205-216)亦認爲上述九簡屬同一册書,這幾條簡文的内容雖然與《孝經》存在或多或少的關係,但未必一定就是某種傳注或解説《孝經》的書籍,推測上述簡文可能出自王莽的"戒子孫"書八篇。王莽爲教育子孫及臣民而作的"戒子孫"書八篇,其内容與性質都應當與《孝經》接近。現在殘存的這八條簡文,其内容顯然與王莽的"戒子孫"書八篇甚爲匹配,也很能反映王莽當時的特定寫作意圖。

子公辱幸臨[1] 蓋衆　　▨　　　　　　　　　　　　73EJT31：103

(此簡已編聯至 73EJT31：101 後簡册中)　　　　　73EJT31：104

▨襲一領,布復(複)綺一兩,布單衣一領,布單(襌)襲一領,布單(襌)綺二兩。ᵢ▨□木索[2]迹審證之,它如爰書,敢言之。ᵢᵢ

　　　　　　　　　　　　　　　　　　　　　　　73EJT31：105

▨□□卌頭予府。·凡六十。　　　　　　　　　73EJT31：106

建平四年三月丙午▨　　　　　　　　　　　　　73EJT31：107

▨右,年卅□□▨　　　　　　　　　　　　　　　73EJT31：108

尊即與▨　　　　　　　　　　　　　　　　　　73EJT31：109

▨車一兩▨　　　　　　　　　　　　　　　　　　73EJT31：110

▨敢言之▨　　　　　　　　　　　　　　　　　　73EJT31：111

出麥一石九斗。　　　▨　　　　　　　　　　　　73EJT31：112

禁姦隧長田立,Ⅰ三月六百,Ⅱᵢ四月六百,Ⅱᵢᵢ五月六百,Ⅱᵢᵢᵢ凡二千七百。Ⅲ出百卌貸單祖。Ⅳᵢ出百□□。Ⅳᵢᵢ……▨Ⅴᵢ出十就▨Ⅴᵢᵢ……▨Ⅴᵢᵢᵢ　　　　　　　　　　　　　73EJT31：113

三月一日Ⅰᵢ北書十一封:Ⅰᵢᵢ一封張掖大守章,詣居延都尉,二月乙巳起。▨Ⅱᵢ一封張掖長史行大守事,詣居延都尉,二月己酉起。·

□□[3]兌恩□□Ⅱ ii 九封肩水都尉,詣三官=(官,官)三封,其三詔
書。　　□□□Ⅱ iii 一封角得丞印,詣廣地☑Ⅱ iv　73EJT31:114A

一封張掖水長,詣肩水候官　☑

一封角(觻)得丞印,詣居延　　　☑

一封張掖臨谷候印。　☑　73EJT31:114B

十一月甲子,詬□☑　73EJT31:115

☑年八月辛未☑　73EJT31:116

☑平樂隧還初[4]付萬福時須以與莫當檄。　73EJT31:117

【校釋】

[1]辱幸臨:王錦城(2019P2056)指出"辱"爲謙詞,相當於説承蒙。
"幸臨"爲敬詞,表示對方來臨是自己的榮幸。

[2]木索:陳槃(2009P34)指出其爲關木、繩索刑具之稱。按:關木者,
施於手足等處之刑械也。或此簡中"木"指棍棒。

[3]未釋兩字原簡圖分別作 、 ,疑爲"詣純"。

[4]初:原簡作 ,字形可疑,似"相"或"刻"。

□□咸□□□主飯……☑　73EJT31:118

☑囚出□□十四　73EJT31:119

言爲家私使之居延,願☑ i □□,毋官獄事,當得取☑ ii　73EJT31:120

表是安漢里□☑　73EJT31:121

☑　□男來,年四,　☑　73EJT31:122

□□高孔里孫林,年五十,長☑　73EJT31:123

□□者條☑　73EJT31:124

表是宜衆里唐越　☑　73EJT31:125

☑癸巳　士吏始樂小奴☑　73EJT31:126

□□錢言以市杯器☑ i ☑故登山隧長孫賞□□☑ ii　73EJT31:127

發故彊落除下止廣丈□□☑　73EJT31:128

☑六十　　給第六隧長郭護七月盡九月積四月奉。73EJT31：129+82[1]

☑□□三月辛酉南☑　　　　　　　　　73EJT31：130

☑　　初元年閏月癸巳朔丙辰,敦煌大守□☑(削衣)　73EJT31：131

☑亭長趙寬　　☑(削衣)　　　　　　73EJT31：132

☑……☑ⅰ☑道次傳,別書相報[2]☑ⅱ(削衣)　73EJT31：133

☑□温成曲里公乘綦毋☑ⅰ☑……☑ⅱ　73EJT31：134

☑爲家私市居延,願以令取☑　　　　　73EJT31：135

☑年六月乙卯朔辛巳[3],都鄉□☑ⅰ☑當爲傳,所過縣☑ⅱ

　　　　　　　　　　　　　　　　　73EJT31：136

☑□元年十一月候尉☑　　　　　　　73EJT31：137

☑候長廣宗主隧六所,負二□□□第九□☑(削衣)　73EJT31：138

·子曰:自愛,仁之至也;自敬,知(智)之至也。　　☑　73EJT31：139[4]

【校釋】

[1]此簡由姚磊(2021P180)綴合。七,原未釋,從姚磊補釋。王錦城(2019P1525)指出"七月盡九月"則非"積四月",釋"七"於文義不安。按:"七月"原簡墨跡較同簡其他文字淡,可能是本應刮削而刮削未盡形成的。

[2]道次傳,別書相報:李均明(1998P312-319):別書:別,另外、分別。依照正本另再抄録的文書稱別書。"道次"指不同的郵路及路段次第,一份文件通過一條郵路不能到達所有的收文單位,故需抄録多份,然後分別送至各個郵路傳遞,故云"以道次傳,別書相報"。按:據文例推知,"道"前應是"以"。

[3]黃艷萍(2015.2-1)認爲此簡屬永光三年。

[4]鄔勖(2015P45-57)已指出此簡爲齊《論語》殘簡,《揚子法言·君子》有:"自愛,仁之至也;自敬,禮之至也。"解析亦見何茂活(2015P112-128)、劉嬌(2018P279-326)。

朱(侏)濡(儒)[1]行,三日行三里,不日行一里,日倍昨。今問:初日行幾何?曰:初日行七分里三,明日[2]☑　　73EJT31：140[3]

【校釋】

［1］朱濡：何茂活（2015P112-128）指出是“侏儒”的異寫。

［2］日：原未釋，從何茂活（2015P112-128）補釋。

［3］此簡屬算數書内容，主要計算逐日加速每日行程里數。方勇（2016.2.2）認爲此題屬於計算比例分配的“衰分”題。何茂活（2015P112-128）將本簡所記算題加以補足和翻譯作：某侏儒走路，三天走了三里，但他不是每天走一里，而是第二天所走路程爲前一天的兩倍。問：此人第一天走了多少路（三天各走了多少）？答：第一天走了 3/7 里，第二天走了 6/7 里，第三天走了 1 又 5/7 里。

（此簡已編聯至 73EJT31：101 後簡册中）　　　　　73EJT31：141

中御府[1]板詔令[2]第卌四。　　　☑　　　　　　　73EJT31：142

茂陵信德里公乘兒華，年十六，　　　二月乙亥南入。　73EJT31：143

☑□令史辛利親七月奉。　　　＼自取。　　　　　73EJT31：144

淮陽＿（陽陽）夏陽里公乘王安定，年卌。　　丿（竹簡）73EJT31：145

氐池廣漢里段敞，年卅五，　　車牛一兩。　　　　73EJT31：146

・屋闌河平二年八月送被□傳馬名籍。　　☑　　　73EJT31：147

十一月己亥，居延守丞左尉武賢移肩水金關，出來復傳，入如律令。
　　／掾可置、令史安世。ｉ　　　　　　　　　　73EJT31：148

大守＿（守守）屬禹劾曰：案日勒言，斷獄北部都尉[3]，屬禹劾候長曹
宣，以縣官事簿問[4]以它歐戍卒陳禹等，長ｉ　　　73EJT31：149

軺車一乘，馬一匹，驈牡，齒九歲。　　☑　　　　73EJT31：150

里[5]□□大奴友輸廣地候官□[6]☑　　　　　73EJT31：151A

張肩塞尉。　　　　　　　　　　　　　　　　73EJT31：151B

☑□卒便載郡所漕穀在陝中者人一月食。　　　　73EJT31：152

【校釋】

［1］中御府：據《漢書・百官公卿表》載，中御府，漢置，掌皇后錢財衣物等出納及庫藏。屬少府，其長官爲令，次爲丞。

[2]板詔令：或作"版詔令"。可能是寫在木板上的律令文書。參《匯釋》(2008P132、142)。

[3]居延、肩水都有北部都尉，此處或指後者。

[4]簿問：按照記錄涉案人員的文書問責。《漢書·霍光傳》："始許后暴崩，吏捕諸醫，劾衍侍疾亡狀不道，下獄。吏簿問急。"

[5]里：原未釋，從姚磊(《合校》2021P384)補釋。

[6]此未釋字，釋文本缺，圖版旁釋文不缺。

□□□□□有秩候長公乘□福日迹簿。Ⅰ初元年[1]十月廿九日，Ⅱi閏月卅日，Ⅱii十一月廿九日，丿亥Ⅱiii十二月卅日，Ⅱiv四月卅日，Ⅲi五月廿九日，Ⅲii六月卅日，Ⅲiii七月卅日。Ⅲiv

73EJT31：153

□□□□□往來毋河(苟)留止，如律令。　　／掾宗、佐宣。

73EJT31：154

(此簡已與 T31：21 簡綴合)　　　　　　73EJT31：155

·右決　☑　　　　　　　　　　　　73EJT31：156

八月土音東食寅卯地，　治東方吉，治西方自食，　戌丑子可起，☑

73EJT31：157[2]

出錢三千六百，　其千六百償故南部候長陳博。　河平元〖年〗[3]十一月丁酉，　斗食給候長上官　元八月盡十月奉。i　73EJT31：158

鑯得壽貴里大夫梁千秋，年廿一，長☑　　73EJT31：159

☑定三分盡時王樂付僵(彊)[4]漢隧長放。　73EJT31：160

子平自寬，謹因再拜，道去歲遣細君[5]弓廿枚，子☑i……☑ii

73EJT31：161

彊再拜言：i□足下□□□報，彊叩頭幸﹦甚﹦(幸甚幸甚)。謹道彊等得掾力，未償移☑ii　　　73EJT31：162A

□　☑i馬足下　☑ii　　　　　　73EJT31：162B

【校釋】

[1]羅見今、關守義(2015.4)指出,此簡第二、三欄分屬兩年,第二欄屬初元元年,第三欄屬初元二年,在它左右原應有同册年曆簡,這種曆譜制式較爲少見。王錦城(2019P1529)認爲這是日迹簿,所記爲候長□福初元元年十二個月每月巡察邊塞的天數,並非曆譜。

[2]此簡爲數術類文獻。

[3]此處原簡漏抄"年",據文義補。

[4]僵:原釋作"彊",原簡作![字形],今改釋。

[5]細君:陳槃(2009P92):按於古,邦君夫人有"小君"之稱。"細君"之義,同於"小君"。

・功令[1]:諸自占功勞[2],皆訖其歲,與計俱[3]。新[4]視事,若[5]有物故[6]後其等,不上功,來歲並數上。i　　　　　　　73EJT31:163[7]

【校釋】

[1]功令:李均明(2009P209):"功令"是關於考核嘉獎的法令。

[2]自占功勞:占,原釋作"言",從張俊民(2014.12.3)改釋。自占功勞,徐世虹(2019P229-241):指吏員個人統計、申告本人本年度的功與勞。

[3]訖其歲,與計俱:訖,原釋作"證",從張俊民(2014.12.3)改釋。張俊民指出"訖其歲"是指自占功勞計算的截止時間,一般以年度爲計算單位。功令的計算時間以年度爲截止日期,與上計制度所用時間在統計上計資料之時一起上報。

[4]新:張俊民(2014.12.3)釋爲"初",與原簡字形略有不合。

[5]若:徐世虹(2019P229-241):表示並列。

[6]物故:原釋作"相前",從張俊民(2014.12.3)改釋,但"故"字與原簡字形略有不合,暫擬改。徐世虹(2019P229-241)作事故、變故解。

[7]此簡釋讀參張俊民(2014.12.3)、徐世虹(2019P229-241)。

可置妻宵[1]年……　　　　　　　　　　　　　73EJT31:164

□□□□錢,頃叩頭幸甚……i……ii　　　　73EJT31：165

□以過所移府書曰:雞得步利里男子蘇章,自言責隊　73EJT31：166

☑□　　次子游　　董長孫　　恚[2]次君建幼　　　73EJT31：167

☑並越職寡[3]言,罪當死,叩頭死☑　　　　　73EJT31：168

【校釋】

[1]宵:原釋作"霄",今審原圖版,知此字上從"宀",今改釋。

[2]恚:原釋作"惠",原簡圖作**恚**,上從"圭",今改。

[3]寡:原釋作"稾",原簡圖作**寡**,上從"宀"清晰,當是"寡"之俗寫。

☑子嬰……　　　　　　　　　　73EJT31：169

使年……☑　　　　　　　　　　73EJT31：170

☑日　☑　　　　　　　　　　73EJT31：171A

☑□□□☑　　　　　　　　　　73EJT31：171B

☑超超等……☑　　　　　　　　73EJT31：172

☑……☑　（習字）　　　　　　73EJT31：173A

☑……☑　（習字）　　　　　　73EJT31：173B

☑丙申出　　　　　　　　　　　73EJT31：174

北橄一。　五月壬午□☑　　　　73EJT31：175

☑……畢　☑　　　　　　　　　73EJT31：176

☑　　　……☑　　　　　　　　73EJT31：177

☑□酒丙午□□　　　　　　　　73EJT31：178

☑三月辛巳……☑　　　　　　　73EJT31：179

☑……☑　　　　　　　　　　73EJT31：180

☑……☑　　　　　　　　　　73EJT31：181

☑　百一☑　　　　　　　　　　73EJT31：182

☑□九家　☑　　　　　　　　　73EJT31：183

☑丙辰出。　乀　　　　　　　　73EJT31：184

☑隊[1]長猛☑(削衣)　　　　　　　　　73EJT31：185

☑水八月廿八☑☑(削衣)　　　　　　　73EJT31：186

(此簡已與 73EJT31：188 綴合)　　　　73EJT31：187

☑……善也。ⅰ☑以☑☑☑遺ⅱ(削衣)　73EJT31：188+187[2]

☑長以來☑(削衣)　　　　　　　　　　73EJT31：189

☑……通書候官,寫移☑(削衣)　　　　　73EJT31：190

☑以☑子☑欲籍車☑都[3]倉☑ⅰ☑☑牛車☑,韋君藉之子,自言ⅱ

　　　　　　　　　　　　　　　　　　73EJT31：191

☑　奏☑☑(削衣)　　　　　　　　　　73EJT31：192

☑馬司司☑(削衣)　　　　　　　　　　73EJT31：193

☑移過所,韋☑☑(削衣)　　　　　　　73EJT31：194

☑奉記☑拜☑ⅰ☑☑☑ⅱ(削衣)　　　　73EJT31：195

☑☑雨☑☑(削衣)　　　　　　　　　　73EJT31：196

☑☑三少☑(削衣)　　　　　　　　　　73EJT31：197

☑爲☑菱百☑☑　　　　　　　　　　　73EJT31：198A

☑詣前又將卒[4]☑☑　　　　　　　　　73EJT31：198B

☑　　日中六分☑　　　　　　　　　　73EJT31：199

頭何大齒何☑(削衣)　　　　　　　　　73EJT31：200

・凡酒二石七斗☑☑　　壬申　　☑☑　73EJT31：201A

……☑　　　　　　　　　　　　　　　73EJT31：201B

☑☑☑☑☑☑☑☑☑詣☑☑☑　　　　　73EJT31：202A

☑　☑毋忘　　　　　　　　　　　　　73EJT31：202B

鴻嘉三年三月癸酉朔丁……☑ⅰ☑☑者……樂☑☑ⅱ　73EJT31：203

☑　丁

☑　巳　　　　　　　　　　　　　　　73EJT31：204

☑錢……ⅰ☑……錢六十……ⅱ　　　　　73EJT31：205

☑……錢☑　　　　　　　　　　　　　73EJT31：206

☑☑☑☑☑　　　　　　　　　　　　　　　73EJT31：207

☑它……　　　　　　　　　　　　　　　73EJT31：208

☑出……☑　　　　　　　　　　　　　　73EJT31：209

☑……☑　　　　　　　　　　　　　　　73EJT31：210

☑☑☑　☑☑女子張君☑☑☑☑☑☑　　　73EJT31：211

……坐入☑　　　　　　　　　　　　　　73EJT31：212

☑傳發　　　　　　　　　　　　　　　73EJT31：213A

☑☑二☑　　　　　　　　　　　　　　73EJT31：213B

☑☑卿一　☑　　　　　　　　　　　　　73EJT31：214

……☑　　　　　　　　　　　　　　　　73EJT31：215

☑☑☑☑☑☑☑　　　　　　　　　　　　73EJT31：216

☑☑☑☑☑　　　　　　　　　　　　　　73EJT31：217

☑……☑　　　　　　　　　　　　　　　73EJT31：218

☑坐前☑　　　　　　　　　　　　　　　73EJT31：219

☑火一通☑　　　　　　　　　　　　　　73EJT31：220

☑一☑☑　　☑☑　　　　　　　　　　　73EJT31：221

☑二人病　☑ᵢ☑☑作　☑ᵢᵢ　　　　　73EJT31：222

☑☑刀一　☑　　　　　　　　　　　　　73EJT31：223

☑☑☑☑　☑　　　　　　　　　　　　73EJT31：224A

☑……☑　　　　　　　　　　　　　　73EJT31：224B

☑☑☑☑　　　　　　　　　　　　　　　73EJT31：225

奏☑　☑　　　　　　　　　　　　　　　73EJT31：226

……　　　　　　　　　　　　　　　　　73EJT31：227

從者居延收降里大夫宋南來，年十七，　長六尺五寸，黑色☑

　　　　　　　　　　　　　　　　　　　73EJT31：228

☑☑☑☑☑餘田一頃　　　　　　　　　　73EJT31：229

……☑　　　　　　　　　　　　　　　　73EJT31：230

☑☑☑言☑☑☑　　　　　　　　　　　73EJT31:231A

……☑　　　　　　　　　　　　　　73EJT31:231B

☑言之：長平里毛☑，自言欲取☑ⅰ☑延界中，田在☑☑☑☑丈梁大

☑ⅱ　　　　　　　　　　　　　　　73EJT31:232

☑……☑　　　　　　　　　　　　　73EJT31:233

……　　　　　　　　　　　　　　　73EJT31:234

……☑ⅰ……☑ⅱ　　　　　　　　　73EJT31:235

鑯得步利里不更☑　　　　　　　　　73EJT31:236

……□更須☑　　　　　　　　　　　73EJT31:237A

……☑　　　　　　　　　　　　　　73EJT31:237B

☑日□內中□☑　　　　　　　　　　73EJT31:238A

☑□暮宿內☑　　　　　　　　　　　73EJT31:238B

……☑ⅰ……　□□□□直（值）千。皁袴[5]一兩，直（值）八百……

☑ⅱ　　　　　　　　　　　　　　　73EJT31:239A

……☑　　　　　　　　　　　　　　73EJT31:239B

☑　　□□□　　　　　　　　　　　73EJT31:240A

☑……　　　　　　　　　　　　　　73EJT31:240B

☑□□□☑　　　　　　　　　　　　73EJT31:241

☑□□□☑　　☑　　　　　　　　　73EJT31:242A

☑……　　☑　　　　　　　　　　　73EJT31:242B

【校釋】

［1］隊：原未釋，今據原圖版擬補。

［2］此簡由謝明宏（2022.3.29）綴合。"以□□□遺"原未釋，從謝明宏補釋。

［3］"欲籍車□都"，原釋作"願□□□□"，今據原圖版改。

［4］將卒：王錦城（2019P660）：即率領士卒，或常加於官名之前。

［5］袴：張再興、黃艷萍（2017P72-77）釋作"綺"。

肩水金關 T32:1-75

最　　斗食令史六人，

　　　佐三人。　　　　　　　　　　　　　　　　73EJT32:1

戍[1]卒南陽郡棘陽楊里大夫鄭黜，　　　年……☑　73EJT32:2

☑收責橐他候官，名、縣、爵、里、年、姓、長、物色如牒，書到，出入☑

　　　　　　　　　　　　　　　　　　　　　　　73EJT32:3

河南郡雒陽吉陽里柏竟，年廿三，　牛車一，□☑　73EJT32:4

☑　　　　　□

☑　□長　　初元四年四月丙子朔[2]戊午，臨莫隧

☑　……　　　　　　　　　　　　　　　　　　73EJT32:5A

☑　八　辰　□　　　　　　　　　　　　　　　73EJT32:5B

建昭五年六月甲辰朔丙寅，守令史章敢言之：丞昌爲郡市長安，今遣

從吏張武齎衣用蓬迎昌，乘所☑ｉ　　　　73EJT32:6+24[3]

直里宋道　　☑　　　　　　　　　　　　　73EJT32:7

　　　壬　辛　辛　辛　庚

廿五日　　　　　　　　　　夏至

　　　戌　卯　酉　卯　申　　　　　　　　73EJT32:8[4]

　　　丙　乙　乙　甲　甲　癸　癸　壬　壬　辛　辛　庚

廿四日　　　　德[5]　　　　　　　　　　　　　　冬至

　　　申　丑　未　子　午　亥　巳　戌　辰　酉　卯　申

　　　　　　　　　　　　　　　　　　　　73EJT32:9[6]

【校釋】

　[1]戍：原簡作 ，訛與“戌”相混。

　[2]黃艷萍(2015.2)、胡永鵬(2017P173)認爲此簡朔干支與《朔閏
表》不合，以爲原簡書寫有誤。

［3］此簡由伊強(2015.1.19)綴合,其中"迎"原釋作"如",從綴合者改釋。

［4］許名瑲(2015.3.5)、程少軒(2015P129-143)定此簡爲初元元年(前48)曆日。

［5］德:程少軒(2015P129-143):漢代數術文獻中的神煞"德"之運行,若與具體日期相關,一般都應與中氣緊密聯繫。二月乙丑日與其最靠近的中氣春分(當年春分爲二月十六日丁巳)相差9日,似難有關聯。所以,此處"德"字不一定爲曆注。

［6］許名瑲(2015.3.5)、程少軒(2015P129-143)考此簡爲五鳳四年(前54)曆日。

各(絡)[1]夆(絳)[2]一匹,六百五十,Ⅰᵢ各彖(緣)[3]七尺＿(尺,尺)[4]十四,Ⅰ ᵢᵢ完彖六尺＿(尺,尺)十一,Ⅱᵢ各皁丈,尺十二,Ⅱᵢᵢ完青丈七尺半,尺十三,Ⅱᵢᵢᵢ郶(綌)[5]三尺＿(尺,尺)十,Ⅲᵢ·凡直(值)千一百卅一。Ⅲᵢᵢ　　　　　　　　　　　　73EJT32:10

【校釋】

［1］各:同簡中出現了三次,用法應與同簡中的"完"相類,可能都是表示修飾作用。此簡"各"通"絡",表示粗絲絮之義。

［2］夆:通"絳",大紅色。這裏可能指大紅色絲織品。

［3］彖:通"緣",邊飾。

［4］這枚簡出現了三次"-"號,原釋作"＝",按照文義,這些"-"都應該表示重文,讀成"每尺"。

［5］郶:此字原簡圖作🔲,原釋作"祁"。按照同簡內容,此字應當表示絲織物,"祁"無此類表義,且字形與"部"很近,如肩伍D🔲:68("南部")、肩伍D:68🔲("部吏"),字形相近。部,在此處讀爲"綌"。《説文·系部》:"綌,治敝絮也。"睡虎地六號書信木牘中有"綌布",里耶秦簡9-2027中有"青綌",都用作絲織品,用法與此簡同。

☑　　　馬一匹，輜車一乘，☑	73EJT32：11
☑橐他駮[1]馬亭長猛	73EJT32：12
☑　　　二月辛卯入。　　卩	73EJT32：13
☑年七月己巳朔戊子[2]，鱳得萬年里☑	73EJT32：14
・凡脯卅六朐。	73EJT32：15

初元四年正月辛亥朔癸酉，東鄉嗇夫敢言之：昌德里郭賞[3]，自言田北□□□□舍王亭西ⅰ三舍北入□□□三年賦筭[4]給，毋官□□□□□□□，敢言之。ⅱ正月甲戌，茂陵令熹[5]、丞勳移□□。

／掾□、令史□。ⅲ	73EJT32：16A
章曰：茂陵令印。	73EJT32：16B
☑辛丑入，　　牛車一乘，☑	73EJT32：17
☑月丙子出，　　字翁君，　　丿	73EJT32：18
☑南不知護[6]	73EJT32：19
☑□調爲官市栝器長安[7]，□□□，輜車一乘，	73EJT32：20
☑□言之：成安里男子趙☑	73EJT32：21
（此簡已與 T32：45 簡綴合）	73EJT32：22
☑出　　卩	73EJT32：23
（此簡已與 T32：6 簡綴合）	73EJT32：24
肩水金關□□□☑	73EJT32：25A
□□卿□□幸願癸酉雲等□□☑	73EJT32：25B
四月癸丑雞鳴時□表火一通，驛北亭長武受橐他莫當隧。	73EJT32：26
□	73EJT32：27
☑……☑	73EJT32：28
☑……敢告尉史：□□里公乘李□，自言爲家私使……留ⅰ☑……ⅱ	
	73EJT32：29
南書……	73EJT32：30
□世取□五升食□□□	73EJT32：31

【校釋】

[1]駮:原釋作"馳",從張俊民(2015.1.19)改釋。按:此字原簡字形雖不是十分明確,但可通過辭例對讀確定釋字。

[2]胡永鵬(2017P310)推測此簡屬元始四年。

[3]賞:沈思聰(2018P376)釋作"償"。按:此字中間有墨跡剝落,造成從"亻"的假象。

[4]筭:原釋作"等",從張俊民(2015.1.19)改釋。

[5]熹:沈思聰(2018P376)疑此字是"憙"。

[6]護:張俊民(2015.1.19)以爲作"誠"。

[7]安:原未釋,從張俊民(2015.1.19)補釋。

□□□百。　　　楊紺百五十▨

□子公百。　　　孫紺五十▨

楊高百。　　　　張喬[1]用百五十。▨

葉稚君卅。　　　孟子公五十▨　　　　　　　　73EJT32:32A

　　　□□五十三。陳喬百□。　　　□子□五十▨

紺錢□。□受□卅。　成□實[2]百五十。張□□十五。之□□▨

　　　贛子□□。　　□□子百▨

　　　孫紺百。　　　□□□五十▨　　　　　　73EJT32:32B

【校釋】

[1]喬:原釋作"嵩",原簡作𠑹,今據簡背相同字形改釋。

[2]成□實:姚磊(《合校》2021P386)從王錦城(2019P1532)釋"賓"意見作"戚長賓"。按:原簡字形並不是非常明確,仍從原釋。

蠱他候官行者走。　　行塞舉。　　　　　　　73EJT32:33

東部候長▨　　　　　　　　　　　　　　　　73EJT32:34

▨關　　　　　　　　　　　　　　　　　　　73EJT32:35

【鴻嘉三年三月】[1]

☒ 府君行塞

　　擧㮚　　　　　　　　　　　　　　　73EJT32：36A

　　鴻嘉三年三月

☒ 府君行塞

　　【擧㮚】　　　　　　　　　　　　　73EJT32：36B

肩水金關☒　　　　　　　　　　　　　73EJT32：37

河□☒　　　　　　　　　　　　　　　73EJT32：38

　　　　　　　　隧長一人，　　　鐵鎧[2]☒
樂昌隧南到當利隧　　戍卒二人，　　革☒
二里二百廿步。　　·凡吏卒三人。　鐵鞮☒
　　　　　　　　　　　　　　　　革鞮☒　73EJT32：39

七月八日庚戌後伏，☒ⅰ 八月八日己卯秋分，☒ⅱ

九月廿三日甲子立冬，☒ⅲ　　　　　73EJT32：40[3]

☒登丞江移肩水金關ⅰ☒濟陰郡葭密東□里ⅱ　73EJT32：41

　　　　　一封詣橐他候官，　　右三封肩水都尉章。☒
北書三封：　一封詣廣地候官，　　　☒
　　　　　一封詣居延都尉府。　　　☒　　73EJT32：42

五鳳三年五月丙子朔丙子，□□□☒ⅰ五月丙子□□御史大夫延
年[4]□□□☒ⅱ　　　　　　　　　　73EJT32：43

☒十月戊子張☒　　　　　　　　　　73EJT32：44

初元年十月甲子……嗇夫敢言之：廣地里孫幸之、陽里王偃[5]等☒ⅰ
欲爲私市張掖、酒泉郡。謹案：幸之、偃□☒ⅱ……　　☒ⅲ

　　　　　　　　　　　　73EJT32：45A＋22[6]

居令延印。　☒　　　　　　　　　　73EJT32：45B

　【校釋】

　[1]此六字原未釋，此簡右殘缺一行，正背面簡文互參可補全缺失
內容。

　　[2]鐵鎧：鐵鎧甲。按：鎧，原簡作■，字形頗似“鐙”。

　　[3]程少軒(2015P129-143)據節氣推此簡屬永光五年(前39)曆譜。

　　[4]延年：即杜延年。《漢書·百官公卿表》五鳳三年六月辛酉“西河太守杜延年爲御史大夫”。此簡時間是“五鳳三年五月”，時間略有衝突，可能是曆法差異導致不合。

　　[5]偃：人名，原釋作“伯”，與綴合簡T32:45A出現的“偃”對讀改釋。王錦城(2019P665)認爲兩處“偃”都是“伯”，不從。

　　[6]此簡由姚磊綴合，見姚磊(2021P181)。

困及以相護因言昌家室不與子文孝君通家名爲昆□☑　73EJT32:46

☑卒被兵簿　　☑　　　　　　　　　　　　　73EJT32:47

☑尉政、丞商，　重下司馬千人官。

　☑　　　　　　　　　　／兼掾成、守屬成、書佐鳳。[1]　　73EJT32:48

(此簡已與T32:57簡綴合)　　　　　　　　　73EJT32:49

甘露五年二月辛丑廣地卒出入關簿。　　☑　　73EJT32:50

☑□昌右手□一所，以此㓿[2]如劾之狀具☑　　73EJT32:51

☑　　第五　·凡……六　☑　　　　　　　73EJT32:52

平樂隧長鱳得□□里□延年[3]，　未得七月盡☑

□四年十月庚子除，　　　　　已得賦□☑　73EJT32:53 [4]

戍卒南陽郡杜衍□□里公乘□□□，年廿六，　☑　73EJT32:54

出芙八束，　食候□獨居☑　　　　　　　73EJT32:55

☑留如律令。　／令史得。　　　　　　73EJT32:56

出糜二石，　　以食當井隧長周勝五月食。　73EJT32:57+49 [5]

戍卒趙國襄國犂[6]楚里□☑　　　　　　73EJT32:58

　　【校釋】

　　[1]此行殘左，“守屬成”及其前皆僅見右半，其中兩“成”字釋字可疑。

　　[2]㓿：原未釋，此字原簡字形可見右部從“口”，左側應是“矢”的俗寫。T24:712：“以此知而劾之，毋它狀。”對讀亦可佐證。暫擬補。

[3]年：原釋作"壽"，從姚磊(《合校》2021P387)改釋。按：此字原簡墨跡較淡，並有污跡干擾，與常見的"年"、"壽"對比來看，當釋作"年"。

[4]此簡中"未得"、"盡"、"已得賦"，原皆未釋，從胡永鵬(2015.3)補釋。

[5]此簡由伊強綴合，見伊強(2016P115-129)。

[6]犁：原釋作"秤"，從高一致(2016P15-24)改釋。

☑☑午朔辛☑ᵢ☑即日病頭。ᵢᵢ　　　　　　　73EJT32：59+66 [1]

魯國西夷里☑☑　　　　　　　　　　　　73EJT32：60

☑☑吏卒責主名詣官會☑　　　　　　　　73EJT32：61+64 [2]

☑　　十月癸亥日蚤食☑☑☑　　　　　　73EJT32：62

☑私市張掖居延。案：毋　　　　　　　　73EJT32：63

(此簡已與 T32：61 簡綴合)　　　　　　73EJT32：64

☑，年廿四☑　　　　　　　　　　　　　73EJT32：65

(此簡已與 T32：59 簡綴合)　　　　　　73EJT32：66

☑☑戍卒河東皮氏　　　　　　　　　　　73EJT32：67

☑　　　☑☑食時☑

☑　卒同　　　　　☑(削衣)　　　　　　73EJT32：68

☑☑衆人取酒☑☑(削衣)　　　　　　　　73EJT32：69

☑☑ᵢ掾坐前☑☑☑ᵢᵢ 自☑ᵢᵢᵢ　　　　　73EJT32：70

羊角☑　　　　　　　　　　　　　　　　73EJT32：71

☑☑☑當從道可治木蘭(削衣)　　　　　　73EJT32：72

☑前弟二☑(削衣)　　　　　　　　　　　73EJT32：73

戍卒魏郡斥(斥)丘廣德里公乘張安世，年卅，　八月庚戌出。　卩

　　　　　　　　　　　　　　　　　　　73EJT32：74

九月一輩[3]，凡卅三人。其四人居延吏：一人昭吏，三人酒泉吏。六人郡中民：一人會水民，五人客子。七人奴。四人婢。輜車七乘，馬八匹，牛車三兩，牛三頭，☑ᵢ　　　　　　　73EJT32：75

【校釋】

[1]此簡由姚磊綴合,見姚磊(2021P182)。

[2]此簡由伊強(2015.1.19)綴合。"名"原釋作"召",從伊強改釋。

[3]一輩:陳直(2009P274):一輩猶今人言一批。

《肩水金關漢簡(肆)》校釋

肩水金關 T33：1－91

☑願聞其曉　　☑　　　　　　　　　　　73EJT33：1

☑……城官，書到，出入　　　　　　　　　73EJT33：2

☑入賦居延☑　　　　　　　　　　　　　　73EJT33：3

（此簡已與 T33：13 簡綴合）　　　　　　73EJT33：4

☑□□□□□□謁移過所[1]□ⅰ☑如律令。/守令史光。ⅱ　73EJT33：5

☑　皆十月壬申出。　　字次君。　　　　73EJT33：6

☑□子夏鎌[2]也。今子夏欲☑

☑意=(意，意)叩頭，幸甚☑　　　　　　73EJT33：7A

☑近衣進酒食，出☑ⅰ☑幼都奉書伏地再☑ⅱ　73EJT33：7B

☑□□□世至正月丁未日餔時行候事。關嗇夫博、候長龍□☑（削
衣）　　　　　　　　　　　　　　　　　73EJT33：8

☑九月餘錢六十五，其五十☑ⅰ☑九月餘錢百九十九，其八十☑ⅱ
　　　　　　　　　　　　　　　　　　　73EJT33：9

☑旦帶到橐他，還歸之。謹使=(使使)再拜受☑　73EJT33：10

☑　　辛巳宿第三　　☑

☑☑發史　壬午宿會水　　☑

☑　　　　癸未宿府　　☑　　　　　　　　　　　73EJT33：11

☑☑史季當☐☐☐☐☐☐ⅰ☑☑受高子卿足下ⅱ　　73EJT33：12A

☑……子游卿ⅰ☑☐☐二年磨（磨-曆）[3]日未便[4]ⅱ　73EJT33：12B

☑☐甲候印，一詣鑤得，一詣麛谷候官。四月癸卯☑ⅰ☑☐☐延井候

印，且[5]鹿候官。　　卒朋夜食時☐☐ⅱ☑闌ⅲ　　　73EJT33：13+4[6]

☑月丙申雞前鳴二分，驛北卒世受☐☑　　　　　　73EJT33：14

☑　　圈[7]卒瓜錢百　　☑（竹簡）　　　　　　　　73EJT33：15

【校釋】

[1]謁移過所：原未釋，今據原圖版和常見文例擬補。

[2]鑤：原簡圖作🔲，原釋雖不誤，但頗疑此字是“錢”之訛誤。

[3]磨：原釋文作“磨”，張再興（2018P130-141）指出當錄寫作“磨”，實爲“曆”之俗字，在此處用作“曆”。今從改。

[4]未便：原未釋，從韓鵬飛（2019P1588）改釋。

[5]且：原釋作“旦”，原簡圖作🔲，雖然墨跡略有缺失，但仍較易辨識。T37：1282 可見“且鹿候官”，今據原圖與相同文例改。

[6]此簡由何有祖綴合，詳見何有祖（2016.1.9）。

[7]圈：原未釋，此字原簡圖作🔲，從秦鳳鶴（2018P530-532）改釋。

張掖橐他印。　　☑　　　　　　　　　　　　　73EJT33：16A

書到，願嗇夫出入毋☑　　　　　　　　　　　73EJT33：16B

☑☐☐☐　　　十月庚戌入。　　　　　　　　73EJT33：17

☑　　粟橐他……昌☑　　　　　　　　　　　73EJT33：18

（此簡已編聯至 73EJT33：81 後）　　　　　　73EJT33：19

☑☐購錢大守☐☑ⅰ☑令☑ⅱ　　　　　　　　73EJT33：20

肩☑　　　　　　　　　　　　　　　　　　73EJT33：21

東部[1]☑　　　　　　　　　　　　　　　　73EJT33：22A

□□　　　　　　　　　　　　　　　　　　73EJT33：22B

一編,謁上候官,敢言之□　　　　　　　　73EJT33：23

四斗。射日。　凡直(值)三□□□　　　　73EJT33：24

三月己巳,騂北亭長敞　□(削衣)　　　　73EJT33：25

□　入金關所治日□□□(削衣)　　　　73EJT33：26

□縣、爵、里、年、姓各如牒。□(削衣)　　73EJT33：27

□勞臨事,久不望見,叩=頭=(叩頭叩頭),寒時願子文ⅰ□毋行邑=[2],關主出入人將嚴急耳目,長願留=意ⅱ□……ⅲ(削衣)

　　　　　　　　　　　　　　　　　　73EJT33：28

□敬君錢七百五□ⅰ□言□ⅱ(削衣)　　73EJT33：29

□遣從者侯嘉□　　　　　　　　　　　73EJT33：30

河南安國里公乘丁□□□□ⅰ□□□□□ⅱ(削衣)　73EJT33：31

□賤第(弟)[3]遷叩頭　□(削衣)　　　　73EJT33：32

□□ⅰ□□十一月辛未出。ⅱ　　　　　　73EJT33：33

八月乙酉,居延丞江移過□　　　73EJT33：34[4]

□□□□□ⅰ□當井隧長□ⅱ(削衣)　　73EJT33：35

□□足下日見□□(削衣)　　　　　　　73EJT33：36

□□□得毋□□□□□ⅰ□來記,令譚[5]得往即,毋急□ⅱ(削衣)

　　　　　　　　　　　　　　　　　　73EJT33：37

□一石一鈞十三斤　□ⅰ□斤積縣廥[6]中　□ⅱ□斤,永光三年所伐□ⅲ　　　　　　　　73EJT33：38

【校釋】

[1]部:原未釋,今據原圖版補。

[2]邑=:《集成》(九 P61):邑通悒,愁悶不樂貌。按:此處符號也可能不表示重文。

[3]第:原釋作“茅”,從韓鵬飛(2019P1589)改釋。

[4]胡永鵬(2017P505)定此簡年代在漢宣帝五鳳到甘露年間。

[5]譚:沈思聰(2018P378)釋作“游”。

[6]會:《説文·广部》:"會,芻藁之藏。"存放草料的房舍。

☑朔戊午,西鄉嗇夫彊敢言之:利上里男子譚多,自言欲爲家私市張
掖、酒泉郡中,願以令取傳。謹案:户籍臧官者多,爵 i ☑毋官獄徵,
當得以令取傳,謁移過所河津關,毋苛留止,如律令,敢言之。ii ☑居
延令登、丞未央移過所,如律令。　　/掾赦之、守令史定、佐殷。iii

73EJT33:39 [1]

永光二年五月辛卯朔己未,都鄉嗇夫禹敢言之:始樂里女子惠青辟,
自言爲家私使之居延,與 i 小奴同葆同縣里公乘徐毋方偕。謹案:青
辟、毋方更賦給,毋官獄事,當得取傳,敢言之。ii 五月己未,删丹長
賀、守丞禁移過所,寫移,毋苛留止,如律令。/兼掾嘉、令史廣漢。iii

73EJT33:40A

删丹長印。　　　　　　　　　　　　　　73EJT33:40B

黄龍元年六月辛未朔壬辰,南鄉佐樂敢言之:楊里 i 公乘泠☑,年廿
歲,小未傅[2],爲家私市居延,正彭祖 ii 占[3],移過所縣道,毋苛留。/
六月壬辰,雒陽守丞殷移過所,毋苛留,如律令。/掾良、令史陽。iii

73EJT33:41A

⋯⋯　　　　　　　　　　　　　　　　　73EJT33:41B

·肩水候官初元四年吏卒一歲用食。　　度簿[4]　☑　73EJT33:42

■右弟(第)[5]卅五車廿人。　　　☑　　　　　73EJT33:43

九月壬辰,居延令賢、丞未央,移過所,如律令。/掾忠、令史昌。☑

73EJT33:44A+47A [6]

居令延印。☑　　　　　　　　73EJT33:44B+47B

☑印,詣居延都尉府。建始元年十二月丙辰☑　　73EJT33:45

▨建昭四年五月　　　　　　　73EJT33:46 [7]

(此簡原整理者已與 73EJT33:44 綴合)　　　73EJT33:47

☑□有府籍牛封頭[8]。居延左尉印。　　　73EJT33:48

【校釋】

[1]胡永鵬(2017P509)定此簡年代在漢元帝初元二年前後。

[2]小未傅:郭浩(2014.4):是漢世法律術語,指未到法定服役年齡即傅齡(一般爲23歲)的男性群体。

[3]正彭祖占:"正"原釋作"乏","占"原釋作"告",從劉欣寧(2016.2)改釋。

[4]度簿:度訓爲計、量,"度簿"即相當於預算簿(任攀《居延漢簡釋文校訂及相關問題研究》,復旦大學碩士學位論文,2012年,簡131.57A下)。

[5]弟:原釋作"第",從黃艷萍(2018P134–140)改釋。

[6]胡永鵬(2017P510)定此簡年代在漢元帝時期。

[7]原釋文無簡首網格符號,今補。

[8]此簡因前殘斷内容不全,或有兩種表義:一是所封之牛籍在府,故云"有府籍牛";二是指過關人"有府籍",所持牛封頭。這裏的"牛封頭"不知何解,推測是買賣或賜贈之類的牛的封禁辦法,在敦煌漢簡中還能看到驢"封頸"的記録,應屬同類。

☑癸酉朔	73EJT33:49
己丑赦令前……☑	73EJT33:50
·肩水候官建昭三年吏卒被兵簿☑	73EJT33:51+55
戍卒河東北屈陰平里公乘梁□□☑	73EJT33:52
騂北亭卒李未央母稚[1]婦☑	73EJT33:53
小庸　　☑	73EJT33:53B
甘露三年三月甲申朔丁亥,張掖☑ⅰ家,輸橐他廣地候官,書到☑ⅱ	
	73EJT33:54A[2]
肩水千人印。　☑ⅰ三月戊子就家李幼君以來。　☑ⅱ	73EJT33:54B
(此簡原整理者與 T33:51 綴合)	73EJT33:55
望松隧[3]卒趙山自言貰賣官布☑	73EJT33:56A
青　　☑	73EJT33:56B

而^[4]撮^[5]日爲病書^[6]　　　　　　　　　　　73EJT33:57

【校釋】

[1]稙:原釋作“稗”,原簡作▨,今據原簡字形改。

[2]該簡上端兩側有契口。

[3]望松隧:隧名。

[4]而:原釋作“所”,從王強(2019P319-331)改釋。

[5]撮:原釋作“撤”,原簡作▨,今改。王強(2019P319-331):古代擇日又稱涓日、諏日,不知金關簡“撮日”是否與“諏日”有關。

[6]病書:李均明(2009P56):即病假報告……請病假的一般手續是由患者給所在單位遞交請假報告,再由所在單位逐級上報。

初元三年六月甲申朔甲午,南鄉守嗇夫義、佐光敢言之:▨

　　　　　　　　　　　　　　　　　73EJT33:58

宛陬里張定,年五十,字方,　車一兩,黑犗牛,齒十歲,▨

　　　　　　　　　　　　　　　　73EJT33:59A

……▨　　　　　　　　　　　　73EJT33:59B

▨▨淳于光,年十七。　　▨　　　　73EJT33:60

濟陰郡定陶傳里仁帶,年十九歲。　　牛一　▨　　73EJT33:61

▨▨去君孟請張君至ⅰ▨▨復廋(搜)索▨▨▨之ⅱ　73EJT33:62

居延守令史公乘氾臨年▨　　　　　　73EJT33:63

▨▨二年四月▨▨▨▨ⅰ▨▨將^[1]卒六十人▨▨ⅱ　73EJT33:64

伏地再拜,子紺足下善毋恙,歲意^[2]▨▨

歲意不得久^[3]居,食飲不主,▨　　　　73EJT33:65A

離署部東候長肯不得^[4]主,賤^[5]▨ⅰ飲食不得^[6]主,賤意常悲,奈▨ⅱ

　　　　　　　　　　　　　　73EJT33:65B

【校釋】

[1]將:統率,指揮。

[2]歲意:人名,簡中兩見,B面又簡稱作“意”。

[3]久：原釋作"小"，今據原圖版並結合文義改釋。

[4]得：原未釋，參同簡 A 面"得"補釋。

[5]賤：本枚簡中兩見，王錦城(2019P675)疑是"肥"。按：此字原簡作草書，字形確實與常見的"賤"有別，字形更似"敢"字，但文義不順，暫從原釋。

[6]得：原釋作"能"，與 A 面出現的"得"對比即可知，此字是"得"之草書，今改釋。

雲詣官驗問，對曰：雲爲鄉佐，輔爲隊長，不便官☑	73EJT33：66
☑□守[1]俠☑	73EJT33：67A
☑初元四年十一月□☑	73EJT33：67B
☑亭長圖付沙頭亭長賀　　☑	73EJT33：68
六月辛卯食坐五分詬表□☑	73EJT33：69
候長楊卿治所	73EJT33：70
肩水金關	73EJT33：71A
博博伏伏伏地大夫夫奉奉奉奉奉ⅰ博□ⅱ(習字)	73EJT33：71B
察，敢言之。	73EJT33：72
肩水金關	73EJT33：73
肩水候官以郵行。☑	73EJT33：74
金關伏地伏地伏地☑(習字)	73EJT33：75A
癸卯卯卯卯☑(習字)	73EJT33：75B

定陶□亭長弟(第)[2]里公乘靳舍，年卅四，長七尺四寸，黑色，尉史恭入。ⅰ
　　　　　　　　　　　　　　　　　　　　　　73EJT33：76

☑毋官徵事，當爲傳，移所過縣邑，毋何(苛)留，敢言之。ⅰ☑□□睢陽丞忠移所過縣邑，毋何(苛)留，如律令，掾上葆令史建，乘馬一匹。ⅱ
　　　　　　　　　　　　　　　　　　　　　　73EJT33：77

□□□前居迫前未進及前酒進泉伏羌諸初迫言伏之倉嗇夫乎(習字)
　　　　　　　　　　　　　　　　　　　　　　73EJT33：78A

……尉前迫尉前尉死湯叩頭言有　　　　　　73EJT33：78B

　　　　　一封詣昭武，

出南書三封：　一封詣張掖庫，　十月乙酉蚤食，卒世受莫當,卒世

　　　　　一封詣倉石候。　莫食付沙頭卒。

　　　　　其三封薛襃印。　　　　　　73EJT33：79A

　　　一封□□馬趙君糸，　十月乙丑日入莫（暮）

□□□□

　　　　　　　　　付官　　　　73EJT33：79B

【建昭元年】[3]年三月己亥朔丙子[4]，北鄉有秩福敢告尉史[5]：□□

□□▨ⅰ……毋官獄徵事,當取傳,……▨ⅱ　　73EJT33：80A

□丞印。　　　▨　　　　　73EJT33：80B

　【校釋】

　[1]守:原釋作“字”,從韓鵬飛(2019P1591)改釋。

　[2]弟:原釋作“第”,從姚磊(《合校》2021P390)改釋。

　[3]建昭元年:原釋作“……”,原簡此處底色深暗,無法識別具體字

數,今據許名瑲(2017P95–127)補釋。

　[4]若己亥朔,當月不得有“丙子”,許名瑲(2017P95–127)指出“丙

子”或爲“丙午”之誤。

　[5]史:原未釋,姚磊(《合校》2021P391)補釋。按:結合姚磊意見、原

簡圖和文義擬補。

十五　夜大半　夜過半　夜過半　雞前鳴　雞中鳴▨ 73EJT33：81

▨十六　□□　雞鳴　雞鳴　雞後鳴　雞後鳴　雞□▨

　　　　　　　　　　　　　　　　　73EJT33：19 [1]

　【校釋】

　[1]姚磊(2017P206–228)指出 T33：81、T33：19 兩簡序號相連,字體一

致,可能是一套完整的紀時文書。張德芳(2004P190–216):“夜大半”沒有

像“夜半”和“夜少半”那樣一分爲三,説明“夜過半”之後人們的活動相對

要稀少一些,沒有再將此一分爲三的必要。王錦城(2019P2060):夜大半爲夜過半之前一個時段的稱謂。

卅步　得六　自如　負七　☑　　　　　　　　73EJT33：82
戍卒河東蒲子陽阿里公乘郭得時,年卌,　字文[1]　☑ 73EJT33：83
戍卒河東蒲子上函里公乘謝詡,年廿五。　　　73EJT33：84
淮陽=(陽陽)夏中善里姚賞,年廿七,　三月庚午出。　　糧簿
　　　　　　　　　　　　　　　　　　　　　73EJT33：85

延年里王壽,年卅七,軺車一乘,馬一匹。　　73EJT33：86
河南偃阤(師)都里公乘畢彊,年卅一,　字次君,車一乘,驪(騮)
牡馬一匹,齒十二歲,高六尺二。i　　　　　73EJT33：87
員鮑魚[2]十斤,　見五十頭,囊敗[3],　少三斤給過客。73EJT33：88
部界中不得,慎,毋忽,如律令。/令史少☐　73EJT33：89
大婢倩,年十八。　　　　　　　　　　　　73EJT33：90
南陽郡西鄂城南里公乘吳志,年廿八,長七尺二寸,黑色,　字子平。
　丿 i　　　　　　　　　　　　　　　　　73EJT33：91

【校釋】

[1]字文:原簡作▨,字形有訛誤。

[2]員鮑魚:員,原釋作"貟",從何有祖(2016.1.14)改釋。何有祖指出這裏似指物質的數量。按:鮑魚,即今之所謂鹹魚。《釋名·釋飲食》:"鮑魚。鮑,腐也。埋藏淹,使腐臭也。"

[3]囊敗:這裏可能指的是裝鹹魚的袋子破敗。

肩水金關 T34：1-50

甘露二年二月庚申朔庚午,居延令弘移☐☑
縣界中,今欲去,書到,案名籍　　出,毋☑　73EJT34：1A
曹子元,　　凡八人二月乙亥入。　☑

段中宗，　　　　☑

崔子玉，　　　　　居延令印。　　☑

夫人一，　　　　☑

從者三人，　　　　　☑

奴一人，　　　　二月乙亥，曹子元以來。☑　　　　　　73EJT34：1B

十一月甲□，肩水候福敢言之：謹☑ⅰ謁報，敢言之☑ⅱ 73EJT34：2[1]

九月戊子，張掖肩水都尉弘☑ⅰ……[2]□□籍死診爰書會□[3]☑ⅱ

73EJT34：3A

　　　　□[4]都尉章　　☑

水

　　　九月己丑騂北　　以來　　☑　　　　　　73EJT34：3B

☑申朔丁丑，肩水候福[5]移城尉☑　　　　　73EJT34：4A[6]

☑　　嗇夫去疾、尉史光☑　　　　　　73EJT34：4B

　　　　　其一匹驪(騮)牡，齒十四歲，高六尺二寸。

馬二匹。

　　　　　一匹驪駮牡，齒□□，高五尺八寸。　　　73EJT34：5

【校釋】

[1]胡永鵬(2017P505)定此簡年代在漢宣帝五鳳到甘露年間。

[2]……：原釋文無，今據原圖版補。

[3]此未釋字姚磊(《合校》2021P392)釋作“月”。

[4]此未釋字姚磊(《合校》2021P392)釋作“肩水”。

[5]此“福”字跡與同簡其他文字不同，應是後寫之字。

[6]胡永鵬(2017P505)定此簡年代在漢宣帝五鳳到甘露年間。

五鳳三年十二月癸卯朔庚申，守令史安世敢言之：復作大男彭千秋，
故陳留郡陳留高里，坐傷人論，會神爵四年三〈二〉月丙辰[1]赦ⅰ令，
復作[2]縣官一歲十月十日，作日備，免爲庶人，道自致，謁移陳留，過
所縣道河津函谷關，毋苛留止，如律令，敢言之。ⅱ十二月庚申，居延

令弘、守丞安世移過所縣道河津函谷關,毋苛留止,如律令。掾守令
史安世。ⅲ　　　　　　　　　　　　　　　　73EJT34:6A^[3]

章曰:居令延印。　　　　　　　　　　　　　　73EJT34:6B

【校釋】

[1]神爵四年三月乙丑朔,此月無丙辰日。尉侯凱(2017.1)、姚磊
(《合校》2021P393)認爲“三”可能是“二”之誤。許名瑲(2017P95−127)
認爲“丙辰”或爲“庚辰”之訛。

[2]復作:丁義娟(2019P92):復作制度是城旦舂、鬼薪白粲等刑徒遇
赦後,免除刑徒身份,但需以“作務”的方式作滿未服完刑期的一種刑罰執
行和免除制度。

[3]姚磊(2019.10)指出神爵四年二月丙辰赦令下達後,彭千秋没被
立即赦免,到“五鳳三年十二月癸卯朔庚申”才審批回歸故郡,歷時達一千
三百八十四日(三歲十月廿二日),而簡文所記的彭千秋“復作”時間僅是
“一歲十月十日”。除去彭千秋“復作”時間和審批時間後,可以發現多出
時間達六百四十一日(一歲九月十一日),這個時間無法界定歸屬。對此
姚磊作出了簡文書寫造成的誤差、再犯事、滯留原因、理論與實際誤差等四
種推測。

代郡代乘里公乘趙得,年卌九,長七尺五寸。·輒車□□　73EJT34:7

居延佐廣都里公乘泠雲,年卅。　　　　□　　73EJT34:8

□初元二年大大伏九月月□　　　　　　73EJT34:9+29

二,直(值)四千三百。肩□　　　　　　　73EJT34:10

以傳出者,得人馬牛食穀毋過廿斗,及田關外以符出者,得以頃畝出

□　　　　　　　　　　　　　　　　73EJT34:11

□付鱳得守令史俠憙,食傳馬,爲剢(刺)史柱^[1]　73EJT34:12

□長七尺二寸,黑色。　　□　　　　　73EJT34:13

□……□　　　　　　　　　　　　73EJT34:14

肩水候官　　　　　　　　　　　　73EJT34:15

戍卒河東蒲子好宜里公乘藥憙，年廿四　　☑　　　　73EJT34：16

☑　　二月庚寅食時九分騂北亭卒世付禁隧[2]長禹。　　73EJT34：17

☑□，年廿八，　長七尺四寸，黑色[3]。　　☑　　　73EJT34：18

☑以稟彊漢隧長☑　　　　　　　　　　　　　　73EJT34：19

出糜一石八斗三升。丿☑　　　　　　　　　　　73EJT34：20

☑豪，期二月；朝旰[4]而豪，期二月。其吉凶皆至。　73EJT34：21[5]

　【校釋】

　[1]柱：王錦城（2019P1540）以爲通"駐"，義爲駐扎、駐守。按：從常見行文習慣看，這裏的"柱"可能是刺史之名。

　[2]禁隧：王錦城（2019P1876）：原簡書寫時脱"姦"字。按：或爲"禁姦隧"之省。

　[3]"長七尺四寸，黑色"墨色較淡，爲另一位書手所寫。

　[4]朝旰：王錦城（2019P2061）：早晚。

　[5]王強（2019P319-331）：簡文同時具備時間和占辭兩個要素，很可能與選擇數術有關。

出糜二石　　食□☑　　　　　　　　　　　73EJT34：22A

……☑　　　　　　　　　　　　　　　　　73EJT34：22B

☑　　食馴望隧長□[1]☑　　　　　　　　　73EJT34：23

☑衣不堵，以此知而劾□☑　　　　　　　　73EJT34：24

☑刺史[2]治所☑　　　　　　　　　　　　　73EJT34：25

☑□食　　　　　　　　　　　　　　　　　73EJT34：26A

☑……　　　　　　　　　　　　　　　　　73EJT34：26B

敢言之。　丿嗇夫去疾[3]☑　　　　　　　73EJT34：27

☑名蘭越騂北亭　塞☑　　　　　　　　　　73EJT34：28

（此簡原整理者與73EJT34：9綴合）　　　73EJT34：29

☑候官黃龍元年二月吏卒簿　　☑　　　　　73EJT34：30

☑□史陽廿五石　　　孫子功三石　　　簿米五十石☑

☑☑☑十二石五斗　　焦[4]☑☑☑☑

☑☑☑卿二石　　　☑☑☑　　　　　73EJT34:31A+35A

☑　　☑☑☑十五☑

☑　　☑☑☑常☑　　承承☑

☑☑　……☑　　　　　　　　　　　73EJT34:31B+35B

☑五十☑☑ⅰ☑☑五十☑ⅱ　　　　　73EJT34:32

☑☑,年廿三,長七尺五寸,黑色,　　十二月庚寅入,　　十一月

丁☑ⅰ　　　　　　　　　　　　　　73EJT34:33

☑☑移簿行邊兵[5]丞相史。　　　　73EJT34:34A

☑☑卒史通、書佐護。　　　　　　　73EJT34:34B

(此簡原整理者與 73EJT34:31)　　73EJT34:35

☑劍一,楯(盾)一,　十月己丑入,　六月癸卯出。　73EJT34:36

☑黑色　☑　　　　　　　　　　　　73EJT34:37

建昭五年五　☑(削衣)　　　　　　73EJT34:38

☑　嗇夫賀　☑(削衣)　　　　　　73EJT34:39

☑　☑書曰:戍卒濟陰成武[6]高里黃ⅰ☑　……凡直(值)千☑☑ⅱ

(削衣)　　　　　　　　　　　　　73EJT34:40

☑　掾奉光屬遷(削衣)　　　　　　73EJT34:41

☑　……劍一　　　　　　　　　　73EJT34:42

建昭五年五月甲戌朔戊戌,屋闌(蘭)[7]長尊守☑ⅰ廣成里☑☑☑

☑☑☑☑ⅱ　　　　　　　　　　　73EJT34:43

☑……道津關,當☑(削衣)　　　　73EJT34:44

☑☑書伏地再☑(削衣)　　　　　　73EJT34:45

練六尺。丿　　☑☑☑

皁一尺。丿　　十☑　　　　　　　73EJT34:46

入訴表一通。　十一月甲午日蚤食三分……　73EJT34:47

☑☑九月奉,　　九月甲戌禽寇隧長武彊取。　73EJT34:48

☑足下[8]□□足再拜（習字）　　　　　　　　　　73EJT34：49

☑……年十一　黑色　　□□十月□□入。　　　73EJT34：50

【校釋】

［1］此未釋字原簡圖作𡥈，疑是“奠”字。

［2］刺史：原未釋，從張俊民（2011.9.23）擬補釋。

［3］疾：原未釋，姚磊（《合校》2021P393）懷疑是“疾”。按：此字原圖版仍可見“疾”字上部墨跡，且 T30：46＋T25：175、T34：4B 皆可見“嗇夫去疾”，可確定釋字。

［4］焦：王錦城（2019P1541）懷疑是“侯”字。

［5］行邊兵：《集成》（五 P19）：循行、視察邊塞軍事裝備。

［6］趙爾陽（2019P159-168）指出成武《漢書·地理志》屬山陽郡，《續漢志》屬濟陰郡，並轉引馬孟龍意見，認爲河平四年（前 25），漢廷改濟陰郡爲定陶國時，將成武劃入了山陽郡。建平二年（前 5），當定陶國恢復爲濟陰郡時，成武當回屬。

［7］屋闌：闌，讀作“蘭”。屋蘭，張掖郡下轄縣。

［8］足下：原未釋，今據原圖版擬補。

肩水金關 T35：1-16

肩水金關　　　　　　　　　　　　　　　　　　73EJT35：1

▨元始三年十二月吏民 ⅰ 出入關傳副卷（券）[1] ⅱ　　　73EJT35：2

☑水都尉政承[2]謂過所，遣泉亭[3]長 ⅰ ☑者如律令。／掾豐、守令史登。ⅱ　　　　　　　　　　　　　　　　　73EJT35：3

▨得安邑里公乘張襃，年卅七，字子嚴，　乘方箱車，駕騮牡馬，齒八歲，　三月丙戌南兼亭長欽入。ⅰ　　　　73EJT35：4

河南卷[4]長里大夫張偏，年廿五，丈（長）[5]七尺二寸，黑色，　　刀一，　十月壬……[6]。ⅰ　　　　　　　　73EJT35：5

牛直（值）四千，將前負倉官錢，今皆折[7]，馮奉□，貧急毋它財物，願

請ᵢ　　　　　　　　　　　　　　　　　　　73EJT35：6

☐☐敢言之☐ᵢ☐移過所,如律令。　掾晏、守令史漢。☐ᵢᵢ

　　　　　　　　　　　　　　　　　　　　73EJT35：7

始建國元年八月庚子朔甲辰,居延守令城騎千人　丞良移^[8]卅井縣

索、肩水金關,遣亭長程望ᵢ　　　　　　73EJT35：8A+9A^[9]

☐……令史就　　　　　　　　　　　73EJT35：8B+9B

(此簡已與 T35：8 簡綴合)　　　　　73EJT35：9

☐車牛二兩,　十二月丁酉出。　　　73EJT35：10

河南郡雒陽東鞏里朱多牛☐　　　　73EJT35：11

大奴宜……　　廿☐　　　　　　　73EJT35：12

☐雒陽守丞脩移過　　　　　　　　73EJT35：13

☐☐兵簿　　☐　　　　　　　　　73EJT35：14

☐　　　　　　　☐☐☐☐☐

☐　承弦一　　　　　革鞃瞀(鍪)一　楯☐

☐　吳〈枲〉^[10]長弦　　靳干三☐

☐　槀矢☐　　　　靳幡三☐　　73EJT35：15+73EJC：484^[11]

☐大一王・大吉、小吉☐(削衣)　　　73EJT35：16

【校釋】

[1]出入關傳副卷:卷,原徑釋作“券”,原簡作**,今改。鄔文玲(2017P151
—169):即元始三年十二月吏民出入關的通行憑證——傳的副本。

[2]承:韓鵬飛(2019P1597)釋作“丞”。

[3]泉亭:又見於 T10：489。

[4]卷:縣名,在今河南省原陽縣舊原武西北。

[5]丈:韓鵬飛(2019P1597)指出此字爲“長”之誤書。按:“丈”、“長”
皆爲陽部字,聲音相近,亦可理解爲假借關係。

[6]姚磊(《合校》2021P393)認爲簡末“……”可能是“出”。

[7]折:折券。

[8]移:原未釋,從姚磊(2017.11.23)補釋。

[9]此簡由何有祖綴合,詳見何有祖(2016.1.12)。

[10]吳:原釋作"槀",高一致(2016.1.14)指出此字原簡誤寫作
"吳",今改。

[11]此簡由謝明宏(2022.3.7)綴合。

肩水金關 T37:1-1590

(此簡已與 T37:740 簡綴合)　　　　　　　　　　　73EJT37:1

肩水候官令史趙彭,　　　　十一月甲辰□☑　　73EJT37:2+572[1]

☑歲,高五尺七寸,　　　　十二月戊寅北嗇夫豐出。　73EJT37:3A

☑　□□[2]　　　　　　　　　　　　　73EJT37:3B

毋官獄徵事,謁疏[3]書嬰齊等年、長、物色,謁移肩水金關,以致籍出
來ᵢ復傳入,如律令,敢言之。☑ᵢᵢ　　73EJT37:4+1172[4]

【校釋】

[1]此簡由謝坤綴合,詳見謝坤(2016P241-246)。

[2]未釋兩字姚磊(《合校》2021P394)疑是"出入"。按:亦有"十七
人"的可能。

[3]疏:原未釋,王錦城(2019P683)説此字綴合者補釋,但綴合者未補
釋,不知所出。

[4]此簡由姚磊綴合,詳見姚磊(2021P183)。藤田勝久(2018P223-
244):簡牘雖然前半部分内容不明,但可以知曉其收件地爲肩水金關,並憑
藉致籍通關。可是"來復(返程通行)"是憑藉"傳"通行的。由此也可以判
斷,"傳"是往返邊關時所攜帶的簡牘,而"致"僅僅是去程時使用的單程通
行證件。因此,"致"雖然擁有通行證件的功能,但記録人與馬等户籍内
容,並作爲與信息登記變更相關的一種文書,才是其本質職能。

☑移過所縣道河津關,遣令史孫仁□☑　　　　73EJT37:5

☑鱳得成漢里吳捐之等十六人。　　　　　　73EJT37:6

（此簡已與 T37:275 簡綴合）　　　　　　　73EJT37:7

（此簡已與 T37:1182 簡綴合）　　　　　　73EJT37:8

☑如律令。　　　　　　　　　　　　　　73EJT37:9

□寇隧卒謝賢，　　　　四石弩　☑　　　73EJT37:10

（此簡已與 T37:420 綴合）　　　　　　　73EJT37:11

（此簡已與 T37:1444 簡綴合）　　　　　　73EJT37:12

■右十月傳。　　　☑　　　　　　　　　73EJT37:13A

■右十月傳。丿　☑　　　　　　　　　　73EJT37:13B

田卒河南郡密邑[1]西游□□,年廿七。　☑　　73EJT37:14

先就隧卒龐毋害　　　☑　　　　　　　　73EJT37:15

☑食虜下隧卒趙建十二月五日勮食。　　　73EJT37:16

☑居延廣地里大夫白長壽,年十二,長五尺二寸,黑色。軺車一乘,
馬一匹,☑ⅰ　　　　　　　　　　73EJT37:17+384

☑言之☑ⅰ☑移過所,如律令。　/掾承守[2]☑ⅱ　73EJT37:18

大奴宗,年卅八,　、[3]　長七尺五寸,黑　☑　73EJT37:19

（此簡已與 T37:1242 簡綴合）　　　　　　73EJT37:20

☑錢如牒,書到出內如律令。　　　　　　73EJT37:21

【校釋】

[1]密邑:王錦城(2019P1544):據《漢書·地理志》,河南郡有密縣。據簡文,則其曾爲邑。

[2]守:原未釋,從姚磊(《合校》2021P395)補釋。

[3]原簡此處有一墨點,原整理者似將此墨點當作符號。

建平三年二月壬子朔己卯,中鄉嗇夫定、守斗食佐[1]受、佐宣敢言之:長安□□里男子□ⅰ　　　　　　　73EJT37:22

☑□肩水金關遣吏ⅰ☑令　九月辛丑,南佐音入[2]。ⅱ 73EJT37:23A

☑/守令史宏。　　　　　　　　　　　73EJT37:23B

白錢卿今旦亭西賈車去^[3]未伹數　　　　　73EJT37:24A+648A ^[4]

囊絮累奈何平☑　　　　　　　　　　　　73EJT37:24B+648B

客^[5]田同城寇軍^[6]望宛里公乘蔡放,年卅三,衬　九月☑

　　　　　　　　　　　　　　　　　　　　73EJT37:25

(此簡已與 T37:721 簡綴合)　　　　　　　　73EJT37:26

☑守長　守尉獲行丞事,移肩水金關卅井　　73EJT37:27

　【校釋】

　[1]守斗食佐:詳見 T10:61 下注釋。

　[2]T37:247+808 見"十一月辛丑北佐音出。十月乙卯南佐音入"。
同一人不可能同時擔任南北佐,這裏的"南北"應指的是南入、北出之
關佐。

　[3]去:原釋作"長",從王錦城(2019P685)改釋。

　[4]此簡由謝坤綴合,詳見謝坤(2016P241-246)。

　[5]客:原未釋,原簡圖作,下所從"各"基本可辨。客田指在原籍
之外耕種的田,這在金關簡中出現得非常多,如 T9:65、T37:523A、T37:527
等簡中都出現了客田。

　[6]寇軍:或爲"冠軍"之訛誤。南陽郡下轄有冠軍邑。

官^[1]從者居延西道^[2]里……☑ⅰ誼^[3]從者居延利上里公大夫王外
人,年□□,長七尺四寸,黑色。『☑ⅱ元康三年九月辛卯朔壬子,佐
宣敢言之:□□長張^[4]誼逐命^[5]張掖、酒泉郡中,與從者西道☑ⅲ☑
以令取傳,謹疎(疏)年、長、物色,謁移肩水金關,出來復傳,敢言
之。ⅳ☑水金關,如律令。/掾延年、佐宣ⅴ^[6]。

　　　　　　　　　　　73EJT37:28A+653A+1133A ^[7]

印曰:居延丞印。　　☑　　　　73EJT37:28B+653B+1133B

　【校釋】

　[1]官:姚磊(2021P383)指出此爲僱主名,可從。

　[2]道:原釋作"昌",從綴合者改釋。

[3]誼：姚磊(2021P383)指出此爲傭主名，可從。

[4]張：原釋作“長”，從綴合者改釋。

[5]命：原釋作“市”，從丁義娟(2017.7.9)改釋。

[6]佐宣：原未釋，從綴合者補釋。

[7]此簡由姚磊綴合，見姚磊(2021P184)。

☑以小官印行候事，謂關：吏遣卒徐宣ⅰ☑如律令。ⅱ　　73EJT37：29

(此簡已與 T37：1484 簡綴合)　　　　　　　　73EJT37：30

☑　　忠忠忠　　☑　　　　　　　　　73EJT37：31

葆居延當遂里男子張武，

居延令史薛宣，　　　　　　　　　十月壬午北嗇夫豐出。

軺車一乘，馬一匹。　　73EJT37：32+311[1]

(此簡已與 T37：706 簡綴合)　　　　　　　73EJT37：33

☑居延游徼左[2]雲，　馬一匹，騮牝，齒☑　　73EJT37：34

(此簡已與 T37：850 簡綴合)　　　　　　　73EJT37：35

(此簡已與 T37：701 簡綴合)　　　　　　　73EJT37：36

☑　　　……

☑七，音　子小男兼，年十一歲，

☑……　　　　　　　　　牛車一兩。丿　73EJT37：37

永始四年九月辛丑朔戊辰，都鄉嗇夫恭敢言之：三泉里男子□咸，自
言爲騎士[3]從史何歆葆□□ⅰ……ⅱ　　　　73EJT37：38

【校釋】

[1]此簡由單印飛綴合，詳見單印飛(2016.1.13)。

[2]左：高一致(2016.1.14)、姚磊(《合校》2021P395)釋爲“在”。按：此字原簡圖作 ，確實從“土”，這與“左”之所從“工”僅有豎畫是否出頭的差距。這應該視爲書寫不嚴謹現象，不宜直接改釋字。這種書寫不嚴謹現象，在西北簡甚至其他公文書漢簡中都比較普遍，當據文義確定釋字。此處作姓氏，當以釋“左”爲佳。

[3]騎士:趙爾陽(《合校》2021P396)釋作"縣丞"。今按:若與同簡"里"字所從"土"之寫法對比而言,"土"確實有釋作"丞"的可能,主要是"騎"字結構不明確,無法從辭例上完全確定,仍從原釋。

……己巳[1]……遣候史王□輸錢□名[2]、縣、

爵[3]、里、年、姓如牒,書到出入　　　　　　73EJT37:39B+691A [4]

張掖封淺塞尉　　□發

二月辛未以來。　門下。[5]　　　令史壽。　73EJT37:39A+691B

□□□□□大男張齊　丿　　　　　　　　73EJT37:40

……□ᵢ長王豐行書、校郵書[6]橐他界中……□ᵢᵢ　73EJT37:41

(此簡已與T37:625簡綴合)　　　　　　　73EJT37:42

雍[7]臨市里張,年五十二,　　八月辛亥出。　73EJT37:43+1485 [8]

【校釋】

[1]己巳:"己"原未釋,"巳"原釋作"已",從綴合者改補。

[2]名:原未釋,從綴合者補釋。

[3]爵:原未釋,從綴合者補釋。

[4]此簡由姚磊綴合,並對釋文有補充,見姚磊(2021P185、383)。

[5]門下:原未釋,今據綴合圖版補。

[6]校郵書:"校"在漢代可指軍隊的一種建制單位,因此"校郵書"當指來源於將軍下屬部校的郵書(見王錦城《西北漢簡所見郵書的類別及相關問題考略》,《古代文明》2017年第3期)。

[7]雍:原釋作"雒",從綴合者改釋。

[8]此簡由姚磊綴合,見姚磊(2021P186)。

□詣府　　　　　　　　　　　　　　　73EJT37:44

北界隧[1]卒李初　□　　　　　　　　　73EJT37:45

肩水候官　　　　　　　　　　　　　73EJT37:46

肩水候官　　　　　　　　　　　　　73EJT37:47A

建始三年六月　　　　　　　　　　　　　73EJT37:47B

肩水候官(檢)　　　　　　　　　　　　　73EJT37:48

五鳳二年十一月己卯朔丁亥,廣地候☑(觚)　73EJT37:49A

齎〈齎〉[2]十一月穀簿之府,校檄到,毋留止☑(觚)　73EJT37:49B

(此簡已與 T37:621 簡綴合)　　　　　　73EJT37:50

揟次[3]安昌里区区晉(簪)裏王租,年十八。　三月辛巳北出。

　　　　　　　　　　　　73EJT37:51+203[4]

☑寅,鰈得都鄉嗇夫襃敢言之:氐池常利里男子程放,自言爲家私

使 i ☑放桃田檢有,程放年、爵如牒,毋官獄微〈徵〉[5]事,當得取傳,

謁移肩水 ii　　　　　　　　　　　　　73EJT37:52

從者玉門臨泉里程不識,年卅五, I 軺車三乘, II i 用馬六匹, II ii 閏

月辛卯北出。III　　　　　　　　　　　73EJT37:53

君數哀憐全命,不忍　　　☑　　　　　73EJT37:54

(此簡已與 T37:1452 簡綴合)　　　　　73EJT37:55

(此簡已與 T37:355 簡綴合)　　　　　　73EJT37:56

☑□虞隧長王豐,以大刀刃擊傷中部守候長朱餘右肩。　73EJT37:57

(此簡已與 T37:357 簡綴合)　　　　　　73EJT37:58

　【校釋】

　[1]北界隧:隧名,屬廣地候官。

　[2]齎:原釋作"齎",姚磊(《合校》2021P396)已從黃浩波改釋。按:
此字原簡作👁,此形下不從"貝",原釋不可取,當視爲"齎"之訛誤字。
《説文·貝部》:"齎,持遺也。"齎十一月穀簿之府,就是持十一月穀簿
到府。

　[3]揟次:武威郡下轄縣。

　[4]此簡由謝坤綴合,詳見謝坤(2016P241-246)。晉,原釋作"簪",
今據原圖版改。

　[5]微:原釋作"徵",此字原簡圖作👁,當爲"徵"訛誤作"微"。

元延四年十一月丁丑朔乙未,西鄉嗇夫竟、佐政敢言之:利貴里男子
賈章[1],自言爲家私使ⅰ之張掖居延,願以律取傳。謹案:章年、姓如
牒,毋官獄徵事,當得取……⊿ⅱ　　　　　　　　73EJT37:59+471 [2]
(此簡已與 T37:107 簡綴合)　　　　　　　　　　73EJT37:60
(此簡已與 T37:1560 簡綴合)　　　　　　　　　　73EJT37:61
勝之隧[3]卒郭禹·　　　⊿　　　　　　　　　　　73EJT37:62
⊿□解爵[4]　⊿　　　　　　　　　　　　　　　　73EJT37:63

　　【校釋】
　　[1]章:本簡中兩見,原未釋,綴合者從何有祖(見姚磊2021P187)補釋。
　　[2]此簡由姚磊綴合,並對簡文有補充,見姚磊(2021P187)。
　　[3]勝之隧:隧名,又見於居延新簡 EPT51:539,不知所屬。
　　[4]解爵:解除爵位。

河南郡緱氏縣東昌里大夫杜葆,年卅五,　以九月出⊿ 73EJT37:64
⊿七尺二寸,黑色,　五月丁亥出。　　　　　　　　73EJT37:65
⊿里公乘董資,年卅六,　　長七尺二寸。　　丿　　73EJT37:66
四月戊戌,會水丞並移肩水金關、居延縣索關,寫移如律令。/掾嘉、
守令史放。ⅰ　　　　　　　　　　　　　73EJT37:67+121 [1]
……ⅰ □十……所入……嚴武……及先置付莫當孫□從者欽ⅱ
　　　　　　　　　　　　　　　　　　　　　　　73EJT37:68
　　　　葆西鄉成漢里公乘張望,年卅,　　車三兩
⊿年廿五,
　　　　葆同縣敬老里公乘侯歆,年五十,　牛□頭　73EJT37:69
觻得關亭里公乘未央,年□,長七尺三寸,黑色,……
　　　　　　　　　　　　　十月壬戌入。
元康三年八月辛酉朔乙亥□□□□□□□□□ 73EJT37:70A [2]
十六　　　　　　　　　　　　　　　　73EJT37:70B

☑□□□唐遺[3]，年十二，黑色長五尺。　　　　丿　　73EJT37：71

☑□□。謹案：□[4]等皆毋官獄徵事，當得取傳，　　73EJT37：72

……如律令。　　……　　　　　　　　　　　　73EJT37：73A

居延令印。　　嗇夫欽[5]白　　　　　　　　　　73EJT37：73B

【校釋】

［1］此簡由謝坤綴合，詳見謝坤(2018.1)。

［2］戌、乙亥：原釋文皆未釋，從許名瑲(2017P95—127)擬補。

［3］遺：原未釋，從韓鵬飛(2019P1602)補釋。

［4］未釋字韓鵬飛(2019P1602)疑是“奴”。

［5］欽：原釋作“錢”，從顏世鉉(2016.1.19)改釋。

縣、里、年、姓各[1]如牒。書到，出入盡五月[2]毋苟留[3]止。如律令

73EJT37：74

謹□東部候長　南部候長等辤(辭)曰[4]：言曰從正月以來[5]。

73EJT37：75

田卒濟〖陰〗[6]郡定陶虞里大夫戴充，年卅七，　長七尺二寸，黑色，

有罪。　　丿i　　　　　　　　　　　　　　　73EJT37：76

河南郡河南平樂公乘史由[7]，年五十七歲。　　73EJT37：77

河南郡滎陽西都里公乘陰讓，年十六，長七尺二寸，黑，　　以九月

出。　　　　　　　　　　　　　　　　　　　73EJT37：78

【校釋】

［1］“里、年、姓各”原釋作“丞□□□”，從姚磊(《合校》2021P397)改補。

［2］月：原未釋，從王錦城(2019P694)補釋。

［3］毋苟留：原未釋，從姚磊(《合校》2021P397)補釋。

［4］辤曰：原釋作“□白”。“白”，原簡圖作𦥑，韓鵬飛(2019P1603)改釋作“自”，此形並沒有撇畫，釋“白”和“自”皆不可從。同簡中的“曰”原簡圖作𦥑，雖然左殘缺，但右側的外框寫法近似，兩者爲一字。確定“曰”

字,按照常見文例推知其前是"辥"。此字原簡圖作⚊。在西北簡中有肩伍 F3:440 ⚊、居新 F22.192 ⚊、肩伍 F3:52 ⚊一類的草書"辥"寫法,此簡中所存見"辥"的右半墨跡,就是這類寫法的遺留。"辥曰"是文書中的常見用語,金關簡 T23:14、T23:490 中可見。

[5]言曰從正月以來:原釋作"言曰從正月以來",字形與文例皆不通順。"言"原簡圖作⚊,按照文義,此處應該是人名。其後的釋字因僅存右半也存在疑問。"來",原簡圖作⚊,疑是"往"的右半。

[6]尉侯凱(2017.1)指出原簡"濟"下漏抄"陰"字。今從補。

[7]由:原釋作"甶",高一致(2016.1.14)以爲是"申",從沈思聰(2018P388)改釋。

觻得平利里公乘趙婢,年卅六,長七尺四寸,黑色,Ⅰ 車一兩。Ⅱ
十[1]　　　　弓一,矢卅。Ⅲ十二月戊寅出。Ⅳ　　　　　　73EJT37:79
　　　　　　十☒

☒車一兩,　　弓一矢廿☒　　　　　　　　　　　　　73EJT37:652

觻得廣德里公乘石氾可,年五十八,長七尺五寸,黑色。　車一兩,
　十二月戊寅出。ⅰ　　　　　　　　　　　　　　　　73EJT37:742
　　　　　　　　　　　　　　　　　　　　十二月戊寅出。

觻得新成里公乘王利,年卅二,長七尺二寸,黑色,牛車一兩,
　　　　　　　　　　　　　　　　　　　　弩一,矢五十。
　　　　　　　　　　　　　　　　　73EJT37:1583[2]

【校釋】

[1]十:此字原簡下部似有橫畫,疑是"出"。

[2]姚磊(2017P206-228)認爲以上 T37:79、T37:652、T37:742、T37:1583 形制、字體筆跡等一致,內容相關,可能屬於一套文書。今從姚說編聯。

居延都尉卒史朱賢,年五十三。Ⅰ 軺車一乘,用馬二匹。Ⅱ一匹

□□,高五尺,齒八歲。Ⅲ_i一匹,驪(驈)牡,齒十歲,高五尺七
寸。Ⅲ_{ii}二月丙戌北出。Ⅳ　　　　　　　　73EJT37:80

橐他却[1]適隧長孟寂[2]妻[3]忿,年五十八歲,黑色,Ⅰ男孫武。Ⅱ牛
車一兩,Ⅲ十二月壬午出。Ⅳ_i十二月　　丿Ⅳ_{ii}　　　73EJT37:81

廣漢隧長張霸,　　送佐胡敢候史蘇章詣府,　五月八月入。

　　　　　　　　　　　　　　　73EJT37:82[4]

【校釋】

[1]却:原簡圖作　　,左部已訛誤。

[2]寂:原釋作"冣",從王錦城(2019P1553)改釋。

[3]原簡此字上部訛誤作"亠"。

[4]廣瀬薰雄(2019P267-278)稱此簡爲"詣府"簿,認爲是肩水金關
製作的通關記録,不是都尉府製作的來訪者記録。將此類簡看作出入關致
籍的一種。指出"詣府"簿有"詣府"二字,有時也交代詣府的目的,這種信
息是出入關致籍所没有的,因此把"詣府"簿從出入關致籍分出來,當作獨
立的一種通關記録。

平樂隧長毛武,　　葆子男鱳得敬老里公乘毛良,年廿三。丿Ⅰ出
入。Ⅱ三月癸丑北出Ⅲ_i三月癸酉南入。Ⅲ_{ii}　　73EJT37:83

毋狀罪當死當坐,叩頭死罪死罪。　　　73EJT37:84

署肩水候官,驛[1]十月中到肩水候官,至十二月中,從令史橋悟[2]妻
細君_i　　　　　　　　　73EJT37:85[3]

孟君恩澤甚深厚,叩頭,死₌罪₌(死罪死罪),敢言之。　73EJT37:86

水深一尺以上至二尺不可艻(刈)[4]葦,方日夜　　☒　73EJT37:87

符如牒,書到出入如律令。　　　　　73EJT37:88A

張掖廣地候印。　……　　　　　73EJT37:88B[5]

【校釋】

[1]驛:人名。

[2]悟:此字原簡未必從"忄",可能從"亻"。

[3]王錦城(2019P694)認爲此簡與 T37:84 屬同一簡册,可編聯。

[4]芳:原釋作"芳",從尉侯凱(2017.1)改釋。尉侯凱:"芳"即"茗"字,讀爲"銚",砍削之義。王錦城(2019P694):"芳"當讀作"鉊"。按:此字裴錫圭(2012:2P86)早有解釋,作"芳"者當讀作"刈",表示用刀割草的意思。作"芳"當視爲"艾"之俗體。

[5]郭偉濤(2018P96-125):據簡文及出土地判斷,廣地候似向金關移送某種符,據"書到出入如律令"判斷,當爲某種出人符。而 A32 遺址不見廣地塞的序號符,很可能該簡所移送者爲家屬符。

(此簡内容已編聯至 73EJT37:780 後)	73EJT37:89
道津關,如律令。/佐順。	73EJT37:90A
章曰:平淮[1]左丞。	73EJT37:90B
收責居延,毋苛留止,如律令。	73EJT37:91A
□□□□□□	73EJT37:91B
女子張齋,年五十,☑	73EJT37:92

【校釋】

[1]平淮:黃浩波讀作"平準",平準爲大司農屬官,有令,亦有丞……就常理而言,有左丞,當有與之對應的右丞。因而,至少在西漢的某個時期,平準有左右兩丞。《續漢書·百官志》所謂"丞一人"或者誤"二"爲"一",或者所記乃東漢的情形而非西漢時期的實情。見《合校》2021P399、王錦城(2019P696)。按:黃説可從。

北部候長興,	吏八人,	主牛	73EJT37:93
西部候長元,	吏三人。	主□☑	73EJT37:115 [1]

【校釋】

[1]姚磊(2017P206-228)認爲 T37:93、T37:115 内容相關,字體一致,屬於一套文書。

戍卒趙國邯鄲[1]利里□□　　　正月壬寅入。　　　73EJT37：94

完城旦徒樂官[2]。　　　丿　　　九月辛酉北出。　　　73EJT37：95

甘露元年十一月壬辰朔戊午，廣地士吏護兼行塞尉事，

敢言之：謹移家屬出入金關名籍一編，敢言之。　　　73EJT37：96

【校釋】

[1]戍卒趙國邯鄲：原釋作“□□□□臨”。原釋作五個字，實際是六個字。戍卒，從姚磊（《合校》2021P399）補釋。趙，原簡圖作🔲，左從“走”，右從“肖”，此爲漢簡中比較常見的“趙”的草書。國，原簡圖作🔲，尚能見到“國”字外框。邯，原簡圖可見“甘”形，右部的“阝”磨蝕不見。鄲，原釋作“臨”，高一致（2016.1.14）以爲此字形接近“乾”、“軺”。今審原圖版，此字原圖作🔲，與“臨”字相差較大，其左是“單”之草書，右面“阝”較易辨識。“戍卒趙國邯鄲×里”辭例在金關簡中頗常見，如 T37：834、T37：945、T37：1011 等皆可見，尤其是 T37：945 簡亦可作字形對證。

[2]官：何有祖（2016.1.14）改釋作“向”，西北簡中“官”、“向”同形相混，當從原釋。

建平三年六月壬寅，　六月丁未[1]，北嗇夫🔲出[2]。Ⅰⅰ張掖大守遣守屬趙誼驚戒肩水居延，Ⅰⅱ以令爲駕，一封軺傳[3]。Ⅰⅲ張掖大守業、右部司馬章行長史Ⅱⅰ事，丞咸謂觻得：以次爲駕，如律令。Ⅱⅱ／掾敞、屬奉、書佐由[4]丹。Ⅱⅲ　　　73EJT37：97

【校釋】

[1]“六月丁未”前空一字空間，下部空白，内容也與上下不連貫，當分別看待。

[2]豐：原釋作“□□”，從姚磊（《合校》2021P401）擬改。

[3]一封軺傳：胡平生、張德芳（2001P30）：憑一封傳信乘坐的單馬拉的軺車。

[4]由：沈思聰（2018P388）釋作“由”。按：此字原簡作🔲，與其他處“由”有區別，尤其是中間“土”的結構明確，暫從原釋。

萬福隧，　負一分半分。　⍁　73EJT37:98

戍卒趙國柏人廣樂里公乘耿迎，年卌五。　⍁　73EJT37:99

（此簡已與 T37:263 簡綴合）　73EJT37:100

昭武長壽里□□，年廿，黑色。　⍁　73EJT37:101

氐池千秋里大女樂止，年十一[1]，⍁　73EJT37:102

橐他令史觻得持心里公乘吕鳳[2]，年廿七，⍁　73EJT37:103

第男則，年廿六。　⍁　73EJT37:104

都内長就（僦）[3]漢成里大夫吴輔，年卌八，長七尺二寸，黑色。　十月戊寅入，　軺車一乘，弓一，矢五⍁ i　73EJT37:105+791[4]

⍁□普，年卌七，　爲家私市居延⍁　73EJT37:106

平陵宜利里公乘韓則，年卌五，　軺車一乘，馬一匹，　字子侑（師），皆十二月己酉入。i　73EJT37:107+60[5]

【校釋】

[1]漢代的大女一般以十四歲爲標準，但此簡稱大女，年齡卻只有十一歲。

[2]鳳：高一致（2016.1.14）釋作"風"。按：此字原簡草書，中間構件與"虫"寫法不同。

[3]就：原釋作"埶"，原簡圖作。姚磊（2021P383）認爲此字非"埶"，當闕釋，懷疑作"長□"，是地名。按：此字右從"尤"，即"就"字。"就"讀作"僦"，租賃。

[4]此簡由姚磊綴合，見姚磊（2021P188）。

[5]此簡由姚磊綴合，見姚磊（2021P189）。"侑"原釋作"師"，今據原圖版改。

（此簡已與 T37:1224 簡綴合）　73EJT37:108

⍁職事毋狀，罪當⍁　73EJT37:109

⍁觻得萬金里簪〖褭〗[1]王殷，年卌，長七尺⍁　73EJT37:110

（此簡已與 T37:1523 簡綴合）　73EJT37:111

☑【神】爵三年九月戊戌朔辛酉,佐忠敢言☑ᵢ☑……☑ᵢᵢ

　　　　　　　　　　　　　　　　73EJT37：112

(此簡已與 T37：631 簡綴合)　　　　　73EJT37：113

・右第三十人。　　　☑　　　　　73EJT37：114[2]

(此簡已編聯至 T37：93 後)　　　　73EJT37：115

☑□西里公乘李忠,年卌七,　☑　　73EJT37：116

臨澤隧卒陳後,　☑　　　　　　　73EJT37：117

戍卒昭武對市里簪[3]裹賈音,年廿。　☑　73EJT37：118

☑□□死過得令至今□☑　　　　73EJT37：119[4]

出錢八百七十,　ノ以給庫嗇夫馬始昌七月奉食。　☑

　　　　　　　　　　　　　73EJT37：120+333[5]

(此簡已與 T37：67 簡綴合)　　　　73EJT37：121

☑□卒賈黨買白布。　　　　　　73EJT37：122

☑　方相(箱)車一乘,　　□□□　73EJT37：123

☑不相見,成不知亡卒☑　　　　73EJT37：124

☑□樂,年卅三,　☑　　　　　73EJT37：125

淮陽國戍卒苦會里官□☑　　　　73EJT37：126

☑　用牛一頭,　~　　　　　　73EJT37：127

☑歲,長七尺二寸。　　　ノ　　73EJT37：128

都倉置佐程譚,　　葆屋蘭大昌里趙勤,年卌八,　十二月癸亥北嗇
夫豐出。已入。ᵢ　　　　　　　73EJT37：129

☑　ノ　　ノ　　給送寇隧長任尚正十五日盡二月奉。　73EJT37：130

☑　　五月戊寅,食都倉傳馬送□部丞付置佐魯卿。　　73EJT37：131

【校釋】

[1]尉侯凱(2017.1)指出此處原抄寫者漏"裹"字,從補。

[2]姚磊(2017P206—228)認爲此簡與 T37：1012 字體一致,可能屬於
一套文書。

［3］簪：原簡圖作 字圖，或可録作“簪”。

［4］此簡姚磊（2021P247）與 T37：627 綴合，但茬口不合，文義略顯不暢，不從。

［5］此簡由姚磊綴合，見姚磊（2021P190）。

將車河南絢氏[1]薪里大夫李我，年廿七，長七尺二寸，黑色，　牛☑

　　　　　　　　　　　　　　　　　　　　　73EJT37：132

　　　　　　　　　魚三千頭。☑

將車河南雒陽直里公乘董賢，年五十五，長七尺二寸，黑☑

　　　　　　　　　☐☐二☐☑　73EJT37：830

將車河南營陽[2]新安里不更龍眉，年卅三，長七尺二寸，黑色。Ⅰ魚
四百頭Ⅱⅰ橐卅五☐☐，Ⅱⅱ出☐☐五十匹Ⅱⅲ牛車一兩，弓一，矢五
十。ﾉⅢⅰ卌四……入。Ⅲⅱ　　　　　　　73EJT37：1006 [3]

【校釋】

［1］絢氏：即《漢書·地理志》緱氏，屬河南郡，王莽時稱中亭。

［2］營陽：即滎陽。

［3］姚磊（2017P206-228）認爲 T37：132、T37：830、T37：1006 三簡字體一致，内容相關，可能屬於一套文書。今從姚説編聯。

（此簡已與 T37：135 簡綴合）　　　　　　　73EJT37：133

治所，毋留。　　ノ關佐通。　　☑　　　　　73EJT37：134

橐他守尉延陵循，　　葆從者居延西道里賈良，年十四，　　三月戊
辰南嗇夫豐入。ⅰ　　　　　　　　73EJT37：135+133 [1]

（此簡已與 T37：862 簡綴合）　　　　　　　73EJT37：136

☑　　六月乙卯出。　　　　　　　　　　73EJT37：137

（此簡已與 T37：242 簡綴合）　　　　　　　73EJT37：138

建平元年十一月丁酉，張掖居延=（延延）水☐☐☐☑

　　　　　　　　　　　　73EJT37：139+391 [2]

☑☑長弘移過所，遣假佐耐逐事酒泉、張掖郡中，與從者温千秋里張
杜俱乘馬一匹，軺車 i　　　　　　　　　　　73EJT37：140

禄福　　☑　　　　　　　　　　　　　　　73EJT37：141

　　　　　　　　　☑，年十三，　用馬二匹，
建平四年正月家屬出入盡十二月符。

　　　　　　　　　　　　常，年五歲。　　73EJT37：142

元延三年三月丙辰朔甲子，肩水守城尉計移肩水金關，士吏□宣自
言 i ……ii　　　　　　　　　　73EJT37：143A+729A [3]

☑　　□嗇夫□　　　　　　　　　73EJT37：143B+729B

☑□謁移肩水金關，如律令，敢言之。　　　73EJT37：144

南書□封。　　其一封居延都尉章，詣大司農府，☑　73EJT37：145

【校釋】

　[1]此簡由伊強綴合，詳見伊強(2016.1.11)。

　[2]此簡由姚磊綴合，見姚磊(2021P191)。

　[3]此簡由姚磊綴合，見姚磊(2021P192)。

廣地候官寫傳[1]肩水候官[2] ……[3]☑　　73EJT37：146A+1561B [4]

盡十月十日己未[5]行塞[6]函　☑　　　73EJT37：146B+1561A [7]

【校釋】

　[1]寫傳：抄寫傳達之省。

　[2]官：原未釋，從姚磊(2021P384)補釋。

　[3]此處原釋文作五個未釋字，今審原簡，此處與同簡其他字跡有別，
筆畫斷續，不能確定具體字數，今改。

　[4]此簡由姚磊綴合，見姚磊(2021P193)。釋文解讀見姚磊(2021P384)。

　[5]十月十日己未，則庚戌爲十月初一，知此月庚戌朔。

　[6]行塞：巡行視察邊塞，檢查塞防。

　[7]許名瑲認爲此簡紀年當爲宣帝五鳳二年，詳見許名瑲(2017P95-
127)

（此簡已與 T37:974 簡綴合）　　　　　　　　73EJT37:147+417

綏和二年閏月丁酉朔乙丑☑　　　　　　　　73EJT37:148 [1]

☑　馬一匹,皆月四☑☑　　　　　　　　　73EJT37:149

（此簡已與 T37:356 簡綴合）　　　　　　　　73EJT37:150

☑癸未,都鄉有參〈秩〉[2]佐忠敢言之:廣成里男子閻憙,自言爲居延

就。謹案:憙毋官ⅰ☑移過所,……ⅱ　　　　　73EJT37:151

建平元年正月甲午朔戊戌,北部候長宣,敢言之:謹移部吏家屬符ⅰ

謁移肩水金關,出入如律令,敢言之。ⅱ　　　73EJT37:152 [3]

	凡五十四人,	牛車二兩,
·冣居延司馬從君輩,	軺車廿三乘,	十一月丙辰出。
	馬廿七匹,	73EJT37:153+269 [4]

【校釋】

[1]此簡姚磊(2021P195)與 T37:422 綴合,但兩簡字跡有差距,茬口也不是十分吻合,不從。

[2]參:原釋作"秩",原簡作,黃艷萍(2018P134-140)釋作"炙"。按:此字從"厽"從"爹",當釋作"參"。按文義,此"參"當爲"秩"之訛寫。

[3]郭偉濤(2018P96-125):該簡出土自 A32 遺址,此時肩水候亦駐該地,北部當爲肩水候官塞所轄的北部塞,呈文對象亦當爲肩水候。"謁移"表示請求肩水候將家屬符移至金關。據該簡推測,肩水塞其他部的家屬符也應由部製作,然後上呈候官,由候官審核後再移送金關。

[4]此簡由姚磊綴合,見姚磊(2021P196)。

子女……　　　牛車一兩……　　☑

子女姉,年四　☑

子公士隆,年　☑　　　　　　　　　　　　73EJT37:154

☑金城里寇[1]戎,年十八,ⅰ☑……ⅱ　　　　73EJT37:155

地節四年正月壬午朔甲申,南鄉佐建敢告尉史:東榆里石壽爲☑ⅰ……

☑ⅱ　　　　　　　　　　　　　　　　　　　73EJT37:156

……年、爵、里如書,毋官獄徵事,當爲取傳,寫移往來百廿日,謁移

過所縣邑道上^[2]津關門亭,毋留☑ⅰ二月庚午,陽陵令　、守丞勳,

　移肩水金關□□□□ⅱ　　　　　　　　　　　　　73EJT37:157

☑□勒女子專真,自言迺甘露四年與　　　　　　　73EJT37:158

　　　　　　　　　　　　　癸酉出。

☑黑色,　　　　　牛車一兩,弩一,矢五十,

　　　　　　　　十月己卯　　　步入。　　　　　73EJT37:159

建平二年十一月甲申朔己酉,守令史長敢言之:平明里男子孫仁,自

言弟放爲都尉守屬繇之ⅰ□□□□,願以令取傳,與放俱。謹案:臧

官者仁,爵大夫,年廿五,毋官獄徵事,當ⅱ　73EJT37:160A+642^[3]

居延丞印。丿善羔☑　　　　　　　　　　　　　73EJT37:160B

建平三年十一月戊申朔乙亥,居延令彊、□☑

游徼徐宣送乞鞫^[4]囚祿福獄,當☑　　　　　　73EJT37:161A

居令延印。□☑　　　　　　　　　　　　　　　73EJT37:161B

☑明鄉嗇夫放叚(假)^[5]佐玄敢言之:□ⅰ☑事,當得取檢,謁移居延

□ⅱ　　　　　　　　　　　　　　　　　　　73EJT37:162

【校釋】

[1]寇:原簡圖作🖼,與常見"寇"有較大差異。

[2]道上:《集成》(十二 P180):指郵驛官道。

[3]此簡由伊強綴合,見伊強(2016.1.15)。按:"與放俱"之"放"原
未釋,今據綴合後釋文與原圖版補。此"放"即第一行中出現的"弟放",簡
中作人名。

[4]乞鞫:鞫,《説文》作"𥷉"。《説文·幸部》:"𥷉,窮理罪人也。"即
窮究審問。乞鞫,請求重新審也。

[5]叚:原整理者釋文右從"殳",今作通行字形。"叚"通"假"。

☑　即日薄關　☑　　　　　　　　　　　　　　73EJT37:163A

☑……水☑ⅰ☑□出入盡十二月止☑ⅱ　　　　　73EJT37:163B

建始五年三月辛[丑][1]朔乙巳,令史譚敢言☑
輻車一乘,謁移過所縣道河津關,毋苛☑　　　　　　73EJT37:164
☑……敢言之☑ⅰ☑守丞右尉尊移過所,寫移書到,毋何(苛)留☑ⅱ
　　　　　　　　　　　　　　　　　　　　　73EJT37:165

☑子小男良,年三,　收責橐他界中。　☑　　73EJT37:166
☑積二人=(人,人)一,食北　　　　　　　73EJT37:167
☑肩水關嗇夫豐以小官印行☑ⅰ☑令☑ⅱ　　73EJT37:168[2]
☑/掾延年、令☑　　　　　　　　　73EJT37:169A
☑居延丞印　　　☑　　　　　　　73EJT37:169B
平陵義成里朱汜[3],年卅,字子舉,　乘驪(駠)牝馬,齒十二歲,高五
尺九寸,□☑ⅰ　　　　　　　　73EJT37:170+365[4]

【校釋】

[1]許名瑲(2017P95-127)指出此處原簡脱漏"丑"字。今從補。

[2]胡永鵬(2017P530)考此簡年代在漢哀帝建平年間。

[3]汜:原釋作"況",原簡圖作𣲒,墨跡較淡,但左側從"氵"較明確,
右部從"巳"亦可辨知,今改。此處用作人名。

[4]此簡由姚磊綴合,見姚磊(2021P197)。

☑　　四月庚辰出☑　　　　　　　73EJT37:171
(此簡已與 T37:638 簡綴合)　　　　　　73EJT37:172
(此簡已與 T37:426 簡綴合)　　　　　　73EJT37:173
(此簡已與 T37:220 簡綴合)　　　　　　73EJT37:174
橐他置佐昭武便處里審長　　妻大女至,年卅五。　牛車一兩,
建平二年家屬符。　　　　子小女侯,年四。　　用牛四頭。
　　　　　　　　　　　子小男小奴,年一歲。　73EJT37:175
橐他通望隧長成褒Ⅰⅰ建平四年正月家屬出入盡十二月符。Ⅰⅱ第
(弟)[1]大男□,年廿。Ⅱⅰ第(弟)婦始,年廿。Ⅱⅱ子小女請[2]卿,
年三歲。Ⅱⅲ牛二頭,Ⅲⅰ車一兩。Ⅲⅱ　　　　73EJT37:176

建平四年正月家屬符出入盡十二月。Ⅰ妻大女昭武宜春里辛^[3]遷，
年廿七。Ⅱ_ⅰ子男詡，年九。Ⅱ_ⅱ子小男黨，年七。Ⅱ_ⅲ子小男級^[4]，
年二。Ⅱ_ⅳ葆弟昭武宜春里辛昌，年廿四歲。Ⅱ_ⅴ車二兩，Ⅲ_ⅰ牛二
頭。Ⅲ_ⅱ　　　　　　　　　　　　　　73EJT37∶177+687^[5]

【校釋】

［1］本簡中兩個"第"，原徑釋作"弟"，今改。

［2］此簡中的"通"、"成裹"原皆未釋，"請"原釋作"倩"，從姚磊(《合
校》2021P403)改補。

［3］辛∶原釋作"幸"，從綴合者改釋。

［4］級∶原未釋，從綴合者補釋。

［5］此簡由姚磊綴合，見姚磊(2021P198)。綴合後可知第三欄第一行
原釋"一"字當爲"二"。

　　　　　　　　　　　妻大女陽，年廿一^[1]。牛車一兩，
橐他曲河亭長^[2]昭武宜春里陸^[3]永

　　　　　　　　　　子小女頃間，年一歲。用牛二頭。
　　　　　　　　　　　　　　　　73EJT37∶178

長叔孫婦執事^[4]坐前善毋恙，頤^[5]□□_ⅰ……□_ⅱ　73EJT37∶179A
□□幸甚……□_ⅰ……□_ⅱ　　　　　73EJT37∶179B^[6]
元康三年廣地吏　　家符不用□　　　73EJT37∶180+666+879^[7]
□裹叩頭白∶□_ⅰ上子^[8]賢坐前，願煩幸爲治□_ⅱ　73EJT37∶181A
時□爲今相見不一└二，□　　　　73EJT37∶181B

【校釋】

［1］廿一∶原釋作"卅"，姚磊(《合校》2021P404)改釋。按∶此兩字原
簡結構不明確，但與 T37∶761 對讀可知確實應作"廿一"，暫存疑。

［2］曲河亭長∶原未釋，從姚磊(《合校》2021P405)補釋。

［3］陸∶原釋作"隆"，姚磊(《合校》2021P403-404)認爲此字原釋有
誤，當不釋。按∶此字上部墨跡略有剝落，但完全看不出撇捺的痕跡，原釋

“隆”不可從。姚磊已經指出此簡與 T37：761 簡內容可對讀。此處人名
T37：761 作“陸永”，細審此簡原紅外圖、彩色圖，可確定其中的“陸”，故對
讀可知 T37：178 簡中的“隆”當改釋“陸”。

[4]執事：《集成》（九 P10）：猶從事。稱人有敬意，稱己爲自謙。《左
傳·僖二十六年》杜預注：“言執事，不敢斥尊。”

[5]頃：原簡僅見左半，釋字可疑，其後未釋字可能是重文號，也可能
是“叩頭”之殘。

[6]此簡 B 面原釋文作“□幸幸……”，今據原圖版重新整理。

[7]此簡由謝坤綴合，“廣地”原釋作“橐他”，“用”原未釋，從綴合者
改補，詳見謝坤（2017P69-74）。謝坤認爲“家符不用”指“廣地吏”出入
關時可不必使用家屬符。姚磊（2018.1.18）懷疑“家符不用”是指匯總
元康三年没使用家屬符的廣地吏員情況。按：此簡綴合後，中間有很長
一段空白，而且“家符不用”後殘斷，後續內容不可知，簡文具體表義無法
確定。

[8]上子：言上子爲郎也。《漢書·百官公卿表》：“取從軍死事之子孫
養羽林，官教以五兵，號曰羽林孤兒。”《漢書·龔勝傳》：元始二年遣龔勝、
邴漢策曰：“其上子若孫若同産、同産子一人。……所上子男皆除爲郎。”
《後漢書·南蠻傳》：“九真太守兒式戰死，詔賜錢六十萬，拜子二人爲郎。”
皆其例也（參《匯釋》2008P11）。

□延〻（延延）水丞[1]就迎鐵器[2]，大司農府移肩水金關遣就人名籍
如牒。i　　　　　　　　　　　　　　　73EJT37：182A+1532A[3]
□候史丹發
□君前。　　　嗇夫豐　　　　　　　73EJT37：1532B+182B
【校釋】

[1]延水丞：居延、敦煌等地都是漢代河西重要的屯田區，這些“水
長”、“都水長”、“水丞”，也是“隨事廣狹”而在各屯區設立的專司水利事
務之官。而“延水丞”應是居延水官之丞，其全名應爲“居延水丞”（參見

《酒泉市水利志》,甘肅文化出版社 2016 年第 85-86 頁)。

　　[2]迎鐵器:沈思聰(2019P143-148):所謂"鐵器"應該就是鐵質農具;簡文記録了居延地區官員接收鐵器的情況。

　　[3]此簡由姚磊綴合,見姚磊(2021P199)。胡永鵬(2017P530)考此簡年代在漢哀帝建平年間。

居延司馬所,迫校未及坐前,叩頭,謹使吏奉謁。

　　　　　　　　　　　　　　　　　　73EJT37:183+188+1564[1]

居延丞從史青　　☑　　　　　　　　　　73EJT37:184

☑☑☑☑☑　　　　元延四年二月甲戌除。　73EJT37:185

(此簡已與 T37:1027 簡綴合)　　　　　　73EJT37:186

☑車一兩,牛二頭。　　☑☑　　　　　　73EJT37:187

(此簡原整理者與 T37:183 簡綴合)　　　73EJT37:188

☑☑游☑……黑色,年卅八,長七尺二寸☑　73EJT37:189

雒陽☑里錡晏,年卅七。　　　乘大車☑　73EJT37:190

☑關居延縣索,出入毋苛留止,敢言之。　☑　☑　73EJT37:191

☑大車一兩。　刀　用牛一,黑犗,齒八。　73EJT37:192

☑牛車一兩,

　　　　　　二月己酉出。

☑　弩一,矢五十。　　　　　　　　　　73EJT37:193

☑　給始安隧長趙禹七月奉。　☑　　　73EJT37:194

☑☑☑☑☑☑叩頭白。　　　　　　　　73EJT37:195

☑　軺車一乘,　☑i☑　馬一匹,　☑ii　73EJT37:196

☑☑令史成故,自言遣所葆爲☑　　　　73EJT37:197

☑☑☑[2]長四尺、五尺☑i☑二,牛六頭☑ii　73EJT37:198

☑☑犂(犂)金[3]凡八枚,輸居延庫,以　73EJT37:199+205[4]

☑齒五歲,　　　六尺一寸。　刀　　　73EJT37:200

【校釋】

[1]此簡由雷海龍綴合,詳見雷海龍(2016.2.8)。“校”原未釋,從雷海龍補釋。

[2]此未釋字秦鳳鶴(2018P530-532)釋作“秩”。按照後接内容,此字應該是名物。

[3]犂金:犂,原釋作“犁”,今改。沈思聰(2019P143-148):是加裝在木質耕犂上的部件,應該就是犂頭金,即鐵質犂鏵冠一類的物件。

[4]此簡由何有祖綴合,詳見何有祖(2016.1.12)。

元始二年閏月[1]丁卯,肩水金關嗇夫⌊賞以小官印行⌋[2]□☑

　　　　　　　　　　　　　　　　　　　73EJT37:201

☑【五】[3]鳳四年三月己卯[4],囊他候□□□☑　　73EJT37:202

(此簡已與 T37:51 簡綴合)　　　　　　　73EJT37:203

☑朔甲辰,肩水關☑　　　　　　　　　　73EJT37:204

(此簡已與 T37:199 簡綴合)　　　　　　73EJT37:205

☑甯中孫　　　　　　　　　　　　　　73EJT37:206

☑居延都尉從史平樂里公乘彭賜之,年□☑　73EJT37:207+867[5]

☑車一乘,馬二匹。　　　　　　　　　　73EJT37:208

告歸平陵名縣、爵、里、年、姓如牒,書到,出入如律令。

　　　　　　　73EJT37:209B+213A+1285+1297[6]

張掖廣地候印[7]。　　即日[8]發　　73EJT37:209A+213B

【校釋】

[1]元始二年閏月:元始二年閏八月。

[2]賞以小官印行:原皆未釋,從胡永鵬(2021.1)補釋。

[3]原簡此處殘斷,從許名瑲(2017P95-127)補“五”。

[4]己卯:原釋作“乙卯”,從許名瑲(2017P95-127)改釋。按:據《朔閏表》,五鳳四年三月爲“壬申”朔,當月無“乙卯”日。此簡左殘,“己”字存見墨跡不多,釋字當以曆法相合爲先。

［5］此簡由姚磊綴合,見姚磊(2021P200)。

［6］此簡由姚磊綴合,見姚磊(2021P201)。

［7］印:原未釋,綴合者補釋作"卪",王錦城(2019P708)釋作"印"。按:此字雖僅見"卪"形,但左部應該有缺失筆畫,據常見文例當是"印"。

［8］即日:原未釋,原簡兩字草書,左略殘,主要結構可辨,且 T30:57B 有"張掖廣地候印。即日發關",結合常見文例可補。

☑……追擊[1]鼓呼言北☐出☑   73EJT37:210

(此簡已與 T37:364 簡綴合)   73EJT37:211

☑☐肩水金關☐☐☐☑   73EJT37:212

(此簡已與 T37:209 簡綴合)   73EJT37:213

肩水金關   73EJT37:214

☐☐[2]舍中兒子起居得毋☑   73EJT37:215A

叩=頭=(叩頭叩頭)。謹因☐☐☐☑   73EJT37:215B

橐他殄虜隧☑   73EJT37:216

建平二年五月丙戌朔甲寅☑   73EJT37:217

        其十三☑

☑☐☐☐凡吏☐☐人。

        卅三☑   73EJT37:218

☑願令史☐☑   73EJT37:219

居延丞印。   正月廿一日駿以來。   73EJT37:220+174 [3]

☑六尺   十☑   73EJT37:221

☑☐餔食入 ☑   73EJT37:222

常。制曰可。孝元皇帝初元四年十一月丙午下。   73EJT37:223 [4]

【校釋】

［1］擊:原釋作"戳",今細審原簡字形,可見下部從"手",今改。

［2］據常見文例推測此處兩個未釋字可能是"頃者"。

［3］此簡由姚磊綴合,見姚磊(2021P202)。

　　[4]黄豔萍(2017.6)：此簡爲皇室下達的制書，"初元四年十一月丙午下"爲下達制書的時間，此紀年中月朔矛盾，此紀年簡中的月朔抄寫有誤。按：各種曆表中初元四年十一月確實無"丙午"日，但不排除其他曆法紀日産生誤差的可能。

戍卒隱強[1]廣里公乘涼臨，年廿五。　　已出。　　丿☑　73EJT37：224

充漢葆屋蘭千秋里蘇仁，年十五。☑　　　　　　　73EJT37：225

居延都尉丞主簿[2]孫誼☑　　　　　　　　　　　73EJT37：226

居延右尉張賜　　　　☑　　　　　　　　　　　73EJT37：227

☑月丁丑，北嗇夫豐出。　　　　　　　　　　　73EJT37：228

☑候長廣宗等送☑　　　　　　　　　　　　　　73EJT37：229

☑十二月壬申，北候史丹出。　　　　　　　　　73EJT37：230

戍卒趙國□[3]陵萬歲里士伍☑　　　　　　　　　73EJT37：231

☑山都孝里舒連　丿☑　　　　　　　　　　　　73EJT37：232

☑相史當之居　　　　　　　　　　　　　　　　73EJT37：233

(此簡已與 T37：1518 簡綴合)　　　　　　　　73EJT37：234

☑□　十一月己丑□☑　　　　　　　　　　　　73EJT37：235

出脂少半斤　　　☑　　　　　　　　　　　　　73EJT37：236

鬴得男子富昌里□☑　　　　　　　　　　　　　73EJT37：237

三月十日開户☑　　　　　　　　　　　　　　　73EJT37：238

(此簡已與 T37：261 簡綴合)　　　　　　　　　73EJT37：239

樂哉隧卒徐萬人☑　　　　　　　　　　　　　　73EJT37：240

田卒河南郡密邑宜年里王捐，年☑　　　　　　　73EJT37：241

肩水都尉卒史賈卿，　　　　已出入。　　73EJT37：242+138[4]

廣地候長蘇得妻鬴得孝仁……夫，年廿五……☑

　　　　　　　　　　　73EJT37：243+73EJC：469[5]

南書三封張肩塞尉。　　二封詣□☑　　73EJT37：244A+255A[6]

☑……☑	73EJT37：244B+255B
■右十二月致　　☑	73EJT37：245A
■右十二月致　　☑	73EJT37：245B
(此簡已與 T37：1560 簡綴合)	73EJT37：246
熒陽賈里公乘董詡,年卅。刀　用牛二。　十一月辛丑北佐音出。　十月乙卯南佐音入。i	73EJT37：247+808[7]
(此簡已與 T37：275 簡綴合)	73EJT37：248
☑地界中盡十二月	73EJT37：249
戍卒趙國邯☑	73EJT37：250
先就隧卒宋生☑	73EJT37：251
☑醫診治,敢言之☑	73EJT37：252
☑□里大夫趙利親,年廿三長七尺☑	73EJT37：253
☑北部候長毛宣　　☑	73EJT37：254
(此簡已與 T37：244 簡綴合)	73EJT37：255
☑　車二兩。　二月癸巳出。	73EJT37：256
☑黨與五萬,吏捕斬強□□☑	73EJT37：257
居攝元□☑	73EJT37：258
鴻嘉四年九月甲午朔戊申,□☑	73EJT37：259

【校釋】

[1]隱強:趙爾陽(2016.10.24):此字漢代的寫法或爲"濦",後來漸漸訛變爲"灗"和"溵",其地名源自附近的濦水,今本《漢志》當是後人竄改致誤。金關簡中的"隱強"應爲"濦強"的俗寫。

[2]主簿:這裏應指居延縣主簿,地位次於功曹。

[3]此未釋字鄭威(2018P533-536)擬作"湡",指出湡水發源於趙國,湡陵可能在邢臺市西南太行山東麓的沙河流域。

[4]此簡由姚磊綴合,詳見姚磊(2021P203)。

[5]此簡由姚磊綴合,詳見姚磊(2021P204)。

[6]此簡由伊強綴合,詳見伊強(2016.1.11)。

　[7]此簡由姚磊綴合，見姚磊(2021P206)。

居延髡鉗徒^[1]大男王外☑　　　　　　　　73EJT37：260
居延完城旦徒大男吴德。　　　ノ☑　　73EJT37：553+348^[2]
【校釋】
　[1]髡鉗徒：漢代刑徒名。《匯釋》(2008P259)：髡鉗，古代刑罰，去髮
爲髡，用鐵束頸爲鉗。
　[2]此簡由謝坤綴合，詳見謝坤(2016P241－246)。姚磊(2017P206－
228)認爲 T37：260、T37：553+348 内容相關，字體一致，可能屬於一套
文書。

☑所葆收責橐他界中名縣爵　　　　73EJT37：261+239^[1]
今餘蘭百六☑　　　　　　　　　　　73EJT37：262
(此簡内容移至 73EJT37：565 後)　　73EJT37：263+100
☑☑豐寫移如☑　　　　　　　　　　73EJT37：264
　　　　　　　妻君☑
☑☑里公乘王豐，年卅八，
　　　　　　　弟男□☑　　　　　　73EJT37：265
☑安世，年卌九，長☑　　　　　　　73EJT37：266
(此簡已與 T37：306 簡綴合)　　　　73EJT37：267
(此簡已與 T37：1052 簡綴合)　　　73EJT37：268
(此簡已與 T37：153 簡綴合)　　　　73EJT37：269
☑□伯坐前，敢言☑　　　　　　　　73EJT37：270A
☑□，敢言之。□☑　　　　　　　　73EJT37：270B
(此簡已與 T37：1100 簡綴合)　　　73EJT37：271
五鳳四年八月己亥朔癸丑，□☑
□如律令。/佐順☑　　　　　　　　73EJT37：272A
印曰：酒泉左農☑　　　　　　　　　73EJT37：272B

元延元年六月丙申朔☑

收責橐他名、縣、爵、里、年☑　　　　　　　　73EJT37:273+410 [2]

☑辛卯南入。　　　　　　　　　　　　　　　73EJT37:274

☑元延元年八月乙未朔甲子,居延城倉長護移過所縣道津關,遣丞

高憙將轉肩水ⅰ☑候官,當舍傳舍,從者如律令。　/掾明、佐並。ⅱ

　　　　　　　　　　　　　　　73EJT37:275+248+7+301 [3]

元延三年九月甲寅朔壬午,城司馬　兼行居延令事。守丞義移過所

津關,遣亭長朱宣載ⅰ簿書與府五官掾[4]☑俱對會大守府,從者如律

令。　/兼掾臨、守令史豐、佐昌。ⅱ　　　73EJT37:276A+1501 [5]

居延左尉。　　☑　　　　　　　　　　　　73EJT37:276B

【校釋】

[1]此簡由顏世鉉綴合,詳見顏世鉉(2016.1.13)。

[2]此簡由許名瑲綴合,詳見許名瑲(2017P95-127)。

[3]此簡由謝坤、姚磊綴合,詳見謝坤(2017P69-74)、姚磊(2021P207)。

[4]五官掾:官名,署功曹及諸曹。《後漢書·百官志》:"有五官掾,署功曹及諸曹事。"

[5]此簡由姚磊綴合,見姚磊(2021P208)。

☑司馬贏員☑ⅰ☑令☑ⅱ　　　　　　　　　73EJT37:277

(此簡已與 T37:284 簡綴合)　　　　　　　　73EJT37:278

初元四年十月丙午朔己巳,西鄉嗇夫☑ⅰ爵不更,年十六歲,毋官獄

徵事,當得以令☑☑ⅱ十月辛未,居延令賢以私印行事。庫嗇[1]☑ⅲ

　　　　　　　　　　　73EJT37:279A+325A+287A [2]

秦賢私印。　　　　☑

十二月　　　　　庫佐☑之☑☑　　　73EJT37:279B+287B+325B

(此簡已與 T37:1528 簡綴合)　　　　　　　73EJT37:280

(此簡已與 T37:1526 簡綴合)　　　　　　　73EJT37:281

六月乙巳,角〈鵤〉得長　　丞彭移肩水金關、居延縣索關過所亭

到,如律令。　　　　　　　　　73EJT37:282+819 [3]

☑……　　　　　十二月丁亥,南候史□[4]☑　　　　73EJT37:283

【校釋】

[1]"賢"與"庫嗇"之"嗇"原皆未釋,從胡永鵬(2021.1)補釋。

[2]此簡由姚磊(2021P209)、林宏明(2016.11.29-1)綴合。

[3]此簡由姚磊(2021P210)綴合,綴合後可復原"令"字下拉筆畫,從補。按:"長"後有空白空間,正處在荏口處,應是待填寫人名位置。

[4]未釋字疑是"丹"字。

徵事,當得以律取傳,謁移過所河津關,毋苛留止,敢言之。

圉[1],居延令丞建移過所,如律令。/掾玄之、令史憲[2]□☑

　　　　　　　　　　　　73EJT37:284+324+278 [3]

☑子庫丞常移過所縣道津關☑ᵢ☑舍傳舍,從者如律令。☑ᵢᵢ

　　　　　　　　　　　　73EJT37:285

☑鵤得騎士孝成里樊☑　　　　73EJT37:286

(此簡已與37:279 簡綴合)　　　73EJT37:287

☑敦黃(煌)、酒泉、張掖、武威[4]☑　73EJT37:288

予父母歸居延唯廷　　☑　　　73EJT37:289

建平二年六月丙辰朔辛未,□□☑　73EJT37:290A

張掖□□　　☑　　　　　　73EJT37:290B

鵤得敬老里公乘□□□☑　　　73EJT37:291

☑□□嗇夫常☑　　　　　　73EJT37:292A

☑令史武。　☑　　　　　　73EJT37:292B

☑石弩　　☑　　　　　　　73EJT37:293

☑□□牒,書到,出入如律☑　　73EJT37:294A

☑　　　即日圉[5]☑　　　　73EJT37:294B

☑從孫長　　　☑　　　　　　　　　　　73EJT37:295

☑延[6]游徼慶賢里☑　　　　　　　　　73EJT37:296

　　　　　子男☑

☑豐葆

　　　　☐☐☑　　　　　　　　　　　73EJT37:297

(此簡已與 T37:427 簡綴合)　　　　　73EJT37:298

☑右第卅六車廿人　　☑　　　　　　　73EJT37:299

觻得宜興里賈武,年五十二。　　☑　　73EJT37:300

(此簡已與 T37:275 簡綴合)　　　　　73EJT37:301

☑　　詣府☐☑　　　　　　　　　　　73EJT37:302

建平三年九月戊申朔戊申,居延令彊、守丞宮移過所縣道津關,遣亭
長杜武收流民。i　　　　　　　　　　　73EJT37:303

☑☐市陽里公乘李武,年卅八。　☑　　73EJT37:304

☑☐叩頭死罪死罪☑　　　　　　　　　73EJT37:305

【校釋】

[1]此字原釋作"留",綴合者改作未釋字。今審原簡,此字形不是十分清楚,但存見墨跡與"留"較近。不過,這裏作"留"確實與常見的文例不十分相合,今存疑。

[2]憲:原釋作"定",原簡作🀄。按:此字下從"心",當爲"憲"之簡省寫法。

[3]此簡由姚磊綴合,荏□處"津關毋苛"文義順暢,又可復原"令",詳見姚磊(2021P211)。今從改補。

[4]威:原未釋,從韓鵬飛(2019P1613)補釋。

[5]嗇:原釋作"出",從姚磊(《合校》2021P406)擬改。

[6]延:原釋作"右",從姚磊(《合校》2021P407)改釋。

戍卒濟陰郡冤句義陽里大夫晉橫,年卅,　長☑　73EJT37:306+267[1]

戍卒濟陰[2]郡冤句南昌里大夫許毋傷,年卅八,長七尺二寸,黑色。

　　　　～ｉ　　　　　　　　　　　　　　　　　　73EJT37：987

　戍卒濟陰郡冤句廣里大夫☑　　　　　　73EJT37：1335+1359[3]

　　【校釋】

　　［１］此簡由姚磊綴合，見姚磊（2021P212）。

　　［２］陰：原簡圖作 𰀀，與“陶”同形相混。

　　［３］此簡由姚磊綴合，見姚磊（2021P305）。以上三簡由姚磊（2020P109-
122）編聯。

　☑☑同，年廿二。　　☑　　　　　　　　　　　73EJT37：307

　☑南嗇夫豐人☑　　　　　　　　　　　　　　73EJT37：308

　戍卒昭武便處里士伍犂☑，年卅一。　　☑　73EJT37：309+1305[1]

　☑☑至駮南亭[2]☑☑　　　　　　　　　　　73EJT37：310

　（此簡已與 T37：32 簡綴合）　　　　　　　73EJT37：311

　☑縶毋豐☑　　　　　　　　　　　　　　　　73EJT37：312

　（此簡已與 T37：1510 簡綴合）　　　　　　73EJT37：313

　（此簡已與 T37：1022 簡綴合）　　　　　　73EJT37：314

　　　　　　　　輻車一乘，

　居延助府佐徐臨，　　　　　　　　　十月戊子北出。

　　　　　　馬一匹，騨（騩）[3]牡，齒四歲。

　　　　　　　　　　　　　　73EJT37：315+1507[4]

　☑☑橐他界中☑☑☑☑　　　　　　　　　　73EJT37：316

　☑☑張焉，年卅六，☑　　　　　　　　　　73EJT37：317

　☑☑☑南河☑☑　　　　　　　　　　　　　73EJT37：318

　滎陽□里賈罷軍☑　　　　　　　　　　　　73EJT37：319

　☑☑月辛未，北亭長☑　　　　　　　　　　73EJT37：320

　☑☑朔丁丑，……☑　　　　　　　　　　　73EJT37：321

　☑☑，年廿五。　　　☑　　　　　　　　　　73EJT37：322

☑城騎千人臨☑	73EJT37:323
(此簡已與 T37:284 簡綴合)	73EJT37:324
(此簡已與 T37:279 簡綴合)	73EJT37:325A
☑與勝☑	73EJT37:326
☑卅九　　　☑	73EJT37:327
内黄東燕[5]里宋意,年廿七。　☑	73EJT37:328
……☑ᵢ禄丸[6]一匹☑ᵢᵢ……☑ᵢᵢᵢ	73EJT37:329A
……☑ᵢ出五百八十□☑ᵢᵢ出百五十□☑ᵢᵢᵢ	73EJT37:329B

【校釋】

[1]此簡由姚磊綴合,見姚磊(2021P213)。

[2]駮南亭:T37:1007 有"橐他駮南亭"。

[3]騂:原釋作"驊",原簡作🔲。按:此字右部並非"華",尤其是右下的"牛"非常明確,此字當爲"騂",類似字形如肩肆 T37:1042🔲。此形右部實際是從"牛"從"羊",金關簡此字多作簡省字形"騂",右部訛省作"辛"。

[4]此簡由姚磊綴合,見姚磊(2021P214)。

[5]燕:原未釋,高一致(2016.1.14)疑是"郭"。按:此字原簡僅存左半,結構不完整,擬作"燕"。

[6]禄丸:待考。

☑……唐里公☑ᵢ☑……□驗問□☑ᵢᵢ	73EJT37:330
☑且以淳□□	73EJT37:331
☑自受　　將卒☑	73EJT37:332
(此簡已與 T37:120 簡綴合)	73EJT37:333
☑□賈昌,年廿四。　☑	73EJT37:334
☑斗　☑	73EJT37:335
☑　　乘車一兩,牛二頭。　☑	73EJT37:336
安昌□里□初　☑	73EJT37:337

☑/掾宗、守令史護☑　　　　　　　　　　73EJT37:338

☑☑里公乘丁尉,年☑　　　　　　　　　73EJT37:339

☑上,年五歲,長四尺五寸,青色☑　　　73EJT37:340+385 [1]

☑☑☑令☑☑　　　　　　　　　　　　73EJT37:341A

☑☑☑弦二,蘭☑　　　　　　　　　　73EJT37:341B

☑月戊寅南入。☑　　　　　　　　　　73EJT37:342

☑六月戊子亡☑　　　　　　　　　　　73EJT37:343

出入關符如牒☑　　　　　　　　　　　73EJT37:344

☑☑大夫並爲居延殄北士吏☑　　　　　73EJT37:345

☑官印行候事,謂☑　　　　　　　　　　73EJT37:346

(此簡已與 T37:1468 簡綴合)　　　　　73EJT37:347

(此簡已與 T37:553 簡綴合)　　　　　73EJT37:348

☑出入　　　　　　　　　　　　　　　73EJT37:349

☑……☑ᵢ☑長五尺,黃色。卩☑ᵢᵢ☑……☑ᵢᵢᵢ　73EJT37:350

千秋里任章,年卅八。　☑　　　　　　73EJT37:351

☑里大夫董護,　廿四,黃色。　☑　　　73EJT37:352

☑牛車一兩,　十二月丙申入。☑　　　73EJT37:353

☑☑居延界中。謹案:業卬等　　　　　　73EJT37:354

五月戊戌除補[2]肩水中部候史,以主領吏卒僥(徼)迹[3]備盜賊。

73EJT37:355+56 [4]

【校釋】

[1]此簡由雷海龍綴合,詳見雷海龍(2016.2.8)。

[2]除補:《集成》(九 P12):官吏任免術語。除即任命。……補爲補缺。

[3]僥迹:僥,原釋作“徼”,今據原圖版改。“僥”通“徼”。徼迹應指邊徼天田痕跡,這裏當解爲巡邏之意。

[4]此簡由姚磊綴合,見姚磊(2021P215)。

(此簡内容移至 73EJT37:565 後)　　　　73EJT37:356+150

䕞得步利里孔德,年六十二,　長七尺二寸,黑色。　車一兩,牛二頭,七月乙亥入。　丿ⅰ　　　　　　　　73EJT37:357+58[1]

七月甲申,居延丞忠移過所,如律令。令史長　七月戊子入。

　　　　　　　　　　　　　　　　　　73EJT37:358+1483[2]

(此簡已與 T37:1022 簡綴合)　　　　　　73EJT37:359

傳☑　　　　　　　　　　　　　　　　73EJT37:360A

☑☑　　　　　　　　　　　　　　　　73EJT37:360B

葆河南都里廉望　　☑　☑　　　　　　73EJT37:361

☑陽☑☑里☑☑☑☑　　　　　　　　　73EJT37:362

☑☑☑☑關☑☑不敢忽　　　　　　　　73EJT37:363A

☑☑☑☑☑☑☑所及　　　　　　　　　73EJT37:363B

☑令,敢言之。至四年二月遣[3]歸更封☑　73EJT37:364+211[4]

(此簡已與 T37:170 簡綴合)　　　　　　73EJT37:365

䕞得敬里鄭☑　　　　　　　　　　　　73EJT37:366

☑縣邑候國,如律令。　☑☑　　　　　73EJT37:367

戍卒陳留郡外黃☑里公乘李☑☑[5],年卅七。　☑　73EJT37:368

(此簡已與 T37:1414 簡綴合)　　　　　　73EJT37:369

【校釋】

[1]此簡由謝坤綴合,詳見謝坤(2018.1)。

[2]此簡由姚磊綴合,見姚磊(2021P216)。胡永鵬(2017P521)定此簡年代在漢成帝時期。

[3]遣:原未釋,原簡圖作𤴓,此爲"遣"的草書寫法,今補。

[4]此簡由姚磊綴合,見姚磊(2021P217)。

[5]此處原釋作一個未釋字,今據原圖版補。

☑　黑色。　丿　　　　　　　　　　73EJT37:370

(此簡已與 T37:1028 簡綴合)　　　　　　73EJT37:371

☑☑昌百☑☑☑☑☑　　　　　　　　　73EJT37：372

☑☑☑十二月丙午朔丙寅[1]，尉史誠敢言之：林育☑

……德……☑　　　　　　　　　　　　　73EJT37：373A

章曰：庫丞印。　　☑　　　　　　　　　73EJT37：373B

☑☑食☑（習字）　　　　　　　　　　73EJT37：374A

☑五☑（習字）　　　　　　　　　　　　73EJT37：374B

☑十二月戊辰入。☑　　　　　　　　　73EJT37：375

☑☑乘常終相，年卅五，☑☑　　　　　73EJT37：376

☑☑欲取傳，爲外家傳親利

☑☑☑☑☑過所☑☑☑☑　　　　　　73EJT37：377

☑　十二月壬申，南嗇夫豐入。　　　　73EJT37：378

☑☑往卅餘歲家屬姚☑ⅰ☑……☑ⅱ　73EJT37：379

（此簡已與 T37：436 簡綴合）　　　　　73EJT37：380

☑生，年卅二，爲家私使之☑　　　　73EJT37：381A

☑張☑尉☑☑　　　　　　　　　　　　73EJT37：381B

☑……☑ⅰ☑泉水章☑☑ⅱ　　　　　73EJT37：382A

☑丞☑　　　　　　　　　　　　　　　73EJT37：382B

（此簡已與 T37：1245 簡綴合）　　　　73EJT37：383

（原書無 73EJT37：384 號）

（此簡已與 T37：340 簡綴合）　　　　　73EJT37：385

☑☑☑☑之爍得移年、長、物色☑☑留止，如律令☑

　　　　　　　　　　73EJT37：386A+395A [2]

☑　十二月戊子☑以來。☑　　　73EJT37：386B+395B

☑五尺八寸。　　七月　☑　　　　　　73EJT37：387

☑……三月己巳，　弓一，矢一發。　　73EJT37：388

爍得敬老里公乘章襃，年卅五。　牛一頭，車一兩，☑

元延二年五月辛酉 朔壬戌 ……☑　　73EJT37：389+1137 [3]

☑·凡六十一人☑百五十六,輜車廿三☑ᵢ☑其廿九人吏☑ᵢᵢ

73EJT37:390

(此簡已與 T37:139 簡綴合)　　　　　　　73EJT37:391

☑居延都尉守卒史定軍☑　　　　　　　　73EJT37:392

　　　　　　　　四　　☑

從者居延雜里官大夫所勳,年廿六,

長六尺☑ 73EJT37:393+1290[4]

☑☑里不更孫☑,年五十六,長七尺二寸,黑色,牛車一,☑

73EJT37:394+685[5]

(此簡已與 T37:386 簡綴合)　　　　　　　73EJT37:395

【校釋】

[1]許名瑲(2017P95—127)認爲此簡紀年屬成帝元延四年(前9)。

[2]此簡由姚磊綴合,見姚磊(2021P218)。

[3]此簡由雷海龍綴合,"五"原釋作"正",從雷海龍改釋。詳見雷海龍(2016.2.10)。"朔壬戌"原未釋,從許名瑲(2017P95—127)擬補。

[4]此簡由姚磊綴合,見姚磊(2021P219)。

[5]此簡由姚磊綴合,詳見姚磊(2021P220)。

☑☑☑以功次遷☑　　　　　　　　　　73EJT37:396

尉史桓賢在都倉以次行[1]。☑　　　　　　73EJT37:397

☑☑年三月庚午朔癸酉[2]東☑☑ᵢ☑……☑ᵢᵢ　73EJT37:398

☑里男子王則,年卅四☑　　　　　　　　73EJT37:399

☑☑私使張掖郡居延界中。謹案:延年☑ᵢ☑……☑ᵢᵢ　73EJT37:400A

☑曰:陰[3]丞之印。　　☑　　　　　　　73EJT37:400B

(此簡已與 T37:1473 簡綴合)　　　　　　73EJT37:401

【校釋】

[1]以次行:《匯釋》(2008P44):即"以近次行"。是候官或燧長通告各候官之文書,依所居傳遞。是上級對下級以所居傳遞之文書。

　　[2]許名瑲（2017P95-127）認爲此簡可能屬於"元康二年"或"竟寧元年"。

　　[3]曰陰：原釋作"甘陵"，從黃浩波（《合校》2021P408）改釋。

（此簡已與 T37:1463 簡綴合）　　　　　　　　　　73EJT37:402

☑長七尺四寸，黑色。四月☑　　　　　　　　　　73EJT37:403

☑掾豐、令史谭。　　　　　　　　　　　　　　　73EJT37:404

河南宜成里王葆，年卅。　　☑　　　　　　　　　73EJT37:405

（此簡已與 T37:1478 簡綴合）　　　　　　　　　　73EJT37:406

☑死，叩頭，死罪死罪。☑　　　　　　　　　　　73EJT37:407

田卒河南郡密邑發武朱宗，年卅五。　　　☑　　　73EJT37:408

（此簡已與 T37:1245 簡綴合）　　　　　　　　　　73EJT37:409

（此簡已與 T37:273 簡綴合）　　　　　　　　　　73EJT37:410

☑觻得高平里士五（伍）[1]趙相，年卅三。　　☑　73EJT37:411

☑吏有牛馬者　　☑（觚）　　　　　　　　　　　73EJT37:412

（此簡已與 T37:1048 簡綴合）　　　　　　　　　　73EJT37:413

☑□年十七歲，長七尺二寸，步入，帶[2]☑　　　73EJT37:414

☑關　　　豐　☑　　　　　　　　　　　　　　73EJT37:415

☑□齒七歲。　　　　二月丙辰出。

　　　　　　　　不

☑五歲　　　　　　　卩　　　　　　　　　　　73EJT37:416

（此簡已與 T37:147 綴合）　　　　　　　　　　　73EJT37:417

　　　　　　　　輻車☑

居延龍起里男子龐並。

　　　　　　　馬一匹，☑　　　　　　　　　　73EJT37:418

居延守令史竇彭☑　　　　　　　　　　　　　　73EJT37:419

☑……ⅰ☑移過所郡縣門亭，毋留止，如律令。/掾成、令史信。ⅱ

　　　　　　　　　　73EJT37:420+11 [3]

☑可以爲中,初元不知欲[4]☑　　　　　　73EJT37：421 [5]

☑廣地守候番和尉常移金關,遣□北□☑　73EJT37：422 [6]

☑所占用馬一匹,軺車一乘,☑　　　　　73EJT37：423

【校釋】

[1]五:韓鵬飛(2019P1619)以爲是"伍"殘損。

[2]帶:原未釋,從姚磊(《合校》2021P408)補釋。

[3]此簡由謝明宏(2022.6.18)綴合。

[4]欲:原釋作"願",原簡圖作 ![字形], 雖僅存左半,但所從"谷"形清晰易辨,今改。

[5]此簡姚磊(2021P325)與 T37：1487 綴合,但兩簡茬口不吻合,綴合後文義不明,不從。

[6]此簡姚磊(2021P195)與 T37：148 綴合,但兩簡字跡有差距,茬口也不是十分吻合,不從。

☑　　大車一兩,牛一,十一月入。　　　73EJT37：424+1419 [1]

☑　　大車一兩,牛一。　　十一月入。　　73EJT37：635

居延完城旦大男梁奉宗。　　☑　　　　73EJT37：1120

居延復作大男孫奉。　　丿大車一兩,牛二。　　十一月入。

　　　　　　　　　　　　　　　73EJT37：1391+883 [2]

【校釋】

[1]此簡由雷海龍綴合,詳見雷海龍(2016.2.10)。

[2]姚磊(2017P206-228)認爲 T37：424+1419、T37：635、T37：1120、T37：1391+883 内容相關,字體一致,可能屬於一套文書。今從姚説編聯。

(此簡已與 37：897 簡綴合)　　　　　73EJT37：425

☑□□等曰:脩成里男子章平,自言欲取傳爲家私使至□☑

　　　　　　　　　　　　　　　73EJT37：426+173 [1]

☑史章敢言之:大昌里男子……,自言……□

☑☑毋官獄徵事,當得取傳。　　☑葆同縣誼☑里男子李望

73EJT37:427+298 [2]

張忠送死罪囚☑☑☑☑☑☑　　　　　73EJT37:428

永始三年三月己酉朔☑　　　　　　　73EJT37:429

願卿幸哀☑　　　　　　　　　　　　73EJT37:430

鱳得壽貴里公乘徐奴,年卅三。☑　　73EJT37:431

☑自言章容……☑　　　　　　　　　73EJT37:432

☑九月癸未北出。　☑　　　　　　　73EJT37:433

☑☑☑戍[3]田張掖郡☑　　　　　　　　73EJT37:434

・右第九車十人。　☑　　　　　73EJT37:435 [4]

並自言乘牛車一兩,牛二。謹案:並毋官獄徵事,謁☑

73EJT37:436+380 [5]

☑丙戌,西鄉有秩☑敢[6]☑☑　　　　　73EJT37:437

☑隧長杜鳳敢言之:負累☑　　　　　73EJT37:438

☑　　弓　弓　　　　　　　　　　　73EJT37:439

☑二石,臨菑[7]來☑☑☑ᵢ☑……☑ᵢᵢ(習字)　73EJT37:440A

☑五小麥三石五☑ᵢ☑出小麥……☑ᵢᵢ　73EJT37:440B

　【校釋】

　[1]此簡由伊強綴合,詳見伊強(2016.1.17)。

　[2]此簡由姚磊(2021P222)綴合。第一行“言”和第二行“取傳”、
“望”原未釋,從姚磊補釋。

　[3]戍:原未釋,從姚磊(《合校》2021P409)補釋。

　[4]姚磊(2017P206–228)認爲此簡與T37:1090內容相關,字體一致,
可能屬於一套文書。

　[5]此簡姚磊(2021P223)綴合並對釋文補正,其中第一個“並”原未
釋,“謹”原釋作“謁”,從姚磊改補。

　[6]敢:原未釋,從姚磊(《合校》2021P409)補釋。

　[7]菑:韓鵬飛(2019P1620)認爲此字原簡從“甾”,當嚴格録寫。按:

此爲“巛”俗作“田”形産生的俗字，在各簡中書寫也略有差異，難以嚴格
録寫。

| ☑☑☑☑ | 73EJT37：441A |

☑　　　☑☑　　　　　　　　　　73EJT37：441B

願以令取傳。謹案：客子户籍臧鄉者☑ᵢ☑☑☑ᵢᵢ　73EJT37：442A

……☑　　　　　　　　　　　　73EJT37：442B

☑☑鄭護永始三年正月山☑☑☑　　73EJT37：443

☑☑亭長☑☑☑☑　　　　　　　　73EJT37：444

☑【建平二】[1]年三月丁亥朔丙申，☑ᵢ☑☑☑☑如牒，書☑ᵢᵢ

　　　　　　　　　　　　　　　73EJT37：445A

☑……尉☑ᵢ☑來☑ᵢᵢ　　　　　　73EJT37：445B

元延三年八月甲申朔庚戌，都鄉有秩□[2]佐武敢言之：男子☑

　　　　　　　　　　　　　　　73EJT37：446

☑年三月甲子，居延都尉湯、丞嘉謂過所縣道河津關，遣守屬陳宗☑

☑……　　　　掾弘、屬☑☑　　73EJT37：447+1176[3]

出黄梁(粱)米一斗一　其☑☑　　建始三年三月丁未，置佐親☑

　　　　　　　　　　　　　　　73EJT37：448

☑色。　　車□兩，牛二頭。　　七月丁亥入。　　丿[4]　73EJT37：449

　　　　　　　　□守丞宮移過所縣☑

☑亭長范勤[5]逐殺。　　□中，當舍傳舍，從者☑

　　　　　　　　　　/兼掾豐、令史譚、佐業☑　　73EJT37：450

☑□安守長、丞忠移過所肩水金關、居延縣索關，實〈冥〉[6]安☑

　　　　　　　　　　　　　　　73EJT37：451

田卒河南新鄭富里公乘孫章，年廿九。　　☑　　73EJT37：452

建平元年十一月壬子，居延守令城騎千人□☑ᵢ……☑ᵢᵢ

　　　　　　　　　　　　　　　73EJT37：453A

……☑　　　　　　　　　　　　73EJT37：453B

捕虜隧長昭武久長里公乘朱雲,年卅五。對府　　☑　73EJT37:454

段順大婢織綈,長七尺。　　☑　　　　　　　　　73EJT37:455

☑延肩水里李音,卅六歲,字子上,乘軺車,駕姚(駣)華牝馬一匹,齒

九歲[7]☑ⅰ　　　　　　　　　　　　　　　73EJT37:456

【校釋】

[1]簡首缺失內容從胡永鵬(2017P286)補。

[2]未釋字秦鳳鶴(2018P530-532)釋作"侑"。此字原簡圖作,與

"於"形近,簡中用作人名。

[3]此簡由姚磊綴合,見姚磊(2021P224)。

[4]此符號原未釋,從韓鵬飛(2019P1621)補釋。

[5]勤:原釋作"勳",原簡圖作,今據原圖版改。

[6]冥:原釋作"冥",何有祖(2016.1.14)改釋。按:"冥"當爲"冥"之

訛誤,敦煌郡屬縣有冥安。

[7]此簡"延"和簡尾的"歲",原皆未釋,從姚磊(《合校》2021P411)補釋。

☑明(明)[1]鄉有秩順敢告尉史:廣德里左☑☑ⅰ☑……☑ⅱ

　　　　　　　　　　　　　　　　　73EJT37:457

熒陽春陵里公乘張福,年六十三,字☑☑　　73EJT37:458

候長程忠,　　　遣弟黐得步利里程普,年☑☑　73EJT37:459+1174[2]

谿東隧[3]卒東郡博平市南里☑　　　　　73EJT37:460

☑……三☐☐☐☑　　　　　　　　　　73EJT37:461

☑占用馬☐驊牝馬,齒十歲,☑　　　　　73EJT37:462

☑十二月奉　☑　　　　　　　　　　73EJT37:463

☑廣地候況移☑　　　　　　　　　73EJT37:464A[4]

☑門下[5]　　令史☑　　　　　　　　73EJT37:464B

【校釋】

[1]明:原未釋,從黃浩波(2017P113-165)補釋。"明"同"明"。黃文

指出此處可能是"廣明鄉"之殘。

〔2〕此簡由姚磊綴合,見姚磊(2021P225)。

〔3〕谿東隧:隧名,屬甲渠候官。

〔4〕此簡謝明宏(2022.3.7)與 T37:512②遙綴,兩簡寬度不一致,茬口不合,不從。

〔5〕門下:原作一個未釋字,韓鵬飛(2019P1621)釋作“已入”。按:按照常見格式此處可能是“……發君門下”,類似格式參 T37:1061、T37:803、T37:616 等簡。

居延殄北令史陽里公乘蘇□□☒　　　　　　　　　73EJT37:465

肩水候史傅武　　☒　　　　　　　　　　　　　　73EJT37:466

肩水金關☒　　　　　　　　　　　　　　　　　　73EJT37:467A

……☒　　　　　　　　　　　　　　　　　　　　73EJT37:467B

茂陵敬老里王臨字游君　　　乘方相(箱)車,駕駹牝(牝)馬,齒☒
　　　　　　　　　　　　　　　　73EJT37:468A+925A[1]

之☒ i 丞印。☒ ii　　　　　　　　　　　　　　　73EJT37:468B+925B

☒肩水金關☒　　　　　　　　　　　　　　　　　73EJT37:469

齊郡鉅定广里不更宿延年=(年,年)卅九,長七尺三寸,黑色。　步。

　　丿i　　　　　　　　　　　　　　　73EJT37:470+1157[2]

(此簡已與 T37:59 簡綴合)　　　　　　　　　　　73EJT37:471

☒其一匹齒七歲,高五尺八寸,☒

☒□歲,高五尺八寸。　　二月□☒　　　　　　　73EJT37:472

王□報□卿　□□□□□☒　　　73EJT37:473A+507B[3]

□之□=□=□☒　　　　　　　　73EJT37:473B+507A

☒□□□□□君[4]卒□□☒　　　　　　　　　　　73EJT37:474

☒□,出入如律令。　☒　　　　　　　　　　　　73EJT37:475

☒山[5]里公乘常襃,年卅二。　初除詣府入□□☒　73EJT37:476

☒襃、守令史充　　　　　　　　　　　　　　　　73EJT37:477

☐☐儀☐　☐

出錢六十，　　☐　　　　　　　　　　73EJT37：478

☐☐☐☐里蔡☐，字君☐，乘軺車，駕驪（騮）牡馬一匹，齒六歲，　三
月戊寅☐ⅰ　　　　　　　73EJT37：479+1131[6]

【校釋】

[1]此簡由姚磊綴合，見姚磊（2021P226）。

[2]此簡由沈思聰綴合，見沈思聰（2019P143-148）

[3]此簡由姚磊綴合，見姚磊（2021P227）。

[4]君：原未釋，今據原圖版補。

[5]漢簡中"巍"之"山"常放在下部，故此"山"也可能是"巍"之殘存
部件。T9：99可見"巍里"。

[6]此簡由姚磊綴合，見姚磊（2021P228）。

☐庚寅朔己亥，張掖居延都尉雲、城騎千人臨、尉☐

☐☐舍，從者如律令。　　　　73EJT37：480A+894A[1]

☐都尉　☐　　　　　　　　73EJT37：480B+894B

（此簡已與T37：484簡綴合）　　　　73EJT37：481

（此簡已與T37：491簡綴合）　　　　73EJT37：482

☐☐叩頭ⅰ☐☐馬當立ⅱ　　　　73EJT37：483A

☐＝頭＝馬小ⅰ☐☐金關ⅱ　　　　73EJT37：483B

☐子男壽，年十三，　　　　見將車丿☐

☐　　正月庚午出。　　正月壬辰入。☐　73EJT37：484+481[2]

☐·｜以給隧長某卒某月奉。　·一人一札☐☐

　　　　　　　　73EJT37：485A+544B[3]

☐言之急☐知……書治所往來行書☐☐　73EJT37：485B+544A

屬南郡故順陽　☐　　　　　　73EJT37：486

☐之，謁移☐☐☐　　　　　　73EJT37：487

☐……☐月☐申出。☐ⅰ☐☐月癸巳入。☐ⅱ　73EJT37：488

☑☑☑☑食時,卒猛受莫當卒☑☑分 i ☑卒黨。乊ii   73EJT37:489

(此簡已與 T37:1182 簡綴合)   73EJT37:490

☑　第(弟)[4]齎年七歲☑ i ☑作者鰈得孝☑里于破胡,年卅八,☑☑ii

73EJT37:491+482[5]

☑廿一吉,可以行作,所求得。　☑   73EJT37:492[6]

☑苟留止,如律令。☑☑   73EJT37:493

(此簡已與 T37:615 簡綴合)   73EJT37:494

綏和二年四月己亥☑☑☑☑年　☑   73EJT37:495A+823A[7]

☑以☑☑   73EJT37:495B+823B

【校釋】

[1]此簡由姚磊綴合,見姚磊(2021P229)。

[2]此簡由姚磊綴合,簡首“正”原釋作“四”,從綴合者改釋,見姚磊
(2021P230)。

[3]此簡由姚磊(2021P231)綴合,其中“月奉”原釋作“日鳳”,從綴合
者改釋。

[4]第:原徑作“弟”,今據原圖版改。

[5]此簡由姚磊綴合,見姚磊(2021P232)。

[6]王強(2019P319-331):原簡當是講一月中哪些日子吉利,可以出
門勞作,所求之物也能得到。

[7]此簡由許名瑲綴合,詳見許名瑲(2017P95-127)。

☑☑鰈得益昌里丁☑☑   73EJT37:496

罰如律,移四時舉☑   73EJT37:497

☑晦日積千二百六十日☑☑   73EJT37:498

昭武安定里楊充☑   73EJT37:499

元延三年八月甲申朔壬☑   73EJT37:500

☑☑主簿樂君☑   73EJT37:501A

☑死罪罪忽☑   73EJT37:501B

珍虜隧長猛　☑　　　　　　　　　　　　73EJT37:502

　　　　送錢居延

☑道傳,　　　　　　　　　　　　　73EJT37:503+1040 [1]

陽夏☑☑里陳奉親　☑　　　　　　　　　73EJT37:504

☑☑☑子朔乙酉,☑☑ⅰ☑居延。謹[2]……☑ⅱ　73EJT37:505

☑☑五月中　☑　　　　　　　　　　　73EJT37:506

(此簡已與 T37:473 簡綴合)　　　　　　　73EJT37:507

☑四石~　☑　　　　　　　　　　　　73EJT37:508

☑橐他候☑☑☑　　　　　　　　　　　73EJT37:509

☑吏十人　　　　　民十人☑

☑卒五百五十一人　凡五百☑　　　　　　73EJT37:510

☑居延都尉☑☑叩頭死=罪=(死罪死罪)九月丙午☑

　　　　　　　　　73EJT37:511A+515B+516B [3]

☑尉丞死=罪=(死罪死罪)居延延延都尉邑[4]☑

　　　　　　　73EJT37:511B+515A+516A

☑☑自取☑　　　　　　　　73EJT37:512①

☑朔甲☑　　　　　　　　　73EJT37:512②[5]

☑陰颰☑　　　　　　　　　　　　　73EJT37:513

☑二月壬申出。☑　　　　　　　　　　73EJT37:514

(此簡已與 T37:511 簡綴合)　　　　　　　73EJT37:515

(此簡已與 T37:511 簡綴合)　　　　　　　73EJT37:516

☑　葆鱗☑☑ⅰ☑　立妻大☑ⅱ　　　　　73EJT37:517

☑☑盡☑　　　　　　　　　　　　　73EJT37:518

【校釋】

[1]此簡由姚磊綴合,見姚磊(2021P233)。

[2]謹:原未釋,從姚磊(《合校》2021P412)補釋。

[3]此簡顏世鉉(2016.1.13)綴合 73EJT37:515+516,後謝明宏(2022.

6. 16)再綴合。

　　[4]邑:原未釋,姚磊(2016.6.8)擬補釋。按:此字或爲"死"之草書。

　　[5]此簡謝明宏(2022.3.7)與 T37:464A 遙綴,不從。

地節三年六月丙戌朔甲辰,尉史延年敢言之:遣佐廣齋(齎)^[1]三老賜
名籍,對大守府,乘^[2]軺車一乘,牛一,與從者平里紀市俱,謁 i 移過所
縣道河津關,毋苛留止,敢言之。ii 六月甲辰,居延丞延年移過所縣道
河津關,毋苛留止,如律令。/掾延年、佐長世。iii 　　　　73EJT37:519A
章曰:居延丞印。

六月壬子以來。　　　　　　　　　　　　　　　　73EJT37:519B

【校釋】

　　[1]齋:黄浩波讀作"齎",訓爲"持",可從(《合校》2021P413)。

　　[2]乘:原釋作"會",從黄悦(2019P202—208)改釋。按:姚磊(《合校》
2021P413)以爲原釋不誤。釋作"乘"文義通順。

神爵四年正月丙寅朔辛巳,居延丞奉光移肩水金關,都尉府移肩水 i
候書曰:大守府調徒復作四人送往來過客,今居延調鬼新(薪)徒孫 ii
　　　　　　　　　　　　　　　　　　　　73EJT37:520A
居延丞印。 i 正月壬辰董敞以來。ii 　　　　　　73EJT37:520B
五鳳元年六月戊子朔己亥,西鄉嗇夫樂敢言之:大昌里趙延自言爲
家私使居延,與妻平、子小男偃登、大奴同、婢璣^[1]绿。謹案:延 i、
平、偃登、便同、绿毋官獄徵事,當得取傳。乘家所占用馬五匹,軺車
四乘,謁移過所肩水金關、居延,敢言之。ii 六月己亥,屋蘭守丞聖光
移過所肩水金關居延,毋苛留,如律令。/掾賢、守令史友。iii
　　　　　　　　　　　　　　　　　　　73EJT37:521

【校釋】

　　[1]璣:原釋作"璨",此字原簡圖作𤩽,右部顯然不是"樂",尤其是

此形的右下是“成”、“戌”一類的草書寫法,所以這個字應該是“璣”的草書。

居延都尉卒史居延平里徐通,大奴宜,長七尺,黑色,髡頭[1]。   十一月丙辰出。ⅰ五鳳元年十月丙戌朔辛亥,居延守丞安世別上計,移肩水金關:居延都尉卒史居延平里徐通,ⅱ自言縣之隴西還,買驪得敬老里丁韋君大奴宜,今疎(疏)書宜年、長、物色,書到,出如律ⅲ令。ⅳ

73EJT37:522A[2]

印曰:居延丞印。ⅰ十一月丙辰佐其以來。ⅱ   73EJT37:522B

五鳳二年二月甲申朔壬戌[3],騣(駿)鄉[4]嗇夫順敢言之:道德里周欣自言客田張掖ⅰ郡驪得縣北屬都亭部[5],元年賦筭皆給,謁移驪得,至八月□[6]檢。ⅱ二月辛亥,茂陵令   [7]、守左尉親行丞事。/掾充。ⅲ   73EJT37:523A

茂陵左尉。   73EJT37:523B

【校釋】

[1]髡頭:剃去頭髮,一般指剃去頭髮的一種刑罰。

[2]藤田勝久(2018P223-244):爲五鳳元年(前57)從居延縣發至肩水金關的通行證。作爲居延都尉卒史的徐通僱用徭役前往隴西時,購買了大奴宜,並書寫了一份“疎書”,希望獲得讓這些人員一併通過的許可。木牘第一行所寫的記錄是大奴宜的身長體貌,雖然沒有記錄其年齡,但“疎書”中有記載該信息。

[3]許名瑲(2017P95-127)指出此月無“壬戌”,認爲“壬戌”或爲“壬辰”之誤。

[4]騣:黃浩波(2016.3.9)釋作“駿”。按:T37:1380A可見“駿鄉嗇夫”,知此處騣鄉當爲駿鄉。駿鄉屬右扶風茂陵縣。但此簡作騣,右確實不從“夋”,而且T37:1380A中的“駿”墨跡較淡,結構不明確,暫從原釋兩存之。

[5]都亭部:富谷至(2013P196):縣城、郡城被稱爲“都”,據此可以推

測,附設於縣城、郡城的亭就是"都亭"。

　　[6]未釋字原簡圖作 🖎,左從"土",與"堤"形較近。據文義疑是"堰"之俗訛字。

　　[7]此處原簡空白,當爲茂陵令名。

五風(鳳)[1]三年十月甲辰朔癸酉,西鄉嗇夫安世敢言之:隴西﹦(西西)始昌里知實,自言以令占田居延,以令予(取)[2]傳,與大奴謹、從者平里季奉 i 家市田器張掖、武威、金城、天水界中,車一乘,馬二匹。謁移過所河津關,毋苛留止,如律令。ii 敢言之。iii 十月癸酉,居延令弘、守丞安世移過所,如律令。　　　　/掾忠、佐定。iv　73EJT37:524

永光三年十一月壬午朔丁未,酒泉北部千人禹移過所河津關。遣葆平陵宜利里韓則,年卅五,杜陵華陽里 i 公乘吕義,年廿九。乘軺一乘,牡馬一匹,之居延收責。毋苛留,如律令。ii　　　73EJT37:525[3]

【校釋】

　　[1]風:原徑釋作"鳳",原簡作 🖎,今據原簡字形改。

　　[2]予:此處的"予傳"雖然文意也通,但是常見文例中皆作"以令取傳",故此處的"予"當讀爲"取"。

　　[3]郭偉濤(2018P243-272)認爲當事人韓則、吕義身份皆爲葆,據學者研究,葆跟葆主的關係較爲密切,而該傳由都尉千人直接簽發。很可能持傳者與千人禹關係密切,千人具備簽發傳的權力,故該傳未走正常程式,越過其他機構的審核這一常見步驟而由千人直接簽發。

永光四年六月己酉朔癸丑,倉嗇夫勁[1]敢言之:徒故穎川郡陽翟宜昌里陳犬,永光三年十二月中,坐傷人論鬼新(薪),會 i 二月乙丑赦令,免罪復作,以詔書贖免爲庶人,歸故縣,謁移過所河津關,毋苛留止,縣次贖(續)食。ii　　　　　　　73EJT37:526

河平四年七月辛亥朔庚午,西鄉有秩嗇夫誼、守斗食佐輔敢言之:中安[2]男子楊譚,自言欲取偃 i 檢,與家屬俱客田居延界中。謹案:譚等年如牒，皆非亡人命者，當得取偃檢，父老孫都證，謁移居延，如律令，ⅱ敢言之。七月癸酉，長安令右丞萬移居延，如律令。　　　　/掾殷、令史賞。ⅲ　　　　73EJT37:527[3]

元延元年九月乙丑朔丙戌，肩水千人宗移過所，遣從史趙放爲私市居延，ⅰ當舍傳舍，從者如律令。ⅱ　　　　73EJT37:528

元延二年四月壬辰朔丙辰，守令史長敢言之：表是安樂里男子左鳳，自言鳳爲卅井塞尉，犯法ⅰ論事已，願以令取致，歸故縣。名籍如牒。謁移卅井縣索、肩水金關，出入如律令，敢言之。ⅱ　73EJT37:529[4]

【校釋】

[1]勃：人名。此字原簡圖作 **勃**，字形可疑，也可能是“勳”字。

[2]中安：姚磊(2021P384)認爲“中安”實爲“長安”，書手在書寫時存在書寫錯誤。肖從禮(2012P289-294)認爲“中安”是里名。

[3]丁義娟(2019P232)：簡中楊譚等外出的通行證由其鄉嗇夫提請長安守右丞簽發，鄉嗇夫爲之定名事里，“皆非亡人命者”，同時寫明這些內容由父老孫都作證屬實。

[4]藤田勝久(2018P223-244)：記載了元延二年(前11)酒泉郡表是縣的一男子爲返回故鄉而申請了“致”，並附加了名籍。其收件地爲卅井縣關與肩水金關，“致”上記錄了其通關的許可。

建平四年正月丁未朔庚申，西鄉守嗇夫武以私印行事，敢言之：昭武男子孫憲詣鄉，自言願以律取致籍，歸故縣。謹案：ⅰ憲毋官獄徵事，當得以律取致籍，名、縣如牒，唯廷謁移卅井縣索、肩水金關，出入如律令，敢言之。三月辛酉，北嗇夫豐出。ⅱ　　　　73EJT37:530[1]

六月乙亥，居延令憲、守令史承禄行丞事，敢言之：
函谷關，謹寫移，敢言之。/佐安世。　　　　73EJT37:531

隗卿致以十二月庚寅入。Ⅰ子使女[2]□□，年十四。Ⅱⅰ子使男誼，年八。Ⅱⅱ子使女聖，年四。Ⅱⅲ劉莫且[3]，年廿五。Ⅲⅰ從者衛慶，年廿四。Ⅲⅱ凡六人。Ⅲⅲ　　　　73EJT37:532

☑【建平】[4]元年三月癸巳朔乙巳,安定[5]左騎千人況以近秩次行大

守☑☑　　　　　　　　　　　　73EJT37:533A+1579A[6]

☑☑☑☑　☑　　　　　　　　　73EJT37:533B+1579B

☑水廷隧次行。　　☑　　　　　　73EJT37:534

(此簡已與 T37:805 簡綴合)　　　　73EJT37:535

觻得安國里公乘李鳳,年卅。丿　　弟豐,年十七,丿　　字少平,

八月乙酉北出。　　　　　　　　73EJT37:536+810[7]

【校釋】

[1]藤田勝久(2018P223-244):記録了建平四年(前 3)張掖郡昭武縣

的一男子爲返回故鄉而申請了“致”,其中也有“名縣如牒”的文字。

[2]使女:大男和大女,年齡在 15 歲以上;使男和使女,年齡在 7 歲至

14 歲;未使男和未使女,年齡在 2 歲至 6 歲。“使”與“未使”統稱爲“小”。

詳見徐暢(2010.12.13)、凌文超(2011P460-475)等。

[3]莫且:沈思聰(2018P412)指出此即漢印中常見的人名“莫沮”。

[4]此處據許名瑲(2017P95-127)補。

[5]安定:指安定郡。

[6]此簡由姚磊綴合,見姚磊(2021P234)。

[7]此簡由姚磊綴合,詳見姚磊(2021P235)。

☑葆俱之角〈觻〉得對大司空史,願以律取傳。謹案:

　　　　　　　　　　　　　　73EJT37:537+948[1]

　　　　　子女[2]華置,年☐☑

橐他斬首隧長桓憲,

　　　　　　子男☐子☐☑　　　73EJT37:538

☑☐,年卅一。　　　　方箱車一乘　　☑　　73EJT37:539

☑☐金關文書方逐案劾☑　　　　73EJT37:540

入還絮錢六百八十……☑　　　　73EJT37:541

(此簡已與 T37:616 綴合)　　　　73EJT37:542

☑□一大刀一　　六月乙□☑　　　　　　　　73EJT37:543

(此簡已與 T37:485 簡綴合)　　　　　　　　73EJT37:544

司寇大男楊廣,年廿五,黑☑　　　　　　　　73EJT37:545

☑公乘□□□☑　　　　　　　　　　　　　　73EJT37:546

肩水司馬令史居延鞮汗里陳音。　　故廣地☑ 73EJT37:547+593[3]

從史居延安樂里大夫李立,年廿。　☑　　　　73EJT37:548

☑到,如律令。　　　　　　　　　　　　　　73EJT37:549

田卒粱國睢陽斛陽里謝姓□☑　　　　　　　　73EJT37:550

☑年卅五,長七尺三寸,　　黑色。　　☑　　　73EJT37:551

☑乘方相(箱)車,駕騅牝馬,齒八歲,高六尺二寸,十月庚申北出。

　户ｉ　　　　　　　　　　　　　　　73EJT37:552+623[4]

(此簡已編聯至 T37:260 之後)　　　　　　　73EJT37:553+348

(此簡已與 T37:611 簡綴合)　　　　　　　　73EJT37:554

☑□之,敢言之。☑ｉ☑……☑ｉｉ　　　　　73EJT37:555A

☑易易易易□☑　　　　　　　　　　　　　　73EJT37:555B

(此簡已與 73EJT37:667 綴合)　　　　　　　73EJT37:556

☑□三歲,　☑ｉ☑年一歲,　☑ｉｉ　　　　73EJT37:557

☑陂[5]爲部禀□☑　　　　　　　　　　　　73EJT37:558

(此簡已與 T37:611 簡綴合)　　　　　　　　73EJT37:559

平樂隧長姚況請卒☑　　　　　　　　　　　　73EJT37:560

建平元年八月□☑　　　　　　　　　　　　　73EJT37:561

戍[6]卒趙國襄國下廣里公乘耿□□☑　　　　73EJT37:562

☑年卅九,長七尺四寸,黑色。　　☑　　　　73EJT37:563

河南郡新鄭侯利里公乘江□☑　　　　　　　　73EJT37:564

【校釋】

[1]此簡由姚磊綴合,見姚磊(2021P237)。

[2]"子"本不分男女,故簡中用"子女"、"子男"以分別。

［3］此簡由姚磊綴合,詳見姚磊(2021P238)。

［4］此簡由姚磊綴合,見姚磊(2021P239)。

［5］放:原未釋,今據原圖版擬補。

［6］戍:原簡作 ,字形訛作"式"。

廿[1]四日己卯,食君游所[2],因宿。☑　　　　　　　　73EJT37：565

廿五日庚戌,食張君所,因宿。　出十五荬十束。　廿五日己卯發,

宿貧民渠口。ⅰ　　　　　　　　　　73EJT37：263+100[3]

廿六日辛亥,食張君游所,宿泭[4]上。Ⅰ廿六日庚辰發,宿貧民落。

Ⅱ出四買餎(飴)[5]。Ⅲⅰ衆人共貸其餘。Ⅲⅱ73EJT37：356+150[6]

廿六日癸巳[7],食張君游所,因宿Ⅰ出五十□一具Ⅱⅰ出卅□六封Ⅱⅱ出

十九□一□Ⅱⅲ十八日癸卯,食張君游所,因宿。Ⅲ出十發出□。Ⅳ

十八日壬申風,不行。Ⅴ　　　　　　　　　73EJT37：980[8]

【校釋】

［1］廿:原釋作"十",從姚磊(《合校》2021P414)改釋。許名瑲
(2017P95-127)據原誤釋推此簡屬成帝綏和二年(前7)。

［2］食君游所:同册多作"食張君游所",或作"食張君所"。根據同簡
册出現的"宿泭上"、"宿貧民渠口"、"壬申風,不行",説明此簡册是記録水
路情況,故疑"游所"指乘竹筏浮游所達之地。王錦城(2019P1556)認爲
"君游"指人名。

［3］此簡由許名瑲綴合,詳見許名瑲(2017P95-127)。

［4］泭:木筏或竹筏。《説文·水部》:"泭,編木以渡也。"後作"桴"。

［5］餎:同"飴",餅也。

［6］此簡由顔世鉉綴合,詳見顔世鉉(2016.1.14)。

［7］癸巳:許名瑲(2016.3.7)改釋作"辛巳"。

［8］姚磊(2017P206-228)指出以上四簡屬同一簡册,可編聯,認爲這
是一組完整的遊行記録,時間長達三個月之久。許名瑲(2017P95-127)認
爲四枚簡紀年當爲建平二年。姚磊認爲從T37肩水金關漢簡常出現的年

號看,其他如地節三年(前 67 年)、五鳳元年(前 57 年)、初元三年(前 46 年)、永始二年(前 15 年)等似乎亦無法排除。

病卒橐他廣地界中名☑　　　　　　　　　　73EJT37:566A

肩倉　　☑　　　　　　　　　　　　　　　73EJT37:566B

☑　　　車牛一兩　　二月癸巳出　　　　　73EJT37:567

出百卌就上北部　　　☑　　　　　　　　　73EJT37:568

☑……卩　　☑　　　　　　　　　　　　　73EJT37:569

☑五斗　　☑　　　　　　　　　　　　　　73EJT37:570

緱氏閒里吳彊年☑　　　　　　　　　　　　73EJT37:571

(此簡已與 T37:2 簡綴合)　　　　　　　　73EJT37:572

☑☑☑傳。謹案:户籍☑ᵢ☑河津關,毋苛留止,☑ᵢᵢ☑☑竟兼行丞
事,☑ᵢᵢᵢ　　　　　　　　　　　　　　　73EJT37:573

☑☑☑☑ᵢ☑☑如牒,書☑ᵢᵢ　　　　　　73EJT37:574A

張掖觻得☑☑ᵢ☑☑☑ᵢᵢ　　　　　　　　73EJT37:574B

三月甲寅,觻得長福　　獄丞護兼行丞事[1],謁移,如律令。☑
　　　　　　　　　　　　　　　　　　　　73EJT37:575A

觻得獄丞　　　☑　　　　　　　　　　　　73EJT37:575B

□始三年七月……☑　　　　　　　　　　　73EJT37:576

☑……移肩水金關ᵢ☑如律令。ᵢᵢ　　　　73EJT37:577

遷補千☑　　　　　　　　　　　　　　　　73EJT37:578

☑建平三年正月甲午,以久次除補[2]肩水　　73EJT37:579

(此簡已與 T37:866 簡綴合)　　　　　　　73EJT37:580

初元三年十月壬午朔乙巳,都鄉嗇夫□□□□☑ᵢ……☑ᵢᵢ
　　　　　　　　　　　　　　　　　73EJT37:581 [3]

橐他沙上隧☑　　　　　　　　　　　　　　73EJT37:582

☑□謹因☑　　　　　　　　　　　　　　　73EJT37:583A

☑□叩﹦頭﹦(叩頭叩頭)☑　　　　　　　　73EJT37:583B

☑□六人庸　　☑ᵢ☑人身　　☑ᵢᵢ　　　　73EJT37:584

建平元〖年〗十二月己未☑ᵢ逢,皆毋官獄徵☑ᵢᵢ　73EJT37:585A

……☑　　　　　　　　　　　　　　　　73EJT37:585B

美草卒陳湯　　　　☑　　　　　　　　　73EJT37:586

禄福倉丞☑ᵢ□水關☑ᵢᵢ　　　　　　　　73EJT37:587A

葆俱名　　　　□☑　　　　　　　　　　73EJT37:587B

元延三年五月丙☑　　　　　　　　　　　73EJT37:588

……☑　　　　　　　　　　　　　　　　73EJT37:589A

□　☑　　　　　　　　　　　　　　　　73EJT37:589B

☑□　　　/兼掾長、守令史豐☑　　　　73EJT37:590

建平三年四月辛巳朔丁未,肩水駟北守亭長誼,以私印行候事。☑

☑□□□□□縣、爵、里、年、姓各如牒,書到,入如律令。☑

73EJT37:591+795[4]

【校釋】

　　[1]兼行丞事:鷹取祐司(2018P94-124)認爲行事者只是在自己本職的立場上,代理暫時不在署的主官的職務而已。

　　[2]以久次除補:《集成》(十一 P251):官吏除補術語。有以久次遷、功次遷、秩次遷等。久次遷者,以居官時間長短之次序定升遷。

　　[3]此簡姚磊(2021P240)與 T37:1261 綴合,但兩簡茬口相差太大,不從。

　　[4]此簡由許名瑲綴合,詳見許名瑲(2017P95-127)。

(此簡已與 T37:863 簡綴合)　　　　　　73EJT37:592

(此簡已與 T37:547 簡綴合)　　　　　　73EJT37:593

元延元年四月丁酉朔☑　　　　　　　　　73EJT37:594

(此簡已與 T37:603 簡綴合)　　　　　　73EJT37:595

☑□居延,願以令取☑　　　　　　　　　73EJT37:596

建伏地再拜請☑ᵢ 張寅孝夫足下,善毋☑☑ᵢᵢ死,甚傷廄(痛),建[1]
宜以時至前,不肖☐☐不在,死罪…… ᵢᵢᵢ……過所☐及幸=甚=(幸甚
幸甚)。ᵢᵥ　　　　　　　　　73EJT37:597+654A+734A[2]

……伏地再拜☑ᵢ 張寅孝夫足下。☐·建因報張寅,建部卿=欲爲王
張寅祭張寅將毋欲爲ᵢᵢ魏掾☑ᵢᵢᵢ　　　　73EJT37:654B+734B

發謹請[3]☑ᵢ……[4]☑ᵢᵢ　　　　　　　73EJT37:598A

☐　華☐[5]☑　　　　　　　　　　　73EJT37:598B

☑　　字☐☐　　　　　　　　　　　73EJT37:599

☑☐☐　　　　　　　　　　　　　　73EJT37:600

☐☐☐☑ᵢ如律令☑ᵢᵢ　　　　　　　　73EJT37:601

☑三匹　　　　十月壬子出。
　　　　　　　十二月乙未入。　　 卩　　73EJT37:602

廣利隧長成倉　　詣府取急[6]☑　　 73EJT37:603+595[7]

【校釋】

[1]建:人名,致信者。

[2]此簡由姚磊綴合,詳見姚磊(2021P241)。

[3]請:原未釋,姚磊(《合校》2021P415)補。按:此字原簡僅存一筆,
不能完全確定是"請",存疑。

[4]此行原釋文缺漏,從姚磊(《合校》2021P415)補釋。

[5]此未釋字姚磊(《合校》2021P415)釋作"叩"。從存見墨跡看,也
可能是"卿"。

[6]取急:官吏因私請假。《初學記》卷二〇:"歸休亦曰休急、休瀚、取
急、請急。"

[7]此簡由顏世鉉綴合,詳見顏世鉉(2016.1.13-2)。

北書二封張掖……☑　　　　　　　　73EJT37:604

☑☐甲寅朔甲子,張掖☐☐☐☐☐☑　　73EJT37:605

☑四月辛亥朔辛亥[1],☑　　　　　　73EJT37:606

☑……☑　　　　　　　　　　　　　　　73EJT37:607A

☑☑　　　　　☑　　　　　　　　　　　73EJT37:607B

☑□歸安定取衣用。　　　五月辛酉北出。　　　五月壬辰南入。

　　　　　　　　　　　　　　　　　73EJT37:608+683[2]

(此簡已與 T37:1418 簡綴合)　　　　　　　73EJT37:609

☑□書到□□□☑　　　　　　　　　　　73EJT37:610

戍卒觻得市陽里盧[3]侯忠,年廿四。　∫　六月丁巳北出。　凡廿
二人,五月乙卯南入。ⅰ　　　　73EJT37:611+554+559+904[4]

【校釋】

[1]許名瑲(2017P95–127)推此簡屬漢宣帝地節四年。

[2]此簡由姚磊(2021P242)綴合並作釋文調整,其中第一個"五月"原
釋作"正月",認爲後一個"五"書手塗改,當存疑不釋。今從其説。

[3]此字原簡圖作　,字形特殊,也可能是"處"之草率寫法。

[4]此簡由顔世鉉、姚磊綴合,見顔世鉉(2016.1.13–2)、姚磊(2021
P243)。許名瑲(2016.3.10)推擬爲哀帝建平二年,或爲宣帝元康四年和
成帝建始二年。

(此簡已與 T37:881 簡綴合)　　　　　　　73EJT37:612

(此簡已與 T37:662 簡綴合)　　　　　　　73EJT37:613

☑不不□□□□　　　　　　　　　　　　73EJT37:614A

☑□出其□以□書叩頭　　　　　　　　　73EJT37:614B

建平元年九月庚寅朔丁未,居延都尉雲、城騎千人□……☑ⅰ遣五官掾
石博對會大守府,當舍傳舍,從者如律令。☑ⅱ 73EJT37:615+494[1]

建平二年正月[2]戊子朔乙未,橐他候普移肩水金關,吏自言爲家私
☑ⅰ　　　　　　　　　　　73EJT37:616A+542A[3]

正月丙申以來。　門下。　佐成[4]　☑　　73EJT37:616B+542B

建平元年十二月己未朔丁卯,西鄉嗇夫襃敢言之:市陽里張請君,自

言☐ᵢ謹案：户籍藏鄉者，市陽里有大女張倩君，年卅七，子女襃年
廿，子男可丘年三，葆富里☐☐☐ᵢᵢ　　　　73EJT37：617+1047A^[5]
昭武長印。　　　☐　　　　　　　　　　73EJT37：1047B

【校釋】

[1]此簡由姚磊綴合，見姚磊（2021P244）。藤田勝久（2018P223-
244）認爲此簡爲居延都尉府所頒發，用於作爲五官掾的石博前往太守府的
公用傳。與此相對的 T37：780 是同年同月與石博同行前往太守府的官大
奴杜勝另外申請的“傳”。因此鷹取先生認爲，公用傳是給出差人員一人
一張使用的，如果有同行的其他人員，則需要另外申請單獨的“傳”。

[2]正月：原釋作“五月”，從許名瑲（2017P95-127）改釋。

[3]此簡由姚磊綴合，見姚磊（2021P245）。按：“私”字形可疑。

[4]“門下”原釋作“已入”，“成”原未釋，從姚磊（2021P242）改補。

[5]此簡由姚磊（2021P246）綴合。

　　　　　　軺車一乘，
☐塢長^[1]張宗。　　　　　　　　　　　　十二月丙戌出。☐
　　　　　　馬一匹，驪牝，齒十歲，高五尺八寸。　73EJT37：618
■右第六車十人。　☐　　　　　　　　　　73EJT37：619
☐　　四月乙巳入。　　　　　　　　　　　73EJT37：620
觻得昌平里公乘鄭襃，年卅^[2]五。　第（弟）豐年廿八。　　亅　八月
乙酉北出。ᵢ　　　　　　　　　　　　73EJT37：621+50^[3]
安竟隧卒觻得步利里士伍孔益壽☐　　　　73EJT37：622
（此簡已與 T37：552 簡綴合）　　　　　　73EJT37：623
（此簡已與 T37：713 簡綴合）　　　　　　73EJT37：624
建平四年正月家屬符。Ⅰ車一兩，Ⅱᵢ☐用牛二頭。Ⅱᵢᵢ
　　　　　　　　　　　　　　　73EJT37：625+42^[4]
鴻嘉三年二月癸卯朔己☐　　　　　　　　73EJT37：626
明廷^[5]不忍，數哀憐☐　　　　　　　　73EJT37：627^[6]

【校釋】

[1] 塢長：《集成》（十 P109）：專管塢壁的官吏。

[2] 卅：原釋作“廿”，按照同簡文後說到“鄭襃”的弟弟是“廿八”，故按照常理此處應是“卅”。姚磊（2021P233）亦作“卅”，從改。

[3] 此簡由姚磊綴合，詳見姚磊（2021P236）。按：“酉”原釋作“亥”，今據原圖版改。

[4] 此簡由謝明宏（2022.6.20）綴合。

[5] 明廷：可作朝廷別稱，這裏疑與“明府”同義，即對太守的尊稱。

[6] 此簡姚磊（2021P247）與 T37：119 綴合，但茬口不合，文義略顯不暢，不從。

禁姦隧戍卒觻得悉意里公乘王鳳，年五十，行書橐他界中。　　盡五年二月止。i　　　　　　　　　73EJT37：628+658 [1]

驒北亭戍卒觻得定國里公乘莊熹，年廿七。　　行書橐他界中。　　盡五月〈年〉二月止。☒i　　　　　73EJT37：631+113 [2]

【校釋】

[1] 此簡由謝坤綴合，詳見謝坤（2018.1）。

[2] 此簡由姚磊（2021P248）綴合。姚磊（2017P206-228）認爲以上 T37：628+658、T37：628+658 兩簡字體一致，內容相關，屬於同一冊書，指出簡 T37：631+113“盡五月二月止”的前一個“月”爲“年”字誤書。今從其說。

臨之隧長申[1]放。　☒　　　　　　　　　73EJT37：629

水北隧卒耿勃。　　☒　　　　　　　　　73EJT37：630

（此簡已編聯至 T37：628+658 之後）　　73EJT37：631+113

☒　　輂車二乘，馬二匹。」　　　　　73EJT37：632

河南熒陽春成里張☒　　　　　　　　　73EJT37：633

河南郡熒陽臨豪里趙宗，年廿九，長十七又尺二寸，黑色，　皆十一月丙戌入。i　　　　　　　　73EJT37：634+1030 [2]

（此簡已編聯至 T37:424+1419 後簡册中）　　　　73EJT37:635

（此簡已與 T37:885 簡綴合）　　　　73EJT37:636

元延四年五月己卯朔☒ⅰ居延，願以令取傳。謹案：☒ⅱ 73EJT37:637

卅井縣索肩水金關，出入如律令，敢言之。☒　73EJT37:638+172 [3]

☒……建平二年十一月丙戌，置佐並受望安隧[4]長歸生☒

　　　　　　　　　　　　　　　　73EJT37:639+865 [5]

建平元年四月癸亥朔☒☒，☒水守城尉賞移肩水金關、居延縣索關

☒ⅰ吏，自言遣所葆爲家私使居延，名、縣、里、年、姓如牒書[6]，出入

如律令。☒ⅱ　　　　　　　　73EJT37:640A+707A

佐忠☒　　　　　　　　　　73EJT37:640B+707B

　　【校釋】

　　［1］申：原釋作“田”，從姚磊（《合校》2021P416）改釋。按：此字原簡圖作𤳌，確實與“田”有别。

　　［2］此簡姚磊綴合，見姚磊（2021P249）。按：此簡所記身高超常，疑“十七又”處抄寫有誤。

　　［3］此簡由姚磊綴合，見姚磊（2021P250）。

　　［4］望安隧：隧名，金關簡首見。

　　［5］此簡由謝明宏（2022.3.7）綴合。

　　［6］此處文義雖通，但常見文例是“……如牒，書到”，疑“書”後漏“到”字。

東郡發干[1]就龍亭長公乘長☒☒　　　　73EJT37:641

（此簡已與 T37:160 簡綴合）　　　　73EJT37:642

（此簡已與 T37:798 簡綴合）　　　　73EJT37:643

☒邑東鄉亭長許廣☒☒　　　　73EJT37:644

鴻嘉四年十二月癸亥朔庚午，居延丞順移過所，遣守令史郭陽送證

韝得獄，當舍ⅰ傳舍，從者如律令。　守令史宗、佐放。☒ⅱ

　　　　　　　　　　73EJT37:645+1377 [2]

☑□卩　爲人黑,毋須,長七尺,衣白布單衣,白布單綺。　　73EJT37:646

肩水金關　　　甲渠守尉王任印。　　☑　　　　　73EJT37:647

(此簡已與 T37:24 簡綴合)　　　　　　　　　73EJT37:648

☑十二月辛未朔庚[3]☑ⅰ☑令取傳。謹案:☑ⅱ　　73EJT37:649

☑律令。　　　　　　　　　　　　　　　73EJT37:650

建平二年六月丙辰朔甲戌,廣地鱳得守塞尉博兼行候事,移肩水金
關,ⅰ候長趙審寧歸屋蘭,名、縣、爵、里、年、姓如牒,書到,出入如☑ⅱ

73EJT37:651A+716A+727A^[4]

　　　候史丹發

鱳得塞尉印。

　　　君前。　　守令史忠。　73EJT37:727B+651B+716B

【校釋】

[1]發干:東郡之屬縣名。

[2]此簡由許名瑲綴合,詳見許名瑲(2017P95-127)。

[3]許名瑲(2017P95-127)推此簡屬建平四年。

[4]此簡由姚磊、顏世鉉綴合,見姚磊(2021P251)。

(此簡已編聯至 T37:79 後簡冊中)　　　　　73EJT37:652

(此簡已與 T37:28 簡綴合)　　　　　　　　73EJT37:653

(此簡已與 T37:597 簡綴合)　　　　　73EJT37:654+734

三月壬午,長安令右丞寬移☑　　　　　　　73EJT37:655

(此簡已與 T37:1376 簡綴合)　　　　　　　73EJT37:656

壬子朔乙丑[1],廣明鄉嗇夫恭敢言之:廣德里不☑　73EJT37:657

(此簡已與 T37:628 簡綴合)　　　　　　　　73EJT37:658

☑不復致入。　若[2]　　請☑　　　　　　73EJT37:659A

☑□卨[3]　　　☑　　　　　　　　　　73EJT37:659B

【校釋】

[1]許名瑲(2017P95-127)推此簡屬元延三年。

[2]若:原釋作"叩頭□",原簡圖作 。此簡除此字外其餘均隸書,唯此字書寫迥異。且從上下内容和格式看,原釋字文義也不合適。此字上下留有空白,與前後文未必是連續内容。從草寫方式看,此字最像"若"字草書。漢簡中"君若"或"君教若"是文書的批復專用語,其中"若"的草寫比較特殊,如長沙五一廣場東漢簡: (658 君教若)、 (331 君教若),再如 (居新 F22.559 教若)、 (居新 F22.558 教若)。對比可以看出這些"若"的草書與正常草書字形略有差別,但也能大致看出基本結構。猶如後世畫押一樣,固定簽署字帶有個人書寫習慣,會摻雜變形裝飾的因素,此簡的"若"應該就是略變形的草書。

[3]此簡原釋文作"耶",今察原簡有兩字,第一字僅存少許筆畫,第二字原簡作 ,從"户"從"邑",當視爲"扈"。

(此簡已與 T37:901 簡綴合)　　　　　　　　　　73EJT37:660

☑高拓,年卅。　　　　　　　　　　　　　　　73EJT37:661

河南郡滎陽□□里公乘王定,年廿七歲,長七尺□寸,黑色,……以十月☑ i　　　　　　　　　　　　　　73EJT37:662+613[1]

甲渠候史[2]居延白石里公乘靳望,年五十八。☑　　73EJT37:663

(此簡已與 T37:1418 簡綴合)　　　　　　　　73EJT37:664

☑年卅八。　☑　　　　　　　　　　　　　　73EJT37:665

(此簡已與 T37:180 簡綴合)　　　　　　　　　73EJT37:666

☑尉豐、殄[3]虜隊[4]長☑

☑善毋恙,□□□□□里□□再□□☑　73EJT37:667A+556B[5]

☑□謹言毋所□乘與唯□之□高勤上□□□□☑

☑軍叩=頭=(叩頭叩頭)白☑　　　　　　73EJT37:667B+556A

☑　輻車八乘, i☑　馬十一匹。ii　　　　　73EJT37:668

葆茂陵萬延里陳廣漢,年卅二,長七尺六寸。　　☑　　　73EJT37:669

戍卒淮陽國枎(扶)^[6]溝桐里公乘寇志,年卅一。　車父　☑

　　　　　　　　　　　　　　　　　　　　　　73EJT37:670

·肩水候官建始元年七月盡九月居延　　　吏出入關名籍。

　　　　　　　　　　　　　　73EJT37:671+1009^[7]

【校釋】

[1]此簡由姚磊(2021P252)綴合並對釋文補釋。"☑寸黑色"、"月"原皆未釋,從綴合者補釋。

[2]甲渠候史:李均明(1992P25-46):甲渠部作爲專名部即使曾經存在過也不可能與第四、第十部同時並存。"甲渠候長"、"甲渠候史"這兩種稱謂在簡牘中出現次數較多的原因主要還是以它們泛稱甲渠候官下屬諸部候長、候史的緣故。

[3]殄:原簡圖作[圖],由左右結構變成上下結構,"㐱"形略省簡。

[4]隊:原釋作"隧",原簡圖作[圖],今據原圖改。

[5]此簡由謝明宏(2022.3.7)綴合。

[6]枎:原釋作"扶",從韓鵬飛(2019P1633)改釋。

[7]此簡由姚磊綴合,見姚磊(2021P253)。

☑乘朱毋傷,年卅歲,長七尺二寸。　　☑　　　　　73EJT37:672

水北隧卒兒橫　　三　　一　　四石　　四石　　四石

　　　　　　　　　　　　　　73EJT37:673+677^[1]

　　　　　　　軺車☑

居延掾樊循,

　　　　　　用馬☑　　　　　　　　　　73EJT37:674

·循客^[2]張掖和平里孫立,字君功,年卅四五,短壯,黑色,細身,小頭方面,小髭^[3]少須,身端直。初亡時黑幘☑ 73EJT37:675+688^[4]

☑□寸,黑色。　弓　十一月己未☑　　　　73EJT37:676

(此簡已與 T37:673 簡綴合)　　　　　　　73EJT37:677

四月丁酉，鱳得莽^[5]丞彭移肩水金關、居延縣索關，出入毋☐

　　　　　　　　　　　　　　　／掾輔☐　73EJT37:678

戍卒淮陽國甯(寧)平☐城里大夫陳護，年廿四，長七尺二寸，黑色。

　　弓☐ ᵢ　　　　　　　　　　　　　　　73EJT37:679

☐☐當得取傳，謁移過所縣邑津關，勿　　　73EJT37:680

☐☐☐爰書，先以證財物故不以實，臧五百以上，　73EJT37:681

(此簡已與 T37:1355 簡綴合)　　　　　　73EJT37:682

(此簡已與 T37:608 簡綴合)　　　　　　　73EJT37:683

☐當坐，叩頭，死₌罪₌(死罪死罪)，敢言之。　73EJT37:684

(此簡已與 T37:394 簡綴合)　　　　　　　73EJT37:685

☐☐☐☐☐　　張掖大守延年、肩水倉長湯^[6]☐

☐乘傳　　　　鱳得，以次爲駕，當舍傳☐　73EJT37:686

【校釋】

[1]此簡由林宏明綴合，詳見林宏明(2017.6.23)。

[2]循客：王錦城(2019P1597)："循"當通"遁"，遁客指逃跑的人。

[3]髭：嘴上面的鬍鬚。《釋名·釋形體》："口上曰髭。"

[4]此簡由姚磊(2021P254)綴合。黑色，原未釋，從姚磊補釋。

[5]莽：原未釋，秦鳳鶴(2018P530-532)釋作"美"。按：此字原簡圖作𦱖，上從"艹"十分清楚，中從"犬"，下從"大"(實爲"廾"之俗寫)，此即是"莽"之俗寫。

[6]湯：原釋作"移"，從王錦城(2020.1)改釋。按：姚磊(《合校》2021P416-417)已指出此簡內容與 H2:12 簡內容幾乎一致，可對讀。

(此簡已與 T37:177 簡綴合)　　　　　　　73EJT37:687

(此簡已與 T37:675 簡綴合)　　　　　　　73EJT37:688

☐肩水金關　　　　　　　　　　　　　　73EJT37:689

☐☐司馬孝移肩水金關，遣 ᵢ☐毋官獄徵事，當得出入關，如 ᵢᵢ

　　　　　　　　　　　　　　　　　　　73EJT37:690

（此簡已與 T37:39 簡綴合）　　　　　　　　73EJT37:691

（此簡已與 T37:878 簡綴合）　　　　　　　73EJT37:692

☑□成、居延守丞武移過所縣道津關,收浚〈流〉[1]民張掖武威ⅰ☑郡

中,遣茂陵脩禮里男子公乘陳客,年廿五,□□□□ⅱ 73EJT37:693 [2]

居延亭長當遂里公乘□慶,年卅二。卩　　用馬一匹,白□。　　～☑
　　　　　　　　　　　　　　　　　　　　　　73EJT37:694

募[3]從者始昌里公乘成次,年卅八,長七尺四寸。　☑73EJT37:695

☑軺車一乘,

　　　　　　二月辛未,南亭長步入。

☑馬一匹。　　　　　　　　　　　　　　　73EJT37:696

☑界亭　　皆九月戊午入。　　☑　　　　　73EJT37:697

元延元年十月甲午朔乙卯,鸇〈鷁〉[4]陰守長　　丞並移過所,新成里

男☑ⅰ……☑ⅱ　　　　　　　　　　　　　73EJT37:698

梁國戌卒畜直里大夫陳延年=(年,年)廿五。　　☑　73EJT37:699

☑李君卿一分,直(值)百。ⅰ☑王子真一分,直(值)百。ⅱ
　　　　　　　　　　　　　　　　　　　　　73EJT37:700

居延左部守游徼肩水里士伍張武,年五十六。Ⅰ十一月庚子,候史

丹入。Ⅱ軺車一乘,Ⅲⅰ用馬一匹,駹牝,齒七歲,高三尺八寸。Ⅲⅱ
　　　　　　　　　　　　　　　　73EJT37:701+36 [5]

【校釋】

[1]浚:原釋作"流",原簡作浚,右部很明顯不是"充",應該是"夋"的

俗字,當改釋作"浚"。此簡是某人到張掖郡和武威郡中接收流民時的過

關記録,所以這裏的"浚"當是"流"的誤字。

[2]張宏偉(2018.2)認爲此簡文爲出入關登記,據漢代公文例辭,

"成"當爲居延令,與守丞武聯合發文,派遣公乘陳客到張掖郡和武威郡中

接收流民,此次所派遣接收流民者爲茂陵的普通庶民。

[3]募:張宏偉(2018.2)認爲指從者爲某人所僱。

[4]鸇:原徑釋作"鷁",趙爾陽(2016.6.7)釋作"鷁"。按:此字原簡

圖作🔲,左從"壹"清晰易辨,今改釋。鶉,當爲"鶉"之訛誤。

[5]此簡由謝坤綴合,詳見謝坤(2017P69-74)。

□□□□□□□□□敢言之□□□□□□□□□✓ᵢ二月癸亥,
榮(熒)[1]陽守丞萬移過所,如律令。　/掾憙、令✓ᵢᵢ　73EJT37:702A

熒陽丞印。　　　　✓　　　　　　　　　73EJT37:702B

河南鞏秋陰[2]里公乘趙紂,年廿一,長七尺□□□　73EJT37:703

✓……✓ᵢ✓憙[3]移居延,如律令。奉明(明)[4]廣德里丘護,年廿
七,✓ᵢᵢ　　　　　　　　　　　　　　73EJT37:704

✓……✓ᵢ✓如牒,書到,出内如律令。✓ᵢᵢ　　73EJT37:705

建平元年十月乙酉,張掖居延都尉雲、丞歆謂居延卅井鄣候:遣屬王
宣案驗ᵢ事,當舍傳舍,從者如律令。　　兼掾賞、屬蒲、書佐政。ᵢᵢ
　　　　　　　　　　　　　　73EJT37:706+33[5]

(此簡原整理者與T37:640綴合)　　　　73EJT37:707

作日所累,記不知至[6],田□✓ᵢ所作爲何等乎。吾過符欲至□□✓ᵢᵢ
　　　　　　　　　　　　　　73EJT37:708A

田立叩頭言:✓ᵢ子贛坐前,見數不言=(言之)[7],自□□✓ᵢᵢ
　　　　　　　　　　　　　73EJT37:708B[8]

【校釋】

[1]榮:原徑釋作"熒",原簡作🔲,今據原簡字形改。

[2]陰:原簡圖作🔲,與"陶"同形。

[3]憙:原釋作"熹",原簡圖作🔲,今據原簡圖改。

[4]奉明:明,原釋作"明",從黃浩波(2017P113-165)改釋。

[5]此簡由謝坤綴合,詳見謝坤(2017P69-74)。

[6]記不知至:意思是不知道書信已經到了。

[7]原圖版"言"後有"="號,原釋文漏釋,今補。"言 = "當讀爲"言
之"。

[8]從簡文內容可知,此簡的 B 面實際是書信的開頭部分。

南陽宛邑[1]令史段[2]護　☑　　　　　　　　　73EJT37:709

張掖屬國破胡佰三里楊忠,年五十一,長七尺三寸。　十二月甲午

入。　☑ⅰ　　　　　　　　　　　　　　　　73EJT37:710

☑年卅八歲,黃色。　·軺車三乘,牛車四兩,用馬七匹,草馬[3]廿

匹,用牛四。　卩ⅰ　　　　　　　　　　　　73EJT37:711

(此簡已與 T37:852 簡綴合)　　　　　　　　73EJT37:712

河南雒陽苴[4]陽里大夫菅從,年卅五,長七尺二寸,黑色。Ⅰ五月辛

未出,Ⅱⅰ六月乙巳入。Ⅱ ii 牛二,車一兩,弩一,矢五十。Ⅲ

　　　　　　　　　　　　　　　　　73EJT37:713+624[5]

河南郡雒陽栢里大夫蘇通,年五十五,長七尺二寸,黑色。Ⅰ五月辛

未出。Ⅱⅰ六月乙巳入。Ⅱ ii 牛一,車一兩,弩一,矢五十。Ⅲ

　　　　　　　　　　　　　　　　　73EJT37:1084[6]

【校釋】

[1]宛邑:《漢書·地理志》南陽郡下轄有宛縣,T10:121A 可見甘露四

年仍稱宛稱縣。

[2]段:原釋作“殷”,從姚磊(《合校》2021P417)改釋。按:T37:1222

中出現“南陽宛邑令史段護”,蔣波、周世霞(2016.4)已指出是同一人,

[3]草馬:王錦城(2019P1600):即母馬。

[4]苴:原簡作 **苴**,原釋作“芷”。按:此字原簡字形不從“止”,且《史

記》中苴陽、芷陽相混並存,此當按照原簡字形作“苴”。

[5]此簡由姚磊綴合,見姚磊(2021P255)。

[6]以上兩簡由姚磊(2020P109-122)編聯。

肩水金關　☑　　　　　　　　　　　　　　73EJT37:714

☑一封。　二月丙辰,書佐相署。　　　　　73EJT37:715

(此簡已與 T37:651 簡綴合)　　　　　　　73EJT37:716

☑三寸,黑色。　　　　　　　　　　　　　　73EJT37:717

二月癸酉,廣地隧長尊以私印兼行候事,移肩水金　73EJT37:718

　　　　　元康五年三月癸未朔癸卯,士吏橫付襄澤隧長樂成。

☑□三月奉。

　　　　　　　/候房臨[1]。　　　　　　　　　　73EJT37:719

☑……ⅰ☑居延河津關,毋苛留,如律令。ⅱ　　　73EJT37:720

……移縣索金ⅰ關,毋苛留,敢言之。十一月癸卯,酒泉羌騎千人[2]兼

禄福長守丞沙頭尉章移居ⅱ☑□守令史房。ⅲ　　73EJT37:721+26[3]

追[4]殺人賊賈賀酒泉、張掖、武威郡中,當舍傳舍,從者如律令。/兼

掾豐、守令史□。☑ⅰ　　　　　　　　　　　　73EJT37:722

【校釋】

　[1]臨:郭偉濤(2017P129-174):"候房臨"表示肩水候房親臨現場。

　[2]羌騎千人:姚磊(2021P387):關於"羌騎",冉光榮先生認爲:"邊

郡内統治之羌人,或分派守塞,名'守塞羌'、'保塞羌';或爲徵調爲軍之

'羌騎',名'義從羌'。""羌騎千人"是"羌騎"的規模,多於居延新簡中的

羌騎"百人","酒泉羌騎千人"與宣帝的平羌戰爭有一定的關聯。

　[3]此簡由姚磊綴合,見姚磊(2021P256)。

　[4]追:原釋作"逐",從王錦城(2020.1)改釋。

十一月丙午,北鄉外黄邑[1]丞鄧移過所☑ⅰ☑……。謹案:賢並毋官

獄徵事,當爲傳,謁移廷,敢言之。☑ⅱ……ⅲ

　　　　　　　　　　73EJT37:723A+1420A+1302[2]

外黄邑丞印。☑　　　　　73EJT37:1420B+723B

　　　　　今入卅石,

☑□輸卌□粟七十石。

　　　　　　與此四百七十二石八斗。　　73EJT37:724

☑□酒泉、張掖、武威郡中,當舍傳舍,從者如律令。　73EJT37:725

五官掖大守府以郵行。ⅰ用此誠糸令人魚獲。ⅱ……ⅲ73EJT37:726

（此簡已與 T37：651 簡綴合）　　　　　　　73EJT37：727

☑【神】爵四年九月壬戌朔己☑（削衣）　　　73EJT37：728

（此簡已與 T37：143 簡綴合）　　　　　　　73EJT37：729

（此簡已與 T37：1476 簡綴合）　　　　　　 73EJT37：730

☑□牟^[3]賢　　　　　　　　　　　　　73EJT37：731

五鳳三年四月癸丑,北部候長宣敢言☑　　　　73EJT37：732

☑□史□,敢言之。謹案：有毋官獄徵事,當得爲傳,謁移過所縣邑
侯國,勿苛留止,敢言之。ⅰ☑□宛獄丞莫當行丞事,移過所縣邑侯
國,勿苛留止,如律令。/掾通、令史衆^[4]。ⅱ　　73EJT37：733

【校釋】

[1]外黄邑：陳留郡下轄外黄邑。

[2]此簡由謝坤綴合,詳見謝坤(2016P241-246)。

[3]牟：原釋作“樂”,韓鵬飛(2019P1636)以爲當存疑。按：此字與其
上的未釋字原簡圖作 ，原釋作一字不妥。最上面的墨跡與下面的字形
並無呼應關係,而且也有一些距離,當作兩個字看待。漢簡中的“牟”多有
此形,如肩伍 72EJC：236 、肩貳 T24：372 等皆如此。金關簡中的
“牟”全部用作姓氏,疑此處也用作姓氏。如果按照常見的“名爵縣里”的
行文格式,其上的未釋字可能是“里”字。

[4]衆：原釋作“東”,原簡圖作 ,與常見的“東”形有差距。其下部當
爲“衆”之所從,今改。衆,在這裏用作人名。

（此簡已與 T37：597 簡綴合）　　　　　　　73EJT37：734

☑用牛一,黄犢,齒十歲。　九月丁未北田^[1]。☑　73EJT37：735

☑死罪。再拜　☑ⅰ☑□　☑ⅱ　　　　　　　73EJT37：736

（此簡已與 T37：1294 簡綴合）　　　　　　 73EJT37：737

……ⅰ卒張掖居延移肩水金關卒當出關名籍一編,如律令。ⅱ

　　　　　　　　　　　　　　　　　　　73EJT37：738A

淮陽令印。　　　　　　　　　　　　　　　　73EJT37:738B

　　　　　　　　　　　　　　　　　軺車七乘,

神爵元年六月癸未,張掖卒史張卿輩凡十五人出。

　　　　　　　　　　　　　　　　　馬九匹。

　　　　　　　　　　　　　　　　　　　73EJT37:739

五鳳二年六月壬午朔己丑,魏(魏)[2]郡貝丘四望亭長寬調爲郡迎 i

……之:謹移罷田卒名籍一編,敢言之。ii　　73EJT37:740A+1 [3]

亭長寬　　　　　　　　　　　　　　　　73EJT37:740B

葆扶風槐里東回里李可,年卅。　　　　　　73EJT37:741

(此簡已編聯至 T37:79 後簡册中)　　　　　73EJT37:742

肩水候,寫移書到,驗問收責,報會四月三日如大守府,書律令。/掾
遂、卒史博。i　　　　　　　　　　　　　　73EJT37:743

十二月辛卯,張子上以來。　　　　　　　　73EJT37:744A

還入如律令。　　　　　　　　　　　　　　73EJT37:744B

觻得始樂里公大夫對賢,年五十,長七尺二寸,黑色。Ⅰ十月壬辰
出。Ⅱ十月庚子入。Ⅲi爲平利侯畢成葆。卩Ⅲii　73EJT37:745

世從者安故里孫偃,年十三,長六尺,黑色。　　73EJT37:746

☑佐禄福德昌里趙欣,年卅,長七尺八寸。　　五月中出,七月癸卯過
南。i　　　　　　　　　　　　　　　　　73EJT37:747

居延都尉屬居延金脩里張誼,年卅一。　　　軺車一乘,馬一匹。

　　　　　　　　　　　　　　　　　　　73EJT37:748

建平三年八月己卯朔乙巳,居延城倉長護移過所縣道津關,遣從史
周武歸武威取衣用,當i舍傳舍,從者如律令。　嗇夫長、佐區[4]。ii

　　　　　　　　　　　　　　　　　　　73EJT37:749A

居延倉長印。　　　　　　　　　　　　　　73EJT37:749B

梁國戍卒甾東昌里大夫桐汙虜,年廿四。　　　丿　73EJT37:750

小婢承顏長五尺。　　卩　　　　　　　　　73EJT37:751

五月丁巳,偃阩(師)守長縰氏、左尉實、守丞就移過所過縣邑,毋何
(苟)留,如律令。掾敞、令史憙。ᵢ　　　　　　　　73EJT37:752A

縰氏守丞印。　　　　　　　　　　　　　　　　　73EJT37:752B

居延東鄉嗇夫延年里乾忠臣,長七尺五寸,黑色。　　　軺車一乘,
馬二匹。ᵢ　　　　　　　　　　　　　　　　　　73EJT37:753

橐他沙上隧長魯欽Ⅰᵢ建平元年正月家屬符。Ⅰᵢᵢ妻昭武便處里魯
請,年十九。Ⅱ(簡右側有一刻齒)　　　　　　　　73EJT37:754

建平二年家屬符。Ⅰ子男臨,年十六。Ⅱᵢ子女召,年廿。子女青,
年二歲。Ⅱᵢᵢ子女驕,年十三。Ⅱᵢᵢᵢ子婦君陽,年廿三。子女君乘,年
八。子男欽,年三歲。Ⅱᵢᵥ(簡左側有一刻齒)　　　73EJT37:755

　　　　　　妻大女鰍得安成里陳自爲,年卌四。

橐他收降隧長陳建

　　　　　　子小男憚,年九歲。　　車一兩。
建平二年正月家屬符。

　　　　　　子小女護□,年□□。(簡右側有一刻齒)
　　　　　　　　　　　　　　　　　　　　　　73EJT37:756

　　　　　累下隧長張壽王子大女來君居延千秋里,年十八歲。
廣地　長七尺黑色　　　　　子小男長樂,年一歲。
　　　　　　　　　　　　　子小男捐之,年七歲。(簡右側一刻齒)
　　　　　　　　　　　　　　　　　　　　　　73EJT37:757

橐他南部候史虞憲Ⅰᵢ建平四年正月家屬出入盡十二月符。Ⅰᵢᵢ母
昭武平都里虞俠[5],年五十。Ⅱᵢ妻大女醜,年廿五。Ⅱᵢᵢ子小女孫
子,年七歲。Ⅱᵢᵢᵢ子小男馮子,年四歲。Ⅱᵢᵥ大車一兩。Ⅲᵢ用牛二
頭,Ⅲᵢᵢ用馬一匹。Ⅲᵢᵢᵢ(簡右側有一刻齒)　　73EJT37:758[6]

　　　士吏護葆鰍得都里公乘張徙,年卅五歲,
廣地
　　　　　　長七尺五寸,黑色。(簡右側有一刻齒)　73EJT37:759[7]

居延司馬印。

肩水金關

八月丁酉,槐累候長年以來。　　　　　　　73EJT37：760

　　　　　　　　　　妻大女陽,年廿三。　車牛一兩,

橐他曲河亭長昭武宜春里　　子小女頃閒,年三歲。用牛二頭。

陸[8]永家屬符。　　　　　　（簡右側有一刻齒）73EJT37：761 [9]

橐他石南亭長王並Ⅰ i 建平四年正月家屬出入盡十二月符。Ⅰ ii 妻

大女昭武宜衆里王辦,年五十。Ⅱ i 子男嘉,年十一歲。Ⅱ ii 大車一

兩,Ⅲ i 用牛二頭,Ⅲ ii 用馬一匹。Ⅲ iii 　　　　　　73EJT37：762

【校釋】

[1]此字原釋作“出”,姚磊(《合校》2021P418)指出此處或有作“北嗇

夫出”之斷殘可能,故“出”有作“嗇”之可能。今作存疑處理。

[2]巍:原釋作“魏”,從高一致(2016.1.14)改釋。

[3]此簡由姚磊綴合,詳見姚磊(2021P257)。

[4]臨:原未釋,今據原圖版擬補。

[5]俠:原釋作“儉”,T37：1514 有“母昭武平都里虞俠”,兩者對讀可

確定釋字。

[6]此爲吏家屬出入符,詳參李迎春(2019P252–271)。

[7]此爲吏家屬出入符,詳參李迎春(2019P252–271)。

[8]姚磊(《合校》2021P403)認爲此字原釋有誤,當存疑。

[9]此爲吏家屬出入符,詳參李迎春(2019P252–271)。

署從署,得行馳道[1]旁,孝文皇帝二年[2]正月丙子下。　73EJT37：763

河南郡新鄭高關里公乘馮奉,卅三。　　　　　　73EJT37：764

昭武都田嗇夫[3]居延長樂里石襃,年廿七。　　　馬一匹,　九月乙

卯。i 　　　　　　　　　　　　　　　73EJT37：765 [4]

田卒河南郡密邑宜利里公乘鄭不侵。　　　　　73EJT37：766

廣地卒趙國邯鄲邑里陽成未央[5],　　賞賣大刀一,賈錢二百五十。

都倉□□□□男子平所　平,直(值)百五十。　　△卩ⅰ　73EJT37:767

·右東部　　　用錢三千三百九十。　　　73EJT37:768

今餘官未使婢一人。　　　　　73EJT37:769

永始五年二月戊戌朔丙午,肩水候憲敢言之:府下詔書二事。其一
事,常以二月遣謁者。ⅰ　　　　73EJT37:770A[6]

守令襃　　　大　　守令史襃　　　73EJT37:770B

寫移書到,出入如律令。　　　/佐昭。　　73EJT37:771

制曰:可。高皇帝七年七〈十〉月[7]乙丑下。　　73EJT37:772

【校釋】

[1]馳道:皇帝專用的道。

[2]孝文皇帝二年:前 178 年。此年正月癸酉朔。

[3]都田嗇夫:王勇(《秦漢地方農官建置考述》,《中國農史》2008 年第 3 期)認爲都田的長官稱都田嗇夫,也可能都田就是都田嗇夫的簡稱;都田之"都"當即都官之"都",都田嗇夫是中央官署派駐在縣内的農官,主管全縣公田。

[4]此簡姚磊(2016P226-240)認爲與 T37:1523+111 關係密切,可能是正副本的關係。

[5]此處郡縣里人名與常見文例略有出入,王錦城(2019P1603)認爲是"里陽"二字互倒,可從。正確的行文當爲"趙國邯鄲邑陽里成未央"。邯鄲邑,又見於居延漢簡 50. 15。鄭威(2015P217-241):邯鄲爲邑的時間並不長,徵發邑中戍卒的記載因此很少。《漢書·地理志》趙國邯鄲縣在今河北省邯鄲市市區及西南郊區一帶。

[6]郭偉濤(2017P129-174):據簡文,肩水都尉府之前曾向肩水候下發詔書,此簡爲肩水候憲就此向都尉府報告的文書。因都尉府在大灣,文書出土地當時爲肩水駐紮地。簡背多出習字,因此可能爲草稿。據學者研究永始五年六七月份改爲元延元年,故永始五年即爲元延元年二月。

[7]許名瑲(2017P95-127)據《朔閏表》得知高皇帝七年七月無"乙

丑”,推測可能是“己丑”之誤,但這年十月十九日爲“乙丑”,故“七月”也可能是“十月”之誤。今從“七月”爲“十月”之誤説。

入弩一,檃丸一。　　　　　元康三年三月甲寅朔[1]辛酉,關嗇☑

　　　　　　　　　　　　　　　　　　　　　　73EJT37:773

☑告尉史宣平里董充,自言取傳爲家賣牛長安。謹案:
☑縣邑侯國,毋何(苛)留,敢告尉史。　　　　73EJT37:774
府録毋擅入常鄉廣地置佐鄭衆　　　　　　　　73EJT37:775
居延部,終更已,事未罷,坐傷人,亡命[2]。今聞命籍[3]在頓丘邑獄,
願[4]自詣,它如爰書。　　七月甲辰入。ⅰ　　　　73EJT37:776A
元康四年伏地再拜伏伏伏伏再它再拜伏拜(習字)　73EJT37:776B
☑□部甲鞊(鎧)[5]、鞼瞀(鍪)裏簿。　　　　73EJT37:777
元延二年正月癸亥朔丙子,居延、殄北候邑移過所縣道河津關,遣尉
史李鳳市[6]席、杯器㰱ⅰ得,當舍傳舍,從者如律令。　/掾臨、令史
豐。　　　　正月廿二日入。ⅱ　　　　　　　73EJT37:778
南部候長薛鳳,Ⅰ校郵書表火肩水界中出入盡十二月。Ⅱⅰ子男㒼
得安國里薛級,年十五。Ⅱⅱ軺車一乘,用馬二匹。·其一匹騮(駵)
牡,齒七歲。Ⅲⅰ一馬駹牝,齒八歲。Ⅲⅱ　　　　73EJT37:779

【校釋】

[1]許名瑲(2017P95-127)根據簡 T23:389 認爲此處“甲寅朔”爲“甲午朔”之誤。

[2]亡命:陶傳祥(2016.2):文中將此詞分成兩層意思。一是逃脱名籍之意。《史記》載:“張耳嘗亡命,游外黄。”索隱引晉灼曰:“命者,名也。謂脱名籍而逃。”崔浩曰:“亡,無也。命,名也。逃匿則削除名籍,故以逃爲亡命。”顔師古注釋“亡命”曰:“命者,名也。凡言亡命,謂脱其名籍而逃亡。”唐代李賢注《後漢書》曰:“命,名也,謂脱其名籍而逃亡。”二是因犯罪而逃,以此躲避法律的制裁。

[3]命籍:丁義娟(2019P182):歸案者專門要去頓丘邑獄投案,説明

"命籍"只有一份,由一個部門掌握。頓丘大概是案件發生地,該人傷人後逃亡,該地逐捕未得,進行了缺席審判,形成定罪通緝檔案即爲"命籍",該檔案應記載有案情、認定罪名、刑罰等。

[4]願:秦鳳鶴(2018P530—532)釋作"即"。按:此字原簡圖作 ，確實與常見的"願"寫法有別,但與"即"差距也較大。按照文義來看,此處當釋作"願"。"願自詣"就是希望自己送達,故仍當釋作"願",而該字形當視爲訛誤寫法。

[5]鎧:張再興、黄艷萍(2017P72—77)作"鎧"之異體字,可從。甲鎧即鎧甲。

[6]市:購買。《廣雅・釋詁三》:"市,買也。"

建平元年九月庚寅朔丁未,掾音敢言之:官大奴杜勝,自言與都尉五官掾石博i葆俱移簿大守府,願已(以)令取傳,謁移過所縣道河津關,毋苛留,如律令,敢言之。ii　　　　　　　73EJT37:780
九月丁未,居延庫守丞長移過所,如律令。i掾音。ii 73EJT37:89[1]

【校釋】

[1]姚磊(2017P206—228)指出以上兩簡書體、書風一致,内容相連,當屬於同一册書。今從其説編聯。

……肩水金關,遣吏使之居延,名、縣、爵、里、i年、姓如牒,書到,出入如律令。ii　　　　　　　　　73EJT37:781A
張掖肩水千人　　　即日發關。

　　　　　　　　　　　/令史嘉└褒。　73EJT37:781B
五鳳四年十一月戊辰朔己丑,居延都尉德、丞延壽謂過所縣道津關:遣屬常樂與行邊兵[1],丞相史[2]楊卿從i事,移簿丞相府,乘所占用馬二匹,當舍傳舍,從者如律令。/掾仁、屬守長壽、給事佐忠。ii

　　　　　　73EJT37:782A+836A+1255A[3]

居延都尉章。　　　　　　73EJT37:782B+836B+1255B

【校釋】

[1]行邊兵:《集成》(五 P19):巡行視察邊塞軍事裝備。

[2]丞相史:丞相屬官,輔佐丞相行監察職能。《後漢書·百官志》:"秦有監御史,監諸郡,漢興省之,但遣丞相史分刺諸州,無常官。孝武帝初置刺史十三人,秩六百石。成帝更爲牧,秩二千石。"

[3]此簡由姚磊綴合,詳見姚磊(2021P258)。

……ⅰ綏和二年十一月乙未朔壬子,橐他候普移肩水金關,ⅱ遣吏卒
送雞府[1],官除各如牒,書到,出入如律令。ⅲ　　　　73EJT37:783A
令史永。　　　　　　　　　　　　　　　　　73EJT37:783B[2]
七月壬申,尉史漢謹案:壽年十七歲,爵上造,敢言之。ⅰ七月壬申,
成都守丞翠陶謁移過所縣津亭,勿苛止,如律令。　　/掾護、令史
高。ⅱ　　　　　　　　　　　　　　　　　　73EJT37:784A
成都丞印。　　　　　　　　　　　　　　　73EJT37:784B
　　　　　兄子祿福嘉平里温普,年十三。十二月庚午,南嗇夫豐入。
居延令温君。
　　　　　馬一匹,騮牡,齒七歲,高五尺七寸半。　　73EJT37:785
【校釋】

[1]送雞府:可能是"送雞至府"之省。T37:841 有"輸雞府",兩者關係密切,但不明其義,待考。

[2]藤田勝久(2018P223-244):橐他候官送至肩水金關的"出入"通行證。此處爲了讓吏卒前往郡府,附加了"官除"的牒文。

劉儀叩頭白:ⅰ孝卿前到,幸哀之,未〈來〉官[1]留須臾,君伯有少₌
(少少)酒[2],不敢ⅱ　　　　　　　　　　73EJT37:786A
用,如侍何?恨不肯來及儀[3]忽……
者,爲乏當食者不(否)?叩頭,幸甚。　　　73EJT37:786B

【校釋】

[1]未官：未，原簡圖作 未，應該是“來”字的誤寫，或者可直接釋作“來”。B 面的“來”字作 耒，兩形除了連筆的區別外，其他基本一致。官，原未釋，從姚磊(《合校》2021P420) 補釋。此字原簡作 官，當是“官”字的俗訛寫法。

[2]少少酒：王子今(《試論居延“酒”、“鞠”簡：漢代河西社會生活的一個側面》，《簡帛研究》第三輯，廣西教育出版社 1998 年第 438—447 頁)認爲居 228.22 中“酒少少”可能是漢代習用語，似乎是指置酒者的自謙語。按：此處“少少酒”可能與“酒少少”類似，爲置酒者自謙語。少少，應是疊音自謙詞，表示微不足道之義。“君伯有少少酒，不敢用，如待何？”這句話大意可能是説君伯略備薄酒，您都不享用，這算什麼招待呢。這類表達在書信簡中，如果位於起首位置，一般是寒暄客套而已。

[3]儀：原未釋，此字原簡作 儀，雖然墨跡缺損，但仍能看出右從“義”，且同簡正面出現了“儀”，對比可知是同字。

　　　　葆孫昭武久長里小男封明，年八歲。丿三月甲子入。駁馬亭[1]長封並。

　　　　　明弟乃始，年四。　　　　　　　　　　73EJT37：787

建平三年五月庚戌朔甲子，肩水候憲謂關：嗇夫豐遣守令史敞

校郵書橐他，書到，出入如律令。　　　　　　　73EJT37：788A

張掖肩候　　　即日發關。

五月甲子以來。　　　　　令史襃。　　　　　　73EJT37：788B

☑車二乘。騂牡馬一匹，齒六歲。□牝馬一匹，齒九歲。　73EJT37：789

……☑　　　　　　　　　　　　　　　　　　73EJT37：790A

……卒史☑　　　　　　　　　　　　　　　　73EJT37：790B

(此簡已與 T37：105 簡綴合)　　　　　　　　73EJT37：791

☑……ⅰ☑毋官獄事，令得爲傳，移過所侯國，毋河(苛)留。ⅱ

☑　　　　丞我　謁移過所，　掾緩、守令史賜。ⅲ　　　73EJT37：792

……閔□等　　　　　　　　　　　　　　　　　73EJT37：793

☑　　　當償馮君上

☑□　　白素六尺八寸，直(值)百五十六……夫□□市　73EJT37：794

(此簡已與 T37：591 簡綴合)　　　　　　　　　73EJT37：795

☑□廿三，長七尺二寸，黑色。　　輜車一乘，用馬一匹，十二月甲午
出。ⅰ　　　　　　　　　　　　　　　　　　　73EJT37：796

　　　　　　大婢好，長六尺五寸。　　　　小奴驪，長五尺☑
客田男子解恭。

　　　　　　小婢緑，長五尺☑　　　　　　　73EJT37：797

豐頭二所，左肩二所，□驒北亭長劉[2]彭擊豐右手一所，☑

　　　　　　　　　　　　　73EJT37：798+643 [3]

【校釋】

　　[1]驒馬亭：亭名，又見於 D：319C，具體地址不詳。

　　[2]劉：原釋作“對”。此字正處在茬口處，綴合後原簡圖作🖋，仔細辨
析左下部可知，左下是“金”的草書寫法。此字原簡作姓氏，今改釋作
“劉”。“劉”姓在金關簡中十分常見，如 T37：1442B 劉儀、T37：1584 劉弘、
D：75A 劉子方。

　　[3]此簡由姚磊綴合，見姚磊(2021P259)。

☑……趙秋、趙類自言取傳，爲家私市張掖。ⅰ☑……邑侯國，以律
令從事，敢言之。ⅱ☑……過所縣邑侯國，如律令。掾未央/、守令史
相。ⅲ　　　　　　　　　　　　　　　　　　73EJT37：799A

☑□之丞印。　　　　　　　　　　　　　　73EJT37：799B

建平四年十二月辛未朔癸酉，張掖廣地候況移肩水金關，……☑
名、縣、爵、里、年、姓如牒，書到，出入如律令。☑　　73EJT37：800A

廣地候印　　廣地地地　　守令史惲☑　　　73EJT37：800B

（此簡已與 T37：853 綴合）　　　　　　　　　　73EJT37：801

安葆同里公乘馮未央,年十九,　長七尺二寸,黑色。　　丿　丩

　　　　　　　　　　　　　　　　　　　　　　　73EJT37：802

建平二年五月丙戌朔丁亥,廣地觻得守塞尉博移肩水金關部吏家

屬[1]☑ᵢ　　　　　　　　　　　　　　　　　　73EJT37：803A

……☑ᵢ五月己丑以來。　門下[2]　亭長憚　☑ᵢᵢ　73EJT37：803B

☑車一乘,　☑ᵢ☑□驛牝,齒七歲,高五尺五寸,　☑ᵢᵢ　73EJT37：804

破□□羌羌對以肩☑ᵢ正月乙未,破羌將軍張掖大守千人武彊兼行

丞事。ᵢᵢ73EJT37：805A+535B+3：599B[3]

肩水候茂陵息衆里五大夫□□□,未得神爵三年四月盡六月奉用錢

萬八千☑ᵢ……正月　　　　　　　已得賦錢萬八千☑ᵢᵢ

　　　　　　　　　　　　　73EJT37：805B+535A+F3：599A

（此簡已與 T37：1207 簡綴合）　　　　　73EJT37：806+816

肩水金關　　　　　　　　　　　　　　　　　73EJT37：807

（此簡已與 T37：247 簡綴合）　　　　　　　73EJT37：808

……☑　　　　　　　　　　　　　　　　　73EJT37：809

（此簡已與 T37：536 簡綴合）　　　　　　　73EJT37：810

（此簡已與 T37：832 簡綴合）　　　　　　　73EJT37：811

☑卒河南郡新鄭安漢里溫奉,年卅一。　　☑　73EJT37：812

☑□里趙應,年廿六。　　　☑　　　　　　73EJT37：813

居延長樂里公孫放,年十九。　從王宣☑　　　73EJT37：814

☑得守長日勒尉　丞彭移過所,如律令。□☑　73EJT37：815

（此簡原整理者與 T37：806 綴合）　　　　　73EJT37：816

☑□徐光　　　　　　　　　　　　　　　　73EJT37：817

肩水候官　出關致　　　　　　　　　　　　73EJT37：818

（此簡已與 T37：282 簡綴合）　　　　　　　73EJT37：819

☑　□關,毋苛止,如律令,敢言之。……　　73EJT37：820

☑　北書詣居延都尉，八月癸丑起。　　八月☑　　　　73EJT37：821

濟陰定陶西鄉嗇夫中關里公乘張廣，年卌五，長七尺二寸，黑色。尉

史定入。丿ᵢ　　　　　　　　　　　　　　　　　73EJT37：822

（此簡已與 T37：495 簡綴合）　　　　　　　　　　73EJT37：823

金關　　　☑　　　　　　　　　　　　　　　　　73EJT37：824

☑□，年廿六。　　丿　　　　　　　　　　　　　73EJT37：825

小婢眉，年一歲。　☑　　　　　　　　　　　　73EJT37：826

鱳得安樂里大夫王世，年六十五歲。　　丿　☑　　73EJT37：827

☑令史趙彭之官名籍如牒。　書到，出如律令。　73EJT37：828A

☑□候史丹發。　　　　　　　　　　　　　　　73EJT37：828B

戍卒趙國柏人曲周里公乘段未央，年廿四。　☑　73EJT37：829

（此簡已編聯至 T37：132 後簡册中）　　　　　　73EJT37：830

☑長四尺五寸。　十二月乙丑，北嗇夫豐出。　　73EJT37：831

□□移鱳……一兩　　　　　　　73EJT37：832+811[4]

居延亭長平明里不更張廣，年廿三，長七尺五寸，黑色。軺車一乘，

用☑ᵢ□從者居延□□里大夫徐□，年十二，長五尺四寸，黑色。五

月己亥入。七月☑ᵢᵢ　　　　　　　　　　　73EJT37：833A

亭長廣傳　☑　　　　　　　　　　　　　　　73EJT37：833B

戍卒趙國邯鄲東召里功孫定。　　☑　　　　　73EJT37：834

☑肩水關嗇夫放以小官印兼行候事，移廣地候官，就人

　　　　　　　　　　　　　　　　　　　　　73EJT37：835A

☑　　／守令史宣。　　　　　　　　　　　　73EJT37：835B

（此簡已與 T37：782 簡綴合）　　　　　　　　　73EJT37：836

　　　　　　葆鞮汗里徐襃，年□□☑

居延都尉書佐陳嚴。乀

　　　　　　軺車一乘，馬一匹，騩☑　　　　73EJT37：837

　　軺車十二乘，

☑☑

私馬十六匹。　七月己卯出。　　　　　　73EJT37:838

謹☑☑東☑主隧☑☑　☑　　　　　　　　73EJT37:839

居延☑☑塢長金城里公乘龔憲,年卅五。　十一月庚☑73EJT37:840

音妻苑君,年廿五。

☑年卅二。　輸雞府[5]。

車一兩,牛二頭。　　　　　73EJT37:841

十月壬申,鰈得守丞強以私印行事,謁移肩水金關,如律令。☑

73EJT37:842+946[6]

肩候　☑ⅰ五月癸巳,亭長甯忠以來。　☑ⅱ　　73EJT37:843

葆東郡茌平邑[7]始里公乘吕壽王,年廿,長六尺七寸,　☑☑

73EJT37:844

【校釋】

[1]家屬:家,原釋作"卒",從姚磊(《合校》2021P420)改釋。屬,原未釋,姚文根據 T37:152 辭例對讀釋出此字,可從。但此字存見墨跡太少,暫存疑處理。

[2]門下:原釋作"☑下☑",韓鵬飛(2019P1642)釋作"已入☑"。王錦城(2019P766)釋作"門下",從改。

[3]此簡由姚磊(2021P260)綴合,綴合後釋文有修正,並補釋"正月"等字。今從其説。

[4]此簡由姚磊綴合,見姚磊(2021P261)。

[5]輸雞府:應是"輸雞至府"的簡省。這裏的"府"可能指太守府。

[6]此簡由姚磊綴合,詳見姚磊(2021P262)。

[7]茌:原釋作"茬",原簡作 ![字形], 從林獻忠(2016.5)改釋。鄭威(2015P217-241):《漢書·地理志》東郡有茬平縣,北宋宋祁曰"'茬'當作'茌'",王先謙認爲宋説有誤。《史記·酷吏列傳》曰:"尹齊者,東郡茌平人。"《漢書·酷吏傳》亦有相同記載。依據簡文,當以"茌平"爲是,"茬"、"茬"均因形似而誤。茌平曾置邑,地在今山東省茌平縣韓集鄉高垣墙村、

南鄭村。按：據簡文而言，作“茌”爲是。

句陽高成里莊賜之，年卅。　　☑　　　　　　　　73EJT37：845

　　　　　　葆妻糱得長壽里趙吳，年廿七。

橐他野馬隧長趙何。　　　子小女佳，年十三。

　　　　　　　子小男章，年十一。　　　73EJT37：846

魯國施里不更辛意，年卅，長七尺二寸，黑色。　十月辛巳入。　牛

車一兩，☑ⅰ　　　　　　　　　　　　　　73EJT37：847

南書五封□□。Ⅰ其一封居延都尉章，詣郡大守。三封昭武長印，

詣……。其一封……☑Ⅱⅰ府。十月庚申起□□。一封居延丞印，

詣昭武☑Ⅱⅱ　　　　　　　　　　　　　73EJT37：848

梁（梁）國戍卒畜板里大夫華定，年廿四。　　☑　　　73EJT37：849

肩水橐他候長勇士隧長□□孫宏☑

【肩水】都尉君[1]司馬莊行丞事，以詔書增宏勞[2]十二月廿四日。

　　　　　　　　　　　　　　73EJT37：850+35 [3]

百到必用留衣錢□☑　　　　　　　　73EJT37：851A

來者必與之書令留☑ⅰ……☑ⅱ　　　　73EJT37：851B

河東北屈經（綱）[4]陰鄉[5]嗇夫梁博。Ⅰ轺車一乘，馬一匹，騩牝，齒

十六，高六尺。Ⅱⅰ黑犗牛一頭。Ⅱⅱ　　73EJT37：852+712 [6]

酒五斗Ⅰ丁長卿Ⅱⅰ朱長樂Ⅱⅱ　　　73EJT37：853+801 [7]

九月癸亥，陽翟邑守丞蓋邑寫移過所，如律令。　/掾長、守令史歃。

　　　　　　　　　　　　　　73EJT37：854+1196 [8]

【校釋】

　　[1]都尉君：姚磊（2016P226-240）認爲“君司馬”當是“郡司馬”書寫
簡省。王錦城（2019P1547）認爲“君”是敬稱，都尉君是對都尉的尊稱。
按：T22：21A有“都尉君謂”，F3：433+274見“司馬莊”，因此“君”與“司馬”
應分開理解。

[2]以詔書增宏勞：姚磊(2016P226–240)懷疑簡文"詔書增"三字後也存在簡省的情況，也即"丞"是"秩六百石"，郡司馬莊已"行丞事"，似存在增其秩的可能。王錦城(2019P1547)糾正説按照詔書增加宏的功勞，並非有簡省。按：王説爲是。

[3]此簡由姚磊綴合，見姚磊(2021P263)。

[4]經：應爲"綱"之俗寫。

[5]陰：原簡圖作𤽠，與"陶"同形，故此處也可能是"陶鄉"。

[6]此簡由謝坤綴合，詳見謝坤(2017P69–74)。

[7]此簡由謝明宏(2022.5.30)綴合。

[8]此簡由謝坤綴合，詳見謝坤(2018.1)。

妻大女陳恩，年卅五。☑

橐他候史昭武樂成里陳褒。

子大男業，年十八。☑　　73EJT37:855

滎陽春里公士張醰，年十五，　方相(箱)車一乘，駹牝馬一匹，齒十四歲，　十一月壬辰兼騂北亭長並出。i　　73EJT37:856+927[1]

(此簡已與 T37:401 簡綴合)　　73EJT37:857

茂陵始樂里李談，年廿八，字君功。　乘方箱車，駕騂牡☑

　　73EJT37:858

大婢朱熹☑

河南卷[2]市陰里公乘景音，年卅。

方箱車一乘，用馬一匹，□☑

　　73EJT37:859

☑　姊子始至里張音，年廿五，代　　73EJT37:860

☑手巾二☑i☑絑布七尺五寸。卩☑ii　　73EJT37:861

橐他候長鱳得安漢里公乘任由，年卅四。　對府[3]。　十月己酉入。☑i　　73EJT37:862+136[4]

☑謹案：□□□，毋官獄徵事，謁移過所縣邑侯國門亭河津，毋苛留，

如律令,敢言之。ⅰ☒□移過所,如律令。/掾賢、守令史奉。☒ⅱ
73EJT37：863+592^[5]

☒　/兼掾臨、守令史昌、佐長。　　　　　　　73EJT37：864

(此簡已與 73EJT37：639 綴合)　　　　　　73EJT37：865

戍卒淮陽國甯(寧)平宜春里大夫宋善,年廿,長七尺二寸,黑色。弓
☒ⅰ　　　　　　　　　　　　73EJT37：866+580^[6]

【校釋】

[1]此簡由謝坤綴合,詳見謝坤(2018.1)。

[2]卷:縣名,在今河南省原陽縣舊原武西北。

[3]對府:官吏應召或爲他事到官府。

[4]此簡由姚磊綴合,見姚磊(2021P264)。

[5]此簡由姚磊綴合,見姚磊(2021P265)。

[6]此簡由姚磊綴合,見姚磊(2021P266)。

(此簡已與 T37：207 簡綴合)　　　　　　　73EJT37：867

居延名、縣、爵、里、年、姓如☒　　　　　　73EJT37：868

☒……謹案:户籍臧☒ⅰ☒□津關,毋苛留止,敢言☒ⅱ☒……☒ⅲ
73EJT37：869

戍邊乘橐他曲河亭南陽郡葉邑安都里柏尚,年卅五,會赦事已。Ⅰ
軺車一乘,Ⅱⅰ牛一頭。Ⅱⅱ二月乙丑南入。Ⅲ　　73EJT37：870

神爵二年十二月壬申朔辛卯,東鄉嗇夫生敢言之:昌樂里韓忠,自言
以令占田居延,與子女婢温小男ⅰ……乘占用馬四匹,軺車三乘,謁
移肩水金關,出入復傳,毋苛留止,如律令,敢言之。ⅱ 73EJT37：871

(此簡已與 T37：1206 簡綴合)　　　　　　73EJT37：872

☒歲,長七尺五寸,黑色。丿Ⅰ軺車一乘,馬一匹,弩一,矢五十。Ⅱⅰ
元康二年五月庚丿丿寅入,五月丙申出。Ⅱⅱ　73EJT37：873

☒□□,長七尺三寸,黑色。步。　劍一,大刀一。　73EJT37：874

建平元年十月庚申朔庚申,肩水守城尉平□☒　73EJT37：875

元康二年二月庚子朔癸卯,西鄉有秩異衆敢言之:樂□☑

　　　　　　　　　　　　　　　　　73EJT37:876A

閏月戊申□□以來。　　☑　　　　　　73EJT37:876B

建平元年□……☑ᵢ肩水金關,出入如律令,敢言之。☑ᵢᵢ

　　　　　　　　　　73EJT37:877+T21:392[1]

☑朔乙酉,尸鄉守有秩合衆敢告尉史:昌武里公乘郭弘,年廿七,自言爲家私市張掖郡☑ᵢ☑事,當爲傳,謁移過所縣邑,毋何(苛)留。七月丙戌,右尉光敢言之。謹案:弘年、爵如書,毋☑ᵢᵢ☑移過所縣邑,毋何(苛)留。/尉史霸。七月丁亥,取偃阤(師)長湯移過所縣邑津關,毋何(苛)留,如律令。/掾恩、令史安☑ᵢᵢᵢ

　　　　　　　　　　73EJT37:878A+692[2]

☑郭以來。　　　　　　　73EJT37:878B

(此簡已與 T37:180 簡綴合)　　　　　73EJT37:879

黑色。自言爲家私市張掖,正□[3]占。案毋官徵[4]事,當爲☑ᵢ毋何(苛)留☑ᵢᵢ……守令史□☑ᵢᵢᵢ　　73EJT37:880A+884[5]

……之印。☑　　　　　　　73EJT37:808B

☑長樂充國爲縣☑ᵢ☑如律令,敢言☑ᵢᵢ　73EJT37:881+612[6]

出入如律令。　　☑　　　　　73EJT37:882

(此簡已與 T37:1391 簡綴合)　　　　73EJT37:883

(此簡已與 T37:880 簡綴合)　　　　73EJT37:884

　　　　　輜車一乘,

居延守獄史[7]陳臨。　　　　　十二月乙丑,北嗇夫豐出。

　　　　　用馬一匹。　　　73EJT37:885+636[8]

【校釋】

[1]此簡由姚磊綴合並補釋"建",見姚磊(2021P267)。

[2]此簡由姚磊綴合,見姚磊(2021P268)。

[3]此字正處綴合茬口處,殘餘筆畫較少,按照常見文例可能是"奉"。

　　[4]徵:原釋文漏釋,王錦城(2019P771)釋作"獄",今審原圖版知是"徵",今補。

　　[5]此簡顏世鉉綴合,詳見顏世鉉(2016.1.15)。

　　[6]此簡姚磊綴合,見姚磊(2021P269)。

　　[7]守獄史:參與司法審判監禁工作的官吏,是一種低級官吏,詳見宋傑《漢代牢獄的管理制度》(《秦漢研究》第5輯,陝西人民出版社,2011年第31-32頁)。

　　[8]此簡由姚磊綴合,見姚磊(2021P270)。

☑黨毋所☑☑　　　　　　　　　　　　　　73EJT37:886

(此簡已與T37:910綴合)　　　　　　　　73EJT37:887

戍卒隱強始昌里公乘朱定,年廿九。　八月癸亥北出。☑

　　　　　　　　　　　　　　　　　　　73EJT37:888

戍卒鱳得富安里公乘莊武,年廿三。☑　73EJT37:889

☑滅虜隧卒周寬　☑　　　　　　　　　　73EJT37:890

後起隧長居延累山里大夫廉賞,年廿四。詣府☑　73EJT37:891

茂陵昌德里虞昌年☑　　　　　　　　　　73EJT37:892

・南部永始五年☑　　　　　　　　　　　73EJT37:893

(此簡已與T37:480簡綴合)　　　　　　　73EJT37:894

☑　步　☑　　　　　　　　　　　　　　73EJT37:895

☑字馬,齒四歲,高六尺一寸。　十月庚午南入。73EJT37:896+903[1]

☑□年秋八月旦更封,敢言之。八月辛卯,茂陵令守左尉循行丞事,移居延移☑ⅰ　　　　　　　　　73EJT37:897+425[2]

服之隧[3]卒馬勝之。　☑　　　　　　　　73EJT37:898

☑卷始利里公乘陳悝,年廿八。☑　　　　73EJT37:899

☑卒趙國柏[4]安樂里公乘郭便,年卅五。☑　73EJT37:900

雲陽不審里汝雲,□□□,年卅六七,　中壯板身、汙面[5]、短額[6]長三寸,所衣白布單衣□ⅰ　　　　73EJT37:901+660[7]

☐縣邑,勿苛留,如律令/令史☐☐　　　　73EJT37:902

(此簡已與 T37:896 簡綴合)　　　　　73EJT37:903

(此簡已與 T37:611 簡綴合)　　　　　73EJT37:904

☐所高下札薄厚繩☐☐　　　　　　73EJT37:905A

出穀若干石　　☐　　　　　　　73EJT37:905B

(此簡已與 T37:909 簡綴合)　　　　　73EJT37:906

肩水金關　　☐　　　　　　　　73EJT37:907

☐　二張掖守部司馬行大守事,詣居延都尉,七月丁未起。　七月

☐　一安定大守章,詣居延都尉,六月己丑起。☐☐　73EJT37:908

建平元年九月庚寅朔……☐ⅰ謁移卅井縣索金關,出入,敢言之。☐ⅱ

九月庚子,庫守丞長移過所,寫移,如律令。　　掾音ⅲ

73EJT37:909+906[8]

【校釋】

[1]此簡由姚磊綴合,見姚磊(2021P271)。

[2]此簡由伊强綴合,詳見伊强(2016.1.17)。

[3]服之隧:隧名。或同“伏之隧”。

[4]黄浩波(2016.3.9)指出“柏”後漏寫“人”字,可從。

[5]汙面:辭書多解作面部烏黑,但與此簡未必符合。漢簡中描述人物膚色一般以黑、黄、赤等詞語單獨描述,此處應是描述身體結構特徵,故此“汙面”可能指面部中間凹陷,即俗稱“挖斗臉”或“凹斗臉”。

[6]顱:原釋作“髳”,原簡作，原字形不見“镸”。“顱”、“髳”異體,當按照原簡字形録寫。

[7]此簡由姚磊綴合,見姚磊(2021P272)。按:此簡第二個“雲”字後有多字墨跡,應是刮削之後的殘留。

[8]此簡由姚磊綴合,見姚磊(2021P273)。

神爵四年七月丙寅,凡吏民十一人。Ⅰ其五人新傳出。Ⅱⅰ一人復

故傳^[1]出。Ⅱ ii四人新傳入。Ⅱ iii軺車一乘,馬二匹。入。Ⅲ

$$73EJT37:910+887^{[2]}$$

舍市杯案席薦張掖郡中,當舍傳舍,從者如律☑　　73EJT37:911A

大大守　☑　　　　　　　　　　　　　　　73EJT37:911B

戍卒昭武步廣里不更楊當,年廿九。Ⅰ迎吏奉城官。Ⅱ五月辛丑南
嗇夫豐入。Ⅲ i六月辛酉北嗇夫豐出。Ⅲ ii

$$73EJT37:912+T21:291^{[3]}$$

……城尉平移肩水金關居延縣索關:吏使居延所葆,各如牒, i
書到,出入如律令。ii　　　　　　　　　　　73EJT37:913A

嗇夫黨。　　　　　　　　　　　　　　　　73EJT37:913B

☑居延^[4]平明里徐護,年十六。

　　　　　　　　　……北出

☑軺車一乘,馬一匹,騩牝,齒七歲,高六尺。　　73EJT37:914

☑☑　出錢五十粟五斗驪靬。

☑　　出錢五十粟五斗鹽^[5]美。　　　　　73EJT37:915

☑郡乘所占馬,騮 i☑傳,謁移函谷關。ii　　　73EJT37:916

☑關嗇夫吏遣☑☑　　　　　　　　　　　　73EJT37:917

入亡人赤表函^[6]二。Ⅰ其一起廣地守林隧^[7]。Ⅱ i一起橐他亭
〈高〉^[8]顯隧。Ⅱ ii元延三年七月丁巳夜食五分,騂北卒賀受莫當隧
卒同。Ⅲ　　　　　　　　　　73EJT37:918+1517^[9]

☑☑^[10]昭武肩水,乘所占用馬一匹,軺車 i☑……ii　73EJT37:919

　　【校釋】

　　[1]復故傳:丁義娟(2019P108):"故傳"指已經通關使用過的傳,這次
爲持原傳原路返回。可知"復傳"可爲"復故傳"之簡稱。

　　[2]此簡由謝明宏(2022.5.30)綴合。

　　[3]此簡由謝明宏(2022.7.4)綴合。

　　[4]戍卒:原未釋,姚磊(2016.6.8)認爲是"居延"。今據原圖版暫擬

作“戍卒”。

[5]鹽:原釋作“顯”,此字原簡圖作,與常見“顯”字形有別,當是“鹽”字。金關簡中這類寫法的“鹽”如肩貳 T21:7、肩叁 T30:105,可作對證。顯美,烽燧名。這裏的“鹽”可能是“顯”的訛誤。

[6]亡人赤表函:陳邦懷(《居延漢簡考略》,《歷史教學》1964 年第 2 期)認爲表面是紅色的搜捕亡人之函,表面是紅色表示追捕至急。王錦城(2019P1878)認爲“亡人赤表”是烽火信號之一種,亡人赤表函當指和亡人赤表有關的匣子。按:王說可從,金關簡 T23:765 中“亡人赤表”又與蓬、表並提,T4H:9 有“絕亡人赤表一”,知這裏的“赤表”應是烽火信號中的表幟。

[7]守林隧:郭偉濤(2017P210—225):廣地南部塞,考見新莽天鳳五年時轄有守林隧。東漢永元年間,南部塞僅轄破胡、澗上兩隧,永元五年六月時信爲候長。

[8]亭:姚磊(2021P274)釋作“高”。按:此字原簡圖作,下從“丁”非常明確,不可改釋。此字當視爲“高”之訛誤字。高顯隧,又見 F3:145。

[9]此簡由姚磊綴合,見姚磊(2021P274)。

[10]此未釋字原簡圖作,字形近“凷”。

祿得[1]都里大夫周賢,年五十八,長七尺二寸,黑色。　　　☑

　　　　　　　　　　　　　　　　　　　　　　　73EJT37:920

祿得千秋里大夫魯遂,年五十,長七尺二寸,黑色。　73EJT37:995

河南郡滎陽縣蘇里公乘梁嬰齊,年廿七,長七尺二寸,黑色。

　　　　　　　　　　　　　　　　73EJT37:1141+1102[2]

【校釋】

[1]祿得:即觻得。

[2]此簡由謝明宏綴合(2022.7.8)。姚磊(2017P206—228)認爲 T37:920、T37:995、T37:1102 字體一致,屬於一套文書。今從其說。

☑☑年十二,長五尺八寸,赤色。　　☑　　　　73EJT37:921

(此簡已與 T37:1447 簡綴合)　　　　　　　　　73EJT37:922

☑年囲[1]六,長七尺三寸。　　☑　　　　　　73EJT37:923

☑☑觻得樂安里申嚴,年廿☑　　　　　　　　73EJT37:924

(此簡已與 T37:468 簡綴合)　　　　　　　　　73EJT37:925

☑☑十六。已出。　　乘故革車,駕驢(騾)牡馬,齒十八歲。　　八月

庚辰北出。ⅰ　　　　　　　　　　　　　　　　73EJT37:926

(此簡已與 T37:856 簡綴合)　　　　　　　　　73EJT37:927

☑☑　　守丞駿移過所,遣中亭長蔡崇司空　　73EJT37:928

(此簡已與 T37:1572 綴合)　　　　　　　　　73EJT37:929

七月丙子,橐他候昌寫移肩水候官,書到　　73EJT37:930A+1407[2]

橐他候印。　　　　　　　　　　　　　　　　73EJT37:930B

元康二年四月己亥朔癸卯,西鄉有秩賢敢告尉☑　73EJT37:931

取傳迎家屬。謹案:誼☑　　　　　　　　　　73EJT37:932A

觻得丞印。　　☑　　　　　　　　　　　　　73EJT37:932B

雒陽臨濕里公乘單赦,年卌☑　　　　　　　　73EJT37:933

☑……束……☑　　　　　　　　　　　　　　73EJT37:934

……三月辛酉朔丙子[3],□□敢言之:遣西鄉佐憙收流民張掖金城

隴西郡中,與從者昌里　　　　　　　　　　　73EJT37:935

【校釋】

[1]此字原徑釋作“十”,姚磊(《合校》2021P422)已指出此字原簡殘
缺較多,存在釋“廿”的可能,存疑。

[2]此簡由姚磊綴合,見姚磊(2021P276)。

[3]許名瑲(2017P95-127)認爲此簡可能屬“初元二年”。

七月☑ⅰ……　　☑ⅱ　　　　　　　　　　　73EJT37:936

正月丁巳,居延令彊、丞循移卅井☑　　　　　73EJT37:937[1]

☑……毋官獄徵事,當得☑ⅰ☑二月丁丑,居延令尚、丞順移過☑ⅱ

73EJT37：938[2]

☑百廿七石二斗☑　　　　　　　　　　　73EJT37：939

☑□□□以令取傳,ⅰ☑豐、守令史鳳ⅱ　　73EJT37：940

☑□□□□□□□ⅰ☑□□何再拜ⅱ　　　73EJT37：941A

☑□□取十五束□ⅰ☑……ⅱ　　　　　　73EJT37：941B

☑兩脅下支滿[3],少氣,温欵水□得□□□　73EJT37：942A

☑□□□酒飲之,會分散□田[4]中　　　　73EJT37：942B

☑……移過所縣官肩水金關,毋苛留,如律。　73EJT37：943

☑千[5]乘里張襃　……單衣☑　　　　　73EJT37：944

戍卒趙國邯鄲曲里張錢[6]。　正月壬寅入。　☑　73EJT37：945

(此簡已與 T37：842 簡綴合)　　　　　　73EJT37：946

☑長七尺二寸,步入,帶劍。　☑　　　　　73EJT37：947

(此簡已與 T37：537 簡綴合)　　　　　　73EJT37：948

☑□客校郵書橐他界中。　☑　　73EJT37：949+1349[7]

【校釋】

[1]胡永鵬(2017P529)考此簡年代上限不早於元延三年,下限在漢哀帝建平元年。

[2]胡永鵬(2017P525)定此簡年代在漢成帝鴻嘉、元延年間。

[3]支滿:指淤塞腫脹的病症。詳見劉嬌《漢簡病名“支滿”補證——兼説〈韓詩外傳〉“十二發”》(《醫療社會史研究》第二輯,中國社會科學出版社 2016 年,第 270-271 頁)。

[4]田:張雷(2018P416)疑是“當”。

[5]千:原未釋,從姚磊(《合校》2021P423)補釋。

[6]錢:沈思聰(2018P426)釋作“風”。

[7]此簡由姚磊綴合,見姚磊(2021P277)。

☑……使忠留關下,待關下。　　　　　73EJT37：950A

☑……願 73EJT37:950B

☑□車一乘。 ☑ 73EJT37:951

昭武高昌里張壽,廿三。刀 車二兩,牛三。 正月丁丑出。~ 作
者觻得定安里龐宣,年廿。 皆二月甲午入。ᵢ 73EJT37:952

□山隧卒犂安世。 73EJT37:953

■右第[1]十三車九人。 73EJT37:954

□卒六人□十七石四斗。 73EJT37:955

居延亭長李兼[2], 馬一匹,騽(騩)牝,齒五歲。 十二月癸卯,
北[3]候史丹出。ᵢ 73EJT37:956

軺車一乘。 73EJT37:957

城勢隧長蘇忠, 送御史。 卩 三月丙寅入即日出。73EJT37:958

☑以五月廿七入[4]。 □[5]☑ 73EJT37:959

五千三百五十以給置稍入[6],過客威[7]未嘗署卒₌(卒,卒)不多錢得
☑ᵢ 73EJT37:960

居延守左尉李鳳,丶 Ⅰ 軺車一乘,馬一匹,騂牡,齒九歲。Ⅱ十二月
□□出。Ⅲᵢ□□月□□入。Ⅲᵢᵢ 73EJT37:961

【校釋】

[1]第:韓鵬飛(2019P1649)釋作“弟”。按:此字原簡可見“丷”,結構
並不能十分確定是“弟”。

[2]兼:原釋作“義”,從姚磊(《合校》2021P423)改釋。按:“居延亭長
李兼”又見於 T37:1520。

[3]疑這裏的“北”指出關的方向。

[4]入:原釋作“人”,從韓鵬飛(2019P1649)改釋。

[5]此未釋字似“令”。

[6]稍入:陳直(2009P217):指吏禄。

[7]威:人名。

建平二年六月丙辰朔丁丑,肩水候憲謂關:嗇夫吏 73EJT37:962A

佐霸[1]。　　　　　　　　　　　　　　73EJT37:962B

　　　其一匹赤牝,齒十歲。

馬二匹。　　　　　　　　　凡四人八月庚辰北出。

　　　其一匹驪(駠)牡,齒十二歲。　　　73EJT37:963

(此簡已與 T37:1124 簡綴合)　　　　　73EJT37:964

毋適隧卒郭健。　　　　　　　　　　　73EJT37:965

鱳得□□里公乘陳□□□□,　字中實。　十一月己丑,兼亭長

並[2]入。ⅰ　　　　　　　　　　　　　73EJT37:966

臨澤隧卒□未央,　五百。　　　　　　73EJT37:967

安居延,願以令取傳。謹案:户籍臧鄉者富里有吕晏,年廿,爵公士

昌ⅰ……毋官獄徵事,當得取傳,謁移過所河津關肩水金關,出入ⅱ☑

博守丞戎移金關、居延縣索關。ⅲ　　73EJT37:968A+1310A [3]

角〈鱳〉得長印。

　　　　　　嗇夫欽白。　　　73EJT37:968B+1310B

蜀郡成都縣直陽里段壽,年十七歲。　　73EJT37:969

田卒濟陰冤句昌成里大夫商廣世,年卅[4]九,　長七尺二寸,黑色。

　~　　　　　亅[5]ⅰ　　　　　　　73EJT37:970

　　【校釋】

　　[1]佐霸:郭偉濤(2017P229-259)認爲指關佐、邗霸。

　　[2]並:原釋作"出",從姚磊(《合校》2021P424)改釋。

　　[3]此簡由顔世鉉綴合,詳見顔世鉉(2016.1.19)。

　　[4]卅:姚磊(《合校》2021P424)改釋作"冊"。

　　[5]此符號原釋作"、",從姚磊(《合校》2021P424)改釋。

鱳得壽貴里公乘朱奉親,年十四歲,長七尺二寸。　73EJT37:971

淺水隧長枚良　送御史。　　卩　　　73EJT37:972

小奴戊[1],年一歲。　　卩　　　　　73EJT37:973

囂陵里男子楊譚,自言欲取偃檢客田張掖居延南□亭部。謹案:譚

等[2]☐ⅰ☐皆非亡人命者,當得取偃檢,父老尹褒證,謁移居延,如律令,敢言之。☐ⅱ　　　　73EJT37:974+147+417+1252[3]

官者都年、爵如牒,毋官獄徵事,當得取傳,謁移肩水金關、居延縣索關河津,毋苛留,出入,敢言之。ⅰ……ⅱ　　　　73EJT37:975

☐……如律令,敢言之。ⅰ☐廷,如律令。　　/掾令史延年。ⅱ

73EJT37:976

肩水壙野隧長鄧就。　　　　73EJT37:977

建平元年九月戊申,居延令彊、守丞宮[4]移過所縣道河津關,肩水……ⅰ　　　　73EJT37:978

胡騎苑氏(竹簡)　　　　73EJT37:979

(此簡內容移至73EJT37:565後)　　　　73EJT37:980

……ⅰ追殺人賊賈[5]賀酒泉、張掖、武威郡中,當舍傳舍,從者如律令。ⅱ　　　　73EJT37:981

田卒河南郡新鄭武成里公乘左奉,年卅。　　卩　73EJT37:982

斡官[6]尉弘從者好畤[7]吉陽里不更莫于禹,年卅九,長七尺四寸,黑色。　癸酉出。ⅰ　　　　73EJT37:983

觻得騎士千秋里王護,年卅五。　　　　73EJT37:984

濟陰郡冤句穀里呂福,年廿六。　　庸同里大夫呂怒士,年廿八,長七尺二寸,黑人〈色〉[8]。　～　～～ⅰ　　　　73EJT37:985

弘農郡陝宜里大夫王定,年卅,長七尺二寸,黑色。　　牛一、車一兩,弓一,矢五十。ⅰ　　　　73EJT37:986

　　【校釋】

　　[1]戊:原釋作“成”,從韓鵬飛(2019P1650)改釋。姚磊(《合校》2021P424)釋作“市”。

　　[2]等:原未釋,綴合者補釋。按:此字原簡下部殘缺,存在一定的不確定因素,暫存疑。

　　[3]此簡由姚磊綴合,見姚磊(2021P194)。綴合者簡號作“147+417+974+1252”,今按照簡文順序改。

[4]宫：原釋作"聖"，從許名瑲(2017P95－127)改釋。

[5]賈：原未釋，從姚磊(《合校》2021P425)補釋。

[6]斡官：原釋作"韓宫"，從沈思聰(2018P428)改釋，沈思聰並指出此即傳世文獻中大司農之屬官"斡官"，"斡官尉"即"斡官"身邊的一位副手。

[7]好畤：右扶風之屬縣名。

[8]人：原徑釋作"色"，秦鳳鶴(2018P530－532)釋作"人"。按：此字原簡確實寫作"人"，當爲"色"之訛誤，今改。

（此簡已編聯至 73EJT37：306＋267 之後）　　　　73EJT37：987

魯國壯里士伍惂他，年卅五。　　車二兩，牛四頭。　　十二月庚申南

嗇夫豐[1]入。i　　　　　　　　　　　　　　73EJT37：988

守屬隨謝葆　頻陽[2]南昌里公乘李鳳，年廿五。　正月庚午北出。

　　　　　　　　　　　　　　　　　　　73EJT37：989

子男丹，年廿三，已出。刀　大婢倍，年廿，已出。刀　73EJT37：990

河南滎陽吉陽里士伍郭祿，年廿五，長七尺四寸，黑色。　三年十一

月出。i　　　　　　　　　　　　　　　　73EJT37：991

觻得富里不更閭丘横，年卅，五長七尺二寸，黑色。　閏月戊午入。

　　　　　　　　　　　　　　　　　　　73EJT37：992

魏郡内黄北安樂里大夫程延，年五十五。　庸同縣同里張後來，年

卅二，長　七尺二寸，黑色。i　　　　　　73EJT37：993

魏郡内黄東郭里大夫隋穰，年廿六，　長七尺二寸，黑色。　刀

　　　　　　　　　　　　　　　　　　　73EJT37：994

（此簡已編聯至 T37：920 後簡册中）　　　　73EJT37：995

觻得守令史壽貴里公乘趙駿，年廿二，長七尺二寸，黑色。軺車一

乘，馬一匹。　　七月中出。☐i　　　　　73EJT37：996

　　　　方相(箱)一乘，

長安亳陵里常惲，年卅三。　　　　　十一月癸卯兼亭長並入。

　　　　用馬一匹。　　　　　　　　　73EJT37：997

觻得敬老里女子靳敬,年十二。　　十一月乙丑北出。　73EJT37:998

所乘用驈(驅)牝(牝)[3]馬一匹,齒十歲,高六尺二寸。主狗占[4]

73EJT37:999

令史居延千秋里大夫左嘉,年卅三。丿Ⅰ十月 辛未 南[5]嗇夫豐

入[6]。　Ⅱ軺車一乘,Ⅲⅰ用馬一匹,驪(驪)牡,齒八歲,高六尺。Ⅲⅱ

73EJT37:1000

將車東郡緒[7]者大夫紀歸,年卅六,　長七尺二寸,黑色。　十月戊

寅入。　牛車一兩。　癸酉出。　丿ⅰ　　　　73EJT37:1001

【校釋】

[1]豐:原未釋,從沈思聰(2018P428)補釋。

[2]頻陽:左馮翊之屬縣名,位於今陝西富平縣。

[3]牝:原徑作“牝”,今改。

[4]主狗占:王錦城(2019P1626):狗或爲馬主人名,占即申報。

[5]韓鵬飛(2019P1651)指出“辛未南”當存疑。今細審原簡,此三字

確實無法確定釋字,尤其是“辛未”似“庚午”之省。存疑。

[6]入:原釋作“出”,從沈思聰(2018P428)改釋。按:此字原簡墨跡模

糊,但可見捺劃墨跡。

　[7]緒:原簡作▨,左部未必從“糸”,存疑。

千秋葆京兆新豐西宮里官大夫被長壽,年廿一,長七尺三寸,黑色。

　六月乙亥出。　丿ⅰ　　　　　　　73EJT37:1002

日勒萬歲里華莫如,年廿三,長七尺。　神爵二年七月中出。

73EJT37:1003

酒泉禄福廣漢里公乘孟良,年卅。

酒泉綏彌工里公乘綵便,年卅。　　　73EJT37:1004

梁國戍卒嗇樂陽里大夫陳德,年廿四。　丿　丿　73EJT37:1005

(此簡已編聯至 T37:132 後簡册中)　　　73EJT37:1006

　　　　　　妻大女觻得壽貴里孫遷,年廿五。

橐他駮南亭長孫章　　　子小男自當,年二。
陽朔三年正月家屬符。　　皆黑色。(簡右側有一刻齒)

　　　　　　　　　　　　　　73EJT37:1007[1]
關嗇夫吏。　　　　　　　73EJT37:1008A
兼亭。　　　　　　　　　73EJT37:1008B
(此簡已與 T37:671 簡綴合)　　73EJT37:1009
(此簡已與 T37:1482 簡綴合)　　73EJT37:1010
戍卒趙國邯鄲棘里張歸。　☑　　73EJT37:1011
· 右第七十人。　☑　　　73EJT37:1012[2]
☑□印行候事,謂關:嗇夫吏移居延縣索關。　73EJT37:1013
☑□[3]常占,自言爲家私市張掖酒泉郡中。謹案:年、爵如書,

　　　　　　　　　　　　　　73EJT37:1014
☑　乘用駹牝(牝)[4]馬,齒八歲。　丿　☑　73EJT37:1015
☑方箱車一乘,馬一匹。　☑　　73EJT37:1016
☑　□　皆十一月癸巳入。　　73EJT37:1017
廣地隧蘇安世。　☑　　　73EJT37:1018
陽朔五年六月☑　　　　　73EJT37:1019
☑肩[5]水城尉詡移肩水金關、居延縣索關ⅰ☑……ⅱ　73EJT37:1020A
☑門下[6]　　　　　　　　73EJT37:1020B
凡出米四斗八升。　☑　　73EJT37:1021
長安大京里王賞,年卌,字子阿,　乘方箱車,駕駹牝馬,齒八歲,高
六尺。ⅰ　　　　73EJT37:1022+314+359[7]

【校釋】

[1]此爲吏家屬出入符,詳參李迎春(2019P252-271)。

[2]姚磊(2017P206-228)認爲此簡與 T37:114 字體一致,可能屬於一
套文書。

[3]未釋字疑是“正”。

　　[4]牝:原逕作"牡",今改。

　　[5]肩:原未釋,從姚磊(《合校》2021P427)補釋。按:此字雖原簡墨跡很少,但結合辭例可確定釋字。

　　[6]門下:原釋作"□下",韓鵬飛(2019P1652)釋作"已入"。按:原簡"下"結構較明確,按照常見辭例可補"門"。

　　[7]此簡由姚磊綴合,見姚磊(2021P279)。

☑……敢言之。ᵢ ☑掾宮、守令史長ᵢᵢ　　　　　　73EJT37:1023

金關　　　　　　　　　　　　　　　　　　　73EJT37:1024

元康三年七月吏☑ᵢ 名傳☑ᵢᵢ　　　　　　　73EJT37:1025

南部候史居延安故里郭循,年廿八。　追亡卒。　□月辛卯兼亭長

並出。ᵢ　　　　　　　　　73EJT37:1026+1515[1]

鱳得宜樂里楊猛,年卅,字君公。　作者同縣壽貴里男子侯並,年廿

五。　　☑ᵢ　　　　　　　73EJT37:1027+186[2]

鱳得樂就里女子徐女止,年十八,長七尺,黑色。　子小女來卿,

年二歲。卩ᵢ　　　　　73EJT37:1028+1208+371[3]

府卿哀憐全命,所以顧納之,章☑　　　　　73EJT37:1029

(此簡已與 T37:634 簡綴合)　　　　　　　73EJT37:1030

☑金關　　　　　　　　　　　　　　　　　　73EJT37:1031

☑里[4],官除、年、姓如牒,書到,出入如律令。　73EJT37:1032A

☑□[5]城[6]尉印。　正月十九日武以來。　　73EJT37:1032B

　　【校釋】

　　[1]此簡由姚磊綴合,見姚磊(2021P280)。

　　[2]此簡由姚磊綴合,見姚磊(2021P281)。

　　[3]此簡由姚磊綴合,見姚磊(2021P282)。

　　[4]里:原未釋,從姚磊(《合校》2021P427)擬補。

　　[5]未釋字姚磊(《合校》2021P427)釋作"居",並引用楊眉之説,以爲王莽時改"居延"爲"居成",定此簡爲新莽簡。

　　[6]城：原釋作"成"，王錦城(2019P778)已指出該字左半缺失，當爲
"城"。今從改。

雒陽廣陽里商竝，年十八。　步。☒　　　　　　　73EJT37:1033

☒方箱車一乘。　八月☒☒嗇夫南入。　　　　　73EJT37:1034

☒☒☒　☒☒肩水金關卅井關　令　　　73EJT37:1035+1411 [1]

　　　　葆作者同縣樂就里公☒

鑯得宜安里不更郝尊，年卅。

　　　　　　　　車二兩，牛四頭，☒　　　　　73EJT37:1036

☒遣之官，書到，出如律。　　　　　　　　　　73EJT37:1037

☒明　九月己未勉出。　☒　　　　　　　　　　73EJT37:1038

☒壽長孺一，直(值)九百。　宿昆第(弟) [2] 靳安世。　十五人爲二
石一斗。　六斗六升大。ⅰ　　　　　　　　　73EJT37:1039A

☒☒月二月奉。　☒守丞王卿。　　　　　　　73EJT37:1039B

(此簡已與 T37:503 簡綴合)　　　　　　　　　73EJT37:1040

☒☒，長七尺二寸，黑色。　～　　　　　　　73EJT37:1041

☒軺車一乘，用馬一匹，駵(騮)牝，齒六歲。　73EJT37:1042

☒　傳車一乘，馬二匹，四月戊寅出。　　　73EJT37:1043

(此簡已與 T37:1414 簡綴合)　　　　　　　　73EJT37:1044

建平元年九月癸丑，居延令彊、守丞宮移過所縣道河津關，遣司空佐
張ⅰ黨以令對會☒月……ⅱ　　　　　　　　　73EJT37:1045

☒署金關☒……　　　姊 [3] 子始至里張音，年廿五。☒
　　　　　　　　　　　　　　　　　　　　73EJT37:1046

(此簡已與 T37:617 簡綴合)　　　　　　　　73EJT37:1047

關嗇夫常。　　　　　　　73EJT37:1048+413 [4]

戍卒昭武市陽里公士☒豐，年廿八。☒　　　73EJT37:1049

☒☒廿五　☒　　　　　　　　　　　　　　　73EJT37:1050

☑　　/掾延、兼屬豐、書佐良。　　　　　　　　　73EJT37：1051

宣伏地報□　　　ⅰ子方中卿足下,謹道即日厚賜,竊自近[5]不斁
(辭),幸還[6],買ⅱ　　　　　　　73EJT37：1052B+268B [7]

今日休日[8],井卿夫人來,子方中卿爲進奉置宣其中,幸甚ⅰ奏樂卿、
文卿□□畨會宣屬行部還,井ⅱ　　　73EJT37：1052A+268A

(此簡已與 T37：1477 簡綴合)　　　　　　　　73EJT37：1053

金關　　　　　　　　　　　　　　　　　　　73EJT37：1054

肩水金關　　　　　　　　　　　　　　　　　73EJT37：1055

肩水候亭次行。　　　　　　　　　　　　　　73EJT37：1056

【校釋】

[1]此簡由顏世鉉綴合,詳見顏世鉉(2016.1.14)。

[2]第:原徑作"弟",今據原圖版改。

[3]姊:原釋作"女",從姚磊(《合校》2021P427)改釋。

[4]此簡由顏世鉉綴合,詳見顏世鉉(2016.1.15)。

[5]自近:自,原釋作"日",原簡作(图),今據字形改釋。近,原未釋,從
綴合者補釋。

[6]還:原未釋,從綴合者補釋。

[7]此簡由姚磊綴合,見姚磊(2021P283)。按:簡文正面第一行問候
語後面空白,第二行收件方人名抬頭,都顯示背面是書信開篇。今據簡文
內容與格式調整正背面順序。

[8]休日:即休息日,漢邊塞官吏有休假制度。

　　　毌患隧長安世葆居延中宿里公乘徐孺,
廣地
　　　年七十歲,長七尺一寸,黑色。　　　73EJT37：1057A [1]

□金關符　　　　　　　　　　　73EJT37：1057B [2]

橐他候史氏池千金里張彭Ⅰⅰ建平四年正月家屬符。Ⅰⅱ母居延屏
庭里徐都君,年五十。Ⅱⅰ男弟魋得當富里張惲,年廿。Ⅱⅱ男弟臨,

年十八。Ⅱⅲ女弟來侯,年廿五。Ⅱⅳ女弟驕,年十五。Ⅱⅴ彭妻大
女陽,年廿五。Ⅱⅵ車二兩,Ⅲⅰ用牛四頭,Ⅲⅱ馬三匹。Ⅲⅲ(簡右側
有一刻齒)　　　　　　　　　　　　　　　　　　73EJT37：1058

　　　　　　　　妻大女鰈得常樂里宋待君,年廿二。

橐他通道亭長宋捐之

　　　　　　　　子小男自當,年九。

永始四年家屬符盡十二月。

　　　　　　　　子小女廉,年六。(簡左側有一刻齒)
　　　　　　　　　　　　　　　　　　73EJT37：1059^[3]

【校釋】

　　[1]此爲吏家屬出入符,詳參李迎春(2019P252—271)。

　　[2]此簡姚磊(2016.10.26)認爲正反兩面非同一枚簡。齊繼偉認爲
此簡刻齒下“金關”二字與簡文內容相對應,即指示此簡的屬性爲“金關出
入符”,用此標示該簡的用途,或單純爲了防僞(詳見齊繼偉《西北漢簡所
見吏及家屬出入符比對研究》,《敦煌研究》2018 年第 6 期)。按:此簡所謂
刻齒可疑,原整理者所示此簡背面圖版可能是該簡的側面。

　　[3]此爲吏家屬出入符,詳參李迎春(2019P252—271)。

·右十二月南書七輩十三封。丿　　　　　　　73EJT37：1060
建平元年十二月己未朔辛酉,橐他塞尉立移肩水金關,候長宋敞,自
言ⅰ與葆之鰈得,名、縣、里、年、姓如牒,書到,出入如律令。ⅱ
　　　　　　　　　　　　　　　　　　73EJT37：1061A
張掖橐他候印。　　　　即日嗇夫豐發
十二月壬戌,令史義以來。　門下。　　　73EJT37：1061B
五鳳四年五月辛未朔乙未,廣地守候塞尉順移肩水金關,
書到,如律令。　　　　　　　　　　　73EJT37：1062A
張肩塞尉　　　　　　　　　　　　　　73EJT37：1062B
甘露元年四月丙申朔丁巳,居延卅井候長廣漢敢言之:廣

漢遷爲卅井候長,與子男充俱之官,謹移致籍,敢言之。 73EJT37:1063

以請詔見親渭陵園^[1],當舍傳舍,從者如律令　/兼掾博、屬蒲、書佐

誼尊。ⅰ　　　　　　　　　　　　　　　73EJT37:1064

永始五年閏月己巳朔戊寅,橐他守候護移肩水金關:遣令史

吕鳳持傳車詣府,名、縣、爵、里、年姓如牒,書到,出入如律令。

　　　　　　　　　　　　　73EJT37:1065A^[2]

張肩塞尉　　　　　　嗇夫欽白發

閏月 壬午 □^[3]以來。　　君前。　　　　　/令史鳳、尉史敢。

　　　　　　　　　　　　　73EJT37:1065B

　　……移過所縣邑河津關,城騎千人

子男安歸雲陽,縣邑門亭毋苛留,如律令。

　　　　　　　　　　掾宫、令史長。

　　　　　　　　　　73EJT37:1066

綏和二年四月己亥朔癸卬〈卯〉^[4],守城尉賞^[5]移肩水金關、居延卅

井縣索關,吏自言遣所葆^[6]ⅰ……ⅱ　　73EJT37:1067A

四月乙巳北　白發君前。　　　　73EJT37:1067B

建平二年八月乙卯朔辛酉,肩水庫嗇夫賞以小官印行城尉事,移肩

水金關。ⅰ　　　　　　　　　73EJT37:1068

【校釋】

[1]渭陵園:漢元帝墓園。

[2]藤田勝久(2018P223-244):爲永始五年(前12)橐他候官發至肩

水金關的通行證。其派遣令史吕鳳攜"傳車"前往郡府。

[3]壬午□:此處原簡作"壬申況",郭偉濤(2017P229-259)指出釋文

問題,並將原釋三字改作"壬午",但字形仍不完全相合,而且干支後實際

只有一字墨跡,但不是"況",只是下部磨蝕不見,容易造成與上一字合在

一起的假象。

[4]卬:原簡圖作 *卬* ,原釋作"卯",應是"卯"訛寫作"卬"。

[5]賞:人名。此字與同簡其他文字書寫有別,應是守城尉後簽之字。

[6]葆:原簡圖作🀄,釋字與字形差距較大,可疑。

襄澤隧Ⅰ……Ⅱⅰ塢南面呼,以作治。Ⅱⅱ狗少一,今以具。Ⅱⅲ塢上蘸(烽)鹿盧[1]不調利,已利[2]。Ⅲⅰ六石弩一,傷滿〈淵〉[3]中,已作治。Ⅲⅱ辛未章不知蘸(烽)火,今以(已)知。Ⅲⅲ臨澤隧長趙印兼。Ⅳ　　　　　　　　　　　　　　　　73EJT37:1069

元延二年二月丙申,居延守令城騎千人敵、丞忠移過所縣□

關,遣都阿亭長徐光以詔書送徒上河[4],當舍傳舍,從者如律令。

三月壬申出。卩　掾陽、守令史陽、佐賢[5]。　　　　73EJT37:1070

【校釋】

[1]蘸鹿盧:蘸,原未釋,從王錦城、魯普平(2017P328—334)補釋。鹿盧,又作"轆轤",古代起重滑輪或滑車。蘸鹿盧,即是升降烽火信號的工具。

[2]不調利:不靈活。已利:已經靈活了。

[3]滿:原釋作"淵",韓鵬飛(2019P1655)改釋,並指出此字當是"淵"之訛誤。按:改釋可從,弓弩中間到兩端的部分稱爲"淵"。

[4]上河:西河富平之下轄地名。《漢書·馮奉世傳》:"陽朔中,中山王來朝,參擢爲上河農都尉。"顏師古曰:"上河在西河富平,於此爲農都尉。"

[5]賢:原簡圖作🀄,字形特殊。

北書十四封。Ⅰ其四封肩水倉長印,二詣居延都尉,二詣居延。Ⅱⅰ二封小府[1],詣居延都。二封觻得長印,一詣居延都尉,一詣肩水候官。Ⅱⅱ三封肩水千人,一詣肩水候,一詣橐他,一詣廣地。一封昭武長印,詣居延。令丞發。Ⅱⅲ一封淮陽内史,詣居延都尉府。Ⅱⅳ十月壬午日二干時,卒[2]馮賢、卒周六始付Ⅲⅰ當。Ⅲⅱ　　73EJT37:1071

【校釋】

[1]小府:丞相直屬的丞相府,詳見 F1:12 下注。

[2]卒:原未釋,從姚磊(《合校》2021P429)補釋。

相伏地再拜請

□□□□□□□□發元謹之相欲□□□二百錢今留　73EJT37:1072A

長□足下　　　　　　　　　　　　　　　　　73EJT37:1072B

吏送致謹給邊,重事,毋令稽留,如律令,敢告卒人。/掾崇、書佐彭。

☑ⅰ　　　　　　　　　　　　　　　　　　　　73EJT37:1073

☑……行……　　　　　　　　　　　　　　　73EJT37:1074

五鳳三年正月戊寅朔戊子,都鄉嗇夫遂、佐得敢言之:長陽里陑〈師〉[1]樂自言爲家市張掖郡中。謹案:ⅰ樂毋官獄徵事,當爲傳,謹移過所,勿苛留,敢言之。正月庚寅,原武[2]右尉憙敢言之。ⅱ謹移。案:樂年、爵如書,敢言之。尉史萬,正月辛卯,原武守丞武移過所,如律令。掾強、ⅲ佐異衆。ⅳ　　73EJT37:1075A

原武丞印。　　　　　　　　　　　　　　　　73EJT37:1075B

五鳳四年六月庚子朔甲寅,中鄉嗇夫廣佐敢言之:嚚陵里男子習萬,自言欲取傳,爲家私使張掖居延界中。謹案:萬,年ⅰ五十一,毋官獄徵事,當得爲傳,父不尊證[3]。謁言移過所縣邑,毋苛留止,如律令,敢言之。ⅱ六月己未,長安守右丞世移過所縣邑,毋苛留,如律令。

　　掾　、令史奉。ⅲ　　　　　　　　　　　73EJT37:1076A

章曰:長安右丞印。　　　　　　　　　　　　73EJT37:1076B

　　【校釋】

　　[1]陑:原釋作"師",原簡圖作![陑],從"阝"從"而",今改。陑,此處是"師"之訛誤。

　　[2]原武:河南郡之轄縣。

　　[3]父不尊證:劉欣寧(2016.2)已指明"父"指里父老,此句應是"父老不尊證"之誤。

屋闌(蘭)[1]定里公乘尹駿,年卅九,　字巨君。　已出。　　四月丙

戍北出。　☒i　　　　　　　　　　　　　73EJT37:1077

候長鱳得定國里公乘員[2]宗,年卅二。　△　五月戊寅入。　送罷

卒府。　六月庚戌☒i　　　　　　　　　　　73EJT37:1078

武威郡張掖丞從史公乘陵里曹奉,年五十。　　73EJT37:1079

將車河南雒陽褚[3]里公乘李定國,年廿八,　長七尺二寸,黑色,

正月己丑入。　牛車一兩,　十一月戊申出。卩[4]i 73EJT37:1080

京兆尹長安嚻陵里習萬[5],年五十一,長七尺三寸,黑色。　正月丁

丑入。　　　　　　　　　　　　　　　　　73EJT37:1081

【校釋】

[1]闌:原釋作"蘭",原簡不從"艹",今改。屋蘭,張掖郡下轄縣。

[2]員:原釋作"負",從高一致(2016.1.14)改釋。在此用作姓氏。

[3]褚:原釋作"緒",從黄浩波(2017P113-165)改釋。

[4]卩:原釋作"入",同簡已見"正月己丑入",不當再有"入"之記録。

今審原圖版知此字是"卩",今改。

[5]此處的"習萬"又見於 T37:1076。姚磊(2017.6)認爲兩者爲同一

人,兩簡有可能是一出一入。T37:1076 簡"六月己未長安守右丞世移過所

縣邑"是"出長安",此簡"正月丁丑入"是"入肩水金關"。兩簡簡文互相

印證,文義通順。從簡文可知,習萬因"私事用傳",於五鳳四年六月己未

從長安出發,甘露元年正月丁丑抵達張掖,歷時六個多月,約 201 天。劉欣

寧(2016.2)則認爲此簡是附於 T37:1076 的"牒",其上的"正月丁丑入"爲

金關所增添的記録。

破適隧[1]卒鱳得萬年里公乘馬□[2]宮,年廿三。　是〈見〉[3]責府。

　同　十二月乙卯出入。i　　　　　　　　　73EJT37:1082

　　　　　　　　車一乘,

居延臨湖塢長尹音,年五十六。　　　　十一月甲辰入。

　　　　　　　　　用〖馬〗[4]一匹。　　73EJT37:1083

(此簡已編聯至 T37:713 之後)　　　　　　73EJT37:1084

子幼伋,年十八。　　方相(箱)車一乘,

奉明(明)^[5]廣里秦護,年六十。

用馬一匹。

73EJT37:1085

【校釋】

[1]破適隧:隧名,屬肩水候官。見黃豔萍(2016.1)。

[2]此未釋字姚磊(《合校》2021P430)疑是"音"。

[3]是:原釋作"見",韓鵬飛(2019P1657)指出當爲"是"。按:"是"當爲"見"之訛誤。

[4]據文義知此處原抄寫者脫漏"馬"。

[5]明:原釋作"明",從黃浩波(2017P113-165)改釋。

子小男益多,年十二。　　　　　　　73EJT37:1086

依山隧^[1]卒趙延　　　　　　　　　73EJT37:1087

完城旦徒孫並。　　丿　十月辛酉北出。　73EJT37:1088

(此簡已與 T37:1268 簡綴合)　　　　73EJT37:1089

·右第二車十人。　　　　　　73EJT37:1090^[2]

廿七日己亥宿胡烏亭^[3]。　　　　73EJT37:1091

八月乙亥,鱳得守丞強以私印行事,移肩水金關,出來傳,入如律令。

73EJT37:1092

律令。　　十月甲戌出。卩　　73EJT37:1093

……爵公乘,年六十歲,毋官獄徵事,當得以□取傳,謁移過所河津關,毋苛留止,如律令,ⅰ敢言之。·四月己亥,居延守丞建移過所,如律令。　/掾宮、佐長。ⅱ　　73EJT37:1094A

居延丞印。　　　　　　73EJT37:1094B

……毋官獄徵事,當爲傳,謁移廷,敢言ⅰ之,移所過縣,毋何(苛)止,九月癸未,鉅定^[4]丞登移所過縣邑侯國,毋何(苛)止,如律令。掾何。ⅱ

73EJT37:1095A

守令史寬。　　　　　　　　　　　73EJT37：1095B

……移肩水金關□□□□ᵢ□牒，書到，出入如律令。ᵢᵢ

　　　　　　　　　　　　　73EJT37：1096A

□他候印。……　　　　　　　　73EJT37：1096B

……□ᵢ守屬員[5]蓋之收責盜臧居延，乘家所占用馬，當舍傳舍，從

者如律令。□ᵢᵢ　　　　　　　73EJT37：1097A

張掖大守章。□ᵢ……□ᵢᵢ　　　73EJT37：1097B

□張掖肩水司馬宜以秩次行都尉事，謂□：遣千人蔡宗校

□□如律令。　守屬豐。　　　　73EJT37：1098A

□史[6]，計會辯治，超等等軼群，出尤　73EJT37：1098B

五鳳二年五月壬子朔辛巳，武安左尉德調爲郡送戍田卒張掖郡。

　　　　　　　　　　　　　73EJT37：1099A

□□□印。　　　　　　　　　　73EJT37：1099B

五鳳元年十二月乙酉朔丁酉，嗇夫光敢言之：肩水令史蘇得前與妻

子居官，今得遷ᵢ爲廣地候長，謁以籍出，得妻子之官，敢言之。ᵢᵢ

　　　　　　　　73EJT37：1100+271[7]

居延西道里陳毋房，年卅五歲，　黑色，長六尺三寸。　十一月丙□

　　　　　　　　　　73EJT37：1101

(此簡已編聯至 T37：920 後簡册中)　73EJT37：1102

□□里士伍周望，年廿五。　□　　73EJT37：1103

鱳得萬歲里莊襃，年廿。　　□　　73EJT37：1104

關嗇夫居延金城里公乘李豐，卅八。Ⅰ妻大女君信，年卅五。Ⅱᵢ子

大女竃[8]，年十五。Ⅱᵢᵢ子小女倩，年□。Ⅱᵢᵢᵢ·送迎收責　橐他界

□Ⅲ　　　　　　73EJT37：1105+1315[9]

【校釋】

　[1]依山隧：隧名。

　[2]姚磊(2017P206-228)認爲此簡與 T37：435 內容相關，字體一致，

可能屬於一套文書。

［3］胡烏亭：亭名。

［4］鉅定：縣名，治所在今山東廣饒縣北，《漢書‧地理志》屬齊郡。

［5］員：原釋作“負”，今改。

［6］史：原釋作“入”，從王錦城（2020.1）改釋，王錦城並指出此簡 B 面內容爲《蒼頡篇》第一章，相同內容居延新簡 EPT50‧1A 作“苟務成史，計會辨治，超等軼群，出尤別異”，可爲證。

［7］此簡由姚磊綴合，見姚磊（2021P284）。

［8］寔：原釋作“寁”，從王錦城（2017.10.15）改釋。

［9］此簡由伊强（2016.1.18）綴合，綴合後復原第二行“信”字。信，原釋作“仁”，從綴合者改釋。

戍卒夏侯長，年卅。　　行書橐他　　☑　　　　　　　　73EJT37：1106

（此簡已與 T37：1117 簡綴合）　　　　　　　　　　　73EJT37：1107

居延當遂里唐偃，年十五。　☑　　　　　　　　　　73EJT37：1108

河南郡雒陽②里公乘封曼□，字偉君。　　四月甲☑

　　　　　　　　　　　　　　　　　　73EJT37：1109＋1179 [1]

■右上黨郡弟（第） [2] 卅二車。　　☑　　　　　　　73EJT37：1110

粱國戍卒畜樂陽里大夫周利，年五十二。　　☑　　73EJT37：1111

橐他□□隧…… ¡ 建平四年家屬符。 ¡¡　　　　　　73EJT37：1112

令史居延沙陰里大夫王嚴，年廿九。　　☑　　　　73EJT37：1113

茂陵孔嘉里公乘□□☑　　　　　　　　　　　　　73EJT37：1114

☑□　官牛車一兩。　　十一月入。　　　　　　　73EJT37：1115

☑□來動光即報中□□不可忽，不宜假　　　　　73EJT37：1116

　　　　　　軺車一乘，

延水令史孫仁。　　　　　　十一月戊午北嗇夫豐出。

　　　　　　用馬一匹。　　　73EJT37：1117＋1107 [3]

☑月壬午北嗇夫豐出。　　　　　　　　　　　　73EJT37：1118

悉意里王鳳，年五十。　　☑　　　　　　　　　73EJT37：1119

（此簡已編聯至 T37：424+1419 後簡册中）　　　　73EJT37：1120

出賦錢六百。〻　　給始安隧長李☑　　　　　　73EJT37：1121

☑　八月丙申出。　　　　　　　　　　　　　73EJT37：1122

　　　　　　　　　　　　車二兩,牛三☑

昭武擅利里第[4]侯彭且,年廿三。

　　　　　　　　　　見將車。　△〻☑73EJT37：1123

建平元年十月庚申朔戊子,廣地候移肩水金關,遣候長趙審爲官市

名、縣、i 爵、里、年、姓如牒,書到,出入如律令。　十一月辛卯……

並入。ii　　　　　　　　73EJT37：1124+1352A+964[5]

　令史嘉。　　　　　　　　　　　　73EJT37：1352B

觻得當富里萬去疾。　　　車牛一兩。☑　73EJT37：1125+1338[6]

☑　劍一,弩一,矢五十。　　　　　　73EJT37：1126

肩水金關　☑　　　　　　　　　　　73EJT37：1127

☑車一乘,毋苛留止,如律令。　　　　73EJT37：1128

☑□十步　能諷[7]蓬火品約。　〻　　73EJT37：1129

【校釋】

[1]此簡由姚磊綴合,見姚磊(2021P285)。

[2]弟:原釋作"第",從黄艷萍(2018P134-140)改釋。

[3]此簡由姚磊綴合,見姚磊(2021P286)。

[4]第:原釋作"弟",王錦城(2019P1637)指出此字非"弟",但未給出釋字意見。按:此字原簡圖作𢎘,下部確實與"弟"或"第"下部有區别。此字也有作"夷"的可能,存疑。

[5]此簡由姚磊綴合,見姚磊(2021P278)。

[6]此簡由何有祖綴合,未刊,見姚磊(2021P436)。

[7]諷:背誦、朗讀。《説文·言部》:"諷,誦也。"

廣地令史觻得安漢里公乘杜破胡,年廿七,　長七尺五寸,黑色。

軺車☑　　　　　　　　　　　　　73EJT37：1130

(此簡已與 T37：479 簡綴合)　　　　　　　73EJT37：1131

☑守令史段武葆之武威、金城、張掖居延、酒泉郡界中，河津

　　　　　　　　　　　　　　　　　　　　73EJT37：1132

(此簡已與 T37：28 簡綴合)　　　　　　　　73EJT37：1133

(此簡已與 T37：1378 簡綴合)　　　　　　　73EJT37：1134

☑子男恭，年廿☑　　　　　　　　　　　　　73EJT37：1135

☑　字翁兄。　皆以十一月己酉出。　　　　73EJT37：1136

(此簡已與 T37：389 簡綴合)　　　　　　　　73EJT37：1137

(此簡已與 T37：1386 簡綴合)　　　　　　　73EJT37：1138

☑得。順曰：地且予錢。黨曰：諾。順曰：今爲錢浣[1]之。順告☑

　　　　　　　　　　　　　　　　　　　　73EJT37：1139

(此簡已與 T37：1217 簡綴合)　　　　　　　73EJT37：1140

(此簡已編聯至 T37：920 後簡册中)　　　　73EJT37：1141

(此簡已與 T37：1425 簡綴合)　　　　　　　73EJT37：1142

直(值)三百五十。願以錢☑☑　　　　　73EJT37：1143A

☑巨君、蔡君☑☑☑☑ⅰ誠忘之以故如氏巨君☑ⅱ　73EJT37：1143B

　　牛車一兩，

☑符。　　　　　　二月己酉出。

　　弩一，矢五十。　　　　　　　　　　　73EJT37：1144

☑　十二月☑☑　　　　　　　　　　　　　73EJT37：1145

☑字君仲。　射[2]泔。　　　　　　　　　73EJT37：1146

肩水司馬令史侯豐。　十二月辛巳出。☑☑　73EJT37：1147

五月十七日辛巳除，廿一日乙酉受遣，ⅰ閏月十日甲辰發。ⅱ

　　　　　　　　　　　　　　73EJT37：1148 [3]

五鳳三年八月乙巳朔丁卯，橐他塞尉幸敢言之：遣

家屬私使觻得，唯官爲入出符，敢言之。　73EJT37：1149

府守屬臧護Ⅰ妻觻得長壽里大女臧服君，年卅五。Ⅱⅰ子小男憲，年

十四。𠂤Ⅱⅱ牛車一兩,Ⅲⅰ用牛二。Ⅲⅱ正月戊寅出。Ⅳⅰ二月癸
卯入。Ⅳⅱ　　　　　　　　　　　　　　　　　　73EJT37:1150

【校釋】

[1]浣:洗衣服。《説文·水部》:"浣,濯衣垢也。"

[2]射:原釋作"謝",原簡字形作⿰,當爲"射"字草書。肩伍 D:
39B、肩貳 T21:223 等簡中有"謝",其所從"射",與此形同。射在此處用
作姓氏,《通志·氏族略四》:"吳有中書郎射慈。"或"射"通"謝",也作
姓氏。

[3]許名瑲(2017P95-127)認爲此簡屬甘露元年。

賦閣已歸。東部卒四人以衆人出船[1]。𠂤　　北辟外垣西面欲[2]程
☒ⅰ令士吏將餘卒持五人食詣駟望,并[3]持方𥂕矛歸之。·出船卒
閣在府,令袤亭卒持☒ⅱ各有受閣,令持矛去,并取利絑宵〈冒〉[4]。
即持皮來,令持三皮予服胡千秋,爲僵治綺☒ⅲ　　73EJT37:1151A
東部三。Ⅰⅰ南部二。Ⅰⅱ北部五。Ⅰⅲ一駻北矛Ⅱ左後三。Ⅲⅰ士
吏張卿二。Ⅲⅱ臨利二。Ⅲⅲ歸如意卒張同,爲記遣令持其歸去。丿
☒Ⅳⅰ遣卒蓋宗,詣報胡、代馬遂[5],令亭持[6]丿☒Ⅳⅱ歸禁姦卒同。
丿Ⅳⅲ鼓下[7]餘十五石五☒Ⅴ　　　　　　　73EJT37:1151B

【校釋】

[1]船:原釋作"舡",王錦城(2019P2088)釋作"船",今統一改釋。

[2]欲:原未釋,今據原簡字形補釋。

[3]并:原釋作"並",原簡作⿰,同簡後文所出之"並"亦同此,今據原
簡字形改釋。

[4]宵:原釋作"穿",韓鵬飛(2019P1660)釋作"宵"。按:此字原簡作
⿱,嚴格録寫當作"宵",實際此字即爲"冒"之訛混字形。另參 T37:1542
"皮宵〈冒〉"下校釋。

[5]報胡、代馬遂:兩個隧名。

[6]持:原釋作兩個未釋字,從姚磊(《合校》2021P431)補釋。

[7]鼓下：《匯釋》（2008P259）：《後漢書·岑彭傳》云：“收歃置鼓下，將斬之。”注：“中軍將最尊，自執旗鼓。若置營，則立旗以爲軍門，並設鼓，戮人必於其下。”簡文所云“鼓下”，當指此。

戍卒觻得新都里士伍張詡，年廿三。　☑	73EJT37：1152
戍卒昭武宜衆里上造王武，年廿三。　病。　卩☑	73EJT37：1153
觻得市陽里公乘王常，年卅五，長七尺二寸。	73EJT37：1154
隴西＿始昌里知實，年廿六，長七尺五寸，　黑色。	73EJT37：1155
觻得安定里衛宗，年廿五，乃　長七尺五寸，黑色。☑	73EJT37：1156
（此簡已與 T37：470 綴合）	73EJT37：1157
☑長七尺二寸，黑色。弓　十一月已丑入。☑	73EJT37：1158
居延＿（延延）水丞孫就，　軺車一乘，用馬一匹。☑	73EJT37：1159
大車一兩，☑	
酒泉西會水富昌里公乘郭歆，年卅八。	
用牛二頭。☑	73EJT37：1160
負□☑	
☑大車一兩，七月丙寅出。	
□□☑	73EJT37：1161
□□□年十月庚申朔癸亥[1]，橐他塞尉……	
肩水界中，官除如牒，書到，出入如律令。	73EJT37：1162A
張掖橐塞尉。　即日嗇夫豐發	
……以來。　門下。	73EJT37：1162B
河上守候史觻得專心里公乘薛遠，年廿三，郭迹[2]橐他界中，出入盡	
十二月。ｉ	73EJT37：1163
錢入其縣，邊以見錢取庸，往者姦黠民受錢爲庸，去署亡，犯法不已，	
事澟[3]不可長，諸庸卒不已，事ｉ	73EJT37：1164
如律令。	73EJT37：1165

令史遂。　☑　　　　　　　　　　　　　73EJT37：1166

……☑ᵢ屬可校居延部縣農官穀,乘所占用馬,當舍傳舍,☑ᵢᵢ

　　　　　　　　　　　　　　　　　　　73EJT37：1167A

張掖大守章。　　☑ᵢ……　　☑ᵢᵢ　　　73EJT37：1167B

☑□級,年十八。

　　　　　　豐郭迹塞外君級戎收責囊他界中,盡十二月止。

☑□,年十七。　　　　　　　　　　　　73EJT37：1168

今餘米九石三斗三升。　　☑　　　　　73EJT37：1169

☑□武敢言之。謹寫移。敢言之。　　　73EJT37：1170

甲渠尉史萬臨已入。　　輅車☑　　　　73EJT37：1171

(此簡已與 T37:4 綴合)　　　　　　　73EJT37：1172

京輔都尉[4]政、丞咸、霸陵[5]園令[6]博、東園[7]令放、霸陵☑

　　　　　　　　　　　　　　73EJT37：1173+1183

【校釋】

[1]許名瑲(2017P95-127)推擬此簡屬建平元年。

[2]郭迹:《集成》(九 P190):發現敵人蹤跡之後,予以專門技術性鑒定確認的步驟。

[3]槧:此字傳世文獻未見,疑是“漸”之異體,用作習染、影響之義。《史記·貨殖列傳》:“俗之漸民久矣,雖户説以眇論,終不能化。”

[4]京輔都尉:官名。據《漢書·百官公卿表》《後漢書·百官志》載,此官西漢置,分左右,屬執金吾,掌京畿治安,東漢省。

[5]霸陵:或作“灞陵”,漢文帝劉恒陵。

[6]園令:陵園令的簡稱,掌守護陵園。《史記·司馬相如列傳》:“相如拜爲孝文園令。”注:“陵園令,六百石,掌案行掃除。”《後漢書·百官二》:“先帝陵,每陵園令各一人,六百石。本注曰:掌守陵園,案行掃除。”

[7]東園:《漢書·外戚傳上》:“邛太后凡立四十九年,年七十餘,永始元年崩,合葬杜陵,稱東園。”顔師古注曰:“雖同塋兆而别爲墳,王后陵次

宣帝陵東,故曰東園也。"據此,此簡中的"東園"或指霸陵東之合葬陵園。

(此簡已與 T37:459 簡綴合)	73EJT37:1174
二月癸巳肩水行候事。騂北亭☐	73EJT37:1175
(此簡已與 T37:447 簡綴合)	73EJT37:1176
(此簡已與 T37:1416 簡綴合)	73EJT37:1177
☐守丞臨移過所縣道,張	73EJT37:1178
(此簡已與 T37:1109 簡綴合)	73EJT37:1179
子小男樂,年六。　☐	73EJT37:1180
☐☐立以來。　☐	73EJT37:1181A
☐……遣亭長……[1]☐	73EJT37:1181B
六月乙巳,廣地守尉崇寫移☐	73EJT37:1182+490+8 [2]
(原整理者與 T37:1173 綴合)	73EJT37:1183

五鳳四年三月壬申朔癸酉,令史登敢言☐i 同縣故里柳廣偕,乘所占
驒[3]牡馬一匹,白,駹,左尻[4]☐ii 侯國門亭河津,勿苛留,如律令。

☐iii三月癸酉,薄[5]平守丞寰寫移☐iv	73EJT37:1184

【校釋】

[1]此行釋文姚磊(《合校》2021P432)補作"……令☐丞☐移過所遣亭長……",不從。

[2]此簡由姚磊綴合,見姚磊(2021P287)。

[3]驒:原簡圖作█,釋字可疑,形似"騷"。

[4]尻:原未釋,原簡此處僅見一橫畫,按照常見文例推知是"尻"。左尻,左臀。

[5]薄:原釋作"蔭",原簡圖作█,字形與原釋字不甚相合,且蔭平縣不知所屬。黃浩波(2016.3.9)以爲此字是"博",但字形也不完全相合。懷疑此字是"薄"之訛誤寫法。薄平即博平。

居延金城里男子□☑　　　　　　　　　　73EJT37:1185

☑敢言之:富里男子張良,自言與同縣宜□☑ⅰ☑鄉……如牒,毋官

獄徵事,當得取傳,☑ⅱ☑……河津關,寫移,毋苛留,如律令。☑ⅲ

　　　　　　　　　　　　　　　　　　73EJT37:1186A

☑　/掾晏、守令史□。☑　　　　　　　73EJT37:1186B

☑……ⅰ☑史昌、佐定。ⅱ　　　　　　　　73EJT37:1187

☑令安世、守丞聖移過所縣邑,案如書以從事。/掾彊、令史兼。

　　　　　　　　　　　　　　　　　　73EJT37:1188

☑□北鄉嗇夫黨敢言之:樂里男子馬晏　　73EJT37:1189

(此簡已與 T37:1413 簡綴合)　　　　　73EJT37:1190

☑　水金關,出入如律令,敢言之。☑　　73EJT37:1191A

☑□印……☑　　　　　　　　　　　　73EJT37:1191B

(此簡已與 T37:1324 簡綴合)　　　　　73EJT37:1192

☑車二乘,馬二匹。其一匹,驪(騮)牡,齒六歲。　七月癸未,北出

嗇夫欽出[1]。　　　　　　　　　　　　73EJT37:1193

河平四年五月壬子朔甲子……☑　　　　73EJT37:1194

　　　　　　　大車一兩,

☑　葆轑得步里公乘趙明,年十八。　　　二月丙申出。□[2]

　　　　　　　用牛二頭。　　　　　　73EJT37:1195

(此簡已與 T37:854 簡綴合)　　　　　　73EJT37:1196

(此簡已與 T37:1448 簡綴合)　　　　　73EJT37:1197

主吏卒候望,備盜賊爲職。酒二月☑　　73EJT37:1198

□□□北部候史王卿……　　　　　　　73EJT37:1199A

闟[3]取之,毋忘也。☑　□　　　　　　73EJT37:1199B

謁言府,叩頭死罪,敢言☑　　　　　　73EJT37:1200A

異異　步☑　　　　　　　　　　　　　73EJT37:1200B

☑五斗。·又前送城尉酒石二斗。　章子元十四。　·凡四百八十

四。ⅰ　　　　　　　　　　　　　　　　　73EJT37:1201

建平元年十一月甲辰,居延令彊、守丞^[4]移過所縣道河津關,遣守

☑ⅰ　　　　　　　　　　　　　　　　　73EJT37:1202

市丞^[5]戀卿臨謁言,敢言之。　　☑　　73EJT37:1203A

今己巳治、癸丑治之,食廿人可之……☑　　73EJT37:1203B

元始三……☑(字被削去)　　　　　　73EJT37:1204

張掖郡□甲^[6]卒觻得樂安里公士嚴中……☑　73EJT37:1205

戍卒趙國柏人高望里公乘郭世,年廿九。　ノ☑ 73EJT37:1206+872^[7]

建平三年正月癸未朔……□夫假佐恭敢言之:善居里男子枉^[8]湮自

言取傳,乘馬三匹,ⅰ☑……張掖、酒泉……年、長,馬齒、物色各如

牒,過所津關,毋苛留,如律令。ⅱ☑過所如律令。　　　/掾承、守令

史就。ⅲ　　　　　　　　　　73EJT37:1207+806+816^[9]

(此簡已與 T37:1028 簡綴合)　　　　73EJT37:1208

☑雒陽安國里大夫樊辯,年卅四,長七☑　73EJT37:1209

☑　/掾意、令史相。　　　　　　　　73EJT37:1210

☑　盡十二月止。　　　　　　　　　　73EJT37:1211

☑□年卅。　　☑　　　　　　　　　　73EJT37:1212

☑乞鞫囚刑忠名籍如牒,書☑　　　　　73EJT37:1213

凡百卅二人☑　　　　　　　　　　　　73EJT37:1214

☑傳致籍　　　　　　　　　　　　　　73EJT37:1215

☑當取傳,謁移過所縣邑侯國門亭河津,　73EJT37:1216

☑　葆雲里上造曹丹,年十七。ノ　二月癸丑出。

　　　　　　　三月癸酉入。南與吏俱吏入。

　　　　　　　73EJT37:1217+1140^[10]

【校釋】

[1]北出嗇夫欽出:金關簡中有較多"北嗇夫欽出"的文例,如 F3:
120B、F3:132、F3:158、F3:347 等。故第一處的"出"可能是抄寫者誤衍。

但此“出”雖是誤衍，也可以説明這類行文中的“北”或“南”並不是北鄉或南鄉的簡稱，而表示行走方向“北出”或“南出”。

［2］未釋字韓鵬飛（2019P1663）釋作“迹”。

［3］此字原釋作“謁”，但字形頗不合，似“問”，存疑。

［4］此處原簡空缺一字，當爲人名，許名瑲（2017P95-127）指出此人名當爲“宮”。

［5］市丞：T37：1454 簡又見“宛邑市丞”。《漢書·貨殖傳》：“王孫卿以財養士，與雄桀交，王莽以爲京司市師，漢司東市令也。”《後漢書·耿弇列傳》有“以恭司馬石修爲雒陽市丞”。從司市師或司東市令、市丞可知漢代設令丞專門管理市場。

［6］甲：原釋作“田”，從趙爾陽（2018.8.25）據地灣漢簡 86EDT5H：3 改釋。

［7］此簡由姚磊綴合，見姚磊（2021P288）。

［8］柱：原釋作“莊”，原簡圖作 ，上不從“宀”，左從“木”，今改釋。

［9］此簡由姚磊綴合，見姚磊（2021P289）。

［10］此簡由姚磊綴合，見姚磊（2021P290）。

自言爲府卒史朱賢☒　　　　　　　　　　　　73EJT37：1218

☒尺三寸。　　☒　　　　　　　　　　　　　73EJT37：1219

河南郡雒陽榆眉[1]里不更史勞[2]，年卅，長七尺二寸，黑☒

　　　　　　　　　　　　　　　　　　　　　73EJT37：1220

受延隧卒周蒼。　　☒　　　　　　　　　　　73EJT37：1221

南陽宛邑令史段護大奴全□☒　　　　　　　　73EJT37：1222

☒□禁姦隧長贏　　　　　　　　　　　　　　73EJT37：1223

觻得千秋里不更李齎，年卅二，長七尺二寸，黑色，牛車一兩，☒

　　　　　　　　　　　　　73EJT37：1224+108[3]

【校釋】

［1］眉：原釋作“壽”，原簡圖作 。北大漢簡《倉頡篇》中的“楣”原簡

圖作![圖],其所從"眉"即與此簡字形大致相同。

[2]史勞:姚磊(2017.11.23)從 T37:1220、T37:1445 兩簡推知此人在邊地"客田"至少六年。

[3]此簡由姚磊綴合,見姚磊(2021P291)。

二月丁卯,武騎[1]期門侍郎[2]臣延壽[3]侍(持)[4]節承[5]☐ⅰ☐……

　傳第九十七[6]　　☐ⅱ……☐ⅲ　　　　　　　73EJT37:1225[7]

【校釋】

[1]騎:原釋作"駿",從黄浩波(2017P258-266)改釋。武騎或爲武騎常侍之省稱,亦稱常侍武騎,皇帝近侍護衛之一,多以郎官爲之,車駕游獵,常侍左右。《史記·李將軍列傳》:"廣從弟蔡亦爲郎,皆爲武騎常侍,秩八百石。"《漢書》顔師古注爲六百石。

[2]期門侍郎:黄浩波(2017P258-266)認爲是史籍中"期門郎"的省稱,《漢書·百官公卿表》有"期門掌執兵送從,武帝建元三年初置,比郎,無員,多至千人,有僕射,秩比千石。平帝元始元年更名虎賁郎,置中郎將,秩比二千石"。至於武騎與期門的關聯,《漢書·東方朔傳》有"與侍中常侍武騎及待詔隴西北地良家子能騎射者,期諸殿門,故有'期門'之號自此始"。

[3]延壽:黄浩波(2017P258-266):指《漢書》所載甘延壽。

[4]侍:原釋作"持",今據原圖版改。侍,此處讀爲"持"。

[5]承:原釋作"奉",從黄浩波(2017P258-266)改釋。

[6]傳第九十七:傳的編號是第九十七。

[7]黄浩波(2017P258-266)認爲此簡爲御史大夫承制簽發的傳信文書。甘延壽接受使命,作爲馮夫人副使出使烏孫,馮夫人、甘延壽等人於甘露二年二月丁卯日由長安啓程,前往烏孫。此簡應當是持傳信者通過肩水金關時接受查驗留下的傳信文書抄件。

緣薦[1]四,皁布緣。　　☐　　　　　　　　　73EJT37:1226

☐卒意見☐☐　　　　　　　　　　　　　　　73EJT37:1227A

☑叩﹦頭﹦(叩頭叩頭)。必予☑　　　　　　73EJT37∶1227B

☑輜車一乘,馬一匹。二月己酉出。　　　73EJT37∶1228+1346

建平元年七月辛卯朔丙辰,鷇〈鶉〉陰[2]長☑ⅰ……☑☑,當舍傳,

☑ⅱ　　　　　　　　　　　　73EJT37∶1229A+1239[3]

彭陽[4]丞印。☑　　　　　　　　　　73EJT37∶1229B

☑入關☑☑　　　　　　　　　　　　73EJT37∶1230A

☑出入關傳☑　　　　　　　　　　　73EJT37∶1230B

☑☑貞,年卌六。　　☑　　　　　　73EJT37∶1231

定伏地言ⅰ……願報謁之幣盡府☑ⅱ　73EJT37∶1232A+1570A[5]

侯掾　　魏長兄　　　　　　　　　73EJT37∶1232B+1570B

(此簡已與 T37∶1240 簡綴合)　　　　73EJT37∶1233

☑十九人　　　　　　　　　　　　73EJT37∶1234

(此簡已與 T37∶1247 簡綴合)　　　　73EJT37∶1235

☑　　弓車牛一兩☑　　　　　　　73EJT37∶1236

☑　　時子張都鄉嗇夫☑　　　　　73EJT37∶1237

子男㹁得步利里張林,年十三,黑色,　長五尺七寸,　　☑

　　　　　　　　　　　　73EJT37∶1238+1323[6]

(此簡已與 T37∶1229 簡綴合)　　　　73EJT37∶1239

☑☑三年九月戊申朔庚午,肩水驛北亭長何以私印行候事,謂關∶嗇

夫吏ⅰ☑收責橐他,名、縣、里、年、姓如牒,書到,出入如律令。ⅱ

　　　　　　　　　　　　73EJT37∶1240+1311+1233A[7]

☑/令史嚴。　　　　　　　　　　73EJT37∶1233B

【校釋】

[1]緣薦∶王錦城(2019P1645)∶"薦"爲席、墊。《廣雅·釋器》∶"薦,

席也。""緣"爲飾邊。則緣薦爲有邊飾的席墊。

[2]鶉陰∶鶉,原釋作"鷇",今據原圖版改。"鷇"當是"鶉"之訛誤。

安定郡鶉陰縣,今甘肅、寧夏一帶。

　　[3]此簡由許名瑲綴合並補釋"當舍"二字,詳見許名瑲(2017P95-127)。

　　[4]彭陽:《漢書·地理志》屬安定郡,治所在今甘肅鎮原縣東八十里。

　　[5]此簡由姚磊綴合,詳見姚磊(2021P292)。

　　[6]此簡由姚磊綴合,見姚磊(2021P293)。

　　[7]此簡由姚磊綴合。"三"原釋作"二","名"原未釋,從綴合者改釋,見姚磊(2021P294)。

☑牛車一兩。　　☑　　　　　　　　　　　　　　73EJT37:1241

☑更左戎,年廿五。Ⅰ兄子安樂里左褒,年十七。Ⅱ軺車一乘,二月乙卯出。Ⅲ ᵢ馬一匹,駠(騮)牡,齒七歲,高五尺一寸。Ⅲ ᵢᵢ

　　　　　　　　　　　　　　　　　73EJT37:1242+20 [1]

☑　車二兩☑☑　　　　　　　　　　　　　　73EJT37:1243

戍卒淮陽國甯(寧)平邑☑　　　　　　　　　　73EJT37:1244

河南卷始昌里受 [2]建,年卅五,長六尺一寸,一匹☑牝,齒八歲,高六尺,Ⅰ……Ⅱ ᵢ君功買Ⅱ ᵢᵢ　　　73EJT37:1245+383+409 [3]

田卒濟陰郡定陶前安里不更李千秋☑　　　　　73EJT37:1246

☑豐佐仁送客行書橐他界中,出入盡十二月☑　73EJT37:1247+1235 [4]

☑令史褒敢言之:讞得男子孟☑　　　　　　　73EJT37:1248

☑☑候史☑☑　　　　　　　　　　　　　　73EJT37:1249

戍卒南陽郡宛邑道☑☑　　　　　　　　　　　73EJT37:1250

戍卒淮陽國苦☑里公大夫陳得,年卅五,長七尺二寸,黑色。☑

　　　　　　　　　　　　　　　　　73EJT37:1251+1328 [5]

【校釋】

　　[1]此簡由姚磊綴合,見姚磊(2021P295)。其中"安"原未釋,綴合者亦未能釋出。此字正處茬口,拼合後尚可見"宀"和部分"女"形,今補。

　　[2]受:原釋作"爰",從高一致(2016.1.14)改釋。

　　[3]此簡由姚磊綴合,見姚磊(2021P296)。按:"……"原釋文無。此

簡“君功買”靠左書寫,右側有少許筆畫,知末尾是分兩行書寫。原作一行,今改作兩行。

　　[4]此簡由姚磊綴合,見姚磊(2021P297)。

　　[5]此簡由姚磊綴合,見姚磊(2021P298)。

(此簡已與 T37：147 簡綴合)　　　　　　　　　　　73EJT37：1252

☑卷[1]　　☑　　　　　　　　　　　　　　　　73EJT37：1253A

☑卷　　☑　　　　　　　　　　　　　　　　　73EJT37：1253B

張掾急☐☐☐☑　　　　　　　　　　　　　　73EJT37：1254

(此簡已與 T37：782 簡綴合)　　　　　　　　　　　73EJT37：1255

建平元年正月甲午朔壬寅,南部候長敝☐☐☑　73EJT37：1256+1368[2]

☐年五月己亥☐☑　　　　　　　　　　　　　73EJT37：1257

☑田卒河南郡密邑長明里杜賢,年卅。　　卩

　　　　　　　　　　　　73EJT37：1258+1291+1392[3]

☑☐吏送致,縣次傳續食☑　　　　　　　　　73EJT37：1259

夏侯忠　　☑　　　　　　　　　　　　　　　73EJT37：1260

☑……爲家私市張掖、酒泉[4]

☑……☐☐取傳,謁移過所縣道河津　　　73EJT37：1261[5]

　　【校釋】

　　[1]卷:簡正反面兩“卷”,原徑釋作“券”,原簡作𥅆,今改。

　　[2]此簡由許名瑲綴合,詳見許名瑲(2017P95-127)。

　　[3]此簡由姚磊綴合,見姚磊(2021P299)。

　　[4]此行釋文原釋作“……所……”,從姚磊(2021P237)改釋。

　　[5]此簡姚磊(2021P240)與 T37：581 綴合,但兩簡茬口相差太大,不從。

正月丁酉……☑　　　　　　　　　　　　　73EJT37：1262

☑里陳安世大婢財,年廿二,長六尺七寸,☑ 73EJT37：1263+1300[1]

出錢千八百☑ 73EJT37：1264

·右一人輪脅☐☑ 73EJT37：1265

☑☐居第五亭印[2]賦筭給 73EJT37：1266

居延鞮汗里☐☑ 73EJT37：1267

觻得成漢里上造蕭㾦，年十五，　 驪（騾）一匹，齒三歲，　正月辛酉
南入。ⅰ 73EJT37：1268+1089[3]

建……☑ⅰ當舍傳舍，☐☑ⅱ 73EJT37：1269

☑如律令。　兼掾☐☑ 73EJT37：1270

☑☐年三月吏民出入關傳。 73EJT37：1271+1340[4]

卒史奴輅☑ 73EJT37：1272

釀錢三百五☑ 73EJT37：1273A

☐☐☑ 73EJT37：1273B

（此簡原整理者與 T37：1275 綴合） 73EJT37：1274

☑叩頭死罪，敢言之。 73EJT37：1275+1276+1274

（此簡原整理者與 T37：1275 綴合） 73EJT37：1276

（此簡已與 T37：1308 簡綴合） 73EJT37：1277

☑錢少百五十今 73EJT37：1278A

☑☐賜記☐☑ 73EJT37：1278B

一封詣城官☑ 73EJT37：1279A

☐　　☑ 73EJT37：1279B

☑☐尹鳳年☑ 73EJT37：1280

甲戌　卒☐☑ 73EJT37：1281

☑☐且鹿候長☑ 73EJT37：1282

居延守獄史王常寫☑ 73EJT37：1283

孝子回[5]　　☑ 73EJT37：1284A

☐☐☑ 73EJT37：1284B

（此簡已與 T37：209 簡綴合） 73EJT37：1285+1297

☑夫莊況,年卅。　☑　　　　　　　　　　73EJT37：1286

☑九人　　　　　　　　　　　　　　　　73EJT37：1287

☑敢言之。　☑　　　　　　　　　　　　73EJT37：1288

☑齒十五歲。　以☑☑　　　　　　　　　73EJT37：1289

(此簡已與 T37：393 簡綴合)　　　　　　73EJT37：1290

(此簡原整理者與 T37：1258 簡綴合)　　　73EJT37：1291

☑命屬此☑☑　　　　　　　　　　　　　73EJT37：1292

居豐上坐豐☑☑　　　　　　　　　　　　73EJT37：1293

當得取傳,謁移【過】所河津關,【毋苛】留止,如律令,敢言之。☑

　　　　　　　　　　　　　73EJT37：1294+737^[6]

【校釋】

[1]此簡由姚磊綴合,見姚磊(2021P300)。

[2]印:王錦城(2019P804)據漢簡“第五亭部”辭例認爲此字是“部”的草書,不從。

[3]此簡由姚磊綴合,見姚磊(2021P301)。

[4]此簡由姚磊綴合,見姚磊(2021P302)。又林宏明亦有綴合,見林宏明(2016.12.8)

[5]曰:原釋作“山”,此簡文内容有限,釋字不能確定,從姚磊(《合校》2021P434)擬改。

[6]此簡由姚磊(2021P303)綴合。“過”、“毋苛”原未釋,“所”原釋作“縣”,從綴合者改補。

☑歲,長七尺二寸,黑☑　　　　　　　　　73EJT37：1295

☑移金關都尉☑　　　　　　　　　　　　73EJT37：1296

(此簡原整理者與 T37：1285 簡綴合)　　　73EJT37：1297

☑☑弩一,矢卅。☑　　　　　　　　　　73EJT37：1298

☑次長坐前萬年毋恙,叩頭……☑　　　　73EJT37：1299A

及京幸得關掾馬卿幸哀憐……☑　　　　　73EJT37：1299B

（此簡已與 T37：1263 簡綴合）　　　　　　73EJT37：1300

建平五年九月壬寅☐☐　　　　　　　　　73EJT37：1301

（此簡已與 T37：723 簡綴合）　　　　　　73EJT37：1302

☐　☐受　　　　　　　　　　　　　　73EJT37：1303A

☐永　　　　　　　　　　　　　　　　73EJT37：1303B

☐卒中[1]　　　　　　　　　　　　　　73EJT37：1304A

☐☐　　　　　　　　　　　　　　　　73EJT37：1304B

（此簡已與 T37：309 簡綴合）　　　　　　73EJT37：1305

☐尉史☐　　　　　　　　　　　　　　73EJT37：1306

☐出錢六十王殷貸☐ⅰ☐出錢三百卅王譚貸☐ⅱ☐出錢百一十王武
貸☐ⅲ　　　　　　　　　　　　　　　73EJT37：1307A

☐☐二石八斗又麥一石☐　　　　　73EJT37：1307B[2]

☐出錢卅七,常良貸。　　　出錢十五,侯盧貸。☐

☐出錢七十一,陳功貸。　　出錢十四,郭良貸。☐

☐出錢二百七十七,李放貸。　凡九百卅四☐　73EJT37：1312A

☐　大凡千一百七十四☐　　　　　73EJT37：1312B

【校釋】

　[1]中:原釋作"忠",從韓鵬飛(2019P1667)擬改釋。按:此字也可能
是"守"。

　[2]謝坤(2016.8.5)認爲 T37：1307、T37：1312 或許可綴合或連讀。
按:由於兩支簡的首尾處經刀削的痕跡較爲明顯,且二者的茬口並不能較
好地吻合,因此難以判斷兩支簡是否能直接拼合。也有可能原屬同一支
簡,後被人削成兩個部分。不過二者可以連讀當無問題。

☐其一人養,☐ⅰ☐定作九人得茭六十五束,率人七十五☐☐ⅱ
　　　　　　　　　　　　73EJT37：1308+1277[1]

☐御史大夫吉[2]下扶風府[3]承書☐ⅰ☐當舍傳舍,如律令。☐ⅱ
　　　　　　　　　　　　73EJT37：1309

（此簡已與 T37：968 簡綴合）　　　　　　　　　　73EJT37：1310

（此簡已與 T37：1240 簡綴合）　　　　　　　　　　73EJT37：1311

（此簡已編聯至 T37：1307 後）　　　　　　　　　　73EJT37：1312

☑年二歲。丶Ⅰ₁☑……五丶Ⅰ₍ᵢᵢ₎☑大婢益息，長七尺。丶Ⅰ₍ᵢᵢᵢ₎正月癸酉北出。Ⅱ伏匿車一乘。丶Ⅲ₁馬一匹，騂牡[4]，齒六歲，高五尺八寸。丶Ⅲ₍ᵢᵢ₎☑馬一匹，騩牝，齒十五歲，高六尺。丶Ⅲ₍ᵢᵢᵢ₎葆……Ⅲ₍ᵢᵥ₎

73EJT37：1313+1405[5]

【校釋】

[1]此簡由姚磊(2021P304)綴合。"六十五"的"十"字，原未釋，從姚磊補釋。

[2]御史大夫吉：西漢宣帝時御使大夫丙吉。

[3]府：原釋作"厩"，韓鵬飛(2019P1667)認爲是"府"的誤書。今按：此字原簡圖作𪠊，當徑釋作"府"，非誤書也。

[4]牡：原釋作"牝"，此字原簡圖作牜，右從"土"，今改。

[5]此簡由林宏明綴合，詳見林宏明(2016.12.8)。

張掖□□□[1]印。

☑肩水候官

　　　　　　九月己亥，騂北卒林赦[2]以來。　　　　73EJT37：1314

（此簡已與 T37：1105 簡綴合）　　　　　　　　　　73EJT37：1315

☑甲寅　　日中一分一通。□□□分一通。　　風☑

☑　　　　鋪二分一通。三分一☑　　　　　　　　　73EJT37：1316

戍卒趙國邯鄲平阿里吳世☑　　　　　　　　　　　73EJT37：1317

戍卒南陽郡葉昌里楊意，年卅九。　　☑　　　　　73EJT37：1318

戍卒淮陽國甯(寧)平故市里大夫丁臣，年卅□☑　73EJT37：1319

戍卒濟陰[3]郡桂邑[4]千秋里大夫左實，年卌，長七尺☑　73EJT37：1320

☑夫高安國，年廿四，長七尺二寸，黑☑　　　　　73EJT37：1321

☑……ⅰ☑高六尺ⅱ　　　　　　　　　　　　　73EJT37：1322

（此簡已與 T37：1238 簡綴合）　　　　　　　　　73EJT37：1323

觻得萬年里姚宫，年卅，字子胥。已出。　　葆作者步利里李就，年

卅，字子威。已出。　　　　　　　　　　　73EJT37：1324+1192[5]

【校釋】

[1]此三個未釋字姚磊(《合校》2021P434)疑是"廣地候"。

[2]韓鵬飛(2019P1667)已指出此處原釋文"赦"後原整理者誤衍"之"字，今删。

[3]陰：原簡圖作 ▇，與"陶"相混。

[4]鄭威(2018P533-536)：作爲湯沐邑的桂邑，其存在年代當在爲郡之時。桂邑不見於《漢書·地理志》，今地無考，估計存在時間不長。《括地志》所載之"桂城"在乘氏縣東北不遠，即今菏澤市東，在漢乘氏縣以西，正好位於漢濟陰郡的中部，簡文所載的"桂邑"或許在此。按：桂邑源流考又見趙爾陽(2019P159-168)。

[5]此簡由謝坤綴合，詳見謝坤(2017P69-74)。其中簡末的"已出"原寫在後一"字子"右側空白處。

居延亭長延年里大夫陳輔，年廿三，長七尺三寸，黑色。　☑

　　　　　　　　　　　　　　　　　　　　　73EJT37：1325

從者安樂里大夫薛市，年廿九，　長七尺五寸，黑色。☑

　　　　　　　　　　　　　　　　　　　　　73EJT37：1326

☑日置佐威受卒趙詡。　　　　　　　　　　　73EJT37：1327

（此簡已與 T37：1251 簡綴合）　　　　　　　　73EJT37：1328

積落隧[1]卒孫建。　五石☑　　　　　　　　　73EJT37：1329

雒陽謝里不更尹興[2]☑　　　　　　　　　　　73EJT37：1330

觻得騎士成漢里張安。　☑　　　　　　　　　73EJT37：1331

☑□，長七尺二寸，黑色。　弓☑　　　　　　73EJT37：1332

觻得東鄉敬兄里□☑　　　　　　　　　　　　73EJT37：1333

☑長七尺二寸,黑色,小霄。衣皁繒襲,白布襜褕。　劍一。　☑
　　　　　　73EJT37：1334

（此簡已編聯至 T37：306+267、T37：987 之後）　73EJT37：1335

表是常樂里☐宜,年廿三。　☑　73EJT37：1336

　　　　韜車一乘[3],　☑

居延亭長孫婁

　　　　　馬一匹。　☑　73EJT37：1337

【校釋】

[1]積落隧:隧名,T8：9 寫作"籍落",T21：131 又作"稽落"。據 C：448A"橐他稽落亭長"可知又有稽落亭,皆屬橐他候官。

[2]興:原未釋,從沈思聰(2018P435)補釋。

[3]乘:原釋作"兩",從黃悦(2019P202-208)改釋。

（此簡已與 T37：1125 簡綴合）　73EJT37：1338

☑中部五鳳三年正月吏卒被兵簿。　73EJT37：1339

（此簡已與 T37：1271 簡綴合）　73EJT37：1340

☑　正月壬寅入。　73EJT37：1341

☑安[1]故里左賢,年廿三。Ⅰᵢ☑☐Ⅰᵢᵢ十一月甲申南關佐音入。Ⅱ
　　　　　　73EJT37：1342

☑　步入以二月出。　☑　73EJT37：1343

☑卒段德爲取。　☑　73EJT37：1344

☑　以食登山隧卒孟長安三月☑　73EJT37：1345

（此簡原整理者與 T37：1228 簡綴合）　73EJT37：1346

（此簡已與 T37：1425 簡綴合）　73EJT37：1347

☑吉　☑　73EJT37：1348

（此簡已與 T37：949 簡綴合）　73EJT37：1349

☑☐唯☐☑　73EJT37：1350

☑☐媛心　～　☑　73EJT37：1351

（此簡已與 T37∶1124 簡綴合）　　　　　　　73EJT37∶1352

（此簡已與 T37∶1361 簡綴合）　　　　　　　73EJT37∶1353+1358

☑申朔☑　　　　　　　　　　　　　　　　73EJT37∶1354

仁罪容姦力以☑鳳不以爲意☑☑☑☑☑☑☑☑☑

☑☑☑☑☑☑☑☑☑☑☑☑☑☑☑　73EJT37∶1355+682 [2]

☑里大夫宋之☑　　　　　　　　　　　　　73EJT37∶1356

☑☑三千☑　　　　　　　　　　　　　　　73EJT37∶1357

（此簡原整理者與 T37∶1353 簡綴合）　　　　73EJT37∶1358

（此簡已與 T37∶1335 簡綴合）　　　　　　　73EJT37∶1359

☑☑西部☑☑　　　　　　　　　　　　　　73EJT37∶1360

郭迹塞外橐他界中☑　　　　73EJT37∶1361+1353+1358 [3]

【校釋】

[1]安∶原未釋,從姚磊（《合校》2021P435）補釋。

[2]此簡由姚磊綴合,詳見姚磊（2021P306）。

[3]此簡由姚磊綴合,見姚磊（2021P307）。

騎士成漢里☑☑　　　　　　　　　　　　　73EJT37∶1362

☑☑爲肩水塞尉☑　　　　　　　　　　　　73EJT37∶1363

☑☑謁☑　　　　　　　　　　　　　　　　73EJT37∶1364

☑如律令。　　　　　　　　　　　　　　　73EJT37∶1365

……出關☑　　　　　　　　　　　　　　73EJT37∶1366

嗇夫＝（夫夫）人坐前毋恙,頃者舍中☑☑　　73EJT37∶1367B [1]

告之至意甚深厚,叩＝頭＝（叩頭叩頭）。願☑☑　73EJT37∶1367A

（此簡已與 T37∶1256 簡綴合）　　　　　　　73EJT37∶1368

……ⅰ居延都尉胡驛一人☑☑☑ⅱ……ⅲ　　73EJT37∶1369

　　　居延富昌里☑

見

……☑	73EJT37：1370
☑食盡十二月十日　　☑	73EJT37：1371
☑□　☑	73EJT37：1372
☑……襲袍☑	73EJT37：1373A
☑……☑	73EJT37：1373B
肩水金關	73EJT37：1374

居延都尉門下史[2]夏憲叩頭　　☑ⅰ事，金關嗇夫許掾門下奉教　　☑ⅱ

73EJT37：1375A

☑□史　　　　　　　　　　73EJT37：1375B

五鳳四年六月戊申，Ⅰⅰ橐他故駮亭長符。Ⅰⅱ亭長閻得葆昭武破胡里公乘王延年=(年，年)廿八歲，長七尺五寸。Ⅱⅰ葆觻得承明里大夫王賢，年十五歲，長七尺。　　　　皆黑色。Ⅱⅱ葆昭武破胡里大女秋，年十八歲，　入出止。Ⅱⅲ(簡左側有一刻齒)

73EJT37：1376+656[3]

(此簡已與 T37：645 簡綴合)　　　73EJT37：1377

建平四年正月丁未朔癸丑，肩水候憲謂關：嗇夫吏據[4]書葆　妻子收責橐他界中，名、縣、爵、ⅰ里、官除、年、姓[5]各如牒[6]，書到，出入盡十二月，如律令。ⅱ　　73EJT37：1378+1134[7]

【校釋】

[1]此簡内容是書信，按照常見書信格式和慣用語可知 B 面是書信的開頭，今調整順序。

[2]門下史：即"門下親近吏"，和郡屬吏一樣，除分職列曹之外，縣屬吏往往冠以門下稱號，如功曹又稱門下功曹；還有門下祭酒、門下緣、門下史等皆爲其泛稱。參安作璋、熊鐵基(2007P665)。

[3]此簡由謝坤綴合，詳見謝坤(2018.1)。此爲吏家屬出入符，詳參李迎春(2019P252—271)。

[4]此字原簡圖作掾，字形與"據"不甚相合，釋字可疑。疑是"據"誤寫作"掾"字。

　　[5]丁義娟(2019P163):據"官除年姓"可知,本文書使用對象包括吏及妻子。

　　[6]各如牒:原釋作"□名縣",姚磊(2017.6)據雷海龍意見改釋,從改。

　　[7]此簡由姚磊綴合,見姚磊(2021P308)。

神爵三年四月庚午朔甲戌,廣地候遺[1]移肩☒(觚)　73EJT37:1379A
付□□將省卒四人詣府,檄到,毋留止,□☒(觚)　　73EJT37:1379B
子女呈配,年六。小☒ᵢ神爵五年二月庚寅朔辛卯,駿鄉嗇夫仁敢言
之:道德里樵威,自言田張掖郡居延界中,□☒ᵢᵢ……☒ᵢᵢᵢ

　　　　　　　　　　　　　　　　　　　73EJT37:1380A

印曰:霸陵右尉。　　☒　　　　　　　73EJT37:1380B
長安水上里丁宜[2],年卅五。　乘蘭輿車[3],驪(驪)牡馬一匹,齒十
二歲,高五尺八寸。☒ᵢ　　　　　　　73EJT37:1381
☒二寸,黑色。　軺車二乘,馬三匹。・弓一,矢卅。73EJT37:1382
☒牛車一兩。　劍一,弓一,矢五十。　73EJT37:1383
☒丿　牛車一兩。ᵢ☒　用牛二頭。ᵢᵢ　73EJT37:1384
☒□五年四月　車牛一兩。　　　　　73EJT37:1385
河南落陽[4]東鄉上言里趙武,年廿九。　馬一匹,騅白,牡,齒四歲,
高六尺。三月□□入。ᵢ　　　　　73EJT37:1386+1138[5]

　　【校釋】

　　[1]此字原簡圖作▨,不排除是"遺"之訛誤。

　　[2]宜:原釋作"宣",從高一致(2016.1.14)改釋。

　　[3]蘭輿車:裘錫圭(2012:2P90-91):蘭車、闌輿車大概都是指車輿没有皮革或繒帛裹覆,木欄裸露在外的車子。

　　[4]落陽:即雒陽。

　　[5]此簡由姚磊綴合,見姚磊(2021P309)。

☑☑隧長孫昌　去署亡。　　　　　　　　　　　73EJT37:1387

☑長七尺五寸。　十二月己酉出。　　☑　　　73EJT37:1388

居延城倉令史陽里公乘徐占,年廿七,　長七尺五寸,黑色。☑
　　　　　　　　　　　　　　　　　　　　　　73EJT37:1389

☑☑游安世,年卅六,黑色,長七尺二寸。　二月甲午出。　亅
　　　　　　　　　　　　　　　　　　　　　　73EJT37:1390

(此簡已編聯至 T37:424+1419 後簡册中)　73EJT37:1391+883 [1]

(此簡已與 T37:1258 簡綴合)　　　　　　　73EJT37:1392

☑☑得卅二　　　　　　　　　　　　　　　　73EJT37:1393

充保魏(魏) [2] 郡陰安 [3] 倉正里士五(伍)張武,年卅☑☑☑
　　　　　　　　　　　　　　　　　　　　　　73EJT37:1394

☑里李弘,年廿七。　☑☑　　　　　　　　　73EJT37:1395

元延元年十一月甲子朔辛卯,橐他守塞尉宣移肩☑ⅰ……☑ⅱ
　　　　　　　　　　　　　　　　　　　73EJT37:1396A

……☑ⅰ十一月辛卯以來。　君前　☑ⅱ　73EJT37:1396B

☑……敢言之:田卒所假長安ⅰ☑東陽亭長忠付臨渠令史華信陌史

柳ⅱ　　　　　　　　　　　　　　　　　　　73EJT37:1397A

☑☑☑　☑乘軸☑　　　　　　　　　　　　73EJT37:1397B

☑☑符　　　　　　　　　　　　　　　　　　73EJT37:1398A

☑傳　十月辛亥☑☑☑取　　　　　　　　　　73EJT37:1398B

表是常樂里公乘陳宣,年廿☑　　　　　　　　73EJT37:1399A

表是　☑　　　　　　　　　　　　　　　　　73EJT37:1399B

▨元延三年三月　　　　　　　　　　　　　　73EJT37:1400A

▨吏民出入關致。　　　　　　　　　　　　　73EJT37:1400B

☑雲、丞歆謂過所縣道津關:☑ⅰ☑從者如律令☑ⅱ　73EJT37:1401

(此簡已與 T37:1450 簡綴合)　　　　　　　73EJT37:1402

肩水金關☑　　　　　　　　　　　　　　　　73EJT37:1403

元延二年三月壬戌朔寅守□□ⅰ壬寅掾憲□□□□謁□□□□ⅱ

　　　　　　　　　　　　　　　　　73EJT37：1404

（此簡已與 T37：1313 簡綴合）　　　　　73EJT37：1405

　　　　　　妻大女君以，年卅。　　　☑

肩水庫嗇夫王護。　　　子大男鳳，年十七。　☑

　　　　　　子大男褒，年十六。　☑　73EJT37：1406

（此簡已與 T37：930 簡綴合）　　　　73EJT37：1407

建平元年正月壬子張掖□☑　　　　　73EJT37：1408

年、姓如牒，書到，出入如律令。☑　　　73EJT37：1409

謹移葆出入關符一編，敢言之。　　　73EJT37：1410+1480^[4]

（此簡已與 T37：1035 簡綴合）　　　　73EJT37：1411

　　　　　其一□☑

八尺平二。

　　　　　一□☑　　　　　　　　　73EJT37：1412

觻得廣昌里田萬，年六十六，字長實^[5]。Ⅰ方相（箱）車一乘，Ⅱ用馬
一匹，留（騮）牡，齒十三歲，高六尺。Ⅲ ⅰ□騎馬一匹，留（騮）牝，齒
十五歲，高六尺二寸。Ⅲ ⅱ十二月庚辰北嗇夫豐。Ⅳ

　　　　　　　　　　　　73EJT37：1413+1190^[6]

觻得宜產里大夫王多牛，年廿三，長七尺二寸，黑色，牛車一兩，　以
元康三年五月中出。　　　73EJT37：1414+1044+369^[7]

【校釋】

　　［1］此簡由姚磊綴合，見姚磊（2021P310）。

　　［2］巍：原釋作“魏”，從高一致（2016.1.14）改釋。

　　［3］鄭威（2015P217-241）：陰安亦曾封侯，爲侯國，存在年代爲元朔五
年（前 124）四月至元鼎五年（前 112），在今河南清豐縣古城鄉古城村
東北。

　　［4］此簡由姚磊綴合，詳見姚磊（2021P311）。

　　［5］實：原釋作“賓”，此字原簡圖作 ，此形更接近後世“實”的傳世

草書。此字用作人名。長賓、長實用作人名皆有出現,今據字形改作
"實"。

[6]此簡由姚磊綴合,見姚磊(2021P312)。

[7]此簡由姚磊綴合,見姚磊(2021P313)。

田卒河南郡密邑東平里陳憙,年卅四。▱　　　　　73EJT37:1415

八月庚午,匽阤(師)[1]丞義移過所河津門亭,勿苛留,如律令。/掾
廣、令史彭。　　　　　　　　　　　　　73EJT37:1416+1177[2]

▱□長七尺五寸,黑色。　　韜車一乘,馬一匹。　　五月丁亥出。
　　　　　　　　　　　　　　　　　　73EJT37:1417

陽武廷里魯日,年六十。　　五月十六日北嗇夫欽出。▱
　　　　　　　　　　　　　73EJT37:1418+664+609[3]

(此簡已與 T37:424 簡綴合)　　　　　　73EJT37:1419

(此簡已與 T37:723 簡綴合)　　　　　　73EJT37:1420

▱……府書□□□年盡到[4]□□▱　　73EJT37:1421A

▱都尉府書曰假佐□□除盡十二□▱　　73EJT37:1421B

▱嗇夫豐出。　　車□▱　　　　　　73EJT37:1422

▱月甲子朔壬辰,肩水候憲▱　　73EJT37:1423A[5]

▱　　守□▱　　　　　　　　73EJT37:1423B

▱□守府　八月乙丑入。　　　　73EJT37:1424

橐他却適隧長孟聚、子男奉等十二人,牛車廿三兩,
　　　　　　　　　73EJT37:1425+1347+1142[6]

▱□月六日出。　　持皁袍[7]一領。　　73EJT37:1426

　　　　　　　車二兩,
子大夫永,年廿七。
　　　　　　　用馬三匹。　　　　73EJT37:1427

鱳得長秋里杜買。　　弓　牛　　73EJT37:1428

·辟(辭)謾[8]若令辟(辭)者罰金一斤。　　　　73EJT37:1429A

十三　　　　　　　　　　　　　　　　　　　73EJT37:1429B

令史居延孤山里常熙,年卅。　送客校書橐他界中。73EJT37:1430

戍卒隱強[9]成陽里公乘尹曼,年卅二。　　丿　　73EJT37:1431

【校釋】

[1]匽阤:即偃師,屬河南郡。

[2]此簡由姚磊綴合,見姚磊(2021P314)。

[3]此簡由謝坤、姚磊綴合,詳見謝坤(2016P241-246)、姚磊(2021 P315)。"魯日"的"日"字原未釋,從謝坤補釋。

[4]到:原未釋,今據原圖版擬補。

[5]胡永鵬(2017P527)定此簡年代爲漢成帝元延元年十一月或綏和二年十二月。

[6]此簡由姚磊綴合,姚文並指出"孟聚"和簡 T37:81 中的"孟冣"當爲同一人。結合兩簡,我們可復原其家庭關係,户主孟冣(孟聚),妻岔,子孟奉,孫孟武,詳見姚磊(2021P316、390)。

[7]皁袍:《匯釋》(2008P117):皁爲黑色麻布,皁袍即用皁布做的袍子。

[8]謾:劉樂賢(2017P133-150):用來表示欺蒙官府的行爲或罪名的法律用語。

[9]隱強:即灊強。

肩水鄣卒董習,　行書橐他界中,盡十二月。　　73EJT37:1432

賤子聖謹請使再拜。　　　　　　　　　　　　73EJT37:1433

□　與□□□……　　　　　　　　　　　　　73EJT37:1434

兄兄兄　　　　　　　　　　　　　　　　　　73EJT37:1435

……勿苛留止,如律令,敢言之。ⅰ三月戊寅,居延丞忠移過所,如律令。/掾陽、守令史誼。ⅱ　　　　　　　　　73EJT37:1436

☑□庚子,雒陽守丞況移過所,毋留,如律令。/掾宣、令史賢。

　　　　　　　　　　　　　　　　　　　　　73EJT37:1437

順伏地言：ⅰ……因道順丙子到治所,毋它急。ⅱ　　　73EJT37：1438

正月壬子,橐他北部候長勳以私印行候事,寫移,書到,出

……正月,如律令。　　　　　　　　　　　　　73EJT37：1439

元元ⅰ元元□□□居□□□□□叩꞊頭꞊(叩頭叩頭)ⅱ

　　　　　　　　　　　　　　　　　　73EJT37：1440A

□□□□□　　　　　　　　　　　　　73EJT37：1440B

肩水金關、居延縣索關隧次行。☑　　　　　　73EJT37：1441A

子□孫元延三年□[1]丘,得毋有它急,如牒☑　　73EJT37：1441B

願且貸七十一錢,乃爲行道用者,不宜□財不行出入,叩꞊頭꞊(叩頭

叩頭)。ⅰ　　　　　　　　　　　　　　　73EJT37：1442A

劉儀[2]伏地叩頭,庚都卿屬□□□□陳愚□道,今北毋錢,

　　　　　　　　　　　　　　　　　73EJT37：1442B

居延都尉守屬趙武,年卅五。　乘軺車一乘,用馬一匹,驈(騮)牡,

齒四歲,高五尺九寸。Ⅰ三月丁酉Ⅱⅰ南入。Ⅱⅱ

　　　　　　　　　73EJT37：1443+T21：290[3]

【校釋】

[1]未釋字原簡圖作𣏂,與"朔"形草書較近。

[2]劉儀:發信人名字,此人又見於 T37：786,兩簡文字書寫特點相似,
可能出自同一書手,兩簡中的"劉儀"也可能是同一人。從簡文內容來看,
B 面可能是信文開始。

[3]此簡由謝明宏(2022.7.4)綴合。

南陽宛北當陽里公乘范有,年卅,長七尺二寸,黑色。　牛車一兩。

丿ⅰ　　　　　　　　　　　　　73EJT37：1444+12[1]

河南郡雒陽榆眉[2]里不更史勢,年廿四,長七尺二寸,黑色。　五月

辛☑ⅰ　　　　　　　　　　　　　　　73EJT37：1445

鰂得富里公乘孫捐之,年廿,長七尺二寸,黑色。　☑73EJT37：1446

忠從弟氏池安定里公乘朱福,年卅五,長六尺八寸,黑色。

73EJT37:1447+922 [3]

■上黨郡神爵五年戍卒名籍。　　　73EJT37:1448A+1197A [4]

■上黨郡神爵五年戍卒名籍。　　　73EJT37:1448B+1197B

■右九月北書四輩。　　 丿 ☑　　　　73EJT37:1449

元延二年三月壬戌朔丁丑,居延卅井候譚移過縣道河津關,遣掾孫萬爲官ⅰ市上書具[5]鰈得,當舍傳舍,從者如律令。　尉史忠。ⅱ

73EJT37:1450+1402 [6]

元延元年七月丙寅朔丙寅,東鄉嗇夫豐佐章敢言之:道德☑ⅰ使之張掖郡衆〈界〉[7]中,願以令取傳。·謹案:戶籍臧官者豐,爵公士☑ⅱ

73EJT37:1451A

允吾丞印。　　☑　　　　　　　73EJT37:1451B

【校釋】

[1]此簡由姚磊綴合,見姚磊(2021P317)。

[2]眉:原釋作“壽”,此字原簡圖作𡥀,解析見T37:1220注釋。

[3]此簡由姚磊綴合,見姚磊(2021P318)。

[4]此簡由何有祖綴合,詳見何有祖(2016.1.14)。

[5]上書具:王錦城(2019P809):當指上書所用工具,或包括筆墨簡牘書繩等。按:王説可疑,待考。

[6]此簡由姚磊綴合,見姚磊(2021P319)。

[7]衆:原釋作“界”,從韓鵬飛(2019P1673)改釋。

元延四年九月戊寅朔丁酉,都鄉有秩訢敢言之:東脩禮里田忠,自言田鰈得,介(界)在亭西二舍北,□命𡿨[1]ⅰ更,至五年八月更封,敢言之。ⅱ九月丁酉,茂陵令閎、丞護移鰈得,如律令。　/掾竟、令史豐。ⅲ　　　　　　73EJT37:1452+1460+55 [2]

☑□月甲寅朔庚申[3],東鄉有秩禁敢言之:西函里男子☑

☑獄徵事,當爲傳,謁移過所縣邑侯國郵亭津☑　　　　73EJT37:1453

綏和二年十二月甲子朔已丑,宛邑市丞[4]歲[5]移過所縣……☑

諸責人亡賊處自如弘農、三輔、張掖、居延郡界中,當舍傳舍……☑

　　　　　　　　　　　　　　　　　　　　73EJT37:1454

【校釋】

[1]□命命:原整理者作"□□□",秦鳳鶴(2018P530-532)補作"□命令"。此三字原簡分別作🔲、🔲、🔲。第二形爲"命"無疑,第三形與第二形對比來看,應該也是"命",但已經訛作"帝"形,也可能是"亡命"的訛誤。

[2]此簡由謝坤綴合,詳見謝坤(2018.1)。

[3]許名瑲(2017P95-127)推此簡屬元延三年九月。

[4]宛邑市丞:宛,原簡圖作🔲,與常見字形略有差異,可能抄寫有誤。蔣波、周世霞(2016.4):"市丞",專司市場、集市管理的官吏,這裏指宛縣管理集市的官員。

[5]歲:原釋作"華",原簡圖作🔲,與常見的"華"有差異。按:此形當爲"歲"之草書。字形如肩肆 T37:1405 🔲、肩肆 T37:735 🔲、肩伍 D:17 🔲、皇象🔲等"歲"之草書可作比照。

☑乘方相(箱)車,駕☑　　　孔長伯任,

　　　　　　　　　　　七月戊午入。

☑其一牛墨介[1],齒八歲。ㄌ　　　　　　73EJT37:1455

建平五年七月　　☑　　　　　　　　　73EJT37:1456

(此簡已與 T37:1528 簡綴合)　　　　　73EJT37:1457

張掖肩水東望隧長鰈得敬老里不更騶惲　☑　73EJT37:1458A

□□　☑　　　　　　　　　　　　　　73EJT37:1458B

田卒河南郡新鄭章陽里公乘朱兄,年卅[2]☑　73EJT37:1459

(此簡原整理者與 T37:1452 簡綴合)　　73EJT37:1460

鶚〈鶉〉[3]陰佐王匡,年十八。　　已出。　　☑　　　　　73EJT37:1461

建平三年二月壬子朔癸丑,……ⅰ之張掖郡界中。謹驗問里父老王

護、正同皆任占,並[4]毋官獄徵事,當爲傳,謁移過所縣邑ⅱ……,如

律令,　敢言之。ⅲ　　　　　　　　73EJT37:1462A+1471A

臨菑丞印。　　　　　　　　　　73EJT37:1462B+1471B

橐他隧長吾惠葆,Ⅰ妻屋蘭宜春里大女吾阿年卅。Ⅱⅰ阿父昭武萬

歲里大男胡良年六十九。Ⅱⅱ車二兩,Ⅲⅰ牛二頭。Ⅲⅱ十一月己酉

□出□□Ⅳ　　　　　　　　　73EJT37:1463+402[5]

【校釋】

[1]介:通“犗”,閹割過的牛。《説文·牛部》:“犗,騍牛也。”

[2]卅:原徑釋作“卅”,姚磊(《合校》2021P436)認爲此字原簡殘缺,

無法確定釋字,今存疑。

[3]鶚:原釋作“鶉”,今據原簡圖改。

[4]並:人名。

[5]此簡由姚磊綴合,詳見姚磊(2021P320)。

曲河亭長昭武長壽里公乘李音,年廿九。　　御史　☑73EJT37:1464

益池里公乘王壽,年卅八,長七尺,黑☑　　　　73EJT37:1465

觻得定安里趙勳,年卅五。　車一兩,牛二頭。　十二月癸亥北出。☑

　　　　　　　　　　　　　73EJT37:1466

肩水金關　□☑　　　　　　　73EJT37:1467A

肩水金關☑　　　　　　　　73EJT37:1467B

四月丙辰,居延令尚移卅井☑　　73EJT37:1468A+347[1]

縣官□□☑　　　　　　　　73EJT37:1468B

☑正月癸未入。　　　　　　　73EJT37:1469

☑□□東平陽里公乘呂□,年廿□　☑　73EJT37:1470

(此簡原整理者與T37:1462簡綴合)　73EJT37:1471

☑辰,橐他候曾移肩水金關石南亭長　73EJT37:1472

……☐ᵢ……年☐月☐子朔戊寅,東鄉嗇夫宗敢言之:富里周護,自
言爲金城允吾左尉樊立葆願☐ᵢᵢ與立俱之官。謹案:户籍護士伍,年
廿五,毋官獄徵事,當得以令☐ᵢᵢᵢ……☐ᵢᵥ

73EJT37:1473A+401B+857A[2]

居延丞印。☐　　　　　　73EJT37:401A+857B+1473B

☐☐　入　　　　　　　　　　　73EJT37:1474

☐里☐護自言☐☐☐☐☐☐☐☐　　　73EJT37:1475

河南雒陽南堂里不更許脩,年卅七歲,長七尺二寸,墨色。告不出。

　　車一兩,牛二頭。弩一,矢五十。ᵢ　　73EJT37:1476+730[3]

　　　　　　大車一兩,

☐當遂里共意,年卅。

　　　　　　用牛一。　　73EJT37:1477+1053[4]

七月壬子居延令勝之、丞延年移肩水金關,出來復傳入,如律令。☐

73EJT37:1478+406[5]

☐葵子[6]五升,直(值)廿。ᵢ☐……ᵢᵢ　　73EJT37:1479

(此簡已與 T37:1410 簡綴合)　　73EJT37:1480

☐恭敢言之:應里張林,自言取傳爲郡送錢☐☐ᵢ☐……☐ᵢᵢ

73EJT37:1481

☐……肩水金關、居延縣索關,出入勿苛留,如律令。乘馬一匹

☐鄉嗇夫當内[7]　　·鞏守左尉印。　　73EJT37:1482+1010[8]

　【校釋】

　[1]此簡由姚磊綴合,見姚磊(2021P321)。胡永鵬(2017P525)定此
簡年代在漢成帝鴻嘉、元延年間。

　[2]此簡 T37:401+857 由謝坤(2016.1.14)綴,姚磊(2021P221)又綴
簡 T37:1473。其中 B 面"印"字原釋文作"卿",從謝坤改釋。

　[3]此簡首見林宏明(2016.12.15)綴合,又見謝坤(2017P69-74)綴合。

　[4]此簡由謝坤綴合,詳見謝坤(2017P69-74)。遂,原未釋,從謝坤補釋。

　[5]此簡由姚磊綴合,見姚磊(2021P322)。胡永鵬(2017P491)定此

簡年代在漢宣帝早期。

[6]葵子:《集成》(九 P10):葵迺古代蔬菜,亦稱葵菹。……一説"葵
子"即今日向日葵籽。

[7]當内:按照常見文例,這裏的"當"疑是人名,"内"即入。

[8]此簡由姚磊綴合,見姚磊(2021P323)。

(此簡已與 T37:358 簡綴合)   73EJT37:1483

……取傳,謁移肩水金關、居延縣索關,出入毋苛留,敢言之。

七月庚戌鱳得長□、丞臨移過所亭□,如[1]律令 /掾陽令史竟。

                                73EJT37:1484A+30 [2]

鱳得長印。   ☑   73EJT37:1484B

(此簡已與 T37:43 簡綴合)   73EJT37:1485

☑字曼卿,八月丁卯出。   73EJT37:1486

十餘日,解破之,以爲兒衣,狹遺其補□□☑   73EJT37:1487 [3]

☑敢言之。   73EJT37:1488

更敢言之。謹案:武宗年、爵如書。敢言之。☑ i……☑ ii

                                73EJT37:1489

東部候長□□   73EJT37:1490

【建平元年九月】庚[4]寅朔己酉,都鄉嗇夫武敢言之:龍起里房則,自
言願以令取傳,爲居延倉令史徐譚葆,俱迎錢 i 上河農。·謹案:户
籍臧鄉者則,爵上造,年廿歲,毋它官獄徵事,當得以令取傳,與譚俱
謁移過所縣道河津關, ii 毋苛留止,如律令,敢言之。 iii 九月庚戌,居
延令彊、守丞宮寫移過所,如律令。/兼掾臨、守令史襃。 iv

                                73EJT37:1491

【校釋】

[1]如:原未釋,從綴合者補釋。

[2]此簡由姚磊綴合,見姚磊(2021P324)。

[3]此簡姚磊(2021P325)與 T37:421 綴合,但兩簡茬口不吻合,綴合

後文義不明,不從。

[4]庚:原未釋,此字及簡首紀年干支據許名瑲(2017P95-127)補釋。胡永鵬(2017P528)考此簡年代在漢哀帝時期。

戍卒上黨郡穀遠爵氏里公乘高安平,　年廿五,長七尺一寸,黑色。　丿

73EJT37:1492

弘農郡陝縣中里張忠,年卅五,長七尺二寸,黑色。　73EJT37:1493

左後部建平二年　行塞亭隧名。　73EJT37:1494

𤛮得敬老里士伍何偉,字上,年五十二。　車一兩,用牛二。

73EJT37:1495

淮湯[1]陳國朱里[2]蔡畢。　卩　73EJT37:1496

粱(梁)國戍卒菑湥[3]中里大夫桓志,年卅五。　丿　丿　73EJT37:1497

視事,敢言之。　73EJT37:1498

☑史昌敢言之:遣倉嗇夫勝之移簿大守府,與從者始至里陳未央俱
☑謁移過所縣道關,毋苛留止,如律令,敢言之。
☑律令。　/掾宗、守令史昌。　73EJT37:1499A
☑以來。　73EJT37:1499B

元延四年九月己卯,居延都尉雲謂過所縣道津關:遣守屬李尊移簿ⅰ
□□,當舍傳舍,從者如律令。……ⅱ　73EJT37:1500

(此簡已與 T37:276 簡綴合)　73EJT37:1501

☑【建平四】年十二月辛未朔甲戌[4],張掖廣地候況移肩水金關吏使
☑里、年、姓如牒,書到,出入如律令。　73EJT37:1502A
☑印[5]　守令史憚。　73EJT37:1502B

【校釋】

[1]淮湯:即淮陽。

[2]陳國朱里:黃浩波(2016.3.9)解釋爲陳縣國朱里,或解爲陳國、朱里。

[3]湥:原未釋,原簡圖作𤲰,從"氵"從"夷",今補釋。

　　[4]許名瑲(2017P95－127)推此簡屬"建平四年",據此補"建平四"
三字。

　　[5]印:原未釋,從姚磊(《合校》2021P437)補釋。

建平元年四月癸亥朔甲申,廣地候況移肩水金關,候詣府名、縣、爵、
里、年、姓如ⅰ牒,書到,出入如律令。ⅱ　　　　　　73EJT37:1503A
廣地候印。　令史嘉。　　　　　　　　　　　　73EJT37:1503B[1]
□[2]寫　　　　　　　　　　　　　　　　　　　73EJT37:1504A
元康四年六月ⅰ吏民出入傳籍。ⅱ　　　　　　　73EJT37:1504B
茂陵精期里女子聊碧,年廿七。　軺車一乘,馬一匹。　三月癸亥
入。ⅰ　　　　　　　　　　　　　　　　　　　73EJT37:1505
　　　　　　大車一兩,
雜里女子張驕,年卅五。
　　　　　　　用牛一,黑犗,齒九歲。　　73EJT37:1506
(此簡已與T37:315簡綴合)　　　　　　　　73EJT37:1507
肩水都尉孫賞,　未到。　十一月乙卯南嗇夫豐入。73EJT37:1508
　　　　　葆卅井里九百同,
居延司空佐張黨。　　　　　　　十月壬午北嗇夫豐出。
　　　　　　軺車一乘,馬一匹。　　　　73EJT37:1509
　　　　　軺車一乘,
居延□長黨□。　　　　十月壬申北嗇夫豐出。☑
　　　　　馬一匹。　　　　　　73EJT37:1510+313[3]
茂陵常賀里公乘莊永,年廿八。　☑　　　　73EJT37:1511
　　　　　　　二月食廩臨利倉☑
臨利卒鰥得長秋里閔奄,年廿三。
　　　　　三月食已稟(廩)[4]☑73EJT37:1512
☑辛酉出關。　　　　　　　　73EJT37:1513

通道亭長虞憲Ⅰ母昭武平都里虞俠[5]，年五十。Ⅱ十一月壬寅候史
□□□Ⅲⅰ十二月丁巳北嗇夫豐出。☑Ⅲⅱ　　　　73EJT37:1514 [6]

【校釋】

[1]藤田勝久(2018P223-244))：廣地候官送至肩水金關的"出入"通
行證，此處廣地候爲了前往郡府，附加了名籍。

[2]此字原簡圖作，頗似後世"則"之草書，待考。

[3]此簡由姚磊綴合，見姚磊(2021P326)。

[4]稟：原徑作"廩"，今據原圖版改。

[5]俠：姚磊(《合校》2021P438)據 T37:758"母昭武平都里虞儉"對
讀，指出原釋"俠"字當改釋爲"儉"，並指出，簡中的"虞憲"在其母五十時
有升遷。按：姚文思路沒錯，但 T37:758 的"儉"實際當釋作"俠"。

[6]郭偉濤(2018P96-125)：推測虞俠入關時由關吏記録個人信息及
入關時間，返回時在同一枚簡上記録了出關時間，據此很可能存在兩種
筆跡。

(此簡已與 T37:1026 簡綴合)　　　　　　　　73EJT37:1515
☑右弟(第)[1]五車蒲反[2]亭長樂賀。　主　十人　刀　☑
　　　　　　　　　　　　　　　　　　　　　73EJT37:1516
(此簡已與 T37:918 簡綴合)　　　　　　　　 73EJT37:1517
九月丙子，氐池守長昭武、尉異衆、丞丹移肩水金關居延縣索，寫移，
如律令。/掾登、令史光。ⅰ　　　　　　73EJT37:1518+234 [3]
事，謂關：嗇夫吏〓[4]所葆縣、里、年、姓如牒，書到、出入盡十二月。
　　　　　　　　　　　　　　　　　　　　　73EJT37:1519
居延亭長李兼，　馬一匹，驪(騧)牝，齒九歲。☑　73EJT37:1520
☑肩水司馬行居延都尉事。……　　　　　　　73EJT37:1521
☑□游徼左襃，　馬一匹，驪牡，齒十歲，　十二月丙子。73EJT37:1522
昭武都田嗇夫居延長樂里石襃，　馬一匹，　　☑
　　　　　　　　　　　　　　　　　73EJT37:1523+111 [5]

☑……☑ⅰ☑酒泉、張掖、武☑ⅱ　　　　　　　　　73EJT37：1524

出賊〈賦〉[6]錢九百。　　☑　　　　　　　　　　73EJT37：1525

何應北界又□界候長□司馬☑　　　　73EJT37：1526+281 [7]

津關遣候徒史顏(顏)[8]☑　　　　　　　　　73EJT37：1527

橐他中部候長程忠Ⅰⅰ建平四年正月家屬出入盡十二月符。Ⅰⅱ妻大女鱳得富安樂里程昭,年廿八。Ⅱⅰ子小女買,年八歲。Ⅱⅱ子小女遷,年三歲。Ⅱⅲ子小女來卿,年二歲。Ⅱⅳ弟小男音,年十八。Ⅱⅴ小奴滿。Ⅲⅰ牛車一兩,用牛二頭,Ⅲⅱ軺車一,用馬二匹。Ⅲⅲ　　　　　　　　73EJT37：1528+280+1457 [9]

【校釋】

[1]弟:原徑釋作“第”,從黃艷萍(2018P134-140)改釋。

[2]蒲反:河東郡之屬縣。

[3]此簡由姚磊綴合,見姚磊(2021P327)。

[4]此處的重文號若作重文解釋語義不順,故此號未必表示重文。

[5]此簡由姚磊(2016P226-240、2021P328)綴合。姚磊認爲該簡與T37:765關係密切,可能是正副本的關係,推測該簡由於是副本才被損壞。

[6]賊:原釋作“賦”,此字原簡圖作𧵅,所從“則”非常明顯,當改釋。此簡“賊”爲“賦”之訛誤。

[7]此簡由姚磊綴合,見姚磊(2021P329)。

[8]顏:原釋作“顏”,此字原簡左從“產”,今改。

[9]此簡由顏世鉉、姚磊先後綴合,見姚磊(2021P330)。按:“安樂里”之“樂”原未釋,今據綴合圖版擬補。

神爵二年五月乙巳☑　　　　　　　　　　73EJT37：1529

☑之,遣廄佐輔對會大守☑　　　　　　73EJT37：1530

建平三年十月□□☑　　　　　　　　　　73EJT37：1531

(此簡已與T37:182簡綴合)　　　　　　73EJT37：1532

☑五鳳四年五月丁丑,廣地候豐☑(檢)　　73EJT37：1533A

▨檄到,出入毋苛留,如律令▨(檢)　　　　　73EJT37:1533B

■以此南神爵元年盡四年吏民出入關致籍。▨　73EJT37:1534

五鳳三年四月甲戌,橐他候博移肩水候官,遣隧長勝▨(觚)

73EJT37:1535A

館里冀巷[1]等四人,詣僵落作所,因迎罷省卒四人,檄到,往來願令

史▨ ¡(觚)　　　　　　　　　　　　　　73EJT37:1535B

▨元年二月庚午,橐他候遼移肩水候官,遣橐他隧長常年戍卒……

73EJT37:1536A

▨館里陳道送……如律令。　/守令史猛。　73EJT37:1536B

(已編聯至 T37:1538 後簡册中,順序有變動)　73EJT37:1537——1558

　　【校釋】

　　[1]冀巷:人名。

·橐他莫當隧始建國二年五月守　衙器簿。　　73EJT37:1538

長斧四,　沙二石,　瓦尋[1]二。　　　　　73EJT37:1540

長椎四,　馬矢二石,　程苣九。　　　　　73EJT37:1554

長棓四,　木薪二石,　小苣二百。　　　　73EJT37:1553

長枓[2]二,　槍卌。　狗籠二。　　　　　73EJT37:1550

木面衣二,　破釜一。　鐵戊[3]二。　　　　73EJT37:1548

弩長臂[4]二,　羊頭石五百,　塢户關二。　73EJT37:1557

芳橐[5]一,　布蓬三,　塢户上下級[6]各一。　73EJT37:1549

茹十斤,　鼓一,　木椎[7]二。　　　　　73EJT37:1547

▨□二具,　蓬干二,　楬椠四。　　73EJT37:1556+1558

皮宵〈冒〉[8]、草葦[9]各一,　瓦枓二。　　73EJT37:1542

承纍[10]四,　瓦箕二。　　　　　　　　73EJT37:1543

連梃四,　芮薪二石,　狗二。　　　73EJT37:1551+1555

蓬火圖板[11]一,　煙造一,　奮[12]一。　　73EJT37:1544

馬矢橐[13]一， 布表[14]一， 儲水罂二。　　　　73EJT37:1545

鶩糒三石， 草薦[15]一， 汲器[16]二。　　　　73EJT37:1541

鶩米一石， 深目六， 大積薪三。　　　　73EJT37:1539

布緯[17]三糒九斗， 轉射十一， 小積薪三。　　73EJT37:1552

·橐他莫當隧始建國二年五月守衛器簿。　　73EJT37:1546

始建國二年五月丙寅朔丙寅,橐他守候義敢言之:謹移莫當

隧[18]守衛器簿[19]一編,敢言之。　　　　73EJT37:1537A

令史恭。　　　　　　　　　　73EJT37:1537B[20]

【校釋】

[1]瓦帚:初師賓(1984P142-222):帚以陶製,因其不畏火炭,當與瓦箕、枓同類,用來掃集薪火灰炭,或者燃放烽火時使用。

[2]長枓:枓爲勺子一類的舀水器具,長枓可能是類似長柄勺子一類的攻守器。

[3]鐵戉:王錦城(2019P1672):"戉"當通"牡",即户牡,爲横持門户之門閂上又上下貫穿的直木。鐵戉當指用鐵製作的門牡。

[4]弩長臂:《釋名·釋兵》:"弩,怒也,有勢怒也。其柄曰臂,似人臂也。"弩臂即弩之郭木,又稱長臂。

[5]芀橐:芀,王錦城(2019P1672)釋作"芀",認爲"芀橐"即盛裝芀的袋子。按:芀,原簡從"力",原釋不誤。"芀"當視爲"艾"之俗體,"芀橐"可能是割草時裝草的袋子。

[6]塢户上下級:據陳夢家(1980P155-156)考證,漢代的烽臺亦有高下之差别,塢陛即升降之階級,漢制多爲土階或以棧木爲之,因此"塢户上下級"當是塢門上下臺階。

[7]木椎:薛英群(1991P401):可能是一種短柄的敲擊工具,也可能用於立木於地以便懸物。

[8]育:原釋作"冐",原簡作𫞩,王錦城(2019.1)認爲是"冒"字,並指出西北簡中的"皮育"就是"皮冒"。按:從簡文對讀上看,"皮育"與"皮冒"有文例對應,應是一物。居506.1見"皮冒",其中的"冒"原簡圖作

，可證"皮宵"就是"皮冒"。但是漢簡中卻有"宵"字,如居延舊簡562.15 中"目宵"之字,即從"穴"從"目"。綜合來看,漢簡中"冒"、"宵"偶爾相混,故此簡中的字不可徑改釋作"冒",當依字形録寫,而視爲"冒"之訛混字。王錦城(2019P1671)∶皮冒爲皮革製作的帽子。

[9]草革∶王錦城(2019P1671)∶用草編製的雨衣。聶丹(2015.2)∶"宵"和"革",是斥候(偵察兵)候望時的必備裝備,每一亭隧僅有一枚。"宵",是斥候的瞭望器具。"革",是斥候的防禦隱蔽裝備。

[10]承緤∶王錦城(2019P1671)∶當指備用的繩索。

[11]蘴火圖板∶圖,原簡作,原釋作"盟",從王錦城(2019P133-142)改釋。王錦城據于豪亮意見指出烽火圖板是一種有關烽火信號設置的木板地圖。

[12]畚∶王錦城(2019P1671)∶用草索編製的盛物器具。

[13]馬矢囊∶李天虹(2003P114)∶刈囊是割草用的囊袋,馬矢囊係盛裝馬屎的囊袋。

[14]布表∶《集成》(八 P132)∶用布做的表,傳遞軍情平面形的信號物。

[15]草烽∶初師賓(1984P335-398)∶蓋胡籠、放篷(或兜零)或爲俗稱及代用品,草烽是正式名稱,其裝備數量不多,僅一枚已足。張國艷(2002.2)∶"草烽"也就是用草製成的一種通報敵情的標誌信號物。

[16]汲器∶初師賓(1984P142-222)∶漢簡之汲器、汲落、汲水桶,即木桶、瓦瓶、水斗之類取水之器。

[17]布緯∶初師賓(1984P142-222)∶緯同韋、圍,義若圍繞、束縛。布緯約可裹束糒糧於身,近似後世所謂"軍糧袋"之類,故守禦器簿將二者合爲一項。……九斗之糒,隨同三枚布緯,如予平均,每緯盛三斗整。

[18]囊他守候義∶永田英正(1989P236-255)∶囊他候官和肩水候官、廣地候官一起,都是屬於肩水都尉府所管轄的候官。其候官的長官爲候,守候就是代理候官的長官。義是人名。莫當隧是屬囊他候官所管轄的燧。

[19]守衙器簿∶《集成》(十一 P13)∶衙同御(今作"禦")。守衙器簿當爲守禦器簿,即城防器具登記簿。簡牘所見守禦器乃指守城堡所用器

具,不包括隨身佩帶的武器鎧甲等。

[20]以上21枚簡爲一簡册,在正式出版之前即有公佈,稱其爲始建國二年"橐他塞莫當燧守禦器簿",有諸多研究者對其進行排序,參見王錦城(2019P1668-1669),本文採取姚磊(2017P206-228)意見調整順序。王錦城(2019P1669)已明確此簡册可分爲三類,一類是呈送簿籍的呈文兩行簡,即簡 T37:1537;一類是簿籍的標題簡,共有兩枚,爲簡 T37:1538 和 T37:1546;其餘一類爲記録具體守禦器具名稱的簡札。呈文兩行簡大多認爲應當放置到簡册末尾,這一點應該是沒有問題的。又兩枚標題簡,一前一後,分別位於簡册首端和末尾呈文之前,也應當是確定的。至於具體記録守禦器具的簡册,其間的排序則較難考定。

寫□□　　☑　　　　　　　　　　　　　　　73EJT37:1559

☑□守丞宫移卅井縣索肩水金關,寫移書到,出入

如律令。　兼掾豐、守令史宣、佐恭。73EJT37:1560A+246B+61A[1]

居令延印。　即日嗇夫豐發 ⅰ 門下[2]。ⅱ 73EJT37:246A+61B+1560B

(此簡已與 T37:146 簡綴合)　　　　　　　　73EJT37:1561

建平四年正月家屬出入盡十二月☑　　　　　73EJT37:1562

☑□隆行大守事,丞成下部都尉郡庫……　　73EJT37:1563

(此簡已與 T37:183 簡綴合)　　　　　　　　73EJT37:1564

☑威卿傿仲孫任。　十一月癸亥候史丹内。73EJT37:1565

葆梁樂成里蔡臨,年廿。丿☑　　　　　　　　73EJT37:1566

☑□□　　譚[3] 遷直肩水候☑　　　　　　　73EJT37:1567

茂陵[4] 敬老里王□,年十四。　方箱車一[5],□☑

　　　　　　　　　　用馬一匹,驛☑　　　73EJT37:1568

☑年六月壬戌□□□守令史臨敢言之:□☑73EJT37:1569

(此簡已與 T37:1232 簡綴合)　　　　　　　73EJT37:1570

會水□□章　　☑　　　　　　　　　　　73EJT37:1571A

……☑　　　　　　　　　　　　　　　　　73EJT37:1571B

☐橐他☐☐ⅰ☐爲謝[6]☐☐☐ⅱ☐☐☐寧北至☐ⅲ☐☐☐☐☐☐☐ⅳ

73EJT37:1572+929 [7]

【校釋】

[1]此簡由姚磊、顏世鉉綴合,見姚磊(2021P205)、顏世鉉(2016.7.31)。

[2]門下:原釋作"……",郭偉濤(2017P129-174)釋作"君前",韓鵬飛(2019P1602)釋作"已入"。按:此處左殘,從存見的墨跡和常見文例看,可能是"門下",今改。

[3]譚:原未釋,今據原圖版擬補。

[4]茂陵:原未釋,原簡可見第一字從"戊",第二字從"阝",且"茂陵"縣下確實可見"敬老里"(如 T37:468+925A),遂改釋。

[5]此簡"王"、"十"、"方箱車一",姚磊(《合校》2021P439)認爲不能確定釋字,當闕釋。

[6]謝:原未釋。此字正處在茬口處,拼合後剔除干擾雙鉤描作,正是"謝"的草書寫法。金關簡中肩壹 T1:40、肩肆 H2:50、肩伍 D:39B 的"謝"草書就有此類寫法。"爲謝"即感謝之義,是金關簡中較固定的組合,又見於 F3:127B"爲謝驛北尹衡"、T23:896B"爲謝梁子贛"。

[7]此簡由姚磊(2021P275)綴合。

·樂府卿[1]言:齋☐後殿中☐☐以不行……迫時入行親以爲☐[2]常。諸侯王謁拜,正月朝賀及上計[3],飭鐘張虡[4],從樂人及興卒[5]。制曰:可。孝文皇帝七年九月乙丑[6]下。　　　　　　73EJT37:1573 [7]

【校釋】

[1]樂府卿:樂府,少府屬官,主管宮廷樂舞的機構。《漢書·百官公卿表上》:"少府,秦官,掌山海池澤之税,以給供養,有六丞。屬官有尚書、符節、太醫、太官、湯官、導官、樂府……綏和二年,哀帝省樂府。"樂府卿,可能是對任職於樂府的某人的敬稱。

[2]裴永亮(2018P273-281)以爲此未釋字是衍文。

[3]正月朝賀及上計：張英梅（2018.1）：可知漢文帝已將漢初朝賀時間由"十月"改爲"正月"，至遲文帝八年西漢已行正月朔朝賀制，從意識形態上傳達着"正"天子之位，序諸侯秩序的信息。

[4]飭鐘張虡：虡，原簡圖作█，字形特殊。張英梅（2018.1）：飭鐘張虡是指樂人按照天子懸鐘磬之禮，將一系列的鐘、磬按順序懸掛在殿中。裴永亮（2018P273-281）：飭鐘張虡，就是設虡置鐘，是用樂的規制。樂人，當是樂府管理的奏樂之人。興卒，或指參加奏樂活動的士卒。樂府卿奏言前部分内容敘述殿中禮儀，應該與朝廷用樂有關。後部分説明諸侯王謁拜、正月朝賀、上計的用樂規定，可以設鐘張虡，並跟從樂人及興卒。這正是文帝時樂府掌管的具體職事。

[5]從樂人及興卒："興"爲開始，"卒"爲結束，即諸侯王謁拜、朝賀、上計的過程中樂人始終演奏雅樂，以期起到"動於内也者"的效果。

[6]孝文皇帝七年九月乙丑：丑，原釋作"未"。張英梅（2018.1）指出此爲漢文帝前元七年九月，許名瑲認爲此年九月是庚子朔，當月無乙未日，認爲"乙"當爲"己"之誤。按："乙"原釋無誤，原釋"未"有誤，當釋作"丑"。

[7]裴永亮（2018P273-281）指出這枚簡最重要的價值在於説明了漢文帝時已經有樂府機構的設置。

☑　妻大女☑　　　　　　　　　　　　　　　73EJT37：1574

☑炅，四節不舉☑　　　　　　　　　　　　　73EJT37：1575

☑□城　　　　　　　　　　　　　　　　　　73EJT37：1576

☑□牡馬，齒十歲，高六☑　　　　　　　　　73EJT37：1577

☑……☑ⅰ☑居延。謹案□毋官[1]☑ⅱ　　　73EJT37：1578A

☑……☑　　　　　　　　　　　　　　　　　73EJT37：1578B

（此簡已與 T37：533 簡綴合）　　　　　　73EJT37：1579

☑□近頃□□ⅰ☑叩頭再□[2]☑ⅱ　　　　73EJT37：1580A

☑□願爲今□☑　　　　　　　　　　　　　　73EJT37：1580B

河上守候史鱳得春舒里不更馮長，年廿八。　　郭迹塞外盡三月。　　☑

　　　　　　　　　　　　　　　　　　　　　73EJT37：1581

觻得成信里大夫功(工)阤(師)^[3]聖,年十八,　長七尺二寸,黑
色。　七月庚子入。　七月壬辰出。　卩ⅰ　　　　　73EJT37：1582

【校釋】

[1]毋官：原未釋,從姚磊(《合校》2021P440)補釋。

[2]此未釋字韓鵬飛(2019P1679)釋作“拜”。按：此簡除了“近”字
外,其他釋字均存在不確定性。尤其是原釋作“再”之字,字形不合,暫
存疑。

[3]功阤：“阤”原作“師”,今據原圖版改。張再興、黄艶萍(2017P72-
77)讀作“工師”。

(此簡已編聯至 T37：79 後簡册中)　　　　　　73EJT37：1583
居延廷掾衛豐,年卌。Ⅰ葆居延平明里劉弘,年十九。Ⅱⅰ軺車一
乘,用馬一匹,驅(騮)牡,齒五歲,高五尺八寸。Ⅱⅱ十月癸未北嗇夫
豐出。Ⅲ　　　　　　　　　　　　　　　　　　73EJT37：1584
觻得豪上里公士賈武,年五十五。Ⅰⅰ不入。Ⅰⅱ子男放,年十五。
不入。Ⅱⅰ作者同里公乘朱音,年廿八。Ⅱⅱ十月壬子入。Ⅲ
　　　　　　　　　　　　　　　　　　　　　　73EJT37：1585A
丞印。　　　　　　　　　　　　　　　　　　　73EJT37：1585B
大常郡茂陵始樂里公乘史立,年廿七,　長七尺三寸,黑色。　軺車
一乘,驪牡馬一匹,齒十五歲,弓一,矢五十枚。ⅰ六月乙巳出。ⅱ
　　　　　　　　　　　　　　　　　　　　　　73EJT37：1586
河南郡雒陽東雍里公乘萇通,年廿一,長七尺二寸,黑色。　牛車一
兩,以正月出。ⅰ　　　　　　　　　　　　　　73EJT37：1587
　　　　　葆居延始至里男子徐嚴。
居延守令史董並。　　　　　　　　　　十月壬午北嗇夫豐出。
　　　　　軺車一乘,馬一匹。　　　　　　　　73EJT37：1588
富貴里公乘夏千秋,年廿,長七尺,黑色。弩一,矢十二,　牛車一
兩。Ⅰ十二月辛卯出。Ⅱⅰ閏月己未入。Ⅱⅱ　73EJT37：1589

☑……¡童弟小女貞,年九,長五尺五寸[1],黑色,正則占。不□□。
占所乘用騩牡馬一匹,齒三歲,高五尺六寸,正則占。ⅱ73EJT37:1590

　　【校釋】

　　[1]五寸:原釋作"一寸",韓鵬飛(2019P1680)已發現此問題,但未對
釋文修改。按:"尺五"原簡合文書寫,"尺"的捺畫和"五"的上橫畫成爲兩
字共用筆畫。

肩水金關 H1:1-82

肩水金關　　　　　　　　　　　　　　　　　73EJH1:1
十一月大[1]　　己卯　　庚辰　　辛巳　　壬午　　癸未　　甲申　　乙酉　　丙
戌　丁亥　戊子　己丑　庚寅　辛卯　壬辰☑　　　73EJH1:2[2]
神爵三年六月己巳朔乙亥,司空佐安世敢言之:復作大男吕吴[3]人,故
巍(魏)[4]郡繁陽明里,迺神爵元年十一月庚午坐傷人論。會二年二
月甲辰赦令,復作縣官一歲三月廿九日。·三月辛未¡初[5]作,盡神
爵三年四月丁亥,凡已作一歲一月十八日,未備二月十一日,以詔書
入錢贖罪,免爲庶人。謹爲偃檢封入居延,……[6]謁移過所。ⅱ
　　　　　　　　　　　　　　　　　　　73EJH1:3A
之伏居延令地從子平元長伏爲地爲地伏元子　　73EJH1:3B
　　【校釋】

　　[1]大:原未釋,從許名瑲(2017P95-127)補釋。許名瑲推知此簡爲
《五鳳二年曆日》簡册。

　　[2]此簡陳夢家(1980P235)分類作編册直讀式,即一年曆譜用十二簡
組成,每簡爲一月(閏月當多出一簡),每簡上端書月名,其下列出廿九或
三十日干支。此簡存見十四個干支,缺失十五個到十六干支。

　　[3]吴:原釋作"異",此字原簡字形上從"口",下從"丌",中間所從
"止"當是"矢"上部之訛俗,今改釋。

　　[4]巍:原徑作"魏",今據原圖版改。

　［5］初:原釋作"罰",張俊民釋作"初",轉見姚磊(2019.10)。按:此字原簡僅見右半"刀"形,王錦城(2019P823)、姚磊皆對原釋產生懷疑,不能確定釋字,暫作"初"存疑。

　［6］此處原釋文無"……",今審原圖版,知"居延"至"謁移"之間有多字墨跡,今補。

☑壬　辛　辛　庚　庚　庚　己　己　戊　丞相史陳　　戊
　　　　　　　　　初伏　　後伏

☑辰　酉　卯　申　寅　申　丑　未　子　卿從居延來。　　午

　　　　　　　　　　　　　　　　　　　　73EJH1:4[1]

■右第六十五方三人。　多一。　　　　　　73EJH1:5

發所棄之草中,□愚不知匿所在,今元知所爲長卿侍□

……拜……　　　　　　　　　　　　　　　73EJH1:6A

進主荽校長[2]。　　　　　　　　　　　　73EJH1:6B

禽寇隧長秦憙　未得九月……　十一　卩　73EJH1:7

昭武萬昌里夏寬,　牛車一兩,　十月丁巳入。　卩　73EJH1:8

它人,唯子長留=意=(留意留意)。延壽伏地言:　73EJH1:9

□　　　　孫子卿

□□□□　孫子卿

　　　　□□□　　　　　　　　　　　　73EJH1:10A

□　　　　　　　　　　　　　　　　　73EJH1:10B

肩水金關　　　　　　　　　　　　　　73EJH1:11

肩水金關　　　☑　　　　　　　　　　73EJH1:12A

　居延卅井候官常寬隧長公乘李廣　　☑

　●

　　神爵二年功勞案。　　☑　　　　　73EJH1:12B

安行丞事,真官到,有代罷,如律令。　☑　73EJH1:13+61[3]

本始五年二月己亥朔戊申,尉史幸敢言之:☒ⅰ☒偕。案:賢等年爵
如書,毋徵事,當爲傳,謁移過☒ⅱ二月戊申,西華長遣移所縣邑侯
國,如律☒ⅲ   73EJH1:14

置伏地再拜　　☒ⅰ子卿足下……具晜(辭)[4]幸甚☒☒☒☒☒ⅱ
                                                     73EJH1:15A

子卿　　☒   73EJH1:15B

(此簡已與 H1:32 簡綴合)   73EJH1:16

☒　久守天門,人主絶祀,各爲其居國野占。　73EJH1:17[5]

　　　　　　　　　　有方一☒

登山隧卒濟陰郡定陶中莊里儋福

　　　　　　　　　　曲旃、緹紺胡各一☒73EJH1:18

沙頭隧長氏池臨市里馮賢友　　☒   73EJH1:19

·右付子明錢萬六千。　　☒   73EJH1:20

肩水令史鮁得樂☒里☒明　已☒☒   73EJH1:21

昭伏地再拜　☒   73EJH1:22A

夫人御者☒☒   73EJH1:22B

鮁得安定里大夫杜平,年十六歲,　長七尺二寸,黑色。　車一兩☒
                                      73EJH1:23+49[6]

☒☒主五大夫子長者爲王次☒☒   73EJH1:24

☒廣地關都亭長蘇[7]安世妻居延鉼庭里薛存,年廿九,長☒
                                      73EJH1:25

騂北五石具弩一。　☒   73EJH1:26[8]

　　　　　六百　　六百自取。

止北隧長常富。　　　卩　　　　弓

　　　　　自取。　　士吏賦。   73EJH1:27

☒☒耳賊斬髮皆完爲城旦。   73EJH1:28

☒有識車者,歸錢取車,沽酒旁二斗,王宣知☒ 73EJH1:29

□八人，其一人車父。Ⅰⅰ□百卅一人，其十六人輪廣地置。Ⅰⅱ·凡百卅九人。Ⅱⅰ馬七匹。Ⅱⅱ軺車七兩，□□□□牛車百一十兩，□Ⅲⅰ牛百一十二。其十五輪〈輻〉廣地置[9]□Ⅲⅱ　　　73EJH1：30

□緩急□如□有急□□ⅰ□□聞賓緩急家室□ⅱ　　　73EJH1：31A

充再拜　　　□　　　73EJH1：31B

【校釋】

[1]壬辰：原未釋，從許名瑲(2017P95-127)補釋。許名瑲推知此簡爲《永光元年曆日》簡册。

[2]主茭校長：王錦城(2019P824)："校長"當指士卒一隊之長。……主茭校長蓋指主管茭草的校長。

[3]此簡由姚磊綴合，見姚磊(2021P331)。

[4]具弈：原未釋，今據原圖版補。

[5]劉樂賢(2017P180-185)指出簡文與《開元占經》卷三十一"熒惑犯角一"引《海中占》的用字雖然略有差異，但大意相當一致。"久守天門"的主語是"熒惑"，可能被寫在簡的上部，也可能被寫在另一支簡上。也就是説，這是一條根據熒惑的運行以占測吉凶的文字。王強(2019P319-331)：簡文性質似亦與占卜相關。

[6]此簡由姚磊綴合，見姚磊(2021P332)。

[7]蘇：姚磊(《合校》2021P441)釋作"薛"。

[8]此簡上端兩側有契口。

[9]輪：原釋作"輸"，今據原簡圖改。此"輪"爲"輻"之訛誤。置：原釋作"還"，從郭偉濤(2017P170)、韓鵬飛(2019P1683)改釋。

□□□部三百……

出八□[1]半斗。　　　出十五蜚廉[2]半升。

出十五[3]笥一合。　　　出十五地膚[4]半升。

73EJH1：32A+16B[5]

出十狗肴[6]半升，　　出卅[7]五肺[8]一脘[9]，

出十肉脩[10]廿枚，　出四[11]茭一束□通。　　　　73EJH1:32B+16A

【校釋】

[1]此未釋字原釋作“錢”，從綴合者改釋。

[2]蜚廉：王錦城（2019P1678）已指出傳世醫典作“蜚蠊”，即今之俗謂蟑螂。李時珍《本草綱目·蟲三·蜚蠊》：“蜚蠊、行夜、䗪螽三種，西南夷皆食之，混呼爲負盤。”

[3]五：原釋作“出”，從綴合者改釋。

[4]地膚：王錦城（2019P1678）：通稱“掃帚菜”。按：此處作藥名，傳世醫典或作“地膚子”。

[5]此簡由何有祖綴合，詳見何有祖（2016.1.11）。

[6]狗肴：王錦城（2019P1678）：或指熟的狗肉。

[7]卅：原未釋，從綴合者補釋。

[8]肺：原釋作“腸”，原簡圖作 ，右從“市”，今改。

[9]脘：原簡圖作 ，右所從“完”字形特殊，按照文義來看，此當作量詞。

[10]脩：原簡圖作 ，字形特殊，疑抄寫有誤。

[11]四：原未釋，從綴合者補釋。

□□丘不喜也它　　　　　　　　　　　　　　73EJH1:33

□□其二人三石弩各一，稾矢□　　　　　　　73EJH1:34

……□ᵢ橫刀　吏□ᵢᵢ　　　　　　　　　　　73EJH1:35A

八□□□　　　　　　　　　　　　　　　　　73EJH1:35B

□□　甲寅食時□　　　　　　　　　　　　　73EJH1:36

奏　□ᵢ□[1]□ᵢᵢ　　　　　　　　　　　　　73EJH1:37

禄福尊賢里公乘趙□□　　　　　　　　　　73EJH1:38

戍卒上黨郡銅鞮中人里大夫陰孝[2]□　　　　73EJH1:39

□□少史建德下御史承書從事，從今箭封印[3]出，下當用者。

　　　　　　　　　　　　　　　　　　　　　73EJH1:40

【校釋】

［1］此簡原釋文作一行"奏　　□",其中未釋字王錦城(2019P826)認爲是右邊一行文字的筆畫,當删去。按:王説"右邊"可能是"左邊"之誤,此未釋字當是左邊行某字的捺畫。今對釋文重新調整作兩行。

［2］孝:原釋作"春",從高一致(2016.1.14)改釋。

［3］箭封印:王錦城(2019P827):"箭"爲竹筒,可作成儲錢罐一樣的形制,只可入不可出,用以投書其中,起到保密的作用。因此該簡"箭封印"應當是指將文書裝入竹筒中再加以封印。

☑　牛車一兩。	73EJH1:41
☑　車四兩人七☑	73EJH1:42
報治所,敢言☑	73EJH1:43
☑　六月戊寅入。　☑	73EJH1:44
戍卒趙國伯人[1]陽春里☑	73EJH1:45
恕謂久氏子,何爲如此☑	73EJH1:46
☑六石弩一,射二百☑	73EJH1:47
☑錢若即不予建=(建,建)今	73EJH1:48
(此簡已與 H1:23 簡綴合)	73EJH1:49
戍卒上黨郡壺關雒東里大夫王湯,　年☑	73EJH1:50
居延獄史徐偃[2]☑	73EJH1:51
戍卒上黨郡長子[3]虤里公士趙安世。　☑	73EJH1:52
☑□有白報	73EJH1:53
中部亭長屈始昌,年廿三。　☑	73EJH1:54
☑神爵二年□☑	73EJH1:55
■右伍長王廷年☑	73EJH1:56
☑寸,黑色。☑	73EJH1:57
☑之方也;思(慮)理自外,可以知中,☑	73EJH1:58 [4]

【校釋】

[1]伯人:《漢書·地理志》作柏人,屬趙國,王莽時改稱壽仁。

[2]偃:原未釋,從姚磊(《合校》2021P442)補釋。按:此字原簡存見墨跡不多,但可見"亻"形,結合 T25:19"居延獄史徐偃"相同文例對讀,可補釋。

[3]長子:上黨郡之屬縣名。

[4]黄浩波(2016.1.14)據此簡説明《説文解字》"玉"字之下"有五德"的解説乃是引述自某一現已佚失的典籍。王楚寧、張予正(2017.8.11)認爲此章或亦爲《説文》引用《齊論語》。按:《説文》"玉"下記:"石之美有五德者:潤澤以温,仁之方也;䚡理自外,可以知中,義之方也;其聲舒揚,專以遠聞,智之方也;不橈而折,勇之方也;鋭廉而不忮,絜之方也。"學者指出此爲《説文》引《齊論語》,並據此補釋"中",皆可從。此簡可能爲《齊論語·問玉》内容,詳見劉嬌(2018P279-326)。

☑☑召湯。　牛車一☑　　　　　　　　　　73EJH1:59

湯伏地再拜報。　☑　　　　　　　　　　73EJH1:60

(此簡已與 H1:13 簡綴合)　　　　　　　　73EJH1:61

☑一,矢十二,劍一。　卩　　　　　　　　73EJH1:62

☑前迫逐表火　　　　　　　　　　　　73EJH1:63A

☑☑水　　　　　　　　　　　　　　　73EJH1:63B

☑☑廿五,　長六尺二☑　　　　　　　　73EJH1:64

☑里[1]奴　☑　　　　　　　　　　　　73EJH1:65

☑五月食　☑　　　　　　　　　　　　73EJH1:66

……☑ᵢ第二車☑ᵢᵢ　　　　　　　　　　73EJH1:67

原武南長里王富☑ᵢ原武南長里張☑☑ᵢᵢ南陽[2]☑☑園里☑ᵢᵢᵢ

　　　　　　　　　　　　　　　　　73EJH1:68

☑伏地再拜……☑ᵢ長孫☑☑屬見不敢衆聳(辭),死=罪=(死罪死罪),叩頭言,陽☑ᵢᵢ　　　73EJH1:69+F3:286[3]

戌卒趙國邯鄲□☑　　　　　　　　　　　　　73EJH1：70

今爲積四百廿三万(萬)^[4]﹦(萬萬)九千七百卌二万(萬)六千五百

七十九□☑﹢　　　　　　　　　　　　　　　73EJH1：71

☑親,年十五,長七尺,黑色。　六月癸未☑　　73EJH1：72

☑當出内卒﹦(卒,卒)至莫當,君言谷(欲)内　73EJH1：73A+T4：44B^[5]

☑□過幸﹦甚﹦(幸甚幸甚)。不當始氏　　　73EJH1：73B+T4：44A

☑出五十米五斗。卩Ⅰ﹢☑出廿四牛肉。卩☑Ⅰﬞ☑……☑Ⅰﬢ出

十□☑Ⅱ　　　　　　　　　　　　　　　　　73EJH1：74

長孫廚　　☑　　　　　　　　　　　　　　73EJH1：75

☑　乾安樂　　☑　　　　　　　　　　　　73EJH1：76

　　　　牛車一兩,爲鰈得騎士千秋里李□□□☑

□□宜都里李武。

　　　　載肩水倉穀小石^[6]卌五石輸居延☑

　　　　　　　　　　　73EJH1：77+T4：45^[7]

【校釋】

　[1]里:原未釋,沈思聰(2018P439)釋作"王"。今按:原簡上殘,最上
並非橫畫,而是"田"形之殘。

　[2]南陽:原未釋,從韓鵬飛(2019P1684)補釋。

　[3]此簡由雷海龍綴合,見雷海龍(2017P87-93)。

　[4]万:簡中兩見,原皆釋作"萬",今據原圖版改。

　[5]此簡由謝明宏(2022.7.8)綴合。氏:原未釋,從綴合者補釋。

　[6]小石:《集成》(七 P155):漢簡所記小石一石,相當於大石六斗。

　[7]此簡由姚磊(2020.7.6)綴合。

□□鄞捐之願卒厚意□□﹢□□□□□□□☑ﬞ　73EJH1：78

□□□　□伏地　☑　　　　　　　　　　　73EJH1：79A

☑□□□　☑　　　　　　　　　　　　　　73EJH1：79B

富昌叩頭請☑﹢……☑ﬞ　　　　　　　　　　73EJH1：80A

士吏吳卿在☑☑	73EJH1:80B
☑☑令史爲君用　☑	73EJH1:81A
☑……☑ᵢ☑未宿詣亭☑ᵢᵢ	73EJH1:81B
☑見謹道☑	73EJH1:82A
☑其人☑☑	73EJH1:82B

肩水金關 H2:1—110

田卒上黨郡涅磨(曆-歷)[1]焦[2]里不更李過程,年廿五。　☑

73EJH2:1

☑公乘番和宜便里年卅三歲,姓吳氏,故驪軒苑斗食嗇夫。迺神爵
二年三月辛[3]☑ᵢ　　　　73EJH2:2

☑字買。　方箱一乘,者(駽)[4]白馬一匹。　73EJH2:3

☑☑☑☑所占,遣亭長宣☑歸,書到,以安世付宣☑方關大守府

73EJH2:4

三月辛巳,溫丞湯謁移過所縣邑侯國,如律令,掾輔、令史☑

73EJH2:5A

河內溫丞印。　　☑　　73EJH2:5B

☑☑願以令取致籍,遺猛衣用,唯廷移卅井縣索金關出入,敢言之。

73EJH2:6+26[5]

出錢千八百,　其六百都君取。　給安農隧長李賜之七月八月九月
奉。　自取。☑ᵢ　　　73EJH2:7+85[6]

【校釋】

[1]磨:張再興(2018P130—141)指出此字實爲"曆"之俗字,文獻中用
作地名多用作"曆"或"歷"。

[2]焦:王錦城(2019P1684)以爲似是"侯"。

[3]辛:姚磊(《合校》2021P443)結合T23:193、T4:98簡內容懷疑此字
是"庚"之誤書。

［4］者：讀爲“騂”，T37：1386+1138 見“騂白”。

［5］此簡由何有祖綴合，詳見何有祖（2016.1.12）。

［6］此簡由姚磊綴合，見姚磊（2021P333）。

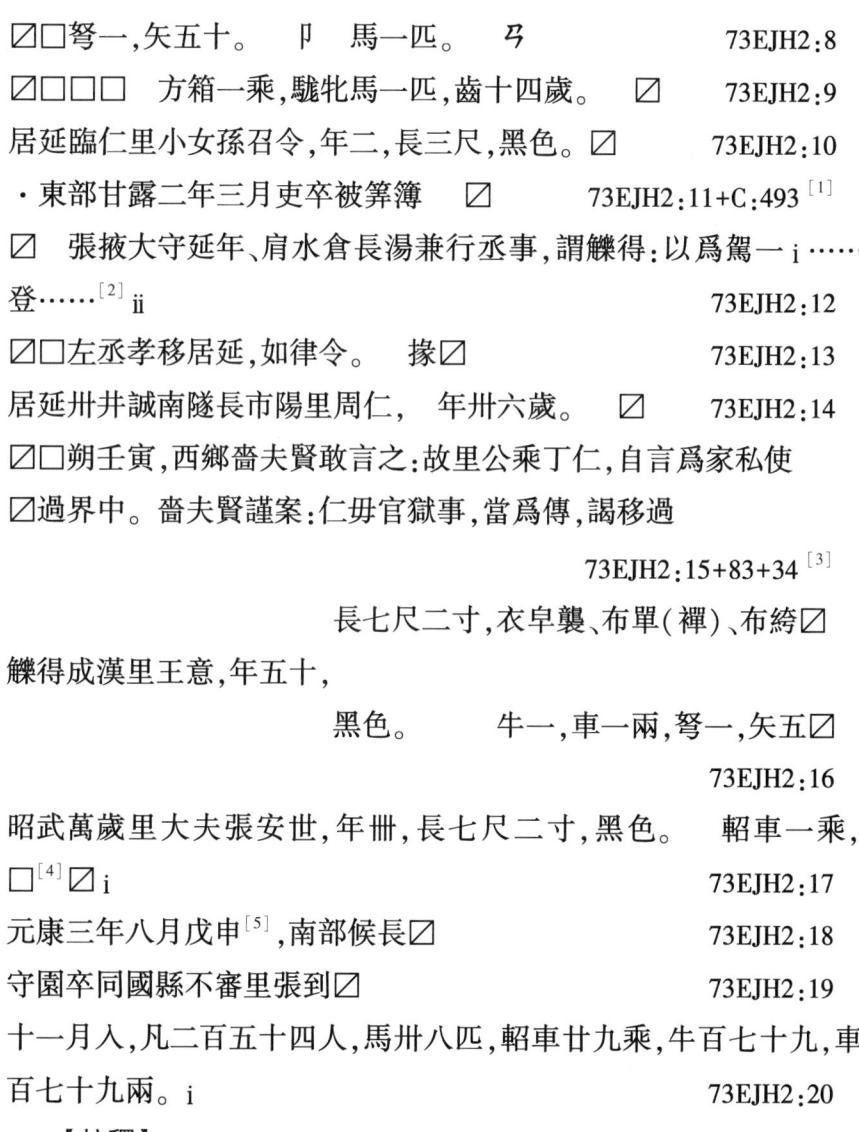

☑□弩一，矢五十。　　卩　馬一匹。　　弓　　　　　　73EJH2：8

☑□□□　方箱一乘，騩牝馬一匹，齒十四歲。　　☑　　73EJH2：9

居延臨仁里小女孫召令，年二，長三尺，黑色。☑　　　　73EJH2：10

・東部甘露二年三月吏卒被笇簿　　☑　　　73EJH2：11+C：493[1]

☑　張掖大守延年、肩水倉長湯兼行丞事，謂觻得：以爲駕一 i……

登……[2] ii 　　　　　　　　　　　　　　　　　　73EJH2：12

☑□左丞孝移居延，如律令。　　掾☑　　　　　　73EJH2：13

居延卅井誠南隧長市陽里周仁，　年卅六歲。　　☑　　73EJH2：14

☑□朔壬寅，西鄉嗇夫賢敢言之：故里公乘丁仁，自言爲家私使

☑過界中。嗇夫賢謹案：仁毋官獄事，當爲傳，謁移過

　　　　　　　　　　　　　73EJH2：15+83+34[3]

　　　　　　　　長七尺二寸，衣皁襲、布單（襌）、布綺☑

觻得成漢里王意，年五十，

　　　　　　　　黑色。　　牛一，車一兩，弩一，矢五☑

　　　　　　　　　　　　　　73EJH2：16

昭武萬歲里大夫張安世，年卅，長七尺二寸，黑色。　軺車一乘，

□[4]☑ i 　　　　　　　　　　　　73EJH2：17

元康三年八月戊申[5]，南部候長☑　　　　　73EJH2：18

守園卒同國縣不審里張到☑　　　　　　　73EJH2：19

十一月入，凡二百五十四人，馬卅八匹，軺車廿九乘，牛百七十九，車

百七十九兩。 i 　　　　　　　　　　73EJH2：20

【校釋】

［1］此簡由謝明宏（2022.6.23）綴合。

［2］此行原釋文無，今據原簡圖補。其中的“登”姚磊（《合校》2021

P444)釋作"豆",録寫没錯,但此形即是西北漢簡中"登"的俗寫,可直接釋字。

[3]此簡由姚磊(2021P334)綴合,綴合後並補釋"丁"字,今從補。

[4]此未釋字原無,今據原圖版補。

[5]黄豔萍(2017.6)據各種曆表指出元康三年八月"辛酉"朔,當月不可能出現"戊申"日。

昭武騎士富里孫仁，　馬一匹,驅(騧)駮　　　　　73EJH2:21

☑日十日所,即復來歸,捐亦心恐,即應☑　　　73EJH2:22+102[1]

……☑ᵢ□□□如律令,敢言之。二月辛卯……謁移過所□☑ᵢᵢ

　　　　　　　　　　　　　　　　　　　73EJH2:23A

章曰:長安左丞印。　　　☑　　　　　　　73EJH2:23B

中部候長赦主[2]隧七所,當省卒七　☑　　　73EJH2:24

☑□□敢言之:謹移元康　　　　　　　　73EJH2:25

(此簡已與 H2:6 簡綴合)　　　　　　　　73EJH2:26

(此簡已與 T23:489 簡綴合)　　　　　　73EJH2:27

☑□敢言之:候官移檄,府檄曰:吏□

☑上功勞名籍一編。敢言之。　　　　　　73EJH2:28

肩水金關☑　　　　　　　　　　　　　73EJH2:29

謹移亭廣袤[3]一編。　　☑　　　　　　73EJH2:30

☑□長史□肩水倉長常樂兼行丞事,下縣承書從□☑　73EJH2:31

(此簡已與 H2:67 簡綴合)　　　　　　　73EJH2:32

☑□□□元康三年十二月庚申朔癸未,士吏弘付平樂隧長宋勤[4],

出入☑ᵢ☑□□未又尉　臨☑ᵢᵢ　　　　　73EJH2:33

(此簡已與 H2:15 簡綴合)　　　　　　　73EJH2:34

五鳳元年[5]五月□□□　　　　　☑

　　　　名籍一編,敢言之。　　　☑　　73EJH2:35+36

(此簡原整理者與 H2:35 簡綴合)　　　　73EJH2:36

☑☐　能書會計,治官民頗知☑　　　　　　　73EJH2∶37

伏地再拜請∶☑ᵢ子山[6]足下,今☑ᵢᵢ　　　　　73EJH2∶38A

……☑ᵢ進宋子☑ᵢᵢ　　　　　　　　　　　73EJH2∶38B

騎士定國里勝禹,　年卅八。　　弩　弓　弓　73EJH2∶39

河南郡雒楊(陽)[7]槐中公乘李譚,年廿一歲。　·方相(箱)一乘,

驪(騮)駮牡馬一匹,齒十五歲。　☑ᵢ　　　　73EJH2∶40

【校釋】

[1]此簡由姚磊綴合,詳見姚磊(2021P335)。

[2]主∶主管、負責。

[3]廣袤∶沈剛(2017P207—222)∶或許指亭所轄範圍。

[4]勤∶原釋作“勦”,原圖版作🐭,今據圖版改。

[5]五鳳元年∶公元前57年。五鳳,漢宣帝年號。

[6]子山∶原未釋,從韓鵬飛(2019P1687)補釋。

[7]雒楊∶即雒陽。

平陵富長里蘇憲,年卅八歲,長七尺五寸,黑色。　方箱車一乘,桃

華牝馬一匹,齒七歲,高六尺☑ᵢ　　　　　　73EJH2∶41

道人。謹案∶亭隧六所,驚糒皆見,毋少不足,書[1]實,敢言之。☑

　　　　　　　　　　　　　　　　　　　73EJH2∶42

贏伏地再拜請∶　　☑ᵢ少翁、子賓、少君、子君孝婦足下,良苦過行

兵勞賜使者,謹道贏丈人病不偷(愈),□□□鬃得臧錢用少馬不□

☑ᵢᵢ　　　　　　　　　　　　　　　　　73EJH2∶43A

少翁、子賓、少君、子君孝婦足下,　　　　石胥少翁☑

　　　　　　　　　　　進　　　寇子賓☑

　　　　　　　　　　高少君　唐贏☑

　　　　　　　　　　　　　　　　　73EJH2∶43B

益之伏地再拜。　　☑　　　　　　　　73EJH2∶44

會水候史莊齊。Ⅰ元康二年六月甲辰,初迹盡元康二年九月晦日,

積百卌二日。Ⅱ ¡ 張掖肩水都尉廣德、丞勝胡、卒史終根以令賜齊[2]

勞七十一日。Ⅱ ᵢᵢ　　　　　　　　　　　　　73EJH2:45

今不肯爲封事,已函,唯大守君依(哀)[3]憐,道人叩頭死₌罪₌(死罪

死罪)。¡　　　　　　　　　　　　　　　73EJH2:46

長倩足下,善毋恙,甚苦事,寒時壽伏願長倩節衣[4],強幸酒食,慎出

入,辟小人,察 ¡ 所臨,毋行決₌(決決)。壽幸甚,因道□□□□□□

□□□□□ ᵢᵢ　　　　　　　　　　　　　73EJH2:47A

聞毋恙,伏地再拜請。¡ 長倩足下　　　□長倩 ᵢᵢ　73EJH2:47B

【校釋】

[1]書:原釋作“當”,從王錦城(2020.1)改釋。

[2]齊:指簡首所記的“莊齊”。

[3]依:張再興、黄艷萍(2017P72-77)指出當讀爲“哀”,今從其説。

[4]節衣:與常見的書信用語“近衣”,表義應該大致接近。“節衣”強
調適度增減衣物。

置伏地言:即幸爲得絳[1],急爲傳來不可已。¡ 子卿足下善毋恙,甚
苦事,先日[2]因鮮于長史報以皁布,因爲被單(襌)衣□☑ ᵢᵢ 幸爲取
布,唯惡[3]也。被幣衣耳,強不可已,得幸急□☑ ᵢᵢᵢ　73EJH2:48A

絳[4]又少闌下當有,願得七尺耳。即可得,願子卿幸爲取☑ ¡ 願留
意,依儴孤(估)財(裁)[5],不可已,事毋急此者,王子長言孫長史
☑ ᵢᵢ 置爲子長取之,願得其約索,屬元毋所得,願留☑ ᵢᵢᵢ 73EJH2:48B

【校釋】

[1]絳:原釋作“終”,此字原簡圖作 ,右從“夅”之俗寫。絳,一種
絲織品。《晉書・禮志》:“絳二匹,絹二百匹。”金關簡 T1:233 有“買絳”,
F3:470+564+190+243+438 有“爲郡送絳”。

[2]日:原釋作“曰”,此字原簡圖作 ,當爲“日”,據文義亦當作
“日”,今改。先日,數見於金關簡中,如 T22:38A、T23:359A+807A 中皆
可見。

[3]惡:韓鵬飛(2019P1688)指出此字當改從"宀"從"惡"。按:此字的"宀"形,實際是"惡"上橫畫俗增的筆畫,即使嚴格錄寫也不能簡單在"惡"上加"宀"。這種俗寫在"兩"、"襄"等字上都可見,直接視爲俗寫,不必重新造字。

[4]絳:原釋作"終",此字原簡圖作絳,與同簡正面"絳"對比可知是一字。

[5]依儴孤財:《爾雅·釋詁下》:"儴、仍,因也。"孤,原釋作"拒",此字原簡圖作孤,左部並非"扌",右部也與西北簡中的"瓜"寫法一致,今改釋作"孤"。孤,此處讀作"估"。"孤"、"估"兩字都是魚部字,聲音相近。《詩經·衛風·碩人》:"施罛濊濊。"其中的"罛",《説文·水部》"濊"下和《説文·大部》"奯"下皆引作"罟"。罛,從瓜聲。罟,從古聲。即是瓜聲字與古聲字通假之例證。此處"孤"讀作"估",當作估價義。財,讀爲裁,裁奪。這句話大意是説依照老規矩估算裁奪。這可能是針對 A 面中的"取布"所説的。

北書廿四封。Ⅰ五封都尉章。其二詣橐他,三詣廣地。Ⅱᵢ一封□□□□,詣居延。Ⅱᵢᵢ三封太守章,其二詣居延都尉,一居延。Ⅱᵢᵢᵢ三封大司農□章,其一封破,詣居延農都尉。☒Ⅱᵢᵥ一封樂官丞印,詣居延。☒Ⅱᵥ一封表是丞印,詣居☒Ⅲᵢ七月戊寅日食時□☒Ⅲᵢᵢ二封□☒Ⅲᵢᵢᵢ　　　　　　　　　　73EJH2:49

初元五年六月壬寅朔甲子,中鄉有秩忠敢告尉史:温東謝里公乘孫禹,自言ᵢ　　　　　　　　　　　　　　73EJH2:50

☒道里公乘宫尚,年卅三。　軺車一乘,用馬二匹。　十二月甲午入。ᵢ　　　　　　　　　　　　　　　　73EJH2:51

五月丁巳,廄嗇夫蓋衆行有(右)⁽¹⁾尉事。謹案:憙年、爵如書,敢言之。/尉史□五月戊午熒陽守……☒ᵢ　　　73EJH2:52

北單檄三。　其一檄詣廣地,肩水都尉章。閏月壬申日蚤餔官卒□□☒ᵢ　　　　　　　　　　　　　　　　73EJH2:53A

昭武……　屋闌(蘭)[2]承明里韓猛。卩☑ᵢ……☑ᵢᵢ　73EJH2:53B

元康二年六月戊戌朔辛亥,佐昌敢言之:遣佐常爲郡將轉輸居延,與
葆同縣安國里徐奴,年十五歲,俱乘家所占畜馬一匹,軺ᵢ一乘。謹
案:奴毋官獄徵事,當得取傳,謁移過所縣邑……ᵢᵢ　　　73EJH2:54A

七月辛巳佐常以來。　　　　　　　　　73EJH2:54B[3]

【校釋】

[1]有:通"右"。大縣設左、右尉各一人,專管武事。按照簡中出現的
"煏陽"推知,這裏的"右尉"可能指的是煏陽右尉。

[2]闌:原釋作"蘭",原簡不從"艹",今改。屋蘭,張掖郡下轄縣。

[3]此簡背面下部似有字。

　　　　　居令延印。

☑水金關。

　　　　　王同以來。　　　　　　　　　　73EJH2:55

☑言之,伏地再拜請,長道令史得˴(得,得)再拜謁☑☑☑☑

☑人,再拜請長三老足下,番伏地☑年☑　　　73EJH2:56A

☑符卒史言候言,伏地再拜請,長伏地再拜請,長伏☑ᵢ☑……候
長……☑ᵢᵢ　　　　　　　　　　　　73EJH2:56B

　　　　　居延丞印。☑

肩水金關　　亥王齋以來。☑

　　　　　□官　孫□☑　　　　　　　73EJH2:57

☑　四百六十五人,　三百少百六十五當責趙贛定少☑73EJH2:58

北部隧七所。　省卒五人,詣金☑　　　　　73EJH2:59

☑……里大夫□賢,年廿四。……ᵢ☑□邑,毋苟留止,敢言之。ᵢᵢ

　　　　　　　　　　　　　　　　　73EJH2:60

☑……長七尺三□　車一兩　☑　　　　　73EJH2:61

☑□□里朱福,年廿□。　大車一　☑　　　73EJH2:62

・右第百一十方三人。　☑　　　　　　73EJH2:63

觻得常甯里不更魯國,年廿六。　　牛☑　　　　　73EJH2:64

(此簡已與 H2:91 簡綴合)　　　　　　　　　　　73EJH2:65

彊漢隧長趙[1]彊輔　　☑　　　　　　　　　　　73EJH2:66

禄福定國里牛强漢,　牛一[2],車一兩。　十二月壬子入。　劍一☑

　　　　　　　　　　　　　　　73EJH2:67+32[3]

☑　　　　　　　　　☐卅八人,　　　輻車☑

☑☐千廿三人。　　　凡千八十人。　　馬十☑　　73EJH2:68

☑☐告中部亭隧☑　　　　　　　　　　　　　　73EJH2:69

☑☐觻得武安里公乘吕嬰齊,年廿六,長☑　　　73EJH2:70

☑☐即日可俱去,來☑　　　　　　　　　　　　73EJH2:71

元康二年五月丁☐☑　　　　　　　　　　　　　73EJH2:72

☑一完。ⅰ☑完。ⅱ　　　　　　　　　　　　　73EJH2:73

☑言之。　　☑　　　　　　　　　　　　　　　73EJH2:74

☑　虞少卿書幸致　　　　　　　　　　　　　　73EJH2:75

☑廣德來之都倉　　　　　　　　　　　　　　　73EJH2:76

☑☐騎司馬海承書從事下☑　　　　　　　　　　73EJH2:77

☑書罷歸軍餘出衛士及ⅰ☑☐謁移過所,縣次續食,給ⅱ 73EJH2:78

☑☐一編,敢言之。　　☑　　　　　　　　　　73EJH2:79

☑……☑ⅰ☑☐予願子文爲報卒☐☑ⅱ　　　　　73EJH2:80

田卒上黨郡高都水東里不更甘☐☑　　　　　　　73EJH2:81

☑名籍一名,敢言之。☑　　　　　　　　　　　73EJH2:82

(此簡已與 H2:15 簡綴合)　　　　　　　　　　73EJH2:83

☑☐縣官事,寒時不和,謹衣强☑　　　　　　　73EJH2:84

(此簡已與 H2:7 簡綴合)　　　　　　　　　　　73EJH2:85

☑記到,各遣　　　　　　　　　　　　　　　　73EJH2:86

☑二人。　六年部候長候☑

☑　　　凡六部會府[4]☑　　　　　　　　73EJH2:87A

☑☑☑☑☑史二人。　☑

☑☑長六人卒十五人。　☑

☑西部候長候史二人。　☑　　　　　　　　　　73EJH2:87B

【校釋】

[1]趙:此字原簡圖作🀄,字形特殊,不排除是"頓"字的可能。頓,也可用作姓氏。

[2]此處原釋文脱"一",從黃悦(2019P202-208)補釋。

[3]此簡由姚磊綴合,見姚磊(2021P336)。

[4]府:原未釋,從姚磊(《合校》2021P444)補釋。

☑驛北亭長牛慶　　　　　　　　　　　　　　　73EJH2:88

☑令史大原郡大陵[1]☑☑　　　　　　　　　　73EJH2:89

☑姦[2]隧長贏☑☑　　　　　　　　　　　　　73EJH2:90

☑卅歲,姓殷氏,定☑[3]捐。迺甘露☑　　　73EJH2:91+65 [4]

☑　九月丙申入。　　　　　　　　　　　　　73EJH2:92

☑索☑　　　　　　　　　　　　　　　　　　73EJH2:93

戍卒梁(梁)國薑[5]板里董☑☑　　　　　　　73EJH2:94

九月癸酉,將屯張掖大守☑ⅰ☑／屬富昌、給事佐☑☑ⅱ　73EJH2:95

☑☑千二Ⅰⅰ☑☑五十Ⅰⅱ二月己酉☑Ⅱ　　　73EJH2:96

☑☑,年六歲。　　　　　　　　　　　　　　73EJH2:97

☑弦二,　☑ⅰ☑長弦一。　☑ⅱ　　　　　　73EJH2:98

☑史利敢☑　　　　　　　　　　　　　　　　73EJH2:99

☑矢五十☑　　　　　　　　　　　　　　　　73EJH2:100

☑不舉曰☑☑　　　　　　　　　　　　　　　73EJH2:101

(此簡已與H2:22簡綴合)　　　　　　　　　　73EJH2:102

☑卒淮陽郡苦高陵里☑　　　　　　　　　　　73EJH2:103

進　☑　☑　　　　　　　　　　　　　　　　73EJH2:104

☑儢得印　　　　　　　　　　　　　　　　　73EJH2:105A

☑☑☑　　　　　　　　　　　　　　　　73EJH2：105B

☑☑隧長王延壽等行☑☑　　　　　　　　73EJH2：106

☑☑長☑☑☑☑　　　　　　　　　　　　73EJH2：106B

☑足下善毋恙,良苦事☑　　　　　　　　73EJH2：107A

☑☑長信☑☑　　☑　　　　　　　　　　73EJH2：107B

☑……☑　　　　　　　　　　　　　　　73EJH2：108

符,爲家私市居延☑☑　　　　　　　　　73EJH2：109

　　　　　　　……☑

弩一,矢卅☑　……☑

　　　　　　　……☑　　　　　　　　　73EJH2：110

【校釋】

[1]大陵:太原郡之屬縣名。

[2]姦:原未釋,從姚磊(《合校》2021P445)補釋。姚文指出此簡與T37：1223 中的"贏"是一個人。

[3]此未釋字疑是"爲"字。

[4]此簡由姚磊綴合,詳見姚磊(2021P337)。

[5]薑:原釋作"菌",原簡作 ☑ ,今據原簡字形改。

肩水金關 F1：1-126

丞相方進[1]、御史臣光[2]昧死言:☑ⅰ明詔哀閔元﹦(元元)[3],臣方進、御史臣光,往秋郡被霜,冬無大雩(雪)[4],不利宿麥[5],恐民☑
☑ⅱ　　　　　　　　　　　　　　　　73EJF1：1

調有餘,給不足,不民所疾苦也。可以便安[6]百姓者,問計長吏守丞[7],條對[8]☑ⅰ臣光奉職無狀。頓﹦首﹦(頓首頓首)。死﹦罪﹦(死罪死罪)。臣方進、臣光前對問上計弘農大守丞☑☑ⅱ　　73EJF1：2

☑　令堪對曰:富民多畜,田出貸☑☑ⅰ☑　……☑ⅱ　　73EJF1：3

郡國九穀最少,可豫稍爲調給乏[9],輔[10]頗[11]言民所疾苦,可以便
安[12]☑ⅰ弘農大(太)守丞立、山陽[13]行大(太)守事,湖陵[14]□□上
谷[15]行大(太)守事,☑ⅱ　　　　　　　　73EJF1:4

來,去城郭流亡,離本逐末浮食者,浸多[16]……☑ⅰ與縣官並稅以成
家致富[17],開並兼之路[18]。陽朔年間☑ⅱ　　　73EJF1:5

治民之道,宜務興本,廣農業[19]□□□□☑ⅰ來出貸,或取以賈販,
愚者苟得逐利□☑ⅱ　　　　　　73EJF1:6

言頗[20]可許。臣請除貸錢它物律。詔書到,縣、道、官得貸錢[21]□□
☑ⅰ縣官還息與貸者,它不可許,它別奏。臣方進、臣光愚戆。頓
首(頓首,頓首)。死罪(死罪,死罪)。☑ⅱ　　　73EJF1:7

制:　　可。　　　☑　　　　　　73EJF1:8

永始三年七月戊申朔戊辰,御☑ⅰ下當用者。　　☑ⅱ　73EJF1:9

八月戊戌,丞相方進重[22],今長安男子李參、索輔等,自言占租貸
☑ⅰ又聞三輔豪黠吏民復出,貸受重質[23]不止,疑郡國亦然,書到
☑ⅱ　　　　　　　73EJF1:10

賞得自責母息,毋令民辦(辯)鬭[24]相殘,賊務禁絕,息貸☑ⅰ令
☑ⅱ　　　　　　73EJF1:11

七月庚午,丞相方進下小府[25]、衛將軍(將軍[26]、將軍)、〖中〗[27]
二千石(二千石、二千石)部刺史、郡大守、諸侯……☑ⅰ下當用
者,書到言[28]。　　　☑ⅱ　　　73EJF1:12

十月己亥,張掖大守譚[29]、守部司馬宗行長史……☑ⅰ書從事,下當
用者,明扁鄉、亭顯處,令吏民皆知之,如詔書。　☑ⅱ　73EJF1:13

十一月己酉,張掖肩水都尉譚、丞平下官下當用者,如☑　73EJF1:14

十一月辛亥,肩水候憲下行尉事,謂關:嗇夫吏承書從事,明扁亭、
隧、關☑ⅰ處,如詔書。　　士吏猛。☑ⅱ　　73EJF1:15

☑□作宜可益倍其□□□☑ⅰ☑……長假貧民物□□☑ⅱ

　　　　　　　73EJF1:16[30]

【校釋】

[1]丞相方進：即翟方進。據《漢書·百官公卿表》，永始二年十一月壬子升任丞相。

[2]御史臣光：即御史大夫孔光。據《漢書·百官公卿表》，永始二年十一月壬子任御史大夫。

[3]哀閔元=：姚磊(2016P89-99)：哀憐、憐憫百姓之意。

[4]霉：此字原徑釋作“雪”，劉樂賢(2018P522-526)指出釋文録寫問題。其實更早時，伍德煦、薛英群早就有討論，將此字釋作“霉”，作爲“雪”的異體寫法(參《合校》2021P445)。李均明(2009P31)：簡文云“往秋郡被霜，冬無大霉”涉及永始二年秋冬之自然災害，《漢書·成帝紀》：永始三年春正月，詔曰：“天災仍重，朕甚懼焉。惟民之失職，臨遣大中大夫嘉等循行天下，存問耆老，民所疾苦。其與部刺史舉惇樸遜讓有行義者各一人。”此詔，知永始二、三年秋冬間曾發生較嚴重的自然災害，故下詔撫民。丞相方進的補充報告則涉及災年時豪點吏民的不良非法行爲及其對社會的危害，故“務禁絶”，即務必堅決制止，惜簡文缺，未見具體措施及皇帝的批示。

[5]宿麥：即指冬麥，《漢書·武帝紀》：“元狩三年，遣謁者勸有水災郡種宿麥。”注：“秋冬種之，經歲乃熟，故云宿麥。”

[6]便安：便利安定。《三國志·魏書·胡質傳》：“在郡九年，吏民便安，將士用命。”

[7]問計長吏守丞：對問考察所負責的官吏。這裏的“長吏守丞”當指各郡六百石以上的郡守、丞等高級官吏。

[8]條對：原釋作“條封”，從姚磊(2016P89-99、《合校》2021P446)改釋。條對，逐條録入並核對。

[9]乏：原釋作“立”。此字原簡作 ![字形] ，因關鍵筆畫殘損，不確定是“立”，且文義不順。今據字形和文義改釋。調給乏即是調配補給缺乏之地。《後漢書·桓帝紀》：“詔在所賑給乏絶，安慰居業。”賑給乏絶，與此簡“調給乏”表意相近。據簡文，這裏所缺乏的物資應指前文所説穀物。

[10]輔：人名，即 F1：10 中所説的“索輔”。

[11]頗：原釋作“預”，文義不甚通順。姚磊(2016P89-99、《合校》

2021P448）釋作“既”。按：此字原簡圖作 ，當爲“頗”。漢簡中“頗”字如居179·4簡中作 ，兩形頗合。頗言，兩漢文獻中較常見。比如《論衡·對作》：“董仲舒作道術之書，頗言災異、政治所失，書成文具，表在漢室。”《史記·曆書》：“而新垣平以望氣見，頗言正曆服色事，貴幸，後作亂，故孝文帝廢不復問。”頗，表示程度。頗言即大言。

［12］安：原釋作“宜”，從姚磊（2016P89-99、《合校》2021P449）改釋。

［13］山陽：郡名。簡文説是“行太守事”，若按照近次代行太守事的原則推測，此處可能脱漏了“丞”和“丞”的名字。

［14］湖陵：山陽郡下轄縣。

［15］上谷：《漢書·地理志》雖有“上谷”郡，但此處“谷”字原簡殘勒，結構不明確，釋字可能有誤。且“上谷”之前釋文不定，語義不明，當存疑。

［16］多：原未釋，從姚磊（2016P89-99）擬補。姚磊（2016P89-99）指出“離本逐末浮食者浸多”意爲“棄農經商不事耕作而食者漸多”。

［17］與縣官並税以成家致富：伍德煦（1983.4）：並，旁緣也……成，肥腯曰成，此處引申爲豐美充滿之意，即“縣府官吏因取租税而富裕家室”之意。按：聯繫前文説到的流亡，以及後文説的“開並兼之路”，這裏所説的可能指豪强地主逃離官府管控，兼併土地，故此“税”疑讀爲“脱”，脱離、逃脱之意。

［18］開並兼之路：伍德煦（1983.4）：即指當時官吏、地主、商人三位一體的豪强地主利用租税、高利貸等剥削手段，貪婪無厭地併兼農民的土地。

［19］業：原釋作“桑”，原簡圖作 ，從姚磊（2016P89-99、《合校》2021P450）改釋。

［20］頗：原釋作“預”，文義難解。姚磊（《合校》2021P451）釋作“既”，字形不甚相合，不從。按：此字原簡圖作 ，當爲“頗”字，此處表示程度。

［21］得貸錢：原釋作“得假貸錢”，從姚磊（2016P89-99、《合校》2021P452）改釋。

［22］重：此處若無脱文或訛誤，則此“重”指重視。

［23］貸受重質不止：重，加重。質，在此簡用作典當抵押之義，但此字原簡圖作 ，與常見“質”有差異，可能書寫有訛誤。整句是在表達租貸相

付,抵押加重不止。

[24]民辦鬭∶早期釋讀略有分歧,參見《合校》(2021P453)。"辦"同"辯","辯鬭"就是辯論爭鬭。

[25]小府∶有讀作"少府"和義指"丞相直屬的丞相府"兩種主要意見,王錦城(2019P845)有較詳細的對比梳理,本文從後者。

[26]衛將軍∶伍德煦(1983.4)認爲指衛尉之長,禁衛統領。大庭脩(2001P26)認爲永始三年居衛將軍之位的是王商,他在永始二年正月大司馬車騎將軍王音死後,任大司馬衛將軍,至永始四年退位,任外戚總帥近三年。又,將軍中的左將軍爲辛慶忌,右將軍有王章。"衛將=軍="之將軍,即指這些人。按∶從丞相小府、衛將軍、將軍……這個詔書下達順序看,這裏的"衛將軍"指的就是禁衛之將軍,至於所指的人應從大庭脩所説。

[27]大庭脩(1984.2)已指出此處脱漏了"中",並指出不論是中二千石還是二千石,都是中央官廳的長官,即所謂九卿。今從其説。

[28]書到言∶李均明(2009P35)∶詔書之下發遵循一定的程序,每級機構收到詔書後亦須及時回報,簡文稱"書到言"。

[29]譚∶姚磊(《合校》2021P454)認爲原釋有誤,當存疑。

[30]以上十六枚簡爲永始三年詔書,簡文順序尚有爭議,參見姚磊(2016P89−99)。

☑☑☑善親平滿家即持糒一斗☑　　　　　　　73EJF1∶17

☑關嗇夫吏　　　　　　　　　　　　　　　　73EJF1∶18

·居延部舉蓬燔積薪,廣地北界隧受和地薰苣火,毋☑　73EJF1∶19

候掾所魚主☑　　　　　　　　　　　　　　　73EJF1∶20A

三,願[1]詣在所☑☑　　　　　　　　　　　　73EJF1∶20B

三石具弩一,今力三石七斤,傷兩淵☑☑

☑☑☑六石具弩一,今力四石五十六☑☑　　　73EJF1∶21A+24A

☑☑隧長蓋衆,五石弩一,傷☑　　　　　　　73EJF1∶21B+24B

☑☑[2]十頭馮君長☑ⅰ☑☑十頭候掾☑ⅱ　　　73EJF1∶22

▨五石具弩▨　　　　　　　　　　　　　　　73EJF1:23A

士吏　　▨　　　　　　　　　　　　　　　　73EJF1:23B

（此簡原整理者與 F1:21 簡綴合）　　　　　　73EJF1:24

建武三年五月丙戌朔壬子,都鄉嗇夫宮敢言之:金城里任安,ⅰ自言
與肩水候長蘇長俱之官。謹案:安縣、里、年、姓所葆持如牒,ⅱ毋官
獄徵事,得以令取傳,謁移過所,毋苛留,如律令,敢言之。ⅲ

　　　　　　　　　　　　　　　　　　　　　　73EJF1:25

▨□□里韓成,年廿。Ⅰ萬歲里馮竟,年卅。Ⅱⅰ載魚五千頭。Ⅱⅱ
大車二兩,牛四頭,釜一。Ⅲⅰ作者肩水里李立,卅五。Ⅲⅱ弩二,箭
二發。Ⅲⅲ　　　　　　　　　　　　　　　　73EJF1:26

張蓋衆　詣府受奉,須定賦籍,前記召金關隧長▨

張蓋衆　俱謁賦奉,記到,趣遣,須以俱遣殷華▨

謁告。　候遣吏齎吏受奉券,至今不到,解何。▨（簡左側有一刻
齒）　　　　　　　　　　　　　　　　　　73EJF1:27A

▨官　會癸酉夕,毋留,急﹦（急急急）　▨　73EJF1:27B

（此簡原整理者與 F1:30 簡綴合）　　　　　　73EJF1:28

關嗇夫河上候史（習字）　　　　　　　　　　73EJF1:29

　　　　　　　　　表是宰之印。作者樂（鑠）得廣昌里張錢,年三十。
錯田表是常安善居里李欽,年三十。大車一兩,

　　　　　　　　　　用牛二頭。　十二月庚子入。

　　　　　　　　　　73EJF1:30+28 [3]

【校釋】

[1]顧:姚磊（《合校》2021P455）改爲“頭”。按:此字原簡爲“顧”草
書。該字前面的“三”指前面殘斷處某物的數量,但未必是魚等用“頭”作
量詞的東西。

[2]此簡首姚磊（《合校》2021P456）釋作“魚”。頗疑兩未釋字都是
數字。

[3]肖從禮（2019P279-286）指出,簡文内容爲出入金關關傳録副。表

是,縣名,屬漢酒泉郡,治今酒泉市高臺黑泉鄉。宰,新莽時稱縣令長爲宰。常安,縣名,屬京兆尹,新莽時改長安爲常安。此簡年代屬新莽始建國元年之後。錯田:作三解:一是錯田即置田,錯,通"措",有安置之義。錯田或指買置田地。二是錯田即藉田,錯田之"錯"字與"藉"、"籍"、"耤"等字實際上可互通。三是錯田即閒田。新莽時對於那些未分封給諸侯而由郡縣管轄之地統稱爲"閒田"。揆諸三解,藉田與閒田或不可取,當以買置田地爲上解。在具體的簡文中"錯田"一詞應指人的身份。

元鳳二年二月癸卯,居延與金關爲出入六寸符券,齒百。從第一至十〈千〉[1],左居官,右ⅰ移金關,符合以從事。　齒[2]八百九十三。ⅱ(右齒,"居官"二字中間有穿孔)　　　　　73EJF1:31

☐☐☐一石八斗,以食萃彭候丞青北出三人,十一月☐☐盡壬子十日積☐ⅰ　　　　　73EJF1:32

表實北界卻虜隧監滿隧　私舉☐☐　　　73EJF1:33

☐史尉史尉史尉馬承駒馳　　　　　73EJF1:34

八日甲寅食,已發田　宿廉☐☐　　　　73EJF1:35

錯田[3]禄福[4]敦煌案平里韓定,年卅五。　馬一匹,☐　73EJF1:36

肩水候長蘇長保[5]☐　　　　　73EJF1:37

☐者未蒙教。叩頭,再拜。　　　　73EJF1:38A

☐不[6]相☐☐[7],得毋有它。　　　　73EJF1:38B

　【校釋】

　[1]十:原釋作"千",原簡作 ，今據原簡字形改。此處"十"爲"千"之訛誤。

　[2]齒:王錦城(2019P1931)釋作"第"。按:此字原簡存見墨跡與"第"完全不合,改釋不可從。

　[3]錯田:詳見 F1:30+28 注釋。

　[4]肖從禮(2019P279-286):禄福,漢縣名,屬漢酒泉郡,漢禄福縣大致在今甘肅省酒泉市肅州區。

［5］保：原未釋,從姚磊(《合校》2021P456)補釋。

［6］不：原釋作“逐”。今審原簡圖,知此字中所謂的“辶”墨跡較淡,不能視爲同一字部件,可能是雜畫或是右行字筆畫。同簡“相”之後的未釋字書寫怪異,即有可能是雜寫。

［7］此未釋字秦鳳鶴(2018P530-532)釋作“再”。

河南郡河南東甘里張忠。　　☑　　　　　　　　73EJF1:39

☑□□□,年卅。　　　　　　　　　　　　　　　　73EJF1:40

☑　十二月丁卯北出。　　　　　　　　　　　　　73EJF1:41

☑　□[1]䝮言廷　　　　　　　　　　　　　　　　73EJF1:42A

☑千三百賦卒張　　　　　　　　　　　　　　　　73EJF1:42B

☑□常幸,自言弟爲廣地今i☑出入符=(符。符)齒第……ii

　　　　　　　　　　　　　　　　　　　73EJF1:43[2]

☑□邑西冢地有樹卅餘枚□☑　　　　　　　　　73EJF1:44+47
　　　　　　市西第二里南入□☑

長安大昌里陳歂□……[3]在下方
　　　　　　　　□□□□☑　　　　　73EJF1:45A+54A

子淵坐前□……久不相見[4]□□☑　　　73EJF1:45B+54B

辜[5]惜。叩頭☑i趙少伯坐☑ii　　　　　73EJF1:46A

前未及☑i所遣牒來☑ii　　　　　　　　　73EJF1:46B

(此簡原整理者與F1:44簡綴合)　　　　　　　73EJF1:47

☑□八月戊辰朔甲戌,□☑　　　　　73EJF1:48[6]

☑南　界望澤遂萬世隧舉亭　上一表□☑　　73EJF1:49

☑　調注　　　　　　　　　　　　　　　　73EJF1:50

☑□舍中君歂　　　　　　　　　73EJF1:51A[7]

☑也今旦成　　　　　　　　　　　　　73EJF1:51B

【校釋】

[1]此未釋字秦鳳鶴(2018P530—532)釋作“廿”。按:此字與“甚”草書相似,其後原釋作“格”的字形也有疑問。

[2]此簡李迎春(2019P252—271)認爲可能是吏家屬符。

[3]此簡由原整理者綴合,但正反兩面茬口都不十分吻合,且上下文義不通暢,中間應有缺失,今補“……”。

[4]久不相見:原作“兄不前見”,今據原圖版與常見文例改。

[5]幸:原簡圖作圖,字形與常見的“幸”有差異,西北簡中“幸”上部第一筆橫畫都是自右向左反向書寫,類似撇畫的寫法,所以右起筆都會形成頓筆,鮮有例外。此簡字形可能是“㚔”或“辛”,只是因文例內容有限無法確定,當存疑。

[6]甲戌爲當月第七日。許名瑲(2017P95—127)擬此簡屬神爵三年(前59年)。

[7]此簡出現的“歆”與 F1:45+54A 中的“歆”書手相近,且兩簡背面書寫特點也十分接近,疑兩簡可遙綴或屬於同一簡册。

　　　　　　甲☒
二十三日　　☒　　　　　　　　　　　　　　　　73EJF1:52
　　　　　　☐☒
二十九日
　　　　　　卯☒　　　　　　　　　　　　　　73EJF1:53 [1]

【校釋】

[1]許名瑲(2017P95—127)定以上二簡爲《始建國天鳳五年曆日》簡册,推 F1:52“甲”後所缺地支爲“戌”,推 F1:53 中未釋字是“巳”。

(此簡原整理者與 F1:45 簡綴合)　　　　　　73EJF1:54

桱闟三(三字在墨框內)　　　　　　　　　　73EJF1:55

☒廣地候長孫黨☒(削衣)　　　　　　　　　73EJF1:56

☑☑二年六月辛亥,丞相　　　　大將軍☑

　　　　　　　　☑☑　　☑☑　（削衣）　　　　73EJF1:57

☑尉欽以私印。（削衣）　　　　　　　　　73EJF1:58

☑☑從巨卿☑（削衣）　　　　　　　　　　73EJF1:59

☑☑今宋少☑☑（削衣）　　　　　　　　　73EJF1:60

☑　　名[1]數☑☑ⅰ☑　……[2]諸人往來巨卿☑ⅱ☑☑　　報☑如何道

小通☑ⅲ☑　……☑ⅳ（削衣）　　　　　73EJF1:61

☑☑介中☑☑（削衣）　　　　　　　　　　73EJF1:62

☑肩水彊☑☑（削衣）　　　　　　　　　　73EJF1:63

居延都尉從史范宏葆（削衣）　　　　　　73EJF1:64

☑功曹李君☑☑ⅰ☑庫宰萬☑☑ⅱ（削衣）　73EJF1:65+68

☑☑得詣☑☑☑☑平☑☑（削衣）　　　　　73EJF1:66

☑☑☑今千葆☑（削衣）　　　　　　　　　73EJF1:67

（此簡原整理者與 F1:65 簡綴合）　　　　73EJF1:68

☑　　將軍☑☑ⅰ☑　　☑☑☑☑ⅱ（削衣）　73EJF1:69

平樂隧長武白馬,月十五日持之都倉糧,未還。請還,持詣治所。

　　　　　　　　　　　　　　　　　　73EJF1:70

驪喜隧省卒　　當茭七百束 (束,束)大三韋(圍)[3]　☑ 73EJF1:71

　　　　乘軺車一乘,

假佐宣萬年,　　　　　以八月己未北亭長彭出。

　　　　　　馬一匹。　　　　　　　　　73EJF1:72

　　　　　　軺車一乘,

宣威鄉佐范章,　　　　八月庚子北守亭長豐[4]出。

　　　　　　用馬一匹。　　　　　　　　73EJF1:73

【校釋】

[1]名:此字原未釋,今據原圖版擬補。名數,即户籍信息。

[2]此處"……"原釋文無,今據原圖版存見墨跡補。

［3］韋：李天虹（2003P16）：通圍，是計算樹木圓周的單位。《漢書·成帝紀》建始元年“是日大風，拔甘泉畤中大木十韋以上”，師古曰：“韋與圍同。”

［4］豐：原簡作，字形與常見草書略不合，而與“遣”字草書相合，故此字不排除釋作“遣”，作人名，72EJC：1 中有“遣”作人名。

地節四年五月庚辰朔辛巳，肩水候房以私印行事，謂候長充宗：官當空道[1]，過往來乘傳客及斥（斥）□□ᵢ甚劇，毋以給，書到，充宗各以閒時省卒，及美草盛時茭，各如牒。務得[2]美草，毋叚[3]時。畢已，移□□□ᵢᵢ行，茭須以給往來乘傳馬及斥（斥）候騎馬食。毋忽，如律令。　　　□ᵢᵢᵢ　　　　　　　　　　　　　　　73EJF1：74

五月甲午，東部候長充宗謂驪喜隧長廣漢，寫移書到，
□省卒茭它，如候官書律令。　　　　　　　　73EJF1：79[4]

【校釋】

［1］當空道：胡平生、張德芳（2001P7）：《史記·大宛傳》：“而樓蘭、姑師小國耳，當空道，攻劫漢使王恢等尤甚。”“空道”即衝要之道路，亦作“孔道”。

［2］得：原簡圖作，字形特殊，疑是“湼”字。《廣雅·釋詁一》：“湼，没也。”

［3］此處的“叚”原簡字形非常不清楚，而且釋作“叚”文義不好懂，按照文義，這裏應該是“毋奪時”或“毋違時”之類的行文，釋字可疑。

［4］王錦城（2019P850）指出以上兩簡形制、字體筆跡等一致，内容相連貫，當屬同一簡册，可編聯。其中簡 F1：79 的内容爲東部候長轉發簡 F1：74 肩水候官所下文書到驪喜隧的行下之詞。今從其説編聯。

□□陽宣甯卿寄不審里、名、姓、字長孫舍，居二月餘，更徙
□□母少君疾死，孺卿與勝客及兄賓復之長孫舍，

☑男子不審名、字子孟居一月。子孟父,字功,與　　　73EJF1:75

☑年卅三,自言爲家私使之ⅰ☑謁移過所河津關,出入毋ⅱ☑掾定、令

史武。ⅲ　　　　　　　　　　　　　　　　　　　　73EJF1:76

三月三日具記,博多問子梁☑☑　　　　　　恐力☑☑

主候望蓬(烽)火事也,臨部毋忽[1],記到,亡　　府令☑☑

☑☑☑☑☑易行召辛子孝可傳告令以馬遺子孝　73EJF1:77A+78A

☑☑☑☑……往受候☑長☑☑☑☑之

者☑☑……　　　　　　　　　　　　　　　　　　73EJF1:77B+78B

(此簡原整理者與 F1:77 簡綴合)　　　　　　　　　73EJF1:78

(此簡已編聯至 F1:74 後)　　　　　　　　　　　　73EJF1:79

四日　　　　氏池尉　　　安邑里☑☑

肩水金關　　徒成　　　☑二月　　　　　　　　　73EJF1:80

肩水金關　　　　　　　　　　　　　　　　　　　73EJF1:81

(此簡已與 F1:91 簡綴合)　　　　　　　　　　　　73EJF1:82

☑升大:Ⅰ其七十二石五斗六升大,食省卒卅五人八月十三[2],☑

月[3]十九日積☑Ⅱⅰ八十一石……,食省卒廿一人八月十三日,九月

十九日,十月卅[4]日,積六十二日食。　　　六石五☑Ⅱⅱ……升稟省卒

廿七人八月十五日,九月廿九日,積卌四日食[5]。Ⅱⅲ　73EJF1:83A

☑穀券　　☑　　　　　　　　　　　　　　　　　73EJF1:83B

☑☑昌,自言願以令取傳,爲家私使之酒泉右平郡[6]☑ⅰ☑……☑ⅱ

　　　　　　　　　　　　　　　　　　　　　　73EJF1:84A

☑尺,齒五歲,斛斛　　☑　　　　　　　　　　　73EJF1:84B

【校釋】

[1]臨部毋忽:即治理所主之事不要疏忽。

[2]據後文"八月十五日,九月廿九日積卌四日食",可知此處的"八月

十三"實際指的是八月裏有十三日。

[3]☑月:此處原作一個未釋字,原釋文無"月",今據原圖版改。

[4]此字原未釋,原簡墨跡存見較少。簡文内容説到"積六十二日

食”，前面出現了八月有十三日，九月有十九日，兩者相加共三十二日，六十二日減去三十二日就是十月的積食日，即三十日，故此處可據殘餘墨跡擬補“卅”。

　　[5]這裏説八月積食十五日，九月積食廿九日，兩者之和正是簡文所記“積卌四日食”。

　　[6]右平郡：黄浩波(2017P177-186)：是從酒泉郡割裂出來的新郡，或是輔平郡前身。

元始元年四月戊子朔辛卯，新鄭守左☑ⅰ……☑ⅱ(削衣)　73EJF1：85

☑得之之　　毋毋毋毋☑(削衣)　　　　　　　　　73EJF1：86

☑□汙辱君欲數往ⅰ☑……ⅱ　　　　　　　　　73EJF1：87

☑大車二兩，　　　　　　　　一姓耿，子俠。

☑　　　　　　六月廿二日南入。

☑用牛六頭。　　　　　　　　　　　　　73EJF1：88

　　望金關隧

……　　　　　　　　　　　　　　　　73EJF1：89

☑令入關之從皇☑　　　　　　73EJF1：90A

☑　　□□□□ⅰ☑　　與王卿☑ⅱ　　73EJF1：90B

十一月乙巳奉明守長　守丞放移居延，如律令。ⅰ/掾晏令史就ⅱ

　　　　　　　　　　　　73EJF1：91A+93B+82 [1]

奉明丞印。☑ⅰ　　　　　八月廿日南☑ⅱ　　73EJF1：91B+93A

鰇得常樂里公□☑　　　　　　　　　73EJF1：92

(此簡原整理者與 F1：91 簡綴合)　　　73EJF1：93

☑□　　八十　　　　　　　　　　　73EJF1：94

☑□年廿六　　☑　　　　　　　　　73EJF1：95

☑　　·右縣官所給。　　　□□二兩，

☑　卓布單(襌)[2]衣一領。　　·右卒私裝。　73EJF1：96

□始元年□□☑ⅰ亭，毋苟留，當舍☑ⅱ(削衣)　73EJF1：97

☑,年廿二歲☑ᵢ男丹,年七歲,子☑ᵢᵢ(削衣)　　　　　73EJF1:98

(此簡已與 F1:102 簡綴合)　　　　　73EJF1:99

☑☑年☑(削衣)　　　　　73EJF1:100

元始元年正月己☑ᵢ與從　　　　☑ᵢᵢ(削衣)　　　　　73EJF1:101

☑……謁遷補ᵢ☑五歲,毋官獄徵ᵢᵢ(削衣)　　　73EJF1:102+99[3]

☑津關,毋苛留止,☑(削衣)　　　　　73EJF1:103

☑襃,自言爲家私使之居延☑ᵢ☑☑居延縣索關,出入毋☑　　☑ᵢᵢ

☑……☑ᵢᵢᵢ(削衣)　　　　　73EJF1:104

☑妻大女令,年廿二,☑ᵢ☑☑男,年七歲。☑ᵢᵢ(削衣)　73EJF1:105

☑守令史恭、佐☑☑(削衣)　　　　73EJF1:106+111[4]

☑☑長尊☑☑張掖居延☑(削衣)　　　　　73EJF1:107

七月十日北出☑(削衣)　　　　　73EJF1:108

☑　□□如律令☑(削衣)　　　　　73EJF1:109

☑……西廣明鄉嗇☑ᵢ☑屬客田居延弟(第)[5]五亭部,願以令☑ᵢᵢ

☑非亡人命者,當得取僞檢,□□□ᵢᵢᵢ□□子奉明長☑ᵢᵥ(削衣)

　　　　　73EJF1:110

(此簡已與 F1:106 簡綴合)　　　　　73EJF1:111

☑□卿孝君毋恙,禄☑　　☑累舉□□

　　　　　☑□籍☑　　(削衣)　　　73EJF1:112[6]

☑　年　☑(削衣)　　　　　73EJF1:113

☑年七月□☑(削衣)　　　　　73EJF1:114

☑八日南入。　丑☑(削衣)　　　　　73EJF1:115

☑北亭長彭[7]出。(削衣)　　　　　73EJF1:116

☑尉史□敢言之魏右尉:左馮翊澂[8]邑簿左里公乘李順,自言調爲
郡送五年ᵢ☑□里大夫刑疾去、小奴全偕。謹案:順等毋官獄徵事,ᵢᵢ

　　　　　73EJF1:117

☑年五十一閏月庚午,兼亭長周近内ᵢ☑□之敬老里男子成錢,自言

為家私市居延ⅱ☐……金關ⅲ　　　　　　73EJF1：118A

☐☐☐☐隧　　　　　　　　　　　　　73EJF1：118B

☐……☐史少孺　　　　　　　　　　73EJF1：119

☐伐　卩(竹簡)　　　　　　　　　　73EJF1：120

定☐　　☐　　　　　　　　　　　　73EJF1：121

戍卒上黨郡壺關上瓦里☐(竹簡)　　　73EJF1：122 [9]

【校釋】

[1]此簡由謝坤綴合,詳見謝坤(2018.1)。

[2]單:原簡字形上部已訛,形與"章"形近似。單通禪。

[3]此簡由何有祖綴合,詳見何有祖(2016.1.11)。

[4]此簡由謝坤綴合,詳見謝坤(2018.1)。

[5]弟:原釋作"第",從黃艷萍(2018P134-140)改釋。

[6]此簡由兩片組成,姚磊(2016.6.10)指出"兩則削衣既不能形成綴合,文意也不通順"。

[7]彭:原未釋,從姚磊(《合校》2021P458)補釋。

[8]澄:原釋作"湖",從黃浩波(2017P360-369)改釋。按:此字原簡作**澂**,與原釋"湖"字形完全不合,此字形為"澄"之草寫。漢代遺址曾出土"澄邑倉曹"瓦當。"澄",文獻或作"徵",兩字異體。西漢時左馮翊下轄有徵城。黃浩波認為此簡年代屬西漢中晚期的可能性比較大,澄邑後作澄城,可從。

[9]此簡姚磊(2021P338)與上 F1：120 綴合,但兩簡茬口不合,即使能綴合,中間至少還要缺一字或兩字内容。

累山里石宣年廿　　☐　　　　　　　73EJF1：123

☐牛車一兩　有方☐　　　　　　　　73EJF1：124

☐凡穀十八石☐　　　　　　　　　　73EJF1：125

☐　王長☐☐(削衣)　　　　　　　　73EJF1：126

國家社科基金
GUOJIA SHEKE JIJIN HOUQI ZIZHU XIANGMU
後期資助項目

肩水金關漢簡校釋

下

李洪財 著

中華書局
ZHONGHUA BOOK COMPANY

《肩水金關漢簡(伍)》校釋

肩水金關 F2：1-49

☑□車一兩。丿i☑□頭。丿ii　　　　　　　　　　73EJF2：1

☑□□石四斗三升少。　地節三年九月甲寅朔乙卯,土吏福付候長
奉。i　　　　　　　　　　　　　　　　　　　　73EJF2：2

☑□[1]里上造李豐,年三十。　　　　73EJF2：3 [2]

☑西海[3]大尹史[4]周勳[5]子男一人。　□□　　73EJF2：4 [6]

【校釋】

[1]未釋字疑是"陽"。

[2]胡永鵬(2017P575)將此簡歸爲新莽時期。

[3]西海：王莽所設郡。

[4]大尹史：《漢書·王莽傳》載始建國元年："改郡太守曰大尹,都尉
曰太尉。"肖從禮(2018P189-193)已指出簡中之"史"爲職名,或即"卒史"
之省稱。

[5]勳：原釋作"勤",從秦鳳鶴(2018P282-287)改釋。

[6]胡永鵬(2017P575)將此簡歸爲新莽時期。

☑介……　　　　　　　　　　　　　　73EJF2：5

☑市陽里衛放,年廿四。　　☑　　　　　　　　　　73EJF2:6

☑入貸穀　五石。　　次澤渠。　　八月丙子,城倉掾況　受客民[1]枚

習。i　　　　　　　　　　　　　　　　　　　　　73EJF2:7

☑得[2]市陽[3]里官大夫潘收,年十五,長七尺二寸,☑　73EJF2:8

出麥二斛三斗。　　稟辟非隧長莊道五月禄☑　　　73EJF2:49+9[4]

·新始建國地皇上戊三年正月　二十六日顯德伯[5]□☑

　　　　　　　　　　　　　　　　　　　　73EJF2:10[6]

　　　　　　　軺車四乘,☑

金城里萬覓[7],年五十一。

　　　　　　　用馬四匹。☑　　　　　　　　73EJF2:11

【校釋】

　[1]客民:王元林(2002P200-211):"客民"或"客"是指流民、破産的

農民、貧困的自由民等應"募"於豪門、吏家,受僱於訾家、富室,索取佣金。

楊劍虹(2013P37):凡是脱離原籍、寄居異鄉的都叫"客",其中貧苦的農民

成爲"賣庸而播耕"的"庸客"。

　[2]得:原未釋,從雷海龍(《合校》2021P459)擬補釋。

　[3]原簡"陽"爲後補小字。

　[4]胡永鵬(2017P586)將此簡歸爲新莽時期。

　[5]顯德伯:郭偉濤(2017P229-259):擁此爵位的某個人。或涉新莽

時期某位官吏。按:王莽時期改禄福爲顯德,此處也可能指地名。

　[6]郭偉濤(2017P229-259):該簡或爲某種簿籍册書的標題簡。

　[7]覓:原釋作"竟",從雷海龍(《合校》2021P459)改釋。

☑□解　　從者一人,☑　　　　　　　　　　73EJF2:12

　　　　軺車一乘。☑

☑令史某公,

　　　　　馬一匹,某□□☑　　　　　　　73EJF2:13

居延亭長延年里王宫,年卅二。　　□☑　　　73EJF2:14

☑閏月壬申,騎司馬兼領居延☑　　　　　　73EJF2：15

☑☑　十月戊子莫(暮)亭長並出。　　　　　73EJF2：16

☑☑旁郡界中,名、爵、縣、里如牒。　　　　73EJF2：17

☑乘,馬一匹,三月中入。　　　　　　　　73EJF2：18

☑年廿七,　長七尺二寸,☑　　　　　　　73EJF2：19

☑候博移肩水☑　　　　　　　　　73EJF2：20+29

☑四,長七尺五寸,黑色。　　　　　　　　73EJF2：21

☑☑薛誼　　　　　　　　　　　　　　　　73EJF2：22

☑麥二斛三斗。　　　　　　　　　73EJF2：23 [1]

田宏八百☑☑　　　　　　　　　　　　　　73EJF2：24

正月甲辰☑　　　　　　　　　　　　　　　73EJF2：25

☑順移過所☑　　　　　　　　　　　　　　73EJF2：26

☑縣索肩水金關☑　　　　　　　　　　　　73EJF2：27

☑移其鄉官嗇夫吏　　　　　　　　　　　　73EJF2：28

(此簡原整理者與 F2：20 簡綴合)　　　　73EJF2：29

☑梁(粱)米出入簿☑　　　　　　　73EJF2：30+31

(此簡原整理者與 F2：30 簡綴合)　　　　73EJF2：31

禄福宜富里男子☑☑　　☑　　　　　　　　73EJF2：32

☑☑叩頭。謹因前所☑ⅰ☑……起。謹☑ⅱ(削衣)　　73EJF2：33

☑☑☑到殺[2]人付署所[3]☑☑☑ⅰ☑☑☑延還思想君丙在邊悲[4]

☑ⅱ(削衣)　　　　　　　　　　　　　　　73EJF2：34

☑☑幸甚。謹因　　　　　　　　　　　　　73EJF2：35

・許放從子嚴☑　　　　　　　　　　　　　73EJF2：36

☑☑〓[5]歲,毋官獄徵事,☑　　　　　　　73EJF2：37

居延丞婦[6]孅得定安里姚枚,　私馬一匹,軺☑☑　73EJF2：38

　【校釋】

　[1]胡永鵬(2017P586)將此簡歸爲新莽時期。

[2]殺:原未釋,原簡作,雖右部筆畫殘缺,但左從"杀"明確,可確定釋字,今補。

[3]署所:原未釋,原簡僅見左部較少墨跡,李蓉(課堂意見)據殘留墨跡補。

[4]悲:原未釋,原簡作,此爲"悲"之草書寫法,今補。

[5]一:姚磊(《合校》2021P460)已説明此字原簡字形部分殘損,無法確定釋字,存疑。

[6]婦:指兒媳婦。

妻始年二[1]☑

☑☑

　　子男鴻[2]年☑　　　　　　　　　　　73EJF2:39 [3]

☑安在? 子張實☑　　　　　　　　　　73EJF2:40

☑……☑ⅰ☑☑必以謹善爲☑ⅱ　　　　　73EJF2:41

右前騎士廣都里陽城隆〈隆〉[4]。　　☑　　73EJF2:42

(此簡已與F3:471簡綴合)　　　　　　　73EJF2:43

稟萬世卒杜崇,正月、二月食[5]。　二月食。☑("正月二月食"墨塗)　　　　　　　　　　　　　　73EJF2:44

☑朔乙卯,肩水城尉畢移肩水金關:千人令史李忠等,自言遣葆

☑……　　　　　　　　　　　　　　　73EJF2:45A

☑　☑☑☑　　　　　　　　　　　　　73EJF2:45B

☑☑以小官印行候事,謂關:嗇　　　　　73EJF2:46A

☑　守令史褒。　　　　　　　　　　　73EJF2:46B

地黄七分,Ⅰⅰ黄芩[6]六分,Ⅰⅱ……Ⅰⅲ术☐分,Ⅱⅰ人參六分,Ⅱⅱ乾薑[7]四分,　☑Ⅲⅰ石䇲(穿)[8]三[9]分。Ⅲⅱ·凡十物,白密(蜜)[10]一升,槀脂[11]一升。　☑Ⅳ　　　　　　73EJF2:47A

……☑ⅰ……九日四……☑ⅱ　　　　　73EJF2:47B

下廣里齊從,年卅七。　　　　　　　　　　　　　　73EJF2:48

（此簡原整理者與 F2:9 簡綴合）　　　　　　　　73EJF2:49

【校釋】

[1]二:姚磊(《合校》2021P460)以爲釋字無法確定。

[2]鴻:原釋作"福",從姚磊(《合校》2021P460)改釋。

[3]胡永鵬(2017P575)將此簡歸爲新莽時期,並補釋"十"。

[4]隆:原釋作"隆",此字原簡從"阝"從"逢",今據原圖版改。隆,當爲"隆"之俗訛。

[5]姚磊(《合校》2021P461)釋文將"正月二月食"删去,並補"丿"。

[6]芩:原釋作"葵",從方勇、張越(2017.1)、丁媛(2018P1-15)改釋。

[7]薑:原未釋,方勇、張越(2017.1)疑是"柒"或"漆"。按:此字原簡墨跡較淡,疑是從"艹"之字,暫擬釋作"薑"。

[8]窑:原未釋。原簡墨跡較模糊,大致可辨從"穴"從"耳"。"窑"同"穿"。但"石穿"作藥名未見,存疑待考。

[9]三:方勇、張越(2017.1)説此字當釋作"二"。

[10]白密:密,原未釋,從張雷(2018P417)、丁媛(2018P1-15)補釋。白蜜是較爲常見的藥物輔料。

[11]橐脂:丁媛(2018P1-15)疑爲駱駝脂。

肩水金關 F3:1-636

……毋苟留,如律令,敢言之。ⅰ三月辛酉,騎司馬兼領居延令事,守丞敢寫移,如律令。　　／掾譚、守令史鳳。ⅱ　　　　73EJF3:1

☑【始】建國二年十一月癸亥,軍中守司馬城倉丞立移過所,遣令史杜意爲重ⅰ☑張掖、酒泉郡中,當舍傳舍,從者如律令。　　掾商、佐陽。ⅱ　　　　　　　　　　　　　73EJF3:2+169[1]

【校釋】

[1]此簡由姚磊綴合,見姚磊(2021P339)。

右前騎士閬[1]都里任憲。　　卩　左前騎士陽里張嚴。　　卩　中營
右騎士中宿里鄭戎。　　卩 i　　　　　　　　　　　73EJF3：3

右前騎士閬都里趙嚴。卩　左前騎士通澤里李嚴。卩　中營右騎士
安樂里范良。卩 i　　　　　　　　　　　　　　　73EJF3：11+4

右前騎士仁里李恭　　☑　　　　　　　　　　　73EJF3：5

右前騎士鳴沙里尚詡。　　卩　左前☑　　　　　73EJF3：6

右前騎士中宿里華賞。卩　左前騎士當遂里蕭仁。卩　中營左騎
士廣郡里孫長。i　　　　　　　　　　　　　　73EJF3：7+360

☑□宋章。　　卩　中營右騎士富里李立。卩　　73EJF3：8

右前騎士富里鳳當。　　☑　　　　　　　　　　73EJF3：9

右前騎士仁里楊意。　卩　左前騎士廣都里馮恭。　卩　中營右
騎士遮虜里戴林。　卩 i　　　　　　　　　　　73EJF3：273+10

（此簡原整理者與 F3：4 簡綴合）　　　　　　　73EJF3：11

右前騎士仁☑　　　　　　　　　　　　　　　73EJF3：12

右前騎士安國里☑　　　　　　　　　　　　　73EJF3：13

右前騎士鳴☑　　　　　　　　　　　　　　　73EJF3：14A

□□□。　　　　　　　　　　　　　　　　　73EJF3：14B

中營左騎士富里宋多。　　☑　　☑　　　　　　73EJF3：15

中營右騎士安樂里□☑　　　　　　　　　　　73EJF3：16

☑中營右騎士平明里張宗。　　☑　　　　　　73EJF3：17

☑永。卩　左前騎士孤山里郭賀。中營右騎士安國里孫政。　　卩
　　　　　　　　　　　　　　　　　　　　73EJF3：281+18

☑左前騎士累山里蘇慶（簡面塗紅色）　　　　73EJF3：19

右前騎士安國里史永 丿　　☑　　　　　　　　73EJF3：20

右前騎士累中宿里□□[2]。　　左前騎士□☑（"中宿"二字爲二次
書）　　　　　　　　　　　　　　　　　　　73EJF3：30+21

☑里韓宮。　　卩　　　　　　　　　　　　　73EJF3：22

中營右騎士中宿里鄭戎。　　・　　☑　　　　　　　　73EJF3:23[3]

右前騎士萬歲里衣戎。　　左前騎士廣都里任當。　　卩☑　　73EJF3:24

右前騎士中宿里孫賞。　　卩　　左前騎士累山里亓[4]黨。　　卩　中

營左騎士鳴沙里。☑[5] i　　　　　　　　　　73EJF3:25+543

右前騎士三十井里趙詡。　　卩☑　　　　　　　73EJF3:26

右前騎士中宿里單崇。卩 左前騎士廣☑　　　　　73EJF3:27

右前騎士富里周護。　　　左前騎士陽里顧(顏)[6]立。　　　卩 中營

左騎士累山里☑ i　　　　　　　　　　　　73EJF3:28

☑左前騎士三泉里張建。　　卩 中營右騎☑　　　73EJF3:29

(此簡原整理者與 F3:21 簡綴合)　　　　　　73EJF3:30

☑騎士肩水里馮陽。　　卩　☑　　　　　　　73EJF3:31

□騎士陽里張嚴。　　卩　☑　　　　　　　73EJF3:32

右前騎士閱都里李誼。卩 左前騎士陽里張豐。卩 中營左騎士安樂

里李豐。　　　卩(染有紅色) i　　　　　73EJF3:415+33

☑【中營】[7]左騎士昌里徐☑　　　　　　　73EJF3:34

右前騎士閱都里李誼,毋馬,十二月壬戌北出。☑　　73EJF3:47

右前騎士中宿里刑戎。　　卩　　左前騎士誠勢里馬護。　　卩 中營左

騎士富里宋多。　　　卩 i　　　　　　　73EJF3:96

右前騎士雜[8]里刑禁。　　卩　　左前騎士安國里朱輔。卩　　中營左

騎士千秋里孫章。　　　丿 i(千秋、孫章後書)　　73EJF3:97

右前騎士延年里楊放。　　卩　　左前騎士累山里許良。　　卩　中營

左騎士金城里左陽。　　　卩 i　　　　　　73EJF3:98

左前騎士陽里鄭馮。　　　丿　　　　　　　73EJF3:99

中營左騎士白石里焦[9]博。　　　　　　　　73EJF3:100

☑孤[10]山里張護。　　　　　　　　　　73EJF3:102

左前騎士陽里張放。　　　　　　　　　　73EJF3:148

中營右騎士富里趙騰。　　　　　　　　　73EJF3:151

☑富里韓宮。　　　　　　　　　　　　　　　　　73EJF3:230

右前騎士中宿里單崇。·☑　　　　　　　　　　　73EJF3:241

☑士中宿里鄭忠。　·　　　　☑　　　　　　　　73EJF3:248

☑卩　左前騎士累山里祝隆。　　　卩　☑　　　　73EJF3:280

中營左騎士金城里左陽。　　　　　　　　　　　　73EJF3:351

右前騎士中宿里刑戎。　·　☑　　　　　　73EJF3:358[11]

右前騎士雜[12]里孫長。　　左前騎士累山里樊戎。卩　中營左騎士

白石里焦[13]博。卩i　　　　　　　　　　　　　　73EJF3:359

右前騎士全稽里郭隆〈隆〉[14]。　左前騎士白石里鄭立。　　卩　中

營右騎士龍起里孫房。卩i　　　　　　　　　　　73EJF3:361

右前騎士全稽里成功恭。卩　左前騎士安國里孫赦。卩　中營左

騎士陽里☐☐☐i　　　　　　　　　　　　　　　73EJF3:362

右前騎士中宿里召永。·　☑　　　　　　　　　　73EJF3:363

右前騎士富里周並。　　卩　左前騎士累山里蕭霸。　卩　中營右

騎士安樂里房陽。卩i　　　　　　　　　　73EJF3:416+364

☑　左前騎士孤山里張護☐[15]。卩　中營右騎士☐☐里朱嘉。

卩i　　　　　　　　　　　　　　　　　　　　　73EJF3:365

右前騎士長樂里莊成。　卩　左前騎士陽里張崇。　卩　中營右

騎士富里任並。　☑i　　　　　　　　　　　　　73EJF3:366

左前騎士孤山里郭賀。　　☑　　　　　　　　　　73EJF3:367

左前騎士陽里張豐。　　　　　　　　　　　　　　73EJF3:385

☑前騎士三泉里張建,閏月晦北出。　　☑　　　　73EJF3:387

中營右騎士富里任並。　　　　　　　　　　　　　73EJF3:398

右前騎士中宿里鄭彭。　　　☐☐　　　　　　　　73EJF3:399

右前騎士中宿里韓襃。　　　　　　　　　　　　　73EJF3:406

右前騎士中宿里蘇永。　卩　左前騎士通澤里張宗。☑73EJF3:413

右前騎士中宿里徐嚴。　卩　左前騎士富里韓慶☑　73EJF3:414

中營右騎士富里李☑　　　　　　　　　　　　　73EJF3：506

☑□士富^[16]里鳳則。　　☑　　　　　　　　　73EJF3：531

右前騎士富^[17]里周並。　　☑　　　　　　　　73EJF3：554

☑左^[18]騎士肩水里刑並。　　卩　　　　　　　　73EJF3：556

中營左騎士鳴沙里尚尊☑　　　　　　　　　　　73EJF3：586

・冣^[19]凡士百廿人，馬百卅二匹。　　其十二匹萃馬。　73EJF3：91

☑□年十一月癸亥朔^[20]　　壬辰，居延守宰城倉守宰　詡、守丞習移肩

水金關，i☑遣騎士史永等百［百］^[21]二十人，　　以詔書持兵馬之西

或(域)，卒馬^[22]十二匹，名如牒，書到，出入如律令。ii 73EJF3：184A

☑居延丞印。

☑月三日入。　　兼掾永、守令史黨。　　　　73EJF3：184B^[23]

【校釋】

[1]闕：原釋作"關"，原簡作 𨳿，字形不合，今改。

[2]里□□：原釋作"北鄉□"，從姚磊(《合校》2021P462)改釋。

[3]此簡内容與 F3：3 相同。

[4]兀：原釋作"卞"，原簡作 ，今改釋。張再興、黃艷萍(2017P72-

77)已指出此字釋字問題。

[5]此簡原整理者未標示殘斷號，但是根據簡長和内容可知此簡下部

殘斷，今補殘斷號。

[6]顏：原釋作"顧"，原簡作 顏，從徐佳文(2017.2.27)、雷海龍(《合

校》2021P462)改釋。按：此字從"產"從"頁"，馬王堆帛書《老子》甲本中

"顏"即如此。

[7]中營：原缺失，從趙爾陽(2018P328-356)補。

[8]雜：原釋作"襍"，今據原圖版改。

[9]焦：原釋作"侯"，從姚磊(《合校》2021P464)改釋。

[10]孤：原釋作"累"，從姚磊(《合校》2021P464)改釋。

[11]此簡内容又見 F3：96。

[12]雜：原釋作"襍"，今據原簡圖改。

　　〔13〕焦：原釋作"侯"，從姚磊(《合校》2021P464)改釋。

　　〔14〕隆：原釋作"隆"，此字原簡從"阝"從"逢"，今據原圖版改。

　　〔15〕此未釋字姚磊(《合校》2021P477)參照 F3：102 簡删除。

　　〔16〕富：原釋作"曹"，姚磊(《合校》2021P483)改釋。按：此字原簡右殘，按照同册文例似當作"富"，但不排除字形誤寫作"曹"，存疑。

　　〔17〕富：原釋作"富田"，從雷海龍(2017P87-93)改釋。

　　〔18〕左：原釋作"前"，此殘簡爲下部，按照同册内容格式不當有"前"，只能是"左"、"右"，今據内容和原簡墨跡改。

　　〔19〕冣：王錦城(2019P1713)釋作"宼"。此字上有一墨點，當爲起首符號，不能視爲筆畫。

　　〔20〕許名瑲(2018P327-354)認爲此簡屬建武二十二年，胡永鵬(2017P339)認爲屬始建國二年。

　　〔21〕此"百"當爲原抄寫者誤衍。

　　〔22〕卒馬：趙爾陽(2018P328-356)：備用馬或副馬。

　　〔23〕從簡 F3：3 至 F3：184 共六十七枚，暫擬名騎士名籍。胡永鵬(2017P575-578)將此名籍諸簡歸爲新莽時期。此名籍，趙爾陽(2018P328-356)、郭偉濤(2019P279-301)皆作過詳細討論。郭偉濤(2019P279-301)將此名籍分成兩類。爲了方便查閱對讀，除了末尾兩簡外，暫依據簡號順序匯集。

寒虜隧卒河東聞憙邑樓里樂欣，年三十三。　　　　　　73EJF3：35 [1]

郭卒趙詡，　迎粟橐他，　十二月十二日出。　☑73EJF3：36+503 [2]

占所乘用騮駚牡馬一匹，齒七歲。　　☑　　　　　　73EJF3：37

(此簡已與 73EJF3：546 綴合)　　　　　　　　　　73EJF3：38

始建國天鳳元年十二月已巳朔壬午，☑

移肩水金關，遣吏奏檄詣府，官除如牒，書到☑　　　73EJF3：39A

張掖橐他候印。

　　　　　　　　嗇夫詡發。　　☑☑☑

十二月甲申來。　　　　　　　　　　　　73EJF3:39B

出入如律令。　　　　　　　　　　　　　73EJF3:40A

閏月十二日騎^[3]一人南關□入。　　　　73EJF3:40B

☑☑☑封Ⅰ^[4]☑二張掖騎司馬行大守事,詣居延都尉。Ⅱᵢ□合檄氏池丞印,詣居延府。Ⅱᵢᵢ☑二張掖肩水都尉,詣橐他官。Ⅱᵢᵢᵢ☑一□□長印,詣橐他官。Ⅱᵢᵥ三年正月甲午起,閏月己酉起。一旁封^[5]。Ⅲᵢ君門下。Ⅲᵢᵢ·一封破,蒲繩解隨。Ⅲᵢᵢᵢ·居耶(攝)三年閏月庚申日食時,Ⅳᵢ驛北亭卒卒^[6]賀受沙頭卒同。Ⅳᵢᵢ

　　　　　　　　　　　　73EJF3:41A+77A^[7]

　　　□封居延都尉,肩水都尉章。正月丁未平旦受沙頭卒。☑書五封。

　　　　二封廣地,肩水章。北檄二,詣廣地,肩水都尉章。☑

　　　　　　　　　　73EJF3:41B+77B

【校釋】

[1]胡永鵬(2017P579)將此簡歸爲新莽時期。

[2]此簡由姚磊綴合,見姚磊(2021P340)。

[3]騎:原簡圖作 ,右側字形略訛。

[4]此欄原簡只有兩字墨跡,而且完全看不到"封"字結構,可能是原整理者據正面內容擬定的釋文。

[5]旁封:《集成》(八 P130):因前封破,後人又在其旁再封,故稱旁封。

[6]綴合者指出原簡此字上畫了個圈,當是寫重後塗抹以示刪除的符號,可從。

[7]此簡由姚磊綴合。"居耶(攝)三年閏月庚申",原釋作"居□□□閏月甲申",從綴合者改釋,見姚磊(2021P341)。

　　合檄一,封破,詣居延都尉,張掖^[1]　　二月己未人定時受沙頭亭……

　　　　大守章。　　　　……　　　　　　　　　　73EJF3∶42

居聑(攝)三年三月戊申朔辛酉,守令史鳳敢言之∶□

當得以令取傳,名、縣、爵、里、年、姓如牒,謁移過　　　73EJF3∶43

始建國天鳳元年十二月□ᵢ戍卒市藥右平郡□ᵢᵢ　　73EJF3∶44 [2]

建平元年十一月癸卯□□□ᵢ……□ᵢᵢ　　　　　　　73EJF3∶45

俱之夷胡隧下田中秄(耕) [3] 牧牛,莫(暮)宿墺□　　73EJF3∶46

(此簡已編聯至騎士名籍 F3∶34 簡後)　　　　　　　73EJF3∶47

南陽郡杜衍亭長垣黨,年卅五。Ⅰ軺車一乘。Ⅱᵢ用馬一匹,騮牝,

齒七歲,高六尺二寸。Ⅱᵢᵢ六月庚子出。Ⅲ　　　73EJF3∶48+532+485

　　　　　　　　　　大車一兩,

鵜得萬歲里公乘泠臨,年卅一。

　　　　　　　　　　用牛二,黑,齒十歲。　73EJF3∶49+581

後候長昌、西部候長丹敢言之,廷檄曰∶府移　　　酒泉 [4] □

　　　　　　　　　　　　　　　　　　　　73EJF3∶50+533

□□候誠毋所得穀,毋泉(錢),戒長 [5] 送　　　　　73EJF3∶51

【校釋】

[1]掖∶原未釋,此字原簡墨跡較淡,但尚能辨識從“扌”,今據常見辭例與字形補。

[2]馬智全(2018P87-95)指出,據簡文語意,很可能是“爲戍卒市藥右平郡”,則也是邊塞購買藥物的情況。右平郡,應爲新莽時對酒泉郡的稱謂,因此,此簡反映了新莽時戍卒到酒泉市藥的情況。

[3]秄∶原釋作“耕”,原簡左從“禾”,“秄”與“耕”異體。

[4]“酒泉”淡墨書寫,與同簡其他字墨色有別,且書寫也有差異。

[5]戒長∶人名。按∶金關簡中草率的“戍”亦有與“戒”同形者,故此字不排除作“戍”的可能。

欽[1]、卒韓長宿隧中,樂辤(辭)[2]十一日與安農隊長馮承

73EJF3:52+504[3]

付受日時椑蓋[4]各如牒,其三牒不□□☑　　　73EJF3:53

城倉受稟或多或少,肩水未推校[5],候不能曉知,戎[6]遣令史章持簿

73EJF3:54+512[7]

橐他守塞尉枚常,　追還　☑　　　　73EJF3:55

【校釋】

[1]欽:人名。

[2]辤:原釋作"城",原簡作丿,同類的"辤"西北簡中多見,參見居新 T59.651、居146.17、居新 T5.5。樂辤,人名。

[3]此簡由姚磊綴合,見姚磊(2021P342)。

[4]此字原逕釋作"蓋",原簡作丿,字形與"蓋"不完全相合。整理者當是將"椑蓋"作"椑榼"解,存疑。

[5]推校:推求考校。《後漢書》:"四年,司、冀復有大水。雄推較災異,以爲下人有逆上之徵。"

[6]戎:人名。按:金關簡中草率的"戍"亦有寫作"戎"形,故不無作"戍"的可能。

[7]此簡由姚磊綴合,見姚磊(2021P343)。

明府財(裁)[1]哀省察。　叩頭。死☑　　　73EJF3:56

就人扶安國圉李里黃晏,年卅五。　用牛三。丿　爲人小短,黃白色,毋須。　☑i　　　73EJF3:57A[2]

四月甲寅復致[3]入。　☑　　　73EJF3:57B

■右二人屬肩水要虜隧。　☑　　　73EJF3:58

☑車牛一兩。　☑　　　73EJF3:59

☑自言幸得以赦令除,用卷(券)約責(債)[4]普=(普,普)服負[5]不得除。　　　73EJF3:60+283[6]

【校釋】

[1]財:通"裁",裁度。《淮南子·主術》:"取民則不裁其力。"高誘注:"裁,度也。"

[2]黄浩波(2017P113-165)將此簡歸在王莽時期,以爲"扶安國"是郡國名,"圉"是縣名,"李里"是里名。

[3]復致:丁義娟(2019P103):指使用"故致",表示已經過關一次,返回時再次依照該文書通過關卡。

[4]用卷約責:"卷"通"券",T35:2中"出入關傳副卷(券)"即爲其例。"責"通"債"。用卷約責就是以券書約定債務。

[5]服負:承認或承擔債務。C:295:"猥言霸服負弩錢二百,非服居錢七十。"

[6]此簡由姚磊綴合,見姚磊(2021P344)。

☑☑陰里男子左音,年六十二,刀☑	
字子侯。☑	73EJF3:61
☑絮一斤。	73EJF3:62
肩水金關	73EJF3:63
寫傳至北部行者走。☑　☑(檢)	73EJF3:64
鰈得定國里楊☑☑	
功曹史宋敞葆　　子小男小子☑☑	
同縣成☑☑	73EJF3:65
(此簡已與T7:147簡綴合)	73EJF3:66+381
未能視事。叩頭。死罪。敢言之。	73EJF3:67
發財物若留難[1]☑	73EJF3:68 [2]
教告關嗇☑	73EJF3:69
☑……	73EJF3:72+70
詣門下☑☑	73EJF3:71
(此簡原整理者與F3:70簡綴合)	73EJF3:72

☑☑得捕☑	73EJF3:73
☑☑用☑☑☑	73EJF3:74
多☑發財物☑☑	73EJF3:75
始建國三年三月庚申朔乙亥,居延宰[3]明、丞良移☑	
禄(逯)監[4]武威郡中,當舍傳舍,從者如律☑	73EJF3:76A+448A
居延宰之印。　☑	73EJF3:76B+448B
(此簡已與 F3:41 簡綴合)	73EJF3:77
(此簡已與 F3:483 簡綴合)	73EJF3:78+623
始建國三年六月己未……居延倉守宰喜敢言之:府	
	73EJF3:79+509+510A [5]
☑　掾累、史宏。	73EJF3:510B
(此簡原整理者與 F3:81 簡綴合)	73EJF3:80
☑蓬(烽)火品。田官民塢辟舉薠,和[6],毋爇薪　　☑	
☑鄣塢辟田官舉薠,爇三積薪,和,皆各如其部薠火品☑	
☑葆部界中民田官畜牧者,見赤幡,各便走近所亭鄣塢辟。葆☑	
☑馬馳以急疾爲故[7]　　　☑	73EJF3:81+80
☑☑☑☑☑ᵢ☑☑佐肥☑ᵢᵢ	73EJF3:82A
□亭長誼☑	73EJF3:82B

【校釋】

[1]留難:扣留詰難。

[2]此簡疑與 F3:297、F3:75 有關係。

[3]宰:《漢書·王莽傳》載始建國元年:"縣令長曰宰。"居延宰即居延縣令。

[4]禄監:"禄"通"逯"。《方言》卷十二:"逯,行也。"監,監臨,視察。禄監,或同巡行視察之義。

[5]此簡由姚磊綴合,詳見姚磊(2021P345)。

[6]和:指"和以蓬苣火"。

[7]以急疾爲故:冨谷至(2013P153):是"將快速傳達信息作爲職責"

的意思。

出麥九斛， 稟禽寇隧卒莊武三月三月五月食。 73EJF3∶83

出粟三斛， 稟獲胡隧卒張恩八月食。 73EJF3∶84

出糒一斛五斗，已 稟第六卒李褒三月食。 官 73EJF3∶85

出麥二石，稟如意隧長淳于賞七月食。 〢 73EJF3∶86

出粟三斛，〢 〢 稟辟之隧長華豐十二月食。十二月五日自取。

73EJF3∶87

出粟三斛三斗三升少， 稟要害隧卒孟崇八月食。 八月一日自

取。 麥十。〢 73EJF3∶88[1]

【校釋】

[1]以上 F3∶83 至 F3∶88，胡永鵬（2017P579）皆歸爲新莽時期。

牛車一兩，

要害隧長張順保， 妻請，年卅五。

用牛三頭。 73EJF3∶89

■右驛馬二匹， 用穀十麥斛三斗， 爲大石十石三斗三升。

73EJF3∶90[1]

（此簡已編聯至騎士名籍末尾 F3∶184 簡之前） 73EJF3∶91

■凡入泉（錢）三千三百三十八。Ⅰ入中舍[2]泉（錢）三百。三月甲

辰置吏並受中舍。Ⅱⅰ其二千八百麥十中舍泉（錢）當 償。Ⅱⅱ

73EJF3∶92[3]

居延尉史杜敞， 七月壬辰北嗇夫欽出。 73EJF3∶93

出米五斗三升， 五月己酉給食宣辨軍宣司馬[4]、司馬郭長、司馬王

闌、李候、庌（斥）候五人積十八人。ⅰ 73EJF3∶94[5]

並山隧長毛詡葆， 作者觻得廣穿里公乘 莊循，年卅。

73EJF3∶95+342[6]

(此簡已編聯至 F3:3 後騎士名籍 F3:47 簡後)　　　73EJF3:96-100

(此簡已編聯至 F3:107、F3:459 之後)　　　73EJF3:101

(此簡已編聯至 F3:3 後騎士名籍末尾 F3:100 簡後)　　73EJF3:102

君名ᵢ 始建國□ᵢᵢ　　　　　　　　　　　　73EJF3:103

【校釋】

[1]胡永鵬(2017P579)將此簡歸爲新莽時期。

[2]中舍:《匯釋》(2008P33)指候官中舍。

[3]胡永鵬(2017P579)將此簡歸爲新莽時期。

[4]宣辨軍宣司馬:傳世文獻無載。《逸周書》:"師曠告善。又稱曰:'宣辨名命,異姓惡方。王、侯、君、公何以爲尊?何以爲上?'"此處的"宣辨"是清楚分辨之義。王莽喜附會經義命名,此處的"宣辨軍"大概源於此。宣司馬當爲宣辨軍之司馬。

[5]胡永鵬(2017P579)將此簡歸爲新莽時期。

[6]此簡由謝明宏(2022.3.2)綴合。

始建國三〈二〉[1]月辛酉朔辛未,列人[2]守丞　別送治簿[3]卒張液(掖)[4]居延,移□[5]₌南代[6]卒ᵢ(竹簡)　　73EJF3:104

【校釋】

[1]許名瑲(2018P327-354)指出此處"三"當爲書手重寫"二"字所致,T7:26 見"二月辛酉朔"可證。其説可從。

[2]列人:廣平國屬縣。《漢書·地理志下》:"列人,莽曰列治。"

[3]治簿:《匯釋》(2008P153):作簿席。

[4]液:原徑釋作"掖",原簡作Ϸ,今據原簡字形改。

[5]未釋字原簡圖作Ϸ,左從"米"。

[6]南代:疑是隧名。

☐一頭。　五月丙午食尹府[1]守庫丞豐一人三食。　　73EJF3:105

出魚三頭。　　五月辛巳食奮怒□□王普、掌簿[2]□訢二人再食。☑

　　　　　　　　　　　　　　　　　　　　　73EJF3:146

出魚三頭。五月丙申食奮怒司馬駱裦官屬三人=(人,人)壹食。☑

　　　　　　　　　　　　　　　　　　　　　73EJF3:147

出魚十頭。　　五月甲辰食奮怒司馬傅梁官屬八人=(人,人)再食。

　　　　　　　　　　　　　　　　73EJF3:355[3]

【校釋】

　[1]尹府:《漢書·王莽傳》載始建國元年"改郡太守曰大尹"。尹府應指大尹府。

　[2]掌簿:金關簡"主官"又稱"掌官",此處的"掌簿"當指的是"主簿",即掌管文書簿籍事之官。

　[3]以上四枚簡由姚磊(2018P357-366)編聯,四簡形制、字體筆跡一致,内容關聯,當原屬同一簡册。胡永鵬(2017P579-581)歸爲新莽時期。

入居延轉車一兩,粟大石二十五石。　始建國二年十[1]月丁未,肩水掌官[2]士吏惲受,觜家廣都里社惲,就人平明里□☑i　73EJF3:106

入居延轉車一丙〈兩〉[3],粟大石二十五石。　始建國二年十月丁未,肩水掌官士☑i　　　　　　　　　　73EJF3:405

入居延轉車一兩,粟[4]大石二十五石。　始建國二年十[5]月丁未,肩水掌官士吏惲受□□i　　　　73EJT21:145+F3:463[6]

【入居延轉車一】[7]兩,粟大石二十五石。　始建國二年十月戊申,肩水掌官士吏惲受,適吏[8]李忠,就人居延市陽里席便。i　73EJF3:107

入居延轉車一兩,粟大石二十五[9]石。始建國二年十月戊申,肩水☑

　　　　　　　　　　　　　　　　　　　　　73EJF3:459

☑□粟大石二十五石。　始建國二年十月甲寅[10],肩水掌官士吏惲受,觜家居延萬歲里衣戎,就人西道里王竟。i　73EJF3:101

入居延轉車一兩,粟☑　　　　　　　　　73EJF3:474

☑　□戴順就人敬老里毛☑　　　　　　　73EJF3:537

入居延轉車一兩,粟大⊠　　　　　　　　　　　　73EJF3:553

⊠入居延轉車一兩,粟大石二十五石。始建國二年十月甲寅,肩水
掌官士吏懼受,貰家【居】延累山里趙彭,就人角(鱳)得博庠里王成
⊠　　　　　　　　　　　　　73EJF3:192+558[11]

【校釋】

[1]十:原簡作横長豎短字形,知此時不以豎畫長短區分。

[2]掌官:即主官,諸屬吏中爲首者,主持日常例行公務,掾、令史皆可
稱主官,詳見 T31:97A“主官”注。

[3]丙:原簡圖作兩,當爲“兩”之訛。

[4]粟:原釋作“糜”,今據 F3:107、F3:405 等簡文和字形改。

[5]十:此字原簡圖作十。西北簡中“七”横長豎短,“十”豎長横短,
所以按照字形這是“七”。不過王莽時“七”皆作“桼”。查《廿史朔閏表》
知始建國二年七月是乙丑朔,當月並無“丁未”日。始建國二年十月是壬
辰朔,當月有“丁未”日,所以此簡説明王莽時“七”、“十”不再以豎畫長短
來區别。

[6]此簡由雷海龍綴合,見雷海龍(2017P87-93)。

[7]此簡上殘,殘缺内容據 F3:106 簡文補。

[8]適吏:王國維、羅振玉(2013P69):適卒者,謫戍之卒。據此,“適
吏”則爲謫戍之吏。謫,因罪被降職或被流放。

[9]五:徐佳文(2017.2.27)釋作“六”,不可從。

[10]《朔閏表》此月壬辰朔。

[11]據同簡册 F3:101 等相類内容,並查看 F3:192 與 F3:558 兩簡長
度、顔色等信息,推知 F3:192 與 F3:558 兩簡可遥綴,斷折處缺失“居”字。
F3:192 中的“受貰家”三字原未釋,今據存見墨跡和綴合後文義補釋。以
上從 F3:106 至 F3:192 簡(原放在 F3:474 之前)據姚磊(2020P109-122)
編聯,F3:474 至 F3:558 據王錦城(2019P1716)編聯。以上包括綴合簡在
内共十二枚簡,姚磊、王錦城已指出可編聯爲同一簡册,王錦城稱之爲“轉
車入關名籍”或“轉車名籍”。

出麥二石，　稟臨渠隊長張放七月食。　☑　　　　73EJF3:108 [1]

☑張掖城司馬印。　葆從者龍起里趙彭，年二十。　十月二十五

日，南嗇夫昌内。　☑ⅰ　　　　　　　　　73EJF3:109 [2]

入粟秫石三斗二升，○丿　受獲胡隧長尹崩積一月二十三日還入

禄[3]。☑ⅰ　　　　　　　　　　　　　73EJF3:110 [4]

始建國二年七月乙丑，脩都宰丞豐移過所☑　　　73EJF3:111

☑□亭，今候長、亭隊長皆不居治所，毋吏卒，橐他莫當隧候長

　　　　　　　　　　　　　　　　73EJF3:112

入茭三百秝十束。　始建國天鳳六年正月壬申，掾習受右後候長田

宏。ⅰ　　　　　　　　　　　　　　73EJF3:113

居耴(攝)三年二月戊寅朔癸卯，杜衍守丞莊移過所，遣亭長垣黨爲

郡送絳張掖居ⅰ延都尉府，當舍傳舍，從者如律令。　　　/掾並、

守令史奮。ⅱ　　　　　　　73EJF3:114+202+168

始建國三年八月癸丑朔辛未，將屯裨將軍張掖延城[5]大尉元、丞音

遣守史趙彭市ⅰ……ⅱ　　　　　　　73EJF3:115

【校釋】

[1]胡永鵬(2017P579)將此簡歸爲新莽時期。

[2]胡永鵬(2017P580)將此簡歸爲新莽時期。

[3]還入禄:可能指當償還的糧食或已領口糧中當收回的部分。又見

於F3:116A"受物故吏還入禄"。

[4]胡永鵬(2017P580)將此簡歸爲新莽時期。

[5]延城:黄東洋、鄔文玲(2013P114-135):新莽年間對作爲軍事系統

的居延部則有二度改名:初年沿用漢制居延部舊名;到始建國三年、四年改

稱延城部;天鳳、地皇年間改稱居成部;居成部至少在地皇三年劃歸輔平郡

即西漢酒泉郡管轄;該部雖然經過多次改名，但其與甲渠(甲溝)候官的轄

屬關係始終未變。

☑【始】[1]建國六年二月甲戌朔庚寅，肩水城尉畢移肩水金關、居延

三十井縣索關，ᵢ吏所葆□□□□□名、縣、爵、里、年、姓如牒，書到……ᵢᵢ 　73EJF3:116A+208A[2]

□□□斛六斗。[3]

……受物故吏還入禄三十九斛六升[4]大。　張欽五斛六斗。

史宏五斛六斗。

許成五斛六斗。

73EJF3:116B+208B

始建國元年二月癸卯朔乙巳，橐他守候孝移肩水金關、居延卅井縣索關，吏所葆家ᵢ屬私使，名、縣、爵、里、年始〈如〉[5]牒，書到，出入盡十二月。　令史順。ᵢᵢ　73EJF3:117A

張掖橐他候印。　73EJF3:117B[6]

【校釋】

[1]始：原缺釋，從許名瑲(2018P327-354)補釋。

[2]此簡由尉侯凱綴合，詳見尉侯凱(2017P348-359)。

[3]此行釋文原作"……斛□斗"，從綴合者改。

[4]此簡中的"升"與同簡的"斗"寫法基本一致，而且上欄總斗數是39斗零6升，下欄可見三個"五斛六斗"，剩下一人的數字應該相同，那麼四個"五斛六斗"的總斗數是224斗，簡文下欄所記數字和，與上欄的總數差距非常大，故此簡的升、斗釋字或有一誤，而且還應該有缺失内容。

[5]始：韓鵬飛(2019P1711)已説明此爲"如"之訛誤。今從其説。

[6]藤田勝久(2018P223-244)：始建國元年橐他候官送至肩水金關、居延卅井縣索關等地的"出入"通行證。其内容還附加了吏所豢養的人員名籍。

始建國元年六月壬申朔己[1]未，居延居令守丞左尉普[2]移過所津關，遣守尉史東郭ᵢ護迎船[3]牒得，當舍傳舍，從者如律令。　掾義、令史商、佐立。ᵢᵢ　73EJF3:118A

居延左尉印。ᵢ六月八日白發。ᵢᵢ　73EJF3:118B

新始建國天鳳上戊六年十二月庚子朔辛丑,都鄉嗇夫岑敢言之:錯
田[4]敦德常安里男子孫康ⅰ詣鄉,自言爲家私使之輔平[5]……過所
河津關,毋苛留,敢言之。ⅱ   73EJF3:119A[6]

……必必方(習字)   73EJF3:119B

【校釋】

[1]己:原徑釋作“乙”,原簡作 ,今據原簡字形改。按:壬申朔,則
此月無“己未”。許名瑲(2018P327-354)根據 T24:22、F3:125A 推算該年
六月並非壬申朔,當爲辛丑朔。若辛丑朔,當月更不可能出現“乙未”。

[2]居令:居延令之省。這裏的“居令守尉丞左尉普”與 C:448A+446A
中“居延令彊、守丞普”的“守丞普”可能是同一人。

[3]船:原釋作“舩”,從王錦城(2019P2088)改釋。

[4]錯田:郭偉濤(2017P229-259)認爲可能與“閒田”有關。肖從禮
認爲是買賣田地,詳見 F1:30+28 注釋。

[5]輔平:原缺釋,從肖從禮(2019P279-286)補釋。

[6]郭偉濤(2017P229-259)認爲此簡是私用傳的録副。

☑【始】[1]建國元年正月癸酉朔戊寅,橐他守候孝移肩水金關、居延
卅井縣索關,吏葆家屬私ⅰ☑縣、爵、里、年、姓如牒,書到,出入盡十
二月,如律令。ⅱ   73EJF3:120A

☑掖[2]橐他候印。

                        守尉史長☑

☑月[3]十日北嗇夫欽出。   73EJF3:120B

南陽郡氾鄉侯國[4]守尉周重,年卅六。Ⅰ 軺車一乘,Ⅱ ⅰ用馬馬一
匹,騮牝牝,齒八歲,高六尺二寸。Ⅱ ⅱ六月庚子出。Ⅲ

                                          73EJF3:290+121

☑令城騎千人   [5]、守丞城倉守丞義寫移卅井縣索

☑   /兼掾明、守令史宏。   73EJF3:122

始建國二年十一月癸亥朔　癸亥,廣地守候紀移肩水金關,吏詣☑

官除如牒,書到,出入　　　　　如律令。ᵢ　　73EJF3∶123A+561A [6]

廣地候印。　　　　☒

十一月四日入。　　　　置輿[7]商☒　　　　73EJF3∶123B+561B

【校釋】

[1]始∶據許名瑲(2018P327-354)補。

[2]掖∶原釋作"水",從郭偉濤(2017P245)擬補釋。按∶金關簡中同類
行文確實作"張掖橐他候印",但"肩水橐他候"辭例也不少見,不能完全確
定,暫存疑。

[3]月∶原未釋,從姚磊(《合校》2021P466)擬補釋。

[4]氾鄉侯國∶王錦城(2019P1719)∶南陽郡所屬侯國。《漢書·何武
傳》∶"武更爲大司空,封氾鄉侯,食邑千户。氾鄉在琅邪不其,哀帝初即
位,褒賞大臣,更以南陽犨之博望鄉爲氾鄉侯國,增邑千户。"

[5]此處原簡空出書寫人名位置,T24∶14亦見相同文例,作"居延守令
城騎千人　守丞城倉丞義",同樣空出書寫人名的空間。

[6]此簡由姚磊綴合,見姚磊(2021P346)。

[7]置輿∶原釋作"盡與",從郭偉濤(2019P279-301)改釋,郭文解釋
"置輿商"即設於廣地候官的置的駕車人名爲商。

爲齊[1]多謝吳季卿、梁佽卿、張君恩、王伯、駢北尹衡,☒ᵢ毋恙。叩₌
頭₌(叩頭叩頭)。幸₌甚₌(幸甚幸甚)。因白齊卿謝……☒ᵢᵢ

　　　　　　　　　　　　　　　　73EJF3∶124A

毋報,叩頭,強飯自愛,慎□□□□☒ᵢ有代,至今竟未可知,即當罷,
可知多☒ᵢᵢ　　　　　　　　73EJF3∶124B

始建國元年七月庚午朔丙申,廣地隧長鳳以私印兼行候文書事,ᵢ移
肩水金關,遣吏卒官除、名如牒,書到,出入如律令。ᵢᵢ 73EJF3∶125A

梁鳳私印。ᵢ七月廿八日,南。　令史宏。ᵢᵢ　　　73EJF3∶125B

(此簡已與F3∶294綴合)　　　　　73EJF3∶126

偉卿足下毋恙,叩頭,閒者起居毋[2]它,甚善,質[3]獨賜正臘[4]□☒ᵢ

□丞問起居燥濕。叩頭。偉卿強飯厚自愛,慎春氣☒ⅱ 73EJF3:127A
旦莫(暮)盡,真不久致,自愛,爲齊[5]數丞問甬君成起居,言歸☒ⅰ請
叩頭,因爲謝驛北尹衡[6]。叩=頭=(叩頭叩頭)。塞上誠毋它可道
者,☒ⅱ……☒ⅲ   73EJF3:127B

【校釋】

[1]這裏的"齊"應指信中的"齊卿","爲齊"是介賓結構,意思是代替
齊卿。後面所謝的對象中"驛北尹衡",與齊卿都出現在 F3:127 中,疑兩
封信致信者相同。

[2]毋:原釋作"無",今據原圖版改。

[3]質:原釋作"賢",從秦鳳鶴(2018P282-287)改釋。質爲發信人
名字。

[4]賜正臘:秦鳳鶴(2018P282-287):臘,即臘祭,臘賜或臘錢。漢代
對百官有賜臘的制度。

[5]爲齊:詳見 F3:124A 注釋。

[6]尹衡:人名,又見於 F3:124。

戍卒觻得壽貴里公乘徐放,年五十一。   丿 ☒   73EJF3:128
☒□從者   軺車一乘,☒
                    乘用馬一匹,騢□□□☒
☒□十一月壬辰出。   乘用馬一匹,□☒   73EJF3:129
勇士隧卒昭武長壽里大夫庚普,年二十八。Ⅰ普第(弟)當,年二十。
丿Ⅱ大車一兩,Ⅲⅰ用牛一頭。Ⅲⅱ   73EJF3:130[1]
                    子男張,年十三。
常安善居里大女汪就,年二十八。
                    子男元,年六。   73EJF3:131[2]
卷尉里公乘王憲,年五十五,字子莫[3]。Ⅰ丿   牛車一兩,用牛二
頭,黑犗,齒十歲。Ⅱ七月乙丑北嗇夫欽出。Ⅲ   73EJF3:132
常安善居里公乘汪尚,年三十八。   十月十_[4]日入。 73EJF3:133[5]

　　　　爲人小刑,黑色。　革車一乘,

居延尉史殷臨　　　　　　　　　　　八月己丑嗇夫欽出。

　　　　用馬一匹,騨(駥)馳(牝),[6]齒廿歲,高五尺八寸。

　　　　　　　　　　　　　　73EJF3:134+498+555

鑅得常樂里公乘丁□,年六丗[7]。Ⅰ子上造奴[8],年十五。Ⅱ ⅰ 大

車一兩[9]。Ⅱ ⅱ一黃犗,齒十歲。Ⅲ ⅰ一黑犗,齒十歲。Ⅲ ⅱ

　　　　　　　　　　　　　　73EJF3:135

鑅得新成里馮丹,年廿五。Ⅰ爲人中桊(壯)[10],毋須。方箱車一

乘,Ⅱ ⅰ鑅得丞印。/[11]用馬一匹,騮牝,高六尺二寸。Ⅱ ⅱ卩二月廿

九日北佐嘉出。Ⅲ　　　　　　　73EJF3:136+266

葆同縣長息里上造張惲,年卅,長七尺寸,黑色。　　73EJF3:137

　　　　　　小母[12]居延＝(延延)年里穌(蘇)[13]憲。

廣[14]土隧長孫黨。

　　　　　　子女及,年十三。　　73EJF3:138 [15]

傲人填戎[16]樂里下造[17]王尚,年三十三。丿Ⅰ作者同縣里下造杜

歆,年二十。丿Ⅱ大車一兩,丿Ⅲ ⅰ用牛二頭。丿Ⅲ ⅱ 卩 Ⅳ

　　　　　　　　　　　　73EJF3:139 [18]

　　　　　昭武安信里房君實,年三十五。丿

累山亭長富隆葆[19]。　　子女遠,年十二。丿　　　大車一兩,

　　　　　　　　　子女置,年三歲。丿　　　用牛二頭。

　　　　　　　　　　　　　　73EJF3:140 [20]

官大奴王則,年廿。　布二丈,　絮一斤。　　73EJF3:141

官大奴苟憲,年廿六。　布二丈,　絮一斤。　　73EJF3:142

北書一封張掖右大尉。Ⅰ詣後大尉府,三月甲辰起。Ⅱ三月辛亥日

蚤食時,莫當卒受騨北辛。Ⅲ ⅰ三月壬子日西中時,高顯隧卒同付守

林隧卒同。Ⅲ ⅱ界[21]中百三十里,書行十三時,中程。Ⅲ ⅲ

　　　　　　73EJF3:143+211+425 [22]

未使奴王陽，　用布一丈，　十月戊戌〈戌〉[23]付奴王便。　**73EJF3∶144**

高顯隧卒楊相。╯　亡。　　　　　　　　　　　　　　**73EJF3∶145**

（此簡内容已編聯至 F3∶105 後簡册中）　　　**73EJF3∶146、73EJF3∶147**

（此簡已編聯至騎士名籍 F3∶102 簡之後）　　　　**73EJF3∶148**

西海輕騎張湳[24]，　馬三匹驢一匹。　╯　　　　**73EJF3∶149**[25]

【校釋】

[1]胡永鵬（2017P580）將此簡歸爲新莽時期。

[2]胡永鵬（2017P580）將此簡歸爲新莽時期。

[3]莫：原釋作“真”，原簡作![真]。此字與“莫”寫法完全相同，比如肩貳 T23∶788B“莫欲得”的“莫”即是如此。漢簡中的“真”上部一般寫作“止”，比如肩貳 T21∶38A。不過，“真”、“莫”兩字在西北簡中字形十分接近，而且作爲人名，“子真”更常見，不排除這裏是“真”誤寫作了“莫”。

[4]此符號原釋文無，原簡書寫在“十”的右下角，雷海龍（《合校》2021P467）認爲是“一”，但原墨跡並不像文字，今作符號或墨點處理。

[5]胡永鵬（2017P580）將此簡歸爲新莽時期。

[6]驛馬比：驛，原逕作“𩢲”，今據原圖版改。驛馳，即驛牝。

[7]十：姚磊（《合校》2021P467）釋文作未釋處理。按：此字原簡左殘，今存疑。

[8]奴：原釋作“怒”，從雷海龍（2017P87–93）改釋。

[9]“大車一兩”原簡僅存右部較少墨跡，“大”原釋作“牛”，臨近的 F3∶130、F3∶139、F3∶140 皆有“大車一兩”，故推知此簡釋文也可能是“大車一兩”，今擬改。

[10]奘：原釋作“奘”，雷海龍（《合校》2021P468）已指出此字原簡下部從“犬”，此字在簡中通“壯”。今從改。

[11]此符號原釋作“一”，從雷海龍（《合校》2021P468）意見改釋作分割號。

[12]小母：孫聞博（2010P246–261）認爲“小母”與“小父”相對應，小父可能屬於從父範疇，小母是小父之妻。蘇俊林（2016P83）從孫説。按：

傳世文獻父之幼弟爲小父，又有仲父、季父之稱，皆表示父親的兄弟，今山西運城地區有將父親的哥哥稱大爸者，故大小父可能是對父親的兄弟排行之稱，小父是指父親最小的弟弟，小母當是小父之妻。

[13]穌：原釋作“解”，雷海龍（《合校》2021P468）釋作“甬”。按：此字原簡圖作**𥠌**，左從“禾”，右從“魚”，爲“穌”字的左右部件換位字形。“穌”爲“蘇”的異體字，此處用作姓氏。

[14]廣：原簡漏寫下部兩點。

[15]胡永鵬（2017P580）將此簡歸爲新莽時期。

[16]填戎：王錦城（2019P1723）：據《漢書·地理志》，新莽時期稱天水郡爲填戎，又天水郡街泉縣，莽曰填戎亭。該簡填戎似爲縣名，或指街泉縣。

[17]下造：漢代二十等爵中只有上造，沒有下造，但金關簡中數見“下造”，如 F3：536+424、F3：368、F3：354，也不能簡單説其爲“上造”之誤。

[18]胡永鵬（2017P580）將此簡歸爲新莽時期。

[19]葆：原簡圖作**葆**，與常見“葆”的寫法略有差異。

[20]胡永鵬（2017P580）將此簡歸爲新莽時期。

[21]界：原簡字形上部訛誤作“由”。

[22]胡永鵬（2017P580）將此簡歸爲新莽時期。

[23]戉：原釋作“戍”，從雷海龍（《合校》2021P468）改釋。按：此字原簡圖作**戉**，當是“戉”誤寫作了“戍”。

[24]張湳：人名。湳，原釋作“海”。此字原簡圖作**湳**，右部明顯不是“每”而是“南”。這種寫法的“南”在金關簡中可見，比如肩貳 T24：46 中的“南”就是此類寫法。

[25]胡永鵬（2017P581）將此簡歸爲新莽時期。

校肩水三時簿，鞮督（鍪）二百一十三。　　　　　　73EJF3：150A

/掾令[1]史章。　　　　　　　　　　　　　　　　　73EJF3：150B

校肩水三時簿甲鎧二百一十三。　☑　　　　　　73EJF3：520[2]

【校釋】

[1]令:原釋作"尉",原簡作 ,字形不合,今改。金關簡中不見"掾尉史","掾令史"又見於 T37:976。

[2]王錦城(2019P873)已指出以上 F3:150、F3:520 兩簡形制、字體筆跡等一致,内容相關,當屬同一簡册,可編聯。今從其説編聯。胡永鵬(2017P581)將兩簡歸爲新莽時期。

(此簡已編聯至 F3:3 後騎士名籍 F3:148 簡之後)　　　73EJF3:151

如府記課,有意毋狀者加慎,有　　　　　　　　　　73EJF3:152

始建國元年十二月戊戌朔己酉,肩水關守嗇夫岑以私印行候文書事,謂關:ⅰ書到,出入如律令。ⅱ　　　　73EJF3:153[1]

始建國三年八月癸丑朔丙子,將屯裨將軍張掖右大尉咸康里附城[2]

　　　　　　　　　　　　　　　　　　　　　　　73EJF3:154

始建國三年五月庚寅朔壬辰,　肩水守城尉萌移肩水　金關吏所葆名如牒,書ⅰ到,出入如律令。ⅱ　　　73EJF3:155A

/置輿鳳。　　　　　　　　　　　　　　　　　　73EJF3:155B

占所乘馬,騮(駵)牝,齒九歲,高六尺。　　軺車一乘。　73EJF3:156

詔書戍屬延亭[3],元年三月八日到署。　　遣宗屬隊長王誼、候史房宗。ⅰ　　　　　　　　　　　　　　　　　　73EJF3:157[4]

居延尉史徐嘉,　囚[5]月……北嗇夫欽出。　　　73EJF3:158

房叩頭白:嗇夫趙卿屬[6]見不一└二。幸爲得一石粟,甚

　　　　　　　　　　　　　　　　　　73EJF3:159A[7]

厚。願幸爲以餘泉(錢)百五十糴一石米,少俱來取之。幸=甚=(幸甚幸甚)。☒ⅰ　　　　　　　　　　73EJF3:159B

【校釋】

[1]藤田勝久(2018P223-244)指出此簡是肩水候官送至本關隘(肩水金關)的通行證。

[2]咸康里附城:莊小霞(2006.2):王莽改革爵制,由關内侯改爲附城,其封號的形式是"某某里",所以封號加爵級的形式就是"某某里附城",其中"某某里"並不是指行政區劃中的里。《額簡》所謂"奉聖里附城","奉聖里"是封號,作爲封號的"奉聖里"是唯一的,爵級是"附城"。

[3]黄東洋、鄔文玲(2013P114-135):有資料表明,新莽時期很可能在居延一帶先後增設過"居成郡"和"延亭郡"。"居成間田"可能屬於居成郡所領。延亭郡可能只是在新莽末期短時存續。如果居成郡和延亭郡的判定不誤的話,則新莽時期對漢制居延一帶的郡縣建置應有過多次調整。大約《漢志》只著録了存續時間較長、影響較久的部分。

[4]胡永鵬(2017P581)將此簡歸爲新莽時期。

[5]八:原徑釋作"八",姚磊(《合校》2021P469)改釋作"七"。按:此字原簡部分墨迹剥落,確實有作"七"的可能,暫存疑。

[6]屬:原釋作"爲",今審原圖版知上部結構並非簡單的點横,當是"屬"之草書。"屬見"一詞又見於T15:1B、T30:81B等簡,今改釋。

[7]胡永鵬(2017P581)將此簡歸爲新莽時期。

其隊天田,二十一日夜人定時,到驛北亭塞外河邊可半里所,遺

73EJF3:160 [1]

以警備,絶不得令秔(耕) [2]。更令假就田,宜可。且貸。迎鐵器吏所 i

73EJF3:161 [3]

明府仁恩深厚哀憐,未忍行重誅,□殺身肝　　　73EJF3:162

掾復校尹嬈時檢 [4] 器傳相付刑狀,當誰負者　　73EJF3:163

將軍令曰:諾。謹問罪,叩頭死罪。對曰:今年三月中,永 [5] 與 [6] 倉嗇夫賞、倉南亭長黨 i

73EJF3:164 [7]

【校釋】

[1]胡永鵬(2017P581)將此簡歸爲新莽時期。

[2]秔:"秔"與"耕"實爲異體。

[3]沈思聰(2019P143-148):簡文記録了居延屯田區戍卒百姓從官府

假貸鐵器的情況。

[4]“檢”字形特殊,此句文義費解,疑釋字有誤。

[5]永:此字書寫在行旁,爲後補字。

[6]與:原簡作𢎥,漢簡中的“與”鮮有此種寫法,頗疑此字爲“興”之草書。今之簡體字“兴”就源自這類草書字形。按照簡文内容來看,如果釋作“與”,那麽前面的“永”當作人名,如果是“興”,則可以將“永興”理解爲倉名。不過西北簡中未見有此倉,釋字暫存疑。

[7]胡永鵬(2017P581)將此簡歸爲新莽時期。

胡亭長詗記曰:女子聞永来月十二日夜亡衣物,疑乘山隊長張彭、斥(斥)竟隊長李樂、金城隊ⅰ　　　　　　　　　　73EJF3:165[1]

城官令楊季、掾教宜往視。　　　　　　　　　　73EJF3:166

並守司馬章兼行丞事,謂過所縣道:遣守城尉許永迎茭卒延城

　　　　　　　　　　　　　　　　　　　73EJF3:167[2]

(此簡原整理者與F3:114簡綴合)　　　　　　73EJF3:168

(此簡已與F3:2簡綴合)　　　　　　　　　　73EJF3:169

　　　　　　車一兩,　　　　　　　　　　　　用牛二。

訾家鉼庭里魯護,　　　載粟大石廿五石就人肩水里郖憲,年廿八。

　　　　　　　橐他,　　　　　　　　不入。　73EJF3:170[3]

始建國天鳳三年三月壬戌朔丁……ⅰ蕭遷尉史刑張等追亡吏卒范威等名如牒,書到,出入如律令。ⅱ　　　　　　73EJF3:171

茂縣[4]長壽里趙詗,年二十二。∫Ⅰ弟博年,年十九。∫Ⅱ軺車一乘,Ⅲⅰ用馬一匹。Ⅲⅱ大車一兩。Ⅲⅲ用牛二頭,Ⅳⅰ八月十六日北嗇夫博出。Ⅳⅱ　　　　　　　　　73EJF3:172[5]

白□　　　　　　　　　　　　　　　73EJF3:173

【校釋】

[1]胡永鵬(2017P581)將此簡歸爲新莽時期。

[2]胡永鵬(2017P581)將此簡歸爲新莽時期。

[3]相似行文格式見於 T23∶622。

[4]茂縣:黃浩波(2017P177−186):不見於《漢書·地理志》,或由茂陵改易而來。

[5]胡永鵬(2017P582)將此簡歸爲新莽時期。

……ⅰ許[1]有秩坐前善毋恙,閒[2]者起居毋它,甚善薔[3],叩頭,因言ⅱ□□□□□問起居。行來[4]取燔[5]、弦及䖟矢,箭三枚,藥橐二枚。迫ⅲ　　　　　　　73EJF3∶174B+197B[6]

……不肯歸也。莫當隧長于曼所屬從者[7]張未[8]到[9]ⅰ二乚、三日,言方君毋它,皆與關嗇夫家室俱發來,度且到[10]ⅱ……ⅲ

73EJF3∶197A+174A

【校釋】

[1]許:原釋作“誠”,從雷海龍(2017P87−93)改釋。此用作姓氏。

[2]閒:原簡作 ,字形特殊,但“閒者”文例常見。

[3]此“善”字原簡字形與同簡“善”差距很大,釋字不確定。疑是兩字,而非一字。存疑。

[4]來:原未釋,原簡圖作 ,不難識別。“行來”一詞在傳世文獻中就可見,指“往來”的意思,如《後漢書·陸康傳》:“令户一人具弓弩以備不虞,不得行來。”

[5]燔:原未釋,原簡圖作 ,從“火”從“番”都十分明確,亦可補釋。燔,此處作名詞,指燔石。居延舊簡 214.4 中有“出錢六買燔石十分”。過去説燔石疑爲樊石,即明礬。按照此處語境,燔石後出現的多是兵器,推知此燔石可能是點燃烽火信號的火石,即後世文獻所説的燧石。清代《候官鄉土志》:“燧石,以鐵片小徑寸敲之以取火。”今俗稱打火石。

[6]據常見的書信格式可知,此簡 B 面實際是書信的開始部分,今根據內容調整簡號順序。

[7]者:原釋作“在”,此字原簡圖作 。漢簡中草書“在”、“者”字形十分接近,按照文義,此處應是“者”。金關簡中“從者”常見,而“從在”

未見。

[8]張未：人名。此指從者的名字。

[9]到：原釋作“召”，從姚磊（《合校》2021P470）改釋。

[10]度且到：度，估計、揣度。《爾雅·釋詁》：“度，謀也。”且，將近、將要。《論衡·刺孟》：“禹至湯且千歲，湯至周亦然。”度且到，估計將要到了。

始建國元年八月庚子朔乙巳，南鄉有秩博敢言之：悉意[1]虞章，自言爲家私使之居延，願以令取傳。謹案：ⅰ章年卅六，爵公乘，如牒。章毋官獄徵事，當得以令取傳，謁移居延縣索津關，出入毋苛留止，ⅱ如律令。　/八月乙巳，觻得長守丞褒移過所，寫移，如律令。　/掾戎、守令史商。ⅲ　　　　　　　73EJF3：175+219+583+196+407

丙	乙	乙	乙	甲	甲	癸	癸	壬	壬	辛	辛	庚
三日		建				建			秋分			
申	丑	未	丑	午	子	巳	亥	辰	戌	卯	酉	寅

73EJF3：176[2]

自恭給日　爲相□訴　……　　　　　　　　　73EJF3：177

河南陽武樂成里紀岑，年三十八。Ⅰ樂得Ⅱⅰ丞印。Ⅱⅱ作者酒泉平牛里任匡，年二十。　十一月壬戌北嗇夫出。Ⅲⅰ大車一兩，用牛二頭，黑勞（犂），犗，齒八歲。其一黃，齒十一。Ⅲⅱ十二月三日南。Ⅳⅰ　卩　Ⅳⅱ　　　　　　　73EJF3：178A[3]

卩　　　　　　　　　　　　　　　　　　　73EJF3：178B

【校釋】

[1]悉意：里名。

[2]許名瑲（2016.8.30）、胡永鵬（2017P471）、羅見今、關守義（2018.6)等學者均指出此簡爲始建國天鳳三年曆譜，簡中各干支與始建國天鳳三年各個月中四日的干支日期相合。

[3]胡永鵬（2017P582）將此簡歸爲新莽時期。

始建國天鳳元年十二月己巳朔己卯,己曹史[1]陽□ⅰ糧穀,願以令取
傳。謹案:宣毋官獄徵事,當得以令取傳,謁移ⅱ……城司馬守丞以
右尉印封,守馬丞[2]朗寫移,如律令[3]。ⅲ　　　　73EJF3：179A [4]
婦獨付它人來,它今爲尹子春……衣者欲寄往……不得致之。今肩
水ⅰ吏及尹子春皆已[5]去,尹府調氏池庶士□子河守肩水候至……,
迫秋寒到,家室ⅱ分祓[6]衣被皆盡,新卒又不來,不知當奈何。解[7]
泉食不可□□□數□知曉ⅲ　　　　　　　　　73EJF3：179B

【校釋】

[1]己曹史:《漢書・百官公卿表》西域都護條記載:"戊己校尉,元帝
初元元年置,有丞、司馬各一人,候五人,秩比六百石。"敦煌馬圈灣漢簡有
"戊部"(簡72)、"己部"(簡974)之稱。己曹史,疑是己部校尉所屬之
曹史。

[2]馬丞:饒宗頤、李均明(1995P141):馬丞、徒丞,新莽將縣丞一分爲
三,分別稱"馬丞"、"徒丞"、"空丞"。

[3]如律令:原作兩個未釋字,今補。

[4]按:此簡A面下冊釋文本注明"下部字削去"。

[5]已:原釋作"亡",李蓉(研討課意見)釋作"已",從改。

[6]祓:原釋作"襏",張再興、黄艷萍(2017P72-77)認爲此字可能是
"撥",有分發之義,也可以讀作"發"。按:此字原簡作祓,此形本從"示",
疑當釋作"祓"。《廣雅・釋詁下》:"祓,除也。"分祓,即是分發之義。無需
破讀。另外,若此形右從"發",此字或可理解作"襏"之訛誤。襏,是蓑衣
的一種。或可將"襏""衣""被"視作三物看待。

[7]解:原釋作"辭",原簡圖作解,左部也不從"受",右上部明顯是從
"刀",原釋不可從,今擬改釋。

□【始建國天】[1]鳳元年二月甲戌朔庚辰,肩水候武謂關:嗇□
□縣、爵、里、年、姓名〈各〉如牒,書到,出入如律令。□ 73EJF3：180A
　　　掾宏、令□

☑……

　　　/掾宏、令史☑☑　　　　　　　　　　　　　73EJF3：180B

建始二年閏月己丑朔丙辰，犂陽[2]守丞望移過所，遣都鄉佐陽成武
爲郡送戎〈戍〉[3]卒張掖郡ｉ居延，縣邑侯國門亭河津毋苛留，當舍傳
舍，從者如律令。　　」ⅱ/守令史常。ⅲ　　　　　　73EJF3：181

……ｉ☑☑☑☑事坐前善毋恙。頃之府得毋有它，燭見不一└二[4]。
今良白☑☑ⅱ☑卿幸哀之，甚＝厚＝（甚厚甚厚）。願伏待關[5]，叩頭，
比相見願以城事，幸勿乏，叩頭，再拜。☑ⅲ　　　　73EJF3：182A
☑白☑ｉ☑☑☑門下。　　☑ⅱ　　　　　　　　73EJF3：182B

【校釋】

[1]始建國天：原簡缺失，從許名瑲（2018P327-354）補。

[2]犂：原釋作“犁”，今改。犂陽即黎陽。

[3]戎：原釋作“戍”，從雷海龍（《合校》2021P471）改釋。按：今核對
原簡此字確實寫作“戎”，當改。此處是“戍”之訛誤字。

[4]燭見不一└二：王錦城（2019P133-142）：大致如“前見不一└
二”，表達之前見過面，信中就不詳説這樣一種意思。

[5]願伏待關：可能與“敬候來臨”之義相當，這裏的“關”應是寫信人
所在之關。

江並叩頭白：ｉ子張足下，前見不言，因白：寧有書記南乎[1]！欲與家
相聞ⅱ　　　　　　　　　　　　　　　　　　73EJF3：183A
者，且居關門上卧須家來者[2]，可也。何少乏者出之。叩＝頭＝（叩頭
叩頭）。方伏前，ｉ幸＝甚＝（幸甚幸甚）[3]。謹使＝[4]再拜白。/並白
虞蓼馮司馬家前以傳出，今内之。ⅱ　　　　　73EJF3：183B

【校釋】

[1]寧有書記南乎：這裏的“書記”指書信，“南”可能指“向南”。整句
意思可能是説，難道有書信發向南邊了嗎？

[2]且居關門上卧須家來者：這句話可能與F3：182A中的“願伏待關”

意思相類,表達在邊關等候家人來臨。

[3]原釋文無重文號,原簡圖可見草書重文方式,釋文應作重文處理,同樣書寫方式參同簡"叩頭",今補。

[4]按照常見文例,疑此處當讀爲"使使者"。

(此簡已編聯至騎士名籍末尾 F3:91 簡之後)　　　　　73EJF3:184

☑　　稽落亭三月過　☑ᵢ☑　　　客檄書名籍。　☑ᵢᵢ 73EJF3:185A

☑丿　☑　　　　　　　　　　　　　　　　　　73EJF3:185B

十二月乙卯,張掖肩水都尉彊下肩水候北部都尉,承書從事,下當用者,☑ᵢ次傳,別書相報[1],不報者,重追之。書到言。　　　　　卒史霸、屬賢。　☑ᵢᵢ　　　　　　　73EJF3:186+188

☑　□家屬☑　　　　　　　　　　　　　73EJF3:187A

☑……☑ᵢ□□□尉史敞☑ᵢᵢ　　　　　　73EJF3:187B

(此簡原整理者與 F3:186 簡綴合)　　　　　　　73EJF3:188

允吾左尉從史驂護,年廿三。　輧車一乘,用馬一匹,騮駮牝,齒五歲。已入[2]。十二月甲午番食入。　　　73EJF3:189+421

(此簡已與 F3:470 簡綴合)　　　　　　　73EJF3:190

☑年廿　　丿　　　　　　　　　　　　73EJF3:191

(此簡已編聯至 F3:106 之後簡册中)　　　73EJF3:192+558

(此簡已與 F3:482 簡綴合)　　　　　　　73EJF3:193

(此簡原整理者與 F3:198 簡綴合)　　　　　　　73EJF3:194

入茭二百柒十束。　始建國天鳳六年正月壬申,掾習受左前候長趙詡。　　　　　　　　　73EJF3:195 [3]

(此簡原整理者與 F3:175 簡綴合)　　　　　　　73EJF3:196

(此簡原整理者與 F3:174 簡綴合)　　　　　　　73EJF3:197

　　　　　　　　　　　予從事[4]氐池昌平里趙明俱,左後候史張萌辟書[5]橐他介(界)[6]中。

軺車一乘,用馬一☐

73EJF3:198+194+578[7]

【校釋】

[1]別書相報:與其他文書分開,用單獨文書呈報。

[2]已入:原釋作"卩入",從韓鵬飛(2019P1717)改釋。按:兩字原簡作🖳,爲"已入"的合文寫法。

[3]胡永鵬(2017P582)將此簡歸爲新莽時期。

[4]從事:事,疑用作"吏",從吏即高級官吏的屬官。

[5]辟書:王錦城(2019P1728):辟書或指治理文書。按:此"辟書"當理解作推辟驗問之書。

[6]介:原逕釋作"界",原簡作,今改。

[7]此簡F3:198+194由原整理者綴合,姚磊在此基礎上又綴合簡F3:578,綴合後補釋第一行"明"字,詳見姚磊(2021P347)。今從補。

驪喜[1]隧布薰一。循斁(辭)。觟得　安國里姓☐氏,年二十三。始☐☐　　　　　　　　　　　　　　　　　73EJF3:199[2]

林三。五月二日,盜萬福布韋[3]三乚。二十八日,盜第六隧鎧裏[4]二。六月柰日☐　　　　　　　　　　　73EJF3:242[5]

驪喜布薰一,持歸隧,罙(深)[6]中至。　　柰月中爲吏所☐☐

　　　　　　　　　　　　　　　　　　　73EJF3:417

☐☐要虜隧承弦三,盜東望隧布蓬一乚,二十☐☐　　73EJF3:455

始建國三(四)年正月癸亥[7],執東望隧卒成循,盜隧布蓬一,盜第六隧鎧☐☐¡　　　　　　　　　73EJT7:50+F3:557[8]

鎧裏二☐☐☐☐☐☐　　　　　　　　　73EJF3:567[9]

【校釋】

[1]驪喜:原未釋,從雷海龍(2017P87-93)補釋。

[2]胡永鵬(2017P582)將此簡歸爲新莽時期。

[3]布韋:傳世文獻中有"布衣韋帶"之説。《漢書‧賈山傳》:"夫布衣

韋帶之士,修身於内,成名於外,而使後世不絶息。"布衣,指粗布衣服。韋帶,没有裝飾的帶子。故"布韋"本是兩種東西,此簡説數量是"三",不知如何計算。

[4]鎧裏:金關簡兩見,皆作"鎧裏二",疑鎧、裏各爲一物。

[5]胡永鵬(2017P582)將此簡歸爲新莽時期。

[6]罙:原釋作"突",原簡圖作,下不從"犬",字形不合,當改釋。金關簡中"深"如肩肆 T37:1539 ,右所從"罙"與此字形大致相合。"罙"用作"深",深中表示時間,可能指漏刻時刻。

[7]居新 EPT59.45 見"始建國三年正月丙戌朔",據此"癸亥"不在當月。羅見今、關守義(2013.5):始建國四年(西元12)正月丙戌(23)朔,不得有癸亥(60)。二月乙卯(52)朔,癸亥初九日。新莽改國號始建國,改"寅正"爲"丑正",即以十二月爲歲首。此簡表明,改曆第4年,還有戍邊軍旅一仍舊習,將本應改爲二月的日期,仍然寫成正月,即所用曆譜仍拒不以丑爲正。

[8]此簡由姚磊(2021P49)綴合,王錦城(2019P196)認爲不可綴合。按:兩簡雖然不出土在同一位置,但今細審兩簡,綴合茬口處可復原"成"字。而且簡文上半説拘捕,下半説盜竊具體財物,内容大致順暢,綴合可從。

[9]王錦城(2019P886)指出以上 F3:199、F3:242、F3:455、F3:557、F3:567 五簡出土於同一地點,形制、字體筆跡等相同,内容相關,當屬同一簡册,可以編聯。姚磊(2017.10.16)又補入簡 F3:417。今從二人之説編聯。

(此簡已與 F3:209 簡綴合)	73EJF3:200
(此簡已與 F3:338 簡綴合)	73EJF3:201
(此簡原整理者與 F3:114 簡綴合)	73EJF3:202
☐令史導受左前候長趙詡。	73EJF3:203[1]
☐……　大車一兩。	73EJF3:204

（此簡已與 F3：338 簡綴合）　　　　　　　　　　　73EJF3：205

部上書言於[2] 報[3] 國蘇[4] 故漢氏宗室劉徹[5] …… 始建國二年□

73EJF3：388+206

【校釋】

［1］胡永鵬（2017P582）將此簡歸爲新莽時期。

［2］於：原釋作“物”，今改。

［3］報：原未釋，今補。

［4］蘇：原未釋，原圖版尚見左部所從“魚”，今補。

［5］徹：簡文中已説明“始建國二年”，知内容屬王莽新政時期。徹，原未釋，原簡圖作 ⿰ 。此字原簡雖僅存左半，但所從“彳”十分清楚。簡文很明確説是“故漢氏宗室”，王莽以前漢氏宗室名中從“彳”的字，只有“劉徹”的“徹”。而且從字形上看，中間也是“育”。如果釋字不誤，這條材料可能涉及王莽時期對劉氏人員處理態度問題，是十分重要的材料。可惜此簡殘缺不全，無法得知更詳細的信息。

廣地候史□□葆　　……年□　　會赦歸昭武。　　　　73EJF3：207

（此簡已與 F3：116 綴合）　　　　　　　　　　　　73EJF3：208

　　　　　　　張掖後大尉。　　　　車一乘，

延亭[1] 掾周能，　　　　　　　　　八月乙亥南齎夫憲入。

　　　　　　　　　馬一匹。　73EJF3：209+524+200 [2]

□□鮑博，年廿。　　　　　　　　　　　　　　　73EJF3：210

（此簡原整理者與 F3：143 簡綴合）　　　　　　　　73EJF3：211

□□坐前毋恙，前見不一ㄴ、二ㄴ。叩＝頭＝（叩頭叩頭）。因白：幸爲並請麴一ㄴ二ㄴ斗，及葵一ㄴ、二ㄴ斗，所ꓲ　73EJF3：212A

□□請之。叩＝頭＝（叩頭叩頭）。幸＝甚＝（幸甚幸甚）[3]。爲見不一ㄴ二ㄴ。叩＝頭＝（叩頭叩頭）。謹使＝（使使）再拜。ꓲ　73EJF3：212B

□　寬意幸酒食□（削衣）　　　　　　　　　　　73EJF3：213

□□□□□爲居延□□　　　　　　　　　　　　　73EJF3：214A

☑……☑ 　　　　　　　　　　　　　　　73EJF3：214B

戍卒觻得千秋里上造□常年十[4]八　　丿　☑ 　　　73EJF3：215

……事…… 　　　　　　　　　　　　　　73EJF3：216A

…… 　　　　　　　　　　　　　　　　　73EJF3：216B

□請□□□謹請□君莫泉（錢）二百，受教[5]，唯哀之。叩=頭=（叩頭叩頭）。i 　　　　　　　73EJF3：309B+593B+217A[6]

召襄叩頭白：任掾𡨥[7]成掾何時到，拜食待，願幸臨之。幸=甚=（幸甚幸甚）。i 　　　　73EJF3：217B+309A+593A

【校釋】

［1］延亭：饒宗頤、李均明（1995P171）：當爲新莽時在原漢居延縣基礎上新設之郡，與《漢書·地理志》千乘郡之濕沃（莽曰延亭）有別。

［2］此簡 F3：209+200 由原整理者綴合，尉侯凱（2017P348—359）在此基礎上又綴 F3：524。綴合者簡號作“209+200+524”，但按照從上到下、從左到右的順序，應作“209＋524＋200”。“延亭掾周能”原釋作“張肩掾馬永”，從尉侯凱改釋。胡永鵬（2017P582）將此簡歸爲新莽時期。

［3］原釋文無重文號，今據原圖版和同簡“叩頭”重文書寫形式補。

［4］十：姚磊（《合校》2021P472）認爲此字原簡殘缺，當存疑不釋。

［5］受教：傳世文獻一般指接受教誨之義，但金關簡中出現此詞時大多涉及錢物，可能指接受財物或者統計財物後，請求對方核查教示之類的意思，與傳世文獻用義略有區別。

［6］此簡由原整理者綴合，從簡文內容看，此面內容似是背面，“F3：217B+309A+593A”內容更像正文開始內容。

［7］此字原釋作“絮”，與原簡字形差距較大，而且此處文義也不順暢。此字原簡僅存左半，從存見墨跡看亦有釋作“卿”或“鄉”的可能。

移肩水金關□□行□□□ 　　　　　　　　　73EJF3：218A

☑　□□□□ 　　　　　　　　　　　　　　73EJF3：218B

（此簡原整理者與 F3：175 簡綴合） 　　　　　73EJF3：219

二月辛巳,鱳得守長　守丞賞移過所,寫移,如律令[1]。☑

73EJF3：220

張掖□□丞印。　……　　　　　　　　73EJF3：221A

如牒,書到,出入如律令。……　　　　73EJF3：221B

☑□皆風明又又又☑　　　　　　　　　73EJF3：222

☑甲成[2]亡　　　　　　　　　　　　　73EJF3：223

☑……(習字)　　　　　　　　　　　　73EJF3：224

☑□使者,二千石所以都試[3]衆吏也。　或壞不壞,白之。

73EJF3：225

【校釋】

[1]“長”原釋作“□□□”,從胡永鵬改釋;“如律令”原未釋,從韓鵬飛(2019P1719)補釋;“移過所寫移”原未釋,從姚磊(參見《合校》2021P472)補釋。

[2]此簡上殘,“甲”字僅見下半,所以“甲”也可能是“申”。此簡可能是干支“某申”後接人名。成,原釋作“戌”。此字原簡圖作㇏,字形特殊,西北簡中鮮有此種“戌”的寫法。金關簡肩伍F3：401、肩伍F3：287A、肩肆T37：1331中的“成”草書即如此類。此處可能記錄的是某申日名爲“成”的人逃亡。

[3]都試:邢義田(2011：2P105):其餘漢簡中資料皆曰秋射。秋射發十二矢,以六爲中程,過程一矢賜勞十五日,否則奪勞。從賞罰來看,秋射和都試似不相同。按:傳世文獻所見“都試”指年終對官吏的考核,此簡中說到“有壞不壞,白之”,說明對官吏的考核可能還包括對某些物資或基礎設施的檢查。以此推之,都試的考核内容應該涉及很多方面。

出稾槀三斛,　　出☒[1],　　稟□夷[2]胡隧長賈宜[3]、王勳[4]等二人,
十月食。i　　　　　　　　73EJF3：226A+247A[5]
研研研研研研研(習字)　　　73EJF3：226B+247B

【校釋】

[1]出入:原簡字跡非常淡,且“入”字頗似“以”,可疑。

[2]夷：原未釋，從姚磊(《合校》2021P472)補釋。

[3]宜，原釋作“過”，原簡圖作 ，爲“宜”的草書寫法，今改。

[4]勳：原釋作“勤”，原簡圖作 ，左上不從“廿”，當爲“勳”。“勳”是金關簡中出現頻率比較高的人名用字。

[5]胡永鵬(2017P582)將此簡歸爲新莽時期。

牛一頭。　　☑　　　　　　　　　　　　　73EJF3:227

☑國三年八月癸丑朔庚申，守尉　右☑　　　73EJF3:228+617[1]

永始三年二月庚辰朔己亥，臨澤隧長昭敢言之：☑

　　　　　　　　　　　　　　　　　73EJF3:229+542+528[2]

(此簡已編聯至騎士名籍 F3:151 簡之後)　　73EJF3:230

☑徒缺　　□　　☑　　　　　　　　　　　73EJF3:231

■右三月北書一輩一封……　　☑　　　　　73EJF3:232

☑束　　　　　　　　　　　　　　　　　73EJF3:233

望泉吏耿尚，見。段放，見。Ⅰⅰ滅胡卒杜憚，見。吏長良，□見[3]。Ⅰⅱ
治渠卒郭建，見。Ⅱⅰ弟(第)[4]六吏。Ⅱⅱ☑如意吏封憲，見。Ⅱⅲ
☑辟非吏Ⅱⅳ猛胡吏王相，見。ノⅢⅰ夷胡吏Ⅲⅱ收降吏Ⅲⅲ受降
吏Ⅲⅳ　　　　　73EJF3:251A+636B+562A+234A+445A

　　　　　☑ノ平樂吏六月亡弩三。　受降吏王晏，見。

　　　　　萬禮[5]吏周望，見，毋卒。

登山吏二月亡弩三。彊斷[6]吏王護六月十三日亡，卒賈憚，見。
要虜吏六月亡弩三。悥吏李衆[7]，亡。

　　　　　73EJF3:445B+251B+636A+562B+234B

【校釋】

[1]此簡由姚磊(2021P348)綴合。“尉”，原釋作“一封”，從綴合者改釋。

[2]此簡由姚磊綴合，見姚磊(2021P349)。

[3]吏長良□見：吏，原釋作“安”，從唐強(課堂意見)改釋。良，原釋

作"受",今據原圖版改。未釋字原釋作"三",釋字文義不順,不排除是"未"字可能,存疑。見,原釋作"月囗",今據原圖版及文例改。

　　[4]弟:原徑釋作"第",今據原圖版改。

　　[5]禮:原釋作"福",從雷海龍(2017P87-93)改釋。

　　[6]彊斷:斷,原釋作"新",此字原簡正處茬口處,左部構形不是非常明確,F3:279 見"彊斷卒",知"彊斷"爲隧名,今改釋。

　　[7]李橐:原釋作"來舉",釋字與原簡字形差距較大,今審原簡圖,"李"所從"子"形尚可分辨,"橐"所從"釆"形亦可見,今改。李橐,人名。

囗……令　　　　　　　　　　　　　　　　　　73EJF3:235

麤塗不堇(墐),苟合而已,囗囗　　　　　　　73EJF3:236 [1]

囗字子經。　以十月十三日嗇夫常出 [2]。　　73EJF3:237

二月二十囗囗　囗i囗白囗囗 [3]囗　　囗ii　73EJF3:238A [4]

……　　囗　　　　　　　　　　　　　　　　73EJF3:238B

囗卒蒼嘉。丿　出　　　　　　　　　　　　　73EJF3:239

　　　　　　　　大車二兩,

昭武擅利里公乘趙鳳,年卅五。　　　七月乙亥南囗

　　　　　　　　　　　用牛四頭。　　　　　73EJF3:240

(此簡已編聯至騎士名籍 F3:230 簡之後)　　73EJF3:241

(此簡已編聯至 F3:199 後簡册中)　　　　　73EJF3:242

(此簡已與 F3:470 簡綴合)　　　　　　　　73EJF3:243

囗卯朔甲午,肩水塞尉放別將轉 [5]敢言之:就人觻得城 73EJF3:244

右大尉書吏耿昌葆。　妻昭武久長里耿經,年二十。八月十六日北嗇夫博出。i　　　　　　　　　　73EJF3:245+497 [6]

【校釋】

　　[1]疑此簡内容爲典籍殘簡。其中的"堇"原録作"堊",今據原簡圖版重新録寫。

　　[2]"三"、"嗇夫常出"爲淡墨後寫。

[3]此未釋字姚磊(《合校》2021P473)疑是"色"。

[4]胡永鵬(2017P582)將此簡歸爲新莽時期。

[5]別將轉:D:3亦見塞尉"別將轉",知"將轉"爲"塞尉"主職之外的工作。

[6]胡永鵬(2017P583)將此簡歸爲新莽時期。

☐發得辤(辭)具此。　　　　　　　　　　　　　　　73EJF3:246

(此簡原整理者與F3:226簡綴合)　　　　　　　　　73EJF3:247

(此簡已編聯至騎士名籍F3:241簡之後)　　　　　73EJF3:248

·肩水候官始建國二年三月癸卯[1]，尹府調居延城倉粟九千石，已

入。未☐ⅰ　　　　　　　　　　　　　　　　　　　73EJF3:249

☐……延……隧漢……☐(蟲食甚)　　　　　　　73EJF3:250

(此簡原整理者與F3:234簡綴合)　　　　　　　　　73EJF3:251

　　　　　　　酒泉右農　萌娍(嫂)[2]遷,☐

長安張里☐萌,年卅八。　右丞　　　　子女☐☐

　　　　　　　　　　　　　　　　子男☐　　　73EJF3:252

☐熒陽直里黃霸,年廿七,字君☐☐　　　　　　　73EJF3:253

……ⅰ如律令,敢言之。　　☐ⅱ十月庚戌,樂得行宰事,守馬丞印行

事,移過所,寫移,如律令。/掾霸、守史譚。ⅲ　　73EJF3:254+526[3]

葆子男鞮汙里上造鄭並,年十三。　　☐　　　　　73EJF3:255

☐軺車一乘,　　☐ⅰ☐馬一匹,驪駮牡,齒十四歲,高五尺八寸。☐ⅱ

　　　　　　　　　　　　　　　　　　　　　　　73EJF3:256

事迎時見☐時,胡虜使☐☐廣土介(界)[4]中,遮行道者,舍

　　　　　　　　　　　　　　　73EJF3:257+435

守令史孫習,　召詣府。　　　　　　　　　　　　73EJF3:258

萬六百三十三。　　　　　　　　　　　73EJF3:259[5]

【校釋】

[1]許名瑲(2018P327—354):是月無癸卯,三月或是二月、三月之訛。

［2］娵：此字原簡圖作 𩠐，爲"嫂"之俗寫。

［3］此簡由謝坤綴合，轉見姚磊（2021P445）。原作兩行釋文，綴合後變成三行釋文。胡永鵬（2017P583）將此簡歸爲新莽時期。

［4］介：原徑釋作"界"，原簡圖作 八，今據原圖版改。

［5］胡永鵬（2017P583）將此簡歸爲新莽時期。

敬受令史毛何案六具，付江博　　　　　　　　　73EJF3：260

居延倉言：廋索苛察，毋劉（留），衙（衡）[1] ᵢ □等過留者 ᵢᵢ

　　　　　　　　　　　　　　　　　　　　73EJF3：261

未得穀　　　　　　　　　　　　　　　　　73EJF3：262

（此簡已與 F3：480 簡綴合）　　　　　　　　73EJF3：263

　　　　其八人牧，　　 ☒

☒□三人。

　　　　二人病。　　 ☒　　　　　　　　73EJF3：264

☒□渡河西出上□□　　　　　　　　　　　73EJF3：265

（此簡原整理者與 F3：136 簡綴合）　　　　　73EJF3：266

豐等辤（辭）曰：來持縑三匹，縑褌（褘）[2]一，縑盛已，布囊在大橐中。

　　　　　　　　　　　　　　　　73EJF3：267 [3]

察接私弩㣦石者　　　　　　　　　　　73EJF3：268 [4]

　　　　受鈇[5]二，　 鑈二，　軸二，

·右十人董猛掌[6]。

　　　　斤斧各一，　 鋸二，　楅三。

　　　　　　　　　　　　73EJF3：269+597 [7]

【校釋】

［1］衙：原釋作"新"，此字原簡圖作 𩙽，字形與"新"有差異，中間從"角"，當釋作"衙"，爲"衡"之俗。金關簡如肩壹 T10：114、肩伍 C：607 中的"衡"，可作對比參考。

[2]褌:同"幝",俗謂滿襠褲。

[3]胡永鵬(2017P583)將此簡歸爲新莽時期。

[4]胡永鵬(2017P583)將此簡歸爲新莽時期。

[5]鈇:王錦城(2019P1733):鍘刀。用以鍘草。

[6]董猛掌:王錦城(2019P1733):"董猛"似爲人名。掌即主管。

[7]胡永鵬(2017P583)將此簡歸爲新莽時期。

居延守尉史東郭護。　　　卩　▨　　　　　　　　　73EJF3：270 [1]

居延西道里男子王放,年十七。　　步廣地遮隊長王弘子也。弘葆。

　八月己丑南詧▨ i　　　　　　　　73EJF3：271+473 [2]

戎〈戍〉[3]卒觻得當成里公乘張博,年卅五。　　丿　▨ 73EJF3：272

(此簡原整理者與 F3:10 簡綴合)　　　　　　　73EJF3：273

教諸謹與行丞事,司馬莊五[4]官掾並雜物賦、官奴婢用布絮如牒,系

絮布餘一斤。i　　　　　　　　　73EJF3：433+274

【校釋】

[1]胡永鵬(2017P583)將此簡歸爲新莽時期。

[2]此簡由姚磊綴合,綴合後補釋"地"字,見姚磊(2021P350)。今從補。

[3]戎:原釋作"戍",從雷海龍(《合校》2021P474)改釋。

[4]五:原釋作"主",從王錦城(2020.1)改釋。

▨□上里彭年　　　　　　　　　　73EJF3：275

田卒河南郡新鄭東成里公乘蔡已,年卅。　　▨　　73EJF3：276

千秋隧長辛匡,　詣府。　八月廿六日南入,九月廿四日出。

　　　　　　　　　　　　　73EJF3：277+479 [1]

廣利隧長魯武葆,　徒〈從〉[2]弟昭武便處里魯豐,年卅。丿　▨

　　　　　　　　　　　　73EJF3：278

出糒一斛□斗五升。Ⅰ又二斗五升,Ⅱ i 凡三斛。Ⅱ ii 稾彊斲[3]卒李

二月食。Ⅲ盡二月晦食。Ⅳ□□Ⅴ	73EJF3：279^[4]

二月食。Ⅲ盡二月晦食。Ⅳ□□Ⅴ　　　　　　73EJF3：279[4]

（此簡已編聯至騎士名籍 F3：248 簡之後）　　73EJF3：280

（此簡原整理者與 F3：18 簡綴合）　　　　　73EJF3：281

（此簡已與 F3：480 簡綴合）　　　　　　　73EJF3：282

（此簡已與 F3：60 簡綴合）　　　　　　　　73EJF3：283

□□各[5]一,願并貌(貌)[6]亭南河上□□　　73EJF3：284A

□□當事者□　　□　　　　　　　　　　　73EJF3：284B

□萬福隧卒高[7]甲　　□　　　　　　　　　73EJF3：285

（此簡已與 H1：69 簡綴合）　　　　　　　　73EJF3：286

□諸長今衡蒼成　　□□　　　　　　　　　73EJF3：287A

□右囚辛長髃(辭)□　　　　　　　　　　　73EJF3：287B

（此簡已與 F3：337 簡綴合）　　　　　　　73EJF3：288

□□亡Ⅰ長斧刃一枚,破。　瓦斗少一枚。　四户毋戊籥[8]。　　甖

少一枚。　汲瓵[9]毋Ⅱⅰ……Ⅱⅱ　　　　　73EJF3：289

【校釋】

[1]此簡由姚磊綴合,見姚磊(2021P351)。廣瀨薰雄(2019P267-278)將此簡稱作“詣府”簿,並對此類簡有專門討論。

[2]徒弟:徒,原釋作“從”,從雷海龍(《合校》2021P474)改釋。此處“徒”當爲“從”之訛誤。從弟,即同宗之弟。

[3]彊斷:隧名。

[4]胡永鵬(2017P583)將此簡歸爲新莽時期。

[5]各:原簡此字較小,爲後補寫。

[6]貌:同“貌”,《説文》中“兒”之或體即作“貌”。

[7]高:原釋作“齊”,從秦鳳鶴(2018P282-287)改釋。

[8]戊籥:王錦城(2019P1735):“籥”同“鑰”,爲鎖鑰。“戊”通“牡”,爲關閉門的直閂,上穿橫閂下插於地。則戊籥當爲閉門直閂上的鑰匙。

[9]汲瓵:《集成》(十二 P254):瓵,一種小甕,圓口,深腹,圈足,用以盛酒或水。

（此簡原整理者與 F3：121 簡綴合）　　　　　　73EJF3：290

（此簡原整理者與 F3：511 簡綴合）　　　　　　73EJF3：291

紀忠頓首白：ⅰ子俓坐前毋恙，□□數厚賜，頓首。因言迎當迎物郡

□ⅱ　　　　　　73EJF3：292A+594B+630B+627B+308A[1]

今新有[2]……子嚴代迎導。願子俓以迎櫝丸。ⅰ死罪。嚴以手記爲

信。頓首，伏地。ⅱ　　　　73EJF3：630A+627A+308B+594A+292B

☑徵事，當得以令取傳，謁移過所津關，毋苛留，如律令，敢言☑

☑……移過所，寫移，如律令。☑　　　　　　73EJF3：293

□□□□□□□☑ⅰ移過所縣道河津關，遣守令史□褒迎令四輔[3]郡

☑ⅱ從者如律令。　　/掾嚴☑ⅲ　　　　73EJF3：294+126[4]

並伏地叩頭言，賈翁坐前，谷（欲）見不爲言=（言之）[5]。因言☑

　　　　　　　　　73EJF3：295A

　　　　始建國五年五月戊寅朔☑

出錢……

　　　　　破署皆貸□□□亭□遣☑　　　　73EJF3：295B

不以時出入，受　　☑　　　　　73EJF3：296

☑□聞往時關吏留難商賈[6]　　　　　73EJF3：297

馬以令ⅰ梀（櫝）一櫝，ⅱ收布一匹，ⅲ傳送河東ⅳ聞憙縣ⅴ堅家所

在。ⅵ（橫書）　　　　　　73EJF3：298

始建國二年七月乙丑朔庚午，甲渠守塞尉忠將領右部轉移卅井縣

索ⅰ肩水金關，遣就人車兩、粟石斗、人名如牒，書到，出入如律令。ⅱ

　　　　　　73EJF3：334A+299A+492A

　　　　徐褒棄毋

張掖甲渠塞尉　　　梁黨

七月十九日入白發。延新市員同、　佐放 73EJF3：299B+492B+334B

　【校釋】

　[1]此簡由姚磊（2021P362）綴合。□□數厚，原釋作“謹伏地□”，從

綴合者改釋。“迎當迎物郡”原作“史□□送□”。對比綴合後簡中出現的“迎”,知原釋作“史”之字當改釋作“迎”。“當”原未釋,此字原簡作草書,今補釋。“物”原簡圖尚見“牛”形和少許“勿”的筆畫。“郡”能辨識左部“君”形,右部缺失。“迎當迎物”大概是指簡中所說的“迎櫝丸”之類。

[2]有:原未釋,從綴合者補釋。

[3]四輔:詳見 T23:878 下注釋。

[4]此簡由謝明宏(2022.6.16)綴合。

[5]谷見不爲言﹦:此簡斷殘,主要是書信開頭表示寒暄問候的内容。谷,疑讀爲“欲”。見,原簡圖作乚,與常見的“見”寫法略有差異,與“是”之草書很近,可能書寫有訛誤。從書信開頭寒暄語的問候習慣説,這裏當是互道往來之類内容。欲見,就是希望見面。“言﹦”解讀要分成兩種情況來説明。第一種是“言﹦因﹦”,因爲此處重文號的兩點上下分開,下點也可算“因”的重文,故此重文號兩點當作“言因”每字各一點來表示重文,在草寫的重文號中確實有這類寫法。不過這種讀法放在表示寒暄問候的句子處略顯艱澀。第二種是按照原整理者的釋文“言﹦”解讀,“因”字屬後讀。但如果讀作“言言”,於文義不是很順。“言﹦”應該讀爲“言之”。“欲見不爲言之”,字面的意思是説“希望見面,不説這個”。字面意思不好理解,這裏可能是衍了“不”字。或者是表達希望能見面,在您面前不敢隨便言語,聽憑吩咐之類的意思。

[6]留難商賈:滯留詰難商人。

☑【始建國地皇上戊元年十一】[1]月乙丑朔壬申,延亭行連率[2]事,將屯偏將軍[3]、車騎都尉元以故張掖後大尉印。ⅰ☑……大在所,酒泉右平郡[4]☑ⅱ☑/掾宏、史嚴、書吏[5]☑ⅲ　　　73EJF3:300+548[6]

【校釋】

[1]此十一字原簡缺失,據許名瑲(2018P327-354)補。

[2]連率:王莽時期太守稱謂。《漢書·王莽傳》:天鳳元年,“莽以《周官》、《王制》之文,置卒正、連率、大尹,職如太守”。

[3]偏將軍：饒宗頤、李均明(1995P136)：偏將軍,新莽將軍稱號,《漢書·王莽傳》地皇元年,"外置大司馬五人,大將軍二十五人,偏將軍百二十五人……賜諸州牧號爲大將軍,郡卒正、連帥、大尹爲偏將軍,屬令長裨將軍,縣宰爲校尉"。魏振龍(2019P341—353)：稱號不晚於天鳳三年時便已經出現。

[4]大在所酒泉右平郡：原釋文作"□□在所□□□□□",從綴合者改釋。

[5]書吏：李均明、劉軍(1999P56)：書吏,新莽稱漢制"書佐"爲"書吏"。

[6]此簡由姚磊綴合,見姚磊(2021P353)。

☑右大尉守史王音□故尉史將居其府　　稟☑　　　73EJF3:301[1]

(此簡已與 F3:471 簡綴合)　　　　　　　　　　73EJF3:302

始建國天鳳元年……☑　　　　　　　　　　73EJF3:303

定粟三石五斗桼升□□□　　　　　73EJF3:304A+529A[2]

八人直(值)五千八百。王長二千一十二泉(錢)　73EJF3:529B+304B

☑　□元卅　張仲百　☑　　　　　　73EJF3:305

(此簡原整理者與 F3:291 簡綴合)　　　　　　73EJF3:306

任士————————————————☑　73EJF3:307A

□士———[3]　☑　　　　　　　　73EJF3:307B

(此簡已與 F3:627 簡綴合)　　　　　　　　　73EJF3:308

(此簡原整理者與 F3:217 簡綴合)　　　　　　73EJF3:309

肩水金關　☑　　　　　　　　　　73EJF3:310

(此簡已與 F3:628 簡綴合)　　　　　　　　　73EJF3:311

善穀十九斛三斗,當加穀三十八斛八斗,定當出三百。73EJF3:312[4]

敢言之[5]　　　　　　　　　　　　73EJF3:313

角〈觼〉得千秋里王放,年三十五。　　　73EJF3:314[6]

【校釋】

[1]胡永鵬(2017P583)將此簡歸爲新莽時期。其中"將"原未釋,

"其"原釋作"延",今細審原圖版結合文意改。

[2]胡永鵬(2017P583)將此簡歸爲新莽時期。

[3]此處三横畫原釋作"三",王錦城(2019P1736)認爲當同於 A 面作三横畫,可從。另外,A 面下册釋文本中已括注"字下有横道十八"。

[4]胡永鵬(2017P584)將此簡歸爲新莽時期。

[5]"之"字捺畫可見重墨重描痕跡。

[6]胡永鵬(2017P584)將此簡歸爲新莽時期。

習叩頭言,掾執事坐前監吏無恙,伏見未□□□□□　　今令史諸折
傷ⅰ　　　　　　　　　　　　　　　　　　　　　　　73EJF3:315A
兵任用不任用狀,刃費隨(墮)駿(皺)或甚延[1],叩=頭=(叩頭叩
頭),願隨前,未敢言=(言之)。叩=頭=(叩頭叩頭),幸甚[2]。ⅰ
　　　　　　　　　　　　　　　　　　　　　　　73EJF3:315B
畢[3]坐案收取田地、財物以備償普[4]穀,身所[5]不□☒ 73EJF3:316

【校釋】

[1]刃費隨駿或甚延:費,耗費損壞。"隨"通"墮",毀也。《左傳・僖公三十三年》:"墮軍實而長寇讎,亡無日也。"杜預注:"墮,毀也。""駿"通"皺",破裂褶皺之貌。延,長也。《爾雅・釋詁上》:"延,長也。"這裏的"甚延"也是描述兵器破損程度的。整句的意思是説,兵刃損毀破裂,有些破損程度較大。

[2]此處原簡抄寫比較複雜,"叩頭"以後是否該有"幸甚"二字很難確定,但可以確定"言"、"叩"、"頭"三字下都有重文號。"叩頭"重文表義好理解,而若將"言"讀作"言言",文義很難理解。若按照文義和常見詞語"敢言之",將"言="讀作"言之",則文義較順。

[3]畢:疑是人名。

[4]普:人名。

[5]所:原釋作"死",草形不合,今改。

要害隧卒莊歆，　三月乙亥亡。　　☑　　　　　　73EJF3:317

如意隧卒尹嚴，　三月戊戌亡。　　☑　　　　　　73EJF3:318

禽寇隊卒莊宏，　六月庚申亡。　　　　　　73EJF3:323[1]

【校釋】

　　[1]王錦城(2019P1736)指出以上 F3:317、F3:318、F3:323 三簡形制、字體筆跡等一致，内容相似，當原屬同一簡册，今從其説編聯。胡永鵬(2017P584)將三簡歸爲新莽時期。

☑□陽即以爲放在關外人[1]遣陽，即出，可二十餘步。爲

　　　　　　　　　　　　　　　　　73EJF3:319[2]

☑□家到還會正□□牒　　　　　　　　73EJF3:320

☑公乘耿誼，年卅八。　　丿　　　　　73EJF3:321

……ⅰ井縣索關，吏所葆名、縣、爵、里、年、姓各[3]如牒，書到，出入如

律令。ⅱ　　　　　　　　　　　73EJF3:322A

……印。　　　　□　　　　　　　　73EJF3:322B

(此簡已編聯至 F3:318 之後)　　　　73EJF3:323

(此簡原整理者已與 F3:336 綴合)　　73EJF3:324

敢言之。即日到表是所，將吏蓋戎[4]、北鄉庶士孟陽任□☑

　　　　　　　　　　　　　　73EJF3:325[5]

·右大尉屬韓況葆。Ⅰ昭武便處里公乘韓放，年五十。丿Ⅱ ⅰ 母廉

年三十五。丿普弟玄年十二。丿Ⅱ ⅱ 況第(弟)[6]普，年十五。丿羊

二人。丿Ⅱ ⅲ 大車一兩，Ⅲ ⅰ 用牛二頭。Ⅲ ⅱ 牛二人。丿Ⅳ二月一日

卒李Ⅴ ⅰ 譚入。Ⅴ ⅱ 　　　　　　73EJF3:326[7]

【校釋】

　　[1]按照文義，"人"或當釋"入"。

　　[2]胡永鵬(2017P584)將此簡歸爲新莽時期。

　　[3]各：原釋作"名"，此字原簡墨跡較少，同簡行文中前面已經説到

“名”,這裏不會再重複出現“姓名”,按照常見行文應該是“各如牒”,可據常見文例改釋。

　　[4]蓋戎:人名。

　　[5]胡永鵬(2017P584)將此簡歸爲新莽時期。

　　[6]第:原徑釋作“弟”,今據原圖版改。

　　[7]胡永鵬(2017P584)將此簡歸爲新莽時期。

始建國二年八月甲午朔丙辰,肩水庫有秩良以小官印行ⅰ城尉文書事,移肩水金關、居延三十井縣索關,吏所葆名縣ⅱ　73EJF3:327[1]

始建國天鳳五年八月戊寅朔戊寅[朔戊[2]寅][3],都鄉庶士惲敢言之:客田宣成[4]善居里男子程湛,自ⅰ言爲家私使之延亭郡[5]中。謹案:湛毋官獄徵事,當得以令取傳,謁移過所津關,毋苛,如律ⅱ令,敢言之。ⅲ　　　　　　　　　　　　　73EJF3:328A

八月己卯,錄(䟉)得行宰事守馬丞　行馬丞事,守徒丞衆移過所,如律令。ⅰ/掾高[6]、史並。ⅱ　　　　　　73EJF3:328B

　　【校釋】

　　[1]此簡原釋文作下部殘斷,但原簡圖版顯示下部僅缺失一小塊,且文義上兩行首尾相接順暢,不當有缺字,今刪除下部殘斷號。

　　[2]戊:原釋作“戊”,從雷海龍(《合校》2021P475)改釋。

　　[3]尉侯凱(2017.1)已指出此處有衍文,或衍抄“戊寅朔”,或衍抄“朔戊寅”,今暫將後者作爲衍文。

　　[4]宣成:王錦城(2019P900):即宣城,據《漢書·地理志》,茂陵縣,莽曰宣城。從漢簡所見客田之人多來自長安等縣來看,該簡宣城當爲王莽時茂陵稱謂。

　　[5]延亭郡:魏振龍(2019P341-353):爲王莽析張掖郡增置而不爲《地理志》所載,至晚在天鳳五年八月時延亭郡業已存在。王莽罷延亭郡、併居成太尉入輔平郡的時間當在天鳳五年八月至地皇三年五月期間。孫博(2017P104)在指出延亭郡設置於天鳳元年的同時,認爲延亭郡是由張掖

屬國更置而來。

　　[6]高:原釋作"齊",從秦鳳鶴(2018P282-287)改釋。

子……起居平安,毋它善〻。叩頭。因言前子張言　　73EJF3:329A

……　哀許之,已焉[1],願用一草牛[2]戴之。　　73EJF3:329B

☒□軍令曰:使護豐與馬良俱逐求之,已復,與俱詣府("曰"字以上

先書)　　　　　　　　　　　　　　　　　　　　73EJF3:330

𤎛[3]陽陳偉取泉(錢)二百,用鈹[4]當泉(錢),出梁(粱)谷(穀)[5]

之。ⅰ　　　　　　　　　　　　　　73EJF3:331 [6]

入脂勺一,王請青(習字)　　　　　　　73EJF3:332

車融叩頭白之,叩〻頭〻(叩頭叩頭)。謹因使再拜白:　　ⅰ王士執

事善毋恙,頃久闊不相見,起居毋它,善。前所哀ⅱ73EJF3:333A [7]

爲賣[8]履,今當急用泉(錢),願蒙命,幸甚,行爲逐都倉趙候長、田候ⅰ

長家,亦爲賣履,却急具泉(錢)。融今日發,欲逐得之,知[9]一∟二

爲曉。ⅱ　　　　　　　　　　　　　73EJF3:333B

　　【校釋】

　　[1]已焉:焉,原釋作"馬",文義不順暢。已焉,即止、罷了。文獻多
見。《詩經·北門》:"已焉哉,天實爲之。"

　　[2]草牛:王錦城(2019P900):或是指母牛。

　　[3]𤎛:何茂活(2014.11.29)曾在文章中指出,此類字形應改釋作
"熒",不從。按:此字原簡也可能從"木",或釋爲"榮"。

　　[4]鈹:《集成》(十二 P11):兵器,一説爲雙刃刀,一説爲大矛。

　　[5]梁谷:即梁穀。

　　[6]胡永鵬(2017P584)將此簡歸爲新莽時期。

　　[7]胡永鵬(2017P584)將此簡歸爲新莽時期。

　　[8]賣:姚磊(2019.10)讀爲"買"。

　　[9]知:原釋作"不",非是。此字原簡圖作,按照字形,當是"去"或
"知"的草書。從文義看,"知一二"要比"去一二"較順暢,暫擬釋作"知"。

（此簡原整理者與 F3：299 簡綴合）　　　　　　　　73EJF3：334

敢言之：氐池男子公乘並，自言願以令ⅰ……ⅱ　　　73EJF3：335

月十一日具記：都倉置牛車，皆毋它，已北，尊以即日發。去有屬從[1]

居☒ⅰ者，言居延穀倉出入百十二石耳。·禄得[2]遣史䵷廉[3]卿送卒

直[4]肩水，以今月二ⅱ……屠、李君及諸君，凡六人。車數十百兩，禄

得吏民爲ⅲ　　　　　　　　　　　　　　　73EJF3：336+324

宜里男子王少、陳巨，皆自言[5]欲爲家私使安樂〈定〉[6]、武威、張

掖、ⅰ酒泉郡界中。謹案：少、巨皆毋官獄徵事，當爲傳，謁移過所，無

（毋）何（苛）ⅱ留，如律令。　六月癸酉，梁期守丞　　寫移過所，如

律令。掾恭、守史欽。ⅲ　　　　　73EJF3：337+513+288+541 [7]

【校釋】

　［1］從：原釋作“證”，此字原簡字形爲“從”之草書，尤其左部，不是
“言”形草書，而是常見的“彳”形草書寫法。

　［2］禄得：即䵷得。

　［3］䵷廉：王錦城（2019P899）解釋爲姓氏，可從。

　［4］直：原未釋，從雷海龍（2017P87-93）補釋。按：此字原簡作 𤫊，爲
“直”的草書。

　［5］自言：原簡圖作 𠂔，已經寫作合文形式。

　［6］樂：原釋作“定”，原簡作 𣏚，此字形與“樂”的草書更近。不過此形
與常見的“樂”草書略有差異，應該存在書寫訛誤問題。而且從文義上看，
與武威、張掖相並列的應該是與之較近的郡名，《漢書·地理志》並無“安
樂郡”，而有“安定郡”，故“安樂”應該是“安定”之誤。

　［7］此簡由姚磊綴合，見姚磊（2021P352）。

始建〖國〗元年三月壬申朔己丑，關嗇夫欽以小官印行候文書事，謂

關：ⅰ嗇夫吏使名、縣、爵、里、年、姓如牒，書到，出入如律令。ⅱ

　　　　　　　73EJF3：338+201+205A+T7：148 [1]

尉史昌。　　　　　　　　　　　　73EJF3：205B

（此簡已與 F3:493 簡綴合）　　　　　　　　　73EJF3:339

（此簡已與 F3:471 簡綴合）　　　　　　　　　73EJF3:340

津關吏所葆名、縣、爵、里、年、姓如牒,書到,出入如律令。73EJF3:341A

肩水　□　　　　　　　　　　　　　　　　　73EJF3:341B

（此簡已與 F3:95 簡綴合）　　　　　　　　　73EJF3:342

置吏宋吏壽[2],　掌廚傳過客驛馬。　　　　　73EJF3:343

前遂[3]大夫史魯陽尚里龐道葆。Ⅰ 樂官丞印[4]。Ⅱ 從者尚里王偉,
年三十。　八月丁未北嗇夫昌出。Ⅲ ⅰ 軺車一乘,用馬一匹。馰馺
（牝）,齒五歲,高六尺。Ⅲ ⅱ　　　　　　　73EJF3:344 [5]

【校釋】

　　[1]此簡由雷海龍綴合,見雷海龍(2017P87—93)。

　　[2]此處解讀不能確定,既可理解作“置吏宋、吏壽”,將宋、壽作兩個
人名看待,也可將“宋吏壽”理解作置吏的名字,還有可能就是“置吏宋壽”
的誤寫。

　　[3]前遂:王錦城(2019P1738):當即前隊。《漢書·地理志上》:“南
陽郡,秦置。莽曰前隊。”

　　[4]樂官丞印:這裏的“樂官”,西北簡中又寫作“樂涫”、“濼涫”,爲酒
泉郡屬縣。“樂官丞印”又見於 H2:49。

　　[5]胡永鵬(2017P585)將此簡歸爲新莽時期。

十一月十三日　九　九日遣書到馳。　十一月辛未日下餔時,駅北卒
陳威受稽落卒兒康。即日 ⅰ 南書一封,延亭連率後大尉印,詣酒泉大尹
府。十月甲寅□□日入時,付沙頭卒□□。郵書 ⅱ　73EJF3:345A [1]

北書書送起翟,　成況私印。　　　　　　之印信……

翟褒印　　　　成詡之印。長春成豐敢敢言敢言之……（習字甚
多）　　　　　　　　　　　　　　　　　　73EJF3:345B

甲[2]卒平明里陳崇,年三十。　大車一兩,用牛二頭。丿　73EJF3:346

　　　　　城倉丞,　軺車一乘,

居延城倉令史曹相，　　　　　　　　六月戊寅，北嗇夫欽出。

　　　　　　　　　　　　用馬一匹，騢牝，齒八歲，高五尺八寸。

　　　　　　　　　　　　　　　　　　73EJF3：347[3]

臨澤候史西方級，　詣府，　用馬一匹。　　　73EJF3：348A

七月晦，北。　　　　　　　　　　73EJF3：348B[4]

出米一斗二升，　八月丙戌給食居延助府書佐國永=（永、永）從者

往來積四人=（人，人）三升。i　　　　　73EJF3：349

苟留止，如律令。　父城丞印。　/掾嚴、令史奮。　73EJF3：350

（此簡已編聯至 F3：3 後騎士名籍 F3：280 簡之後）　73EJF3：351

奉經用，又不分別，餘　　　　　　　73EJF3：352

☑□　　　□田不能捕得，毋狀，當坐。叩=頭=（叩頭叩頭）。死罪。

敢i　　　　　　　　　　　　73EJF3：353

從者天水[5]安世里下造[6]張崇，年三十。丿　　73EJF3：354[7]

【校釋】

[1]胡永鵬（2017P585）將此簡歸爲新莽時期。

[2]甲：原釋作“田”，從趙爾陽（2018.8.25）改釋。

[3]胡永鵬（2017P585）將此簡歸爲新莽時期。

[4]廣瀬薫雄（2019P267-278）將此簡稱作“詣府”簿，並對此類簡有專門討論。

[5]天水：黄浩波（2016.9.7）：新莽簡。疑天水爲縣名。

[6]下造：徐佳文（2017.3.8）認爲是“上造”之誤書。

[7]胡永鵬（2017P585）將此簡歸爲新莽時期。

（此簡内容已編聯至 F3：105）　　　　73EJF3：355

……　二月癸未，囗[1]官掾憲受。　　73EJF3：356

常安庫宰王延壽，年卌一。　牛車一兩。　73EJF3：357[2]

（此簡已編聯至 F3：3 後騎士名籍 F3：351 簡之後）73EJF3：358-359

（此簡原整理者與 F3：7 簡綴合）　　　73EJF3：360

(此簡已編聯至 F3:3 後騎士名籍 F3:359 簡之後) 73EJF3:361-367

　　　　　　　　　　　大車一兩,丿　☑

傲人填戎[3]樂里下造張翁,年二十五。丿

　　　　　　　　　用牛二頭。丿　☑

　　　　　　　　　　　　　73EJF3:368[4]

　　　　　　大車一兩,

昭武萬歲里公乘張隆,年卅五。　　　七月乙亥南七日,北 。☑

　　　　　　用牛二頭。　　　73EJF3:369

茂縣敬老里唐憚,年十八。Ⅰ作者同縣里王同,年二十一。Ⅱ大車
一兩,Ⅲⅰ用牛二頭。Ⅲⅱ二月甲申南嗇夫詡入。Ⅳ 73EJF3:370[5]

甲[6]卒居延富里張憚,年三十五。　大車一兩,用牛二頭。　九月
戊戌出。　丿　　　　　　　73EJF3:371[7]

【校釋】

[1]五:原釋作"主",從王錦城(2020.1)擬改釋。此簡文字似皆刻畫
而成,紅外線所見墨跡皆非釋文所釋字。據彩色圖版來看,此字確實像
"主",但"五官掾"文義更順,今存疑。

[2]胡永鵬(2017P585)將此簡歸爲新莽時期。

[3]填戎:王莽改天水郡作填戎。

[4]胡永鵬(2017P585)將此簡歸爲新莽時期。

[5]胡永鵬(2017P585)將此簡歸爲新莽時期。

[6]甲:原徑釋作"田",從趙爾陽(2018.8.25)改釋。

[7]胡永鵬(2017P586)將此簡歸爲新莽時期。

陽縣[1]萬世里李業,年二十八。Ⅰ大車一兩,Ⅱⅰ用牛二頭。其一黃
特,齒三歲。〖其一〗[2]黑犗,齒十歲。Ⅱⅱ　　　　73EJF3:372[3]

　　　　　　　　　　大車一兩,

廣利隧長魯武葆　鱳得當富里成彭,年卅三。

　　　　　　　　　　　　　　　　　用牛二頭。73EJF3:373

安樂里莊淵　　　　　　　　　　　　　73EJF3:374

鄣卒孫侯　迎粟橐他。　　　　　　　　73EJF3:375

廣利隧長魯武葆，　鱳得悉意里丁業年六十。〢　73EJF3:376

延新隧卒東郭歆。〢　出。　　　　　　73EJF3:377[4]

關嗇夫吏。　　　　　　　　　　　　　73EJF3:378

肩水金關　　　　　　　　　　　　　　73EJF3:379

……ᵢ肩水以郵行。ᵢᵢ□來ᵢᵢᵢ（原書字多削去）　73EJF3:380

（此簡已與 T7:147 簡綴合）　　　　　73EJF3:381

出中舍穀一斗，〢　貸水門卒張咸。　二月丁酉嗇夫詡付。

　　　　　　　　　　　　　　73EJF3:382A[5]

攜子行嫁者如此矣。　擔　圂　薁[6]　73EJF3:382B

口吟[7]，身皆完，毋兵刃、枚索、笄杖處，病死　73EJF3:383

　　【校釋】

　　[1]陽縣：黃浩波（2017P177－186）：“陽縣”亦不見載於《漢書·地理志》，就名稱判斷，“陽縣”或是“陽陵”改易而來。

　　[2]據文義，此處當脱漏“其一”，今補。

　　[3]胡永鵬（2017P586）將此簡歸爲新莽時期。

　　[4]胡永鵬（2017P586）將此簡歸爲新莽時期。

　　[5]胡永鵬（2017P585）將此簡歸爲新莽時期。

　　[6]薗，原簡作圙，疑釋字有誤。薁，原簡作菓，原釋作“菓”。這兩個字可能是同一個字的雜寫，後者是完整的字，前者是未寫完的字。頗疑此字爲“廩”的俗字。

　　[7]口吟：裘錫圭（2012:2P121）：即“嘴閉”的意思。按《後漢書·梁統傳附梁冀》有“口吟舌言”。李賢注：“語吃不能明了。”《説文·口部》：“吟，呻也。”此簡描述病死者狀況，“口吟”或指口微張的狀態。

夫子教之教　就孔人朱審　夫子内入入令史如入（習字）

　　　　　　　　　　　　　　　　　　　73EJF3:384A

丈丈令史史九□史三令史歆史史史史之（習字）　73EJF3:384B

（此簡已編聯至騎士名籍 F3:367 簡之後）　　73EJF3:385

糧盡正月,以錢從賓,畢移得穀簿,前調部官縣糧石斗各有數,往時

不[1]部吏ⅰ　　　　　　　　　　　73EJF3:386

（此簡已編聯至騎士名籍 F3:385 簡之後）　　73EJF3:387

（此簡原整理者與 F3:206 簡綴合）　　73EJF3:388

☑稽北亭長毛何,　送卒城官。　　73EJF3:389

☑尉史章再拜言,當臈（臘）門户及社[2]☑　　□□泉毋以辨臈謹☑

　　　　　　　　　　　　　　　　　73EJF3:390

☑……十　償六月買　☑　　73EJF3:391

車卻叩頭言・白審令毋成酒,急爲吏穰,須以成ⅰ……ⅱ 73EJF3:392A

……ⅰ此事急之急者也,須以成事,不可乏。叩=頭=（叩頭叩頭）,再

拜。ⅱ　　　　　　　　　73EJF3:392B

戍卒昭武安國里公乘王襃,年卅一。　　丿　　73EJF3:393

石南亭卒朱護,　就食[3]城官。　　73EJF3:394

【校釋】

[1]此處文義不順暢,疑有脱漏。

[2]臈門户及社:"臈"同"臘"。汪桂海（2007.3）:臘的本義是指一種祭祀。……古人稱祭百神爲"蠟",祭祖先爲"臘"。秦漢以後統稱爲"臘"。……漢代,臘日祭祀的鬼神也包括社神……還要祭祀户、灶、中霤、門、行五種鬼神。

[3]就食:傳世文獻謂出外謀生。《史記・平準書》:"江南火耕水耨,令飢民得流就食江淮間。"此簡"就食"當指在城官工作。

出麥二斛三斗,　稟□　　73EJF3:395

出麥二斛三斗……　　73EJF3:396

出粟三斛三斗三升少，　稟廣新隧[1]卒范讓八月食。　　八月一日自

取。□□ⅰ　　　　　　　　　　　　　　　　　73EJF3:397+403

出粟三斛，稟左前候長孫翕九月食。　　　☑　　　73EJF3:458 [2]

　【校釋】

　　[1]廣新隧：饒宗頤、李均明（1995P177）：新莽代漢，通常將地名機構
名所見“漢”字改作“新”或“信”字，《漢書・地理志》所見如“安漢”改作
“安新”、“漢陽”改作“新道”、“漢中”改作“新成”、“廣漢”改作“廣信”等。
據此規則，簡文所見“廣新隧”當爲新莽所改漢“廣漢隧”名。

　　[2]王錦城（2019P1744）認爲 F3:395、F3:396 兩簡屬同一簡册，F3:
397+403、F3:458 屬同一簡册，今從其説編聯。

（此簡已編聯至 F3:3 後騎士名籍 F3:387 簡後）　　73EJF3:398-399

延亭居延甲溝[1]守候蕭遷。　　　　　　　　　　73EJF3:400

出稈穬三斛，　稟受降、安世隧長李敞、牛成等二人十月食。

　　　　　　　　　　　　　　　　　　　　　　73EJF3:401

西海左寧[2]督盜賊衛萌，　客一人。　　・凡二人。　73EJF3:402 [3]

　【校釋】

　　[1]甲溝：饒宗頤、李均明（1995P175）：“甲溝”爲新莽所改“甲渠”候
官名。

　　[2]西海左寧：肖從禮（2018P189-193）：即“西海郡左寧縣”。

　　[3]胡永鵬（2017P586、578、579、582）將上 F3:395 至 F3:397+403、
F3:400 至 F3:402 歸爲新莽時期。

（此簡原整理者與 F3:397 簡綴合）　　　　　　73EJF3:403

・一力六石，傷兩淵各一所，右恬(栝)[1]三所，皆鑣[2]不□☑

　　　　　　　　　　　　　　　　　　　　　　73EJF3:404

（此簡已編聯至 73EJF3:106 之後）　　　　　　73EJF3:405

（此簡已編聯至騎士名籍 F3:399 簡之後）　　　73EJF3:406

（此簡原整理者與 F3：175 簡綴合）　　　　　　73EJF3：407

赦……因白事屬□教乘[3]山吏張彭、斥(斥)竟吏李樂卒　73EJF3：408A

到謹□　□卿　　　　　　　　　　　　　　73EJF3：408B

西二　　　　　　　　　　　　　　　　　73EJF3：409

……叩〓頭〓□□　　　　　　　　　　　　73EJF3：410

……移過所，如律令[4]。（字痕削去以爲它用）　　　73EJF3：411

■右卒驛小史十一人，　用穀三十柰斛八斗。　73EJF3：412 [5]

（此簡已編聯至 F3：3 後騎士名籍 F3：406 簡後）　　73EJF3：413—414

（此簡原整理者與 F3：33 簡綴合）　　　　　　　73EJF3：415

（此簡原整理者與 F3：364 簡綴合）　　　　　　73EJF3：416

（此簡已編聯至 F3：199 後簡册中）　　　　　　73EJF3：417

出鹽七升九龠，　給食二千石所使及郡中☒　73EJF3：418

出熏(薫)[6]二升，　稍熏(薫)傳□☒　　　　　73EJF3：419

☒□三斗三升，　稟逆寇隊[7]卒審彭閏月食。　☒　73EJF3：420

【校釋】

[1]恬：原簡圖作**恬**，字形略有不合，疑左部"忄"書寫有誤。"恬"讀作"栝"，指弩栝，就是弩弓用以發箭的機栝。

[2]鑴：王錦城(2019P905)釋爲"鏃"。

[3]乘：原釋作"孤"，姚磊(《合校》2021P478)結合 F3：165 相同辭例改釋，從改。

[4]此簡原釋作"……"，從姚磊(《合校》2021P478)補釋"移過所"，從韓鵬飛(2019P1730)補釋"如律令"。

[5]胡永鵬(2017P586)將此簡歸爲新莽時期。

[6]熏：原釋作"薫"，此字同簡兩見，從王錦城(2019P1746)改釋。"熏"通"薫"，指香草。

[7]隊：原釋作"隧"，原簡圖作**隊**，今據原簡圖改。

（此簡原整理者與 F3：189 簡綴合）　　　　　　73EJF3：421

關門卒竇宣八月通三斗米,九月通六斗米,凡通九☑　　73EJF3:422

戍卒𪧈得千秋里公乘江永,年卅。　　丿　☑　　73EJF3:423

　　　　　　　　　　　大車一兩,丿

儌人樂涫[1]直里下造孟忠,年三十五。

　　　　　　　　　用牛二頭。丿

　　　　　　　　73EJF3:536+424[2]

(此簡原整理者與 F3:143 簡綴合)　　　　73EJF3:425

☑　用布一丈。　　　　　　　　　　73EJF3:426

☑候長孫吉行候長事,乘山隧長魯下　☑　　73EJF3:427

致官傳,病逾行重罰,叩頭,死罪,敢言之。☑　　73EJF3:428

累南亭卒隋放,　送財用札[3]府。　八月二日,北。73EJF3:429+434

【校釋】

　　[1]樂涫:黃浩波(2011.12.1)已指出樂涫、㴂涫、樂官實爲一地,而當時之人多寫作"㴂涫",爲酒泉郡屬縣。

　　[2]胡永鵬(2017P586)將此簡歸爲新莽時期。

　　[3]財用札:趙寵亮(2006.2)認爲是指政府各級部門日常辦公所必需的辦公用品……兩行、檄、尺札等這些表示不同規格、用途的簡牘,均爲"財用"(辦公用品)。

(此簡原整理者與 F3:480 簡綴合)　　　　73EJF3:430

　　　　作禄福平牛里☑

常幸里公乘李就,年六十。

　　　　　　車二兩,用牛☑　　73EJF3:431

☑盜[1],檄到驗問,必得事實[2]。☑　　73EJF3:432

(此簡原整理者與 F3:274 簡綴合)　　　　73EJF3:433

(此簡原整理者與 F3:429 簡綴合)　　　　73EJF3:434

(此簡原整理者與 F3:257 簡綴合)　　　　73EJF3:435

告關嗇夫昌敦德警☑　　　　　　　　　73EJF3:436A [3]

☑☑　　　　　　　　　　　　　　　　73EJF3:436B

☑……米備黍千黍百五十石,第三　　　73EJF3:437 [4]

(此簡已與 F3:470 簡綴合)　　　　　　73EJF3:438

(此簡已與 F3:610 簡綴合)　　　　　　73EJF3:439

白・丁中孫[5]今日辤(辭)[6],得病未去,度☑　73EJF3:440

居延縣索,寫移,如律令。　掾賞、守佐憚☑　73EJF3:441+616 [7]

☑年正月乙丑北出。　　　　子男詡出。☑

　　　　　　　子女

☑騂牡,齒☑歲,高六尺二寸。　十二月壬午出。☑ 73EJF3:442

☑☑王詡亡,以何日蘭入,何日爲破虜　　73EJF3:443

鄉利隧卒孟利,　三月丙寅亡。　☑　73EJF3:444 [8]

(此簡原整理者與 F3:234 簡綴合)　　73EJF3:445

☑　張掖郡觻得騎士富安里黃立,年二十二。有方一。

☑　張掖郡觻得騎士定安里李戎,年三十五。六石具弩一。

☑　張掖郡……具弩一　　　　　　　73EJF3:446 [9]

【校釋】

[1]盜:原未釋,徐佳文(2017.3.8)認爲是"治"字。按:此字原簡圖作☒,是"盜"字草書,西北簡中可見同類寫法,如居新 T52.339 ☒。

[2]實:原未釋,從徐佳文(2017.3.8)補釋。按:此字原簡墨跡較少,但結合辭例可擬補釋。

[3]胡永鵬(2017P586)將此簡歸爲新莽時期。

[4]胡永鵬(2017P586)將此簡歸爲新莽時期。

[5]丁中孫:人名。按:"丁"豎畫拉長,或有特殊意義。

[6]辤:原釋作"誠",原簡圖作☒,這是"辤"的較常見草書寫法,今改。

[7]此簡由姚磊綴合,見姚磊(2021P355)。

[8]胡永鵬(2017P584)將此簡歸爲新莽時期。

[9]胡永鵬(2017P587)將此簡歸爲新莽時期。

戊晝治大吉[1]。　夜治小吉[2]。　丙丁[3]晝治徵明[4]。【夜治】從魁[5]。　壬癸[6]【晝治太一,夜治太沖】☑ᵢ己晝治神後[7]。　夜治傳[8]送。　辛晝治勝尪[9]。　夜治功曹。☑ᵢᵢ　73EJF3:447A [10]

後部治所收貢〈責〉[11]□　伏見尊[12]□致肩水候鄣☑ᵢ……☑ᵢᵢ

73EJF3:447B

【校釋】

[1]戊晝治大吉:原釋作“戊□治吏所”,從程少軒(2016.8.26)改釋。

[2]吉:原未釋,從程少軒(2016.8.26)補釋。

[3]丙丁:原釋作“庚”,從王强(2019.4)改釋。

[4]徵明:原未釋,從程少軒(2016.8.26)補釋。

[5]【夜治】從魁:原釋作“□治□”,程少軒(2016.8.26)改釋作“夜治魁”,從王强(2019.4)改釋。

[6]癸:原釋作“晝”,從王强(2019.4)改釋。

[7]神後:原釋作“細□”,從程少軒(2016.8.26)改釋。

[8]傳:原未釋,從程少軒(2016.8.26)補釋。

[9]勝光:“勝”原釋作“塍”,從程少軒(2016.8.26)改釋。光,原未釋,程少軒據相關文獻認爲此字作“光”或“先”,今存疑。

[10]此簡程少軒(2016.8.26)、王强(2019.4)根據傳世文獻對讀後作了較大調整。程少軒(2016.8.26)指出該木牘內容爲“天干治十二月將”。“功曹”等爲式占十二月將,一般認爲屬六壬式或太乙式,傳世文獻及出土漢代式盤中較爲常見……核查文獻可知以上即《太白陰經》卷十所載“推天乙所理法”。

[11]貢:原徑釋作“責”,原簡圖作,當爲“責”之訛誤,今改。

[12]尊:原釋作“音”,原簡圖作,爲“尊”之草書,今改。

(此簡原整理者與F3:76簡綴合)　　　　　　　　73EJF3:448

北書一封，　居延左尉,即日起☑	73EJF3：449A
北書三封，　鬵得丞印,詣☑	
單檢一,張掖肩☑	73EJF3：449B
爵、里、年、姓如牒	73EJF3：450A
肩庫	73EJF3：450B
肩水金關　　☑	73EJF3：451
肩水候官　　☑	73EJF3：452

　　　　癸　壬　壬　壬　辛　辛　庚　庚　　☑
☑日

　　　　巳　戌　辰　戌　卯　酉　寅　申　　☑　　　73EJF3：453[1]

☑始建國三年十一月丁亥朔壬子,户曹史黨敢言之：甲子胡兼自言
大尉i☑……大尹府,願以令取傳。謹案：户籍臧官者ii

　　　　　　　　　73EJF3：461+476+454

（此簡已編聯至 F3：199 後簡册中）	73EJF3：455
君思以今年二月中暴病,頭□□□☑	73EJF3：456A
但在其中何□……☑	73EJF3：456B
☑雨雪時入塞,案往	73EJF3：457
（此簡已編聯至 F3：397+403 後）	73EJF3：458
（此簡已編聯至 73EJF3：107 之後）	73EJF3：459
☑居延都尉三年　　　　正月己丑起。	
☑年正月乙巳日下飯　　時騂北亭卒賀受沙頭。	73EJF3：460A
☑……北亭卒賀受沙頭卒□	73EJF3：460B
（此簡原整理者與 F3：454 簡綴合）	73EJF3：461
戌卒鬵得成漢里公乘田襃,年五十☑	73EJF3：462
（此簡已與 T21：145 簡綴合）	73EJF3：463
☑案受吏＝[2]者往來積百五十八人＝（人,人）半龠。☑	73EJF3：464
治溝卒庌(斥)丘中里上造靳陵,年三十。丿　　☑	73EJF3：465+500[3]

☑公乘成恭,年卅五,爲行丞事,蔡君御行塞。　　　　73EJF3:466

肩水驛北亭卒糅得新成里公士,李譚年三☑　　　　73EJF3:467^[4]

始建國六年二月甲戌朔庚寅,肩水☑☑　　　　73EJF3:468+502

☑□過所縣邑,毋留止,如律令。☑　　　　73EJF3:469

居耼(攝)三年二月戊寅朔癸……並丞岑移過所過,守尉周重 i 爲郡
送絳張掖居延都尉府,當舍傳舍,從者如律令。　　/掾鳳、令史博。ii

73EJF3:470+564+190+243+438^[5]

【校釋】

[1]許名瑲(2016.8.30)補簡首作"一日"。許名瑲、胡永鵬
(2017P471)定此簡屬始建國天鳳三年曆譜。

[2]此處的"吏"王錦城(2019P908)讀作"使"。但此處有"重文號",
若作重文理解,無論是"受使使者"還是"受吏吏者",文義皆不通暢,故此
符號不能按照重文理解。

[3]胡永鵬(2017P587)將此簡歸爲新莽時期。

[4]胡永鵬(2017P587)將此簡歸爲新莽時期。

[5]此簡由姚磊綴合,見姚磊(2021P356)。

肩水候史昭武安新里辛壽,朿月癸未除,盡九月晦積九十日。因亡
不詣官,案壽乘邊迹候吏別^[1] i ☑……□□辟吏私自便利^[2]不平
端^[3]逐捕未得。ii始建國五年九月壬午^[4]朔辛亥,候長劾移昭武獄,
以律令從事。iii　　　　73EJF3:471+302+F2:43+F3:340^[5]

【校釋】

[1]別:原簡圖作◆◢,與常見"別"形有差異。

[2]便利:此處作以公謀私,居官爲己之義。

[3]平端:原未釋,從綴合後釋文改釋。平端,即公平端正。

[4]壬午:許名瑲(2018P327-354)認爲是"丙午"之誤。

[5]此簡原整理者將 F3:471 與 F3:302 綴合,圖版放在 F3:302 位置。
後雷海龍(2017P87-93)、姚磊(2021P357)再度綴合,今從。胡永鵬

（2017P346）考此簡屬始建國四年。

等[1]，車八兩，牛十頭，爲韋(葦)[2]，千人轉運粟當☒　73EJF3：472+540

（此簡已與 F3：271 簡綴合）　　　　　　　　　73EJF3：473

（此簡已編聯至 F3：106 後簡册中）　　　　　73EJF3：474

☒□候遺[3]移肩水金關，寫移，如律。　　　　　73EJF3：475

（此簡原整理者與 F3：454 簡綴合）　　　　　73EJF3：476

大車兩[4]，用牛二十頭，☒　　　　　　　　　73EJF3：477

☒　十月丁卯主簿萌奏記□　　　　　　　　　73EJF3：478

（此簡已與 F3：277 簡綴合）　　　　　　　　73EJF3：479

【校釋】

［1］此字原徑釋作“等”，原簡圖作🔲，與常見的“等”字略有差異，且文例亦不能完全確定，今存疑。

［2］韋：原釋作“事”，從向雪（2017.4.10）改釋。王錦城、魯普平（2017P328-334）指出“爲韋”當爲載運葦。

［3］此字原簡圖作🔲，與“遺”略有些差異，不排除此字是“遣”之訛誤。

［4］兩：原釋作“十兩”，從韓鵬飛（2019P1732）改釋。按：此處當是原抄寫者漏抄數字。

靳立叩頭言・：滄食未入，願知毋恙[1]，叩𬻬頭𬻬（叩頭叩頭）[2]。累[3]造上釜[4]，叩頭[5]。付訖[6]。持詣前，叩𬻬頭𬻬（叩頭叩頭），叩𬻬頭𬻬（叩頭叩頭）白奏[7]。ⅰ趙有秩坐前，頃不相見，良苦臨事，起居得無有它，叩頭。一日來賓，掌[8]不備。ⅱ

　　　　　　73EJF3：480B+282B+514A+430A+263A[9]

叩頭。立在於拘吏，以故不往記，叩𬻬頭𬻬（叩頭叩頭）。且爲餘寒，自愛[10]，詳忍下愚[11]，有可使告記ⅰ以從事侍教，毋用□□之[12]故又闊[13]。叩﹦頭﹦（叩頭叩頭）。幸爲。立再拜謝丈人。立叩﹦頭﹦（叩頭叩頭）。加強ii　　　73EJF3：430B+263B+480A+282A+514B

【校釋】

[1]此簡有重墨滴到簡面文字上。

[2]此處原釋文無重文號，實際原圖版有重文號，今補。

[3]累：勞煩、勞累。

[4]上釜：疑是指上等的釜。後文所説的"付訖"可能就是指"釜"交付完畢。

[5]此處原釋文有重文號，但原圖版其實没有重文號，今删。

[6]訖：原釋作"記"，何茂活（2017.2.20）懷疑是"隧"。按：此字原簡圖作 ，左從"言"，右從"乞"，西北簡中不乏此類寫法，如居53.19 、肩伍F3：633 ，就是如此。

[7]奏：原未釋，原簡圖作 ，爲"奏"的簡俗寫法。白奏，金關簡多見，T10：246、T23：279、T23：323、T23：995等皆可見，是漢代書信中表示稟明、陳述的常用詞。

[8]掌：原釋作"棠"，何茂活釋作"掌"，王錦城（2019P893）以爲不可從。按：此字原簡圖作 。以金關簡的草化程度和書寫習慣來説，此形下當從"手"而非"木"，何説可從。"掌不備"前後相接突兀，解讀不確定。或讀爲"尚"，表示尚且、還的意思。尚不備可能是還不完備或者還没準備好。或者"掌"讀爲"堂"，大概指廳堂不備。這可能是應對"來賓"而言。

[9]此簡由姚磊綴合，見姚磊（2021P354）。此簡共由五枚簡綴合，其中原整理者將F3：430與F3：263綴合，F3：480與F3：282綴合，姚磊（2021P354）將兩者與F3：514再綴合，後來何茂活（2017.2.20）對五枚簡的順序作了調整，本文從何茂活調整後順序。

[10]自愛："自"原釋作"白"。西北簡草書的"白"、"自"有不少同形情況，主要還是靠文例來區别。"愛"原釋作"延七"兩字，原簡圖作 。此字形的上部與"愛"形上部基本一致。下部"心"俗寫很容易寫成此簡中所謂的"七"形。自愛，書信中非常多見，相當於現在説的自己照顧好

自己。

[11]詳忍下愚:EPT44:8B 有"忍下愚吏士",《集成》(九 P281)解釋爲容忍、寬容屬下。此簡"詳忍下愚"應與之同義。

[12]此字原簡僅見下部筆畫,疑是同簡出現的人名"立"。

[13]闊:原未釋,原簡圖作□,爲從"門"從"活"之草書,今補。

☑牛一頭,黄犗,齒十歲。ⅰ☑載米六十斛。ⅱ　　　　73EJF3:481

居聶(攝)三年三月戊申朔戊申,張掖居延都尉昌、丞音謂過所:遣書佐曹相[1]行驛馬ⅰ肩水……掾宣、卒史譚、書佐丹☑ⅱ

　　　　　　　　　　　　　73EJF3:482+193+508 [2]

……月盡始建國元年肩水禁姦隧長代王譚

……二月積四月二千四百七十六泉(錢)六分　73EJF3:483+78+623 [3]

【校釋】

[1]曹相:人名。F3:347 中見"居延城倉令史曹相"。

[2]此簡 F3:482+193 由原整理者綴合,圖版放在 F3:193 位置。後由姚磊再綴合,見姚磊(2021P358)。

[3]原整理者將 F3:78 與 F3:623 綴合,簡圖放在 F3:78 位置。後謝坤將其與 F3:483 再綴合,轉見姚磊(2021P445)。今從其説。胡永鵬(2017P579)將此簡歸爲新莽時期,年代不晚於始建國三年七月。按:綴合後可知是始建國元年。

居延賢里公乘董相,年六十三,☑　　　　　73EJF3:484

(此簡原整理者與 F3:48 簡綴合)　　　　　73EJF3:485

☑馬一匹,ⅰ☑十一月八日出。ⅱ　　　　　73EJF3:486

☑一,矢卅。十二月戊寅出。　　　　　　　73EJF3:487

南部　☑　　　　　　　　　　　　　　　73EJF3:488

☑五斤　　　　　　　　　　　　　　　　73EJF3:489

☑十一月己丑☑　　　　　　　　　　　　73EJF3:490

·凡車十五　☑　　　　　　　　　　　　　　　　　73EJF3：491

（此簡原整理者與 F3：299 簡綴合）　　　　　　　　73EJF3：492

己巳病傷寒，頭、三（四）支不舉，即日加心腹支滿，不能飲食☑

73EJF3：493+339+609+601 [1]

　　☑　　　　　　　甲　甲　☑

廿一日

　　　　午　亥　巳　亥　辰　戌　☑　　　　73EJF3：494 [2]

☑□十月甲子入。劍一□□廿 卩 i ☑□光 ii　　73EJF3：495

☑破 [3] 封解隋 [4] 蒲。　　　　　　　　　　　73EJF3：496

【校釋】

［1］此簡由楊小亮綴合，轉見姚磊（2021P445）。胡永鵬（2017P584）將此簡歸爲新莽時期。

［2］羅見今、關守義（2018.6）、許名瑲（2018P327-354）皆認爲此簡是始建國四年曆譜。

［3］破：原未釋，徐佳文（2017.6）補釋。按：原簡此字上殘，但能看到“破”之所從“又”形，暫從其意見擬補。

［4］解隋：徐佳文（2017.6）：解有開裂和壞的意思。“隋”同“墮”，表示落下的意思。又因“隋”通“隨”，“解隋”即“解隨”，表示描述蒲繩壞損和脫落。按：此處的“解”當是鬆懈之義，指蒲繩鬆懈。

（此簡原整理者與 F3：245 簡綴合）　　　　　　　73EJF3：497

（此簡原整理者與 F3：134 簡綴合）　　　　　　　73EJF3：498

肩水金☑　　　　　　　　　　　　　　　　　　　73EJF3：499

（此簡原整理者與 F3：465 簡綴合）　　　　　　　73EJF3：500

☑　禀萬☑　　　　　　　　　　　　　　　　　　73EJF3：501

（此簡原整理者與 F3：468 簡綴合）　　　　　　　73EJF3：502

（此簡已與 F3：36 簡綴合）　　　　　　　　　　　73EJF3：503

（此簡已與 F3：52 簡綴合）　　　　　　　　　　　73EJF3：504

欲遺孫[1]可衣□□ⅰ……□ⅱ　　　　　　　　　73EJF3:505

（此簡已編聯至騎士名籍 F3:414 簡之後）　　　73EJF3:506

□□二十五　　　牛車一兩

　　　　　用牛二頭　　　　　　　　　　73EJF3:507[2]

（此簡已與 F3:482 簡綴合）　　　　　　　73EJF3:508

（此簡已與 F3:79 簡綴合）　　　　　　　　73EJF3:509

（此簡已與 F3:79 簡綴合）　　　　　　　　73EJF3:510

　　　奉明(明)[3]故廣里公乘王尚,年三十五。□

置佐孫宏葆。

　　　從者䑛得富昌里公士張惲,年十二。　　□□

　　　　　　　　　　73EJF3:511+306+291[4]

（此簡已與 F3:54 簡綴合）　　　　　　　　73EJF3:512

（此簡已與 F3:337 簡綴合）　　　　　　　73EJF3:513

（此簡已與 F3:480 簡綴合）　　　　　　　73EJF3:514

□騅豐,年二十五。　　　　　　　　　73EJF3:515

□　三月庚辰,從[5]……□　　　　　　　73EJF3:516

（此簡原整理者與 F3:518 簡綴合）　　　　73EJF3:517

□候長常敢言之:廷録曰:趣具馬[6],不得十日□ⅰ□日夜求買馬,未

能得,請盡力具馬。叩頭,死﹦罪﹦(死罪死罪)[7]。敢□ⅱ

　　　　　　　　　　73EJF3:518+517

【校釋】

[1]孫:原未釋,原簡作𡥀,從向雪(2017.4.10)補釋。

[2]胡永鵬(2017P587)將此簡歸爲新莽時期。

[3]奉明:原釋作"幸朋",從黃浩波(2017P177-186)改釋。

[4]胡永鵬(2017P583)將此簡歸爲新莽時期。圖版原整理者放在

F3:289 之後。

[5]從:原釋作"佐",從秦鳳鶴(2018P282-287)改釋。

[6]具馬:王錦城(2019P910):具,備辦。《廣韻·遇韻》:"具,備也,

辦也。"具馬即備辦馬匹。

　　[7]"死罪"原簡有重文號,原釋文漏標,今補。

裝張佻(掖)[1]居延郡界中津☐　　　　　　　73EJF3:519

(此簡已編聯至73EJF3:150後)　　　　　　73EJF3:520

　　　　　　輺車一車,

居延尉史孫護,　　　　　　　　　七月壬辰北嗇夫欽出。

　　　　馬一匹,騅牝,齒八歲,高六尺。　73EJF3:534+521[2]

・舉長吏深憂垂念[3]小民處,業貧毋訾,尤有意者☐　73EJF3:522

☐中恭三月十八日從行塞,封户去,至月二十日莫(暮),不知何人

　　　　　　　　　　　　　　　　　73EJF3:523[4]

(此簡已與F3:209綴合)　　　　　　　　73EJF3:524

☐☐而亡,若盜去署及爲詐僞以辟事☐　73EJF3:525A

☐便毋復來,與侯良亡☐☐　　　　　73EJF3:525B

(此簡已與F3:254簡綴合)　　　　　　　73EJF3:526

官大奴王便,年廿六。　布二丈☐　73EJF3:527

(此簡已與F3:229簡綴合)　　　　　　　73EJF3:528

(此簡原整理者與F3:304簡綴合)　　　　73EJF3:529

☐蘇利,年卅八△丿☐ⅰ☐……ⅱ　　73EJF3:530

(此簡已編聯至騎士名籍F3:506簡之後)　73EJF3:531

(此簡原整理者與F3:48簡綴合)　　　　73EJF3:532

(此簡原整理者與F3:50簡綴合)　　　　73EJF3:533

(此簡原整理者與F3:521簡綴合)　　　　73EJF3:534

止虜隧長榮就,　今鹿[5]少伯　☐　73EJF3:535

(此簡原整理者與F3:424簡綴合)　　　　73EJF3:536

(此簡已編聯至F3:106後簡册中)　　　　73EJF3:537

戍卒觻得孝仁里公乘賈☐☐　　　　73EJF3:538

二衆云=^[6]。叩=頭=(叩頭叩頭)。死☐　　　　　73EJF3:539

(此簡原整理者與 F3:472 簡綴合)　　　　　　　　　73EJF3:540

(此簡已與 F3:337 簡綴合)　　　　　　　　　　　　73EJF3:541

(此簡已與 F3:229 簡綴合)　　　　　　　　　　　　73EJF3:542

(此簡原整理者與 F3:25 簡綴合)　　　　　　　　　73EJF3:543

河南郡雒陽南胡里公乘史高,年卅☐☐　　　　　　73EJF3:544

出麥二斛三斗,　　☐　　　　　　　　　　　　73EJF3:545^[7]

出布二匹,　買葵、韭、葱給刀^[8]將軍、金將軍家屬。73EJF3:546+38^[9]

【校釋】

[1]俲:原簡圖作![img],從"亻"不從"扌",今改。

[2]胡永鵬(2017P585)將此簡歸爲新莽時期。

[3]垂念:指上對下挂念,也用作敬辭。

[4]胡永鵬(2017P587)將此簡歸爲新莽時期。

[5]鹿:原釋作"恭",原簡此字下部明顯從"比",上部也是"鹿"的常見寫法,今改。

[6]此處符號可有二解:一是讀爲"云云";二是讀爲"云之",或改釋"云"爲"言",讀爲"言之"。

[7]胡永鵬(2017P586)將此簡歸爲新莽時期。

[8]刀:原釋作"刁",原簡圖作![img],今改。

[9]此簡由謝明宏(2022.3.2)綴合。

(此簡原整理者與 F3:570 簡綴合)　　　　　　　　73EJF3:547

(此簡已與 F3:300 簡綴合)　　　　　　　　　　　　73EJF3:548

☐黃子程黨^[1]伏地言^[2]　物來大不可叩頭^[3]。73EJF3:549A+580A ^[4]

☐以☐㮚八日毋憂☐^[5]即有屬草籍雖^[6]……　73EJF3:549B+580B

☐☐南嗇夫博入。　　　　　　　　　　　　　　73EJF3:550

☐☐倉長惲、丞董欽☐。　　　　　　　　　　　73EJF3:551

☑……下小弱　　　　　　　　　　　　　　　　73EJF3:552

(此簡已編聯至 F3:106 後簡册中)　　　　　　73EJF3:553

(此簡已編聯至騎士名籍 F3:531 簡之後)　　　73EJF3:554

(此簡原整理者與 F3:134 簡綴合)　　　　　　73EJF3:555

(此簡已編聯至騎士名籍 F3:554 簡之後)　　　73EJF3:556

(此簡已與 T7:50 簡綴合,並編聯至 F3:199 後簡册中) 73EJF3:557

(此簡已與 F3:192 綴合,並編聯至 F3:106 後簡册中) 73EJF3:558

表是千秋里仲岑☑　　　　　　　　　　　　　73EJF3:559

☑城城年歲歲歲☑　　　　　　　　　　　　　73EJF3:560

(此簡已與 F3:123 簡綴合)　　　　　　　　　　73EJF3:561

(此簡原整理者與 F3:234 簡綴合)　　　　　　73EJF3:562

☑人張博省官ᵢ☑□已亡ᵢᵢ　　　　　　　　　　73EJF3:563

(此簡已與 F3:470 簡綴合)　　　　　　　　　　73EJF3:564

☑十二月省卒芳[7]輂☑　　　　　　　　　　　73EJF3:565

　　【校釋】

　　[1]黨:原釋作"坐□"。未釋字秦鳳鶴(2018P282-287)作"圭"。按:此字原簡圖作𦊆,實際就是"黨"字的草書。

　　[2]言:原釋作"罰",綴合後可知右部並非"刀",而是"地"的下拉筆畫,今改。"言"後原有一未釋字,今審原簡彩色圖,知其非墨跡,今删。

　　[3]物來大不可叩頭:物,原作"掾"。此字原字形右部是"勿",今改。來,原釋作"未"。此字左上兩橫之間似見一點,今擬改。大,原釋作"左"。"大"、"左"兩字漢簡草書同形,要據文義定字。不,原釋作"屬",字形頗不合,此字原簡當是"不"的草書。"大不可"又見於 T23:896A。叩頭,原釋作"書佐"。原簡兩字是"叩頭"的常見草書寫法,今改。原釋文在"物"前尚釋出"/",今細審此筆畫可見末端上挑之勢,知是左側文字橫畫,不當作爲分割符號看待。原整理者大概是因爲此符號才釋出"掾"、"屬"、"書佐"諸字。實際此簡是官信,"伏地言"之後不當出現掾、屬、書佐之類內容。

　　[4]此簡由姚磊綴合,見姚磊(2021P359)。胡永鵬(2017P587)將此

簡歸爲新莽時期。

　　[5]此未釋字綴合者釋作"毋"。

　　[6]"草"原逕釋作"草",此字原簡字形與"革"形亦近,且辭例不明,存疑。"籍"、"雖"原分別逕釋作"籍"、"雖",但原簡字形結構皆不明確,皆當存疑。

　　[7]芳:尉侯凱(2017.1)認爲此字是"芀"之誤字,不可從。

謹案:官六月□☑	73EJF3:566
(此簡已編聯至 F3:199 後簡册中)	73EJF3:567
☑遣從史張平歸益衣	73EJF3:568A
☑　/兼掾□□	73EJF3:568B
☑過所津關,遣守造陳惲迎吏	73EJF3:569
牛一頭,黑犗,齒九歲。　☑	73EJF3:570+547
☑縣道河津關,遣從史孟	73EJF3:571

<table>
<tr><td></td><td>大車,</td><td></td></tr>
<tr><td>茂陵道德里王永,年五十二。</td><td>用牛一,☑</td><td></td></tr>
<tr><td></td><td>十一月。</td><td>73EJF3:572</td></tr>
</table>

□□自今以來,叩頭☑	73EJF3:573
□□　□□門門……　廿四☑	73EJF3:574
□□叩頭白……	73EJF3:575
☑……　預	73EJF3:576
☑□　□　羊	73EJF3:577
(此簡已與 F3:198 簡綴合)	73EJF3:578
☑亡	73EJF3:579
(此簡已與 F3:549 簡綴合)	73EJF3:580
(此簡原整理者與 F3:49 簡綴合)	73EJF3:581
☑□歲　丿	73EJF3:582
(此簡原整理者與 F3:175 簡綴合)	73EJF3:583

☑　持牛十六頭[1]　　　　　　　　　　　　　　　73EJF3:584

【校釋】

[1]“頭”後原釋文有“入”字,雷海龍(2017P87-93)釋作“丿”,皆不可從。今審原簡圖可知,最後一筆實際是草書“頭”的筆畫,不能分開看待。

肩水候官　☑ᵢ八月丁酉沙頭卒□以來。　☑ᵢᵢ　　73EJF3:585

(此簡已編聯至騎士名籍 F3:556 簡之後)　　　　73EJF3:586

將其人欲出入□　☑　　　　　　　　　　　　　73EJF3:587

☑卒二人亡　　　　　　　　　　　　　　　　　73EJF3:588

☑□,年卅　☑　　　　　　　　　　　　　　　73EJF3:589

☑□五年三月治獄☑　　　　　　　　　　　　　73EJF3:590

六月一□☑　　　　　　　　　　　　　　　　　73EJF3:591

☑……ᵢ☑□　勇士卒張譚下五分賀付沙ᵢᵢ　　　　73EJF3:592

(此簡原整理者與 F3:217 簡綴合)　　　　　　　73EJF3:593

(此簡已與 F3:292 簡綴合)　　　　　　　　　　73EJF3:594

謹……☑　　　　　　　　　　　　　　　　　73EJF3:595A

……☑　　　　　　　　　　　　　　　　　　73EJF3:595B

☑　牛車一兩,　☑ᵢ☑　用牛一頭。　☑ᵢᵢ　73EJF3:596

(此簡原整理者與 F3:269 簡綴合)　　　　　　　73EJF3:597

☑七百五十束☑　　　　　　　　　　　　　　　73EJF3:598

(此簡已與 T37:805 簡綴合)　　　　　　　　　　73EJF3:599

☑　三十九兩粟　☑　　　　　　　　　73EJF3:600[1]

(此簡已與 F3:493 簡綴合)　　　　　　　　　　73EJF3:601

(此簡已與 F3:610 簡綴合)　　　　　　　　　　73EJF3:602

☑□有者必坐☑　　　　　　　　　　　　　　　73EJF3:603

子春足下,前[2]相見不一 ㇄二,☑　　　　　　73EJF3:604A

致書仲彭昆弟,□☑　　　　　　　　　　　　　73EJF3:604B

☑　鞮瞀(鍪)十三,☑ᵢ☑　弩一,幨十☑☑ᵢᵢ　　　　73EJF3：605A

☑以郵郵起行☑　　　　73EJF3：605B

☑□☑　　　　73EJF3：606

☑　一兩　　　　73EJF3：607

……☑　　　　73EJF3：608A

肩關　　☑　　　　73EJF3：608B

(此簡已與 F3：493 簡綴合)　　　　73EJF3：609

☑平理[3]事,省不願復署,置忠□□,皆得奉食☑

　　　　　　　　　　73EJF3：610+439+602[4]

☑道津關,謁☑　　　　73EJF3：611

☑朔辛酉,守☑ᵢ☑令取傳,謁[5]☑ᵢᵢ　　　　73EJF3：612

　【校釋】

　[1]胡永鵬(2017P587)將此簡歸爲新莽時期。

　[2]前:雷海龍(《合校》2021P485)釋作“屬”。

　[3]平理:評斷。《後漢書・魯恭傳》:“訟人許伯等爭田,累守令不能決,恭爲平理曲直,皆退而自責,輟耕相讓。”

　[4]此簡由姚磊綴合,見姚磊(2021P360)。

　[5]謁:姚磊(《合校》2021P485)認爲此字也可能是“名”,不能確定釋字,當存疑。按:從存見的墨跡看,應是“謁”的右上角,當從原釋。

☑年廿。　☑　　　　73EJF3：613

☑□　　　　73EJF3：614

　　　　　卩☑

☑尺七寸。　　　　73EJF3：614

☑年卅二　☑　　　　73EJF3：615

(此簡已與 F3：441 簡綴合)　　　　73EJF3：616

(此簡已與 F3：228 簡綴合)　　　　73EJF3：617

☑到所何,亦不以此負(削衣)　　　　73EJF3：618

☑午,西鄉嗇夫☑　　　　　　　　　　73EJF3:619

☑願取急,□☑　　　　　　　　　　　73EJF3:620

☑有秩賞　　　　　　　　　　　　　73EJF3:621A

☑水金關乏錢三十　　　　　　　　　73EJF3:621B

☑□會南門□□□□(削衣)　　　　　73EJF3:622

(此簡已與 F3:483 簡綴合)　　　　　　73EJF3:623

□□穧麥☑　　　　　　　　　　　　73EJF3:624

☑外有☑　　　　　　　　　　　　　73EJF3:625

□□□受延城所□☑　　　　　　73EJF3:626[1]

(此簡已與 F3:292 簡綴合)　　　　　　73EJF3:627

□□司馬行大尹事。Ⅰ詣延亭大尹府,三月庚子起。Ⅱ五月庚戌日
餔時,莫當卒受騂北卒。Ⅲⅰ五月辛亥日入時,顯高〈高顯〉[2]卒付守
林卒同。Ⅲⅱ界中百三十里,書行十三時,中程。Ⅲⅲ

　　　　　　　　　　　　　　　73EJF3:628+311[3]

□□□舍□☑　　　　　　　　　　　73EJF3:629A

頭□□□毋□☑　　　　　　　　　　73EJF3:629B

(此簡已與 F3:292 簡綴合)　　　　　　73EJF3:630

☑　　見　　☑　　　　　　　　　　73EJF3:631

☑願毋令相予☑　　　　　　　　　　73EJF3:632A

☑關外弟(第)[4]四亭☑　　　　　　　73EJF3:632B

☑淩,吾訖即旦,毋它,薄怒言☑ⅰ……☑ⅱ(削衣)　73EJF3:633

☑□亭長□☑ⅰ□□□ⅱ(削衣)　　　73EJF3:634

☑不多言☑ⅰ□□=悍=不☑ⅱ(削衣)　73EJF3:635

(此簡原整理者與 F3:234 簡綴合)　　　73EJF3:636

【校釋】

[1]胡永鵬(2017P587)將此簡歸爲新莽時期。

[2]顯高:姚磊綴合此簡後認爲其中的“顯高”當爲“高顯”之誤,今從。

　　[3]此簡由姚磊綴合,見姚磊(2021P361)。胡永鵬(2017P583)將此簡歸爲新莽時期。郭偉濤(2017P210-225)根據簡文"延亭大尹府"推測此簡當在新莽始建國元年之後的天鳳五年。

　　[4]弟:原徑釋作"第",今據原圖版改。

肩水金關 T4H:1-90

(此簡已編聯至 T23:900 之後的簡册中)　　　　　　　73EJT4H:1
執適隧Ⅰⅰ□□□Ⅰⅱ弩長弦三,毋□。Ⅱⅰ稾矢銅鏃二百五十,少五。Ⅱⅱ弩帽三,毋里。Ⅱⅲ具弩□□。Ⅲⅰ蘭冠三,毋里。Ⅲⅱ……Ⅲⅲ牛矢囊二,少一。Ⅳⅰ馬矢囊二,毋。Ⅳⅱ長斧,少三。Ⅳⅲ蘭冠三,敝絶。Ⅴⅰ□三糒九斗,毋。Ⅴⅱ蓋冒[1]一,毋Ⅴⅲ……Ⅴⅳ
　　　　　　　　　　　　　　　　　　　　　73EJT4H:11+2[2]
吏計計計計　上計計計計(習字)　　　　　　　73EJT4H:3A
河南雒陽南□里蘇□□□□月己巳[3],入卷□□□　73EJT4H:3B
六月戊申驛北卒黨日下餔時受ⅰ沙頭卒同。ⅱ　　　73EJT4H:4

【校釋】

　　[1]冒:原釋作"胃",張再興、黃艷萍(2017P72-77)、王錦城(2019P133-142)等已指出此字爲"冒"之俗寫,當改。王錦城認爲此簡中的"蓋冒"或指與烽干有關的一種蓋子。

　　[2]此簡原綴合作"4H:2+11",從林宏明改綴,見姚磊(2021P445)。

　　[3]巳:原釋作"已",從韓鵬飛(2019P1738)改釋。

陳惲白少房耳[1]。此等事安足已。窮子春也。叩頭[2]。　　不宜,遣使百(白)少房[3]ⅰ到,子春送焉。記告尹長厚。叩=頭=(叩頭叩頭)。君知惲有疾,不足少ⅱ　　　　　　　　73EJT4H:5A
子長、子春也。前子春來,柰人出[4]自己。小疾耳,立偸(愈)也。今ⅰ

客居□時，愈也。子春又舍金關，使子[5]欲爲之官入，故敢取。ⅱ

73EJT4H：5B

【校釋】

[1]耳：原釋作"凡"，原簡圖作 ，與"凡"有較大差距，而與同簡中出現的"耳"形更近，今改。

[2]此處原釋文有一未釋字，姚磊（《合校》2021P486）釋作重文號。今審原簡圖，此處不見墨跡，應無文字，今删。

[3]百少房：原釋作兩未釋字，王錦城（2019P919）補釋出"房"字。百少，原釋作一個未釋字，今審原圖版，知實際應該作兩個字。這裏的"百少房"，就是簡首的"白少房"。

[4]出：原簡圖作 ，字形可疑。

[5]子：原釋作"幸"，從姚磊（《合校》2021P486）改釋。

出錢十二，　爲□□□四枚，　趙陽九月壬辰付伯錢[1]□ 73EJT4H：6

□狀……　居　　　　　　　　　　　　　　73EJT4H：7

表毄（繫）未得，不知審請（情），盡力逐捕，以必得爲故[2]。叩=頭=（叩頭叩頭），死=罪=（死罪死罪）。……　　73EJT4H：8A

史史史　　史史史史史史史（習字）　　　73EJT4H：8B

☑朱黨，　誤[3]絶亡人赤表[4]一。　　　　73EJT4H：9

元始六年四月己未朔辛未，張掖居延騎司馬實兼行城司馬事，移過所縣道河津ⅰ關，遣令史孫政爲官市藥酒泉郡中，當舍傳舍，從者。／令史陽。ⅱ　　　　　　　　73EJT4H：10+61[5]

【校釋】

[1]錢：原未釋，此字原簡作 ，從"金"，今據文義與同簡"錢"對比補釋。

[2]以必得爲故：《集成》（六 P178）：以必捕得爲要求。

[3]誤：原簡圖作 ，不能確定左側是否有墨跡脱落，若左側沒有墨跡，此字可能是"誤"訛寫作了"吳"。

[4]亡人赤表:詳見 T37:918+1517 下注。

[5]馬智全(2018P87—95):簡文記載購藥的地點也是"酒泉郡中",距離相對較近。購藥的人爲令史孫政,具有一定身份,他"爲官市藥",很可能是爲候官購藥。孫政購藥有"當舍傳舍"的資格,可見漢代邊地對"市藥"行爲的重視。

(此簡原整理者與 T4H:2 簡綴合)　　　　　　　73EJT4H:11

南書一封,居延都尉閏月丁酉起,行詣張掖大守。Ⅰ五月癸亥日中時,騂北卒黨受莫Ⅱⅰ當卒同,八分時付沙頭卒同。Ⅱⅱ　73EJT4H:12

佐伏地再拜,請子[1]卿馬足下□☑　　　　　　　73EJT4H:13A

□□□必之　　□□　　☑　　　　　　　　　　73EJT4H:13B

壬午未己亥壬丑癸亥丑丁巳二十己巳□□□☑(習字)　73EJT4H:14A

居耶(攝)二年五月癸☑　　　　　　　　　　　73EJT4H:14B

公乘□,年十七,長七尺,黑色。　小婢麗,黑色。　馬一匹,驪□☑

□□□年……☑　　　　　　　　　　　　　　73EJT4H:15A

□□　☑　　　　　　　　　　　　　　　　　73EJT4H:15B

(此簡已編聯至 T23:900 之後的簡册中)　　　73EJT4H:16+18

(此簡已編聯至 T23:900 之後的簡册中)　　　　73EJT4H:17

(此簡原整理者與 T4H:16 簡綴合)　　　　　　73EJT4H:18

驪軒[2]始安里張時,年廿□☑　　　　　　　　73EJT4H:19

……

□□□以安萬年,幸═甚═(幸甚幸甚)。□欲還家室,北之居延 收錢[3]

□ⅰ　　　　　　　　　　　73EJT4H:20A+T23:861A[4]

月□□治令天下寬緩,願且自愛而═已═。叩═頭═(叩頭叩頭),幸甚。夫古傳ⅰ□□□□□□爲捕罪以上[5],天 地[6]毋處□□□ⅱ

73EJT4H:20B+T23:861B

【校釋】

[1]子:原未釋,原簡圖作 ⬚ ,從沈思聰(2018P460)補釋。

[2]驪軒:原未釋。原簡圖版"軒"之從"革"從"干"較清楚,"驪"之"馬"形亦可辨知。驪軒,金關簡多見,詳見 T30:257 注釋。

[3]收錢:原未釋。"收"原簡圖版尚可見"丩"形,"錢"可見"金"形,今擬補

[4]此簡由謝明宏(2022.7.11)綴合。

[5]以上:原未釋,今據原圖版補。

[6]天地:原未釋,從綴合者補釋。"地"字左部略不合,存疑。

☑ 　閏月壬午南入。　　☑	73EJT4H:21
☑……庚☑☑ᵢ☑日爲君使至倉石☑☑ᵢᵢ	73EJT4H:22A[1]
☑……大尹賜屋闌曲☑ᵢ☑……居延……☑ᵢᵢ	73EJT4H:22B
戌[2]　☑	73EJT4H:23A
□地地地李□　☑	73EJT4H:23B
去盧一,直(值)廿□□,曹詡取。□□小白刀一,直(值)十☑	
	73EJT4H:24A
……☑	73EJT4H:24B
☑　張掖長史私印,　☑ᵢ☑　詣居延都尉府。　☑ᵢᵢ	73EJT4H:25
☑……兩,　馬一匹。	73EJT4H:26
☑　十月丙午夜人定二分,驛北卒富受沙頭卒	
☑　護,人定六分付莫當卒禹。	73EJT4H:27
(此簡已編聯至 T23:900 之後的簡册中)	73EJT4H:28
(此簡已編聯至 T23:900 之後的簡册中)	73EJT4H:29
☑彊,年卅八,字子立。　已出。　□□☑	73EJT4H:30A
☑　□☑	73EJT4H:30B
☑入二千少五百八十。 丿	73EJT4H:31
弟則☑	

☑□史延年，

　　　　　馬一匹,輜車☑　　　　　　　　　　73EJT4H：32

☑□□丿　　　　　　　　　　　　　　　　　73EJT4H：33

□□□□^[3]☑ⅰ南書一封^[4],居延城司馬行都尉事☑ⅱ 73EJT4H：34

筑陽^[5]孝里謝參,年廿四。　　☑　　　　73EJT4H：35A

丿　☑　　　　　　　　　　　　　　　　　　73EJT4H：35B

(此簡已與 T23：1006 綴合)　　　　　　　　73EJT4H：36

聞憙邑京里☑　　　　　　　　　　　　　　73EJT4H：37

☑張□六月奉　　☑　　　　　　　　　　　73EJT4H：38

始建國元年八月庚子☑　　　　　　　　　　73EJT4H：39

☑□^[6]叩頭言　☑　　　　　　　　　　　73EJT4H：40

☑弦二百卅。　　關門墼^[7]三千。

☑羊頭石三千。　大黃弩廿□。　　　　　　73EJT4H：41A

☑□　卒史一人。　　　　　　　　　　　　73EJT4H：41B

【校釋】

[1]胡永鵬(2017P587)將此簡歸爲新莽時期。

[2]戌：原釋作“戎”,從姚磊(《合校》2021P487)改釋。

[3]此行釋文姚磊(《合校》2021P487)作“……日”。

[4]南書一封：原皆未釋,韓鵬飛(2019P1740)補出“書一封”,姚磊補釋“南”,今從補。

[5]筑陽：縣名,屬南陽郡。

[6]此未釋字徐佳文(2017.2.27)補釋作“教”,以爲此簡首是“如教”之殘。

[7]關門：王錦城(2019P1756)釋作“闌户”,認爲闌户墼即用於填塞門户的土坯。

鰈得定安里趙☑　　　　　　　　　　　　73EJT4H：42

☑因毋亡,願留意,叩=頭=(叩頭叩頭)。☑　73EJT4H：43A

☑☑☑前未久。今旦取箭十一☑☑　　　　　　　73EJT4H:43B

☑☑廿人　嗇夫放　　　　　　　　　　　　　73EJT4H:44A

☑　史豐書☐月己未出。

☑　☐過所,如律令。　/掾戎、令史褒、佐憚。

　　　　　　　　　　　　　73EJT4H:44B+T23:60 [1]

　　☐望隧忠錢千☑

☐　☐☐☐☐章見錢二百☐,練複襦直(值)錢九百☑　73EJT4H:45

始建國元年十一月己巳朔乙酉,……☑ᵢ謁移過所縣邑津關☑ᵢᵢ

　　　　　　　　　　　　　　　　73EJT4H:46A

☐☐☐章　　☑　　　　　　　　　　　　　73EJT4H:46B

(此簡已與 T23:264 綴合)　　　　　　　　　73EJT4H:47

☑田卒淮陽郡陳☐☑　　　　　　　　　　　　73EJT4H:48

☑畞一石　☑　　　　　　　　　　　　　　73EJT4H:49

☐☐☐☑ᵢ延水佐左嘉☐☑ᵢᵢ　　　　　　　　73EJT4H:50

☑月丁未出☑　　　　　　　　　　　　　　73EJT4H:51

☐☑共受轉粟十☑ᵢ☑……☑ᵢᵢ　　　　　　73EJT4H:52A

☑謹☐☐百☑　　　　　　　　　　　　　　73EJT4H:52B

☑雞三枚☑　　　　　　　　　　　　　　　73EJT4H:53

(此簡原整理者與 T4H:84 簡綴合)　　　　　　73EJT4H:54

☑北部隧次行　☑　　　　　　　　　　　　73EJT4H:55

趙子嚴記子春☑　　　　　　　　　　　　　73EJT4H:56A

☐文上☐子春已前付内囷[2]☑　　　　　　　73EJT4H:56B

☐伏地言　　☑ᵢ☐☐☐足下……　☑ᵢᵢ　73EJT4H:57

　　　　　　車一兩　☑

嗇家常安夏陽里閻尚

　　　　　　囊他候[3]☑　　　　　　　　73EJT4H:58

☑朔辛酉☐☑ᵢ☑名知牒,書☑ᵢᵢ　　　　　73EJT4H:59

☑長再拜言☑	73EJT4H:60
(此簡原整理者與 T4H:10 簡綴合)	73EJT4H:61
河南郡鞏□☑	73EJT4H:62
☑持作具☑	73EJT4H:63A
☑□發卒□	73EJT4H:63B
氏池騎士常樂里馮世。　　☑	73EJT4H:64
始建國五年五月戊寅朔丁酉,肩水守城☑	73EJT4H:65
……☑	73EJT4H:66
☑適隧長章敢☑ᵢ☑之☑ᵢᵢ	73EJT4H:67
☑六月辛未☑ᵢ☑書一編,☑ᵢᵢ	73EJT4H:68
居延丞印。☑ᵢ二月辛亥以來。☑ᵢᵢ	73EJT4H:69A+T23:1B
永始五年二月□□ᵢ昭武男子季臨ᵢᵢ☑	73EJT4H:69B+73EJT23:1A[4]
☑並,年冊四☑	73EJT4H:70
☑還入天田☑	73EJT4H:71
☑十井縣索吏[5]☑	73EJT4H:72[6]

【校釋】

[1]此簡由謝明宏(2022.7.11)綴合,謝文將原釋文的"二所"改釋作"過所",從改。綴合者還通過多枚簡的綴合關係指出"探方 T23 的簡有相當的一部分曾被遺棄於灰坑 73EJT4H,兩個探方的關係緊密"。另外,簡中"襃"原釋作"衰",今改。王錦城(2019P369)亦指出釋文問題。

[2]君:原未釋,今據原圖版擬補。

[3]橐他候:原未釋,韓鵬飛(2019P1741)釋作"肩水候",姚磊(《合校》2021P488)結合 F3:170 釋作"橐他候"。按:原簡字跡較淡,但"候"字較清楚,可確定釋字,另外兩字暫依姚文擬補釋。

[4]此簡由謝明宏(2022.7.8)綴合。

[5]吏:原釋作"使",姚磊(《合校》2021P488)釋作"吏"。按:常見文例是"……懸索關,吏……",據此文例,此字應該是"關",釋作"使"或

“吏”與常見文例皆不合,暫作“吏”,存疑待考。

　　[6]胡永鵬(2017P587)將此簡歸爲新莽時期。

水門隧長□□　　　　　　　　　　　　　73EJT4H:73

馮豐叩頭言　　□ᵢ多少必通,今爲注記者,豐叩﹦頭﹦(叩頭叩
頭)。ᵢᵢ……叩﹦頭﹦(叩頭,叩頭)。……　73EJT4H:74A+T23:1004B

八月,豐叩頭,請丈人□君相小子叩﹦頭﹦(叩頭叩頭)。　　□

　　　　　　　　　　　73EJT23:1004A+T4H:74B[1]

□肩水□□　　　　　　　　　　　　　　73EJT4H:75A

□邑　　　　　　　　　　　　　　　　　73EJT4H:75B

□　鹽三斗六升,　稟萬福隊卒狄臨□□　73EJT4H:76

(此簡已與 T23:708 綴合)　　　　　　　73EJT4H:77

……禁,年廿二　□　　　　　　　　　　73EJT4H:78

遂亡□昭賜□　　　　　　　　　　　　　73EJT4H:79

□公乘宋偃,年廿三　□　　　　　　　　73EJT4H:80

□……□ᵢ□□日出敞受沙頭□ᵢᵢ　　　　73EJT4H:81

□其一封閏月辛丑起。·□□ᵢ□□封六月戊戌起。□ᵢᵢ

　　　　　　　　　　　　　　　　　　　73EJT4H:82A

□　□　□　　　　　　　　　　　　　　73EJT4H:82B

□□氏字子□□　　　　　　　　　　　　73EJT4H:83

□……ᵢ□□如牒,毋官獄徵事,當得取傳,謁移肩水金關、居延縣
索ᵢᵢ□□守丞普移肩水金關、居延縣索關,寫移書□ᵢᵢᵢ 73EJT4H:84+54

……□ᵢ□月丁卯,倉丞□ᵢᵢ　　　　　　73EJT4H:85

□　□掾宏□□　　　　　　　　　　　　73EJT4H:86

□……ᵢ□……毋官獄徵事,□□ᵢᵢ　　　73EJT4H:87A

□□□丞印。　□　　　　　　　　　　　73EJT4H:87B

尉史張況　□[2]簿府　□　　　　　　　73EJT4H:88

　　　一廣地候詣府，

☑□二封。　　　　　　　　　　　寄魚車[3]張君所☑

　　　一橐他尉詣府。　　　　　　　　　73EJT4H:89A

　　　　　一詣張掖大守府，十月癸亥起。丿☑

☑南書二封居延都尉。

　　　　　一詣河南大守府，十月壬子起。☑

　　　　　　　　　　　　　　　　73EJT4H:89B

戍卒南陽郡山都他陵里胡軒，年廿六。　☑　　73EJT4H:90

【校釋】

　　[1]此簡由謝明宏(2022.7.13)綴合，並補釋"丶""及"兩字。綴合可從，補釋不從。正面第二行原釋文作"……"，今據原簡重文號辨釋"叩頭"。背面"相"原未釋，今據原圖版擬補。

　　[2]未釋字徐佳文(2017.3.8)釋作"移"。

　　[3]魚車：傳世文獻稱以魚皮爲飾之車爲魚車，但此簡所説似指運魚之車。

肩水金關 73EJD:1-391

禄福王里公乘胡敞，年廿五，字偉卿。丿　車一兩，牛二。　十一月己未入。ⅰ　　　　　　　　　　　　　73EJD:1

名持事詣官，會月十四日。謹案：部中郵三所，過書刾(剌)[1]有長史印，北書二封付受。ⅰ　　　　　　　73EJD:2

陽朔二年七月庚午朔癸巳，橐他塞尉義別將轉移居延，未得。

　　　　　　　　　　　　　　　　73EJD:3

無責博[2]狗錢二百五十，候長厶[3]以錢。　爰書：畢輔無責臧二百五十以上。ⅰ　　　　　　　　　　73EJD:4

出粟一石二斗，　四月廿日付橐他令史耿[4]卿食，送將軍傳馬四匹。

　　　　　　　　　　　　　　　　73EJD:5

建始四年十一月癸卯朔己酉,令史昌敢言之:遣丞從史法昌爲丞取
衣用䍥得,與葆鉼庭里簪ᵢ……謁移過所……ᵢᵢ   73EJD:6

就家酒泉灅官力田里公士馬適常,年廿。   九月庚午出。丿   車一
兩,牛二。ᵢ   73EJD:7

觀津[5]亭里桼便,字子孝,尊年卅三,長七尺,爲人中壯,黑色,長面,
深目。亡時衣布皁襌衣。ᵢ   73EJD:8A

廿六。   73EJD:8B

出茭二百束,   正月丙戌以食廣地傳馬二匹,盡二月乙未積十日。
     73EJD:9[6]

【校釋】

[1]過書刺:亦稱郵書刺,詳見 T2:23、T24:34 注釋。

[2]博:人名。

[3]厶:代候長名。

[4]耿:原釋作"所",原簡作𭆐,從徐佳文(2017.2.27)改釋。

[5]觀津:縣名,屬信都國。《漢書·地理志下》:"觀津,莽曰朔定亭。"

[6]此簡原作下殘,但從長度和内容上看,都不當有殘缺,今删除殘
斷號。

官大奴苟壽,   九月丁未出。   丿丿   73EJD:10

官大奴胡賀,   九月丁未出。   丿丿   73EJD:15[1]

【校釋】

[1]王錦城(2019P1759)指出以上 D:10、D:15 兩簡形制、字體筆跡等一
致,内容相關,當原屬同一簡册,可編聯,並指出簡 D:15 中的"九"字原釋作
"十",原簡右半缺失,與 D:10 對比來看,當作"九"。今從其説編聯、改釋。

建始四年計餘虎文矛柲[1]卅七,   毋出入,   可繕。   73EJD:11

蘭三,   其二冘[2]蓋毋室。   73EJD:12

子女智禄福金里趙常,年十九。   重。毋車入出。   ☑ 73EJD:13

南檄二,皆他候印,詣肩水府。　　　同[3]付關門卒。　　73EJD:14

（此簡已編聯至 D:10 之後）　　　　　　　　　　73EJD:15

□□四年……ⅰ□□伏唯子侯[4]以政,故爲計時出騂北,載天不重ⅱ

　　　　　　　　　　　　　　　　　　　　73EJD:16A

……ⅰ奈河(何)。欲身詣前,迫未及政。叩頭。唯子侯毋已。ⅱ……ⅲ

　　　　　　　　　　　　　　　　　　　　73EJD:16B

居延都尉守屬□□累山里公乘誠[5]常富,年五十三。　　移守御器

簿。　　軺車一乘,用馬一匹,駱牝,齒八歲,高六尺。　73EJD:17

十月癸未……ⅰ南[6]ⅱ　　　　　　　　　　　　73EJD:18A

傳詣莫當行者走。　　　　　　　　　　　　　73EJD:18B

　【校釋】

　[1]虎文矛柲:王錦城(2019P926):矛柲即矛的柄。虎文矛柲蓋謂繪
有老虎花紋的矛柄。

　[2]完:王錦城(2019P1759)指出此字原釋有誤,當存疑。按:原簡此
字寫在“二”“蓋”兩字之間右側,字較小,字形與常見的“完”字確實略有差
別,字形似“克”或“充”。存疑待考。

　[3]同:原未釋,今據原圖版與常見文例擬補。“同付”又見於 T23:
666、T23:764 等。

　[4]侯:同簡兩見,原皆釋作“候”,從徐佳文(2017.2.27)改釋。

　[5]誠:原簡圖作 ，“言”旁草作一點畫。

　[6]南:原釋作“車”,今據原圖版改。

……過所津關,給法所[1]當得,繁[2]ⅰ陽收事,如律令,敢言之ⅱ六月
乙巳,居延令宣移過所魏郡繁陽,書到,如律令。/掾商、嗇夫憲。六
月丁巳入。ⅲ　　　　　　　　　　　　73EJD:19A[3]

居令延印。區□[4]　　　　　　　　　73EJD:19B

　【校釋】

　[1]給法所:原釋作“縣□□”,從姚磊(《合校》2021P490)改補。

　　［2］繁：原釋作“取”，從韓鵬飛（2019P1745）擬釋。

　　［3］胡永鵬（2017P518）定此簡年代在漢成帝時期。

　　［4］此未釋字秦鳳鶴（2018P282-287）徑釋作“僉”。按：此字原簡左殘，殘餘墨跡可見右從“僉”，不能確定左部是何偏旁。

元康五□[1]閏……　　　　　　　　　　　　　　　　　73EJD：20

伏地　　伏地地地　　　　　　　　　　　　　　　　　73EJD：21

萬歆迎枲編索郡中。　　當舍傳舍，從者如律令。/掾商、兼史謝、書

吏業。ｉ　　　　　　　　　　　　　　　　　　　　　73EJD：22

陵[2]衆駿里吕孝，年卅五，爲家私（上段文字被削）　　73EJD：23

從莫當至珍虜五十三里。　　　　　　　　　　　　　73EJD：24

北書五封。一封張掖庫令，詣居延□。　　二封肩□□□

　　　　　一封肩水都尉，詣橐他。　　一封□□□旁封。即起。

　　　　　　　　　　　　　　　　　　　　　　　　73EJD：25A

北行□□子不可知，　二月廿三日〻（日日）出時受驛　73EJD：25B

·老人有遺言，甚可悲栽（哉），髮齒隨（墮）洛（落）[3]，飲食不耐

（能），持報隋禮，當莊麥之子，紓蒲酌飲食也。ｉ　　73EJD：26A

粟[4]　　　　　　　　　　　　　　　　　　　　　　73EJD：26B

千人令史氏池昌樂里公乘東門輔，年卅三。　　　　73EJD：27

　　【校釋】

　　［1］此未釋字許名瑲（2018P327-354）補作“年”，但原簡此處已完全不見墨跡。

　　［2］陵：原釋作“延”，從姚磊（《合校》2021P490）改釋。

　　［3］王錦城（2019P2068）將“栽”通“哉”，“隨洛”通“墮落”，今從其説。

　　［4］此字原簡字形作█，下部並非從“米”，釋字可疑。

隊長弘再拜言：ｉ□□□九疾五亡扺[1]七，羊[2]皆毋恙。今丞[3]羊一

疾,頸[4]癰種(腫)。尉丞[5]羊一疾,頸種(腫)。初言狗食盡[6]。弘
再拜　　□ᵢᵢ　　　　　　　　　　　　　　73EJD:28A[7]
子元足下。　　　　　　　　　　　　　　73EJD:28B

【校釋】

[1]抵:原未釋,原簡作▨,姚磊(《合校》2021P491)按照原簡上下字對比可知此形只是字的右部。且據其前文"九疾五亡"推之,其後所接或爲最後抵達之數,所以這裏應該是表示抵達的"抵",殘缺了左部"扌"。

[2]本枚簡中共出現三個"羊",前兩個原釋文都未釋,前兩字原簡圖分別作▨、▨,第三個"羊"原簡圖作▨,對比可知三者是一個字。前兩個字雖然左部殘缺,但是第三個"羊"與所處上下字對比來看,左部應該只是缺了少許筆畫,沒有缺其他部件。而且按照文義,這三處都在敘述相同物。

[3]丞:原釋作"大",原簡圖雙鉤復原示意作▨,當爲漢簡"丞"字的寫法。

[4]頸:原未釋,此字原簡僅存"頁"形,與同簡"頸"對參擬補。

[5]尉丞:原皆未釋,方勇、張越(2017.1)懷疑是"肘足",不可從。其中"丞"原簡作▨,這實際是金關簡中肩肆 F1:91B+93A ▨、肩肆 T37:782 ▨、肩伍 F3:328B ▨之類"丞"的較規整寫法。確定此字是"丞",其前面的"尉"就有了文例依據。此"尉"原簡圖作▨,除了能清楚看到"寸"外,還有最下面的一點畫應是"尉"所從"示"的筆畫。"尉丞"在金關簡中出現的非常多,比如 T30:188 和 D:255 中有"尉丞行塞",C:452 有"令與尉丞對"。這些簡與此簡中的"尉丞",指的都是都尉丞,是都尉下的屬官。

[6]初言狗食盡:語義不明。其中的"初"陳劍認爲是"制",並懷疑"狗"的釋字可疑,轉見方勇、張越(2017.1)。但此説語義似仍不明晰,暫從原釋。

[7]從此簡存見内容看,這封信應該還有不少内容已經缺失,但是可以明確收件人是子元,寄件者是弘。信中所説"九疾五亡抵七",前面所缺的可能是其描述物,後面接着描述"丞"和"尉丞"羊的疾病情況。

上　　　　　　　　　　　　　　　　　　　　73EJD:29A

令　　　　　　　　　　　　　　　　　　　　73EJD:29B

☑月己未〖朔〗甲戌,　橐他候昌移肩水金關,遣尉史韓仁將

☑使名、縣、爵、里、年、姓各〖如〗牒,書到,出入如律令。　73EJD:30

　　　毛卿丿
　進
　　　薛卿丿

……　……[1]　　　　　　　　　　　　　　　73EJD:31A

　☐

　　　　　☐

卿=廚 中　　　　　　　　　　　　　　　　　73EJD:31B

【校釋】

[1]此處原簡有明顯墨跡,原釋文未釋,今補。此簡下端被削成尖狀,似有特殊用途。

褒伏地再拜子元足下,身臨事,辱賜 i 書告以事,甚厚。叩=頭=(叩頭叩頭)。謹奉教,盡力不敢忽然 ii　　　　73EJD:32A

乎。事察[1]易頃,以必得爲故[2]。得,白狀。事之非有所難[3]也,且勿進也。比數日聞耳,獨恐其主不在耳,又得73EJD:32B

南書八封。[4] Ⅰ 其三封居延城司馬,一詣大守府,一詣酒泉大府。皆八月丁酉起。Ⅱ i 三封地候,一詣肩水府,一詣氐池,一詣肩水掾曹。Ⅱ ii 一封居令丞印,詣表是,一封延水丞,詣揟次。Ⅱ iii 八月壬寅餔時受收降卒 Ⅲ i 如時付頃。Ⅲ ii ~　　校 Ⅲ iii(簡首有一朱筆"南"字)　　　　　　　　　　　　　　　　　　73EJD:33A

弓　　　　　　　　　　　　　　　　　　　73EJD:33B

北書五封。Ⅰ 其一封張掖大守章,居延府。六月辛丑起。Ⅱ i 二封張掖都尉章,一詣他[5],一詣地[6]。Ⅱ ii 一封氐池長,詣地。Ⅱ iii 一封番和尉,詣地。Ⅱ iv 六月廿五日=(日日)蚤食受水食坐 Ⅲ i 付收降

卒。Ⅲⅱ驛北毋。Ⅲⅲ　　　　　　　　　　　　　　73EJD:34

南書五封,柳檄[7]一。Ⅰ其一封周曾,一封張譚,一封齊襃,皆詣府。Ⅱᵢ一封居延章,詣大守府。九月乙酉起。Ⅱⅱ柳檄一周曾,詣府。Ⅱⅲ柯付。Ⅲᵢ十月四日夜過半受充。Ⅲⅱ　　　　　　73EJD:35

【校釋】

[1]察:原簡圖作𥖀,與常見的“察”有差異。

[2]以必得爲故:以,圖版旁釋文漏釋。解析見T4H:8A注釋。此句應是當時的慣用,表示全力以赴,一定得出結果。

[3]難:原釋作“拜”,此字原簡作𦎧,左部顯然不是“扌”,當爲“難”的草書。

[4]此處從彩色圖版可見一朱色“南”字,紅外圖版不可見。

[5]他:橐他之省。

[6]地:廣地之省。

[7]柳檄:王錦城(2019P1887):指書寫於以柳木爲材質製作的簡牘上的檄書。

☐【建昭二】[1]年三月癸巳朔庚申,肩水城尉奉世移肩水金關,遣就家載穀給橐他候官,ᵢ☐里、年、姓各如牒,書到,出入如律令。ⅱ
　　　　　　　　　　　　　　73EJD:36A

☐　　嗇夫仁。　　　　　　　　　73EJD:36B

建昭四年八月己卯朔甲申,弘農北鄉嗇夫臨敢言之:始昌里公乘范忠,年卅一,自言將錢東至ᵢ敦煌。謹案:忠毋官獄事,當傳,謁移過所河津關,勿苛留,敢言之。ⅱ八月甲申,弘農守丞盧耳〈氏〉[2]尉意移過所,如律令。ⅲ　　　　　　73EJD:37A

爲官府☐☐……ᵢ博伏　地地ⅱ……博爲……ⅲ　　73EJD:37B

勇士隊(隧)[3]卒侯萬錢二千三百卅,以付迎卒梁國長吏,ᵢ當責官卒黃實麥五斗半。ⅱ　　　　　　　73EJD:38

……[4]ᵢ因道[5]君卿以月廿八日下舖去博亭,入牛,毋ⅱ它急。後爲

一車,就至橐他候官。七百ⅲ　　　　　　　　　　　　73EJD:39A

五十。度以月二日至都倉,毋憂也。ⅰ言[6]博叩頭,謝丈人、陳山都
夫人、趙[7]君、公君阿ⅱ……ⅲ　　　　　　　　　73EJD:39B

【校釋】

[1]建昭二:原缺釋,據許名瑲(2018P327-354)補。

[2]盧耳:黃浩波(2017P177-186)指出"耳"爲"氏"之誤,盧氏爲弘農
郡屬縣。

[3]勇士隧:勇,原釋作"更",此字原簡圖作,上明顯從"甬",細審下
部實從"力",今改。士,原釋作"出",金關簡中"出"、"士"同形不別,當據
文義釋字。隧,原釋作"死",文義不順暢。西北漢簡中的"隧"寫法多變,
繁簡不一,今據存見墨跡和文義改。"隧"通"隧"。勇士隧,見T6:42、F3:
130等簡。

[4]此行原釋文無,今細審原簡,知簡右邊緣還有多處斷殘筆畫墨跡,
今補。

[5]因道:原釋作"周並",兩字原簡草書,字形與"因道"頗合。因道,
是書信中常見用語,比如T23:302A、T23:360A、T15:1B等簡中皆可見。書
信中又作"謹道",都是表示向收信人説明情況的一個敬辭。

[6]言:原釋作"高",原簡圖作,同批簡D:68中"言"作,兩者近
同,今改。言,此簡用作姓氏,孔子弟子子游名言偃,即姓言。

[7]趙:原釋作"請",原簡圖作,這個字形是"趙"的草書。從文義
上看,此處是多個人名的並列,釋"趙"比原釋"請"更合適。

建昭二年正月辛酉,　　居延都尉賞、丞□□謂過所縣道津關,當舍
傳舍,ⅰ居延都尉遣屬……ⅱ守吏民[1]市藥張掖郡中,　從者如律
令。　/屬宗、書佐禹。ⅲ　　　　　　　　　73EJD:40A

申游

糸糸　□頓[2]節聲上下□□觼得得

　游

糸糸(習字)　　　　　　　　　　　　　　　　　　　73EJD:40B

建昭二年七月辛卯朔壬辰,令史宗敢言之:遣令史□德迎徒復
作……ⅰ謁移過所縣道河津關,毋苛留止,如律令,敢言之。ⅱ七月甲
午,居延城倉長通移過所,如律令。/掾……佐□ⅲ　　73EJD:41A^[3]

居延倉長。　　　　　　　　　　　　　　　　　　　73EJD:41B

河平五年^[4]正月己酉朔壬戌,橐他守塞尉岨(蚰)^[5]以私印行事,移
肩水ⅰ金關,莫當戍卒閭被自言家父廋^[6]護戍肩水候官,爲人所傷,
今遣被^[7]持藥視護,書到,ⅱ出内如律令。ⅲ　　　73EJD:42

建始四年十一月癸卯朔癸丑,廣地候仁移肩水金關,遣葆爲家私市
酒泉郡中,書到,出入如律令。　　　　皆十二月癸未出。73EJD:43A

張掖廣地候印。　　　　　　　　　　　　　　　　　73EJD:43B

建始二年正月己未朔癸亥,令史長壽敢言之:遣亭長梁忠送辤(辭)
責錢大守府,ⅰ乘所占用馬一匹,軺車一乘。謁移過所河津關,毋苛
留止,如律令,敢言之。ⅱ正月癸亥,居延丞竟移過所,如律令。

　　/掾臨、令史長壽、佐禹。ⅲ　　　　　　　73EJD:44

十一月戊寅,大陽^[8]長音、丞宣敢言之。·謹寫重^[9],　　謁移張掖大
守府,ⅰ令居延亟報,敢言之。　　　　　/掾嘉、守獄史恭。ⅱ 73EJD:45

【校釋】

[1]民:原未釋,從馬智全(2018P85—95)補釋。

[2]頓:原簡圖作█,字形較特殊。

[3]姚磊(2019.10):該簡可能和建昭二年四月的赦令有關,是對"復
作"人員進行的某種安排。

[4]河平年號只用了四年。

[5]岨:原釋作"勵",原簡圖作█,釋字差距太大,今改。岨,爲"蚰"
之俗。岨,在此簡用作人名。

[6]廋:原釋作"龐",原簡作█,字形差距太大,此形下部當是"叟"的
草書寫法,今改。

［7］此字原簡圖作，與常見"被"形有差異，懷疑書寫有誤。

［8］大陽：河東郡屬縣。

［9］寫重：這裏的"寫"指謄寫，寫重可能指再次謄寫。

伏地地　　　　　　　　　　　　　　　　　　　　73EJD：46

☑　　　　☐☐　　☐☐☐　　　　　　　　☐☐　　☐

☑橐一☐。　檻一。　藥橐五。　檳丸一。　　　角支[1]一，落一。

☑一斗。　檻落[2]一。　　　出火遂[3]一具。　眇[4]一。

　　　　　　　　　　　　　　　　　　　　　73EJD：47

故吏屋闌（蘭）義來里公乘王殷，年廿五。　　前適補居延吏，今免歸

故縣。　　輢車一乘，☑ i　　　　　　　　　73EJD：48

☑☐且自愛以永元（遠）=[5]萬年i☑奉聞舍中僕得起居毋恙。謹叩=頭

=（叩頭叩頭）。ii☑☐君房足下[6]iii☑夏子侯君都錢，願入=[7]致段

漢iv☑卒不及一=二=（一二一二）。叩=頭=（叩頭叩頭）。v

　　　　　　　　　　　　　　　　　　　　73EJD：49A

　　　　鄭君房叩頭奏

☑☐甲乙

　　　　牛子威門下。　　　　　　　　　　　　73EJD：49B

建始四年正月廿九日……　十二月卅日　　　六月卅日☑

　　　　　　　　　　　河平元年正月廿九日　七月廿九日☑

　　　　　　　　　　　二月卅日　　　　　　八月卅日☑

　　　　　　　　　　　　　　　　　　　　73EJD：50[8]

南部候長以郵行。　　☑　　　　　　　　　73EJD：51

熒陽應里侯順，年卅五。　　丿　☑　　　　　73EJD：52

居延守令史徐望，年卅八，長☑　　　　　　73EJD：53

☑　高止隧長　守尉史李辟兵七月卒酉出。　73EJD：54

二日☑i南書七封。詣居延，一封詣張掖大守，車[9]，☐☑ii

　　　　　　　　　　　　　　　　　　　　73EJD：55A

十日☐ⅰ北書七封。謹詣張掖大守,車,一詣北部☐☐ⅱ 73EJD:55B

【校釋】

[1]角支:表義不明。

[2]櫨落:表義不明。有學者認爲"櫨"是盛放物品的袋子(李麗紅《西北漢簡所見省作制度研究》,西北師範大學碩士學位論文 2021 年第 83 頁),不知所據。按:此簡記"櫨一"、"落一",説明"櫨"與"落"是兩樣物品,同時這兩種物品又可以組合作"櫨落"。"櫨"同"梠"。居延舊簡 293.1+293.2 有"小梠二"、"大梠二"。其中的"梠"史語所釋文作"桊",不可從。"梠"與案、杯、槃、尊等器物列在一起,知"梠"也是某種器物,可能是某種容器。

[3]出火遂:據初師賓(1984P142-222)考證,漢時取火之具有陽燧、鑽燧二種。陽燧,爲金屬製圓形聚光凹鏡,集日光於一點,照灼艾絮等易燃物即得火,但陽燧屬珍貴用品,數量不多,使用不普遍,考古發現的實物甚少。鑽燧,爲鑽木取火之具,以木鑽桿鑽研木塊(牝木)摩擦生火,故又稱木燧,又一名曰陰燧。其特點爲不受晴陰限制,無日光仍可取火,較陽燧方便而實用。居延戍所配備之出火燧爲上述鑽燧而非陽燧。

[4]眇:表義不明。有學者認爲是觀察敵情的軍事防禦工具(李麗紅《西北漢簡所見省作制度研究》,西北師範大學碩士學位論文 2021 年第 83 頁),不知所據。

[5]元:讀爲"遠"。永元即永遠。其右下之符號未必表示重文,若作重文,當讀爲"永遠永遠"。

[6]足下:原釋作"已聞"。原簡兩字爲"足下"之草書,且"足下"文例十分常見,今改。

[7]此處符號,據文義來看,未必表示重文,可能是省代號,"入="讀爲"入之"。

[8]許名瑲(2018P327-354)對此簡有討論,指出此簡與成帝建始四年及河平元年各月大小相合。

[9]疑此"車"爲"章"之誤。按照常見郵書記錄文例,此處或爲"一封詣張掖大守府,張掖大守章"之省。

☑朔庚寅,守令史長受就人昭武宣衆里王辯。　　73EJD:56

大司農　　☑ᵢ請大司　☑ᵢᵢ　　　　　　　73EJD:57

☑里公乘丘光,年十九歲。　　方相(箱)車一,驅(驪)牡馬一匹,齒十

四歲。ᵢ　　　　　　　　　　　　　　　73EJD:58A

伏地伏　　　　　　　　　　　　　　73EJD:58B

☑具[1]入,以食都丞[2]騎馬十九匹₌(匹,匹)一斗二升。嗇夫成臨簿

中官[3]。卩ᵢ　　　　　　　　　　　　73EJD:59

居延市陽里簪褭徐並,年廿五,　爲人黑色,長七尺五☑　73EJD:60

木辟亭卒呂未央　　☑　　　　　　　73EJD:61

令史鱳得萬歲里公乘桃勳,年卅☑　　　　73EJD:62

元康四年九月乙酉朔丙戌,殄北候官令史常富敢言之:謹移☑

　　　　　　　　　　　　　　　　73EJD:63

☑□居延都尉義丞直謂過所縣道河津關,遣從史何殷歸取

☑如律令。/兼掾武、卒史殷、助府佐儲。　　73EJD:64 [4]

建始四年十月癸卯朔丙寅,居延倉丞得[5]別治[6]表是北亭☑ᵢ□衣

用。乘用馬一匹,軺車一乘。毋苟留止,從者如律令。☑ᵢᵢ 73EJD:65

☑【鴻】嘉二年七月甲申[7],佐通奏封[8]。　　73EJD:66

【校釋】

[1]具:原未釋,從秦鳳鶴(2018P282-287)補釋。

[2]都丞:可能是田官之長下設之丞,參 T1:84 注釋。

[3]簿:原釋作"薄",今據文義改。傳世文獻"中官"多指宦官,但此處"簿中官"連讀指簿籍中登記在册之官,此處可能是描述"嗇夫成臨"之官籍情況。

[4]胡永鵬(2017P528)考此簡年代在漢成帝時期。

[5]得:人名。

[6]別治:王錦城(2019P936):"治"即治所、治事之意。別治是説在另外的地方治事辦公。

[7]鴻嘉:原未釋,從許名瑲(2018P327-354)補釋。七月丁丑朔,甲申

爲八日。

　　[8]奏封：李均明(2009P429)：奏封記録或可稱爲"封刺"，猶今發文
登記。

☑居延都尉章，詣張掖大守府。九月戊午發。

☑九月七日平旦受通堅〈望〉[1]卒。　　　　　　　　　73EJD:67

陽朔四年九月丁巳朔己未，南部候長博敢言之：部吏□武守□☑

　　　　　　　　　　　　　　　　　　　　　　73EJD:68

　　　　惢[2]一，毋雍[3]☑

臨道隧

　　　　卒□□☑　　　　　　　　　　　　　　73EJD:69

長安佐弋里蔡護，年十三，字君兄。　　　☑　　73EJD:70

南書二封，合檄一。Ⅰ其一封居延城司，詣大守府。八月戊子起。Ⅱⅰ
一封許輔，詣角〈觻〉得……□Ⅱⅱ合檄他候，詣肩水。八月……Ⅱⅲ
八月甲辰日̲(日日)東中受Ⅲⅰ收降卒如時付猛。Ⅲⅱ

　　　　　　　　　　　　　　　73EJD:71A+101A[4]

……　　　　　　　　　　……五南

……　　　　　弓　　　　　　……

……事拔刃……　　　……證[5]　　73EJD:71B+101B

肩水戍卒周丙　　　☑　　　　　　　73EJD:72

北書三封張掖都尉章，二詣他，一詣地。Ⅰ□月丙辰平旦受[6]順
自[7]出。Ⅱⅰ宗付祖。Ⅱⅱ　　　　　73EJD:73A+118[8]

居延倉長　　　☑ⅰ三月乙未入。　　☑ⅱ　　73EJD:73B

【校釋】

　　[1]堅：原釋作"望"，原簡圖作𡟛，今據原圖版改。此處"堅"是"望"
之訛誤。

　　[2]惢：王錦城(2019P1763)認爲當釋爲"蕊"，作"蕋"的異體字。按：

此字與常見的“蔥”、“怱”都有别，可疑。

　　[3]雍：原釋作“維”，韓鵬飛（2019P1749）釋作“維”。按：此字與金關簡中的“雍”並無本質區别，字形可參 T1：140、T23：897A 等簡中的“雍”字寫法，今改。

　　[4]此簡由林宏明綴合，詳見林宏明（2016.11.29）。

　　[5]此處“……證”原缺釋，綴合後可知此處應整理成三行。原整理者所釋“餘”實際是兩個字，今改。

　　[6]受：原釋作“史”，原簡作 ，形義皆不甚妥。按：此形爲常見的“受”草書寫法。此簡當爲交接時的記録，按照常見內容當有“受”、“付”等字，第二行出現了“付”。

　　[7]自：原釋作“白”，今據文義改。“白”、“自”，西北簡有相混的情況，要據文義釋字。“白出”不通，當改作“自出”。

　　[8]此簡由謝明宏（2022.3.2）綴合。

☑……元康二年十一月戊戌，尉史同奏封。　　　　　　73EJD：74

☑　　元康二年九月甲辰尉史同奏封。　　　　　　　73EJD：76

☑□年十一月丙午，尉史同奏封。　　　　　73EJD：121[1]

【校釋】

　　[1]王錦城（2019P1889）指出以上 D：74、D：76、D：121 三簡形制、字體筆跡相同，內容相關，當原屬同一簡册，今從其説編聯。

☑□　衛贛　　　　　　　子陵　☑

☑　　劉子方　　　　　　　　☑

☑□　段拓卿石少君　　　　　☑　　　　　73EJD：75A

☑禽冠〈寇〉[1]　　正月乙巳之會水，欲留宿。　　☑

☑逆寇　　☑

☑乘胡　　☑　　　　　　　　　　　　　　　73EJD：75B

（此簡已編聯至 73EJD：74 後簡册中）　　　　　73EJD：76

▱伏伏伏伏地伏地伏▱（習字）　　　　　　　　　73EJD：77

神爵元年九月己酉朔癸▱ⅰ……▱ⅱ　　　　　　　73EJD：78

▱□隧長良移橐他候長獨苦善毋　　　　　　　　　73EJD：79A

▱……居延肩水都尉府，乘所占用馬一匹，軺車一乘，ⅰ▱□風、掾安世。ⅱ▱□□如律令。／掾威、令史宗、佐忠齊。ⅲ　　73EJD：79B

南書一封，□□□詣大守府。正月庚午起▱　　　　73EJD：80

昭武以郵行　　　　▱　　　　　　　　　　　　　73EJD：81

▱□石，直（值）錢二千一百。　　　　　　　　　73EJD：82

肩水以郵▱　　　　　　　　　　　　　　　　　　73EJD：83

書到□□遣□□都郵吏部一人齊事□□毋出月廿三日□□□□▱　　　　　　　　　　　　　　　　　　　　　73EJD：84

▱　陽朔三年三月己巳，居延▱　　　　　　　　　73EJD：85

▱□宋游君錢二百卅七□□□□　　　　　　　　　73EJD：86

▱□甲申留裝丁亥發　　　　　　　　　　　　　　73EJD：87

報[2]鄭卿屬南部，凡易幾何▱　　　　　　　　　　73EJD：88A

・收降[3]輸二其一六石不審[4]▱　　　　　　　　　73EJD：88B

▱數計去，今元知米可償者，□□從候長請一石粟，候長　73EJD：89A

▱……　　　　　　　　　　　　　　　　　　　　73EJD：89B

▱卅九。　　　　　　　　　　　　　　　　　　　73EJD：90

▱□劍　　毋鉏▱

▱狗少一　　　▱

▱檠白繩[5]少▱（“檠白繩少”墨塗）　　　　　　　73EJD：91A

▱□□□少一。　　　長□▱

▱狗少一。　　　　□□▱

▱□少一 。　　　弩□▱

▱□　　　　　　　橛□▱（大部分文字墨塗）　　73EJD：91B

▱　一領▱ⅰ▱　一枚▱ⅱ　　　　　　　　　　　73EJD：92

　　　　五月癸未日食坐五分莫當　　☑

詣橐他廣地。樂日下餔五分斬首卒宏，　☑

　　　　　　里行五時中程。　　　　☑　　　　　73EJD:93

☑□十四　九月乙亥入。　　　　　　　　73EJD:94

☑　五月辛酉入。七月［丁］[6]戊辰出。　　73EJD:95

　　　　□大守府，占所乘用馬一匹，軺車一乘。

☑□言之。

　　　　/令史尊、佐禹。　　　　　　　　　73EJD:96

☑決前未久毋　☑ⅰ☑□□□□□　☑ⅱ　　73EJD:97

☑……ⅰ☑□它毋恙。謹□□ⅱ　　　　73EJD:98A

☑……☑　　　　　　　　　　　　　　73EJD:98B

　　　　□☑

肩水卒史宋賞。

　　　　□☑　　　　　　　　　　　　73EJD:99

□㸋得□□里公乘毛□，年廿三歲。Ⅰⅰ男□，年十三歲。Ⅰⅱ車一

兩，牛二。Ⅱⅰ爲家私市張掖。Ⅱⅱ二月戊甲人。Ⅲ　　73EJD:100

（此簡已與D:71簡綴合）　　　　　　　73EJD:101

☑　毋所貰賣　☑　　　　　　　　　　73EJD:102

（此簡已與D:164綴合）　　　　　　　73EJD:103

☑橐他　☑　　　　　　　　　　　　73EJD:104

☑□謂東部候長忠、南部候長尊、中部候長明、北部　73EJD:105

☑坐者犬官教者者者者者[7]　　　　　73EJD:106A

☑……　　　　　　　　　　　　　　73EJD:106B

☑……□舉乃可起行。恭宣朝問君孟。君

☑……叩頭（叩頭叩頭）。候君孟□卿酒食　73EJD:107A

☑……　記之，乃同心，乃可爲也。恭叩頭。ⅰ☑再拜。　　王子恩

記報左兒。ⅱ　　　　　　　　　　　73EJD:107B

☑□一匹,齒廿歲,高六尺。正月丙子出。　　　　　73EJD:108

☑持……☑　　　　　　　　　　　　　　　　73EJD:109A

☑□數……☑ᵢ☑……事□☑ᵢᵢ　　　　　　　73EJD:109B

見三石具弩十八。☑　　　　　　　　　　　　73EJD:110

格君酌格☑　　　　　　　　　　　　　　　　73EJD:111

☑□,年廿五。　　　𠃌　　　　　　　　　　73EJD:112

☑趙陽朔三年七月。　　　　　　　　　　　　73EJD:113

☑……子侯取鹽三升□□□□斗,直(值)卅二。凡……直(值)八
百卅□□□ᵢ☑□□載□□三□□□相□急□□□百……已收責ᵢᵢ
　　　　　　　　　　　　　　　　　　　　　73EJD:114

☑　　六月庚寅出北有府記。　　　　　　　　73EJD:115

(此簡已與 D:277 簡綴合)　　　　　　　　　73EJD:116

莫當卒延　　受騨北卒頃□□☑　　　　　　　73EJD:117

(此簡已與 73EJD:73 綴合)　　　　　　　　　73EJD:118

☑卿治所　　　　　　　　　　　　　　　　　73EJD:119

☑□卿御至通遠。廿一日謁官。廿二日還宿橋北。廿三日日迹
數……ᵢ☑迹南,日中迹北竟(境)還。廿六日旦迹南,日中迹北竟
(境)還。廿七旦迹南,日……ᵢᵢ☑□會吏□弩周初。八日旦南迹。
□日入迹南竟(境),二日……ᵢᵢᵢ☑舖迹南竟(境)。九日旦迹南,日
中迹北竟(境)[8]還。五日旦迹南,……ᵢᵥ　　73EJD:120A

☑閒。Iᵢ☑塞。Iᵢᵢ☑稽落食陳卿舍。Iᵢᵢᵢ旦迹北竟(境)還。IIᵢ下舖南竟
(境)。IIᵢᵢ日食時入關,將卒詣。IIIᵢ行莫(暮)宿都倉。IIIᵢᵢ旦北至
□□□IVᵢ□召卒出入。IVᵢᵢ日入到治所□。IVᵢᵢᵢ竟(境)IVᵢᵥ旦
迹Vᵢ□徙□□Vᵢᵢ宿趙□□Vᵢᵢᵢ　　　　　　73EJD:120B

(此簡已編聯至 73EJD:74 後簡冊中)　　　　　73EJD:121

·右□□□四人　皆七月壬子出。　☑　　　　73EJD:122

☑□付勳。　　　　　　　　　　　　　　　　73EJD:123

章伏地言☐ᵢ子侯足下☐☐ᵢᵢ　　　　　　　　73EJD:124A

子侯不忍☐　　☐ᵢ願比相見☐☐　　☐ᵢᵢ鄧卿　☐ᵢᵢᵢ　73EJD:124B

☐(此簡已與 D:237 簡綴合)　　　　　　　　73EJD:125

☐年三月庚戌朔[9]☐ᵢ之。謹移廄馬牛車名☐ᵢᵢ　　73EJD:126

　　【校釋】

　　[1]冠:原釋作"寇",此字原簡圖作圖,從"寸"。同簡"寇"作圖,對比可知有差別。此處當是"寇"誤作"冠"。禽寇及同簡的乘胡、逆寇皆隧名。

　　[2]報:原簡圖作圖,與常見的"報"字草書寫法差距較大,疑書寫有誤。

　　[3]收降:隧名。

　　[4]審:原釋作"害",王錦城(2019P938)據文義推測此字當是"審"。按:此字原簡僅存上部,不能確定釋字,按照常見文例以釋作"審"爲憂,今從王錦城意見存疑。

　　[5]檠白繩:王錦城(2019P939):蓋謂校正弓弩所用的繩子。

　　[6]丁:原抄寫者誤衍。

　　[7]此簡原釋文作"☐☐受官☐教☐數毋得☐得☐得"。今審原簡圖,知此簡乃習字雜寫,多字重複疊壓,今重新整理。其中的"犬"可能是"伏"之訛誤。

　　[8]竟:原釋作"至",從王錦城(2019P1764)改釋。王錦城認爲"竟還"是説完成了日跡之後返回,不可從。按:竟,當讀爲"境",指邊境。

　　[9]根據存見月朔信息,許名瑲(2018P327-354)認爲此簡紀年有三種可能,分別爲:初元四年(前 45 年)、宣帝本始三年(前 71 年)、新莽始建國天鳳五年(18 年)。

☐巳入,乙亥出。　　　　　　　　　　　　73EJD:127

方相(箱)車一乘,駠牝馬二匹,齒各八☐☐　　73EJD:128

六月☐☐　　　　　　　　　　　　　　　73EJD:129

肩水守尉田卿,戍卒宗☐ᵢ☐到皆☐☐☐☐ᵢᵢ　73EJD:130

建始二年正月己未朔癸未，☑ᵢ家，名、縣、爵、里、年、姓各如牒☑ᵢᵢ

73EJD:131

☑☑長丙子☑☑丙戌丁丑☑☑(習字)　　　73EJD:132A

☑……　　　73EJD:132B

還叩頭☑☑☑　　　73EJD:133A

忍案報☑　　　73EJD:133B

☑　右鞼得　☑☑　　　73EJD:134

☑恩匿不發，得如牒，出署，日時　　　73EJD:135A

☑家名籍。　　　73EJD:135B

☑☑書繩☑　　　73EJD:136

☑計　不用　☑　　　73EJD:137

明暖[1]　☑　　　73EJD:138

☑☑陳忘，　自言十月中貰賣☑　　　73EJD:139

☑尉承書從事，下當☑　　　73EJD:140

☑丙午起　　二月壬子下鋪王☑

☑　　　　受孫夫人如時付☑　　　73EJD:141

☑夜半受驛北歆☑　　　73EJD:142A

☑☑　　☑　　　73EJD:142B

☑☑丁未夜人定時　☑ᵢ☑☑☑ᵢᵢ　　　73EJD:143

☑☑吏諸上功繇使☑　　　73EJD:144

☑卒十五人如☑☑　　　73EJD:145

☑☑　黑色　☑　　　73EJD:146

鞼得成漢里畢安世，年廿。　牛二，車一兩，☑　　73EJD:208+147

……☑ᵢ

須定簿，毋留，如律令。☑ᵢᵢ　　　73EJD:148A

……　☑　　　73EJD:148B

肩水候官元康三年正月關吏奏券。　☑　　　73EJD:149

☑孫憲,年廿三。寧歸昭武　☑　　　　　　　　　73EJD:150

☑二封張掖都尉章,詣橐他、廣地。　　　☑

☑二封肩水城尉,詣廣地、居延。△　卩☑

☑二封觻得丞,詣橐他、居延。　　　　☑　　　　73EJD:151

☑正月辛未入。　／守令史☑　　　　　　　　　73EJD:152

☑食妻子甚□☑　　　　　　　　　　　　　　　73EJD:153

☑　稟通望卒祝識四月盡五月積二月食。　　☑　　73EJD:154A

☑到到到地永叩頭　☑(習字)　　　　　　　　73EJD:154B

☑良伏伏伏伏□☑(習字)　　　　　　　　　　73EJD:155

☑粟得持詣前,不敢ⅰ☑□ⅱ　　　　　　　　　73EJD:156A

☑□=頭=。不肖前ⅰ☑廣地、橐他□□ⅱ　　　73EJD:156B

☑□入界課　☑　　　　　　　　　　　　　　　73EJD:157

☑七月辛卯　☑ⅰ☑律令　　☑ⅱ　　　　　　73EJD:158

☑□長輔☑ⅰ☑□　☑ⅱ　　　　　　　　　　　73EJD:159

曲中隧長昭武對市里公☑　　　　　　　　　　　73EJD:160

☑　見　卩　　　　　　　　　　　　　　　　　73EJD:161

☑畢成□☑　　　　　　　　　　　　　　　　　73EJD:162

☑夜□　☑　　　　　　　　　　　　　　　　　73EJD:163

☑省功勞,寬小過[2],親知飢寒☑　　　　73EJD:164+103[3]

☑關、居延縣索關,寫移書☑　　　　　　　　　73EJD:165

☑□□□□候官。謹移官毋虜入臨莫[4]隧　　　73EJD:166

☑九月戊辰入。　☑　　　　　　　　　　　　　73EJD:167

☑　七月丁酉入。亅乙卯☑　　　　　　　　　　73EJD:168

橐他守屖蘭　里韓　☑　　　　　　　　　　　　73EJD:169

☑戊戌居延守令城☑　　　　　　　　　　　　　73EJD:170

南部候長韓卿治所☑　　　　　　　　　　　　　73EJD:171

☑□巳下書☑ⅰ☑□周子明子□☑ⅱ☑調書書□☑ⅲ(習字)

　　　　　　　　　　　　　　　　　　　　　　73EJD:172

□雒[5]陽東鄉東樂里郭敞,年五十,長□　　　　　73EJD:173

□□倉里于蓋衆,年五十,長□　　　　　　　　73EJD:174

(此簡原整理者與 D:200 簡綴合)　　　　　　　73EJD:175

□襲一領,賈九百□言罪取……奏記□ⅰ□先取二百餘。儿□ⅱ

　　　　　　　　　　　　　　　　　　　　73EJD:176

□年十六。　車二兩,牛四□　　　　　　　　73EJD:177

□袤百一十九里□　　　　　　　　　　　　　73EJD:178

　　　　　　其□

南書□封。　□□□

　　　　　　□□□□　　　　　　　　　　　73EJD:179

戍卒李利親□　　　　　　　　　　　　　　　73EJD:180

□□二月□□　　　　　　　　　　　　　　　73EJD:181

□□□謹以文理愚(遇)[6]卒,毋侵□□　　　　　73EJD:182A

□□□□□□□　　　　　　　　　　　　　　73EJD:182B

【校釋】

[1]瞙:原釋作“矍”,秦鳳鶴録寫作“瞛”,用作“備”,姚磊録作“瞛”。按:此字原簡圖作🉐,按照字形來看,此字可能左從“目”之訛形,右上從“日”,右下從“夊”,原釋與簡圖字形差距太大,且未能體現本字,頗疑此字就是“眼”之俗訛寫法,今重新録寫。

[2]省功勞,寬小過:勞,原釋作“虜”。此字原簡圖作🉐,肩叁 T30:29A、肩叁 T30:29A 中的“勞”正與此形同。寬,原釋作“寇”。此字原簡圖作🉐,與常見“寇”字形有較大差異。此字應是“寬”的草率寫法。“省功勞,寬小過”就是省察功勞,寬赦小的過失。經過改釋後,文義更加通順。

[3]此簡綴合意見詳見尉侯凱(2017P348−359)。

[4]臨莫:原釋作“□箕”。原圖版“莫”字較清楚。下部不從“其”,今改。“臨”雖僅能見到右部,但亦能辨知是“臨”的草書。臨莫,隧名,又見於 T24:43、T32:5A、T21:204 諸簡。

[5]雒:原未釋,從姚磊(《合校》2021P493)補釋。

[6]以文理愚：文指文法，即法律和政教；理，指道理、禮遇；"愚"通"遇"，對待，待遇。以文理遇，以法律、政教之道理對待。

☑問子夏☑　　　　　　　　　　　　　　　　73EJD：183[1]

☑□□亭□　　　　　　　　　　　　　　　　73EJD：184

☑乙卯日蚤食時通望☑　　　　　　　　　　　73EJD：185

　　　　　　　　　　　　　　　　□□卅七□☑

☑□斤十五兩廿三錢[2]廿三銖，直（值）三百六十三。　大銘□☑

☑……☑　　　　　　　　　　　　　　　　　73EJD：186A

☑□重卅一斤，直（值）四百九錢千八百九十斤　□☑

☑□重十斤四銖，直（值）九十九錢六分斗□□□☑　73EJD：186B

☑頭，良孟今旦聞子侯來也，失不以時詣前，死﹦罪﹦（死罪死罪）。屬自□馳詣門下，道蓬（逢）楊卿舍文君，言子侯　　73EJD：187A

☑□□南□□不爲良通[3]□下□得令良詣門下[4]，叩﹦頭﹦（叩頭叩頭）。謹請文君□記，再拜白。ⅰ　　73EJD：187B

☑不一千五□☑　　　　　　　　　　　　　　73EJD：188A

☑万四千五☑　　　　　　　　　　　　　　　73EJD：188B

☑□□□□☑　　　　　　　　　　　　　　　73EJD：189

皁……☑ⅰ梟長……☑ⅱ　　　　　　　　　　73EJD：190

田卒東郡畔昌里孟惡，年卅一，長七尺☑　　　73EJD：191

擊亭千迫☑　　　　　　　　　　　　　　　　73EJD：192

☑三年十二月麥出入☑　　　　　　　　　　　73EJD：193

☑居塢□☑　　　　　　　　　　　　　　　　73EJD：194

☑……ⅰ☑□□□□□□□□再也。謹因仲子莫復遣ⅱ　73EJD：195A

☑　□□□□☑　　　　　　　　　　　　　　73EJD：195B

☑□受同立付☑ⅰ☑　　卿□□ⅱ　　　　　　73EJD：196

南書一封☑　　　　　　　　　　　　　　　　73EJD：197A

書　　☑　　　　　　　　　　　　　　　　　73EJD：197B

☑　車二兩。黑犗牛二,齒十二歲,五月己未入。　　73EJD：198

(此簡已與 D：247 簡綴合)　　　　　　　　　　73EJD：199

□言徐游都有女居子侯意即可用時□☑

上誰可與計事欲乎。·都[5]即迎奉子侯☑　　73EJD：200+175

子張　　　　傅長孟　　　令丞張子文□☑

長孟子恩　　孫翁蓋　　倉松[6]丞馬長卿☑

　　　　　　　□□□□□□☑　　　　　　　　73EJD：201

今日盡居延不爲發代冤今☑　　　　　　　　73EJD：202

□□詣亭,或留宿至五六日,郵吏會官,不便□☑　73EJD：203

河南宜樂里史陽,年卅九,字少實[7]。　☑　　　73EJD：204

□□□從史鉼庭里法昌,　大車一兩,用牛一。　　同十一月□☑

　　　　　　　　　　　　　　　　　　　　　73EJD：205

☑……☑ⅰ☑車載遺信長吏卒徒送致□☑ⅱ　　73EJD：206

戍卒濟陰郡定陶漆里官大夫丁☑　　　　　　73EJD：207

(此簡原整理者與 D：147 簡綴合)　　　　　　73EJD：208

請車棧(轏)八具移都尉府。　　·一封☑　　　73EJD：209

觻得成漢里王登,年卅七。　☑　　　　　　　73EJD：210

肩水望城隧長觻得步利里暴□。Ⅰ未得地節四年十月盡十一月積

二月奉用錢千二百Ⅱⅰ……錢千二百……Ⅱⅱ　73EJD：211

田卒淮陽郡陽夏安成里上造周不識,年廿四。　☑　73EJD：212

……里朝親,年卅二。　☑　　　　　　　　　73EJD：213

·右故受降隧長氐池宜[8]稟里楨充,字☑　　73EJD：214

教使者狀☑　　　　　　　　　　　　　　　73EJD：215

廣野隧長孟通□☑　　　　　　　　　　　　73EJD：216

庾□☑　　　　　　　　　　　　　　　　　73EJD：217

以食彊漢隧卒趙方始六月☑　　　　　　　　73EJD：218

☐[9]游一時　☑　　　　　　　　　　　　　　73EJD：219

☑壬　辛　☑

☑戌　卯　☑　　　　　　　　　　　　　　　73EJD：220

大昌里張廣　口[10]六　☑　　　　　　　　　73EJD：221

官言府急　☑ⅰ請☐　☑ⅱ　　　　　　　73EJD：222[11]

【校釋】

［1］此簡内容與《論語》相關，可能是失傳典籍，參劉嬌（2018P279－326）。

［2］錢：此處作量詞。

［3］良通：原未釋，今據原圖版補。此“良”爲簡正面出現的人名。

［4］良詣門下：原釋作“長☐☐☐”。此處的“良”即是簡正面所見人名，“詣”、“下”字形較易辨識，據文義推補“門”字。

［5］都：此字原簡圖作🔲，同簡的“都”原簡圖作🔲，差異較大，可疑。

［6］倉松：《漢書·地理志》作“蒼松”，屬武威郡。

［7］實：王錦城（2019P1767）釋作“賓”。

［8］宜：原釋作“宣”，從高一致（2016.8.26）改釋。

［9］此未釋字疑爲“寶”。

［10］口：此字疑爲“廿”之訛誤。

［11］王錦城（2019P1933）指出此簡左側有刻齒。

宋陽稟☑　　　　　　　　　　　　　　　　73EJD：223

☑☐丿　弓一，矢五十，劍一。　　　　　　73EJD：224

☑車一兩，牛二。　☐　　　　　　　　　　73EJD：225

凡爲吏二歲四月五☑　　　　　　　　　　　73EJD：226

☑☐☐奉用錢八百　　　　　　　　　　　　73EJD：227

南部候長韓卿治所隧次行。　　　　　　　　73EJD：228

居延計掾王宗，年卅六。　子男尊，年十四。　☐☑　73EJD：229

☑……屯士ⅰ☑□月出及長水宣曲胡騎^[1]□□□ⅱ……ⅲ

73EJD：230^[2]

陽朔三年九月庚辰,莫當隧卒張柱貰賣官☑

廿除橐二百歸橐凡除八百餘衣□☑　　　　　　　73EJD：231

子男居延輮汙里王武,年十二歲。　　☑　　　　73EJD：232

治渠卒河東安邑陰^[3]就里公乘趙喜,　年卅九。　☑　73EJD：233

☑車一兩,牛二。　　☑　　　　　　　　　73EJD：234

☑□聖仁,年卅二。　　☑　　　　　　　73EJD：235

官大奴杜得之,　大車一兩,用牛一。九月丁未出。☑　73EJD：236

南書一封。Ⅰ居延都尉章,詣張掖大守府。四月戊午起。Ⅱ四月甲

□☑Ⅲⅰ驛北卒。☑Ⅲⅱ　　　　　　73EJD：237＋125A^[4]

☑□□莫當□☑　　　　　　　　　73EJD：125B

☑□吏欲買衣者與同會　　　　　　　73EJD：238

☑　六月乙亥佐賞出。　　　　　　　73EJD：239

☑　□□☑　　　　　　　　　　　73EJD：240

☑□史臨　　　　　　　　　　　73EJD：241

□□得叩頭□丁□□□☑　　　　　　73EJD：242A

凡□□凡☑　　　　　　　　　　73EJD：242B

☑實書以雞鳴至守^[5]堅不相　　　　　73EJD：243

【校釋】

[1]長水宣曲胡騎：《漢書·百官公卿表上》：“長水校尉掌長水宣曲胡騎。”顏師古注曰：“長水,胡名也。宣曲,觀名,胡騎之屯於宣曲者。”《漢書·劉屈氂傳》：“使長安囚如侯持節發長水及宣曲胡騎,皆以裝會。”顏師古注曰：“長水,校名,宣曲,宮也,並胡騎所屯。”《後漢書·光武帝紀》：“是歲,省長水、射聲二校尉官。”李賢注：“《前書音義》曰：‘長水,地名,胡騎所屯。射聲謂工射者也,夜中聞聲則射之,因以爲名。’二校尉皆武帝置,今省之。”按：據文獻所載,“長水”爲地名,駐於此之校尉名爲“長水校尉”；“宣曲”爲長水的一個觀名,“宣曲胡騎”詳見 T1：176、T24：245 下注釋。

　　〔2〕此簡“屯士”、“胡騎”原皆未釋,從馬智全(2021.7)補釋。

　　〔3〕陰:原釋作“陶”,從秦鳳鶴(2018P282－287)改釋。按:此字原簡圖作▯吾,確實寫作“陰”形,但西北漢簡中多見“陶”、“陰”相混的情況,此處或是“陶”之訛作“陰”。

　　〔4〕此簡由姚磊綴合,綴合後補釋“都尉章”三字,見姚磊(2021P363)。今從補。

　　〔5〕守:原簡圖作▯,與常見“守”略有差異,可疑。

獄徵事,當爲傳,移過所縣道,毋苟留□□□□　☑

熒陽守丞顯移過所,如律令。　　　　掾喜、令史宣　☑　　73EJD:244

載輸廣地,必取五兩就即錢□□☑　　　　　　　　73EJD:245

建始四年八月甲辰朔丁未,都鄉有秩免左當敢☑ⅰ官獄徵事,當爲傳,移過所縣邑門亭津☑ⅱ……☑ⅲ　　　　73EJD:246

清河大守一人,秩真二千石,印[1]章曰:清河大守章　　☑ⅰ……ⅱ

　　　　　　　　　　　　　　73EJD:247+199[2]

居延四封☑ⅰ十月□□帶子□☑ⅱ　　　　　　73EJD:248

☑升粟　☑ⅰ☑斗二升精　☑ⅱ　　　　　　73EJD:249

前北四封記一者以日入受合。此一封▯[3]尊印,以昏(昏)[4]五分受當,以夜食五[5]ⅰ　　　　　73EJD:280A+250A

分付適,如律令。　　　　　　　　73EJD:280B+250B

☑□猛還,捕亡猛狗,猛不賣,捕□☑　　　　73EJD:251

☑　受候史李昌還入食。　　　　　　73EJD:252

☑□□子贛黨肯用□□☑　　　　　73EJD:253[6]

☑　□乙卯□□☑　　　　　　73EJD:254

尉丞行塞舉如牒,敢言之。☑　　　　73EJD:255

河東聞憙弟(第)十二車旃[7]里吕竟　黄牝牛一,齒十一歲。　☑

　　　　　　　　　　　　　73EJD:256

【校釋】

[1]印：原釋作"封"，從綴合者改釋。

[2]此簡由姚磊綴合，見姚磊（2021P364）。

[3]儲：原釋作"趙"，原簡作![字形]，字形相差太大。此字左從"亻"較清楚易辨，中間可能是"言"之草寫，右部爲"者"的草書，暫擬改釋作"儲"，在此簡用作姓氏。

[4]昬：原釋作"昏"，今據原簡字形改。

[5]此簡原整理者標示下部殘斷，但從圖版看下部不似殘斷。且原整理者釋文在下部末尾有一個未釋字，原圖版亦不見。從文義上看，此處與反面文義相連，並無缺失內容，故原殘斷號和未釋字皆當刪除。

[6]此簡內容與《論語》相關，可能是失傳典籍，參劉嬌（2018P279—326）。

[7]庰：原釋作"廉"。此字原簡圖作![字形]，並不從"兼"。肩肆 T37：1058"庰庭里"之"庰"原簡圖作![字形]，兩字字形較近，應是同一個字。

☑☑毋令☑　　☑　　　☑	73EJD：257A
☑……　　☑	73EJD：257B
☑☑通望隊長、斬首隊長、臨道隊長以顧就☑☑	73EJD：258A
☑尉馬卿公使隊長謀輔持牛車行糧，至今未☑☑	73EJD：258B
☑十石直（值）七百卅。	73EJD：259A
（圖畫）	73EJD：259B
六月郵書課多不相應，書行留遲過界中。	
☑☑壹尚尚伏　　罸，今轉舉各如牒，書到，嚴教吏書	
各如律令。會月廿五日。	73EJD：260A
☑　　掾商、守屬賀。	73EJD：260B
☑☑孟　　楊卿羊☑ⅰ☑……☑ⅱ	73EJD：261A
☑☑☑　　☑ⅰ☑☑☑　　☑ⅱ	73EJD：261B
☑☑萬世隊見吏告遣詣	73EJD：262A

☑☑[1]且各怒力過使者　　　　　　　　　73EJD:262B

☑　惡　南方☑　　　　　　　　　　　73EJD:263

☑……行前日☑ᵢ☑……☑ᵢᵢ　　　　　73EJD:264A

☑……☑ᵢ☑……肩水金關……☑ᵢᵢ　73EJD:264B

☑……☑ᵢ☑☑安卿ₐ言☑☑堅吏不入,請削去之。不可☑ᵢᵢ

　　　　　　　　　　　　　　　　　　73EJD:265A

☑……未欲癸☑(習字)　　　　　　　73EJD:265B

☑足下良煩諸事坐☑　　　　　　　　73EJD:266A

☑☑☑☑　　　　　　　　　　　　　73EJD:266B

☑　戍平旦入高顯☑　　　　　　　　73EJD:267A

☑……得……☑　　　　　　　　　73EJD:267B

☑……二月戊☑ᵢ☑……順☑ᵢᵢ　　73EJD:268

☑　九月☑　　　　　　　　　　　73EJD:269

建昭六年正月辛未朔丙戌,廣☑ᵢ牒到,出入如律令。☑ᵢᵢ　73EJD:270

南書一輩一封,以庚寅日餔時五分先登☑☑　　73EJD:271

十一月庚午囊他　☑　　　　　　　　73EJD:272

盾一。　☑　　　　　　　　　　　73EJD:273

☑詔書清塞[2]☑　　　　　　　　　73EJD:274

南書三封。　☑　　　　　　　　　73EJD:275

☑觻得萬金[3]里邡種已　☑　　　　73EJD:276

止行所道,名之朝日起或夕日起,衛朝以支決夕以餘,惡陰[4]事春

月,善陽事春日。・ノᵢ　　　　　73EJD:277A+116A[5]

卅一　　　　　　　　　　　　　73EJD:116B

【校釋】

　[1]此未釋字原簡圖作彐,似"安"之草書,存疑待考。

　[2]詔書清塞:勞榦(1960P3)指出"清塞"猶言"清野",虜將入,必藏

牛羊,使毋爲虜所得。《匈奴傳》言武帝元年時大行王恢誘單于入塞,未至

馬邑百餘里見畜布野而無人牧之者，怪之，乃攻亭隧得行亭尉史，具得漢謀。蓋有警必藏諸畜，無警必有人牧畜也。

［3］金：原釋作“年”，從姚磊（《合校》2021P494）改釋。

［4］陰：原簡圖作 ，與“陶”同形相混。

［5］此簡由姚磊（2021P365）綴合，綴合處復原“衛”字，可糾正此字原作“陽”之誤，今從改。

☑☑☑至☑	73EJD：278
建始二年正月己未朔戊寅，☑☑☑☑☑張掖肩水☑	
忠助府佐張尊行塞，當舍傳舍，如律☑	73EJD：279
（此簡原整理者與D：250簡綴合）	73EJD：280
卯憲入曲息之事　☑	73EJD：281A
武陵丞印。發……☑	73EJD：281B
責買長孫☑☑☑☑ⅰ已此所費事☑☑ⅱ	73EJD：282A
☑獻☑ⅰ☑☑☑☑屬決具☑ⅱ	73EJD：282B
……☑	73EJD：283A
居延丞印。　☑☑☑☑	73EJD：283B
弟宣叩頭言：　·秦卿[1]趙☑☑ⅰ子鴐、子恩足下善毋恙，閒者頃不	
☑ⅱ	73EJD：284A
二☑☑☑☑計☑☑☑書☑ⅰ張少平、鄭君孟仲、臧子鴐，謹叩☑ⅱ	
請　　☑ⅲ	73EJD：284B
塞曹[2]書佐☑	73EJD：285A
得毋有它，☑☑	73EJD：285B
☑東方　東方☑	73EJD：286A
☑大　人☑☑	73EJD：286B
以食受降隧卒莊充六月積卅日食☑	73EJD：287
書言驛北亭長馬適強病不能視事，以病☑☑	73EJD：288

肩水倉建昭二年六月轉就□☑　　　　　　73EJD:289A

□廄[3]索,毋令姦人☑　　　　　　　73EJD:289B

肩水金關　　　　　　　　　　　　　73EJD:290

肩水金關☑　　　　　　　　　　　　73EJD:291

肩水金關　　　　　　　　　　　　　73EJD:292

大成[4]長莊威書奏ⅰ張掖督盜賊格卿。ⅱ　　73EJD:293

肩水金關　　　　　　　　　　　　　73EJD:294

南部候長治所。　　　　　　　　　　73EJD:295

南部候長韓卿治所。　　　　　　　　73EJD:296

南部候長以郵☑　　　　　　　　　　73EJD:297

☑肩水金關　　　　　　　　　　　　73EJD:298

■莫當隧蘭一完。　　　　　　　　　73EJD:299A

■蘭一完。　　　　　　　　　　　　73EJD:299B

■莫當隧蘭一冠一,皆完。　　　　　73EJD:300A

■蘭一冠一,皆完。　　　　　　　　73EJD:300B

南部候長楊卿治所　　　　　　　　　73EJD:301

南部候長　　☑　　　　　　　　　　73EJD:302

■莫當隧弩循三完。　　　　　　　　73EJD:303

【校釋】

[1]此處釋字字形頗不合,按照常見文例,此處應是“奏”字。疑所謂的“秦卿”當是“奏”字。

[2]塞曹:邊塞所設官署機構。

[3]廄:原釋作“庚”,此字原簡筆畫不是十分明確,但與金關簡中其他“廄”無異,今改。

[4]大成:西河郡屬縣。

❀二石　　　　　　　　　　　　　　73EJD:304A

□□□□□□□ⅰ爲居内得之者唯ⅱ

毋錢通取之,此善弓也。ⅲ	73EJD:304B
▨二石	73EJD:305A
橐他□□□	73EJD:305B
▨二石,詣韓卿治所稽北亭	73EJD:306A[1]
九月旦起莫當。	73EJD:306B
▨槍五枚[2]	73EJD:307A[3]

□廷宜秋里男子鉏偃,自言爲家私使居延

□毋官獄徵事,當得取傳,謁移金關縣索

▨	兵	
□道河津關,如律令。/掾仁、佐宣。		73EJD:307B
肩水臨田隧長歸方慎[4]叩頭白記□ⅰ橐他候長楊卿閣下ⅱ		73EJD:308
■騂馬亭戍卒五石弩糸承弦四完。		73EJD:309A
■騂馬亭戍卒五石弩糸承弦四完。		73EJD:309B

▨[5]服數少二□□	
穎□[6]川郡許賦錢五千	73EJD:310A
卒王宣數少四。	73EJD:310B
▨木□▨	73EJD:311A

□恙,前日不備,幸欲[7]□ⅰ☑□□□禁姦立使教[8]□ⅱ☑□□□□□

□ⅲ	73EJD:311B

【校釋】

[1]簡上端有契口。

[2]此簡文字爲篆書,“槍”下有穿孔。

[3]王錦城(2019P1971):B面内容屬過所文書,從形制來看,該簡當爲過所文書二次利用作成了簽牌。

[4]慎:原釋作“恢”,原簡作**恢**,字形不合。此字當爲“慎”的草書寫法,西北簡居新 T50.1A、居新 T5.190、居 482.3 中的“慎”可作對比參考。此字在這裏用作人名。

[5]此字原釋作"賦"。此字原簡字形較淡,但左部似從"女",右部似從
"卑",且 B 面是"卒王宣數……",兩者對比推知此處應是"婢服數……"。
婢、卒都是身份。宣、服都是人名。

[6]原釋文漏此封泥匣符號。

[7]此字原簡字形與"欲"之草書不合,且"幸欲……"之説不順暢,
存疑。

[8]教:原簡圖作🖌,字形與"教"有差距,而與"前"較近,存疑待考。

■莫當隧弩循(楯)一完。　　　　　　　　　　　　73EJD:312

　　　　　　　　　　　王

囗戌卒汝南郡召陵始成里

　　　　　　　　　恭。

　　　　　　囊(檢)　　　　　　　　　　　　　　73EJD:313A

囗[1]伏伏地大重　　　　　　　　　　　　　　　73EJD:313B

■六石具弩一完。　　　　　　　　　　　　　　　73EJD:314A

■六石具弩一完。　　　　　　　　　　　　　　　73EJD:314B

🔘槍[2]　　　　　　　　　　　　　　　　　　　73EJD:315A

竟甯元囗囗囗囗ⅰ渠上亭囗囗囗囗ⅱ九月庚午囗囗ⅲ　73EJD:315B

……囗南部行者走囗(上部塗黑)　　　　　　　　73EJD:316

南部候長韓卿治所隧次行。囗(檢)　　　　　　　73EJD:317A

楊朗會日囗次行囗(檢)　　　　　　　　　　　　73EJD:317B

楊朗囗囗　　囗囗(檢)　　　　　　　　　　　　73EJD:317C

莫當隧長以郵行。囗　囗囗囗囗毋以它爲解,囗囗囗前(檢)

　　　　　　　　　　　　　　　　　　　　　　73EJD:318A

九月庚戌……(檢)　　　　　　　　　　　　　　73EJD:318B

教(檢)　　　　　　　　　　　　　　　　　　　73EJD:318C

官次傳,盡莫當以亭次行[3]。　都吏詣鄣候舍,迺丙寅傳南出入,十餘

日不到府。今府持記趣之,□□各推辟□□□□ᵢ(檢) 　　73EJD:319A

□相付受日時,候長、候史以檄言出部界日時,官次行□□□□□□

(檢) 　　73EJD:319B

三月乙亥,官記告駁馬亭南至莫當前府,傳鹽二石少。廣地候官。

丿　□上自□□ᵢ(檢) 　　73EJD:319C

教(檢) 　　73EJD:319D

【校釋】

[1]此未釋字原釋文無,據原簡圖補。姚磊(《合校》2021P495)釋作“敢”。

[2]此簡文字用篆書。

[3]沈剛(2017P207—222):因爲亭和隧是參差相隔,所謂“以亭行”的傳行方式,就是跨過間隔的隧,在亭間走行。

通望隧日迹檮。 　　73EJD:320A

通望隧日迹檮。 　　73EJD:320B

通望隧日迹檮。 　　73EJD:320C

通望隧日迹檮。 　　73EJD:320D

□三石　□□　□(削衣) 　　73EJD:321

從鳳□ 　　73EJD:322

□□都尉府十二日□ 　　73EJD:323

□居延丞□□□ 　　73EJD:324

□近衣強酒食。　　　願子高爲時□□

□毋恙。叩頭叩頭。　□奉聞嚴教□□(削衣) 　　73EJD:325

□□□□　□□□ 　　73EJD:326

□□□□□□□(削衣) 　　73EJD:327

　　　　　□丞詣大　□

□南書四封。　　一封居延丞,詣大　□

　　　　　一封觻得□□　□(削衣) 　　73EJD:328

廣地候官　□ 　　73EJD:329

☑宣卅餘日乃到☐☑　　　　　　　　　　73EJD：330

☑候長寫傳至　　☑　　　　　　　　　　73EJD：331

☑☐☐☐日中☐☐☐☐……　　　☐☐☐不上功書☑

☑　　　　　　☐☐平數上₌功故　　多其實非聽受上，解何。☑

　　　　　　　　　　　　　　　　　　73EJD：332

☑金關居延　　☑　　　　　　　　　　73EJD：333

☑☐☐關，寫移書到，如律令。☑　　　　　73EJD：334

☑☐☐敢言之，遣從吏杜霸從令對大守府，占所乘用馬一匹，軺車一

乘，與☐☑ᵢ　　　　　　　　　　　　　73EJD：335

☑☐籍及穀簿唯官☐☑　　　　　　　　　73EJD：336

☑之勞幸得子☑ᵢ☑……☑ᵢᵢ　　　　　　73EJD：337

……☑ᵢ譚☑ᵢᵢ☐謹☑ᵢᵢᵢ　　　　　　　　73EJD：338

鄧　　☑　　　　　　　　　　　　　　73EJD：339

☑☐☐☐☐ᵢ☑☐必不☐☐☐☑ᵢᵢ　　　　73EJD：340

☑甚謹☐☐ᵢ☑☐☐☐☐☑ᵢᵢ　　　　　　73EJD：341

☑……從☐☐☑ᵢ☑丞故郯卿……☑ᵢᵢ　　73EJD：342

☑☐使千☑　　　　　　　　　　　　　73EJD：343

☑　☐☐☐☐☑　　　　　　　　　　　73EJD：344

☑☐居延庫，詣大守☑　　　　　　　　　73EJD：345

☑幸甚，叩頭。　　☑　　　　　　　　　73EJD：346

☑☐千☐☑　　　　　　　　　　　　　73EJD：347

☑五百☐☑　　　　　　　　　　　　　73EJD：348

☑☐食之☐☑　　　　　　　　　　　　73EJD：349

☑☐亭隧復書☐☑　　　　　　　　　　73EJD：350

☑☐門下白事☑ᵢ☑☐☐☑ᵢᵢ　　　　　　73EJD：351

☑鴻嘉元〔年〕[1]七[2]月辛卯☑　　　　　73EJD：352

☑稟陷陳隧[3]長薛[4]宗，二月☐☑　　　　73EJD：353

【校釋】

[1]許名瑲(2018P327—354)認爲此處奪"年"。王錦城(2019P958)認爲此處正處荏口,可能是中間掉了"年"字。今從補。

[2]七:原釋作"十",從許名瑲(2018P327—354)改釋。

[3]陷陳隧:即陷陣隧。

[4]薜:原釋作"薛",今據原圖版改。

☑☑☑☑ᵢ☑☑子毋☑ᵢᵢ☑……☑ᵢᵢᵢ(削衣)　　　73EJD:354

☑☑元年中爲☑　　　73EJD:355

☑里毛利,年卅五。　☑☑　　　73EJD:356

……☑ᵢ七月壬子,居延守丞城☑ᵢᵢ　　　73EJD:357

☑謹使少平奉書請,伏地再拜白☑　　　73EJD:358

☑☑,出入如律。☑　　　73EJD:359

肩水候長范賀叩頭白記　☑ᵢ橐他候長格卿門下　☑ᵢᵢ73EJD:360

☑　在所臨河☑☑　　　73EJD:361

☑☑今博舍☑　　　73EJD:362

☑☑亭易可。叩₌頭₌(叩頭叩頭)☑　　　73EJD:363

☑憲守丞博移☑☑　　　73EJD:364

☑☑六月癸酉,居延丞☑ᵢ☑☑觻得,當舍傳舍,從者如☑ᵢᵢ

　　　73EJD:365

☑他候宣移肩水金關,遣☑　　　73EJD:366

☑☑居延市以水貴虛爲名　☑　　　73EJD:367

☑☑候長楊☑　　　73EJD:368

☑四月壬子日入時☑　　　73EJD:369

芳一斗　☑　　　73EJD:370

☑稟候史☑☑　　　73EJD:371

　　　一封張掖大守章,詣☑

☑☑遷一。　二封邯鄲昌,詣他☑

一封遝一角〈觻〉得長□☑	73EJD:372
☑□中部千秋隧☑	73EJD:373
十一月☑	73EJD:374
☑□不☑ⅰ☑移前☑ⅱ	73EJD:375
☑　□□□□爲☑ⅰ☑　在子侯[1]所□□□☑ⅱ☑□□☑ⅲ	
	73EJD:376
☑負輔狗直輔　☑	73EJD:377
☑□子上以□□ⅰ☑掖大守范利章,□□□ⅱ☑□□大守□□□□☑ⅲ	
	73EJD:378
☑□□□□□□☑ⅰ☑到,出入如律令。　□☑ⅱ	73EJD:379
尉舍又客□☑	73EJD:380
☑□十里,除行二日半日不中☑	73EJD:381
☑一詣都尉府,六[2]月壬寅起。☑ⅰ☑詣大守府,六月癸卯起。☑ⅱ	
	73EJD:382
張掖肩候☑	73EJD:383
☑　掾襃、守令史敞☑	73EJD:384
☑□幼子承詔	73EJD:385
☑□宗以□□☑	73EJD:386
☑□非敢言☑	73EJD:387
☑……ⅰ☑□不復更爲書ⅱ☑□叩頭。ⅲ	73EJD:388
敢言之。☑	73EJD:389
☑卿☑	73EJD:390
☑□賓[3]、陳君長、鄭君□☑	73EJD:391

【校釋】

[1]侯：原釋作"候",從徐佳文(2017.2.27)改釋。

[2]六：原簡作🔲,原釋作"閏"。按：此形正處在斷裂茬口處,與常見的"閏"形差距較大。同簡後文説另一封信"六月癸卯"發出,其前一天正是"壬寅",且此字形下部也與"六"形同而與"閏"形異,至於其上類似三點

的筆畫應該是斷裂後造成的。

　　[3]賓：原釋作"實"，從王錦城（2019P961）改釋。

肩水金關 72EJC：1-290；73EJC：291-680

居延甲渠候長[1]兒譚，遣爲天水貏（貒）道[2]丞，十二月丁酉入關。

　　　　　　　　　　　　　　　　　　　　　　　　　72EJC：1

鴻嘉四年二月丁卯朔辛未，肩水守候長謂關：嗇夫吏、督蓬（烽）史[3]

張卿葆從者ⅰ名、縣、爵、里、年、姓各如牒，書到，出入如律令。ⅱ

　　　　　　　　　　　　　　　　　　　　　　72EJC：2A

君印。　　　　　　　　嗇夫譚發[4]　　　　　　　丿

二月辛未鄣以來[5]。君前。　　　　守令史宜。　　72EJC：2B

入詬火一通，南。　七月乙未夜[6]。蚤食六分，騂北亭長襃受莫當

隧長禹。　　　☒　　　　　　　　　　　　　72EJC：3

南書一封。　即☐☐程。　張掖肩水候印，詣肩水都尉府。　四月

己卯莫當卒橫行。（"封"下有削過的文字殘迹）　　72EJC：4

安定郡施刑士安武宜民里莊子都，年卅七，黑色，長七尺一寸。

　　　　　　　　　　　　　　　　　　　　　　72EJC：5

南部候長肥湯茭千束，直（值）五百。　　☒　　72EJC：6

☒關嗇夫賞，叩頭，死罪，敢言之。迺壬戌居延　　72EJC：7

☒己未，尉史章敢言之：謹移候尉吏卒ⅰ☒金關，敢言之。ⅱ　72EJC：8

金關往者，令史歆[7]以檄書爲吏卒遣出入關，止不內，還道☐☐☒

　　　　　　　　　　　　　　　　　　　72EJC：9+61

宜陽[8]新中里浩賢，年廿七。　……☒　　72EJC：10

鑠得騎士萬年里齊博　　☐☐　　　72EJC：11

　　【校釋】

　　[1]甲渠候長：陳夢家（1980P53）：甲渠候長可以是甲渠候官下某一部

的候長，也可以是甲渠部的候長。

〔2〕貕道："貕"一作"豲"或"獂",古縣名,屬天水郡,秦置,秦封泥有"貕道丞印"。

〔3〕督蓬史:勞榦(1960P43—44):督烽燧從珍北始,則其督察當自北而南。居延都尉治遮虜鄣,稍近北。張掖太守治觻得,則在諸塞之南。是督烽燧當爲都尉之燧,非太守之燧矣。陳夢家(1980P123):督烽燧簡稱督烽,猶督郵燧簡稱督郵。漢簡又有督烽燧史、大烽燧史、督烽史,或爲督烽燧之副。

〔4〕發:開啓。

〔5〕李迎春(2019P252-271)指出此文書由鄴携帶至金關。與一般文書傳遞者標注"佐"或"卒"的身份不同,"鄴"無"吏"或"卒"的身份信息。這種無具體身份信息的文書傳遞人,據肩水金關漢簡,往往是通關者本人。

〔6〕據常見的文書傳遞記錄格式來看,這裏的"七月乙未夜"可能指的是入文書的時間,後面的"蚤食六分"應該是出文書的時間。

〔7〕歟:此字原簡圖作▨,字形可疑。

〔8〕宜陽:弘農郡之屬縣名。

癸	癸	壬	壬	辛	辛	庚	庚	己	己	戊	戊
十九日		春分						後伏			
未	丑	午	子	巳	亥	辰	戌	卯	酉	寅	申

72EJC:12[1]

☑女弟尉,年五歲。小男子幼薪生。　　　　　　72EJC:13

茂陵嘉平里莊彊,年卅三。　　☑(削衣)　　72EJC:14

初元四年正月辛亥朔乙卯,西鄉有秩福敢告☑ⅰ可期言廷,謁移過所邑,勿苛留,敢言之。☑ⅱ……如律令。□□□ⅲ　72EJC:15A

章自〈曰〉[2]:熒陽丞印。　　☑　　　　72EJC:15B

長壽里,家去大守府三百里。ⅰ爲吏六歲九月廿二日。ⅱ其卅五日,永光五年……以令奪勞。ⅲ(削衣)　　72EJC:16

☑　□諸子毋恙,嚴☑ⅰ☑□□☑ⅱ(削衣)　　72EJC:17

戍卒穀成[3]吉平里趙辟,年卅一。　☒(竹簡)　72EJC:18

安定郡安武宜陽里司馬明,年卅七,黑色,長七尺二寸。　出入。丿
72EJC:19

陽夏[4]都郵里謝少子,年卌六,　公乘,　長七尺二寸,黑色。丿☒
72EJC:20

☒□彊,年卌一,□□　長七尺二寸,黑色。丿　72EJC:21

・告縣往者,告劾多不應法,又留不上囚到狀,長丞☒　72EJC:256+22

肩水金關　☒　72EJC:23

肩水金關☒　72EJC:24

(此簡已與 C:618 綴合)　72EJC:25

河南郡滎陽新成里范福,年卅五,　　長七☒　72EJC:26

田卒魏郡犁〖陽〗[5]臨里大夫陰福,年廿六,　☒　72EJC:27

☒建始元年二月□☒(削衣)　72EJC:28

肩水金□☒(削衣)　72EJC:29①

肩水候官☒(削衣)　72EJC:29②[6]

【校釋】

[1]羅見今、關守義(2018.6)、許名瑲(2018P327-354)皆認爲該簡爲漢成帝建始元年曆譜簡。許名瑲認爲此簡與 72EJC:195、72EJC:269 可編聯。

[2]自:原徑釋作"曰",此字原簡作🖰,從韓鵬飛(2019P1769)改釋。

[3]穀成:縣名,屬河南郡。

[4]陽夏:淮陽國之屬縣名。

[5]高一致(2016.8.26)已指出原抄寫者"犁"後脫"陽"字,犁陽即黎陽。今從補。

[6]72EJC:29 簡原整理者已標明誤綴,今按照統一體例將其分爲兩個號。

☒再=拜[1]☒　72EJC:30

五年十二月中,涷魚五[2]十頭遣〈遺〉[3]路奉君。　　　☑

72EJC:31+T15:9 [4]

【校釋】

[1]再=拜:原釋作"□□升",原簡圖當爲"再拜"的草書加重文號,今改。

[2]五:原未釋,從綴合者補釋。

[3]遺:原釋作"遣",此字原簡圖作**遣**,不從"目"也不從"貝",而從"目"。如果釋作"遣",按照金關簡中的常見使用方式,"遣路奉君"後面還要説明派遣的内容,比如 T24:24A"遣吏持詣廷"、T30:50"遣士吏充輸折傷兵"、T37:97"遣守屬趙誼驚戒肩水居延"等。查看原簡可知,"路奉君"之後還有大塊空白,表明"遣路奉君"語句已結束,後面没有其他内容,所以從簡文内容來看不能釋"遣"。遺,金關簡中多表示送、留之義,簡文的意思是説"魚五十頭送給路奉君"或"魚五十頭留給路奉君"。因此,"遺"應該是"遺"之訛寫,不應釋作"遣"。

[4]此簡由姚磊(2020.7.13)綴合。

戍卒穎川郡許邑[1]廣德里公乘王成,年卅六。　 〻　☑(竹簡)	72EJC:32
戍卒淮陽傿[2]陵里陳忠,公乘,年廿八。☑(竹簡)	72EJC:33
☑□月壬戌出。	72EJC:34
☑守府書律令。☑	72EJC:35
安定郡施刑士臨涇留☑	72EJC:36
☑中(仲)尼居,曾子寺(侍),子曰:先王☑	72EJC:37 [3]
■右第一車。　☑	72EJC:38
☑尉惲、丞宣謂 i ☑令。ii	72EJC:39
田卒河南郡陽武昌安里鄭安☑	72EJC:40
戍卒南陽陰臨定里公乘□□□☑	72EJC:41
(此簡已編聯至 T14:22 之後簡册中)	72EJC:42

安定郡施刑士鹵[4]工阿里救充邑,年廿,黄色,長七尺三寸。

72EJC:43+52

(此簡已編聯至 T14:22 之後簡册中)　　　　　72EJC:44+67

【校釋】

[1]許邑:指《漢書·地理志》潁川郡屬縣之許縣。

[2]僑:原簡圖作**,字形似有訛誤。

[3]文見《孝經·開宗明義章第一》,劉嬌(2018P279-326)認爲可能是與《孝經》相關的典籍。

[4]鹵:原釋作"周",原簡作**,從黄浩波(2017P177-186)改釋。《漢書·地理志》安定郡下轄鹵縣,漢初屬北地郡。

☑尺　　　☑　　　　　　　　　　72EJC:45

☑皆正月辛巳亭長出。　　　　　　72EJC:46

(此簡已與 C:618 綴合)　　　　　72EJC:47

☑　大車一兩。　☑　　　　　　　72EJC:48

戍卒淮陽司馬里張樂☑　　　　　　72EJC:49

☑□白里王未央,年廿五。　☑　　72EJC:50

魏郡元城甲里大夫董輔,年卅。　☑　72EJC:51

(此簡原整理者與 72EJC:43 簡綴合)　72EJC:52

(此簡已編聯至 T14:22 之後簡册中)　72EJC:53

☑　苟留止,如律☑　　　　　　　72EJC:54

出錢百卅。　☑　　　　　　　　　72EJC:55

☑出卅就。　　　　凡出卅五。　☑

☑出五治卒籍。弓　　　　☑　　　72EJC:56

猛即日=(日日)中時行肩水塞竟(境),表通從河西來,猛謹先即☑

72EJC:57+148

☑□□尉丞謂候:城尉兵守御器各有☑　72EJC:58

肩水金關　　　　　　　　　　　　　　　　　72EJC：59

輔報子文所屬以事且已矣，札少☑　　　　　　72EJC：60

（此簡原整理者與 72EJC：9 簡綴合）　　　　　72EJC：61

☑【初元三年】[1]四月乙酉朔丙戌[2]，士吏☑☑　　72EJC：62

　　　　　　　　官布☑

平樂隧卒郝偃☑☑☑☑

　　　　　　　　白布☑　　　　　　　　　　72EJC：63A

☑☑☑君☑☑☑☑　　　　　　　　　　　　72EJC：63B

出錢九百。　建始元年十二月庚寅☑　　　　　72EJC：64

☑……移所過縣邑，毋☑☑

☑☑移過所縣邑，如律令。／掾成、令☑　　　　72EJC：65

永光二年十二月戊午朔乙丑，居延☑　　　　　72EJC：66

（此簡原整理者與 72EJC：43 簡綴合）　　　　72EJC：67

安定郡施刑士烏氏[3]始安里王發，年卅☑　　　72EJC：68

【校釋】

　　[1]初元三年：原簡缺失，據胡永鵬（2017P170）補。

　　[2]許名瑲（2018P327-354）根據月朔干支認爲此簡可有元帝初元三
年（前 46 年）、光武建武廿四年（48 年）兩種可能。

　　[3]烏氏：《漢書·地理志下》安定郡屬縣有烏氏。

☑　氏池守長　　☑　　　　　　　　　　　72EJC：69

（此簡已與 73EJC：621 簡綴合）　　　　　　72EJC：70

☑……　　　　　　　　　　　　　　　　　72EJC：71

……　　　　　　　　　　　　　　　　　　72EJC：72

第八十☑☑　　　　　　　　　　　　　　　72EJC：73

☑便別至今獨有☑☑　　☑　　　　　　　72EJC：74+78

☑長至累亭長寫傳……☑　　　　　　　　　72EJC：75

☑水塞壽☑☑ i ☑居平安☑☑ ii　　　　　　72EJC：76

元興元囗囗　　　　　　　　　　　　　　　　72EJC：77A

元興元年囗　　　　　　　　　　　　　　　　72EJC：77B

（此簡原整理者與72EJC：74簡綴合）　　　　72EJC：78

囗……ⅰ囗囗德在衕，刑在庭。　　日加卯，月加午，下弦[1]，囗囗ⅱ

　　　　　　　　　　　　　　　　　　　　　72EJC：79A

囗二月大，丁巳朔，重[2]春分，戊午可食社稷，己未血忌囗

囗囗[3]酉小時在辰[4]　……囗　　　　　　　72EJC：79B

【校釋】

　　[1]日加卯，月加午，下弦：月：原未釋，從張文瀚、劉鳳麗（2019P272-278）補釋。張文瀚、劉鳳麗（2019P272-278）：作爲曆法用語，加時常指冬至或交其他節氣以及發生弦、望、日食、月食等天象的時刻。如冬至時刻在夜半爲加子時，正午爲加午時。下弦，指二月下弦月出現的時間，指二月二十三日己卯（或二十二日戊寅）下弦月的月相。即下弦月月相發生時，日在卯位（正東位，亦即卯時太陽的方位），月亮在午位（正南位）。

　　[2]重：許名瑲（2018P327-354）：重，重日也。巳、亥二日爲重日，簡文“丁巳朔”下具注“重”日，合於曆例。

　　[3]許名瑲（2018P327-354）認爲此未釋字是“癸”或“乙”，推知此簡屬章帝建初九年（84年）。

　　[4]小時在辰：許名瑲（2018P327-354）已指出章帝建初九年二月十六日壬申穀雨，《太初曆》行用期間，“穀雨”相當於其後至今之“清明”。“穀雨”爲天文月（星命月）辰三月節氣。二月廿九日乙酉，曆法月屬二月，但天文月已交辰三月節氣，故簡文云“［癸（乙）］酉小時在辰”。按：“小時”是月建之名。“小時在辰”就是小時運行至辰位。

人耕（耕）[1]種，百人囗　　　　　　　　　　72EJC：80

囗囗　　　　　　　　　　　　　　　　　　　72EJC：81A

囗囗　　　　　　　　　　　　　　　　　　　72EJC：81B

囗……囗（有文字殘迹）　　　　　　　　　　72EJC：82

☐六人馬一匹牛四☐☑　　　　　　　　72EJC:83A

☐☐☐☐請諸亭吏☑　　　　　　　　72EJC:83B

☑☐☐守☐右☐☐　☑　　　　　　　72EJC:84

☑書五封一合,皆☐☐☐ᵢ☑府君章封,八月☐☑ᵢᵢ　72EJC:85

☑……厚……☑(字迹漫漶不清)　　　　72EJC:86A

☑……意之☑　　　　　　　　　　　72EJC:86B

☑　……　　　　　　　　　　　　72EJC:87

(此簡已與72ECC:42綴合)　　　　　　72EJC:88

僵[2]百石,今但有報☐☑ᵢ……☑ᵢᵢ　　　72EJC:89A

☐☑　　　　　　　　　　　　　　72EJC:89B

☑☐告逆與☐☐☑　　　　　　　　72EJC:90A

☑☐取會☐之☑　　　　　　　　　72EJC:90B

博謵[3]叩頭死罪。敢☑　　　　　　　72EJC:91

☑☐軍復[4]深☐☑　　　　　　　　72EJC:92

☑　☐☑(有文字殘迹)　　　　　　72EJC:93A

☑☐☐☐☑(有文字殘迹)　　　　　　72EJC:93B

☑☐索部界中,得以檄言,以與[5]　　　　72EJC:94

驪軒苑大奴尹福,年卅,長七尺八寸☑　　72EJC:95

(此簡已編聯至T14:22之後簡册中)　　72EJC:96

☑……它,書到☐☐☑　　　　　　　72EJC:97

☑……(有曲綫筆迹)　　　　　　　72EJC:98A

☑……(有曲綫筆迹)　　　　　　　72EJC:98B

☐[6]卿　☑ᵢ……　☑ᵢᵢ　　　　　　72EJC:99

☑　☐　牛車一兩。　十二月☑　　72EJC:100

☑廿四　☑　　　　　　　　　　72EJC:101

☑　入天市五官有憂☐☑　　　　72EJC:102[7]

☑……　毋☐☐　☑　　　　　　72EJC:103

☐☐王地餘[8]俱　　☐　　　　　　　　　　　　　　72EJC：104

【校釋】

[1]秄：原釋作“耕”，原簡從“禾”，“秄”與“耕”實爲異體，今據原簡録寫。

[2]借：原簡圖作，字形可疑，更近“諸”。

[3]誼：原簡圖作，字形可疑，疑是“謹”。

[4]復：原簡圖作，與常見“復”草書字形有差異，此形頗似“信”之草書。

[5]與：原釋作“畀”，原簡作，金關簡中的“與”也作此形。而且西北簡中“畀”字使用十分少見，不如釋作“與”。

[6]此未釋字原簡圖作，應是作姓氏之字，待考。

[7]劉樂賢(2017P180-185)推測此簡的主語可能是“熒惑”，占測對象也有可能是“歲星”、“太白”或“辰星”。

[8]王地餘：王錦城(2019P969)：人名。《急就篇》“左地餘”，顏師古注：“地餘，言土地有餘，封邑廣大也。漢有歐陽地餘。”

☐☐☐☐郡☐☐☐里嘉☐☐☐　　　　　　　　　　72EJC：105

☐☐斗三升少，　稟☐　　　　　　　　　　　　72EJC：106

建始二年☐ᵢ迎都尉橐他☐☐ᵢᵢ　　　　　　　　72EJC：107

☐子真賜書教☐ᵢ☐☐叩頭死₌☐ᵢᵢ　　　　　　　72EJC：108A

☐☐☐☐☐☐ᵢ☐☐夫人☐ᵢᵢ☐☐蘭使☐ᵢᵢᵢ　　　　72EJC：108B

☐☐☐☐下　　·記以月六日☐☐　　　　　　　72EJC：109

☐……ᵢ☐☐☐☐☐☐☐ᵢᵢ　　　　　　　　　　72EJC：110

☐☐☐奉書☐　　　　　　　　　　　　　　　　72EJC：111A

☐……☐　　　　　　　　　　　　　　　　　　72EJC：111B

☐……　　　　　　　　　　　　　　　72EJC：112+203

肩水金關　　　　　　　　　　　　　　　　　72EJC：113

定陶亭皇里張弘,年卅八。　☑　　　　　　　　72EJC:114

☑□家私市張掖強弩(削衣)　　　　　　　　　72EJC:115

☑□父而飲,子安得毋出　　　　　　　　　72EJC:116A

☑□三分,桂四分,伏(茯)令(苓)、卑(草)解(薢)、半夏[1]72EJC:116B

☑田卒河南陽武□[2]□里□□□年廿。　☑　　72EJC:117

☑□　丿　　　　　　　　　　　　　　　　72EJC:118

【校釋】

　[1]茯苓、草薢、半夏,皆爲藥名,方勇、張越(2017.1)有詳解。

　[2]此字右殘,尚可見"者"形,疑是"都"字。

☑塢南面咩呼五尺以上,二所,負五筭。Ⅰi☑塢南面咩呼五尺,負二筭。Ⅰii☑連廷一,右隨枚,負一筭。Ⅰiii☑幨二,紟[1]皆短七寸,負二筭。Ⅰiv☑靳干二,負索非物[2],負二筭。Ⅰv☑大黃弩辟橐衣,紟非物,負一筭。Ⅰvi大黃弩辟衣,紟非物,負一筭。Ⅱi鞻督(鋆),紟短各三寸,負二筭。Ⅱii木面衣,咩呼一尺,負一筭。Ⅱiii鞼一,卷絶,負一筭。Ⅱiv服,扁白,負一筭。Ⅱv芳馬矢橐,幣,負二筭。Ⅱvi皮冒[3]不事用,負一筭。Ⅲi冠二,紟非物,不事用,負一筭。Ⅲii輔罌[4]破,負五筭。Ⅲiii毋連表,負一筭。Ⅲiv・凡[5]負卅筭。Ⅲv

　　　　　　　　　　　　　　　　　　72EJC:119

【校釋】

　[1]紟:《説文・系部》:"紟,衣系也。"段玉裁注:"聯合衣襟之帶也,今人用銅鈕非古也,凡結帶皆曰紟。"即繫結衣服的帶子。

　[2]非物:此詞在簡中四見,皆用來描述某物不合格。疑"物"作物類之義,"非物"可能是指不合同類或與原物不一致。

　[3]冒:原簡作🔲,原釋作"宵"。形義參見 T37:1542 簡校釋。

　[4]輔罌:張國艷(2002.2):"輔罌"也就是用木製成的盛水或酒的器物。按:張説可疑,此簡主要記録守禦器物的完損情況,此"罌"當與常見的"儲水罌"、"汲罌"同類,這裏的"輔"可能指輔助或備用的意思。

[5]"·"與"凡"的關係詳見李洪財(2018P121)。

榮陽宜成里公乘張柱,年卅。　　☑　　　　　　　　　72EJC:120

　　　　　　　陽朔四年十月庚戌,鱳得長護封致,
鱳得益昌里王福,年五十七。

　　　　　　　爲家私市居延。　　　　　　72EJC:121

☑二　三　　　　　　　　　　　　　　72EJC:122

肩水金　　　　　　　　　　　　　　72EJC:123A

關　　　　　　　　　　　　　　　　72EJC:123B

☑☐☐五寸☐☐☐建　☑　　　　　　72EJC:124

☑☐[1]里成鳳,年廿。載小麥八十七石五斗二[2]輸范誼誼。

　　　　　　　　　　　　　72EJC:125+134

關嗇夫☑　　　　　　　　　　　　72EJC:126

☑　丙☑ᵢ☑　戌☑ᵢᵢ　　　　　　　72EJC:127

☑里公乘☐☑　　　　　　　　　　72EJC:128

☑☐里馬富昌　☑　　　　　　　　72EJC:129

☑衣一領,直(值)千三百五十☑　　72EJC:130

☑及不相應者,皆毋内(納)。檄言以　72EJC:131

☑☐莊,年廿七。　☑　　　　　　72EJC:132

關嗇夫放☑　　　　　　　　　　72EJC:133

(此簡原整理者與72EJC:125簡綴合)　72EJC:134

☑東定游里公士劉☐少,年卅☐☑　72EJC:135

鱳得富安里公乘☐☑　　　　　　72EJC:136

☑出倉麥十石輸廣地累山亭　　　72EJC:137

(此簡已與C:183綴合)　　　　　　72EJC:138

☑……☑(有文字殘迹)　　　　　72EJC:139

自追趣到課言[3]。·謹案:禹除以來,積廿五日,重追三不到官,唯

府 ｉ	72EJC:140
田卒河南郡陽武臨水里寇辰☑	72EJC:141
☑□男子趙彊,自言 ｉ☑徵事,當得取傳,謁 ⅱ	72EJC:142
卷西宜里路有,年廿六。　☑(竹簡)	72EJC:143
正月乙巳,張掖祁連☑	72EJC:144

☑十四匹,　元康二年十二月戊寅,嗇夫蓋衆内(納)

☑車六兩。　候君臨[4]。　　　　　　72EJC:145 [5]

☑主卒二人以候望爲職至今年五月壬辰,乘隧[6]戍卒許朔望見隧北

僵(彊)[7]落上有不知何　　　　72EJC:146+73EJC:613 [8]

【校釋】

[1]此未釋字姚磊(《合校》2021P497)補作"昌"。

[2]二:原缺釋,從韓鵬飛(2019P1775)補釋。

[3]李均明(2009P56):遣書,猶今派遣證,是對方單位憑以接收的書證……凡遣書,文末皆云"到課言",意謂收到派遣證及被派遣的人後,核實其是否準時到達並作出書面回報。

[4]候君臨:郭偉濤(2017P229-259)解釋爲肩水候親臨。

[5]郭偉濤(2017P229-259):應爲某次大規模入關記録,不僅關嗇夫蓋衆主持迎接,肩水候亦親臨。

[6]乘隧:薛英群、何雙全、李永良(1988P93):上隧值勤。

[7]僵:原釋作"彊",原圖版可見此字從"亻",今改。"僵"通"彊"。

[8]此簡由姚磊綴合,見姚磊(2021P366)。

具少酒案之具　☑	72EJC:147A
扈夫人卩☑ｉ　鄭夫人卩　☑ⅱ	72EJC:147B
(此簡原整理者與72EJC:57簡綴合)	72EJC:148
☑□　軺車一乘,馬一匹。　皆十二月庚申☑	72EJC:149
☑年正月□亥下　☑	72EJC:150
☑……☑(有文字殘迹)	72EJC:151

☑以疾它在乘北亭　　　　　　　　　　　　72EJC：152

☑　　☑☑☑☑☑☑　　☑　　　　　　　　72EJC：153

鱳得長貴里耿樂，年廿五，長七尺五寸，黑☑　　72EJC：154

（此簡已與 73EJT7：24 綴合）　　　　　　　72EJC：155

吏十一人，　徒五人，　胡騎☑

民四人，　　囚十人，　軺車☑　　　　　　72EJC：156

繁陽宜禄里大夫直武，年廿八。　　☑　　　　72EJC：157

☑禁姦卒恭布襲一領，直（值）☑　　　　　　72EJC：158A

☑卿夫人幸臨，今螽餔[1]先☑　　　　　　　72EJC：158B

五月戊申，居延令弘、丞☑　　　　　　72EJC：159A[2]

☑☑　☑　　　　　　　　　　　　　　　72EJC：159B

☑田卒魏郡内黄廣昌里☑☑　　　　　　　　72EJC：160

☑敢告尉史：城南里郭安，自言取傳爲☑　　　72EJC：161

☑　劍一，弓一，矢☑☑　　　　　　　　　72EJC：162

（此簡已與 73EJC：358 簡綴合）　　　　　　72EJC：163

（此簡已與 72EJC：227 簡綴合）　　　　　　72EJC：164

中卿足下☑　　☑　　　　　　　　　　　　72EJC：165

☑賞即　　　　　　　　　　　　　　　　　72EJC：166

☑☑，年卅二。　　☑　　　　　　　　　　72EJC：167

☑丙　　丙

☑辰　　戌　　　　　　　　　　　　　　　72EJC：168

☑時☑謹與候史　☑ⅰ☑……　　　　　☑ⅱ　72EJC：169

☑移過所縣道津關☑（削衣）　　　　　　　　72EJC：170

☑☑☑☑☑……頭，幸甚。ⅰ☑☑黨爲君都、君曼棄，捐之急☑ⅱ

☑……ⅲ（削衣）　　　　　　　　　　　　72EJC：171

☑　／掾☑、令史☑（削衣）　　　　　　　72EJC：172

☑頭見數☑（削衣）　　　　　　　　　　　72EJC：173

☑永光五年　　　二月☑☑　　　　　　　　72EJC:174 [3]

☑　……☑(有文字殘跡)　　　　　　　　72EJC:175

曾子曰:"敢問聖人之德無以加於孝乎?"子曰:"天地之閒,莫貴於人 =
(人。人)之行,莫大於孝 =(孝。孝)莫大於嚴 = 父 =(嚴父。嚴父) i

72EJC:176 [4]

☑□祝知,年五十六歲,乘方相(箱)一乘,用馬一匹,高六尺二寸。

字長卿。i　　　　　　　　　　　72EJC:177

【校釋】

[1]畫鋪:張德芳(2004P190-216):"畫鋪"是指"鋪時"前的一段,不
管十二時制、十六時制,還是十八時制,都未把"畫鋪"列爲單獨一個稱謂,
而且文獻中也無此記載……"畫鋪"一稱,它可能同"鋪時"以後的"鋪坐"
包括在"鋪時"這一大的時間段裏,析分爲三,總稱爲一。

[2]胡永鵬(2017P505)定此簡年代在漢宣帝五鳳到甘露年間。

[3]王錦城(2019P972)指出該簡左側有契口,似爲刻齒。

[4]劉嬌(2018P279-326)指出簡文語見《孝經·聖治章第九》,但略
有差異。

☑受事　　……☑　　　　　　　　　　72EJC:178A

……☑　　　　　　　　　　　　　72EJC:178B

☑不及者,未之有也。曾子曰:甚哉□☑　　72EJC:179 [1]

☑敬其父,則子説(悦)。敬其兄,則弟説(悦)。敬其君,則☑

72EJC:180 [2]

☑小人也,富與貧　　　　　　　　　72EJC:181 [3]

·西部河平四年五月吏卒稟城官名籍。　　☑　　72EJC:182

肩水金關☑　　　　　　　　　72EJC:183+138 [4]

☑出金關北　　　　　　　　　　72EJC:184

十二月□□昭武□□□　　　　　　72EJC:185

肩水金關☑　　　　　　　　　　　　　　72EJC：186

☑☐☐☐☐☐☑　　　　　　　　　　　　72EJC：187

☑☐食時人　　☑　　　　　　　　　　　72EJC：188

☑……　　☑（習字）　　　　　　　　72EJC：189A

☑……　　☑（習字）　　　　　　　　72EJC：189B

十日　　☑　　　　　　　　　　　　　72EJC：190

☑年卅四，刀　　長七尺二寸，黑色，☑　72EJC：191

出麥二石，　稟☑　　　　　　　　　　72EJC：192

☑東宣里☑　　　　　　　　　　　　　72EJC：193

☑短壯☐，黑色。陽朔二年四月辛丑朔己巳，北鄉佐　72EJC：194

【校釋】

〔1〕劉嬌（2018P279—326）指出簡文語見《孝經》之《庶人章第六》、《三才章第七》。

〔2〕劉嬌（2018P279—326）指出簡文語見《孝經·廣要道章第十二》。按：郝樹聲（2012.3）指出，以上72EJC：176、72EJC：179、72EJC：180及72EJC：37四簡，是1973年發掘時採集的散簡。漢代以孝治天下，《論語》和《孝經》在邊遠地區的流布和發現，説明在軍隊内部，除了習武操練等軍事科目外，還要進行思想教育，所謂始於孝悌而終於忠君報國，與凝聚陶鑄軍人的精神和士氣有直接關係，也與鞏固邊疆有直接關係。王錦城（2019P2071）認爲72EJC：176似與其他兩簡有所不同。

〔3〕王楚寧、張予正（2017.8.11）認爲此簡屬《齊論》，可與簡T14：7綴合。按：其綴合説不可從，兩者或爲同一簡册。劉嬌（2018P279—326）指出此簡行文與《論語》相類，可能是失傳典籍。

〔4〕此簡綴合意見詳見尉侯凱（2017P348—359）。

☑戊　丁　丁　☐

　　冬至

☑午　亥　巳　☐　　　　　　　　　　72EJC：195

☑　庚　庚　己　☑

　中伏

☑　申　寅[1]　未　☑　　　　　　　　　　72EJC:269 [2]

【校釋】

[1]許名瑲(2018P327-354)認爲"庚寅"爲"乙丑"之誤。

[2]C:195、C:269 兩簡,許名瑲(2018P327-354)認爲可遥綴,並且認爲與簡 C:12 屬同一簡册,爲建始元年曆日。羅見今、關守義(2018.6)亦認爲簡 C:195 和 C:12 屬同一簡册,爲漢成帝建始元年曆譜簡。王錦城(2019P2074)認爲簡 C:12 材質、字體與其他兩簡均有差異,不屬於同一簡册。

☑　稟曲河亭卒□　☑　　　　　　　　　　72EJC:196

斬幡二,　　完。·今一幣,端☑　　　　　72EJC:197

出麥二石,　　稟東望隧長劉承五月☑　　72EJC:198

☑□持膏酒前,叩=頭=(叩頭叩頭)。不宜以□□□　72EJC:199

☑戌,朱[1]肖死。肖斬令冢地　　　　　　72EJC:200A

☑史史超等超　　　　　　　　　　　　　72EJC:200B

☑謂金城隧長福塞虜隧[2]☑　　　　　　　72EJC:201

☑守令史輔、佐竟。　　　　　　　　　　72EJC:202

(此簡原整理者與 72EJC:112 簡綴合)　　72EJC:203

(此簡已與 72EJC:209 簡綴合)　　　　　72EJC:204

☑大六月壬子朔　☑

　　六月壬子　　☑[3](削衣)　　　　　　72EJC:205

☑□大昌里黃長生,年□☑(削衣)　　　　72EJC:206

☑□其其□　☑(削衣)　　　　　　　　　72EJC:207

田卒魏郡內黃　☑(削衣)　　　　　　　　72EJC:208

六月乙未成陽左尉☑(削衣)　　　　72EJC:209+204 [4]

【校釋】

[1]朱:原釋作"未",西北簡中"朱"、"未"同形,此處作姓氏,當改作"朱"。

[2]隧:原釋作"福",王錦城(2019P973)指出此字原簡字形與同簡的"隧"相似,改釋後文義更通順,從改。

[3]許名瑲(2018P327-354)指出孺子嬰居攝二年(7年)、光武建武十四年(7年)。兩者皆可能爲該削衣年屬,然以前者可能性較高。

[4]此簡由姚磊綴合,詳見姚磊(2021P367)。

☑☑☑☑☑	72EJC:210
地	72EJC:211A
再拜再拜決疑("再拜"上覆有其他筆迹)(習字)	72EJC:211B
☑敢☑二☑	72EJC:212
☑　丿丿	72EJC:213
☑□南池里趙安,年廿七☑	72EJC:214
神爵五年□☑ ¡ 即日遣☑ ¡¡	72EJC:215
☑己卯定左前候史治所,羛胡隊[1]☑(削衣)	72EJC:216
廣地　……☑	
子小女奈年七☑	
……☑	72EJC:217
延[2]水令史楊禹　☑	72EJC:218
☑　守令史仁(削衣)	72EJC:219
☑□書¡☑　　□□□□¡¡(削衣)	72EJC:220
☑不又數賜☑(削衣)	72EJC:221
請□☑	72EJC:222
☑□□¡☑□□樂□☑¡¡(削衣)	72EJC:223
☑□請☑	72EJC:224
☑九百五十錢臧禁姦　　☑	72EJC:225
☑□以因留作履□☑	72EJC:226

☑　元康二年二月辛酉嗇夫成内。　　☑　　　72EJC:227+164 [3]

☑庚　己　己　戊　戊　丁☑

☑子　巳　亥　辰　戌　卯☑　　　　72EJC:228+264

　　　　　　　　☐☑

廿五日

　　　　　戌☑　　　　　　　　　　　72EJC:229

屈然不救無厚至☐☐☑　　　　　　　72EJC:230

☑延鱳得☐鱳得☐　☐☑(削衣)　　　72EJC:231

☑……☑(習字)　　　　　　　　72EJC:232A

☑　☐☑　　　　　　　　　　　72EJC:232B

關嗇夫賞　☐☑　　　　　　　　72EJC:233

☑延年延延延居居延都☐☑(習字)　　72EJC:234

☑　……☑ⅰ☑掾野守令史定佐☑ⅱ　72EJC:235A

☑水金關定安里龐☐☑ⅰ☑……☑ⅱ　72EJC:235B

居延守獄史居延陽里公乘牟相,年卅三 [4]。☑　72EJC:236

☑☐☑ⅰ☑☐　受食平賈 [5] 錢糴粟☑ⅱ☑☐☐☑ⅲ　72EJC:237

田卒河南郡陽武園里田慶,年卅。　☑　72EJC:238

☑　卩(竹簡)　　　　　　　　72EJC:239

鱳得敬老里爰充,年卅三,長七尺五寸,黑色,　字游君。　　☑

　　　　　　　　　　　　　　　72EJC:240

長　丿　　謝子☐　☑(削衣)　　　72EJC:241

肩水金關　　　　　　　　　　72EJC:242

肩水金關　　　　　　　　　　72EJC:243

肩水金關　　　　　　　　　　72EJC:244A

肩水都【尉】 [6]　　　　　　　72EJC:244B

肩肩水金關閒關嗇夫放　　　　　72EJC:245A

肩水張張張子子　　　　　　　72EJC:245B

□肩水金關肩□水　　　　　　　　　　72EJC：246A

……（習字）　　　　　　　　　　　72EJC：246B

☑……錢　　直(值)三十……　　　　72EJC：247^[7]

■第十五車　　　　　　　　　　　　72EJC：248

……從□□□塞教毋得言□　　　　　72EJC：249

觻得騎士萬年里齊博……　　　　　　72EJC：250

　　　　　　出卅半月

……三五直(值)千

　　　　　　　出十五月□　　　　　72EJC：251

爲賈賣八百七十五　　　　　　　　　72EJC：252A

～　　　雞一雙　　　　　　　　　　72EJC：252B

☑蒼蒼弓□□☑（削衣）　　　　　　72EJC：253^[8]

卒二人，其一人□，三月壬辰病。一☑　72EJC：254

☑　前調兼行□☑　　　　　　　　　72EJC：255

（此簡原整理者與 72EJC：44 簡綴合）　72EJC：256

☑□移肩☑ᵢ☑□□☑ᵢᵢ　　　　　　72EJC：257

田卒河☑　　　　　　　　　　　　　72EJC：258

☑□有德，年卅八，□☑　　　　　　72EJC：259

☑移書到□　　　　　　　　　　　　72EJC：260

貸請月□☑　　　　　　　　　　　　72EJC：261A

順報子文□☑　　　　　　　　　　　72EJC：261B

陝華里□☑　　　　　　　　　　　　72EJC：262

長年里柳豐　　☑　　　　　　　　　72EJC：263

（此簡原整理者與 72EJC：228 簡綴合）　72EJC：264

☑□，年五十二，長☑　　　　　　　72EJC：265

駟北亭長襃　　☑　　　　　　　　　72EJC：266

□□，毋官徵事，☑ᵢ 廚^[9]嗇夫武行尉☑ᵢᵢ二月己酉，榮〈滎〉陽^[10]

☑ⅲ 72EJC:267A

印曰:滎陽右☑☑ 72EJC:267B

☑吏光敞送罷卒至。 72EJC:268

（此簡已編聯至 72EJC:195 之後） 72EJC:269

☑……里父老[11]公乘☑☑ⅰ☑廷移過所縣邑侯☑ⅱ 72EJC:270A

☑印。 ☑ 72EJC:270B

【校釋】

[1]莢胡隊:即夷胡隧。

[2]延:原釋作"廷",從姚磊(《合校》2021P498)改釋。

[3]此簡由姚磊綴合,詳見姚磊(2021P368)。

[4]三:原釋作"五",今據原圖版改。

[5]平賈:高恒(1996P225-237):即官定市場平均價格。《集成》(十二 P50):即官方承認的價格。

[6]此處原釋作"尉",但原圖版並無任何墨跡,甚至"都"字下部也缺失一些墨跡,今作據文義補字。

[7]胡永鵬(2017P587)將此簡歸爲新莽時期。

[8]此簡文字篆書書寫。

[9]廚:原未釋,姚磊(《合校》2021P499)補釋。按:此字原簡字形所見墨跡較少,但可與 T10:213 內容對讀,暫從姚磊擬補釋。

[10]滎陽:同簡 AB 面兩見,原皆釋作"滎陽",何茂活(2014.11.29)釋作"熒陽"。按:AB 面兩"滎"字原簡圖分別作 𣏩、𣏩,兩形下部明顯從"木",當據原字形釋作"滎"。此處當爲"滎"之訛,與"滎"同形。

[11]劉欣寧(2016.2)指出"父老"後文字不明,參看其他文例,應有"證"等字。

令 令☑ 72EJC:271

☑☑然。謹再拜白☑ 72EJC:272A

☑☑日厚賜,因叩頭言☑ⅰ☑☑此非縣官禮☑☑ⅱ 72EJC:272B

治渠卒河東臨汾□□里吳[1]□□　　　　　　　72EJC:273

長安鄧里王□(削衣)　　　　　　　　　　　72EJC:274

□昨日往至今不□　　　　　　　　　　　　72EJC:275

田卒魏郡犂陽當市里□(削衣)　　　　　　　72EJC:276

□麥十一石一斗三升少。　　　　　　　　　72EJC:277

出麥二石，　稟望城隧長卜歸來五月食。　　72EJC:278

服十一　　　　　　　　　　　　　　　　　72EJC:279

☑　稟直隧卒孫輔五月食。　　　　　　　　72EJC:280

□□塞下，不持弩兵、裂衣[2]、堅介[3]適其亭隧，長二百里。部、候
長、候史ⅰ　　　　　　　　　　　　　　　72EJC:281

・右吏九人，　用穀十一石。　　　　　　　72EJC:282

☑右一人，　用茭五百束,詣塞虜隧下取。　72EJC:283

元年二月中,魚廿頭,遣李長實[4]。　╱　　╱　72EJC:284

□□東明里趙莊,年卅八。　╱　方相(箱)車一乘,騮牡馬,齒十五
歲，　字君孫。　二月辛卯出。　╱ⅰ　　　72EJC:285

移昭武遣士吏霸隧。　　　　　　　　　　　72EJC:286

☑凡吏卒十五人，　用穀卅石。　　　　　　72EJC:287

先以證不言請(情)[5]出入罪[6]人,辥(辭)已定,滿三日☑　72EJC:288

肩水金關　　　　　　　　　　　　　　　　72EJC:289

出粟二石，　稟東部候長王族十二月食。　　十二月晦自取。卪
　　　　　　　　　　　　　　　　　　　　72EJC:290

【校釋】

[1]吳:原未釋,今據原圖版擬補。

[2]裂衣:裂,原簡字形結構不明確,該字所從"折"的結構非常含糊,
可疑。裂衣,疑是與盔甲搭配穿着的衣服,具體表義、形制不明,待考。

[3]堅介:王錦城(2019P977):即爲加固鎧甲。

[4]實:王錦城(2019P1785)釋作"賓",不從。

　　[5]證不言請:李均明、劉軍(1999P50):司法爰書常用語……“請”通
“情”。“證不言請”指作證不説實情。

　　[6]出入罪:謝桂華(2013P136-150):出入罪,應連起來讀,乃是出罪
和入罪的合成語……出罪,人本有罪而縱免其罪,或本當重罪而予以輕罪;
入罪,人本無罪而加以重罪。按:其後的“人”也可能是“入”。

律令者,議減死刑及可蠲除約省者,令較然[1]易〈易〉[2]智(知),條
奏。《書》不云乎“維荆(刑)[3]之泚”,“其審哀〈克(核)〉之”,務淮
(準)古法,朕將盡心覽焉。ｉ　　　　　　　　　　　73EJC:291[4]
　　【校釋】
　　[1]較然:明顯貌。《史記·刺客列傳》論曰:“自曹沫至荆軻五人,此
其義或成或不成,然其立意較然,不欺其志,名垂後世,豈妄也哉!”司馬貞
索隱:“較,明也。”
　　[2]易:原釋作“昜”,今據原簡圖改。
　　[3]維荆之泚:荆,原釋作“刑”,今據原簡圖改。尉侯凱(2017.1):簡
文記載的《尚書》“維刑之泚”,與《漢書·刑法志》所引《尚書》相同(泚、恤
通用),均爲古文《尚書》……今文《尚書》作“惟刑之謐”,《史記》採用今
文,以訓詁字代經字,故作“惟刑之靜”。而古文則作“維刑之謐”,與今文
有異。簡文與《漢書·刑法志》的記載,説明在漢成帝河平年間,古文、今
文《尚書》已經并行於世,而且從漢成帝頒布的詔書使用古文《尚書》來看,
古文《尚書》已被朝廷認可,地位得到很大的提高。
　　[4]此簡尉侯凱(2017.1)有詳細解讀,劉嬌(2018P279-326)將此簡
歸爲六藝書類相關資料,並有詳細解讀。

毋有居延韋絮縑帛府下書禁如縣索關有居延都尉　　　73EJC:292
☑騂[1]北亭長章敢言之:迺癸巳平旦時,騂北亭卒同受。73EJC:293[2]
☑□范忠公乘,年卅一,　字長孫,牛車一兩。　　　73EJC:294
☑……負錢三百博具錢[3]……猥言霸服負弩錢二百,非服居錢七

十，非塞所負博具錢ⅰ☑□收責，猥言霸貧，解何？ⅱ　　　73EJC：295

忠謂恭曰：稟已斀[4]之，候忠稟來[5]，至莫（暮）昏（昏）恭、輔俱來送

使者，來何爲，壬寅入，以行□□不ⅰ　　　73EJC：296

【校釋】

［1］驛：原未釋，從姚磊（《合校》2021P500）補釋。

［2］胡永鵬（2017P522）定此簡年代在漢成帝時期。

［3］博具錢：王錦城（2019P980）：當指買賣博具之錢。

［4］散：原釋作“赦”，此字原簡圖作 ，字形下部漫漶不清，且原釋“赦”文義似不順暢，疑此字是“散”。這句話可能是在説，糧食已經發放完畢。

［5］來：原釋作“夜”，此字原簡圖作 ，結構非常明確，就是“來”字，同簡“來”形亦可對證原釋“夜”有誤。

☑□光，年卅七。　　☑　　　　　　　　　　　73EJC：297

重里滑廣　疾　　　　　　　　　　　　　　　73EJC：298

出茭廿石。 ╱　建始二年九月庚戌，關嗇夫賞付屋闌廄佐就。　　╱

　　　　　　　　　　　　　　　　　　　　73EJC：299

☑□□同縣男子趙贛等如牒。去年八月中，自言觻得長弘爲移書，

至今不決。ⅰ　　　　　　　　　　　　　　73EJC：300

☑二月己未下。　　　　　　　　　　　　　73EJC：301

案程罪驗，毋令姦人久放縱，如律令。　書以六月十八日甲午[1]到。

　　　　　　　　　　　　　　　　　　　　73EJC：302

出麥二石，稟河上卒禮猛六月食。　二十一。 ⻏☑　73EJC：303

魏苟膝（豚）[2]錢卅。　　　　　　　　　　　　73EJC：304

☑[3]子小女威，年一歲。 ╱　六月丁巳出。　73EJC：305

☑　糸承絃二，其一長，一短。　　　　　　73EJC：306

出賦錢七百，　給南部候史薛慶三月□☑　73EJC：307

　　　其一在丞王卿舍，　☑

☑□廿三。

　　　　　　一在丞牛卿舍。　　☑　　　　　　　　　73EJC：308

金關　　　　　　　　　　　　　　　　　　　　　　73EJC：309

■吏家屬符別[4]。　　　　　　　　　　　　73EJC：310A [5]

■橐他吏家屬符真副[6]。　　　　　　　　　73EJC：310B

【校釋】

[1]許名瑲(2018P327-354)指出六月十八日甲午,則六月丁丑朔,該簡屬宣帝甘露四年(前50年)。

[2]苟腞:腞,沈思聰(2018P466)釋作"豚"。按:"腞"原釋不誤,但此字當作"豚"之異體字看待。正如沈思聰所解釋,"苟腞"即"狗豚"。

[3]此簡原釋文作上殘,但原圖版顯示下殘上不殘,可疑。

[4]符別:鄔文玲(2017P151-169)指出符別即符信,意思與傅別相類,正是由於符信或符券通常需分別爲二,雙方各持其一以爲憑證,故稱爲"符別"。

[5]郭偉濤(2018P96-125):該簡左殘,不論是序號符還是家屬符,金關作爲關卡存有半符用以合符,似無必要製作副本。

[6]符真副:鄔文玲(2017P151-169)指出"真副"即正本和副本,此楬顯示橐他候官吏家屬符的正本和副本并存一處。出現這種情況很可能是這些家屬符已製作好,但尚未進行剖分。還有一種可能是,吏家屬符的正本在使用完畢之後交還,與副本同時保存。

☑□書六封。其一封還,居延丞印,詣鱳得,破印。顔可知蚤食

　　　　　　　　　　　　　　　　　　　　　　　73EJC：311

☑河平三年五月癸丑,橐他候福爲致送[1]□卒

　　　　　　　　　　　六月庚申[2]☑

☑都尉府　　　　　　　　　　　　　　　　　　73EJC：312

遣就家鱳得敬老里孟☑　　　　　　　　　　　73EJC：313A

張肩塞尉　　□☑　　　　　　　　　　　　　73EJC：313B

☑□願以米六十石付華糶之,華即糶卅☑　　　73EJC：314

☑官酒泉會水候官,不知何馬二匹,駱牝,齒四歲,久(炙)左脾(髀)[3]。　　　　　　　73EJC:315

元始元年正月己未朔癸未,西鄉嗇夫蔡敢言之:☑☑☑

毋官獄徵事,當得以令取傳,謁移肩水金關,居☑

正月癸未,氐池長良移肩水金關居☑　　　　　73EJC:316A

氐池長印。　　氐　　　丞　　　嗇夫賞[4]☑

二月丙午以來。北出　出　出　丞　君門下[5]☑　73EJC:316B

肩水金關　　　　　　　　　　　　　　　73EJC:317

出麥九石六升大。　　　　　　　　　　　73EJC:318

☑穬麥當得出,已得人數以二百六十乘之,以卅爲法[6]。·穀秦人,

以卅乘之,以二百六十爲法,不□法□法□分……　73EJC:319 [7]

【校釋】

[1]爲致送:原釋作"移致□",從姚磊(《合校》2021P30)改釋。

[2]申:原未釋,從許名瑲(2018P327-354)補釋。六月庚申爲六月

三日。

[3]久左脾:久,通"炙",指烙印標記。脾,通"髀",指大腿。久左脾,

在左大腿打上烙印。詳參李洪財(2021.5)。

[4]賞:原未釋,從胡永鵬(2021.1)擬補。

[5]門下:原釋作"卿卪",從郭偉濤(2017P129-174)改釋。

[6]法:古代算術文獻中的術語,此指除數。

[7]此簡可能是多人分配穬麥計算方法的實際記錄,也可能如張家山

漢簡《算數書》中所收的一個典型算題。

☑尹並錢六百。　　右後弩就(僦)錢[1]百七十。　　右前小畜錢六百卅。

☑右後小畜錢[2]六百卅。　　莊甲錢百五十。　　中部小畜錢六百卅。

☑左後錢五百卅。　　　西部小畜錢五百卌。　　73EJC:320

(此簡已與T22:114綴合)　　　　　　　　73EJC:321

戍卒魏郡梁(梁)期來期[3]里不更王匯[4],年卅五。(竹簡)

73EJC:322

弟(第)[5]五十二車張□□房　　　　　　　　　　73EJC:323

【校釋】

[1]弩就錢:王錦城(2019P1788):"就"通"僦",指租賃,弩就錢即租用弩的錢。

[2]小畜錢:王錦城(2019P1788):小畜爲雞鴨等小的牲畜,小畜錢即有關小畜的錢。

[3]期:姚磊(《合校》2021P501)改釋作"趙"。此字字形與同簡"期"大致相合。

[4]匯:原未釋,姚磊(《合校》2021P501)釋作"相"。按:原簡圖此字可見右從"隹",只是左部究竟是"土"還是"扌"不是特別明確,存疑。

[5]弟:原徑釋作"第",今改。

☑ ……繩　　　　　　　　　　　　　　　73EJC:324

肩水金關☑　　　　　　　　　　　　　　73EJC:325

之之之之之☑　　　　　　　　　　　　73EJC:326A

二年年　☑　　　　　　　　　　　　　73EJC:326B

☑言之。謹移部卒□☑　　　　　　　　73EJC:327

☑□十月丁未沸出。丿　　　　　　　　73EJC:328

☑□里女子☑　　　　　　　　　　　　73EJC:329

八　☑　　　　　　　　　　　　　　　73EJC:330

☑□部吏妻子出入　　　　　　　　　　73EJC:331

☑刀一枚　☑　　　　　　　　　　　　73EJC:332

☑　以給卅人[1]隗憲二月奉[2]七月□□☑　73EJC:333

【校釋】

[1]卅人:姚磊(《合校》2021P502)指出兩字原簡墨跡不清楚,且文義不是很通順,當存疑。

[2]奉:原釋作"來",從姚磊(《合校》2021P501)改釋。

安定里宋□　口三　☑　　　　　　　　　　　73EJC:334

東部候長彊　　　　　　　　　　　　　　　　73EJC:335

居延都尉守屬延壽里公乘韓尊,年卅二。　軺車一乘,用馬一匹,騳
(騧)牝,齒七歲。i　　　　　　　　　　　　73EJC:336

收葆亭長紀尊,　車一乘,馬二匹。　十月甲申出。　73EJC:337

☑右扶風平陵廣甯里陳贛小奴滿廚,長五尺二寸,六月庚午入。亅
　　　　　　　　　　　　　　　　　　　　　73EJC:338

□觻得市陽里公乘楊禹,　十月壬戌出。亅　☑　73EJC:339

□□北鄉有秩大□□順陽期里公乘左彊,年卅五。　一　亅
　　　　　　　　　　　　　　　　　　　　　73EJC:340

☑□里男子胡光,自言爲都尉庫令史 i☑年十三歲,毋官獄徵事,當
得以令 ii　　　　　　　　　　　　　　　　73EJC:341

☑卒五十人……石一斗二升少　☑i☑……☑ii　73EJC:342

(此簡已與 T21:224 綴合)　　　　　　　　　73EJC:343

戍卒梁國睢陽宜安里□☑　　　　　　　　　　73EJC:344

入錢二……☑　　　　　　　　　　　　　　　73EJC:345

河平五年二月戊寅朔☑　　　　　　　　　　　73EJC:346

☑候長忠敢言之:府□□□府□□□☑　　　73EJC:347A

☑　掾光……　☑　　　　　　　　　　　73EJC:347B

　　　　其兩容五石。·一破,傷著。☑
員釜五。

　　　　三容二石。·二著造。☑　　　　　73EJC:348

肩水金關　☑　　　　　　　　　　　　　　　73EJC:349

元始四年九月庚午朔,肩[1]　☑(竹簡)　　73EJC:350

戍卒河南郡滎陽郎陰里晏充,年廿四。(竹簡)　73EJC:351

☑延長樂公乘張常樂, 年卅,　黑色。輏☑　　　　　73EJC:352

☑皆受☑☑☑　　　　　　　　　　　　　　　　　73EJC:353

☑因言謹☑☑　　　　　　　　　　　　　　　73EJC:354A

☑☑☑☑☑ᵢ☑十二月中☑☑ᵢᵢ　　　　　　　73EJC:354B

　　　　　……候……☑

☑☑☑

　　　　　……尉府　……☑　　　　　　　　　73EJC:355

☑罪敢言☑　　　　　　　　　　　　　　　　73EJC:356

☑騎士便里馮䚖[2], 年廿五☑　　　　　　　　73EJC:357

☑守林隧以北, 肩水駅北亭……姦隧以西, 和以蓬(烽)苣火, 毋燔。

丿ᵢ　　　　　　　　　　　73EJC:358+72EJC:163[3]

☑利不平端, 大司徒屬☑　　　　　　　　　73EJC:359

☑博葆博爲丞從史ᵢ☑過所縣道河津ᵢᵢ　　　　73EJC:360

(此簡已與 T3:23 簡綴合)　　　　　　　　　73EJC:361

田卒河南陽武□☑　　　　　　　　　　　　73EJC:362

田卒平干國南和阮昔, 年☑　　　　　　　　73EJC:363

☑肩水廷隧次行。☑　　　　　　　　　　　73EJC:364

☑使者當來恐　　　　　　　　　　　　　　73EJC:365

☑張掖居延縣破羌願與□☑　　　　　　　　73EJC:366

☑牛車一兩, 輸橐他。　丿　　　　　　　　73EJC:367A

☑　十二月乙卯入。　　　　　　　　　　　73EJC:367B

垣獄史竟里公乘王威　☑　　　　　　　　　73EJC:368

中渡河溺亡, 所持符☑ᵢ□□籍☑ᵢᵢ　　　73EJC:369A+672B[4]

居延左尉印。　　　　　　　　　　　　73EJC:369B+672A

【校釋】

　　[1]許名瑲(2018P327-354)認爲"九月"爲"五月"之誤, "肩"爲"庚"之誤。

［2］嘗：原釋作“發”,今據原圖版擬改。

［3］此簡由姚磊綴合,詳見姚磊(2021P369)。

［4］此簡綴合意見詳見尉侯凱(2017P348—359)。

府卿明時黨有道☑	73EJC：370
☑鄣卒范延門南門　　☑(削衣)	73EJC：371
戍卒魏郡武安富貴里☑	73EJC：372
☑牛車一兩。爲觻得新成里董親□☑	73EJC：373
☑子卿足下　　☑	73EJC：374
☑□五尺八☑	73EJC：375
東部候長☑	73EJC：376
☑□　　長七尺二寸　　☑	73EJC：377
出賦錢千三☑	73EJC：378
御史夾輒言以爲☑	73EJC：379
宜禾假亭長慶禹出☑	73EJC：380A
□□亭長出武泉☑	73EJC：380B
☑　□以入送錢□解□□☑	73EJC：381
□日羽　　☑	73EJC：382A
□☑	73EJC：382B
☑率　　百一十八人	73EJC：383
……　　☑	73EJC：384
□張……☑	73EJC：385
☑□人　　☑	73EJC：386
☑□非亡人命[1]者,當得取傳,□☑ i ☑……☑ ii	73EJC：387
☑……☑	73EJC：388
☑從界中出入☑	73EJC：389
☑□德　　☑	73EJC：390

繁陽義里大夫☑ 73EJC：391

具移本☑ 73EJC：392

☑此耳☑ 73EJC：393

☑　稟畢☑ 73EJC：394

☑居延倉丞印。　　　陽朔三年☑

☑□都尉章，詣張掖大　守府，二封□☑

☑都尉章，八月辛酉　起，詣肩水府。□☑

☑……☑ 73EJC：395

……☑ 73EJC：396A

左□□□☑ 73EJC：396B

☑□□□☑ 73EJC：397A

☑□□□☑ 73EJC：397B

☑匹，其二黑，其二黃，☑ 73EJC：398

☑□緋一匹，直（值）七百，以三月癸☑ 73EJC：399

襄陵明道里……☑ 73EJC：400

☑……☑ 73EJC：401

中部。永光五年四月☑ 73EJC：402

☑□詣張掖大守府。

☑詣大司農府。　　□付☑

☑張掖都尉府。 73EJC：403

☑□漢曰□□□ 73EJC：404

☑……☑ 73EJC：405A

☑□□☑ 73EJC：405B

□□　☑ 73EJC：406

毛羊一夷　☑ 73EJC：407

元始四年十月省□☑ 73EJC：408

十月四日己巳[2]復傳出□　已移 73EJC：409

石北隧卒吳初。　　　　　　　　　　　　　73EJC：410

☑廿四　　　　　　　　　　　　　　　　73EJC：411

☑福遣劉☑，年卅。　　　　　　　　　　73EJC：412

☑……屯留宜陽里不更張從容，年廿五。　　～　73EJC：413

氏池安民里官大夫趙壽，年五十八，長七尺二寸，黑色。　☑

　　　　　　　　　　　　　　　　　　　73EJC：414

南陽冠軍邑白水^[3]步昌里張參，　年卅一。　☑(竹簡) 73EJC：415

☑☑馬二匹，以己丑十四日　　　　　　　73EJC：416

出糜^[4]一石二斗，以食亭馬一匹，十月壬☑☑　73EJC：417

【校釋】

[1]命：原簡作𢛅，字形略訛，已與“故”字草書相近。

[2]許名瑲(2018P327-354)指出該簡可能年屬爲宣帝元康二年(前64年)或元帝建昭元年(前38年)，但無由判定何者確解。

[3]白水：黃浩波(2016.9.7)：白水當是鄉名。

[4]出糜：西北漢簡中常見“出糜”，“糜”、“䊋”異體。

·右除爲執適隧長及遣視☑　　　　　　　73EJC：418

榮聞子大女清，　子小男勝之。　☑　　　73EJC：419

橐他鄣卒吕罷軍　☑　　　　　　　　　　73EJC：420

長安宜産里夏輔宗大奴利主，年廿二。☑　73EJC：421

界亭隧卒丘歐　☑　　　　　　　　　　　73EJC：422

☑☑毋食吏，毋以給。　　　　　　　　　73EJC：423

田卒魏郡繁陽昌平里大夫耿安世，年廿八，長☑　73EJC：424

　　　　　　　　　三石具弩一☑

戍卒東郡茬平東樂里張利親，

　　　　　　　藁矢五十☑　　　　　　　73EJC：425

☑海付萬福隧卒同。　　　　　　　　　　73EJC：426

田卒梁(梁)國睢陽石里馮☑☑　　　　　73EJC：427

鱳得富里皇[1]秋　☑	73EJC:428
☑　☑,年廿三,長七尺三寸,赤☑	73EJC:429
☑　方相(箱)一乘,青白牝馬,齒八☑	73EJC:430
☑　牛車一兩　☑	73EJC:431
☑☑養里李道[2]　☑	73EJC:432
☑卒居署一歲,皆安☑☑	73EJC:433
千秋隧卒王德　☑	73EJC:434
☑……☑ⅰ☑移過所,如律令。/掾忠臣、令史☑ⅱ	73EJC:435
令史蘇得☑	73EJC:436
廣地士吏廣漢妻[3]删删丹廣漢里陳文受☑	73EJC:437
戍卒昭武千秋里上造王☑☑	73EJC:438
☑里上造李定,年卅六。　☑	73EJC:439
☑☑水陜[4]里公士李毋害,年☑☑	73EJC:440
故駮卒段益鱪[5]　☑	73EJC:441
鴻嘉二☑☑月壬……ⅰ……ⅱ	73EJC:442
☑☑諸率部候=(候候)丞輔宗、亭吏偃等,寫移書☑☑……律令☑	
	73EJC:443

河平三年四月己未朔己巳,張掖肩水都尉曼、丞☑☑ⅰ亭乏候望,今遣塞曹史[6]禁等循行舉吏☑ⅱ至今未敢更是以罰,不得取致也。迫春月盡☑☑ⅲ　　　　73EJC:444

☑【初】[7]元三年四月乙酉朔辛亥,佐宣敢言之:遣丞往☑	
☑☑河津關,毋苛留止,如律令,敢言之。☑	73EJC:445A
☑☑城倉　☑	73EJC:445B
(此簡已與 C:448 綴合)	73EJC:446

　　【校釋】

　　[1]皇:原釋作“皇”,今據原圖版改。

　　[2]道:原釋作“尊”,從姚磊(《合校》2021P503)改釋。

[3]妻:原未釋,原簡作 ⬚,今補。

[4]陟:原簡圖作 ⬚,字形可疑,字形似"蕩"。

[5]益讎:沈思聰(2018P467)讀作"益壽"。

[6]塞曹史:塞曹是邊塞所設官署機構,塞曹史爲其中的屬吏。陳夢家(1980P123):西漢時都尉府應已有塞曹史。

[7]初:原簡缺失,據許名瑲(2018P327-354)補。

☐☐業白☐ⅰ☐趙卿欲見張稚功,今與業☐ⅱ　　　　73EJC:447A

☐☐即在河西,幸爲傳一記☐ⅰ☐稚功往,幸₌甚₌(幸甚幸甚)。☐ⅱ

　　　　　　　　　　　　　　　　　　73EJC:447B

☐……居延令彊、守丞普移卅井縣索、肩水金關,鱳得男子趙☐ⅰ橐他稽落亭長犯法,反不論,願以律取致籍,與家屬歸故[1]縣,名如牒,書到,入如律令,☐ⅱ　　　　73EJC:448A+446A[2]

☐☐　/掾宗、守令史豐☐　　　　73EJC:448B+446B

☐☐移肩水金關、居延卅井[3]縣索關,助☐

☐☐,書到,出入如律令。　　　　73EJC:449

敞伏地言☐ⅰ……☐ⅱ……☐ⅲ　　　　73EJC:450A

☐利卿　☐ⅰ孫子都　☐ⅱ韓子世　☐ⅲ　　　　73EJC:450B

☐☐☐足遺安王衣用。謹案:足毋ⅰ☐☐言之。ⅱ☐佐賀。ⅲ

　　　　　　　　　　　　　　　　　　73EJC:451

元鳳六年二月甲☐ⅰ令與尉丞對☐☐ⅱ　　　　73EJC:452

☐楊音,年卅三。　☐　　　　73EJC:453

　　鱳得成漢里張存☐
☐
　　牛一,黑害(犗),齒八歲。☐(檢)　　　　73EJC:454

☐年卅五,　字子恩。　　　　73EJC:455

☐奉　☐ⅰ☐☐九月奉　☐ⅱ☐☐七月八月奉　☐ⅲ　73EJC:456A

☐☐五十　☐ⅰ☐百卅三　☐ⅱ　　　　73EJC:456B

肩水候　八月戊戌驛北亭卒成以來。　　　　　　　73EJC:457

　　　　李奉印,詣肩水都尉府。　六月戊戌日出□☑

南書一封。

　　　　　　　　　　　卒[4]明七分付沙頭□☑

　　　　　　　　　　　　　　　　　　73EJC:458

【校釋】

　[1]歸故:原釋作“賤奴”,從馮西西(2019.10.25)改釋。

　[2]此簡由姚磊綴合,詳見姚磊(2019.10.25)。

　[3]卅井:原未釋,原簡兩字雖不可識,但金關簡中此文例非常多見,比如 T24:237A、F3:117A、F3:120A、T37:1067A 中皆可見“移肩水金關、居延卅井縣索關”,今根據常見文例補釋。

　[4]卒:原釋作“平”,從姚磊(《合校》2021P503)改釋。

(此簡已編聯至 T23:900 之後的簡册中)　　　　73EJC:459

☑□事第八百廿八　　　　　　　　　　　　73EJC:460

☑□　給戍卒百一十☑　　　　　　　　　　73EJC:461

☑□年廿六　　☑　　　　　　　　　　　　73EJC:462

☑丙午,吏毋告☑　　　　　　　　　　　　73EJC:463

☑騎士安世里竇常幸。　　☑　　　　　　　73EJC:464

☑□□□　　二　☑　　　　　　　　　　　73EJC:465

☑□貰匠里李赦。　　☑　　　　　　　　　73EJC:466

□□能即賢士問焉□☑　　　　　　　　　　73EJC:467

☑尺七寸,赤色。　☑　　　　　　　　　　73EJC:468

☑□夫,年廿五。……☑　　　　　　　　　73EJC:469

☑□趙軏,年廿七。　　　　　　　　　　　73EJC:470

安樂里范良☑　　　　　　　　　　　　　73EJC:471

☑　□送使者,如□☑　　　　　　　　　　73EJC:472

☑□貸廿石　☑　　　　　　　　　　　　73EJC:473A

☒☒☒☒　　　　　　　　　　　　　　　　73EJC：473B

☒□二月……子京成子軋行卌☒　　　　　73EJC：474

☒犬絑[1]一兩。　　　　枲履一兩。　　卩

☒阜布單衣一領。　　　　　　　　　　73EJC：475

　　　　候史一人，　六石具弩□☒

☒□□　隧長一人，　三石具□☒

　　　　　　弩☒　　　　　　　　　　　73EJC：476

會水都鄉安遠里薛延(竹簡)　　　　　　73EJC：477

☒里王弘友　未得地節☒

☒戊午除　　已得都內☒　　　　　　　　73EJC：478

☒平樂隧卒□☒　　　　　　　　　　　　73EJC：479

☒　即日嗇夫豐發☒ⅰ☒　門下[2]☒ⅱ　　73EJC：480

出粟小石三石，　以食御[3]一人一月食。☒73EJC：481+T10：308[4]

到居延都尉，屬氏池廣漢里，公乘彭輔，遷補北部□□候長，之官。

　　　　　　　　　　　　73EJC：482+T25：124[5]

【校釋】

　[1]犬絑：《匯釋》(2008P28)：狗皮襪，官府所發之物，以別於自有之物私襪。

　[2]門下：原未釋，從胡永鵬(《合校》2021P504)補釋。

　[3]御：原釋作"卿"，從胡永鵬(2017P486)改釋。胡文定此簡屬西漢昭帝元鳳五年至六年之間。

　[4]此簡由姚磊綴合，見姚磊(2021P370)。

　[5]此簡由姚磊綴合，見姚磊(2021P372)。

☒六百　　丿給糜☒　　　　　　　　　　73EJC：483

(此簡已與73EJT35：15綴合)　　　　　　73EJC：484

新成里公乘陳農，年卌□□☒　　　　　　73EJC：485

居延第三塢長杜常。　　☒　　　　　　　73EJC：486

執適隧長吕相，　千□□　　　　　　　　　　　　73EJC:487

☑塞出入迹　☑　　　　　　　　　　　　　　　73EJC:488

莫當隧卒張襄[1]　☑　　　　　　　　　　　　　73EJC:489

☑□肩水司馬丞□☑　　　　　　　　　　　　　73EJC:490

☑候卒從受禁姦隧[2]宿　　　　　　　　　　　　73EJC:491

（此簡已與 T24:941 簡綴合）　　　　　　　　　73EJC:492

（此簡已與 H2:11 簡綴合）　　　　　　　　　　73EJC:493

☑敢言之☑　　　　　　　　　　　　　　　　　73EJC:494

☑騂北亭長常　　　　　　　　　　　　　　　　73EJC:495

☑名捕楊循□☑　　　　　　　　　　　　　　　73EJC:496

☑頗調給☑　　　　　　　　　　　　　　　　　73EJC:497

（此簡已與 T24:908 簡綴合）　　　　　　　　　73EJC:498

☑等同市　　　☑　　　　　　　　　　　　　　73EJC:499

☑□等四人五月□☑　　　　　　　　　　　　　73EJC:500

☑　循　告　☑

☑　之　得　☑　　　　　　　　　　　　　　　73EJC:501

肩水候　　☑ᵢ六月戊戌王宣以來　☑ᵢᵢ　　　　73EJC:502

☑郵則，年卅七，☑　　　　　　　　　　　　　73EJC:503

☑……☑ᵢ☑同生無少長皆棄☑ᵢᵢ　　　　　　　73EJC:504

☑□名　☑　　　　　　　　　　　　　　　　　73EJC:505

☑之塞外，詡踵迹[3]出塞，遮牛　　　　　　　　73EJC:506

執適隧卒陳相☑　　　　　　　　　　　　　　　73EJC:507

高長孟　☑　　　　　　　　　　　　　　　　　73EJC:508

☑言□☑　　　　　　　　　　　　　　　　　73EJC:509A

☑□發弩☑　　　　　　　　　　　　　　　　　73EJC:509B

☑□牛二頭。丿☑　　　　　　　　　　　　　　73EJC:510

☑□張掖、酒泉郡　　　　　　　　　　　　　　73EJC:511

☑☑書禹☑ 　　　　　　　　　　　　　　　　73EJC：512A

☑☑☑廿九日☑ⱼ☑☑晦☑ⱼⱼ 　　　　　　　　73EJC：512B

☑　☑☑隧長☑☑ 　　　　　　　　　　　　　73EJC：513

☑☑，年廿五。庸同☑ 　　　　　　　　　　73EJC：514

☑☑歲，敢告尉☑ 　　　　　　　　　　　　73EJC：515

☑丘里秦勝　☑ 　　　　　　　　　　　　　73EJC：516

崔毋官獄徵事，當爲傳，謁移過所縣邑，勿苛留，☑ 　　73EJC：517

☑出關籍☑☑ 　　　　　　　　　　　　　　73EJC：518

建昭三年三月丁巳朔庚辰，肩水關嗇夫博以小官印兼☑ 　73EJC：519

河南郡縠成縣臨尹里左尊，年卌。　☑（簡背有圖形）73EJC：520A

勿勿（圖畫）☑ 　　　　　　　　　　　　　73EJC：520B

☑車一兩，

　　　　　十一月壬申入。　☑

☑牛二。 　　　　　　　　　　　　　　　　73EJC：521

☑掾奉世、屬廣之、給事佐萬年。 　　　　　73EJC：522

☑候官橐他士吏閻章迎奉府，自言葆如牒，書到，出入如律☑

　　　　　　　　　　　　　　　　　　　　　73EJC：523

□卒宛邑同里先外，年廿六。（竹簡）　　　　73EJC：524

建昭二年正月甲午朔戊戌，肩水關嗇以小官印行丞事。……

□已出入出入金关　　建昭 　　　　　　　　73EJC：525A

建昭二年三月癸巳朔壬戌，……候□□[4]□…… 　　73EJC：525B

定從居延來，伏地再☑ⱼ請丈人……☑ⱼⱼ 　　73EJC：526A

伏地再拜地再拜☑ⱼ之之之之伏地再拜伏地☑ⱼⱼ　（習字）[5]

　　　　　　　　　　　　　　　　　　　　　73EJC：526B

張掖守大府　　肩水馬行正ⱼ年正ⱼⱼ（習字）　73EJC：527A+T10：146A[6]

士吏敝頓正令ⱼ河平三年七月丁巳己ⱼⱼ張掖郡……ⱼⱼⱼ大……ₗᵥ（習

字疊書）　　　　　　　　　　　73EJC：527B+T10：146B[7]

見斗食十一人，　凡七十八人。

佐史六十七人，　　　　　　　　　　　　　　　　　73EJC：528

卒史興妻大女桂，從者同里王得，願俱往遺衣用，乘所言〈占〉[8]用馬
一匹。·謹案：延壽等毋官獄徵事，當 ⅰ 得取傳，里父老更生等皆任
延壽等，謁言廷，移過所縣邑門亭河津馬界關，毋苛留止，如律令，敢
言之。ⅱ　　　　　　　　　　　　　　　　　　　73EJC：529A

章曰：長丞安印。ⅰ……ⅱ　　　　　　　　　　　73EJC：529B

【校釋】

　　[1]褒：沈思聰（2018P468）已指明此釋字可疑。按：此字原簡圖作𧝓，
字形特殊，存疑。

　　[2]隧：原簡作𤄃，字形可疑。

　　[3]踵迹：傳世文獻此詞是繼承之義。此處應指追隨或者跟蹤行跡。

　　[4]此未釋字疑是“肩”。

　　[5]此簡 B 面是習字，除了原整理者所釋文字外，還有一些較淡的被
疊壓文字，姚磊（《合校》2021P504）補簡首較淡文字爲“張卿足下”。

　　[6]此簡爲習字雜書，“七”原釋作“十”，“丁巳己”原未釋，從綴合者
改補。其中 A 面第一個“止”原未釋，從綴合者擬釋。B 面的“止”原釋作
“丘”，此形與 A 面的“止”形完全相同，當統一釋字。今審原簡，發現 AB
面的“止”皆與常見字形不一致，而與“少”字寫法更近，今存疑。

　　[7]此簡由姚磊綴合，見姚磊（2021P371）。

　　[8]言：原徑釋作“占”，從韓鵬飛（2019P1794）改釋。

☑長安金城里程長實　　☑　　　　　　　　　　　73EJC：530A

☑氐池安樂里公乘子☑☑☑　　☑　　　　　　　73EJC：530B

元康三年正月乙未朔戊申，都鄉有秩嗇夫……☑ⅰ 欲取傳往遺衣用，
與子男喜、大奴富、小奴吉，俱乘馬二匹，車二☑ⅱ　　73EJC：531A

子男……☑ⅰ印曰：陽陵左尉。　　二月乙酉入。　　☑ⅱ

　　　　　　　　　　　　　　　　　　　　　　　73EJC：531B

……令……　　　□出入關□☑　　　　　　　73EJC：532

☑壽，年廿四。　　　☑　　　　　　　　73EJC：533

☑□遣就家轉居延，名、縣、爵、里、年、姓各如牒，☑　73EJC：534

☑□取　　・出五十☑　　　凡出六百七十六☑　　73EJC：535

　　　　　　出五百……取。餘凡五百廿四五月戊□□☑　73EJC：535

☑　官馬三匹。　　劍一。　　☑　　　　　73EJC：536

四人封致籍入肩水金關居☑　　　　　　73EJC：537

迺四月甲寅病，身胅(熱)[1]☑　　　　　73EJC：538

☑元鳳六年六月壬寅，以食衛利上里刑宗延☑　73EJC：539

☑都尉紀君欲輸穀小石☑　　　　　　　73EJC：540

☑……利上里公乘王□年□七……☑　　73EJC：541

☑丁未，肩水候憲□□□[2]受ⅰ☑……ⅱ　　73EJC：542A[3]

☑欲轉表取表是始昌ⅰ☑凡少三石幼伯自言入ⅱ　73EJC：542B

【校釋】

[1]胅：張再興、黄艷萍(2017P72—77)已指出此字是在"炅"字基礎上加義符"月(肉)"構成的語境異體字。"炅"讀作"熱"。

[2]此未釋字姚磊(《合校》2021P505)疑是"同"。

[3]胡永鵬(2017P527)考此簡年代在漢成帝時期。

　　　　　　其六百一十☑

☑□凡錢千六百八十。　　其七百七十□□□☑　73EJC：543

☑　口二　☑　　　　　　　　　　　　73EJC：544

☑拜受☑　　　　　　　　　　　　　73EJC：545

☑乘趙元，年卅七，長七尺□☑☑　　　73EJC：546

☑　受肩水守塞尉並所迎錢。　　　　73EJC：547

張掖大☑　　　　　　　　　　　　73EJC：548

移肩水金關居☑ⅰ十月庚戌觻得長□☑ⅱ　73EJC：549A

□□丞印☑　　　　　　　　　　　73EJC：549B

赤于^[1]一乚,一斗柯一,皆☑☑　　　　　　　73EJC:550

☑□□騂北亭故吏偃☑ᵢ☑一牒,書實,敢言☑ᵢᵢ　73EJC:551

☑　劍一,佩刀一,弓一,箭十二☑　　　　　　73EJC:552

☑□窗^[2]田　☑　　　　　　　　　　　　73EJC:553

☑□陽舒^[3]里常奉,　牛一,劍一,盾一。　☑　73EJC:554

☑移過所縣邑,毋何留,□☑ᵢ

☑□令,敢言之,尉史正月甲午☑ᵢᵢ　　　　73EJC:555A

☑……☑ᵢ☑□足下　☑ᵢᵢ　　　　　　　　73EJC:555B

南陽郡穰邑重光里朱嘉☑　　　　　　　　73EJC:556A

它毋所報,甚□☑　　　　　　　　　　　　73EJC:556B

☑□知之爲郭孚也。今子服是之子於　　73EJC:557

……☑(此簡下背面皆有連寫綫條)　　　73EJC:558A

……☑　　　　　　　　　　　　　　　　73EJC:558B

☑年廿六。　卩　☑　　　　　　　　　　73EJC:559

上蔡^[4]麇布里蔡襜^[5]。　☑　　　　　　　73EJC:560

□陶左池里李悥,年卅九。☑　　　　　　73EJC:561

大奴同,年卌。　☑　　　　　　　　　　73EJC:562

表是廄吏光。　☑　　　　　　　　　　　73EJC:563

☑□□　☑　　　　　　　　　　　　　　73EJC:564

☑里公乘吕逢,年☑　　　　　　　　　　73EJC:565

稾矢銅鍭百。　☑　　　　　　　73EJC:566^[6]

綏和□年□☑ᵢ□□關嗇夫☑ᵢᵢ　　　　　73EJC:567A

令　☑　　　　　　　　　　　　　　　　73EJC:567B

☑　作一歲□☑　　　　　　　　　　　　73EJC:568

☑字幼賓。　☑　　　　　　　　　　　　73EJC:569

☑　子小男捐之,年十。軺車一乘,馬一匹。　73EJC:570

出錢三千。　☑　　　　　　　　　　　　73EJC:571

☑☑馬七食☑　　　　　　　　　　　　　73EJC：572

☑二輩[7]，凡七☑☑　　　　　　　　　　73EJC：573

☑卒擊☑☑正　　☑　　　　　　　　　　73EJC：574

繁陽平定里大夫時毋政☑　　　　　　　　73EJC：575

☑☑寒不利☑☑　　　　　　　　　　　　73EJC：576

張掖都尉府行☑　　　　　　　　　　　　73EJC：577

　　　☑☑

☑人

　　馬一匹☑☑　　　　　　　　　　　　73EJC：578

出錢四萬一千九百☑　　　　　　　　　　73EJC：579

☑　木一　☑　　　　　　　　　　　　　73EJC：580

☑　……縱……七百☑（削衣）　　　　73EJC：581

☑……叩=頭=（叩頭叩頭）。幸甚。甲戌二千四百……☑ⅰ☑……

☑ⅱ（削衣）　　　　　　　　　　　　　73EJC：582

☑☑　　☑☑☑☑（削衣）　　　　　　　73EJC：583

☑☑隧守衙具☑☑（削衣）　　　　　　　73EJC：584

居延第一亭長☑☑　　　　　　　　　　　73EJC：585

☑☑如教，叩頭，宰[8]☑　　　　　　　73EJC：586A

☑……☑ⅰ☑☑迫王仲☑☑☑ⅱ　　　　73EJC：586B

【校釋】

［1］赤于：王錦城（2019P1802）：“于”當通“杅”或“盂”。

［2］宧：原未釋，秦鳳鶴（2018P282—287）釋作“取”。按：此字原簡字形上從“宀”，下從“臣”或“目”，不從“取”。暫作“宧”存疑。

［3］舒：徐佳文（2017.6）釋作“郵”。按：西北漢簡中“舒”、“郵”同形，此處作里名，兩者皆可，仍從原整理者。

［4］上蔡：汝南郡之屬縣。

［5］褶：原釋作“福”，原簡作**衤畱**，右從“留”，今改。

［6］此簡上端兩側有契口。

[7]姚磊(《合校》2021P506)已指出此"輩"原釋作"辈",原整理者繁簡有誤。

[8]幸:原未釋,徐佳文(2017.2.27)釋作"言"。按:此字原簡存見橫撇筆畫當是"幸"上部的"夭"形殘留,結合"叩頭幸甚"文例可補釋。

☑　弓一,矢十二。　　卩　　　　　　　　　　　73EJC:587

𩏷得成漢里上造陶去疾,年卅,長七尺一寸,黑☑　　　73EJC:588

建始元年七月癸酉,肩水關嗇夫賞以小官印行候事,移橐他廣地

　　　　　　　　　　　　　　　　　　　　　　73EJC:589

候官。案:丞相板詔令弟(第)五十三,過塞津關,獨以傳致籍出入。

　　　　　　　　　　　　　　　　　　　　　73EJC:590[1]

【校釋】

[1]郭偉濤(2017P229-259):C:589、C:590,墨色相似,文義連接,可編聯。據該文書,關嗇夫賞以行候事的身份移書橐他、廣地候官,涉及通關證件手續問題。藤田勝久(2018P223-244):此爲肩水候官呈送橐他、廣地候官的文書,告知其應根據丞相頒發的《板詔令第五十三》的規定,在通過塞上津關之時,以"傳、致籍"爲憑據放行出入關卡。根據此項法令,用於長距離多座關隘通行時使用的"傳",也同樣需要致籍文書。

四月丁酉雞鳴五分時,肩水驛北亭受橐他莫當隊詬火一通。　驛北亭長襃移。i　　　　　　　　　　　　　　　　　73EJC:591

四月辛丑夜詬火,天風填冒〈睯(冥)〉[1]不知時,驛北亭受橐他莫當隧,驛北亭長襃移。i　　　　　　　　　73EJC:611[2]

【校釋】

[1]冒:原釋作"睯",此字原簡作〖圖〗,王錦城(2019P2095)釋作"冒",蕭旭(《合校》2021P508)認爲是"冥"的俗字。按:此字與"冒"同形。按照文義,此字或爲"冥"之俗。填冥即文獻中的顛冥。《文子·守弱》:"其生貪饕多欲之人,顛冥乎勢利,誘慕乎名位。"《莊子·則陽》:"夫夷節之爲人

也,無德而有知,不自許,以之神其交,固顛冥乎富貴之地。"成玄英疏:"顛冥,猶迷没也。"陸德明釋文引司馬彪曰:"顛冥,猶迷惑也。"此簡中的顛冥用來形容天風造成的迷惑陰暗,導致後文説"不知時"。

[2]王錦城(2019P1893-1894)指出以上 C:591、C:611 兩簡形制、字體筆跡相同,内容相關,當原屬同一簡册,今從其説編聯。

子佋居家,故字爲誰,踈(疏)予便君它所飲者,輒=[1]言☒
名貹,字元夫☒　　　　　　　　　　　　　　　73EJC:592A

從[2]房報子都舍何,緩急得毋有病瘦者,欲干遣☒

令史之長房子都、子佋數事,予子方[3]遣不相爲之☒　73EJC:592B

㦘[4]振給賞[5],思不可,梁德不可勝,陳賞又遠爲吏,居窮處,伏自念元(原)未有可復,思ᵢ　　　　　　　　　　　73EJC:593

【校釋】

[1]此處符號作重文解讀文義不順,疑非表示重文。

[2]從:原釋作"證"。此字原簡字形與其文中表義皆不合適,此字原簡是"從"之草書,今改。

[3]予子方:予,原釋作"言",此字原簡字形雖不十分明確,但尚能看出下拉筆畫,不當釋作"言",今改。方,原未釋,從沈思聰(2018P468)補。子房,人名。

[4]此字原簡圖作 ,張再興、黃艷萍(2017P72-77)認爲是"哀憐"合文。《説文》有"㤭"字,爲"俍"之異體,與此形最近,或爲此字之俗寫。今存疑。

[5]賞:指的應是簡中所説的"陳賞"。

居延闟[1]都里男子王道[2],年十七。　　　　　73EJC:594

肩水金關以亭行。　　　　　　　　　　　　　73EJC:595A

亭長□敢言之。　　　　　　　　　　　　　　73EJC:595B

肩水候官　　　　　　　　　　　　　　　　　73EJC:596

肩水候以郵行。　　　　　　　　　　　　　　73EJC:597

肩水金關　　　　　　　　　　　　　　　　　73EJC:598

金關下候史王君伯多請肆[3]中丈人。Ⅰ博叩=頭=(叩頭叩頭),頃
聞久不以時致問,得毋有它急。博叩=頭=(叩頭叩頭)。□□Ⅱi
居窮邊塞,元(原)毋禮物至諸[4]丈人前,博叩=頭=(叩頭叩頭)。
謹Ⅱii　　　　　　　　　　　　　　　　　73EJC:599A
冤[5]死過往來者,屬=(屬之)[6],願數賜記,令博奉毋恙,博叩=頭=
(叩頭叩頭),幸甚。記報鯀得i利革肆中丈人王細公、李方、王幼君、
累游君、綦毋君,上張子高、綦毋子侯、魯稚文。ii　　73EJC:599B

【校釋】

[1]閰:原釋作“關”,今據原圖版改。

[2]道:原釋作“遵”,從姚磊(《合校》2021P503)改釋。按:此字原簡
作道,原釋字形相差太大,當改。

[3]肆中:王錦城(2019P999):指作坊或店鋪之中。按:“肆”雖有“市
坊”之義,但也有“房舍”之義,此處不能確定所指。

[4]諸:之於合音。《論語·衛靈公》:“子張書諸紳。”

[5]冤:原簡字形與常見“冤”字有差別,疑釋字有誤。

[6]此處符號若作重文理解,不知何意。“屬=”當讀作“屬(囑)之”。

·小時者,大一之囙[1]將也。常在角=(角,角)者,倉龍也[2]。故行
戰、舉百事[3],欲左小時而吉[4]。小時常主斗戲,逆之大敗[5]。

　　　　　　　　　　　　　　　　　73EJC:600 [6]

【校釋】

[1]左:同簡兩見,王錦城(2019P2074)皆釋作“在”。按:此字原簡兩
見字形分別作左、在,與“在”確實同形,從文義上看也是釋“左”、“在”
皆可,暫從原釋。

[2]張文瀚、劉鳳麗(2019P272-278):簡文中的“大一”,文獻中常爲
“太一”,亦作太乙、泰一。簡文中的“常在角”,意爲“小時”作爲神煞,有較
爲固定的居所,常在角宿。這裏的小時與攝提格有相近的內涵。簡文中的

"倉龍",史籍上常作"蒼龍",角爲蒼龍七宿之一。

　　[3]張文瀚、劉鳳麗(2019P272-278):左角、右角代表着事務得以處理,軍事方面有得力的將領統率采取行動。此句意爲,出行、戰爭勝敗、興舉百事,等等,常與小時有關。

　　[4]吉:姚磊(《合校》2021P507)釋作"告"。張文瀚、劉鳳麗(2019P272-278):正確的語序應爲"欲吉而左小時"。意爲小時運轉時居處其左方則吉祥。

　　[5]張文瀚、劉鳳麗(2019P272-278)指出此句意爲小時常指代北斗斗柄指向的方位,迎着此方位行事,將招致大敗。

　　[6]此簡中的大(太)一、角、倉(蒼)龍皆爲星宿名。張文瀚、劉鳳麗(2019P272-278):這枚"小時"簡,明確説明"小時"是"太一"的左將,作爲神煞因爲常居角宿之處,因此出行、戰爭乃至興舉百事,在方位上居處小時之左可獲吉祥。小時,常常指代北斗斗柄指向的方位,預示着吉凶禍福,只能順應行事,否則將招致大敗。

(圖畫)◨　　　　　　　　　　　　　　　　　　73EJC:601A

(圖畫)◨　　　　　　　　　　　　　　　　　　73EJC:601B

……(習字)　　　　　　　　　　　　　　　　73EJC:602A

……(習字)　　　　　　　　　　　　　　　　73EJC:602B

……(習字)　　　　　　　　　　　　　　　　73EJC:602C

建始元年九月辛酉朔辛酉,樂昌隧長輔敢言之:謹

移卒禀鹽名籍一編,敢言之。　　　　　　　　73EJC:603

十一月己卯,肩水士吏順以私印兼行候事,下尉、士吏順、東部候長

遷[1]等,承書從事,ⅰ下當用者,如詔書。ⅱ　　73EJC:604

肩水金關　　　　　　　　　　　　　　　　　73EJC:605

候　追蘭入迹　　　　　　　　　　　　　　　73EJC:606

　　【校釋】

　　[1]遷:秦鳳鶴(2018P282-287)釋作"還"。

·子贛(貢)曰:"九變復貫,知言之篹[1],居而俟合〈命〉[2],憂心懆(懆)=(懆懆),念國之虐。[3]"子曰:"念國者懆=(懆懆－懆懆)呼(乎)? 衡門[4]之下,i   73EJC:607[5]

【校釋】

[1]九變復貫,知言之篹:語見《漢書·武帝紀》,應劭注指出此爲逸《詩》。尉侯凱(2017.1)指出"篹"、"選"可以通用,簡文所言"九變復貫,知言之篹"爲逸《詩》。王楚寧、張予正(2017.8.11)認爲此簡屬《齊論語》。陳晨(2018P279-291)結合歷代注家訓釋,概括這兩句的意思是主政者命令雖然多變,却要因循常道,對於各方言論需擇善而從之。

[2]居而俟合:《禮記·中庸》作"居易以俟命"。劉嬌(2018P279-326)、陳晨(2019P279-291)皆指出"合"爲"命"之訛誤。陳晨將此句解釋爲"君子(處於多變之世)需要閑居而等候天命"。

[3]憂心懆=,念國之虐:《毛詩·小雅·正月》作"憂心慘慘,念國之虐"。尉侯凱(2017.1)指出簡文的"懆懆"傳世文獻作"慘慘",兩者爲異文關係。"慘慘"亦有憂、怒的含義。顧炎武早已指出,漢人文多以"喿"作"參"。這從側面驗證從"參"之字並非都是從"喿"之字的訛誤,而可能是當時的習慣使然。從聲音上來看,"慘"、"懆"雙聲,二字通假應該没有問題。陳晨(2019P279-291)認爲簡文"懆"當讀爲"懆","懆懆",傳世文獻亦作"慘慘",兩者或不應爲音近通假,可能屬形近訛混。

[4]陳晨(2019P279-291):"衡門"源於《詩經·陳風·衡門》首章"衡門之下,可以棲遲",本指簡陋的房屋,後世文獻中借指隱者所居。

[5]劉嬌(2018P279-326)將此簡歸爲六藝詩類相關資料並有詳細解讀,可參看。

從者大奴王安世年十六。   73EJC:608

觻得滅胡里郭護,年廿,字君孟。 六月戊午出。 步。 73EJC:609

戍卒氐池安利里公乘田成,年卌五。   73EJC:610

(此簡已編聯至 C:591 後)   73EJC:611

小奴久。　　卩　　　　　　　　　　　　　　　　73EJC:612

(此簡已與 72EJC:146 簡綴合)　　　　　　　　　73EJC:613

南陽郡宛薄姑[1]里朱耐,年廿四。　　☑　　　　　73EJC:614

■平樂隧鐵甲一完。　　　　　　　　　　　　　　73EJC:615

☑　車一兩。黑犗牛,齒九歲,素〈絭〉九尺五寸。　　73EJC:616

・酒泉居延倉丞葆建始三年十一月傳副[2]。　　　73EJC:617

南書三封□□□□。Ⅰ其一封居延都尉章,詣張掖大守府。Ⅱⅰ一
封張肩塞尉,詣肩水都尉府。Ⅱⅱ正月丙寅平旦,卒充受莫當卒禹,
七分卒Ⅲⅰ付沙頭卒生。Ⅲⅱ　　　　73EJC:618+72EJC:47+25 [3]

建昭昭建始始謹伏地　　　　　　　　　　　　　73EJC:619A

行慎伏伏地再拜　☑　　　　　　　　　　　　　73EJC:619B

□□　　　　　　　　　　　　　　　　　　　　73EJC:620A

□□　　　　　　　　　　　　　　　　　　　　73EJC:620B

未女子毛幸子夫夫□□乃夫夫卒夾□又夫夫(習字)

　　　　　　　　　　　　　　73EJC:621+72EJC:70 [4]

【校釋】

[1]姑:原釋作“林”,秦鳳鶴(2018P282-287)釋作“如”,原簡作
𦰡,字形不合,當改。薄姑,此爲里名。

[2]傳副:鄔文玲(2017P151-169):即酒泉居延倉丞葆建始三年十一
月通行憑證——傳的副本。

[3]此簡 73EJC:618+72EJC:47 由原整理者綴合,後謝明宏(2022.6.
7)再與 72EJC:25 綴合。

[4]此簡由姚磊綴合,見姚磊(2021P373)。

☑……　☑　　　　　　　　　　　　　　　　　73EJC:622

□□大守府。一詣安定大守府,□□□ⅰ☑守府。☑ⅱ　73EJC:623

□□前□☑　　　　　　　　　　　　　　　　　73EJC:624

今日歲不耐發可□□□居延之使□(竹簡)　　　73EJC:625

☑　庸同縣☐里不更高☐,年廿一。　　　　　73EJC:626

……☑　　　　　　　　　　　　　　　　　73EJC:627

鉅鹿郡下曲陽[1]丞白里趙章年。☑　　　　　73EJC:628

☑　亥朔甲寅,☐☐☐☑　　　　　　　　　73EJC:629

登　卒

　　☐

山　橐[2]　　　(檢)　　　　　　　　　　73EJC:630

韻[3]　　　子文

　　☐

柳　　舍　　(檢)　　　　　　　　　　　73EJC:631

居延☐ⅰ☐子長橐ⅱ(封檢背面)　　　　　　73EJC:632

令應應ⅰ令應令ⅱ已令ⅲ　　　　　　　　　73EJC:633

蒼頡作書,以教☑　　　　　　　　　　　　73EJC:634

☑長七尺二寸,☐　☑　　　　　　　　　　73EJC:635

☑癸未入。　☐　　　　　　　　　　　　　73EJC:636

☑成,　字子佩。　卩　　　　　　　　　　73EJC:637

☑☐佐徐光☐☑　　　　　　　　　　　　73EJC:638

☑☐邑北甯里公乘司誤年☑　　　　　　　　73EJC:639

乘所占用馬二匹,當舍傳舍,從者如律令。/掾☐、守屬☐[4]樂、書佐

宗。ⅰ　　　　　　　　73EJC:640A+T9:167[5]

居延都尉章。　　☑　　　　　　　　　　　73EJC:640B

☑橐他　丿丿　☑　　　　　　　　　　　　73EJC:641A

☑☐卯入　　　　　　　　　　　　　　　　73EJC:641B

☑陽樂里公乘張順,年廿四,　長七尺三寸,☑　73EJC:642

河內郡溫東謝里公乘趙秋,年卅三。　持劍一,　☑　73EJC:643

☑☐潰里尹山付,年廿七。　　　　　　　　73EJC:644

肩水候　　　　　　　　　　　　　　　　　73EJC:645

☑☑，年五十三。　☑　　　　　　　　　　　73EJC：646

☑　軺車一乘，馬一匹。　☑　　　　　　　　73EJC：647

☑☑，年卅歲，自言☑☑爲家　　　　　　　　73EJC：648

候長兵　☑　　　　　　　　　　　73EJC：649A [6]

五石具弩一。　☑　　　　　　　　　　　73EJC：649B

☑　車一乘，馬一匹，駱牝，齒十八。　☑　　73EJC：650

十一月戊午朔壬申[7]，氐池長㢠[8]里☑☑　　73EJC：651

廣地候平陵獲福里五大夫任晏，年卅四。　詣府。　從者☑
　　　　　　　　　　　　　　　　　73EJC：652

☑☑☑☑☑朔丙辰南部候長長敢言之：謹移妻子葆ⅰ☑敢言之。ⅱ
　　　　　　　　　　　　　　　　　73EJC：653

五鳳四年七月庚午朔乙未，南鄉有秩☑佐偉敢告尉史，……☑ⅰ……
☑ⅱ　　　　　　　　　　　　　73EJC：654A

章曰：平陵丞印。　☑　　　　　　　　　　73EJC：654B

元始元年五月丁巳朔乙丑，☑ⅰ從事，如律令。☑ⅱ　　73EJC：655

☑☑☑☑☑見☑☑☑☑令史候楊君未曾以貸章軸鐵，召責蒙楊君ⅰ
☑☑章軸[9]格☑去☑☑☑☑陵證所言如爰書[10]，敢言之。ⅱ
　　　　　　　　　　　　　73EJC：656+664 [11]

受賦錢七千　☑　　　　　　　　　　　73EJC：657

☑得[12]都里頓得奴，年五十一。　☑　　　73EJC：658A

☑都里士五(伍)頓得[13]……　☑　　　　73EJC：658B

【校釋】

　　[1]下曲陽：王錦城（2019P1806）：鉅鹿郡屬縣。《漢書・地理志上》：“下曲陽，都尉治。”顏師古注：“常山有上曲陽，故此云下。”

　　[2]此字原簡字形與“囊”不合，疑是“璽”之俗形，存疑。

　　[3]此字當爲“詣”之俗訛字。

　　[4]此未釋字原釋爲“安”，何茂活（2016P25-34）指出此字不見“宀”，故暫不釋。

　　[5]此簡由謝明宏(2022.7.4)綴合。

　　[6]此簡上端兩側有契口。

　　[7]許名瑲(2018P327-354)指出"推擬本簡年屬爲成帝元延二年(前11年),新莽始建國天鳳三年(16年)或光武建武廿三年(47年)可爲參考年代"。

　　[8]東:原簡墨跡較少,頗疑此字是"樂"字。

　　[9]軸:原釋作"到",從韓鵬飛(2019P1801)改釋。

　　[10]書:原釋作"者",從綴合者改釋。

　　[11]此簡由謝坤綴合,見姚磊(2021P446)。

　　[12]得:原釋作"阿",從姚磊(《合校》2021P509)改釋。

　　[13]得:原缺釋,從姚磊(《合校》2021P509)補。

☑趙國邯鄲衡里☑	73EJC:659
☑張程,年卅五,字少功,☑	73EJC:660
☑　見	73EJC:661
☑公乘宋敢,年廿五歲,長七尺五寸,黑色。　☑	73EJC:662
☑長僑　第公乘霸,年卅二。　☑	73EJC:663
(此簡已與73EJC:656簡綴合)	73EJC:664
☑朔壬申,守尉史代敢言之:謹遣　☑	
☑軺車一乘。謁移過所縣道金關津　☑(削衣)	73EJC:665
☑□年廿五。　☑	73EJC:666
五月丁丑,官告☑	73EJC:667
☑□　四月辛巳出。　卩	73EJC:668
☑　丿　畢假千人	73EJC:669
☑□守□☑	73EJC:670

	布巾一,	□☑	
☑□譚,年卅五。	布單襦一領,	布橐一☑	
	布昆(褌)[1]一兩,	舌一具☑	73EJC:671

（此簡已與 C：369 綴合）	73EJC：672
肩水城▨ᵢ肩水金▨ᵢᵢ九月戊辰▨ᵢᵢᵢ	73EJC：673
▨　用馬三匹。　▨（削衣）	73EJC：674
▨徐卿自言[2]至亭▨	73EJC：675
▨戊子出	73EJC：676
君蕐[3]當不以此誤都君□到□□▨ᵢ……▨ᵢᵢ	73EJC：677
▨李子恩▨（削衣）	73EJC：678
惶恐，叩頭言守府，謹移▨	73EJC：679
▨甘露二▨ᵢ▨……▨ᵢᵢ	73EJC：680

【校釋】

[1]昆：雷海龍（《合校》2021P510）讀爲“褌”，今從。

[2]言：原未釋，此字原簡作草書，據常見文例與字形可補。

[3]華：此字原簡字形作𦱿，與常見“華”字有別，釋字可疑。

居延大灣 72EDAC：1-8

（圖畫）[1]	72EDAC：1A
（圖畫）	72EDAC：1B
▨墾田課　▨	72EDAC：2
甲　▨	72EDAC：3A
乙　▨	72EDAC：3B
富安里孫賢　▨	72EDAC：4
▨張掖□□□	72EDAC：5
▨□匹千爲繒[2]七匹一丈九尺二寸	72EDAC：6

第四長安親。Ⅰ正月乙卯初作，盡八月戊戌積二百廿四日。Ⅱ ᵢ用積卒二萬七千一百卌三人，率日百廿一人，奇卅九人。Ⅱ ᵢᵢ狠（墾）[3]田卌一頃卌四畝百廿四步，率人田卅四畝奇卅畝百廿四步。Ⅱ ᵢᵢᵢ得

穀二千九百一十三石一斗一升,率人得廿四石奇九石。Ⅱ iv 三[4] Ⅲ

　　　　　　　　　　　　　　　　　　　　　72EDAC:7[5]

☑出麥二石六斗,　本始四年三月乙巳朔戊辰王☑　　72EDAC:8

【校釋】

[1]此簡正面繪有馬飛奔之形象。背面與正面圖像相同,也是馬飛奔之形,但兩者造型相差較大,正面造型靈動,背面似仿照正面臨摹而成,造型略顯稚拙。

[2]繒:原釋作"強",字形文義皆不合。此字原作"繒"之草書。按照文義,這裏應該是絲織品的名稱,故說"七匹一丈九尺二寸"。

[3]豤:原徑釋作"墾",原簡作 豤，今據原簡字形改。

[4]此字原簡字形較大,書寫在最下方,應是此牘的序號。

[5]王勇(2008.3):該簡內容爲第四部農屯田卒屯墾勞動的總結賬,平均每天動用的勞力爲121人多。

居延查科爾帖 72ECC:1-83

　　　　　　　/白其意,倉卒[1]財,因至入

☑□廿八日具記。晃叩頭言:

　　　　　　　致,記不一 ㄴ二,叩頭。

　　　　　　　　　陳伯君

始執事煩勞私務,不相見,邑=(邑邑)一日。　雖得 72ECC:1A+2A

☑時衆不盡,所懷蒽=(蒽蒽)[2]各別,甚恨,如何。去即六日 i ☑衆力毋它,悉安隱思南相從稟於道里,不得獷(驅)[3] ii ☑服持橐,以用白橐一斤,羅[4]胡麻得卅張,以盡今未能有 iii ☑□有北書復傳,橐束厚=(厚厚),因白殊毋弓刀百石[5]還宜。iv　　　72ECC:1B+2B

(此簡移至 72ECC:4 之後)　　　　　　　　　　　72ECC:3

可六月當竟今年二月十九日　　　　　　　　　　72ECC:4

【校釋】

[1]倉卒:亦作"倉猝"。匆忙急迫。王充《論衡‧逢遇》:"倉猝之業,須臾之名。"

[2]蒠:原釋作"惡",原簡圖作🈳,從韓鵬飛(2019P1804)改釋。蒠蒠,畏懼、謹慎貌。

[3]猳:原釋作"驅"。此字原簡字形作🈳,左不從"馬",當是"犬"的偏旁寫法。這裏的"猳"讀作"驅"。

[4]雜:原簡字形作🈳,字形與釋字差距頗大,可疑。

[5]百石:原未釋,從韓鵬飛(2019P1804)補釋。

☐總領煩亂決疑文。辨鬬[1]煞(殺)[2]傷[3]☐　　　　72ECC:3 [4]

☐羝瑜。六畜蕃殖𧱯(豚)[5]彘豬。猳〖𦞠〗狡狗野雞雛。

　　　　　　　　　　　　　　　　　　72ECC:5A [6]

☐　弟(第)[7]六十一。　　　　　　72ECC:5B

☐疾狂失鄉(響)[8],瘧瘶積癑(痛)[9]麻[10]温病　72ECC:6A [11]

☐　弟(第)[12]六十六。　甲子乙丑☐☐　72ECC:6B

☐癏麻温病[13]　　　　　　　　　72ECC:19 [14]

【校釋】

[1]辨鬬:鬬,原釋作"鬭",張傳官(2017P227-234)指出原簡其實從"斤","辨鬬"今本作"變鬭"。"變鬭"亦作"鬭變","鬭變"亦可寫作"鬭辨"或"鬭辯"。此處似當以"變"爲正,"辨"爲"變"之借字。"鬬辨"則多指爭鬥、爭吵。

[2]煞:原簡作🈳,"殺"之俗寫。

[3]傷:原未釋,張傳官(2017P227-234)認爲此字存見墨跡與"傷"相合,今從其意見補釋。

[4]此簡內容今本《急就篇》作"總領煩亂決疑文,變鬭殺傷捕伍鄰"。

[5]𧱯:原釋作"豚",從高一致(2016.8.26)改釋。張傳官(2017P227-234)已指出"𧱯"與"豚"是異體關係。

　　[6]張傳官(2017P227－234)指出見於今本《急就篇》三十四章本的第二十一章(即三十一章本的第二十章)。此簡内容今本作"䍩殺羯翔挑羝羭。六畜蕃息豚豕豬,豭貗狡犬野雞雛"。殖,今本作"息"。"豭"後今本有"貗",今補。狗,今本作"犬"。詳參張傳官(2017P352、356)。

　　[7]弟:原徑釋作"第",今改。

　　[8]鄉:張傳官(2017P227－234)指出此爲"響"之借字。今從其説。

　　[9]癰:張傳官(2017P227－234)已指出此字與"痛"爲一字異體。今從其説。

　　[10]麻:張傳官(2017P227－234)指出此字傳世文獻又作"瘋"、"痳"。

　　[11]張傳官(2017P227－234)指出此句見於今本《急就篇》三十四章本的第二十三章(即三十一章本的第二十二章)。此簡内容今本作"疝瘕癲疾狂失響。癃厥瘀痛瘻温病"。參張傳官(2017P386－388)。王錦城(2019P2078)認爲此簡和簡 C:5 兩簡原屬同一簡册,或可編聯。今從其説。

　　[12]弟:原徑釋作"第",今改。

　　[13]此簡内容今本《急就篇》作"癃厥瘀痛瘻温病"。

　　[14]以上四枚簡上殘,内容全部出自《急就篇》,今匯集一起説明。這四枚簡按照書手和污漬、文例等特徵劃分,ECC:3 與 ECC:19 相同,ECC:5和 ECC:6 相同,説明是兩個不同簡册,或同一簡册由兩個不同抄手書寫。

☑欲於河豐捕魚,持車一兩,牛二頭,黄閒　　　　　　　72ECC:7

☐☐☐☐慶史氾☐　　　　　　　　　　　　　　72ECC:8A

此☐☐☐☐☐書作　　　　　　　　　　　　　　72ECC:8B

月三日具書送事……服居居☐ⅰ月　　月　　　　月ⅱ……ⅲ72ECC:9A

十五籔[1]……五月不負ⅰ月……ⅱ時相從☐☐☐☐☐乎不當……☐

卿ⅲ　　　　　　　　　　　　　　　　　　　　72ECC:9B

☑　鞫決三年三月十六日到☐☐　　　　　　　　72ECC:10

☑……尉印,十月十七日乙巳起。一詣張掖府,一詣酒泉府。

☒十月廿一日辰出時受成付趙明。　　　　　　　72ECC：11[2]

……

☒趙召南蘭一具,入無取,輒答足☒

……(二次書)　　　　　　　　　　72ECC：12A

陳章

☒趙召男子寬自作之。

王☒字　　　　　　　　72ECC：12B

☒☒一封,六月十八日戊申起,驛馬行。一封六月十五日乙巳起,一封六月十九日己酉起,皆ⅰ☒☒六月九日己亥起。一封河南尹印章,蒲繩解脱,毋送,起日有行三枚同。ⅱ☒☒夜參畚食時和喬受趙猛。ⅲ

72ECC：13[3]

☒　　　　　　　☒☒☒☒　☒

☒　　　　☒☒道舌刃盡記銍賈請犁　☒

☒後迺往☒☒不以☒異顯[4]心而已重☒　☒　　72ECC：14A

　　　　　　　　　使☒☒

☒十一月廿八日具記：重卿與言　爲☒☒

　　　　　　　　　厚☒☒

☒……☒　　　　　　　　　　72ECC：14B

☒事起居平善,不爲☒☒　　　　　　72ECC：15A

☒☒☒☒☒　☒　　　　　　　　72ECC：15B

☒☒衙什物持易楬[5]故敝,改席薦☒　　　72ECC：16

☒讀。江水涇渭街術曲☒　　　　　72ECC：17[6]

【校釋】

[1]此字原簡作 ，字形與“若”接近,可疑。

[2]許名瑲(2018P327–354)推此簡屬元延二年(前 11 年)。胡永鵬(2017P608)將此簡歸爲東漢光武帝時期之後,並認爲可能是漢章帝建初八年。

[3]許名瑲(2018P327-354)推此簡屬元延二年(前11年)。胡永鵬(2017P608)將此簡歸爲東漢光武帝時期之後,並認爲可能是漢章帝建初八年。

[4]顯:原未釋,此字原簡圖作⿰,當爲“顯”之草書。顯,後世草書作⿰,與此形結構基本相同。

[5]楬:原簡圖作⿰,釋字與原字形差距較大。若按照字形應作“枒”,但文義不好解釋,存疑待考。

[6]張傳官(2017P457-458)指出此句見於今本《急就篇》三十四章本的第三十一章(即三十一章本的第三十章)。簡文今本作“迺肯省察諷諫讀。涇水注渭街術曲”。江水涇渭,今本作“涇水注渭”。此簡與吐魯番古注本正可證明《急就篇》早期傳本應當是作“江水涇渭”,後世作“涇水注渭”或因形近誤寫(如李濱所說),或因未解“江水涇渭”而有意改寫成更容易理解的“涇水注渭”。

☑檄言乘累山遂☑	72ECC:18
(此簡移至72ECC:6之後)	72ECC:19
☑□□並(中有一網狀方格符)☑	72ECC:20A
☑(圖畫)☑	72ECC:20B
☑……☑ⅰ☑上□☑ⅱ	72ECC:21
☑之印,詣府書。以十一月十九日起☑	72ECC:22
☑日舖時顏慶受尹□☑	72ECC:23
☑□事爲毌	72ECC:24
□□□☑ⅰ□封面☑□☑ⅱ☑□□田☑ⅲ	72ECC:25
☑□罪若實報舍☑	72ECC:26
☑□平五年九月十三日☑ⅰ☑日合九月二日起☑ⅱ	72ECC:27
出南書一封,都尉印。十一月十七日起,詣府☑	72ECC:28A
同　☑	72ECC:28B
☑　□□□□□□☑	72ECC:29

☑☑☑☑☑☑謹迎送☑☑ⅰ☑☑☑七匹☑ⅱ☑☑書佐安生,乘牛一☑ⅲ
          72ECC:30A

☑☑☑☑☑☑☑樹ⅰ☑……ⅱ☑……ⅲ   72ECC:30B

……   72ECC:31

破胡   ☑   72ECC:32[1]

☑入粟斗二升   ☑☑   72ECC:33

橐他張士行來便付貲簿   72ECC:34+59

親∟、孝行成∟、夫然☑   72ECC:35

☑府曹蘹掾治所☑   72ECC:36

☑☑箭二   72ECC:37

☑九月十四日起,詣鑲得,郵行☑☑☑☑

☑   時范尊[2]受李實[3]☑   72ECC:38

十月入☑   72ECC:39

☑   五斗☑ⅰ☑☑尺,未敢賣,見在☑ⅱ   72ECC:40A

☑☑九斗卩   ☑   72ECC:40B

☑拜叩頭=(叩頭叩頭)   ☑   72ECC:41

☑☑☑足下慎[4]☑肩[5]中風[6]手不☑☑72ECC:42A+72EJC:88B[7]

☑☑人。願請小☑☑☑破胡,願宜勿夜☑   72ECC:42B+72EJC:88A

☑☑七月戊午朔戊寅[8]☑   72ECC:43[9]

【校釋】

[1]此簡上端纏有繩子和封泥塊。

[2]此字與常見的"尊"形有別,形似"上卿"兩字。存疑。

[3]實:王錦城(2019P1895)釋作"賓"。

[4]慎:原簡圖作，與"慎"有較大差異,存疑。

[5]肩:原未釋,原簡圖作，今補。

[6]丁媛(2018P1-15):本簡"中風"即外感風邪。

[7]此簡由謝明宏(2022.3.2)綴合。

［8］戊寅：胡永鵬釋作"十七日"，姚磊釋作"壬申"（《合校》2021P511）。按：戊，原簡圖作，注意中間一豎是斷開疊加的，故確實可釋作"十七"，但"朔+數字+日"的行文格式西北簡中未見，釋字仍有可疑處。若將此形與同簡"戊"字對比，也可視爲"戊"的草率或訛誤寫法，如此，原釋也可説通。存疑待考。

［9］許名瑲（2018P327–354）推此簡屬成帝陽朔四年（前21年）。

☑……　☑	72ECC:44
☑二萬當載入☐☑	72ECC:45
☐☐☐☐☑ⅰ白ⅱ☐☐☐☑ⅲ	72ECC:46A
☐☐☐☐☐☑ⅰ☐☐☑ⅱ	72ECC:46B
☑衡弓膠[1]☑	72ECC:47
☐☐☐日官下☐☐☑ⅰ☑☐謹＝問起☐☑ⅱ	72ECC:48A
☑☐致門下☑ⅰ☑☐☐具次審[2]☑ⅱ	72ECC:48B
☑蘭一具入☑	72ECC:49A
☑☐九斗超☑	72ECC:49B
☑☐日起。詣☐召中☑	72ECC:50A
☑　☐見入☐☑	72ECC:50B
☐前[3]當☐☐☐四匹☐☐☐十☐☐☐布得[4]十五匹，絮十二……郡比造☐☐	72ECC:51
☐☐☐☐☐☐	72ECC:52
☑弛刑五人前令弛刑受	72ECC:53
☑☐次言次☑	72ECC:54A
☑　～　☑	72ECC:54B
☑☐隧次行	72ECC:55
☑☐☐尹廣☐☐漢里李光　☑	72ECC:56
☐姊大女須，年八十一免。　☑	72ECC:57

☑☑在所　　　　　　　　　　　　　　　72ECC：58

（此簡原整理者與 72ECC：34 簡綴合）　　　　72ECC：59

☑毋使者☑☑☑　　　　　　　　　　　72ECC：60A

☑……　　　　　　　　　　　　　　72ECC：60B

檄二封備☑☑☑　　　　　　　　　　72ECC：61

☑報治民　　　　　　　　　　　　　72ECC：62

　　　　　牛黨付

☑日下餔時

　　　　　許禹　　　　　　　　　　　72ECC：63

☑☑☑酉省　　　　　　　　　　　72ECC：64A

☑☑☑☑　　　　　　　　　　　　72ECC：64B

☑☑☑誠☑☑　　　　　　　　　　72ECC：65

☑趙伯☑　　　　　　　　　　　　72ECC：66

☑年四月十二☑　　　　　　　　　72ECC：67

☑取受☑☑ᵢ☑☑☑☑ᵢᵢ　　　　　72ECC：68

☑不肯　　☑　　　　　　　　　　72ECC：69

☑　以詣都尉,封泥摩滅,蒲繩完☑ᵢ☑　二。弛刑[5]陳據受却胡亭

吏王襲☑ᵢᵢ　　　　　　　　　　　72ECC：70

☑☑

　　　　伏伏伏☑

☑☑☑☑☑　　　　　　　　　　　72ECC：71

☑相見邑₌(邑邑),迫春☑ᵢ☑☑☑☑☑☑☑ᵢᵢ　72ECC：72

王勝謹☑☑　　　　　　　　　　　72ECC：73

☑☑☑☑候[6]元霍[7]世長☑　　　　72ECC：74+80

☑☑不勉力專☑　　　　　　　　　72ECC：75

☑羌從事印九月☑　　　　　　　　72ECC：76

☑温☑☑　　　　　　　　　　　　72ECC：77

☑弛刑受居☑	72ECC:78
☑八月戊☑	72ECC:79
(此簡原整理者與 72ECC:74 簡綴合)	72ECC:80
☑凡☑[8]不☑☑	72ECC:81
☑☑☑☑ᵢ☑封發　☑ᵢᵢ(原誤綴)	72ECC:82
☑來前☑	72ECC:83A
☑☑☑☑ᵢ☑候來☑ᵢᵢ	72ECC:83B

【校釋】

[1]弓膠:王錦城(2019P1006):當指黏合弓幹的膠。

[2]審:原釋作"璽",原簡作集,今據原簡字形改。

[3]此處"□前"原作一個未釋字,今據原圖版改釋。前,原簡作草書,其上一字爲重墨筆畫,若與第二行第一字合觀,似"人"。

[4]得:原釋作"四",原簡作"得"之草書,今改。

[5]弛刑:即施刑,指施刑士。

[6]候:原未釋,原簡圖作🗸,雖然略有殘缺,但仍能看出是"候"的草書。西北漢簡中類似的草書參見居新 T21.12B、居 128.1(74)。

[7]霍:原釋作"產",原簡作🗸,上從"雨",下爲"隹"之俗寫,今據原簡字形改。

[8]未釋字秦鳳鶴(2018P282-287)釋作"情"。此字原簡圖作🗸,不從"忄",右部也與"青"有別。

附:居延查克爾帖 72ECNC:1

汝何誨朝鄉日而㺹爲乎☑	72ECNC:1A
……八　☑	72ECNC:1B

居延地灣 72EDIC:1-22

杜衍陽里袁應卅七。	□□	⸀	72EDIC:1

觻得騎士萬年里齊博。　　　　　　　　　　　　72EDIC：2

居延二年田占^[1]五百餘家,田四百餘頃　　☑

今年田占三百餘家,田五百餘頃^[2]。　　　☑　　　72EDIC：3

大守大守大守守守守令史☑ⅰ守守守大守守守☑ⅱ　72EDIC：4A

簿簿簿簿簿簿簿簿受簿簿^[3]☑ⅰ關嗇夫賞關嗇夫賞簿夫簿賞錢簿

☑ⅱ

關奉拜起大守簿楊簿簿簿☑ⅲ(習字)　　　　72EDIC：4B

戍卒淮陽國陽夏木里芥䧹^[4]為,年卅。　　丿　72EDIC：5

☑□☑ⅰ☑□☑ⅱ　　　　　　　　　　　　　72EDIC：6

☑　　□☑　　　　　　　　　　　　　　　　72EDIC：7

☑□□□封武□　　都尉　☑　　　　　　　72EDIC：8

☑□賜十斤□　☑　　　　　　　　　　　　72EDIC：9

候長千☑　　　　　　　　　　　　　　　　72EDIC：10

☑助府佐樊戎,　　對會☑　　　　　　　　72EDIC：11

☑□狀故言府一事。　☑　　　　　　　　72EDIC：12

☑敢告尉史,□☑ⅰ☑謁移道所縣☑ⅱ　　　72EDIC：13

張掖☑ⅰ肩水☑ⅱ　　　　　　　　　　　　72EDIC：14

守尉史王成歸□☑　　　　　　　　　　　72EDIC：15

☑□□　　牛車四兩。　　入☑　　　　　72EDIC：16

□□□幸□□□☑　　　　　　　　　　　72EDIC：17A

□□□幸甚□□☑　　　　　　　　　　　72EDIC：17B

☑死罪死罪。☑　　　　　　　　　　　　72EDIC：18

☑　　坐□☑　　　　　　　　　　　　　72EDIC：19

□□□☑(削衣)　　　　　　　　　　　72EDIC：20

☑　乘桃(駣)華字馬,齒八歲。　　　出☑　72EDIC：21

・右夏禁。☑　　　　　　　　　　　　　72EDIC：22

【校釋】

[1]田占:即占田,登記田地。

[2]今年比去年占田家數少一百,但面積卻多了一百頃。

[3]按照字形,此簡中所謂的"簿"都應該是"尊"字。

[4]此字原簡圖作🖼,與常見的"自"有差異,疑是"函"字。

居延布肯托尼 72EBS7C:1-5

五鳳四年十二月丁酉朔甲子,佐安世敢言之:遣第一亭長護衆逐命
張掖、酒泉、敦煌、武威、金城郡中,與從者安樂里齊赦之ⅰ乘所占用
馬一匹,軺車一乘。謁移過所縣道河津金關,勿苛留,如律令,敢言
之。ⅱ十二月甲子,居延令弘、丞〖江〗[1]移過所如律令。/令史可置、
佐安世。　　　　　　　　正月乙卯入。ⅲ　　　　72EBS7C:1A[2]

(塗抹)　　　　　　　　　　　　　　　　　　72EBS7C:1B

牒書與能不宜其官[3],換徙十三人。ⅰ 始建國五年二月庚戌朔乙亥,
張掖延城試守騎司馬佝以近秩次行大尉文書事。ⅱ丞　　謂三十
井,聽書從事,如律令。ⅲ　　　　　　　　　72EBS7C:2A

掾宏、兼史詡、書吏隆。　　　　　　　　　　72EBS7C:2B

□□□　□☑　　　　　　　　　　　　　　72EBS7C:3

其所共捕得,若斷斬有三百騎以上者,皆錫(賜)爵,其高功一人附
城,食邑户　　　　　　　　　　　72EBS7C:4[4]

城𡍫里王陽君,　田二十畮,　食二石。　　　72EBS7C:5

【校釋】

[1]此處原簡脱漏丞名,T9:104見與居延令弘同時出現的丞爲"江",
據此可知此處應是"江"。

[2]此簡原整理者已注明"A面另誤置於T31:66處,原簡圖版和釋文
缺佚"。原整理者所説的"原簡圖版和釋文缺佚"應指的是T31:66的圖版
和釋文缺佚。

[3]能不宜其官:官吏考核習用語,邢義田有別解,詳見 T26:82 注。

[4]胡永鵬(2017P587)將此簡歸爲新莽時期。

居延布肯托尼 72EBS79C:1-4

☑罷,敢言之。	72EBS9C:1
☑朔廿九日乙巳關亭☑	72EBS9C:2A
☑塢不任用,案☑☑	72EBS9C:2B
☑入絶或[1],二十日至,衆[2]願財歸邑☑	72EBS9C:4B+3A
☑□衆叩頭死罪,敢言之。當☑	72EBS9C:4A+3B

【校釋】

[1]絶或:絶域,險要之區域。

[2]衆:人名,致信者。

金關漢簡所見郡國縣邑鄉里表

凡　例

　　表格按照郡國、縣邑、鄉里轄屬關係分成三列,鄉在金關簡中較少見,與里名同在一列,但鄉名排在前。簡號全部採用簡省形式。

　　同名異寫的情況不合併,但爲了方便比對,前後排列在一起。原簡書寫者簡寫或省稱不合併,如黎陽、犁陽、犁不合併;再如觻得、樂得、禄得、角得分別列出。有些縣在不同時期所屬不同,亦不合併。

　　郡國、縣邑、鄉里名的釋讀、綴合等特殊情況説明詳見原簡文注釋。簡號後有"＊"者特指王莽簡。

　　郡、縣、里皆按照音序排列,故查找里名時需先確定所在郡、縣,然後順着所屬關係查詢。加下劃綫簡號表示原簡里名並無明確的郡縣限定,因不同郡縣下存在同里名現象,故這類里名的歸屬可能存在歧異。還有不少雖然同里名,但是在不同郡縣下都出現過,這類里名放到後附的不知歸屬的里名表中。

郡國	縣邑	鄉里
安定郡	安武	宜民里 72EJC:5;宜陽里 72EJC:19
	鶉陰	T37:1229A+1239
	鸇〈鶉〉陰	T23:496+1059+506;T37:1461;新成里 T37:698;大富里 T8:35
	臨涇	留☐ 72EJC:36
	鹵	工阿里 72EJC:43+52
	彭陽	T37:1229B
	烏氏	始安里 72EJC:68
北地郡	弋居	孝里 T30:22
陳留郡	陳留	高里 T34:6A
	濟陽	臨里 T21:202
	甯陵	虞里 T10:402
	平丘	君里 T21:44
	外黃邑	☐里 T37:368;T37:723A+1420A+1302
大常郡	長陵	西仁里 T9:204;宜成里 T10:181
	茂陵	始樂里 T37:1586
	陽陵	☐☑ T1:120　按:即太常郡。
大河郡	東平陸	倉東里 T2:100;東平里 T24:258;禾成里 T24:974;合里 T24:550;巨丘里 T24:668;陵里 T24:725
	任城	河陽里 T24:968;山陰里 T25:150A
	無鹽	T30:105
	瑕丘	直陽里 T24:766
大元郡	中都	陰角里 T5:61
大原	中都	T28:12
大原郡	大陵	☐☑ H2:89
	於縣	始昌☑ T24:131　按:"於縣"或爲"於離"之省。
代郡	代	乘里 T34:7
	延陵	中倩 T28:17

郡國	縣邑	鄉里
東郡	博平	都鄉左麥里 T6:28;故里 T37:1184;市南里 T37:460
	茌平邑	T24:392;東樂里 C:425;始里 T37:844
	東阿	北平里 T29:23;當夏里 T9:90;高丘里 T21:107;吉里 T29:54;臨利里 T31:26;牛里 T24:953;延年里 T22:104;增野里 T5:19
	東武陽	陽城里 T10:302
	頓丘邑	T37:776
	發干	T37:641
	離狐邑	富聚里 T21:323
	臨邑	T23:889
	畔	昌里 D:191;大曲里 T24:543
	畔邑	利里 T9:116
	清	大里 T10:333;高明里 T10:128
東平國	樊	陌里 T5:69;南平里 T5:69;知力里 T5:69
敦煌郡	敦德	常安里 F3:119A *
	敦煌	案平里 F1:36;常安里 T6:124
	玉門	富昌里 T27:61;臨泉里 T37:53
	校穀	T23:142　按:即效穀
扶安國	圍	李里 F3:57A *
富昌郡	列人	F3:104 *　按:王莽時屬富昌郡,西漢爲廣平國。
溝搜郡	脩都	F3:111 *　按:王莽時屬溝搜郡,西漢爲朔方郡。
漢中郡	武陵	D:281B
河東郡	河東	池北 T24:241 *　按:《漢書·地理志》安邑"莽曰河東"。
	安邑	賈里 T7:33+11;陵里 T26:34;萬年里 T14:40;下華里 T7:3;陰就里 D:233
	北屈	經陰鄉 T37:852+712;陰平里 T33:52
	長脩	宜壽里 T8:24
	大陽	D:45
	定陽	馬邑里 T21:441

郡國	縣邑	鄉里
河東郡	汾陰	承反里 T3:50
	狐讘	山里 T9:27
	絳邑	西鄉 T23:307
	解	T25:90;臨里 T7:41、T10:112
	臨汾	□□里 72EJC:273;□里 T23:568+846;南署里 T25:94;奇利里 T23:657、T21:239
	皮氏	騬里 T3:88;T32:67;還利里 T7:2;甯里 T14:5;平居里 T14:6;陽里 T3:69
	平陽	弟里 T23:16
	蒲反	T37:1516
	蒲子	好宜里 T34:16;上函里 T33:84;陽阿里 T33:83
	聞憙邑	屏里 D:256;高里 T24:321;京里 T4H:37;樓里 F3:35＊;魚廬里 T24:321
	襄陵	明道里 C:400
	楊	T24:863;安成里 T23:636
	垣	竟里 C:368
河南郡	鞏	□☑ T4H:62;秋陰里 T37:703
	緱氏	T11:31B;T21:249B;武平里 T4:52、T31:38;開里 T23:146、T37:571;T11:31B;T21:249B;樂陽里 T29:39
	緱氏縣	□□里 T8:25;東昌里 T37:64
	雒陽緱氏	東宛里 T9:40
	絢氏	薪里 T37:132
	穀成	長陽里 T25:5;吉平里 72EJC:18;臨尹里 C:520A;陵里 T21:120
	河南縣	安國里 T33:31;安樂里 T9:137;東甘里 T24:897、F1:39;都里 T37:361;平樂 T37:77;武陵里 T29:102;西鄉大謝里 T14:15;宜成里 T10:157、T37:405;宜樂里 D:204
	京	從里 T14:8
	卷	長里 T35:5;始昌里 T37:1245+383+409;始利里 T37:899;市陰里 T37:859;尉里 F3:132;西宜里 72EJC:143
	梁	T21:64;樂成里 T37:1566

郡國	縣邑	鄉里
河南郡	落陽	東鄉上言里 T37:1386+1138
	雒	東史里 T1:115;南樂里 T1:128
	雒陽	□□□西里 T4:38;□里 T37:190;安國里 T37:1209;長年里 T23:974;常富里 T24:50;充魚里 T21:16;褚里 T27:20、T37:1080;大里 T1:131;邸里 T21:49;東鞏里 T35:11;東鄉東樂里 D:173;東雍里 T37:1587;東樂里 T28:95;段里 T37:1109+1179;富□里 T24:495;廣都里 T2:64;廣陽里 T37:1033;歸德里 T10:129;槐中 H2:40;吉陽里 T32:4;利長里 T25:159;臨濕里 T37:933;南□里 T4H:3B;南胡里 T10:182、F3:544;南堂里 T37:1476+730;南鄉楊里 T33:41;壽陽里 T4:17;叔都里 T2:42;西成里 T21:55;西程里 T10:190;謝里 T37:1330;宜歲里 T1:6、T1:80A、T24:248、T1:80A、T24:262;榆眉里 T37:1220、T37:1445;雨石里 T24:242;圍里 T10:290;樂歲里 T30:266;柘里 T37:1084;直里 T24:405、T37:830;菑陽里 T37:713+624
	密邑	長明里 T37:1258+1291+1392;東平里 T37:1415;發武 T37:408;西游□□T37:14;宜利里 T37:766;宜年里 T37:241
	平縣	河上里 T10:104;市陰里 T8:32+71
	榮陽	□樂 T3:37;72EJC:267
	菀陵	T21:370
	新成邑	T4:208
	新鄭	安漢里 T37:812;東成里 F3:276;富里 T37:452;高關里 T37:764;侯利里 T37:564;武成里 T37:982;章陽里 T37:1459
	匽佈	昌武里 T10:191;西信里 T21:21　按:匽佈即偃師。
	偃師	T37:752A;都里 T33:87;尸鄉昌武里 T37:878A+692
	陽武	□□里 72EJC:117;□☑ C:362;T15:5B;昌安里 72EJC:40;臨水里 72EJC:141;廷里 T37:1418+664+609;園里 72EJC:238;樂成里 F3:178A *
	熒陽	F3:331 *;宜成里 72EJC:120
	熒陽	□□里 T37:662+613;□里 T37:319;T10:213;T14:11B;T21:175B;T21:336;成陰里 T10:427;春成里 T37:633;春里 T37:856+927;春陵里 T37:458;東鄉 T24:23A;廣世里 T24:23A;穀京里 T10:148;槐里 T10:176;吉陽里 T37:991;賈里 T37:247;

郡國	縣邑	鄉里
河南郡		郎陰里 C:351；臨豪里 T37:634+1030；始成里 T23:58；蘇里 T37:1141；西都里 T37:78；西鄉 72EJC:15；新成里 72EJC:26；宜都里 T23:108、H1:77+T4:45；宜秋里 T9:244；應里 D:52、T37:1481；直里 F3:253
	營陽	新安里 T37:1006
	原武	都鄉長陽里 T37:1075A；南長里 T9:241、H1:68；饒安里 T8:89A
河內郡		西平里 T1:114　按：原簡未顯示所屬縣，只顯示所屬郡。
	波縣	對里 T21:229
	蕩邑	陽里 T3:83
	河內	曲陽里 T23:867
	山陽	有利里 T24:270
	溫	□☑ 72ECC:77；北乙里 T9:74；成曲里 T31:134；城阤里 T24:570+571、T24:733、T24:872A+249A；當洛里 T30:200；東郭里 T1:155、T28:110；東謝里 H2:50、C:643；董里 T9:82；共利里 T23:56；豪上里 T25:227；孔里 T25:103；千秋里 T37:140；曲陽里 T24:922；市昌里 T9:363；夕阿里 T25:7A；西市北里 T26:75+36；犀里 T24:267A；犀里 T24:715；孝里 T9:64；倚林里 T4:19；貞陽里 T9:93；鄭武里 T21:219；中侍里 T26:35
	野王	長里 T8:58；東樂里 T22:56；敬老里 T4:8
	軹	安昌里 T24:337
弘農郡		狠里 T28:70　按：原簡未顯示所屬縣，只顯示所屬郡。
	弘農	T8:97；北鄉始昌里 D:37A；望利里 T10:305
	盧氏	D:37A
	陝	倉□里 T1:54；華里 72EJC:262；久長里 T9:67；楊舒里 T2:35；宜里 T37:986；中里 T37:1493
	宜陽	新中里 72EJC:10
淮陽國		T24:436+404　按：原簡斷，不知其縣、里。
	陳	大宰里 T27:48；莫勢里 T27:48；桐陵里 T27:48
	扶溝	桐里 T37:670　按：扶溝即扶溝。
	固始	昭陽里 T10:41
	苦	□里 T37:1251+1328；會里 T37:126

郡國	縣邑	鄉里
淮陽國	甯平	□城里 T37:679；T37:1244；故市里 T37:1319；宜春里 T37:866+580
	陽夏	T21:248；T21:329；北陽里 T10:118A；成里 T21:396；都鄉里 72EJC:20；木里 72EDIC:5
	圉	□□里 T4:109；朝陽里 T4:109；樂成里 T21:221
淮陽郡		上雍里 T22:93；司馬里 72EJC:49；西奉田里 T9:45　按：原簡未顯示所屬縣，只顯示所屬郡。
	長平	北親里 T30:263；東陽里 T30:8；高閭里 T30:267；故陳里 T24:956+761；南垣 T30:267；南莊里 T28:30；粟里 T24:753；夕陽里 T9:6；西陽里 T30:263；西原里 T24:21
	陳	□☑ T4H:48；安夷里 T30:262；安衆里 T30:12；大楊里 T24:990；逢卿里 T30:15；高里 T30:13；進賢 T30:15；陵里 T24:760；思孝里 T30:135；朱里 T30:119；宜民里 T30:3；隱丘里 T30:118；張過里 T30:13；作氾里 T24:966
	陳國	朱里 T37:1496
	城父	甯里 T21:260；幸里 T30:16
	城父邑	道成里 T9:113；楊里 T1:31
	扶溝	樂成里 T22:98；樂陽里 T28:36；始安里 T29:40；上里 T25:127　按：《漢書·地理志》屬沛郡。
	古始	大安 T9:253
	固始	步昌里 T9:83；成安里 T21:121、T32:21；盟鄉 T30:154；南高里 T25:91
	苦	安見里 T30:184；高陵里 H2:103；集里 T26:217；柳里 T26:136；魯里 T30:14；平川里 T30:140+241；平曲里 T26:172；平陽里 T30:25；上里 T26:231；宜房里 T26:276
	栗侯國	T22:18　按：《漢書·地理志》屬沛郡。
	甯平	馴里 T26:9
	寧平	高里 T21:265
	譙	胡里 T5:36；童光里 T5:36；西成里 T4:15
	西華	南川里 T10:294
	新平	景里 T26:9；南茈里 T26:184
	新郪	當市里 T2:74；多積里 T2:2；革里 T24:238；親□里 T2:73；陽安里 T2:71；陰里 T2:72

郡國	縣邑	鄉里
淮陽郡	儵	北張里 T7:7；陵里 72EJC:33；信☑ T7:96　按:《漢書·地理志》屬陳留郡。
	陽夏	安成里 D:212；高里 T1:100；平里 T30:102；武成里 T24:943；陽里 T31:145；中善里 T33:85；富陵里 T27:26；□□里 T37:504；馬成里 T21:396+343；官成里 T23:320；惠陽里 T21:439
	圉	□久里 T21:450；帣里 T26:187；宜里 T21:313；翟里 T21:425
	酇	備成里 T21:468；匠里 T22:80　按:《漢書·地理志》作"鄼"，屬沛郡。
會稽郡	鄞	□里 T10:301；高成里 T10:300；許商里 T10:299
濟陰郡	成武	高里 T34:40　按:《漢書·地理志》屬山陽郡。
	乘氏	敬事里 T25:20；清東里 T24:520
	定陶	常富里 T23:145；傅里 T33:61；弟里 T33:76；漆里 D:207；前安里 T37:1246；商里 T30:113；亭皇里 72EJC:114；西洲里 T25:164；西牢里 T25:162；西鄉中關里 T37:822；宜慶里 T25:137；虞里 T37:76；中莊里 H1:18
	都關	樂里 T25:11　按:《漢書·地理志》屬山陽郡。
	桂邑	千秋里 T37:1320　按:新見地名。
	葭密	東□里 T32:41；上明里 T6:138
	句陽	高成里 T37:845
	廩丘	石壽里 T21:51；左里 T24:328　按:《漢書·地理志》廩丘屬東郡。
	冤句	庠復里 T21:269；昌成里 T37:970；穀里 T37:985；廣里 T37:1335+1359；利里 T26:129；南昌里 T37:987；亭里 T24:41；義陽里 T37:306+267、T4:191A
犍爲郡		T9:237　按:即犍爲郡。
金城郡	允吾	F3:189+421；T37:401B+857A+1473A；東鄉 T37:1451；葉陽里 T24:47
京兆尹	長安	□□里 T37:22；步安里 T26:236；長壽里 T26:193；長彥里 T9:258+358；長樂里 T9:188；成樂里 T10:289；春柳里 T10:152；大昌里 F1:45A+54A；大京里 T37:1022+314+359；大原里 T9:94A；鄧里 72EJC:274；定陵里 T9:24；東章陽里 T22:60；富昌里 T24:954；金城里 C:530A；利成里 T24:579；南鄉北陽曲里 T9:92A；平都里 T24:566A+275A；雀昌里 T23:923；水上里 T37:1381；

郡國	縣邑	鄉里
京兆尹	長安	娑里 T27:36;驪里 T24:907;新安鄉 T24:132;新里 T9:98;宜産里 C:421;宜平里 T24:132;張里 F3:252;囂陵里 T6:71B+72B、T37:147+417+974+1252;T37:997、中鄉囂陵里 T37:1076A、T37:1081;佐弋里 D:70
	常安*	善居里 F1:30+28*、F3:131*、F3:133*;夏陽里 T4H:58*
	杜陵	T30:234;豐滿里 T9:128;富成里 T6:94;華陽里 T37:525
	奉明	故廣里 F3:511+306+291*;廣德里 T26:106、T37:704;廣里 T37:1085;善居里 T23:746;樂陵里 T3:52
	新豐	西宮里 T37:1002
酒泉郡		平牛里 F3:178*
	表是	安都里 T24:814;安漢里 T31:121;安樂里 T23:303、T37:529;常樂里 T37:1336、T37:1399A;禾里 T24:156+482+158;千秋里 F3:559;始昌 C:542B;萬歲里 T24:366;脩義里 T9:120;宜衆里 T31:125
	會水	安樂里 T26:120;都鄉安遠里 C:477;富昌里 T37:1160;未央里 T8:16、T21:224;延年里 T15:6
	禄福	□王里 T6:137;大穰里 T15:4;德昌里 T37:747;定國里 H2:67+32;定武里 T25:106;廣漢里 T9:149、T37:1004;嘉平里 T37:785;金里 D:13;平牛里 F3:431;始昌里 T3:75、T23:379;王里 D:1;宜富里 F2:32;玉章里 T8:61;中里 T29:22;字里 T25:97;尊賢里 H1:38
	瀵官	力田里 D:7;虎里 T7:104;平旦 T23:969
	樂官	H2:49
	樂涫	文里 T6:50;T23:506;直里 F3:536+424*
	乾齊	T23:518A
	綏彌	T8:17;常利里 T26:27;工里 T37:1004;敬老里 T26:27
鉅鹿郡	廣阿	秋華里 T24:836、T1:79
	南辯	朝歌里 T5:11;橫里 T24:812;樟里 T5:53;杞里 T22:16;武安里 T24:542;西始里 T21:99;杏里 T5:34;延年里 T1:154;右陽里 T5:15;元里 T1:28;蕺里 T5:51
	曲周	□☑ T2:87;東渠里 T22:24;孝里 T1:130
	曲	迎利里 T1:167

郡國	縣邑	鄉里
鉅鹿郡	貰	大里 T21：372；匠里 C：466
	下曲陽	丞白里 C：628
梁國	己氏	□☑ T1：309；官里 T1：75；泗亭里 T1：9；陽垣里 T7：6
	薑〈葘〉	H2：94；市陽里 T23：498
	甾	亭陵里 T9：39
	葘	板里 T37：849；東昌里 T37：750；洟中里 T37：1497；樂陽里 T37：1005、T37：1111；直里 T37：699
	載	高樂里 T6：60；秋里 T4：153　按：傳世文獻作"甾"。
	蒙	城中 T26：7；平原里 T11：9；市陰里 T23：939＋1031；新成里 T27：21；宜成里 T4：4；宜故里 T29：71
	睢陽	□□里 T4：194；東☑ T24：776；汴陽里 T21：419；長年里 T24：861；朝里 T21：373；丞筐里 T1：135、T21：373；馳□T25：146；道里 T24：971；東方里 T24：256；東弓里 T24：706、T24：709、T24：791；董丘里 T24：874＋871＋805；富樂里 T24：970；館里 T24：541、T24：765、T37：1535B、T37：1536B；紘邪里 T24：255；斜陽里 T37：550；華里 T5：14；澪南里 T24：796；某里 T21：255；南里 T24：666；牛□T24：811；彭☑ T24：938；彭里 T24：901；平居里 T1：134；曲陽里 T2：43；石里 T1：234、C：427；始成 T24：946；同廷里 T3：104；駞詔里 T1：81；爲陽里 T23：182；務故里 T24：826；宜安☑ T1：161；宜安里 C：344；宜受□T24：754；張里 T24：889；秩里 T1：81；中丘里 T1：137、T10：230A；竹陽里 T21：430；譽陽里 T24：750＋919
	下邑	柏里 T21：424；水陽里 T24：28；宜秋里 T21：437
	虞	北函里 T21：37；南昌里 T23：690；宜年里 T29：96
	杼秋	北陽里 T21：126；東平里 T5：39；敬上里 T5：39
隴西郡	首陽	T23：490
	西	始昌里 T24：101＋116、T37：524、T37：1155
	襄武	承反里 T9：114
魯國		大里 T27：19；施里 T37：847；西夷里 T32：60；壯里 T37：988　按：原簡未顯示所屬縣，只顯示所屬國。
	魯	再魚里 T27：9

郡國	縣邑	鄉里
南陽郡		□□☑ T8:90;□□里 T8:49;□□□里 T10:14
	博	士度里 T10:103　　按:此"博"或爲博望之省。
	博望邑	徐孤里 T2:4
	鄧邑	陽里 T31:70
	杜衍	□□里 T32:54;利陽里 T3:49;陽里 72EDIC:1
	冠軍邑	安甯里 T25:171;白水步昌里 C:415;長里 T10:298;望宛里 T37:25
	棘陽	楊里 T32:2
	魯陽	T31:34B+20B;鄧里 T4:40
	南陽	□□園里 H1:68 *;陰鄉曲陽里 T23:53 *　　按:宛,王莽曰南陽。
	穰邑	臨渴里 T6:96;重光里 C:556A
	山都	他陵里 T4H:90;習里 T3:51;孝里 T37:232
	氾鄉侯國	F3:290+121
	順陽	期里 C:340
	宛	□☑ T31:20A+34A;薄姑里 C:614;北當陽里 T37:1444+12;當利里 T10:121A;東……T10:315A;阪里 T33:59A
	宛縣	柏陽里 T10:267A
	宛邑	T37:1222;T37:1454;T37:709;道□T37:1250;同里 C:524
	武當	樂安里 T10:183
	舞陰	辜里 T8:41
	西鄂	城南里 T33:91、72EJC:161;臨利里 10:120A
	新野	褪里 T6:49
	葉	昌里 T37:1318;平定里 T14:17
	葉邑	安都里 T37:870
	陰	T37:400B;□陵里 T23:844;長年里 T22:1;臨定里 72EJC:41
	鄭侯國	T29:74
	筑陽	孝里 T4H:35A

郡國	縣邑	鄉里
沛郡	譙	東里 T21:358
平干國	廣平	澤里 T1:73
	南和	C:363;喝里 T2:14
	張	榆里 T1:5
齊郡	鉅定	广里 T37:470+1157;壯里 T9:126
	臨薑〈菑〉	西通里 T9:28
	臨菑	T30:210A;T37:1462B+1471B;T9:335;吉羊里 T9:3;滿羊里 T9:20
前隊	魯陽	尚里 F3:344 *　按:王莽改南陽爲前隊。
清河郡	貝丘	D:247+199;厝期里 T29:100;莊里 T29:100
汝南郡	長平邑	舒里 T21:315;緹里 T24:117
	成陽	72EJC:204
	上蔡	麋布里 C:560
	隱強	成陽里 T37:1431;廣里 T37:224;始昌里 T37:888
	召陵	□□T8:6;倉里 T1:8;始成里 D:313
山陽郡		T23:696+725;F1:4
	湖陵	F1:4
上黨郡	長子	齗里 H1:52
	高都	水東里 H2:81
	穀遠	爵氏里 T37:1492
	壺關	東陽里 T23:922;雒東里 H1:50;上瓦里 F1:122
	涅	磨焦里 H2:1;蒲里 T23:920　按:《漢書·地理志》作"涅氏"。
	銅鞮	杜□ T4:26;中人里 H1:39
	屯留	□ T4:24;案里 T4:71;新利里 T28:31;宜陽里 C:413
上黨郡	襄垣	石成里 T23:163
	泫氏	□□ T23:34;市□□ T4:20
蜀郡	成都縣	直陽里 T37:969

郡國	縣邑	鄉里
天水郡	豲道	72EJC：1
	冀	陰利里 T24：566A+275A
	略陽	T24：304
	平襄	T21：180
	天水	安世里 F3：354 *
	望垣	萬年里 T1：37
填戎	填戎	樂里 F3：139 *、F3：368 *　按：王莽改天水爲填戎。
魏郡		……T10：497；北里 T9：88　按：原簡未顯示所屬縣，只顯示所屬郡。
	□黄	安樂里 T30：219
	庠(斥)丘	廣德里 T32：74；臨豪里 T21：195；中里 F3：465+500 *　按：即斥丘。
	庠(斥)丘	曲里 T10：122
	貝丘	T37：740+1A；多得里 T25：113；宜春里 T30：117　按：《漢書·地理志》屬清河郡。
	東陽侯國	廣陬里 T26：189　按：《地理志》屬清河郡。
	繁陽	安里 T27：139；昌平里 C：424；靈里 T6：150；明里 H1：3A；平定里 C：575；宜里 T27：112；宜禄里 72EJC：157；宜秋里 T24：279；義里 C：391
	蘩陽	鉅當里 T31：93　按：即繁陽。
	館陶	□□T30：225；T23：506
	揤悲	翟別里 T21：438　按：傳世文獻作"即裴"。
	即裴	南副里 T24：385
	厝	平陽里 T10：108
	犁陽	當市里 72EJC：276；南利里 T2：3　按：T2：3"犁陽"作"斄(黎)陽"。
	犂	臨里 72EJC：27
	梁期	來趨里 T1：157；來期里 C：322；宜里 F3：337+513+288+541
	内黄	72EJC：208；北安樂里 T37：993；博望里 T23：250；長里 T23：249；東郭里 T37：994；東燕里 T37：328；光都里 T2：45；廣昌里 72EJC：160；同里 T27：14；西好駕里 T23：790；西□☑ T29：128；中□里 T6：100

郡國	縣邑	鄉里
魏郡	平恩侯國	平曲里 T2:77
	鄃	文里 T9:235;園 T9:262
	魏	利陽里 T21:95
	武安	T37:1099;富貴里 C:372;宜里 T1:311
	武始	廚人里 T7:9;金年里 T8:81
	鄴	吕廣里 T5:18;遇里 T5:54
	業	T24:145
	陰安	倉正里 T37:1394
	元城	甲里 72EJC:51
	元城邑	多禾里 T25:89
	原城	陽宜里 T3:55
文德郡	文德	清陽里 T23:622　按:王莽時期稱"敦煌"作"文德"。
武威郡	媼圍	T23:933
	蒼松	D:201
	姑臧	T23:938;休神里 T2:10A
	鸞鳥	T23:175A
	揥次	D:33A;安昌里 T37:51+203;富里 T24:63
	張掖	和平里 T37:675+688;陵里 T37:1079
西海		F2:4 * ;F3:149 *
	左寧	F3:402 *
西河郡	大成	D:293
信都國	觀津	亭里 D:8A
燕國	前	芻里 T24:38
穎川郡	□□	T8:48
	長社邑	穎里 T3:97;重里 T6:48
	定陵	池里 T6:93;德里 T6:93;陽里 T9:117
	許邑	廣德里 72EJC:32
	郟邑	東☒ T10:196

郡國	縣邑	鄉里
穎川郡	陝	T1:84
	臨穎邑	鄭里 T3:96
	新汲	德里 T1:7
	傿陵邑	步里 T1:249、T3:95;東中里 T2:61;富里 T5:65;臺里 T24:261
	陽翟	宜昌里 T37:526;畸里 T25:99
	陽翟邑	波陽里 T9:206;T37:854+1196
	穎陰邑	T31:1;西時里 T8:33;真定里 T8:7、T8:73
	翟邑	陽郵里 T9:81　按:"翟邑"是"陽翟邑"之省。
	周子南國	西便里 T8:40
右扶風	安陵	壽陵里 T24:16
	虢	臨曲里 T5:66
	好畤	吉陽 T37:983
	槐里	東回里 T37:741
	茂陵	□利里 T22:62;昌德里 T37:892;常賀里 T37:1511;道德里 T8:4、F3:572;東鄉昌德里 T32:16A;都鄉東脩禮里 T37:1452+1460+55;嘉平☑ T30:44;嘉平里 72EJC:14;精期里 T37:1505;敬老里 T37:468A+925A;孔嘉里 T37:1114;始樂里 T37:858;壽成上里 T23:1005;萬延里 T37:669;西始樂里 T9:150;息衆里 T22:109、T37:805B+535A+73EJF3:599A;信德里 T31:143;脩禮里 T8:84、T37:693;駿(駿)鄉道德里 T37:523A、T37:1380A
	茂縣	敬老里 F3:370*;長壽里 F3:172*
	郿	朝☑ T9:156
右扶風	平陵	富長里 H2:41;廣甯里 C:338;歸□里 T6:40;獲福里 C:652;令舜里 T2:11;南鄉 C:654;榮昌鄉 T24:532A;脩正里 T24:532A;宜利里 T37:107+60、T37:525;義成里 T37:170+365
	宣成	善居里 F3:328*
	雍	廣昌鄉 T23:897A;臨市里 T37:43+1485;陽里 T23:897A
右平郡		F3:44*;F3:300+548*

郡國	縣邑	鄉里
張掖郡	氐池	T10：403；安定里 T6：170、T37：1447+922；安漢里 T9：41、T11：11；安利里 T23：13、C：610、T27：110；安民里 C：414、T27：7B；安樂里 T6：146、C：530B；步光里 T30：189；昌平里 T23：320、T24：282、F3：198+194+578；昌樂里 T29：4、D：27、T37：871；長囷里 C：651；長年里 T30：141；常利里 T37：52；常樂里 T4H：64；承明里 T7：39；充郭里 T27：72+T25：49、T30：9；大昌里 T8：78；富昌里 T6：167、T23：977；廣漢里 T10：401、T31：146、C：482+T25：124；敬老里 T30：10、T30：152；利陽里 T31：84；臨市里 H1：19；南空 T31：7；千金里 T37：1058；千秋里 T30：133+73EJT24：102、T37：102；武都里 T24：775；先定里 T28：63A、T30：160、T30：247；宜禀里 D：214；宜粟里 T28：42；益城里 T28：116+118
	番和	脩福里 T24：902；宜便里 T23：193、H2：2、T4：98A
	居延	□□里 T23：1026+1047；□□里 T37：833A；□□里 T4：88；□宜里 T24：287；安故里 T9：1、T22：32、T37：1026+1515、T37：746、T37：1342；安樂里 T5：27、T10：153、T10：340、T25：15A、T37：548、72EBS7C：1A；白石里 T37：663、T3：7、T23：772A、F3：359、F3：361、F3：100；鉼庭里 T4：89、H1：25、D：6、F3：170、D：205；屏庭里 T37：1058；昌里 T8：5；長樂里 C：352、T37：765、T37：814、T37：1523+111；成勢里 T24：781；城勢里 T24：296、72EBS7C：5；誠勢里 T25：55、T27：33、T21：60A+T24：304A、F3：96；當利里 T24：48；當遂里 T37：32+311、T37：694、T37：1108、F3：7+360、T37：1477+1053；鞮汗里 T25：134、T37：547+593、T37：837、T37：1267、D：232、F3：255；都鄉肩水里 T26：87；富昌里 T37：1370；富里 T7：97、T10：287、T10：313A、T23：971、T23：973、T37：401B+857A+1473A、F3：371＊；孤山里 T4：57、T25：15A、T30：23、T37：1430、F3：365、F3：281+18、F3：367、F3：102；廣地里 T6：41A、T10：263、T11：4、T24：59+312、T37：17+384、T32：45A+22；廣都里 T9：18、T10：134、T22：120、T34：8、F3：106＊；肩水里 T9：228、T10：130、T23：763、T37：456、T37：701+36、F3：556、F3：170、F3：31、F1：26；金成里 T9：281；金城里 T37840、T37：1105、T37：1185；金脩里 T37：748；累山里 T37：891、F3：558＊、D：17、T3：7、T23：622、T23：650、F3：19、F3：25+543、F3：28、F3：98、F3：416+364、F1：123、T24：150、F3：280、F3：359；利上里 T10：264、T25：63、T31：27；臨仁里 H2：10、T4：132；龍起里 T6：41A、T23：775、T37：418、T37：1491、F3：109＊、F3：361、T9：322；鳴沙里 T9：119、F3：25+543、F3：586、F3：6；南樂里 T25：80；平里 T8：39、T10：201、T23：810、T29：43+33、T37：519A、T37：522A、T37：524；平明里 T37：160A+642、T37：833A、T37：1584；

郡國	縣邑	鄉里
張掖郡		F3:106＊、F3:346、T37:914、F3:17；千秋里 T8:62、T23:1049、T37:757、T37:1000、T3:7；卅井里 T6:130、T10:237、T37:1509；三十井里 F3:26；沙陰里 T23:1027、T37:1113；始至里 T3:102、T9:125、T21:262、T21:268、T23:970、T25:9、T37:1588、T30:185、T37:1499A、T37:860、T37:1046、T30:37；市陽里 T5:23A、T21:223、H2:14、D:60、F3:107＊；收降里 T9:246、T31:228；闐都里 T3:39、T26:56、C:594、T3:7、F3:415+33、F3:47、F3:3、F3:11+4、T30:165；萬富里 T23:1026+1047；萬歲里 T25:43+191、F3:101＊；西道里 F3:101＊、T21:111、T37:28A+653A+1133A、T37:1101、T37:135+133、F3:271+473、T37:133；西鄉富里 T10:313A；西鄉利上里 T33:39、T37:28A+653A+1133A；賢里 F3:484；延年里 T37:753、T37:1325、F2:14、F3:138＊；延壽里 C:336、T23:772A；陽里 T9:50、T9:104、T10:30、T21:310+314+325、T37:1389、72EJC:236、T37:465；雜里 T10:159、T9:73、T37:393+1290、T37:1506、F3:97、F3:359；遮虜里 T9:332、T21:208、F3:273+10；中宿里 T7:8、T7:53、T37:1057A、F3:27、F3:241、T23:432+260+431、F3:96、F3:23、F3:25+543、F3:7+360、T7:111、F3:30+21、F3:248、F3:358、F3:399、F3:406、F3:413、F3:414、F3:363、F3:3；資陽里 T27:4
	驪軒	72EJC:95；T37:915；當利里 T9:127、T24:964
	禄得	都里 T37:920、C:658A、C:658B；千秋里 T37:995
	觻得	□□□□里 T9:225A；□□里 D:100；□□里 T32:53；□□里 T37:966；□☑ T31:40；□□里 T21:117；安□☑ T9:275；安成里 T37:756；安定里 T1:44、T11:24、T23:773、T37:1156；安國里 T3:17、T10:288、T24:683、T24:815、T37:536+810、T37:779、F3:199＊；安漢里 T3:53、T37:862+136、T37:1130；安世里 T23:55、T26:63；安邑里 T7:37、T35:4、F1:80；安樂里 T9:123、T27:102、T37:827；博厚里 T3:59；步里 T37:1195；步利里 T23:467、T31:166、T31:236、T37:357、T37:622、T37:459+1174、T37:1238+1323、T37:1324+1192、D:211、T24:450、T23:1018A；昌平里 T37:621+50；長貴里 72EJC:154；長秋里 T9:229、T30:182、T37:1428、T37:1512、T6:38A；長壽里 T11:8、T24:554、T37:846、T37:1150；常利里 T21:15、T23:1039B、T24:170；常甯里 H2:64；常樂里 T30:62、T37:1059、F1:92、F3:135；成□F3:65；成漢里 T4:183、T6:39A、T8:95、T8:106A、T9:243、T14:1、T21:238、T23:774、T24:951、T37:6、T37:1268+1089、T37:1331、H2:16、F3:462、D:208+147、D:210、C:454、C:588、T23:91、

郡國	縣邑	鄉里
張掖郡		T2:10A、T37:1362;成信里 T37:1582;承明里 T7:40、T37:656+1376;誠信里 T29:135;持心里 T37:103;春奈里 T21:272、T24:704;春舒里 T37:1581;大千秋里 T24:39;當成里 F3:272;當城里 T29:108;當富里 T3:89、T24:374、T26:154、T37:1058、T37:1125+1338、F3:373;當利里 T25:140;道德里 T1:33;定安里 T9:42、T24:167、T26:156、T37:952、T37:1466、H1:23+49、F2:38、T4H:42、F3:446 *、72EJC:235B;定國里 T9:87、T21:101、T37:631+113、T37:1078、F3:65;定利里 T26:46;東鄉敬兄里 T37:1333;都里 T15:10、T37:759;富安□里 T37:1528+280+1457;富安里 T8:3、T24:515、T37:889、72EJC:136、F3:446 *、72EDAC:4、T9:66;富昌里 T10:162、T37:237、F3:511+306+291 *;富貴里 T23:384、T23:1015、T27:56;富里 T1:20、T10:156、T24:239、T26:133、T37:992、T37:1446、C:428;高平里 T37:411;高縣里 T23:631;功歲里 T27:5;關亭里 T37:70A;廣昌里 T23:661、T37:1413+1190;廣穿里 F3:95+342、T30:20;廣德里 T37:742;廣寂里 T24:70A;果成里 T28:50;豪上里 T37:1585A;好仁里 T5:55A、T9:121;敬老里 T10:63、T10:124A、T23:858、T24:121、T37:69、T37:83、T37:291、T37:389+1137、T37:522A、T37:998、T37:1458A、T37:1495、72EJC:240、C:313A;敬里 T37:366;敬兄里 T10:326、T23:275;久長里 T9:238;孔嘉里 T9:143;利成里 T4:76、T7:51、T21:21、T31:25;滅胡里 C:609;南至里 T31:6;平利里 T37:79、T37:745;千乘里 T23:341、T37:944;千秋 T23:373;千秋里 H1:77+T4:45、T23:924、T24:682、T25:92、T25:125、T30:132、T37:984、T37:1224+108、F3:215、F3:423;始樂里 T10:352、T37:745;市里 T27:118;市陽里 T1:62、T9:362、T10:189B、T37:611+554+559+904、T37:1154、F2:8、C:339;壽光里 T7:5、T26:73;壽貴里 T4:182+64、T6:83A、T26:54、T31:159、T37:431、T37:971、T37:996、T37:1007、T37:1027+186、F3:128、T2:82B;粟成里 T29:5;萬金里 T24:557、T37:110、D:276;萬年里 T1:10、T1:177、T24:99、T32:14、T37:1082、T37:1324+1192、72EJC:11、72EJC:250、72EDIC:2;萬歲里 T10:102、T23:59、T37:1104、F3:49+581、D:62;武安里 T27:11、T31:85、H2:70;西鄉成漢里 T37:69;悉意里 T37:628+658、F3:175+219+583+196+407 *、F3:376、T37:1119;相□里 T27:83;孝□里 T37:491+482;孝成里 T37:286;孝仁 T37:243+C:469;孝仁里 F3:538;新成里 T37:1583、F3:136+266、C:373、F3:467 *;新都里 T37:1152;脩德里 T26:118;延壽里 T23:542+539;延喜里 T24:999;宜安里 T37:1036;宜產里 T27:1、T37:1414+1044+369;宜春 T6:136;宜禾里 T10:242、T24:217;宜興里 T37:300;宜樂

續表

郡國	縣邑	鄉里
張掖郡		里 T24：252、T37：1027+186；益昌里 T8：54、<u>T10：109</u>、T37：496、72EJC：121；隱它里 T24：28；樂□里 H1：21；樂安里 T37：924、T37：1205；樂就里 T24：333+T23：818、T37：1028+1208+371、T37：1036；專心里 T37：1163
	樂得	廣昌里 F1：30+28 *、T24：248
	角得	富里 T37：968A+1310A；博庠里 F3：558 *；千秋里 F3：314 *
	日勒	□……T10：33；□德里 T1：240；便護里 T1：301；充實里 T29：20+76；富昌里 T2：13、T10：184；千秋里 T9：16；萬歲里 T37：1003；延壽里 T1：78
	删丹	T11：15；T22：111A；都鄉始樂里 T33：40；廣漢里 C：437；平曲里 T27：118
	屬國	破胡佰三里 T37：710
	屋蘭	□□里 T24：390；安處里 T10：292；承明里 H2：53B；大昌里 T14：3、T24：945+534+723、T37：129；當禄里 T30：6；定里 T37：1077；福至里 T23：531+509、T30：168；富昌里 T23：964+516、T23：965；里 D：169；滅胡里 T4：9；莫當里 T7：4；千秋里 T37：225；西鄉大昌里 T37：521；宜春里 T37：1463+402；宜衆里 T6：42；義來里 D：48
	顯美	T24：416B；T37：915
	昭武	□□里 T7：86、T23：335、T4H：69B；安定里 T9：86、T37：499；安國里 F3：393；安漢里 T5：78；安新里 F3：471+302+F2：43+F3：340 *；安信里 F3：140 *；便處里 T23：942、T37：175、T37：309+1305、T37：754、F3：278、F3：326 *；步廣里 T37：912；長壽里 T37：101、T37：1464、F3：130 *；當市里 T30：166；對市里 T37：118、D：160；富里 T23：735、H2：21、T37：1047；高昌里 T37：952；久長里 T37：454、T37：787、F3：245+497 *；平都里 T6：141、T23：847、T37：758、T37：1514；破胡里 T37：656+1376、<u>T6：184</u>；千秋里 T4：146、C：438；强里 T6：54；擅利里 T23：20、F3：240、T37：1123；射南里 T27：82；市陽里 T24：850、T29：2、T37：1047、T37：1049；萬□里 T24：522；萬昌里 H1：8；萬歲里 T31：40、T37：1463+402、H2：17、F3：369；宜衆里 D：56；宜春里 T24：147、T37：177+687、T37：178、T37：687、T37：761；宜勝里 T9：182；宜衆里 T7：151、T37：762、T37：1153；益廣里 T23：778；樂成里 T37：855；樂歲里 T10：164；直廷里 <u>T9：35</u>、T10：189B

郡國	縣邑	鄉里
趙國	□陵	萬歲里 T37:231
	佰	縣泉里 T14:2
	佰人	平陽里 T28:15　按:佰人即柏人。
	柏	安樂里 T37:900　按:柏即柏人。
	柏人	高望里 T37:1206+872;廣樂里 T37:99;南蒲里 T1:136+163;曲周里 T37:829;希里 T28:63A、T28:63B
	伯人	陽春里 H1:45;宜利里 T28:6　按:伯人即柏人。
	邯鄲	□☑ H1:70;東召里 T37:834;東趙里 T7:42;廣陽里 T9:196;衡里 C:659;棘里 T37:1011、T1:50+294;困里 T8:10;利里 T37:94;臨川里 T7:42;鹿里 T26:59;平阿里 T23:768、T37:1317;曲里 T37:945;上里 T1:19;侍里 T4:59;臺郵里 T7:38+10;邑里 T37:767;樂中里 T25:133
	尉文	翟里 T1:32
	襄國	☑ T23:445;長宿里 T1:13;陳西里 T2:86;恩☑ T2:59;公社里 T22:135;犂楚里 T32:58;齊里 T27:22;曲里 T10:132;汜里 T1:165;下廣里 T1:118、T37:562、F2:48
	易陽	長富別里 T24:578;侯里 T23:161;南實里 T23:921;南市里 T29:50;壽☑ T23:1058
左馮翊	長陵	T9:29
	澂邑	簿左里 F1:117
	池陽	利上里 T9:339
	蓮勺	T21:379
	頻陽	南昌里 T37:989
	武城	竟里 T30:224
	陽陵	都鄉 C:531;T37:157
	陽縣	觀里 T9:277;萬世里 F3:372
	雲陽	T37:1066;不審里 T37:901+660

附:不知歸屬縣鄉里名表

説　明

里名前面有殘斷不確定未釋字用……代替。本表按筆畫順序排列。僅有"里"字里名殘缺完全不可知者單列到最後。

☑□仁里 T4:152

☑□平里 T2:50

☑□佐里 T9:166

☑□東閈里 T2:5

☑□南必里 T5:86

☑□陬里 T3:35

☑□陽東昌里 T1:149

☑□壽里 T6:103

☑□驛駒里 T1:188

☑山里 T9:157

☑左長里 T10:408

☑平里 T24:877

☑北巷里 T1:121

☑丘里 C:516

☑曲里 T21:449、T24:755

☑延□福成里 T2:105

☑杏陽里 T1:275

☑邑匡里 T6:142

☑利里 T30:195、T21:417

☑東長里 T6:101

☑東定游里 72EJC:135

☑東謝里 T9:174

☑始里 T5:43

☑故里 T25:41

☑柘里 T1:164

☑便里 T21:178

☑陽樂里 C:642

☑道里 H2:51

☑廣利里 T5:7

☑鄭里 T8:57

☑漢里 T26:33、T21:389

☑縣遮里 T3:105

☑謁者里 T1:119

☑親里 T10:223

□潰里 C:644

□□□陽里 T9:106、T23:329

□□牛里 T9:344

□□曲里 T8:98

□□春里 T25:205

□□南陽里 T1:194

□□重光里 T1:243+273

□□隧里 T24:963

□士富里 F3:531

□大里 T7:12

□上里 F3:275

□左里 T23:1053

□白里 72EJC:50

□仝疇里 T23:89

□西里 T37:116

□成里 T21:105、T1:43

□年里 T24:885

□安里 T23:92、T24:847

□邑北甯里 C:639

□明里 T25:62

□倉里 D:174

□陵安里 T9:31

□陰里 F3:61

□陶左池里 C:561

□陽被里 T22:127

□陽舒里 C:554

□期里 T25:25

□養里 C:432

……即里 T22:61

……長武陽里 T29:86

……胡里 T9:323

……都里 T10:538、T21:178、T21:113

……唐里 T37:330

……甯里 T10:365+283

三泉里 T37:38、T24:180、F3:29、
　　T10:335、F3:387

大昌里 T23:147、72EJC:206、T5:8A、

T21:232A、T37:427、D:221

山里 T37:476

千奉里 T5:10

千秋里 F3:97、T26:261、T24:283、T37:
　　351

子南里 T23:12A

夫陶里 T21:383

不里 T24:110

巨里 T26:207A

日益里 72EJC:42

中安 T37:527

中里 T11:25A

水陝里 C:440

仁里 F3:273+10、F3:5

孔街里 T24:556

平中里 T21:119

平昌里 T23:602

平都里 T24:872A+249A、T6:151

平樂里 T37:207+867

北成里 T23:839

北曲陽里 T9:44

北良里 T24:724

北呼里 T7:99

北鄉樂里 T37:1189

北綏里 T24:837

市北里 T23:675

市陽里 T37:617、T37:554、F2:6、
　　T37:304、T25:154

西鄉廣漢里 T21:381

竹里 T24:910

延年里 T21:53、F3:98、T33:86

延壽里 T5:52、T8:104、T14:22

全稽里 F3:361、F3:362

池陽里 T25:72

安世里 C:464

安平里 T22:113

安昌□里 T37:337

安昌里 T21:482

安定里 T1:162、T2:36、C:334

安國里 F3:97、F3:20、F3:362、F3:13、
　　F3:281+18、H2:54A

安樂里 T24:250、F3:415+33、C:471、
　　T37:1326、F3:16、F3:374、F3:416+
　　364、F3:11+4、T31:66、T28:104、T1:
　　86、T37:1242+20

好里 T7:57

步昌里 T4:41A

利□里 T26:222

利上里 T24:987、C:541

利成里 T28:43

利里 T24:967

利陽里 T10:337

利貴里 T37:59+471

武成里 T21:105

長平里 T31:232

長年里 72EJC:263

長息里 F3:137

長壽里 T5:88、72EJC:16

長樂里 F3:366、T24:250、T29:31

英里 T24:952

直里 T32:7

枚便里 T3:41A

東平陽里 T37:1470

東明里 72EJC:285

東宣里 72EJC:193

東陽里 T2:68、T2:103

東鄉西函里 T37:1453

東榆里 T37:156

昌里 F3:34、T37:935

門望里 T29:104

固里 T29:72

金里 T22:47

金城里 T37:155、F2:11、F1:25、F3:
　　98、F3:351

金誠里 T21:153

受釐里 T10:212

宗里 T23:337

定國里 H2:39

宜民里 T6:135B

宜春里 T21:395

宜秋里 D:307B

宜衆里 T24:941

宜樂里 T10:312A

始安里 T4H:19、T24:360

始昌里 T37:695

故里 H2:15+83+34

南池里 72EJC:214

南里 T26:42

殄虜里 T7:197

昭縣宜眾里 T24:331

界戍里 T2:29A、T2:29B

秋利里 T23:681

重里 C:298

便里 C:357、T24:681A+658B

宣平里 T37:774

郡□□□里 72EJC:105

索里 T24:157

時壽里 T23:1057

脩成里 T37:426+173

脩餝里 T1:42

徐里 T1:175

射里 T7:87+54

高孔里 T31:123

高志里 T21:428

高里 T23:174

郭里 T24:872A+249A

益池里 T37:1465

陵眾駿里 D:23

通澤里 F3:413、F3:11+4

常平里 T24:563A

常利里 T23:737

常幸里 F3:431

鹿布里 T4:87

竟里 T1:151

屠馬里 T1:169

陽里 T2:58、F3:28、F3:32、F3:99、T7:

159、T24:920、F3:415+33、F3:148、F3:385、F3:3、F3:366、F3:362、T32:45A+22

陽東爍里 T27:31

萬年里 T26:86、T31:92A、T23:975

萬歲里 T24:309、F3:24、T25:181、T6:52、F1:26

敬老里 F3:537、F1:118A、T37:69

雲里 T37:1217+1140

善居里 T37:806+816+1207、T23:660

曾氏里 T11:1

富里 F3:8、F3:9、F3:15、F3:366、F3:398、F3:416+364、F3:151、F3:230、F3:414、F3:506、T7:103、F3:554、T23:969、F3:96、T23:111、T10:249、F3:28、T24:633、T37:1186A、T23:659+376、T10:313A

富昌里 T23:516、T24:740、T24:224、T24:131

富貴里 T37:1589、T2:15

馳宜里 T22:129

蒙重里 T3:40

楊里 T10:155

睢陵里 T24:544、T1:150

新成里 C:485、T29:66

龢昌里 T24:879

誤華里 T21:130B

廣□□漢里 72ECC:56

廣成里 T34:43、T37:151

廣昌里 T26:280、T10:222

廣郡里 T10:265、F3:7+360

廣都里 F2:42、F3:273+10、F3:24

廣德里 T37:457、T37:657（廣明鄉）、
　　 T10:194

鄭橋里 T22:55

漢成里 T37:105+791

樂昌里 T31:91

誼□里 T37:427+298

慶賢里 T37:296

盧水里 T30:170+144、T30:6

臨池里 T6:31

臨河里 T24:171

臨渠里 T24:35

臨豪里 T30:209

魏里 T9:99

澺上里 T9:69

邊衆里 T24:891

驪喜里 T1:35

候官烽燧表

説　明

　　由於不同候官存在相同隧名的情況，爲了防止錯誤安排，凡是在同簡出現所屬候官限制的隧名加下劃虛綫標示，以便核對所屬關係。各種簡寫、誤寫、脱漏的隧名也單獨標出，並附在同隧名之後。候官名與每個候官下的隧名皆按照音序排列，以便查找。

候官	烽燧
倉石	伏虜隧 T9:101
廣地	博望隧 T10:201、T28:77、T29:43+33、T10:132　按：橐他、廣地候官都有此隧名。
	北界隧 F1:19、T22:11C、T37:45
	美草隧 T26:137、T10:19
	伏之隧 T25:98；服之隧 T37:898
	石北隧 T25:184、C:410
	樂哉隧 T24:549、T37:240　按：甲渠候官與廣地候官皆有樂哉隧。
	累下隧 T37:757；累下隊 T7:24+72EJC:155A；纍下隧 T21:208；累下二里隧 T22:5
	累山隧 T24:291、72ECC:18
	廣地隧 F3:125A＊、T24:870、T37:1018、T37:718；廣地 T23:877A

候官	烽燧
廣地	後起隧 T6:41A、T37:891；後起三里隧 T22:5
	遮隊 F3:271+473
	守林隧 T37:918+1517、C:358+72EJC:163、F3:143+211+425 *
	受延隧 T23:977、T37:1221、T8:69、73EJT7:24+72EJC:155A
	毋患隧 T37:1057A
	望遠隧 T24:296
甲渠	□□隧 T23:718
	臨之隧 T21:384、T37:629
	滅虜隧 T8:93、T37:890、73EJT7:24+72EJC:155A
	止北隧 H1:27
俱之	夷胡隧 F3:46
肩水	安農隧 H2:7+85、T23:298、F3:52+504
	安竟隧 T23:500+511、T24:623、T37:622
	安世隧 F3:401 *、T23:826
	辟非隧 T25:121A、F2:49+9 *
	並山隧 F3:95+342、T22:135、T30:7+19、T30:74
	捕虜隧 T37:454
	乘胡隧 T23:561+577、T25:23、T29:46、T30:31；乘故隊 T23:237A
	乘山隧 F3:165 *、F3:427、T21:401+451+459
	當利隧 T23:82、T23:991、T24:291、T26:73、T30:238、T32:39
	當谷隧 T28:23
	當井隧 T1:36、T23:236、T24:12、T24:24A、T32:57+49、T33:35；當井 T23:726
	登山隧 H1:18、T10:158、T2:16、T23:177A+171A、T23:408、T23:61、T23:885A、T24:327、T25:59、T26:156、T26:59、T28:10、T28:41、T29:58、T30:35A、T31:127、T37:1345、T4:93、T6:63、T7:25、T7:51；豆（登）山隧 T24:138
	第六隧 F3:242 *、T23:113、T23:176、T23:375、T23:666、T23:764、T31:129+82、T7:50+F3:557 *、T7:86

候官	烽燧
肩水	東望隧 T37：1458A、72EJC：198、F3：455、T23：876、T24：46、T30：70、T7：50+F3：557 *
	服胡隧 T23：29、T31：8、T31：95
	樂昌隧 C：603、T23：877A、T24：52、T32：39、T9：86、T25：192
	臨莫隧 T24：43、T30：7+19、T32：5A、T21：204A、D：166
	臨田隧 D：308、T3：74、T4：114A
	臨利隧 T21：32、T23：287A、T23：877A、T30：39、T6：87、T8：16
	廣谷隧 T23：884、T30：131、T31：94、T30：189；廣谷 T24：770
	壙野隧 T37：977、T21：261、T24：24A、T3：28A；壙野 T23：726
	獲胡隧 F3：110 *、F3：84 *
	金關隧 F1：27A、F1：89、T2：82A、T24：138、T24：143、T24：79、T28：14A、T28：81+28、T29：107
	金城隊 F3：165 *；金城隧 72EJC：201
	禁姦隧 F3：483+78+623 *、C：491、T21：14、T21：100、T23：991、T24：605、T28：2、T30：7+19、T31：113、T37：1223、T37：628+658；禁隧 T34：17；金姦隧 T23：662
	破適隧 T37：1082、73EJT7：24+72EJC：155A
	破胡隧 T24：687+703
	平樂隧 T1：55、72EJC：63A、C：479、C：615、F1：70、H2：33、T14：25、T21：356、T21：40、T22：34、T23：2+633、T23：491A+492B+525A+947B+1038B+515A、T23：68A、T23：633、T24：294、T24：45、T24：46、T28：11、T28：16、T28：18、T28：7、T29：31、T31：117、T31：80、T32：53、T37：560、T37：83、T9：26
	禽寇隧 T10：131、F3：83 *、H1：7、T23：287A、T24：12、T29：71、T31：33、T34：48、F3：323 *
	彊漢隧 T21：401+451+459、D：218、H2：66、T23：289、T29：1、T34：19；僵（彊）漢隧 T31：160
	窮寇隧 T23：125、T23：287A
	如意隧 F3：318 *、F3：86 *、T26：230A、T9：250
	馳望隧 T26：88A、T23：510、T23：627、T23：912、T34：23；馳堅〈望〉隧 T23：390
	始安隧 T11：16、T23：262、T23：295、T37：1121、T37：194
	沙頭隧 H1：19、T26：39、T28：63A、T28：63B

候官	烽燧
肩水	受降隧 T6：146、D：214、D：287、F3：401 ＊、T11：2、T21：326、T23：369、T23：585+598、T6：55、T7：55、T8：34
	水門隧 T23：726、T21：288、T23：488+963、T23：501、T23：503+925、T23：964+516、T24：523、T4H：73
	要虜隧 F3：58、T4：153、F3：455、T10：149、T21：173、T22：7+10、T23：114、T23：605、T23：934、T3：104、T7：189、T9：236、T9：26
	要害隧 F3：88 ＊、F3：89、T3：62、F3：317 ＊
	完軍隧 T6：122、T24：46、T7：195；桓軍隧 T23：308　按：桓軍即完軍。
	萬福隧 C：426、F3：285、T21：137、T24：265、T24：46、T24：797、T26：154、T29：5、T37：98、T9：26、T4H：76
	萬年隊 T7：24+72EJC：155A
	萬世隧 F1：49、T23：764、T24：144、D：262A
	望泉隧 T23：661、T23：847、T24：399
	望城隧 T24：945+534+723、D：211、T23：488+963、T27：67、72EJC：278
	襄澤隧 T23：287A、T37：1069、T37：719
	驛北隧 T24：856
	夷胡隧 T2：16、T23：666、F3：226A+247A ＊、T23：493、T23：776、T23：777、T24：523、T6：60、72EJC：216
	直隧 72EJC：280、T23：726、T23：777、T24：24A、T24：557
	執適隧 C：418、C：487、C：507、T21：149、T21：96、T22：25、T23：289、T23：408、T23：426、T23：491A+492B+525A+947B+1038B+515A、T23：697、T24：138、T26：282、T26：54、T26：107A、T28：113、T28：48、T30：85、T4H：11+2、T7：25
	執胡隧 T7：76、T23：765
	止虜隧 F3：535、T1：23、T21：11、T21：12、T21：13、T23：481B、T24：138
	主關隧 T23：1023+1016
且鹿	T33：13+4；伏牛隧 T30：196
卅井	常寬隧 H1：12B
	城勞隧 T37：958；成務 T24：923　按："成務"當爲"城勞"之誤。
	誠南隧 H2：14；□南隧 T22：119　按：未釋字可能是"誠"。
	驪喜隧 F1：71、F1：79、F3：199 ＊、T21：385、T22：46、T24：593；驪喜 F3：417
	累胡隊 T30：213、T30：215+217

候官	烽燧
橐他	□□隧 T24：70A、T37：1112
	安樂隧 T23：335、T23：481B、T23：991
	博望隧 T7：5
	次稽隧 T30：38
	積落隧 T37：1329、T21：131；籍落 T8：9　按：C：448A 有"橐他稽落亭"。
	莫當隧 T5：78、T23：824、T23：933、T26：53、T29：8、T32：26、T37：1538、T37：1546、F3：112、C：611、T37：1537、T23：258、T26：77、D：231、C：591、C：489、D：299A、D：300A、D：303、D：312、D：318A、72EJC：3、F3：197A+174A、T15：3A、T23：471、T23：873、T26：60、T26：96、T28：81+28、T28：62、T3：34、T37：918+1517；莫【當】隧 T23：938；【莫】當隧 T21：27、☐當隧 T21：237
	却適隧 T37：1425+1347+1142、T37：81；卻適隧 T22：131A、T24：432
	沙上隧 T37：582、T37：754、T23：672
	上利隧 T28：9A
	收降隧 T37：756、T1：183、T23：342
	殄虜隧 T23：667、T30：62、T37：216、T24：693、T37：502、T37：667A+556B
	亭（高）顯隧 T37：918+1517、F3：143+211+425＊、F3145
	通望隧 T3：89、T37：176；通望隊 D：258A、73EJT7：24+72EJC：155A
	吞胡隧 T7：128
	橐他隧 T24：325B、T29：53、T37：1463+402、T37：1536A
	先登隧 T2：92+88、T7：113、T8：72、T7：24+72EJC：155A
	野馬隧 T21：136、T28：116+118、T37：846
	勇士隧 T6：42、F3：130＊、T37：850+35、D：38
	斬首隧 T37：538；斬首隊 D：258A
殄北	廣利隧 T7：6、F3：278、F3：373、F3：376、T21：420、T37：603+595
	望遠三里隧 T22：5
	……隧 F1：118B、T24：71、T24：138、T24：160、C：513、T2：37、T2：39、F1：21B+24B、T21：232A、T23：1024、T23：893、T24：934、T25：217、T24：436+404、C：584、D：79A、H2：106、T10：251、T37：1387、T23：363、T24：585、T23：227、T27：18、T3：28A、F3：250、T7：24+72EJC：155A、T6：123、T24：29、T24：548、T24：718、T24：779、T25：177、T10：19、T23：498、T37：438

候官	烽燧
	······姦隧 H2:90、C:358+72EJC:163
	☑關隧 T27:81A
	☑虜隧 T23:445、T4:165；□虜隧 T26:48、T37:57
	☑適隧 T23:771、T4H:67
	□□胡隧 T24:307
	□城 T23:726
	□城隧 T30:78
	□谷隧 T23:531+509、T26:4
	□箕隧 D:166
	□寇隧 T37:10
	□山隧 T37:953
	□望隧 T4H:45
	安漢隊 T23:628
	安土隧 T24:261
	報胡 T37:1151B
	斥(斥)胡隧 T26:181
	斥(斥)竟隧 T23:365A、T23:365B；斥(斥)竟隊 F3:165＊
	長壽隧 T24:244
	代馬遂 T37:1151B
	當□□隧 T21:89B
	當遂隧 T25:51
	督蓬隧 T30:86+112；······蓬隧 T22:128
	復起隧 T1:262
	高止隧 D:54
	故府隧 T30:7+19
	廣漢隧 T23:392、T23:532+768、T23:815、T37:82；廣新隧 F3:397+403＊ 按：王莽改"廣漢"作"廣新"。
	廣土隧 F3:138＊

候官	烽燧
	廣野隧 D:216、T23:482、T23:965、T24:557
	寒虜隧 F3:35 *
	箕山隧 T23:320
	迹遠隧 T24:253B
	監滿隧 F1:33
	彊斷 F3:279 *
	界亭隧 C:422
	禁胡隧 T24:338
	列亭隧 T30:244
	臨□隧 T23:518B
	臨道隧 D:69、T24:698、D:258A
	臨河隧 T23:1051A
	臨渠隧 F3:108 *
	臨澤隧 F3:229＋542＋528、T23:287A、T23:414、T37:1069、T37:117、T37:967、T6:65
	虜下隧 T37:16
	南代 F3:104
	逆寇隧 T23:1060A、T24:93A＋137A、T25:130、T30:40、F3:420
	辟之隧 F3:87 *
	剽□隧 T1:264
	千秋隧 C:434、D:373、F3:277＋479
	淺水隧 T37:972
	曲中隧 T22:68、D:160
	卻虜隧 F1:33
	塞虜隧 T23:497、72EJC:201、72EJC:283
	審平隧 T26:265
	勝之隧 T37:62
	石上隧 T24:721

候官	烽燧
	守望隧 T26:52
	水北隧 T37:630、T37:673+677
	送寇隧 T37:130
	它歲隧 T28:107
	通道隧 T26:121、T29:27、D:320A、D:320B、D:320C、D:320D
	望安隧 T37:639+865
	望松隧 T33:56A
	望澤遂 F1:49
	毋舉隧 T23:301
	毋適隧 T26:175、T26:43、T37:965
	五渠隧 T23:979+1017
	谿東隧 T37:460
	悥田隧 T9:185
	先就隧 T10:19、T37:15、T37:251
	次累隊 T7:24+72EJC:155A
	陷陳隧 D:353、T7:4　按:陷陳隧即陷陣隧
	鄉利隧 F3:444*
	延壽隧 T9:85
	延新隧 F3:377*
	依山隧 T37:1087
	悳敢隧 T24:710
	遠望隧 T1:249
	增山隧 T26:37
	止姦隧 T6:130
	宗屬隧 F3:157*

金關漢簡人名索引

凡　例

　　金關簡中存在大量的人名,爲了能更好地解讀釋文,我們對簡中的所有人名作了統計,表格包括人名、原簡辭例、簡號,以人名筆畫順序排序,姓氏殘端的人名單獨附在表後。

　　由於金關簡中人名有不少重名的情況,爲了能更精準的鎖定人名身份,本索引表中的人名所附辭例盡量能反映身份信息。有些辭例不能直接體現身份、爵位、地望等限定信息,但在簡文中已經揭示,比如 T10∶122"田卒魏郡犀丘曲里大夫充",辭例信息中用括注的方式作"宋充(犀丘曲里大夫)"。

　　簡號全部採用簡省形式。由於篇幅的限制,一些綴合後簡號較長的情況,僅列本校釋所在位置的簡號,不列綴合完整的簡號。比如 F3∶175+219+583+196+407 中的"守丞襃",簡省作"F3∶175"。

　　人名、原簡辭例中出現的符號,其表意同校釋。人名、原簡辭例中涉及的釋讀、綴合等特殊情況説明詳見原簡文注釋。

二畫

三畫

于破胡　觻得孝□里～T37:491

于曼　莫當隧長～F3:197A+174A

于蓋衆　□倉里～D:174

干將　掾～T10:120A

工　萬福卒～T22:11B

大　T27:95

大□　□立妻～T37:517

大　雒陽丞～T1:80A

大　雒陽丞～T24:266A

大公　T23:388

大公　T23:733A

大公　T23:874

大公　姓過字～T23:328

上　何偉字～T37:1495

上官　候長 T31:158

上官奉　陝久長里公乘～T9:67

上張子高　C:599B

上葆　掾～T33:77

小子□　子小男～F3:65

小奴　子小男～T37:175

小狗　子男～T6:75

山　河内郡温北乙里□～T9:74

山□　驛北卒～T26:149

山栩　T30:26

千□　候長～72EDIC:10

千秋　T10:323A

千秋　T24:450+464

千秋　T37:1002

千秋　T9:7

千秋　大奴～T1:1

千秋　屋闌右尉～T22:111A

千秋　桓軍隧長～T23:308

千秋　掾～T28:64

千秋　廣地候～T23:200

久　小奴～C:612

久　嗇夫～T23:952

久氏　H1:46

及　子女～F3:138

及　執適隧長～C:418

之□　T32:32B

己齊　鹿布里～T4:87

子　T26:299

子　T30:109

子□　□氏字～T4H:83

子□　T25:203A

子□　T6:163A

子□　T8:111

子□　氏池安樂里公乘～C:530B

子□　字～T8:27

子□　觻得宜春里□～T6:136

子上　字～T37:456

子山　H2:38A

子夫　C:621+72EJC:70

子夫　幸妻～T1:47

子元　D:28B

子元　D:32A

子元	T1:217A	子印	T9:62B
子元	T5:13	子立	字~T4H:30A
子公	T30:129A+107	子幼	小男~72EJC:13
子公	T31:103	子光	T1:70
子文	~柳舍 C:631	子光	卒~T23:614+687
子文	72EJC:261B	子仲	T6:164
子文	72EJC:60	子仲	張忠字~T21:86B
子文	H2:80	子羽	T21:65
子文	T23:983	子孝	T23:888
子文	T23:984B	子孝	黍便字~D:8A
子文	T3:25	子佋	C:592A
子文	T30:148A+172A	子佋	C:592B
子文	T30:148B+172B	子君	T21:410B
子文	T30:235	子阿	字~T37:1022+314+359
子文	T30:28B	子阿	彭弟~T23:245
子文	T33:28	子長	C:632
子文	T6:44B	子長	H1:9
子文	字~T3:77	子長	T4H:5B
子文	捐之字~T1:1	子長	五大夫~H1:24
子方	C:592B	子叔	字~T9:3
子方中卿	T37:1052A+268A	子明	H1:20
子方中卿	T37:1052B+268B	子明	T27:103+101
子功	T5:71	子佩	□成字~C:637
子平	H1:3B	子服	C:557
子平	T14:41	子京	C:474
子平	T22:49	子於	C:557
子平	T31:161	子孟	字~F1:75
子平	T4:193	子孟	字~T27:80
子平	字~T33:91	子春	F3:604A

子春　T21:20

子春　T23:196B

子春　T23:360B

子春　T23:406A

子春　T23:610A

子春　T23:612+829

子春　T23:811B

子春　T4H:56A

子春　T4H:56B

子春　T4H:5A

子春　T4H:5B

子春　卅井縣索關~T24:160B

子威　字~T37:1324+1192

子威　張閎字~T24:16

子思　T30:212A

子俠　F1:88

子俓　F3:630A

子俓　F3:630B

子俓　T23:917B+919B

子侯　D:114

子侯　D:124A

子侯　D:124B

子侯　D:16A

子侯　D:16B

子侯　D:187A

子侯　D:200+175

子侯　D:376

子侯　字~F3:61

子侯　字~T4:17

子侯君　T24:11

子宣　字~T23:889

子胥　字~T37:1324+1192

子都　T23:404A+265B

子都　T8:46

子都　令史之長房~C:592B

子莫　字~F3:132

子真　72EJC:108A

子真　T26:200

子真　T27:70

子真　T6:46A

子真　字~T23:91+418+821+429

子夏　D:183

子夏　T33:7A

子恩　D:201

子恩　D:284A

子恩　T30:28B

子恩　字~C:455

子師　字~T37:107+60

子卿　C:374

子卿　H1:15A

子卿　H1:15B

子卿　H2:48A

子卿　H2:48B

子卿　T22:86

子卿　T23:19B+40A

子卿　T23:554

子卿　T24:835

子卿　T30:169

子卿	T30:28B
子卿	T4:110A
子卿	T4:110B
子卿	T4H:13A
子卿	T5:104
子記	都尉~T24:536
子高	D:325
子陵	D:75A
子孫	字~T15:21
子梁	F1:77A+78A
子張	D:201
子張	F3:183A
子張	F3:329A
子張	T24:65A
子張	T24:74
子張	T37:1237
子紺	T33:65A
子勞	字~T21:50
子惠	T10:221A
子惠	T21:26
子惠	T25:26
子惠	T30:122A
子惠	T30:169
子惠	T30:24A+122A
子惠	T30:24B+122B
子惠	T30:35A
子惠	T30:97
子惠	字~T10:262
子淵	F1:45B+54B

子游	T33:12B
子游	字~T30:181
子僅	字~T23:59
子經	字~F3:237
子嘉	T23:916B
子嘉	兄~T30:20
子賓	T29:38B
子實	T23:984B
子實	T27:23
子實	T30:28B
子儀	T23:888
子德	T30:116B
子舉	字~T37:170+365
子嬰	T31:169
子嚴	F3:630A
子嚴	字~T23:56
子嚴	字~T35:4
子嚴	許放從~F2:36
子贛	C:607
子贛	D:253
子贛	T24:104
子贛	T30:28B
子贛	T37:708B
子駕	D:284A

四畫

王☒	72EDAC:8
王☒	D:141
王☒	右前騎士闟都里~T3:7

王☐　☐里～T24：936

王☐　長安鄧里～72EJC：274

王　掾～T23：788A

王☐　☐里簪裹～T24：892

王☐　……利上里公乘～C：541

王☐　T21：480

王☐　T30：207A

王☐　T37：473A+507B

王☐　大男～T23：857A

王☐　巨里～T26：207A

王☐　昭武千秋里上造～C：438

王☐　候史～T37：39B+691A

王☐　敬老里～T37：1568

王☐　熒陽右尉～T24：234

王☐　橐他曲河亭長～T11：28

王☐字　72ECC：12B

王☐卿　T2：41

王士　F3：333A

王小子　☐安樂里～T28：104

王千秋　☐☐里～T10：20

王子文　T23：769A

王子長　H2：48B

王子長　T23：344

王子明君　T30：28B

王子春　T21：410B

王子真　T37：700

王子恩　D：107B

王子游　T24：10A

王子赣　T23：976A

王元　居延令史～T23：905

王不信　止虜隧卒～T21：11

王少　T9：318

王少　宜里男子～F3：337

王方　平都里大夫～T6：151

王未央　☐白里～72EJC：50

王未央　子男～T21：15

王世　鰈得安樂里大夫～T37：827

王平　累山卒～T24：671

王甲　梁國睢陽某里公乘～T21：255

王外　居延髡鉗徒～T37：260

王外人　公大夫～T37：28A

王永　茂陵道德里～F3：572

王永　臨利卒～T24：612

王弘　右扶風虢材官～T5：66

王弘　步廣地遮隧長～F3：271+473

王弘　候史～T25：234

王弘友　C：478

王奴　居延里始至里公士～T25：9

王加　利☐里～T26：222

王幼君　C：599B

王匡　鷄〈鶉〉陰佐～T37：1461

王戎　平樂隧長～T14：25

王吉陽　鰈得安世里～T26：63

王地餘　72EJC：104

王成　守尉史～72EDIC：15

王成　居延始至～T21：268

王成　許邑廣德里公乘～72EJC：32

王成　就人角得博庠里～F3：558

王光　昭武平都里～T6:141

王光　淮陽郡苦上里～T26:231

王光　臨菑吉羊里簪弱～T9:3

王同　H2:55

王同　安農隧卒～T23:298

王同　作者同縣里～F3:370

王年　鱳得成漢里～T24:951

王廷　右伍長～H1:56

王延年　破胡里公□乘～T37:656

王延壽　☑□隧長～H2:106

王延壽　常安庫宰～F3:357

王延壽　臨澤隧長～T6:65

王仲　C:586B

王仲　獄掾～T30:56A+83A

王任　甲渠守尉～T37:647

王多牛　宜産里大夫～T37:1414

王充　T21:86B

王安　河內西平里不更～T1:114

王安世　從者大奴～C:608

王安定　淮陽陽夏陽里公乘～T31:145

王安稚　T26:82

王收　居延安樂里男子～T10:340

王更生　不更～T6:50

王步舒　T6:53

王利　鱳得新成里公乘～T37:1583

王利親　表是禾里公乘～T24:156

王兵　武當樂安里公乘～T10:183

王何　公乘～T9:256

王伯　F3:124A

王君□　T26:84A

王君伯　金關下候史～C:599A

王君長　T23:906B

王君游　T24:73A

王奉光　T23:1068

王奉光　小史～T1:42

王奉親　戍卒～T5:73

王武　T37:1307A

王武　子男居延鞮汗里～D:232

王武　昭武宜衆里上造～T37:1153

王武　候長～T29:45

王武　臨田隧長～T4:114A

王青　居延東鄉嗇夫～T21:310

王長　F3:529B+304B

王長　中宿里男子～T23:432

王長□　F1:126

王長□　T8:82B+102A

王長生　□安民里～T27:7B

王拓　東陽侯國廣郰里～T26:189

王幸　T24:273

王尚　故廣里公乘～F3:511

王尚　僦人塡戎樂里下造～F3:139

王忠　河上候史～T24:637

王忠　河東安邑賈里公乘～T7:33

王佻君　T21:337

王放　角得千秋里～F3:314

王放　居延西道里男子～F3:271+473

王並　囊他石南亭長～T37:762

王宗　居延計掾～D:229

王定　弘農郡陝宜里大夫～T37:986

王定　熒陽□□里公乘～T37:662

王定世　騎士利成里～T28:43

王定國　觻得春奈里～T21:272

王相　士吏～T4:5

王相　茂陵道德里公乘～T8:4

王相　猛胡吏～F3:251A

王相　趙里～T1:157

王柱　T23:733A

王威　同里大夫～T10:245

王威　垣獄史竟里公乘～C:368

王貞　河內溫東郭里不更～T1:155

王則　男子～T37:399

王則　官大奴～F3:141

王便　奴～F3:144

王便　官大奴～F3:527

王信　□龍起里～T9:322A

王禹　氐池安利里大夫～T23:13

王禹　騂北亭長～T21:46

王衍　魯再魚里公乘～T27:9

王音　右大尉守史～F3:301

王宣　C:502

王宣　H1:29

王宣　卒～D:310B

王宣　居延都尉屬～T30:30B

王宣　從～T37:814

王宣　屬～T37:706+33

王珥　T23:542+539

王捐　河南郡密邑宜年里～T37:241

王都　聟居延龍起里～T6:41A

王恭　汝南郡召陵始成里～D:313A

王恭　□溫鄭武里～T21:219

王晏　受降吏～F3:445B+251B

王租　揭次安昌里簪褭～T37:51

王倩　□都里～T21:178

王殷　T37:1307A

王殷　故吏屋闌義來里公乘～D:48

王殷　觻得萬金里(簪褭)～T37:110

王翁稚　更吏居延～T3:16

王卿　F1:90B

王卿　T21:33B+57A

王卿　水門～T23:726

王卿　北部候史～T37:1199A

王卿　守丞～T37:1039B

王卿　丞～C:308

王卿　丞相掾～T21:423+431

王卿　東部候長～T25:18

王卿　東部候長～T29:123

王卿　故居延尉丞～T1:12

王卿　候史～T23:726

王卿　候長～T28:10

王卿　候長～T28:59

王卿　張掖卒史～T10:215A

王卿　關嗇夫～T4:50

王宮　居延亭長延年里～F2:14

王孫記　T9:13

王孫慶　T23:878

王孫慶　T23:889

王通賢　日勒騎士便護里~T1:301

王赦之　守屬居延陽里~T9:50

王常　居延守獄史~T37:1283

王常　新野禓里~T6:49

王常　觻得市陽里公乘~T37:1154

王野臣　肩水里男子~T26:87

王第卿　觻得長秋里~T9:229

王偃　陽里~T32:45A+22

王偉　從者尚里~F3:344

王得　從者~C:529A

王得之　從者~T2:58

王猛　執適隧長~T23:697

王竟　就人~F3:101

王族　東部候長~72EJC:290

王張　作者觻得高縣里~T23:631

王陽　未使奴~F3:144

王陽君　城勞里~72EBS7C:5

王隆　右前候史~T23:284

王隆　肩水尉史~T24:74

王隆　昭武騎士益廣里~T23:778

王隆　隧長~T23:918B

王細公　C:599B

王堯　T23:713

王博　T23:709A

王博　觻得安邑里男子~T7:37

王萬年　☐曲里~T21:449

王葆　河南宜成里~T10:157

王葆　河南宜成里~T37:405

王雲第　陽里女子~T7:159

王敞　亭長~T8:9

王順　守左尉~T23:611

王舒君　T29:38A

王勝　72ECC:73

王勝　日勒丞~T1:42

王普　奮怒☐☐~F3:146

王尊　大常長陵宜成里公乘~T10:
181

王道　居延闔都里男子~C:594

王道人　勝之卒~T24:965

王遂　趙國易陽南實里~T23:921

王湯　壺關雒東里大夫~H1:50

王惲　卒史 T23:110+222

王富　河南郡雒陽宜歲里~T1:6

王富　宜歲里公乘~T1:80A

王富　原武南長里~H1:68

王賀　☐里~T29:60

王登　觻得成漢里~D:210

王發　施刑士鳥氏始安里~72EJC:68

王禁　原城陽宜里~T3:55

王雷　皮氏縢里~T3:88

王當　T8:108B

王當　士吏~T30:179+180

王遣　執適隧長~T24:138

王詡　F3:443

王詡　登山隧長~T23:408

王意　觻得成漢里~H2:16

王福　T9:305

王福　橐他令隧得常利里～T21:15

王福　隧得益昌里～72EJC:121

王壽　延年里～T33:86

王壽　益池里公乘～T37:1465

王輔　居延延水佐～T9:60

王輔　魯國大里大夫～T27:19

王閭　會水未央里～T8:16

王鳳　悉意里～T37:1119

王鳳　禁姦隧戍卒～T37:628+658

王廣　定陶西牢里大夫～T25:162

王廣宗　～印 T29:115B

王廣國　逆寇隧卒～T30:40

王歐已　騎士益昌里～T10:109

王賢　隧得承明里大夫～T37:656

王遷　作者隧得富安里～T8:3

王賞　長安大京里～T37:1022

王樂　T31:160

王樂　原武南長里公乘～T9:241

王德　千秋隧卒～C:434

王德　要虜隧卒～T22:7+10

王請青　F3:332

王誼　宗屬隊長～F3:157

王誼　禁姦隧長～T21:100

王勳　夷胡隧長～F3:226A+247A

王襃　昭武安國里公乘～F3:393

王辦　妻大女～T37:762

王憲　卷尉里公乘～F3:132

王臨　T27:49

王臨　茂陵敬老里 T37:468A

王臨　卒～T23:765

王嬰　步利里女子～T24:450+464

王闌　司馬～F3:94

王齋　亥～H2:57

王豐　□里公乘～T37:265

王豐　□虜隧長～T37:57

王豐　☑長～T37:41

王嚴　T3:54A

王嚴　T4:99

王嚴　令史居延沙陰里大夫～T37:1113

王嚴　肩水候官令史～T30:30A

王譚　T37:1307A

王譚　卅井里男子～T10:237

王譚　隧得南至里不更～T31:6

王護　父老～T37:1462A+1471A

王護　肩水庫嗇夫～T37:1406

王護　廣昌里男子～T10:222

王護　彊斷吏～F3:445B

王護　隧得騎士千秋里～T37:984

王騫　稽落卒～T24:751

王辯　昭武宣眾里～D:56

王龔　却胡亭吏～72ECC:70

亓安世　T26:105

亓益壽　居延卅井尉史～T14:19

亓襃　中營右騎士累山里～T3:7

亓黨　左前騎士累山里～F3:25

井子思　T30:212B

井君任　兄妻屋闌宜衆里~T6:42	巨卿　F1:61
井卿　士吏~T22:34	牙　莎亭卒~T24:822
井卿夫人　T37:1052A+268A	比毋故　□谷隧卒~T26:4
井臨　橐他勇士隧長~T6:42	少　卒~T25:149B
夫　廣利隧長妻大女~T21:420	少　驛北亭卒~T25:135A
元　T24:73B	少□　王充字~T21:86B
元　子男~F3:131	少□　令史~T33:89
元　西部候長~T37:115	少功　字~C:660
元　西鄉有秩~T10:230A	少平　D:358
元　車騎都尉~F3:300+548	少平　T15:8A
元　裨將軍張掖延城大尉~F3:115	少平　T15:8B
元　裨將軍張掖後大尉~T24:36	少平　T25:12A
元夫　名眇字~C:592A	少平　T29:114A
元延　T23:141B+133B	少平　T29:114B
元君　T9:80	少平　T30:28B
元君　字~T23:194	少平　字~T37:536
元長　H1:3B	少君　T21:374A
不　省卒~T28:55+44	少君　史~T10:111
不弘　T9:92B	少君　母~F1:75
不耐　T23:589	少君　字~T27:9
不華　令史~T11:15	少君子君　H2:43A
不圍　T22:32	少君子君　H2:43B
不識　T21:59	少負　T30:28B
友　大奴~T31:151A	少翁　T7:139
友　守令史~T37:521	少翁子賓　H2:43A
尤戲　東部肩水記部~T26:72	少翁子賓　H2:43B
巨君　T37:1143B	少卿　T1:230
巨君　字~T37:1077	少卿　T1:257
巨卿　□從~F1:59	少卿　T24:142

少卿　T30:97

少孫　T29:10A+19A

少孫　T29:19B+10B

少猛　T6:163A

少實　字~D:204

少孺　□史~F1:119

中　卒~T37:1304A

中夫　T24:339A

中夫　T24:339B

中夫　麗戎字~T1:1

中公　T24:77

中尼　72EJC:37

中君　T29:125B

中君　T30:28B

中君　孟閭人字~T30:102

中叔　T24:339A

中叔　T24:339B

中恭　F3:523

中倩　T21:141

中卿　72EJC:165

中卿　T4:121+119

中實　字~T37:966

午卿　嗇夫~T23:898A

牛子威　D:49B

牛卬　臨澤隧~T23:287A

牛成　安世隧長~F3:401

牛充　梁國睢陽汴陽里~T21:419

牛利　T9:251

牛長倩　T23:177A+171A

牛放　士吏~T30:179+180

牛卿　丞~C:308

牛強漢　禄福定國里~H2:67+32

牛慶　驛北亭長~H2:88

牛黨　72ECC:63

毛☒　就人敬老里~F3:537

毛□　長平里~T31:232

毛□　觻得□□里公乘~D:100

毛子文　T26:145

毛光　樂昌隧長~T25:192

毛利　☒里~D:356

毛何　令史~F3:260

毛何　稽北亭長~F3:389

毛良　觻得敬老里公乘~T37:83

毛阿　觻得敬兄里女子~T23:275

毛武　平樂隧長~T37:83

毛幸　C:621+72EJC:70

毛宣　北部候長~T37:254

毛卿　D:31A

毛卿　T23:981

毛彭　昭武佐~T24:213

毛翊　並山隧長~F3:95+342

毛翊　隊長~T24:596+611

仁　令~T29:92

仁　守令史~72EJC:219

仁　佐~T37:1247+1235

仁　居延庫守丞~T8:51A

仁　軍司馬~T9:322A

仁　軍司馬~T9:322B

仁　都鄉佐~T2:29A

仁　☐尉~T23:1060A

仁　掾~D:307B

仁　掾~T37:782+836A+1255A

仁　掾~T9:273

仁　御史守少史~T1:1

仁　嗇夫~D:36B

仁　廣地候~D:43A

仁　橐他莫當隧卒~T23:824

仁　駿鄉嗇夫~T37:1380A

仁青跗　潁川郡潁陰邑真定里公乘
　~T8:7

仁帶　濟陰郡定陶傳里~T33:61

仇侍君　T9:53

公君阿　D:39B

公孫世　萬富里~T23:1026+1047

公孫放　居延長樂里~T37:814

公孫庬　T28:87

丹　T24:140

丹　北候史~T37:230

丹　西部候長~F3:50+533

丹　丞~T37:1518+234

丹　男~F1:98

丹　男~T37:990

丹　東鄉嗇夫~T23:335

丹　肩水候~T21:102A

丹　肩水候~T21:98

丹　候史~T37:1532B+182B

丹　候史~T37:1565

丹　候史~T37:182B+1532B

丹　候史~T37:651B+716B+727B

丹　候史~T37:701+36

丹　候史~T37:828B

丹　候史~T37:956

丹　書佐~F3:482+193+508

文　字~T10:268

文　字~T33:83

文　新安鄉有秩~T24:132

文不識　卒史~T24:845

文光　佐~T23:1042

文君　D:187A

文君　D:187B

文君　T24:247A+268B

文君　T8:30

文卿　T37:1052A+268A

文異衆　卒~T6:63

方　F3:183B

方　T26:15

方　字~T33:59A

方君　F3:197A+174A

方卿　T30:134

方進　丞相~F1:1

方進　丞相　F1:10

方進　丞相　F1:12

方進　丞相　F1:2

方進　丞相　F1:7

尹　肩水候~T27:2A

尹【野】　隧長~T23:964+516

尹□　72ECC:23

尹□　日勒富昌里~T10:184

尹□　肩水候史~T23:325A

尹山付　□潰里~C:644

尹子春　F3:179B

尹允　受薹里公乘~T10:212

尹自爲　T10:190

尹我　南陽郡魯陽鄧里大夫~T4:40

尹長厚　T4H:5A

尹庚　☑里~T21:178

尹並　C:320

尹音　居延臨湖塢長~T37:1083

尹恭　要虜隧長~T10:149

尹莫如　☑親里~T10:223

尹野　水門隧長~T23:503+925

尹野　故水門隧長~T21:288

尹野　故水門隧長~T23:488+963

尹野　隧長~T23:965

尹曼　隱強成陽里公乘~T37:1431

尹崩　獲胡隧長~F3:110

尹貴　驛駒里~T1:188

尹福　驪靬苑大奴~72EJC:95

尹鳳　T37:1280

尹賢　鱳得千秋里上造~T25:92

尹興　雒陽謝里不更~T37:1330

尹衡　驛北~F3:124A

尹衡　驛北~F3:127B

尹襃　父老~T37:147

尹駿　屋闌定里公乘~T37:1077

尹嚴　如意隧卒~F3:318

丑長　字~T8:76+65

孔☑　T23:6

孔☑　T5:69

孔子　T22:6

孔少卿　T31:3A

孔戊　陷陣隧長屋蘭莫當里~T7:4

孔目　T21:482

孔目　安昌里~T24:330+T21:482

孔次卿　T30:28B

孔宏叔　T21:130A

孔長伯　T37:1455

孔益壽　安竟隧卒~T37:622

孔常　T24:100

孔嘉　臨利隧長~T30:39

孔德　橐他鄣卒~T24:257

孔德　鱳得步利里~T37:357+58

予　廄佐~T10:215B

毋丘孫　同里~T24:414

毋次公　T26:169

毋害　城尉~T26:176

毋患　庫嗇夫~T21:64

毋適　張掖大守~T1:2

五畫

未大　掾~F3:549A+580A

未央　丞~T33:39

未央　丞~T33:44A+47A

未央　卒~T28:60

未央　☐捕~T24:708

未央　掾~T37:799A

未央　☐當隧卒~T21:237

未央　觻得關亭里公乘~T37:70A

由丹　書佐~T37:97

功　子孟父字~F1:75

功之☐　登山隧長~T7:51

功如　T30:28B

功忘憂　□□□里~T29:9A

功師卷　鉅鹿郡曲周孝里~T1:130

功師聖　觻得成信里大夫~T37:1582

功師憲　觻得誠信里男子~T29:135

功孫定　趙國邯鄲東召里~T37:834

去病　T21:349B

去疾　T9:29A

去疾　嗇夫~T30:46+T25:175

去疾　嗇夫~T34:27

去疾　嗇夫~T34:4B

甘☐　高都水東里不更~H2:81

世　T37:746

世　西鄉守有秩~T10:315A

世　長安令~T27:13

世　長安守右丞~T37:1076A

世　卒~T33:79A

世　居延軍候~T24:267A

世　居延軍候~T30:16+254

世　軍候~T24:997

世　梁守丞左尉~T21:64

世　尉史~T6:74

世　騂北卒 T33:14

世　騂北亭卒~T34:17

世辟　佐~T3:114

可　子大夫~T3:101

可　丞~T2:29A

可　屬~F3:549A+580A

可丘　子男~T37:1047A

可置　T31:164

可置　令史~72EBS7C:1A

可置　令史~T1:27

可置　令史~T24:250

可置　令史~T31:66

可置　居延右尉~T24:269A+264A

可置　居延守丞右尉~T21:56

可置　掾~T31:148

左　居延丞~T10:224

左駕　雒陽長年里~T23:974

左☐　T29:13B

左☐　T37:457

左世　T28:46B

左世　河南雒陽西成里~T21:55

左奴　河南武陵里~T29:102

左戎　☐更~T37:1242+20

左延　居延利上里不更~T31:27

左君賓　氏池辟驗辟吏~T4:63A

左奉　新鄭武成里公乘~T37:982

左忠　T10:472

左兒　D:107B

左相　平縣河上里公乘~T10:104

左音　□陰里男子~F3:61

左通　河内郡温犀里~T24:267A

左通　河内郡温犀里~T24:715

左陽　中營左騎士金城里~F3:351

左陽　中營左騎士金城里~F3:98

左雲　居延游徼~T37:34

左勝　T22:1

左尊　穀成縣臨尹里~C:520A

左嘉　令史居延千秋里大夫~T37:
1000

左嘉　延水佐~T4H:50

左鳳　表是安樂里男子~T37:529

左實　桂邑千秋里大夫~T37:1320

左賢　安故里~T37:1342

左德　稟丘石壽里~T21:51

左襃　安樂里~T37:1242+20

左襃　游徼~T37:1522

左辦　T22:1

左彊　公乘~T24:157

左彊　北鄉有秩~C:340

右　大奴~T23:968

石少君　D:75A

石氾可　轢得廣德里公乘~T37:742

石定　止虜隧卒~T21:13

石宣　累山里~F1:123

石胥少翁　H2:43B

石博　五官掾~T37:615+494

石博　都尉五官掾~T37:780

石彭祖　令史~T25:49

石彭祖　居延司馬令史氏池充郭里
公乘~T27:72+T25:49

石虞人　繁陽鉅當里大夫~T31:93

石壽　東榆里~T37:156

石賜　平恩侯國平曲里大夫~T2:
77

石襃　居延長樂里~T37:1523+111

石襃　昭武都田嗇夫~T37:765

戊　小奴~T37:973

平　士吏~T21:103

平　士吏~T21:42A+38A

平　吏~T23:1050

平　丞~F1:14

平　妻~T37:521

平　城尉~T37:913A

平　都倉□□□□男子~T37:767

平□　助府令史~T30:205

平□　利陽里~T10:337

平□　肩水守城尉~T37:875

平君　T30:28B

平君俠　T9:268A+264B

平卿　東部候長~T27:49

平樂　T23:951B

甲　佐~T24:38

甲卿　T26:45A

申至同　☑隧卒~T10:19

申延壽　止虜隧長~T23:481B

申延壽　止虜隧長~T24:138

申放　臨之隧長~T37:629

申屠安世　T21:194

申嚴　觻得樂安里~T37:924

田　姓~氏 T21:427

田☒　臨道隧卒~T24:698

田□　延壽里~T14:22

田□　執胡隧長~T23:765

田子文　T10:314

田子文　T9:212B+207B

田子卿　T21:374B

田巨君　T8:106B

田由　T23:842A

田立　T37:708B

田立　禁姦隧長~T31:113

田成　氏池安利里公乘~C:610

田次君　T29:105A

田次君　T29:47A

田宏　F2:24

田宏　右後候長~F3:113

田奉☒　天水右庶長勇士公乘~T24:746

田長實　T21:349A

田忠　東脩禮里~T37:1452

田忠　魏郡揤悲翟別里大夫~T21:438

田並　望泉隧長~T24:399

田房　居延守左部游徼~T3:115

田捐之　當利隧長觻得壽光里~T26:73

田恭　☒關隧長~T27:81A

田恭　☒關隧長~T27:81B

田候長　F3:333B

田卿　T23:954A+526A

田卿　史~T10:78

田卿　廷史~T10:70

田卿　廷史~T10:83

田卿　廷史 T10:71

田卿　肩水守尉~D:130

田卿　壙野~T23:726

田得　庰胡隧卒~T26:181

田萬☒　獄囚~T24:154

田萬　觻得廣昌里~T37:1413

田寬　卻適卒~T24:787

田德　氏池千秋里~T30:133

田慶　河南郡陽武園里~72EJC:238

田襃　故駁亭長~T24:13

田襃　觻得成漢里公乘~F3:462

史　大司空~T37:537+948

史　河南宮丞~T23:229A

史　酒泉卒~T10:75

史元□　尉史楊里公乘~T10:155

史由　河南郡河南平樂公乘~T37:77

史立　茂陵始樂里公乘~T37:1586

史永　右前騎士安國里~F3:20

史永　騎士~F3:184A

史刑　雒陽西程里公乘~T10:190

史安定　河南郡雒陽園里公乘~

T10:290

史宏　F3:116B+208B

史昌　居延廣地里~T10:263

史高　河南郡雒陽南胡里~T10:182

史高　河南郡雒陽南胡里公乘~F3:
544

史野　張掖卒~T10:71

史傀　孔街里~T24:556

史陽　T34:31A+35A

史陽　河南宜樂里~D:204

史勢　雒陽榆眉里不更~T37:1220

史勢　雒陽榆眉里不更~T37:1445

史超　囗史~72EJC:200B

史博　卒~T37:743

史遂　督蓬隧~T30:86+112

史福　魏郡武始金年里大夫~T8:81

史樂宗　居延肩水里公乘~T9:228

史駿　囗仝疇里~T23:89

冉子　T31:77

生　T23:976A

生　沙頭卒~72EJC:25

生　東鄉嗇夫~T37:871

丘子囗　T29:13A

丘光　公乘~D:58

丘偃　奉明廣德里男子 T26:106

丘漢　(黎)陽南利里大夫~T2:3

丘歐　界亭隧卒~C:422

丘護　奉明廣德里~T37:704

付正　T24:217

代　守尉史~C:665

代王譚　禁姦隧長~F3:483

代霍　守關佐~T23:124

白少房　T4H:5A

白延壽　安樂里~T24:250

白長壽　廣地里大夫~T37:17+384

白建　T28:99

白賢　T24:272

令　妻大女~F1:105

令狐賞　肩水都尉屬~T14:3

外人　T6:18B

外人　T9:103A

外人　大婢~T1:1

外人　肩水守候塞尉~T24:139

外人　候長~T23:929

外人　囗尉~T11:17

市　T6:27A

市宏　掾~T1:27

立　(靳立)F3:430B

立　囗夫~T9:255

立　D:196

立　T30:81B

立　T37:517

立　句陽長~T7:23

立　弘農大守丞~F1:4

立　佐~F3:118A

立　軍中守司馬城倉丞~F3:2+169

立　禁姦~D:311B

立　橐他塞尉~T37:1061A

立政　令史～T24:984

玄　T7:146

玄　叚佐～T37:162

玄　普弟～F3:326

玄　置佐～T23:561+577

玄之　掾～T37:284

氾□　史～72ECC:8A

氾臨　居延守令史～T33:63

永　D:154B

永　F3:164

永　T23:804B

永　子大夫～T37:1427

永　令史～T37:783B

永　兼掾～F3:184B

永　張掖後珍北鄣候～T23:911

司馬乙　翟邑陽郵里公乘～T9:81

司馬君　T24:558

司馬君　居延倉長～T24:737

司馬明　安武宜陽里～72EJC:19

司馬服　𪉖得定國里～T9:87

司馬始　潁陰邑真定里公乘～T8:
73

司馬莊　F3:433+274

司馬莊　肩水都尉君～T37:850+35

司馬章　公乘～T30:195

司馬章　夷胡隧長～T2:16

司馬章　夷胡隧長～T23:777

司馬駿　登山隧長～T6:63

司連　T10:379

司誤　□邑北甯里公乘～C:639

弘　□長～T37:140

弘　T21:244

弘　T22:38A

弘　T9:260

弘　T9:92A

弘　士吏～H2:33

弘　令～T9:62A

弘　☒延令～T10:253

弘　肩水士吏～T28:63B

弘　居延令～72EBS7C:1A

弘　居延令～72EJC:159A

弘　居延令～T10:210A

弘　居延令～T10:417

弘　居延令～T23:772A

弘　居延令～T31:66

弘　居延令～T34:1A

弘　居延令～T34:6A

弘　居延令～T37:524

弘　居延令～T6:81A

弘　居延令～T9:104

弘　居延令～T9:111A

弘　居延令～T9:152A

弘　莫當卒～T23:1055

弘　尉史～T25:7A

弘　張掖肩水都尉～T34:3A

弘　隊長～D:28A

弘　掾～T10:115A

弘　掾～T37:447+1176

弘　嗇夫~T21:379

弘　斡官尉~T37:983

弘　榮昌鄉佐~T24:532A

弘　鱳得長~C:300

弘勝之　□□隧里~T24:963

召　T30:70

召　子女~T37:755

召　掾~T24:115

召☐　穎川郡陽翟畸里~T25:99

召永　右前騎士中宿里~F3:363

召成　宜民里上造~T6:135B

召里人　T24:48

召忠　鱳得富安里公乘~T24:515

召眇　累山亭長楊親妻~T23:763

召湯　H1:59

召襄　F3:217B+309A+593A

皮氏　戍卒河東~T32:67

皮議　戍卒~T1:19

矛忠　河上候史~T23:267

幼☐　任昌字~T2:10A

幼　卒~T26:3

幼伋　子~T37:1085

幼伯　C:542B

幼都　T24:1A

幼都　T33:7B

幼卿　T30:27A+T26:21A

幼卿　T30:27B+T26:21B

幼賓　字~C:569

幼賓　字~T9:75

幼闌　T23:580A+607A

幼闌　T30:28B

六畫

刑戎　右前騎士中宿里~F3:358

刑戎　右前騎士中宿里~F3:96

刑延壽　居延亭長孤山里~T30:23

刑合之　從者~T24:269A+264A

刑忠　T23:624

刑並　左騎士肩水里~F3:556

刑宗延　衛利上里~C:539

刑定　安定里~T1:162

刑留　T1:23

刑疾去　大夫~F1:117

刑常　T23:929

刑張　尉史~F3:171

刑禁　右前騎士雜里~F3:97

戎　F3:54+512

戎　掾~F3:175+219+583+196+407

戎　掾~T23:60

戎　掾~T6:71A+72A

戎　掾~T8:51B

戎延年　濟陽臨里簪裏~T21:202

戎長　F3:51

吉　T4:41A

吉　小奴~C:531A

吉　御史大夫~T37:1309

共意　當遂里~T37:1477+1053

共籍　居延遮虜里~T21:208

芒　　長史～T4:102

吏　　嗇夫～T10:135

西方級　　臨澤候史～F3:348A

有☐　　任廣漢大奴～T24:99

有駕　　右奴婢～T1:235

成平　　南彎武安里～T24:542

成　　72ECC:11

成　　F3:223

成　　T23:980

成　　T24:416A

成　　T29:55B

成　　T3:109

成　　T4:185

成　　T7:13A

成　　三泉里上造～T24:180

成　　令史～T4:46

成　　守屬～T32:48

成　　丞～T37:1563

成　　妻女～T3:3

成　　倉嗇夫～T9:30

成　　兼掾～T32:48

成　　掾～72EJC:65

成　　掾～T23:212B+224A

成　　掾～T37:11

成　　嗇夫～72EJC:227+164

成　　嗇夫～T21:287

成　　嗇夫～T3:98

成　　隧卒～T28:57

成　　驛北亭卒～C:457

成　　關嗇夫～T30:240

☐成　　C:637

☐成　　T22:151

成☐　　公乘～T7:86

成☐　　佐～T37:616B+542B

成□實　　T32:32B

成千☐　　千秋里～T26:261

成子方　　T23:167A

成子軋　　C:474

成子帶　　T21:375A

成功並　　删丹令史～T30:30A

成功並　　删丹令史～T30:30A

成功恭　　右前騎士全稽里～F3:362

成次　　從者始昌里公乘～T37:695

成奉　　觻得壽貴里男子～T6:83A

成並　　T23:406A

成況　　F3:345B

成故　　令史～T:197

成恭　　公乘～F3:466

成倉　　廣利隧長～T37:603+595

成朔　　長社邑重里公乘～T6:48

成弱　　水門隧卒～T23:503+925

成常幸　　貝丘莊里大夫～T29:100

成彭　　觻得當富里～F3:373

成掾　　F3:217B+309A+593A

成循　　東望隧卒～T7:50+F3:557

成虞　　妻大女～T3:89

成詡　　F3:345B

成頤　　望城隧卒～T23:488

成鳳　□里～72EJC：125+134

成縮　先登隧長～T2：92+88

成歐　駟北亭長～T21：117

成頤　鱳得成漢里大夫～T8：95

成錢　敬老里男子～F1：118A

成褒　橐他通望隧長～T3：89

成褒　橐他通望隧長～T37：176

成臨　嗇夫～D：59

成豐　F3：345B

至　T24：446

至　妻大女～T37：175

光　T25：126

光　T30：56A+83A

光　正～T1：69

光　右尉～T37：878A+692

光　令史～T2：58

光　令史～T23：929

光　令史～T37：1518+234

光　臣～F1：2

光　臣～F1：7

光　☑吏～72EJC：268

光　守令史～T33：5

光　別田令史～T26：212

光　佐～T25：46

光　佐～T33：58

光　肩水尉史～T30：73

光　居延騎千人～T21：1

光　莫當卒～T23：642+35

光　候長～T10：206

光　候長～T28：20

光　庫嗇夫～T4：147

光　尉史～T14：11A

光　尉史～T5：89

光　尉史 T34：4B

光　掾～C：347B

光　掾～T21：236

光　御史臣～F1：1

光　廄吏～C：563

光　嗇夫～T37：1100+271

光　魯陽右尉～T31：20A+34A

光　關嗇夫～T10：140

光　關嗇夫～T8：8

光□　嗇夫～T4：103

同　莫當卒～T4H：12

同　□□卒～T23：300

同　D：196

同　T10：74

同　T10：91

同　大奴～C：562

同　大奴～T29：90

同　大奴～T37：521

同　正～T37：1462A+1471A

同　平樂隧卒～T24：46

同　夷胡隧卒～T23：666

同　守林卒～F3：628+311

同　守林隧卒～F3：143+211+425

同　沙頭卒～F3：41A+77A

同　沙頭卒～T4H：12

同	沙頭卒~T4H:4	
同	☑卒~T32:68	
同	莫當卒~T23:292	
同	莫當卒~T24:416A	
同	莫當卒~T27:25	
同	莫當卒~T4H:12	
同	莫當隧卒~T23:471	
同	莫當隧卒~T37:918+1517	
同	郵人~T30:33B	
同	高顯隧卒~F3:143+211+425	
同	第六隧卒~T23:764	
同	尉史~D:121	
同	尉史~D:74	
同	尉史~D:76	
同	萬福隧卒~C:426	
同	萬福隧卒~T24:46	
同	禁姦卒~T37:1151B	
同	隧長~T28:62	
同	驛北亭卒~C:293	
呂□	□□東平陽里公乘~T37:1470	
呂子侯	T24:295	
呂未央	木辟亭卒~D:61	
呂去疾	男子~T9:29B	
呂弘	河東池北~T24:241	
呂延年	驪軒尉史~T9:127	
呂充	受降隧卒~T11:2	
呂安	呂安~T10:264	
呂孝	陵棄駿里~D:23	
呂利	公乘~T7:57	

呂何齊　石東亭卒~T24:780
呂庇　通望隊卒~T7:24
呂昌　富里公乘~T23:659+376
呂肩　蒙平原里~T11:9
呂姓　T24:791
呂柯　完城旦~T25:104
呂相　執適隧長~C:487
呂貞　就里大女~T24:333
呂段　□□里~T23:603
呂怒士　大夫~T37:985
呂晏　富里有~T37:968A+1310
呂逢　T10:490
呂逢　公乘~C:565
呂益壽　☑男~T1:178B
呂異人　復作大男~H1:3A
呂竟　聞憙弟十二車㢸里~D:256
呂萬年　肩水候史觻得宜樂里~T24:252
呂朝　不更~T1:234
呂道　☑漢里~T21:389
呂湯　T24:131
呂魂　累南卒~T24:887+909
呂義　公乘~T37:525
呂福　濟陰郡冤句穀里~T37:985
呂辟兵　居延都田佐~T21:311
呂壽王　茌平邑始里公乘~T37:844
呂鳳　令史~T37:1065A
呂鳳　橐他令史觻得持心里公乘~T37:103

呂漢昌　橐他候長～T24：333

呂罷軍　橐他鄣卒～C：420

呂儋　平干國張榆里晉裏～T1：5

呂嬰齊　觻得武安里公乘～H2：70

年　T4：110B

年　槐累候長～T37：760

朱子隻　T27：58B+15A+16A

朱毋傷　☑乘～T37：672

朱未央　T23：729

朱兄　新鄭章陽里公乘～T37：1459

朱市客　大河郡東平陸陵里～T24：725

朱永白　T23：66A

朱幼季　T23：481A

朱多牛　河南郡雒陽東鞏里～T35：11

朱氾　平陵義成里～T37：170+365

朱安世　新平南芘里上造～T26：184

朱肖　72EJC：200A

朱君☐　3EJT23：324A

朱奉親　觻得壽貴里公乘～T37：971

朱武　魏郡武始野氏亭長～T7：9

朱長子　T21：130A

朱長婦　觻得安國里～T24：815

朱長樂　T37：851

朱昌　蒙宜成里～T4：4

朱舍人　不更～T2：103

朱宗　河南郡密邑發武～T37：408

朱定　敬上里大夫～T5：39

朱定　隱強始昌里公乘～T37：888

朱耐　南陽郡宛薄姑里～C：614

朱則　☑里～T31：57

朱音　作者同里公乘～T37：1585A

朱宣　亭長～T37：276A+1501

朱卿　T21：26

朱害　朝陽里公乘～T4：109

朱野　下邑宜秋里　T21：437

朱得　☑里～T25：119

朱雲　捕虜隧長～T37：454

朱遂成　長安步安里～T26：236

朱福　☐☐里～H2：62

朱福　氐池安定里公乘～T37：1447

朱嘉　中營右騎士☐☐里～F3：365

朱嘉　南陽郡穰邑重光里～C：556A

朱輔　左前騎士安國里～F3：97

朱齊　公乘～T6：15

朱寬　淮陽郡固始步昌里上造～T9：83

朱賓　T30：128B+130B

朱賢　卒史～T37：1218

朱賢　居延都尉卒史～T37：80

朱餘　中部守候長～T37：57

朱審　F3：384A

朱憙　T30：46+T25：175

朱憙　大婢～T37：859

朱彊　候史～T23：640

朱黨　T4H：9

朱護　石南亭卒～F3：394

朱霸　　T10：225

先外　　□卒宛邑同里～C：524

伍護　　觻得安樂里公乘～T9：123

伏　　長安春柳里男子～T10：152

延☒　　☒史～T10：55

延　　莫當卒～D：117

延　　掾～T37：1051

延年　　（居延）丞～T37：1478+406

延年　　□史～T4H：32

延年　　T37：400A

延年　　居延丞～T24：240A

延年　　居延丞～T37：519A

延年　　候史～T23：849A

延年　　尉史～T37：519A

延年　　張掖大守～H2：12

延年　　張掖大守～T37：686

延年　　掾～T24：240A

延年　　掾～T24：250

延年　　掾～T24：676

延年　　掾～T37：169A

延年　　掾～T37：28A

延年　　掾～T37：519A

延年　　掾令史～T37：976

延年　　御史大夫～T32：43

延陵循　　橐他守尉～T37：135+133

延壽　　C：529A

延壽　　H1：9

延壽　　T21：28A

延壽　　T9：12A

延壽　　丞～T37：782+836A+1255A

延壽　　武驗期門侍郎～T37：1225

延壽　　☒長～T3：106

延壽　　肩水倉丞～T23：772A

延壽　　給事佐～T7：58

延壽　　屬～T24：269A+264A

延賢　　安成里～T23：636

仲子莫　　D：195A

仲岑　　表是千秋里～F3：559

仲卿　　望城～T23：726

仲稚季　　T23：344

任　　掾～F3：217B+309A+593A

任士　　F3：307A

任久都　　觻得常利里～T24：170

任子□　　賈人～T23：299

任子力　　T30：207B

任由　　橐他候長～T37：862+136

任奴　　觻得脩德里大夫～T26：118

任匡　　作者酒泉平牛里～F3：178A

任衣　　T26：84A

任充　　臨利隧長～T6：87

任安　　金城里～F1：25

任安世　　茂陵□利里～T22：62

任如　　☒卒～T7：24+72EJC：155A

任良　　陽里男子～T23：897A

任青肩　　萬歲里公乘～T24：309

任尚　　送寇隧長～T37：130

任昌　　・葆姑臧休神里～T2：10A

任昌　　居延富里～T7：97

任並　中營右騎士富里~F3:366

任並　中營右騎士富里~F3:398

任晏　廣地候平陵獲福里五大夫~

　C:652

任章　千秋里~T37:351

任衆　公乘~T6:150

任當　左前騎士廣都里~F3:24

任輔　肩水戍卒~T3:104

任廣漢　萬年里~T23:975

任廣漢　轢得萬年里~T24:99

任賞　轢得敬老里~T10:63

任賞　轢得當富里公乘~T24:374

任悥　掾~T24:135A

任憲　右前騎士闍都里~F3:3

佝　張掖延城試守騎司馬~72EBS7C:

　2A

自爲　子小女~T9:87

自當　子小男~T37:1007

自當　子小男~T37:1059

行博德　濟陰都關樂里公乘~T25:

　11

全　T37:54

全□　大奴~T37:1222

全偕　小奴~F1:117

合　D:280A+250A

合　沙頭亭卒~T21:83

合　沙頭亭卒~T23:1021

合　沙頭亭卒~T23:933

合昌　T22:86

合衆　尸鄉守有秩~T37:878A+692

多　子惠大奴~T25:26

多錢　大婢~T4:39

次子游　T31:167

次公　T1:22A

次仲　T24:400

次君　字~T33:6

次君　字~T33:87

次君　李君兄兄~T8:106B

次長　T37:1299A

次翁　T24:975

衣戎　右前騎士萬歲里~F3:24

衣戎　觜家居延萬歲里~F3:101

充　D:35

充　H1:31B

充　T21:57B+33A

充　T23:409B

充　T24:581

充　T24:707

充　T29:19B+10B

充　T37:1394

充　T4:174

充　T9:388

充　士吏~T30:50

充　子男~T37:1063

充　□史~T21:303

充　令史~T30:43

充　西鄉嗇夫~T29:28A

充　守令史~T27:13

充	守令史~T37:477	
充	丞~T23:621	
充	丞相少史~T1:1	
充	佐~T21:277	
充	沙頭亭卒~T23:938	
充	卒~72EJC:25	
充	卒~T21:170	
充	卒~T23:1021	
充	掾~T23:1042	
充	掾~T25:195	
充	掾~T37:523A	
充	掾~T9:92A	
充□	佐~T30:211B	
充史	都尉~T24:536	
充光	助府令史~T5:76	
充宗	T24:555	
充宗	東部候長~F1:79	
充宗	候長~F1:74	
充宗	候長~T24:253A	
充宗	給事佐~T24:269A+264A	
充郎	居延丞~T10:247+207	
充國	T4:88	
充國	令史~T1:52	
充國	佐~T10:313A	
充國	居延令史~T30:120	
充國	居延守丞右尉~T25:15A	
充國	都鄉嗇夫~T6:38A	
充國	賤更~T24:545A	
充漢	T37:225	

米侵	東閒里簪褭~T2:5	
米實	下邑柏里 T21:424	
江	丞~T32:41	
江	丞〖~〗T31:66	
江	居延丞~T10:210A	
江	居延丞~T33:34	
江	居延丞~T9:104	
江	居延丞~T9:63A	
江□	新鄭侯利里公乘~T37:564	
江永	轢得千秋里公乘~F3:423	
江並	F3:183A	
江並	F3:183B	
江卿	T23:981	
江偃	候史~T24:726	
江博	F3:260	
江道人	禄福始昌里~T23:379	
江蓋之	陳留郡平丘君里~T21:44	
汲千秋	扶溝樂陽里~T28:36	
汝雲	雲陽不審里 T37:901+660	
安	~行丞事 H1:13+61	
安	□尉~T8:36A+55A	
安	T23:404A+265B	
安	T23:404B+265A	
安	T37:802	
安	子男~T37:1066	
安	令史~T37:878A+692	
安	有秩~T25:7A	
安	尉史~T9:214+210	
安	置佐~T3:11B	

安　　雒陽守丞~T24：311A	安世　　佐~T25：15A
安　　驛小史~T21：1	安世　　佐~T31：66
安上　　昭武守丞~T22：111A	安世　　佐~T37：531
安王　　C：451	安世　　卒史~T30：88
安世　　H2：4	安世　　肩水都尉~T5：76
安世　　T21：453	安世　　居延守丞~T37：522A
安世　　T23：528	安世　　亭長~T9：104
安世　　T26：177	安世　　掾~D：79B
安世　　T30：185	安世　　掾~T10：210A
安世　　T30：98	安世　　掾~T23：929
安世　　T37：266	安世　　掾~T5：112
安世　　T5：72	安世　　掾~T9：62A
安世　　T5：8B	安世　　嗇夫~T23：797B
安世　　木辟三里亭長~T22：5	安世　　□適隧長~T23：771
安世　　□水吏~T23：523A	安世　　闒都亭長~T4：189
安世　　毋患隧長~T37：1057A	安平　　T1：29
安世　　北鄉佐~T2：104	安生　　書佐~72ECC：30A
安世　　□令~T37：1188	安成　　隧長~T1：59
安世　　令史~T31：148	安昌　　佐~T30：21B
安世　　令史~T5：68B	安居　　奴~T22：13
安世　　司空佐~H1：3A	安都　　戍卒~T1：154
安世　　西鄉嗇夫~T10：313A	安息　　游徼~T21：47
安世　　西鄉嗇夫~T37：524	安國　　□長~T21：400
安世　　守令史~T34：6A	安國　　居延尉史~T25：196
安世　　守令史~T9：104	安國　　南界亭長~T22：33
安世　　守丞~T37：524	安國　　候長~T24：978
安世　　守丞T34：6A	安敢　　郭卒~T24：373
安世　　佐~72EBS7C：1A	安衆　　候長~T21：158B
安世　　佐~T10：163B	安富　　丞~T3：114

安漢　佐~T31:20A+34A

安樂　鍛工卒名~T23:980

安親　第四長~72EDAC:7

祁道　淮陽郡圉翟里~T21:425

阮昔　平干國南和~C:363

阮漢　觻得騎士道德里~T1:33

收　T24:12

防　功曹史~T23:311

如　令史~F3:384A

如昌　侯國尉~T10:120A

如意　佐~T7:88

好　大婢~T37:797

牟放　T23:855B

牟放　東部候長~T23:295

牟放　東部候長~T24:372

牟相　居延守獄史~72EJC:236

牟賢　T37:731

牟霸　☑長平舒里~T21:315

七畫

孝　□左丞~H2:13

孝　□司馬~T37:690

孝　橐他守候~F3:117A

孝　橐他守候~F3:120A

孝君　F1:112

孝君　T30:148B+172B

孝君　T32:46

孝君　妻大~T9:85

孝君　橐他石鄆亭長妻~T9:105

孝卿　T37:786A

孝婦　H2:43A

孝婦　H2:43B

孝誠　T26:72

孝賞　T23:461A

却之　復起隧卒~T1:262

却胡　觻得守獄~T21:47

芮係　蒙城中~T26:7

芥自爲　淮陽國陽夏木里~72EDIC:5

克延年　故府隧卒~T30:7+19

杜□　便處里公乘~T23:942

杜長孟　T21:337

杜平　觻得安定里大夫~H1:23+49

杜市　周子南國西便里公乘~T8:40

杜同　官大奴~T8:51A

杜同　官大奴~T8:52A

杜奉　居延亭長~T9:281

杜武　亭長~T37:303

杜明　河内溫市昌里~T9:363

杜信　□陬里~T3:35

杜破胡　觻得安漢里公乘~T37:1130

杜徐來　T7:168

杜卿　令史~T23:733B

杜常　居延第三塢長~C:486

杜崇　萬世卒~F2:44

杜得之　官大奴~D:236

杜萬年　□里不更~T2:99

杜葆　緱氏縣東昌里大夫~T37:64

杜敞　居延尉史～F3：93

杜買　轢得長秋里～T37：1428

杜勝　官大奴～T37：780

杜悼　滅胡卒～F3：251A

杜歆　作者同縣里下造～F3：139

杜意　令史～F3：2+169

杜嘉　T23：900A

杜鳳　隧長～T37：438

杜漢　雒陽歸德里公乘～T10：129

杜賢　長明里～T37：1258

杜餘　得宜産里～T27：1

杜譚　善居里公士～T23：660

杜護　要害隧長～T3：62

杜霸　從史～D：335

材　安道侯奴～T1：1

巫山卿　T31：51A

李☑　中營右騎士富里～F3：506

李　守屬～T23：194

李　肩水都尉屬～T24：274

李☑　始安隧長～T37：1121

李☑　南陽郡舞陰辜里～T8：41

李　掾～T23：731A

李☑　梁國睢陽中丘里不更～T1：137

李　彊斷卒～F3：279

李☑　騎士便里～T24：681A+658B

李□　□□里公乘～T32：29

李□　T4H：23B

李□　妻大女轢得安定里～T11：24

李□　官奴～T6：5A

李□　城尉～T21：129

李□☑　灤涫虎里～T7：104

李□□　陳留郡外黃□里公乘～T37：368

李□□　轢得騎士千秋里～H1：77

李大仲　賈人～T23：804A

李千秋　定陶前安里不更～T37：1246

李子公　T23：366

李子方　T3：38A

李子弘　T4：156

李子先　T24：73A

李子先　T24：73B

李子房　T23：783

李子威　T10：219A

李子宣　長安平都里～T24：566A

李子恩　C：678

李子高　T23：481B

李子孫　□卒～T2：12

李子張　嗇夫～T23：328

李王　淮陽郡城父邑道成～T9：113

李少兄　T30：145

李文君　T8：46

李方　C：599B

李毋害　□水陟里公士～C：440

李未　公士～T2：14

李未央　令史～T22：56

李未央　驛北亭卒～T33：53A

李可　扶風槐里東回里～T37：741

李甲　駹北亭卒～T22:77

李田利里　廣平澤里簪裹～T1:73

李由　助府佐～T10:321

李由　襄澤隊長～T23:287A

李立　中營右騎士富里～F3:8

李立　作者肩水里～F1:26

李立　居延安樂里大夫～T37:548

李弘　……里～T2:7

李弘　☐里～T37:1395

李弘　甯平高里～T21:265

李奴　居延沙陰里～T23:1027

李幼君　就家～T33:54B

李幼君　就家～T9:59

李戎　T10:312B

李戎　宜樂里～T10:312A

李戎　觻得騎士定安里～F3:446

李成　大夫～T6:103

李光　☐漢里～72ECC:56

李延卿　T3:25

李安世　公乘～T6:28

李邑　宜禾里～T24:217

李我　河南絢氏薪里大夫～T37:132

李利　掾觻得好仁里公乘～T5:55A

李利親　戍卒～D:180

李初　北界隧卒～T37:45

李君　F3:336+324

李君☐　功曹～F1:65+68

李君兄　T8:106B

李奉　C:458

李武　市陽里公乘～T37:304

李武　宜都里～H1:77+T4:45

李長☐　T21:312A+T22:51A

李長史　T26:169

李長君　T24:247A+268B

李長君　T28:108

李長君　觻得壽貴里～T26:54

李長叔　T3:54A

李長叔　T30:56A+83A

李長卿　T2:21A

李長孫　T23:344

李長實　72EJC:284

李范　長平高閭里不更～T30:267

李虎　T24:559

李昌　候史～D:252

李昌　候史～T26:77

李忠　☐西里公乘～T37:116

李忠　千人令史～F2:45A

李忠　適吏～F3:107

李放　T37:1312A

李定　收降隧卒～T1:183

李定　☐里上造～C:439

李定　長安東章陽里～T22:60

李定昌　橐候長～T24:896A

李定國　雒陽褚里公乘～T27:20

李定國　雒陽褚里公乘～T37:1080

李信成　關佐觻得定國里～T21:101

李禹　觻得富昌里～T10:162

李音　【居】延肩水里～T37:456

李音　昭武長壽里公乘~T37：1464

李音　隧卒~T23：718

李恭　右前騎士仁里~F3：5

李莊　T23：940

李候　F3：94

李健　要虜隧長~T7：189

李卿　滎陽□樂~T3：37

李卿君　T37：700

李兼　居延亭長~T37：1520

李兼　居延亭長~T37：956

李朔　莫當隧卒~T26：60

李朔　乘山隧卒~T21：401

李通　戍卒~T2：45

李赦　□賞匠里~C：466

李赦之　☑卒~T24：773+769

李赦之　並山隧卒~T30：7+19

李赦之　葭密上明里公乘~T6：138

李過程　涅磨焦里不更~H2：1

李偃　河內郡野王敬老里~T4：8

李望　同縣誼□里男子~T37：427

李率公　池陽里~T25：72

李參　長安男子~F1：10

李終人　戍卒~T2：43

李喜　㸌得騎士萬年里~T1：10

李董高　趙國易陽侯里~T23：161

李朝　候史~T23：750

李敢　受降隧長~F3：401

李順　左馮翊澂邑簿左里公乘~F1：117

李順　酒泉祿福中里上造~T29：22

李衆　F3：445B

李欽　錯田表是常安善居里~F1：30+28

李欽　關嗇夫~T3：73

李勝之　肩水廣地候長~T26：27

李然　居延□宜里女子~T24：287

李貿　河東長脩宜壽里~T8：24

李就　☑里~T23：78

李就　作者步利里~T37：1324

李就　常幸里公乘~F3：431

李尊　守屬~T37：1500

李道　□養里~C：432

李游子　梁國載秋里~T4：153

李祿　曾氏里公乘~T11：1

李業　陽縣萬世里~F3：372

李當時　居延鞮汗里公乘~T25：134

李福　河內溫董里公乘~T9：82

李辟兵　守尉史~D：54

李嘉　居延陽里戶人大男~T10：30

李輔功　襄垣石成里大夫~T23：163

李鳳　居延守左尉~T37：961

李鳳　尉史~T37：778

李鳳　頻陽南昌里公乘~T37：989

李鳳　㸌得安國里公乘~T37：536

李鳳德　書佐~T23：621

李廣　隧長公乘~H1：12B

李實　72ECC：38

李綰　禁姦隧卒~T21：14

李賣奴　騎士~T22:129

李賞　候史~T14:25

李賜　趙國襄國齋里~T27:22

李賜之　成務卒~T24:923

李賜之　安農隧長~H2:7+85

李樂　□長~T24:590

李樂　庠竟吏~F3:408A

李樂　庠竟隧長~F3:165

李德　T21:232B

李德　戍卒□衆里~T24:891

李餘　氏池里宜粟里~T28:42

李談　茂陵始樂里~T37:858

李誼　右前騎士闌都里~F3:415

李誼　右前騎士闌都里李~F3:47

李憙　□陶左池里~C:561

李襃　T23:900A

李襃　第六卒~F3:85

李襃　廣地卒~T23:877A

李憲　東郡清高明里~T10:128

李豐　□里上造~F2:3

李豐　中營左騎士安樂里~F3:415

李豐　居延金城里公乘~T37:1105

李嚴　左前騎士通澤里~F3:11+4

李譚　弟~T10:246B

李譚　卒~F3:326

李譚　河南郡雒楊槐中公乘~H2:40

李譚　居延卅井尉史~T23:334

李譚　騂北亭卒觻得新成里~F3:467

李齎　觻得千秋里不更~T37:1224

李驪　治渠卒河東解臨里~T10:112

車卻　F3:392A

車融　F3:333A

更　T37:1489

更申遝　大夫~T21:295A

更生　父老~C:529A

吾丘定　日益里~72EJC:42

吾延年　趙國邯鄲鹿里~T26:59

吾阿　屋蘭宜春里大女~T37:1463

吾惠　橐他隧長~T37:1463+402

邧種已　觻得萬金里~D:276

邧種已　觻得萬金里~T24:557

夾輒　御史~C:379

步光　T21:184B

步光　T30:128A+130A

步安　肩水都尉~T3:110A+112

呈配　子女~T37:1380A

別　右農後西〈曲〉丞~T30:43

別　列人守丞~F3:104

吳　故驪軒苑斗食嗇夫~T4:98A

吳☐　番和宜便里~T23:193

吳子　T24:206

吳子真　T8:106B

吳氏　故驪軒苑斗食嗇夫~H2:2

吳世　趙國邯鄲平阿里~T37:1317

吳幼蘭　T29:114B

吳年　T24:939

吳志　西鄂城南里公乘~T33:91

吳良　T23：811A

吳良　登山隧長～T23：885A

吳良　登山隧長～T23：885B

吳初　石北隧卒～C：410

吳君　T31：59A

吳君房　T10：314

吳奉　T22：78

吳林　公乘～T22：1

吳季卿　F3：124A

吳捐之　觻得成漢里～T37：6

吳根　觻得久長里公乘～T9：238

吳卿　士吏～H1：80B

吳疾去　□成里～T1：43

吳常　長安長壽里～T26：193

吳蓋　隧卒～T1：50+294

吳傳孺　T23：768

吳詡　後城司馬令史～T24：146

吳輔　漢成里大夫～T37：105+791

吳樂就　士吏～T4：100

吳德　居延完城旦徒大男～T37：553

吳悥　三人其一人～T28：18

吳彊　緱氏閒里～T37：571

邑　居延殄北候～T37：778

岑　丞～F3：470+564+190+243+438

岑　肩水關守嗇夫～F3：153

岑　都鄉嗇夫～F3：119A

告　守令史～T4：197+136

我　丞～T37：792

利　大奴～T9：134

利　大婢～T24：132

利　□史～H2：99

利　令史～T21：43B

利　候卒～T23：1022

利　雒陽丞～T9：34B

利世　令史～T6：145

利主　大奴～C：421

利主　小婢～T24：269A+264A

利主　亭長～T9：87

利忠　弟～T10：222

利樂宗　大夫～T23：982

利親　令史～T2：22

兵　候長～C：649

邱國　臨渠里大夫～T24：35A

何　掾～T37：1095A

何　塞尉～T26：1A

何　駢北亭長～T37：1240A

何　魏郡業守尉～T24：145

何□　三石卒～T21：488

何生　長平夕陽里不更～T9：6

何殷　從史～D：64

何偉　觻得敬老里士伍～T37：1495

何歆　騎士從史～T37：38

何齊　T30：28B

何數　T24：65B

何齋　甲渠鄣守候～T5：68A

佐橫　佐～T24：35A

伯　T4H：6

谷長卿　T22：63

免　都鄉有秩~D:246

狄君穉　T24:636

狄捐之　禽寇隧卒~T31:33

狄卿　丞相史~T3:91

狄臨　萬福隧卒~T4H:76

迎　舍人~T31:97A

言長公　T24:232

言博　~叩頭 D:39B

辛☑　公乘~T23:1053

辛□　T30:207A

辛子孝　F1:77A+78A

辛匡　千秋隧長~F3:277+479

辛利親　令史~T31:144

辛君　屬國千人~T30:170+144

辛昌　弟~T37:177+687

辛恭　昭武宜春里簪裹~T24:147

辛意　魯國施里不更~T37:847

辛壽　肩水候史~F3:471

辛遷　妻大女~T37:177+687

辛臨☑　肩水騂北亭長~T23:268

忘　平樂隧長~T23:2+633

忘生　絫下二里隧長~T22:5

忘得　服胡隧長~T31:95

弟相　T23:983

汪尚　常安善居里公乘~F3:133

汪就　常安善居里大女~F3:131

汪罷軍　河內溫中侍里~T26:35

汾慶　廣地尉史~T23:635

沈聞　鉅鹿南絲杏里~T5:34

決頃　左尉~T31:99

宋□　安定里~C:334

宋□　富昌里~T24:224

宋之☑　大夫~T37:1356

宋之☑　☑里大夫~T37:1356

宋子☑　H2:38B

宋子□　T30:27B+T26:21B

宋子山　T10:314

宋子方　T29:109

宋子孫　T24:88

宋友閣　T24:72

宋巨卿　T23:359A+807A

宋巨卿　置佐~T23:359B+807B

宋少□　F1:60

宋少翁　T7:15

宋午　T25:172

宋文　鮮得武安里公乘~T31:85

宋毋害　居延始至里~T23:970

宋史壽　置吏~F3:343

宋生　先就隧卒~T37:251

宋仲　大夫~T7:12

宋多　中營左騎士富里~F3:15

宋多　中營左騎士富里~F3:96

宋充　（庠丘曲里大夫）T10:122

宋充　平中里~T21:119

宋充　東阿北平里~T29:23

宋免　樂哉卒~T24:794

宋良　禽寇隧長~T23:287A

宋長　廣漢隧長~T23:392

宋長□	廣漢隧長~T23:815	宋當	T1:146
宋長實	T25:4	宋鉗	受降卒富里~T23:969
宋南來	居延收降里大夫~T31:228	宋解	T24:190B
宋待君	妻大女~T37:1059	宋解	T24:193
宋待君	妻大女㚛得常樂里~T37:1058	宋意	内黄東燕里~T37:328
宋捐之	橐他通道亭長~T37:1059	宋福	淮陽郡陳高里不更~T30:13
宋殷	茂陵脩禮里~T8:84	宋嘉	T23:889
宋卿	T24:10A	宋輔	臨田隧長~T3:74
宋卿	T26:1B	宋賞	肩水卒史~D:99
宋卿	T26:218+293	宋樂	淮陽郡圉宣里~T21:313
宋卿	都吏~T6:163B	宋德	T23:995B
宋偃	公乘~T4H:80	宋德	廣利里~T5:7
宋猜	汝南郡召陵倉里~T1:8	宏	史~F3:79B+509B+510B
宋猜	固始南高里不更~T25:91	宏	令史~F3:125B
宋章	F3:8	宏	守令史~F3:122
宋張利	趙國邯鄲侍里公乘~T4:59	宏	守令史~T37:23B
宋陽	D:223	宏	守丞~T23:288+345
宋萬元	候長~T2:52	宏	守嗇夫~T24:237B
宋萬元	☑屬~T21:309	宏	佐~T24:9A
宋敞	T23:733A	宏	斬首卒~D:93
宋敞	公乘~C:662	宏	掾~72EBS7C:2B
宋敞	功曹史~F3:65	宏	掾~F3:180B
宋敞	肩水金關候長~T37:1061A	宏	掾~F3:300+548
宋遇	鬼新大男~T10:178	宏	掾~T4H:86
宋善	宜春里大夫~T37:866+580	宏	廣昌鄉嗇夫假佐~T23:897A
宋道	直里~T32:7	良	D:155
宋游君	D:86	良	D:266A
宋勤	平樂隧長~H2:33	良	F3:182A
		良	T23:291B

良	T24:634A+627A	君井	T24:6A
良	子小男~T37:166	君公	T23:364A+253A
良	子男~T21:484	君公	T24:513A
良	氏池長~C:316A	君公	字~T37:1027+186
良	守亭長~T3:76	君以	妻大女~T37:1406
良	丞~F3:76A+448A	君功	T37:1245+383+409
良	丞~T35:8A+9A	君功	字~T23:108
良	肩水庫有秩~F3:327	君功	字~T37:675+688
良	南鄉有秩~T10:335	君功	字~T37:858
良	書佐~T23:7A	君兄	字~D:70
良	書佐~T37:1051	君至	王卿子小女~T1:12
良	張掖大守~T26:50	君光	字~氏 T23:146
良	掾~T33:41A	君仲	字~T37:1146
良	隧長~D:79A	君仲	字~T9:14
良臣	騎千人~T31:9	君伯	T37:786A
良孟	D:187A	君長	字~T26:35
初	候卒~T23:1065+931	君孟	D:107A
社長樂	屋闌丞~T25:107	君孟	T33:62
社惲	貲家廣都里~F3:106	君孟	字~C:609
君☒	妻~T37:265	君始	弟婦~T3:89
君	妻大女~T23:670	君信	妻大女~T37:1105+1315
君俠	T9:268A+264B	君都	72EJC:171
君俠	子小女~T28:9A	君都	D:49A
君□	字~F3:253	君都	T23:281A
君□	字~T37:479+1131	君都	T30:28B
君□	丞~T10:37B	君都	T6:73A+109
君上	T23:708B	君都	字~T3:52
君上	T23:896A	君都	字~T7:36
君之	兄妻~T6:42	君華	C:677

君乘	子女～T37:755	奉世	肩水城尉～D:36A
君卿	D:39A	奉世	肩水城尉～T3:109
君卿	T23:900B	奉世	掾～C:522
君孫	字～72EJC:285	奉世	騂北卒～T10:226B
君曼	72EJC:171	奉光	守令史～T9:5+15
君曼	廣地子小女～T6:41A	奉光	居延丞～T37:520A
君陽	子婦～T37:755	奉光	掾～T34:41
君游	T24:10A	奉宗	T21:64
君給	弟婦～T3:89	奉德	守獄史～T24:101+116
君督	字～T23:825	奉親	T7:61
君稚	字～T23:297	奉親	昭武丞～T9:177A
君實	T10:314	奉親	橐他塞尉～T10:179
壯賓	T29:109	武	T10:399
甬君成	F3:127B	武	T23:118

八畫

奉	子男～T37:1425+1347+1142	武	T23:927
奉	正～T24:563A	武	T24:194
奉	令史～T37:1076A	武	T29:65A
奉	守令史～T37:863+592	武	T3:24
奉	佐～T24:581	武	T37:1032B
奉	肩水城～T21:19	武	夫～故爲肩水候官 T23:275
奉	居延都尉守屬～T25:50	武	令史～F1:76
奉	候長～F2:2	武	令史～T23:667
奉	□最子男～T6:107+156	武	令史～T37:292B
奉□	廣地守候塞尉～T10:177A	武	西部候史～T21:108
奉	隧長～T30:62	武	西鄉守嗇夫～T37:530
奉	屬～T37:97	武	守令史～T23:459B+435B
奉世	T4:53	武	男孫～T37:81
		武	佐～T37:446
		武	卒～T24:108

武	卒~T30:206		武宗	稽北亭卒~T24:960
武	卒~T30:70		武強	少上卒~T2:48
武	肩水候~F3:180A		武賢	司馬令史~T28:21
武	居延守丞~T37:693		武彊	千人~T37:805A
武	居延都尉~T26:17B		武彊	肩水倉長~T21:429+322
武	南鄉嗇夫~T9:92A		武彊	禽寇隧長~T34:48
武	都鄉嗇夫~T37:1491		青	子女~T37:755
武	原武守丞~T37:1075A		青	丞~F1:32
武	兼掾~D:64		青	居延丞從史~T37:184
武	兼屬~T23:7A		長	H2:56B
武	尉史~T9:29A		長	T4H:60
武	掾~T10:214		長	令史~T37:1066
武	掾~T21:179		長	令史~T37:358+1483
武	掾~T23:301		長	守令史~D:56
武	掾~T26:86		長	守令史~T37:1023
武	掾~T30:174A		長	守令史~T37:160A+642
武	廄嗇夫~T10:213A		長	守令史~T37:529
武	游徼~T9:7		長	佐~T37:1094A
武	嗇夫~T26:236		長	佐~T37:864
武	嗇夫~行尉☒72EJC:267A		長	東部候史~T22:11A
武	駟北亭長~T32:26		長	肩水守候~72EJC:2A
武	關嗇夫~T15:15		長	居延令~T23:212A+224B
武	鱳得長~T24:788		長	居延庫守丞~T37:89
武□	東武陽陽城里~T10:302		長	南部候長~C:653
武生	堅〈望〉隧長~T23:390		長	庫守丞~T37:909+906
武生	駟望隧長~T23:627		長	兼掾~T37:590
武白馬	平樂隧長~F1:70		長	掾~T37:854+1196
武先	獄史~T30:174A		長	嗇夫~T37:749A
武宗	T37:1489		長	橐他守塞尉~T23:81

長□　守尉史～F3：120B

長□　就龍亭長～T37：641

長世　T21：307

長世　佐～T24：240A

長世　佐～T37：519A

長生　T1：89

長生　五月丙寅嗇夫～T1：104

長生　嗇夫～T1：124

長生　……酉候長～T22：116＋126

長生　史～T24：992

長生　令史～T21：110

長生　東部候長～T25：87

長生　東部候長～T30：92

長生　肩水守塞尉候長～T21：39

長生　候長～T21：138A＋278A

長生　候長～T21：43A

長生　候長～T22：116

長生　候長～T24：118

長生　候長～T26：2B

長安　删丹右尉～T22：111A

長伯　字～T25：142

長良　吏～F3：251A＋636B＋562A＋
　234A＋445A

長君　T30：28B

長奉親　穀成陵里～T21：120

長叔　T37：179A

長定　T26：50

長孟　T23：900B

長孟　字～T9：93

長春　F3：345B

長倩　H2：47A

長倩　H2：47B

長卿　H1：6A

長卿　T1：145B

長卿　T1：48

長卿　T21：312A＋T22：51A

長卿　T21：374A

長卿　T21：374B

長卿　T21：493A

長卿　T22：140

長卿　T23：869A

長卿　T23：869B

長卿　T24：123

長卿　T24：639A

長卿　T24：772

長卿　T24：973

長卿　T30：97

長卿　T9：103B

長卿　字～72EJC：177

長孫　F1：75

長孫　T21：176

長孫　T21：312A＋T22：51A

長孫　T31：39

長孫　字～C：294

長孫　塞尉～T1：203

長孫□　H1：69＋F3：286

長孫□□　D：282A

長孫……　T21：164

長孫大母　T1:208

其　佐~T23:929

長孫中君　T26:190+198+163

其　佐~T37:522B

長孫廚　H1:75

其□　居延□□□南樂里~T25:80

長孫樨卿　T21:131B

耶道　從者魏郡北里~T9:88

長壽　令史~D:44

苛城　陳宜民里不更~T30:3

長壽　從吏~T30:153A

苛壽　官大奴~D:10

長壽　屬守~T37:782+836A+1255A

苗彊　綏彌縣敬老里~T26:27

長廣君　陰利里~T24:566A+T24:
　275A

苟憲　官大奴~F3:142

苑君　音妻~T37:841

長賓　T28:136

苑美　居延故卒史~T25:101

長賓　T28:136

范□　第六隧卒~T23:113

長賓　T29:38A

范未央　居延千秋里~T8:62

長賓　T30:169

范弘　居延都尉從史~F1:64

長賓　T6:68A

范有　宛北當陽里公乘~T37:1444

長賓　T9:61B

范延　鄣卒~C:371

長實　字~T26:36+75

范安世　葆潦上里~T9:69

長實　字~T37:1413+1190

范利章　□掖大守~D:378

長實　□部候長~T5:114

范良　中營右騎士安樂里~F3:11

長樂　子小男~T37:757

范良　安樂里~C:471

拓　T1:23

范忠　~公乘 C:294

拓　令史~T21:38B+42B

范忠　始昌里公乘~D:37A

拓　令史~T25:3

范政　吏~T23:881

拓　肩水令史~T9:336

范威　亡吏卒~F3:171

拓　肩水候官令史~T21:222

范後　臨穎邑鄭里不更~T3:96

拓　執適隧長~T22:25

范秦　T10:467

拓奴　侍佐~T7:88

范卿　T24:419

幸　□史~T7:88

范常□　讎得定安里~T26:156

幸　尉史~H1:14

范章　宣威鄉佐~F1:73

幸　橐他塞尉~T37:1149

范陽　從者~T24:651

范順　T21:20

范尊　72ECC:38

范悍　廄佐~T3:64

范賀　肩水候長~D:360

范聖　□明里~T25:62

范勤　亭長~T37:450

范楊　T24:628

范福　熒陽新成里~72EJC:26

范壽　謁者里~T1:119

范賞　T23:572

范德　T23:929

范誼　72EJC:125+134

范讓　廣新隧卒~F3:397+403

直　丞~D:64

直武　繁陽宜禄里大夫~72EJC:157

茅延　T26:191

枉渾　善居里男子~T37:806

林　令史~T10:266

林　守令史~T10:115A

林子賀　T9:178A

林育　T37:373A

林赦　驛北卒~T37:1314

林參　兼守屬~T30:30B

枚　沙頭卒~T28:60

枚良　淺水隧長~T37:972

枚常　橐他守塞尉~F3:55

枚陽　T23:987

枚習　客民~F2:7

來　□男~T31:122

來　居延都尉夫人~T30:208B

來君　廣地累下隧長張壽王子大女~T37:757

來侯　女弟~T37:1058

來卿　子小女~T37:1028

來遷　子小女~T37:1528

東門子　T21:253

東門建　氐池昌樂里~T29:4

東門輔　氐池昌樂里公乘~D:27

東郭歆　延新隧卒~F3:377

東郭護　守尉史~F3:118A

東郭護　居延守尉史~F3:270

奈　子小女~72EJC:217

郅羌　魚廬里~T24:321

郅憲　就人肩水里~F3:170

叔□　候長~T21:111

尚　居延令~T37:1468A+347

尚　居延令~T37:938

尚　卻適隧卒~T24:432

尚光　長秋里~T6:38A

尚勃　戍卒~T3:53

尚尊　中營左騎士鳴沙里~F3:586

尚翊　右前騎士鳴沙里~F3:6

昊畢成　鄉嗇夫~T30:154

昆慶　令史~T10:222

昌　D:372

昌　T30:212A

昌　T32:51

昌　士吏~T24:244

昌　士吏～T25:234

昌　士吏～T29:97

昌　北嗇夫～F3:344

昌　☒史～T37:1187

昌　兄～T3:3

昌　令史～D:6

昌　令史～T25:74

昌　令史～T33:44A+47A

昌　☒吏～T28:55+44

昌　西鄉佐～T28:46A

昌　守令史～T37:1499A

昌　守令史～T37:864

昌　丞～T24:101+116

昌　丞～T32:6+24

昌　佐～H2:54A

昌　佐～T3:65

昌　佐～T37:276A+1501

昌　固釱工～T24:25

昌　居延都尉～F3:482+193+508

昌　南嗇夫～F3:109

昌　後候長～F3:50+533

昌　莫當卒～T23:624

昌　候長～T24:153

昌　從者～T26:28

昌　尉史～F3:205B

昌　張掖居延大尉～T24:149

昌　張掖居延都尉～T23:915

昌　掾～T31:12

昌　嗇夫～F3:436A

昌　隧長～T10:206

昌　橐他……～T33:18

昌　橐他候～D:30

昌　橐他候～T10:258

昌　橐他候～T37:930A+1407

昌　橐他候～T7:106+20

昌　橐他候～T7:20+106

昌念　乘故隧～T23:237A

明　T10:229A

明　T29:114A

明　T30:109

明　T37:1038

明　中部候長～D:105

明　平樂隧長～T24:45

明　平樂隧長～T28:16

明　平樂隧長～T28:18

明　令史～T26:174A

明　臣 T6:179

明　佐～T6:81B

明　卒～C:458

明　居延宰～F3:76A+448A

明　倉嗇夫～T11:31A+10+3

明　兼掾～F3:122

明　尉史～T30:26

明　掾～T37:275+248+7+301

明友　北部候長～T7:21

忠　☒望隧～T4H:45

忠　C:296

忠　D:279

忠	T2：16	
忠	T3：114	
忠	T37：1447+922	
忠	T37：950A	
忠	T7：164	
忠	子小男～T30：62	
忠	☐夫～T21：342A	
忠	中鄉有秩～H2：50	
忠	功曹佐～T23：784	
忠	甲渠守塞尉～F3：334A	
忠	守令史～T37：651B	
忠	丞～T37：1070	
忠	丞～T37：451	
忠	佐～T21：275	
忠	佐～T3：55	
忠	佐～T37：112	
忠	佐～T37：640B+707B	
忠	東部候長～D：105	
忠	東陽亭長～T37：1397A	
忠	居延丞～T37：1436	
忠	居延丞～T37：358+1483	
忠	居延丞～T7：22A	
忠	都鄉有參〈秩〉佐～T37：151	
忠	候長～C：347A	
忠	尉史～T37：1450+1402	
忠	掾～T10：313A	
忠	掾～T23：335	
忠	掾～T23：361B	
忠	掾～T37：524	

忠	掾～T9：104	
忠	掾 T33：44A+47A	
忠	給事佐～T37：782A	
忠	睢陽丞～T33：77	
忠	鱳得守丞～T22：111A	
忠☐	雒陽長～T25：166B	
忠臣	令～T28：64	
忠臣	掾～C：435	
忠齊	佐～D：79B	
呼淦	佰縣泉里～T14：2	
知章	☐里～T30：150	
知實	隴西西始昌里～T37：1155	
知實	隴西西始昌里～T37：524	
牧	驪軒苑奴～T23：193	
和長卿	T30：138	
和卿	T24：354	
和焉息	氏池敬老里～T30：10	
和矞	72ECC：13	
和鐵柱	氏池敬老里～T30：152	
季少君	T15：1A	
季少君	T15：1B	
季利世	望垣萬年里～T1：37	
季奉	從者平里～T37：524	
季當	史～T33：12A	
季豎	蒙市陰里～T23：939+1031	
季臨☐	昭武男子～T23：1A	
秉	橐他候～T23：762A	
秉	橐他候～T24：32	
佳	子小女～T37：846	

佳君　T10:220A

佳君　T10:220B

兒充　蒙新成里不更~T27:21

兒華　茂陵信德里公乘~T31:143

兒康　稽落卒~F3:345A

兒橫　☑水北隧卒~T37:673

兒譚　居延甲渠候長~72EJC:1

很　掾~T1:2

岰　橐他守塞尉~D:42

欣☑　亭長~T22:14

所勳　居延雜里官大夫~T37:393

舍　☑千人~T4:85+157

金　~將軍 F3:546+38

金□廣　苦平陽里不更~T30:25

金利　施刑士~T23:620

受　令史~T3:60

受　守斗食佐~T37:22

受王　東鄉有秩~T24:872A+249A

受建　河南卷始昌里~T37:1245

怂　却適隧長孟取妻~T37:81

朋　卒~T33:13+4

肥☑　□佐~F3:82A

肥病去　上造~T24:649

肥湯　南部候長~72EJC:6

周　T24:239

周　金關令史~T9:220

周☑　鱳得春奈里~T24:704

周□　候長~T24:531

周不識　陽夏安成里上造~D:212

周仁　居延卅井誠南隧長市陽里~
　　H2:14

周六始　卒~T37:1071

周方　大夫~T5:35

周丙　肩水戍卒~D:72

周年　T9:299

周充　西華南川里不更~T10:294

周充國　居延安故里~T22:32

周吳　T24:160B

周利　薔樂陽里大夫~T37:1111

周近　兼亭長~F1:118A

周君長　T24:189

周奉親　小史閭都里~T30:165

周武　從史~T37:749A

周長孫　T21:130A

周欣　道德里~T37:523A

周並　右前騎士富里~F3:416+364

周並　右前騎士富里~F3:554

周柱　陽夏馬成里~T21:396+343

周重　氾鄉侯國守尉~F3:290+121

周重　守尉~F3:470

周禹　昭武市陽里~T29:2

周畢　受延隊卒~T8:69

周畢　受延隧卒~T7:24

周卿　T21:184A

周卿　T4:14

周卿　御史~T23:496+1059+506

周能　延亭掾~F3:524+209+200

周能　掾~F3:209+200+524

周章　萬年隧卒 ~T7：24

周竟　次累隊 ~T7：24+72EJC：155A

周望　□里士伍 ~T37：1103

周望　萬禮吏 ~F3：445B

周彭　禄福□王里 ~T6：137

周勝　當井隧長 ~T32：57+49

周遂　魏郡鄴遇里 ~T5：54

周曾　D：35

周蒼　受延隧卒 ~T37：1221

周壽　淮陽郡新郪革里 ~T24：238

周寬　滅虜隧卒 ~T37：890

周賢　禄得都里大夫 ~T37：920

周稺君　濼涫平旦 ~T23：969

周餘　淮陽新郪當市里 ~T2：74

周勳　西海大尹史 ~F2：4

周護　右前騎士富里 ~F3：28

周護　富里 ~T37：401B

京安世　累山亭卒易陽南市里 ~T29：50

放　T24：194

放　子男 ~T37：1585A

放　令史 ~T23：335

放　守令史 ~T37：67+121

放　守丞 ~F1：91A+93B+82

放　佐 ~F3：299B+492B+334B

放　佐 ~T23：669B

放　佐 ~T37：645+1377

放　弟 T37：160A+642

放　沙頭卒 ~T23：624

放　東部候長 ~T23：855A

放　東部候長 T27：47

放　東園令 T37：1173+1183

放　☑明鄉嗇夫 ~T37：162

放　肩水金關嗇夫 72EJC：245A

放　肩水塞尉 F3：244

放　肩水關嗇夫 T37：835A

放　乘胡隧長 ~T23：561+577

放　兼掾 ~T3：78

放　嗇夫 ~T4H：44A

放　僵漢隧長 T31：160

放　關嗇夫 72EJC：133

券君　☑長楊猛妻 ~T9：304

並　□大夫 ~T37：345

並　F3：167

並　F3：295A

並　F3：470+564+190+243+438

並　T26：104①B

並　T31：168

並　T37：1462A+1471A

並　T37：436+380

並　T37：964A+1124A+1352A

並　T4H：70

並　T7：105B

並　小吏 ~T4：65

並　史 ~F3：328B

並　氏池男子公乘 ~F3：335

並　佐 ~T37：275+248+7+301

並　佐 ~T4：41A

並　肩水守塞尉～C：547

並　亭長～F2：16

並　兼亭長～T37：1026+1515

並　兼亭長～T37：966

並　兼亭長～T37：997

並　兼驛北亭長～T37：856+927

並　掾～F3：114+202+168

並　掾～F3：433+274

並　置吏～F3：92

並　置佐～T37：639+865

並　會水丞～T37：67+121

並　鶉陰丞～T37：698

法昌　丞從史～D：6

法昌　從史鉼庭里～D：205

況　守屬～T1：3

況　安定左騎千人～T37：533A

況　城倉掾～F2：7

況　張掖廣地候～T37：1502A

況　張掖廣地候～T37：800A

況　掾～T23：288+345

況　掾～T23：345+288

況　雒陽守丞～T37：1437

況　廣地候～T37：1503A

況　廣地候～T37：464A

況陽遂　京兆尹長安定陵里公乘～
　　T9：24

洶　C：328

泠□　公乘～T33：41A

泠□　候～T2：32

泠雲　居延佐～T34：8

泠臨　䮫得萬歲里公乘～F3：49

泫氏　田卒上黨郡～T23：34

怯　蒙右尉～T24：112A

宗　D：73A+118

宗　T21：68

宗　T26：95

宗　T9：107

宗　大奴～T37：19

宗　令史～D：41A

宗　令史～D：79B

宗　令史～T9：92A

宗　令史行丞事～T5：72

宗□　戍卒～D：130

宗　守令史～T37：645+1377

宗　守丞～T9：124

宗　守部司馬～行長史□F1：13

宗　佐～T9：92A

宗　東鄉嗇夫～T37：401B

宗　服胡隧長～T23：29

宗　卒～T23：496+1059+506

宗　肩水千人～T37：528

宗　肩水候～T21：109A

宗　肩水候～T7：29

宗　都鄉守嗇夫～T21：60A

宗　都鄉守嗇夫～T26：87

宗　候長～T23：204

宗　書佐～T9：167

宗　掾～C：448B+446B

宗　　掾~T3:65	定　　掾~T22:64A
宗　　掾~T31:154	定　　掾~T24:269A+264A
宗　　掾~T37:1499A	定　　掾~T9:223+154
宗　　掾~T37:338	定世　　T23:403
宗　　雒陽守丞~T10:205A	定世　　T23:849B
宗　　驒北亭長~T28:39	定昌　　T21:56
宗　　驒北亭長~T29:16	定昌　　南部候長~T30:26
宗　　屬~D:40A	定軍　　居延都尉守卒史~T37:392
宗□　　驒北亭長~T23:1041	定國　　□丞~T24:816
宗昌　　□城隧長~T30:78	定國　　T21:413
宗廣　　逆寇隧~T25:130	定國　　T24:84
定　　C:526A	定國　　T9:324
定　　T1:140	定德　　從~T26:214
定　　T37:1232A	宜　　大奴~T35:12
定　　工~T29:92	宜　　大奴~T37:522A
定　　中鄉嗇夫~T37:22	宜　　大奴~T9:42
定　　守令史~72EJC:235A	宜　　大奴~T9:44
定　　守令史~T33:39	宜　　張掖肩水司馬~T37:1098A
定　　佐~T23:136	宜□　　掾卒史~T23:892
定　　佐~T23:772A	宜主　　T21:472B
定　　佐~T37:1187	宜君　　大奴~T9:44
定　　佐~T37:524	宜馬　　T30:28B
定　　佐~T5:72	宜馬　　T7:55
定　　肩水守候城尉~T26:237A	宜馬　　大奴~T30:170+144
定　　肩水守候城尉~T26:237B	宜馬　　會水候大奴~T9:122
定　　居延庫嗇夫~T6:81A	官□　　戍卒苦會里~T37:126
定　　庫嗇夫~T9:111A	官護　　T3:52
定　　尉史~T37:822	郎　令史~T10:214
定　　掾~F1:76	郎王九　　內黃西好駕里~T23:790

戾普　勇士隧卒昭武長壽里大夫~
　　F3:130

房　F3:159A

房　T21:65

房　T31:16B

房　守令史~T37:721+26

房　肩水候~F1:74

房　肩水候~T21:103

房　肩水候~T21:42A+38A

房　肩水候~T21:43A

房　候~T21:38B+42B

房　掾~T23:134A

房　掾~T26:78

房　塞候~T21:222

房君實　昭武安信里~F3:140

房宗　候史~F3:157

房則　龍起里~T37:1491

房陽　右騎士安樂里 F3:416+364

房椑　秋華里~T1:79

房誼　T21:59

房誼　T24:795

房誼　T24:813

房誼　T24:852

房誼　T24:927

房臨　候~T37:719

建　H1:48

建　T37:597+654A+734A

建　T37:654B+734B

建　大司空假屬~T23:878

建　令史~T33:77

建　東部候長 T31:65

建　居延令丞~T37:278+284

建　居延守丞~T37:1094A

建　南鄉佐~T37:156

建　庫令~T4:102

建　獄守丞~T9:29A

建　䁐得丞~T24:384A

建□　子小男~T31:40

建幼　T31:167

建成　T5:29

建昭　妻~T10:37B

建德　T1:29

建德　少史~H1:40

屈始昌　中部亭長~H1:54

屈稈季　T26:269A

承　掾~T37:806+816+1207

承　熒陽守丞~T24:23A

承守　掾~T37:18

承禄　守令史~T37:531

孟　從史~F3:571

孟□　就家䁐得敬老里~C:313A

孟□　䁐得男子~T37:1248

孟子公　T32:32A

孟女已　獄長~T21:59

孟毋傷　弘農郡陝縣楊舒里~T2:
　　35

孟仲　D:284B

孟利　鄉利隧卒~F3:444

孟良　酒泉禄福廣漢里公乘～T37：1004

孟君　T37：86

孟君　弟婦～T3：89

孟君卿　T26：62

孟長安　登山隧卒～T37：1345

孟固　昭武強里～T6：54

孟忠　僦人～F3：536+424

孟建循　禄福廣漢里大夫～T9：149

孟卿　T21：130A

孟卿　長史～T30：56A+83A

孟冣　卻適隧長～T22：131A

孟冣　橐他卻適隧長～T37：81

孟通□　廣野隧長～D：216

孟崇　要害隧卒～F3：88

孟陽　北鄉庶士～F3：325

孟陽　驛北亭卒～T6：20

孟惡　東郡畔昌里～D：191

孟賀　右前騎士白石里～T3：7

孟聚　橐他卻適隧長～T37：1425

孟閒人　驛北亭卒同縣～T30：102

孟漢　淮陽國圉□□里公乘～T4：109

姌　子女～T37：154

始　妻～F2：39

始　第婦～T37：176

始□　T24：97+T30：64+11

始樂　士吏～T31：126

九畫

春　T30：28B

春君　T30：28B

封明　小男～T37：787

封並　駿馬亭長～T37：787

封曼□　雒陽段里公乘～T37：1109

封憲　如意吏～F3：251A

持君　關嗇夫～T6：64A

垣翁君　T21：435

垣賀　河東安邑陵里公乘～T26：34

垣賀　治渠卒～T26：34

垣黨　南陽郡杜衍亭長～F3：48

垣黨　亭長～F3：114+202+168

政　D：16A

政　D：16B

政　T23：524

政　T24：790

政　T25：4

政　西鄉嗇夫～T6：39A

政　佐～T37：59+471

政　京輔都尉～T37：1173+1183

政　肩水士吏～T23：966

政　肩水都尉守卒史～T29：18

政　書佐～T37：706+33

政　☑尉～T32：48

政君　T30：28B

政承　☑水都尉～T35：3

郝　有秩～T23：995B

郝□　臨川里士伍~T7:42

郝子春　T23:789A

郝卿君　T23:885A

郝偃　平樂隧卒~72EJC:63A

郝尊　觻得宜安里不更~T37:1036

某耐　署累胡隊~T30:213

某耐　署累胡隊~T30:215+217

苟長賢　辟非隧長公乘~T25:121A

胡　南鄉嗇夫~T10:120A

胡□　弘農郡狼里~T28:70

胡人　T23:825

胡千秋　T37:1151A

胡凡　南陽郡鄧邑陽里公乘~T31:70

胡子文　T9:296B

胡子長　T25:247

胡少　鄣卒~T1:15

胡刑原　T24:273

胡光　□里男子~C:341

胡年　中丘里~T10:230A

胡良　昭武萬歲里大男~T37:1463

胡長　守屬~T3:31

胡長卿　T21:130A

胡長卿　T22:52

胡卻　甯平馴里上造~T26:9

胡爰卿　T23:896A

胡軒　南陽郡山都他陵里~T4H:90

胡兼　F3:461+476+454

胡敞　佐~T37:82

胡敞　祿福王里公乘~D:1

胡賀　官大奴~D:15

胡稚卿　會水津吏~T21:176

胡駿　高里公乘~T23:174

南　要虜卒~T28:107

柯　D:35

相　T37:1072A

相　士吏~T21:242

相　子小男~T28:9A

相　功曹史~T10:179

相　令史~T37:1210

相　守令史~T37:799A

相　東鄉有秩~T24:23A

相　掾~T6:145

相　御史大夫~T30:90+68

相□　觻得當利里小女~T25:140

柏尚　安都里~T37:870

柏竟　吉陽里~T32:4

柏賢　T10:225

柳子文　T24:263

柳廣偕　T37:1184

柳應　右伍長~T30:158

柳豐　長年里~72EJC:263

柱　T21:175A

柱　刺史~T34:12

柱　莫當卒~T21:29

勃　倉嗇夫~T37:526

咸　丞~T37:1173+1183

咸　丞~T37:97

威　掾~T31：21+155

威　子小女~C：305

威　居延庫丞~T23：857A

威　掾~D：79B

威　置佐~T37：1327

威卿　T23：76A+139A

威卿　T37：1565

威卿　T9：207A

威卿　T9：212A

耐　假佐~T37：140

貞　童弟小女~T37：1590

則　T15：1A

則　T15：1B

則　弟~T4H：32

則　東部候長~T23：348

則　東塢〈部〉候長~T25：156

則　肩水候長~T29：107

則　候長~T27：121

則　案佐~T24：916

則　第男~T37：104

則　嗇夫~T10：247+207

則　稽落驛騎~T22：110

則　橐他尉史~T10：179

則　關佐~T1：295

昭　H1：22A

昭　佐~T37：771

昭　妻大女~T24：501

昭　臨澤隧長~F3：229+542+528

昭武　氏池守長~T37：1518+234

昭信　鄣卒東阿吉里~T29：54

思夫　吳奉子小女~T22：78

鄀賢　止虜隧卒~T1：23

秋　昭武破胡里大女~T37：656

秋任　孫中卿妻~T23：969

重卿　72ECC：14B

段☐　安邑萬年里公乘~T14：40

段子賓　T23：481A

段中宗　T34：1B

段未央　柏人曲周里公乘~T37：829

段延年　T23：772A

段延年　T23：772A

段安世　T24：51

段武　守令史~T37：1132

段拓卿　D：75A

段放　望泉吏~F3：251A

段益讎　故駮卒~C：441

段曹　T10：216

段帶　南陽郡宛縣柏陽里~T10：267A

段常利　T27：69

段從☐　望城隧卒~T27：67

段敞　氏池廣漢里~T31：146

段順　T37：455

段壽　蜀郡成都縣直陽里~T37：969

段漢　D：49A

段德　卒~T37：1344

段巍　扶溝上里~T25：127

段護　南陽宛邑令史~T37：1222

段護　南陽宛邑令史~T37:709

便　□卒~T31:152

便　大奴~T24:132

便　大奴~T24:97+T30:64+11

俠　□守~T33:67A

俠卿　T30:56A+83A

俠憙　轢得守令史~T34:12

信　令史~T37:420+11

信　令史~T9:232A

信　守令史~T3:114

信　肩水關佐~T29:29

信　肩水關佐~T29:30

信□　□長~H2:107B

皇☑　T5:69

皇少卿　T9:239

皇幼卿　T26:21B+T30:27B

皇秋　轢得富里~C:428

皇卿　T24:70B

皇路人　梁國虞北函里士五~T21:37

禹　T25:151

禹　□書~C:512A

禹　72EJC:140

禹　T25:151

禹　T25:71

禹　T30:28B

禹　守卒史~T1:2

禹　守屬~T31:149

禹　佐~D:44

禹　佐~D:96

禹　都鄉嗇夫~T33:40A

禹　莫當卒~C:618

禹　莫當卒~T4H:27

禹　莫當隧長~72EJC:3

禹　候長~T24:397

禹　酒泉北部千人~T37:525

禹　書佐~D:40A

禹　掾~T24:266A

禹　掾~T30:205

禹　溫守丞~T21:104

禹　禁隧長~T34:17

禹　嗇夫~T23:694B

禹　置佐~T28:115

禹　賤子~T26:138

禹　駟北亭~T22:79A

侯　子小女~T3:89

侯　子小女~T37:175

侯☑　從者不里~T24:110

侯　掾~F1:20A

侯　掾~F1:22

侯　掾~T37:1232B+1570B

侯子山　門長~T10:124A

侯奴　T25:15B

侯良　F3:525B

侯武　T25:167

侯長□　T29:109

侯並　壽貴里男子~T37:1027+186

侯定　T3:56

侯畢成　平利里~T37:745

侯郵　T9:257

侯息　□里~T10:252

侯卿　□丞卒史~T22:92

侯從　☑陽里~T24:920

侯萬　卒~D:38

侯順　熒陽應里~D:52

侯尊　□□□□里公乘~T23:297

侯遂　鉅鹿郡廣阿秋華里~T24:836

侯詡　奉明善居里男子~T23:746

侯歆　T6:97

侯歆　敬老里公乘~T37:69

侯嘉　從者~T33:30

侯壽　臨菑西通里大夫~T9:28

侯賜　邯鄲臺郵里公乘~T7:38+10

侯盧　T37:1312A

侯豐　肩水司馬令史~T37:1147

爰充　轢得敬老里~72EJC:240

爰利親　T9:102A

爰忘得　轢得萬歲里~T10:102

爰長卿　T21:130A

爰卿　□胡隧長~T24:307

爰聖　濟陰郡冤句亭里官大夫~T24: 41

爰魯　塞虜隧卒~T23:497

爰橫　濟陰郡定陶商里~T30:113

負　土吏陳廣平子小女~T23:562

計　肩水守城尉~T37:143+729A

亭　T9:233

音　T23:408

音　T37:841

音　大陽長~D:45

音　守令史~T11:25B

音　守令史~T21:109B

音　丞~3EJT24:36

音　丞~F3:115

音　丞~F3:482+193+508

音　丞~T23:915

音　丞~T24:149

音　佐~T37:247+808

音　弟小男~T37:1528+280+1457

音　完軍隧長~T24:46

音　卒~T23:642+35

音　南佐~T37:23A

音　南關佐~T37:1342

音　執適隧長~T23:289

音　尉史~T21:102B

音　掾~T37:780

音　掾~T37:89

音　掾~T37:909+906

音渠　T31:20A+34A

美　掾~T23:22

前　☑佐~T23:262

前　佐~T28:20

前□　佐~T21:220

宣　F3:179A

宣　T37:1052A+268A

宣　T37:1052B+268B

宣　北部候長~T31:63

宣　北部候長~T37:152

宣　北部候長~T37:732

宣　☑他候~D:366

宣　令史~D:244

宣　西部候長~T30:48

宣　守令史~72EJC:155B

宣　守令史~72EJC:2B

宣　守令史~T37:1560A

宣　守令史~T37:835B

宣　丞~72EJC:39

宣　丞~D:45

宣　佐~C:445A

宣　佐~D:307B

宣　佐~T31:154

宣　佐~T37:22

宣　佐~T37:28A+653+1133A

宣　弟~D:284A

宣　居延令~D:19A

宣　執適隧長~T28:48

宣　掾~F3:482+193+508

宣　掾~T37:1437

宣　塞尉~T30:215+217

宣　橐他守塞尉~T37:1396A

宣　驛北亭長~T29:122

宣☑　亭長~H2:4

宣☑　觻得☑☑里~T21:117

宣充國　☑長~T22:74

宣君　王卿妻~T1:12

宣萬年　假佐~F1:72

宣橫　淮陽郡苦集里~T26:217

宦順　河内郡波縣對里~T21:229

宮　都鄉嗇夫~F1:25

客　T24:55

客子　子小男~T23:670

冠符　子女~T24:124

祖　D:73A+118

祝幸之　安樂里~T25:15A

祝知　72EJC:177

祝都贏　氐池安漢里不更~T9:41

祝隆　左前騎士累山里~F3:280

祝識　通望卒~D:154A

屋☑　廣野隧長~T24:557

眉　小婢~T37:826

韋君藉　T31:191

胥　弟~T23:341+813

胥　廣陵王~T1:1

除　T30:221

姚☑　家屬~T37:379

姚光　☑☑里大夫~T25:145

姚枚　觻得定安里~F2:38

姚放　候史~T23:918B

姚況　平樂隧長~T37:560

姚翁忠　居義陽里~T4:191A

姚宫　觻得萬年里~T37:1324

姚博　T7:184

姚解憂　☑里公乘~T9:197

姚賞　陽夏中善里~T33:85

姚賜　喜山卒~T21：17

級　子小男~T37：177+687

紀　廣地守候~F3：123A+561A

紀子杜　T10：277+174

紀子移　T10：116

紀市　從者平里~T37：519A

紀充　大夫~T29：20+76

紀岑　河南陽武樂成里~F3：178A

紀君　都尉~C：540

紀忠　F3：630B

紀尊　亭長~C：337

紀歸　東郡緒者大夫~T37：1001

宮　T21：374A

宮　令史~T2：9A

宮　守丞~T37：1045

宮　守丞~T37：1491

宮　守丞~T37：1560A+246B+61A

宮　守丞~T37：303

宮　守丞~T37：450

宮　守丞~T37：978

宮　兼掾~T31：62

宮　掾~T21：60A+T24：304

宮　掾~T37：1023

宮　掾~T37：1066

宮　掾~T37：1094A

宮尚　公乘~H2：51

宮乳　小婢~T24：132

十畫

秦子都　T10：314

秦少平　戍卒~T25：13

秦世　河東解亭長~T25：90

秦光　隧長□□……~T24：70A

秦始　淮陽郡苦安見里公乘~T30：184

秦俠君　觻得隱它里~T24：28

秦卿　D：284A

秦勝　□丘里~C：516

秦賢　居延令~T37：279A

秦賢　居延令~T37：279B

秦憙　禽寇隧長~H1：7

秦護　奉明廣里　T37：1085

秦霸　定陵德里公乘~T6：93

恚次君　T31：167

馬　□國邯鄲困里公士~T8：10

馬□宮　觻得萬年里公乘~T37：1082

馬戎　顯美令史~T30：29A

馬延壽　觻得騎士~T28：50

馬安漢　趙國柏人希里~T28：63A

馬安漢　趙國柏人希里~T28：63B

馬良　F3：330

馬奉親　觻得成漢里公乘~T4：183

馬長卿　倉松丞~D：201

馬並　T21：60A+T24：304A

馬建德　T3：43

馬禹　府庫徒觻得安國里~T3：17

馬侯　卒~T23：261

馬晏　樂里男子~T37：1189

馬卿　□尉~D：258B

馬卿　關掾~T37:1299B

馬害　河南雒陽直里公乘~T24:
　　405

馬章　富里~T7:103

馬陽　屬國左騎千人令史~T30:30B

馬勝之　服之隧卒~T37:898

馬富昌　□里~72EJC:129

馬遠　禄福玉章里公乘~T8:61

馬閒　氏池安漢里男子~T11:11

馬適　騂北亭長~D:288

馬適□　□□□農丞~T1:84

馬適中　斥竟隧長~T23:365A

馬適常　酒泉濼官力田里公士~D:
　　7

馬適敞　斥竟隧長~T23:365B

馬樂　T10:404

馬臨　☑隧長~T7:190

馬護　左前騎士誠勢里~F3:96

捐　H2:22+102

捐　隧長妻~T24:244

捐之　72EJC:171

捐之　T29:105B

捐之　子小男~C:570

捐之　子小男~T37:757

捐之　母~T1:1

捐之　候史~T28:14B

袁外人　T24:940

袁昌　千人令史~T23:1026+1047

袁豿　梁國睢陽華里士五~T5:14

袁猜　淮陽郡陳陵里士五~T24:
　　760

袁應七　杜衍陽里~72EDIC:1

都　T24:206

都士　T24:233

都君　C:677

都君　H2:7+85

耿　F1:88

耿　T7:14

耿□　襄國下廣里公乘~T37:562

耿永　□□里男子~T23:335

耿次翁　T29:109

耿充　騂喜卒~T1:171

耿安世　繁陽昌平里大夫~C:424

耿迎　趙國柏人廣樂里公乘~T37:
　　99

耿尚　望泉吏~F3:251A

耿昌　右大尉書吏~F3:245+497

耿泄　臨陳卒~T1:256

耿經　妻昭武久長里~F3:245+497

耿勃　水北隧卒~T37:630

耿卿　橐他令史~D:5

耿樂　觻得長貴里~72EJC:154

耿誼　公乘~F3:321

華　C:314

華長　罪囚~T24:22

華定　戍卒蓸板里大夫~T37:849

華信　臨渠令史~T37:1397A

華捐　魏郡膚平陽里公士~T10:

108

華莫如　日勒萬歲里～T37：1003

華章　執適隧長～T21：96

華置　子女～T37：538

華漢　□南隧卒 T22：119

華漢　T24：135A+128A+T30：167A

華賞　右前騎士中宿里～F3：7+360

華橫　淮陽郡苦魯里不更～T30：14

華豐　辟之隧長～F3：87

恭　C：296

恭　D：107A

恭　D：107B

恭　T37：1481

恭　子小男～T28：9A

恭　子男～T37：1135

恭　令史～T37：1537B

恭　守令史～F1：106+111

恭　守獄史～D：45

恭　佐～T37：1560A+246B+61A

恭　都鄉嗇夫～T37：38

恭　假佐～T37：806+816+1207

恭　尉史～T33：76

恭　掾～F3：337+513+288+541

恭　禁姦卒～72EJC：158A

恭　廣明鄉嗇夫～T37：657

恭少伯　F3：535

恭宣　～朝問君孟 D：107A

恭畢　淮陽郡苦宣房里～T26：276

莫　令史～T24：685

莫于禹　吉陽里不更～T37：983

莫欲　小婢～T29：64

莫當　宛獄丞～T37：733

真　守佐～T10：315A

真　東鄉佐～T10：312A

真　尉史～T10：311+260

莊　杜衍守丞～F3：114+202+168

莊之　屋蘭安處里公乘～T10：292

莊子都　安武宜民里～72EJC：5

莊未央　氏池步光里公乘～T30：189

莊甲　C：320

莊永　茂陵常賀里公乘～T37：1511

莊成　右前騎士長樂里～F3：366

莊延年　平樂隧長～T21：40

莊充　受降隧卒～D：287

莊宏　禽寇隧卒～F3：323

莊武　禽寇隧卒～F3：83

莊武　觻得富安里公乘～T37：889

莊長公　T24：381

莊況　□夫～T37：1286

莊宗　T23：572

莊威　大成長～D：293

莊耐　壺關東陽里不更～T23：922

莊倡　第～T8：85

莊循　觻得廣穿里公乘～F3：95

莊尊　候史～T25：45

莊道　辟非隧長～F2：49+9

莊遂　T23：614+687

莊淵　安樂里～F3：374

莊登　西陽里不更~T30:263

莊虜　☑里~T24:912

莊歆　要害隧卒~F3:317

莊壽　從者~T26:136

莊壽　會稽郡鄞許商里~T10:299

莊廣　□陽被里公乘大夫~T22:127

莊齊　會水候史~H2:45

莊歐　登山卒~T1:92

莊賢　……延年里大夫~T21:53

莊賜之　T6:120

莊賜之　句陽高成里~T37:845

莊憙　驛北亭戍卒~T37:631+113

莊襃　觻得萬歲里~T37:1104

莊彊　茂陵嘉平里~72EJC:14

桂　卒史興妻大女~C:529A

桓志　蘇涀中里大夫~T37:1497

桓壽　觻得敬兄里公乘~T10:326

桓賢　尉史~T37:397

桓調　累下隧卒~T7:24

桓憲　橐他斬首隧長~T37:538

桓豐　受降隧長~T6:55

桐汙虜　蘇東昌里大夫~T37:750

桃□　觻得定安里~T24:167

桃禹　T25:7A

桃勳　令史 D:62

格卿　張掖督盜賊~D:293

格卿　橐他候長~D:360

索☑　隧卒~T24:934

索充　樂哉隧卒~T24:549

索虜☑　天水卒史~T10:166

索輔　F1:10

夏千秋　富貴里公乘~T37:1589

夏子侯　D:49A

夏少孫　萬歲卒~T10:291

夏奉世　☑士~T1:150

夏非人　當井隧戍卒~T1:36

夏則　壙野隧卒~T21:261

夏侯初卿　T10:66

夏侯君公　陳未里~T30:119

夏侯長　戍卒~T37:1106

夏侯忠　T37:1260

夏侯莽　T24:63

夏侯陽　河上候史~T24:155

夏侯慶　夷胡隧長~T23:776

夏寄　淮陽國陳桐陵里~T27:48

夏尊　淮陽郡陽夏平里~T30:102

夏解之　☑里~T1:72

夏輔宗　長安宜產里~C:421

夏寬　昭武萬昌里~H1:8

夏樂　扶溝始安里~T29:40

夏樂　郡東平陸禾成里~T24:974

夏憲　居延都尉門下史~T37:1375A

夏歸來　不更~T30:12

破胡　茂陵第八部候~T21:114

破胡　居延司馬從所大奴~T23:242

原防□　T24:847

晉廣　☑更~T24:972

晉横　冤句義陽里大夫~T37:267

虔弘　T24:808

虔富　戍卒觻得廣昌里~T23:661

時毋政　繁陽平定里大夫~C:575

時利　河內郡軹安昌里~T24:337

時長兄　T21:376

時將　東阿臨利里公乘~T31:26

時椑　T22:11B

時須　萬福~T31:117

畢　F3:316

畢　F3:386

畢　T24:12

畢　守丞~T27:52

畢　肩水城尉~F2:45A

畢　肩水城尉~F3:116A+208A

畢　後起三里隧長~T22:5

畢　從史~T24:269A+264A

畢成　D:162

畢安世　觻得成漢里~D:208+147

畢幸子　高樂里~T6:60

畢彊　都里公乘~T33:87

財　大婢~T24:566A+T24:275A

財　大婢~T37:1263+1300

財　昭武長~T23:335

財　倉卒~72ECC:1A+2A

財　置佐~T1:2

晃　72ECC:1A+2A

晏　T23:580A+607A

晏　T23:68B

晏　掾~F1:91A+93B+82

晏　掾~T35:7

晏　掾~T37:1186B

晏充　滎陽郎陰里~C:351

晏買奴　居延利上里~T25:63

員同　F3:299B+492B+334B

員宗　☐候~T26:77

員宗　候長~T37:1078

員音　T2:8A

員蓋之　守屬~T37:1097A

員嚴　T23:388

恩　T23:73B

恩　大婢~T30:94B

恩　字~T23:58

恩　都鄉佐~T25:15A

恩　掾~T37:878A+692

☐圂　~兼行事 T27:50

罜　☐候長~T4:116

郵君　T30:28B

郵則　C:503

造昌　丞從史~T10:15

乘　宛獄守丞~T10:115A

乘忘　T30:210A

租　莫當隧卒~T23:258

租　橐他莫當隧卒~T29:8

倩　T24:243

倩　大婢~T33:90

倩　子小女~T37:1105+1315

倀從　襄國下廣里~T1:118

脩　雒陽守丞~T35:13

倡□　賤子~T26:17A

倍　大婢~T37:990

射嬰　南陽郡冠軍邑長里~T10:298

息　T21:73A

息　T21:73B

息　令史~T30:163

息　肩水驛北亭~T24:65A

息　亭長~T23:797B

師逢　河南勃〈穀〉成長陽里大夫~
T25:5

師樂　長陽里~T37:1075A

徐☑　左騎士昌里~F3:34

徐☑　萬歲里~T25:181

徐□　T21:461

徐□　T28:34B

徐□　史~T24:930

徐□　居延□□里大夫~T37:833A

徐……　左後守候長~T23:306

徐女止　樂就里女子~T37:1028

徐少孺　肩水廄吏~T9:13

徐中公　廄佐~T7:84

徐公君　氏池富昌里~T23:977

徐氏　T7:178

徐以　T24:568

徐毋方　公乘~T33:40A

徐占　居延城倉令史~T37:1389

徐外人　居延給事佐~T24:741

徐奴　安國里~H2:54A

徐奴　觻得壽貴里公乘~T37:431

徐光　T37:817

徐光　佐~C:638

徐光　都阿亭長~T37:1070

徐年　成卒……里~T26:10

徐充光　安竟隧卒~T23:500+511

徐岑　T24:20A

徐君□　T23:296B

徐君公　T23:782A

徐君公　T23:782B

徐君公　南部候長~T23:896B

徐君都　T24:367A+509B

徐君卿　T10:314

徐嫗　T5:8B

徐甬　客子~T5:9

徐武　T24:217

徐林　T23:323A

徐易　T9:348

徐放　觻得壽貴里公乘~F3:128

徐並　居延市陽里簪裏~D:60

徐宣　卒~T37:29

徐宣　游徼~T37:161A

徐捐之　河南安樂里~T9:137

徐都君　居延屏庭里~T37:1058

徐真　T23:610A

徐翁仲　T21:82

徐卿　C:675

徐卿　T23:395

徐卿　T24:10A

徐卿　T9:212A+207A

徐卿　護府卒史～T10:147

徐卿　護府卒史～T10:81

徐脊　氐池廣漢里公大夫～T10:401

徐通　都尉卒史居延平里～T37:522A

徐赦之　☐史～T27:65

徐偃　居延御史～T25:19

徐偃　居延獄史～H1:51

徐望　居延守令史～D:53

徐強　要虜卒～T21:316

徐強　☐漢里～T26:33

徐習　昭武騎士富里～T23:735

徐博　刪丹庫嗇夫～T30:30A

徐萬人　樂哉隧卒～T37:240

徐游君　肩水卒史～T30:28B

徐游都　D:200+175

徐惲　T23:323A

徐富☐　利上里～T24:987

徐嘉　居延尉史～F3:158

徐壽光　廣地受延隧長～T23:977

徐熊　屋蘭倉佐福至里公大夫～

　T30:168

徐稺卿　T21:301

徐樂　千奉里～T5:10

徐樂　南辯朝歌里～T5:11

徐興　都尉丞從史～T26:87

徐襃　F3:299B+492B+334B

徐襃　候長～T23:817

徐襃　禄福大穰里公乘～T15:4

徐襃　鞮汗里～T37:837

徐臨　居延助府佐～T37:315+1507

徐孺　居延中宿里公乘～T37:1057A

徐嚴　右前騎士中宿里～F3:414

徐嚴　居延始至里男子～T37:1588

徐嚴　姑臧尉～T6:52

徐譚　佐～T23:7A

徐譚　居延倉令史 T37:1491

徐譚　城倉令史～T30:30A

徐護　平明里～T37:914

徐霸　T21:397

徐霸　譙東里～T21:358

徐讓　居延廚佐～T7:8

徐贛　肩水卒史～T10:208

殷　史～D:64

殷　☐史～T14:33B

殷　佐～T33:39

殷　卒史～T3:78

殷　掾～T37:527

殷　雒陽守丞～T33:41A

殷☐　北鄉右扶延～T23:420

殷氏　H2:91+65

殷延　第六隧長～T23:375

殷延壽　第六隧長～T23:176

殷昌　T4:74

殷昌　獄史～T24:113B

殷禹　張掖肩水候官塞有秩候長～

　T21:62+78

殷華　F1:27A

殷臨　居延尉史～F3:134+498+555

奚禹　　T23:157A

奚閭　　原武饒安里~T8:89

倉　　尉史~T21:110

翁□　　盧水男子~T30:6

翁兄　　字~T37:1136

翁君　　字~T32:18

翁叔　　T21:478

翁叔　　T9:13

翁卿　　T6:67A

翁卿　　卒~T31:3B

逢丘翁君　　T10:314

逢尊　　後起隧長~T6:41A

逢廉　　後起隧長逢尊妻~T6:41A

留安國　　䡓得騎士~T21:21

記　　刀廣大奴~T4:83

記　　居延□□里~T23:1026+1047

記豐　　界亭長~T24:642

高　　令史~T37:784A

高　　字~T24:248

高　　掾~F3:328B

高□　　同縣□里不更~C:626

高千秋　　新平景里上造~T26:9

高子卿　　T33:12A

高子富　　T4:207

高少君　　H2:43B

高甲　　萬福隧卒~F3:285

高安平　　穀遠爵氏里公乘~T37:1492

高安國　　T37:1321

高君至　　中宿里~T7:111

高武　　T22:36A

高長孟　　C:508

高長卿　　T21:174

高拓　　T37:661

高宗　　☑□□卒~T23:938

高殷　　敦煌玉門富昌里~T27:61

高卿　　T23:805

高偃　　睢陽長年里公士~T24:861

高勢　　T9:139

高嘉　　置佐~T23:427

高齊　　䡓得騎士富貴里~T23:384

高縮　　累南卒~T24:783

高賞　　居延資陽里~T27:4

高憙　　守令史~T23:599

高憙　　丞~T37:275+248+7+301

高襄　　居延始至里女子~T9:125

高轉　　先登卒~T21:483

郭　　T37:878B

郭□　　候史~T7:206

郭子高　　T10:314

郭王孫　　當陽卒~T1:82

郭少季　　T26:173

郭長卿　　T9:103A

郭氏　　（䡓得長秋里）姓~T30:182

郭毋蒼　　公乘~T25:231

郭去疾　　魏郡内黄中□里大夫~T6:100

郭世　　柏人高望里公乘~T37:1206

郭弘　　昌武里公乘~T37:878A+692

郭奴　☑長～T21:191

郭奴　美草隧卒～T10:19

郭成　丞～T10:343A

郭全　T23:938

郭安　城南里～72EJC:161

郭克　公乘～T23:1023+1016

郭孚　C:557

郭良　T30:29B

郭良　T37:1312A

郭良　居延都尉守屬～T23:17A

郭奉親　T24:154

郭奉親　居延守右尉～T8:39

郭長　司馬～F3:94

郭宗　☑成昌武里公乘～T10:191

郭建　治渠卒～F3:251A

郭便　柏安樂里公乘～T37:900

郭禹　勝之隧卒～T37:62

郭財　河東定陽馬邑里～T21:441

郭健　毋適隧卒～T37:965

郭息　廣谷隧卒～T31:94

郭徒　水門隧卒～T23:503+925

郭赦　滎陽宜都里～T23:108

郭帶　臨之隧卒～T21:384

郭處　☑里～T1:299

郭野　～兼行丞事　T23:129

郭得時　戍卒～T33:83

郭陽　守令史～T37:645+1377

郭隆　右前騎士全稽里～F3:361

郭婢　居延城勢里～T24:296

郭朝　橐他卒～T23:877A

郭敞　雒陽東鄉東樂里～D:173

郭循　居延安故里～T37:1026

郭禄　河南滎陽吉陽里士伍～T37:991

郭賀　左前騎士孤山里～F3:281

郭賀　左前騎士孤山里～F3:367

郭登　T7:71B

郭歆　西會水富昌里公乘～T37:1160

郭廣利　戍卒～T1:28

郭賢　公乘～T9:31

郭賢　淮陽固始昭陽里～T10:41

郭賞　昌德里～T32:16A

郭誼　獄囚～T24:154

郭釋之　T29:113

郭護　第六隧長～T31:129+82

郭護　觻得滅胡里～C:609

席便　就人居延市陽里～F3:107

庫　掾～T30:211B

疾去　莫當卒～T28:60

唐☑　T23:6

唐子文　T21:130A

唐毋卑　T24:76

唐忠　候史～T23:481B

唐卿　卒史～T10:409

唐偃　居延當遂里～T37:1108

唐越　表是宜衆里～T31:125

唐惲　茂縣敬老里～F3:370

唐遣　T37:71

唐解　□里上造~T7:87+54

唐豐　居延令從史~T3:108

唐贏　H2:43B

竝　掾~T23:897A

益　守候長~T21:131B

益　沙頭卒~T24:634A+627A

益☑　要虜隧長~T21:173

益□　子小男~T8:32+71

益之　H2:44

益多　子小男~T37:1086

益息　大婢~T37:1313+1405

益衆　隧長~T24:718

兼　小男~T37:37

兼　令史~T37:1188

兼　當利隧卒~T23:991

郊卿　D:342

浩賢　宜陽新中里~72EJC:10

悕他　魯國壯里士伍~T37:988

害奴　T30:26

家慶　河東安邑下華里~T7:3

宵　可置妻~T31:164

朗　守馬丞~F3:179A

冣　T7:81

被長壽　西宮里官大夫~T37:1002

陸永　橐他曲河亭長昭武宜春里~
　T37:178

陸永　橐他曲河亭長昭武宜春里~
　T37:761

陳☑　□□昌里不更~T24:879

陳☑　西泏里大夫~T25:164

陳　丞相史~H1:4

陳□　T10:429A

陳□　肩水平樂隧卒~T1:55

陳□　鱳得□□里公乘~T37:966

陳……　宜慶里大夫~T25:137

陳山　淮陽國陳大宰里~T27:48

陳山都　D:39B

陳子惠　T21:375A

陳不識　要虜隧卒~T23:605

陳犬　陽翟宜昌里~T37:526

陳巨　男子~F3:337+513+288+541

陳長生　候長~T6:19

陳文　T23:626A

陳文　刪丹廣漢里~C:437

陳毋房　居延西道里~T37:1101

陳毋害　北綏里不更~T24:837

陳未央　從者始至里~T37:1499A

陳功　T37:1312A

陳可　北部都尉史~T30:30A

陳可置　己氏官里~T1:75

陳外　田卒~T21:121

陳外　武成里~T21:105

陳外人　完軍隧成卒~T7:195

陳外人　訾陽里不更~T24:750

陳市　剽□隧卒~T1:264

陳成　T24:47

陳同　臨利里大夫~T10:120A

陳延年　菑直里大夫~T37:699

陳自爲	觻得安成里~T37:756	陳卿	☑延史~T1:238
陳充	T9:259A	陳卿	東部候長~T23:771
陳充	甾亭陵上造~T9:39	陳卿	稽落食~D:120B
陳安世	☑里~T37:1263+1300	陳害	辟之卒~T1:254
陳伯君	72ECC:1A+2A	陳通	安定郡施刑士~T8:35
陳伯陽	T23:878	陳副	公乘~T3:49
陳忘	D:139	陳常	T21:45
陳君至	就人~T3:117	陳常	陳作汜里土五~T24:966
陳君長	D:391	陳崇	甲卒平明里~F3:346
陳奉親	陽夏□□里~T37:504	陳過衆	魏里~T9:99
陳青臂	T23:320	陳偉	滎陽~F3:331
陳長倩	安利里~T27:110	陳得	公大夫~T37:1251+1328
陳東☑	淮陽長平粟里~T24:753	陳得	廣都里~T10:134
陳叔	T26:42+25	陳章	72ECC:12B
陳忠	淮陽僞陵里~72EJC:33	陳博	故南部候長~T31:158
陳宗☑	守屬~T37:447+1176	陳傅	鄣卒~T1:105
陳建	橐他收降隧長~T37:756	陳馮	東部守候長~T23:906A
陳相☑	執適隧卒~C:507	陳道	館里~T37:1536B
陳威	驒北卒~F3:345A	陳遂	卒~T21:66
陳秋	T31:95	陳湯	美草卒~T37:586
陳禹	戍卒~T31:149	陳游君	T9:239
陳後	臨澤隧卒~T37:117	陳惲	T4H:5A
陳音	居延鞮汗里~T37:547+593	陳惲	子小男~T37:756
陳宣	表是常樂里公乘~T37:1399A	陳惲	守造~F3:569
陳客	脩禮里男子公乘~T37:693	陳惲	卷始利里公乘~T37:899
陳恭	都尉屬~T30:29A	陳惲	都田守嗇夫~T24:9A
陳恩	妻大女~T37:855	陳賀	宛當利里公乘~T10:121A
陳卿	T25:12B	陳聖	子大男上造~T6:85
陳卿	T30:128B+130B	陳聖	始安隧卒~T11:16

陳聖　葆觻得富里~T26:133
陳當時　長平故陳里~T24:956
陳愚　T23:788A
陳愚　T37:1442B
陳路　囚大男~T3:102
陳農　新成里公乘~C:485
陳歆　長安大昌里~F1:45A+54A
陳福　戍卒~T7:7
陳輔　T10:159
陳輔　延年里大夫~T37:1325
陳廣　淮陽郡新郪多積里~T2:2
陳廣平　廣地士吏~T23:562
陳廣漢　茂陵萬延里~T37:669
陳寬　公乘~T6:93
陳賞　C:593
陳罷軍　□……甯里~T10:365
陳德　梁國戍卒~T37:1005
陳誼　累山里~3EJT23:650
陳據　弛刑~72ECC:70
陳憙　密邑東平里~T37:1415
陳横　淮陽新郪親□里~T2:73
陳褒　橐他候史~T37:855
陳駿　平樂隧長~T28:7
陳臨　居延守獄史~T37:885+636
陳嚴　居延都尉書佐~T37:837
陳嚴　屬國都尉屬~T30:30A
陳護　大夫~T37:679
陳贛　不更~T1:312
陳贛　右扶風平陵廣甯里~C:338
孫☐　都吏 T23:943
孫　窮寇卒~T23:119+116
孫□　□里~T26:49
孫□　H2:57
孫□　T23:69B
孫□　不更~T37:394+685
孫□　河内野王長里~T8:58
孫□　莫當~T37:68
孫□　隧長~T24:29
孫□已　昭武宜衆里公乘~T7:151
孫千秋　亭長~T4:111+18
孫千秋　離狐邑富聚里不更~T21:323
孫子　T21:112
孫子　子小女~T37:758
孫子功　T34:31A+35A
孫子孟　T21:130B
孫子都　C:450B
孫子都　T10:314
孫子卿　H1:10A
孫子卿　T23:481B
孫女　博望隧長孫道得子女~T10:201
孫夫人　D:141
孫市　T5:8B
孫中卿　東部候史不審里~T23:969
孫仁　平明里男子~T37:160A+642
孫仁　令史~T37:5
孫仁　延水令史~T37:1117+1107

孫仁　昭武騎士富里～H2：21	孫長　從～T37：295
孫世　新汲令史～T1：7	孫長史　H2：48B
孫可　F3：505	孫長生　氐池斗食令史～T30：89
孫可　T7：46	孫長卿　T10：314
孫可桌　T29：43＋33	孫長卿　從史～T24：247A＋268B
孫平　肩水倉佐～T27：82	孫長賢　安世隧長～T23：826
孫立　循客張掖和平里～T37：675	孫長實　T4：110A
孫召令　居延臨仁里小女～H2：10	孫幸之　廣地里～T32：45A＋22
孫戎　昭縣宜眾里公士～T24：331	孫林　□高孔里～T31：123
孫吉　候長～F3：427	孫枚　T30：56A＋83A
孫延壽　T23：774	孫東門　安樂隧長～T23：481B
孫任　T37：1565	孫尚　城倉守丞～T24：149
孫多牛　成漢男子～T6：39A	孫昌　隧長～T37：1387
孫充　T23：900A	孫明　保河內曲陽里～T23：867
孫初□□　望城□□～T28：45	孫忠　梁國下邑水陽里～T24：28
孫赤　止虜隧卒～T21：12	孫忠　嗇夫～T30：30B
孫宏　屋蘭候官令史～T30：30B	孫庚門　宜眾里～T24：941＋C：492
孫宏　勇士隧長□□～T37：850＋35	孫並　完城旦徒～T37：1088
孫宏　置佐～F3：511＋306＋291	孫定　鄣卒～T29：84
孫君　T23：957	孫房　中營右騎士龍起里～F3：361
孫君仲　T6：66B	孫政　中營右騎士安國里～F3：281
孫君房　登山隧長～T7：25	孫政　令史～T4H：10＋61
孫奉　居延復作大男～T37：1391	孫昭　䰍得利成里～T31：25
孫奉憙　候史～T3：59	孫禹　溫東謝里公乘～H2：50
孫青　櫜他博望隧長解憂弟～T7：5	孫侯　鄣卒～F3：375
孫青弓　䰍得騎士功歲里～T27：5	孫宣　公乘～T24：374
孫長　中營左騎士廣郡里～F3：7	孫級　T23：302B
孫長　右前騎士雜里～F3：359	孫都　T26：84A
孫長　秋□卒～T23：1064B	孫都　父老～T37：527

孫捐之　鰈得富里公乘~T37:1446

孫畢　卒史~T24:269B+264B

孫畢　卒史~T25:88

孫翁蓋　D:201

孫卿　T23:1061A

孫卿　T23:344

孫卿　T31:19B

孫卿　東部候長~T21:22

孫卿　候長~T23:169

孫卿　尉史~T23:808B

孫高　T23:83

孫唐得　張過里不更~T30:13

孫赦　左前騎士安國里~F3:362

孫推　☑里~T24:924

孫婁　居延亭長~T37:1337

孫偃　從者安故里~T37:746

孫偃　從者鰈得□□里~T21:117

孫得　T24:880

孫得　大男~T29:70

孫猛　橐他珍虜隧長~T23:667

孫猛　橐他駁馬亭長~T31:40

孫康　敦德常安里男子~F3:119A

孫章　中營左騎士千秋里~F3:97

孫章　河南新鄭富里公乘~T37:452

孫章　橐他駁南亭長~T37:1007

孫望之　東郡東阿牛里~T24:953

孫陽　鰈得千乘里~T23:341+813

孫婦　T37:179A

孫習　守令史~F3:258

孫紺　T32:32A

孫紺　T32:32B

孫博　廣地美草隧長~T26:137

孫彭　橐他先登卒~T25:105

孫萬　T24:10B

孫萬　居延都尉屬~T30:29B

孫萬　掾~T37:1450+1402

孫順　河東汾陰承反里公乘~T3:50

孫翕　左前候長~F3:458

孫就　居延延水丞~T37:1159

孫道得　廣地博望隧長~T29:43

孫聖　屋蘭大昌里~T14:3

孫聖　睢陽東弓里~T24:706

孫聖夫　T23:382

孫蓋　河東皮氏甯里公乘~T14:5

孫當　T21:176

孫稚文　T23:365B

孫義　卒~T26:41

孫義　南絲西始里~T21:99

孫福　北良里不更~T24:724

孫輔　直隧卒~72EJC:280

孫滿　東部候長~T7:90

孫賢　富安里~72EDAC:4

孫賞　T23:359A+807A

孫賞　右前騎士中宿里~F3:25

孫賞　肩水都尉~T37:1508

孫賞□　故登山隧長~T31:127

孫遺　東平陸東平里~T24:258

孫樂成　巍利陽里不更~T21:95

孫德　河南熒陽成陰里公乘～T10：427
孫誼　居延都尉丞主簿～T37：226
孫慶　臨利隧長～T23：287A
孫横　居延關都里不更～T26：56
孫憲　D：150
孫憲　昭武男子～T37：530
孫嚴　T6：51
孫黨　守令史～T23：886
孫黨　廣土隧長～F3：138
孫黨　廣地候長～F1：56
孫護　居延尉史～F3：534+521
陰孝　銅鞮中人里大夫～H1：39
陰福　（犂陽）臨里大夫～72EJC：27
陰讓　熒陽西都里公乘～T37：78
陶去疾　觻得成漢里上造～C：588
陶史　T5：61
陶延　大河郡瑕丘直陽里～T24：766
陶隻　T24：563A
姫□　有秩～T10：212
恕　H1：46
通　佐～D：66
通　佐～T22：126
通　佐～T23：192
通　佐～T4：21
通　卒史～T34：34B
通　肩水塞尉～T10：350
通　居延城倉長～D：41A
通　〼尉～T9：283
通　掾～～T37：733
通　掾～T24：101+116
通　掾～T6：80
通　塞尉～T14：33A
通　關～T24：251
通　關佐～T30：41
通　關佐～T37：134
通□　肩水塞尉～T10：378
通内　佐～T22：116+126
通内　佐～T3：98
通光　萬福隧長～T21：137
純光　肩水候～T30：56A+83A

十一畫

鄭盧　陳安夷里不更～T30：262
春君　T30：28B
䝱　C：592A
赦　中部候長～H2：24
赦　令史～T25：71
赦　令卒～T24：208
赦　西鄉嗇夫～T26：92
赦　佐～T24：872A+249A
赦　東鄉佐～T24：570+571
赦　候卒～T28：79
赦　倉丞～T26：87
赦之　掾～T33：39
堆　梁期來趙里不更～C：322
教宜　掾～F3：166
聊□　壽貴里男子～T2：82B

聊珠	☑里小女~T9:132	曹相	居延城倉令史~F3:347
聊竟	T9:49	曹相	書佐~F3:482+193+508
聊游君	T25:111	曹則	☑更~T24:878
聊碧	茂陵精期里女子~T37:1505	曹宣	候長~T31:149
聊廣德	觻得成漢里公乘~T14:1	曹卿	候史~T23:866B
聊黎	□期里女子~T25:25	曹游君	T23:783
萇通	東雍里公乘~T37:1587	曹解	都尉史~T8:51A
勒忘	廣野隧卒~T23:965	曹詡	T4H:24A
勒登	廣地伏之隧長~T25:98	曹福	T26:251
萌	主簿~F3:478	曹緩	居延始至里~T21:262
萌	肩水守城尉~F3:155A	曹憙	T23:72
莒從	雒陽苣陽里大夫~T37:713	帶	T30:73
乾忠臣	居延東鄉嗇夫延年里~T37:753	盛	僚巳小女~T1:64
柰便	觀津亭里~D:8A	盛音	T31:34B+20B
救充邑	施刑士鹵工阿里~72EJC:43+52	頃	D:33A
		頃	騂北卒~D:117
專真	日勒女子~T37:158	頃閭	子小女~T37:178
曹	肩水掾~D:33A	頃閭	子小女~T37:761
曹	觻得千秋里大男~T23:924	常	□嗇夫~T37:292A
曹子元	T34:1B	常	T21:348C
曹子惠	T10:314	常	T37:142
曹中叔	T23:769A	常	T5:113
曹丹	雲里上造~T37:1217+1140	常	T9:61B
曹成	安樂里大夫~T5:27	常	守令史~F3:181
曹延年	富里公乘~T23:973	常	丞~T29:92
曹自爲	步利里~T23:1018A	常	佐~H2:54A
曹奉	公乘陵里~T37:1079	常	佐~H2:54B
曹定國	奇利里 T21:239	常	佐~T7:70B
		常	候長~F3:518+517

常　　庫丞～T37：285

常　　嗇夫～F3：237

常　　嗇夫～T23：686

常　　嗇夫～T23：877B

常　　嗇夫～T23：893

常　　嗇夫～T23：907B

常　　嗇夫～T24：237B

常　　嗇夫～T24：400

常　　嗇夫～T8：51B

常　　廣地守候番和尉～T37：422

常　　橐他稽北亭長～T31：69

常　　驛北亭長～C：495

常　　驛北亭長～T23：573

常　　關嗇夫～T23：353

常　　關嗇夫～T23：877A

常　　關嗇夫～T37：1048+413

常□　亭隧吏～T1：174C

常生　假千人～T6：168

常年　橐他隧長～T37：1536A

常安　掾～T24：113B

常利　T21：306

常良　T37：1312A

常奉　□陽舒里～C：554

常偉君　T23：783

常終相　□乘～T37：376

常喜　令史～T21：104

常惲　長安囂陵里～T37：997

常富　止北隧長～H1：27

常富　殄北候官令史～D：63

常熙　令史～T37：1430

常寬　居延卅井候官～H1：12B

常賢　T2：55A

常賢　□長～T5：81

常樂　肩水倉長～H2：31

常樂　屬～T37：782+836A+1255A

常襃　公乘～T37：476

野　　T10：214

野　　掾～72EJC：235A

曼　　張掖肩水都尉～C：444

曼卿　字～T37：1486

異衆　T4：201

異衆　西鄉有秩～T37：876A

異衆　佐～T37：1075A

異衆　望遠卒史～T24：547

異衆　尉～T37：1518+234

累　　掾～F3：79B+509B+510B

累子孝　T30：56A+83A

累乾　T24：711

累游君　C：599B

國　　掾～T24：868

國子侯　T15：17

國永　居延助府書佐～F3：349

國況　□長～T23：698

崔　　C：517

崔子玉　T34：1B

崔枚　郡庫令史～T30：29A

崔獲　T10：29A

崔親　就家鱳得承明里～T7：40

崇	T23:918A
崇	掾~T37:1073
崇	廣地守尉~T37:1182+490+8
崇	廣地守尉~T37:490+1182
崇	熒陽丞~T10:213A
過	T23:328
過	南鄉有秩~T10:121A
過卿	關嗇夫~T23:66A
過章	T1:22A
稠卿	T30:28B
第卿	故長公主~T1:1
偃	T30:1
偃	T30:2
偃	T30:35B
偃	T30:63
偃	男弟~T1:1
偃	亭吏~C:443
偃	亭長~T9:7
偃	亭故吏~T22:75+T21:88
偃	掾~T2:58
偃	驛北亭故吏~C:551
偃□	T32:45A+22
偃王	□小女~T1:95
偃登	子小男~T37:521
偋	驛北驛騎~T22:110
偉	佐~C:654A
偉君	T7:131
偉君	字~T37:1109+1179
偉卿	F3:127A

偉卿	字~D:1
術	掾~T11:25B
得	士吏~T10:79
得	令史~H2:56A
得	令史~T32:56
得	佐~T37:1075A
得	居延倉丞~D:65
得望	候長~T4:51
得意	守令史~T21:423+431
得福	令史~T10:303
從	候卒~C:491
從萬	T11:15
猛	□長~T31:185
猛	72EJC:57+148
猛	D:251
猛	D:71A+101A
猛	H2:6+26
猛	T6:163A
猛	T9:34A
猛	T9:62A
猛	士吏~F1:15
猛	守令史~T37:1536B
猛	卒~T37:489
猛	殄虜隧長~T37:502
猛	橐他駁馬亭長~T32:12
許	~有秩 F3:174B+197B
許	金關嗇夫~掾 T37:1375A
許	穎川郡~D:310A
許千秋	居延都尉守屬~T10:287

許子□　T23:360B

許子文　卒~T10:250B

許子方　T25:15B

許方　直廷里~T9:35

許毋傷　冤句南昌里大夫~T37:987

許永　守城尉~F3:167

許成　F3:116B+208B

許光　T28:84B

許多　繁陽安里公乘~T27:139

許弟卿　延壽里大女~T5:52

許良　左前騎士累山里~F3:98

許君□　T24:10A

許君倩　T24:367A+509B

許武　河東臨汾奇利里~T23:657

許放　F2:36

許禹　72ECC:63

許脩　雒陽南堂里不更~T37:1476

許朔　乘隧戍卒~72EJC:146

許常　T23:917B+919B

許常　肩水關嗇夫~T23:883

許陽　陳逢卿里不更~T30:15

許鈞　淮陽上雍里~T22:93

許温舒　淮陽國陳莫勞里~T27:48

許輔　D:71A+101A

許廣　□邑東鄉亭長~T37:644

許賢　潁川定陵陽里不更~T9:117

訢　令史~T2:29A

訢　都鄉有秩~T37:1452+1460+55

訢　掌簿□~F3:146

庚都卿　T37:1442B

康子文　T31:3A

鹿遂　和脩福里~T24:902

章　D:124A

章　T2:56B

章　T37:1029

章　子小男~T37:846

章　右部司馬~T37:97

章　□史~T37:427+298

章　令史~F3:54+512

章　令史~T10:120A

章　守令史~T24:42A

章　守令史~T32:6+24

章　守司馬~F3:167

章　佐~T37:1451A

章　沙頭尉~T37:721+26

章　居延都尉~T24:269A+264A

章　居延都尉~T24:269B+264B

章　候長~T21:103

章　執金吾~T10:114

章　尉史~72EJC:8

章　尉史~F3:390

章　張掖大守~T6:25

章　掾令史~F3:150B

章　嗇夫~T23:587

章　□適隧長~T4H:67

章　驛北亭長~C:293

章　驛北亭長~T10:125

章　驛北亭長~T30:34A

章子元　T37:1201

章平　脩成里男子~T37:426+173

章軸　C:656+664

章輔　隊長~T23:79A

章襃　鱳得敬老里公乘~T37:389

章嚴　成漢里公乘~T2:10A

竟　令~T26:78

竟　令史~T37:1484A+30A

竟　西鄉嗇夫~T37:59+471

竟　佐~72EJC:202

竟　居延丞~D:44

竟　掾~T37:1452+1460+55

商　士吏~T10:206

商　令史~F3:118A

商　守令史~F3:175

商　丞~T32:48

商　掾~D:19A

商　掾~D:22

商　掾~D:260B

商　掾~F3:2+169

商竝　雒陽廣陽里~T37:1033

商廣世　濟陰冤句昌成里大夫~
　T37:970

望　☑水守尉~T27:78

望　令史~T27:85

望　倉嗇夫~T3:55

望　犁陽守丞~F3:181

望　嗇夫~T3:55

望之　T21:1

清　掾~T4:147

清　榮閒子大女~C:419

涼臨　隱強廣里公乘~T37:224

淳☑　令史~T4:154

淳于　曲中隧長~T22:68

淳于□　水門隧卒~T23:501

淳于光　T33:60

淳于晏　鱳得大千秋里公士~T24:
　39

淳于然　里公士~T24:874

淳于遂成　任城河陽里~T24:968

淳于賞　如意隧長~F3:86

淳于德　廣野隧卒~T23:482

淳永　T25:112

梁　孤山里大夫~T4:57

梁佚卿　F3:124A

梁□　河東北屈陰平里公乘~T33:
　52

梁千秋　鱳得壽貴里大夫~T31:159

梁子贛　T23:896B

梁奉宗　居延完城旦大男~T37:1120

梁竝　T23:810

梁卿　T23:296A

梁卿　T7:27B

梁博　河東北屈經陰鄉嗇夫~T37:
　852+712

梁輔　居延昌里~T8:5

梁鳳　F3:125B

梁鳳　廣地隧長~F3:125A

梁襃　居延尉史～T6:27A

梁黨　F3:299B+492B+334B

寇　掾～T23:616

寇子賓　H2:43B

寇戎　金城里～T37:155

寇志　枛溝桐里公乘～T37:670

寇辰　陽武臨水里～72EJC:141

寇遂　梁國睢陽朝里～T21:373

㝡　肩水守候～T26:1A

宿　莫當徒～T28:79

宿　禁姦隧～C:491

宿延年　鉅定广里不更～T37:470

宿昆　T37:1039A

宿建　鉅定縣壯里不更～T9:126

室長卿　T22:131B

扈夫人　72EJC:147B

扈惡子　長平南莊里不更～T28:30

尉　女弟～72EJC:13

尉卿　T23:580A+607A

尉卿　T4:179

扁登　公乘～T3:51

張☑　T32:44

張　T37:43+1485

張　子男～F3:131

張　卒～F1:42B

張☑　河南熒陽春成里～T37:633

張☑　河南縣東甘里～T24:897

張☑　☑故里～T25:41

張☑　臨河里～T24:171

張　掾～T37:1254

張值　T21:340

張黥　南陽里～T1:194

張〖卿〗　御史～T10:75

張□　□里～T4:210

張□　T24:10A

張□　T26:209

張□　T30:207A

張□　T37:381B

張□　T4H:38

張□　小奴～T9:295

張□　河南雒陽大里大女～T1:131

張□　昭武宜勝里公乘～T9:182

張□　原武南長里～H1:68

張□　陬里～T24:733

張□　廄御～T6:18A

張□　窮寇隧長～T23:287A

張□　觻得成漢里～T21:238

張□□　T32:32B

張□　T24:885

張……　C:385

張建　氐池富昌里晉襄～T6:167

張宣　步昌里～T4:41A

張卿　T3:38A

張卿　御史～T10:87

張常樂　公乘～C:352

張廣　□里～T4:97

張德　睢陵里不更～T1:150

張護　T5:65

張乙　　守望隧卒~T26:52

張士行　　橐他~72ECC:34+59

張小子　　T24:884

張小功　　主人~T21:156

張千人　　T10:531

張千人　　T24:247A+268B

張千秋　　……胡里~T9:323

張巳　　河内郡温孔里~T25:103

張子□　　T4:196

張子上　　T37:744A

張子文　　令丞~D:201

張子方　　T3:38B

張子功　　T21:320

張子賓　　T21:375B

張不識　　陽夏北陽里公乘~T10:118A

張少平　　D:284B

張父　　T9:218A

張氏　　T10:373

張斗　　T10:315A

張未　　從者~F3:197A+174A

張未央　　會水未央里~T21:224

張功　　T7:15

張功　　都尉~T24:536

張平　　從史~F3:568A

張占田　　大原中都里邯鄲~T28:12

張佽　　T23:411A

張外人　　T26:13

張外人　　卒~T26:8

張立　　馴望隧卒~T23:912

張玄　　T23:950

張永　　亭長~T3:65

張弘　　有秩士吏公乘~T23:400

張弘　　定陶亭皇里~72EJC:114

張存　　鱳得成漢里~C:454

張成卿　　T10:332A

張光　　公乘~T10:270

張光　　西鄉廣漢里~~T21:381

張光　　昭武萬□里　T24:522

張光　　☑乘　T24:80

張同　　如意卒~T37:1151B

張延年　　始至里公大夫~T30:185

張仲　　F3:305

張安　　鱳得騎士成漢里~T37:1331

張安世　　昭武萬歲里大夫~H2:17

張安世　　廣德里公乘~T32:74

張安世　　橐他苑佐~T22:82

張安定　　卒~T21:66

張收　　厝期里大夫~T29:100

張杜　　千秋里~T37:140

張利　　T23:983

張利親　　東郡茌平東樂里~C:425

張伯　　T23:783

張忘　　鱳得敬老里上造~T24:121

張忘□　　氏池武都里~T24:775

張良　　T37:1186A

張良婦　　第三驛　T21:162A

張君　　□□女子~T31:211

張君　　T4H:89A

張君□　T24：445A

張君至　T33：62

張君房　敦煌陽關都尉~T23：655

張君恩　F3：124A

張君業　3EJT24：160A

張奉高　☑卒~T24：900+691

張武　（觻得）里公乘~T9：225A

張武　夫陶里 T21：383

張武　肩水里士伍~T37：701+36

張武　居延當遂里男子~T37：32

張武　陰安倉正里士五~T37：1394

張武　從吏~T32：6+24

張青　石上隧卒~T24：721

張青首　居延廣地里上造~T11：4

張長實　府卒史~T30：97

張長樂　長安成樂里~T10：289

張林　應里~T37：1481

張林　觻得步利里~T37：1238

張到　守園卒~H2：19

張忠　T21：86B

張忠　T23：944

張忠　T37：428

張忠　弘農郡陝縣中里~T37：1493

張忠　安定里公乘~T2：36

張忠　河南郡河南東甘里~F1：39

張放　左前騎士陽里~F3：148

張放　雒陽宜葳里~T24：248

張放　臨渠隊長~F3：108

張並　T10：156

張並　肩水都尉屬~T30：30B

張況　尉史~T4H：88

張宗　中營右騎士平明里~F3：17

張宗　左前騎士通澤里~F3：413

張宗　居延廚嗇夫公乘~T30：65

張宗　☑塢長~T37：618

張定　T1：23

張定　日勒騎士延壽里~T1：78

張定　宛歐里~T33：59A

張定　鉅鹿郡南縋菆里~T5：51

張定　睢陵里~T24：544

張建　左前騎士三泉里~F3：29

張建　☑前騎士三泉里~F3：387

張政　公乘~T31：28

張柱　莫當隧卒~D：231

張柱　滎陽宜成里公乘~72EJC：120

張咸　水門卒~F3：382A

張威卿　T24：512B

張貞　T30：124+96+123

張禹　T4：166

張後來　內黃北安樂里大夫~T37：993

張胙　T25：95

張音　姊子始至里~T37：1046

張音　姊子始至里~T37：860

張恢　T24：872A+249A

張宣　T30：28A

張客子　T26：174B

張致子　石南卒驪喜里~T1：35

張時　始安里~T4H:19

張畢　殄虜卒~T24:762

張恩　獲胡隧卒~F3:84

張倩君　市陽里有~T37:1047A

張卿　T10:396B

張卿　T24:55

張卿　T30:100

張卿　T31:51A

張卿　士吏~T37:1151B

張卿　直隧~T23:726

張卿　南部當井~T23:726

張卿　候長~T30:56A+83A

張卿　張掖卒史~T37:739

張卿　御史~T10:69

張卿　督蓬史~72EJC:2A

張卿　學師~T23:883

張益衆　T24:50

張宮　☒里~T10:364

張焉　T37:317

張掖　☒山里~T9:157

張萌　左後候史~F3:198+194+578

張常幸　乘胡隧長~T30:31

張常富　居延萬歲里~T25:43+191

張常賢　昭武當市里~T30:166

張異衆　T11:2

張崇　天水安世里下造~F3:354

張崇　左前騎士陽里~F3:366

張徙　觻得都里公乘~T37:759

張從　京兆尹長安雀昌里公乘~

T23:923

張從容　宜陽里不更~C:413

張猛　觻得廣寂里~T24:70A

張望　成漢里公乘~T37:69

張清　T6:134

張寅　T37:597+654A+734A

張寅　T37:654B+734B

張陽吉　魏郡内黃同里大夫~T27:
14

張隆　昭武萬歲里公乘~F3:369

張參　南陽冠軍邑白水步昌里~C:
415

張終古　T8:83

張博　F3:563

張博　觻得當成里公乘~F3:272

張彭　乘山吏~F3:408A

張彭　乘山隊長~F3:165

張彭　橐他候史氏池千金里~T37:
1058

張彭祖　屋蘭游徼當禄里~T30:6

張萬　河内郡山陽有利里~T24:270

張惠君　T24:339B

張閎　安陵壽陵里~T24:16

張程　C:660

張喬用　T32:32A

張順　T31:74

張順　公乘~C:642

張順　要害隧長~F3:89

張衆　T28:83

張衆　不更～T25：242

張欽　F3：116B+208B

張翁　儌人填戎樂里下造～F3：368

張舜　南陽郡博士度里公乘～T10：103

張勝　T23：733B

張普　肩水候官候史～T23：361A

張尊　助府佐～D：279

張尊　敦德置嗇夫～T30：30A

張遂　丞筐里～T21：373

張湳　西海輕騎～F3：149

張湯　河南郡雒陽雨石里～T24：242

張湯　□乘～T29：83

張湯　滅虜隊卒～T7：24

張湯　滅虜隊卒～T8：93

張惲　甲卒居延富里～F3：371

張惲　長息里上造～F3：137

張惲　富昌里公士～F3：511

張惲　觻得當富里～T37：1058

張蓋衆　F1：27A

張稚功　C：447A

張稚孫　T30：176

張稚孺　登山隧長～T23：177A

張傴　河南卷長里大夫～T35：5

張詡　觻得新都里士伍～T37：1152

張福　熒陽春陵里公乘～T37：458

張　　隧卒～T24：548

張壽　昭武高昌里～T37：952

張壽王　廣地累下隧長～T37：757

張輔　孤山里～T25：15A

張輔　冠軍邑安甯里～T25：171

張輔　陽夏惠陽里～T21：439

張輔　觻得騎士千秋～T23：373

張酺　熒陽春里公士～T37：856

張廣　T24：796

張廣　大昌里～D：221

張廣　居延亭長～T37：833A

張廣　施刑士～T23：362

張廣　濟陰定陶西鄉嗇夫～T37：822

張廣地　居延佐富里～T23：971

張廣德　鄣卒～T24：260

張齊　大男～T37：40

張齊　居延督盜賊廣都里公乘～T9：18

張寬　河南郡雒陽充魚里～T21：16

張賢　野馬卒～T25：13

張賜　居延右尉～T37：227

張樂□　淮陽司馬里～72EJC：49

張樂　陽翟邑波陽里～T9：206

張請君　市陽里～T37：617

張調　溫城陬里～T24：570+571

張誼　□□□長～T37：28A

張誼　安竟隧長～T24：623

張誼　居延都尉屬居延金脩里～T37：748

張誼　候史～T10：413

張誼　臨渠卒～T1：58

張憙　張掖卒史～T30：265

張錢　作者~F1:30+28

張錢　趙國邯鄲曲里~T37:945

張襄　千乘里~T37:944

張襄　莫當隧卒~C:489

張襄　觻得安邑里公乘~T35:4

張憲　T23:885A

張憲　T23:894A

張駿　長安新里公大夫~T9:98

張齋　居延佐~T2:49

張騎將　子男~T9:230

張豐　T23:900A

張豐　左前騎士陽里~F3:385

張豐　左前騎士陽里~F3:415+33

張豐　當利隧卒~T24:291

張歸　趙國邯鄲棘里~T37:1011

張齋　女子~T37:92

張嚴　☑□騎士陽里~F3:32

張嚴　左前騎士陽里~F3:3

張譚　D:35

張譚　亭長~T9:275

張譚　勇士卒~F3:592

張黨　司空佐~T37:1045

張黨　居延司空佐~T37:1509

張護　左前騎士孤山里~F3:365

張護　孤山里~F3:102

張護成　T21:176

張霸　茂陵男子~T7:26B

張霸　廣漢隧長~T37:82

張驕　雜里女子~T37:1506

張軈　第七車卒~T21:324

張贛　魏右尉公乘杜陵富成里~T6:
　94

強　掾~T37:1075A

強　觻得守丞~T37:1092

強　觻得守丞~T37:842+946

隋放　累南亭卒~F3:429+434

隋穆　内黃東郭里大夫~T37:994

陽　令史~T33:41A

陽　令史~T4H:10+61

陽　守令史~T37:1070

陽　佐~F3:2+169

陽　佐~T23:29

陽　東部候史~T23:64

陽　妻大女~T37:178

陽　妻大女~T37:761

陽　兼掾~T24:8B

陽　尉史~T21:220

陽　尉史~T9:139

陽　張掖肩水司馬~T1:3

陽　彭妻大女~T37:1058

陽　掾~T37:1070

陽　掾~T37:1436

陽　掾~T37:1484A+30A

陽　登山隧長~T4:93

陽　騂北卒~T30:125

陽□　己曹史~F3:179A

陽□安　河東皮氏平居里公乘~
　T14:6

陽召　居延千人令史～T30:30B

陽成武　都鄉佐～F3:181

陽城未央　廣地卒趙國邯鄲邑里～
　T37:767

陽城隆　右前騎士廣都里～F2:42

陽卿　T6:89A

陽當　昭武步廣里不更～T37:912

隗卿　T37:532

隗敞　嗇夫～T30:29A

隗憲　C:333

隆　T23:364A+253A

隆　子公士～T37:154

隆　書吏～72EBS7C:2B

隆　當井隧長～T23:236

隆□　守令史～T31:62

婢　奉弟婦～T30:62

婢溫　子女～T37:871

習　F3:315A

習　子小男～T6:42

習　守令史～T23:288+345

習　守丞～F3:184A

習　掾～F3:113

習　掾～F3:195

習萬　京兆尹長安囂陵里～T37:1081

習萬　囂陵里男子～T37:1076A

參　守嗇夫～T23:217B

紺　T32:32B

細君　令史橋悟妻～T37:85

終根　卒史～H2:45

黃☒　濟陰成武高里～T34:40

黃☒　轢得市陽里～T10:189B

黃□　□里～T27:4

黃小□　驪喜隧卒～T21:385

黃子程　F3:549A+580A

黃文　候長公乘～T25:39

黃立　轢得騎士富安里～F3:446

黃充　□睢陽紘邪里～T24:255

黃君倩　T27:104

黃長生　大昌里～72EJC:206

黃宗　【先登隊】卒～T7:24

黃宗　先豆隊卒～T8:72

黃政　T24:254

黃拾　淮陽郡譙西成里～T4:15

黃恭　陰□陵里～T23:844

黃晏　扶安國圉李里～F3:57A

黃卿　T29:114B

黃卿　東部候長～T29:124

黃得　淮陽郡新郪陰里～T2:72

黃竟　圉樂成里～T21:221

黃欽　T23:900A

黃魁　T21:178

黃意　不更～T24:752

黃輔　T23:900A

黃寶　官卒～D:38

黃龍　T2:20

黃霸　熒陽直里～F3:253

十二畫

穆長寶　金城里～C:530A

博　72EJC:91

博　C:360

博　C:599A

博　C:599B

博　D:362

博　D:37B

博　D:4

博　T23:43

博　T23:653

博　T24:364

博　T33:71B

博　T37:968A+1310

博　T7:120

博　北嗇夫～F3:172

博　北嗇夫～F3:245+497

博　令史～F3:470+564+190+243+
　　438

博　守丞～D:364

博　肩水關嗇夫～C:519

博　居令～T3:55

博　居延令～T26:148

博　居延令～T26:92

博　居延令～T6:27A

博　南部候長～D:68

博　南鄉有秩～F3:175+219+583+
　　196+407

博　南嗇夫～F3:550

博　☐候～F2:20+29

博　兼掾～T37:1064

博　掾～T9:173

博　橐他候～T22:45

博　橐他候～T37:1535A

博　關嗇夫～T33:8

博　霸陵園令～T37:1173+1183

博　轢得守塞尉～T37:651A+716A
　　+727A

博　轢得守塞尉～T37:803A

博年　弟～F3:172

博多　F1:77A+78A

博通　禄福字里～T25:97

喜　子男～C:531A

喜　居延倉守宰～F3:79A

喜　掾～D:244

彭　T23:245

彭　T23:335

彭　日勒尉丞～T37:815

彭　☐北亭長～F1:116

彭　令史～T37:1416+1177

彭　角得長丞～T37:282+819

彭　☐長～T24:344

彭　亭長～F1:72

彭　候～T23:727

彭　書佐～T37:1073

彭　轢得莽丞～T37:678

彭☐　居延縣三老～T9:332

彭千秋　復作大男～T34:6

彭且　昭武擅利里第侯～T37:1123

彭年　☐上里～F3:275

彭長君　□官~T2:53A

彭昆　F3:604B

彭沮　T6:99

彭祖　T10:396A

彭祖　T9:233

彭祖　正~T33:41A

彭祖　令史~T28:64

彭祖　游徼~T30:170+144

彭晏　當井隧卒~T24:24A

彭候　萃~F1:32

彭常　T24:789

彭運　臨澤隧長~T23:414

彭當時　鰈得富貴里~T27:56

彭輔　居延都尉屬~C:482+T25:124

彭廣　梁國睢陽館里~T24:541

彭賜之　平樂里公乘~T37:207

葉中倩　T29:13A

葉中孫　鰈得常樂里大女~T30:62

葉弘　淮陽郡園君里~T26:187

葉安世　執敵隧~T30:85

葉卿　T29:114B

葉稚君　T32:32A

散幼君　T23:481A

散幼君　T23:481B

萬　長安令右丞~T37:527

萬　孫君房從~賈買 T7:25

萬　尉史~T37:1075A

萬　掾~T10:266

萬　榮陽守丞~T37:702A

萬□　庫宰~F1:65+68

萬□　臨渴里~T6:96

萬中卿　T30:250

萬去疾　鰈得當富里~T37:1125+
　　1338

萬年　T21:59

萬年　T24:65A

萬年　T24:65B

萬年　T9:68A

萬年　守尉~T24:517A

萬年　掾~T25:15A

萬年　給事佐~C:522

萬定世　尉史~T6:56

萬宛君　T24:10B

萬政　鰈得千秋里~T30:132

萬莧　金城里~F2:11

萬歆　D:22

萬賢　□里不更~T27:30

萬賞　T23:148

萬臨　甲渠尉史~T37:1171

董□　T23:900A

董□　梁國薑板里~H2:94

董乃使　T26:232

董凡　河東狐讘山里~T9:27

董之　酒泉表是安都里~T24:814

董子文　T26:93

董子歲　鄣門亭長~T7:183A

董不侵　氏池昌平里不更~T24:282

董方　雒陽壽陽里 T4:17

董毋傷　不更~T1：175

董充　尉史~T37：774

董安世　伯人宜利里~T28：6

董安定　定陶常富里~T23：145

董利　T10：479

董弟卿　莫當隧長童去疾妻~T5：
　78

董君至　居延鳴沙里~T9：119

董青得　廣地石北隧長~T25：184

董長卿　T24：851

董長孫　T31：167

董並　居延守令史~T37：1588

董定　T21：487

董承　T23：929

董故　公乘~T24：578

董相　居延賢里公乘~F3：484

董信　右伍長~T30：159

董信　右伍長~T30：160

董得　登山隧卒~T29：58

董猛　F3：269+597

董習　肩水鄣卒~T37：1432

董賁　宜歲里上造~T24：262

董葉　T23：1005

董敞　T37：520B

董欽　丞~F3：551

董温　河東臨汾南署里~T25：94

董置　滎陽穀京里公乘~T10：148

董詡　滎陽賈里公乘~T37：247

董資　公乘~T37：66

董輔　破適隧卒~T7：24

董輔　魏郡元城甲里大夫~72EJC：
　51

董齊　英里~T24：952

董賢　河南雒陽直里公乘~T37：830

董親□　鱳得新成里~C：373

董蘭　梁國睢陽道里不更~T24：971

董護　大夫~T37：352

敬　F3：260

敬君　T33：29

朝　從史~T23：832

朝蓋之　禁姦隧卒~T30：7+19

朝親　……里~D：213

惠青辟　始樂里女子~T33：40A

惠卿　T23：76B+139B

惠就　廣利卒~T7：43

雲　居延都尉~T37：1500

雲　居延都尉~T37：615+494

雲　張掖居延都尉~T37：480A

雲　張掖居延都尉~T37：706+33

雲　鄉佐~T33：66

敞　C：450A

敞　T2：97

敞　T23：207A

敞　T23：239

敞　T29：127

敞　T4：164

敞　T4H：81

敞　士吏~C：527B+T10：146B

敝　□史~T23:136

敝　令~T21:104

敝　令史~T23:134A

敝　□吏~72EJC:268

敝　守令史~D:384

敝　守令史~T37:788A

敝　守丞~F3:1

敝　肩水士吏~T10:179

敝　城騎千人~T37:1070

敝　兼獄史~T23:361B

敝　尉史~T37:1065B

敝　掾~T37:752A

敝　掾~T37:97

敝　掾~T4:56

敝　温令~T9:144A

敝　駧北亭長~T33:25

敝　屬~T31:64

敝□　尉史~F3:187B

敝□　南部候長~T37:1256+1368

敝之　T6:164

掌誼　西仁里~T9:204

最　T6:107+156

閒　候卒~T23:848A

閔子真　T10:220A

閔子真　T10:220B

閔奄　臨利卒鱳得長秋里~T37:1512

景音　河南卷市陰里公乘~T37:859

景敝　亭長~T26:81

貴　□大女~T5:17

貴　子女~T6:75

單地餘　東郡畔大曲里~T24:543

單祖　T31:113

單卿　T4:108A

單卿　T4:108B

單卿　居延卒史~T10:79

單赦　雒陽臨濕里公乘~T37:933

單崇　右前騎士中宿里~F3:241

單崇　右前騎士中宿里~F3:27

單遂　石南卒~T1:39

單當時　河郡東平陸合里~T24:550

單彊　貞陽里爵大夫~T9:93

買　T10:165

買　子小女~T37:1528+280+1457

買　字~H2:3

買之　T25:30

買之　子小男~T9:242

黑　南鄉有秩~T9:34B

智□　公乘安樂里~T10:153

程　掾~T5:104

程凡　乘氏清東里~T24:520

程不識　玉門臨泉里~T37:53

程幼　不更~T24:827

程年　鱳得利成里~T4:76

程延　同縣同里~T37:993

程充　T24:184

程武　T23:58

程忠　候長~T37:1528+280+1457

程忠	候長~T37:459+1174		傅定	聞熹邑高里~T24:321
程放	氐池常利里男子~T37:52		傅建	大□令史~T30:29B
程宗	河南郡緱氏武平里~T4:52		傅卿	T7:135
程宗	緱氏武平里大夫~T31:38		傅孫□	同里~T24:321
程昭	富安□里~T37:1528		傅章	治渠卒河東解臨里~T7:41
程亭☑	橐他鄣卒~T1:179		傅梁	奮怒司馬~F3:355
程畢	東郡東阿高丘里~T21:107		傅博	都尉屬~T30:29B
程卿	T23:356		順	72EJC:261B
程望	亭長~T35:8A+9A		順	D:268
程普	觻得步利里~T37:459+1174		順	D:73A+118
程湛	宣成善居里男子~F3:328A		順	F2:26
程歲	河內郡溫曲陽里~T24:922		順	T24:89
程詡	T23:900A		順	T37:1139
程歆	觻得步利里公乘~T23:467		順	T37:1438
程譚	都倉置佐~T37:129		順	令史~F3:117A
犂□	昭武便處里士伍~T37:309		順	丞~T24:127
犂安世	□山隧卒~T37:953		順	丞~T37:938
犂長卿	T21:125A		順	佐~T37:272A
喬相	譙胡里上造~T5:36		順	佐~T37:90A
備	宛丞~T10:315A		順	受降隧長~T23:585+598
傅☑	廣地隧卒~T24:870		順	肩水士吏~C:604
傅	驛小史~T24:539		順	居延丞~T37:645+1377
傅□	T21:390		順	明鄉有秩~T37:457
傅□	同里~T24:321		順	廣地守候塞尉~T37:1062A
傅少翁	T2:53B		順	驛北亭卒~T26:98
傅可	T30:207A		順	駿鄉嗇夫~T37:523A
傅武	肩水候史~T37:466		順	觻得長守丞~T6:39A
傅長孟	D:201		順小叔	T25:4
傅固	潁川偃陵臺里~T24:261		順昌	T10:384

焦☐ T9:166

焦☐ T34:31A+35A

焦博 中營左騎士白石里～F3:100

焦博 中營左騎士白石里～F3:359

焦詡 子男累山里～T24:411+150

焦賢 此家累山里～T23:622

焦賢 守令史～T24:411+150

衆 72EBS9C:4B+3A

衆 T23:705

衆 令史～T37:733

衆 守徒丞～F3:328B

衆 尉史～T31:20A+34A

衆 嗇夫～T2:62

御 T10:74

御 T10:91

循 （居延）丞～T31:62

循 T24:12

循 丞～T21:60A+T24:304

循 丞～T5:76

循 茂陵令守左尉～T37:897+425

循 居延丞～T37:937

須 ☐姊大女～72ECC:57

舒君 丁當妻～T5:8A

舒連 山都孝里～T37:232

舒畢 陳安衆里不更～T30:12

欽 F3:338+201+205A+T7:148

欽 F3:52+504

欽 T23:353

欽 T23:574

欽 子男～T37:755

欽 北嗇夫～F3:120B

欽 北嗇夫～F3:132

欽 北嗇夫～F3:158

欽 北嗇夫～F3:347

欽 北嗇夫～F3:534+521

欽 北嗇夫～F3:93

欽 北嗇夫～T37:1418+664+609

欽 守史～F3:337+513+288+541

欽 肩水守候～T24:40

欽 肩水關嗇夫～T23:79A

欽 兼亭長～T35:4

欽 從者～T37:68

欽 ☐尉～以私印 F1:58

欽 嗇夫～F3:134+498+555

欽 嗇夫～T37:1065B

欽 嗇夫～T37:1193

欽 嗇夫～T37:73B

欽 嗇夫～T37:968B+1310B

欽 廣地候～T23:15A

欽 關嗇夫～F3:338

欽 關嗇夫～T23:290

欽 關嗇夫～T23:909A

欽 關嗇夫～T24:56+529

翕 塞尉～T23:339

舜 父～T25:72

舜 平陵令～T2:11

勝 T23:141B+133B

勝 土鄉佐～T28:53A

勝　　令史~T4:56

勝　　丞~T23:958

勝　　將濟令史~T21:421

勝　　鄉佐~T24:563A

勝☑　　隧長~T37:1535A

勝之　　□夏侯~T10:286

勝之　　子小男~C:419

勝之　　令史~T5:42

勝之　　居延令~T21:254

勝之　　居延令~T37:1478+406

勝之　　居延令~T7:166A

勝之　　倉嗇夫~T37:1499A

勝延年　　綏彌縣常利里~T26:27

勝胡　　丞~H2:45

勝禹　　騎士定國里~H2:39

勝客　　F1:75

猥　　C:295

馮　　T23:296B

馮　　子小男~T6:42

馮　　守尉~T24:153

馮　　安樂隧卒~T23:991

馮☑　　鉅鹿郡曲周東渠里~T22:16

馮□　　梁國睢陽石里~C:427

馮子　　子小男~T37:758

馮丹　　觻得新成里~F3:136+266

馮未央　　同里公乘~T37:802

馮世　　氐池騎士常樂里~T4H:64

馮田　　T5:43

馮司馬　　F3:183B

馮延年　　T24:135B

馮安世　　廣谷隧長~T30:131

馮均　　南陽陰鄉嗇夫~T23:53

馮邑　　安漢隧長~T23:628

馮君上　　T37:794

馮君長　　F1:22

馮奉　　新鄭高關里公乘~T37:764

馮奉世　　驪軒當利里~T24:964

馮長　　觻得春舒里不更~T37:1581

馮長卿　　魏郡鄡昌廣里士五~T5:18

馮昌　　居延司馬從史~T8:54A

馮門　　禁姦隧卒~T28:2

馮明　　T24:651

馮定　　魏郡内黃長里~T23:249

馮承　　安農隧長~F3:52+504

馮宣　　延壽里公乘~T8:104

馮恭　　左前騎士廣都里~F3:273

馮倚相　　T22:113

馮卿　　T9:9A

馮卿　　T9:9B

馮常善　　大男~T22:137

馮竟　　萬歲里~F1:26

馮陽　　騎士肩水里~F3:31

馮遂　　獄囚大男富里~T10:249

馮聖　　公乘~T7:134

馮嘗　　☑騎士便里~C:357

馮廣昌　　T1:84

馮賢　　卒~T37:1071

馮賢友　氏池臨市里~H1：19

馮豐　T4H：74A

馮豐　T4H：74B

就　令史~F1：91A+93B+82

就　令史~T35：8B+9B

就　守令史~T37：806+816+1207

就　守丞~T37：752A

就　屋闌廄佐~C：299

就　樂昌隧長~T23：877A

敦君　T3：38A

庾　令史~T7：81

庾護　莫當戍卒閻被父~D：42

童　T37：1590

童去疾　橐他莫當隧長~T5：78

童豹　上黨郡涅蒲里不更~T23：920

鄐釘　曲河卒~T1：16

普　F3：316

普　F3：60+283

普　守令史~T23：897A

普　守丞~C：448A+446A

普　守丞~T4H：84+54

普　況第~F3：326

普　居延居令守丞左尉~F3：118A

普　橐他候~T37：616A+542A

普　橐他候~T37：783A

尊　□長~F1：107

尊　子男~D：229

尊　☑史~T9：283

尊　令史~D：96

尊　令史~T24：581

尊　守令史~T23：128+127

尊　守令史~T26：210

尊　守丞~T24：788

尊　守丞右尉~T37：165

尊　守尉~T23：217A

尊　守屬~T30：205

尊　南部候長~D：105

尊　屋闌長~T34：43

尊　掾~T6：39A

尊　廣地隧長~T37：718

尊　屬~T6：45B

尊君　T23：869A

遒龐　前遂大夫史魯陽尚里~F3：344

道　西部候長~T28：47

道□　T31：32

道人　H2：42

道人　H2：46

道人　日勒守尉~T22：111A

道忠　邯鄲東趙里士伍~T7：42

遂　□長~T23：525A

遂　平樂隧長~T22：34

遂　令史~T37：1166

遂　軍令史~T1：126

遂　都鄉嗇夫~T37：1075A

遂　掾~T1：3

遂　掾~T37：743

遂　護工卒史~T29:92

曾　槖他候~T37:1472

曾子　72EJC:37

湯　~以小官印行候事 T10:211

湯　□史~T9:52A

湯　H1:60

湯　T1:57

湯　T33:78B

湯　中鄉嗇夫~T24:97+T30:64+11

湯　平陵令~T24:532A

湯　長安守右丞~T9:92A

湯　肩水倉長~H2:12

湯　肩水倉長~T22:2

湯　肩水倉長~T37:686

湯　居延都尉~T37:447+1176

湯　偃師長~T37:878A+692

湯　溫丞~H2:5A

湯　隧長~T11:21

湯　騂北亭長卒~T23:259

湯　屬~T24:115

溫　從者~T37:140

溫君　居延令~T37:785

溫奉　河南郡新鄭安漢里~T37:812

溫宮　始安里~T24:360

溫普　居延令溫君兄子~T37:785

滑便　受降隧卒~T8:34

滑廣　重里~C:298

游　不審縣里男子字~T1:1

游安世　T37:1390

游君　王臨字~T37:468A

游君　字~72EJC:240

游君匡　T10:18A

游卿　□占字~T27:64

游卿　T2:21B

游卿　T9:319A

惲　F3:635

惲　T23:279A

惲　守令史~T37:1052B+268B

惲　守令史~T37:1502B

惲　守令史~T37:800B

惲　守佐~F3:441+616

惲　佐~T23:60

惲　卒~T23:765

惲　肩水掌官士吏~F3:106

惲　肩水掌官士吏~T21:145

惲　亭長~T21:410A

惲　亭長~T37:803B

惲　都鄉庶士~F3:328A

惲　倉長~F3:551

惲　陳聖子大男~T6:85

惲　☐尉~72EJC:39

惲　張掖肩水都尉~T30:204

惲　騂北亭長~T23:784

惲□　肩水掌官士吏~F3:192

惲受　肩水掌官士吏~F3:107

惲受　肩水掌官吏~F3:101

富　大奴 C:531A

富　第二丞 T21:421

富　騂北卒 T4H:27

富主　小奴 T28:12

富充　長安富昌里大夫 T24:954

富充　累山卒 T1:160

富昌　H1:80A

富昌　屬 H2:95

富隆　累山亭長 F3:140

甯　T10:433

甯中孫　T37:206

甯忠　亭長~T37:843

甯卿　F1:75

甯稚卿　肩水候長~T4:43

費充　南垣不更~T30:267

費長史　T26:139

費畢　長平北親里不更~T30:263

費賢　☑利里~T21:417

賀　□吏~T1:56

賀　F3:592

賀　T23:624

賀　T6:66A

賀　小奴~T9:119

賀　子小男~T23:977

賀　中部候長~T1:174B

賀　令史~T25:141A

賀　守屬~D:260B

賀　刪丹長~T33:40A

賀　佐~C:451

賀　沙頭亭長~T33:68

賀　昌子男~T3:3

賀　居延庫守丞~T4:99

賀　南鄉嗇夫~T11:1

賀☑　昭武直廷里~T10:189B

賀　尉史~T6:173

賀　嗇夫~T34:39

賀　騂北卒~T37:918+1517

賀　騂北亭卒~F3:41A+77A

賀　騂北亭卒~F3:460A

賀　騂北亭卒~F3:460B

賀　騂北亭卒~T23:873

登　T23:666

登　令史~T37:1184

登　守令史~T35:3

登　肩水守候~T24:764

登　居延令~T33:39

登　掾~T37:1518+234

登　鉅定丞~T37:1095A

登都　候卒~T29:110

十三畫

載　夷胡隧~T6:60

遠　子女~F3:140

毅　騂北卒~T6:14A

聖　子使女~T37:532

聖　守丞~T37:1188

聖　賤子~T37:1433

聖仁　D:235

聖光　屋蘭守丞~T37:521

聖君　T30:28B

聖君　勳婦~T23:948

𣪊常　進賢不更~T30:15

蓋　屋蘭司空嗇夫~T30:42+69

蓋宗　卒~T37:1151B

蓋寬　陳思孝里不更~T30:135

蓋戎　將吏~F3:325

蓋邑　陽翟邑守丞~T37:854+1196

蓋常　從者~T10:130

蓋衆　T14:38

蓋衆　T31:103

蓋衆　廄嗇夫~H2:52

蓋衆　嗇夫~72EJC:145

蓋衆　嗇夫~T23:389

蓋衆　隧長~F1:21B+24B

蓋漢光　T23:773

蓋龢　邯鄲廣陽里公乘~T9:196

勤　佐~T23:871

靳立　F3:480B

靳成　乘氏敬事里公乘~T25:20

靳充　千秋里~T24:283

靳安世　並山隧卒~T30:74

靳安世　宿昆第~T37:1039A

靳君仲　T30:136

靳長叔　T30:1

靳長叔　T30:2

靳舍　亭長弟里公乘~T33:76

靳於　皮氏陽里~T3:69

靳宗　北曲陽里男子~T9:44

靳孟竟　臨汾□里~T23:568

靳祖　倉南卒~T24:969

靳陵　斥丘中里上造~F3:465+500

靳望　甲渠候史~T37:663

靳敬　觻得敬老里女子~T37:998

蒼嘉　卒~F3:239

蒼頡　C:634

蒼頡　T24:485

蒲　屬~T37:1064

蒲　屬~T37:706+33

蒙壽　T27:95

蒙賢　日勒騎士富昌里~T2:13

禁　T4H:78

禁　守丞~T33:40A

禁　☑武亭長~T9:138

禁　東鄉有秩~T37:1453

禁　卒~T23:1055

禁　居延丞~T6:33

禁　嗇夫~T23:72

禁　塞曹史~C:444

楨充　受降隧長氏池宜禀里~D:214

楊　大守簿~72EDIC:4B

楊☑　候長~D:368

楊□　T23:916B

楊□　觻得定國里~F3:65

楊子游　T30:27B+T26:21B

楊戎　□安里大夫~T23:92

楊玄成　緱氏閏里~T23:146

楊戎　佐~T24:574

楊成　掾~T23:804B

楊延壽　卒~T6:149

楊充　昭武安定里~T37:499

楊安　T26:188

楊言　C:453

楊庇　鉅鹿郡曲周東渠里~T22:24

楊君　令史候~C:656+664

楊忠　張掖屬國破胡佰三里~T37:710

楊季　城官令~F3:166

楊放　T2:54

楊放　右前騎士延年里~F3:98

楊況　候史~T23:819

楊宗　酒泉禄福定武里~T25:106

楊相　高顯隧卒~F3:145

楊禹　延水令史~72EJC:218

楊禹　觻得市陽里公乘~C:339

楊徐德　河東~T24:863

楊殷　肩水候官馴望隧長~T26:88A

楊翁前　T23:481A

楊卿　D:187A

楊卿　D:261A

楊卿　丞相史~T37:782A

楊卿　南部候長~D:301

楊卿　候史~T24:416A

楊卿　候長~T33:70

楊卿　橐他候長~D:308

楊高　T32:32A

楊朗　D:317B

楊朗　D:317C

楊猛　☐長~T9:304

楊猛　觻得宜樂里~T37:1027+186

楊渠　竹亭長~T11:31A+10+3

楊紺　T32:32A

楊彭　T23:842B

楊衆　河内郡温倚林里~T4:19

楊循　名捕~C:496

楊惲　金關隧長~T24:143

楊聖　大女~T8:19

楊聖　廣郡里~T10:265

楊意　右前騎士仁里~F3:273+10

楊意　南陽郡葉昌里~T37:1318

楊廣　司寇~T37:545

楊熊　左馮翊池陽利上里公乘~T9:339

楊賞　清陽里~T23:622

楊親　累山亭長~T23:763

楊譚　中安男子~T37:527

楊譚　囂陵里男子~T37:147

賈☐　觻得孝仁里公乘~F3:538

賈利　公乘~T6:101

賈利　曲里~T24:755

賈良　居延西道里~T37:135+133

賈君兄　☐都史~T25:4

賈武　觻得宜興里~T37:300

賈武　觻得豪上里公士~T37:1585A

賈長君　T23:162

賈昌	T37:334	虞氏	（觻得富里簪褭）～T1:20
賈忠	T6:102	虞俠	母昭武平都里～T37:758
賈宜	F3:226A+247A	虞俠	昭武平都里～T37:1514
賈相	京兆尹長安大原里～T9:94	虞章	悉意～F3:175
賈音	昭武對市里簪褭～T37:118	虞廣	T23:354A+478A
賈翁	F3:295A	虞廣	平里簪褭～T24:877
賈卿	肩水都尉卒史～T37:242	虞賜	□□公乘～T24:860
賈通	戍卒～T24:716	虞憲	通道亭長～T37:1514
賈章	利貴里男子～T37:59+471	虞憲	橐他南部候史～T37:758
賈尊官	屯留新利里士伍～T28:31	業	子大男～T37:855
賈惲	卒～F3:445B	業☑	佐～T37:450
賈賀	殺人賊～T37:722	業	肩水守候橐他塞尉～T23:278
賈賀	殺人賊～T37:981	業	書吏～D:22
賈遠	當遂隧卒～T25:51	業	張掖大守～T37:97
賈罷軍	熒陽□里～T37:319	業□	臨莫隊長～T21:204A
賈黨	卒～T37:122	業卬	T37:354
頓得	都里～C:658A	業君	T23:917A+919A
頓得	都里士五～C:658B	當	D:246
歲	宛邑市丞～T37:1454	當	D:280A+250A
歲	南鄉佐～T26:42+25	當	T37:1071
訾它	殄虜里～T7:197	當	車騎將軍、宣曲校尉～T24:245
虞	F3:183B	當	亭長～T23:909A
虞千秋	熒陽槐里公乘～T10:176	當	鄉嗇夫～T37:1482+1010
虞少卿	H2:75	當	普第～F3:130
虞功房	T24:384B	當時	溫丞～T29:68
虞良	觻得廣穿里公乘～T30:20	當時	屬～T24:130
虞昌	茂陵昌德里～T37:892	當乘	水門隧長～T24:523
虞明	沙頭隧長～T26:39	路人	T23:997
虞季	T22:131A	路人	執胡隧長～T7:76

路子孝　辥曹史～T30:56A+83A

路有　卷西宜里～72EJC:143

路安　河南雒陽叔都里～T2:42

路奉君　72EJC:31+T15:9

路赦　□黄安樂里大夫～T30:219

路興　延水嗇夫 T30:30B

遣　西華長～H1:14

睪陶　成都守丞～T37:784A

置　H1:15A

置　H2:48A

置　H2:48B

置　子女～F3:140

置　廷獄～T29:93

稚公　T30:28B

稚功　C:447B

稚君　T21:57B+33A

稚君　T7:171A

稚婦　驒北亭卒李未央母～T33:53A

稚萬　T30:28A

與鳳　置～F3:155B

傭　助府佐～D:64

傭　尉～T25:151

鉏偃　D:307B

愛　大婢～T24:47

解　T24:201A

解　驒北亭長～T24:191

解延壽　T24:872A+249A

解君公　T23:441

解事　□簪裹～T21:351

解定國　肩水候官受降隧長～T6:146

解恭　客田男子～T37:797

解卿　T10:410

解憂　橐他博望隧長～T7:5

誠　□□候～F3:51

誠　守丞～T26:87

誠　尉史～T37:373A

誠常富　累山里公乘～D:17

誠程霸　金誠里～T21:153

廉　子小女～T37:1059

廉　子女～T6:75

廉　母～F3:326

廉望　河南都里～T37:361

廉賞　後起隧長居延累山里大夫～T37:891

廉樂　隴西襄武承反里～T9:114

廉憲　T23:900A

廉襄　臨莫隧卒～T24:43

新世　雒南樂里～T1:128

歆　□舍中君～F1:51A

歆　T24:11

歆　令史～72EJC:9+61

歆　令史～F3:384B

歆　守命史～T37:854+1196

歆　丞～T37:1401

歆　丞～T37:706+33

歆□　驒北～D:142A

意　T8:79

意　掾~T25:141A

意　掾~T37:1210

雍壽　T2:64

雍橋　鉅鹿郡南䜌欒欒里~T5:53

義　~行候事 T3:11A

義　子大男~T6:42

義　令史~T37:1061B

義　守丞~T37:276A+1501

義　佐~T24:132

義　居延都尉~D:64

義　城倉守丞~F3:122

義　城倉丞~T24:14

義　南鄉守嗇夫~T33:58

義　匽師丞~T37:1416+1177

義　從者~T30:72

義　尉史~T21:103

義　尉史~T21:38B

義　尉史~T21:43B

義　掾~F3:118A

義　橐他守候~T37:1537A

義　橐他塞尉~D:3

滿順　長安宜平里公乘~T24:132

梁忠　亭長~D:44

梁削　居延始至里~T3:102

福　C:412

福　T27:41A

福　刀廣大奴~T4:112

福　士吏~F2:2

福　☑水候~T4:103

福　北鄉有秩~T33:80A

福　令史~T23:978

福　西鄉有秩~72EJC:15A

福　金城隧長~72EJC:201

福　肩水候~T1:3

福　肩水候~T27:8

福　肩水候~T28:13B

福　肩水候~T34:2

福　肩水候~T34:4A

福　肩水候~T8:8

福　傳舍嗇夫~T10:163A

福　鄣卒~T21:38B+42B

福　獄丞~T24:535

福　廄嗇夫~T5:7

福　橐他候~C:312

福　橐他候~T2:78

福　駟北亭卒~T25:156+174+122

福　觻得長~T37:575A

辟兵　T10:313B

辟兵　T11:27

辟兵　臨利隧長~T8:16

經　卒~T30:70

綏彌　從者~T8:17

十四畫

趙☑　成安里男子~T32:21

趙☑　東謝里~T9:174

趙☑　觻得男子~C:448A+446A

趙☑　觻得定安里~T4H:42

趙□　　D：284A

趙□　　平昌里～T23：602

趙□　　安平里男子～T22：113

趙□　　南陽郡□□里～T8：49

趙□　　禄福尊　里公乘～H1：38

趙人　　橐他莫【當】隧卒～T23：938

趙大公　　天水千人～T23：333

趙大伯　　T21：485A

趙山　　望松隧卒～T33：56A

趙千秋　　臨豪里～T30：209

趙子文　　T6：16

趙子平　　就家氏池承明里～T7：39

趙子都　　T4：171A

趙子勞　　T6：66B

趙子惠　　日勒男子～T3：46

趙子路　　T29：10A+19A

趙子嚴　　T4H：56A

趙元　　☑乘～C：546

趙少功　　T24：979

趙少伯　　F1：46A

趙中倩　　T30：116A

趙仁　　燕國前努里～T24：38

趙印　　臨澤隧長～T37：1069

趙方始　　彊漢隧卒～D：218

趙世　　河南郡雒陽邸里～T21：49

趙可　　大昌里簪裹～T23：147

趙吏　　昭武擅利里上造～T23：20

趙有秩　　～坐前 F3：480B

趙有秩　　F3：480B

趙延　　大昌里～T37：521

趙延　　依山隧卒～T37：1087

趙安　　南池里～72EJC：214

趙安世　　上黨郡長子甗里公士～H1：52

趙辰　　塞虜卒～T24：667

趙吳　　妻孅得長壽里～T37：846

趙利親　　□里大夫～T37：253

趙兵　　貝丘多得里公乘～T25：113

趙何　　橐他野馬隧長～T37：846

趙伯☑　　72ECC：66

趙君　　D：39B

趙君　　T23：782A

趙君　　T33：79B

趙君房　　T10：314

趙君候　　T30：179+180

趙武　　居延都尉守屬～T37：1443

趙武　　落陽東鄉上言里～T37：1386

趙林　　T24：681B+658A

趙林　　T9：42

趙軋　　C：470

趙奇　　從者～T24：269A+264A

趙明　　72ECC：11

趙明　　F3：198+194+578

趙明　　孅得步里公乘～T37：1195

趙季　　T21：112

趙欣　　佐禄福德昌里～T37：747

趙放　　從史～T37：528

趙宗　　南副里大夫～T24：385

趙宗　熒陽臨豪里~T37:634+1030

趙房　萬年里~T31:92A

趙建　下隧卒~T37:16

趙建　貝丘宜春里大夫~T30:117

趙相　觻得高平里士五~T37:411

趙秋　T27:58B+15A+16A

趙秋　T27:58B+15A+16A

趙秋　T37:799A

趙秋　溫東謝里公乘~C:643

趙信　北部守候史~T10:154A

趙禹　始安隧長~T37:194

趙紂　河南鞏秋陰里公乘~T37:
　703

趙馬　登山隧卒~T28:41

趙莊　東明里~72EJC:285

趙恩　T30:162

趙候長　逐都倉~F3:333B

趙翁稚　市陽里~T25:154

趙卿　C:447A

趙卿　T23:302A

趙卿　T23:302B

趙卿　T23:981

趙卿　沙頭吏~T23:804B

趙卿　嗇夫~F3:159A

趙害　梁國睢陽東方里上造~T24:
　256

趙通　關佐~T24:714

趙敕　要虜隧長~T23:114

趙敕之　T23:929

趙常　子女瞀禄福金里~D:13

趙常　觻得亭長當城里~T29:108

趙得　代郡代乘里公乘~T34:7

趙從　淮陽郡陳隱丘里不更~T30:
　118

趙猛　72ECC:13

趙訴調　倉假佐~T10:343A

趙章　下曲陽丞白里~C:628

趙強　公乘~T4:38

趙強　雒陽緱氏東宛里公乘~T9:
　40

趙陽　T4H:6

趙婢　觻得平利里公乘~T37:79

趙喜　治渠卒~D:233

趙彭　守史~F3:115

趙彭　肩水候官令史~T37:2+572

趙彭　累山里~F3:558

趙彭　從者龍起里~F3:109

趙彭之　令史~T37:828A

趙彭助　豆山隧長~T24:138

趙彭祖　隧長~T10:251

趙萬　T5:46

趙貴　大奴~T14:28

趙貂　T25:172

趙遂☐　☐縣北成里~T23:839

趙聖　箕山隧長氏池昌平里~T23:
　320

趙勤　屋蘭大昌里~T24:390

趙勤　屋蘭大昌里~T37:129

趙歲	T30:207A	趙嬰齊	觻得富貴里~T23:1015
趙稚	T23:442	趙應	□里~T37:813
趙詡	左前候長~F3:195	趙嚴	右前騎士闟都里~F3:11+4
趙詡	左前候長~F3:203	趙譚	☑富里 T24:633
趙詡	右前騎士三十井里~F3:26	趙類	T37:799A
趙詡	茂縣長壽里~F3:172	趙護	□□曲里~T8:98
趙詡	卒~T37:1327	趙贛	H2:58
趙詡	鄣卒~F3:36+503	趙贛	同縣男子~C:300
趙辟	穀成吉平里~72EJC:18	嘉	T23:153
趙嘉	T24:418	嘉	T23:471
趙壽	氐池安民里官大夫~C:414	嘉	T6:89A
趙鳳	昭武擅利里公乘~F3:240	嘉	子男~T37:762
趙廣	T8:106A	嘉	令史~T37:1503B
趙廣	臨莫隧卒~T30:7+19	嘉	令史~T37:781B
趙齊	鬼新~T23:827	嘉	令史~T37:964B
趙寬	亭長~T31:132	嘉	丞~T37:447+1176
趙賢	卒~T23:137A	嘉	佐~F3:136+266
趙誼	守屬~T37:97	嘉	昌子男~T3:3
趙審	候長~T37:651A	嘉	居延都尉~T24:576
趙審	候長~T37:964A	嘉	兼掾~T33:40A
趙憙	子男~T14:4	嘉	掾~D:45
趙勳	觻得定安里~T37:1466	嘉	掾~T37:67+121
趙騰	中營右騎士富里~F3:151	嘉	掾~T8:87
趙憲	少吏~T24:15A	嘉□	□里~72EJC:105
趙彊	72EJC:142	壽	□長~T24:244
趙彊	富安里公士~T9:66	壽	H2:47A
趙彊	彊漢隧長~H2:66	壽	T10:374A
趙駿	觻得守令史~T37:996	壽	T10:398
趙嬰	宜秋里大夫~T24:279	壽	T23:520

壽　T37:1039A	蔡己　不更~T5:47
壽　T37:784A	蔡己　東成里公乘~F3:276
壽　T9:269	蔡子卿　T30:129A+107
壽　子男~T10:278	蔡午　居延誠勢里公大夫~T25:55
壽　子男~T37:484+481	蔡外　苦平川里大夫~T30:140+241
壽　令史~T37:39A+691B	蔡君　F3:466
壽　守令史~T10:441	蔡君　T37:1143B
壽　守令史~T6:71A+72A	蔡青　陝倉□里~T1:54
壽　佐~T10:210A	蔡放　望宛里公乘~T37:25
壽　東鄉守嗇夫~T10:61	蔡宗　千人~T37:1098A
壽☒　□金里~T22:47	蔡畢　陳國朱里~T37:1496
壽　掾~T10:247+207	蔡赦　T24:872A+249A
壽　掾~T26:94	蔡野　T1:182
壽　駅北亭卒~T28:62	蔡崇　亭長~T37:928
壽王　卒~T24:409	蔡超　徐孤里~T2:4
壽王雜　□尉~T1:88	蔡福　長彥里公乘~T9:258+358
壽未央　公乘~T2:61	蔡趙氏　T23:733A
壽光　~以私印行丞事 T21:143	蔡鳳　T23:153
綦毋　T30:207A	蔡樂　西夆田里不更~T9:45
綦毋　T8:106B	蔡襃　T23:302A
綦毋　温成曲里公乘~T31:134	蔡臨　梁樂成里~T37:1566
綦毋小　先就隧卒~T10:19	蔡豐　T23:788A
綦毋子侯　C:599B	蔡護　長安佐弋里~D:70
綦毋君　C:599B	榦尊友　T23:900A
綦毋故　T26:38	憲　D:281A
綦毋豐　T37:312	憲　子大女~T37:1105+1315
蔡　西鄉嗇夫~C:316A	憲　子小女~T30:62
蔡□　T37:479+1131	憲　御者~T1:1
蔡□　上蔡麋布里~C:560	輔　~爲居延都尉庫令史 T24:450

輔　□長~D:159	輔　樂昌隧長~C:603
輔　72EJC:60	輔宗　候丞~C:443
輔　C:296	臧　D:4
輔　D:377	臧子鴬　D:284B
輔　D:4	臧夫人　T21:73A
輔　F1:4	臧服君　妻大女~T37:1150
輔　T21:345	臧卿　T29:127
輔　T23:934	臧強　T6:98
輔　T30:27A+T26:21A	臧護　守屬~T37:1150
輔　T30:27B+T26:21B	䔪廉　史~F3:336+324
輔　T30:49A	對彭　驛北亭長~T37:798+643
輔　T9:268A+264B	對賢　鱳得始樂里公大夫~T37:745
輔　T9:268B+264A	暊　大婢~T27:59
輔　中鄉守嗇夫~T9:29A	聞永　女子~F3:165
輔　守斗食佐~T37:527	聞君　子男~T24:124
輔　守令史~72EJC:202	聞賓　T23:481B
輔　佐~T8:13A	聞憙　河東~D:256
輔　佐~T8:13B	閶生　杼秋北陽里~T21:126
輔　沙頭卒~T24:108	閶丘勝　T24:736
輔　沙頭卒~T26:3	閶丘勝　富昌里~T24:740
輔　奉弟~T30:62	閶丘橫　鱳得富里不更~T37:992
輔　界亭卒~T24:26	閶昌　廚佐~T6:23A
輔　候史~T21:138B+278B	閣　T37:1151A
輔　候史~T21:278B	閣　茂陵令~T37:1452+1460+55
輔　掾~H2:5A	鳴　橐他野馬隧長~T28:116+118
輔　掾~T37:678	圖　亭長~T33:68
輔　廄佐~T37:1530	箕宗　氐池利陽里~T31:84
輔　隧長~T33:66	箕樂　T24:135A+128A+T30:167A
輔　隧長~T4:30	僬巳　T1:64

僑　　囗長～C:663

鳳　　～兼行丞事 T23:743+744

鳳　　T37:682+1355

鳳　　子大男～T37:1406

鳳　　令史～T37:1065B

鳳　　守令史～F3:1

鳳　　守令史～F3:43

鳳　　守令史～T26:86

鳳　　守令史～T37:940

鳳　　守丞～T23:335

鳳　　丞～T23:897A

鳳　　佐～T8:51B

鳳　　南鄉嗇夫～T23:338A

鳳　　書佐～T31:64

鳳　　書佐～T32:48

鳳囗　從～D:322

鳳　　掾～F3:470+564+190+243+438

鳳則　　囗士～F3:531

鳳當　右前騎士富里～F3:9

廣　　T23:952

廣　　令史～T23:1026+1047

廣　　囗長～T9:35

廣　　昭武左尉～T22:111A

廣　　昭武左尉～T30:21A+87

廣　　亭長～T37:833B

廣　　候長～T7:80A

廣　　掾～T37:1416+1177

廣　　驛北亭～T21:161

廣　　驛北亭長～T23:349A

廣之　屬～C:522

廣成　肩水候史～T21:123

廣佐　中鄉嗇夫～T37:1076A

廣明　從者～T24:681B+658A

廣宗　T23:226

廣宗　T26:83

廣宗　T26:95

廣宗　東部候～T28:20

廣宗　東部候長～T25:6

廣宗　東部候長～T28:1

廣宗　東部候長～T28:29+92

廣宗　東部候長～T28:88

廣宗　東部候長～T29:115A+116

廣宗　東部候長～T29:120

廣宗　候長～T1:3

廣宗　候長～T28:13B

廣宗　候長～T29:14+41

廣宗　候長～T31:138

廣宗　候長～T37:229

廣宗　掾～T9:159

廣鳳　書佐～T3:78

廣漢　T7:109

廣漢　令史～T33:40A

廣漢　居延卅井候長～T37:1063

廣漢　倉嗇夫行丞 T24:113A

廣漢　鄉尹～T23:4

廣漢　廣地士吏～C:437

廣漢　驪喜隧長～F1:79

廣德　H2：76

廣德　T26：190+198+163

廣德　張掖肩水都尉～H2：45

廣齋　佐～T37：519A

廖亡生　睢陽駝詔里不更～T1：81

適　D：280B+250B

適　T23：371

適　大奴～T2：90

齊　F3：127B

齊　子男～T10：370

齊　令史～T26：8

齊　弟～T24：501

齊　亭長～T30：21B

齊　第五令史～T26：13

齊　騂北卒～T29：115B

齊本　氐池充郭里～T30：9

齊卿　F3：124A

齊赦之　從者安樂里～72EBS7C：1A

齊赦之　從者安樂里～T31：66

齊從　下廣里～F2：48

齊博　觻得騎士～72EJC：250

齊博　觻得騎士萬年里～72EDIC：2

齊博　觻得騎士萬年里～72EJC：11

齊襃　D：35

鄭　臨菑守右丞～T9：335

鄭　～將軍 T23：740A

鄭　T26：294B

鄭☐　元城邑多禾里大夫～T25：89

鄭☐　觻得敬里～T37：366

鄭子眞　T3：111

鄭夫人　72EJC：147B

鄭不侵　密邑宜利里公乘～T37：766

鄭未央　穎川穎陰邑西時里～T8：33

鄭立　左前騎士白石里～F3：361

鄭戎　中營右騎士中宿里～F3：23

鄭戎　中營右騎士中宿里～F3：3

鄭光　T10：371A

鄭光　T28：100

鄭虫除　惠敢隧卒～T24：710

鄭充　令史～T1：308

鄭安☐　陽武昌安里～72EJC：40

鄭君　D：284B

鄭君　T24：778

鄭君☐　D：391

鄭君房　D：49A

鄭君房　D：49B

鄭忠　中宿里～F3：248

鄭並　子男鞮汗里上造～F3：255

鄭則　淮陽長平東陽里不更～T30：8

鄭卿　D：88A

鄭赦　肩水候長～T26：55

鄭常富　從者～T9：104

鄭陽　長平西原里上造～T24：21

鄭彭　右前騎士中宿里～F3：399

鄭程　T23：341+813

鄭程　右二人～T23：341+813

鄭衆　大夫~T23:675

鄭衆　廣地置佐~T37:775

鄭馮　左前騎士陽里~F3:99

鄭惲　居延令史~T30:29A

鄭業　温西市北里公乘~T26:36

鄭誼　T21:113B

鄭橋里　T22:55

鄭襃　觻得昌平里公乘~T37:621

鄭彊　毋適隧~T26:175

鄭護　T37:443

鄭黠　棘陽楊里大夫~T32:2

榮偃　□□公乘~T10:105

榮閒　C:419

榮就　止虜隧長~F3:535

漢　T24:243

漢　守令史~T35:7

漢　佐~T10:359

漢　尉史~T37:784A

漢　驊北亭卒~T14:31A

漢成　肩水士吏~T21:127

漢光　西鄉嗇夫~T9:35

漢昌　掾~T5:76

滿　小奴~T37:1528+280+1457

滿家　小奴~T24:62

滿廚　小奴~C:338

滿廚　小奴~T6:134

滿願　淮陽郡贊匠里~T22:80

寬　T6:173

寬　☑史~T26:146

寬　四望亭長~T37:740A

寬　四望亭長~T37:740B

寬　守令史~T37:1095B

寬　男子~72ECC:12B

寬　長安令右丞~T37:655

賓　F3:386

賓　兄~F1:75

賓　居延(令)~T7:22A

賓　廣地候~T24:244

寧　□□隧長~T24:138

實　D:243

實　H2:42

實　T21:264

實　下尉候長~T24:40

實　左尉~T37:752A

實　候長~T23:928

實　書~C:551

實　書~T24:527

實　張掖居延騎司馬~T4H:10+61

隨詡　守屬~T37:989

隧　平樂隧長~T23:491A

翟延　肩水司馬令史~T3:14

翟安知　T5:69

翟青　趙國襄國曲里~T10:132

翟並　勇士卒~T23:1064B

翟偉君　T10:314

翟敞　登山隧長~T10:158

翟蓋　觻得安世里~T23:55

翟襃　F3:345B

鄧　外黄邑丞～T37：723A

鄧□　淮陽郡陽夏高里～T1：100

鄧延　梁國睢陽竹陽里～T21：430

鄧卿　D：124B

鄧卿　壙野隧長～T3：28A

鄧國☑　淮陽郡圉□久里～T21：450

鄧博　T3：33B

鄧就　肩水壙野隧長～T37：977

綠　小婢～T37：797

十五畫

璜□　子小男～T29：43+33

聊驛　T23：570B+575A

樊　T2：106

樊☑　轢得騎士孝成里～T37：286

樊立　允吾左尉～T37：401B

樊戎　左前騎士累山里～F3：359

樊戎　助府佐～72EDIC：11

樊戎　府史～T23：432+260+431

樊抵　☑卒～T7：24+72EJC：155A

樊循　居延掾～T37：674

樊德　卅井士吏～T23：775

樊辯　雒陽安國里大夫～T37：1209

歐　驛北亭長～　T21：61

歐吉　☑□隧卒～　T24：585

賢　H1：14

賢　上子～T37：181A

賢　令史～T37：1437

賢　西鄉有秩～T24：262

賢　西鄉有秩～T37：931

賢　西鄉嗇夫～H2：15+83+34

賢　丞～T26：164

賢　删丹守尉～T22：111A

賢　佐～T37：1070

賢　茂陵令～T2：29A

賢　居延令～T33：44A+47A

賢　都鄉有秩～T31：20A+34A

賢　候史～T9：96A

賢　候長～T29：4

賢　尉史～T21：179

賢　掾～T37：521

賢　掾～T37：863+592

賢　橐他候～T24：25

賢　橐他候～T30：26

賢　屬～F3：186+188

賢友　T29：98

賢友　T7：160

賢友　金關隧長～T28：14A

賢友　隊長～T28：54

賢友　隧長～T29：42

賢並　T37：723A+1420A+1302

遷　東部候長～C：604

遷　賤第～T33：32

遷　屬～T34：41

遷　屬～T5：76

憂長公　T26：169

遼　橐他候～T37：1536A

鄴　72EJC:2B

鄴捐之　H1:78

賞　肩水關嗇夫~C:589

賞　~兼行候事 T10:204

賞　□水守城尉~T37:640A+707A

賞　72EJC:166

賞　T10:149

賞　T11:15

賞　T24:1A

賞　T25:67A

賞　T30:28B

賞　T31:32

賞　史~T23:359B+807B

賞　令史~T37:527

賞　令史~T6:23B

賞　有秩~F3:621A

賞　守丞~F3:220

賞　守城尉~T37:1067A

賞　佐~D:239

賞　肩水金關嗇夫~T37:201

賞　肩水庫嗇夫~T37:1068

賞　居延都尉~D:40A

賞　亭長~T23:648

賞　莫當隧卒~T23:873

賞　倉嗇夫~F3:164

賞　兼掾~T37:706+33

賞　張掖農都尉~T25:65A

賞　掾~F3:441+616

賞　蒙重里~T3:40

賞　嗇夫~C:316B

賞　嗇夫~T10:505

賞　嗇夫~T23:405

賞　嗇夫~T23:897B

賞　關佐~T3:117

賞　關嗇夫~72EDIC:4B

賞　關嗇夫~72EJC:233

賞　關嗇夫~72EJC:7

賞　關嗇夫~C:299

賞　關嗇夫~T14:36

賞　關嗇夫~T15:18

暴□　鑠得步利里~D:211

賜　T27:120A

賜　守令史~T37:792

數　中里大夫~T11:25A

遺　☑□候~F3:475

遺　廣地候~T37:1379A

罷軍　T28:113

罷軍　令史~T5:68A

釋　T4:126

釋婦　T23:554

儋福　定陶中莊里~H1:18

儀並　成漢里公乘~T23:91

樂　T10:424

樂　T5:113

樂　T9:214+210

樂　大河無鹽守令壽良右尉~T30:105

樂　子小男~T37:1180

樂　令史~T24：266A

樂　西鄉嗇夫~T37：521

樂　南鄉佐~T33：41A

樂亡　驪軒長~T1：199

樂止　氏池千秋里大女~T37：102

樂氏　~故北庫嗇夫 T28：63A

樂世　廣地士吏~T30：17

樂市　居延市陽里~T5：23A

樂成　襄澤隧長~T37：719

樂向　完城旦徒~T37：95

樂充國　☑長~T37：881+612

樂安　稽落亭卒~T29：101

樂安世　卒~T29：111

樂君　主簿~T37：501A

樂長子　T21：130A

樂欣　寒虜隧卒河東聞憙邑樓里~

　　F3：35

樂則　T8：57

樂昭　T1：315

樂禹　居延守右尉游徼~T9：1

樂音　北部司馬令史~T30：29A

樂卿　T37：1052A+268A

樂國　卒~T24：866

樂賀　右弟五車蒲反亭長~T37：1516

樂歲　西鄂守丞~T10：120A

樂意　T26：86

樂壽　隧卒~T2：39

樂誼　居延亭長~T24：359+222

樂彊　趙國邯鄲樂中里~T25：133

樂辭　F3：52+504

樂護　T23：789A

樂護　觻得定利里公乘~T26：46

德　□□候卒~T26：125

德　T26：294A

德　守左丞~T27：13

德　守令史~T8：9

德　守屬~T31：21+155

德　武安左尉~T37：1099A

德　居延都尉~T2：44

德　居延都尉~T37：782

德☑　居延都尉~T7：77

德　屋闌守左尉~T1：178A

德　庫佐~T29：92

德　張掖肩水司馬~T23：620

德　廣地令~T30：41

徵君　子小女~T21：203

衛　居延尉史~T23：915

衛放　市陽里~F2：6

衛宗　觻得安定里~T37：1156

衛卿　T28：58

衛萌　西海左寧督盜賊~F3：402

衛覓　T3：105

衛慶　從者~T37：532

衛豐　居延廷掾~T37：1584

衛贛　D：75A

魯☑　淮陽苦平曲里~T26：172

魯下　乘山隧長~F3：427

魯日　陽武廷里~T37：1418

魯年子　　□平里~T2:50

魯武　廣利隧長~F3:278

魯武　廣利隧長~F3:373

魯武　廣利隧長~F3:376

魯音　表是安樂里~T23:303

魯客　日勒騎士□德里~T1:240

魯卿　置佐~T37:131

魯國　鱳得常甯里不更~H2:64

魯陽　T23:12A

魯欽　橐他沙上隧長~T37:754

魯遂　禄得千秋里大夫~T37:995

魯稚文　C:599B

魯請　妻昭武便處里~T37:754

魯豐　昭武便處里~F3:278

魯護　訾家鉼庭里~F3:170

劉□　C:412

劉□少　東定游里公士~72EJC:135

劉子方　D:75A

劉子胥　T23:894A

劉弘　居延平明里~T37:1584

劉君伯　T21:485B

劉承　東望隧長~72EJC:198

劉莫且　T37:532

劉畢　淮陽郡城父甯里~T21:260

劉倉　戍卒~T24:716

劉儀　T37:1442B

劉儀　T37:786A

劉徹　故漢氏宗室~F3:388+206

劉屬　T24:10B

請　要害隧長張順妻~F3:89

請卿　小女~T3:89

請卿　子小女~T37:176

諸戎　千人令史~T30:29B

諸兒　T30:28B

調　緱氏丞~T6:189

調衆　守丞~T24:532A

誶幸　會稽郡鄞□里~T10:301

誼　□亭長~F3:82B

誼　72EJC:91

誼　T24:108

誼　T26:199

誼　T9:65

誼　子使男~T37:532

誼　左後候長~T3:1

誼　令史~T23:15B

誼　西鄉有秩嗇夫~T37:527

誼　守令史~T10:24

誼　守令史~T37:1436

誼　佐~T23:212B+224A

誼　肩水驛北守亭長~T37:591

誼　居延都尉~T7:140

誼　南鄉嗇夫~T23:772A

誼　都尉~T6:190

誼　掾~T9:163

誼尊　書佐~T37:1064

慶　T23:177B+171B

慶　尉史~T10:355A

慶　橐他守候守塞尉~T7:30

慶次公　T21：130B

慶禹　宜禾假亭長~C：380A

慶喜　T2：98

導　令史~F3：203

潘子文　T22：38B

潘收　市陽里官大夫~F2：8

潘忠　大夫~T6：31

審　T24：428

審　令史~T21：179

審長　沙上隧長~T23：672

審長　橐他置佐昭武便處里~T37：
175

審定　郵卒~T1：106

審常　T23：945

審彭　逆寇隧卒~F3：420

緱氏　偃師守長~T37：752A

緩　T26：227A+194

緩　掾~T37：792

緣　小婢~T31：79

橫　T9：13

橫　士吏~T37：719

橫　北鄉佐~T24：35A

橫　先登卒~T10：361

橫　莫當卒~72EJC：4

橫　掾~T6：22B

十六畫

靜　令史~T21：251

璣綠　婢~T37：521

駱襃　奮怒司馬~F3：147

據　萬年里任廣漢大奴~T23：975

熹　茂陵令~T32：16A

憙　H2：52

憙　T1：283

憙　T21：64

憙　T30：208B

憙　T8：56

憙　令史~T37：752A

憙　西鄉佐~T37：935

憙　佐~T4：3

憙　卒~T37：1227A

憙　原武右尉~T37：1075A

憙　尉~D：37A

憙　掾~T10：303

憙　掾~T37：702A

憙　鄭侯國相~T29：74

燕聖　僑陵邑步里公乘~T3：95

薛□　T1：279A

薛子真　T30：28B

薛氏　T11：13

薛市　安樂里大夫~T37：1326

薛弘　臨菑滿羊里公乘~T9：20

薛存　居延鉼庭里~H1：25

薛延　會水都鄉安遠里~C：477

薛充　T24：799

薛安世　關嗇夫居延鉼庭里~T4：
89

薛孝婦　T29：13A

薛君卿　T10:314

薛長賓　T29:109

薛侍親　轢得成漢里~T8:106A

薛某　□谷隧長~T23:531+509

薛則　張掖大守守卒史~T23:797A

薛宣　居延令史~T37:32+311

薛級　子男~T37:779

薛卿　D:31A

薛得赦　戍卒~T24:716

薛陽子　T23:328

薛尊　史~T30:203

薛遠　河上守候史~T37:1163

薛鳳　南部候長~T37:779

薛廣　上造~T21:105

薛誼　F2:22

薛慶　南部候史~C:307

薛襃　T33:79A

薛綵　T6:46A

薛綵　橐他候史~T6:46B

蕭仁　左前騎士當遂里~F3:7+360

蕭登　鬼新~T3:53

蕭遷　F3:171

蕭遷　甲溝守候~F3:400

蕭麋　轢得成漢里上造~T37:1268

蕭霸　左前騎士累山里~F3:416

頤　莫當隧卒~T3:34

薛□　轢得千秋里~T25:125

薛兵　富里~T10:313A

薛宗　陷陳隧長~D:353

薛常　安樂里大夫~T26:120

橋定　☑□里~T1:30

橋定廣　T23:385

橋悟　令史~T37:85

橋徵史　常利里女子~T23:737

樵威　道德里~T37:1380A

賴　佐~T10:121A

醜　妻大女~T37:758

奮　令史~F3:350

奮　守令史~F3:114+202+168

冀兵　轢得騎士長壽里~T24:554

冀巷　館里~T37:1535B

盧長卿　T21:130A

盧侯忠　戍卒~T37:611

縣　掾~T10:236A

閻□　戍卒秋利里~T23:681

閻長　T23:59

閻尚　訾家常安夏陽里~T4H:58

閻卿　同里~T24:321

閻被　莫當戍卒~D:42

閻得　亭長~T37:656+1376

閻章　橐他士吏~C:523

閻誼　廣利隧戍卒~T7:6

閻憙　廣成里男子~T37:151

閻嚴　鑪里~T24:414

戰定　日勒千秋里公乘~T9:16

還初　平樂隧~T31:117

勳　（張掖大守）丞~T1:2

勳　D:123

勳	T23：877A	襃	T23：896B
勳	T23：948	襃	T24：521
勳	令史～T10：206	襃	T37：477
勳	有秩～T10：155	襃	子大男～T37：1406
勳	守丞～T37：157	襃	子女～T37：1047A
勳	丞～T32：16A	襃	令史～T23：60
勳	沙頭亭卒～T26：98	襃	令史～T37：1248
勳	掾～T9：175A	襃	令史～T37：781B
勳	橐他北部候長～T37：1439	襃	令史～T37：788B
勳	觻得丞～T9：5+15	襃	西鄉嗇夫～T37：617
興	北部候長～T37：93	襃	守令～T37：770B
興	卒史～C：529A	襃	守令史～F2：46B
衡	丞相～T10：114	襃	守令史～T37：1491
錯	大司徒屬～T23：878	襃	守令史～T37：770B
錡晏	雒陽□里～T37：190	襃	守令史～T4：3
錢卿	T37：24A+648A	襃	守丞～F3：175
錢憙	T24：921	襃	東鄉有秩～T23：432+260+431
臏之	執適隧長～T28：113	襃	河上候史～T6：90
穌憲	居延延年里～F3：138	襃	都鄉嗇夫～T37：52
鮑博	F3：210	襃	掾～D：384
鮑順	氏池大昌～T8：78	襃	驛北亭長～72EJC：266
獲	守長守尉～T37：27	襃	驛北亭長～72EJC：3
穎	北部戍卒～T24：330+T21：482	襃	驛北亭長～C：591
謀輔	隊長～D：258B	襃	驛北亭長～C：611
襃	□□候長～T24：31A	襃良	北部候長～T3：99
襃	D：32A	親	守左尉～T37：523A
襃	T23：207A	親	佐～T10：237
襃	T23：69A	親	佐～T5：112
襃	T23：69B	親	佐～T9：62A

親　　嗇夫～T22:92

親☐　置佐～T37:448

龍☐　候長～T33:8

龍千秋　執適隧卒～T21:149

龍昌　中營右騎士千秋里～T3:7

龍眉　將車河南營陽新安里不更～
T37:1006

龍義　居延守右尉～T7:36

龍贛　☐固里～T29:72

澤嬰　T26:3

濂戎　温共利里～T23:56

憲　子小男～T37:1150

憲　五官掾～F3:356

憲　令史～T37:284+324+278

憲　守令史～T31:12

憲　肩水東部候長～T24:749+983

憲　肩水候～C:542A

憲　肩水候～F1:15

憲　肩水候～T37:1378+1134

憲　肩水候～T37:1423A

憲　肩水候～T37:770A

憲　肩水候～T37:788A

憲　肩水候～T37:962A

憲　居延令～T37:531

憲　南嗇夫～F3:209+200+524

憲　亭長～T23:797B

憲　從史～T6:91

憲　掾～T24:141

憲　掾～T37:1404

憲　嗇夫～D:19A

憲☐　肩水候～T3:58A

寰　薄平守丞～T37:1184

彊　72EJC:21

彊　T27:58A+15B+16B

彊　T31:162A

彊　T4H:30A

彊　令史～T24:748

彊　西鄉嗇夫～T33:39

彊　守令史～T24:98

彊　守尉史～T10:210A

彊　佐～T23:694B

彊　東部候長～C:335

彊　居延令～C:448A+446A

彊　居延令～T31:62

彊　居延令～T37:1045

彊　居延令～T37:1202

彊　居延令～T37:1491

彊　居延令～T37:161A

彊　居延令～T37:303

彊　居延令～T37:937

彊　居延令～T37:978

彊　居延農嗇夫～T2:57

彊　殄北候從史～T10:355B

彊　尉史～T10:210B

彊　尉史～T9:353

彊　張掖肩水都尉～F3:186+188

彊　掾～T37:1188

彊☐　T23:2+633

彊臨　執適守隧長~T23:408

十七畫

駿　T37:220+174

駿　守令史~T23:79B

駿　守丞~T37:928

駿　張掖居延卅井守候殄北塞尉~
T24:68

戴千秋　陽夏富陵里~T27:26

戴充　定陶虞里大夫~T37:76

戴林　中營右騎士遮虜里~F3:273

戴順　F3:537

藉　河內郡蕩邑陽里公乘~T3:83

藏翁　T4:14

韓☐　城倉嗇夫~T23:24

韓　掾~T24:355B

韓☐　橐他守屋蘭里~D:169

韓□　長安利成里~T24:579

韓□　尉文翟里~T1:32

韓子山　T10:314

韓子世　C:450B

韓子深　獄史~T30:56A+83A

韓仁　尉史~D:30

韓未央　趙國襄國公社里公乘~T22:
135

韓成　□□里~F1:26

韓充　潁川郡長社邑潁里~T3:97

韓安　T6:112

韓君　T24:10B

韓君公　T23:866A

韓君公　T23:866B

韓君公　T24:10A

韓君威　T30:56A+83A

韓君孫　T23:866A

韓武彊　肩水禽寇隧長~T10:131

韓長　卒~F3:52+504

韓東　T26:105

韓忠　昌樂里~T37:871

韓放　昭武便處里公乘~F3:326

韓況　右大尉屬~F3:326

韓況　作者樂得廣昌里~T24:248

韓定　錯田祿福敦煌案平里~F1:
36

韓則　平陵宜利里~T37:525

韓則　平陵宜利里公乘~T37:107

韓禹　葆轢得安國里大夫~T10:288

韓卿　D:306A

韓卿　南部候長~D:171

韓卿　南部候長~D:228

韓卿　南部候長~D:296

韓卿　南部候長~D:317A

韓宮　☐里~F3:22

韓宮　富里~F3:230

韓猛　屋蘭承明里~H2:53B

韓萬年　T9:180

韓尊　居延都尉守屬~C:336

韓翊　始安隧卒~T23:295

韓誤　更竟里~T1:151

韓誼	T23:454	臨	掾	~T4:3
韓慶	左前騎士富里~F3:414	臨	犂陽丞	~T6:23A
韓襃	右前騎士中宿里~F3:406	臨	禽寇隧戍卒	~T24:12
韓贛	雒陽利長里大夫~T25:159+	臨	彊漢隧	~T23:289
	116	臨	屬	~T29:34+36
擊	誠北萃~T24:187+173	臨平	新成里公乘	~T29:66
擊	誠北萃~T24:415	臨宜馬	東望隧長	~T30:70
臨	□史~D:241	臨前	西部候史	~T3:118A
臨	T5:113	嬰齊	T37:4+1172	
臨	T6:46A	嬰齊	右前部千人~T10:416	
臨	T9:130+T10:152	嬰齊	守觀奴~T1:1	
臨	子男~T37:755	魏☐	戍卒~T24:881	
臨	令史~T21:102B	魏	掾~T37:654B+734B	
臨	弘農北鄉嗇夫~D:37A	魏長兄	T37:1232B+1570B	
臨	☐臣~T4:48	魏長賓	T7:135	
臨	守令史~T21:330	魏苟脒	C:304	
臨	守令史~T37:1569	魏定	☐都里~T21:178	
臨	丞~T37:1484A+30A	魏禄	不更~T23:28	
臨	男弟~T37:1058	魏謁	右農田卒~T21:122	
臨	佐~T23:22	儲尊	D:280A+250A	
臨	肩水守候城守尉~T23:786	膽	卒~T28:61	
臨	城騎千人~T21:60A+T24:304	鮮于長史	H2:48A	
臨	城騎千人~T37:323	鮮于長史	T23:344	
臨	兼掾~T37:1491	謝□	妻昭武千秋里~T4:146	
臨	兼掾~T37:276A+1501	謝子□	72EJC:241	
臨	兼掾~T37:864	謝少子	陽夏都郵里~72EJC:20	
臨	張掖居延城騎千人~T37:480A	謝充	曲河卒~T1:40	
臨	掾~D:44	謝定國	居延市陽里~T21:223	
臨	掾~T37:778	謝姓□	梁國睢陽斛陽里~T37:550	

謝宰 大子舍人騎弋居孝里 ~ T30：22	豐 T37：415
謝參 筑陽孝里 ~ T4H：35A	豐 T37：798+643
謝詡 河東蒲子陽阿里公乘 ~ T33：84	豐 □□佐 ~ T7：25
謝賢 □寇隧卒 ~ T37：10	豐 F3：267
謝護 候史 ~ T26：90	豐 T37：1168
應 沙頭亭卒 ~ T28：57	豐 T37：1247+1235
應 沙頭亭卒 ~ T28：82	豐 T37：297
應 卒 ~ T26：103	豐 T37：940
應 御史 ~ T24：419	豐 平樂隧長 ~ T31：80
齋 T23：874	豐 北鄉嗇夫 ~ T37：97
齋 T37：491+482	豐 北嗇夫 ~ T30：20
齋 吏 ~ F1：27A	豐 北嗇夫 ~ T37：1117+1107
齋 從吏日勒尉史 ~ T23：1013	豐 北嗇夫 ~ T37：1118
鴻 子男 ~ F2：39	豐 北嗇夫 ~ T37：129
禮猛 河上卒 ~ C：303	豐 北嗇夫 ~ T37：1413+1190
孺卿 F1：75	豐 北嗇夫 ~ T37：1509
孺卿 T30：179+180	豐 北嗇夫 ~ T37：1510+313

十八畫

雛豐 F3：515	豐 北嗇夫 ~ T37：1514
聶定世 金關隧長 ~ T24：138	豐 北嗇夫 ~ T37：1584
聶意 樂昌隧卒 ~ T24：52	豐 北嗇夫 ~ T37：1588
職 T6：82	豐 北嗇夫 ~ T37：228
藥卿 T27：51	豐 北嗇夫 ~ T37：32+311
藥憙 蒲子好宜里公乘 ~ T34：16	豐 北嗇夫 ~ T37：3A
豐 T23：1004B	豐 北嗇夫 ~ T37：530
豐 T3：24	豐 北嗇夫 ~ T37：831
	豐 北嗇夫 ~ T37：885+636
	豐 ☑史 ~ T4H：44B
	豐 令史 ~ T37：1452+1460+55
	豐 令史 ~ T37：778

豐　臣~T24:599+597

豐　守令史~C:448B+446B

豐　守令史~T37:276A+1501

豐　守令史~T37:590

豐　守亭長~F1:73

豐　守庫丞~F3:105

豐　守屬~T37:1098A

豐　佐~T23:338A

豐　弟~T37:536

豐　東鄉嗇夫~T37:1451A

豐　肩水關嗇夫~T37:168

豐　南嗇夫~T37:1000

豐　南嗇夫~T37:135+133

豐　南嗇夫~T37:378

豐　南嗇夫~T37:785

豐　南嗇夫~T37:988

豐　昭武市陽里公士~T37:1049

豐　脩都宰丞~F3:111

豐　兼掾~T37:1560A+246B+61A

豐　兼掾~T37:450

豐　兼掾~T37:722

豐　兼屬~T37:1051

豐　第~T37:621+50

豐　☑尉~T37:667A+556B

豐　尉史~T4:41A

豐　掾~T31:64

豐　掾~T35:3

豐　掾~T37:404

豐　嗇夫~C:480

豐　嗇夫~T24:90B

豐　嗇夫~T37:1061B

豐　嗇夫~T37:1162B

豐　嗇夫~T37:1422

豐　嗇夫~T37:1508

豐　嗇夫~T37:1532B+182B

豐　嗇夫~T37:1560B+246A+61B

豐　嗇夫 T21:291

豐　嗇夫 T37:182B+1532B

豐　嗇夫 T37:308

豐　置佐~T23:762B

豐　廣地候~T37:1533A

豐　騂北卒~T23:300

豐　壙野隧長~T24:24A

豐　關嗇夫~T37:788A

瞿宏　北部庫嗇夫~T30:30A

歸方慎　肩水臨田隧長~D:308

歸生　望安隧長~T37:639+865

謹　大奴~T37:524

謹　通道廄佐~T10:107

顔☑　候從史~T37:1527

顔□　會稽郡鄞高成里~T10:300

顔立　左前騎士陽里~F3:28

顔賀　安樂隧長昭武安定里公乘~
　　T9:86

顔慶　72ECC:23

顔纍　T9:259A

織緹　大婢~T37:455

十九畫

蘇☑　游徼~T24：365

蘇□　……~T25：244+243+157

蘇□　河南雒陽南□里~T4H：3B

蘇□　居延殄北令史陽里公乘~T37：465

蘇□　觻得市里公乘~T27：118

蘇乙　屋蘭騎士滅胡里~T4：9

蘇大已　宣曲胡騎~T1：176

蘇之　雒陽樂歲里公乘~T30：266

蘇子孫　T30：259

蘇夫　白石里女子~T23：772A

蘇仁　屋蘭千秋里~T37：225

蘇立　公乘~T10：281

蘇永　右前騎士中宿里~F3：413

蘇幼君　☑都亭~T24：209

蘇安世　廣地隧長~T37：1018

蘇安世　廣地閒都亭長~H1：25

蘇利　F3：530

蘇兵　T8：14+20

蘇冶　公乘~T9：224

蘇君長　T24：629

蘇君郎　北部候長~T23：293A

蘇奉親　☑乘~T10：214

蘇奉親　從者長樂里~T24：250

蘇長　肩水候長~F1：25

蘇長　肩水候長~F1：37

蘇忠　城勢隧長~T37：958

蘇信　葉平定里公乘~T14：17

蘇通　T37：1084

蘇通　☑柘里~T1：164

蘇得　令史~C：436

蘇得　肩水令史~T37：1100+271

蘇得　廣地候長~T37：243+C：469

蘇章　候史~T37：82

蘇章　觻得步利里男子~T31：166

蘇博　廄佐~T3：68

蘇朅　田卒~T1：136+163

蘇解怒　河南匽佈西信里~T21：21

蘇廣　觻得騎士安樂里~T27：102

蘇廣志　北巷里~T1：121

蘇德☑　愚士卒~T24：777

蘇誼　居延殄北令史~T30：30B

蘇慶　左前騎士累山里~F3：19

蘇憲　平陵富長里~H2：41

蘇縱　娶蟲洛男子~T7：16

麗　小婢~T4H：15A

麗戎　T1：2

麗戎　外人一名~T1：1

關□　公乘~T22：41

關□　東阿延年里~T22：104

嚴　史~F3：300+548

嚴　令史~T37：1240B

嚴　掾~F3：294+126

嚴　掾~F3：350

嚴□□　丞~T9：389

嚴中□　觻得樂安里公士~T37：1205

譚☐	D:338	譚 嗇夫	～72EJC:2B
譚	T10:231B	譚 温丞	～T10:236A
譚	T10:246A	譚多 利上里男子	～T33:39
譚	T24:65B	譚放	T24:140
譚	T29:125B	譚宗	T9:7
譚 斗食佐	～T10:61	譚順 廣地守尉	～T24:516A
譚 ☐史	～T6:127	廬耳 弘農守丞	～D:37A
譚 令	～T33:37	龐	T24:78
譚 令史	～T24:9A	龐☐ 定安里	～72EJC:235B
譚 令史	～T37:164	龐毋害 先就隧卒	～T37:15
譚 令史	～T37:404	龐次君	T24:263
譚 令史	～T37:450	龐明	T30:207A
譚 出遠子男	～T6:175	龐狗	T30:28B
譚 守史	～F3:254+526	龐並 居延龍起里男子	～T37:418
譚 守令史	～T24:8B	龐宣 作者觻得定安里	～T37:952
譚 卒史	～F3:482+193+508	龐偶 東史里	～T1:115
譚 肩水史	～T24:284	龐寅 襄國長宿里	～T1:13
譚 居延卅井候	～T37:1450+1402	繇弘 從史	～T1:133
譚 城倉長	～T24:127	繇便 酒泉綏彌工里公乘	～T37:1004
譚 昭武長	～T26:94	繇卿 市丞	～T37:1203A
譚 昭武長	～T6:45A		
譚 亭長	～T23:351+452	**二十畫**	
譚 候使	～T24:65A	騶 馴望隧卒	～T23:510
譚 尉史	～T23:245	騶明 東阿增野里官大夫	～T5:19
譚 張掖大守	～F1:13	騶惲 觻得敬老里不更	～T37:1458A
譚 張掖肩水都尉	～F1:14	騶護 允吾左尉從史	～F3:189+421
譚 掾	～F3:1	蘭柱 毋適隧	～T26:43
譚 掾	～T6:23B	黨	D:253
譚 御史大夫	～T10:114	黨	F3:549A+580A

黨　T27：58A+15B+16B

黨　T37：1139

黨　T37：257

黨　子小男~T37：177+687

黨　戶曹史~F3：461+476+454

黨　左前候長隊長~T27：46

黨　北鄉嗇夫~T37：1189

黨　守令史~F3：184B

黨　卒~T37：489

黨　倉南亭長~F3：164

黨　尉史~T23：206

黨　嗇夫~T37：913B

黨　驛北卒~T4H：12

黨　驛北卒~T4H：4

黨☐　居延☐長~T37：1510+313

巍☑　觻得騎士市陽里~T1：62

籍忠　萬歲里公乘~T6：52

護　T21：131A

護　T23：405

護　T24：401

護　T30：139

☑護　T4H：27

護　T6：67B

護　令史~T9：320

護　守令史~T37：338

護　丞~T37：1452

護　佐~T10：61

護　佐~T9：163

護　卒~T23：642+35

護　居延城倉長~T37：275

護　居延城倉長~T37：749A

護　書佐~T34：34B

護　張掖大守~T4：102

護　掾~T37：784A

護　獄丞~T37：575A

護　廣地士吏~T37：759

護　廣地士吏~T37：96

護　隧長~T24：24A

護　橐他守候~T37：1065A

護☐　子小女~T37：756

護封　觻得長~72EJC：121

護衆　T2：17

護衆　第一亭長~72EBS7C：1A

護衆　第一亭長~T31：66

護豐　F3：330

議　第一候長毋舉隧長~T23：301

贏　H2：43A

贏　禁姦隧長~T37：1223

贏☐　☐姦隧長~H2：90

寶君伯　T23：296B

寶宣　關門卒~F3：422

寶常幸　騎士安世里~C：464

寶彭　居延守令史~T37：419

寶嚴　T23：731A

二十一畫及以上

霸　C：295

霸　T14：33A

霸　T9:333

霸　公乘~C:663

霸　佐~T37:962B

霸　卒史~F3:186+188

霸　尉史~T37:878A+692

霸　掾~F3:254+526

霸　掾~T10:468

霸　掾~T9:232A

霸成　子男~T2:17

霸意　居延游徼~T23:1049

蠡　～曰 T21:454

驕　子女~T37:755

驕　女弟~T37:1058

龔根　睢陽富樂里~T24:970

龔縣　T25:7A

龔憲　金城里公乘~T37:840

顯　滎陽守丞~D:244

儺廣德　館里~T24:765

樂遺　☑卒~T24:709

鹽承　卒~T23:909A

讓　肩丞~T24:245

讓　通道廄佐~T10:203A

讓　廄佐~T10:215B

贛　T23:404A+265B

贛　T23:404B+265A

贛　T30:28B

贛　令史~T9:159

贛　尉史~T10:120A

贛子☐　T32:32B

驢　小奴~T37:797

附:殘斷未釋人名檢索表

□□時　鱳得騎士~T27:83

□□子　T32:32B

□安　T21:89B

□安卿　D:265A

□襃　T37:181A

□襃　F1:104

□襃　F3:126

□庇　T29:8

□賓　D:391

□伯　T37:270A

□博　莫當隧長~T26:77

□岑　T24:161

□昌　掾~T25:27

□昌　F1:84A

□長子　T8:59

□常　T37:1014

□常　鱳得千秋里上造~F3:215

□常幸　F1:43

□敞　□□長~T30:214

□充　T21:67

□充　T24:798

□充　T26:214

□充　T26:302

□初　安昌□里~T:337

□當　T23:916B

□黨　T24:30

□黨　72EJC:171

□得　D:242A

□德　令史~D:41A

□耳　子小女~T31:40

□房　T24:984

□風　D:79B

□豐　T23:234B

□豐　T37:264

□夫　C:469

□紺　平陰鄉佐市陰里公乘~T8:32

□福　T30:207A

□福　有秩候長公乘~T31:153

□富端　T1:61

□光　廣野卒~T24:151

□光　T26:173

□光　C:297

□光連　T24:135B

□廣　T26:257

□廣意　T29:7

□何　T37:941A

□護　☑里~T37:1475

□惠　陳留甯陵虞里~T10:402

□級　T37:1168

□彊　T9:106

□竟　~兼行丞事 T37:573

□君　T23:404B+265A

□君　T23:1002

□君　T23:1004A

□君　T26:150

□君都　T25:12A

□君房　T30:56A+83A

□開　內黃博望里~T23:250

□來	T9:141		□卿	T37:473A+507B
□立	T37:1181A		□卿	D:107A
□利卿	C:450B		□卿	D:120A
□隆	~行大守事 T37:1563		□卿	72EJC:99
□路人	□□卒~T1:201		□慶	居延亭長~T37:694
□萌	長安張里~F3:252		□慶	72ECC:8A
□孟	D:261A		□親	T5:79
□免	T2:89		□少君	T29:13A
□明	肩水令史觻得樂□里~H1:21		□少君	T29:13B
□破胡	72ECC:42B		□始	要虜卒~T29:111
□浦	T30:106		□氏	T4H:83
□普	T37:106		□世	T23:823
□氣	樂昌里公乘~T31:91		□世	屬~T30:88
□青	河南郡京從里公乘~T14:8		□收	T28:53B
□卿	T1:289B		□受	T32:32B
□卿	……隧長~T3:28A		□壽	T9:202A+183A
□卿	T7:183A+155A+193A		□譚	C:671
□卿	T21:73A		□同	T21:190
□卿	T23:219		□同	T37:307
□卿	T23:302B		□未央	邑匡里公乘~T6:142
□卿	T23:323A		□未央	臨澤隧卒~T37:967
□卿	T23:323B		□武	T37:1170
□卿	T24:70B		□喜	T25:136
□卿	T24:628		□憙	T23:734A
□卿	T26:251		□咸	三泉里男子~T37:38
□卿	丞相史~T30:208B		□賢	H2:60
□卿	T30:233A		□相	D:319B
□卿	T31:51A		□詡	隧長~T21:89B
□卿	T31:51A		□宣	士吏~T37:143+729A

☑湯　T6:104

☑魋　T24:888

☑麗　T9:303

☑未央　T28:123

☑□賢　T1:46

☑意　T37:704

☑□奴　T23:955

☑賢　T24:132

☑憲　D:364

☑相　T23:393

☑信　T23:1043

☑宣　D:330

☑嚴　T24:428

☑雲　T37:1401

☑則　T24:770

☑之　T9:217

☑子　T23:74

☑子　T26:197

☑宗　T10:336

☑尊　T2:104

引用文獻

［韓］林炳德:《秦漢時期的庶人》,《簡帛研究二〇〇九》,廣西師範大學出版社,2011 年。(2011P315-326)

［日］大庭脩著,姜鎮慶譯:《論肩水金關出土的〈永始三年詔書〉簡册》,《敦煌學輯刊》1984 年 2 期。(1984.2)

［日］大庭脩著,林劍鳴等譯:《秦漢法制史研究》,上海人民出版社,1991 年。(1991)

［日］大庭脩著,徐世虹譯:《漢簡研究》,廣西師範大學出版社,2001 年。(2001)

［日］冨谷至:《漢代邊境關所考——圍繞玉門關所在地》,《簡帛研究二〇一〇》,廣西師範大學出版社,2012 年。(2012P226-252)

［日］冨谷至著,劉恒武譯:《文書行政的漢帝國》,江蘇人民出版社,2013 年。(2013)

［日］冨谷至著,楊振紅譯:《從額濟納河流域的食糧配給論漢代穀倉制度》,《簡帛研究譯叢》第 2 輯,湖南人民出版社,1998 年。(1998P193-246)

［日］廣瀨薰雄:《秦漢時代律令辨》,《中國古代法律文獻研究》第 7 輯,社會科學文獻出版社,2013 年。(2013P111-126)

［日］廣瀨薰雄:《談小方盤城出土漢簡中的"詣府"簿與"詣府"文書》,《簡帛研究二〇一八》秋冬卷,廣西師範大學出版社,2019 年。(2019P267-

278）

［日］角谷常子：《中國古代下達文書的書式》，《簡帛研究二〇〇七》，廣西師範大學出版社，2010 年。（2010P165-180）

［日］籾山明著，胡平生譯：《刻齒簡牘初探——漢簡形態論》，《簡帛研究譯叢》第 2 輯，湖南人民出版社，1998 年。（1998P147-177）

［日］森鹿三著，姜鎮慶譯：《居延出土的王莽簡》，《簡牘研究譯叢》第 1 輯，中國社會科學出版社，1983 年。（1983P1-20）

［日］森鹿三著，姜鎮慶譯：《論敦煌和居延出土的漢曆》，《簡牘研究譯叢》第 1 輯，中國社會科學出版社，1983 年。（1983P113-128）

［日］市川任三著，吕宗力譯：《論西漢的張掖郡都尉》，《簡牘研究譯叢》第 2 輯，中國社會科學出版社，1987 年。（1987P190-243）

［日］藤田勝久：《肩水金關的交通與“出入”通行證》，《簡帛》第 17 輯，上海古籍出版社，2018 年。（2018P223-244）

［日］藤田勝久：《肩水金關與漢代交通——符與傳之用途》，《金塔居延遺址與絲綢之路歷史文化研究》，甘肅教育出版社，2014 年。（2014P599-615）

［日］藤田勝久著，肖芸曉釋：《金關漢簡的傳與漢代交通》，《簡帛》第 7 輯，上海古籍出版社，2012 年。（2012P193-210）

［日］鷹取祐司著，宫長爲譯：《居延漢簡劾狀册書的復原》，《簡帛研究二〇〇一》，廣西師範大學出版社，2001 年。（2001P730-753）

［日］鷹取祐司著，魏永康譯：《漢代的“守”和“行某事”》，《法律史譯評》第六卷，中西書局，2018 年。（2018P94-124）

［日］永田英正著，孫言誠譯：《試論居延漢簡所見的候官——以破城子出土的“詣官”簿爲中心》，《簡牘研究譯叢》第 1 輯，中國社會科學出版社，1983 年。（1983P197-222）

［日］永田英正著，謝新平譯：《論新出居延漢簡中的若干册書》，甘肅省考古文物研究所編《秦漢簡牘論文集》，甘肅人民出版社，1989 年。（1989P236-255）

［日］永田英正著，張學鋒譯：《居延漢簡研究》，廣西師範大學出版社，2007

年。(2007)

安作璋、熊鐵基:《秦漢官制史稿》,齊魯書社,2007 年。(2007)

白海燕:《讀西北漢簡鎖記》,《古文字研究》第 32 輯,中華書局,2018 年。(2018P513-516)

白軍鵬:《漢人名字與漢簡釋讀》,《簡帛》第 21 輯,上海古籍出版社,2020 年。(2020P235-243)

白軍鵬:《西北漢簡人名考釋(十五則)》,《出土文獻綜合研究集刊》第 16 輯,巴蜀書社,2022 年。(2022P132-141)

曹方向:《初讀〈肩水金關漢簡(壹)〉》,簡帛網 2011 年 9 月 16 日。(2011.9.16)

曹景年:《新公佈海昏侯墓出土〈論語·知道〉簡文釋讀》,簡帛網 2016 年 11 月 4 日。(2016.11.4)

陳安然:《西北漢簡所見"城官系統"》,《簡帛研究二○二○》春夏卷,廣西師範大學出版社,2020 年。(2020P180-193)

陳晨:《肩水金關漢簡所見〈詩〉類文獻輯考》,《簡帛研究二○一八》秋冬卷,廣西師範大學出版社,2019 年。(2019P279-291)

陳夢家:《漢簡綴述》,中華書局,1980 年。(1980)

陳乃華:《從漢簡看漢朝對地方基層官吏的管理》,《山東師大學報(社會科學版)》1992 年第 3 期。(1992.3)

陳槃:《漢晉遺簡識小七種》,上海古籍出版社,2009 年。(2009)

陳偉、熊北生:《睡虎地漢簡中的功次書》,《文物》2018 年第 3 期。(2018.3)

陳直:《漢書新證》,天津人民出版社,1979 年。(1979)

陳直:《居延漢簡研究》,中華書局,2009 年。(2009)

程鵬萬:《簡牘帛書格式研究》,上海古籍出版社,2017 年。(2017)

程少軒:《〈肩水金關漢簡(叁)〉數術類簡牘初探》,《簡帛研究二○一五》秋冬卷,廣西師範大學出版社,2015 年。(2015P129-143)

程少軒:《〈肩水金關漢簡(伍)〉"天干治十二月將"復原》,復旦大學出土文獻與古文字研究中心網 2016 年 8 月 26 日。(2016.8.26)

程少軒:《〈肩水金關漢簡(壹)〉曆譜簡初探》,復旦大學出土文獻與古文字研究中心網 2011 年 9 月 1 日。(2011.9.1)

程少軒:《漢簡無"零"》,《文匯報》2017 年 7 月 28 日第 W13 版。(2017.7.28)

程少軒:《肩水金關漢簡"元始六年(居攝元年)曆日"的最終復原》,復旦大學出土文獻與古文字研究中心網 2016 年 8 月 27 日。(2016.8.27)

程少軒:《肩水金關漢簡"元始六年(居攝元年)曆日"復原》,《出土文獻》第 5 輯,中西書局,2014 年。(2014P274-284)

程少軒:《肩水金關漢簡中的端午節》,《文匯報》2016 年 6 月 3 日第 W15 版。(2016.6.3)

初昉、世賓:《懸泉漢簡拾遺(四)》,《出土文獻研究》第 11 輯,中西書局,2012 年。(2012P213-228)

初師賓:《漢邊塞守禦器備考略》,甘肅省文物工作隊、甘肅省博物館編《漢簡研究文集》,甘肅人民出版社,1984 年。(1984P142-222)

初師賓:《居延烽火考述——兼論古代烽號的演變》,甘肅省文物工作隊、甘肅省博物館編《漢簡研究文集》,甘肅人民出版社,1984 年。(1984P335-398)

初師賓、伍德煦:《居延甘露二年御史書册考述補》,《考古與文物》1984 年第 4 期。(1984.4)

初仕賓:《居延簡册〈甘露二年丞相御史律令〉簡牘考述》,《考古》1980 年第 2 期。(1980.2)

崔建華:《肩水金關漢簡"河東定陽"辨正——兼論宋人著録"周陽侯甗鍑"的真偽》,《中國歷史地理論叢》2020 年第 2 期。(2020.2)

丁義娟:《〈肩水金關漢簡(壹)〉73EJT10:314 簡簡文試解》,簡帛網 2017 年 8 月 31 日。(2017.8.31)

丁義娟:《〈肩水金關漢簡〉(肆)73EJT37:653 簡釋文訂正一則》,簡帛網 2017 年 7 月 9 日。(2017.7.9)

丁義娟:《肩水金關漢簡初探》,中國農業科學技術出版社,2019 年。(2019)

丁義娟:《肩水金關漢簡釋文淺談一則》,簡帛網 2018 年 5 月 27 日。
(2018.5.27)

丁媛:《肩水金關漢簡中的涉醫資料》,《出土文獻綜合研究集刊》第 7 輯,
巴蜀書社,2018 年。(2018P1-15)

方勇、周小芸:《讀金關漢簡小札二則》,《金塔居延遺址與絲綢之路歷史文
化研究》,甘肅教育出版社,2014 年 12 月。(2014P228-232)

方勇:《〈肩水金關漢簡(壹)〉小札二則》,簡帛網 2013 年 6 月 10 日。
(2013.6.10)

方勇:《讀〈肩水金關漢簡〉札記二則》,《魯東大學學報(哲學社會科學
版)》,2012 年第 2 期。(2012.2)

方勇:《談一道金關漢簡所載的數學“衰分”題》,簡帛網 2016 年 2 月 2 日。
(2016.2.2)

馮西西:《釋肩水金關漢簡 73EJC:446 的“歸故縣”》,簡帛網 2019 年 10 月
25 日。(2019.10.25)

高恒:《漢簡所見舉、劾、案驗文書輯釋》,《簡帛研究二○○一》,廣西師範
大學出版社,2001 年。(2001P292-303)

高恒:《漢簡中所見法漢律論考》,《簡帛研究》第 2 輯,法律出版社,1996
年。(1996P225-237)

高天霞、何茂活:《漢代“守令”“令史”“守令史”考辨———兼論〈肩水金
關漢簡〉中的相關官稱》,《西華師範大學學報(哲學社會科學版)》2015
年第 5 期。(2015.5)

高一致:《初讀〈肩水金關漢簡(肆)〉筆記》,簡帛網 2016 年 1 月 14 日。
(2016.1.14)

高一致:《讀〈肩水金關漢簡(三)〉札記(十八則)》,《珞珈史苑》2015 年卷,
武漢大學出版社,2016 年。(2016P15-24)

高一致:《讀〈肩水金關漢簡(叁)〉筆記(二)》,簡帛網 2014 年 8 月 23 日。
(2014.8.23)

高一致:《讀〈肩水金關漢簡(叁)〉筆記(一)》,簡帛網 2014 年 8 月 12 日。
(2014.8.12)

高一致:《讀〈肩水金關漢簡(叁)〉筆記(三)》,簡帛網 2014 年 9 月 5 日。(2014.9.5)

高一致:《讀〈肩水金關漢簡(伍)〉小札》,簡帛網 2016 年 8 月 26 日。(2016.8.26)

高震寰:《試論秦漢簡牘中"守""假""行"》,《出土文獻與法律史研究》第 4 輯,上海人民出版社,2015 年。(2015P58-79)

龔延明:《中國歷代職官別名大辭典》,上海辭書出版社,2006 年。(2006)

郭浩:《西漢地方邮政"財助"問題芻議》,《中國社會經濟史研究》2014 年第 4 期。(2014.4)

郭俊然:《漢官叢考:以實物資料爲中心》,華中師範大學博士學位論文,2013 年。(2013)

郭偉濤:《漢代的出入關符與肩水金關》,《簡牘學研究》第 7 輯,甘肅人民出版社,2018 年。(2018P96-125)

郭偉濤:《漢代的傳與肩水金關》,《簡帛研究二〇一八》春夏卷,廣西師範大學出版社,2018 年。(2018P243-272)

郭偉濤:《漢代肩水候駐地移動初探》,《簡帛》第 14 輯,上海古籍出版社,2017 年。(2017P129-174)

郭偉濤:《漢代肩水金關關史編年及相關問題》,《出土文獻》第 10 輯,中西書局,2017 年。(2017P229-259)

郭偉濤:《漢代肩水塞部隧設置研究》,《文史》2018 年第 1 期。(2018.1)

郭偉濤:《漢代肩水塞東部候長駐地在 A32 遺址考》,《簡帛研究二〇一七》春夏卷,廣西師範大學出版社,2017 年。(2017P270-286)

郭偉濤:《漢代橐他塞部隧設置研究》,《敦煌研究》2019 年第 1 期。(2019.1)

郭偉濤:《漢代張掖郡廣地塞部隧設置考》,《出土文獻研究》第 16 輯,中西書局,2017 年。(2017P210-225)

郭偉濤:《漢代張掖郡肩水塞研究》,清華大學博士學位論文,2017 年。(2017)

郭偉濤:《金關簡第五冊 73EJD 部分簡牘出土地獻疑》,《出土文獻》第 13

輯,中西書局,2018 年。(2018P293-327)

郭偉濤:《金關簡始建國二年騎士通關册書整理與研究》,《出土文獻研究》
　　第 18 輯,中西書局,2019 年。(2019P279-301)

韓華:《金關漢簡中的幾個農業問題考論》,《金塔居延遺址與絲綢之路歷
　　史文化研究》,甘肅教育出版社,2014 年。(2014P377-385)

韓鵬飛:《〈肩水金關漢簡(肆·伍)〉文字整理與釋文校訂》,吉林大學碩士
　　學位論文,2019 年。(2019)

郝二旭:《“肩水”小考》,《中國歷史地理論叢》2010 年第 1 期。(2010.1)

郝樹聲:《從西北漢簡和朝鮮半島出土〈論語〉簡看漢代儒家文化的流布》,
　　《敦煌研究》2012 年 3 期。(2012.3)

何茂活:《“近衣”考論兼訂相關諸簡釋文》,《簡牘學研究》第 6 輯,甘肅人
　　民出版社,2015 年。(2015P18-27)。

何茂活:《〈肩水金關漢簡(貳)〉殘斷字釋補》,《出土文獻綜合研究集刊》
　　第 2 輯,巴蜀書社,2015 年。(2015P175-188)

何茂活:《〈肩水金關漢簡(貳)〉釋文訂補》,《敦煌研究》2018 年第 4 期。
　　(2018.4)

何茂活:《〈肩水金關漢簡(貳)〉疑難字形義考辨》,《簡帛研究二〇一四》,
　　廣西師範大學出版社,2014 年。(2014P225-236)

何茂活:《〈肩水金關漢簡(貳)〉疑難字形義考釋》,《出土文獻綜合研究集
　　刊》第 2 輯,巴蜀書社,2015 年。(2015P175-188)

何茂活:《〈肩水金關漢簡(叁)〉曆譜簡零綴》,復旦大學出土文獻與古文字
　　研究中心網 2015 年 12 月 9 日。(2015.12.9)

何茂活:《〈肩水金關漢簡(叁)〉釋文商訂(之一)》,《出土文獻研究》第 15
　　輯,中西書局,2016 年。(2016P373-381)

何茂活:《〈肩水金關漢簡(叁)〉釋文商訂(之二)》,《簡帛》第 13 輯,上海
　　古籍出版社,2016 年。(2016P191-198)

何茂活:《〈肩水金關漢簡(伍)〉綴合補議一則》,簡帛網 2017 年 2 月 20
　　日。(2017.2.20)

何茂活:《〈肩水金關漢簡(壹)〉釋文訂補》,復旦大學出土文獻與古文字研

究中心網 2014 年 11 月 29 日。(2014.11.29)

何茂活:《〈肩水金關漢簡(壹)〉殘斷字釋補》,《中國文字(新四十二期)》,藝文印書館,2016 年。(2016P25-34)

何茂活:《河西漢簡所見"譙"字釋讀商兑》,《簡帛研究二〇一六》秋冬卷,廣西師範大學出版社,2017 年。(2017P214-226)

何茂活:《肩水金關 T25 斷簡綴合四則》,簡帛網 2015 年 11 月 6 日。(2015.11.6)

何茂活:《肩水金關 23 探方 917、919 簡綴合及粗解》,《河西漢簡考論——以肩水金關漢簡爲中心》,中西書局,2021 年。(2021P235-241)

何茂活:《肩水金關出土〈漢居攝元年曆譜〉綴合與考釋》,《考古與文物》2015 年第 2 期。(2015.2)

何茂活:《肩水金關出土的環讀式曆譜》,《文史知識》2015 年第 1 期。(2015.1)

何茂活:《肩水金關第 24、31 探方所見典籍殘簡綴聯與考釋》,《簡帛研究二〇一五》秋冬卷,廣西師範大學出版社,2015 年。(2015P112-128)

何茂活:《肩水金關漢簡〈所寄張千人舍器物記〉名物詞語考釋——兼補胡永鵬〈讀《肩水金關漢簡(貳)》札記〉文意》,《魯東大學學報(哲學社會科學版)》2014 年第 6 期。(2014.6)

何茂活:《肩水金關漢簡綴合校釋一則》,復旦大學出土文獻與古文字研究中心網 2015 年 1 月 7 日。(2015.1.7)

何茂活:《金關漢簡削衣重綴一例》,簡帛網 2015 年 11 月 3 日。(2015.11.3)

何茂活:《居延漢簡所見燧名命意證解(之一)》,《甘肅省第三屆簡牘學國際學術研討會論文集》,上海辭書出版社,2017 年。(2017P132-141)

何雙全:《居延漢簡所見漢代農作物小考》,《農業考古》1986 年第 2 期。(1986.2)

何有祖:《讀〈肩水金關漢簡(叁)〉札記(一)》,簡帛網 2016 年 1 月 19 日。(2016.1.19)

何有祖:《讀〈肩水金關漢簡(叁)〉札記(二)》,簡帛網 2016 年 1 月 20 日。

（2016.1.20）

何有祖:《讀肩水金關漢簡札記(一則)》,簡帛網 2016 年 1 月 9 日。
　　(2016.1.9)

何有祖:《讀肩水金關漢簡札記(二則)》,簡帛網 2016 年 1 月 11 日。
　　(2016.1.11)

何有祖:《讀肩水金關漢簡札記(三則)》,簡帛網 2016 年 1 月 12 日。
　　(2016.1.12)

何有祖:《讀肩水金關漢簡札記(四則)》,簡帛網 2016 年 1 月 14 日。
　　(2016.1.14)

侯曉旭:《〈肩水金關漢簡(壹)〉補釋一則》,簡帛網 2019 年 6 月 24 日。
　　(2019.6.24)

侯旭東:《漢代西北邊塞他官兼行候事如何工作》,《甘肅省第三届簡牘學
　　國際學術研討會論文集》,上海辭書出版社,2017 年。(2017P158-179)

侯旭東:《西漢張掖郡肩水候官駅北亭位置考》,《湖南大學學報》2016 年第
　　4 期。(2016.4)

侯旭東:《西漢張掖郡肩水候系年初編》,《簡牘學研究》第 5 輯,甘肅人民
　　出版社,2014 年。(2014P180-198)

侯宗輝:《肩水金關漢簡所見"從者"探析》,《敦煌研究》2014 年第 2 期。
　　(2014.2)

胡平生、張德芳:《敦煌懸泉漢簡釋粹》,上海古籍出版社,2001 年。(2001)

胡平生:《讀〈里耶秦簡(壹)〉筆記》,《出土文獻研究》第 11 輯,中西書局,
　　2012 年。(2012P113-129)

胡平生:《居延漢簡中的"功"與"勞"》,《文物》1995 年第 4 期。(1995.4)

胡平生:《木簡出入取予券書制度考》,《文史》第 36 輯,中華書局,1992 年。
　　(1992P145-156)

胡永鵬:《讀〈肩水金關漢簡(貳)〉札記》,《中國文字(新四十期)》,藝文印
　　書館,2014 年。(2014P235-246)

胡永鵬:《肩水金關漢簡校讀兩則》,《出土文獻綜合研究集刊》第 4 輯,巴
　　蜀書社,2016 年。(2016P154-158)

胡永鵬:《肩水金關漢簡校讀四則》,《安陽師範學院學報》2020 年第 6 期。（2020.6）

胡永鵬:《肩水金關漢簡校讀札記》,《漢字文化》2015 年第 3 期。（2015.3）

胡永鵬:《西北邊塞漢簡編年》,福建人民出版社,2017 年。（2017）

胡永鵬:《西北漢簡校讀叢札》,《出土文獻》2021 年第 1 期。（2021.1）

黃東洋、鄔文玲:《新莽職方補考》,《簡帛研究二〇一二》,廣西師範大學出版社,2013 年。（2013P114-135）

黃浩波:《〈肩水金關漢簡（貳）〉所見“河東定陽”簡試釋》,《歷史地理》第 29 輯,上海人民出版社,2014 年。（2014P276-282）

黃浩波:《〈肩水金關漢簡（叁）〉所見〈孝經〉解説殘簡》,復旦大學出土文獻與古文字研究中心網 2015 年 4 月 22 日。（2015.4.22）

黃浩波:《〈肩水金關漢簡（叁）〉所見郡國縣邑鄉里》,簡帛網 2014 年 7 月 22 日。（2014.7.22）

黃浩波:《〈肩水金關漢簡（肆）〉73EJH1:58 簡試説》,簡帛網 2016 年 1 月 14 日。（2016.1.14）

黃浩波:《〈肩水金關漢簡（肆）〉所見甘延壽相關簡文考釋》,《出土文獻研究》第 16 輯,中西書局,2017 年。（2017P258-266）。

黃浩波:《〈肩水金關漢簡（肆）〉所見郡國縣邑鄉里表》,簡帛網 2016 年 3 月 9 日。（2016.3.9）

黃浩波:《〈肩水金關漢簡（伍）〉釋地五則》,《簡帛》第 15 輯,上海古籍出版社,2017 年。（2017P177-186）

黃浩波:《〈肩水金關漢簡（伍）〉所見郡國縣邑鄉里表》,簡帛網 2016 年 9 月 7 日。（2016.9.7）

黃浩波:《〈肩水金關漢簡（壹）〉所見淮陽簡》,《歷史地理》第 27 輯,上海人民出版社,2013 年。（2013P276-278）

黃浩波:《〈肩水金關漢簡（壹）〉所見郡國縣邑鄉里》,簡帛網 2011 年 12 月 1 日。（2011.12.1）

黃浩波:《〈肩水金關漢簡（壹）〉所見卒閣錢簿》,簡帛網 2012 年 3 月 13

日。(2012.3.13)

黃浩波:《讀〈肩水金關漢簡(壹)釋文〉札記一則》,簡帛網 2011 年 9 月 30
日。(2011.9.30)

黃浩波:《肩水金關關嗇夫李豐簡考》,簡帛網 2016 年 2 月 26 日。(2016.
2.26)

黃浩波:《肩水金關漢簡地名簡考(八則)》,《簡帛研究二〇一七》秋冬卷,
廣西師範大學出版社,2018 年。(2018P113-165)

黃浩波:《肩水金關漢簡所見典籍殘簡》,簡帛網 2013 年 8 月 1 日。(2013.
8.1)

黃浩波:《西漢左馮翊"徵"本作"澂邑"補正》,《出土文獻》第 11 輯,中西
書局,2017 年。(2017P360-369)

黃今言:《秦漢軍制史論》,江西人民出版社,1993 年。(1993)

黃今言:《西漢"都吏"考略》,《簡帛研究二〇一五》春夏卷,廣西師範大學
出版社,2015 年。(2015P100-111)

黃艷萍、張再興:《肩水金關漢簡校讀叢札》,《簡帛》第 17 輯,上海古籍出
版社,2018 年。(2018P215-222)

黃艷萍:《〈肩水金關漢簡(壹)〉紀年簡校考》,《敦煌研究》2014 年第 2 期。
(2014.2)

黃艷萍:《〈肩水金關漢簡(貳)〉紀年簡校考》,《簡帛研究二〇一三》,廣西
師範大學出版社,2014 年。(2014P188-200)

黃艷萍:《〈肩水金關漢簡(叁)〉紀年簡校考》,《敦煌研究》2015 年第 2 期。
(2015.2-1)

黃艷萍:《〈肩水金關漢簡(壹)〉紀年簡校釋》,《簡牘學研究》第 5 輯,甘肅
人民出版社,2014 年。(2014P78-84)

黃艷萍:《〈肩水金關漢簡(壹-肆)〉校補》,《簡牘學研究》第 7 輯,甘肅人
民出版社,2018 年。(2018P134-140)

黃艷萍:《〈肩水金關漢簡〉所見"燧"及其命名探析》,《敦煌研究》2016 年
第 1 期。(2016.1)

黃艷萍:《初讀〈肩水金關漢簡(壹)〉札記》,復旦大學出土文獻與古文字研

究中心網 2013 年 5 月 30 日。(2013. 5. 30)

黄艷萍:《西北漢簡中的"坐前"小釋》,《昆明學院學報》2015 年第 2 期。
　　(2015. 2-2)

黄艷萍:《〈肩水金關漢簡(肆)〉中的紀年問題》,《敦煌研究》2017 年第 6
　　期。(2017. 6)

黄悦:《〈肩水金關漢簡(肆)〉釋文校正五則》,《出土文獻綜合研究集刊》
　　第 8 輯,巴蜀書社,2019 年。(2019P202-208)

紀寧:《〈肩水金關漢簡(五)〉非紀年新莽簡輯證 20 例》,《長江大學學報》
　　2017 年第 2 期。(2017. 2)

紀向軍:《居延漢簡中的張掖鄉里及人物》,甘肅文化出版社,2014 年。
　　(2014)

江滿琳:《肩水金關漢簡(壹-伍)文書分類及相關問題研究》,華東師範大
　　學碩士學位論文,2019 年。(2019)

蔣波、周世霞:《〈肩水金關漢簡(肆)〉中的"南陽簡"試釋》,《洛陽考古》
　　2016 年第 4 期。(2016. 4)

蔣禮鴻:《敦煌文獻語言詞典》,杭州大學出版社,1994 年。(1994)

金蓉、侯宗輝:《漢簡所見河西邊郡"作者"考》,《敦煌研究》2019 年第 1
　　期。(2019. 1)

孔德衆、張俊民:《漢簡釋讀過程中存在的幾類問題字》,《敦煌研究》2013
　　年第 6 期。(2013. 6)

孔祥軍:《肩水金關漢簡所見"太常郡"初探》,《中國历史地理論叢》2012
　　年第 3 期。(2012. 3)

勞榦:《漢代兵制及漢簡中的兵制》,《中央研究院歷史語言研究所集刊》第
　　十册,中華書局,1987 年。(1987P23-56)

勞榦:《居延漢簡·考釋之部·居延漢簡考證》,"中央研究院"歷史語言研
　　究所專刊之四十,1960 年。(1960)

雷海龍:《〈肩水金關漢簡(肆)〉斷簡試綴(一)》,簡帛網 2016 年 2 月 8 日。
　　(2016. 2. 8)

雷海龍:《〈肩水金關漢簡(肆)〉斷簡試綴(二)》,簡帛網 2016 年 2 月 10

日。(2016.2.10)

雷海龍:《〈肩水金關漢簡(伍)〉釋文補正及殘簡新綴》,《簡帛》第 14 輯,上海古籍出版社,2017 年。(2017P87-93)

雷倩:《肩水金關漢簡 73EJT21∶59 簡文蠡測》,簡帛網 2022 年 7 月 11 日。(2022.7.11)

黎明釗:《肩水金關漢簡的趙地戍卒》,《邯鄲學院學報》2014 年第 4 期。(2014.4)

李并成:《漢懸索關考》,《敦煌研究》2004 年第 4 期。(2004.4)

李洪財:《古代文字與文獻研究論集》,中國社會科學出版社,2018 年。(2018)

李洪財:《漢簡草字整理與研究》,吉林大學博士學位論文,2014 年。(2014)

李洪財:《秦漢簡中標識術語"剽"之新證》,《中國農史》2021 年第 5 期。(2021.5)

李洪財:《談談漢簡草字的考釋方法》,《文獻》2020 年第 1 期。(2020.1)

李均明、劉軍:《簡牘文書學》,廣西教育出版社,1999 年。(1999)

李均明:《"車父"簡考辨》,《簡牘學研究》第 2 輯,甘肅人民出版社,1998 年。(1998P98-102)

李均明:《漢代甲渠候官規模考(上)》,《文史》第 34 輯,中華書局,1992 年。(1992P25-46)

李均明:《漢簡所見車》,《簡牘學研究》第 1 輯,甘肅人民出版社,1997 年。(1997P105-113)

李均明:《漢簡所見出入符、傳及出入名籍》,《文史》第 19 輯,中華書局,1983 年。(1983P27-36)

李均明:《漢簡所見時限與延期》,《中國古代法律文獻研究》第 10 輯,社會科學文獻出版社,2016 年。(2016P139-154)

李均明:《簡牘文書稿本四則》,《簡帛研究》第 3 輯,廣西教育出版社,1998 年。(1998P312-319)

李均明:《秦漢簡牘文書分類輯解》,文物出版社,2009 年。(2009)

李均明:《通道廐考——與敦煌懸泉廐的比較研究》,《出土文獻》第 2 輯,中西書局,2011 年。(2011P255-266)

李均明:《張家山漢簡法律文書研討綜述·關於八月案比》,《出土文獻研究》第 6 輯,上海古籍出版社,2004 年。(2004P130-133)

李天虹:《居延漢簡簿籍分類研究》,科學出版社,2003 年。(2003)

李天虹:《居延漢簡所見候官少吏的任用與罷免》,《史學集刊》1996 年第 3 期。(1996.3)

李燁、張顯成:《〈肩水金關漢簡(壹)〉校勘記》,《古籍整理研究學刊》2015 年第 4 期。(2015.4)

李燁:《"秦胡"別釋》,《內江師範學院學報》2012 年第 5 期。(2012.5)

李燁:《〈肩水金關漢簡(壹)〉研究三題》,西南大學碩士學位論文,2013 年。(2013)

李燁:《漢簡所見"過所"考》,《簡帛語言文字研究》第 7 輯,巴蜀書社,2015 年。(2015P44-59)

李迎春:《讀居延漢簡札記六則》,《簡牘學研究》第 5 輯,甘肅人民出版社,2014 年。(2014P99-110)

李迎春:《漢代的尉史》,簡帛網 2009 年 6 月 16 日。(2009.6.16)

李迎春:《論肩水金關出入關符的類型和使用》,《簡帛研究二○一九》春夏卷,廣西師範大學出版社,2019 年。(2019P252-271)

李迎春:《論卒史一職的性質、來源與級別》,《簡牘學研究》第 6 輯,甘肅人民出版社,2016 年。(2016P133-151)

李穎梅:《〈肩水金關漢簡(貳)〉校釋六則》,《昆明學院學報》2018 年第 1 期。(2018.1)

連劭名:《西域木簡所見〈漢律〉》,《文史》第 29 輯,中華書局,1988 年。(1988P131-141)

林宏明:《漢簡試綴第六則》,先秦史研究室網 2016 年 11 月 29 日。(2016.11.29-1)

林宏明:《漢簡試綴第四則(代替)》,先秦史研究室網 2016 年 11 月 29 日。(2016.11.29-2)

林宏明:《漢簡試綴第八到十一則》,先秦史研究室網 2016 年 12 月 8 日。（2016.12.8）

林宏明:《漢簡試綴第 12–14 則》,先秦史研究室網 2016 年 12 月 15 日。（2016.12.15）

林宏明:《漢簡試綴第 15 則》,先秦史研究室網 2016 年 12 月 21 日。（2016.12.21）

林宏明:《漢簡試綴第 16 則》,先秦史研究室網 2017 年 6 月 23 日。（2017.6.23）

林宏明:《漢簡試綴第 17 則》,先秦史研究室網 2017 年 6 月 28 日。（2017.6.28）

林獻忠:《〈肩水金關漢簡（貳）〉考釋六則》,《敦煌研究》2016 年第 5 期。（2016.5）

凌文超:《漢晉賦役制度識小》,《簡帛》第 6 輯,上海古籍出版社,2011 年。（2011P460–475）

凌文超:《肩水金關漢簡罷卒名籍與庸之身份》,《甘肅省第三屆簡牘學國際學術研討會論文集》,上海辭書出版社,2017 年。（2017P87–92）

劉光華:《西漢西北邊塞》,《簡牘學研究》第 4 輯,甘肅人民出版社,2004 年。（2004P182–206）

劉國勝、馮西西:《漢代"家屬"辨析》,《簡帛》第 21 輯,上海古籍出版社,2020 年。（2020P245–256）

劉嬌:《讀肩水金關漢簡"馬禖祝辭"小札》,《文匯報》2016 年 8 月 19 日第 W11 版。（2016.8.19）

劉嬌:《漢簡所見〈孝經〉之傳注或解說初探》,《出土文獻》第 6 輯,中西書局,2015 年。（2015P293–303）

劉嬌:《居延漢簡所見六藝諸子類資料輯釋》,《出土文獻與古文字研究》第 7 輯,中西書局,2018 年。（2018P279–326）

劉倩倩:《〈肩水金關漢簡（壹）〉注釋及相關問題研究》,華東師範大學碩士學位論文,2015 年。（2015）

劉瑞:《漢代"超長紀年"問題新研》,《國學學刊》2015 年第 4 期。（2015.

4)

劉欣寧:《漢代"傳"中的父老與里正》,《早期中國史研究》第 8 卷第 2 期,
　2016 年。(2016.2)

劉樂賢:《東牌樓漢簡"府卿"試釋》,《簡帛研究二〇一三》,廣西師範大學
　出版社,2014 年。(2014P221-227)

劉樂賢:《讀肩水金關漢簡〈張宣與稚萬書〉》,《出土文獻研究》第 17 輯,中
　西書局,2018 年。(2018P298-307)

劉樂賢:《肩水金關漢簡所見書籍簡例釋》,《甘肅省第三屆簡牘學國際學
　術研討會論文集》,上海辭書出版社,2017 年。(2017P180-185)

劉樂賢:《金關漢簡〈譚致丈人書〉校釋》,《古文字論壇(第 1 輯)——曾憲
　通教授八十慶壽專號》,中山大學出版社,2015 年。(2015P266-274)

劉樂賢:《金關漢簡中的翟義同黨陳伯陽及相關問題》,《中國史研究》2014
　年第 1 期。(2014.1)

劉樂賢:《秦漢行政文書中"謾"字及相關問題》,《簡帛》第 15 輯,上海古籍
　出版社,2017 年。(2017P133-150)

劉樂賢:《釋金關漢簡中與"過大公"有關的兩枚封檢》,《出土文獻》第 7
　輯,中西書局,2015 年。(2015P237-242)

劉樂賢:《談漢簡中的"雪"字》,《古文字研究》第 32 輯,中華書局,2018
　年。(2018P522-526)

劉樂賢:《王莽"戒子孫"書考索——也談金關漢簡中一種與〈孝經〉有關的
　文獻》,《出土文獻》第 9 輯,中西書局,2016 年。(2016P205-216)

劉釗(樂遊):《漢簡所見官文書研究》,吉林大學博士生學位論文,2015 年。
　(2015)

劉釗(樂遊):《河西漢簡研讀札記五則》,《出土文獻綜合研究集刊》第 3
　輯,巴蜀書社,2016 年。(2016P143-153)

劉釗:《近出西北屯戍漢簡研讀四則》,《出土文獻研究》第 13 輯,中西書
　局,2014 年。(2014P350-362)

魯家亮:《肩水金關漢簡釋文校讀六則》,《古文字研究》第 29 輯,中華書
　局,2012 年。(2012P777-781)

魯普平:《南、北嗇夫考》,《寧夏社會科學》2016 年第 1 期。(2016.1)

陸寧寧:《讀〈肩水金關漢簡〉札記六則》,簡帛網 2022 年 7 月 19 日。
　　(2022.7.19)

羅見今、關守義:《〈肩水金關漢簡(貳)〉曆簡年代考釋》,《敦煌研究》2014
　　年第 2 期。(2014.2)

羅見今、關守義:《〈肩水金關漢簡(叁)〉曆簡年代考釋》,《敦煌研究》2015
　　年第 4 期。(2015.4)

羅見今、關守義:《〈肩水金關漢簡(伍)〉曆簡考釋》,《中原文化研究》2018
　　年第 6 期。(2018.6)

羅見今、關守義:《〈肩水金關漢簡(壹)〉八枚曆譜散簡年代考釋》,《敦煌研
　　究》2012 年第 5 期。(2012.5)

羅見今、關守義:《〈肩水金關漢簡(壹)〉紀年簡考釋》,《敦煌研究》2013 年
　　第 5 期。(2013.5)

馬克冬、張顯成:《〈居延新簡〉軍備用語及其價值研究》,《河北北方學院學
　　報(社會科學版)》2013 年第 6 期。(2013.6)。

馬孟龍:《談肩水金關漢簡中的幾個地名》,《中國歷史地理論叢》2012 年第
　　3 期。(2012.3)

馬孟龍:《談肩水金關漢簡中的幾個地名(二)》,《中國歷史地理論叢》2014
　　年第 2 期。(2014.2)

馬孟龍:《西漢存在"太常郡"嗎?——西北政區研究視野下與太常相關的
　　幾個問題》,《中國歷史地理論叢》2013 年第 3 期。(2013.3)

馬怡:《〈趙憲借襦書〉與〈趙君勞存物書〉——金關漢簡私文書釋考二則》,
　　《簡牘學研究》第 5 輯,甘肅人民出版社,2014 年。(2014P29-37)

馬怡:《讀東牌樓漢簡〈侈與督郵書〉——漢代書信格式與形制的研究》,
　　《簡帛研究二〇〇五》,廣西師範大學出版社,2008 年。(2008P173-
　　186)

馬怡:《漢代的計時器及相關問題》,《中國史研究》2006 年第 3 期。(2006.
　　3)

馬智全:《肩水金關漢簡所見罷卒》,《絲綢之路》2015 年第 20 期。(2015.

20）

馬智全:《〈肩水金關漢簡(壹)〉校讀記》,《考古與文物》2012 年第 6 期。
　(2012.6)

馬智全:《漢代西北邊塞的"市藥"》,《簡牘學研究》第 7 輯,甘肅人民出版
　社,2018 年。(2018P87–95)

馬智全:《漢簡"學師"小考》,《魯東大學學報(哲學社會科學版)》2017 年
　第 2 期。(2017.2)

馬智全:《漢簡反映的漢代敦煌水利芻論》,《敦煌研究》2016 年第 3 期。
　(2016.3)

馬智全:《漢簡所見漢代肩水地區水利》,《中國社會經濟史研究》2013 年第
　2 期。(2013.2)

馬智全:《肩水金關關嗇夫紀年考》,《甘肅省第三屆簡牘學國際學術研討
　會論文集》,上海辭書出版社,2017 年。(2017P254–263)

馬智全:《肩水金關漢簡〈論語〉及相關儒家簡牘探論》,《金塔居延遺址與
　絲綢之路歷史文化研究》,甘肅教育出版社,2014 年。(2014P165–171)

馬智全:《肩水金關漢簡中的"葆"探論》,《西北師大學報》2013 年第 1 期。
　(2013.1)

馬智全:《肩水金關漢簡中的"宣曲校尉"》,《商丘師範學院學報》2021 年
　第 7 期。(2021.7)

馬智全:《説"僵落"》,《敦煌研究》2018 年第 1 期。(2018.1)

聶丹:《西北屯戍漢簡中的"宥"和"草"》,《敦煌研究》2015 年第 2 期。
　(2015.2)

裴永亮:《肩水金關漢簡中漢文帝時期樂府詔書考證》,《簡帛研究二〇一
　八》春夏卷,廣西師範大學出版社,2018 年。(2018P273–281)

彭浩:《河西漢簡中的"獄計"及相關文書》,《簡帛研究二〇一八》春夏卷,
　廣西師範大學出版社,2018 年。(2018P221–231)

錢玉林、黃麗麗:《中華傳統文化辭典》,上海大學出版社,2009 年。(2009)

秦鳳鶴:《〈肩水金關漢簡(壹)(貳)〉釋文校訂》,《漢字漢語研究》2018 年
　第 2 期。(2018.2)

秦鳳鶴:《〈肩水金關漢簡（肆）〉釋文校訂》,《古文字研究》第 32 輯,中華書局,2018 年。(2018P530-532)

秦鳳鶴:《〈肩水金關漢簡(伍)〉釋文校讀》,《簡帛研究二〇一八》春夏卷,廣西師範大學出版社,2018 年。(2018P282-287)

秦進才:《肩水金關"趙國尉文"簡初探》,《邯鄲學院學報》2020 年第 1 期。(2020.1)

裘錫圭:《裘錫圭學術文集》第 5 卷《古代歷史、思想、民俗卷》,復旦大學出版社,2012 年。(2012:5)

裘錫圭:《裘錫圭學術文集》第 2 卷《簡牘帛書卷》,復旦大學出版社,2012 年。(2012:2)

裘錫圭:《裘錫圭學術文集》第 6 卷《雜著卷》,復旦大學出版社,2012 年。(2012:6)

饒宗頤、李均明:《新莽簡輯證》,新文豐出版公司,1995 年。(1995)

任達:《肩水金關漢簡(壹)文字編》,吉林大學碩士學位論文,2014 年。(2014)

任冬陽:《新出新莽簡及相關問題研究》,鄭州大學碩士學位論文,2020 年。(2020)

單印飛:《〈肩水金關(肆)〉綴合一則》,簡帛網 2016 年 1 月 13 日。(2016.1.13)

沈剛:《西北漢簡所見騎士簡二題》,《出土文獻研究》第 11 輯,中西書局,2012 年。(2012P229-238)

沈剛:《也談漢代西北邊亭——以張掖太守府轄區爲中心》,《簡帛》第 15 輯,上海古籍出版社,2017 年。(2017P207-222)

沈思聰:《讀肩水金關漢簡札記》,《簡帛》第 18 輯,上海古籍出版社,2019 年。(2019P143-148)

沈思聰:《肩水金關漢簡人名索引與釋文校訂》,復旦大學碩士學位論文,2018 年。(2018)。

司曉蓮、曲元凱:《讀〈肩水金關漢簡(貳)〉札記》,《集美大學學報(哲學社會科學版)》2016 年第 4 期。(2016.4)

宋傑:《建武十年弩機銘文考釋》,《文史》第 34 輯,中華書局,1992 年。
　（1992P93-96）

宋豔萍:《漢簡所見"以私印行事"研究》,《金塔居延遺址與絲綢之路歷史
　文化研究》,甘肅教育出版社,2014 年。（2014P132-136）。

蘇俊林:《孫吳基層社會身份秩序研究——以走馬樓吳簡爲中心》,湖南大
　學博士學位論文,2016 年。（2016）

孫博:《新莽政區地理研究》,復旦大學碩士學位論文,2017 年。（2017）

孫聞博:《走馬樓簡"吏民簿"所見孫吳家庭結構研究》,《簡帛研究二〇〇
　七》,廣西師範大學出版社,2010 年。（2010P246-261）

孫占宇:《居延新簡集釋(一)》,甘肅文化出版社,2016 年。（2016）

唐俊峰:《A35 大灣遺址肩水都尉府説辨疑——兼論"肩水北部都尉"的官
　署問題》,《簡帛》第 9 輯,上海古籍出版社,2014 年。（2014P223-240）

唐俊峰:《西漢河西田官的組織與行政:以居延、肩水地區的田官爲中心》,
　《中國文化研究所學報》第 59 期,香港中文大學中國文化研究所,2014
　年。（2014P92-95）

陶傳祥:《秦漢"亡命"考論》,《南都學壇》2016 年第 2 期。（2016.2）

萬堯緒:《肩水金關漢簡考證三則》,《魯東大學學報(哲學社會科學版)》
　2018 年第 3 期。（2018.3）

汪桂海:《出土簡牘所見漢代的臘節》,《中國歷史文物》2007 年第 3 期。
　（2007.3）

汪桂海:《漢代官文書制度》,廣西教育出版社,1999 年。（1999）

汪桂海:《漢簡叢考(一)》,《簡帛研究二〇一〇》,廣西師範大學出版社,
　2001 年。（2001P377-384）

汪桂海:《漢代軍隊編制、軍陣及二者之關係》,《簡帛研究二〇一五》春夏
　卷,廣西師範大學出版社,2015 年。（2015P142-151）

汪桂海:《漢代文書的收發與啓封》,《簡帛研究》第 3 輯,廣西教育出版社,
　1998 年。（1998P320-327）

汪桂海:《漢印制度雜考》,《歷史研究》1997 年第 3 期。（1997.3）

汪桂海:《簡牘所見漢代邊塞徼巡制度》,《中國邊疆史地研究》2006 年第 3

期。（2006.3）

汪受寬:《肩水金關漢簡"黑色"人群體研究》,《中華文史論叢》2014 年 3
　　期。（2014.3）

王楚寧、張予正:《肩水金關漢簡〈齊論語〉整理》,《中國文物報》2017 年 8
　　月 11 日第 6 版。（2017.8.11）

王貴元:《漢簡字詞考釋二則》,《語言研究》2018 年第 3 期。（2018.3）

王國維、羅振玉:《流沙墜簡》,浙江古籍出版社,2013 年。（2013）

王錦城、魯普平:《肩水金關漢簡釋文校補舉隅》,《出土文獻》第 11 輯,中
　　西書局,2017 年。（2017P328-334）

王錦城:《〈肩水金關漢簡〉分類校注及相關問題研究》,華東師範大學博士
　　學位論文,2019 年。（2019）

王錦城:《肩水金關漢簡校讀札記（一）》,簡帛網 2017 年 7 月 13 日。
　　（2017.7.13）

王錦城:《〈肩水金關漢簡〉校讀札記（三）〉,簡帛網 2017 年 10 月 15 日。
　　（2017.10.15）

王錦城:《肩水金關漢簡釋文勘補》,《文獻》2020 年第 1 期。（2020.1）

王錦城:《釋西北漢簡中的"冒"——兼論"皮冒""草革"及相關詞語》,《古
　　漢語研究》2019 年第 1 期。（2019.1）

王錦城:《西北漢簡所見"強落"考論》,《中國文字研究》第 26 輯,上海書店
　　出版社,2017 年。（2017P78-84）

王錦城:《西北漢簡所見"司御錢"考》,《敦煌研究》2018 年第 6 期。
　　（2018.6）

王錦城:《西北漢簡字詞雜考四則》,《簡帛》第 18 輯,上海古籍出版社,
　　2019 年。（2019P133-142）

王蕾:《肩水金關的機構與職能考》,《敦煌研究》2020 年第 4 期。（2020.
　　4）

王強:《肩水金關漢簡"推天乙所理法"復原》,《周易研究》2019 年第 4 期。
　　（2019.4）

王強:《肩水金關漢簡所見數術內容拾補》,《出土文獻》第 14 輯,中西書

局,2019 年。(2019P319-331)

王曉光:《秦漢簡牘具名與書手研究》,榮寶齋出版社,2016 年。(2016)

王勇:《秦漢地方農官建置考述》,《中國農史》2008 年第 3 期。(2008.3)

王元林:《敦煌、居延漢簡契約論》,《簡牘學研究》第 3 輯,甘肅人民出版社,2002 年。(2002P200-211)

王震亞、張小鋒:《漢簡中的戍卒生活》,《簡牘學研究》第 2 輯,甘肅人民出版社,1998 年。(1998P126-148)

王子今:《漢代"客田"及相關問題研究》,《出土文獻研究》第 7 輯,2005 年。(2005P102-107)

王子今:《河西簡文所見漢代紡織品的地方品牌》,《簡帛》第 17 輯,上海古籍出版社,2018 年。(2018P245-256)

王子今:《肩水金關簡"馬禖祝"祭品用"乳"考》,《金塔居延遺址與絲綢之路歷史文化研究》,甘肅教育出版社,2014 年。(2014P3-9)

王子今:《説肩水金關"清酒"簡文》,《出土文獻》第 4 輯,中西書局,2013 年。(2013P280-288)

尉侯凱:《讀〈肩水金關漢簡〉零札七則》,《西華大學學報(哲學社會科學版)》2017 年第 1 期。(2017.1)

尉侯凱:《漢簡零拾(六則)》,簡帛網 2016 年 8 月 25 日。(2016.8.25)

尉侯凱:《肩水金關漢簡綴合十三則》,《出土文獻》第 11 輯,中西書局,2017 年。(2017P348-359)

魏德勝:《〈肩水金關漢簡(叁)〉73EJT29:117A 簡解讀》,簡帛網 2014 年 6 月 26 日。(2014.6.26)

魏璐夢:《〈肩水金關漢簡(貳)〉詞彙專題研究》,華東師範大學碩士學位論文,2016 年。(2016)

魏學宏、侯宗輝:《肩水金關漢簡中的"家屬"及其相關問題》,《敦煌研究》2017 年第 4 期。(2017.4)

魏振龍:《讀〈肩水金關漢簡(壹)〉札記二則》,簡帛網 2016 年 1 月 15 日。(2016.1.15)

魏振龍:《西北漢簡"吏名籍"中的"見""就遷"》,簡帛網 2019 年 11 月 12

日。(2019.11.12)

魏振龍:《新莽時期居延的更名及隸屬關係考辨——以居延都尉爲中心》,《出土文獻》第 15 輯,中西書局,2019 年。(2019P341-353)

鄔文玲:《〈甘露二年御史書〉校讀》,《中國古代法律文獻研究》第 5 輯,2012 年。(2012P46-60)

鄔文玲:《簡牘中的“真”字與“算”字——兼論簡牘文書分類》,《簡帛》第 15 輯,上海古籍出版社,2017 年。(2017P151-169)

鄔文玲:《居延漢簡“功勞文書”釋文補遺》,《出土文獻研究》第 18 輯,中西書局,2019 年。(2019P242-256)

鄔文玲:《居延漢簡釋文補遺》,《金塔居延遺址與絲綢之路歷史文化研究》,甘肅教育出版社,2014 年。(2014P89-96)

鄔勖:《讀金關簡札記三則》,《出土文獻與法律史研究》第 4 輯,上海人民出版社,2015 年。(2015P45-57)

伍德煦:《居延出土〈甘露二年丞相御史律令〉簡牘考釋》,《甘肅師大學報》1979 年第 4 期。(1979.4)

伍德煦:《新發現的一份西漢詔書——〈永始三年詔書簡册〉考釋和有關問題》,《西北師院學報》1983 年第 4 期。(1983.4)

武航宇:《西北漢簡所見經濟類文書輯解》,知識産權出版社,2018 年。(2018)

向雪:《〈肩水金關漢簡(伍)〉釋文校補三則》,簡帛網 2017 年 4 月 10 日。(2017.4.10)

蕭旭:《“桃華(花)馬”名義考》,《中國文字研究》第 22 輯,上海書店出版社,2015 年。(2015P187-191)

肖從禮、趙蘭香:《金關漢簡“孔子知道之易”爲〈齊論·知道〉佚文蠡測》,《簡帛研究二〇一三》,廣西師範大學出版社,2014 年。(2014P182-187)

肖從禮:《秦漢簡牘所見“清酒”的祭祀功能考》,《簡牘學研究》第 6 輯,甘肅人民出版社,2016 年。(2016P126-132)

肖從禮:《楚漢簡牘所見“中舍”考》,《簡帛研究二〇〇九》,廣西師範大學

出版社,2011 年。(2011P88-96)

肖從禮:《河西漢塞遺址典籍類漢簡零拾》,《金塔居延遺址與絲綢之路歷
　　史文化研究》,甘肅教育出版社,2014 年。(2014P107-113)

肖從禮:《肩水金關漢簡中新莽西海郡史料勾稽》,《陝西歷史博物館論叢》
　　第 25 輯,三秦出版社,2018 年。(2018P189-193)

肖從禮:《金關漢簡所見新舊年號並用現象舉隅》,《魯東大學學報》2012 年
　　第 5 期。(2012.5)

肖從禮:《金關漢簡所見新莽"錯田"三解》,《簡帛研究二〇一九》春夏卷,
　　廣西師範大學出版社,2019 年。(2019P279-286)

肖從禮:《西北漢簡所見"偃檢"蠡測》,《甘肅省第二屆簡牘學國際學術研
　　討會論文集》,上海古籍出版社,2012 年。(2012P289-294)

謝桂華:《"建武三年十二月候粟君所責寇恩事"考釋》,《簡帛研究二〇一
　　二》,廣西師範大學出版社,2013 年。(2013P136-150)

謝桂華:《居延漢簡所見邸與閣》,《出土文獻研究》第 3 輯,中華書局,1998
　　年。(1998P129-144)

謝坤:《〈肩水金關漢簡(肆)〉中的兩條"貸錢"記録》,簡帛網 2016 年 8 月
　　5 日。(2016.8.5)

謝坤:《〈肩水金關漢簡(肆)〉綴合六則》,《出土文獻》第 9 輯,中西書局,
　　2016 年。(2016P241-246)

謝坤:《〈肩水金關漢簡(肆)〉綴合及考釋八則》,《簡帛》第 14 輯,上海古
　　籍出版社,2017 年。(2017P69-74)

謝坤:《〈肩水金關漢簡(肆)〉綴合十一則》,《敦煌研究》2018 年第 1 期。
　　(2018.1)

謝坤:《讀肩水金關漢簡札記(四)》,簡帛網 2016 年 1 月 14 日。(2016.1.
　　14)

謝明宏:《〈肩水金關漢簡(伍)〉綴合四則》,簡帛網 2022 年 3 月 2 日。
　　(2022.3.2)

謝明宏:《〈肩水金關漢簡(肆)〉綴合七則》,簡帛網 2022 年 3 月 7 日。
　　(2022.3.7)

謝明宏:《〈肩水金關漢簡(叁)〉綴合四則》,簡帛網 2022 年 3 月 29 日。
　　(2022.3.29)

謝明宏:《〈肩水金關漢簡(壹)〉綴合二則》,簡帛網 2022 年 4 月 8 日。
　　(2022.4.8)

謝明宏:《〈肩水金關漢簡(肆)〉綴合第 13-15 則》,簡帛網 2022 年 5 月 30
　　日。(2022.5.30)

謝明宏:《〈肩水金關漢簡〉綴合拾遺(一)》,簡帛網 2022 年 6 月 6 日。
　　(2022.6.6-2)

謝明宏:《〈肩水金關漢簡〉綴合拾遺(二)》,簡帛網 2022 年 6 月 6 日。
　　(2022.6.6)

謝明宏:《〈肩水金關漢簡〉綴合拾遺(三)》,簡帛網 2022 年 6 月 7 日。
　　(2022.6.7)

謝明宏:《〈肩水金關漢簡〉綴合拾遺(四)》,簡帛網 2022 年 6 月 10 日。
　　(2022.6.10)

謝明宏:《〈肩水金關漢簡〉綴合拾遺(五)》,簡帛網 2022 年 6 月 16 日。
　　(2022.6.16)

謝明宏:《〈肩水金關漢簡〉綴合拾遺(六)》,簡帛網 2022 年 6 月 18 日。
　　(2022.6.18)

謝明宏:《〈肩水金關漢簡〉綴合拾遺(七)》,簡帛網 2022 年 6 月 20 日。
　　(2022.6.20)

謝明宏:《〈肩水金關漢簡〉綴合拾遺(八)》,簡帛網 2022 年 6 月 23 日。
　　(2022.6.23)

謝明宏:《〈肩水金關漢簡〉綴合拾遺(九)》,簡帛網 2022 年 6 月 30 日。
　　(2022.6.30)

謝明宏:《〈肩水金關漢簡〉綴合拾遺(十)》,簡帛網 2022 年 7 月 4 日。
　　(2022.7.4)

謝明宏:《〈肩水金關漢簡〉綴合拾遺(十一)》,簡帛網 2022 年 7 月 8 日。
　　(2022.7.8)

謝明宏:《〈肩水金關漢簡〉綴合拾遺(十二)》,簡帛網 2022 年 7 月 11 日。

（2022.7.11）

謝明宏:《〈肩水金關漢簡〉綴合拾遺（十三）》,簡帛網 2022 年 7 月 13 日。
　　（2022.7.13）

邢義田:《〈肩水金關漢簡（壹）〉初讀札記之一》,《簡帛》第 7 輯,上海古籍
　　出版社,2012 年。（2012P180-191）

邢義田:《從簡牘看漢代的行政文書範本——"式"》,《簡帛研究》第 3 輯,廣
　　西教育出版社,1998 年。（1998P295-311）

邢義田:《從居延漢簡看漢代軍隊若干人事制度——讀〈居延新簡〉札記之
　　一》,《治國安邦:法制、行政與軍事》,中華書局,2011 年。（2011:1）

邢義田:《讀居延漢簡札記——物故、小家子、寺廷里、都試、治園條、功勞、
　　休假》,《地不愛寶:漢代的簡牘》,中華書局,2011 年。（2011:2）

邢義田:《一種漢晉河西和邊塞使用的農具——"鑐（橻）"》,《簡帛》第 11
　　輯,上海古籍出版社,2015 年。（2015P191-206）

徐暢:《走馬樓簡中的成年待嫁女和未成年已嫁女》,簡帛網 2010 年 12 月
　　13 日。（2010.12.13）

徐佳文:《讀〈肩水金關漢簡（伍）〉札記》,簡帛網 2017 年 2 月 27 日。
　　（2017.2.27）

徐佳文:《讀〈肩水金關漢簡（伍）〉札記（二）》,簡帛網 2017 年 3 月 8 日。
　　（2017.3.8）

徐世虹:《肩水金關漢簡〈功令〉令文疏證》,《出土文獻研究》第 18 輯,中西
　　書局,2019 年。（2019P228-241）

徐元邦、曹延尊:《居延新出土的甘露二年"詔所逐驗"簡考釋》,《考古與文
　　物》1980 年第 3 期。（1980.3）

許名瑲:《〈肩水金關漢簡（貳）〉綴合一則》,簡帛網 2016 年 7 月 15 日。
　　（2016.7.15）

許名瑲:《〈肩水金關漢簡（叁）〉73EJT30:187 曆日簡年代考釋》,簡帛網
　　2015 年 3 月 10 日。（2015.3.10）

許名瑲:《〈肩水金關漢簡（叁）〉探方 32 曆日簡牘年代考釋三則》,簡帛網
　　2015 年 3 月 5 日。（2015.3.5）

許名瑲:《〈肩水金關漢簡(叁)〉綴合二則》,簡帛網 2015 年 6 月 11 日。
　　(2015.6.11)

許名瑲:《〈肩水金關漢簡(叁)〉綴合二則》,簡帛網 2014 年 9 月 5 日。
　　(2014.9.5)

許名瑲:《〈肩水金關漢簡(肆)〉簡 73EJT37:611+554+559+904 考年》,簡
　　帛網 2016 年 3 月 10 日。(2016.3.10)

許名瑲:《〈肩水金關漢簡(肆)〉曆日綜考》,《簡帛》第 14 輯,上海古籍出
　　版社,2017 年。(2017P95-127)。

許名瑲:《〈肩水金關漢簡(伍)〉曆日綜考》,《出土文獻與古文字研究》第 7
　　輯,上海古籍出版社,2018 年。(2018P327-354)

許名瑲:《〈肩水金關漢簡(壹)〉綴合之一》,簡帛網 2016 年 6 月 7 日。
　　(2016.6.7)

許名瑲:《〈肩水金關漢簡〉簡 73EJT30:151+T24:136 考釋》,簡帛網 2014
　　年 8 月 21 日。(2014.8.21)

許名瑲:《〈肩水金關漢簡(伍)〉〈始建國天鳳三年曆日〉簡册復原》,簡帛
　　網 2016 年 8 月 30 日。(2016.8.30)

許名瑲:《肩水金關漢簡 73EJT25:156+174+122 考年》,簡帛網 2016 年 12
　　月 26 日。(2016.12.26)

許青松:《"甘露二年逐驗外人簡"考釋中的一些問題》,《中國歷史博物館
　　館刊》1986 年第 8 期。(1986.8)

薛英群、何雙全、李永良:《居延新簡釋粹》,蘭州大學出版社,1988 年。
　　(1988)

薛英群:《漢代西北屯田組織試探》,《西北史地》1989 年第 2 期。(1989.
　　2)

薛英群:《居延漢簡通論》,甘肅教育出版社,1991 年。(1991)

閻步克:《從爵本位到官本位(增補本)》,三聯書店,2017 年。(2017)

顔世鉉:《〈肩水金關漢簡(肆)〉綴合第 1-2 組》,簡帛網 2016 年 1 月 13
　　日。(2016.1.13-1)

顔世鉉:《〈肩水金關漢簡(肆)〉綴合第 3-4 組》,簡帛網 2016 年 1 月 13

日。(2016.1.13-2)

顔世鉉:《〈肩水金關漢簡(肆)〉綴合第 5-6 組》,簡帛網 2016 年 1 月 14
日。(2016.1.14)

顔世鉉:《〈肩水金關漢簡(肆)〉綴合第 7-8 組》,簡帛網 2016 年 1 月 15
日。(2016.1.15)

顔世鉉:《〈肩水金關漢簡(肆)〉綴合第 11-12 組》,簡帛網 2016 年 1 月 19
日。(2016.1.19)

顔世鉉:《〈肩水金關漢簡(肆)〉綴合第 13 組》,簡帛網 2016 年 7 月 31 日。
(2016.7.31)

晏昌貴:《增補漢簡所見縣名與里名》,《歷史地理》第 26 輯,上海人民出版
社,2012 年。(2012P249-255)

楊劍虹:《從居延漢簡〈候粟君所責寇恩事〉看東漢的僱傭勞動》,《秦漢簡
牘研究存稿》,廈門大學出版社,2013 年。(2013)

楊媚:《〈甘露二年丞相御史律令〉册釋文輯要》,《簡牘學研究》第 4 輯,甘
肅人民出版社,2004 年。(2004P244-250)

楊樹達:《漢書窺管》,科學出版社,1955 年。(1955)

楊小亮:《〈敞致子涇業君書〉——金關漢簡綴合補釋一則》,《金塔居延遺
址與絲綢之路歷史文化研究》,甘肅教育出版社,2014 年。(2014P114-
117)

楊小亮:《肩水金關漢簡綴合八則》,《出土文獻研究》第 12 輯,中西書局,
2013 年。(2013P280-285)

楊小亮:《金關簡牘編連綴合舉隅——以簡牘書體特徵考察爲中心》,《出
土文獻研究》第 13 輯,中西書局,2014 年。(2014P300-309)

姚磊:《〈肩水金關漢簡(伍)〉綴合(十三)》,簡帛網 2019 年 10 月 25 日。
(2019.10.25)

姚磊:《〈肩水金關漢簡(伍)〉綴合(十四)》,簡帛網,2020 年 7 月 13 日。
(2020.7.13)

姚磊:《〈肩水金關漢簡(叁)〉綴合(二十二)》,簡帛網 2020 年 7 月 4 日。
(2020.7.4)

姚磊:《〈肩水金關漢簡(貳)〉綴合(二十七)》,簡帛網 2020 年 6 月 2 日。
　　(2020.6.2)

姚磊:《〈肩水金關漢簡(貳)〉綴合(二十八)》,簡帛網 2020 年 6 月 28 日。
　　(2020.6.28)

姚磊:《〈肩水金關漢簡(貳)〉綴合(二十九)》,簡帛網 2020 年 10 月 28 日。
　　(2020.10.28)

姚磊:《〈肩水金關漢簡(肆)〉綴合(四十九)》,簡帛網,2020 年 7 月 6 日。
　　(2020.7.6)

姚磊:《〈肩水金關漢簡(貳)〉綴合及考釋十則》,《出土文獻與法律史研
　　究》第 6 輯,法律出版社,2017 年。(2017P188-201)

姚磊:《〈肩水金關漢簡(肆)〉綴合考釋研究(十二則)》,《出土文獻》第 9
　　輯,中西書局,2016 年。(2016P226-240)

姚磊:《〈肩水金關漢簡(肆)〉綴合與釋文補正》,《敦煌研究》2017 年第 6
　　期。(2017.6)

姚磊:《〈肩水金關漢簡〉編連五則》,《出土文獻》第 13 輯,中西書局,2018
　　年。(2018P357-366)

姚磊:《〈肩水金關漢簡〉散簡編連八例》,《簡帛》第 20 輯,上海古籍出版
　　社,2020 年。(2020P109-122)

姚磊:《〈肩水金關漢簡〉所見田卒史料探析》,《中國農史》2016 年第 4 期。
　　(2016.4)

姚磊:《讀〈肩水金關漢簡〉札記(五)》,簡帛網,2016 年 6 月 8 日。(2016.
　　6.8)

姚磊:《讀〈肩水金關漢簡〉札記(六)》,簡帛網 2016 年 6 月 10 日。(2016.
　　6.10)

姚磊:《讀〈肩水金關漢簡〉札記(十)》,簡帛網 2016 年 10 月 26 日。
　　(2016.10.26)

姚磊:《讀〈肩水金關漢簡〉札記(十五)》,簡帛網 2017 年 3 月 31 日。
　　(2017.3.31)

姚磊:《讀〈肩水金關漢簡〉札記(二十七)》,簡帛網 2017 年 10 月 14 日。

（2017. 10. 14）

姚磊:《讀〈肩水金關漢簡〉札記(二十八)》,簡帛網 2017 年 10 月 16 日。
　（2017. 10. 16）

姚磊:《讀〈肩水金關漢簡〉札記(三十一)》,簡帛網 2017 年 11 月 23 日。
　（2017. 11. 23）

姚磊:《讀〈肩水金關漢簡〉札記(三十四)》,簡帛網 2018 年 1 月 18 日。
　（2018. 1. 18）

姚磊:《讀〈肩水金關漢簡〉札記（四十)》,簡帛網,2020 年 6 月 11 日。
　（2020. 6. 11）

姚磊:《肩水金关漢簡所見赦令研究》,《社會科學》2019 年第 10 期。
　（2019. 10）

姚磊:《肩水金關漢簡"通道廄穀出入簿"編連與研究》,《文獻》2020 年第 1
　期。(2020. 1)

姚磊:《肩水金關漢簡〈永始三年詔書〉校讀》,《中國文字研究》第 24 輯,上
　海書店出版社,2016 年。(2016P89-99)

姚磊:《肩水金關漢簡綴合》,天津古籍出版社,2021 年。(2021)

姚磊:《論〈肩水金關漢簡(肆)〉的簡册復原——以書寫特徵爲中心考察》,
　《出土文獻》第 10 輯,中西書局,2017 年。(2017P206-228)

伊强:《〈肩水金關漢簡(貳)〉綴合五則》,《出土文獻研究》第 15 輯,上海
　古籍出版社,2016 年。(2016P382-387)

伊强:《〈肩水金關漢簡(貳)〉綴合一則》,簡帛網 2014 年 6 月 16 日。
　（2014. 6. 16）

伊强《〈肩水金關漢簡(貳)〉綴合二則》,簡帛網 2016 年 8 月 9 日。(2016.
　8. 9)

伊强:《〈肩水金關漢簡(叁)〉綴合五則》,簡帛網 2015 年 6 月 6 日。
　（2015. 6. 6）

伊强:《〈肩水金關漢簡(叁)〉綴合一則》,簡帛網 2016 年 8 月 23 日。
　（2016. 8. 23）

伊强:《〈肩水金關漢簡(肆)〉綴合一則》,簡帛網 2016 年 1 月 15 日。

（2016.1.15）

伊強:《〈肩水金關漢簡（肆）〉綴合二則》,簡帛網 2016 年 1 月 11 日。
（2016.1.11）

伊強:《〈肩水金關漢簡（肆）〉綴合（叁）》,簡帛網 2016 年 1 月 17 日。
（2016.1.17）

伊強:《〈肩水金關漢簡（肆）〉綴合（四）》,簡帛網 2016 年 1 月 18 日。
（2016.1.18）

伊強:《〈肩水金關漢簡〉名物詞考釋二則》,簡帛網 2014 年 11 月 19 日。
（2014.11.19）

伊強:《〈肩水金關漢簡〉文字考釋五則》,簡帛網 2015 年 2 月 19 日。
（2015.2.19）

伊強:《肩水金關漢簡 73EJT23:878 與相關史事的考察》,簡帛網 2015 年 3
月 5 日。（2015.3.5）

伊強:《肩水金關漢簡中的"囚録"及相關問題》,《出土文獻》第 7 輯,中西
書局,2015 年。（2015P243-249）

伊強:《肩水金關漢簡綴合十五則》,《簡帛》第 12 輯,上海古籍出版社,
2016 年。（2016P115-129）

伊強《〈肩水金關漢簡（貳）〉綴合二則》,簡帛網 2014 年 12 月 31 日。
（2014.12.31）

伊強:《肩水金關漢簡綴合五則》,簡帛網 2014 年 7 月 10 日。（2014.7.10）

伊強:《肩水金關漢簡綴合十四則》,簡帛網 2015 年 1 月 19 日。（2015.1.
19）

伊強:《〈肩水金關漢簡綴合十四則〉補充》,簡帛網 2015 年 6 月 17 日。
（2015.6.17）

伊強:《肩水金關漢簡綴合兩則》,簡帛網 2015 年 8 月 27 日。（2015.8.27）

伊強:《〈肩水金關漢簡（壹）〉綴合補遺二則》,簡帛網 2017 年 5 月 12 日。
（2017.5.12）

于豪亮:《居延漢簡釋叢》,《文史》第 12 輯,中華書局,1981 年。（1981P39
-52）

于豪亮:《居延漢簡叢釋》,《文史》第 17 輯,1983 年。(1983P87-104)

于豪亮:《居延漢簡釋地》,《考古與文物》1981 年第 4 期。(1981.4)

于豪亮:《于豪亮學術論集》,上海古籍出版社,2015 年。(2015)

于振波:《簡牘所見漢代考績制度探討》,簡帛網 2005 年 12 月 25 日。(2005.12.25)

袁延勝:《肩水金關漢簡家屬符探析》,《金塔居延遺址與絲綢之路歷史文化研究》,甘肅教育出版社,2014 年。(2014P220-227)

曾磊:《肩水金關漢簡中的〈廄律〉遺文》,《簡帛研究二〇一九》秋冬卷,廣西師範大學出版社,2020 年。(2020P263-282)

張安福:《西域屯墾經濟與新疆發展研究》,廣東人民出版社,2017 年。(2017)。

張傳官:《〈肩水金關漢簡[伍]〉所見〈急就篇〉殘簡輯校——出土散見〈急就篇〉資料輯録(續)》,《華學》第 12 輯,中山大學出版社,2017 年。(2017P227-234)

張傳官:《急就篇校理》,中華書局,2017 年。(2017)

張德芳:《懸泉漢簡中若干"時稱"問題的考察》,《出土文獻研究》第 6 輯,上海古籍出版社,2004 年。(2004P190-216)

張國艷:《居延漢簡虛詞通釋》,中華書局,2012 年。(2012)

張國艷:《居延新簡詞彙札記》,《青海師專學報》2002 年第 2 期。(2002.2)

張宏偉:《漢簡所見居延地區的人口構成》,《甘肅廣播電視大學學報》2018 年第 2 期。(2018.2)

張俊民:《"部"與"候長"論略》,《西北史地》1988 年第 4 期。(1988.4)

張俊民:《〈肩水金關漢簡(壹)〉釋文》,簡帛網 2011 年 9 月 23 日。(2011.9.23)

張俊民:《〈肩水金關漢簡(叁)〉釋文獻疑》,簡帛網 2015 年 1 月 19 日。(2015.1.19)

張俊民:《〈肩水金關漢簡(壹)〉釋文補例》,簡帛網 2014 年 12 月 16 日。(2014.12.16)

張俊民:《〈肩水金關漢簡(壹)〉釋文補例續》,簡帛網 2012 年 5 月 8 日。(2012.5.8)

張俊民:《〈肩水金關漢簡(壹)〉綴合(十一)膡義》,簡帛網 2019 年 5 月 27 日。(2019.5.27)

張俊民:《從漢簡談漢代西北邊郡運輸的幾個問題》,《中國社會經濟史研究》1996 年第 3 期。(1996.3)

張俊民:《敦煌懸泉漢簡所見的"亭"》,《南都學壇》2010 年第 1 期。(2010.1)

張俊民:《敦煌懸泉置出土文書研究》,甘肅教育出版社,2015 年。(2015)

張俊民:《金關漢簡 73EJT31:163 解讀》,簡帛網 2014 年 12 月 3 日。(2014.12.3)

張俊民:《金關漢簡札記》,簡帛網 2011 年 10 月 15 日。(2011.10.15)

張雷:《秦漢簡牘醫方集注》,中華書局,2018 年。(2018)

張麗萍、張顯成:《釋"慈其"及相關稱謂》,《敦煌研究》2016 年第 4 期。(2016.4)

張麗萍、張顯成:《西北屯戍漢簡所見"罷卒"考》,《簡帛研究二〇一八》春夏卷,廣西師範大學出版社,2018 年。(2018P232-242)

張麗萍、張顯成:《西北屯戍漢簡中的"庸""葆""就"及相互關係考辨》,《中國社會經濟史研究》2019 年第 3 期。(2019.3)

張鵬飛:《西北漢簡所見"傳"文書研究》,河南大學碩士學位論文,2019 年。(2019)

張文瀚、劉鳳麗:《肩水金關漢簡所見"小時"試解》,《簡帛研究二〇一九》春夏卷,廣西師範大學出版社,2019 年。(2019P272-278)

張文瀚:《出土文獻視野下的漢代候官探究》,《鄭州大學學報(哲學社會科學版)》2018 年第 1 期。(2018.1)

張文建:《〈肩水金關漢簡(壹)〉綴合一則》,簡帛網 2017 年 3 月 3 日。(2017.3.3)

張文建:《〈肩水金關漢簡(壹)〉再綴三則》,簡帛網 2017 年 1 月 22 日。(2017.1.22)

張文建:《〈肩水金關漢簡(壹)〉綴合(一)》,簡帛網 2017 年 6 月 18 日。(2017.6.18)

張文建:《〈肩水金關漢簡(壹)〉綴合(三)》,簡帛網 2017 年 7 月 19 日。(2017.7.19)

張文建:《〈肩水金關漢簡(壹)〉綴合(五)》,簡帛網 2017 年 8 月 7 日。(2017.8.7)

張顯成、張文建:《〈肩水金關漢簡(壹)〉綴合七則》,《出土文獻》第 11 輯,中西書局,2017 年。(2017P335-347)

張小鋒:《〈甘露二年丞相御史書〉探微》,《首都師範大學學報(社會科學版)》2000 年第 5 期。(2000.5)

張小鋒:《居延新簡中所見"蘭"與"蘭冠"考》,《簡牘學研究》第 2 輯,甘肅人民出版社,1998 年。(1998P103-106)

張英梅:《漢文帝七年〈朝儀〉詔書研究》,《敦煌學輯刊》2018 年第 1 期。(2018.1)

張英梅:《試探肩水金關漢簡中"傳"的制度》,《敦煌研究》2014 年第 2 期。(2014.2)

張再興、黃艷萍:《肩水金關漢簡校讀札記》,《中國文字研究》第 26 輯,上海書店出版社,2017 年。(2017P72-77)

張再興:《秦漢簡帛中的"曆"和"磨"》,《簡帛研究二○一八》春夏卷,廣西師範大學出版社,2018 年。(2018P130-141)

趙寵亮:《居延漢簡所見"助吏"》,《"漢代文化研究"論文集》第 2 輯,大象出版社,2017 年。(2017P108-113)

趙寵亮:《説"財用錢"》,《歷史研究》2006 年第 2 期。(2006.2)

趙寵亮:《行役戍備——河西漢塞吏卒的屯戍生活》,科學出版社,2012 年。(2012)

趙爾陽:《〈肩水金關漢簡〉地名小議一則》,簡帛網 2016 年 6 月 7 日。(2016.6.7)

趙爾陽:《小議〈肩水金關漢簡〉中的地名"滎陽"》,《甘肅省第三屆簡牘學國際學術研討會論文集》,上海辭書出版社,2017 年。(2017P264-268)

趙爾陽:《肩水金關 F3 所出騎士簡册探析》,《出土文獻》第 13 輯,中西書
　局,2018 年。(2018P328-356)

趙爾陽:《肩水金關漢簡濟陰郡及其所屬桂邑考》,《簡帛》第 18 輯,上海古
　籍出版社,2019 年。(2019P159-168)

趙爾陽:《淺談肩水金關漢簡中的幾則縣邑名》,簡帛網 2016 年 10 月 24
　日。(2016.10.24)

趙爾陽:《淺談肩水金關漢簡中涉及張掖郡籍"田卒"的幾則簡文》,簡帛網
　2018 年 8 月 25 日。(2018.8.25)。

趙海龍:《〈肩水金關漢簡(壹)〉地名訂補》,簡帛網 2014 年 8 月 21 日。
　(2014.8.23)

趙海龍:《〈肩水金關漢簡(貳)〉地名補釋》,簡帛網 2014 年 8 月 24 日。
　(2014.8.24)

趙海龍:《〈肩水金關漢簡(叁)〉所見地名補考》,簡帛網 2014 年 8 月 31
　日。(2014.8.31)

鄭威:《肩水金關漢簡中的三個縣邑》,《古文字研究》第 32 輯,中華書局
　2018 年。(2018P533-536)

鄭威:《簡牘文獻所見漢代的縣級政區"邑"》,《簡帛》第 11 輯,上海古籍出
　版社,2015 年。(2015P217-241)

周波:《説肩水金關漢簡、張家山漢簡中的地名"贊"及其相關問題》,《出土
　文獻研究》第 12 輯,中西書局,2013 年。(2013P286-309)

周艷濤、李黎:《讀〈肩水金關漢簡(貳)〉札記二十則》,《昆明學院學報》
　2014 年第 1 期。(2014.1)

周艷濤:《〈肩水金關漢簡(貳)〉初讀札記二十條》,簡帛研究網 2013 年 6
　月 15 日。(2013.6.15)

周豔濤、張顯成:《〈肩水金關漢簡(貳)〉"□陵丞印"考》,《敦煌研究》2016
　年第 6 期。(2016.6)

周豔濤、張顯成:《〈肩水金關漢簡(貳)〉釋文校補四則——兼論西北屯戍
　漢簡文字釋讀中應注意的兩個問題》,《中國文字研究》第 27 輯,上海書
　店出版社,2018 年。(2018P85-93)

周豔濤、張顯成:《西北屯戍漢簡中的"居令延印"現象及其相關問題研究》,《江漢考古》2021 年第 3 期。(2021.3)

周豔濤:《〈肩水金關漢簡(貳)〉釋文補正四則》,《敦煌研究》2015 年第 2 期。(2015.2)

周振鶴:《漢書地理志匯釋》,安徽教育出版社,2006 年。(2006)

周振鶴:《西漢政區地理》,商務印書館,2017 年。(2017)

周振鶴:《新舊漢簡所見縣名與里名》,《歷史地理》第 12 輯,上海人民出版社,1995 年。(1995P151-165)

莊小霞:《釋新莽"附城"爵稱》,《歷史研究》2006 年第 2 期。(2006.2)

莊小霞:《西北漢簡所見漢代邊塞居室什物考》,《中國國家博物館館刊》2017 年第 5 期。(2017.5)